金融学译丛

投资分析
与组合管理

（第十一版）

弗兰克·K. 赖利（Frank K. Reilly）

基思·C. 布朗（Keith C. Brown）　　著

桑福德·J. 利兹（Sanford J. Leeds）

路蒙佳　译

INVESTMENT ANALYSIS &
PORTFOLIO MANAGEMENT
(ELEVENTH EDITION)

中国人民大学出版社
·北京·

译者序

投资组合是投资者持有的各类资产的总和,这些资产中不仅包括股票、债券、金融衍生品等金融资产,还包括房地产、古董、艺术品等具有投资价值的非金融资产。投资组合中的资产种类和投资比例可能会随时间的推移发生变化,从而使投资组合呈现出各种不同结构。投资者管理投资组合,就是调整和利用投资组合的结构,以实现两个最基本的目的:一是保障资产安全,二是实现收益。本书从这个角度入手,将带领读者了解投资组合中不同资产的特性,通晓如何衡量这些资产的价值,并根据自己的需求设计投资组合的结构和采取合适的管理方法,最终适当地分散投资组合风险,合理分配资产,以平衡风险和收益。

作为一本投资学教材,本书有一条明确的逻辑主线,即为何要进行投资—如何进行投资—如何评价投资绩效。在此基础上,本书分为六大部分。第一部分解释了投资目的、投资环境、投资选择、投资收益和风险衡量方法等基本投资知识。第二部分介绍了主要的投资理论,包括有效资本市场理论、技术分析理论、资产定价模型和投资组合理论等,这些理论为评估投资组合价值打下了基础。第三部分至第五部分分别介绍了构成投资组合的三大类资产——普通股、债券和衍生品——的估值与管理。第六部分讨论了专业投资组合管理以及投资组合的绩效评估。在现实中,投资者往往需要借助专业的资产管理公司来管理自己的投资组合,因此了解这些专业机构和如何评估投资组合绩效是非常有必要的。很多投资学教科书都忽略了这个部分,而本书将带领读者探究资产管理业作为一个专业性极强的行业是如何运行的,这将有助于我们明智地选择资产管理公司,使投资组合实现满意绩效。

随着电子通信网络和电子交易的普及,全球金融市场以前所未有的紧密程度联系在一起。无论是全球 24 小时市场“接续交易”的实际情况,还是大型证券交易所的全球整合与竞争趋势,都凸显出全球投资的必要性。本书始终秉持全球视角,将帮助读者培养全球投资的意识与能力。本书的另一个特色是理论分析与实务操作的紧密结合。全书的理论脉络清晰,对于投资学中的重要理论和模型均有详细介绍,但没有将大量篇幅放在数学推导上,而是注重投资理论的概念发展和内在逻辑。对于某些适宜作为扩展阅读加以了解的理论观点,本书也给出了相关论著的作者与发表年份,方便读者查阅。同时,本书非常重视实务操作,在介绍理论之后,通常都附有实例以帮助读者理解应用。比如,在资本资产定价模型的部分中,本书不仅以实例说明了投资者应该如何计算该模型中的预期收益率,还详细介绍了晨星公司、路透分析和彭博公司等不同金融服务机构对贝塔系数的估计方法差异。本书还将帮助有志于从事资产管理业的读者了解该行业的行为原则以及考取特许金融分析师证书的益处和要求，使其能真正将所学知识用于实践，选择最适合自己的职业道路。

近年来，随着我国家庭财富总值的不断上升、居民投资意识的增强以及通货膨胀带来的财富贬值压力的加大，我国居民对财富管理的需求不断上升，资产管理市场也快速发展。对于个人投资者而言，掌握投资组合管理的理论基础和实务方法，将能帮助其了解如何根据自身财务状况配置投资组合，实现未来预期财富目标。而各大券商、信托公司和大型商业银行也对资产管理人才有大量需求。因此，本书无论对于希望了解金融市场实务的学生来说还是对于希望筑牢理论基础的投资专业人士来说，都极具参考价值。

最后，在本书翻译完成之际，我要感谢一直给予我支持的家人，感谢中国人民大学出版社编辑们的辛勤工作以及所有读者，并衷心欢迎各位读者对译文中可能存在的问题提出指正。

路蒙佳

前言
PREFACE

编写教科书的乐趣在于，我们可以写自己喜欢并感兴趣的主题。作为作者，我们希望传递给读者的不仅是知识，还有我们对这些问题的兴趣。此外，编写投资学教科书会让人更加兴奋，因为投资会影响读者的整个商业生涯乃至更深远的人生。我们希望读者从本课程中得到的收获能帮助他们妥善管理财务资源，从而享受更美好的人生。

本书的目的是帮助读者学习如何管理财富，这样读者就能用赚到的钱获得最大收益。为了实现这个目标，读者需要了解当今可供选择的众多投资机会，更重要的是，掌握分析和思考投资的方法，当未来出现新的投资机会和不同的投资机会时，他们仍然可以使用这些方法。

由于本书有双重目的，因此它将实务介绍和理论阐述相结合。实务介绍部分讨论了可用的投资工具，并考察了美国和世界其他地方的资本市场目标和运作。理论阐述部分详细说明了读者应该如何评估当前投资和未来机会，以建立满足其风险-收益目标的投资组合。我们认为，这种理论与实务的结合将为您作为投资者的职业生涯和个人生活提供很大帮助。

编写本书第十一版的任务颇具挑战性，这至少有两个原因。第一，证券市场的理论、新金融工具和新型交易实务层出不穷，这不可避免地会带来影响我们的重大宏观经济变革以及众多监管变化。第二，资本市场的全球化性质不断加深。因此，为了确保读者适应全球化环境，几乎每章都讨论了投资实务或理论如何受到投资和资本市场全球化的影响。这种完全融为一体的处理旨在确保读者养成宽广的投资思维，这将在 21 世纪为读者提供很大帮助。

目标市场

本书面向希望深入探讨投资和投资组合管理的高年级本科生和研究生。本书的内容呈现力求严谨和有实证支持，但不会涉及过多量化分析。要恰当地讨论投资和投资组合理论的现代发展，必须保证严谨。本书讨论了大量实证研究，这表明我们认为，各种投资理论必须接受现实世界的检验，并根据其帮助我们理解和解释现实的效果来评判。

第十一版的主要特点

在制订第十一版《投资分析与组合管理》的编写计划时，我们希望保留其传统优势并利用投资领域的新发展，使其成为最全面、最易懂的投资学教科书。为了实现这个目标，我们对该版本进行了一些修改。

第一，我们大大简化了以前版本的内容。最值得注意的是，与包括 25 章的第十版相比，我们将这些重要主题压缩为 18 章。重要的是，我们没有删除任何我们认为对透彻理解投资管理至关重要的内容；相反，我们以更有效的方式精简和重新编排了这些内容。其中一个例子是普通股估值与管理，这部分以前涵盖 6 个独立章节，但现在包含第 8 章至第 11 章。

第二，目前这版教材仍沿袭了无比宽广的国际视野。投资不分国界，尽管全盘考虑国内和国际的投资机会似乎与单独讨论国际问题的需求相矛盾，但实际上这更迫切需要关于美国以外的市场、工具、惯例和方法的具体信息。

第三，与过去 50 年相比，在过去 10 年中，技术和法规使全球证券市场的运作和组织产生了更重大的变化。第 3 章详细讨论了这种演变和它对全球市场的影响结果，第 2 章介绍了这些变化如何影响具体的证券创新和资产配置实务。

第四，在当今的投资环境中，衍生品不是新奇的特例，而是标准的投资工具。我们认为《投资分析与组合管理》必须反映这一现实。因此，本书关于衍生品的 3 章（第 14 章至第 16 章）旨在直观、清晰地讨论不同工具、市场、估值、交易策略以及它们作为风险管理和收益增强工具的一般用途。

第五，我们更新并扩展了每章结尾的问题和习题，为学生提供了更多计算复杂投资问题的练习。

第十一版的主要内容变化

为反映当前情况，本书对内容进行了彻底更新并加以精简。除了这些更新以外，我们还对各个章节进行了以下具体修改：

第 1 章 作为引言，本章已经过修订和更新，以反映影响投资环境的金融市场近期变化。

第 2 章 本章已完全重新编写，以加入关于资产配置过程和全球证券市场的讨论，在之前的版本中，它们分散在多个章节中。在确定资产配置决策对所有投资者的重要性后，我们重点讨论了全球分散化的概念，并介绍了关于全球投资者可使用的各种投资工具的最新研究，包括全球指数基金和特定国家的交易所交易基金。

第 3 章 由于电子通信网络处理的交易量持续增长，本章继续详细介绍了市场的重大变化以及这种新环境带来的结果，包括关于近年来纽约证券交易所的持续变化的讨论。我们还考察了持续整合全球交易所——这些交易所交易的资产类别涵盖股票、债券和衍生品——的根本原因。此外，我们还介绍了近期的兼并案例，并讨论了多笔拟进行的兼并和失败的兼并。最后，我们注意到，公司债券市场的交易报告方式和时间以及债券发行数量继续发生重大变化。

第 4 章 本章讨论了基本的加权股票指数和加权债券指数，这些指数使用销售收入和利润而非市场价值来确定构成指数的证券的权重。本章还包括对指数之间关系的最新分析，以及投资者实际投资于各种指数以获取收益的众多方式。

第 5 章 本章分析了既支持有效市场假说又提供了异常现象的新证据的新研究。本章还讨论了行为金融学及其对许多异常现象的解释，并考察了技术分析。此外，本章还讨论了近期的交易成本变化（见第 3 章）对以往研究的部分实证结果的影响。

第 6 章　本章从讨论投资者的风险承受能力开始，介绍了现代投资组合理论，对这部分内容进行了大幅修订和更新，以强调投资组合构建过程的概念本质。本章还包括一个广泛适用的全球投资组合优化示例。本章结尾直观地讨论了从马科维茨投资组合分析到资本市场理论的转变以及资本市场线的发展。

第 7 章　本章进行了大范围修订，以考虑资产定价模型的概念演变以及投资者如何在实践中运用这些模型。本章首先以更直观的方式广泛讨论了资本资产定价模型，包括该模型为何代表了现代投资组合理论的自然发展。其次，本章介绍了使用风险和预期收益率的多因素模型的理论和实践。本章继续强调了套利定价理论与套利定价理论的实证应用之间的关系，一方面是从概念上强调，另一方面则是通过使用风格分类数据的几个修订后示例来强调。

第 8 章　这是重点关注股票分析和估值的三个全新章节中的第一章。本章首先讨论了如何在实践中使用估值理论。本章区分了对公司股权部分的估值和对整个公司的估值。重要的是，本章说明了如何使用可持续增长率公式来估计利润中可被视为自由现金流的部分所占的百分比。在相对估值部分，我们重点关注了基本面倍数，以便学生考察价值的潜在驱动因素。

第 9 章　本章介绍了自上而下的股票分析方法，并介绍了旨在将货币政策及利率与股票价格联系起来的新内容。最重要的是，本章介绍了实际联邦基金利率的重要性、收益率曲线的形状以及 BBB 级债券（相对于国债）的风险溢价。在本章后面，将讨论如何将席勒市盈率（也称周期性调整市盈率）应用于整个市场。

第 10 章　在这个全新章节中，我们讨论了学生打算进入资产管理业时需要了解的几个问题。本章详细介绍了首次公开募股流程、买方和卖方的区别，以及资产管理者的资本配置职能的重要性。本章最后讨论了如何设计和进行有说服力的股票推介。

第 11 章　本章进一步讨论了股票投资组合的被动管理方法与主动管理方法的相对优点，重点讨论了跟踪误差的重要作用。本章扩展了关于构建基于风险因素的股票投资组合的内容，并增加了对其他股票投资组合投资策略的分析，包括基本面分析策略和技术分析策略，同时详细介绍了股票风格分析。

第 12 章　我们用新的两章来介绍分析固定收益证券和投资组合所需的信息、工具和方法，这是其中第一章。本章首先讨论了全球投资者可以使用的众多债券工具，包括主权国家和公司发行的传统固定利率证券、政府资助实体发行的证券和债务抵押债券。其次，本章介绍了各种市场条件下债券估值的直观判断和机制，以及债券价格和债券收益率之间必然存在的关系。

第 13 章　通过介绍隐含远期利率、久期和凸性的专业概念，本章将继续充实成功债券投资者所需的量化工具包。尤其是，我们讨论了久期作为价格波动性衡量指标在设计和管理债券投资组合方面的重要性。本章强化和修订了结尾关于债券投资组合管理策略的讨论，加入了对固定收益证券主动投资策略和固定收益证券被动投资策略的比较，以及债券免疫过程的最新示例。

第 14 章　本章扩展讨论了与使用衍生品相关的基本原理（解释了衍生品的报价、基本报酬图、基本策略）。本章还用最新案例说明了如何应用衍生品进行基本风险管理和中间风险管理，并加入了关于这些合约的市场交易方式的新内容。

第 15 章　本章新增并更新了示例和应用场景，强调了远期合约和期货合约在管理股票风险敞口、固定收益证券风险敞口和外汇风险敞口方面的作用。本章还深入讨论了期货市场和远期市场的结构和运行，以及为何可以将互换合约视为远期协议投资组合。

第 16 章　本章扩展讨论了投资管理中看涨期权和看跌期权的估值与应用之间的联系。本章新增并更新了示例，旨在说明投资者如何在实践中使用期权，并讨论了期权市场的近期变化。本章还广泛讨论了在其他金融安排中加入期权的另外两种方式：可转换债券和信用违约互换。

第 17 章　本章修订并更新了关于专业资产管理业的组织和参与者的讨论。尤其值得注意的是，本章大幅更新了对冲基金采用的结构和策略，并深入分析了私募股权基金的运作方式。章末对资产管理业的职业道德和监管的讨论也进行了更新和扩展。

第 18 章　本章更新并大幅扩展了绩效衡量方法的应用，加入了关于计算简单绩效指标和风险调整绩效指标的新内容。讨论中强调了绩效衡量的两个主要问题，以及如何在评估过程和分析方法侧重于投资组合所持证券而非投资组合收益率时考虑下行风险。

目录
CONTENTS

第一部分

投资背景

本部分中的章节将通过回答以下问题，为您提供学习投资学的基础知识：

- 人们为什么要投资？
- 您如何衡量不同投资的收益和风险？
- 在做出资产配置决策时应考虑哪些因素？
- 有哪些可行的投资机会？
- 证券市场如何运行？
- 美国和世界其他地方的证券市场如何变化以及为何变化？
- 证券市场指数的主要用途是什么？
- 您如何评估普通股和债券的市场走势？
- 哪些因素会导致股票市场指数和债券市场指数的差异？

在第 1 章中，我们考察了个人为什么会投资，如何衡量不同投资的收益率和风险，以及哪些因素决定了投资者对投资的必要收益率。当我们着手了解投资者行为、不同证券的市场以及各种投资的估值时，后一点将很重要。

因为投资者需要做出的最终决定是其投资组合的构成，所以第 2 章讨论了最重要的资产配置决策。正如我们将看到的，为了尽量降低风险，投资理论认为需要分散化投资，这引出了对投资组合管理过程的具体步骤以及投资者生命周期中投资组合构成的影响因素的讨论。我们还给出了一个极有说服力的全球化投资案例，由此开始分析投资者的可行投资选择，而不是将选择仅限于美国证券。在此前提下，我们讨论了全球市场中使用的几种全球投资工具。本章结尾回顾了许多不同资产类别的历史收益率和风险衡量指标。

在第 3 章中，我们分析了市场的一般运行方式，然后具体关注了债券市场和股票市场的一级市场和二级市场的目的和功能。在过去二十年中，证券市场的运行发生了重大变化，包括出现了向全球资本市场和电子交易市场转变以及在全球范围内大规模整合的趋势。在讨论了这些变化和全球新资本市场的快速发展之后，我们预测了全球市场将如何继续整合并增加可行投资选择。

投资者、市场分析师和金融理论家通常通过评估各种市场指数隐含的收益和风险来衡量证券市场走势，并通过将投资组合绩效与适当的基准进行比较来评估投资组合的绩效。由于这些指数被用于做出资产配置决策和评估投资组合的绩效，因此深入了解它们的构建方式以及众多投资选择非常重要。因此，在第 4 章中，我们分析和比较了美国国内市场和全球市场上现有的一些股票市场指数和债券市场指数。

作为开篇，本部分提供了一个框架，让您可以了解各种证券、如何在不同资产类别之间配置投资、买卖这些证券的市场、反映证券表现的指数以及如何使用指数基金（一种可以投资的证券指数）管理投资组合中的众多投资。

第**1**章
投资环境

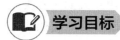 **学习目标**

阅读本章后，您应该能回答以下问题：

- 个人为什么要投资？
- 什么是投资？
- 投资者如何衡量投资收益率？
- 投资者如何衡量与不同投资相关的风险？

- 哪些因素会影响投资者对不同投资的必要收益率？
- 哪些宏观经济因素和微观经济因素会导致投资必要收益率的变化？

第 1 章讨论的几个主题构成了后续章节的基础。我们首先将定义"投资"一词，并讨论与投资相关的收益和风险。这引出了后面的内容，即如何衡量投资或投资组合的预期收益率和历史收益率。此外，我们不仅考察了如何衡量单项投资的风险，还考察了如何衡量投资组合中的某项投资的风险。

第 1.3 节讨论了决定单项投资的必要收益率的因素。我们所讨论的因素是影响投资总风险的因素。因为大多数投资者都有一个投资组合，因此必须考虑当某项投资是一个大型投资组合的一部分时，如何衡量该投资的风险。当某项投资是某个分散化投资组合的一部分时，普遍存在的风险被称为系统性风险。

第 1.4 节讨论了导致投资的必要收益率随时间推移而变化的原因。值得注意的是，导致变化的原因既包括影响所有投资的宏观经济事件，也包括仅影响特定投资的微观经济事件。

1.1 什么是投资?

在一生的大部分时间里，您都在赚钱和花钱。不过，您当期的货币收入鲜少恰好与消费需求平衡。有时，您拥有的钱可能多于您想花的钱；另一些时候，您想买的东西可能超出您当期收入的负担能力。这些不平衡将导致您要么借款，要么储蓄，才能最大限度地从收入中获得长期收益。

当当期收入超过当期消费需求时，人们倾向于把多余的钱存起来，他们可以用这些钱做几件事。一种可能性是将钱藏在床垫下或埋在后院中，直到未来消费需求超过当期收入时再取出来。当他们从床垫或后院取回这些钱时，其金额将与当时存下的金额相同。

另一种可能性是，他们可以放弃立即拥有这些储蓄，以换取未来获得更多资金来用于未来消费。当期消费与更高水平的未来消费之间的这种权衡就是储蓄的原因。当您通过储蓄使这些资金随时间推移而增加时，您就是在投资。①

放弃立即拥有储蓄（即推迟消费）的人期望在未来得到的金额高于他们放弃的金额。相反，消费超过当期收入（即借款）的人必须愿意在未来偿还比借款更多的钱。

未来消费（未来金额）与当前消费（当期金额）之间的交换比率是纯利率。人们愿意为借入资金支付该差额，也希望从储蓄中获得盈余（即一定收益率），这就产生了一种被称为纯货币时间价值的利率。该利率是在资本市场上确定的，方法是比较给定时点上可用于投资的超额收入供给（储蓄）和超额消费需求（借款）。如果您可以用今天的 100 美元确定性收入交换从今天起 1 年后的 104 美元确定性收入，那么无风险投资的纯交换比率（即货币的时间价值）就是 4%（=104/100−1）。

今天放弃 100 美元的投资者预期未来将消费 104 美元的商品和服务。这假设经济中的一般价格水平保持不变。在过去几十年里，很少出现这种价格稳定的情况，相反，通货膨胀率波幅很大，最大波幅是从 1986 年的 1.1% 变为 1979 年的 13.3%，从 1970 年到 2016 年的通货膨胀率几何平均值为 4.2%。如果投资者预期到价格变化，他们将要求更高的收益率来补偿它。例如，如果投资者预期投资期内的年价格上涨率（即他的预期通货膨胀率）为 2%，则他的必要收益率将提高 2 个百分点。在我们的例子中，投资者需要在未来获得 106 美元，才会愿意在通货膨胀期间推迟 100 美元的消费（即要求名义无风险利率为 6%，而不是 4%）。

此外，如果投资的未来收益金额不确定（借款人可能无法在贷款到期时还清贷款），那么投资者的必要收益率将高于名义无风险利率。投资收益的不确定性就是投资风险。高于名义无风险利率的额外收益率被称为风险溢价。在我们之前的例子中，投资者要求从今天起一年后获得超过 106 美元的金额来补偿不确定性。例如，如果投资者要求的金额为 110 美元，那么风险溢价将为 4 美元（4%）。

1.1.1 投资的定义

根据我们的讨论，我们可以给出投资的正式定义。具体而言，**投资**是当前承诺投入资金一个时期以获得未来收益，用于补偿投资者投入资金的时间、这个时期内的预期通货膨胀率、未来投资收益的不确定性。投资者可以是个人、政府、养老基金或公司。同样，该定义也包括所有类型的投资，包括公司对厂房和设备的投资以及个人对股票、债券、商品或房地产的投资。本书重点关注的是个人投资者的投资。在所有情况下，投资者都是在今天用已知金额的投资换取高于该金额（现值）的预期未来收益流。

此时，我们已经回答了人们为什么投资以及他们希望从投资中获得什么的问题。他们投资是为了从推迟消费导致的储蓄中获得收益。他们想获得某个收益率来补偿投资占用的时期、预期通货膨胀率和未来现金流的不确定性。本书从头至尾讨论的就是这个收益率，即投资者的**必要收益率**。本书的一个核心问题是，投资者如何选择为其提供必要收益率的投资。

---

① 相反，当当期收入低于当期消费需求时，人们会借款以弥补差额。虽然我们会多次讨论借款，但本书的主要重点是如何投资储蓄。

　　下一节将介绍如何衡量投资的预期收益率或历史收益率，以及如何量化预期收益率的不确定性（风险）。您需要了解这些用于衡量收益率和收益率不确定性的方法，以评估特定投资是否合适。虽然我们的重点是金融资产，例如债券和股票，但我们也会提到其他资产，例如艺术品和古董。第 2 章讨论了金融资产的范围，还考察了一些非金融资产。

1.2　收益和风险的衡量指标

　　本书的目的是帮助您了解如何在不同投资之间进行选择。这个选择过程要求您估计和评估不同可行投资的预期风险-收益权衡。因此，您必须了解如何准确衡量投资的收益率和风险。为了满足这一需求，在本节中，我们将分析量化收益和风险的方法。这部分内容将考察如何衡量历史收益率、预期收益率和风险。

　　因为本书和其他书籍提供了各种资产的历史的平均收益率和风险指标的大量示例，所以我们将考察收益和风险的历史衡量指标，了解这些表述方法很重要。此外，投资者还经常使用这些历史结果来估计某个资产类别的预期收益率和风险。

　　第一个衡量指标是投资者持有某项投资期间（即持有期）该投资的历史收益率。接下来，我们将考察如何衡量某项投资在多个时期内的平均历史收益率，以及投资组合的平均收益率。

　　给定历史收益率指标，我们将介绍一组按时间顺序排列的历史收益率的传统风险衡量指标（即所分析时期内的收益率方差和标准差）。

　　在介绍了历史收益率和风险的衡量指标之后，我们将开始估计投资的预期收益率。显然，这种估计包含大量不确定性，我们介绍了这种不确定性或风险的衡量指标。

1.2.1　历史收益率的衡量指标

　　当您评估待加入投资组合的不同投资时，您通常会比较价格或期限差异很大的投资。例如，您可能想比较一只不支付股利、售价为 10 美元的股票与一只每年支付 5 美元股利、售价为 150 美元的股票。要正确评估这两项投资，您必须准确比较它们的历史收益率。本节的目的就是正确衡量收益率。

　　当我们进行投资时，我们会推迟当期消费，以增加财富，使我们将来可以进行更多消费。因此，当我们谈论投资收益时，我们关心的是这项投资带来的财富变化。这种财富变化可能是现金流入（例如利息或股利）导致的，也可能是资产价格的（正向或负向）变化导致的。

　　如果您在年初投资 200 美元，并在年末收回 220 美元，那么您在此期间的收益率是多少？您拥有一项投资的时期被称为持有期，该期间的收益率为**持有期收益比率（holding period return，HPR）**。在本例中，持有期收益比率为 1.10，计算公式如下：

$$持有期收益比率 = \frac{投资的期末价值}{投资的期初价值} = \frac{220}{200} = 1.10 \qquad (1.1)$$

　　该持有期收益比率始终大于或等于零，也就是说，它永远不会为负值。大于 1.0 的值表示您的财富增加，说明您在此期间获得了正收益率。小于 1.0 的值表示您的财富减少，说明您在此期间的收益率为负。持有期收益比率为零表示您损失了投资于该资产的所有资金（财富）。

尽管持有期收益比率可以帮助我们表示投资价值的变化，但投资者通常以年百分比形式评估收益。换算为年百分比更方便我们直接比较明显具有不同特征的不同投资。将持有期收益比率换算为年百分比的第一步是得出百分比收益率，它被称为**持有期收益率（holding period yield，HPY）**。持有期收益率等于持有期收益比率减 1。

$$持有期收益率＝持有期收益比率－1 \tag{1.2}$$

在我们的例子中：

$$持有期收益率＝1.10－1＝0.10＝10\%$$

要得出年持有期收益率，您需要计算出年持有期收益比率，然后减去 1。年持有期收益比率的计算公式如下：

$$年持有期收益比率＝持有期收益比率^{1/n} \tag{1.3}$$

其中：n＝持有投资的年数。

假设一项投资的成本为 250 美元，持有两年后价值为 350 美元：

$$持有期收益比率＝\frac{投资的期末价值}{投资的期初价值}＝\frac{350}{250}＝1.40$$

$$年持有期收益比率＝1.40^{1/n}＝1.40^{1/2}＝1.183\ 2$$

$$年持有期收益率＝1.183\ 2－1＝0.183\ 2＝18.32\%$$

如果您的财富价值下降，那么计算公式如下：

$$持有期收益比率＝\frac{投资的期末价值}{投资的期初价值}＝\frac{400}{500}＝0.80$$

$$持有期收益率＝0.80－1.00＝－0.20＝－20\%$$

两年的亏损计算公式如下：

$$持有期收益比率＝\frac{投资的期末价值}{投资的期初价值}＝\frac{750}{1\ 000}＝0.75$$

$$年持有期收益比率＝0.75^{1/n}＝0.75^{1/2}＝0.866$$

$$年持有期收益率＝0.866－1.00＝－0.134＝－13.4\%$$

相比之下，假设仅持有 6 个月的 100 美元投资获得了 12 美元收益：

$$持有期收益比率＝\frac{112}{100}＝1.12\ (n＝0.5)$$

$$年持有期收益比率＝1.12^{1/0.5}＝1.12^{2}＝1.254\ 4$$

$$年持有期收益率＝1.254\ 4－1＝0.254\ 4＝25.44\%$$

请注意，我们在将 6 个月持有期收益率换算为年持有期收益率时做出了一些隐含假设。这种计算年持有期收益率的方法假设每年的年收益率不变。在两年期投资中，我们假设每年的复合收益率为 18.32%。在对不满一年的持有期收益率进行年化时，我们假设收益在全年计算复利。也就是说，我们假设在前 6 个月末的价值的基础上，将继续获得与上半年相同的收益率。对前 6 个月的收益率 12% 计算复利后，得到全年收益率为 25.44%。[1]

---

[1] 要检验您是否理解了计算方法，请计算 3 年持有期收益比率为 1.50 时的年持有期收益率。（答案：14.47%。）计算 3 个月持有期收益比率为 1.06 时的年持有期收益率。（答案：26.25%。）

由于在未来 6 个月能否获得相同收益率具有不确定性，因此银行通常不会对不满一年的结果计算复利。

最后请记住一点：投资的期末价值可能仅来自投资本身价格的正向变化或负向变化（例如，股价从每股 20 美元变为每股 22 美元），或仅来自投资收益，也可能既来自投资价格变化又来自投资收益。期末价值包括与投资相关的所有要素的价值。

1.2.2 计算平均历史收益率

现在我们已经计算出单项投资的 1 年持有期收益率，接下来我们希望考察单项投资和投资组合的**平均收益率**。在多年期间，单项投资可能会在某些年份获得高收益率，而在另一些年份获得低收益率或负收益率。您的分析应考察其中每个收益率，但您还需要一个总括数字来显示这项投资的典型绩效，即您长期持有这项投资时可能期望获得的收益率。您可以通过计算这项投资在一个时期内的平均年收益率（持有期收益率）来得出该总括数字。

或者，您也可能希望评估包括类似投资（例如，均为股票或均为债券）或不同类别投资（例如，股票、债券和房地产）的投资组合。在这种情况下，您将计算该投资组合在单个年份或多个年份的平均收益率。

单项投资 给定单项投资的一组年收益率（持有期收益率），可以用两个总括指标来衡量收益绩效。第一个指标是算术平均收益率，第二个指标是几何平均收益率。计算**算术平均值（arithmetic mean，AM）**的方法是用年持有期收益率之和（$\sum$）除以年数（n），如下所示：

$$AM = \sum HPY/n \tag{1.4}$$

其中：$\sum HPY = $ 年持有期收益率之和。

另一个指标是**几何平均值（geometric mean，GM）**，它是 n 年的年持有期收益比率之积的 n 次方根减去 1。

$$GM = [\pi HPR]^{1/n} - 1 \tag{1.5}$$

其中：$\pi HPR = $ 年持有期收益比率之积，如下所示：

$$(HPR_1) \times (HPR_2) \cdots (HPR_n)$$

为了说明这些不同指标，请考虑有以下数据的投资：

年份	期初价值	期末价值	持有期收益比率	持有期收益率
1	100.0	115.0	1.15	0.15
2	115.0	138.0	1.20	0.20
3	138.0	110.4	0.80	−0.20

$$AM = [0.15 + 0.20 + (-0.20)]/3$$
$$= 0.15/3$$
$$= 0.05 = 5\%$$

$$GM = (1.15 \times 1.20 \times 0.80)^{1/3} - 1$$
$$= (1.104)^{1/3} - 1$$
$$= 1.033\,53 - 1$$
$$= 0.033\,53 = 3.353\%$$

比较不同投资时，投资者通常会关注长期绩效。几何平均收益率被认为是衡量长期平均收益率的最佳指标，因为它表示基于投资期末价值与期初价值之比的复合年收益率。[①]具体而言，使用前面的例子，如果我们用 3.353% 计算 3 年期复利，即 $(1.033\,53)^3$，我们将得到期末财富价值为 1.104。

尽管算术平均收益率可以很好地表明投资在未来某一年的预期收益率，但如果您想衡量资产的长期绩效，那么它会偏高。这种偏差在价格高度波动的证券上体现得很明显。例如，假设有一只证券，它在第 1 年的价格从 50 美元上涨到 100 美元，然后在第 2 年回落到 50 美元，则年持有期收益率为：

年份	期初价值	期末价值	持有期收益比率	持有期收益率
1	50	100	2.00	1.00
2	100	50	0.50	−0.50

这将得出算术平均收益率为：
$$[1.00 + (-0.50)]/2 = 0.50/2$$
$$= 0.25 = 25\%$$

该投资没有带来财富变化，因此没有收益，然而计算出的算术平均收益率为 25%。

几何平均收益率为：
$$(2.00 \times 0.50)^{1/2} - 1 = (1.00)^{1/2} - 1$$
$$= 1.00 - 1 = 0$$

这个收益率为 0 的答案准确地反映出一个事实，即在两年期内，这项投资没有带来财富变化。

当所有年份的收益率都相同时，几何平均收益率将等于算术平均收益率。如果这些年份的收益率不同，则几何平均收益率将始终低于算术平均收益率。两个平均收益率之间的差异将取决于收益率的年度变化。收益率的年度变化越大——即波动性越大——将导致投资的几何平均收益率与算术平均收益率差异越大。我们将在后续章节中指出这种例子。

了解这两种平均收益率的计算方法很重要，因为大多数公开发表的长期投资绩效报道或金融研究摘要都同时使用算术平均收益率和几何平均收益率作为平均历史收益率的衡量指标。我们也将在本书中同时使用两者，前提是明白算术平均收益率是单个年份预期收益率的最佳指标，而几何平均收益率是长期绩效的最佳指标，因为它衡量的是资产的复合年收益率。

---

① 请注意，正如前面讨论多期案例的年持有期收益率时所述，无论是计算年持有期收益率的几何平均值还是将期末价值与期初价值进行比较来计算 3 年期的年持有期收益率，得到的几何平均收益率都是相同的。

投资组合 投资组合的平均历史收益率（持有期收益率）是用投资组合中单项投资的持有期收益率加权平均值或初始投资组合总价值的变化率来衡量的。用于计算持有期收益率加权平均值的权重是每项投资的相对期初市场价值；这被称为金额加权平均收益率或价值加权平均收益率。图表 1-1 中的示例说明了这种方法。如图所示，无论是使用期初市场价值权重计算加权平均收益率，还是计算投资组合总价值的变化率，持有期收益率都是相同的（9.5%）。

图表 1-1　计算投资组合的持有期收益率

投资	股数	期初价格（美元）	期初市场价值（美元）	期末价格（美元）	期末市场价值（美元）	持有期收益比率	持有期收益率（%）	市场权重[a]	加权平均持有期收益率
A	100 000	10	1 000 000	12	1 200 000	1.20	20	0.05	0.01
B	200 000	20	4 000 000	21	4 200 000	1.05	5	0.20	0.01
C	500 000	30	15 000 000	33	16 500 000	1.10	10	0.75	0.075
总计			20 000 000		21 900 000				0.095

$$HPR = \frac{21\ 900\ 000}{20\ 000\ 000} = 1.095$$

$$HPY = 1.095 - 1 = 0.095$$

$$= 9.5\%$$

a. 计算权重的基础是期初价值。

尽管历史绩效分析很有用，但选择投资来组成投资组合需要您预测未来的收益率。下一节将讨论如何估计这种预期收益率。我们将认识到这种未来预期的巨大不确定性，并将讨论如何衡量这种不确定性，它被称为投资风险。

1.2.3　计算预期收益率

风险是一项投资获得预期收益率的不确定性。在上一节的例子中，我们分析了已实现的历史收益率。相比之下，正在评估未来投资选择的投资者预期或预计将获得确定的收益率。投资者可能会说，他（她）预期投资将提供 10% 的收益率，但这实际上是投资者最可能的估计，也被称为点估计。进一步说，投资者可能会承认该点估计收益率的不确定性，并承认在某些条件下，这项投资的年收益率可能低至 −10% 或高达 25%。关键是，投资可能收益率的范围扩大反映出投资者对实际收益率的不确定。因此，可能收益率范围越大，意味着投资风险越大。

投资者通过分析可能收益率的估计值来确定投资的预期收益率的确定性。为此，投资者将给所有可能的收益率分配概率值。这些概率值的范围为 0（表示不可能有收益）至 1（表示完全确定投资将提供指定收益率）。这些概率通常是基于该投资或类似投资的历史绩效的主观估计，并根据投资者对未来的预期进行修正。例如，投资者可能知道在大约 30% 的时间里，这项特定投资的收益率为 10%。使用这些信息以及对经济的未来预期，人们可以估计出未来可能发生的收益率。

投资的预期收益率的定义为：

$$预期收益率 = \sum_{i=1}^{n}(收益率的概率 \times 可能的收益率)$$

$$E(R_i) = [(P_1R_1) + (P_2R_2) + (P_3R_3) + \cdots + (P_nR_n)] \tag{1.6}$$

$$E(R_i) = \sum_{i=1}^{n}(P_iR_i)$$

在分析风险的影响之前，首先让我们来看一个具有完全确定性的例子，在这个例子中，投资者将绝对确定地获得5%的收益率。图表1-2说明了这种情况。

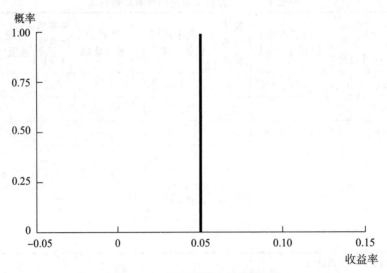

图表1-2　无风险投资的概率分布

完全确定性只允许有一个可能的收益率，并且获得该收益率的概率为1.00。很少有投资能提供确定的收益率并被视为无风险投资。在具有完全确定性的情况下，P_iR_i只有一个值：

$$E(R_i) = 1.00 \times 0.05 = 0.05 = 5\%$$

在另一种情况下，假设投资者认为一项投资在不同的可能经济环境中可以提供几种不同的收益率。例如，在企业利润很高、通货膨胀率很低或没有通货膨胀的强劲经济环境中，投资者可能预期明年**普通股**的收益率将高达20%。相比之下，如果经济下滑且通货膨胀率高于平均水平，那么投资者可能预期明年普通股的收益率为−20%。最后，在经济环境没有重大变化的情况下，明年的收益率可能会接近10%的长期平均水平。

投资者可能会根据过去的经验和当前的预测估计每种经济情景的概率，如下所示：

经济环境	概率	收益率
经济强劲，无通货膨胀	0.15	0.20
经济疲软，高于平均水平的通货膨胀率	0.15	−0.20
经济无重大变化	0.70	0.10

这组可能结果可以画成图形，如图表1-3所示。

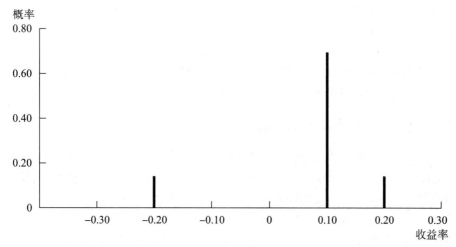

图表 1 - 3　有三种可能收益率的风险投资的概率分布

预期收益率 $E(R_i)$ 的计算公式如下：

$$E(R_i) = 0.15 \times 0.20 + 0.15 \times (-0.20) + 0.70 \times 0.10$$
$$= 0.07$$

显然，和之前只有一种可能收益率的投资相比，投资者对该投资的预期收益率没有那么确定。

第三个例子是一项有 10 种可能收益率的投资，其可能的收益率从 -40% 到 50% 不等，每种收益率的概率相同。这组预期的图形如图表 1 - 4 所示。

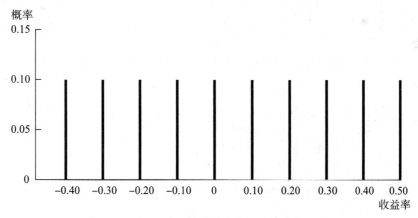

图表 1 - 4　有 10 种可能收益率的风险投资的概率分布

在这个例子中，多种概率导致了多种收益率结果。该投资的预期收益率 $E(R_i)$ 为：

$$E(R_i) = 0.10 \times (-0.40) + 0.10 \times (-0.30) + 0.10 \times (-0.20)$$
$$+ 0.10 \times (-0.10) + 0.10 \times 0 + 0.10 \times 0.10 + 0.10 \times 0.20$$
$$+ 0.10 \times 0.30 + 0.10 \times 0.40 + 0.10 \times 0.50$$
$$= (-0.04) + (-0.03) + (-0.02) + (-0.01) + 0 + 0.01 + 0.02$$
$$+ 0.03 + 0.04 + 0.05$$
$$= 0.05$$

该投资的预期收益率与第一个例子中讨论的确定性收益率相同；但是，在这个例子中，投资者对实际收益率非常不确定。由于这种不确定性，这将被视为一项风险投资。我们预计，在这项风险投资和确定性投资（无风险投资）之间进行选择的投资者会选择确定性投资。这种预期是基于认为大多数投资者都**厌恶风险**的观点，这意味着如果其他一切条件相同，投资者将选择确定性更高（即风险更低）的投资。

1.2.4　衡量预期收益率的风险

我们已经证明，我们可以通过找出投资的可能收益率范围并根据每个收益率的发生概率为每个可能收益率分配一个权重，来计算预期收益率并评估投资的不确定性或风险。尽管图表能帮助我们形象了解可能收益率的分布，但大多数投资者都希望使用统计方法来量化这种分布。这些统计指标让您可以直接比较不同投资的收益和风险指标。两种可能的风险（不确定性）指标得到了投资组合理论文献的支持：预期收益率估计分布的方差和标准差。

在本节中，我们将说明方差和标准差如何衡量可能的收益率相对于预期收益率的离散程度。我们将使用前面讨论过的示例。方差的公式如下所示：

$$方差(\sigma^2) = \sum_{i=1}^{n} 概率 \times (可能的收益率 - 预期收益率)^2$$
$$= \sum_{i=1}^{n} P_i [R_i - E(R_i)]^2 \tag{1.7}$$

方差　预期收益率的**方差**越大，预期收益率的离散程度就越大，投资的不确定性或风险也越大。完全确定性投资（无风险投资）例子的方差公式为：

$$\sigma^2 = \sum_{i=1}^{n} P_i [R_i - E(R_i)]^2$$
$$= 1.0 \times (0.05 - 0.05)^2 = 1.0 \times 0 = 0$$

请注意，因为完全确定性投资没有偏离预期的情况，所以没有收益率方差，也就没有风险或不确定性。第二个例子的方差为：

$$\sigma^2 = \sum_{i=1}^{n} P_i [R_i - E(R_i)]^2$$
$$= 0.15 \times (0.20 - 0.07)^2 + 0.15 \times (-0.20 - 0.07)^2$$
$$+ 0.70 \times (0.10 - 0.07)^2$$
$$= 0.002\,535 + 0.010\,935 + 0.000\,63$$
$$= 0.014\,1$$

标准差　**标准差**是方差的平方根：

$$标准差 = \sqrt{\sum_{i=1}^{n} P_i [R_i - E(R_i)]^2} \tag{1.8}$$

第二个例子的标准差为：

$$\sigma = \sqrt{0.014\,1}$$
$$= 0.118\,74 = 11.874\%$$

因此，在描述这个投资例子时，您会称预期收益率为7%，但预期标准差为11.87%。

相对风险指标　在某些情况下，未经调整的方差或标准差可能会产生误导。如果两项或多项投资的条件不相似——也就是说，如果预期收益率存在重大差异——则必须使用相对变异性指标来表示单位预期收益率的风险。一种广为使用的相对风险指标是**变异系数**（coefficient of variation，CV），其计算公式如下：

$$变异系数（CV）=\frac{收益率的标准差}{预期收益率}$$

$$=\frac{\sigma_i}{E(R)} \tag{1.9}$$

上例中的变异系数为：

$$CV=\frac{0.118\ 74}{0.070\ 00}$$

$$=1.696$$

金融分析师使用这种相对变异性和风险的衡量指标来比较收益率和收益率标准差差异巨大的不同投资。例如，请考虑以下两项投资：

	投资 A	投资 B
预期收益率	0.07	0.12
标准差	0.05	0.07

比较绝对风险指标时，投资 B 似乎风险更大，因为它的标准差为 7%，而投资 A 的标准差为 5%。相比之下，变异系数显示，投资 B 的相对变异性较小或单位预期收益率的风险较低，因为它的预期收益率高得多：

$$CV_A=\frac{0.05}{0.07}=0.714$$

$$CV_B=\frac{0.07}{0.12}=0.583$$

1.2.5　历史收益率的风险指标

为了衡量一系列历史收益率的风险，我们使用与预期收益率相同的风险衡量指标（方差和标准差），除了所使用的收益率是历史持有期收益率，计算公式如下：

$$\sigma^2=\left[\sum_{i=1}^{n}[HPY_i-E(HPY)]^2\right]\Big/n \tag{1.10}$$

其中：

$\sigma^2=$一系列持有期收益率的方差；

$HPY_i=$第 i 期的持有期收益率；

$E(HPY)=$持有期收益率的预期值，等于该组持有期收益率的算术平均值；

$n=$观察值个数。

标准差是方差的平方根。这两个指标都表明各持有期收益率在一个时期内偏离这组持有期收益率的预期值的程度。本章的附录中包含一个计算示例。正如后面的章节中介绍不同资产类别的历史收益率时所示，将标准差作为一系列收益率或资产类别收益率的风险（不确定性）指标是相当普遍的做法。

1.3　必要收益率的决定因素

在本节中，我们将继续讨论选择组成投资组合的证券时必须考虑的因素。您应该记得，这个选择过程是指找出收益率能补偿以下要素的证券：（1）投资期内的货币时间价值，（2）投资期内的预期通货膨胀率，（3）所涉及的风险。

补偿这三个要素的收益率之和被称为必要收益率。这是投资者为了补偿推迟消费所应接受的最低投资收益率。由于必要收益率对总体投资选择过程很重要，因此本节讨论了必要收益率的三个组成部分以及各组成部分的影响因素。

市场利率走势使必要收益率的分析和估计变得复杂。首先，任何时点上的不同投资都有许多收益率。其次，具体资产的收益率会随着时间推移发生巨大变化。最后，不同资产的收益率差异（即利差）会随时间的推移而变化。

图表1-5中不同债券的收益率数据证明了这三个特征。首先，即使所有这些证券都有基于债券合约的承诺收益率，任何一年的承诺年收益率也有很大差异。例如，2009年，不同资产的平均收益率从国库券的0.15%到Baa级公司债券的7.29%不等。其次，具体资产的收益率也有变化，例如3个月期美国国库券利率从2007年的4.48%降至2009年的0.15%。最后，收益率之差（被称为利差）将随时间推移而变化，Baa级债券与Aaa级债券的利差就是一个例子。[①] 2007年两者的利差为91个基点（即6.47%－5.56%），但2009年的利差增至198个基点（即7.29%－5.31%）。（一个基点为0.01%。）

图表1-5　不同债券的承诺收益率（%）

债券类型	2004年	2005年	2006年	2007年	2008年	2009年	2010年
3个月期美国国库券	0.14	3.16	4.73	4.48	1.37	0.15	0.14
10年期美国国债	3.22	3.93	4.77	4.94	3.66	3.26	3.22
Aaa级公司债券	4.94	5.24	5.59	5.56	5.63	5.31	4.94
Baa级公司债券	6.04	6.06	6.48	6.47	7.44	7.29	6.04

资料来源：《美国联邦储备委员会公告》（*Federal Reserve Bulletin*）（多期）。

由于每项投资的风险程度不同使收益率存在差异，因此您必须考虑并了解影响必要收益率的风险因素。因为所有投资的必要收益率都会随着时间推移而变化，而且不同投资之间存在巨大差异，所以您需要了解决定必要收益率的几个要素，首先是无风险利率。在本章中，我们将考察必要收益率的三个组成部分，并简要讨论影响这些组成部分的因素。第8章介绍估值理论时将详细讨论影响这些组成部分的因素。

1.3.1　实际无风险利率

实际无风险利率（real risk-free rate，RRFR）是基本利率，它假设没有通货膨胀且未

---

① 债券由评级机构根据证券的信用风险，即违约概率进行评级。Aaa级是穆迪（一家著名评级机构）的最高评级，它被授予几乎不可能违约的债券。（只有美国国债被认为具有更高质量。）Baa级低于Aaa级，它是穆迪对在不利经济条件下有一定可能违约且质量通常较高的债券的评级。

来现金流没有不确定性。如果无通货膨胀经济体中的投资者确切地知道他（她）将在什么时间收到多少现金流，那么该投资者将要求投资获得实际无风险利率。以前，我们称其为纯货币时间价值，因为投资者唯一的牺牲是推迟一个时期使用资金。这个实际无风险利率是当期商品和未来商品之间的无风险交易价格。

两个因素影响这种交易价格：一个是主观因素，另一个是客观因素。主观因素是个人对收入消费的时间偏好。当人们放弃今年的 100 美元消费时，从现在起一年后他们需要多少消费来补偿这种牺牲？人类对当前消费的渴望强度会影响所要求的补偿率。时间偏好因人而异，市场会产生一个综合利率，它包括所有投资者的偏好。这个综合利率随着时间的推移逐渐变化，因为它受到经济中所有投资者的影响，他们的偏好变化可能会相互抵消。

影响实际无风险利率的客观因素是经济中的可得投资机会集。可得的投资机会反过来又取决于经济的长期实际增长率。快速增长的经济会产生更多、更好的正收益率投资机会。经济的长期实际增长率变化会导致所有投资机会的变化以及所有投资的必要收益率的变化。正如提供资本的投资者在增长率较高时将要求较高收益率一样，希望借款进行投资的人将愿意且能够为使用投资资金支付更高的收益率，因为他面临的增长率更高，机会更好。因此，经济的实际增长率与实际无风险利率之间存在正相关关系。

1.3.2　影响名义无风险利率的因素

之前，我们观察到投资者愿意以被称为无风险利率的交换比率放弃当期消费，增加未来消费。这个交换比率是实际指标，因为我们假设投资者希望增加实际商品和服务的消费，而不是消费相同数量但价格更高的商品和服务。因此，当我们讨论利率时，我们需要区分根据一般价格水平变化调整的实际利率和以货币关系表示的名义利率。也就是说，市场上通行的名义利率取决于实际利率加上影响名义利率的因素，例如预期通货膨胀率和货币环境。

值得注意的是，因为我们关注的是长期实际增长率，所以决定实际无风险利率的变量只会逐渐变化。因此，您可能预期无风险投资的必要收益率在一个时期内非常稳定。但正如关于图表 1-5 的讨论所示，2004—2010 年期间的 3 个月期美国国库券的利率并不稳定。图表 1-6 中的其他观察结果证明了这一点，其中包含 1987—2016 年期间的国库券承诺收益率。

投资者将国库券视为无违约投资的主要例子，是因为政府有从税收中获取收入或创造货币用于支付利息的无限能力。因此，人们预期国库券利率只会逐渐变化。但事实上，图表 1-6 中的数据显示出高度不稳定的模式。具体来说，收益率从 1999 年的 4.64% 升至 2000 年的 5.82%，然后在三年内下降了 80% 以上，到 2003 年降至 1.01%，随后在 2006 年升至 4.73%，最终在 2016 年达到 0.20%。显然，尽管实际无风险利率的基本决定因素非常稳定，但无违约投资的名义利率在长期或短期都不稳定，因为还有另外两个因素影响名义无风险利率（nominal risk-free rate, NRFR）：(1) 资本市场的相对宽松或紧缩，(2) 预期通货膨胀率。

图表 1-6　3个月期国库券收益率和通货膨胀率

年份	3个月期国库券收益率（%）	通货膨胀率（%）	年份	3个月期国库券收益率（%）	通货膨胀率（%）
1987	5.78	4.40	2002	1.61	2.49
1988	6.67	4.40	2003	1.01	1.87
1989	8.11	4.65	2004	1.37	3.26
1990	7.50	6.11	2005	3.16	3.42
1991	5.38	3.06	2006	4.73	2.54
1992	3.43	2.90	2007	4.48	4.08
1993	3.33	2.75	2008	1.37	0.09
1994	4.25	2.67	2009	0.15	2.72
1995	5.49	2.54	2010	0.14	1.50
1996	5.01	3.32	2011	0.04	2.96
1997	5.06	1.70	2012	0.06	1.74
1998	4.78	1.61	2013	0.02	1.51
1999	4.64	2.70	2014	0.02	0.76
2000	5.82	3.40	2015	0.02	0.73
2001	3.40	1.55	2016	0.20	2.07

资料来源：《美国联邦储备委员会公告》（多期）；《总统经济报告》（*Economic Report of the President*）（多期）。

资本市场环境　您应该记得，之前的经济学和金融课程曾经提到，资本市场的目的是撮合希望用储蓄进行投资的投资者与需要资本扩张的公司或需要为预算赤字融资的政府。任何时点上的资金成本（利率）都是使当前资金供求相等的价格。在这个长期均衡以外，资金供求暂时失衡会导致资本市场的短期变化，即相对宽松或相对紧缩。

例如，失衡可能是由货币政策（例如，目标联邦基金利率）或财政政策（例如，联邦赤字）的意外变化引起的。这种变化会导致名义无风险利率发生变化，但这种变化应该是短暂的，因为从长期来看，利率的升高或降低都会影响资金供求。例如，由政府支出增加（宽松的财政政策）引起的联邦赤字增加将提高资金需求并导致利率上升。反过来，这种利率上升将导致公司或个人的储蓄增加和资金需求减少。市场环境的这些变化将使利率回到基于长期经济增长率的长期均衡。

预期通货膨胀率　此前，我们曾指出，如果投资者预期在投资期内通货膨胀率将上升，他们将要求收益率中包含对预期通货膨胀率的补偿。假设您要求无风险投资的实际收益率为4%，但您预期在投资期内价格将上涨3%。在这种情况下，您应该提高必要收益率，提高部分等于该预期通货膨胀率，使必要收益率达到约7%[=(1.04×1.03)−1]。如果您不提高必要收益率，那么您在年底收到的104美元将代表约1%而非4%的实际收益率。由于价格在这一年上涨了3%，因此以前价格为100美元的东西现在价格为103美元，所以年底您的消费只能增加约1%[=($104/$103)−1]。如果您要求7.12%的名义收益率，那么您的实际消费可能增加4%[=（＄107.12/＄103）－1]。因此，投资者对无风险投资的名义必要收益率应为：

$$名义无风险利率＝（1＋实际无风险利率）×（1＋预期通货膨胀率）－1 \qquad (1.11)$$

重新整理该式，您可以计算出投资的实际无风险利率，如下所示：

$$实际无风险利率＝\frac{1＋名义无风险利率}{1＋通货膨胀率}－1 \qquad (1.12)$$

为了解该式的原理，假设美国国库券在给定年份的名义收益率为9%，当时的通货膨胀率为5%。在这种情况下，这些国库券的实际无风险利率为3.8%，如下所示：

$$实际无风险利率＝（1＋0.09）/（1＋0.05）－1$$
$$＝1.038－1$$
$$＝0.038＝3.8\%$$

显然，无风险投资的名义利率并不是对实际无风险利率的准确估计，因为名义利率在短期内会因资本市场的暂时放松或收紧或者预期通货膨胀率的变化而发生剧烈变化。如图表1-6所示，国库券平均收益率的显著变化通常与通货膨胀率的大幅变化有关。

共同影响　迄今为止，我们讨论的关于必要收益率的所有因素均同等地影响所有投资。无论投资于股票、债券、房地产还是机床，如果预期通货膨胀率从2%升至6%，投资者对所有投资的必要收益率均应增加4%。同理，如果预期经济实际增长率下降导致实际无风险利率下降1%，则所有投资的必要收益率均应下降1%。

1.3.3　风险溢价

无风险投资的定义为投资者确定地知晓预期收益金额和收益获得时间的投资。大多数投资的收益都不符合这种模式。投资者通常不能完全确定收益金额或获得收益的时间。投资的不确定性程度不一，既有基本无风险的证券（如国库券），也有高度投机的投资（如从事高风险业务的小公司的普通股）。

如果投资者认为预期收益率存在不确定性，那么大多数投资者都会要求更高的投资收益率。必要收益率高于名义无风险利率的部分就是**风险溢价（risk premium，RP）**。尽管必要风险溢价代表所有不确定性的总和，但我们可以考察几个基本的不确定性来源。在本节中，我们列出并简要讨论了不确定性的主要来源，包括：（1）商业风险，（2）金融风险（杠杆），（3）流动性风险，（4）汇率风险，（5）国家（政治）风险。

商业风险是由公司业务性质导致的收入流的不确定性。公司的收入流越不确定，流向投资者的收入就越不确定。因此，投资者将要求风险溢价，该风险溢价是基于公司基本业务导致的不确定性。例如，零售食品公司的销售收入和利润通常会随时间推移而稳定增长，并且与汽车公司或航空公司相比，其商业风险较低，因为后者的销售收入和利润在经济周期内波动很大，这意味着高商业风险。

金融风险是公司筹措投资资金的方法导致的不确定性。如果一家公司只用普通股为投资融资，那么只会产生商业风险。如果一家公司借款为投资融资，就必须在向普通股股东提供收益之前支付固定融资费用（以向债权人支付利息的形式），因此股票投资者的收益不确定性将增加。这种因固定成本融资而增加的不确定性被称为金融风险或金融杠杆，它会导致股票的风险溢价增加。关于这方面的扩展讨论，请参见布里格姆（Brigham，2010）

的研究。

流动性风险是二级市场导致的投资不确定性。当投资者购得一项资产时，他（她）预期将持有该投资至到期（如债券）或将其出售给其他人。在任何一种情况下，投资者都希望能将证券转换为现金，并将所得款项用于当期消费或其他投资。转换为现金的难度越大，流动性风险就越大。投资者在评估投资的流动性风险时必须考虑两个问题：将投资转换为现金需要多长时间？收到的价格的确定性有多高？希望购买资产的投资者面临类似的不确定性：购买资产需要多长时间？支付的价格的不确定性有多高？[①]

例如，美国国库券几乎没有流动性风险，因为它可以在几秒钟内以几乎与报价相同的价格买卖。相比之下，非流动性投资的例子包括艺术品、古董或偏远地区的一处房地产。此类投资可能需要很长时间才能找到买家，而且售价可能与预期相去甚远。在投资外国证券时，根据国别及其股票市场和债券市场的流动性评估流动性风险至关重要。

汇率风险是投资者购买以本国货币之外的货币计价的证券的收益不确定性。当投资者买卖来自世界各地的资产，而不仅是本国的资产时，这种风险就会变大。购买以日元计价的日本股票的美国投资者不仅必须考虑日元收益的不确定性，还必须考虑日元相对于美元的汇率变化。也就是说，除了考虑外国公司的商业风险和金融风险以及证券的流动性风险之外，投资者还必须考虑该日本股票从日元兑换为美元时的收益不确定性。

举一个汇率风险的例子，假设汇率为 105 日元/美元时，您以 1 050 日元/股的价格购买了 100 股三菱电机（Mitsubishi Electric）的股票。这项投资的美元成本约为每股 10.00（＝1 050/105）美元。一年后，当汇率为 115 日元/美元时，您以 1 200 日元/股的价格卖出了 100 股股票。当您计算日元的持有期收益率时，您会发现该股票的价值增加了约 14%（＝1 200/1 050－1），但这是日本投资者的持有期收益率。美国投资者获得的收益率要低得多，因为在此期间，日元相对于美元走弱了约 9.5%（也就是说，购买 1 美元需要更多日元——115 日元而不是 105 日元）。按照新的汇率，该股票的价值为每股 10.43（＝1 200/115）美元。因此，作为美国投资者，您的收益率仅约为 4%（＝10.43/10.00－1），而日本投资者的收益率为 14%。日本投资者和美国投资者的收益率差异是由汇率风险导致的，即日元相对于美元的价值下降。显然，汇率也可能向另一个方向发展，即美元相对于日元走弱——例如，假设汇率从 105 日元/美元跌至 95 日元/美元。在这种情况下，作为美国投资者，您将获得 14% 的日元收益率，您还应该计算汇率变化带来的汇率收益。[②]

两国之间的汇率波动越大，您对汇率的确定性越低，汇率风险越大，您要求的汇率风险溢价也越大。关于对这种风险定价的分析，请参见若里翁（Jorion，1991）的研究。

在销售收入和费用方面具有广泛跨国性的美国公司也可能存在汇率风险。在这种情况下，公司的外国利润会受到汇率变化的影响。正如我们将要讨论的，公司通常可以付出一定成本来对冲这种风险。

---

① 您以前学的课程应该提到过，整个资本市场由一级市场和二级市场组成。证券最初在一级市场出售，所有后续交易均在二级市场进行。第 3 章将讨论这些概念。

② 在新汇率下，该股票的美元价值为每股 12.63（＝1 200/95）美元，这表明美元收益率约为 26%，日元收益率为 14%，外汇收益率约为 12%。

国家风险，也称政治风险，是一国可能发生的政治环境或经济环境重大变化所导致的收益不确定性。当您投资于政治或经济体系不稳定的国家时，您必须在计算必要收益率时加上国家风险溢价。

在全球进行投资时（基于第 2 章的讨论，全书都强调了这一点），投资者必须考虑这些额外的不确定性。该国股票和债券的二级市场流动性如何？该国的证券是否在美国、伦敦、东京或德国的主要证券交易所进行交易？投资期间汇率会发生什么变化？政治或经济变化对投资者的收益率产生不利影响的可能性有多大？汇率风险和国家风险因国家而异。汇率风险的一个优秀衡量指标是一国汇率相对于综合汇率的绝对变异性。对国家风险的分析要主观得多，一般是基于国家的历史政治环境和当前政治环境。

上面讨论的风险组成部分可以被视为证券的基本风险，因为它涉及的是影响证券收益率波动性的内在因素。在后面的讨论中，我们引用了证券收益率的标准差作为证券总风险的衡量指标，它只考虑了个股——也就是说，股票不被视为投资组合的一部分。

风险溢价＝f（商业风险、金融风险、流动性风险、汇率风险、国家风险）

1.3.4　风险溢价与投资组合理论

马科维茨（Markowitz，1952，1959）和夏普（Sharpe，1964）通过投资组合理论和资本市场理论方面的大量研究得出了另一种风险观点。第 6 章和第 7 章将详细分析这些理论，但此时应该简要提及它们对股票风险溢价的影响。马科维茨和夏普的这些研究表明，投资者应该使用外部市场风险指标。在一组特定假设下，所有追求利润最大化的理性投资者都希望持有一个完全分散化的风险资产市场投资组合，他们通过借款或贷款达到与其风险偏好一致的风险水平。这两位学者表明，在这些条件下，单项资产的相关风险指标是该资产与市场投资组合的联动性。这种联动性由该资产与市场投资组合的协方差衡量，这被称为资产的**系统性风险**，它是单项资产总方差中归因于整个市场投资组合变异性的部分。此外，由于资产的独特性，单项资产还有与市场投资组合无关的方差（资产的非市场方差）。这种非市场方差被称为非系统性风险，通常它被认为不重要，因为它在大型分散化投资组合中会被消除。因此，在这些假设下，单项收益性资产的风险溢价是该资产的系统性风险（相对于风险资产组成的总体市场投资组合）的函数。资产的系统性风险的衡量指标被称为贝塔系数：

风险溢价＝f（系统性市场风险）

1.3.5　基本风险与系统性风险

有些人可能会预料到风险的市场指标（系统性风险）与风险的基本决定因素（商业风险等）之间存在冲突。许多研究已经分析了风险的市场指标（系统性风险）与用于衡量基本风险因素（如商业风险、金融风险和流动性风险）的会计变量之间的关系。这些研究的作者［尤其是汤普森（Thompson，1976）］普遍得出结论：风险的市场指标与风险的基本指标之间存在显著关系。因此，这两种风险指标可以互补。这种一致性看上去是合理的，因为人们可能会预料到风险的市场指标能反映资产的基本风险特征。例如，您可能预期一家有高商业风险和金融风险的公司具有高于平均水平的贝塔系数。同时，正如我们在第 6 章和第 7 章中将讨论的，一家具有高基本风险和较大收益率标准差的公司可能具有较低的系统性风险，这只是因为其利润和股价的变异性与总体经济或总体市场无关；也就是说，其总风险的一大部分来自独有的非系统性风险。因此，资产的风险溢价可以规定为：

$$风险溢价＝f（商业风险、金融风险、流动性风险、汇率风险、国家风险）$$

或

$$风险溢价＝f（系统性市场风险）$$

1.3.6　必要收益率总结

不同投资的总体必要收益率由三个变量决定：（1）经济的实际无风险利率，它受经济中投资机会（即长期实际增长率）的影响。（2）影响名义无风险利率的变量，包括资本市场的短期宽松或紧缩以及预期通货膨胀率。值得注意的是，这些决定名义无风险利率的变量对于所有投资都是相同的。（3）投资的风险溢价。反过来，这种风险溢价可能与基本因素有关，包括商业风险、金融风险、流动性风险、汇率风险和国家风险，它也可能是资产的系统性市场风险（贝塔系数）的函数。

风险的衡量指标和来源　在本章中，我们分析了投资的风险衡量指标和来源。投资的市场风险衡量指标是：

- 收益率的方差；
- 收益率的标准差；
- 收益率的变异系数（标准差/均值）；
- 投资收益率与市场投资组合收益率的协方差（贝塔系数）。

基本风险的来源为：

- 商业风险；
- 金融风险；
- 流动性风险；
- 汇率风险；
- 国家风险。

1.4　风险与收益的关系

之前，我们说明了如何衡量不同投资的风险和收益率，并讨论了决定投资者的必要收益率的因素。本节将讨论某个时点上的可得风险-收益组合，并说明导致这些组合发生变化的因素。

图表1-7描绘了风险与收益之间的预期关系。它表明，随着感知风险（不确定性）的增加，投资者会提高必要收益率。反映不同投资的风险和收益组合的直线被称为**证券市场线（security market line，SML）**。证券市场线反映了在给定时间资本市场上所有风险资产的可得风险-收益组合。投资者会选择与其风险偏好相符的投资；有些投资者只考虑低风险投资，而另一些投资者则喜欢高风险投资。

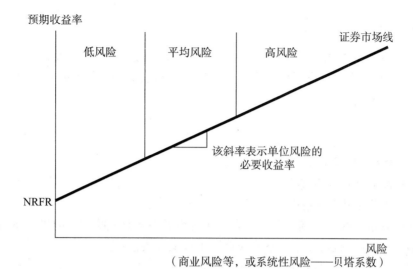

图表1-7　风险与收益的关系

从初始证券市场线开始，证券市场线可能发生三种变化：第一，由于感知投资风险的变化，证券市场线上的单项投资可能发生位置变化。第二，证券市场线的斜率会因投资者对风险的态度改变而变化；也就是说，投资者可能会改变他们对单位风险要求的收益率。第三，由于实际无风险利率或预期通货膨胀率的变化——任何可能改变名义无风险利率的变化——证券市场线可能会发生平移。本节将讨论这三种可能性。

1.4.1　沿证券市场线的运动

投资者根据他们对投资风险的看法，将不同投资置于证券市场线上的某处。显然，如果一项投资的风险由于其基本风险来源之一（商业风险、金融风险等）的变化而发生变化，那么它将沿着证券市场线（向上或向下）移动。例如，如果一家公司出售大额债券，增加了财务杠杆，从而提高了金融风险，那么投资者将认为其普通股风险升高，该公司股票将沿着证券市场线向上移至更高的风险位置，这意味着投资者将要求更高的收益率。随着普通股的风险提高，它在证券市场线上的位置将发生变化。一项投资中任何影响一个或多个基本风险因素或市场风险（即贝塔系数）的变化都将导致该项投资沿证券市场线移动，如图表1-8所示。请注意，证券市场线不会变化；只有具体投资在证券市场线上的位置发生变化。

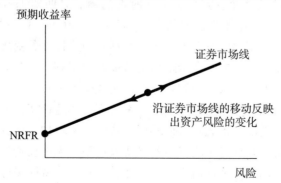

图表1-8　沿证券市场线的移动导致的必要收益率变化

1.4.2　证券市场线斜率的变化

证券市场线的斜率表示所有投资者对单位风险要求的收益率。假设证券市场线为一条直线，我们可以选择证券市场线上的任意点，并通过以下公式计算某项投资的风险溢价（RP）：

$$RP_i = E(R_i) - NRFR \qquad (1.13)$$

其中：

RP_i ＝投资 i 的风险溢价；

$E(R_i)$ ＝投资 i 的预期收益率；

NRFR＝名义无风险收益率。

如果在证券市场线上找到一个点，它是包含市场中所有风险资产的投资组合（被称为市场投资组合），那么就可以用以下公式计算市场风险溢价：

$$RP_m = E(R_m) - NRFR \qquad (1.14)$$

其中：

RP_m ＝市场投资组合的风险溢价；

$E(R_m)$ ＝市场投资组合的预期收益率；

NRFR＝名义无风险收益率。

该市场风险溢价不是恒定的，因为证券市场线的斜率会随时间推移而变化。虽然我们并不完全了解是什么导致了斜率变化，但我们知道，即使内在风险差异相对恒定，不同风险水平的投资之间的收益率差异也会发生变化。

这些收益率差异被称为**收益率利差**，这些收益率利差会随着时间的推移而变化。例如，如果 Aaa 级债券投资组合的收益率为 6.50%，Baa 级债券投资组合的收益率为 8.00%，那么我们会说收益率利差为 1.50%。这 1.50% 被称为信用风险溢价，因为 Baa 级债券被认为具有更高的信用风险，即违约概率更高。Baa 级债券和 Aaa 级债券的收益率利差并不是恒定的，如图表 1-9 所示，收益率利差可能会出现大幅波动。

尽管 Aaa 级债券指数和 Baa 级债券指数中债券投资组合的基础商业风险和金融风险特征可能不会随时间推移发生显著变化，但从图表 1-9 的时间序列图中可以清楚地看出，收益率差异（即反映信用风险的收益率利差）在短时期内增加了超过 100 个基点（1%）（例如，1974—1975 年和 1981—1983 年有所增加，2001—2002 年增加了 200 多个基点，2008—2009 年增加了 500 多个基点，在上述时期的随后时期即 1975 年、1983—1984 年、2003—2004 年和 2009 年下半年收益率利差急剧下降）。在 Baa 级债券相对于 Aaa 级债券的基本风险特征没有重大变化的时期内，收益率利差的这种显著变化意味着市场风险溢价的变化。具体而言，尽管债券的内在金融风险特征保持相对不变，但投资者改变了他们接受这种金融风险差异所要求的收益率利差（即信用风险溢价）。

风险溢价的这种变化意味着证券市场线斜率的变化。这种变化如图表 1-10 所示。该图表假设市场风险溢价增加，这意味着证券市场线的斜率增加。证券市场线斜率（市场风险溢价）的这种变化将影响所有风险资产的必要收益率。无论投资位于初始证券市场线上何处，必要收益率都会增加，增加值不一，虽然其内在风险特征保持不变。

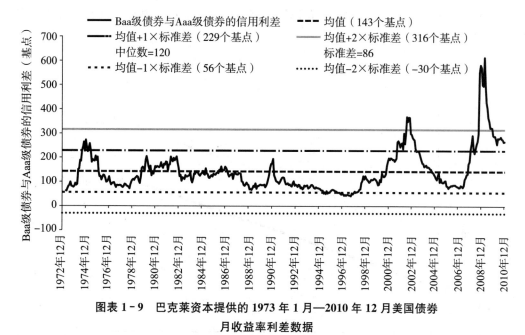

图表 1-9　巴克莱资本提供的 1973 年 1 月—2010 年 12 月美国债券月收益率利差数据

资料来源：巴克莱资本的数据；作者的计算结果。

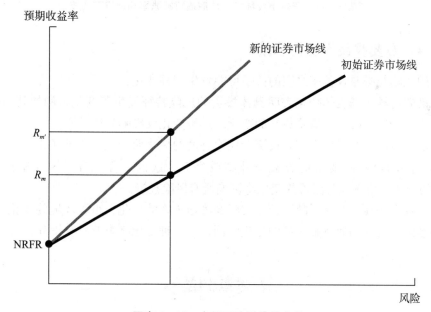

图表 1-10　市场风险溢价的变化

1.4.3　资本市场环境或预期通货膨胀率的变化

图表 1-11 中的图形显示了以下一个或多个因素发生变化时证券市场线会发生什么变化：（1）预期实际经济增长率，（2）资本市场环境，（3）预期通货膨胀率。例如，预期实际经济增长率上升、资本市场暂时收紧或预期通货膨胀率提高将导致证券市场线向上平移，如图表 1-11 所示。证券市场线发生平移是因为预期实际经济增长率、资本市场环境

或预期通货膨胀率中的一个或多个变化影响了经济的名义无风险利率，该利率会影响所有投资，无论其风险水平如何。

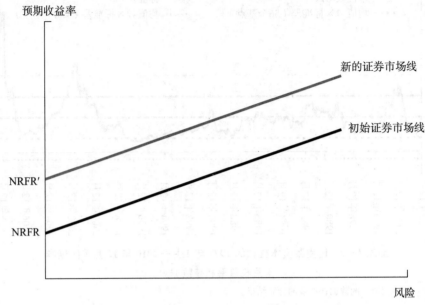

图表 1-11　资本市场环境、预期通货膨胀率和证券市场线

1.4.4　必要收益率变化总结

投资的风险与必要收益率之间的关系可能发生三种变化：

（1）沿着证券市场线的变化表明具体投资的风险特征发生了变化，例如其商业风险、金融风险或系统性风险（贝塔系数）的变化。这种变化仅影响具体投资。

（2）证券市场线的斜率会随着投资者风险态度的变化而变化。这种变化表明投资者对相同内在风险的投资所要求的收益率升高或降低。这也被称为市场风险溢价（$R_m -$ NRFR）的变化。市场风险溢价的变化将影响所有风险投资。

（3）证券市场线的变化反映了预期实际经济增长率的变化、市场环境的变化（例如货币宽松或紧缩）或预期通货膨胀率的变化。同样，这种变化将影响所有投资。

本章小结

本章的目的是提供可供后续章节使用的背景知识。为实现这个目的，我们讨论了几个主题：

● 我们讨论了个人为什么要把部分收入存起来，以及他们为什么决定用储蓄进行投资。我们将投资定义为现在将这些储蓄投入某种用途一个时期，以获得能补偿所占用时间、预期通货膨胀率和投资收益不确定性的收益率。

● 我们分析了量化历史收益率和风险的方法，以帮助分析不同投资机会。我们考察了两种平均收益率指标（算术平均收益率和几何平均收益率），并用它们表示一个时期内单项投资和投资组合的历史收益率。

- 我们考察了不确定性的概念和不同风险指标（方差、标准差和相对风险指标——变异系数）。

- 在讨论投资的必要收益率的决定因素之前，我们指出必要收益率的估计很复杂，因为具体投资的收益率会随着时间推移而变化，不同投资的收益率范围很广，并且不同投资的必要收益率之差（例如，收益率利差）同样会随时间推移而变化。

- 我们分析了决定必要收益率的具体因素：（1）实际无风险利率，它基于实际经济增长率，（2）名义无风险利率，它受资本市场环境和预期通货膨胀率的影响，（3）风险溢价，它是基本因素（如商业风险）或资产相对于市场投资组合的系统性风险（即贝塔系数）的函数。

- 我们讨论了某个时点上不同投资的可得风险-收益组合（用证券市场线表示）以及可能导致这种关系发生变化的三个因素。首先，单项投资的内在风险（即基本风险或市场风险）变化将导致沿证券市场线的变化。其次，投资者对风险的态度变化将导致单位风险的必要收益率发生变化，即证券市场线斜率的变化导致的市场风险溢价变化。最后，预期实际经济增长率、资本市场环境或预期通货膨胀率的变化都会导致证券市场线的平移。

问题

1. 请定义投资并讨论人们投资的总体目的。

2. 作为学生，您是存钱还是借钱？为什么？

3. 请以10年为一期，将一个人从20岁到70岁的人生分为不同时期，并讨论每个时期可能的储蓄模式或借款模式。

4. 请讨论为什么您认为储蓄-借款模式因职业（例如，医生与水管工）而异。

5. 根据《华尔街日报》的报道，普通股的收益率约为2%，而芝加哥大学的一项研究认为，1926年以来的普通股年收益率平均约为10%。请说明这些说法为何并不矛盾。

6. 一些金融理论家认为预期收益率分布的方差是衡量不确定性的良好指标。请讨论这种风险指标背后的原理以及目的。

7. 请讨论投资者的投资必要收益率的三个组成部分。

8. 请讨论决定市场名义无风险利率的两个主要因素。请说明其中哪个因素在经济周期中更不稳定。

9. 请简要讨论影响投资风险溢价的五个基本因素。

10. 您拥有金特里公司（Gentry Company）的股票，并在财经媒体上看到，该公司最近发行的债券将该公司的债务/股权比率从35%提高到55%。请讨论在其他因素不变的情况下，这种变化对该公司净利润流变异性的影响，并讨论这种变化将如何影响您对金特里公司普通股的必要收益率。

11. 请画出一条正确标记的证券市场线，指出您预期以下投资将落在这条线上的何处，并说明理由。
    a. 大公司的普通股
    b. 美国国债
    c. 英国国债
    d. 低评级公司债券
    e. 一家日本公司的普通股

12. 请说明如果您预期通货膨胀率从0

（无通货膨胀）升至 4%，为什么您应该改变名义必要收益率。请举例说明，如果在这些条件下您不改变必要收益率，会发生什么情况。

13.假设预期长期经济增长率增加 1%，预期通货膨胀率增加 4%。国债和普通股的必要收益率会发生什么变化？请画图说明这些变化对这些不同投资的影响有何不同。

14.您在《华尔街日报》上看到，Baa 级公司债券和 Aaa 级公司债券之间的收益率利差从 350 个基点（3.5%）变为 200 个基点（2%）。请画图说明收益率利差的这种变化对证券市场线的影响，并讨论其对普通股必要收益率的影响。

15.请对流动性投资和非流动性投资分别举一个例子，并讨论为什么您认为它是流动性投资或非流动性投资。

习题

1.2 月 1 日，您以每股 34 美元的价格购买了弗朗西斯卡公司（Francesca Corporation）的 100 股股票，一年后以每股 39 美元的价格将其出售。在这一年中，您收到了每股 1.50 美元的现金股利。请计算您对弗朗西斯卡公司的股票投资的持有期收益比率和持有期收益率。

2.8 月 15 日，您以每股 65 美元的价格购买了卡拉棉花公司（Cara Cotton Company）的 100 股股票，一年后以每股 61 美元的价格将其出售。在这一年中，您收到了每股 3 美元的股利。请计算您对卡拉棉花公司的股票投资的持有期收益比率和持有期收益率。

3.去年年初，您投资 4 000 美元购买了张氏公司（Chang Corporation）的 80 股股票。去年，张氏公司支付了每股 5 美元的股利。去年年末，您以每股 59 美元的价格出售了 80 股股票。请计算这些股票的总持有期收益率，并指出其中多少是价格变化导致的，多少是股利收入导致的。

4.习题 1、习题 2 和习题 3 中计算的收益率都是名义收益率。假设当年的通货膨胀率为 4%，请计算这些投资的实际收益率。如果通货膨胀率为 8%，请计算实际收益率。

5.在过去五年中，您持有的两只股票的年收益率如下：

年份	股票 T	股票 B
1	0.19	0.08
2	0.08	0.03
3	−0.12	−0.09
4	−0.03	0.02
5	0.15	0.04

a.请计算每只股票的算术平均年收益率。用该指标衡量，哪只股票最值得投资？

b.请计算每只股票的年收益率标准差。（如有必要，请使用本章的附录。）用该指标衡量，哪只股票最值得投资？

c.请计算每只股票的变异系数。（如有必要，请使用本章的附录。）用该相对风险指标衡量，哪只股票最值得投资？

d.请计算每只股票的几何平均收益率，并讨论每只股票的算术平均收益率和几何平均收益率之间的差异。请讨论这两种平均收益率的差异与每只股票的收益率标准差的关系。

6.您正在考虑购买麦迪逊啤酒公司（Madison Beer Corporation）的普通股。您的预期收益率如下：

麦迪逊啤酒公司	
可能的收益率	概率
−0.10	0.30
0	0.10
0.10	0.30
0.25	0.30

请计算您对麦迪逊啤酒公司投资的预期收益率 $[E(R_i)]$。

7. 一个股票经纪商打电话给您，建议您投资于劳伦电脑公司（Lauren Computer Company）。在分析了该公司的年报和其他资料后，您认为预期收益率的分布如下：

劳伦电脑公司	
可能的收益率	概率
−0.60	0.05
−0.30	0.20
−0.10	0.10
0.20	0.30
0.40	0.20
0.80	0.15

请计算劳伦电脑公司股票的预期收益率 $[E(R_i)]$。

8. 在不进行正式计算的前提下，您认为是习题 6 中的麦迪逊啤酒公司还是习题 7 中的劳伦电脑公司风险更高？请讨论您给出该答案的理由。

9. 在过去一年里，您有一个包含美国国库券、长期国债和普通股的投资组合。它们各自的收益率如下：

美国国库券　　　　5.50%
美国长期国债　　　7.50%
美国普通股　　　　11.60%

去年，衡量通货膨胀率的居民消费价格指数从 160 升至 172（1982—1984 年的平均居民消费价格指数=100）。请计算这一年的通货膨胀率。请根据通货膨胀率计算您的投资组合中每项投资的实际收益率。

10. 您在《商业周刊》上读到，一些经济学家估计，未来五年美国经济的平均长期实际增长率为 3%。此外，一篇银行通讯估计，这五年期间的年均通货膨胀率约为 4%。您预期在此期间美国国库券的名义收益率将是多少？

11. 给定习题 10 中的已知信息，如果您希望持有普通股的风险溢价为 5%，那么您对普通股的必要收益率是多少？如果普通股投资者变得更加厌恶风险，那么普通股的必要收益率会发生什么变化？对股价将有什么影响？

12. 假设普通股的公认必要收益率为 14%。此外，您还在《财富》杂志上看到，预期通货膨胀率为 5%，估计长期实际经济增长率为 3%。您对美国国库券的预期利率是多少？这些数据隐含的普通股风险溢价大概是多少？

第 1 章附录

计算方差和标准差

方差和标准差是给定数据序列的实际值与预期值（算术平均值）之差的衡量指标。在这里，我们希望衡量一组收益率与该组收益率的算术平均值之间的差异。离散度还有其他衡量指标，但方差和标准差最为人熟知，因为它们被用于统计和概率论。方差的定义为：

$$方差(\sigma^2) = \sum_{i=1}^{n} 概率 \times (可能的收益率 - 预期收益率)^2$$

$$= \sum_{i=1}^{n} P_i [R_i - E(R_i)]^2$$

考虑以下例子，正如本章所讨论的：

可能收益率的概率（P_i）	可能的收益率（R_i）	$P_i R_i$
0.15	0.20	0.03
0.15	−0.20	−0.03
0.70	0.10	0.07
		$\sum = 0.07$

这将得出预期收益率 $[E(R_i)]$ 为 7%。以方差衡量，该分布的离散度为：

概率（P_i）	收益率（R_i）	$R_i - E(R_i)$	$[R_i - E(R_i)]^2$	$P_i[R_i - E(R_i)]^2$
0.15	0.20	0.13	0.016 9	0.002 535
0.15	−0.20	−0.27	0.072 9	0.010 935
0.70	0.10	0.03	0.000 9	0.000 630
				$\sum = 0.014\ 100$

方差（σ^2）等于 0.014 1。标准差等于方差的平方根：

$$标准差(\sigma) = \sqrt{\sum_{i=1}^{n} P_i [R_i - E(R_i)]^2}$$

因此，上例的标准差为：

$$\sigma_i = \sqrt{0.014\ 1} = 0.118\ 74$$

在这个例子中，标准差约为 11.87%。因此，您可以称该分布的预期值为 7%，标准差为 11.87%。

在许多情况下，您可能希望计算一组历史收益率的方差或标准差，以评估投资的过去绩效。假设您获得了在纽约证券交易所上市的普通股的以下年收益率信息：

年份	年收益率
2018	0.07
2019	0.11
2020	−0.04
2021	0.12
2022	−0.06

在本例中，我们分析的不是预期收益率，而是实际收益率。因此，我们假设概率相等，于是这组收益率的预期值（在本例中为均值 $\overline{R}$）为观察到的收益率之和除以观察到的收益率数量，即 $0.04(=0.20/5)$。方差和标准差为：

年份	R_i	$R_i-\overline{R}$	$(R_i-\overline{R})^2$	
2018	0.07	0.03	0.000 9	
2019	0.11	0.07	0.004 9	$\sigma^2=0.028\ 6/5$
2020	−0.04	−0.08	0.006 4	$=0.005\ 72$
2021	0.12	0.08	0.006 4	$\sigma=\sqrt{0.005\ 72}$
2022	−0.06	−0.10	0.010 0	$=0.075\ 6$
			$\sum=0.028\ 6$	$=7.56\%$

我们可以用平均收益率为 4%，年收益率标准差为 7.56% 来解释在纽约证券交易所上市的普通股在这个时期的表现。

变异系数

在某些情况下，您可能希望比较两个不同数据序列的离散度。方差和标准差是离散度的绝对指标。也就是说，它们会受到原始数字大小的影响。要比较数值差异很大的数据序列，您需要离散度的相对指标。相对离散度的衡量指标是变异系数，其定义为：

$$\text{变异系数(CV)}=\frac{\text{收益率的标准差}}{\text{预期收益率}}$$

变异系数的值越大，表示相对于数据序列的算术平均值的离散度越大。上例的变异系数为：

$$\text{CV}_1=\frac{0.075\ 6}{0.040\ 0}=1.89$$

我们可以比较具有明显不同分布的数据序列的变异系数。例如，假设您希望比较该投资与平均收益率为 10% 且标准差为 9% 的另一项投资。只看标准差时，第二项投资有更大的离散度（9% 相对于 7.56%），并可能被认为具有更高风险。事实上，第二项投资的相对离散度要小得多。

$$\text{CV}_1=\frac{0.075\ 6}{0.040\ 0}=1.89$$

$$\text{CV}_2=\frac{0.090\ 0}{0.100\ 0}=0.90$$

考虑相对离散度和总分布后，大多数投资者可能更愿意进行第二项投资。

习　题

1. 您对灰云公司（Gray Cloud Company）下一年的普通股收益率预期为：

灰云公司	
可能的收益率	概率
−0.10	0.25
0	0.15
0.10	0.35
0.25	0.25

a. 请计算该投资的预期收益率 $[E(R_i)]$、该收益率的方差 (σ^2) 及其标准差 (σ)。

b. 在什么条件下，可以用标准差来衡量两种投资的相对风险？

c. 在什么条件下，必须用变异系数来衡量两种投资的相对风险？

2. 您对凯莉化妆品公司（Kayleigh Cosmetics）股票未来一年的收益率预期为：

凯莉化妆品公司	
可能的收益率	概率
−0.60	0.15
−0.30	0.10
−0.10	0.05
0.20	0.40
0.40	0.20
0.80	0.10

a. 请计算该股票的预期收益率 $[E(R_i)]$、该收益率的方差 (σ^2) 及其标准差 (σ)。

b. 请讨论仅根据预期收益率 $[E(R_i)]$，投资于灰云公司还是凯莉化妆品公司更好。

c. 请讨论仅根据标准差 (σ)，投资于灰云公司还是凯莉化妆品公司更好。

d. 请计算灰云公司和凯莉化妆品公司的变异系数（CV），并讨论哪组股票收益率的相对离散度更大。

3. 以下是美国国库券和美国普通股的年收益率。

年份	美国国库券	美国普通股
2018	0.063	0.150
2019	0.081	0.043
2020	0.076	0.374
2021	0.090	0.192
2022	0.085	0.106

a. 请计算这两项投资的算术平均收益率和收益率标准差。

b. 请根据算术平均收益率、绝对风险和相对风险来讨论这两项投资。

c. 请计算每项投资的几何平均收益率。请比较每项投资的算术平均收益率和几何平均收益率，并讨论平均收益率的差异与每组收益率的标准差的关系。

第**2**章

资产配置与证券选择[①]

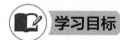 学习目标

阅读本章后，您应该能回答以下问题：

- 资产配置过程涉及什么内容？
- 投资组合管理过程的四个步骤是什么？
- 资产配置在投资规划中的作用是什么？
- 为什么投资政策声明对投资规划过程很重要？
- 投资政策声明中应该详细说明哪些目标和约束条件？
- 人们一生中的投资目标将如何变化？为何会变化？
- 为什么投资者对其投资应该有全球视野？
- 美国国内和外国的股票市场和债券市场的相对规模发生了什么变化？

- 美国国内和外国的证券市场收益率有何不同？
- 货币汇率的变化如何影响美国投资者的外国证券收益率？
- 除了在国内进行分散化投资，在国际市场上进行分散化投资还有哪些额外优点？
- 投资者可以投资于哪些不同证券？它们的现金流和风险特征是什么？
- 主要投资工具的历史收益率和风险特征是什么？
- 外国投资工具和国内投资工具的收益率之间是什么关系？
- 这些关系对投资组合分散化有何影响？

前一章告诉我们，风险是收益的驱动力。因此，进行投资和管理投资组合时，应主要侧重于管理风险而不是管理收益。

本章分析了资产配置背景下风险管理的部分实际意义。**资产配置**是决定如何在不同国家和资产类别之间分配投资者财富以用于投资的过程。**资产类别**由具有相似特征、属性和风险-收益关系的证券组成。一个资产大类（例如债券）可以分为多个资产小类（例如国债、公司债券和高收益债券）。我们将看到，从长期看，投资者的风险资产敞口越大，产生的复利收益就可能越高。我们还将看到，尽管投资没有成功捷径，也不能确保投资一定成功，但保持有条理的投资方法将增加投资成功的可能性。

---

① 作者感谢伊利诺伊州立大学的埃德加·诺顿（Edgar Norton）教授对本章提出的意见。

资产配置决策不是孤立的选择；相反，它是我们在本章中介绍的投资组合管理四步过程的组成部分。该过程的第一步是制定投资政策声明，用来指导所有未来决策。资产配置策略取决于投资者的投资政策声明，它包括投资者的目标或目的、约束条件和投资方针。

我们所说的"投资者"范围很广，从个人账户到管理着数十亿美元公司养老基金、大学捐赠基金或保险公司投资组合的受托人均在这个范围内。关键是，投资者在做出长期投资决策之前制定投资政策声明至关重要。尽管大多数例子都是针对个人投资者的，但我们将介绍的概念——投资目标、约束、基准等——适用于任何投资者，无论这些投资者是个人还是机构。我们将回顾历史数据以显示资产配置决策的重要性，并讨论投资者教育的必要性，这是为员工提供退休计划或储蓄计划的公司面临的重要问题。本章最后将通过分析跨国资产配置策略来说明法规、市场环境和文化对投资模式的影响。值得注意的是，适合美国投资者的资产配置策略不一定适合非美国投资者。

2.1 个人投资者的生命周期

每个人的财务计划和投资需求都不同，并且会在其生命周期中发生变化。个人制订的财务计划应适合其年龄、财务状况、未来计划、风险厌恶特征和需求。

2.1.1 准备工作

在开始一项投资计划之前，我们需要确保其他需求得到满足。除非潜在投资者拥有安全的资金保障来支付发生意外事件时的生活费用，否则不应该开始制订严肃的投资计划。

保险 任何财务计划中都应该包括人寿保险。如果我们在实现财务目标之前死亡，人寿保险可以保护我们所爱的人免于遭遇经济困难。保险公司支付的身故赔偿金可以帮助支付医疗账单和丧葬费用，并提供资金供家庭成员保持生活方式、偿还债务或为未来需求投资（例如用于支付子女教育费用和配偶退休金的投资）。因此，制订财务计划的首要步骤之一就是购买充足的人寿保险。

保险还针对其他不确定性提供了保护。医疗保险可以帮助支付医疗账单。如果您失去工作能力，残疾保险可以提供持续收入。汽车和房屋（或租赁）保险提供了对事故和车损或房损的赔偿。

虽然没有人希望用到保险金，但健全财务计划的第一步就是拥有充足保障"以防万一"。缺少保险可能会毁掉精心设计的投资计划。

现金储备 人们可能会遇到紧急情况、裁员和不可预见的费用，也可能遇到诱人的投资机会。拥有现金储备以帮助我们应对此类事件是非常重要的。此外，现金储备还降低了被迫在不合适的时间出售投资以支付意外费用的可能性。大多数专家都建议保留相当于大约 6 个月生活费用的现金储备。它被称为现金储备，意味着这笔资金应该用于可以轻松转换为现金且几乎不可能损失价值的投资，例如货币市场共同基金或短期债券共同基金。

就像财务计划一样，投资者的保险和现金储备需求会在一生中发生变化。例如，退休时对残疾保险的需求下降，而补充医疗保险或长期护理保险变得更加重要。

2.1.2　投资者一生中的投资策略

假设基本保险和现金储备需求得到满足，这时个人就可以开始制订严肃的投资计划了。由于个人净资产和风险承受能力的变化，个人的投资策略会在一生中发生变化，我们将考察投资生命周期的各个阶段。尽管每个人的需求和偏好各不相同，但一些一般因素会影响大多数投资者的整个生命周期。

图表 2-1 显示了生命周期的四个阶段（第三阶段和第四阶段——支出阶段和赠与阶段——同时发生），这里将对其进行介绍。

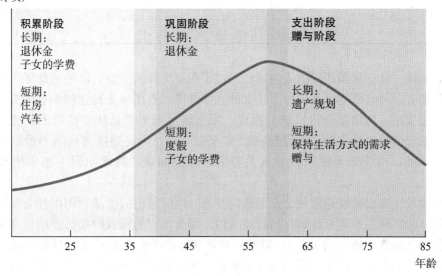

图表 2-1　个人净资产在一生中的起伏

积累阶段　处于职业生涯早期至中期的个人处于**积累阶段**，他们试图积累资产以满足近期需求（例如，房屋的首付）或长期目标（子女的大学学费、退休金）。通常，他们的净资产很少，汽车贷款债务或过去的大学贷款债务可能很重。由于其较长的投资期和未来的盈利能力，处于积累阶段的个人通常愿意进行相对高风险的投资，并希望在一个时期内获得高于平均水平的名义收益率。

我们将始终如一地强调在人生中尽早进行投资和定期投资的好处。在生命周期的早期阶段进行投资时，收益会实现复利增长，并在后期阶段获得显著的财务收益。图表 2-2 显示了假设年收益率为 7% 和 8% 时，10 000 美元初始投资在 20 年、30 年和 40 年中的增长。"在负担得起的时候"投资 10 000 美元的中年人只能在退休前获得大约 20 年的复利收益。相比之下，较早开始储蓄的人由于投资了 30 年或 40 年，将获得高得多的收益。每年只要定期投资 2 000 美元，就会随着时间的推移获得巨大收益。如图表 2-2 所示，假设收益率为 7%，某人总共投资了 90 000 美元——初始投资为 10 000 美元，然后在 40 年内每年投资 2 000 美元——最后累积的资金将达到 50 多万美元。如果他进行更积极的投资并获得 8% 的收益率，则累积的资金将接近 75 万美元。

图表 2-2 尽早投资的好处 单位：美元

	10 000 美元 初始投资的终值	每年投资 2 000 美元的终值	初始投资加上 每年投资的终值
利率：7.0%			
20 年	38 696.84	81 990.98	120 687.83
30 年	76 122.55	188 921.57	265 044.12
40 年	149 744.58	399 270.22	549 014.80
利率：8.0%			
20 年	46 609.57	91 523.93	138 133.50
30 年	100 626.57	226 566.42	327 192.99
40 年	217 245.21	518 113.04	735 358.25

资料来源：作者的计算结果。

巩固阶段 处于**巩固阶段**的人通常已经过了职业生涯的中点，已经还清了大部分或全部未清偿债务，并且可能已经支付了子女的大学学费或有用来支付这些学费的资产。他们的收入超过支出，超出部分可以进行投资，用于满足未来的退休生活需求或遗产规划需求。这一阶段的典型投资期仍然很长（20 年至 30 年），因此适度高风险的投资具有吸引力。尽管如此，由于处于该阶段的人关心资本保值问题，因此他们不想承担异常高的风险。

支出阶段 支出阶段通常从个人退休时开始。这时他们的生活费用由社会保障收入和之前投资（包括雇主养老金计划）的收益支付。因为他们的赚钱时期已经结束（虽然有些退休人员仍在做兼职或咨询工作），但他们非常注意保护自己的资本。尽管如此，他们仍必须平衡保持储蓄名义价值的愿望与保护储蓄实际价值不因通货膨胀而下降的需要。在美国，65 岁的人的平均预期剩余寿命约为 25 岁。因此，尽管这个时期整体投资组合的风险可能低于巩固阶段，但这些投资者仍需要一些高风险的成长型投资（如普通股）以保护其免受通货膨胀的影响（保护购买力）。

过渡到支出阶段需要心态做出重大转变；在我们的整个职业生涯中，我们都在努力存钱，但突然之间我们可以花钱了。我们倾向于认为，如果我们花更少的钱，比如每年花掉所积攒资金的 4%，而不是 5%、6% 或 7%，我们的财富就会维持更久。虽然这是正确的，但如果在我们退休初期出现熊市，就会大大减少我们积攒的资金。幸运的是，人们可以购买年金，将风险从个人转移给年金公司（通常是保险公司）。有了年金，人们就可以获得有保障的终生收入流，这种收入流经过设计，可以一直持续到夫妻都去世。

赠与阶段 **赠与阶段**可以与支出阶段同时发生。在这个阶段，人们可能认为自己有足够的收入和资产来支付他们当期和未来的开支，同时保留用于防御不确定性的准备金。在这种情况下，他们可以用多余资产向亲属提供经济援助，或建立慈善信托作为遗产规划工具，以尽量减少遗产税。

2.1.3 生命周期中的投资目标

在个人的投资生命周期中，他（她）会有各种财务目标。**近期的高优先级目标**是短期财务目标，例如支付房屋首付、购买新车或用于度假旅行的资金。家里有十几岁孩子的父母的高优先级目标可能是攒钱支付大学学费。由于这些目标的时间跨度较短，因此高风险投资被认为不适合实现这些目标。

长期的高优先级目标通常包括经济独立，例如能在特定年龄退休。由于其长期性质，高风险投资有助于实现这些目标。

较低优先级目标是指希望达到但并不重要的目标。例如每隔几年换一辆新车、重新装修房屋或度过一个漫长奢侈的假期。精心制定的投资政策声明会考虑投资者一生中的这些不同目标。以下各节详细介绍了制定投资政策、创建与投资政策一致的投资组合、管理投资组合以及监测投资组合相对于其目标的绩效的过程。

2.2　投资组合的管理过程[①]

投资组合的管理过程永远不会停止。一旦按照计划进行初始投资，重点就会转变为评估投资组合的绩效，并根据经济环境的变化和投资者的需求更新投资组合。

如图表 2-3 所示，投资组合管理过程的第一步是投资者制定**投资政策声明**，说明投资者愿意承担的风险类型，以及他（她）的投资目标和约束条件。所有投资决策都应与投资政策声明一致，以确保这些决策适合投资者。由于投资者的需求、目标和约束会随着时间推移而变化，因此必须定期审核和更新投资政策声明。

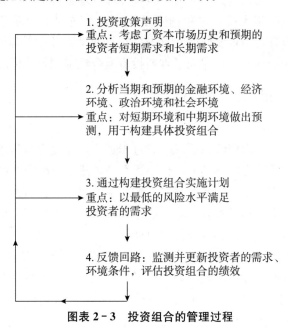

图表 2-3　投资组合的管理过程

投资过程包括评估未来前景并制定符合投资政策声明方针的策略。在第二步中，投资

---

① 本节和下一节借鉴了马金、塔特尔、平托和麦克利维（Maginn，Tuttle，Pinto and McLeavey，2007）的研究（尤其是第 1 章和第 2 章）中的见解。

组合经理将研究当前的金融和经济环境并预测未来趋势。投资者的需求（反映在投资政策声明中）和金融市场预期将共同决定**投资策略**。经济状况是动态的，并受到众多因素的影响，包括行业困境、政治环境、人口变化和社会态度。因此，需要持续不断地对投资组合监测和更新，以反映金融市场预期的变化。

投资组合管理过程的第三步是**构建投资组合**。给定投资者的投资政策声明和金融市场预测信息，投资顾问将执行投资策略，并确定如何在不同国家、资产类别和证券之间分配可用资金。这需要构建一个投资组合，使之在满足投资政策声明中阐明的需求的同时，将投资者的风险降至最低。

投资组合管理过程的第四步是**持续监测**投资者需求和资本市场状况，并在必要时更新投资政策声明。接下来，投资策略将被修改。在监测过程中，需要将投资组合的绩效与投资政策声明列出的预期和要求进行比较。第 18 章讨论了对投资组合绩效的评估。完成这四个步骤后，您将认识到这是一个持续过程，在这个过程中必须重新审视所有步骤，以确保所有组成部分仍然有效。

2.3 投资政策声明的必要性

由于投资政策声明指导投资过程，因此它是一种很有价值的规划工具，将帮助投资者更好地了解其需求，并协助投资顾问或投资组合经理管理客户资金。投资政策声明并不能保证投资取得成功，但确实为投资过程树立了规矩，并减少了仓促做出不当决策的可能性。制定投资政策声明有两个重要原因：首先，它帮助投资者在了解金融市场和投资风险后决定现实的投资目标；其次，它建立了判断投资组合经理绩效的标准。

2.3.1 了解并阐明现实的投资者目标

当被问及投资目标时，人们通常会说"赚很多钱"或类似的话。这种目标有两个缺点：第一，它可能不适合该投资者；第二，它过于宽泛，无法为具体投资内容和投资期限提供指导。这种目标非常适合赌马的人，但不适合长期投资金融资产的人。

制定投资政策声明有助于投资者了解自己的需求、目标和投资约束。制定投资政策声明要求投资者了解金融市场和投资风险，以防止投资者基于不切实际的预期做出不当投资决策，并提高实现可衡量的具体金融目标的可能性。

因此，投资政策声明可以帮助投资者明确现实目标并了解投资的风险和成本。股票、债券或房地产的市场价值可能会剧烈波动。市场历史表明，资产价格在几个月内下跌 10% 至 20% 的情况并不罕见。最近的"大崩盘"是 2008 年的股市暴跌，其跌幅超过 30%。问题在于，投资者通常关注的是单一统计数据，例如股票的年均收益率为 11%，于是他们预期市场每年将上涨 11%。这种想法忽略了股票投资的风险，因为正如第 7 章将讨论的，我们知道风险和收益之间应存在很强的正相关关系。

该领域的一位专家建议，投资者在制定投资政策声明的过程中应考虑以下一系列问题，并解释他们的答案：

1.不利财务结果的真正风险，尤其是短期风险是什么？

2.我可能对不利财务结果产生哪些情绪反应？

3.我对投资和金融市场的了解程度如何？

4.我还有其他哪些资本或收入来源？这个特定投资组合对我的整体财务状况有多重要？

5.哪些法律限制（如果有的话）会影响我的投资需求？

6.我的投资组合价值意外波动将如何影响我的投资政策？

资料来源：改编自 Charles D. Ellis, *Investment Policy*：*How to Win the Loser's Game*（Homewood，IL：Dow Jones-Irwin，1985），25－26。经麦格劳希尔公司（McGraw-Hill Companies）的许可转载。

总之，制定投资政策声明是投资者阐明其现实需求和目标并熟悉金融市场和投资风险的过程。如果没有这些信息，投资者就无法将其需求充分传达给投资组合经理，后者需要这些信息来构建满足客户需求的投资组合。绕过这一步很可能会在未来导致投资者生气、不满和失望。

2.3.2 评估投资组合绩效的标准

投资政策声明有助于判断投资组合经理的绩效，这需要一种客观标准；投资政策声明提供了这种标准。投资组合的绩效应与投资政策声明中规定的指导方针进行比较，而不是基于投资组合的整体收益率。例如，如果投资者对风险投资的容忍度较低，则不应预期投资组合的绩效与高风险的标准普尔 500 股票指数一样好。关键在于，由于风险是收益的驱动力，因此投资者的投资政策声明中规定的低风险投资可能会获得低于整体股票市场的收益率。

投资政策声明通常包括**基准投资组合**或比较标准。值得注意的是，客户和投资组合经理都必须认同，基准投资组合反映了客户的风险偏好和适当收益率要求。投资组合经理的投资绩效应与该基准投资组合进行比较。

因为投资政策声明设定了客观的绩效标准，所以投资政策声明是定期审核投资组合和客户与经理沟通的起点。对投资组合经理的评判标准应该是他们是否始终遵循客户的政策指导方针。偏离政策的投资组合经理没有按照客户的最佳利益行事。

制定全面的投资政策声明至关重要：客户必须首先了解自己的需求，然后再将其传达给投资组合经理，而投资组合经理接下来必须遵循投资方针来实现客户的期望。投资政策声明应该对客户和投资组合经理形成投资约束。

2.3.3 其他好处

健全的投资政策声明可以保护客户免受投资组合经理的不当投资或不道德行为的影响。尽管投资者可以通过法律追索来对抗此类行为，但制定清晰明确的投资政策声明应能减少出现此类行为的可能性。

重要的是要认识到投资组合经理可能会发生变化。因为投资组合经理可能被提升或解雇，也可能换了更好的工作，所以可能会由您不认识也不认识您的人管理您的资金。为了防止在这种过渡间出现代价高昂的延误，投资者必须有一份明确的书面投资政策声明，以防止在监测和重新平衡投资组合时出现延误，并有助于投资组合经理之间的无缝过渡。

总而言之，一份清晰的书面投资政策声明有助于避免许多潜在问题。因此，在开始任何投资计划之前，第一步都是制定一份考虑周全的投资政策声明。

回答以下问题将帮助您评估投资政策声明：

1. 该政策是否满足了该投资者的具体需求和目标？

2. 该政策是否表述清晰，使有能力的陌生人可以用它来管理投资组合并符合客户需求？假如投资组合经理换人，新经理能否使用该投资政策声明根据投资者的需求处理投资组合？

3. 客户能否在经历各种资本市场环境时始终保持该政策？具体而言，客户是否完全了解投资风险以及严格执行投资过程的必要性？

4. 投资组合经理能否在同一时期内坚持规定的政策？

5. 该政策实施后，是否实现了客户的目标和需求？

资料来源：改编自 Charles D. Ellis, *Investment Policy：How to Win the Loser's Game*（Homewood，IL：Dow Jones-Irwin，1985），62。经麦格劳希尔公司的许可转载。

2.4　投资政策声明的内容

在投资者和投资顾问制定投资政策声明之前，他们需要针对客户的投资目标和约束条件进行公开坦诚的信息交流。为了说明这个框架，我们讨论了"典型"的 25 岁投资者和 65 岁投资者可能面临的投资目标和约束条件。

2.4.1　投资目标

投资者的**目标**就是同时以风险和收益表示的投资目标。（投资目标不应仅用收益来表示，因为这样做可能导致不恰当的投资实务，例如高风险策略或过度交易。）

客户还应充分了解与特定目标相关的投资风险，包括发生损失的可能性。在讨论收益目标之前，应仔细分析客户的风险承受能力。投资公司会调查客户以衡量他们的风险承受能力。有时，投资杂志或书籍中包含个人可以用来帮助其评估风险承受能力的测试。随后，投资顾问将使用此类测试结果对客户的风险承受能力进行分类，并提出初始资产配置建议，该配置将与客户的风险承受能力和下述其他因素一致。

风险承受能力不仅是个人心理构成的函数，它还受其他因素的影响，例如某人当前的保险覆盖范围、现金储备、家庭状况和年龄。（老年人可用于弥补损失的投资期通常较短。）风险承受能力还受当期净资产和收入预期的影响。在其他条件相同的情况下，收入较高的人通常愿意接受更多风险，因为他们的收入可以帮助弥补资金缺口。同样，拥有较大投资组合的人可以承担一些风险投资，而剩余资产可以用来缓冲损失。

人们的收益率目标可以用绝对收益率或相对收益率来表述，但也可以用一般目标来表述，例如资本保值、资本增值、当期收入或总收益。

资本保值意味着投资者希望将损失（通常按实际价值计算）风险降至最低：他们力求维持其投资的购买力。换言之，收益率需要不低于通货膨胀率。一般来说，这是强烈厌恶风险的投资者或有短期资金需求（例如明年要交学费或要交房屋贷款首付）的投资者的策略。

资本增值 这个目标适合于希望投资组合的实际价值随着时间推移而增长以满足某种未来需求的投资者。在这种策略下，增长主要通过资本收益实现。

当期收入 是收益率目标时，投资者希望创造收入而不是资本收益。退休人员可能愿意将其作为部分投资组合的目标，以帮助产生可支出资金。

总收益 目标类似于资本增值目标；也就是说，投资者希望投资组合的价值随着时间推移而增长以满足未来的需求。总收益策略旨在通过资本收益和当期收入再投资来增加投资组合价值。

25 岁投资者的投资目标 对于典型的 25 岁投资者来说，什么是合适的投资目标？假设他有一份稳定工作，有充足保险，并且有足够银行存款作为现金储备。同时，假设他目前的长期高优先级投资目标是建立退休基金。根据他的风险偏好，他可以选择一种承担中风险至高风险的策略，因为他的工作收入可能会随着时间的推移而增长。此外，鉴于他较为年轻且收入有增长潜力，资本保值或当期收入等低风险策略不适合他的退休基金目标；总收益目标或资本增值目标将是最合适的。以下是可能适于他的目标：

> 将资金投资于各种中风险至高风险投资。股票投资组合的平均风险应超过广义股票市场指数（如纽约证券交易所股票指数）的风险。国内外股票敞口应占总投资组合的 80% 至 95%。剩余资金应投资于中短期票据和债券。

65 岁投资者的投资目标 假设典型的 65 岁投资者同样拥有充足的保险和现金储备。我们还假设她今年将退休。与 25 岁的投资者相比，她希望有更少的风险敞口，因为她很快就将失去通过工作赚钱的能力；她将无法再把工资存起来用以弥补投资损失。根据她的社会保障收入和养老金计划，她可能需要从退休投资组合中获得一些收入来支付当期生活费用。因为她预期平均还能再活 25 年，所以她需要防范通货膨胀。厌恶风险的投资者将选择当期收入和资本保值相结合的策略；风险承受能力更强的投资者则会选择当期收入和总收益相结合的策略，以期使本金增长率超过通货膨胀率。以下是这种目标的一个例子：

> 投资于股票和债券以满足收入需求（来自债券收入和股票股利）并提供实际增长（来自股票）。固定收益证券应占总投资组合的 55% 至 65%；其中，5% 至 10% 应投资于短期证券以获得额外流动性和安全性。其余 35% 至 45% 的投资组合应投资于风险与标准普尔 500 指数相似的优质股票。

对 25 岁典型投资者和 65 岁典型投资者的详细分析将包括更具体的风险承受能力假设，并清晰列举其投资目标、收益率目标、现在必须投资的金额和未来预期投资的金额，以及将用于评估其各自投资组合经理绩效的具体基准投资组合。

2.4.2 投资约束

除了风险和收益目标之外，其他约束还包括流动性需求、投资期、税收因素、法律和监管因素以及独特需求和偏好。

流动性需求 如果一项资产能以接近公允市场价值的价格迅速转换为现金，那么该资产就属于**流动性**资产。通常，流动性资产的许多交易者都对标准化程度较高的产品感兴趣。这些产品的例子包括流动性很强的国库券，而房地产和风险投资则被认为流动性很差。

投资者可能有流动性需求，投资计划必须考虑这一点。例如，虽然投资者可能有一个主要的长期目标，但也可能有多个需要可用资金的近期目标。有大量税负的富人需要足够流动性资金来缴纳税款，这样就不会影响他们的投资计划。一些退休计划可能需要资金用于满足短期目的，例如购买汽车或房屋，或者支付大学学费。

典型的 25 岁投资者可能几乎不需要流动性，因为他专注于长期退休基金目标。但是，如果他面临一个时期的失业或有近期目标（例如支付房屋贷款首付），那么这种投资约束就可能改变他的流动性需求。如果投资约束发生变化，那么投资者需要相应修改其投资政策声明和财务计划。

即将退休的 65 岁投资者对流动性有更大需求。虽然她可能会定期从养老金计划和社会保障计划中获得收入，但它们可能不等于她的工作薪水。她将需要投资组合中有一些流动性证券来满足意外开销、支付账单或旅行费用等特殊需求。

投资期　之前我们讨论近期和长期高优先级目标时，简要讨论过作为投资约束的投资期。投资者的投资期、流动性需求和处理风险的能力之间存在密切（但不完美）的关系。投资期较长的投资者通常需要较少的流动性，并且可以承受较大的投资组合风险；他们需要较少的流动性，是因为通常很多年都不需要这些资金；他们具有更大的风险承受能力，是因为任何资金短缺或损失都可以通过随后的收入和收益来弥补。

投资期较短的投资者通常更喜欢流动性较强、风险较低的投资，因为在短期内更难弥补损失。

由于预期寿命不同，25 岁的投资者比 65 岁的投资者有更长的投资期，但这并不意味着 65 岁的投资者只应投资于短期**大额存单**，因为她需要普通股等长期投资能提供的通货膨胀保护。尽管如此，由于投资期不同，与 65 岁的投资者相比，25 岁的投资者在投资组合中应该有更高比例的股票，包括小公司的股票，以及跨国公司和新兴市场公司的股票。

税收因素　投资规划因税收而变得复杂，如果投资组合中有国际投资，那么税收可能会变得极为重要。来自利息、股利或租金的应税所得按投资者的边际税率纳税。边际税率是下一美元收入中缴纳的税款所占的比例。

关于税收的说明　税收对投资策略和最终结果的影响显然非常重大。遗憾的是，要把众多法规条例介绍清楚，是非常耗费篇幅且复杂的。此外，法规更多地受政治而非金融和经济理论的影响，因此是不断变化的。因此，作者认为这种介绍超出了本书的范围。所以，我们必须效仿别人的做法，并建议您联系税务会计师以获取有关税收法规的建议。

法律和监管因素　投资过程和金融市场都受到高度监管，并受众多法律的约束。有时，这些法律和监管因素会限制个人和机构的投资策略。

这些法规条例在许多方面与前面提到的税收相似。因此，我们不会详细讨论这些法律，而只是指出投资者应该考虑的一些主要法律和监管因素。

举例来说，一种通常会影响投资者的法规与个人退休账户相关。具体而言，在 59 岁半之前从常规个人退休账户、罗斯个人退休账户*或 401（k）计划中提取的资金应纳税，

＊　一种个人退休账户，它为退休人员提供免税收入。资金进入该账户时需要纳税，若根据美国国税局的规则取款，则所有收益免纳联邦税。——译者注

并需额外缴纳 10% 的提前取款罚金。您可能也很熟悉许多银行大额存单广告中的标语："提前取款将面临巨额利息罚金。"诸如此类的法规条例可能会使此类投资对投资组合中有大量流动性需求的投资者失去吸引力。

法规还可能限制受托人的投资选择。**受托人**监管第三方的投资组合，例如信托账户或全权委托账户。[①] 由于受托人必须根据所有者的意愿做出投资决策，因此恰当的书面投资政策声明有助于这个决策过程。此外，信托账户的受托人必须符合谨慎人标准，这意味着他们必须像谨慎的人管理自己的事务一样投资和管理资金。值得注意的是，谨慎人标准是就整个投资组合的构成而非每项具体资产而言的。[②]

所有投资者都必须遵守某些法律，例如禁止根据重要的非公开信息买卖证券的内部人交易禁令。通常，拥有此类私人信息的人（内部人）是公司的管理者，他们对股东负有信托义务。根据获取到的内幕信息进行证券交易违反了股东对管理层的信托义务，因为管理者依靠其特权地位谋求的是个人经济利益。

对于典型的 25 岁投资者而言，法律和监管问题几乎不会受到关注，但内幕交易法律和提前从延税退休账户中取款的罚金可能除外。协助他制订财务计划的财务顾问必须遵守与客户-顾问关系相关的规定。65 岁的投资者面临类似问题，他们应该寻求法律和税务建议，以确保其退休计划和信托账户得到妥善执行和处理。

独特需求和偏好　该类别涵盖了每个投资者独有的关注。例如，一些投资者可能仅仅基于个人偏好或社会意识原因想排除某些投资。例如，他们可能要求在投资组合中不能包括制造或销售烟草、酒精、色情产品或对环境有害的产品的公司。一些共同基金根据这种社会责任标准筛选投资。

个人约束的另一个例子是个人管理其投资组合的时间和专业知识。忙碌的高管可能更愿意让信赖的顾问管理其投资。退休人员可能有时间，但认为自己缺乏管理投资的专业知识，因此他们也可能寻求专业建议。

此外，将大部分财富——和情感——与公司股票捆绑的企业所有者可能不愿出售股票，即使这样做并将所得收入进行分散化投资是谨慎的财务选择。此外，如果这是一家私人公司的股票，那么除非股票以低于公允市场价值的折价出售，否则可能很难找到买家。因为每个投资者都是独一无二的，所以最后这项约束条件的含义对每个人来说都是不同的；没有"典型"的 25 岁投资者或 65 岁投资者。关键是每个人都必须决定其特定的需求和偏好，然后将其写进投资政策声明。

2.5　制定投资政策声明

正如我们所见，投资政策声明让投资者可以表明其目标（风险和收益）和约束条件

---

① 全权委托账户是指受托人（很多时候是财务规划师或股票经纪商）有权在未经所有者批准的情况下买卖所有者投资组合中的资产的账户。

② 正如我们将在第 7 章中讨论的，在充分分散化的投资组合中，持有个别风险资产有时是明智的，即使投资者非常厌恶风险。

（流动性需求、投资期、税收因素、法律和监管因素以及独特需求和偏好）。这有助于投资顾问更好地实施让投资者满意的投资策略。即使没有投资顾问，每个投资者也需要制订财务计划来指导其投资策略。

制定投资政策声明是投资者的责任，但投资顾问通常会在该过程中提供帮助。本节为投资者和顾问提供了制定良好投资政策声明的指导原则。

2.5.1　一般指导原则

在制定投资政策声明的过程中，投资者应该考虑第 2.3.1 节中提出的一系列问题。

在与投资者合作制定投资政策声明时，投资顾问应确保投资政策声明令人满意地回答了之前（见 2.3.3 节）提出的问题。

2.5.2　一些常见错误

在制定投资政策声明时，雇主资助退休计划的参与者需要意识到，在众多此类计划中，其退休基金的 30% 至 40% 可能会投资于雇主的股票。将如此多资金投资于一项资产违反了分散化原则，并且可能代价高昂。相比之下，大多数共同基金对任何一家公司股票的投资都不得超过其资产的 5%；一家公司的养老金计划对自己股票的投资不得超过其持有资金的 10%。遗憾的是，有些个人投资者所做的正是政府法规阻止许多机构投资者做的事。另一个问题可能是，许多退休计划的平均股票配置低于应有水平，也就是说，投资者往往过于保守。

一个重要问题是股票交易。巴伯和奥迪恩（Barber and Odean，1999，2000，2001）和奥迪恩（Odean，1998，1999）的大量研究表明，个人投资者通常过于频繁地交易股票（推高佣金），（在价格进一步上涨之前）过早卖出获利的股票，以及（在股票价格继续下跌时）过久持有劣质股票。男性和网上交易者尤其容易犯这些代价高昂的错误。

大多数投资者都忽略了实现财务成功的重要第一步：他们不制订未来计划。鲁费纳赫（Ruffenach，2001）和克莱门茨（Clements，1997a，1997b，1997c）的退休计划研究显示出两个重大问题：（1）美国人的储蓄不足以为他们的退休生活提供资金，（2）他们没有制订退休后的储蓄投资计划。约 25% 的劳动者为退休生活储蓄的资金不到 50 000 美元。最后，大约 60% 的受访劳动者承认，他们在退休规划和储蓄方面"落后于时间表"。

2.6　资产配置的重要性

如前所述，投资政策声明旨在为整体投资策略提供指导。尽管投资政策声明并未指明要购买或出售哪些具体证券，但它应提供指导原则，说明应包含的资产类别以及投资者对每类资产的投资占总投资的百分比范围。投资者将资金分别投资于不同资产类别的过程就是资产配置过程。资产配置通常以范围表示，投资经理有一定自由根据其对资本市场趋势的理解，按照该范围上下限之间的某个百分比进行投资。例如，假设投资政策声明要求普通股占投资组合价值的 60% 至 80%，债券占投资组合价值的 20% 至 40%，那么看涨股票的投资组合经理会调增股票配置比例，使之趋近股票投资范围的上限（80%），并调减债券配置比例，使之趋近债券投资范围的下限（20%）。如果她看涨债券或看跌股票，那么她可以将配置比例调整为债券接近 40% 和股票接近 60%。

对历史数据和实证研究的综述有力支持了资产配置决策是投资组合管理过程的关键组成部分的观点。一般来说，制定投资策略时涉及四个决策：

- 投资时应考虑哪些资产类别？
- 应对每个符合条件的资产类别分配多少政策权重？
- 基于政策权重的允许资产配置范围是多少？
- 应该为投资组合购买哪些具体的证券或基金？

资产配置决策涉及前三点，并且对投资者来说是非常重要的决策。伊博森和卡普兰（Ibbotson and Kaplan，2000），布林森、胡德和比鲍尔（Brinson，Hood and Beebower，1986），布林森、辛格和比鲍尔（Brinson，Singer and Beebower，1991）的多项研究分析了正常政策权重对养老基金和共同基金投资绩效的影响。所有研究都得到了类似结果：约 90% 的基金收益可以通过其目标资产配置政策来解释。图表 2-4 显示了目标收益率或按政策配置的投资组合收益率与样本共同基金的实际收益率之间的关系。

基金月收益率（%）

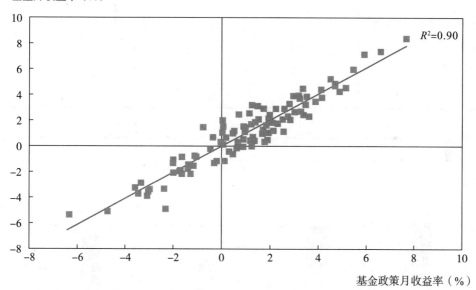

图表 2-4　基金月收益率相对于基金政策月收益率的时间序列回归：
一家共同基金，1988 年 4 月—1998 年 3 月

注：样本基金在一般资产类别中的配置政策为：52.4% 的美国大盘股、9.8% 的美国小盘股、3.2% 的非美国股票、20.9% 的美国债券和 13.7% 的现金。

资料来源：经特许金融分析师协会的许可转载并重印自 "Does Asset Allocation Policy Explain 40，90 or 100 Percent of Performance?" in the *Financial Analysts Journal*，January/February 2000，版权归特许金融分析师协会所有。

相比之下，一些研究分析了资产配置政策对具有不同目标权重的不同基金的收益率有多大影响。具体而言，伊博森和卡普兰（2000）发现，在样本基金中，约 40% 的基金收益率差异可以由资产配置政策的差异解释。资产配置反映出的特定基金收益率水平是什么？布林森及其同事（1986，1991）以及伊博森和卡普兰（2000）的研究用政策收益率（以政策规定的权重投资于指数时的基金收益率）除以实际基金收益率（包括不同政策权重和证券选择的影响）。因此，以目标权重被动投资的基金的该比值为 1.0，即 100％。利用市场择时（买入并卖出资产类别）和证券选择的基金的该比值小于 1.0（或小于 100％）；投资组合经理的技术会导致政策收益率低于实际基金收益率。由于市场效率，在考虑投资费用后，采用市场择时和证券选择策略的投资组合经理的收益率平均来说难以超过被动投资指数的收益率。

因此，资产配置是一个非常重要的决定（Brown，2000）。在所有基金中，资产配置决策解释了平均为 40％的基金收益率变化。对于单只基金，资产配置解释了 90％的基金收益率变化和略高于 100％的平均基金收益率水平。

2.6.1 考虑税收和通货膨胀后的投资收益率

图表 2-5 显示了 1 美元投资在 1997—2016 年期间的增长情况，并使用相当保守的假设分析了税收和通货膨胀对投资收益率的影响。

	调整税收和通货膨胀之前（％）	调整税收之后（％）	调整税收和通货膨胀之后（％）	（仅）调整通货膨胀之后（％）
普通股（标准普尔 500 指数）	7.68	5.98	2.87	5.44
中期国债	4.90	3.67	1.64	2.72
美国国库券	2.13	1.53	−0.59	0.01
市政债券	4.20	4.20	2.04	2.04

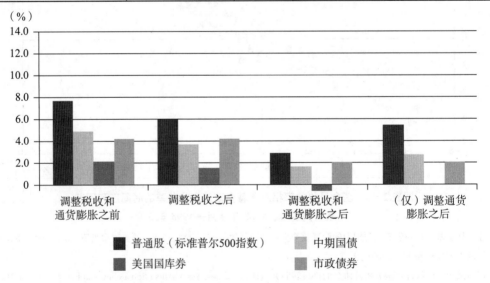

图表 2-5　税收和通货膨胀对投资收益率的影响（1997—2016 年）

注：假设所得税税率为 28％，价格变化率为 20％。整个投资期的复合通货膨胀率为 2.21％。
资料来源：作者使用所示数据的计算结果。

1997 年投资于标准普尔 500 指数股票的股票基金到 2016 年的年均收益率为 7.68％。遗憾的是，这种收益率是不现实的，因为如果投资是在一个时期内进行的，就必须缴纳税款，而且通货膨胀会侵蚀投资的实际购买力。将税收纳入分析，将使股票投资的税后年均收益率降至 5.98%。

但我们的投资价值的大部分下降是通货膨胀导致的。在此期间，经过通货膨胀调整的（实际）税后股票年均收益率仅为 2.87%，不到最初未经通货膨胀调整的税后股票年均收益率 7.68% 的一半！

这个例子显示出税收和通货膨胀对股票投资组合实际价值的长期影响。然而，对于债券和国库券而言，图表 2-5 中的结果显示出更令人惊讶的情况。在调整税收和通货膨胀之后，中期债券提供了 1.64% 的收益率；而国库券经通货膨胀调整后几乎没有提供实际价值（收益率仅为 0.01%）。由于市政债券免纳联邦税，因此在此期间它们的年均实际收益率为 2.04%。

这一历史分析表明，对于应税投资，在投资金融资产时保持长期购买力的合理方法是投资普通股。换言之，没有大量普通股投资的应税投资组合资产配置决策将使投资组合难以在长期内保持实际价值。[①]

值得注意的是，标有"（仅）调整通货膨胀之后"的第四列数据令人鼓舞，因为它假设有一个仅受通货膨胀影响的免税退休账户。这些结果将鼓励投资者利用免税机会。

2.6.2　不同资产类别的收益与风险

关注收益时，我们忽略了它的伙伴——风险。具有较高长期收益率的资产可以用这些收益率补偿其风险。图表 2-6 说明了若干资产类别在一个时期内（未调整通货膨胀率、交易成本和税收）的收益率。正如人们所料，股票（大盘股和小盘股）可获得的收益率越高，风险也越高。这正是为什么投资者需要投资政策声明和对资本市场的了解，并遵循严格的投资方法。安全的国库券有时表现会胜过股票，并且由于股票具有更高风险（如其较大的标准差所示），普通股有时会遭受重大损失。在这些时候，没有严格遵循投资原则和不了解投资知识的投资者会感到沮丧，亏本出售他们的股票，并发誓再也不投资股票。在这种时期，自律的投资者将坚持他们的投资计划，在理想情况下会继续持有股票，并继续以低价购入更多股票，因为他们预期投资组合中的股票将在未来大幅涨价。

图表 2-6　1997—2016 年美国证券年收益率的概要统计数据

	几何平均收益率（%）	算术平均收益率（%）	标准差（%）
大公司股票（标准普尔 500 指数）	7.68	9.38	16.75
小公司股票（罗素 2000 指数）	10.52	11.61	19.90
国债（巴克莱资本）	7.16	7.69	5.55
公司债券（巴克莱资本）	7.29	7.82	6.19
高收益公司债券（巴克莱资本）	8.50	9.05	15.43

---

①　当然，其他股票导向投资（如风险投资或房地产）在调整投资组合成本和税收后，也可能提供通货膨胀保护。对通货膨胀保值国债（treasury inflation-protected securities，TIPS）表现的未来研究可能也会表明它们在保护投资者免受通货膨胀影响方面的作用。

续表

	几何平均收益率（%）	算术平均收益率（%）	标准差（%）
30 天期国库券（美联储）	2.13	2.15	1.75
美国的通货膨胀率（美联储）	2.10	2.13	1.07

资料来源：作者使用所示数据的计算结果。

如前所述，资产配置决策是投资组合收益率和波动性的主要决定因素。图表 2-6 表明，股票的风险高于债券或国库券。图表 2-7 表明，股票的收益率有时在很长一个时期内低于国债的收益率。尽管如此，图表 2-6 中的长期结果仍表明，在困难时期坚持投资政策可以在较长的持有期内提供有吸引力的收益率。[1]

图表 2-7　股票在长期提供的较高收益率（1934—2015 年）

持有期长度（日历年）	股票收益率低于国库券收益率[a] 的时期占比（%）
1	34.10
5	15.20
10	8.40
20	0
30	0

a. 价格变化加上再投资收益。

资料来源：作者的计算结果。

如第 1 章所述，一个常用的风险衡量指标是资产类别的年收益率标准差。图表 2-6 的结果表明，股票的风险相对较高，而国库券相对安全。另一个有趣的风险衡量指标是未达到投资收益率目标的概率。从这个角度来看，图表 2-7 的结果表明，如果投资者的投资期较长（即接近 20 年），则股票的风险较小，而国库券的风险较大，因为它们的长期预期收益率存在差异。

2.6.3　资产配置小结

精心制定的投资政策声明决定了应包含在投资组合中的资产类型，而资产配置决策决定了投资组合收益率在一个时期内的变化。尽管看似有风险，但寻求长期资本增值、收入甚至资本保值的投资者应将投资组合的一大部分配置给股票。正如本节所述，投资策略的风险取决于投资者的目标和投资期。正如前面所说明的，由于无法达到长期投资收益率目标的风险，尤其是在考虑通货膨胀和税收的影响之后，投资国库券实际上可能是比投资普通股风险更高的策略。

到目前为止，在本章中，我们一直关注资产配置过程，主要关注的是制定反映客户的风险-收益需求以及独有环境造成的约束条件的投资政策声明。假设客户已经阐明了一般要求，我们现在将考虑可用于执行投资政策声明的一系列金融资产。我们已经介绍了一些

---

[1]　分散化——在投资组合中加入不同资产类别——的额外好处是可以降低整体风险而不降低潜在收益率。第 6 章将讨论分散化这个重要问题。

为人熟知的美国资产（股票、债券和国库券），但本章其余部分将考察更广泛的国内外金融工具。

关键是，目前您拥有一系列几十年前无法获得的投资选择。正如米勒（Miller，1991）所讨论的，动态的金融市场、技术进步和新法规共同产生了许多新投资工具和更多的交易机会。通信方式改进和国际监管放宽使投资者更容易在国内外市场上进行交易。今天，美国经纪商可以像进入纽约、芝加哥和其他美国城市的证券交易市场一样方便地进入伦敦、东京和其他欧亚城市的证券交易市场。经纪业和银行业的放松管制使更多金融机构有可能参与对投资者资金的竞争。这催生出具有各种期限、风险-收益特征和现金流模式的投资工具，我们将在本章中分析这些投资工具。

投资者需要了解投资之间的差异，以便构建适当分散化的**投资组合**，使之符合投资者的目标。也就是说，投资者应该进行一组投资，这些投资应该在一个时期内具有不同的收益率模式。如果谨慎选择，这种投资组合可以将给定收益率水平下的风险降至最低，因为一个时期内某些投资的低收益率或负收益率会被其他投资高于平均水平的收益率所抵消。投资者的目标应该是具有相对稳定收益率的平衡投资组合。本书将帮助您了解和评估投资组合的风险-收益特征。在进行这种分析时，首先要了解不同证券类型。

由于投资者可以选择世界各地的证券，因此我们首先将考察投资者应将外国证券加入投资组合的原因。这些原因为全球投资提供了令人信服的理由。

我们还将讨论美国国内市场和全球市场上的证券，包括它们的主要特征和现金流模式。您将看到，不同投资的不同风险-收益特征适合不同投资者的偏好。在本章最后，我们将分析几种全球投资工具的历史风险和收益表现，并分析这些证券的收益率之间的关系。这些结果为全球投资提供了强有力的实证支持。

2.7 进行全球投资的原因

30 年前，美国个人投资者可以进行的大部分投资是美国股票和债券。但是现在，您的经纪商可以让您买到非常丰富的全球证券。目前，您可以购买通用汽车或丰田的股票、美国国债或日本国债、投资于美国生物技术公司的共同基金、全球成长型股票基金、德国或中国的股票基金或者美国股票指数的期权。

这种投资机会激增是由于美国以外的众多外国金融市场——包括日本、英国和德国的金融市场以及中国和印度等新兴市场的金融市场——的增长和发展。美国投资公司已经意识到这个机会，并在电信技术进步的帮助下在这些国家建立了基础设施，这让它们可以与世界各地的公司和金融市场随时保持联系。此外，外国公司和投资者也采取了制衡措施，包括公司和证券交易所的重大兼并。因此，投资者和投资公司可以轻松地在世界各地的市场上交易证券。

美国投资者应该考虑构建全球投资组合的三个相互关联的原因如下：

（1）当投资者比较美国国内和国外的股票市场和债券市场的绝对规模和相对规模时，他们发现忽视国外市场会使投资选择减至不到可得投资机会的 50%。由于更多机会将拓宽风险-收益选择，因此在构建投资组合时评估所有外国证券是有意义的。

（2）非美国证券的收益率通常大大超过纯美国证券的收益率。非美国股票的较高收益率可以用这些国家的较高经济增长率来解释。

（3）投资理论的一个主要原则是投资者应该对投资组合进行分散化。正如第6章将详细讨论的，对投资组合进行分散化时的重要因素是资产收益率在一个时期内具有低相关性。因此，通过投资与美国证券相关性很低的外国证券进行分散化可以大大降低投资组合的风险。

在本节中，我们将分析这些原因，以说明加大外国金融市场的作用对美国投资者的好处。

2.7.1　美国金融市场的相对规模

1970年之前，在美国股票市场和债券市场上交易的证券约占世界资本市场上所有可得证券的65%。因此，只从美国市场选择证券的美国投资者拥有相当完整的投资组合。结果是，大多数美国投资者可能认为，不值得花时间和精力来扩大投资范围，将外国市场上有限的投资包括进来。在过去超过45年的时间里，这种情况发生了巨大变化。现在，忽视外国股票市场和债券市场的投资者会使其投资选择受到很大限制。

图表2-8显示了1969年和2010年世界资本市场上的证券细分情况。不仅所有证券的总价值大幅增加（从2.3万亿美元增至113.6万亿美元），而且构成也发生了变化。让我们重点考察债券投资和股票投资的比例，该图表显示，1969年美国债券和股票占所有证券总价值的53%，而非美国债券和股票占所有证券总价值的28.4%。到2010年，美国债券和股票占整个证券市场的42.6%，而非美国债券和股票占整个证券市场的47.2%。这些数据表明，如果只考虑美国证券在这个合并股票和债券市场中的比例，它已经从1969年的65%下降到2010年的47%左右。

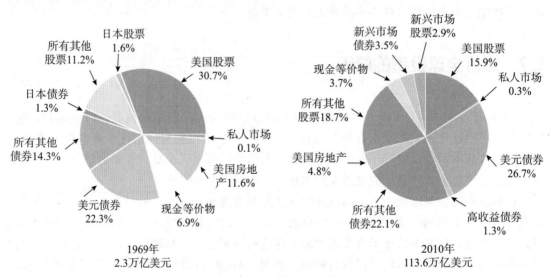

图表2-8　全球资本市场上的可投资资产总计

关键是，美国证券市场现在占整个世界资本市场的比例要小得多，而且这种趋势预计将持续下去。与美国相比，其他许多国家（尤其是一些新兴市场国家，例如中国和印度）的经济增长更快，这要求外国政府和公司发行债券和股票来为这种增长提供资金。因此，美国投资者应考虑投资于外国证券，因为这些外国证券在世界资本市场上的重要性日益增

48

加。换言之，不投资于外国股票和债券意味着您忽略了超过 50％ 的可得证券。这种约 50/50 的市场分割格局与债券市场大致相同，而美国股票仅占全球股票的 42％ 左右。

2.7.2 美国证券和外国证券的收益率

对美国证券和外国证券收益率的分析不仅表明许多非美国证券提供了更高的收益率，还显示了第 1 章中讨论的汇率风险的影响。

全球债券市场的收益率 图表 2-9 包含 1986—2010 年几个主要国际债券市场的年收益率。这些收益率已转换为美元收益率，因此该图表显示了美国投资者将获得的年均收益率和标准差。如该图表所示，美国债券市场的收益率表现（几何平均收益率和算术平均收益率）在六个国家中排名第六。以美元表示的非美国市场收益率表现更好的部分原因是美元在此期间普遍走弱，从而提振了美国投资者的外国证券收益率。换言之，投资于这些外国债券的美国投资者不仅获得了与当地投资者相等的债券收益率，而且同时也因外币在此期间相对于美元升值而获得了持有外币的收益。与之抵消的一个结果是，美国债券的标准差是六个国家中最低的。

图表 2-9 全球国债的美元年收益率（1986—2010 年）

	几何平均收益率（％）	算术平均收益率（％）	标准差（％）
加拿大	9.89	10.32	9.77
法国	9.65	10.39	12.86
德国	8.48	9.28	13.49
日本	8.20	9.14	14.75
英国	9.09	9.84	13.28
美国	7.20	7.37	6.09

资料来源：美银美林。

全球股票市场的收益率 图表 2-10 显示了从 2007 年到 2010 年主要股票市场每年的美元收益率。美国在 2007—2010 年的美元收益率在 34 个经济体中的平均排名为第 17.5 位（并且仅有一次进入前 10 名）。

图表 2-10 用美元表示的股票年收益率

	道琼斯全球指数的表现							
	2010 年		2009 年		2008 年		2007 年	
	美元收益率（％）	排名	美元收益率（％）	排名	美元收益率（％）	排名	美元收益率（％）	排名
美国	15.30	13	25.70	27	−38.60	3	3.80	27
澳大利亚	12.40	17	70.90	8	−54.50	23	25.30	14
奥地利	NA		55.60	15	−64.80	30	1.60	31
比利时	4.70	23	50.50	17	−52.60	18	5.60	25
巴西	5.70	22	127.10	2	−57.00	28	71.10	1

续表

	道琼斯全球指数的表现							
	2010 年		2009 年		2008 年		2007 年	
	美元收益率 (%)	排名	美元收益率 (%)	排名	美元收益率 (%)	排名	美元收益率 (%)	排名
加拿大	22.00	12	56.90	13	−49.10	12	27.10	12
智利	49.60	4	88.80	4	−43.60	7	23.00	16
丹麦	26.60	8	40.80	21	−51.60	15	17.60	18
芬兰	10.80	19	17.50	32	−56.40	27	39.00	4
法国	−5.70	26	28.60	26	−45.50	9	11.30	22
德国	7.10	20	24.10	29	−46.30	10	30.50	9
希腊	−46.50	31	24.10	29	−66.40	32	29.80	10
中国香港	14.20	14	67.40	10	−53.90	22	44.50	3
冰岛	57.20	1	10.30	33	−96.20	34	13.10	19
印度尼西亚	38.40	5	129.30	1	−63.00	29	39.00	4
爱尔兰	−11.00	27	54.70	16	−68.70	33	−19.20	34
意大利	−17.60	29	23.20	31	−52.50	17	1.70	30
日本	13.80	15	4.00	34	−29.30	1	−6.00	33
马来西亚	35.90	6	46.90	19	−44.60	8	44.60	2
墨西哥	26.40	9	48.20	18	−39.80	4	10.80	23
荷兰	−0.30	25	42.80	20	−55.60	25	12.00	21
新西兰	4.70	23	38.80	23	−52.40	16	2.20	29
挪威	13.40	16	93.80	3	−66.20	31	26.80	13
菲律宾	55.90	3	70.40	9	−55.50	24	36.70	7
葡萄牙	−16.30	28	35.40	24	−53.80	21	24.50	15
新加坡	22.90	11	74.00	6	−53.10	19	27.60	11
南非	30.90	7	56.00	14	−42.80	5	12.60	20
韩国	23.90	10	65.30	12	−55.60	25	33.60	8
西班牙	−24.50	30	32.60	25	−43.40	6	17.80	17
瑞典	NA		65.50	11	−53.20	20	−3.10	32
瑞士	11.40	18	25.10	28	−31.00	2	5.60	25
中国台湾	NA		83.10	5	−47.60	11	6.50	24
泰国	56.70	2	71.70	7	−49.90	13	39.00	4
英国	7.00	21	39.50	22	−51.20	14	3.80	27

注：NA 表示无法获得数据（从样本中剔除）。

资料来源：《华尔街日报》（多期）和作者的计算结果。

全球股票市场和债券市场的这些结果表明，多年来局限投资于美国市场的投资者获得的收益率可能低于投资于其他一些国家市场的投资者。

2.7.3　分散化国别投资的风险

迄今为止，我们已经讨论了对具体国家投资的风险和收益结果。在第 1 章中，我们考察了将多种资产组成一个投资组合的想法，并指出投资者应该创建分散化投资组合，以减少收益率随时间推移的变化。我们讨论了适当分散化将如何降低投资组合的变异性（我们的风险衡量指标），因为不同投资在一个时期内具有不同的收益率模式。具体而言，当某些投资的收益率为负或低于平均水平时，投资组合中的其他投资可能会获得高于平均水平的收益率。因此，适当分散化的投资组合应该提供更稳定的投资组合整体收益率（也就是说，它将具有更低的标准差，因此风险更低）。尽管第 6 章才会详细讨论投资组合理论，但此时我们也需要考虑这个概念，以充分理解全球投资的好处。

为了确定两项投资是否有助于分散投资组合，有必要计算它们在某个时期内的收益率之间的相关系数。相关系数可能在 -1.00 至 +1.00 的范围内变化。相关系数为 +1.00 意味着两项投资的收益率变化完全一致。将完全同步变化的投资组成投资组合无助于分散投资组合，因为它们在投资期内具有相同的收益率模式。相反，相关系数为 -1.00 意味着两项投资的收益率完全反向变化。当一项投资的收益率高于平均水平时，另一项投资的收益率将低于平均水平，二者与平均水平的差额大小相同。将两项具有较大负相关系数的投资组成投资组合将是分散化投资的理想做法，因为它会稳定投资期内的收益率，从而降低投资组合收益率的标准差和投资组合的风险。因此，如果您希望分散投资组合并降低风险，您需要与投资组合中的其他投资低正相关、零相关，最好是负相关的投资。考虑到这一点，以下讨论将考察美国债券和股票的收益率与外国债券和股票的收益率之间的相关性。

全球债券投资组合的风险　图表 2-11 列出了 1986—2016 年美国债券与主要外国债券的美元收益率之间的相关系数。对于美国投资者而言，这些重要的相关系数平均仅为 0.59。

图表 2-11　美国债券和主要外国债券的美元收益率之间的相关系数（1986—2016 年的月数据）

	与美国债券的相关系数
加拿大	0.78
法国	0.59
德国	0.65
日本	0.32
英国	0.62
平均值	**0.59**

资料来源：作者对来自巴克莱资本的数据的计算结果。

这些美元收益率之间有较低的正相关系数，意味着美国投资者可以通过在全球分散化债券投资组合来降低风险。在投资组合中加入这些非美国债券（尤其是日本债券）的美国投资者将降低充分分散化的美国债券投资组合的标准差。

为什么美国债券和外国债券之间的收益率相关系数不同？也就是说，为什么美国债券和加拿大债券收益率的相关系数为 0.78，而美国债券和日本债券收益率的相关系数仅为 0.32？答案是，各国的国际贸易格局、经济增长率、财政政策和货币政策各不相同。世界经济并非一体化的，而是以不同方式相互联系的经济体的集合。例如，美国和加拿大由于地缘接近、国内经济政策相似以及彼此之间的广泛贸易而密切相关。美国和加拿大是彼此最大的贸易伙伴。相比之下，美国与日本的贸易较少，两国的财政政策和货币政策通常差异很大。例如，美国经济在 1996—2010 年的大部分时间里都在增长，而日本经济则经历了长期衰退。

关键是，宏观经济差异导致美国债券与各国债券的收益率相关系数不同，因此有必要借助外国债券进行分散化投资。不同相关系数表明了投资于哪些国家的债券将使美国投资者的债券投资组合的收益率标准差（风险）降低最多。

此外，由于影响相关系数的因素（例如国际贸易、经济增长率、财政政策和货币政策）会随着时间的推移而变化，因此一对国家的收益率相关系数会随着时间的推移而变化。这些变量中的任何一个发生变化都会导致经济体之间的关系和债券收益率之间的相关系数发生变化。例如，在 20 世纪 60 年代末至 20 世纪 70 年代，美国债券和日本债券之间的美元收益率相关系数为 0.07；20 世纪 80 年代该相关系数为 0.35，20 世纪 90 年代该相关系数为 0.25，但在 2000—2016 年期间该相关系数仅为 0.30 左右。

图表 2-12 显示出当我们将美国债券和外国债券组合起来时，风险-收益权衡会如何变化。完全非美国投资组合（100% 外国债券）和 100% 美国投资组合的比较表明，与美国投资组合相比，非美国投资组合具有更高的收益率和更高的收益率标准差。以不同比例结合两个投资组合将提供一组有意思的数据。

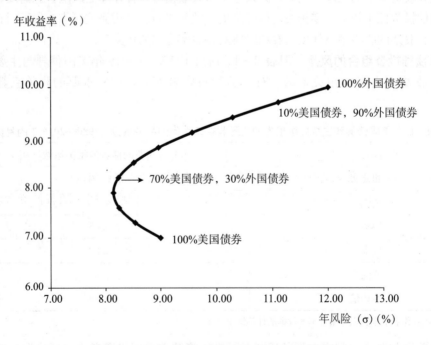

图表 2-12　国际债券投资组合的风险-收益权衡

资料来源：作者整理而得。

正如我们将在第 9 章中讨论的，预期收益率是两个投资组合的收益率的加权平均值。相比之下，两个投资组合构成的组合的风险（标准差）不是加权平均值，而是取决于两个投资组合之间的相关性。在图表 2-12 给出的示例中，两个投资组合构成的组合的风险水平将降至低于单个投资组合的风险水平。因此，通过加入与美国债券投资组合相关性较低的外国债券，美国投资者不仅能提高预期收益率，还能降低相对于整个美国债券投资组合的风险。

全球股票投资组合的风险　全球股票市场的相关性类似于债券市场的相关性。图表 2-13 列出了 1988—2010 年期间各国股票的美元月收益率与美国股票的月收益率之间的相关系数。11 个美元收益率相关系数中只有 4 个超过 0.70，平均相关系数为 0.65。

图表 2-13　美国和外国市场的普通股收益率之间的相关系数（1988—2010 年的月收益率数据）

	与美国股票的相关系数
澳大利亚	0.63
加拿大	0.76
法国	0.72
德国	0.70
意大利	0.54
日本	0.42
荷兰	0.74
西班牙	0.64
瑞典	0.68
瑞士	0.61
英国	0.73
平均值	**0.65**

资料来源：作者对摩根士丹利资本国际公司的月数据的计算结果。

美国股票和外国股票之间相对较小的正相关性与上面对债券相关性的分析结果含义类似。投资者可以通过加入外国股票来降低其股票投资组合的整体风险。

图表 2-14 显示出国际股票投资分散化的影响。这些曲线表明，随着投资者增加投资组合中随机选择的证券数量，标准差将会下降，这得益于投资在本国内部的分散化。它被称为国内分散化。在证券达到一定数量（40 只至 50 只）之后，国内股票曲线将趋于平缓，趋近反映国内经济基本市场风险的风险水平（Campbell, Lettau, Malkiel and Xu, 2001）。下方的曲线说明了国际分散化投资的好处。这条曲线表明，将外国证券加入美国投资组合以创建全球投资组合可以降低投资者的整体风险，因为非美国证券与美国的经济或股票市场无关，它让投资者可以消除美国经济的部分基本市场风险。

要了解国际分散化投资如何运作，我们可以考察通货膨胀率和利率等变量对所有美国证券的影响。正如第 1 章所述，所有美国证券都受到这些变量的影响。相比之下，日本股票主要受日本经济变化的影响，通常不会受到美国经济变化的影响。因此，将日本、澳大利亚和意大利的股票加入美国股票投资组合会降低投资组合的风险，因为全球投资组合仅反映全球系统性因素。

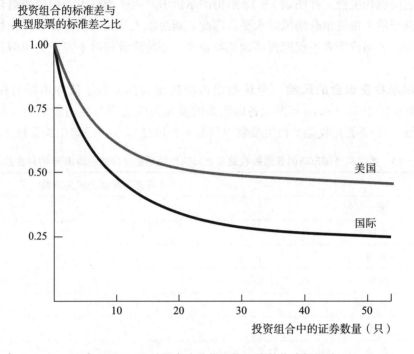

图表 2-14　通过国内分散化和国际分散化降低风险

资料来源：经特许金融分析师协会的许可转载并重印自 "Why Not Diversify Internationally Rather Than Domestically?" in the *Financial Analysts Journal*，July/August 1974，版权归特许金融分析师协会所有。

全球投资总结　在本小节中，我们考察了非美国债券市场和股票市场的相对规模，发现非美国市场的规模和重要性都在增长，变得不容忽视。我们还分析了外国债券和股票投资的收益率，并确定它们的收益率通常优于美国债券和股票投资的收益率。最后，我们讨论了分散化对于降低投资组合收益率在一个时期内的变异性——这将降低投资组合的风险——的重要性。成功的分散化将收益率为低正相关或负相关的投资组合在一起，我们之前发现，美国债券和股票与外国债券和股票的收益率之间就存在这种关系。因此，将外国股票和债券加入美国投资组合几乎肯定会降低投资组合的风险，并可能增加其平均收益率。

鉴于将外国证券加入美国投资组合有多个令人信服的理由，投资者应该建立全球投资视角，因为这显然是合理的，而且这种全球投资趋势将继续下去。按照全球投资视角进行投资并非易事，因为这需要了解新术语、新工具（例如欧洲债券）和新机制（例如非美国股票和债券市场）。尽管如此，这样做仍是值得的，因为您将培养一套技能和思维方式，这将提高您的长期投资绩效。

2.8　不同投资的历史风险和收益

投资者如何权衡持有投资的成本和收益，并做出建立投资组合的决策，使之提供最优的风险-收益组合？为了帮助个人投资者或机构投资者回答这个问题，金融理论家提供了大量关于不同投资的收益和风险特征以及它们之间的相关性的信息。在本节中，我们将讨论其中部分研究。

人们对普通股（按总市值计算的大盘股和小盘股）的历史收益率进行了大量研究。[①] 此外，人们对债券的表现也越来越感兴趣。由于通货膨胀普遍存在，因此许多研究同时考虑了名义投资收益率和实际投资收益率。还有一些研究者分析了另类资产的表现，例如房地产、外国股票、艺术品、古董和商品。这些结果应能帮助您做出构建投资组合并在不同资产类别进行配置的决策。

2.8.1 世界投资组合的绩效

赖利和赖特（Reilly and Wright，2004）的一项研究分析了美国和世界各地众多资产的表现。具体而言，他们分析了 1980—2001 年期间全世界、美国、欧洲、太平洋地区、日本和新兴市场的股票、债券、现金（美国国库券的等价物）、房地产和商品的表现。他们计算了不同资产的年收益率、风险指标以及收益率之间的相关系数。图表 2-15 包含截至 2010 年的最新结果。

图表 2-15　不同资本市场的资产的风险-收益结果总结（1980—2010 年）

指数	算术平均年收益率（%）	几何平均年收益率（%）	年收益率标准差（基于算术平均收益率）（%）	贝塔系数	
				与标准普尔500指数的贝塔系数	与布林森全球证券市场指数的贝塔系数
标准普尔 500 指数	12.04	10.80	15.60	1.00	1.33
伊博森小盘股指数	14.30	12.18	20.33	0.99	1.44
威尔希尔 5000 平均加权指数	19.12	16.94	20.83	1.02	1.48
威尔希尔 5000 标准普尔市值加权指数	12.02	10.78	15.61	1.00	1.33
罗素 1000 指数	12.06	10.75	15.76	1.01	1.35
罗素 1000 价值型指数	12.50	11.31	15.04	0.92	1.22
罗素 1000 成长型指数	11.49	9.81	17.91	1.10	1.48
罗素 2000 指数	12.36	10.35	19.94	1.06	1.52
罗素 2000 价值型指数	13.86	12.31	17.54	0.91	1.29
罗素 2000 成长型指数	10.79	8.00	23.44	1.21	1.75
罗素 3000 指数	12.02	10.70	15.89	1.01	1.37
罗素 3000 价值型指数	12.56	11.38	15.04	0.91	1.23
罗素 3000 成长型指数	11.35	9.63	18.12	1.11	1.50

---

① 小盘股被单独划分为一类资产，因为多项研究表明，市值相对较小的公司（市值较低的股票）的收益率和风险显著不同于一般股票的收益率和风险。因此，它被认为是一种独特的资产类别。我们将在第 5 章分析有效市场假说时讨论这些研究。大公司股票的收益率是基于标准普尔 500 股票综合指数——标准普尔 500 指数（见第 4 章）。

续表

指数	算术平均年收益率（%）	几何平均年收益率（%）	年收益率标准差（基于算术平均收益率）（%）	贝塔系数	
				与标准普尔500指数的贝塔系数	与布林森全球证券市场指数的贝塔系数
国际金融公司新兴市场指数	14.16	11.57	22.98	0.80	1.26
富时全球指数	8.45	7.09	15.98	0.96	1.42
富时全球发达国家指数	8.18	6.83	15.65	0.95	1.39
富时全球新兴市场指数	10.44	7.47	24.92	1.15	1.83
摩根士丹利资本国际欧洲、澳大利亚和远东指数	8.90	7.26	17.71	0.73	1.34
摩根士丹利资本国际欧洲指数	12.51	10.81	17.80	0.83	1.39
摩根士丹利资本国际太平洋地区指数	10.08	7.89	21.13	0.63	1.26
摩根士丹利资本国际日本指数	8.59	6.13	22.39	0.54	1.15
东京证券交易所指数	4.11	2.15	19.51	0.50	0.88
摩根士丹利全球指数	11.24	10.00	15.37	0.86	1.34
布林森全球证券市场指数	10.60	10.01	10.86	0.64	1.00
雷曼兄弟国债指数	8.30	8.15	5.51	0.04	0.11
雷曼兄弟公司债券指数	9.07	8.82	7.23	0.14	0.28
雷曼兄弟综合债券指数	8.55	8.39	5.76	0.08	0.17
高收益公司债券指数	10.43	10.00	9.24	0.33	0.54
美林全球国债指数[a]	8.12	7.88	7.04	0.03	0.18
美林全球国债指数（美国除外）	9.06	8.58	9.84	0.03	0.24
富时北美股票房地产投资信托基金指数	13.30	11.62	17.49	0.62	0.95
高盛商品指数[b]	8.38	6.39	19.52	0.18	0.35
30天期国库券	4.96	4.95	0.90	0	0
6个月期国库券[c]	5.63	5.62	0.98	0	0
2年期国债[c]	6.80	6.76	3.11	0.01	0.04
通货膨胀率	3.40	3.39	1.22	0	−0.01

a. 美林全球国债指数仅基于1986—2010年的数据。

b. 高盛商品指数仅基于1983—2010年的数据。

c. 6个月期国库券和2年期国债仅基于1981—2010年的数据。

资料来源：Frank K. Reilly and David J. Wright，"An Analysis of Risk-Adjusted Performance for Global Market Assets，" *Journal of Portfolio Management*，30，no. 3（Spring 2004）：63-77. 数据经过更新和修正。

资产收益率和总风险 图表2-15中的结果大体证实了这些证券的年收益率与总风险

（标准差）之间的预期关系。标准差更高的高风险资产获得了更高的收益率。例如，美国股票指数的收益率相对较高（10%～17%），标准差相对较大（15%～23%）。毫不意外的是，风险最高的资产类别（不含商品）是两个标准差分别为 22.98% 和 24.92% 的新兴市场股票指数，而无风险的美国现金等价物（30 天期国库券）的收益率较低（4.96%），标准差最小（0.90%）。

收益率和系统性风险 如图表 2-15 所示，除了总风险（标准差）以外，该研究还考察了系统性风险，即资产相对于风险资产市场组合的波动性（第 1 章简要讨论过这一点）。赖利和赖特（2004）的研究结论之一是，系统性风险指标（贝塔系数）在解释这个时期的收益率方面优于总风险指标（标准差）。此外，使用布林森全球证券市场指数（GSMI）作为市场替代指标的系统性风险指标（贝塔系数）略好于使用标准普尔 500 指数作为市场替代指标的贝塔系数。[①] 因此，图表 2-16——该图表包含几何平均收益率和全球证券市场指数系统性风险之间关系的散点图——显示了预期的正的风险-收益关系。两个离群值是偏低的东京证券交易所指数和偏高的威尔希尔 5000 平均加权指数。

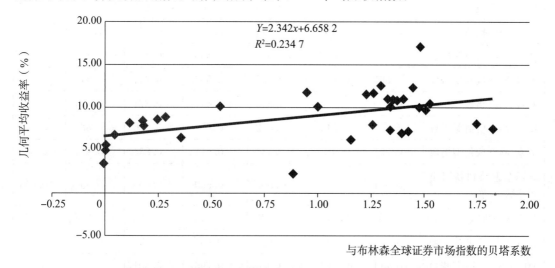

$Y=2.342x+6.658\,2$
$R^2=0.234\,7$

与布林森全球证券市场指数的贝塔系数

**图表 2-16 不同资本市场上资产的几何平均收益率及其与布林森
全球证券市场指数的贝塔系数（1980—2010 年）**

资料来源：Frank K. Reilly and David J. Wright, "An Analysis of Risk-Adjusted Performance for Global Market Assets," *Journal of Portfolio Management*, 30, no. 3 (Spring 2004): 63-77. 数据经过更新和修正。

资产收益率之间的相关性 图表 2-17 包含部分美国资产和世界资产的相关系数矩阵。第一列数据显示，美国股票（以广义的威尔希尔 5000 平均加权指数为代表）与大多数发达国家的股票有相当高的相关性，但与新兴市场股票和太平洋地区股票（包括日本）的相关性较低。此外，美国股票与世界上其他国家的国债和商品指数的相关性几乎为零。回想我们之前的讨论，您可以使用这些信息将具有低正相关性或负相关性的资产组合起来，从而构建分散化投资组合。

---

① 关于不同市场基准的影响的详细分析，包括标准普尔 500 指数与布林森全球证券市场指数的详细比较，请参阅赖利和阿赫塔尔（Reilly and Akhtar, 1995）的研究。

图表 2 - 17　全球资本市场的资产月收益率之间的相关系数（1980—2010 年）

	威尔希尔5000 平均加权指数	威尔希尔5000 标准普尔市值加权指数	国际金融公司新兴市场指数	摩根士丹利资本国际欧洲、澳大利亚和远东指数	摩根士丹利全球指数	布林森全球证券市场指数	通货膨胀率
标准普尔 500 指数	0.763	1.000	0.543	0.645	0.873	0.926	−0.046
伊博森小盘股指数	0.935	0.759	0.533	0.544	0.695	0.771	−0.032
威尔希尔 5000 平均加权指数	1.000	0.763	0.561	0.546	0.702	0.770	−0.014
威尔希尔 5000 标准普尔市值加权指数	0.763	1.000	0.542	0.645	0.873	0.926	−0.046
罗素 1000 指数	0.786	0.997	0.550	0.645	0.871	0.931	−0.049
罗素 1000 成长型指数	0.768	0.961	0.526	0.609	0.835	0.898	−0.049
罗素 2000 指数	0.905	0.828	0.540	0.582	0.750	0.829	−0.059
罗素 2000 价值型指数	0.860	0.806	0.511	0.568	0.728	0.801	−0.067
罗素 2000 成长型指数	0.891	0.807	0.535	0.562	0.731	0.810	−0.049
罗素 3000 指数	0.809	0.993	0.556	0.647	0.871	0.934	−0.051
罗素 3000 价值型指数	0.755	0.949	0.532	0.629	0.836	0.888	−0.047
罗素 3000 成长型指数	0.791	0.958	0.533	0.613	0.835	0.901	−0.049
国际金融公司新兴市场指数	0.561	0.542	1.000	0.569	0.608	0.594	0.004
富时全球指数	0.755	0.943	0.826	0.958	0.998	0.977	0.030
富时全球发达国家指数	0.751	0.950	0.801	0.955	0.999	0.976	0.028
富时全球新兴市场指数	0.714	0.722	0.985	0.796	0.801	0.804	0.042
摩根士丹利资本国际欧洲、澳大利亚和远东指数	0.548	0.645	0.569	1.000	0.929	0.819	−0.072
摩根士丹利资本国际欧洲指数	0.595	0.726	0.574	0.884	0.888	0.851	−0.082
摩根士丹利资本国际太平洋地区指数	0.409	0.462	0.466	0.894	0.780	0.645	−0.020
摩根士丹利资本国际日本指数	0.329	0.377	0.368	0.835	0.702	0.558	−0.020
东京证券交易所指数	0.376	0.399	0.411	0.685	0.622	0.492	0.017
摩根士丹利全球指数	0.702	0.873	0.608	0.929	1.000	0.945	−0.059
布林森全球证券市场指数	0.770	0.926	0.594	0.819	0.945	1.000	−0.078

续表

	威尔希尔5000 平均加权指数	威尔希尔5000 标准普尔市值加权指数	国际金融公司新兴市场指数	摩根士丹利资本国际欧洲、澳大利亚和远东指数	摩根士丹利全球指数	布林森全球证券市场指数	通货膨胀率
雷曼兄弟国债指数	-0.031	0.112	-0.148	0.072	0.088	0.223	-0.139
雷曼兄弟公司债券指数	0.209	0.297	0.058	0.242	0.285	0.421	-0.140
雷曼兄弟综合债券指数	0.081	0.209	-0.054	0.158	0.189	0.327	-0.123
高收益公司债券指数	0.640	0.552	0.404	0.472	0.554	0.633	-0.012
美林全球国债指数[a]	-0.049	0.064	-0.034	0.364	0.255	0.278	-0.107
美林全球国债指数（美国除外）	-0.043	0.041	-0.011	0.431	0.296	0.268	-0.074
富时北美股票房地产投资信托基金指数	0.598	0.553	0.379	0.461	0.545	0.588	-0.003
高盛商品指数[b]	0.155	0.145	0.206	0.228	0.212	0.196	0.200
30 天期国库券	-0.041	0.027	-0.080	-0.036	-0.014	-0.006	0.411
6 个月期国库券[c]	-0.022	0.043	-0.078	-0.007	0.013	0.030	0.371
2 年期国债[c]	-0.058	0.047	-0.152	0.035	0.037	0.151	-0.021
通货膨胀率	-0.014	0.046	0.004	-0.072	-0.059	-0.078	1.000

a. 美林全球国债指数仅基于 1986—2010 年的数据。

b. 高盛商品指数仅基于 1983—2010 年的数据。

c. 6 个月期国库券和 2 年期国债仅基于 1981—2010 年的数据。

资料来源：Frank K. Reilly and David J. Wright, "An Analysis of Risk Adjusted Performance for Global Market Assets," *Journal of Portfolio Management*, 30, no. 3 (Spring 2004): 63-77. 数据经过更新和修正。

收益率与通货膨胀率的相关性会影响资产类别对冲通货膨胀的能力：优秀的通货膨胀对冲工具应该与通货膨胀率有强正相关性。如该图表所示，大多数资产（包括普通股）与通货膨胀率均呈负相关性，这意味着它们是糟糕的通货膨胀对冲工具。商品（相关系数为 0.20）和短期国债（30 天期国库券和 6 个月期国库券，相关系数分别为 0.41 和 0.37）似乎是例外。

2.8.2 艺术品和古董

与每天报告交易情况的金融证券不同，艺术品和古董市场呈零散分布，并且缺少正式的交易报告系统，这使得收集数据变得困难。最著名的艺术品和古董价值变化指数是由大型艺术品拍卖公司苏富比（Sotheby's）创建的。这些价值指数涵盖了艺术品和古董的 13 个领域以及一个整合了 13 个领域的加权综合指数。

赖利（1992）分析了 1976—1991 年期间的这些指数，计算了不同艺术品和古董指数的收益率、风险指标以及相关系数，并将它们与股票、债券和通货膨胀率进行了比较。

收益率和风险的范围很广，但风险-收益图表明，在这 16 年期间，风险和收益率之间存在相当一致的关系。值得注意的是，艺术品和古董指数的结果与债券和股票指数的结果非常一致。

　　使用年收益率分析这些资产之间的相关性揭示出几个重要关系。第一，不同古董和艺术品类别之间的相关系数差异很大，从高于 0.90 到负相关不等。第二，艺术品/古董与债券之间通常为负相关。第三，艺术品/古董与股票的相关系数通常为很小的正值。第四，艺术品和古董与通货膨胀率的相关系数表明，有几个类别是相当好的通货膨胀对冲工具，因为它们与通货膨胀率正相关。值得注意的是，正如法马（Fama，1991）以及贾菲和曼德尔克（Jaffe and Mandelker，1976）的研究所示，与长期债券和普通股相比，它们显然是更好的通货膨胀对冲工具。读者应该意识到，大多数艺术品和古董都非常缺乏流动性，与金融资产相比，交易成本非常高。①

2.8.3　房地产

　　与艺术品和古董类似，由于房地产交易数量有限，而且缺少可以用来准确计算收益率的国家交易数据来源，因此很难得出房地产的收益率。在戈茨曼和伊博森（Goetzmann and Ibbotson，1990）的研究中，他们通过**房地产投资信托基金**（REIT）和混合房地产基金（CREF）收集了商业房地产数据，并通过凯斯和席勒（Case and Shiller，1987）创建的一个指数估计了住宅房地产收益率。图表 2-18 包含房地产收益率与不同股票、债券和通货膨胀率数据的比较结果。如该图表所示，两个商业房地产指数反映出截然不同的结果。混合房地产基金指数具有较低的收益率和较低的波动性，而房地产投资信托基金指数具有较高的收益率和风险。值得注意的是，房地产投资信托基金指数的收益率高于普通股，但风险指标较低。（两者的时期略有差异。）住宅房地产指数反映出较低的收益率和低风险。所有长期结果均表明，与普通股相比，房地产指数的收益率较低，且风险要低得多。

图表 2-18　商业房地产指数和住宅房地产指数与股票、债券、国库券和通货膨胀率的概要统计数据比较

指数	时期	几何平均值（%）	算术平均值（%）	标准差（%）
1969—1987 年的年收益率				
混合房地产基金指数（商业）	1969—1987	10.8	10.9	2.6
房地产投资信托基金指数（商业）	1972—1987	14.2	15.7	15.4
凯斯-席勒指数（住宅）	1970—1986	8.5	8.6	3.0
标准普尔指数（股票）	1969—1987	9.2	10.5	18.2
长期国债（债券）	1969—1987	7.7	8.4	13.2
国库券（国库券）	1969—1987	7.6	7.6	1.4
居民消费价格指数（通货膨胀率）	1969—1987	6.4	6.4	1.8
长期年收益率				
伊博森和西格尔指数（商业）	1960—1987	8.9	9.1	5.0
住房消费价格指数（住宅）	1947—1986	8.1	8.2	5.2

---

① 遗憾的是，由于苏富比于 1992 年停止计算和发布该指数，因此无法更新这些结果。

续表

指数	时期	几何平均值（%）	算术平均值（%）	标准差（%）
美国农业部指数（农业）	1947—1987	9.6	9.9	8.2
标准普尔指数（股票）	1947—1987	11.4	12.6	16.3
长期国债（债券）	1947—1987	4.2	4.6	9.8
国库券（国库券）	1947—1987	4.9	4.7	3.3
居民消费价格指数（通货膨胀率）	1947—1987	4.5	4.6	3.9

资料来源：William N. Goetzmann and Roger G. Ibbotson, "The Performance of Real Estate as an Asset Class," *Journal of Applied Corporate Finance*, 3, no. 1 (Spring 1990)：65 - 76.

　　图表 2 - 19 中不同资产类别年收益率的相关系数表明，商业房地产与股票之间存在相对较低的正相关性。相比之下，股票与住宅和农场之间存在负相关性。20 年期国债与房地产也存在这种负相关性。艾希霍尔茨（Eichholtz, 1996）、马尔和索克南（Mull and Socnen, 1997）以及康和蒂特曼（Quan and Titman, 1997）对国际商业房地产和房地产投资信托基金的研究表明，房地产的收益率与股票价格相关，但它们仍然提供了显著的分散化收益。

	伊博森和西格尔指数	混合房地产基金指数	住房消费价格指数	凯斯-席勒指数	美国农业部指数	标准普尔指数	20年期国债	1年期国债	通货膨胀率
伊博森和西格尔指数	1								
混合房地产基金指数	0.79	1							
住房消费价格指数	0.52	0.12	1						
凯斯-席勒指数	0.26	0.16	0.82	1					
美国农业部指数	0.06	−0.06	0.51	0.49	1				
标准普尔指数	0.16	0.25	−0.13	−0.20	−0.10	1			
20年期国债	−0.04	0.01	−0.22	−0.54	−0.44	0.11	1		
1年期国债	0.53	0.42	0.13	−0.56	−0.32	−0.07	0.48	1	
通货膨胀率	0.70	0.35	0.77	0.56	0.49	−0.02	−0.17	0.26	1

图表 2 - 19　房地产年收益率与其他资产类别年收益率的相关系数

注：每对资产类别的相关系数使用最大观测值对数量（即该对资产类别中两个指数的最小长度）来计算。比如指数 A 有 10 年数据，指数 B 有 20 年数据，则取 10 年的观测值来计算相关系数。

资料来源：William N. Goetzmann and Roger G. Ibbotson, "The Performance of Real Estate as an Asset Class," *Journal of Applied Corporate Finance*, 3, no. 1 (Spring 1990)：65 - 76.

　　这些结果意味着，房地产的收益率等于或略低于普通股的收益率，但房地产具有有利的风险和分散化结果。具体而言，单项房地产资产的标准差要低得多，并且与投资组合中的其他资产类别有较低的正相关性或负相关性。最后，所有房地产指数都与通货膨胀率呈显著正相关，这意味着它作为通货膨胀对冲工具的潜力很大。

本章小结

- 在本章中，我们看到投资者需要根据其投资目标和偏好谨慎管理风险。个人的收入、支出和投资行为会在一生中发生变化。

- 我们回顾了在实施投资计划之前制定投资政策声明的重要性。投资政策声明迫使投资者分析其需求、风险承受能力和对资本市场的熟悉程度，从而可以帮助投资者正确确定适当的目标和约束条件。此外，投资政策声明还提供了评估投资组合经理绩效的标准。

- 我们讨论了资产配置决策在确定长期投资组合收益率和风险方面的重要性。由于资产配置决策是在设定目标和约束条件之后做出的，因此很明显，投资计划的成功取决于第一步，即投资政策声明的制定。

- 要获得最广泛的投资选择，除了国内金融资产以外，投资者还必须考虑外国股票和债券。许多外国证券在某些年份会为投资者提供高于国内证券的风险调整收益率。此外，外国证券和美国证券之间的低正相关性也使其成为构建分散化投资组合的理想选择。

- 图表 2-20 总结了本章介绍的不同投资的风险和收益特征。一些差异是我们讨论的特有因素造成的。由于汇率风险和国家风险不可避免地会带来不确定性，因此人们认为外国股票和债券的风险高于国内股票和债券。艺术品、古董、钱币和邮票等投资需要很高的流动性风险溢价。您应该将房地产投资与个人住宅区分开来考虑，由于非货币因素，您不期望个人住宅获得高收益率，但由于现金流的不确定性和流动性不足，商业房地产需要高得多的收益率。

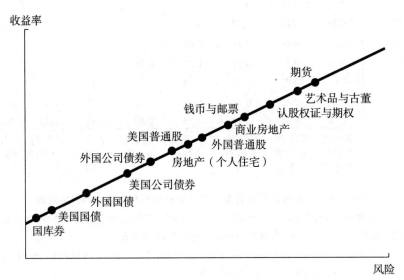

图表 2-20 不同投资的风险和收益率特征

- 伊博森和布林森（1993）关于不同投资（包括债券、商品、房地产、外国证券以及艺术品和古董）的历史收益率的研究得出了两个一般结论：

（1）资产的收益率与其历史收益率的变异性或系统性风险（贝塔系数）之间通常存在正相关关系。这是风险厌恶投资者预料之中的情况，因为他们要求更高收益率以弥补更多不确定性。

（2）某些投资的收益率相关性可能非常低，尤其是美国的股票和债券与外国的股票和债券的相关性，以及这些金融资产与实物资产（例如艺术品、古董和房地产）之间的相关性。这些相关性证实了在全球不同资产类别之间分散化投资的好处。

● 除了许多直接投资（例如股票和债券），还有让投资者可以间接投资的投资公司。这些投资方式对于希望利用专业管理技术但又希望以有限资金立即实现分散化投资的投资者来说可能很重要。您用 10 000 美元可能无法买到很多个股或债券，但可以购买共同基金或交易所交易基金的股份，它将让您拥有某个分散化投资组合的一股，该投资组合可能包含 100 到 150 种不同的美国国内外的股票或债券。

● 现在，我们已经了解了国内外投资选择的范围，而了解买卖它们的市场也很重要。这就是下一章的目标。

问题

1. "没有多少财富的年轻人不应该投资于股票等风险资产，因为他们无法承担损失手里那一丁点钱的后果。"您是否同意这个说法？为什么？

2. 您的一位邻居向您寻求建议，她身体健康，今年 63 岁并即将退休。通过与她交谈，您发现她计划从公司的退休计划中取出所有资金，并将其投资于债券共同基金和货币市场基金。您应该给她什么建议？

3. 请讨论个人的投资策略可能如何随着其经历人生的积累阶段、巩固阶段、支出阶段和赠与阶段而发生变化。

4. 为什么投资政策声明很重要？

5. 您 45 岁的叔叔离退休还有 20 年；您 35 岁的姐姐离退休还有大约 30 年。他们的投资政策声明可能有何不同？

6. 在财务规划师帮助一个人制定投资政策声明之前，需要哪些信息？

7. 请使用互联网找到一些财务规划公司的主页。它们重点强调的是什么策略？它们如何描述其资产配置策略？这些公司的重点是什么——例如，是价值投资、国际分散化、保本还是退休和遗产规划？

8. 富兰克林先生现年 70 岁，身体健康，生活方式简单而积极，无子女。他在一家私人公司有 9 000 万美元的股权，他决定现在将一半股权出售收入捐给一家医

学研究基金会，并指定其为他的主要遗产受益人。富兰克林先生致力于为该基金会谋福利，因为他坚信，通过该基金会可以找到治愈导致他妻子丧生的疾病的方法。他现在意识到，如果要通过投资他的可观资产来实现这个目标，就需要适当的投资政策和资产配置。目前，他有以下资产可用于构建合适的投资组合：

4 500 万美元的现金（出售私人公司股权的收入扣除给该基金会的 4 500 万美元捐赠后的金额）

1 000 万美元的股票和债券（各 500 万美元）

900 万美元的仓库房地产（现已全部出租）

100 万美元的自有住宅
可用资产总额为 6 500 万美元

a. 请制定投资政策声明，并说明如此制定投资政策声明的原因，列明未来投资行为应遵循的适当指导原则。您的投资政策声明应包含所有相关目标和约束条件。

b. 请推荐与您在第（a）问中制定的投资政策声明一致的长期资产配置并说明理由。请简要解释您在进行资产配置时所做的关键假设。

9. 投资普通股而不是公司债券有什么好处？请比较债券和普通股的收益率确定

性。请画一张折线图来说明您预计每种资产将呈现出的收益率模式。

10.请讨论导致美国投资者考虑将不同的全球证券纳入其投资组合的三个因素。

11.请讨论为什么国际分散化可以降低投资组合风险。具体而言，为什么您预期国内证券收益率与外国证券收益率的相关性较低？

12.请讨论为什么您预期美国证券收益率和其他国家（例如日本、加拿大、南非）证券收益率的相关性存在差异。

13.请讨论您预期美国股票与其他国家股票的相关性是否会发生变化。例如，请讨论您预期美国股票收益率和日本股票收益率的相关性是否会随时间推移而变化。如果会变化，请说明原因。

14.当您投资日本债券或德国债券时，除了该国国内债券收益率的变化，您还必须考虑哪些主要风险？

15.一些投资者认为国际投资会带来额外风险。请讨论这些风险以及它们如何影响您的收益率。请举出一个例子。

16.除了直接投资外国股票，投资者还有哪些选择？

17.假设您是一个处于高税级的富人。您为什么可能考虑投资市政债券而不是直接投资公司债券，即使市政债券的承诺收益率较低？

18.您可以购买快速发展的公司或公用事业公司的可转换债券。请推测哪种可转换债券的收益率较低，并讨论造成这种差异的原因。

19.请比较未开发土地投资与普通股资的流动性。请具体说明这两项投资的流动性有何不同以及为何不同。（提示：请首先定义流动性。）

20.请讨论为什么金融分析师认为古董

和艺术品是非流动性投资。为什么他们认为钱币和邮票比古董和艺术品流动性更高？投资者通常必须怎样做才能出售他们收藏的艺术品和古董？请简要对比该过程与出售在国内交易所或国际交易所上市的股票投资组合。

21.假设您有一个规模相当大的美国股票和债券投资组合。您在社交聚会上遇到一位财务规划师，他建议您通过投资新兴市场股票来分散该投资组合。请讨论图表2-16中的相关性结果是否支持该建议。

22.索菲公司（Sophie Corporation）的养老金计划历来只投资于美国公司的股票。最近，该养老金计划决定在投资组合中增加国际股票。请确定并简要讨论该养老金计划在选择国际股票时可能面临但在选择美国股票时不会面临的三个问题。

23.亚历山德拉资本（Alessandra Capital）的机构客户越来越需要与国际投资管理相关的信息和协助。该公司认识到这是一个日益重要的领域，因此聘请了一位经验丰富的分析师/投资组合经理，这位分析师专门研究国际股票和市场策略。他的第一个任务是在一家客户公司的投资委员会面前代表亚历山德拉资本，讨论改变他们目前"只投资美国证券"的投资方法并加入国际投资的可能性。他被告知，该委员会希望他的介绍从理论和实证两方面完整、客观地分析该委员会应关注的实质性基本考虑因素。该公司的养老金计划在进行国际投资上没有法律障碍或其他障碍；目前该公司不存在非美国养老金负债。

请确定并简要讨论将国际证券添加到养老金投资组合中的三个原因，以及与这种方法相关的三种风险。

1.假设您的第一份工作年薪为 28 000 美元。您应该保留的现金比例为多少？如果您未婚，您应该买多少人寿保险？如果您已婚并有两个年幼的孩子，您应该买多少人寿保险？

2.a.某位税率为 36% 的人每年可以通过投资免税个人退休账户获得 9% 的收益率。一次性 10 000 美元投资在 5 年后、10 年后和 20 年后的价值分别是多少？

b.假设前面的 9% 收益率是应税收益率而不是递延纳税收益率，并且每年均需缴纳税款。这个人的 10 000 美元投资在 5 年、10 年和 20 年后的税后价值分别是多少？

3.a.某个人的税率为 15%，他可以通过投资免税个人退休账户获得 10% 的收益率。10 000 美元投资在 5 年、10 年和 20 年后的价值分别是多少？

b.假设前面的 10% 收益率是应税收益率而不是递延纳税收益率。他的 10 000 美元投资在 5 年、10 年和 20 年后的税后价值分别是多少？

4.假设所有这些时期的年通货膨胀率均为 3%。请计算习题（2a）和习题（3a）中两个递延纳税投资组合的实际价值。

5.请使用国际统计资料，比较日本、德国、加拿大和美国最近一年以下经济数据的变化率。它们之间的差异是多大？哪个或哪些国家与美国的差异最大？

a.总产出（GDP）；

b.居民消费价格指数；

c.货币供应量增长率。

6.请参阅最近一期的《巴伦周刊》，分析日本、德国、英国和美国的股价指数周变化率。在这三周中的每一周，哪个国家的股价指数与美国股价指数的变化最同步？哪个国家的股价指数与美国股价指数的变

化差异最大？请讨论这些结果与国际分散化的关系。

7.请使用公开资料（例如《华尔街日报》《巴伦周刊》《美联储公报》）查找过去 10 年中每年的美元兑日元汇率（您可以使用当年或每年特定时期的平均值）。请根据这些汇率，计算并讨论汇率对美国投资者的日本股票投资的年度影响。请讨论这种汇率效应对美国投资者的日本股票风险的影响。

8.以下是关于美国资本市场上历史风险和收益率关系的信息：

美国资本市场的年总收益率（1990—2015 年）

投资类别	算术平均收益率（%）	几何平均收益率（%）	收益率的标准差[a]（%）
普通股	10.28	8.81	16.9
国库券	3.54	3.49	3.2
长期国债	5.10	4.91	6.4
长期公司债券	5.95	5.65	9.6
房地产	9.49	9.44	4.5

a.基于算术平均值。

a.请解释为什么几何平均收益率和算术平均收益率不相等，以及哪个收益率对投资决策更有用。

b.请使用变异系数对上述时期的这些投资按照从优到劣进行排序。请解释您这样排序的理由。

c.假设这些数据序列中的算术平均收益率为正态分布。请计算投资者在 95% 的持股期间预期将获得的收益率的范围。

9.您得到了不同投资工具的以下长期年收益率：

美国国库券	3.50%
大盘普通股	11.75%
长期公司债券	5.50%

长期国债	4.90%
小盘普通股	13.10%

这个时期的年通货膨胀率为 3%。请计算这些投资工具的实际收益率。

第 2 章附录

A. 协方差

因为大多数学生都接触过协方差和相关性的概念，所以以下讨论将用示例进行直观说明。德富斯科、麦克利维、平托和朗克尔（DeFusco，McLeavey，Pinto and Runkle，2004）的研究介绍了一种详细而严格的处理方法。

协方差是两组数字在一个时期内同步变化程度（即同步升高或降低的频率）的绝对衡量指标。在这里，同步变化是指它们通常会同时高于或低于其均值。i 和 j 之间的协方差定义为

$$Cov_{ij} = \frac{\sum(i - \bar{i})(j - \bar{j})}{n}$$

如果我们将 $(i - \bar{i})$ 定义为 i'，并将 $(j - \bar{j})$ 定义为 j'，则

$$Cov_{ij} = \frac{\sum i'j'}{n}$$

显然，如果两个数字始终同时高于或低于各自的均值，则它们的乘积将为正，而平均值将是很大的正值。相反，如果当 j 值始终高于其均值时 i 值低于其均值，或者是相反的情况，那么它们的乘积将是很大的负值，从而产生负协方差。

图表 2A.1 清楚地显示出这一点。在这个例子中，两组数据通常同步变化，所以它们显示出正协方差。如上所述，这是对它们之间关系的绝对衡量指标，因此其范围为 $-\infty$ 到 $+\infty$。请注意，变量与自身的协方差是其方差。

图表 2A.1 计算相关系数

观察值	i	j	$i - \bar{i}$	$j - \bar{j}$	$i'j'$
1	3	8	−4	−4	16
2	6	10	−1	−2	2
3	8	14	+1	+2	2
4	5	12	−2	0	0
5	9	13	+2	+1	2
6	11	15	+4	+3	12
$\sum$	42	72			34
均值	7	12			
$Cov_{ij} = \frac{34}{6} = +5.67$					

B. 相关性

为了获得给定关系的相对衡量指标，我们将使用**相关系数**（r_{ij}），它是这种关系的衡量指标：

$$r_{ij} = \frac{\text{Cov}_{ij}}{\sigma_i \sigma_j}$$

您应该记得，统计学入门课程中讲过

$$\sigma_i = \sqrt{\frac{\sum (i - \bar{i})^2}{N}}$$

如果这两组数据完全同步变化，那么协方差将等于 $\sigma_i \sigma_j$，且

$$\frac{\text{Cov}_{ij}}{\sigma_i \sigma_j} = 1.0$$

在这种情况下，相关系数等于 1，我们可以说这两组数据完全相关。因为我们知道：

$$r_{ij} = \frac{\text{Cov}_{ij}}{\sigma_i \sigma_j}$$

我们还知道，$\text{Cov}_{ij} = r_{ij} \sigma_i \sigma_j$。在计算投资组合的标准差时，这个关系式可能很有用，因为在许多情况下，两种证券之间的关系是用相关系数而不是协方差来表示的。

继续图表 2A.1 中的示例，图表 2A.2 计算了标准差以及 i 和 j 之间的相关系数。如其所示，这两个标准差相当大且数值相似，但并不完全相同。最后，用这两个标准差的乘积对正协方差进行归一化时，结果表明相关系数为 0.898，这个值显然相当大并接近 1.00。这表明这两组数据高度相关。

图表 2A.2　计算相关系数

观察值	$i - \bar{i}^a$	$(i - \bar{i})^2$	$j - \bar{j}^a$	$(j - \bar{j})^2$
1	-4	16	-4	16
2	-1	1	-2	4
3	$+1$	1	$+2$	4
4	-2	4	0	0
5	$+2$	4	$+1$	1
6	$+4$	16	$+3$	9
		42		34

$$\sigma_i^2 = 42/6 = 7.00 \qquad \sigma_j^2 = 34/6 = 5.67$$

$$\sigma_i = \sqrt{7.00} = 2.65 \qquad \sigma_j = \sqrt{5.67} = 2.38$$

$$r_{ij} = \text{Cov}_{ij}/\sigma_i \sigma_j = \frac{5.67}{2.65 \times 2.38} = \frac{5.67}{6.31} = 0.898$$

习 题

1.作为一名新分析师，您计算出了劳伦公司（Lauren Corporation）和凯莉实业（Kayleigh Industries）股票的年收益率，如下所示：

年份	劳伦公司的股票收益率（%）	凯莉实业的股票收益率（%）
2015	5	5
2016	12	15
2017	—11	5
2018	10	7
2019	12	—10

您的经理建议，因为这些公司生产类似产品，所以您应该通过计算它们的协方差来继续进行分析。请列出全部计算过程。

2.您决定增加一步，使用习题 1 中的数据计算相关系数。请编制一张表格，显示您的计算结果并说明如何解释这些结果。同时投资于劳伦公司和凯莉实业的普通股是否有利于分散化？

第**3**章

证券市场的组织与运作[①]

学习目标

阅读本章后，您应该能回答以下问题：

- 市场的目的和功能是什么？
- 哪些特征决定了市场的质量？
- 一级资本市场和二级资本市场有什么区别？这两个市场如何相互支持？
- 415 规则和 144A 规则是什么？它们如何影响公司的证券承销？
- 二级股票市场的两个基本交易系统是什么？
- 美国市场通常如何使用集合竞价市场？
- 世界各国的交易所是如何连接起来的？"头寸交接"是什么意思？

- 什么是电子通信网络和另类交易系统？它们与主要证券市场有何不同？
- 投资者和做市商可以使用的主要订单类型有哪些？
- 纽约证券交易所和纳斯达克的哪些新交易系统可以应对美国成交量的增长？
- 最近促进美国股市竞争的三项创新是什么？
- 导致股票、债券和衍生品*交易所进行全球整合的因素是什么？这个全球市场将是什么样的？

股票市场、道琼斯工业指数和债券市场是我们日常生活的一部分。每天晚上在电视新闻中，我们都会了解到股票和债券的表现；每天早上的日报都会讨论市场上涨或下跌的预期。然而，大多数人并不完全了解国内资本市场和世界资本市场的实际运作方式。要成为一名成功的全球投资者，您必须了解可以利用哪些全球金融市场以及它们的运作方式。

在本章中，我们详细讨论了主要股票市场的运作方式、它们发生的变化以及未来可能发生的变化。

我们首先将讨论证券市场和良好市场的特征。我们介绍了资本市场的两个组成部分：

[①] 圣母大学的罗伯特·巴塔利奥（Robert Battalio）对本章提出了非常有帮助的意见，作者对此深表感谢。他对于本章遗留的错误或疏漏不负有责任。

* "derivative"可译为衍生证券、衍生工具、衍生产品、衍生品等，原书也经常互换使用这些词语，但第 15 章原文提到"远期合约和期货合约不是证券"，因此为避免混淆，并根据我国法律实践中的权威说法（参见《中华人民共和国期货和衍生品法》）全书统一为"衍生品"。——译者注

一级市场和二级市场。我们的主要重点是二级股票市场，包括世界各国的证券交易所，以及这些被地理位置和时区分隔的市场如何连接起来，成为一个 24 小时不停运行的市场。我们还考察了不同交易市场的运作方式以及全美市场系统规则（Reg NMS）如何改变美国的市场结构。这种改变包括创建**电子通信网络**，该网络的大部分成员已成为新的证券交易所。了解**另类交易系统**的出现也很重要，它包括暗池和众多大型和小型经纪商-交易商的内部化交易。我们在二级股票市场部分详细讨论了所有这些变化，并考察了几家交易所的重大兼并，这些兼并改变了我们在全球资本市场上买卖股票的方式。在最后一节中，我们考察了金融市场的许多近期变化，包括重大兼并，以及预期将对可用的全球投资工具以及我们买卖这些投资工具的方式和成本产生深远影响的未来变化。

3.1 什么是市场？

市场是将买卖双方汇聚到一起以方便转移商品和（或）服务的方式。这个一般性定义有几个方面值得强调。首先，市场不需要有实际位置。只需要买卖双方能就交易的相关方面进行沟通。

其次，市场不一定拥有相关商品或服务。良好市场的重要标准是可以顺畅、廉价地转移商品和服务。市场的建立者和管理者通过提供信息和设施来方便所有权的转移，从而让潜在的买卖双方可以互动和提升体验。

最后，市场可以交易任何种类的商品和服务。对于拥有多元化客户群的商品或服务，市场应该相应发展，以方便该商品或服务的转移。买卖双方都可以从市场的存在中受益。

3.1.1 良好市场的特征

在整本书中，我们将讨论全球各地不同投资（如股票、债券、期权和期货）的市场。我们将使用各种质量术语来形容这些市场，例如强劲、活跃、流动性强或流动性差。关键是，金融市场并不相同；一些市场是活跃和流动性强的，另一些市场则相对缺乏流动性和效率。您应该了解决定市场质量的以下特征。

人们进入市场，以当前供求下的合理价格快速买卖商品或服务。为了确定合适的价格，参与者必须**及时准确地了解**过去的交易和当前的买卖订单。

另一个主要要求是**流动性**，即在没有可得新信息的情况下，能以与之前的交易价格没有显著差异的价格快速买卖资产的能力。快速出售资产的可能性——有时被称为适销性——是流动性的必要条件，但不是充分条件。还应能根据最近的历史交易价格和当前的买卖报价，相当有把握地确定预期价格。关于流动性的正式讨论，请参见汉达和施瓦茨（Handa and Schwartz, 1996）以及美国投资管理与研究协会（AIMR）关于最佳执行方法和投资组合表现的研究（Jost, 2001a）。

流动性的一个组成部分是**价格连续性**，这意味着除非有大量新信息，否则一笔交易与下一笔交易的价格不会发生太大变化。反过来，具有价格连续性的市场需要深度，这种市场上有许多潜在买方和卖方愿意以高于和低于当前市场价格的价格进行交易。[①]

另一个促成良好市场的因素是**交易成本**。较低的成本（以占交易价值的百分比表示）将提高市场效率。当人们比较不同市场的交易成本时，会选择收取交易价值的 2% 的市场，而不是收取交易价值的 5% 的市场。大多数微观经济学教科书都将有效市场定义为交易成本最低的市场。这种特征被称为内部效率。[②]

最后，买方或卖方希望现行市场价格能充分反映关于市场供求因素的所有可得信息。关键是，如果新信息进入市场，价格应该相应变化。换言之，参与者希望现行市场价格能反映关于资产的所有可得信息。该特征被称为**信息效率**，第 5 章将对其进行广泛讨论。

综上所述，良好的商品和服务市场具有以下特点：

（1）提供了及时准确的过往交易价格和成交量信息。

（2）具有流动性，这意味着可以以接近之前交易价格的价格快速买入或卖出资产，即资产具有价格连续性，这需要市场深度。

（3）具有低交易成本，包括市场进入成本、实际经纪成本和资产转让成本。

（4）价格会根据新信息迅速调整，因此现行价格是公允的，它反映了关于资产的所有可得信息。

3.1.2　小数报价法

在始于 2000 年年底、终于 2001 年年初的这场变化之前，美国的普通股一直以分数形式报价。具体而言，在 1997 年之前，美国的股票以八分之一美元为单位（例如 1/8，2/8，…，7/8）报价，每八分之一美元等于 0.125 美元。这种报价方法在 1997 年进行了修改，当时大多数股票的报价单位变为十六分之一美元（例如 1/16，2/16，…，15/16），每十六分之一美元等于 0.062 5 美元。现在美国股票以小数（美分）报价，因此最小价差可以用美分表示（例如，30.10 美元～30.12 美元）。

支持变为小数报价的原因有三个。第一，投资者可以很容易地了解和比较价格。第二，小数报价将最小价格变化（即最小报价单位）从 6.25 美分（以十六分之一美元报价时）减少到 1 美分（以小数报价时）。这使买卖价差从 0.062 5 美元降至 0.01 美元。第三，这一变化使美国市场在全球更具竞争力，因为其他国家采用的是类似报价方法。

小数报价降低了价差大小和交易成本，从而导致交易规模下降和交易数量增加。例如，纽约证券交易所的日均成交量从 2000 年的 87.7 万股升至 2016 年的超过 1 300 万股，而平均交易规模从 2000 年的 1 187 股降至 2016 年的约 250 股。

3.1.3　证券市场的组织

在讨论证券市场的具体运作之前，我们需要了解其整体组织。证券市场主要可以分为出售新证券的**一级市场**和买卖已发行证券的**二级市场**。其中每个市场都可以根据发行证券的经济单位进一步划分。我们将考察证券市场的这些主要部分，并重点关注所涉及的主体

---

① 值得注意的是，普通股目前以小数形式（美元和美分）标价，这与 2000 年前股票按八分之一美元和十六分之一美元标价相比有所变化。下文将讨论这种股票标价方式的变化。

② 本章后面关于这些创新的讨论将清晰表明，新技术和竞争导致了内部效率极高的全球股票市场。

及其履行的职能。

3.2　一级资本市场

一级市场是政府部门、市政当局或希望获得新资本的公司出售新发行的债券、**优先股**或普通股的市场。关于一级市场的研究综述，请参见詹森和史密斯（Jensen and Smith，1986）的研究。

3.2.1　国债发行

美国国债根据其初始期限可分为三类。**国库券**是可转让无息证券，初始期限为 1 年或更短。**中期国债**的初始期限为 2 年至 10 年。最后，**长期国债**的初始期限为 10 年以上。

为了出售国库券、中期国债和长期国债，美国财政部依靠美国联邦储备系统的拍卖机制。（第 12 章讨论了投标过程和定价。）

3.2.2　市政债券发行

新发行的市政债券通过以下三种方式之一出售：竞价投标、议价销售或私募。**竞价投标**销售通常是指密封投标。按照发行人的规定，将债券出售给以最低利息成本投标的承销商投标集团。**议价销售**是指承销商和发行人之间签订合同，规定承销商帮助发行人准备债券发行事宜和设定价格，并拥有独家债券销售权。**私募**是指发行人直接向一位投资者或一小群投资者（通常是机构投资者）出售债券。

请注意，这三种方式中有两种需要承销。具体而言，在竞价投标或议价销售中，投资银行通常会承销债券，这意味着投资公司以特定价格购买整笔债券，从而使发行人免于承担出售和分销债券的风险和责任。随后，承销商将该债券出售给投资大众。市政债券的这种承销职能由投资银行企业和商业银行共同承担。

承销职能可以涉及三种服务：发起、风险承担和分销。发起是指债券发行的设计和初步规划。为履行风险承担职能，承销商按照以竞价投标或议价销售方式确定的价格购买发行的全部债券，并承担以高于购买价格的价格转售债券的责任和风险。分销是指在包括其他投资银行企业和（或）商业银行的销售银团的帮助下将债券出售给投资者。

在议价销售中，承销商将提供所有三项服务。在竞价投标中，发行人规定债券发行金额、期限、息票利率和赎回特征，竞争银团对发行的整笔债券投标，以反映它们对债券的估计收益率。最后，私募不承担风险，但投资银行通常会协助设计债券特征和寻找潜在买家。

3.2.3　公司债券发行

发行公司债券时，通常通过同一家与发行公司保持业务关系的投资银行进行协商安排以出售债券。全球资本市场上涌现出大量新工具，因此设计证券的特征和标价货币变得日益重要，因为公司的首席财务官（CFO）可能并不完全熟悉许多新工具和世界各地的其他资本市场。投资银行彼此之间对承销业务展开竞争，竞争方式是创建新工具吸引现有投资者，以及向发行人提供关于理想发行国和标价货币的建议。因此，投资银行的专业知识有助于降低发行人的新资本成本。

一旦规定了股票或债券的发行条款，承销商就将组建一个由其他主要承销商组成的承销银团和一个由较小公司组成的分销集团，如图表 3-1 所示。

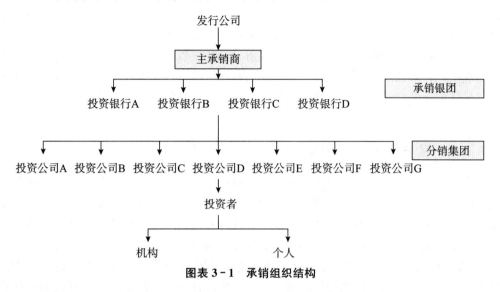

图表 3-1 承销组织结构

3.2.4 公司股票发行

除了发行固定收益证券，公司还可以发行股票——通常是普通股。公司的新股发行通常分为两类：（1）股票增发和（2）首次公开募股。

股票增发是已有流通股的公司发行新股。以通用电气为例，这是一家享有盛誉的大型公司，其股票在纽约证券交易所上市交易已有 50 多年。如果通用电气需要更多资金，它可以以非常接近当前市场价格的价格向公众出售更多普通股。

首次公开募股（IPO）是指一家公司首次向公众出售其普通股。在首次公开募股时，公司股票没有现成的公开市场；也就是说，公司一直为封闭型控股公司。一个例子是著名男装制造商和分销商拉夫劳伦马球（Polo Ralph Lauren）的首次公开募股。它发行股票的目的是获得额外资本以扩大业务，并为未来的股票增发创造公开市场。

新股发行（股票增发或首次公开募股）通常由投资银行承销，它们从公司购买其发行的全部股票，并将这些股票出售给感兴趣的投资者。主承销商就所发行股票的一般特征、定价和发行时间向公司提供建议，并参加"路演"，拜访潜在机构投资者。承销商还承担从公司买入新发行股票后出售这些股票的风险。关于更多讨论，请参见布里厄利和迈尔斯（Brealey and Myers，2010，第 15 章）的研究。

415 规则的出台 随着 415 规则的出台，典型的议价安排（这种安排涉及承销银团和分销集团中的众多投资银行企业）发生了变化。根据该规则，大公司可以在注册证券之后的两年内分批次出售这些证券。这种发行方式被称为暂搁注册发行，因为在证券注册后，它们就将被"暂搁在货架上"，只要发行公司遇到合适时机，就可以在短时间内取下并出售它们。例如，苹果电脑可以在 2018 年注册 500 万股普通股，并在 2018 年年初出售 100

万股，在 2018 年年末再出售 100 万股，在 2019 年年初出售 200 万股，并在 2019 年年末出售其余股票。

一个或多个承销商几乎无须通知或准备书面文件，即可完成每笔发行。事实上，由于涉及的股票可能相对较少，因此主承销商往往在没有银团或者只使用一两家其他投资公司的情况下处理整笔交易。这种安排有益于大公司，因为它提供了很大的灵活性，减少了注册费用和开支，并允许发行公司向多家投资银行征求竞价投标。

相比之下，一些观察人士担心，暂搁注册发行让投资者没有足够时间来分析证券发行公司的现状，并降低了小型承销商的参与度。暂搁注册发行通常用于销售普通债券而非普通股或可转换债券。关于 415 规则的进一步讨论，请参见罗戈夫斯基和索伦森（Rogowski and Sorensen，1985）的研究。

3.2.5　私募和 144A 规则

首次发行的证券可以私下出售，而不是通过这些安排之一公开销售。在这种被称为私募的安排中，公司在投资银行的协助下设计证券，并将其出售给一小群机构。公司将享有较低的发行成本，因为它不需要准备公开发行证券所需的大量注册声明。购买证券的机构通常会受益，因为发行公司将节省的部分成本转化为更高的收益并传递给投资者。

144A 规则出台后，私募市场发生了巨大变化，因为它允许公司向大型资深机构投资者私下配售证券，而不用提供大量注册文件。此外，这些证券随后还可以在大型资深投资者（资产超过 1 亿美元的投资者）之间进行交易。正如米利根（Milligan，1990）和汉克斯（Hanks，1990）所讨论的，美国证券交易委员会推出这项创新是为了给美国国内外公司提供更多融资选择，并可能增加私募的数量、规模和流动性。目前，超过 90％的高收益债券都是根据 144A 规则发行的债券。

3.3　二级金融市场

在本节中，我们将考察二级市场的重要性，并概述债券、金融期货和股票的全球二级市场。最后，我们将讨论其他主要证券市场以及快速增长的电子通信网络和另类交易系统。

二级市场允许交易已发行证券；也就是说，在当前所有者和潜在所有者之间交易已经向公众出售的股票或债券。在二级市场上出售证券的收入不归发行单位（政府、市政当局或公司）所有，而是归证券的当前所有者所有。

3.3.1　为什么二级市场很重要？

由于二级市场涉及最初在一级市场上出售的证券的交易，因此它为这些证券的购买者提供了流动性。关键是，投资者在一级市场买到证券后，可能想再次出售它们以购买其他证券、买房或度假。一级市场受益于这种流动性，因为如果投资者认为他们之后无法在二级市场上出售证券，就会犹豫是否在一级市场上购买证券。关键是，如果没有活跃的二级市场，一级市场的股票或债券发行人就将被迫提供更高的收益率来补偿投资者的高流动性风险。

二级市场对出售增发证券也很重要，因为证券的现行市场价格（价格发现）是由二级市场交易决定的。如前所述，在一级市场上增发的股票或债券是基于二级市场上的价格和收益率。值得注意的是，正如福斯特和维斯瓦纳坦（Foster and Viswanathan，1993）以及琼斯、考尔和利普森（Jones，Kaul and Lipson，1994）所讨论的，二级市场也会影响市场效率和价格波动性。即使是即将进行的首次公开募股也是根据公开二级市场上可比股票或债券的价格和价值定价的。

3.3.2　二级债券市场

债券的二级市场可以按照发行方——联邦政府、市政当局或公司——进行分类。

美国国债和市政债券的二级市场　美国国债由专门从事国债或政府机构债券交易的债券交易商进行交易。国债通过 35 家一级交易商进行买卖，其中包括纽约和芝加哥的大型银行以及高盛和摩根士丹利等一些大型投资银行。这些机构和其他公司也为政府机构债券做市，但没有正式的政府机构债券交易商集团。

二级市政债券市场的主要做市商是银行和投资公司。银行积极参与市政债券交易和一般债券的承销，因为它们大量投资于这些证券。此外，许多大型投资公司都有承销和交易这些证券的市政债券部门。

公司债券的二级市场　传统上，大多数公司债券都是由用自有账户买卖证券的交易商在场外交易。主要的债券交易商是承销这些债券的大型投资银行，例如高盛、摩根大通、巴克莱资本和摩根士丹利。由于与国债的活跃交易相比，公司债券的成交量有限，因此公司债券交易商不会持有大量特定公司债券的库存。相反，它们只持有客户所需的有限数量的公司债券，当有人希望进行交易时，它们的作用更像是**经纪商**而不是交易商。

值得注意的是，与股票一样，提供广泛的交易报告服务的公司日益增加，尤其是对于交易活跃的大型债券而言。走在该领域前沿的公司是市场准入公司（Market Access），目前该公司报告的公司债券约占公司债券交易的 15%。正如第 12 章将讨论的，自 2005 年以来，交易商必须在 15 分钟内报告 17 000 种公司债券的交易情况。图表 3-2 是《华尔街日报》每日刊载的表格，它提供了大量二级债券指数（类似于各种股票指数）的数据。

3.3.3　金融期货

除了债券市场，还发展出了与这些债券相关的期货合约市场。这些期货合约允许持有者以规定价格购买或出售规定数量的特定债券。当今的两大期货交易所是 2007 年进行兼并的芝加哥期货交易所和芝加哥商品交易所。我们将在第 14 章讨论这些期货合约和期货市场。

3.3.4　二级股票市场

2000 年之前，美国和世界各地的二级股票市场分为三个部分：国家证券交易所、地区证券交易所和不在交易所交易的股票的场外交易（OTC）市场。在我们介绍另类交易系统和集合竞价市场与连续市场的背景之后，我们将用一节来讨论过去 15 年来美国股票市场发生的巨大监管变革。

跟踪债券基准

不同类型债券的投资收益率、与国债相比的利差和（或）支付给投资者的收益率与52周高点和低点的比较

收盘时总收益	年初至今总收益率（%）	指数名称	收益率（%）最新	低点	高点	收盘时总收益	年初至今总收益率（%）	指数名称	收益率（%）最新	低点	高点
彭博巴克莱广义市场指数						**彭博巴克莱抵押贷款支持债券指数**					
1 924.29	2.4	美国综合债券指数	**2.520**	1.820	2.790	1 969.30	1.5	抵押贷款支持债券指数	**2.800**	1.930	3.120
彭博巴克莱美国公司债券指数						1 940.54	1.1	吉利美（GNMA）指数	**2.760**	1.850	3.090
2 734.31	3.9	美国公司债券指数	**3.170**	2.750	3.520	1 153.81	1.6	房利美（FNMA）指数	**2.810**	1.950	3.120
2 591.70	2.8	中期债券指数	**2.700**	2.190	3.010	1 776.68	1.6	房地美（FHLMC）指数	**2.830**	1.980	3.130
3 744.64	6.6	长期债券指数	**4.230**	3.960	4.710	514.81	3.2	市政债券主指数	**1.979**	1.307	2.516
559.43	2.9	AA级债券指数	**2.620**	1.980	2.870	360.31	3.7	7~12年期债券指数	**1.992**	1.326	2.618
703.55	4.4	BBB级债券指数	**3.470**	3.180	3.870	400.13	3.7	12~22年期债券指数	**2.523**	1.610	3.047
美林高收益债券指数a						386.46	4.1	22年以上期债券指数	**2.995**	2.027	3.622
407.50	4.9	高收益债券限制指数	**5.630**	5.456	7.358	**摩根大通全球国债指数b**					
405.40	5.4	CCC级债券指数	**10.203**	9.584	15.470	540.69	0.7	全球国债指数	**1.410**	0.750	1.560
2 810.51	4.7	高收益债券100指数	**5.228**	5.050	6.491	763.01	1.3	加拿大国债指数	**1.800**	1.210	2.020
369.24	4.8	全球高收益债券限制指数	**5.282**	5.129	6.948	366.23	-0.7	欧盟经济与货币联盟国债指数	**1.182**	0.512	1.363
298.89	4.1	欧洲高收益债券限制指数	**2.591**	2.537	4.350	702.82	-0.5	法国国债指数	**0.930**	0.270	1.210
彭博巴克莱美国政府机构债券指数						505.43	-1.8	德国国债指数	**0.520**	-0.100	0.520
1 633.26	1.8	美国政府机构债券指数	**1.820**	1.150	1.960	287.79	-0.1	日本国债指数	**0.390**	-0.120	0.460
1 462.54	1.1	10~20年期债券指数	**1.630**	0.960	1.750	557.18	-0.6	荷兰国债指数	**0.650**	0.020	0.680
3 320.18	6.3	20年以上期债券指数	**2.940**	2.390	3.460	916.09	0.3	英国国债指数	**1.580**	0.960	1.790
2 424.84	3.5	扬基债券指数	**2.740**	2.320	3.090	785.72	6.3	新兴市场国债指数c	**5.544**	5.134	6.290

a. 限制指数对单个发行人集中度的限制为2%。高收益债券100指数包含最大的100种债券。
b. 以当地货币计价的欧元区债券。
c. EMBI全球指数。
资料来源：美林、彭博巴克莱、摩根大通。

图表 3-2　债券基准

资料来源：数据来自《华尔街日报》2017 年 6 月 30 日 B8 版。版权归《华尔街日报》全球所有。

基本交易系统　尽管不同的证券交易所有相似之处，即交易所会员只能交易合格股票，但它们的交易系统可能有所不同。市场上有两种主要的交易系统，交易所可以使用其中一种或结合使用这两种系统。一种是**纯拍卖市场**（也称订单驱动市场），在这种市场上，感兴趣的买方和卖方将给定股票的出价和要价（买卖订单）提交给某个中心，由不拥有股票但起到促进交易作用的代理商匹配订单。参与者也将这种系统称为价格驱动市场，因为股票将由要价最低的卖方卖给出价最高的投资者。拍卖市场的拥护者极力主张建立一个集中度很高的市场，在理想情况下它将包括股票的所有买方和卖方。

另一个主要交易系统是**交易商市场**（也称报价驱动市场），在这种市场中，交易商通过自己买卖股票为投资者提供流动性。在理想情况下，该系统中的众多交易商相互竞争，以在投资者出售股票时提供最高出价，并在投资者购买股票时提供最低要价。这种去中心化系统受益于交易商之间的竞争，从而为买卖双方提供了最优价格。

集合竞价市场与连续市场　除了股票交易系统不同（经纪商 vs. 交易商）之外，交易所的运作在股票交易时间和交易方式上也可能有所不同。

在**集合竞价市场**中，目的是收集某个时点的所有出价和要价，并得出一个使需求量尽可能接近供应量的价格。交易所在早期发展阶段通常会使用集合竞价市场，这时上市股票很少，或者活跃的投资者-交易商数量很少。在使用集合竞价市场的交易所中，指定的做市商会逐一列出股票并询问投资者是否对其感兴趣。在确定现有买卖订单后，交易所管理者会指定一个满足大多数订单的价格，所有订单都以该指定价格进行交易。

如果买入订单和（或）卖出订单在夜间积累得较多，也可以在交易所股票开盘时使用集合竞价市场，在这种情况下，开盘价可能与前一天的收盘价不同。此外，如果由于出现某些重要的新信息而在白天暂停交易，也会使用集合竞价市场流程。在任何一种情况下，专家或做市商都会尝试使用集合竞价市场方法得出新的均衡价格，该价格将反映出市场失衡并处理大部分订单。例如，假设一只股票的交易价格约为每股 42 美元，并且在夜间或白天发布了一些重要的新正面信息。如果信息发布于夜间，则会影响开盘价；如果信息发布于白天，则会暂停交易，并使用集合竞价市场过程来确定新的均衡价格。如果买入订单的数量是卖出订单的三四倍，那么基于集合竞价市场的新价格可能为 44 美元。关于交易暂停前后价格变化的分析，请参见霍普韦尔和施瓦茨（Hopewell and Schwartz, 1978）以及法博齐和马（Fabozzi and Ma, 1988）的研究。多项研究表明，使用集合竞价市场机制有助于维护市场秩序，并减少开盘和暂停交易后的波动。

在**连续市场**中，交易发生在市场开放的任何时间，股票通过拍卖定价或由交易商定价。在交易商市场中，交易商愿意以指定的出价和要价用自有账户买卖股票。在拍卖市场中，有足够多的买方和卖方进行交易以使市场保持连续；也就是说，当一个投资者来购买股票时，就有另一个投资者愿意出售股票。纯交易商市场和纯拍卖市场之间的折中形式是一种将两者结合起来的结构，其市场交易系统基本上是拍卖市场，但如果纯拍卖市场没有足够活跃度，则存在愿意充当交易商的中介。这些既充当经纪商又充当交易商的中介提供了临时流动性，以确保市场具有流动性和持续性。

值得注意的是，许多连续拍卖市场交易所（包括纽约证券交易所）也在开市和暂停交易期间采用集合竞价市场机制。

3.3.5　交易所的做市商

之前，我们讨论了交易所的"经纪商"，他们将买卖双方撮合在一起进行交易，但从不拥有相关资产（房地产经纪商是一个常见的例子）。我们还讨论了"交易商"，他们通过用自有账户买卖证券来加速交易，并以买卖价差［他们为资产支付的价格（出价）与他们出售资产的价格（要价）之间的差价］谋生。正如我们随后将讨论的，纳斯达克市场由在该系统中交易股票并彼此竞争的交易商组成。相比之下，纽约证券交易所的主要做市商被称为"专家"或"指定做市商"。

专家（指定做市商）是向交易所申请分配股票（一般为 10～15 只）用于处理的交易所会员。这些专家有两个主要职能。第一，他们作为经纪商匹配买卖订单，并处理其他经纪商下达的特殊限价订单；他们在市场价格达到限价时进行交易。第二个主要职能是充当交易商，在订单的自然流动性不足时，通过提供流动性来维持公平有序的市场。关键是，当公共供求不足以维持持续流动市场时，交易商必须用自有账户进行买卖。

3.4 美国二级股票市场的分类

在本节中，我们考察了美国目前存在的不同二级股票市场，如图表 3-3 所列。

3.4.1 主要上市市场

主要上市市场是公司股票的主要或正式上市市场，一般为正规证券交易所或正规市场。在监管发生变化之前，美国只有两个全国性交易所——纽约证券交易所和纳斯达克市场，它们的证券交易方式不同（我们将对此进行讨论）。我们还将简要讨论不再作为独立实体存在的美国证券交易所。

纽约证券交易所 纽约证券交易所是美国最大的有组织证券市场。它成立于 1817 年，最初名为纽约证券和交易委员会，但其源头可追溯到 1792 年 5 月由 24 位经纪商签订的著名的《梧桐树协议》。[1] 1863 年，它更名为纽约证券交易所。

截至 2016 年年底，约有 2 850 家公司的普通股或优先股在纽约证券交易所上市，总市值超过 14 万亿美元。自成立以来，纽约证券交易所的股票日均成交量大幅增加。在 20 世纪 60 年代之前，其股票日均成交量不到 300 万股，而 2016 年的日均成交量约为 35 亿股。值得注意的是，这些成交量中约有一半属于高频交易。

在成交量上，纽约证券交易所历来远远高于美国的其他交易所。鉴于其严格的上市要求和良好声誉，大多数最大、最知名的美国公司都在纽约证券交易所上市。从历史上看，这些上市股票约 55% 的成交量发生在纽约证券交易所，但从 2004 年开始，这种情况发生了巨大变化，这一年成立了许多其他交易所，后面将对此进行讨论。

美国证券交易所 美国证券交易所最初在纽约华尔街和汉诺威街的拐角处交易非上市股票，并被称为户外路边市场，但在 1910 年更名为纽约路边市场协会（New York Curb Market Association）。1946 年，其上市股票成交量最终超过了非上市股票成交量。1953 年，它改为现在的名称。

1975 年 1 月，美国证券交易所成为主要的股票期权交易所，交易对象包括利率期权和股票指数期权，随后又增加了一些交易所交易基金。

美国证券交易所和纳斯达克于 1998 年兼并，但 2005 年，纳斯达克将美国证券交易所回售给其会员［参见霍罗威茨和凯利（Horowitz and Kelly，2005）的研究］。最后，美国证券交易所于 2007 年被纽约证券交易所收购，目前被称为纽约证券交易所美国证券交易所。

全球证券交易所 美国之外的股票市场环境很相似，每个国家通常都有一个相对较大的交易所主导市场。例如东京证券交易所、伦敦证券交易所、法兰克福证券交易所和巴黎证券交易所。

值得注意的是，由于二级股票市场提供的流动性，即使是新兴经济体也有证券交易所。影响这些国际交易所的因素有很多。第一，市场上出现了整合趋势，这将提供更多流

---

[1] 纽约证券交易所将签署该协议视为该交易所诞生的标志，并于 1992 年庆祝了成立 200 周年纪念日。

动性和更大的规模经济，以支持投资者所需的技术。第二，这些国家有许多大公司都符合在美国交易所上市的资格，并已成为双重上市公司。在纽约证券交易所上市的股票中，约20％是非美国公司。第三，这些强大的国际交易所使全球股票市场成为可能，正如下一部分所述，在这个市场中，投资者可以在全球范围内持续不断地交易股票。第四，正如尤因和阿斯卡雷利（Ewing and Ascarelli，2000）以及切尔尼和比尔（Cherney and Beal，2000）所讨论的，这些交易所之间存在激烈竞争。

全球 24 小时市场 纽约、伦敦和东京的主要市场由于其相对规模和重要性，可以被视为代表了全球 24 小时股票市场的主要部分，其中投资公司在全球"交接头寸"。这意味着随着这三个市场（和其他交易所）交易时间的开始和结束，主要的活跃证券市场会在全球依次轮转。

例如，考虑这三个交易所各自的交易时间转换为 24 小时制美国东部标准时间的结果：

	当地时间（24 小时制）	24 小时制美国东部标准时间
纽约证券交易所	0930 – 1600	0930 – 1600
东京证券交易所	0900 – 1100 1300 – 1500	2300 – 0100 0300 – 0500
伦敦证券交易所	0815 – 1615	0215 – 1015

想象一下，交易从纽约的 9:30 开始，一直持续到下午 16:00，晚上晚些时候由东京接棒，直到早上 5:00，然后在伦敦继续交易（有部分时间重叠），直到再次在纽约的 9:30 开始交易（有部分时间重叠）。在这种情况下，美国的交易员会问："东京情况如何，伦敦情况如何？"东京的交易员关心纽约的情况，随后伦敦的交易员将知道纽约的情况，并希望知道东京的情况。关键是，市场几乎连续运行，并且它们对经济事件的反应相互关联。因此，投资者不是与三个或更多独立且不同的交易所打交道，而是借助先进的电信手段，与一个相互关联的世界股票市场打交道。套用奥哈拉和叶（O'Hara and Ye，2011）的说法，它是一个具有多个进入点的单一虚拟市场。这个全球市场的参与者是在全球拥有产品市场的公司（例如苹果、通用电气、可口可乐、强生、麦当劳和类似的国际公司）的股票。

纳斯达克市场[①] 该市场体系在历史上被称为场外交易市场，它包括未在两大主要交易所（纽约证券交易所和美国证券交易所）正式上市的股票。随后，它被公认为与主要交易所相似但有几个细微差别的股票市场。首先，它是一个交易商市场，而不是像纽约证券交易所是经纪商/交易商（专家）市场。其次，纳斯达克的交易商是通过计算机通信进行交易，而不是在交易大厅进行交易。值得注意的是，正如我们将要讨论的，如今这不再是一个区别，因为纽约证券交易所现在也以电子交易为主。纳斯达克与其他交易所类似，对在纳斯达克全美市场系统上交易的股票有一套要求。

就证券交易数量而言，纳斯达克是美国最大的二级市场。如前所述，纽约证券交易所约有 3 000 只股票在交易。相比之下，截至 2015 年年底，纳斯达克股票市场上共有 3 000

---

① 纳斯达克（NASDAQ）是**全美证券交易商协会自动报价系统**（National Association of Securities Dealers Automated Quotations）的首字母缩写词。后面一节将详细讨论该系统。要在全国市场系统上进行交易，公司必须具有一定规模和交易活跃度以及至少四个做市商。

多家公司。就质量而言，纳斯达克也是最多元化的二级市场，因为它有多个最低要求可供选择。在纳斯达克市场上交易的股票既有小型未盈利公司的股票，也有诸如微软、英特尔和苹果等利润极为丰厚的大型公司的股票。

2017 年年初，估计有 650 只在纳斯达克上市的股票为外国股票或**美国存托凭证**（American Depository Receipt，ADR）。其中约有 300 只股票同时在纳斯达克和多伦多证券交易所等外国交易所交易。

尽管在纳斯达克上市的证券数量最多，但纽约证券交易所的总证券交易价值更大。2017 年，纽约证券交易所的日均股票交易价值约为 1 100 亿美元，而纳斯达克的日均股票交易价值约为 800 亿美元。

纳斯达克市场的上市要求 纳斯达克市场在两张列表上报告报价和成交量：全美市场系统列表和常规纳斯达克列表。在纳斯达克全美市场系统的初始上市股票和持续上市股票有不同标准。全美市场系统的上市标准很重要，但不像纽约证券交易所那么烦琐。在纳斯达克上市的股票的交易报告类似于在纽约证券交易所上市的股票的交易报告。

3.4.2　美国股票市场的重大转变[①]

之前对美国股票市场的讨论是正确和重要的，但它并没有反映过去 25 年中存在历史超过 25 年的金融机构发生的巨大变化（回想一下 1792 年签署的纽约证券交易所《梧桐树协议》）。虽然这项重大转变始于 1994 年，但美国证券交易委员会之前已经做出了一些变化，以建立全国竞争性证券市场。20 世纪 70 年代中期，美国证券交易委员会规定使用股票交易记录汇总单报告全国交易所和纳斯达克的**集中交易**。随后推出的**综合报价**和**市场间交易系统**将全国交易所和芝加哥期权交易所联系起来。市场间交易系统"允许"交易寻得最佳报价，但遗憾的是，这不是必需的要求，也不是自动发生的。

最初情况 20 世纪 90 年代初的股票市场相对繁忙，但纽约证券交易所及其会员在繁荣的股票市场中占据主导地位——纽约证券交易所的一个"席位"（会员资格）在 21 世纪初的售价始终超过 200 万美元，并在 2005 年达到 325 万美元的最高价格。纽约证券交易所只有一个竞争对手——纳斯达克场外交易市场，它基本上是一个电子交易商市场。

转变开始 随着克里斯蒂和舒尔茨（Christie and Schultz，1994）的一项研究发表，美国股市在 1994 年开始发生变化。根据该研究，尽管报价单位可以是八分之一美元（1/8、3/8、5/8、7/8），但市场报价单位呈现出集中在四分之一美元（0、1/4、1/2、3/4）的明显趋势。克里斯蒂和舒尔茨记录的数据显示，交易商显然在进行合谋以保持较大的买卖差价，从而确保高利润。美国司法部和证券交易委员会对这些实证结果做出了迅速果断的反应。

1996 年，美国确立了"反竞争行为"的罪名，并在 1997 年年初制定了新的订单处理规则，要求电子通信网络向公开市场提供报价。结果，包括几个小型电子交易市场在内的整个市场都可以获得以前的私人报价。这条法律允许现有电子通信网络和新的电子通信网络与主要交易所竞争并获得可观的市场份额。结果，电子通信网络之间在速度、价格和可

---

① 丹尼尔·马西森（Daniel Mathisson）曾在奈特资本集团（Knight Capital Group）的网站上发表一篇题为《人与机器：催生出现代市场的监管变化》（2010 年）的文章。这篇文章内容翔实，对本节颇有帮助。

靠性方面展开了激烈竞争。它还导致了一场成交量争夺战，在这场争夺战中，电子通信网络开始为订单流付费，包括为限价订单提供佣金回扣。这些回扣费是交易员的收入，并导致成交量显著增加。

转向小数定价　1997 年 6 月，加价单位发生了第一次变化，报价从八分之一美元（自 19 世纪以来一直使用的报价规则）变为十六分之一美元。虽然这一变化导致价差下降，但仍存在因 6 美分价差导致交易员和纽约证券交易所专家出现民事违法行为的问题。

2000 年，美国证券交易委员会要求到 2001 年 4 月采用小数定价（美分）。其直接影响是价差显著缩小——从 6 美分降至有可能为 1 美分——这导致许多纳斯达克交易员退出该行业。纽约证券交易所的回应是创建了一种名为"Direct＋"的新交易订单和一个电子订单传递系统，该系统改变了大订单的执行方式。具体而言，与规模达到 10 000 股或更多的"大宗交易"不同，这些创新使投资者有可能使用多个小订单执行大型交易，而不必拥有被大型交易垄断的信息。很快，就有公司开发出计算机程序（算法），将大订单分割成小订单——这些程序实际上是**算法交易**的开端。这导致许多相互竞争的电子通信网络创建了"智能订单传递"算法，该算法选择可以最小化交易成本和影响的订单发送对象。结果，平均交易规模从 2002 年的每笔约 800 股急剧下降到 2015 年的每笔约 200 股，而交易数量则从 2002 年的 5.45 亿笔激增至 2015 年的 2 万亿笔以上。反过来，大宗交易（10 000 股或更多股票）从 2000 年几乎占纽约证券交易所成交量的 52％降至 2015 年占纽约证券交易所成交量的不到 10％。

全美市场系统　当美国证券交易委员会于 2007 年通过全美市场系统规则时，电子交易趋势正在加速，该规则包含四个主要部分：

（1）610 规则——访问规则：该规则提供了访问全美市场系统中相关股票报价的标准。该规则提供了对这些股票的所有市场价格的完全访问权限。值得注意的是，它禁止任何交易系统像主要交易所那样歧视市场上的其他参与者，这些主要交易所只允许其会员进行交易。它还限制了交易所可以收取的报价费用。因此，所有市场参与者都可以获得交易所的报价。

（2）订单保护规则。该规则保护以最佳出价或最佳要价（全国最佳出价和最佳要价）显示的报价。具体而言，内部化交易的经纪商或交易商出价和要价必须与现行的全国最佳出价和最佳要价相当或更优。

（3）不得低于 1 美分规则。该规则禁止交易所、经纪商/交易商或其他交易员接受加价单位低于 1 美分且价格超过 1.00 美元的股票订单。值得注意的是，交易可以按低于 1 美分的加价单位执行。

（4）市场数据规则。这些规则规定了向股票交易记录汇总单提供交易数据的市场之间的收入分配。

在全美市场系统规则的允许和鼓励下，市场变得开放和更具竞争性，除此之外，由于技术和交易群体对各种机构和客户群的独特偏好和需求做出反应，交易环境也变得更加碎片化。具体而言，以前仅在上市交易所（纽约证券交易所和美国证券交易所）和场外交易市场之间分割的总成交量现在在各种交易场所之间分割，后者最合适的称呼是分散化电子网络，它包括 13 家交易所和庞大的场外业务，后者的交易发生在包括电子通信网络在内的另类交易系统、暗池和经纪商-自营商内部化交易系统中。我们将在下面的小节中逐一介绍这些组成部分。图表 3-3 给出了这一讨论的部分结构。

证券交易所 图表 3-3 中列出的新证券交易所与 1990 年之前就已存在的交易所形成鲜明对比，后者依赖于很多个人参与者，例如使用市价订单（接受股票的当前价差）或限价订单（投资者指定买入或卖出的价格和时段）提供流动性的"专家"（最近被称为"指定做市商"）和交易商。值得注意的是，专家会立即响应市价订单或记录限价订单，并在有市价订单与之匹配时完成该订单。目前，几乎所有这些过程都是以电子方式完成的，因此大多数交易所最合适的称呼为电子限价订单市场。在该市场上，众多买方和卖方根据一组规则进行交易，这些规则根据订单的到达时间和价格确定优先顺序。值得注意的是，在这种环境下，流动性是由众多交易员通过使用计算机彼此竞争来提供的，而不是通过个人专家提供的。除了这些电子交易所提供的交易效率和交易速度之外，该系统还使交易前后的信息透明，即在交易后总是立即可获得完整的限价订单簿以及所有交易的结果。这一重大变化的影响来得很快。2007 年春天，所有在纽约证券交易所派有现场交易员的经纪公司都开始裁员，而专家公司也开始合并和减少现场交易员。

图表 3-3 实行全美市场系统规则后的交易场所细分

A. 交易所	
—纽约证券交易所	—芝加哥期权交易所
• 纽约证券交易所	• Direct Edge 交易所（EDGX）
• 纽约证券交易所高增长板市场	• Direct Edge 交易所（EDGA）
• 纽约证券交易所美国证券交易所	• BATS 交易所（BYX）
—纳斯达克证券交易所	• BZX 交易所
• NASDAX	—芝加哥证券交易所
• 波士顿证券交易所	
• 太平洋证券交易所	
B. 非交易所（暗流动性）	
—电子通信网络	—经纪商/交易商内部化交易（场外交易市场）
—熔岩流（Lava Flow）	—约 200 家公司
—暗池	
—瑞士信贷交叉发现者（Credit Suisse Crossfinder）	
—高盛西格玛克斯（Goldman Sachs Sigmax）	
—骑士连接（Knight Link）	
—其他 12～15 家公司	

资料来源：改编自 Rhodri Preece，"Dark Pools，Internalization and Equity Market Quality，" CFA Institute，Charlottesville，VA，2012。

图表 3-3 列出了几家交易所，并反映了众多兼并案例，其中包括目前的三大交易所集团：纽约证券交易所、纳斯达克证券交易所和芝加哥期权交易所。除了注册交易所之外，还有一些非交易所提供所谓的"暗流动性"，因为它们在交易前后的信息不透明，如下所述。

电子通信网络 电子通信网络是作为对新规定的反应，在订单处理规则出台之后不久创建的。它是按照限价订单簿市场的结构设计的电子交易市场，交易前后的信息透明，但作为另类交易系统进行监管，这种交易系统与注册交易所相比受到的监控和监督较少。鉴于与交易所的相似性，几乎所有电子交易市场最终都申请成为注册交易所，或者被大型交易所收购并变为注册交易所。因此，目前只有一个重要的电子通信网络：熔岩流。

　　暗池①　　暗池是对交易前后的信息透明度要求的最终回应——放入暗池的订单不会向其他市场参与者展示，以减少信息泄露并最小化市场影响成本。因此，它们最初是面向交易所外处理大宗交易（超过 10 000 股）的**大宗交易员**的后续措施，因为他们担心，如果市场意识到某家机构正在市场上买卖大量股票，市场价格将与交易反向变化（如果卖出股票，价格会下降；如果买入股票，价格会上涨）。因此，机构会将交易委托给交易所外的大宗交易员，他将努力寻找其他机构来买卖这些股票。暗池与选定的投资者进行类似但规模较小的交易——暗池中的订单不会展示给其他市场参与者，而是出售给匿名买家。值得注意的是，交易双方的参与者一般都是通过邀请进入暗池的；大多数暗池都辩称它们不允许高频交易者进入暗池，但并不是每个人都相信这种说法。除了匿名之外，参与者获得的好处还有更优的定价（在买卖价差的中点）和更低的交易费用。与普通大宗交易发生的情况类似，大部分暗池大宗交易被分割为 200 笔到 400 笔交易成本较低的股票交易。如前所述，这导致平均交易规模从约 1 200 股降至约 250 股，而交易数量则从 2000 年的每天约 100 万笔大幅增至 2016 年的每天超过 1 300 万笔。

　　在监管方面，暗池注册为另类交易系统。最终，暗池还是在股票交易记录汇总单上报告其交易。据估计，暗池交易约占成交量的 25%。

　　经纪商/交易商内部化交易　　最后一种非交易所活动被称为经纪商/交易商内部化交易，这种交易常见于约 200 家公司。内部化交易是指零售经纪商/交易商对某个订单进行内部交易，方法是用自有账户持续买卖股票。换言之，公司是所有交易的对手方，并在交易中使用自有资金。它也被认为是"暗流动性"，因为经纪商充当了场外交易市场的做市商，且不需要在执行交易前显示报价。这些公司也被允许区别对待客户，并决定它们接受谁的订单。当公司决定交易哪些股票时，就会出现这种情况。例如，它们通常只会接受流动性证券的订单，但可能决定不参与非流动性股票的交易，而是直接将其转到其他公共交易场所。它们通常也会将所有交易报告到股票交易记录汇总单，因此有交易后信息。值得注意的是，内部化交易约占总成交量的 18%，并几乎占所有零售适销订单流的 100%。

　　除了构成普通股交易结构的这些部分之外，还有两种交易也会影响整体交易环境：算法交易和高频交易。

　　算法交易　　算法交易基本上是通过创建计算机程序做出交易决策。算法交易的早期用途之一是在有大量电子通信网络交易的时期内将订单传送到另类交易场所。算法程序可以为买方或卖方选择流动性最高的市场或具有最佳当前价格的交易场所。使用算法，可以在几秒钟内做出决策并实施决策。最终，决策变得更加深奥和复杂，包括在一个市场买入证券并同时在另一个市场卖出证券以获得微薄利润，或者用程序根据重要的公司新闻（例如盈利意外或兼并公告）、宏观经济事件（例如美联储决策）或国内外政治新闻进行交易。关键是，考虑任何会影响股价的因素（这几乎是一切因素）并创建一种算法，使人们与其他投资者竞争时可以用其在几毫秒内采取行动。显然，由于这种程序能进行更快、更便宜的交易，并且通过大量交易使小额利润积少成多，因此即使是最优秀的投资者也可以从中

---

　　①　一本颇有意思和见地的书讨论了这个问题：Scott Patterson，*Dark Pools*，Crown Publishing Group，a division of Random House，Inc. New York，2012.

受益。这就引出了高频交易。

高频交易 正如关于算法交易的部分所述，一直有人根据对公司新闻或宏观经济新闻的快速反应不断买卖股票来"操弄市场"。我们很难确定这些交易者中有多少成功了，因为他们通常不会透露其交易记录，但事实是，在实行竞争性佣金（20世纪70年代）和要求以小数形式报告价格之前，交易者面临的一个主要约束是"交易成本"。交易者可能认为他们赚钱了，但所有交易的真正受益者是获得所有佣金的经纪商。

如前所述，在通过允许（要求）竞争性佣金和小数标价的法律之后，交易成本显著下降——降幅为80%～90%。这使更多人能承担得起交易成本，但如前所述，也有更多专业人士甚至机构使用算法交易来创建程序，每天进行数千次交易以积攒小额利润。关键是，如果您有一个能盈利的交易想法，主要的约束因素之一可能就是进行交易的速度。在这种情况下，作为高频交易者，可能值得付出创建算法交易的成本，因为它将在几毫秒内为您执行有利可图的独特交易，每天执行数千次。

高频交易既令人羡慕，又被人憎恶。它令人羡慕，是因为它为市场带来了显著流动性，降低了买卖价差并大幅降低了交易成本，我们知道这些都是良好市场非常重要的属性。事实上，据估计，约50%的成交量都属于高频交易。高频交易被人憎恶，是因为它给市场带来了额外波动性，因为其算法会导致成交量和价格发生重大变化。此外，资本市场的目的是依据很长时期（未来几十年）的现金流确定内在价值，而它却助长了短视的投资态度。

算法交易/高频交易和闪崩 算法交易/高频交易的负面影响在于，当操作员按错键，引发大型市场井喷或市场崩溃时，可能会出现重大交易问题、算法故障或"乌龙指"事件。此类事件的一个例子发生在2010年5月6日，当时市场经历了"**闪崩**"。具体来说，当年5月6日下午，就在当天主要股指和期货指数已下跌超过4%时，价格在几分钟内突然又下跌了5%至6%，随后迅速回升。事实是，几分钟之内，堪萨斯城一家投资公司的算法交易导致众多高频交易员自动退出市场。进而，这降低了市场的整体流动性，并导致许多股票价格大幅下跌——随后许多股票价格又发生逆转。关于所发生事件的详细讨论，请参见哈里斯（Harris，2015）的研究的附录，福克斯、格罗斯顿和劳特贝格（Fox，Glosten and Rauterberg，2015）以及刘易斯（Lewis，2014）的讨论。

当前状况 我们已经讨论了许多股市发展，现在有必要总结一下哪些已经改变，哪些尚未改变，以及哪些可能在未来会发生改变。值得注意的是，已经发生的改变是最明显的。事实是，我们现在的市场通常更有效率，因为与20年前相比，交易更方便、更快捷、更便宜。在这个过程中，纽约证券交易所失去了很多市场势力，纳斯达克变得日益重要，我们目睹了众多交易所的成立，这些交易所重塑了市场，使之向着电子交易发展。

尚未改变的是用于执行交易的基本订单，下一节中将对其进行介绍。已经开始发生变化并且未来可能继续发生变化的是二级股票市场的基本构成，也就是说，由于本章最后一小节讨论的原因，在过去十年中发生了许多兼并。

3.5 其他现有订单类型

无论市场的组织结构如何，了解投资者可用的不同类型订单都很重要。

3.5.1　市价订单

最常见的订单类型是**市价订单**，即以当前最优价格买卖股票的订单。提交市价卖单的投资者表明了在该订单到达注册交易所、电子通信网络或暗池时以现有最高买价立即卖出的意愿。市价买单表明了投资者在下单时支付现有最低卖价的意愿。市价订单为愿意接受现行市场价格的投资者提供了即时流动性。

假设您对通用电气感兴趣，并致电您的经纪商以了解该股票的当前"市场"。报价机显示，当前最优市场价格为：买价 30 美元-卖价 30.05 美元。这意味着当前最高买价为 30 美元；也就是说，任何人购买通用电气股票愿意支付的最高价格为 30 美元。最低要价为 30.05 美元，这是任何人卖出通用电气股票愿意接受的最低价格。如果您提交一份 100 股通用电气股票的市场买单，您将以每股 30.05 美元（最低要价）的价格购买 100 股，总成本为 3 005 美元加上佣金。如果您提交一份 100 股通用电气股票的市价卖单，您将以每股 30 美元（最高出价）的价格出售这些股票，并收到 3 000 美元减去佣金。

3.5.2　限价订单

提交**限价订单**的人将指定买入价格或卖出价格。在当前可口可乐股票的市场价格为买价 45 美元-卖价 45.10 美元时，您可能预期该股票在不久的将来会跌至 40 美元，并提交限价订单，以每股 40 美元的价格购买 100 股可口可乐的股票。

您还必须指明限价订单将持续多长时间。可选持续时间基本上是没有限制的。限价订单可以是即时订单（"履行或终止"，意思是立即履行或取消订单）。在算法交易领域，这是高频交易员的常用时长。它也可以是一天中的某段时间、一整天、几天、一周或一个月。它还可以是开放式订单，或者撤销前始终有效的订单。

您不用等待股票的某个给定价格，因为可口可乐在纽约证券交易所上市，您的经纪商将向交易所发出限价订单，交易所将把其放入交易所的限价订单簿中。当可口可乐的市场价格达到限价订单价格时，交易所计算机将执行订单并通知您的经纪商。

3.5.3　特殊订单

除了这些一般订单之外，还有几种特殊类型的订单。止损订单是一种有条件的市价订单，根据该订单，投资者指示在股票跌至给定价格时出售股票。假设您以 50 美元的价格购买了一只股票，并预期它将升值。如果您的预期错了，您会希望限制损失。为了保护自己，您可以下达 45 美元的止损订单。在这种情况下，如果股票跌至 45 美元，您的止损订单将成为市价卖单，股票将以现行市价出售。止损订单并不能保证您将获得 45 美元；您获得的价格可能高一点或低一点。由于大量止损订单可能导致市场混乱，因此交易所有时会取消某些股票的所有此类订单，并且不允许经纪商接受这些证券的更多止损订单。

对于已进行卖空交易的投资者而言，相关的止损策略是止损买单。如果股价开始上涨，希望将损失降至最低的这类投资者将以高于卖空价格的价格签订这种有条件买入订单。假设您以 50 美元的价格卖空了一只股票，并预期它将跌至 40 美元。为了保护自己免于在股价上涨时遭受损失，您可以下达止损买单，在股价达到 55 美元时使用市价买单来购买股票（并对卖空交易平仓）。这种有条件买入订单有望将卖空交易的损失限制在每股5美元左右。

3.5.4 保证金交易

当投资者购买股票时，他们可以用现金或借款支付部分股票价格，使交易杠杆化。杠杆是通过**保证金**购买来实现的，这意味着投资者用现金支付部分股票价格，然后通过经纪商借入其余金额，将股票作为担保品。

纽约证券交易所会员提供的保证金贷款金额通常会随时间推移而增加，但它的周期性相当强，在市场上涨时增加，在市场下跌时减少。投资公司对这些贷款收取的利率通常比发放贷款的银行收取的利率高1.50%。银行利率，即活期贷款利率，通常比基础利率*低1%左右。例如，2017年11月，基础利率为4.00%，活期贷款利率为2.75%。

美国联邦储备委员会T规则和U规则确定了交易的最大借款比例。该保证金要求（必须以现金支付的部分占总交易价值的比例）在40%（允许用借款支付60%的交易价值）和100%（不允许借款）之间变化。2017年11月，美联储规定的初始保证金要求为50%，但个别投资公司可能要求更高的保证金比例。

首次购买后，股票市场价格的变化将导致投资者账户净值的变化，投资者账户净值等于股票担保品的市场价值减去借款金额。显然，如果股价上涨，投资者账户净值占股票总市值的比例就会增加；也就是说，投资者的保证金将超过初始保证金要求。

假设您以10 000美元的总成本购买了200股价值50美元的股票。50%的初始保证金要求允许您借入5 000美元，从而使您的初始账户净值为5 000美元。如果股价上涨20%至每股60美元，则您的头寸总市值为12 000美元，而您的账户净值现在为7 000美元（＝12 000美元－5 000美元），即股票总市值的58%（＝7 000美元/12 000美元）。相反，如果股价下跌20%至每股40美元，则您的头寸总市值将为8 000美元，而您的投资者账户净值将为3 000美元（＝8 000美元－5 000美元），即股票总市值的37.5%（＝3 000美元/8 000美元）。

这个例子表明，保证金购买具有杠杆化的所有优点和缺点。保证金要求（必须以现金支付的比例）越低，允许您借入的资金越多，这增加了股价上涨或下跌时的投资收益（损失）百分比。杠杆系数等于保证金的1%。因此，如该例所示，如果保证金要求为50%，则杠杆系数为2，即1/0.50。因此，当股票收益率为±10%时，您的股权收益率为±20%。如果保证金要求降至33%，您将可以借入更多资金（67%），杠杆系数为3（＝1/0.33）。正如叶（Ip，1998）所讨论的，当您用保证金购买股票或其他投资时，就会增加投资的金融风险，使之超出证券本身固有的风险。因此，您应该相应提高必要收益率。

以下例子显示了使用保证金借款如何影响扣除佣金和贷款利息之前的收益分配。如果股票价格上涨20%，您的投资收益将如下：

（1）股票的市场价值为12 000美元，您还清贷款后剩下7 000美元。

（2）您的5 000美元投资的收益率为40%，如下所示：

---

* 也称最优惠利率。——译者注

$$\frac{7\ 000}{5\ 000}-1=1.40-1$$

$$=0.40=40\%$$

相反，如果股票价格下跌 20％，跌至每股 40 美元，您的收益将如下所示：

(1) 股票的市场价值为 8 000 美元，您还清贷款后剩下 3 000 美元。

(2) 您的 5 000 美元投资的收益率为－40％，如下所示：

$$\frac{3\ 000}{5\ 000}-1=0.60-1$$

$$=-0.40=-40\%$$

值得注意的是，这种收益和损失的对称增长在扣除佣金和利息之前才成立。例如，如果我们假设借款利息为 4％（即 5 000 美元×0.04＝200 美元），交易佣金为 100 美元，那么结果将显示出较低的正收益率和较大的负收益率，如下所示：

$$股价上涨20\%：\frac{12\ 000-5\ 000-200-100}{5\ 000}-1=\frac{6\ 700}{5\ 000}-1=0.34=34\%$$

$$股价下跌20\%：\frac{8\ 000-5\ 000-200-100}{5\ 000}-1=\frac{2\ 700}{5\ 000}-1=-0.46$$

$$=-46\%$$

除了初始保证金要求以外，另一个重要的概念是**维持保证金**，即对初始交易后投资者股权占股票总价值的比例要求。如果股价下跌，维持保证金可以保护经纪商。目前，美联储规定的最低维持保证金为 25％，但是，经纪公司可以对客户规定更高的维持保证金。如果股价下跌，使投资者账户净值低于头寸总价值的 25％，则投资者账户将被视为保证金不足，投资者将收到**追加保证金通知**，要求投资者存入更多自有资金。如果投资者没有及时存入所需资金，该股票将被出售以偿还贷款。追加保证金的时间要求因投资公司而异，并受到市场条件的影响。在动荡的市场条件下，对追加保证金通知的反应时间要求可能大大缩短（例如一天）。

假设维持保证金为 25％，当投资者用保证金购买股票时，必须考虑股票下跌多少就会收到追加保证金通知。在我们的例子中，其计算方法如下：如果股票价格为 P，并且您拥有 200 股股票，则您的头寸价值为 $200P$，您的账户净值为（$200P-5\ 000$）美元。保证金比例为（$200P-5\ 000$）/$200P$。为了确定保证金比例等于 25％时的价格 P，我们将使用以下公式：

$$\frac{200P-5\ 000}{200P}=0.25$$

$$200P-5\ 000=50P$$

$$150P=5\ 000$$

$$P=33.33（美元）$$

因此，当股价跌至 33.33 美元时，您的账户净值占比正好为 25％；因此，如果股票从 50 美元跌至 33.33 美元以下，您将收到追加保证金通知。

继续前面的例子，如果股票价格进一步下跌至每股 30 美元，其总市值将为 6 000 美元，而您的账户净值将为 1 000 美元，仅占总价值的 17％（＝1 000 美元/6 000 美元）。您将收到约 667 美元的追加保证金通知，补齐保证金后您的账户净值将为 1 667 美元，即账户总价值的 25%（=1 667 美元/6 667 美元）。如果股票价格进一步下跌，您将收到更多追加保证金通知。

3.5.5 卖空交易

大多数投资者购买股票（"做多"）是期望从价值增加中获得收益。但是，如果投资者认为某只股票定价过高，并希望利用预期价格下跌的机会，那么投资者可以卖空该股票。**卖空**是指投资者出售自己不拥有的股票，目的是稍后以较低价格买回它。具体而言，投资者可以通过经纪商从另一个投资者那里借入股票并在市场上出售。随后，投资者将（希望）以低于该售价的价格购买该股票（这被称为抛补空头）来偿还借入的股票。虽然卖空没有时间限制，但股票出借人可能决定出售股票，在这种情况下，投资者的经纪商必须找到另一个愿意出借股票的投资者。关于卖空的有利经验和不利经验的讨论，请参见比尔德（Beard，2001）的研究。

两个技术要点会影响卖空。[1] 第一个技术要点涉及股利。卖空者必须向出借股票的投资者支付股利。投资者借入的卖空股票的买方从公司获得了股利，因此卖空者必须向股票出借人支付类似股利。

第二，卖空者必须提供与购买股票的投资者相同的保证金。该保证金可以是现金，也可以是卖空者拥有的不受限制的证券。

为了说明这种方法和这些技术要点，请考虑以下卡拉公司（Cara Corporation）股票的例子，该股票目前以每股 80 美元的价格出售。您认为该股票定价过高，并决定以 80 美元的价格卖空 1 000 股。您的经纪商代表您借入了卡拉公司的股票，以 80 美元的价格出售该股票，然后将 80 000 美元（减去佣金，本例中我们将忽略该佣金）存入您的账户。尽管您的账户中有 80 000 美元，但您无法提取。此外，您还必须提供 50% 的保证金（40 000美元）作为担保品。您的保证金比例等于：

$$保证金比例 = \frac{您的账户净值}{您拥有的股票价值}$$

您的账户净值等于：出售股票的现金（80 000 美元）加上必要保证金（40 000 美元），减去所欠股票的价值（1 000P）。因此，最开始的保证金比例为：

$$保证金比例 = \frac{80\ 000 + 40\ 000 - 80\ 000}{80\ 000}$$

$$= \frac{40\ 000}{80\ 000} = 0.5$$

与保证金交易的讨论非常相似，由于保证金比例在一个时期内可能发生变化，所以我们必须继续比较保证金比例与维持保证金（假设为 25%）。值得注意的是，在卖空的情况下，价格下跌是与保证金比例相关的正面事件。例如，如果我们假设卡拉公司股票的价格跌至 70 美元，则保证金比例将增加，如下所示：

$$\frac{您的账户净值}{借入股票的价值} = \frac{80\ 000 + 40\ 000 - 70\ 000}{70\ 000}$$

---

[1] 在 2007 年 6 月之前，有一条规则是，只能在"价格上升"时卖空个股，这意味着卖空价格必须高于最后的交易价格。美国证券交易委员会于 2007 年取消了这条规则。

$$=\frac{50\,000}{70\,000}=0.71$$

或者，如果股价涨至每股 90 美元，则保证金比例将下降，如下所示：

$$\frac{您的账户净值}{借入股票的价值}=\frac{80\,000+40\,000-90\,000}{90\,000}$$

$$=\frac{30\,000}{90\,000}=0.33$$

和以前一样，确定触发追加保证金通知的股票价格很重要，其计算方法如下：

$$\frac{您的账户净值}{借入股票的价值}=\frac{120\,000-1\,000P}{1\,000P}=0.25$$

$$120\,000-1\,000P=250P$$

$$1\,250P=120\,000$$

$$P=96（美元）$$

因此，如果股价变化与您的卖空操作相反，并涨至 96 美元以上，那么您将收到追加保证金通知。鉴于股价的这种无限上涨潜力（这对卖空者来说是负面事件），大多数卖空者在卖空股票的同时都会始终下达止益订单以限制这种损失，并避免收到追加保证金通知；也就是说，他们会以低于 96 美元的某个价格下达止益订单。

3.5.6　交易所兼并热潮

虽然证券市场的基本目的没有改变，投资者和交易者采用的不同订单一直也相当稳定，但一个较新的现象是一国内部和不同国家的交易所之间出现了大量兼并。同样重要的是，这种现象预计将持续到未来。

为什么会出现兼并热潮？　交易所兼并热潮兴起并将继续下去的主要原因有两个。第一个原因是第 2 章中提出的趋势——投资组合在不同国家（全球）和资产类别之间的分散化趋势。鉴于这种双重分散化，交易所希望能为个人投资者提供服务，但主要是为机构投资者提供服务，因为它们在全球市场上买卖不同资产（例如股票、债券和衍生品）。（重点是，交易所希望提供全球一站式投资。）

第二个原因是高科技交易的经济原理。早些时候，我们讨论了向电子（计算机化）交易场所发展的趋势，这些交易场所采用非常复杂的计算机和训练有素的人员来开发提供快速、高效交易的高级算法。主导这种趋势的两个因素是：(1) 这种设备和它的操作人员成本很高，(2) 这些系统的运行有显著的规模经济。高成本和规模要求结合起来，导致有必要合并一国内以及不同国家的交易所和资产类别，以使交易所能负担得起设备和员工的成本，达到理想且盈利的运营所需的规模。

部分交易所兼并历史案例　在 20 世纪 90 年代许多电子通信网络被创建之后，这些实体兼并为群岛证券交易所（Archipelago，一家注册证券交易所）之类的公司，然后它们又收购了太平洋控股公司（PCX Holdings）（一家电子期权交易商）。2006 年年初，纽约证券交易所收购了上市公司群岛控股公司（Archipelago Holdings Co.），成为一家上市实体，即纽约证券交易所集团公司（NYSE Group，Inc.）。随后在 2007 年与泛欧交易所（Euronext NV）进行了一次重大兼并，而后者本身就是多家欧洲交易所兼并的产物，包括里斯本和波尔图证券交易所、阿姆斯特丹证券交易所、布鲁塞尔证券交易所、巴黎证券交易所和伦敦国际金融期货交易所（Liffe，一家衍生品交易所）。

在此期间，纳斯达克收购了电子通信网络极讯集团（Instinet Group），并成为一家上市公司，后又收购了费城证券交易所和OMX（一家已成为注册交易所的电子通信网络）。

在衍生品领域，芝加哥商品交易所控股公司于2006年上市，随后芝加哥期货交易所也上市了。2007年年底，这两家交易所进行兼并，组建了最大的衍生品交易所，在这之后的2008年，纽约商品交易所也加入了进来。

另一个活跃参与者是伦敦证券交易所，该交易所于2007年收购了意大利证券交易所。

现在和未来 如图表3-3所示，金融市场已形成由拥有全球股票、债券和衍生品交易所的少数大型控股公司主导的格局。

由于兼并热潮的两个驱动原因仍然成立，因此我们预计主要发达市场内部的交易所兼并会继续下去，但远东地区等规模较小、欠发达地区——例如新加坡、印度、泰国和印度尼西亚——的交易所也会继续进行兼并。除了这些国家内部的交易所兼并之外，有些交易所还希望通过兼并来主导欧洲或亚洲等地区的金融市场。

本章小结

• 证券市场分为一级市场和二级市场。虽然一级市场是证券发行人新资本的重要来源，但二级市场提供了对一级市场至关重要的流动性。

• 二级债券市场的构成在过去30年发生的变化很小。与此形成鲜明对比的是，如图表3-3所示，二级股票市场经历了重大变化，并且由于新技术和整合而继续发展。除了一些注册交易所，二级市场还包括电子交易网络、近20家经营暗池的公司和约200家内部化交易公司。

• 良好的交易所市场中包括多种会员以及各种类型的订单。

• 看上去，变化——尤其是这些技术创新引起的变化——刚刚开始。因此，投资者需要了解这个市场是如何演变的，它的当前结构以及它在未来的可能发展。投资者需要了解如何分析证券，以找到最适合自己的投资组合的证券，还需要了解买卖证券的最佳方式，即如何完成交易以及在何处完成交易。本章提供了投资者做出这种交易决策所需的背景知识。

问题

1.请定义市场，并简要讨论良好市场的特征。

2.您拥有100股通用电气的股票，并希望卖掉它，因为您需要钱来支付汽车的首付款。假设普通股绝对没有二级市场。您打算怎么卖出股票？请讨论您必须怎样做才能找到买家，这可能需要多长时间以及您可能得到的价格。

3.请定义流动性，并讨论有助于形成流动性的因素。请举出流动性资产和非流动性资产的例子，并讨论为什么它们被认为是流动性资产和非流动性资产。

4. 请定义证券的一级市场和二级市场，并讨论它们的不同之处。请讨论一级市场如何依赖于二级市场。

5. 请举一个在一级市场上首次公开募股的例子，再举一个在一级市场上增发股票的例子。请讨论哪个市场会给买方带来更大风险。

6. 请在《华尔街日报》上找到一篇关于最近某次一级市场证券发行的文章。请根据文章中的信息，指出所出售证券的特征和主要承销商。公司从此次证券发行中获得了多少新资本？

7. 请简述竞价投标承销与议价承销的区别。

8. 二级股票市场（纽约证券交易所或纳斯达克）的哪个部分发行量更大？哪个部分的证券交易价值更大？

9. 请简要定义以下每个术语，并举例说明。

a. 市价订单

b. 限价订单

c. 卖空

d. 止损订单

10. 请简要讨论纽约证券交易所专家的两个主要职能。

11. 请简要定义以下每个术语。

a. 暗池

b. 经纪商/交易商内部化交易

c. 高频交易员

d. 算法交易

习题

1. 您有 40 000 美元可以投资于索菲鞋业（Sophie Shoes），该股票的售价为每股 80 美元。初始保证金要求为 60%。忽略利息和佣金，假设（a）您支付现金购买股票，（b）您使用最大杠杆购买股票，请详细说明股票价格涨至每股 100 美元和跌至每股 40 美元时对您的收益率的影响。

2. 劳伦有一个保证金账户，并向其存入 50 000 美元。假设现行保证金要求为 40%，忽略利息和佣金，金特里酒业公司（Gentry Wine Corporation）的股票售价为每股 35 美元。

a. 劳伦使用允许的最高保证金可以购买多少股票？

b. 如果金特里酒业公司的股票价格如下，劳伦的利润（亏损）是多少？

i. 涨至 45 美元，劳伦出售股票

ii. 跌至 25 美元，劳伦出售股票

c. 如果维持保证金是 30%，那么金特里酒业公司的股票跌到什么价格时劳伦会收到追加保证金通知？

3. 假设当股票以每股 20 美元的价格出售时，您以 55% 的保证金购买了 100 股弗朗西斯卡实业（Francesca Industries）的股票。经纪商收取 5% 的年利率，佣金为买卖股票价值的 2%。一年后，您收到每股 0.50 美元的股利，并以每股 27 美元的价格出售该股票。您对弗朗西斯卡实业股票的投资收益率是多少？

4. 当夏洛特马场（Charlotte Horse Farms）的股票售价达到 56 美元的年度高点时，您决定卖空 100 股它的股票。您的经纪商告诉您，您的保证金要求为 45%，购买股票的佣金为 155 美元。当您卖空股票时，夏洛特马场支付了每股 2.50 美元的股利。一年后，您以 45 美元的价格购买了 100 股夏洛特马场的股票进行平仓，并支付了 145 美元的佣金和利率为 8% 的借款利息。您的投资收益率是多少？

5. 您拥有 200 股三叶草公司（Sham-

rock Enterprises）的股票，买价为每股 25 美元。该股票现在以每股 45 美元的价格出售。

a. 您设置了 40 美元的止损订单。请讨论您这样做的理由。

b. 如果该股票价格最终跌至每股 30 美元，无论是否有止损订单（忽略佣金），您的收益率是多少？

6. 两年前，您以每股 30 美元的价格购买了 300 股凯莉牛奶公司（Kayleigh Milk Co.）的股票，保证金比例为 60%。目前，凯莉牛奶公司股票的售价为每股 45 美元。假设没有股利并忽略佣金，请计算（a）您支付现金购买股票时，该投资的年化收益率，（b）您用保证金购买股票时，该投资的年化收益率。

7. 麦迪逊旅行公司（Madison Travel Co.）的股票售价为每股 28 美元。您下达了 24 美元的 1 个月期限价买单。在一个月内，股价跌至 20 美元，然后跃升至 36 美元。忽略佣金，您的这项投资的收益率是多少？如果您下达的是市价订单，您的收益率是多少？如果您的限价买单价格为 18 美元，您的收益率是多少？

第**4**章
证券市场指数与指数基金

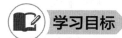 **学习目标**

阅读本章后，您应该能回答以下问题：

- 证券市场指数有哪些主要用途？
- 哪些主要特征导致了不同指数的差异？
- 美国和全球的主要股票市场指数有哪些？它们的特点是什么？
- 为什么债券指数比股票指数更难创建和维护？
- 美国和世界上的主要债券市场指数是什么？

- 股票-债券市场综合指数有哪些？
- 从哪里可以获得所有这些指数的历史数据和当期数据？
- 在短期内（一个月内），这些指数之间的关系是什么？
- 如何使用证券市场指数创建投资组合和提供基准绩效？
- 指数基金和交易所交易基金有什么区别？

关于**证券市场指数**（尤其是美国以外的证券市场指数），有一个恰如其分的说法：每个人都在谈论这些指数，但很少有人了解它们。即使是熟悉著名股票市场指数（如道琼斯工业平均指数或标准普尔 500 指数）的投资者，对美国债券市场指数或者东京或伦敦等非美国股票市场的指数通常也知之甚少。

尽管投资组合包含许多不同个股，但投资者通常会问"今天的市场情况如何"这样的问题，其原因是，如果投资者持有的股票或债券不止几只，那么逐一跟踪每只股票或债券的表现，从而确定投资组合的综合表现是很麻烦的。此外，人们在直观上认为大多数个股或债券都随整体市场波动。因此，如果整体市场上涨，投资组合的价值也可能增加。为了向投资者提供市场表现的综合报告，一些金融出版物或投资公司创建了股票市场指数和债券市场指数，并对其进行维护。

在本章开头，我们讨论了证券市场指数的几个重要用途，这些用途使人们有动力去熟悉这些指数。我们还考虑了哪些特征会导致不同指数产生差别，以及为什么一个指数可能由于其特征而更适合特定任务。随后，我们将介绍最著名的美国股票市场指数和全球股票市场指数。然后，我们考察了重要的债券市场指数，因为债券市场的规模和重要性不断增长，之后我们考察了股票-债券市场综合指数。在本章结尾，我们分析了指数之间的关系，以及哪些因素影响这些指数的相关性高低。

有了关于这些指数的背景知识，我们就可以转而考察投资中增长最快的部分之一——被动投资。我们考察了主动管理和被动管理之间的具体区别；为什么被动管理有显著增长，如何构建被动指数投资组合，以及如何通过衡量跟踪误差来评估被动投资组合的表现。

4.1 证券市场指数的用途

证券市场指数至少有五个重要用途。它的主要用途是用指数值来计算特定时期内总体市场或某个市场部分的总收益指标和风险指标。进而，许多投资者使用计算出的风险-收益结果作为基准来判断单个投资组合的表现。评估投资组合表现时的一个基本假设是，任何投资者通过从整个市场中随机选择大量股票或债券，都应该能获得与市场相当的风险调整收益率，因此，优秀投资组合经理的绩效应该始终胜过市场。所以，总股票市场指数或总债券市场指数可以作为衡量专业投资组合经理绩效的基准。

指数的一个明显用途是创建指数投资组合。正如我们所讨论的，大多数投资组合经理的风险调整收益率很难持续跑赢指定市场指数。[1] 因此，一种显而易见的替代方法是投资于模拟该市场投资组合的投资组合。这个概念导致了指数基金和交易所交易基金的产生，这些基金将跟踪指定市场指标系列（指数）的表现。正如马尔基尔（Malkiel，2015）和穆萨瓦-拉赫马尼（Mossavar-Rahmani，2005）所讨论的，最初的指数基金是普通股基金。正如霍索恩（Hawthorne，1986）所指出的，由于有了广泛、明确的债券市场指数，且大多数债券投资组合经理都无法跑赢这些指数，类似的债券指数基金应运而生。证券分析师、投资组合经理和学者使用证券市场指数作为总体股票市场或总体债券市场的替代指标，以分析影响总体证券价格走势的因素，并比较不同资产类别（例如股票、债券和房地产）的风险调整表现。此外，他们还分析了资产类别内部的相对表现，例如大盘股与小盘股的相对表现。

"技术分析师"也对总体市场指数感兴趣，因为他们相信过去的价格变化可以用来预测未来的价格走势。例如，为了预测未来的股价走势，技术分析师将绘制和分析股票市场指数（例如道琼斯工业平均指数或标准普尔500指数）的价格和成交量变化。

最后，投资组合和资本市场理论的研究表明，单项风险资产的相关风险是其系统性风险，即风险资产的收益率与风险资产市场投资组合的收益率之间的关系。[2] 因此，总市场指数被用作风险资产市场投资组合的替代指标。

4.2 构建市场指数的差异化因素

由于指数旨在反映一组证券的整体走势，因此构建代表总体的指数时，我们需要考虑

---

[1] 在本书中，指标系列和指数可以互换使用，尽管指标系列是更正确的说法，因为它指的是一大类数据系列；一种常用的数据系列是指数，但还有其他类型的数据系列和许多不同的指数。

[2] 第6章、第7章和第11章讨论了这个概念以及使用它的理由。随后，在第18章中，我们分析了为什么很难找到适合作为理论上的风险资产市场投资组合的替代投资组合的指数。

三个重要因素。

4.2.1　样本

第一个因素是用于构建指数的样本。样本的大小、广度和来源都很重要。

如果样本选择正确，那么总体的一小部分将有效显示总体行为。在某些情况下，由于计算机的经济性，交易所或市场上几乎所有股票都将包括在内，只会删除少数异常证券。如果没有将总体包括在内，那么样本应代表总体；否则，样本大小将毫无意义。有偏差的大样本并不比有偏差的小样本好。样本可以通过完全随机选择来生成，也可以通过旨在体现所需总体的重要特征的非随机选择方法来生成。最后，如果总体的不同部分之间存在差异，那么样本来源就很重要，在这种情况下，需要来自每个部分的样本。

4.2.2　加权样本成员

第二个因素是样本中每个成员的权重。证券市场指数使用四种主要加权方案：（1）价格加权指数；（2）市值加权指数；（3）未加权指数，或称平均加权指数；（4）基于某些经营变量（例如销售收入、利润或股权收益率）的基本面加权指数。我们将讨论上述每种方案的例子。

4.2.3　计算过程

最后要考虑的是使用的计算程序。一种方法是计算指数中各成员的简单算术平均值。另一种方法是计算一个指数，并报告相对于基本指数的所有价格或价值变化。最后，有些人更喜欢使用指数成员的几何平均值而不是算术平均值。

4.3　股票市场指数

如前所述，我们每天都会听到很多关于道琼斯工业平均指数的消息。您可能还听说过其他股票指数，例如标准普尔 500 指数、纳斯达克综合指数，甚至是日本股票的日经平均指数。如果您仔细听新闻，就会发现这些指数有不同的变化率（这是报告指数变化情况的方式）。指数表现产生某些差异的原因是显而易见的，例如道琼斯工业平均指数与日经平均指数显然会有所不同，但产生其他差异的原因则不那么明显。在本节中，我们将简要回顾主要指数在上一节讨论的特征方面有何不同。这将帮助您理解为什么不同股票指数会有差异。

我们按照股票样本的加权方法来依次讨论这些指数。我们首先将讨论价格加权指数，因为部分最受欢迎的指数属于这一类。下一类是广为使用的市值加权指数，接下来是未加权指数，最后是基本面加权指数。

4.3.1　价格加权指数

价格加权指数是当前股票价格的算术平均值，这意味着指数走势受到成分股价格差异的影响。

道琼斯工业平均指数　道琼斯工业平均指数是最著名的价格加权指数，也是历史最悠久当然也最常用的股票市场指数。道琼斯工业平均指数是 30 只大型著名工业股票的价格加权平均值，这些股票通常是其行业的领导者（蓝筹股）。道琼斯工业平均指数的计算方法是加总 30 只股票的当前价格，然后将总和除以一个经过调整的除数，该除数考虑了股票分拆和其他投资（主要是样本随时间推移的变化）。[①] 该除数经过了调整，因此股票分拆或发生其他变化前后的指数值将相同。除数的调整示例如图表 4-1 所示。该指数的公式为：

$$\text{DJIA}_t = \sum_{i=1}^{30} \frac{P_{it}}{D_{\text{adj}}}$$

其中：

$\text{DJIA}_t =$ 第 t 天道琼斯工业平均指数的价值；

$P_{it} =$ 第 t 天股票 i 的收盘价；

$D_{\text{adj}} =$ 第 t 天的调整后除数。

在图表 4-1 中，我们使用了三只股票来说明用于推导股票分拆时道琼斯工业平均指数的新除数的程序。当股票分拆时，除数变小，如该图表所示。股票分拆和其他变化的累积影响可以从除数的变化中推导出来，该除数最初为 30.0，但 2017 年 6 月 29 日，它为 0.146 021 280 577 75。

图表 4-1　样本股票分拆时道琼斯工业平均指数的除数变化示例

股票	股票分拆前的价格	股票 A 一拆三后的价格	
A	30	10	
B	20	20	
C	10	10	
	60÷3＝20	40÷X＝20	X＝2（新除数）

调整后的除数确保新的指数值与没有股票分拆或其他变化时的指数值相同。在这个例子中，股票分拆前的指数值是 20。因此，在股票分拆之后，给定新的价格总和，除数从 3 下调至 2，以使该指数值保持为 20。当构成指数的样本发生变化时，除数也会变化。

由于该指数为价格加权指数，因此高价股票比低价股票具有更大权重。如图表 4-2 所示，100 美元股票变化 10%（10 美元）将比 30 美元股票变化 10%（3 美元）导致的指数变化更大。对于情况 A，当 100 美元的股票价格上涨 10% 时，指数平均值涨幅为 5.5%。对于情况 B，当 30 美元的股票价格上涨 10% 时，指数平均值仅上涨 1.7%。

图表 4-2　不同价格的股票对价格加权指数的影响示例

股票	第 T 期	第 $T+1$ 期	
		情况 A	情况 B
A	100	110	100
B	50	50	50

---

① 自道琼斯工业平均指数于 1928 年 10 月 1 日改为包含 30 只股票以来，导致除数变化的所有事件完整列表见：Phyllis S. Pierce, ed., *The Business One Irwin Investor's Handbook* (Burr Ridge, IL: Dow Jones Books, annual).

续表

股票	第 T 期	第 T＋1 期	
		情况 A	情况 B
C	30	30	33
总计	180	190	183
除数	3	3	3
平均值	60	63.3	61
变化率		5.5％	1.7％

道琼斯工业平均指数在两个方面受到批评：

首先，该指数的样本仅限于 30 只非随机选择的大型成熟蓝筹股，不能代表成千上万只美国股票。因此，道琼斯工业平均指数的波动性不像其他股票市场指数那样高，其长期收益率也无法与其他纽约证券交易所股票指数相比。

其次，由于道琼斯工业平均指数是价格加权指数，因此当公司进行股票分拆时，它们的股票价格会下降，从而该股票在道琼斯工业平均指数中的权重会降低——即使该公司可能规模庞大且正在增长。因此，加权方法导致道琼斯工业平均指数出现向下偏差，因为高增长股票的价格会升高，且这些股票往往会分拆，所以这些成长型公司的股票在该指数中的权重将持续下降。有关指数之间具体差异的讨论，请参见叶（1998）的研究。《华尔街日报》每天刊载道琼斯工业平均指数的详细报告，《巴伦周刊》则每周刊载这些报告。

日经-道琼斯平均指数 一般被称为日经股票平均指数，它是东京证券交易所第一分部 225 只股票价格的算术平均价格，显示了东京证券交易所在二战后重新开放以来的股价走势。与道琼斯工业平均指数类似，它是一个价格加权指数，也同样受到批评，因为它的225 只股票仅占第一分部所有股票的 15％左右。《华尔街日报》和《金融时报》每天报道该指数，《巴伦周刊》每周报道该指数。

4.3.2 市值加权指数

市值加权指数是通过推导指数中使用的所有股票的初始总市值［市场价值＝流通股数量（或自由流通股数量)×当前市场价格］来生成的。在 2004 年之前，其传统是考虑所有流通股。2004 年年中，标准普尔开始只考虑不含内部人所持股票的"自由流通股"。该初始市值被确定为基础，并给其分配一个指数值（通常初始指数值为 100，但也可以设置为10 或 50）。随后，计算指数中所有证券的新市场价值，并将当前市场价值与初始"基础"市场价值进行比较，以确定变化率，然后将其应用于初始指数值：

$$指数_t = \frac{\sum P_t Q_t}{\sum P_b Q_b} \times 初始指数值$$

其中：

指数$_t$＝第 t 天的指数值；

P_t＝第 t 天的股票收盘价格；

Q_t＝第 t 天的流通股或自由流通股股数；

P_b＝基准日期的股票收盘价格；

Q_b＝基准日期的流通股或自由流通股股数。

图表 4-3 中的三股票指数示例表明，由于股票价格下降被流通股股数的增加所抵消，因此市值加权指数对股票分拆和其他资本变化进行了自动调整。在市值加权指数中，样本中个股的重要性取决于股票的市值。因此，大公司股票市值变化某个百分比比小公司股票市值变化类似百分比有更大影响。如图表 4-4 所示，如果我们假设唯一变化是股票 A 的价值增加了 20％，而股票 A 的期初价值为 1 000 万美元，那么指数的期末总价值将为 2.02 亿美元，即指数值为 101。相比之下，如果只有股票 C 的价格从 1 亿美元上涨 20％，则指数的期末总价值将为 2.2 亿美元，或指数值为 110。重点是，市值加权指数中大市值股票的价格变化将主导指数值的变化。因此，了解指数中的大市值股票很重要。

图表 4-3　计算市值加权指数的例子

股票	股票价格（美元）	股数	市场价值（美元）
2018 年 12 月 31 日			
A	10.00	1 000 000	10 000 000
B	15.00	6 000 000	90 000 000
C	20.00	5 000 000	100 000 000
总计			200 000 000
			基础价值对应于指数值 100
2019 年 12 月 31 日			
A	12.00	1 000 000	12 000 000
B	10.00	12 000 000[a]	120 000 000
C	20.00	5 500 000[b]	110 000 000
总计			242 000 000

$$新指数值＝\frac{当前市场价值}{基础价值}×初始指数值$$

$$=\frac{242\,000\,000}{200\,000\,000}×100$$

$$=1.21×100$$

$$=121$$

a. 当年进行的 1 拆 2 股票分拆。
b. 当年公司支付了 10％的股票股利。

图表 4-4　不同市场价值对市值加权指数的影响示例

股票	2017 年 12 月 31 日			2018 年 12 月 31 日			
				情况 A		情况 B	
	股数	价格（美元）	价值（美元）	价格（美元）	价值（美元）	价格（美元）	价值（美元）
A	1 000 000	10.00	10 000 000	12.00	12 000 000	10.00	10 000 000
B	6 000 000	15.00	90 000 000	15.00	90 000 000	15.00	90 000 000

续表

股票	2017 年 12 月 31 日			2018 年 12 月 31 日			
	股数	价格（美元）	价值（美元）	情况 A		情况 B	
				价格（美元）	价值（美元）	价格（美元）	价值（美元）
C	5 000 000	20.00	100 000 000	20.00	100 000 000	24.00	120 000 000
			200 000 000		202 000 000		220 000 000
指数值			100.00		101.00		110.00

4.3.3　未加权指数

在**未加权指数**中，所有股票的权重均相同，无论其价格或市场价值如何。20 美元的股票和 40 美元的股票一样重要，公司的总市值也不重要。为投资组合随机选择股票或者对每只股票投资相同金额的投资者可以选择这种指数。形象说明未加权指数的一种方法是，假设对投资组合中的每只股票都投资了相等金额（例如，对每只股票进行 1 000 美元的等额投资，相当于投资 50 股价格为 20 美元的股票、投资 100 股价格为 10 美元的股票和投资 10 股价格为 100 美元的股票）。事实上，这种指数的实际变化通常是基于指数中的股票价格变化率或价值变化率的算术平均值。使用价格变化率意味着股票的价格水平或市场价值没有影响——每个变化率都有相同权重。

图表 4-5 说明了如何使用三只股票中每只股票的变化率平均值计算未加权指数。如果使用市场价值权重，还要与指数值进行比较。如该图表所示，平均加权的结果将得出更高的指数值，因为市值最小的股票（小盘股）的价值增加幅度很大。相比之下，市值加权指数表现不佳，因为大盘股（权重较大）的表现最差。

图表 4-5　假设对样本股票平均加权时的指数值计算

股票	2017 年 12 月 31 日			2018 年 12 月 31 日		
	股数	价格（美元）	价值（美元）	价格（美元）	价值（美元）	变化率（%）
X	2 000 000	20	40 000 000	30	60 000 000	50.0
Y	8 000 000	15	120 000 000	20	160 000 000	33.3
Z	10 000 000	30	300 000 000	33	330 000 000	10.0
			460 000 000		550 000 000	93.3/3=31.1
未加权指数：$100 \times 1.311 = 131.100$						
价值加权指数：$100 \times \dfrac{550\,000\,000}{460\,000\,000} = 119.565$						

与计算价格或价值变化率的算术平均值不同，《价值线》和《金融时报》的普通股指数计算的都是持有期收益比率的几何平均值，并由该计算结果得出持有期收益率。图表 4-6 包含一个算术平均值和几何平均值的例子，显示了几何平均值计算结果存在向下偏差。具体而言，持有期收益率的几何平均值显示平均变化率仅为 5.3%，而财富的实际变化率为 6%。

图表 4-6　变化率的算术平均值和几何平均值示例

股票	股价			
	T	$T+1$	HPR	HPY
X	10	12	1.20	0.20
Y	22	20	0.91	−0.09
Z	44	47	1.07	0.07

$\Pi = 1.20 \times 0.91 \times 1.07$ $=1.168$ $1.168^{1/3}=1.053\ 1$	$\sum 0.20 + (-0.09) + 0.07 = 0.18$ $0.18/3 = 0.06$ $=6\%$
指数值（T）×1.053 1=指数值（$T+1$） 指数值（T）×1.06＝指数值（$T+1$）	

4.3.4　基本面加权指数

如前所述，使用市值加权的理由之一是，公司的市场价值是其经济重要性的明显衡量指标。与此相反，一些观察家认为，这种加权方法会导致增加价值被高估的股票的权重，并降低价值被低估的股票的权重。一个典型例子就是 1998—2000 年的科技股热潮时期，当时科技股价格暴涨，回想起来，它们的价格明显被高估了——以 60 倍、70 倍甚至 100 倍的市盈率出售。结果，高估值导致科技股在指数中的权重几乎翻了一番，结果是价值被高估股票的权重过高。您也可以想象到，价值被低估股票的情况将相反。

为了解决市值加权方法的这个隐含问题，一些观察家提出了衡量公司经济足迹（economic footprint）的其他指标。其中一种方法是根据公司基本面对公司进行加权，这种方法的主要倡导者是锐联资产管理公司（Research Affiliates，Inc.）的相关人员［参见阿诺特、徐和韦斯特（Arnott，Hsu and West，2008）的相关研究］。他们创建基本面加权指数的方法是应用某些广为使用的基本面指标的一个例子。[1] 具体来说，他们提出了四个广义基本面衡量指标：（1）销售收入，（2）利润（现金流），（3）净资产（账面价值），（4）对股东的分配（股利）。给定公司大样本的这些变量，他们创建了一个由 1 000 家规模最大公司组成的指数，并计算出每家公司的销售收入、现金流、账面价值和股利占样本总体的百分比，并通过计算过去五年中四个规模指标的加权平均值（以避免周期性的影响）确定了公司的相对规模（权重）。这些研究人员认为该指数［名为锐联资产管理公司基本面指数（Research Associates Fundamental Index，RAFI）］具有代表性，并且确保了高流动性、高质量和低换手率。

如前所述，这是此类指数的一个例子——其他公司和学者也可能创建或已经创建了这种指数，即用单个变量或一组不同基本面变量确定权重的指数。

4.3.5　投资风格指数

道琼斯、穆迪、标准普尔和罗素等金融服务公司对投资实务变化的反应通常非常迅

---

[1]　关于这些变量和指数构建方法的采用理由和详细信息的进一步讨论，请参见阿诺特、徐和韦斯特（2008）的研究。

速。一个例子是，20 世纪 80 年代的学术研究表明，从长期来看，小盘股的风险调整表现优于大盘股，此后小盘股变得更加抢手。作为对这种现象的反应，伊博森公司（Ibbotson Associates）创建了第一个小盘股指数，紧随其后的是弗兰克·罗素公司（Frank Russell Associates）创建的小盘股指数（罗素 2000 指数）、标准普尔 600 指数、威尔希尔 1750 指数和道琼斯小盘股指数。关于这些指数的比较分析，请参见赖利和赖特（2002）的研究。这催生出一系列规模指数，包括大盘股指数、中盘股指数、小盘股指数和微盘股指数。这些新的规模指数可用于评估集中投资这些规模部门的投资组合经理的绩效。

下一个创新是投资组合经理专注于投资某种股票类型，即成长型股票或价值型股票。随着这种资金管理创新的发展，金融服务公司再次做出回应，根据相对市盈率、市净率、价格与现金流之比和其他指标（例如股权收益率和收入增长率）创建成长型股票指数和价值型股票指数。

最终，这两个因素（规模和类型）通过不同组合形成了六大投资风格类别：

成长型小盘股　　　价值型小盘股

成长型中盘股　　　价值型中盘股

成长型大盘股　　　价值型大盘股

目前，大多数投资组合经理将其投资风格确定为其中之一，而投资顾问则使用这些投资风格类别来识别投资组合经理。

最新的投资风格指数是为跟踪道德基金而创建的指数，这类基金被称为社会责任投资基金。这些社会责任投资指数按国家进一步细分，包括一个全球道德股票指数。

投资风格股票指数（既包括股票规模也包括股票类型）的最佳数据来源是《巴伦周刊》。

图表 4-7 显示了《华尔街日报》的股票市场指数，其中包含我们讨论过的许多美国股票指数的值。图表 4-8 是《华尔街日报》刊载的一张包含众多国际股票指数的表格。

4.3.6　全球股票指数

正如图表 4-8 和图表 4A.2（后者见本章附录）所示，大多数外国市场都有股票市场指数。虽然这些当地指数在每个国家都受到密切关注，但由于它们在样本选择、加权方法或计算程序方面缺乏一致性，因此在比较不同国家的这些指数所示结果时会出现问题。为了解决这些可比性问题，几家投资数据公司计算出了一组一致的国家股票指数。因此，我们可以直接比较这些指数，并将它们合并起来创建各种地区指数（例如，太平洋指数）。在以下部分中，我们将介绍三个主要的全球股票指数。

金融时报/标准普尔精算世界指数　金融时报/标准普尔精算世界指数由英国金融时报有限公司（Financial Times Limited）、高盛公司（Goldman Sachs & Company）和标准普尔公司（"编制者"）与精算师协会和精算师公会联合编制。它包括 30 个国家的约 2 500 只股票，覆盖每个国家所有上市公司总价值的至少 70%。该指数中包括的所有证券必须允许外国国民直接持有股票。

该指数按市场价值加权，基准日期为 1986 年 12 月 31 日，1986 年的指数值＝100。该指数的结果通常以美元报告，但有时也以英镑、日元、欧元和相关国家的当地货币报告。除了各国指数和世界指数之外，还有几个按地理位置、市场价值和行业分类的子指数。《金融时报》每天登载这些指数。

	最近一周					52周				年初至今收益率变化率（%）	3年期收益率变化率（%）
	最高价	最低价	收盘价	净变化	变化率（%）	最低价	收盘价 ◉	最高价	变化率（%）		
道琼斯											
工业平均指数	21 506.21	21 197.08	21 349.63	−45.13	−0.21	17 888.28		21 528.99	18.9	8.0	8.3
交通运输平均指数	960 616	9 383.67	9 563.73	175.06	1.86	7 557.62		9 593.95	26.5	5.7	5.3
公用事业平均指数	734.65	704.53	706.91	−18.36	−2.53	625.44		737.51	−1.3	7.2	7.1
总股市指数	25 383.83	24 931.22	25 124.96	−132.15	−0.52	21 498.96		25 399.65	15.9	7.9	6.9
巴伦400指数	651.38	639.61	646.24	0.77	0.12	514.60		650.48	23.8	7.4	6.3
纳斯达克股票市场											
纳斯达克综合指数	6 303.45	6 087.81	6 140.42	−124.83	−1.99	4 822.90		6 321.76	26.3	14.1	11.7
纳斯达克100指数	5 845.15	5 599.44	5 646.92	−156.19	−2.69	4 410.75		5 885.3	27.3	16.1	13.6
标准普尔											
500指数	2 450.42	2 405.70	2 423.41	−14.89	−0.61	2 085.18		2 453.46	15.2	8.2	7.3
中盘股400指数	1 760.30	1 730.56	1 746.65	2.70	0.15	1 476.68		1 769.34	16.4	5.2	6.8
小盘股600指数	862.34	846.92	855.85	2.68	0.31	700.06		866.07	20.5	2.1	7.8
其他指数											
罗素2000指数	1 428.03	1 403.02	1 415.36	0.58	0.04	1 139.45		1 425.98	22.4	4.3	5.9
纽约证券交易所综合指数	11 837.60	11 683.31	11 761.70	28.50	0.24	10 289.35		11 833.34	11.8	6.4	2.3
价值线指数	525.84	517.70	522.71	1.94	0.37	453.96		529.13	13.3	3.3	1.2
纽约证券交易所高增长板生物科技指数	4 017.65	3 842.77	3 859.60	−157.26	−3.91	2 834.14		4 016.86	24.5	25.5	11.6
纽约证券交易所高增长板制药指数	550.67	534.89	536.30	−12.62	−2.30	463.78		554.66	0.9	11.4	0.8
KBW银行指数	97.09	91.46	95.60	4.06	4.44	62.34		99.33	48.9	4.1	10.3
费城证券交易所黄金/白银指数	83.80	79.96	80.78	−2.65	−3.17	73.03		112.86	−21.2	2.4	−7.1
费城证券交易所石油服务指数	132.65	127.39	130.80	−2.87	2.24	127.17		192.66	−24.0	−28.8	−25.1
费城证券交易所半导体指数	1 099.41	1 026.05	1 034.91	−53.58	−4.92	672.51		1 138.25	−51.1	14.2	−17.6
芝加哥期权交易所波动性指数	15.16	9.68	11.18	1.16	11.58	9.75		22.51	−24.3	−20.4	−1.1

图表 4−7　美国主要的股票市场指数

资料来源：数据来自 *The Wall Street Journal*，July 3，2017，p. B9。版权归道琼斯公司，全球版权所有，2017 年。

摩根士丹利资本国际（MSCI）指数　摩根士丹利资本国际指数由 3 个国际指数、22 个国家指数和 38 个国际行业指数组成。该指数考虑了在 22 个国家的证券交易所上市的 1 673 家公司，其总市值约占这些国家证券交易所总市值的 60%。所有这些指数均为市值加权指数。

我们可以获得该指数的以下相对估值信息：（1）市净率，（2）价格与现金利润（利润加折旧）之比，（3）市盈率，（4）股息率。这些比率有助于分析不同国家之间的不同指数水平以及特定国家的指数水平变化。

值得注意的是，摩根士丹利资本国际欧洲、澳大利亚和远东指数（EAFE）是芝加哥商品交易所和芝加哥期权交易所的期货合约和期权合约的基础。

道琼斯全球股票市场指数　道琼斯全球股票市场指数由全球 2 200 多家公司的股票组成，分为 120 个行业组别。该指数包括 35 个经济体，并占这些经济体股票总市值的 80% 以上。除了图表 4−9 中所示的 35 个经济体之外，这些经济体还分为三大地区：美洲、欧洲、太平洋地区以及一些次级地区。最后，每个经济体的指数均以其自身的货币和美元计算。《华尔街日报》每天刊载各经济体的该指数，《巴伦周刊》每周发布如图表 4−9 所示的完整指数。

经济体指数		收盘价	变化率（%）	最低价	收盘价	最高价	年初至今收益率变化率（%）
		最近一周		52周			
全球	全球道琼斯指数	2 769.39	0.00	2 284.45		2 790.26	9.4
	道琼斯全球指数	359.68	−0.37	305.56		362.91	10.3
	道琼斯全球指数（不含美国）	240.94	−0.16	201.47		243.70	12.6
	全球道琼斯欧洲指数	2 286.32	−1.80	1 942.86		2 398.98	1.2
DJTSM	全球指数	3 704.12	−0.34	3 142.64		3 735.77	10.2
	全球指数（不含美国）	2 434.91	−0.16	2 035.51		2 462.44	12.7
	发达国家指数（不含美国）	2 367.72	−0.19	1 986.18		2 398.94	12.0
	全球小盘股指数	5 055.79	0.02	4 234.42		5 086.94	9.4
	全球大盘股指数	3 512.27	−0.40	2 986.56		3 545.24	10.4
美洲	道琼斯美洲指数	582.63	−0.40	502.62		588.47	7.8
巴西	圣保罗证券交易所指数	62 899.97	2.97	51 842.27		69 052.03	4.4
加拿大	标准普尔/多伦多证券交易所综合指数	15 182.19	−0.90	14 064.54		15 922.37	−0.7
墨西哥	IPC全股指数	49 857.49	1.79	44 364.17		49 939.47	9.2
智利	圣地亚哥IPSA指数	3 606.79	−0.40	3 113.51		3 782.66	11.9
欧洲	斯托克欧洲600指数	379.37	−2.13	318.76		396.45	5.0
	斯托克欧洲50指数	3 122.17	−2.18	2 730.05		3 276.11	3.7
欧元区	欧洲斯托克指数	372.86	−2.61	295.77		392.06	6.5
	欧洲斯托克50指数	3 441.88	−2.87	2 761.37		3 658.79	4.6
比利时	比利时20指数	3 793.62	−1.30	3 236.01		4 041.03	5.2
法国	CAC40指数	5 120.68	−2.76	4 085.30		5 432.40	5.3
德国	DAX指数	12 325.12	−3.21	9 373.26		12 888.95	7.4
以色列	特拉维夫指数	1 433.63	−0.32	1 378.66		1 478.96	−2.5
意大利	富时MIB指数	20 584.23	−1.20	15 424		21 788	7.0
荷兰	AEX指数	507.15	−2.38	422.18		536.26	5.0
西班牙	IBEX35指数	10 444.50	−1.75	7 926.2		11 135.4	11.7
瑞典	SX全股指数	576.91	−2.92	459.48		596.72	7.9
瑞士	瑞士市场指数	8 906.89	−1.39	7 593.20		9 127.61	8.4
英国	富时100指数	7 312.72	−1.50	6 463.59		7 547.63	2.4
亚太	道琼斯亚太TSM指数	1 624.81	−0.35	1 359.38		1 640.63	14.2
澳大利亚	标准普尔/澳大利亚证券交易所200指数	5 721.50	0.10	5 156.6		5 956.5	1.0
中国	上海证券交易所综合指数	3 192.43	1.09	2 932.48		3 288.97	2.9
中国香港	恒生指数	25 764.58	0.37	20 495.29		26 063.06	17.1
印度	标准普尔孟买证券交易所敏感指数	30 921.61	−0.70	25 765.14		31 311.57	16.1
日本	日经股票平均指数	20 033.43	−0.49	15 106.98		20 230.41	4.8
新加坡	海峡时报指数	3 226.48	0.53	2 787.27		3 271.11	12.0
韩国	韩国综合股价指数	2 391.79	0.55	1 953.12		2 395.66	18.0
中国台湾	加权指数	10 395.07	0.17	8 575.75		10 513.96	12.3

资料来源：希克斯（SIX）金融信息《华尔街日报》市场数据组。

图表 4 - 8　国际股票市场指数

资料来源：数据来自 *The Wall Street Journal*，July 3，2017，p. B9。版权归道琼斯公司，全球版权所有，2017 年。

图表 4 - 9　道琼斯全球股票市场指数

经济体	道琼斯全球指数（以当地货币表示），2017年4月23日	周变化率（%）	道琼斯全球指数（以美元表示），2017年4月23日	周变化率（%）	道琼斯全球指数（以美元表示），2016年12月31日	2016年12月31日以来的点数变化	2016年12月31日以来的变化率（%）
美洲			5 866.04	0.24	5 427.02	438.04	5.97

续表

经济体	道琼斯全球指数（以当地货币表示），2017年4月23日	周变化率（%）	道琼斯全球指数（以美元表示），2017年4月23日	周变化率（%）	道琼斯全球指数（以美元表示），2016年12月31日	2016年12月31日以来的点数变化	2016年12月31日以来的变化率（%）
巴西	91 591 225.27	−0.98	10 844.87	−2.35	11 028.00	−183.13	−1.66
加拿大	5 015.08	0.90	4 370.02	0.77	4 317.31	52.70	1.22
智利	7 843.25	−1.39	4 440.58	−1.24	3 918.60	521.99	13.32
墨西哥	31 335.08	−0.37	5 349.35	−0.50	4 352.19	997.16	22.91
美国	25 257.11	0.26	25 257.11	0.26	23 276.73	1 980.38	8.51
拉丁美洲			**5 672.49**	**−1.50**	**5 820.64**	**452.85**	**8.29**
欧洲			**1 240.02**	**−0.22**	**2 349.82**	**390.19**	**13.69**
奥地利	3 408.18	−0.72	2 973.20	−1.71	2 326.67	646.53	27.79
比利时	6 094.87	−1.51	5 319.72	−1.50	4 844.11	475.62	9.82
丹麦	10 647.89	0.98	9 488.39	0.98	7 756.84	1 731.55	22.32
芬兰	14 551.48	−0.26	11 353.42	−0.25	9 549.40	1 604.03	18.69
法国	3 886.74	0.10	3 438.68	0.11	2 938.75	497.93	16.94
德国	4 035.97	−0.23	3 509.80	−0.22	3 034.14	475.65	15.68
希腊	439.04	1.54	253.22	1.56	198.77	54.45	27.39
爱尔兰	5 401.39	−0.51	5 357.33	−0.50	4 668.61	688.72	14.75
意大利	2 084.11	−0.49	1 493.75	−0.47	1 293.97	199.78	15.44
荷兰	4 925.83	0.27	4 285.94	0.28	3 586.49	699.45	19.50
挪威	4 418.22	−0.78	3 130.18	−0.54	3 142.76	−12.58	−0.40
葡萄牙	1 384.06	−1.99	1 033.11	−1.97	911.62	121.49	13.33
俄罗斯	1 533.48	2.60	740.33	−0.46	840.07	−99.74	−11.87
西班牙	4 303.54	−1.10	2 821.92	−1.09	2 335.44	488.48	20.83
瑞典	10 795.45	0.40	6 875.40	0.25	5 931.68	943.72	15.91
瑞士	6 213.31	0.64	8 623.33	1.08	7 395.62	1 227.52	16.60
英国	3 297.95	−0.53	2 247.09	−1.03	2 085.69	161.19	7.73
南非	16 922.06	1.81	3 584.10	1.03	3 308.21	275.89	8.34
太平洋地区			**1 630.44**	**0.42**	**1 422.73**	**287.71**	**14.60**
澳大利亚	3 529.73	−1.07	3 516.03	−1.74	3 339.07	176.96	5.30
中国	2 870.64	2.01	2 853.64	2.02	2 331.94	521.70	22.37
中国香港	5 252.22	0.43	5 237.08	0.44	4 514.05	723.02	16.02
印度	3 445.20	−0.61	2 403.79	−0.74	1 926.97	476.62	24.74

续表

经济体	道琼斯全球指数（以当地货币表示），2017年4月23日	周变化率（%）	道琼斯全球指数（以美元表示），2017年4月23日	周变化率（%）	道琼斯全球指数（以美元表示），2016年12月31日	2016年12月31日以来的点数变化	2016年12月31日以来的变化率（%）
日本	999.92	0.96	1 121.38	0.42	1 013.18	108.21	10.68
马来西亚	3 470.36	−0.65	2 201.49	−0.95	1 909.58	291.90	15.29
新西兰	2 337.36	0.10	3 149.47	0.51	2 791.92	357.55	12.61
菲律宾	7 727.40	−0.59	3 995.85	−1.26	3 557.60	438.25	12.32
新加坡	2 185.56	−0.10	2 554.48	−0.37	2 200.00	354.48	16.11
韩国	4 643.22	0.91	3 091.06	0.49	2 461.43	629.64	25.58
中国台湾	2 495.40	2.31	2 115.74	2.14	1 764.41	351.34	19.91
泰国	2 943.32	0.30	2 045.14	0.35	1 895.74	149.40	7.68
欧元区			2 231.71	−0.25	2 766.10	485.81	16.83
欧洲发达国家（不含英国）			2 967.03	0.06	3 402.82	584.27	16.58
欧洲（北欧）			6 302.56	0.24	5 437.03	685.52	15.92
太平洋地区（不含日本）			2 837.68	0.42	2 257.30	589.77	17.44
世界（不含美国）			2 438.71	0.10	2 160.43	278.22	12.53
道琼斯全球全股市场指数			2 718.57	0.18	2 280.23	258.47	10.61
全球道琼斯指数			2 789.26	0.14	2 531.51	237.75	9.39

基准日期 1991 年 12 月 31 日的指数＝1 000。　　　　　　　　　版权归道琼斯公司所有，2017 年

资料来源：数据来自 *Barron's*，June 26，2017，Page M 27。版权归道琼斯公司，全球版权所有，2017 年。

全球股票指数的比较　正如图表 4-10 所示，自从 1991 年 12 月 31 日（从这一天起可以获得道琼斯全球指数的数据）以来，三个全球股票指数之间的相关性表明，不同全球股票指数的结果具有相当强的可比性。

图表 4-10　不同全球股票指数价格变化率的相关系数（1991 年 12 月 31 日—2016 年 12 月 31 日）

	美元
金融时报/标准普尔指数-摩根士丹利资本国际指数	0.996
金融时报/标准普尔指数-道琼斯全球指数	0.995
摩根士丹利资本国际指数-道琼斯全球指数	0.993

　　本章附录的图表 4A.1 总结了美国和其他主要国家的主要价格加权股价指数、市值加权股价指数和平均加权股价指数的特征。如该图表所示，它们的主要差异在于不同指数中的股票数量，但更重要的是样本来源（例如，样本中的股票是来自纽约证券交易所、纳斯

达克、整个美国，还是来自英国或日本等其他国家）。

4.4 债券市场指数[①]

目前可用的债券市场指数越来越多，投资者却对其知之甚少，因为这些指数相对较新且未广泛发布。尽管如此，了解这些指数仍然很重要，因为固定收益投资组合经理和共同基金日益增多，因此需要有一套可靠的基准来评估他们的绩效。而且，由于许多固定收益投资组合经理的绩效无法与总体债券市场的表现相匹配，因此债券指数基金日益引人关注，这需要有适当的债券市场指数以供这些基金的投资组合模仿。

值得注意的是，由于多种原因，创建和计算债券市场指数比创建和计算股票市场指数更困难。第一，债券的种类比股票广泛得多，从美国国债到违约债券不一而足。第二，由于有新发行债券、不同的债券期限、债券赎回和债券偿债基金，债券的范围不断变化。第三，债券和债券投资组合的价格波动性会发生变化，因为债券价格的波动性受久期的影响，而久期同样会因债券期限、息票利率和市场收益率的变化而不断变化。[②] 第四，股票指数中的大多数股票都有当前交易价格和连续交易价格，但相比之下，为债券指数中的债券（尤其是公司债券和抵押债券）正确定价可能会遇到严重问题。

我们随后的讨论包含以下三个子部分：（1）美国投资级债券指数，包括美国国债；（2）美国高收益债券指数；（3）全球国债指数。所有这些指数均表示债券投资组合的总收益率，并按市场价值加权。图表4-11总结了这三个债券市场部门的现有指数的特征。

图表 4-11　债券市场指数总结

指数名称	债券数量	期限	债券规模	加权方法	定价方法	再投资假设	现有子指数
彭博巴克莱指数	8 000	1年以上	2.5亿美元以上	市值加权	交易者定价和模型定价	无	国债指数、国债/公司债券指数、公司抵押贷款支持债券指数、资产支持债券指数
美林指数	6 000	1年以上	5 000万美元以上	市值加权	交易者定价和模型定价	依具体债券而定	国债指数、国债/公司债券指数、抵押贷款支持债券指数
瑞安国债指数	300＋	1年以上	所有国债	市值加权和平均加权	交易者定价	依具体债券而定	国债指数

---

① 本节中的很多讨论借鉴了赖利和赖特（2012）的研究。
② 第13章详细讨论了久期的概念。

续表

指数名称	债券数量	期限	债券规模	加权方法	定价方法	再投资假设	现有子指数
美国高收益债券指数							
C. S. 第一波士顿指数	500+	所有期限	7 500 万美元以上	市值加权	交易者定价	有	综合指数与按评级分类指数
彭博巴克莱指数	1 800	1 年以上	1 亿美元以上	市值加权	交易者定价	无	综合指数与按评级分类指数
美林指数	2 000	1 年以上	2 500 万美元以上	市值加权	交易者定价	有	综合指数与按评级分类指数
全球国债指数							
彭博巴克莱指数	1 200	1 年以上	2 亿美元以上	市值加权	交易者定价	有	综合指数与 13 国指数（以当地货币表示和以美元表示）
美林指数	800	1 年以上	5 000 万美元以上	市值加权	交易者定价	有	综合指数与 9 国指数（以当地货币表示和以美元表示）
摩根大通指数	700	1 年以上	1 亿美元以上	市值加权	交易者定价	指数中有	综合指数与 11 国指数（以当地货币表示和以美元表示）

资料来源：由作者编制。

4.4.1　美国投资级债券指数

正如图表 4-11 所示，三家投资公司创建并维护国债和其他投资级债券［即评级为 BBB 级（或 Baa 级）或更高级的债券］的指数。正如后面的部分所示，无论在哪个细分市场，这些投资级债券的收益率之间均具有强相关性（即相关系数平均值约为 0.95）。

4.4.2　美国高收益债券指数

过去 30 年来，美国债券市场增长最快的部分之一就是高收益债券市场，其中包括非投资级债券——即 Ba 级、B 级、Caa 级、Ca 级和 C 级的债券。由于这种增长，三家投资公司创建了与该市场相关的指数。图表 4-11 总结了这些指数的特征。关于其他高收益债券基准的分析，请参阅赖利和赖特（1994）的研究；关于该市场的整体分析，请参阅赖利、赖特和金特里（Reilly，Wright and Gentry，2009）的研究。

4.4.3　全球国债指数

在过去 15 年中，全球债券市场的规模和重要性出现了类似的显著增长。值得注意的是，这个全球债券市场以国债（主权债券）为主，因为美国以外的大多数国家都没有稳定存续的公司债券市场。这三大投资公司也创建了反映全球债券市场表现的指数。如图表 4 - 11 所示，虽然不同指数具有相似的计算特征，但总样本规模和包含的国家数量不同。图表 4 - 12 是《华尔街日报》每天刊登的一张表格，其中包含多个美国债券指数和全球债券指数的当前结果。

不同类型债券的投资收益率、与国债相比的利差和（或）支付给投资者的收益率与52周高点和低点的比较

收盘时总收益	年初至今总收益率（%）	指数名称	收益率（%）			收盘时总收益	年初至今总收益率（%）	指数名称	收益率（%）		
			最新	低点	高点				最新	低点	高点
彭博巴克莱广义市场指数						**彭博巴克莱抵押贷款支持债券指数**					
1 946.20	3.5	美国综合债券指数	2.580	2.160	2.790	1 991.29	2.5	抵押贷款支持债券指数	2.820	2.330	3.120
彭博巴克莱美国公司债券指数						1 957.25	2.0	吉利美（GNMA）指数	2.770	2.240	3.090
2 786.99	5.9	美国公司债券指数	3.160	3.000	3.520	1 168.21	2.7	房利美（FNMA）指数	2.830	2.360	3.120
2 624.09	4.0	中期债券指数	2.720	2.420	3.010	1 798.88	2.8	房地美（FHLMC）指数	2.840	2.370	3.130
3 871.22	10.1	长期债券指数	4.100	4.100	4.170	523.70	5.0	市政债券主指数	1.935	1.689	2.516
568.62	4.4	AA级债券指数	2.650	2.350	2.870	366.51	5.5	7～12年期债券指数	1.937	1.688	2.618
719.83	6.5	BBB级债券指数	3.440	3.340	3.870	411.86	6.8	12～22年期债券指数	2.352	2.137	3.047
美林高收益债券指数[a]						398.09	7.3	22年以上期债券指数	2.787	2.609	3.622
417.16	7.4	高收益债券限制指数	5.567	5.373	6.858	**摩根大通全球国债指数**[b]					
418.34	8.8	CCC级债券指数	10.505	9.584	13.189	545.88	1.7	全球国债指数	1.380	1.110	1.560
2 861.82	6.6	高收益债券100指数	5.251	4.948	6.448	759.18	0.8	加拿大国债指数	1.960	1.470	2.190
378.90	7.6	全球高收益债券限制指数	5.054	4.934	6.450	n.a	n.a	欧盟经济与货币联盟国债指数	n.a.	n.a.	n.a
308.77	7.6	欧洲高收益债券限制指数	1.897	1.897	3.814	715.65	1.3	法国国债指数	0.760	0.570	1.210
彭博巴克莱美国政府机构债券指数						511.02	−0.7	德国国债指数	0.410	0.210	0.620
1 642.07	2.3	美国政府机构债券指数	1.980	1.390	2.010	288.56	0.1	日本国债指数	0.390	0.170	0.460
1 467.08	1.4	10～20年期债券指数	1.830	1.210	1.840	564.08	−0.4	荷兰国债指数	0.530	0.340	0.760
3 382.19	8.2	20年以上期债券指数	2.880	2.730	3.460	922.61	1.0	英国国债指数	1.570	1.340	1.790
2 463.06	5.0	扬基债券指数	2.810	2.510	3.090	797.00	7.8	新兴市场国债指数[c]	5.618	5.279	6.290

a. 限制指数对单个发行人集中度的限制为2%。高收益债券100指数包含最大的100种债券。
b. 以当地货币计价的欧元区债券。
c. EMBI全球指数。
资料来源：美林、彭博巴克莱、摩根大通。

图表 4 - 12 美国债券指数和全球债券指数的收益率与投资收益列表

资料来源：经许可摘录自：*The Wall Street Journal*，November 8，2017，p. B11。版权归道琼斯公司所有，2017 年。

4.5 股票-债券综合指数

有了不同国家的股票指数和债券指数之后，自然还需要创建一个综合指数，以衡量特定国家所有证券的表现。通过综合指数，投资者除了可以分析在股票或债券等资产类别内部进行分散化投资的好处之外，还可以分析通过组合资产类别（如股票和债券）进行分散化投资的好处。目前有两个这样的指数。

第一个综合指数是美林-威尔希尔资本市场指数（ML-WCMI），它是一个市值加权指

数，衡量了美国应税固定收益证券市场和股票市场的总收益率表现。它基本上是美林固定收益证券指数和道琼斯总股市普通股指数的组合。因此，它跟踪了 10 000 多只美国股票和债券。截至 2017 年年底，其相对权重为债券约占 40%，股票约占 60%。

第二个综合指数是布林森合伙公司（Brinson Partner）的全球证券市场指数（GSMI），其中包含美国股票和债券以及非美国股票和非美元债券。截至 2017 年 7 月，该指数的具体细分为：

	百分比（%）
摩根大通新兴市场债券指数（全球）	2.0
美林美国高收益现金支付债券限制指数	3.0
摩根士丹利资本国际所有国家世界股票指数（以美元表示）	65.0
花旗集团全球债券指数（美国以外的国家）（以美元表示）	15.0
花旗集团全球债券指数（仅美国）（以美元表示）	15.0
总计	100.00

该指数每月按照政策权重进行平衡。

由于全球证券市场指数包含美国和国际上的股票和债券，因此它显然是最分散化的基准，其加权方案接近市值加权。因此，它最接近资本资产定价模型文献中提到的理论上的"风险资产市场投资组合"。赖利和阿赫塔尔（Reilly and Akhtar，1995）使用该指数来说明评估全球投资组合表现和计算系统性风险（贝塔系数）指标时其他基准的影响。

4.6 比较指数的变化

现在，让我们来看不同指数的月度价格变化。

4.6.1 月度股票价格变化的相关性

图表 4-13 列出了从 1980 年到 2016 年的 36 年期间，一组美国股市指数和非美国股市指数的月度价格变化率与道琼斯总股市指数的相关系数。相关系数的差异主要是由于在不同证券交易所上市的公司样本不同。所有这些指数都是市值加权指数，并包括大量股票。因此，它们的计算过程大体相似，样本规模较大或无所不包。因此，指数之间的主要区别在于股票样本来自美国股市的不同板块或不同国家。

道琼斯总股市指数与几个综合美国股票指数（标准普尔 500 指数、罗素 3000 指数和罗素 1000 大盘股指数）之间存在高度正相关性（0.99）。相比之下，与不同风格指数的相关系数较低，例如罗素 2000 小盘股指数（0.850）。

道琼斯总股市指数与几个非美国指数之间的相关系数明显较低，范围从 0.460（太平洋地区）到 0.740（欧洲）不等。所有这些结果均支持全球投资。与综合国际指数——摩根士丹利资本国际欧洲、澳大利亚和远东指数（0.640）和国际金融公司新兴市场指数（0.565）——的相关系数分别证实了这些支持分散化投资的论述。这些结果证实了全球分散化投资的好处，因为正如第 7 章将讨论的，如此低的相关性肯定会减少纯美国股票投资组合的方差。

4.6.2 月度债券指数收益率的相关性

图表 4-13 给出了多种债券指数与月度彭博巴克莱美国综合债券指数的相关系数。彭博巴克莱美国综合债券指数与美国投资级债券指数的相关系数约为 0.93，证实尽管利率水平因风险溢价差异而有所不同，但投资级债券收益率的首要决定因素是国债利率。

相比之下，如赖利、赖特和金特里（2009）的研究所示，彭博巴克莱美国综合债券指数与高收益债券指数的相关系数表明，高收益债券的强大股票特征导致二者之间的相关性明显较弱（相关系数约为 0.51）。最后，与美国投资级债券以及全球国债指数（0.58）和不含美国国债的全球国债指数（约 0.36）之间较低且分散的相关性反映出不同的利率变化和汇率的影响（这些非美国国债的结果以美元表示）。同样，这些结果也佐证了全球分散化债券投资组合或股票投资组合的好处。

图表 4-13　不同股票指数和债券指数的月度价格变化率之间的相关系数（1980—2016 年）

股票指数	道琼斯 总股市指数	债券指数	彭博巴克莱 美国综合债券指数
标准普尔 500 指数	0.990	BB 级公司债券指数	0.931
罗素 3000 指数	0.993	BB 级高收益债券指数	0.506
罗素 1000 指数	0.995	美林全球国债指数	0.580
罗素 2000 指数	0.850	美林全球国债指数（美国除外）	0.359
摩根士丹利资本国际欧洲、澳大利亚和远东指数	0.640	30 天期国库券指数	0.195
摩根士丹利资本国际欧洲指数	0.740	6 个月期国库券指数	0.520
摩根士丹利资本国际太平洋地区指数	0.460	2 年期国债指数	0.920
国际金融公司新兴市场指数	0.565		
富时全球指数	0.940		
布林森全球证券市场指数	0.926		

4.7 证券市场指数投资

正如本章开头部分所讨论的，这些证券市场指数有多种用途。除了衡量多种资产类别的收益率和风险之外，两个最重要的用途是作为衡量投资组合经理绩效和创建**指数基金**和（或）**交易所交易基金**的**基准**。这两种用途密切相关，因为当专业机构使用这些市场指数衡量绩效时，它们发现绝大多数投资组合经理的绩效都无法与基准的风险调整表现相匹配。这些研究的结果得出的结论（建议）是，许多投资者不应试图通过主动的投资组合管理选择价值被低估的股票来"跑赢市场"（市场指数）。另类投资理念受到了"如果你不能打败他们，就加入他们"这句话的启发。具体来说，如果投资者的绩效无法超越基准，就应该购买（投资）基准。

指数基金　正如我们在第 17 章中将讨论的，共同基金是由专业投资公司［例如富达（Fidelity）、先锋（Vanguard）、普特南（Putnam）］管理的成熟证券投资组合，投资者可以参与投资这些证券投资组合。投资公司决定基金的管理方式。指数化投资组合的基金经理通常会尝试完全复制特定指数的构成，这意味着他（她）将完全按照权重购买构成该指数的证券，然后在指数构成发生变化时更改这些头寸。由于大多数股票指数只有在偶然情况下才会发生变化，因此指数基金的交易费用率和管理费用率通常较低。指数基金的一个典型例子是先锋 500 指数基金（VFINX），它旨在模仿标准普尔 500 指数。图表 4-14 简要概述了该基金，表明其历史收益率表现与基准的表现几乎没有区别。

指数基金的优点在于，它们为投资者提供了一种购买分散化投资组合的廉价方式，该投资组合侧重于投资传统资金管理产品中目标市场或行业的证券。指数基金的缺点是，投资者只能在交易日结束时变现头寸（即没有日内交易），通常不能卖空，并且如果基金出售其部分头寸可能会实现资本收益，产生不利的税收影响。

交易所交易基金　交易所交易基金是比指数基金更晚出现的指数化投资产品。从本质上讲，交易所交易基金是一种存托凭证，它赋予投资者对存在发行存托凭证的金融机构中的资本收益和现金流的按比例索偿权。也就是说，证券投资组合被存放在某家金融机构中，然后该金融机构发行一类代表该投资组合所有权的凭证。因此，交易所交易基金类似于第 2 章中介绍的美国存托凭证。

交易所交易基金有几个值得注意的例子，包括：（1）标准普尔 500 指数存托凭证（SPDR，有时被称为"spiders"），它基于该指数中持有的所有证券；（2）iShares，它在多个全球发达股票市场和新兴股票市场（包括澳大利亚、墨西哥、马来西亚、英国、法国、德国、日本和中国等国家）重新创建了指数化头寸；（3）行业交易所交易基金，它投资于特定行业（包括消费服务业、工业、科技业、金融服务业、能源业、公用事业和周期性行业/交通运输业）的一篮子股票。图表 4-15 显示了标准普尔 500 指数存托凭证的介绍和收益率数据。但是请注意，这些股票的收益率并不像先锋 500 指数基金那样密切跟踪指数。

与指数基金相比，交易所交易基金的一个显著优点是，它们可以像普通股一样通过有组织的交易所或场外交易市场进行买卖（和卖空）。此外，它们还有保荐人的支持（例如，标准普尔 500 指数存托凭证的保荐人是 PDR 服务有限责任公司，这是一家由纽约泛欧交易所全资拥有的有限责任公司，标准普尔 500 指数存托凭证的股份在该交易所交易），保荐人可以改变基础投资组合的构成，以反映指数的构成。交易所交易基金相对于指数基金的其他优点包括通常较低的管理费、可以在市场开放时持续交易以及在实现资本利得时才纳税。交易所交易基金的缺点包括需要支付经纪商佣金和无法对股利进行再投资，除非按季度进行再投资。

A. 简介

VFINX美国 $ 资产净值 225.53 +0.07 买价225.53

……6月16日

| VFINX美国股票 | 报告 | | 第1/4页 | 证券简介 |

1）概况　　2）表现　　3）持股情况　　4）组织

先锋500指数基金　　　　　　　　　　　　　　　　　　　　　　　目标　混合型大盘股

先锋500指数基金是在美国注册成立的开放式基金。该基金旨在跟踪以美国大型公司股票为主的标准普尔500指数的表现。该基金将几乎所有资产均投资于构成该指数的股票。

[FIGI BBG000BHTMY2]

6）比较收益率	比较

2年期总收益率与指数	
▪ SPX指数	19.253 7
▪ VFINX美国股票	18.102 6

7）资产净值　　　　　　225.530美元

资产　　2017年5月31日　　2 258.3亿美元

彭博分类	
基金类型	开放式基金
资产类别	股票
市值	大盘股
投资策略	混合型
重点投资国家	美国
一般属性	指数基金

表现	收益率（%）	百分位	基金信息		费用率（%）	
1个月	1.54	67	成立日期	1976年8月31日	前期费用	0
年初至今	9.66	65	股票类别	投资者	后期费用	0
1年	19.41	63	最低投资金额	3 000美元	提前撤资罚款	0
3年	10.03	84	最低续投金额	1美元	当期管理费	0.15
5年	14.87	74	最低个人退休账户投资数据	N.A.	绩效费	N.A.
价格来源	纳斯达克股票市场/……		费用率	0.14%	12b-1费用	0

澳大利亚 61 2 9777 8600　　巴西 5511 2395 9000　　欧洲 44 20 7330 7500　　德国 49 69 9204 1210　　中国香港 852 2977 6000
日本 81 3 3201 8900　　新加坡 65 6212 1000　　美国 1 212 318 2000 版权归彭博财经（Bloomberg Finance L.P.）所有，2017年
SN 335716 CDT GMT−5:00 G457−4046−0 2017年6月19日 15:29:24

B.历史收益率表现

输入所有数值并点击<GO>

| 96）创建报告 | 97）显示定义 | | 历史基金分析 |

总收益率　　表现　　　　跟踪　　状态　　季节性

| 来源 | 单一基金 | VFINX美国股票 | 基准 | 主要基准 | SPX指数 |
| 周 | 默认投资组合 | | 历史模拟 | | 货币 美元 |

时间范围 06/29/2007 − 05/31/2017 天　月

跟踪指标	总计	牛市	熊市
阿尔法系数	0.000	−0.010	−0.011
贝塔系数	0.999	1.000	0.999
相关系数	1.000	0.999	0.999
超额收益率均值	−0.114	−0.115	−0.112
信息比率	−3.063	−3.835	−2.333
詹森阿尔法系数	−0.122	−0.175	−0.092
R^2	0.999	0.999	0.999
索提诺比率与指数	0.000	−0.017	0.000
跟踪误差	0.037	0.030	0.048

图例

首个观测值　　　　　2007年7月31日

○14个收益率高于基准表现的时期　　回归线
○105个收益率低于基准表现的时期　　盈亏平衡线

如果收益率主要在盈亏平衡线上方，则该基金的表现应被视为高于基准。

Y=先锋500指数基金

8.205 14
3.205 14
−1.794 86
−6.794 86
−11.794 86
−16.794 86

−16.794 86　−11.794 86　−6.794 86　−1.794 86　3.205 14　8.205 14

X=标准普尔500指数

澳大利亚 61 2 9777 8600　　巴西 5511 2395 9000　　欧洲 44 20 7330 7500　　德国 49 69 9204 1210　　中国香港 852 2977 6000
日本 81 3 3201 8900　　新加坡 65 6212 1000　　美国 1 212 318 2000　　彭博财经版权所有，2017年
SN 335716 CDT GMT−5:00 G457−4046−0 2017年6月19日15:33:38

图表 4−14　先锋 500 指数信托共同基金详情

资料来源：版权归彭博有限合伙企业所有，2017 年。

A.简介

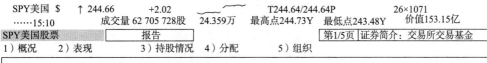

SPY美国 $	↑ 244.66	+2.02		T244.64/244.64P		26×1071
	成交量 62 705 728股	24.359万	最高点244.73Y	最低点243.48Y		价值153.15亿

SPY美国股票	报告		第1/5页 证券简介：交易所交易基金

1）概况　　　2）表现　　　3）持股情况　4）分配　　　5）组织

标准普尔500指数存托凭证交易所交易信托基金　　　　　　　　　　　　　　　目标　　大盘股

标准普尔500指数存托凭证交易所交易信托基金是在美国注册成立的交易所交易基金。该交易所交易基金跟踪标准普尔500指数，由代表标准普尔500指数中全部500只股票的投资组合组成。它主要持有美国大盘股。该交易所交易基金的结构为单位投资信托，并按季支付股利。它持有的股票按市值加权。[FIGIBBG000BDTBL9]

6）比较收益率	COMP	彭博分类		投资策略	
		基金类型	交易所交易基金	杠杆	否
		资产类别	股票	主动管理	否
		市值	大盘股	基于互换	否
		投资策略	混合型	基于衍生品	否
		重点投资国家	美国	货币对冲	否
				复制策略	完全
				证券借入	否
7）价格	244.66美元	交易数据		特征	
8）资产净值 2017年6月16日	242.65美元	买卖价差	0.000	11）基础指数	SPXT
指示性资产净值	244.67美元	30天平均成交量	7 060万	指数权重	市值
基金手续费百分比	-0.012%	10）隐含流动性	4 100万	价格跟踪误差	0.380
52周最高点 2017年6月9日	245.01美元	市值	2 393.2亿美元	资产净值跟踪误差	0.024
52周最低点 2016年6月9日	198.65美元	流通股	9.782亿美元	开始日期	1993年1月22日
9）期权	是	总资产	2 373.5亿美元	费用率	0.095%

澳大利亚 61 2 9777 8600　　巴西 5511 2395 9000　　欧洲 44 20 7330 7500　　德国 49 69 9204 1210　　中国香港 852 2977 6000
日本 81 3 3201 8900　　新加坡 65 6212 1000　　美国 1 212 318 2000　　　　　　　　　　　　版权归彭博财经所有，2017年
　　　　　　　　　　　　　　　　SN 335716 CDT GMT-5:00 G457-4046-0 2017年6月19日 15:29:48

B.历史收益率表现

输入所有值并点击<GO>

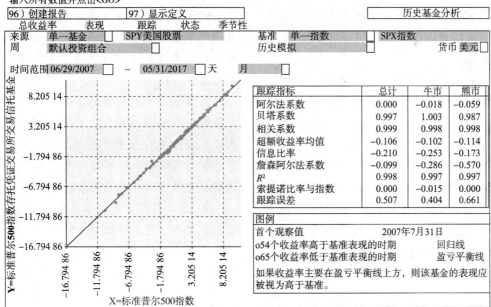

96）创建报告	97）显示定义		历史基金分析

总收益率　　表现　　　跟踪　　状态　　季节性

来源	单一基金	SPY美国股票	基准	单一指数	SPX指数
周	默认投资组合		历史模拟		货币 美元

时间范围 06/29/2007 □ ─ 05/31/2017 □ 天　月

跟踪指标	总计	牛市	熊市
阿尔法系数	0.000	−0.018	−0.059
贝塔系数	0.997	1.003	0.987
相关系数	0.999	0.998	0.998
超额收益率均值	−0.106	−0.102	−0.114
信息比率	−0.210	−0.253	−0.173
詹森阿尔法系数	−0.099	−0.286	−0.570
R^2	0.998	0.997	0.997
索提诺比率与指数	0.000	−0.015	0.000
跟踪误差	0.507	0.404	0.661

图例

首个观察值	2007年7月31日
o54个收益率高于基准表现的时期	回归线
o65个收益率低于基准表现的时期	盈亏平衡线

如果收益率主要在盈亏平衡线上方，则该基金的表现应被视为高于基准。

澳大利亚 61 2 9777 8600　　巴西 5511 2395 9000　　欧洲 44 20 7330 7500　　德国 49 69 9204 1210　　中国香港 852 2977 6000
日本 81 3 3201 8900　　新加坡 65 6212 1000　　美国 1 212 318 2000　　　　　　　　　　　彭博财经版权所有，2017年
　　　　　　　　　　　　　　　SN 335716 CDT GMT-5:00 G457-4046-0 2017年6月19日 15:33:00

图表 4-15　标准普尔 500 指数存托凭证交易所交易基金详情

资料来源：版权归彭博有限合伙企业所有，2017年。经许可重印。

本章小结

• 由于证券市场指数有多种用途，因此了解它们的构建方式以及它们之间的差异很重要。要确定市场状况，投资者需要了解进行交易的市场，以便选择合适的指数。梅尔约斯（Merjos，1990）的研究中讨论了这种选择。

• 指数也被用作评估投资组合表现的基准。在这种情况下，投资者希望指数（基准）与自己的投资范围一致。对于债券投资组合，指数同样应符合投资者的投资理念。最后，如果投资者的投资组合同时包含股票和债券，那么投资者必须依据适当的指数组合来评估投资组合的表现。

• 投资者需要分析众多市场指数以评估其投资绩效。能否选出适合用于获取信息或评估的指数取决于投资者对各种指数的了解程度。本章可以帮助您了解要选择哪种指数以及如何做出关于基准的正确决策。

• 被动股票投资组合试图跟踪既定基准（例如标准普尔500指数或满足投资者需求的指数）的收益率。指数基金和交易所交易基金是小型投资者进行被动投资的常用方式。

问题

1. 请简要讨论证券市场指数的几种用途。

2. 构建市场指数时必须考虑哪些主要因素？换言之，哪些特征可以用来区别不同指数？

3. 请说明如何对市场指数进行价格加权。在这种情况下，您认为100美元的股票比25美元的股票更重要吗？请举出一个例子。

4. 请说明如何计算市值加权指数。

5. 请说明价格加权指数和市值加权指数如何根据股票分拆进行调整。

6. 请描述一个未加权价格指数，并说明您将如何构建这样一个指数。假设通用汽车股票（40美元/股；5 000万股流通股）和库尔斯啤酒公司（Coors Brewing）股票（25美元/股；1 500万股流通股）的价格变化了20%。请说明哪只股票的价格变化20%会对该指数产生更大影响。

7. 如果您计算道琼斯总股市指数变化率与纽约证券交易所综合指数变化率和纳斯达克综合指数变化率的相关系数，您认为这两个相关系数会有所不同吗？为什么？

8. 不同纽约证券交易所指数的月度价格变化率之间存在高相关性。请讨论这种相似性的原因：是样本大小、样本来源还是计算方法？

9. 假设日经指数和东京证券交易所综合指数之间的相关系数为0.82。请分析图表4-13中摩根士丹利资本国际太平洋地区指数与道琼斯总股市指数之间的相关性。请解释为什么这些关系有所不同。

10. 您了解到，道琼斯总股市市值加权指数在某个时期内上涨了16%，而道琼斯总股市平均加权指数在同一时期上涨了23%。请讨论这种结果差异意味着什么。

11. 为什么说债券市场指数比股票市场指数更难构建和维护？

12. 假设道琼斯总股市市值加权指数上涨了5%，而同一时期美林-道琼斯资本市场指数上涨了15%。这种结果差异意味着什么？

13. 假设罗素 1000 指数在过去一年上涨了 8％，而罗素 2000 指数上涨了 15％。请讨论这些结果的含义。

14. 根据您对金融时报世界指数、摩根士丹利资本国际世界指数和道琼斯世界股票指数的了解，您预计它们的月收益率之间的相关系数是多少？请根据影响指数的因素讨论您给出这个答案的原因。

15. 您如何解释与美林综合债券指数相比，美林高收益债券指数与纽约证券交易所综合股票指数的相关性更高？

16. 假设投资组合经理的任务是投资于广泛分散化的美国股票投资组合，哪两三个指数应被视为合适的基准？为什么？

17. 请列出采用被动投资策略的投资组合经理可以用来投资标准普尔 500 指数的两种投资产品。请简要讨论哪种产品可能是跟踪指数的最准确的方法。

习题

1. 您得到了关于某个股票样本价格的以下信息。

股票	股数	价格	
		T	$T+1$
A	1 000 000	60	80
B	10 000 000	20	35
C	30 000 000	18	25

a. 请为这三只股票构建一个价格加权指数，并计算从第 T 期到第 $T+1$ 期的指数变化率。

b. 请为这三只股票构建一个市值加权指数，并计算从第 T 期到第 $T+1$ 期的指数变化率。

c. 请简要讨论这两个指数的结果差异。

2. a. 给定习题 1 中的数据，假设对每只股票投资 1 000 美元，请构建一个平均加权指数。该投资组合的价值变化率是多少？

b. 请计算习题 1 中每只股票的价格变化率，以及这些变化率的算术平均值，并讨论这个答案与第 a 问答案的比较结果。

c. 请计算第 b 问中价格变化率的几何平均值，并讨论该结果与第 b 问答案的比较结果。

3. 请根据《华尔街日报》过去五个交易日的数据，计算下列股票指数的日价格变化率。

a. 道琼斯工业平均指数

b. 标准普尔 500 指数

c. 纳斯达克综合指数

d. 金融时报 100 股票指数

e. 日经 225 股价平均指数

f. 请讨论第 a 问和第 b 问、第 a 问和第 c 问、第 a 问和第 d 问、第 a 问和第 e 问、第 d 问和第 e 问的结果差异。对于在美国国内的投资分散化与不同国家之间的投资分散化，这些差异意味着什么？

4.

公司	价格			股数		
	A	B	C	A	B	C
第 1 天	12	23	52	500	350	250
第 2 天	10	22	55	500	350	250
第 3 天	14	46	52	500	175[a]	250
第 4 天	13	47	25	500	175	500[b]
第 5 天	12	45	26	500	175	500

a. 在第 2 天收盘时分拆。

b. 在第 3 天收盘时分拆。

a. 请计算第 1 天到第 5 天的道琼斯工业平均指数。

b. 股票分拆对确定第二天的指数有什么影响？（提示：请考虑每只股票的相对权重。）

c. 请从《华尔街日报》中找到当前用于计算道琼斯工业平均指数的除数。（通常可以在第 C2 版和第 C3 版上找到该值。）

5. 请利用习题 4 中的价格和成交量数据，

a. 使用初始指数值 10 计算第 1 天到第 5 天的标准普尔指数。

b. 确定股票分拆对确定第二天的指数有什么影响。（提示：请考虑每只股票的相对权重。）

6. 请根据以下股价和流通股信息，计算价格加权指数和市值加权指数的期初值和期末值。

	2017 年 12 月 31 日		2018 年 12 月 31 日	
	价格	流通股股数	价格	流通股股数
股票 K	20	100 000 000	32	100 000 000
股票 M	80	2 000 000	45	4 000 000[a]
股票 R	40	25 000 000	42	25 000 000

a. 当年进行了 1 拆 2 的股票分拆。

a. 请计算一年中每个指数值的变化率。

b. 请解释两个指数之间的结果差异。

c. 请计算未加权指数的变化率，并讨论为什么这些结果与其他指数的结果不同。

7. 给定下列月收益率，被动投资组合对标准普尔 500 指数（基准）的跟踪表现如何？请计算投资组合的 R^2、阿尔法系数和贝塔系数。请计算带符号和不带符号的平均收益率差异。

月份	投资组合收益率（%）	标准普尔 500 指数收益率（%）
1 月	5.0	5.2
2 月	−2.3	−3.0
3 月	−1.8	−1.6
4 月	2.2	1.9
5 月	0.4	0.1
6 月	−0.8	−0.5
7 月	0	0.2
8 月	1.5	1.6
9 月	−0.3	−0.1
10 月	−3.7	−4.0
11 月	2.4	2.0
12 月	0.3	0.2

第 4 章附录

股票市场指数

图表 4A.1 股票市场指数总结

指数名称	加权方法	股票数量	股票来源
道琼斯工业平均指数	价格加权	30	纽约证券交易所、纳斯达克
日经-道琼斯平均指数	价格加权	225	东京证券交易所
标准普尔 400 工业指数	市值加权	400	纽约证券交易所、纳斯达克

续表

指数名称	加权方法	股票数量	股票来源
标准普尔交通运输业指数	市值加权	20	纽约证券交易所、纳斯达克
标准普尔公用事业指数	市值加权	40	纽约证券交易所、纳斯达克
标准普尔金融业指数	市值加权	40	纽约证券交易所、纳斯达克
标准普尔 500 综合指数	市值加权	500	纽约证券交易所、纳斯达克
纽约证券交易所			
工业指数	市值加权	1 601	纽约证券交易所
公用事业指数	市值加权	253	纽约证券交易所
交通运输业指数	市值加权	55	纽约证券交易所
金融业指数	市值加权	909	纽约证券交易所
综合指数	市值加权	2 818	纽约证券交易所
纳斯达克			
综合指数	市值加权	5 575	纳斯达克
工业指数	市值加权	3 394	纳斯达克
银行业指数	市值加权	375	纳斯达克
保险业指数	市值加权	103	纳斯达克
其他金融业指数	市值加权	610	纳斯达克
交通运输业指数	市值加权	104	纳斯达克
电信业指数	市值加权	183	纳斯达克
计算机业指数	市值加权	685	纳斯达克
生物科技业指数	市值加权	121	纳斯达克
美国证券交易所市值指数	市值加权	900	美国证券交易所
道琼斯总股市指数	市值加权	5 000	纽约证券交易所、美国证券交易所、纳斯达克
罗素指数			
罗素 3000 指数	市值加权	美国市值最大的 3 000 只股票	纽约证券交易所、美国证券交易所、纳斯达克
罗素 1000 指数	市值加权	上述 3 000 只股票中市值最大的 1 000 只股票	纽约证券交易所、美国证券交易所、纳斯达克
罗素 2000 指数	市值加权	上述 3 000 只股票中市值最小的 2 000 只股票	纽约证券交易所、美国证券交易所、纳斯达克
金融时报精算指数			
全股指数	市值加权	700	伦敦证券交易所
金融时报 100 指数	市值加权	100 只市值最大的股票	伦敦证券交易所

续表

指数名称	加权方法	股票数量	股票来源
小盘股指数	市值加权	250	伦敦证券交易所
中盘股指数	市值加权	250	伦敦证券交易所
综合指数	市值加权	350	伦敦证券交易所
东京证券交易所价格指数	市值加权	1 800	东京证券交易所
价值线平均工业指数	平均加权（几何平均值）	1 499	纽约证券交易所、美国证券交易所、纳斯达克
公用事业指数	平均加权	177	纽约证券交易所、美国证券交易所、纳斯达克
铁路指数	平均加权	19	纽约证券交易所、美国证券交易所、纳斯达克
综合指数	平均加权	1 695	纽约证券交易所、美国证券交易所、纳斯达克
金融时报普通股指数	平均加权（几何平均值）	30	伦敦证券交易所
金融时报精算世界指数	市值加权	2 275	24 个国家指数、3 个地区指数（收益率以美元、英镑、日元、德国马克和当地货币表示）
摩根士丹利资本国际指数	市值加权	1 375	19 个国家指数、3 个国际指数、38 个国际行业指数（收益率以美元和当地货币表示）
道琼斯世界股票市场指数	市值加权	2 200	13 个国家指数、3 个地区指数、120 个行业组别指数（收益率以美元、英镑、日元、德国马克和当地货币表示）
欧洲货币-第一波士顿全球股票指数	市值加权	—	17 个国家指数（收益率以美元和当地货币表示）
所罗门-罗素世界股票指数	市值加权	罗素 1000 指数、所罗门-罗素 600 非美国股票 PMI 指数	22 个国家指数（收益率以美元和当地货币表示）

图表 4A.2 外国市场指数

指数名称	加权方法	股票数量	指数历史
奥地利交易指数（维也纳）	市值加权	所有上市股票	基准年份为 1967 年，1991 年开始包括所有股票（指数值＝100）
瑞士市场指数	市值加权	18	基准年份为 1988 年，股票选自巴塞尔交易所、日内瓦交易所和苏黎世交易所（指数值＝1 500）

续表

指数名称	加权方法	股票数量	指数历史
斯德哥尔摩总指数	市值加权	所有上市股票	基准年份为 1979 年，持续更新（指数值＝100）
哥本哈根证券交易所股价指数	市值加权	所有交易股票	股票价格基于当天的平均价格
奥斯陆证券交易所综合指数（瑞典）	市值加权	25	基准年份为 1972 年（指数值＝100）
约翰内斯堡证券交易所精算指数	市值加权	146	基准年份为 1959 年（指数值＝100）
墨西哥市场指数	市值加权	可变数量，基于市值和流动性	基准年份为 1978 年，近年收益金额较高
米兰证券交易所 MIB 市场指数	市值加权	可变数量，基于市值和流动性	每年年初改变基准（指数值＝1 000）
比利时 BEL-20 股票指数	市值加权	20	基准年份为 1991 年（指数值＝1 000）
马德里总股票指数	市值加权	92	每年年初改变基准
恒生指数（中国香港）	市值加权	33	始于 1969 年，占总市场的 75％
金融时报精算世界指数	市值加权	2 275	基准年份为 1986 年
富时 100 指数（伦敦）	市值加权	100	基准年份为 1983 年（指数值＝100）
CAC 总股票指数（法国）	市值加权	212	基准年份为 1981 年（指数值＝100）
新加坡海峡时报工业指数	未加权	30	
德国股票市场指数（DAX）	市值加权	30	基准年份为 1987 年（指数值＝1 000）
法兰克福汇报指数（FAZ）（德国）	市值加权	100	基准年份为 1958 年（指数值＝100）
澳大利亚证券交易所股票价格指数	市值加权	250	1979 年推出
都柏林 ISEQ 指数	市值加权	所有交易股票	基准年份为 1988 年（指数值＝1 000）
赫尔辛基证券交易所指数（赫尔辛基）	市值加权	不同的指数有所不同	基准每年变化
雅加达证券交易所指数（印度尼西亚）	市值加权	所有上市股票	基准年份为 1982 年（指数值＝100）
台湾证券交易所指数	市值加权	所有上市股票	基准年份为 1966 年（指数值＝100）
多伦多证券交易所 300 综合指数（多伦多）	市值加权	300	基准年份为 1975 年（指数值＝1 000）
KOSPI（韩国综合股票价格指数）	市值加权（对交叉持股进行调整后）	所有上市股票	基准年份为 1980 年（指数值＝100）

资料来源：由作者整理编制。

第二部分

投资理论的发展

第一部分提供的背景知识让我们可以了解个人进行投资的原因以及他们期望从这项活动中获得的回报。我们还非常坚决地支持全球投资，介绍了全球投资环境中的主要工具和资本市场，并说明了这些工具和市场之间的关系。我们现在已经准备好讨论如何分析和评估各种可用的投资工具。进而，估值需要估计预期收益（现金流）并确定证券所涉及的风险。在开始分析之前，我们需要了解投资理论的几个主要发展，它们影响了我们在估值过程中说明和衡量风险的方式。第二部分的这三章的目的就是提供关于风险和资产估值的这些背景知识。

第5章介绍了有效资本市场的概念，它假设证券价格反映了所有信息的影响。这一章考察了为什么市场应该是有效的，讨论了如何检验这个假说，并介绍了大量检验的结果，这些检验既支持该假说，又表明存在与假说不一致的异常情况。这一章还介绍了行为金融学，它越来越有名，因为它为某些结果提供了一种解释。在这一章的最后，我们广泛讨论了这些结果对技术分析师和基本面分析师以及投资组合经理的影响。

第6章介绍了由哈里·马科维茨（Harry Markowitz）提出的投资组合理论。该理论提供了投资者所面临风险的第一个严格衡量指标，并说明了如何选择一组资产来分散并降低投资组合的风险。马科维茨还推导出了有效投资组合中单个证券的风险指标。我们说明了这种"投资组合优化"过程对投资者的诸多用处，例如帮助他们确定适当的资产配置策略。在这一章的最后，我们扩展了投资组合理论（被称为资本市场理论），这引出了资本市场线，这是将有效市场中的风险和预期收益率联系起来的首个正式公式，它可以被用于对投资组合估值。

马科维茨投资组合模型和资本市场线出现之后，威廉·夏普（William Sharpe）和其他学者创建了一个一般均衡资产定价模型，其中包括一个所有风险资产的替代风险指标。第7章详细介绍了这些发展，并解释了被称为资本资产定价模型的这个估值模型隐含的相关风险指标。尽管长期以来，资本资产定价模型一直是金融领域对风险与预期收益率的关系的出色理论解释，但在过去几十年里，出现了几种相互竞争的模型。在这一章的最后，我们分析了套利定价理论，该理论由史蒂夫·罗斯（Steve Ross）提出，它是为了回应对资本资产定价模型的批评，并表明股票的预期收益率与多个不同的系统性风险因素之间存在线性关系。在这之后，又出现了一些多因素模型，这些模型试图将股票的已实现收益率与一组事先规定的变量的市场数据联系起来，这些变量被认为是套利定价理论中风险因素的替代指标。在解释了估计这些风险替代指标的不同方法之后，我们说明了投资者如何用它们为单个公司估值和评估投资组合经理与共同基金的投资风格。

第5章

有效资本市场、行为金融学和技术分析

阅读本章后，您应该能回答以下问题：

- 资本市场有效是什么意思？
- 为什么资本市场应该是有效的？
- 哪些因素有助于形成有效市场？
- 有效市场假说的三个子假说是什么？它们各自的含义是什么？
- 综观每组检验，哪些结果支持有效市场假说？哪些结果表明与假说相关的异常情况？
- 什么是行为金融学？它与有效市场假说有什么关系？
- 行为金融学的主要发现是什么？这些发现对有效市场假说有什么影响？
- 有效市场假说的检验结果对以下内容有什么影响？
  ◇ 技术分析
  ◇ 基本面分析
  ◇ 拥有优秀分析师的投资组合管理公司

- ◇ 拥有拙劣分析师的投资组合管理公司
- 技术分析的基础假设是什么？
- 技术分析和有效市场假说的假设有何不同？
- 技术分析的主要优点是什么？
- 技术分析的主要挑战是什么？
- 技术分析师使用的主要相反意见规则的逻辑是什么？
- 想要"跟随精明投资者投资"的技术分析师使用的是什么规则？
- 道氏理论假设的三种价格变化是什么？
- 为什么成交量很重要，技术分析师如何使用它？
- 技术分析师如何使用移动平均线来检测趋势变化？
- 相对强度线背后的基本原理是什么？

本章包含一系列相互关联但又彼此不一致的主题。首先，本章考察了市场效率，它主张存在有效市场，在这种市场中，证券价格反映关于证券的所有信息。**行为金融学**考虑了各种心理特征如何影响个人的投资行为。该学说的支持者认为，理性行为和利润最大化的标准金融模型是一个不完整的模型，因为它没有考虑可能导致证券定价错误（偏离了有效市场所假设的证券应有的定价）的个人行为。其次，我们考察了技术分析，它与有效市场假说非常不一致，因为它假设证券价格会根据新信息逐渐调整，这样过去的价格或事件就可以用来预测未来的价格。

5.1 有效资本市场

　　有效资本市场是证券价格随着新信息到来而迅速调整的资本市场，这意味着证券的当前价格反映了关于证券的所有信息。过去 30 年中引人关注且重要的学术研究分析了我们的资本市场是否有效，因为这项研究的结果对投资者和投资组合经理具有重大的现实意义。资本市场效率也是投资研究中最具争议的领域之一。如前所述，由于行为金融学的研究迅速扩展，对有效资本市场研究产生了重大影响，并为有效市场研究中发现的许多异常现象提供了部分原因，因此这种争议也加剧了。

　　由于有效资本市场如此重要和富有争议性，因此您需要了解有效资本市场和有效市场假说的含义，以及支持或反对该假说的研究结果。最后，当您分析另类投资、估计内在价值和构建投资组合时，也应该意识到这些不同结果的含义。

　　本节包含三个主要小节。第一小节讨论了为什么我们预期资本市场是有效的，以及有助于形成有效市场（证券价格反映了可得信息的市场）的因素。

　　为了便于检验，有效市场假说分为三个子假说。第二小节介绍了这三个子假说以及每个子假说的含义。

　　第三小节包含对众多研究结果的讨论，并显示有大量证据支持有效市场假说，但也有越来越多的研究不支持该假说。

5.1.1　为什么资本市场应该有效?

　　如前所述，在有效资本市场中，证券价格会根据新信息迅速调整，这表明当前证券价格完全反映了所有可得信息。这种市场被称为**信息有效市场**。虽然有效资本市场的概念相对简单明了，但我们需要考虑为什么资本市场应该是有效的。哪些假设意味着有效资本市场?

　　有效市场的第一个重要前提假设是需要大量独立的利润最大化参与者来分析和评估证券。

　　第二个假设是关于证券的新信息以随机方式进入市场，并且一项公告的发布时间通常独立于其他信息。[①]

　　第三个假设尤为重要：所有追求利润最大化的投资者的买卖决策导致证券价格迅速调整以反映新信息的影响。虽然价格调整可能不完全，但它是无偏的，这意味着市场有时会过度调整，有时会调整不足，但您无法预测会发生哪种情况。证券价格之所以迅速调整，是因为许多追求利润最大化的投资者彼此竞争以从新信息中获利。

　　一方面，信息以随机、独立、不可预测的方式出现；另一方面，众多彼此竞争的投资者迅速调整股票价格以反映这些新信息，这两方面的综合影响意味着价格应该是独立和随机的。这种情况意味着信息有效市场需要最低限度的成交量，且众多彼此竞争的投资者导致的成交量增加会使价格更快调整，从而使市场更有效率。当我们讨论有效市场假说的一

---

　　① 根据定义，新信息必须是以前未知且不可预测的信息。如果它是可预测信息，就应该包含在证券价格中。

些异常情况时，将回顾这种对成交量和投资者关注的需求。在第 3 章中，我们讨论了过去十年成交量显著增加和交易成本降低的情况。

最后，由于证券价格会根据所有新信息进行调整，因此这些证券价格应反映在任何时点上公开可得的所有信息，包括拥有该证券所涉及的风险。因此，证券当前价格中隐含的预期收益率应反映其风险，而以这些信息有效价格购买证券的投资者应获得与证券风险一致的收益率。

5.1.2　其他有效市场假说

大多数与有效资本市场相关的早期研究都是基于随机漫步假说，该假说认为股票价格变化是随机发生的。这项早期的学术研究包含大量实证分析，但背后没有太多理论。法马（Fama，1970）的一篇论文试图以正规形式来表述该理论，并整理了日益增加的实证证据。法马用公平博弈模型来表述有效市场理论，认为当前市场价格反映了证券的所有可得信息，因此，基于该价格的预期收益率与证券风险一致。

在法马的原始论文中，他根据涉及的信息集将整体有效市场假说和实证检验分为三个子假说：（1）弱式有效市场假说，（2）半强式有效市场假说，（3）强式有效市场假说。

在本小节的其余部分，我们介绍了基于不同信息集的三个子假说以及每个子假说的含义。随后，我们将简要介绍对这些假说的检验并总结检验结果。

弱式有效市场假说　弱式有效市场假说假设当前股票价格充分反映了所有证券市场信息，包括历史价格序列、收益率、成交量数据和其他市场产生的信息，例如零股交易和做市商交易。因为它假设当前市场价格已经反映了所有过去的收益率和其他证券市场的信息，因此该假说意味着过去的收益率和其他历史市场数据应该与未来的收益率没有关系（也就是说，收益率应该是独立的）。因此，该假说认为，如果投资者使用的交易规则规定，投资者应该根据过去的收益率或其他过往证券市场数据买卖证券，那么投资者只能获得很少收益。

半强式有效市场假说　半强式有效市场假说认为证券价格会随着所有公开信息的发布而迅速调整；也就是说，当前证券价格充分反映了所有公开信息。半强式有效市场假说包含弱式有效市场假说，因为弱式有效市场假说考虑的所有市场信息，例如股票价格、收益率和成交量，都是公开信息。值得注意的是，公开信息还包括所有非市场信息，例如盈利公告和股利公告、市盈率、股息率、市净率、股票分拆、经济新闻和政治新闻。该假说意味着，考虑到交易成本，在重要新信息公开后据此做出决策的投资者不应从交易中获得高于平均水平的风险调整利润。

强式有效市场假说　强式有效市场假说认为股票价格充分反映了所有公开信息和私人信息。该假说假设，没有一组投资者可以垄断与价格形成相关的信息，这意味着没有一组投资者能持续获得高于平均水平的风险调整收益率。强式有效市场假说包括弱式有效市场假说和半强式有效市场假说。此外，强式有效市场假说还扩展了有效市场的假设，它假设市场为完美市场，在这种市场中，所有人均可同时免费获得所有信息。

5.1.3　有效市场假说的检验和结果

您已经了解了有效市场假说的三个组成部分以及它们各自如何解释不同信息集中证券

价格所受的影响，现在我们可以考察用于观察结果是否支持这些假说的具体检验。

与金融学和经济学中的大多数假说一样，关于有效市场假说的证据是参差不齐的。一些研究支持该假说，并表明资本市场是有效的。另一些研究的结果则揭示出与该假说相关的一些**异常现象**，表明结果不支持该假说。

弱式有效市场假说：检验和结果 研究人员设计了两组弱式有效市场假说的检验。第一组是对收益率之间独立性的统计检验。第二组检验比较了根据过往市场信息做出投资决策的交易规则下的风险-收益结果与简单的买入并持有策略下的风险-收益结果，后者假设您在检验期开始时购买股票并持有至到期。

独立性统计检验 前面曾经提到，有效市场假说认为，证券收益率在一个时期内应该彼此独立，因为新信息以随机、独立的方式进入市场，而证券价格会根据这些新信息迅速调整。人们用两个主要的统计检验来验证这种独立性。

第一，独立性的**自相关检验**衡量了某个时期内收益率的正相关性或负相关性的显著性。第 t 天的收益率与第 $t-1$ 天、第 $t-2$ 天或第 $t-3$ 天的收益率相关吗？[1] 相信资本市场有效的人预期所有这些收益率都没有显著相关性。

分析相对短期内（包括 1 天、4 天、9 天和 16 天）股票收益率之间的序列相关性的研究结果通常表明，这些时期内股票收益率的相关性不显著。而一些考察不同市场规模的股票投资组合的近期研究发现，市场规模较小的股票投资组合的自相关性更强。因此，虽然最初的结果倾向于支持该假说，但随后的研究对该假说对小公司投资组合的适用性提出了质疑，尽管小盘股较高的交易成本可能削弱了这些结果。

第二个独立性统计检验是**游程检验**。给定一系列价格变化，如果价格上涨，则价格变化为加号（＋），如果价格下降，则价格变化为减号（－）。结果是一组加减号，例如：＋＋＋－＋＋－－＋＋－－＋＋。当两个连续变化符号相同时，即发生游程；两个或多个连续正价格变化或负价格变化构成一次游程。当价格向不同方向变化时（例如，当一次负价格变化后出现正价格变化时），游程结束，新游程可能开始。要检验独立性，您可以比较给定数据序列的游程次数与随机数据序列中应发生的游程次数预期值表中的数字。

分析股票价格游程的研究证实了一个时期内股票价格的独立性。股票价格序列的实际游程次数始终落在随机数据序列的预期范围内，这将证实股票价格在一个时期内具有独立性。

尽管短期（月、周和日）股票收益率普遍支持弱式有效市场假说，但几项分析纽约证券交易所具体交易价格变化的研究发现了显著的序列相关性。这些研究表明，序列相关性意味着可以用动量产生超额风险调整收益率，但这些研究得出的结论是，高额交易成本抹去了利润。相比之下，近期研究考虑了第 3 章中讨论的当前大幅降低的交易成本，表明收益率动量可能是一种可行的交易技术。

交易规则的检验 有观点认为，之前的某些独立性统计检验过于严格，无法识别技术分析师分析的复杂价格模式。为了回应上述观点，弱式有效市场假说的第二组检验诞生了。正如本章稍后将讨论的，技术分析师并不认为一系列正价格变化或负价格变化是转向

---

[1] 关于时间序列独立性检验的讨论，请参见德富斯科、麦克利维、平托和朗克尔（2004）的第 10 章。

新均衡的信号。他们寻找一个时期内价格趋势的总体一致性，其中可能既包括正变化，也包括负变化。因此，技术分析师认为，他们的复杂交易规则无法通过严格的统计检验来正确检验。于是，研究人员试图通过模拟来分析其他技术交易规则。有效市场假说的拥护者假设，使用仅依赖于过往市场信息的交易规则并执行买入并持有策略的投资者无法获得超常利润。

交易规则研究比较了通过交易规则模拟得出的风险-收益结果（包括交易成本）与简单买入并持有策略的风险-收益结果。交易规则研究有三个主要难点，这可能使其结果无效：

（1）研究人员在模拟交易规则时应仅使用公开可得数据。例如，某些交易者/投资者在截至 12 月 31 日的某个时期的交易活动可能要到 2 月 1 日才能公开。因此，在信息公开之前，不应考虑关于该交易活动的信息。

（2）在计算执行某条交易规则产生的收益率时，应该考虑执行该交易策略涉及的所有交易成本，因为执行交易规则通常比简单买入并持有策略涉及更多交易。

（3）研究人员必须针对风险调整结果，因为交易规则可能只是选择将获得更高收益率的高风险证券投资组合。

研究人员在对特定交易规则进行这些检验时遇到了两个操作性问题。首先，一些交易规则需要对数据进行过多主观解释，无法进行机械模拟。其次，潜在交易规则的数量几乎是无限的，这使得研究人员无法对所有规则进行检验。结果，研究人员只分析了可以进行电脑编程且广为人知的技术交易规则。

值得注意的是，模拟研究通常仅限于相对简单的交易规则，许多技术分析师认为这些规则相当幼稚。此外，许多早期研究都采用了来自纽约证券交易所的现成数据，这些数据侧重于成交量大的著名股票，这些股票当然应在有效市场上交易。前面曾经提到，当有大量投资者试图调整股价以反映新信息时，市场应该更有效率，因此市场效率与成交量相关。然而，对于股东相对较少且交易活动有限的证券，市场效率可能很低，因为很少有投资者会分析新信息的影响。因此，在检验交易规则时仅使用活跃、成交量大的股票可能会使结果偏向于认为市场有效。

特定交易规则的模拟结果　最常用的交易技术之一是过滤规则，即当价格变化超过设置的过滤值时，投资者将交易股票。例如，如果投资者使用 5% 的过滤值，那么股票从某个基数上涨 5% 时，投资者将识别到股价的正突破，表明股价将继续上涨。技术分析师将购买股票以利用预期价格增长。相比之下，股价从某个峰值下跌 5% 将被视为股价的负突破，技术分析师预计价格会进一步下跌，并会卖出持有的股票，甚至可能卖空股票。

对该交易规则的研究使用了从 0.5% 到 50% 的一系列过滤值。结果表明，在考虑交易佣金之前，低过滤值会得到高于平均水平的利润。然而，低过滤值会产生大量交易，因此会产生高额交易成本。当考虑 2000 年之前的交易成本时，所有交易利润都将变成亏损。使用近期较低的交易成本（2011 年之后），结果可能会有所不同。此外，使用较高的过滤值不会产生高于简单买入并持有策略的收益率。

研究人员模拟了其他交易规则，这些交易规则使用了股票价格以外的过往市场数据。

交易规则的设计考虑了涨跌比率、卖空、空头和专家活动。[①] 这些模拟检验产生了参差不齐的结果。使用较高佣金的早期研究表明，这些交易规则在考虑佣金后的风险调整收益率并不高于买入并持有策略。相反，多项近期研究均支持使用特定的交易规则。因此，特定交易规则模拟的实证表明，检验的大多数交易规则的表现都无法胜过买入并持有策略。因此，早期检验结果普遍支持弱式有效市场假说，但结果显然并不一致，尤其是考虑到目前佣金大幅下降的情况。

半强式有效市场假说：检验和结果　前面曾经提到，半强式有效市场假说认为证券价格会随着所有公开信息的发布而迅速调整；也就是说，证券价格充分反映了所有公开信息。检验半强式有效市场假说的研究可分为以下几组：

（1）使用弱式有效市场假说检验中考虑的纯市场信息之外的公开可得信息来预测未来收益率的研究。这些研究可能涉及个股收益率的时间序列分析或横截面分布。有效市场假说的支持者认为，不可能使用过去的收益率预测未来的收益率，或者使用公开信息预测未来收益率的分布（例如，收益率的前四分位数或前十分位数）。

（2）分析股票价格针对特定重大经济事件的调整速度的事件研究。这些研究检验了是否有可能在公布重大事件（例如，盈利、股票分拆、重大经济事件）后投资某只证券，以及它们是否可能出现显著的异常收益率。同样，有效市场假说的支持者预期证券价格会迅速调整，这样投资者在发布公告后投资并支付正常交易成本时就不可能获得超常的风险调整收益率。

根据市场效应进行调整　对于上述任何检验，都需要针对相关期间的整体市场收益率调整证券的收益率。关键是，除非您知道公告期间股票市场的总体表现以及该股票在这种环境下的正常表现，否则知道在该时期内股票收益率为5%是没有意义的。如果在该公告期间市场收益率为10%，则该股票的收益率（5%）可能低于预期。

早期研究（1980年之前）普遍认为，需要通过假设个股收益率应该等于整体股市收益率来对市场变化进行调整。因此，这个市场调整过程只需从单个证券的收益率中减去市场收益率，以得出**异常收益率**，如下所示：

$$AR_{it} = R_{it} - R_{mt} \tag{5.1}$$

其中：

AR_{it}＝第 t 期证券 i 的异常收益率；

R_{it}＝第 t 期证券 i 的收益率；

R_{mt}＝第 t 期市场指数的收益率。

在股价上涨5%而市场指数上涨10%的例子中，股票的异常收益率为−5%。

最近的研究者将证券收益率调整为与市场收益率有一定差异，因为他们认识到，基于对资本资产定价模型的研究，并非所有股票的变化量都与市场相同。也就是说，正如第7章将讨论的，有些股票的波动率大于市场，而有些股票的波动率小于市场。因此，您必须根据市场收益率和股票与市场的关系（贝塔系数）确定股票的**预期收益率**。例如，假设一只股票的波动率通常比市场大20%（也就是说，它的贝塔系数为1.20）。在这种情况下，如果市场收益率为10%，您会期望这只股票的收益率为12%。因此，您可以通过计算股

---

① 本章后面考察技术分析时，将讨论其中许多交易规则。

票的实际收益率与预期收益率之差来确定异常收益率，如下所示：

$$AR_{it} = R_{it} - E(R_{it}) \tag{5.2}$$

其中：$E(R_{it})$＝基于市场收益率和股票与市场的正常关系（其贝塔系数），股票 i 在第 t 期的预期收益率。

继续这个例子，如果预期收益率为 12％的股票（基于 10％的市场收益率和 1.20 的股票贝塔系数）只有 5％的收益率，则其在此期间的异常收益率为－7％。在正常的长时期内，您将预期股票的异常收益率之和为零。具体而言，在一个时期，收益率可能会超出预期，而在下一个时期可能会低于预期。

其他半强式有效市场假说检验　前面曾经提到，半强式有效市场假说有两组检验，在了解市场调整的基础上，让我们再来看这两组检验。第一组检验被称为**收益率预测研究**。在这些研究中，研究人员试图利用公开信息来预测个股或总体市场未来收益率的时间序列。例如，是否有可能根据公开信息（例如总股息率的变化或债券的风险溢价价差）预测市场的异常收益率变化？另一个例子是**事件研究**，它是指在发布公告或发生重大经济事件（例如股票分拆或兼并计划）后立即分析一个时期内的异常收益率，以确定投资者是否可以通过在发布公开信息后投资获得高于平均水平的风险调整收益率。

另一组研究试图通过分析关于个股的公开信息来预测横截面收益率，这些信息将使投资者能预测未来风险调整收益率的横截面分布。例如，他们检验了是否可以使用市盈率、市值、市净率、市盈率/增长率或股息率等变量来预测哪些股票未来的风险调整收益率将高于平均水平（例如，前四分位数），哪些股票未来的风险调整收益率将低于平均水平。

在两组检验中，重点都是分析偏离长期预期的异常收益率。

收益率预测研究的结果　**时间序列分析**假设在有效市场中，未来收益率的最佳估计是长期历史收益率。这些检验试图确定公开信息是否会提供短期（1～6 个月）收益率或长期（1～5 年）收益率的更好估计。

风险溢价替代指标　收益率预测研究表明，它在预测短期收益率方面不太成功，但在分析长期收益率方面非常成功。一个主要的例子是股息率研究。在假设总股息率是股票风险溢价的替代指标之后，这些研究发现总股息率与未来长期股市收益率之间存在正相关关系。

此外，一些研究还考察了与利率相关的两个变量：（1）违约利差，即较低评级长期公司债券和 Aaa 级长期公司债券的收益率之差（本书前面的章节中已使用该利差作为市场风险溢价的替代指标）；（2）期限结构利差，即长期国债收益率与 1 个月期国库券收益率之差。这些变量被用于预测股票收益率和债券收益率，而类似变量被用于预测外国普通股的收益率。

这些实证结果的推理如下：当两个最重要的变量——股息率和债券违约利差——很高时，这意味着投资者要求股票和债券获得高收益率。值得注意的是，这种高收益率发生在恶劣的经济环境下，此时投资者认为投资风险增加。因此，投资者将要求高收益率（即高风险溢价），这将导致风险资产价格下跌。因此，如果您在这个风险厌恶时期进行投资，您的后续收益率将高于正常水平。相反，当股息率和收益率利差较小时，这意味着投资者降低了风险溢价（必要收益率），资产价格上涨，因此，未来的收益率将低于正常水平。

支持这种预期的研究提供了反对有效市场假说的证据，因为它们表明，您可以使用关于股息率和收益率利差的公开信息来预测未来的异常收益率。

季度盈利报告 分析季度盈利报告的研究被视为时间序列分析的一部分。具体而言，这些研究分析了是否有可能根据不同于预期的季度盈利变化的公开可得信息来预测未来的个股收益率。

结果通常表明，在公布意外盈利大幅变化（被称为**盈利意外**）后的 13 周或 26 周内，将出现异常股票收益率。这些结果表明，盈利意外不会立即反映在证券价格中。

伦德尔曼、琼斯和拉塔内（Rendleman，Jones and Latané，1982）的广泛分析以及琼斯、伦德尔曼和拉塔内（1985）使用从发布季度盈利公告前 20 天到发布季度盈利公告后 90 天的大样本和每日数据进行的后续研究表明，31％的股票收益率反应出现在发布盈利公告之前，18％的股票收益率反应出现在发布盈利公告当天，51％的股票收益率反应出现在发布盈利公告之后。

贝尼什和彼得森（Benesh and Peterson，1986）、伯纳德和托马斯（Bernard and Thomas，1989）以及巴鲁克（Baruch，1989）等几项后续研究认为，股价漂移的原因是盈利意外之后的盈利修正，这些修正有助于积极纠正价格。

综上所述，这些结果表明，市场并没有像半强式有效市场假说预期的那样迅速调整股价以反映季度盈利意外的公布，这意味着盈利意外和利润修正可用于预测个股收益率是反对有效市场假说的证据。[①]

表明机构能预测盈利意外的研究也进一步支持了上述结果。此外，一些"日历研究"质疑日历年中的收益率规律是否能让投资者预测股票收益率。这项研究包括许多关于"一月异常"的研究以及考虑了其他日规律和周规律的研究。

一月异常 布兰奇（Branch，1977）以及布兰奇和张（Branch and Chang，1985）为希望利用核税抛售[*]的人提出了一条独特的交易规则。投资者（包括机构）倾向于在临近年底时进行核税抛售，以实现价格下跌股票的亏损。新年过后，将出现重新购买这些股票或购买看起来有吸引力的类似股票的趋势。这种情况将在 11 月底和 12 月对股价产生下行压力，并在 1 月初对股价产生上行压力。这种季节性模式与有效市场假说不一致，因为它应该被在 12 月买入并在 1 月初卖出的套利者消除。

该假说的支持者发现，上一年价格下跌的股票在当年 12 月的成交量异常高，而这些股票在新一年的 1 月出现了显著的异常收益率。结论是，由于存在交易成本，套利者必然不能消除 1 月的核税抛售异常。随后的分析表明，大部分一月效应均集中在交易的第一周，尤其是在一年的第一天。

多项研究均支持一月效应，但与核税抛售假说不一致，这是因为外国税法与美国税法不同。这些研究发现了税法无法解释的 1 月异常收益率。而且，风险与收益的经典关系在 1 月最强，且 12 月底和 1 月初的年终成交量激增。

---

① 这些表明盈利意外重要性的学术研究促使《华尔街日报》专门辟出一个版块发布与定期季度盈利报告相关的盈利意外。

＊ 指投资者的其他投资实现了资本收益时，为了降低或消除整体应纳税款而抛售某项资产，实现资本亏损的行为。——译者注

一月效应的另一个方面（被称为"另一个一月效应"）与总市场收益率有关。有观点认为，1 月的股市收益率是当年未来 11 个月股市收益率的预测指标。一些研究为该观点提供了强有力的支持。

其他日历效应　一些研究还分析了其他几种"日历"效应，包括月效应、周末/周内效应和日内效应。一项研究发现，所有的市场累计价格上涨都发生在交易月份的上半个月。

一项对周末效应的分析发现，在以 5 年为一期的子期间和整个分析期间，周一的平均收益率显著为负。相比之下，其他四天的平均收益率为正。

一项研究将通常以周五收盘到周一收盘为衡量时期的周一效应分解为周末效应（从周五收盘到周一开盘）和纯周一交易效应（从周一开盘到周一收盘）。结果表明，先前的负周一效应实际上发生在周五收盘到周一开盘之间（实际上是周末效应）。调整周末效应后，纯周一交易效应为正。随后，该研究显示，周一效应在 1 月平均为正，在其他月份平均为负。

最后，对于大公司而言，负周一效应发生在开市前（纯周末效应），而对于小公司而言，大部分负周一效应发生在周一的白天（主要是周一交易效应）。

预测横截面收益率　假设存在有效市场，那么所有证券的风险调整收益率都应该相等，因为证券价格应该反映所有影响证券风险的公开信息。因此，这些研究试图确定投资者是否可以使用公开信息来预测哪些股票将获得高于平均水平的风险调整收益率，哪些股票将获得低于平均水平的风险调整收益率。

这些研究通常会分析不同的规模指标或质量指标根据风险调整收益率对股票排序的有效性。请注意，所有这些检验都涉及一个联合假设，因为它们考虑了市场效率，但是在检验中也依赖资产定价模型作为风险指标。具体来说，如果检验确定有可能预测出风险调整收益率，那么出现这些结果的原因可能是市场无效率，也可能是风险指标有缺陷，因此风险调整收益率指标有误。

市盈率　许多研究都分析了股票的历史**市盈率**与股票收益率之间的关系。有人认为，低市盈率股票的表现将胜过高市盈率股票，因为成长型公司的市盈率很高，但市场往往高估了这些成长型公司的增长潜力，从而高估了这些成长型公司的价值，而低估了低市盈率的低增长公司的价值。历史市盈率与之后的风险调整市场绩效指标之间的关系将是反对半强式有效市场假说的证据，因为它意味着投资者可以使用关于市盈率的公开可得信息来预测未来的异常收益率。

风险调整绩效指标表明，低市盈率股票的风险调整绩效优于市场，而高市盈率股票的风险调整绩效明显较差。[①] 这些结果与半强式有效市场假说不一致。

皮维和古德曼（Peavy and Goodman，1983）通过调整公司规模、行业影响和不频繁交易等因素分析了市盈率，他们有类似的发现，即市盈率最低的五分之一股票的风险调整收益率优于市盈率最高的五分之一股票的风险调整收益率。

PEG 比率　在过去十年中，使用股票市盈率与公司预期盈利增长率之比（简称 PEG 比率）作为相对估值工具的情况显著增加，尤其是对于市盈率高于平均水平的成长型公司股票而言。PEG 比率的支持者假设 PEG 比率与后续收益率之间存在反向关系，也就是说，

---

① 第 18 章讨论了综合表现指标。

他们预期 PEG 比率相对较低（即小于 1）的股票的收益率将高于平均水平，而 PEG 比率相对较高的（即超过 3 或 4）的股票的收益率将低于平均水平。彼得斯（Peters，1991）的一项研究使用每季度调整投资组合的方法支持了上述二者存在反向关系的假设。这些结果不支持有效市场假说。赖利和马歇尔（Reilly and Marshall，1999）的一项后续研究假设每年调整投资组合，并根据风险指标（贝塔系数）、市值规模和预期增长率对样本进行了划分。除了低贝塔系数和预期增长率极低的股票以外，结果并未表明 PEG 比率与后续收益率之间存在一致关系。

总而言之，与使用 PEG 比率选择股票相关的结果参差不齐——几项研究假设每月或每季度进行调整并表明存在异常结果，因为作者使用公开信息得出了高于平均水平的收益率。相比之下，一项更现实的年度调整研究并未发现 PEG 比率与后续收益率之间存在一致关系。

规模效应 班斯（Banz，1981）分析了规模（以总市场价值衡量）对风险调整收益率的影响。长期（20～35 年）风险调整收益率表明，小公司的风险调整收益率始终显著大于大公司。雷因格纳姆（Reinganum，1981）认为是规模而非市盈率导致了前述部分中讨论的结果，但巴苏（Basu，1983）对这一观点提出了异议。

前面曾经提到，产生异常收益率可能是因为市场无效率，也可能是因为市场模型提供了对风险和预期收益率的错误估计。有人认为，由于小企业的交易频率较低，因此小企业的风险没有被正确衡量。另一种风险指标方法证实，小公司的风险比以前衡量的结果高得多，但更高的贝塔系数仍然无法解释收益率的巨大差异。

斯托尔和惠利（Stoll and Whaley，1983）的一项研究分析了交易成本的影响，证实存在规模效应，但也发现小市值公司通常股价较低。由于交易成本与每股价格呈反向变化，因此在分析小公司效应时必须考虑这些成本。他们发现，大公司（2.71%）与小公司（6.77%）的总交易成本百分比存在显著差异。假设交易频繁，这种交易成本的差异会对结果产生重大影响。假设每天都有交易，那么最初的小公司效应将被逆转。关键是，规模效应研究必须考虑现实交易成本，并做出明确的持有期假设。雷因格纳姆（1983）的一项研究从长期考察了这两个因素。该研究表明：不频繁的投资组合调整（大约每年一次）几乎是理想做法；其结果胜过长期买入并持有策略，并避免了会导致过多交易成本的频繁投资组合调整。总之，考虑到更高的风险和现实交易成本之后（假设每年调整一次投资组合），小公司的表现优于大公司。

大多数关于规模效应的研究都使用大型数据库和较长的时期（超过 50 年）以证明这种现象已经存在多年。与之相反，一项分析不同时期长度的股票表现的研究得出结论，小公司效应并不稳定。研究人员发现，在大多数时期，规模与收益率之间都存在负相关关系；但是他们发现，在部分时期（例如 1967—1975 年），大公司的表现优于小公司。值得注意的是，在 1984—1987 年、1989—1990 年、1995—1998 年，这种正相关关系仍然成立（大公司的表现优于小公司），而在 2005—2009 年，这种正相关关系在风险调整的基础上成立[①]；雷因格纳姆（1992）承认这种不稳定性，但认为小公司效应仍然是一个长期现象。

---

① 晨星/伊博森股票、债券、国库券和通货膨胀数据（2017 年）提供的 1926—2016 年长期数据表明，大盘股的标准差为 19.9%，而小盘股的标准差为 31.9%，这意味着风险存在显著差异。

　　总之，公司规模是一个主要的有效市场异常因素。两个最强有力的解释是不频繁交易和更高的交易成本导致了更高的风险指标。根据交易频率的不同，这两个因素可以解释大部分差异。凯姆（Keim，1983）还将其与季节性联系起来。这些结果表明，在考虑长期表现和样本公司的市值显著不同的事件研究中，必须考虑规模效应。

　　被忽视的公司和交易活动　阿尔贝尔和斯特雷贝尔（Arbel and Strebel，1983）考虑了规模以外的影响因素：关注或忽视。他们根据定期跟踪一只股票的分析师数量来衡量关注度，并将这些股票分为三组：（1）高度关注，（2）中度关注，（3）忽视。他们证实了存在小公司效应，但也发现了缺少信息和机构兴趣有限所导致的被忽视公司效应。被忽视公司的概念适用于各种规模的公司。比尔德和赛厄斯（Beard and Sias，1997）报告了相反的结果，他们发现，控制市值后，没有证据表明存在被忽视公司溢价。

　　詹姆斯和埃德米斯特（James and Edmister，1983）通过考虑收益率、市场价值和交易活动之间的关系来分析成交量的影响。结果证实了规模和收益率之间的关系，但结果表明最活跃的投资组合和最不活跃的投资组合的平均收益率之间没有显著差异。

　　账面价值-市场价值比率（BV/MV）　该比率将公司股票的账面价值（BV）与市场价值（MV）联系起来。罗森博格、里德和兰斯特恩（Rosenberg，Reid and Lanstein，1985）发现，该比率的当期值与未来股票收益率之间存在显著的正相关关系，并认为 BV/MV 的公开可得信息与未来收益率之间的这种关系是反对有效市场假说的证据。[①]

　　法马和弗伦奇（Fama and French，1992）对该比率提供了强有力的支持，他们评估了市场贝塔系数、规模、盈利市价比、账务杠杆和 BV/MV（被称为 BE/ME）对平均收益率横截面数据的联合影响。他们分析了贝塔系数与预期收益率之间的假设正相关关系，并发现这种正相关关系在 1969 年之前成立，但在 1963—1990 年期间消失。相反，规模与平均收益率之间的负相关关系本身就很显著，并且在包含其他变量之后也很显著。

　　此外，他们还发现 BV/MV 与平均收益率之间存在显著正相关关系，即使包括其他变量，这种关系也仍然存在。最重要的是，当同时包括规模和 BV/MV 时，它们与平均收益率的关系都很显著，并且显著性远远胜过其他比率。具体而言，尽管财务杠杆和盈利市价比本身与平均收益率的关系显著或与规模合并考虑时与平均收益率的关系显著，但当同时考虑规模和 BV/MV 时，它们与平均收益率的关系就变得不显著了。

　　总之，使用公开可得比率来预测股票预期收益率横截面数据的研究提供了与半强式有效市场假说相冲突的大量证据。使用市盈率、市值规模和 BV/MV 时均得到了显著的结果。尽管法马和弗伦奇的研究表明，最优组合似乎是规模和 BV/MV，但詹森、约翰逊和默瑟（Jensen，Johnson and Mercer，1997）的一项研究表明，这种组合仅在扩张性货币政策时期有效。

　　事件研究的结果　前面曾经提到，事件研究的目的是分析出现重要经济信息时的异常收益率。有效市场假说的支持者预期收益率会随着新信息的公布而迅速调整，这样投资者就不能因为在事件公布后采取行动而获得正异常收益率。由于篇幅所限，我们只能总结考

---

　　①　许多研究都将该比率定义为"账面市值比"（book-to-market value，BV/MV），因为它意味着该比率与未来股票收益率存在正相关关系，但大多数业内人士将其称为"市净率"（price-to-book value，P/B）。显然，其概念是相同的，只是相关系数符号发生了变化。

虑部分较常见事件时的结果。

我们将按照事件或公共信息的类型来讨论这些结果。具体而言，我们将分析发生股票分拆、首次公开募股、在交易所上市、意外世界大事和经济新闻、会计变更公告以及公司事件时的价格变化和盈利可能。值得注意的是，大多数这些研究的结果都支持半强式有效市场假说。

股票分拆研究　许多投资者都认为，被分拆股票的价格会上涨，因为股票价格降低了，这增加了对它们的需求。相反，有效市场假说的支持者不会预期价值发生变化，因为公司只是发行了更多股票，而没有发生从根本上影响公司价值的事件。

法马、费希尔、詹森和罗尔（Fama, Fisher, Jensen and Roll, 1969）的经典研究假设股票分拆后没有显著的价格变化，因为导致股票分拆的任何相关信息（例如盈利增长）都已经反映在价格中。他们的研究分析了股票分拆时间前后的异常价格变化，并将股票分拆样本分为提高了股利的股票和未提高股利的股票。两组股票在分拆前都出现了正异常价格变化。分拆但未提高股利的股票在分拆后出现异常价格下跌，并在 12 个月内失去了所有累积的异常收益。相比之下，分拆并提高了股利的股票在分拆后没有出现异常收益率。

这些结果支持半强式有效市场假说，因为它们表明，在发布公告后，投资者无法从股票分拆信息中获益。大多数（但不是全部）后续研究证实了这些结果。总而言之，尽管结果并不一致，但大多数研究都发现，股票分拆对证券收益率没有短期或长期的正向影响。

首次公开募股（IPO）　在过去 30 年中，许多封闭型控股公司都通过出售部分普通股上市。由于无法确定适当的发行价格且承销此类证券有风险，因此按理说承销商倾向于低估这些新证券的价格。

鉴于对定价偏低的普遍预期，该领域的研究通常考虑了三组问题：（1）平均定价偏低幅度为多大？定价偏低的情况是否会随时间推移发生变化？如果会，为什么？（2）哪些因素导致不同证券的定价偏低程度不同？（3）市场价格对定价偏低的调整速度有多快？

正如图表 5 - 1 所示，第一个问题的答案是，平均定价偏低幅度约为 14％，但在 1980—2016 年期间和各子时期内，定价偏低幅度有所不同。导致定价偏低幅度差异的主要变量似乎是各种风险指标、公司规模、承销商声望以及公司所聘会计师事务所的地位。在与有效市场假说直接相关的问题上，米勒和赖利（Miller and Reilly, 1987）以及伊博森、辛德拉尔和里特（Ibbotson, Sindelar and Ritter, 1994）的结果表明，针对定价偏低的价格调整发生在证券发售后一天内。因此，相对于原发行价格似乎出现了定价偏低，但从这种定价偏低中受益的基本上是分配到原始股的投资者。更具体地说，机构投资者获得了大部分（70％）短期利润。这种对初始定价偏低的快速调整支持半强式有效市场假说。最后，里特（Ritter, 1991），卡特、达克和辛格（Carter, Dark and Singh, 1998）以及洛克伦和里特（Loughran and Ritter, 1995）的研究分析了首次公开募股的长期收益率，表明在初始调整后购买股票的投资者不会获得正的长期异常收益率。

图表 5-1　1980—2016 年期间每十年的首次公开募股数量、平均首日收益率和总发行收入[a]

年份	首次公开募股数量	平均首日收益率[b]	总发行收入（百万美元）[c]
1980—1889	2 366	6.9	61 131
1990—1999	4 192	21.0	294 890
2000—2009	1 332	15.6	295 620
2010—2016	874	15.5	211 455
1980—2016	**8 764**	**14.7**	**863 096**

a. 2010—2016 年只有七年。

b. 首日收益率的计算方法是首日收盘市场价相对于发行价的收益百分比。

c. 总发行收入不包括超额配售选择权，但包括国际组别（如果有的话）。没有对通货膨胀进行调整。

资料来源：Jay R. Ritter, "Number of Offerings, Average First-Day Returns, and Gross Products of Initial Public Offerings in 1980 – 2016"（University of Florida, January, 2017）.

在交易所上市　对于一家公司而言，一个重大经济事件就是其股票在全国性交易所，尤其是纽约证券交易所上市。上市有望增加股票的市场流动性和声望。一个重要问题是：在公司宣布新股上市或实际上市前后，投资者是否能通过投资该股票获得异常收益率？关于此类投资的异常收益率的结果参差不齐。所有研究一致认为：（1）发布上市公告之前，股价将上涨，（2）股票实际上市后，股价将持续下跌。关键问题是：从宣布申请上市到实际上市（这个时期通常为 4～6 周）之间会发生什么？麦康奈尔和桑格（McConnell and Sanger，1989）的一项研究指出，公司在宣布申请上市后，将立即出现获利机会，而在实际上市后，投资者有可能因价格下跌而获得超额收益率（通过卖空）。最后，分析上市对证券风险的影响的研究发现，系统性风险或公司的股权成本没有显著变化。

总之，由于上市研究提供了使用公开信息的投资者存在短期获利机会的证据，因此这些研究不支持半强式有效市场假说。

意外世界大事和经济新闻　一些研究分析了证券价格对世界新闻或经济新闻的反应，其结果支持半强式有效市场假说。一项研究分析了股票价格对艾森豪威尔心脏病发作、肯尼迪遇刺事件和重大军事事件等意外世界大事的反应，并发现在开盘前或发布公告后重新开盘前，股价会根据新闻进行调整（通常，与世贸中心遭受袭击时一样，交易所会立即关闭，关闭时间不等——例如，一至四天）。皮尔斯和劳里（Pierce and Roley，1985）的一项研究分析了股票价格对关于货币供应量、通货膨胀率、实际经济活动和贴现率的公告的反应，并发现影响不会持续到公告日之后。最后，贾因（Jain，1988）分析了股票收益率和成交量对意外公告的每小时反应，发现关于货币供应量的意外信息会在一小时内影响股票价格。关于新闻对个股影响的研究综述，请参见陈·韦斯利（Chan Wesley，2003）的研究。

会计变更公告　许多研究都分析了会计变更公告对股票价格的影响。在有效市场中，证券价格应该对影响公司经济价值的会计变更公告做出快速且可预测的反应。影响报告盈利但没有经济意义的会计变更不应影响股票价格。例如，当一家公司出于报告目的将折旧会计方法从加速折旧法改为直线折旧法时，该公司的报告盈利将增加，但不会产生经济影响。折旧会计方法变更时的股价变化分析支持有效市场假说，因为在折旧会计方法发生变更之后没有出现正价格变化。事实上，股价会出现负向变化，因为进行这种会计变更的公司通常绩效不佳。

在高通货膨胀时期，许多公司会将其存货核算方法从先进先出法改为后进先出法，这会导致报告盈利下降，但对公司有利，因为它减少了公司的应税盈利，因此减少了公司的税收费用。由于节省了税收，有效市场假说的支持者预期股价会出现正向变化。研究结果证实了这一预期。

因此，伯纳德和托马斯（Bernard and Thomas，1990）以及乌和彭曼（Ou and Penman，1989）等人的研究表明，证券市场对会计变更的反应非常迅速，并会根据真实价值的变化调整预期证券价格（即分析师刺破会计面纱，并根据相关经济事件对证券估值）。

公司事件　研究人员通过两个问题分析了公司财务事件，例如并购、分拆、重组和各种证券（普通股、普通债券、可转换债券）发行：（1）这些不同事件的市场影响是什么？（2）市场调整证券价格的速度有多快？

关于对公司事件的反应，答案非常一致——股票价格的反应正如人们根据事件的潜在经济影响所做出的预期。例如，对兼并的反应是，被收购公司的股价随着收购公司提供的溢价增加而增加，而收购公司的股价通常会下跌，因为投资者担心收购公司为被收购公司支付了过高价格。在反应速度的问题上，有证据表明调整速度相当快，即调整期随着所分析数据时间间隔的缩短而下降（在使用日数据时，大多数研究都发现价格调整在三天左右完成）。史密斯（Smith，1986）综述了与融资决策相关的研究。詹森和沃纳（Jensen and Warner，1988）综述了将兼并和重组考虑在内的公司控制研究。德赛和贾因（Desai and Jain，1999）以及切曼诺和严（Chemmanur and Yan，2004）表明，许多公司分拆都产生了有意思的股票表现。

半强式有效市场假说小结　显然，半强式有效市场假说检验的证据是参差不齐的。该假说得到了对一系列事件（包括股票分拆、首次公开募股、世界大事和经济新闻、会计变更公告以及各种公司事件）的众多事件研究的几乎一致支持。唯一不一致的结果来自对在交易所上市股票的研究。

与此形成鲜明对比的是，大量关于预测一个时期内的股票收益率或横截面收益率数据的研究都提供了与半强式有效市场假说相反的证据。这包括对风险溢价、日历模式和季度盈利意外的时间序列研究。同样，规模、BV/MV（当实行扩张性货币政策时）和市盈率等横截面预测变量的结果也表明存在与有效市场相反的异常情况。

强式有效市场假说：检验和结果　强式有效市场假说认为股票价格充分反映了所有信息，不管是公开信息还是私人信息。这意味着没有任何一组投资者可以获得使其能持续获得高于平均水平的利润的私人信息。这种极其严格的假设不仅要求股票价格必须根据新的公开信息迅速调整，而且要求没有任何群体能始终获得私人信息。

对强式有效市场假说的检验分析了不同可识别投资群体的收益率变化，以确定是否有群体持续获得高于平均水平的风险调整收益率。这种群体必须能在其他投资者之前获得重要的私人信息并据此采取行动，或者能在其他投资者之前根据公开信息采取行动，这表明证券价格并未根据所有新信息迅速调整。

研究人员通过分析三大投资者群体的绩效来检验强式有效市场假说：（1）公司内部人士，（2）价值线和其他公司的证券分析师，（3）专业投资组合经理。

公司内幕交易　公司内部人士必须每月向美国证券交易委员会报告他们对其公司股票

进行的交易（购买或出售）。内部人士包括公司主要高管、董事会成员以及持有 10％及以上任何股权类证券的股东。在报告期后大约六周，美国证券交易委员会将公开这些内幕交易信息。这些内幕交易数据被用于识别公司内部人士的交易，并确定他们是否在异常的有利价格变化之前买入了股票，并在股票的市场表现不佳时期之前卖出了股票。乔杜里、豪和林（Chowdhury, Howe and Lin, 1993）以及佩蒂特和文卡塔斯（Pettit and Venkatesh, 1995）的研究表明，公司内部人士通过在股票出现低收益率之前卖出股票并在股票出现高收益率之前不卖出股票，始终获得了高于平均水平的利润。这意味着许多内部人士都拥有私人信息，他们从中获得了高于平均水平的公司股票收益率。

此外，一项早期研究还发现，始终根据公布的内幕交易与内部人士交易的公众投资者将获得超额风险调整收益率（扣除佣金后）。值得注意的是，后来的一项研究得出结论：在考虑了总交易成本后，市场已经消除了这种低效率。

总体而言，这些结果为有效市场假说提供了程度不一的支持，因为一些研究表明内部人士会获得异常利润。与之相反，2006 年之前的研究表明，非内部人士不能使用这些信息来获得超额收益率。值得注意的是，由于学术研究导致投资者对这些内幕交易数据产生兴趣，《华尔街日报》目前每月都会刊登一个名为"内幕交易跟踪"的专栏，讨论规模最大的内幕交易。

证券分析师　多项研究都试图找到一组有能力选择出价值被低估股票的分析师。这种分析需要确定在分析师公开推荐股票后，遵循这些建议的投资者是否可以获得显著的异常收益率。这些研究和分析投资组合经理绩效的研究比考虑公司内部人士的研究更现实、更重要，因为这些分析师和投资组合经理是全职投资专业人士，除了专注于投资和接受过培训之外没有明显的优势。如果有人能选择出价值被低估的股票，那就应该是这些"专业人士"。我们首先将分析价值线排名，其次将分析具体分析师的建议。

价值线之谜　价值线（Value Line）是一家大型知名咨询服务公司，发布大约 1 700 只股票的财务信息。其报告中包含市场择时排名，显示了价值线对一家公司未来 12 个月普通股表现的预期。第 1 级表示最优秀的表现，而第 5 级表示最差的表现。这个排名系统于 1965 年 4 月推出，它根据四个因素确定数值：

（1）每只证券相对于其他所有证券的盈利和价格排名。

（2）价格动量因素。

（3）季度盈利的同比相对变化。

（4）季度盈利"意外"因素（实际季度盈利与价值线估计盈利相比）。

价值线根据这些公司的综合得分对其排名。前 100 名和后 100 名分别为第 1 级和第 5 级；最高级往下和最低级往上的 300 位分别是第 2 级和第 4 级；其余（约 900 家）公司为第 3 级。价值线每周根据最新数据确定排名。值得注意的是，用于得出四个因素的所有数据均为公开信息。

开始排名数年后，价值线认为，第 1 级股票的表现显著胜过市场，第 5 级股票的表现显著不如市场（表现数据不包括股利收入，但也不收取佣金）。

对价值线之谜的早期研究表明，价值线排名（尤其是第 1 级或第 5 级）和排名变化（尤其是从第 2 级变为第 1 级）中蕴含着信息。有证据表明市场相当有效，因为异常调整似乎 2 天就已完成。时间序列分析表明，近年来价值线对排名的调整加快。而且，尽管价格变化在统计上显著，但一些证据表明，在考虑 2006 年之前的交易成本后，不可能从这些信息公告中获得异常收益率。和以前一样，用当期交易成本重新考虑这些结果会得出很多信息。关于无法从这些信息中受益的最有力证据是价值线的百夫长基金（Centurion Fund），它专注于投资第 1 级股票，但绩效通常不如市场。

分析师的建议　有证据表明，有些绩效出众的分析师明显拥有私人信息。沃马克（Womack，1996）的一项研究发现，分析师似乎兼具市场择时能力和选股能力，尤其是在相对罕见的卖出建议方面。相比之下，杰加迪西等（Jegadeesh et al.，2004）发现，对于大多数股票而言，在跟踪股票的分析师们提出的一致建议中，不包含超出可得市场信号（动量和成交量）的信息，但一致建议的变化是有用的信息。另外，伊夫科维奇和杰加迪西（Ivkovic and Jegadeesh，2004）的研究表明，最有用的信息包括发布盈利公告前一周的盈利上调修正。后来的一项研究分析了通过《公平披露规则》后分析师建议的信息内容，并得出结论：建议变化仍然提供了有用的信息。

专业投资组合经理的绩效　对专业投资组合经理的研究比对内部人士的分析更符合现实，因为投资组合经理通常无法垄断重要的新信息，他们是全职从事投资管理工作、训练有素的专业人士。因此，如果任何"正常"投资者能获得高于平均水平的利润，那么这些投资者就应该是专业投资组合经理，因为他们对管理层进行了大量采访，并且可能从上述部分优秀分析师的意见中受益。

大多数关于投资组合经理绩效的研究都分析了共同基金，因为可以随时获得它们的表现数据。关于共同基金的表现，三篇登在金融刊物上的文章讨论了截至 2016 年 12 月的不同时期内主动型基金经理相对于其基准的表现（"The Big Squeeze"，2017；Malkiel，2017；Zweig，2017）。马尔基尔（2017）的文章指出，2016 年，67％的大盘股基金经理和 85％的小盘股基金经理的表现差于作为基准的标准普尔指数。更糟糕的是，在截至 2016 年的 15 年期间，90％的主动型国内基金经理的表现差于基准指数，89％的主动型国际基金表现相对较差，89％的主动型新兴市场基金表现差于基准指数。

茨威格（Zweig，2017）的文章集中分析了从 1962 年到 2016 年的 45 年市场下跌期间主动型基金经理的表现，因为一些观察人士推测，尽管主动型基金经理在市场上涨期间表现不佳，但他们可能会在市场下跌期间保护投资者。他考察了 2007—2009 年、2000—2002 年和 1973—1974 年的市场，并证明在每个"熊市"中，总体股市跌幅和主动管理共同基金的综合股价跌幅几乎都相同。

发表于《经济学人》（"The Big Squeeze"，2017）的文章主要关注当前和未来基金管理业为应对共同基金相对于被动型基准普遍较差的表现而进行的整合。该文章的证据与马尔基尔报告的结果相似：在截至 2016 年年底的 15 年里，只有不到 8％的美国股票基金的表现胜过基准。

值得注意的是，所有这些文章都承认，一些基金的表现能胜过基准，但这种优异表现是偶发的，具体到某个基金经理，其绩效通常无法持续胜过基准。此外，所有文章都指出，基金表现不佳的主要原因是主动管理的成本更高，包括人员成本（分析师）、交易费用，以及更高的管理费用。

这些结果支持强式有效市场假说，并认为投资者应该认真考虑投资于被动型指数基金的分散化投资组合。

现在，我们可以获得养老金计划和捐赠基金的表现数据，几项研究表明，养老金计划的表现同样与总体市场不匹配。捐赠基金的表现很有意思。具体来说，捐赠基金大样本的结果证实它们的表现无法胜过市场。相比之下，规模最大的捐赠基金的风险调整绩效出众，因为它们有能力和意愿在全球范围内投资非常多样化的资产，例如风险投资、私募股权、独特的对冲基金、房地产和商品。

关于强式有效市场假说的结论　对强式有效市场假说的检验产生了参差不齐的结果。对公司内部人士的检验结果不支持该假设，因为他们显然垄断了重要信息的获取权，并能利用这些信息获得高于平均水平的收益率。

有些检验的目标是确定是否有分析师拥有私人信息，这些检验集中关注价值线排名和登载分析师建议的刊物。价值线排名的结果随时间推移而变化，目前倾向于支持有效市场假说。具体来说，排名调整和排名变化相当快，考虑交易成本后的交易看上去是不盈利的。另外，分析师建议和整体共识估计的变化中似乎包含重要信息。

最后，专业投资组合经理的历史绩效为强式有效市场假说提供了支持。几乎所有近期的投资组合经理绩效研究都表明，这些训练有素的全职投资者的风险调整绩效无法始终胜过简单买入并持有策略。由于投资组合经理与大多数无法获得内幕信息的投资者相似，因此这些近期研究结果与假说更相关。所以，该结果支持强式有效市场假说适用于大多数投资者。

5.2　行为金融学[①]

迄今为止，我们的讨论都围绕着标准金融学理论以及如何在该理论背景下检验资本市场是否具有信息效率。然而，在 20 世纪 90 年代，金融经济学的一个新分支加入其中。**行为金融学**考察了各种心理特征如何影响个人或群体作为投资者、分析师和投资组合经理的行为。正如奥尔森（Olsen，1998）所指出的，行为金融学的支持者承认，假设投资者采取理性行为和追求利润最大化的标准金融模型在特定范围内是正确的，但他们断言这是一个不完整的模型，因为它没有考虑个人行为。他们认为，如果模型承认某些投资者并不完全理性，或意识到套利者不可能抵消所有错误定价，那么这种模型可以更好地解释某些金融现象（Barberis and Thaler，2003）。具体而言，奥尔森（1998）称，行为金融学

> 力图理解和预测心理决策过程对金融市场的系统性影响……行为金融学关注心理学原理和经济学原理对改善金融决策的影响。（第 11 页）

在为伍德（Wood，2010）所作的序言中，这位编辑形象地说明了什么是行为金融学，他将行为金融学比作一条有三个支流的小河：（1）关注个人行为的心理学，（2）研究我们

---

①　以下文献深化了本节的讨论：巴尔贝里斯和塞勒（Barberis and Thaler，2003）与赫舒拉发（Hirschleifer，2001）的两篇调查文章，温哥华特许金融分析师研究基金会研讨会（2008 年 5 月）上的精彩演讲，以及特许金融分析师研究基金会出品的专题文集《行为金融学与投资管理》[包括由阿诺尔德·S. 伍德（Arnold S. Wood，2010）编辑的一系列颇有见地的论文]。

在他人面前的行为和决策的社会心理学，（3）研究大脑的解剖结构、运行机制和功能的神经金融学。他认为，该领域的研究目标是帮助我们了解自身如何做出选择以及为何做出选择。

尽管关于是否存在统一的行为金融学理论仍有争议，但重点有两个。首先是找出可以由个人的各种心理特征解释的投资组合异常，其次是找出有可能通过利用投资者、分析师或投资组合经理的偏差获得高于正常水平的收益率的群体或准确例子。值得注意的是，理查德·塞勒（Richard Thaler）因其在该领域的贡献而获得 2017 年诺贝尔经济学奖，从而使这个金融学分支大放异彩。

5.2.1 解释偏差

陆续有一些研究指出，投资者存在许多偏差，这些偏差会对他们的投资绩效产生负面影响。行为金融学的支持者已经能根据心理特征解释其中一些偏差。斯科特、斯通普和徐（Scott，Stumpp and Xu，1999）写到的一个主要偏差是投资者倾向于持有"劣质证券"太久，而过早出售"优质证券"。显然，投资者对损失的恐惧远大于对收益的重视——这是一种厌恶损失的倾向。这种厌恶可以用前景理论来解释，该理论认为效用取决于对移动参照点而不是绝对财富的偏离。

有两个相关偏差会严重影响分析和投资决策。第一个偏差是固执己见，这意味着一旦人们形成了某种（关于公司或股票的）观点，他们就会牢牢坚持这种观点过久。因此，他们不愿意寻找相互矛盾的观点，即使找到了这种证据，他们也非常怀疑，甚至会误解这些信息。另一个相关偏差是锚定效应，这是指人们估计某个参数时，需要从任意初始（偶然）值开始，然后在此基础上进行调整。问题是调整往往不够充分。因此，如果您的初始估计值较低，您可以根据获得的信息提高估计值，但提高幅度可能不够大，因此最终仍会低于"最佳估计值"。

绍尔特和斯塔特曼（Solt and Statman，1989）写到的另一个对成长型公司的偏差是对预测过度自信，这导致分析师高估了"成长型"公司的增长率和这种增长的持续时间，而且过分强调好消息，却忽略了这些公司的负面消息。分析师和许多投资者也受到代表性证券的影响，这使他们相信成长型公司的股票是"好"股票。这种偏差也被称为证真偏差，即投资者会寻找支持自己以往的意见和决策的信息。他们还会忽视样本规模，倾向于从过去几年（例如，4～6 年）的绩效中推测未来长期将出现高增长绩效。结果，他们会错误估计这些普遍受欢迎的公司的股票价值。过度自信还与自我归因偏差有关，即人们倾向于将成功归因于自己的才能，而将失败归咎于"运气不好"，这导致他们高估了自己的才能（Gervais and Odean，2001）。后视偏差也助长了过度自信，这是一种人们在事件发生后相信自己曾预测到该事件的倾向，这导致人们认为自己能预测得更准确。

布朗（1999）的一项研究分析了噪声交易者（没有特殊信息的非专业人士）对封闭式共同基金波动性的影响。当市场情绪发生转变时，这些交易者会一起行动，这会增加这些证券在交易时间内的价格和波动性。此外，克拉克和斯塔特曼（Clarke and Statman，1998）发现，噪声交易者倾向于效仿通讯作者，而后者又倾向于"跟风"。这些通讯作者和"跟风者"几乎总是错的，这导致了过度波动。

舍夫林（Shefrin，2001）介绍了升级偏差，它导致投资者将更多钱投入他们认为由自己负责的失败投资而不是成功投资。这导致了一种相对常见的投资者做法，即"摊低"自首次购买以来价值下降的投资的价格，而不是考虑在投资错误时出售股票。这种想法是，如果股票买入价格为 40 美元，那么将价格降到 30 美元就是非常划算的。显然，另一种解决方案是重新评估股票价值，分析初始估值中是否遗漏了某些重要的坏消息（因此卖出股票并接受损失），或者确认初始估值并购买更多"便宜划算的股票"。舍夫林（1999）指出的困难心理因素是，您必须认真寻找坏消息，并考虑这个消息对估值的负面影响。

5.2.2　融合投资

根据查尔斯·李（Charles Lee，2003）的观点，融合投资结合了投资估值的两个要素——基本价值和投资者情绪。在罗伯特·席勒（Robert Shiller，1984）的正式模型中，证券的市场价格是无限期的预期股利贴现价值（基本价值）加上一个表示噪声交易者需求的参数项，后者反映了投资者情绪。该理论认为，当噪声交易者看涨时，股价将高于正常水平或高于基本面决定的合理水平。根据融合投资的这种结合定价模型，投资者既要进行基本面分析，又要从潮流和风尚的角度考虑投资者情绪。在某些时期，投资者情绪相当低迷，噪声交易者不活跃，因此主要由基本面估值决定市场收益率。而在另一些时期，投资者情绪高涨，噪声交易者非常活跃，市场收益率受投资者情绪的影响更大。投资者和分析师都应该认识到这些因素对总体市场、不同经济部门和个股的双重影响。

除了提请人们注意融合投资的双重要素之外，其他研究的结果还表明，基本面估值可能是主导因素，但需要更长时间——大约三年——来确定其主导地位。为了对变化的投资者情绪进行估计，李提出了几个投资者情绪的衡量指标，其中最显著的指标是分析师建议、价格动量和高交易换手率。对于股票而言，这些变量的显著变化将表明股票从受追捧变为被忽视，或者相反。受追捧股票的市场价格将超过其内在价值，而被忽视股票的售价将低于其内在价值。这种对被忽视股票的观点类似于半强式有效市场研究中对这些股票的预期。

5.3　有效资本市场的意义

回顾了与有效市场假说不同方面相关的众多研究结果后，一个重要的问题是：这对于个人投资者、金融分析师、投资组合经理和机构意味着什么？总体而言，许多研究的结果都表明，在与众多信息相关的方面，资本市场是有效的。与此同时，研究还发现了市场未能根据公开信息迅速调整价格的一些案例。鉴于关于有效资本市场的研究存在参差不齐的结果，我们需要考虑这种不一致实证的含义。

以下讨论考察了两组实证的含义。具体针对支持有效市场假说的结果，我们会考虑哪些方法行不通，以及如果投资者的表现无法胜过市场，投资者应该怎么做。反之，针对不支持有效市场假说的实证，我们讨论了试图通过主动的证券估值和投资组合管理获得优于市场的投资表现时应考虑哪些信息和心理偏差。[①]

5.3.1　有效市场与基本面分析

正如您从我们之前的讨论中所了解到的，基本面分析师认为，在任何时候，总体股票市场、不同行业或个股都存在基本内在价值，这些价值取决于基础经济因素。因此，投资者应通过分析决定价值的变量（例如未来盈利或现金流、利率和风险变量）来确定投资的内在价值。如果现行市场价格与估计内在价值的差距足以弥补交易成本，则投资者应该在市场价格大大低于内在价值时买入股票，并应该在市场价格高于内在价值时不买入或卖出股票。基本面分析师认为，市场价格和内在价值偶尔会有所不同，但最终投资者会认识到这种差异并予以纠正。

比别人更准确地估计内在价值的投资者可以始终做出更优秀的市场择时（资产配置）决策，或购买价值被低估的证券并产生高于平均水平的收益率。基本面分析涉及总体市场分析、行业分析、公司分析和投资组合管理。有效市场假说研究的分歧性结果对所有这些部分都具有重要意义。

有效资本市场的总体市场分析　第8章将强有力地说明内在价值分析应该从总体市场分析开始。尽管如此，有效市场假说意味着如果投资者只分析过去的经济事件，其投资绩效就不太可能会超越买入并持有策略，因为市场会根据已知的经济事件迅速调整。有证据表明，市场存在长期价格变化，但是，要在有效市场中利用这些变化，您就必须比别人更准确地估计导致这些长期变化的相关变量。换言之，如果您只使用历史数据来估计未来价值，并根据这些"旧新闻"得到的估计进行投资，那么您将无法获得出众的风险调整收益率。

有效资本市场的行业分析和公司分析　正如我们在第9章中将讨论的，不同行业和同一行业中不同公司的收益率分布非常广泛，这清楚地证明了行业分析和公司分析的必要性。同样，有效市场假说与此类分析的潜在价值并不矛盾，但意味着投资者需要：（1）了解影响收益率的相关变量，（2）比别人更准确地估计这些相关估值变量的未来值。为了说明这一点，马尔基尔和克拉格（Malkiel and Cragg，1970）建立了一个模型，该模型使用历史数据出色地解释了历史股票价格变化。然而，使用该估值模型用公司历史数据预测未来股价变化时，结果始终不如买入并持有策略。这意味着，即使拥有优秀的估值模型，投资者也无法仅使用历史数据作为输入值来选择能提供卓越未来收益率的股票。关键是，大多数分析师都知道几种优秀的估值模型，因此区分优秀分析师和拙劣分析师的因素是其是否具备比别人更准确地估计估值模型的关键输入值且不从众的能力。

贝尼什和彼得森（1986）的一项研究表明，在给定年份中价格表现最好和最差的股票之间的关键区别在于专业分析师的预期盈利与实际盈利之间的关系（即盈利意外）。具体而言，如果实际盈利大大超过预期盈利，则股价会上涨；如果实际盈利低于预期水平，则股价会下跌。正如福格勒（Fogler，1993）所示，如果投资者能比别人更准确地预测盈利且其预期与市场共识不同（即预测到了盈利意外），那么投资者将拥有卓越的选股记录。总而言之，要成为一名**卓越的分析师**，需要具备两个因素：（1）估计必须是正确的，（2）该估计

[①]　由于本章的下一节包含关于技术分析的完整介绍，因此我们将把关于有效市场和技术分析的讨论推迟到本章结尾进行。

必须与市场共识不同。请记住，如果投资者只是估计正确但没有与市场共识不同，那么说明投资者预测的结果与众人相同并且众人的意见是正确的，这意味着没有意外，也没有异常价格变化。

对于追求成为卓越分析师的人，有一些好消息，也有一些建议。好消息是强式有效市场假说检验表明可能存在卓越的分析师。价值线的排名包含信息价值，尽管在考虑交易成本后可能无法从这些分析师的研究中获利。此外，根据公开的分析师建议做出的价格调整也表明存在卓越的分析师。关键是，卓越的分析师数量有限，要进入这个精英群体并不容易。最值得注意的是，要成为一名卓越的分析师，必须比别人更准确地估计相关估值变量和预测盈利意外，这意味着分析师的观点与市场共识不同，且应该始终能识别出价值被低估或被高估的证券。

根据考察未来收益率横截面数据的研究，我们可以得知在基本面分析中应使用什么信息。前面曾经提到，这些研究表明，市盈率、市值、规模和 BV/MV 能区分未来的收益率模式，且规模和 BV/MV 似乎是最佳组合。因此，在选择股票范围或分析公司时应考虑这些因素。此外，证据还表明，应额外考虑被忽视的公司。尽管这些比率和特征有助于从大样本中分离出优质股票，但我们建议最好用它们从总范围中得出一个可行样本进行分析（例如，从 3 000 只股票中选择 200 只进行分析）。然后，我们应使用后面的章节中讨论的方法对这 200 只股票进行严谨估值。

如何评估分析师或投资者 如果想确定一个人是否卓越的分析师或投资者，那么应该分析该分析师或投资者推荐的众多证券的表现与一组随机选择的相同风险类别股票的表现。卓越的分析师或投资者选择的股票表现应始终优于随机选择的股票。一致性要求至关重要，因为按照预期，随机选择的投资组合将在大约一半的时间内表现胜过市场。

关于基本面分析的结论 一本投资学教科书可以指出应该分析的相关变量，并介绍重要的分析方法，但实际估计相关变量的终值既是一门艺术以及辛勤研究的产物，也是一门科学。如果可以套用某个公式进行估计，就可以编写计算机程序来进行估计，而不需要分析师了。因此，卓越的分析师或成功的投资者必须了解哪些变量与估值过程相关，并具备能力和职业道德，从而能比别人更准确地估计这些重要估值变量的值。世界上不存在能做出更准确估计的神奇公式。很多时候，它只是意味着在分析中更深入、更广泛地挖掘，以更好地了解经济、行业和公司。或者，如果投资者对这些问题理解得更透彻，因而能比别人更好地解释或估计某些公开信息的影响，那么他（她）也可能更优秀。

5.3.2 有效市场和投资组合管理

如前所述，研究表明，大多数专业投资组合经理的风险调整绩效均无法胜过买入并持有策略。对这种普遍较差的表现的一种解释是，没有卓越的分析师，以及研究成本和交易成本迫使原本差强人意的分析结果变得更差。另一个解释受到学者青睐，并得到价值线和根据分析师建议进行的投资结果的实证支持，即资金管理公司同时聘用了优秀分析师和拙劣分析师，根据少数优秀分析师建议进行的投资的收益被成本以及根据拙劣分析师建议进行的投资得到的糟糕绩效抵消了。

这提出了一个问题：应该主动管理投资组合还是被动管理投资组合？以下讨论表明，如何管理投资组合（主动或被动）取决于投资组合经理（或投资者）是否可以接触到卓越的分析师。拥有卓越分析师的投资组合经理可以通过寻找价值被低估或被高估的证券并据此进行交易来主动管理投资组合。相反，如果没有卓越的分析师，就应该被动管理投资组合，并假设所有证券都根据其风险水平进行了适当定价。

拥有卓越分析师的投资组合管理　当投资组合经理能接触到具有独特见解和分析能力的卓越分析师时，应该遵循他们的建议。卓越分析师应对一定比例的投资组合提出投资建议，投资组合经理应确保保持客户的风险偏好。

此外，应鼓励卓越分析师关注具有机构投资组合经理所需流动性的中盘股和小盘股。但是，由于这些股票通常不会受到顶级股票所受的关注，因此这些被忽视股票的市场可能不如有众多分析师分析的知名大盘股的市场有效——例如，关注顶级股票的分析师数量为25~40人。

前面曾经提到，由于许多投资者都会收到新信息并分析其对证券价值的影响，因此人们预期资本市场是有效的。如果跟踪一只股票的分析师不同，那么人们可以想象，市场效率会存在差异。顶级股票的新信息被广泛宣传和严谨分析，因此这些证券的价格会迅速调整以反映新信息。相比之下，中盘股和小盘股得到的宣传较少，跟踪这些公司的分析师也较少，因此由于以下两个原因，其价格可能与内在价值不同。首先，由于宣传较少，因此关于这些公司的可得信息较少。其次，关注这些公司的分析师较少，因此针对新信息的调整较慢。因此，在这些被忽视股票中更可能找到价值暂时被低估的证券。前面曾经提到，这些卓越的分析师应该尤其关注 BV/MV、被分析股票的规模和货币政策环境。

没有卓越分析师的投资组合管理　无法接触到卓越分析师的投资组合经理（或投资者）应采取以下做法。首先，正如第 7 章将讨论的，他（她）应该衡量客户的风险偏好，其次是通过将一定比例的投资组合投资于风险资产并将其余部分投资于无风险资产来构建一个匹配该风险水平的投资组合。

风险资产组合必须在全球范围内完全分散化，以便与世界市场的变化保持一致。在这种情况下，完全分散化意味着消除所有非系统性（独特）变异性。在我们之前的讨论中，估计需要大约 20 只证券才能获得完全分散化投资组合的大部分好处（超过 90%）。完全分散化需要超过 100 只股票。要决定在全球投资组合中实际包含多少证券，投资者必须权衡完全全球分散化增加的收益与新增股票的研究成本。

最后，投资者应该尽量减少交易成本。假设投资组合是完全分散化的，并且是按照所需风险水平构建的，那么如果过高交易成本没有产生额外收益率，就将减少预期收益率。最小化总交易成本涉及三个因素：

（1）减税。实现这个目标的方法各不相同，但它应该是首要考虑因素。

（2）降低交易换手率。在保持给定风险水平的同时，只有为了出售投资组合中估值过高的股票或向投资组合中加入估值过低的股票时才进行交易。

（3）进行交易时，应通过交易流动性相对较高的股票来最小化流动性成本。为了实现这个目标，投资者应该提交限价订单，以接近做市商报价的价格买入或卖出多只股票。也就是说，投资者可以下达以出价买入股票或以要价卖出股票的限价订单。首先买入或卖出的股票是流动性最高的股票；其他所有订单均应撤销。

总之，如果投资者无法接触到卓越的分析师，那么应该采取以下做法：

（1）确定并量化风险偏好。

（2）通过将总投资组合划分为无风险资产组合和风险资产组合，构建合适的风险投资组合。

（3）在全球范围内进行完全分散化投资，以消除所有非系统性风险。

（4）必要时通过调整投资组合来维持规定的风险水平。

（5）最小化总交易成本。

指数基金和交易所交易基金的存在理由和用处　如前所述，有效资本市场和缺少卓越的分析师意味着应该被动管理许多投资组合，以匹配总体市场的表现，从而最大限度地降低研究成本和交易成本。为了满足这一需求，一些机构推出了指数基金，这是一种旨在复制选定市场指数的构成和表现的证券投资组合。

值得注意的是，股票市场指数基金的概念已经扩展到其他投资领域，并且正如加斯蒂诺（Gastineau，2001）和科斯托夫特斯基（Kostovetsky，2003）所讨论的，交易所交易基金的推出强化了这个概念。指数债券基金试图模仿第 4 章中讨论的债券市场指数。此外，一些指数基金专注投资市场的特定部分，例如国际债券指数基金、针对特定国家的国际股票指数基金以及针对美国和日本小盘股的指数基金。当财务规划师希望在其投资组合中包含给定资产类别时，他们通常会使用指数基金或交易所交易基金来满足这一需求。指数基金或交易所交易基金的研究成本和佣金较低，而且它们的表现通常与大多数主动型投资组合经理相同或较之更好。阿诺特、徐和韦斯特（2008）提出的一项创新是根据盈利、现金流和（或）股利等基本面信息而非市场价值对指数基金中的股票进行加权。

行为金融学的见解　如前所述，行为金融学研究人员的主要贡献是解释了之前学术研究发现的一些异常现象。他们还认为，通过针对投资者某些根深蒂固的偏差采取行动，有机会获得异常收益率。显然，他们的研究结果支持这样一种观点，即成长型公司的股票通常不会是成长型股票，因为分析师对其预测未来增长率的能力过于自信，最终得出的估值要么充分估计了未来增长，要么高估了未来增长。行为金融研究也支持逆向投资的概念，证实了分析师的股票推荐或季度盈利估计以及通讯作者的建议存在从众心理。而且，重要的是记住我们曾提到的损失厌恶和升级偏差，它们导致投资者忽略坏消息并持有失败投资过久，并在某些情况下会购买更多失败投资的股票以摊低成本。在摊低股票的平均价格之前，请务必重新评估股票并考虑我们容易忽略的所有可能的坏消息。最后，要认识到市场价格结合了基本面价值和投资者情绪。

5.4　技术分析

技术分析通常被认为与有效市场假说直接相悖。我们在关于有效市场的章节中考察了技术分析，以确保明确这两个概念之间的显著差异。换言之，我们认为，如果不深刻理解这两个概念，就不可能理解其中任何一个概念。除了这种共同理解之外，我们还认为，对技术分析的深刻理解对于全面型投资者很重要，因为它在投资专业人士中的应用非常普遍。关键是，投资者或投资专业人士总会接触到使用或隐含技术术语或方法的文献或陈述——在许多情况下，其中还穿插着基本面分析和结论。因此，您可能相信也可能不相信技术分析，但您应该理解它——本节的目的就是帮助您理解它。

昨天，针对纽约证券交易所未回补空头数量大幅增加的报道，市场做出了反应。尽管今天市场下跌，但因为成交量清淡，这不被认为是熊市。由于投资者获利出场，今天市场在连续三天上涨后下跌。市场正受益于强劲的持续增长势头。

绝大多数咨询服务机构都强力看涨，这一事实通常预示着牛市的结束或至少是一次回调。

诸如此类的观点每天都出现在金融新闻中，并且每个观点都有众多技术交易规则之一作为依据。技术分析师、技术人员或市场分析师根据对股票市场和个股过往价格变化的观察来制定技术交易规则。技术分析背后的理念与我们在本章前面讨论的有效市场假说形成鲜明对比，后者认为历史表现对未来表现或市场价值没有影响。它也不同于我们将在未来章节中讨论的基本面分析，后者是指根据对经济变量、行业变量和公司变量的分析做出投资决策，从而估计出投资的内在价值，然后将其与现行市场价格进行比较。与有效市场假说或基本面分析相反，根据市场技术分析师协会的说法，**技术分析**是一种通过分析市场活动产生的统计数据来评估证券价值的方法。基本面分析师使用的是通常独立于股票市场或债券市场的经济数据，而技术分析师使用的是市场本身产生的数据，例如价格和成交量，因为他们认为市场是其自身的最佳预测指标。因此，技术分析是另一种做出投资决策并回答以下问题的方法：投资者应该买入或卖出哪些证券？应该何时进行这些投资？

技术分析师认为没有必要研究众多经济变量、行业变量和公司变量来估计未来价值，因为他们相信过去的价格和成交量变化或其他某些市场指数将预示出未来的价格变化。技术分析师还认为，价格趋势的变化可以在大多数基本面分析师察觉到变化之前预测到某些基本面变量（例如盈利和风险）即将发生的变化。技术分析师的观点正确吗？许多使用这些方法的投资者都声称在许多投资中获得了出众的收益率。此外，许多通讯作者的建议也是基于技术分析。最后，即使是聘请了许多基本面分析师的主要投资公司也聘请了技术（市场）分析师来提供投资建议。许多投资专业人士和个人投资者都相信并使用技术交易规则来做出投资决策。因此，本节将从讨论技术分析的基本理念开始。随后，我们将考察技术分析方法的优点和潜在问题。最后，我们将介绍其他技术交易规则。

5.4.1 技术分析的基本假设

技术分析师根据对过往价格和成交量数据的分析来确定过往市场趋势，并据此预测整个市场和单个证券的未来表现，从而做出交易决策。有几个假设导致了这种价格变化观点。这些假设在某些方面有争议性，使有效市场假说的支持者质疑其有效性。我们在下列假设中用黑体标出了这些方面：

（1）任何商品或服务的市场价值都完全取决于供求关系。

（2）供求关系受众多理性因素和非理性因素支配。这些因素包括基本面分析师考虑的经济变量以及意见、情绪和猜测。市场会不断地自动权衡所有这些因素。

（3）不考虑小幅波动，**具体证券的价格和市场的整体价值往往按照趋势变化，并持续较长时间。**

（4）主流趋势随着供求关系的变化而变化。这些变化，无论为何发生，**迟早会从市场本身的行为中发现。**

前两个假设几乎被技术分析师和非技术分析师普遍接受。几乎所有上过经济学基础课程的人都会同意，在任何时候，证券（或任何商品或服务）的价格都是由供求关系决定的。此外，大多数观察家都会承认供求受许多变量的支配。唯一的意见分歧可能与非理性因素的影响有关。当然，每个人都同意市场将不断权衡所有这些因素。

相比之下，关于股票价格随供求变化的调整速度的假设存在显著意见分歧。技术分析师预计，股票价格将按照长期持续的趋势变化，因为他们认为新信息不会在某个时点进入市场，而是在一个时期内进入市场。之所以会出现这种信息进入模式，是因为信息来源不同，或者是因为某些投资者比其他人更早地收到信息。随着不同群体——从内部人士到消息灵通的专业人士，再到普通投资者——收到信息并据此买卖证券，证券价格逐渐向新的均衡变化。因此，技术分析师预计价格调整不会像基本面分析师和有效市场假说支持者认为的那样突然发生；相反，他们预期价格将逐步调整，以反映信息的逐步传播。

图表 5-2 显示了这个过程，其中新信息导致证券均衡价格下降，但价格调整并不迅速。它是一种趋势，并持续至股票价格达到新的均衡。技术分析师寻找从一个均衡值变化到一个新均衡值的起点，但并不试图预测新的均衡值。他们试图找出能识别变化起点的方法，以便尽早跟上趋势，并在趋势上升时买入或在趋势下降时卖出，从而从变化到新均衡价格的过程中受益。显然，当价格针对新信息快速调整时（正如有效市场假说支持者的预期），跟上这种趋势的时间窗口很短暂，以至于投资者无法从中受益。

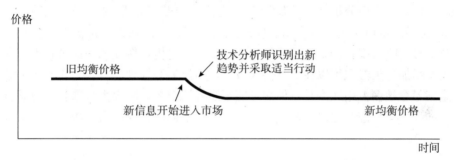

图表 5-2　技术分析师关于价格根据新信息进行调整的观点

5.5　技术分析的优点

尽管技术分析师了解基本面分析的逻辑，但他们认为技术分析方法有多个优点。大多数技术分析师都承认，拥有良好信息、优秀分析能力并能敏锐感知信息对市场的影响的基本面分析师应该获得高于平均水平的收益率。但是，这需要满足一定条件。技术分析师认为，重要的是认识到，只有当基本面分析师先于其他投资者获得新信息并正确快速地处理这些信息时，他们才能获得出众的收益率。技术分析师不相信大多数投资者始终能先于其他投资者获得新信息并始终正确快速地处理这些信息。此外，技术分析师还试图通过应用通常适用于几乎所有投资的规则来消除投资中的情绪。

此外，技术分析师还声称其方法的一个优点是它不严重依赖财务会计报表——公司或行业的过往绩效的主要信息来源。正如未来章节中将讨论的，基本面分析师会评估这些报表以帮助预测行业和具体证券的未来盈利、现金流和风险特征。技术分析师认为，会计报表存在几个主要问题：

（1）它们缺少证券分析师需要的信息，例如与销售收入、利润以及产品线和客户使用的资本相关的信息。

（2）根据公认会计原则（Generally Accepted Accounting Principles，GAAP），公司可以在多种费用、资产或负债报告方法中进行选择。值得注意的是，这些不同方法可以得出截然不同的费用、收入、资产收益率和股权收益率，这取决于公司是保守型还是进取型。因此，投资者可能很难比较同一行业内两家公司的报表，或不同行业公司的报表。

（3）许多心理因素和其他不可量化的变量都没有出现在财务报表中。例子包括员工培训和忠诚度、客户好感、投资者对某个行业的一般态度以及行业或国家的政治风险。

由于技术分析师对财务报表持怀疑态度，因此他们认为不依赖财务报表是有好处的。相反，技术分析师使用的大部分数据，例如证券价格、成交量和其他交易信息，都来自股票市场本身。

而且，基本面分析师必须正确、快速地处理新信息，以便在其他投资者之前得出股票或债券的新内在价值。而与此相反，无论出于何种原因，技术分析师只需要快速识别出向新平衡值的变化即可。值得注意的是，技术分析师不需要了解特定事件并确定该事件对公司价值及其股票价值的影响。

最后，假设基本面分析师在其他投资者之前确定某只证券的价值被低估或高估。他（她）仍然必须确定何时买入或卖出。在理想情况下，恰好在市场价值发生变化之前进行交易将产生最高收益率。例如，假设根据您在2月的分析，您预期一家公司在6月报告的盈利将大幅增加。虽然您可以在2月买入股票，但您最好等到5月左右再买入股票，这样您的资金就不会被多占用3个月，但您可能不愿等那么久。因为大多数技术分析师通常直到股票在向新均衡状态变化之前才进行投资，所以他们认为自己通常能抓住理想时机。

5.6 对技术分析的挑战

有人怀疑技术分析对投资决策的价值，他们质疑这种方法在两个方面的作用。首先，他们质疑它的部分基本假设。其次，他们质疑某些具体技术交易规则及其长期作用。

5.6.1 对技术分析假设的质疑

本章前面讨论过，对技术分析的主要质疑是基于有效市场假说的实证检验结果。前面曾经提到，采用技术交易规则的投资者要获得出众的风险调整收益率，市场必须在新市场信息到来时缓慢调整价格，即考虑了两组检验的弱式有效市场假说。首先是对价格的统计分析，以确定价格是按趋势变化还是随机漫步。其次是对具体交易规则的分析，以确定使用这些规则的投资者的表现是否可以胜过买入并持有策略。几乎所有使用统计分析的研究都发现，价格不会按照基于自相关性统计检验和游程检验的趋势变化。

关于具体交易规则的分析，应该承认有许多技术交易规则无法检验，但绝大多数交易规则的检验结果均支持有效市场假说。

5.6.2　对特定交易规则的质疑

一个明显质疑是，特定市场变量与股价之间的历史关系可能不会重现。因此，使用以前有效的方法可能会错过以后的市场转向。正因为如此，大多数技术分析师都遵循几条交易规则，并寻找所有这些规则中的共识，以预测未来的市场模式。

批评者认为，许多价格模式都成为自我实现预言。例如，假设许多分析师都预期，如果某只售价为 40 美元的股票突破 45 美元的通道，它就将涨至 50 美元甚至更高。当价格达到 45 美元时，就会有足够多技术分析师买入该股票，从而使其价格上涨至 50 美元，正如预测的那样。事实上，一些技术分析师可能会在这种突破点下达买入股票的限价订单。在这种情况下，股价上涨可能只是暂时的，最终将恢复到真正的均衡状态。

另一个问题是，特定交易规则的成功将鼓励许多投资者采用它。这种从众行为和由此产生的竞争最终将抵消这种方法的优点。例如，假设人们知道使用卖空数据的技术分析师一直能获得高收益率，那么，其他技术分析师也可能开始使用这些数据，从而加速卖空变化后的股价模式。因此，这种有利可图的交易规则可能不再有利可图。

此外，正如我们在分析具体交易规则时将看到的，大多数交易规则都需要做出大量主观判断。观察相同价格模式的两位技术分析师可能会对所发生的情况做出截然不同的解释，因此得出不同的投资决策。这意味着不同方法在应用上既不完全机械，也不显而易见。最后，我们将看到，对于几条交易规则而言，表明投资决策的标准值将会随时间推移而变化。因此，技术分析师会调整触发投资决策的规定值以符合新环境，或者放弃交易规则，因为它们不再起作用。

5.7　技术交易规则和指标

为了说明具体的技术交易规则，图表 5 - 3 显示了一个典型的股票价格周期，它可以作为整个股票市场或个股的示例。该图展示了在一个周期中有一个波峰和一个波谷，一个上涨趋势通道、一个平坦趋势通道和一个下跌趋势通道，并标出了技术分析师的理想交易时间。

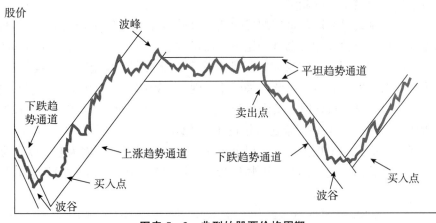

图表 5 - 3　典型的股票价格周期

该图始于以**波谷**结束的下跌市场（熊市）末尾，后接一个突破**下跌趋势通道**的上涨趋势。确认下跌趋势已逆转将是买入信号。技术分析师通常会买入显示出这种模式的股票。

然后，分析师会预期**上涨趋势通道**的发展。只要股价保持在这个上涨趋势通道，技术分析师就会持有股票。在理想情况下，技术分期师希望在周期的**波峰**卖出，但在趋势发生变化之前无法识别出波峰。

如果股票（或市场）开始时以平坦模式交易，那么必定会突破其上涨趋势通道。此时，一些技术分析师会卖出股票，但大多数人会持有股票，并观察其是否会经历一个时期的盘整，然后突破**平坦趋势通道**上限并开始再次上涨。或者，如果股票即将突破通道下限，技术分析师会将其视为卖出信号，卖出股票并寻找下跌趋势通道。当价格突破下跌趋势通道并建立上涨趋势时，波谷之后将出现下一个买入信号。我们很快就将考察侦测这些趋势变化的策略以及成交量在这种分析中的重要性。

市场上有许多技术交易规则，对于每条规则都有一系列解释。大多数技术分析师都会关注众多不同的规则，并根据对信号的共识做出买卖决策，因为在所有规则下得出完全一致意见的情况很少见。在以下关于几种著名方法的讨论中，我们根据技术分析师的态度将规则分为四组。第一组规则包括喜欢根据相反观点信号与大众逆向交易的分析师使用的交易规则。第二组规则试图模仿精明的投资者，也就是专业投资者。第三组规则包括不易分类的常用技术指标。最后，第四组规则包含纯价格方法和成交量方法，包括著名的道氏理论。

5.7.1　相反观点规则

相反观点规则是技术交易规则，它假设大多数投资者在市场接近波峰和波谷时都会判断错误。因此，目标是确定大多数投资者何时强烈看涨或看跌，然后进行逆向交易。

共同基金的现金头寸　共同基金出于以下原因之一，在其投资组合中持有部分现金：(1) 需要现金来赎买基金持有者提交的份额；(2) 准备在共同基金中加入新投资；(3) 投资组合经理看跌市场，希望增加基金的防御性现金头寸。

媒体报道了共同基金的现金占其投资组合总资产的百分比（现金比率或流动性资产比率），包括《巴伦周刊》上的月度数据。[①] 历史上，该现金百分比最低约为 4%，最高接近 11%，尽管该数据出现了下降趋势。

因为技术分析师认为共同基金在波峰和波谷时通常都会判断错误，所以他们预期共同基金在市场波谷期拥有较高的现金百分比——而这时它们应该充分投资以利用即将到来的市场上涨。在市场波峰期，他们预期共同基金几乎充分投资（现金百分比较低），而这时它们应该出售股票并实现收益。因此，采用相反观点规则的技术分析师会观察共同基金的现金头寸，当它接近某个极端时，就做出与共同基金相反的行动。具体来说，他们会在现金比率接近 11% 时买入，并在现金比率接近 4% 时卖出。

这种买卖决策的另一个理由是，高现金头寸是一个看涨指标，因为它反映了潜在购买力。不管出于什么原因，这些技术分析师认为，大量现金余额最终会被投资，并将导致股

---

① 《巴伦周刊》是众多技术指标的主要来源。关于相关数据及其使用的通俗讨论，请参见茨威格（1987）。

价上涨。与此相反，较低的现金比率表明这些机构几乎没有潜在购买力。截至 2017 年 7 月，该比率为 6.5%，这是一个中性信号。

经纪商账户中的贷方余额　当投资者出售股票并将出售所得存放在经纪商账户中，以备不久之后进行再投资时，就会产生贷方余额。美国证券交易委员会和纽约证券交易所在《巴伦周刊》上报告这些贷方余额。由于这些贷方余额反映了潜在购买力，因此这些余额下降表明看跌，因为随着市场接近峰值，这表明购买力下降。与此相反，贷方余额增加表明购买力增强并且看涨。截至 2017 年 7 月，与上一年相比，贷方余额增加了数月之久，因此表明看涨。

投资咨询意见　技术分析师认为，当大部分投资咨询服务机构看跌时，这标志着市场波谷和牛市的开始。因为大多数咨询服务机构往往都是趋势跟随者，所以在市场底部附近看跌观点的比例通常最大。给定表达观点的咨询服务机构数量，这条交易规则将根据看跌/看涨咨询服务机构所占的百分比来确定。[1] 35% 看跌或 20% 看涨的结果表示出现了主要市场底部（看涨指标），而 35% 看涨或 20% 看跌的结果表明出现了主要市场顶部（看跌信号）。截至 2017 年 7 月，看跌百分比共识指数为 18%，这将被归为看跌。

芝加哥期权交易所看跌期权-看涨期权比率　看跌期权赋予持有者在给定时期以规定价格出售股票的权利，并被用作看跌态度的信号。较高的看跌期权-看涨期权比率表明投资者看跌，而技术分析师视其为看涨指标。

该比率历来在 0.20 和 0.80 之间波动，通常远小于 1，因为投资者往往看涨并避免卖空或买入看跌期权。0.60 及以上的该比率被认为是看涨信号，而 0.30 及以下的该比率被认为是看跌信号。截至 2017 年 7 月，该比率约为 0.65，表明投资者强力看跌，这对于采用相反观点规则的技术分析师来说是强烈的看涨信号。

看涨股指期货的期货交易者　另一种相对流行的相反观点指标是对期货交易者的调查中看涨股票的股指期货投机者百分比。当超过 70% 的投机者看涨时，它被认为是看跌信号，当该比率下降到 30% 或更低时，它被认为是看涨信号。

给定多个相反观点指标，技术分析师通常会采用其中几个指标来得出关于投资者情绪的共识。

5.7.2　跟随精明投资者投资

一些技术分析师创建了以下一组指标，他们认为这些指标显示了精明、老练的投资者的行为。

信心指数　信心指数由《巴伦周刊》发布，是《巴伦周刊》的"最优级债券"平均收益率与道琼斯"中级债券"平均收益率之比。[2] 该指数衡量了高级债券和中级债券的收益率利差在一个时期内的变化。因为高级债券的收益率应该始终低于中级债券的收益率，因此随着这个利差变小，该比率应该接近 100。

---

① 该比率由位于纽约拉奇蒙特 10538 号的投资者情报公司（Investors Intelligence）编制。美银美林全球研究（B of A Merrill Lynch Global Research）的技术分析师使用该比率作为他们的投资者情绪指标之一。值得注意的是，该比率信号会随时间推移而变化。

② 该指数的历史数据收录于：*Dow Jones Investor's Handbook*，Princeton，New Jersey（Dow Jones Books，annual）。当期数据见《巴伦周刊》。

该比率被认为是看涨指标，因为在信心高涨时期，投资者愿意增加对低质量债券的投资，以获得更高的收益率，这导致中级债券和最优级债券之间的收益率利差缩小。因此，该收益率比率——信心指数——将增大。相反，当投资者悲观时，中级债券和最优级债券之间的收益率利差会增大，信心指数将下降。

遗憾的是，这种解释假设收益率利差的变化几乎完全是由投资者对不同质量债券的需求变化引起的。事实上，收益率利差经常由于债券供给的变化而发生变化。例如，发行大笔高级 AT&T 债券可能导致所有高级债券的收益率均暂时上升，这将减小收益率利差并增加信心指数，而投资者的态度并没有变化。因此，这种供给变化会产生信心变化的错误信号。截至 2017 年 7 月，信心指数已连续下降数月，从高点下跌约 5%，这表明利差正在扩大，属于温和看跌。

美国国库券与欧洲美元收益率利差　衡量全球投资者态度或信心的一个常用指标是美国国库券收益率与欧洲美元利率之间的利差，以美国国库券与欧洲美元收益率之比衡量。采用这个指标的理由是，在国际危机时期，随着专业投资者"转向安全资产避险"并流向作为避险工具的美国国库券，这种利差将扩大，导致美国国库券收益率下降和该比率下降。据此得出的结论是，股市通常会在此后不久出现波谷。

经纪商账户的借方余额（保证金债务）　经纪商账户的借方余额表示精明投资者向经纪商的借款（保证金债务），表明了从事保证金交易的精明投资者的态度。因此，借方余额增加表示这些精明投资者买入，是看涨信号，而借方余额下降则表示这些精明投资者卖出，是看跌信号。

《巴伦周刊》报告了保证金债务的月度数据。遗憾的是，该指数不包括投资者向银行等其他来源的借款。而且，由于它是绝对值，因此技术分析师只能寻找总借款趋势的变化——上升为看涨，下降为看跌。截至 2017 年 7 月，这些借方余额已连续数周增加，并高于上年的数字，这是看涨信号。

5.7.3　动量指标

以下是用于做出总体市场决策的整体市场动量指标。

市场广度　市场广度指标衡量了每天增加的证券数量和下降的证券数量。它有助于解释导致标准普尔 500 指数等综合市场指数方向变化的原因。正如我们在第 4 章中所讨论的，大多数股票市场指数受大公司股票的影响很大，因为这些指数是市值加权指数。因此，股票市场指数可能整体上涨而大多数具体股票的价格没有上涨，这意味着大多数股票没有参与上涨市场。通过分析交易所所有股票的涨跌数据以及整体市场指数，可以发现这种分歧。

涨跌指数通常是净上涨或净下跌的累计指数。具体而言，主要报纸每天都会发布关于纽约证券交易所上涨、下跌或不变的证券数量的数据。图表 5-4 显示了《巴伦周刊》的五天期样本数据。这些数据连同该表格底部道琼斯工业平均指数的变化，表明市场涨势强劲，因为道琼斯工业平均指数正在上升，净上涨数据强劲，表明市场广泛上涨。即使是第 3 天市场下跌 15 点时，结果也令人鼓舞，因为总体下跌幅度很小，而且个股涨跌比仅为 50-50 左右，这表明市场环境相当均衡。

图表 5-4　纽约证券交易所的每日上涨和下跌情况

日期	1	2	3	4	5
交易的证券数量	3 608	3 641	3 659	3 651	3 612
上涨的证券数量	2 310	2 350	1 558	2 261	2 325
下跌的证券数量	909	912	1 649	933	894
不变的证券数量	389	379	452	457	393
净上涨证券数量（上涨的证券数量−下跌的证券数量）	+1 401	+1 438	−91	+1 328	+1 431
累计净上涨证券数量	+1 401	+2 839	+2 748	+4 076	+5 507
道琼斯工业平均指数的变化	+40.47	+95.75	+15.25	+108.42	+140.63

资料来源：纽约证券交易所和《巴伦周刊》。

高于 200 天移动平均线的股票　技术分析师经常计算指数的移动平均线，以确定其总体趋势。在分析个股趋势时，200 天价格**移动平均线**相当常用。根据众多股票的这些移动平均线，媒体通用金融服务（Media General Financial Services）计算了当前有多少股票的交易价格高于其 200 天移动平均线，并将其用作一般投资者情绪的指标。当超过 80% 的股票交易价格高于其 200 天移动平均线时，市场被认为处于超买状态，需要负向修正。相反，如果只有不到 20% 的股票售价高于其 200 天移动平均线，则市场被认为处于超卖状态，这意味着投资者应该预期出现正向修正。截至 2017 年 7 月，售价高于 200 天移动平均线的股票比例约为 84%，这被视为看跌信号。

5.7.4　股价和成交量方法

在本节引言中，我们分析了一张假想的股价图表，该图表显示了市场的波峰和波谷以及上涨趋势通道和下跌趋势通道，还有预示新价格趋势或价格趋势逆转的通道突破。虽然价格模式本身就很重要，但大多数技术交易规则还考虑了股票价格和相应的成交量变化。

道氏理论　讨论使用价格和成交量数据的技术分析时，应该首先考虑道氏理论，因为它是关于该主题最早的研究之一，并且仍然是许多技术指标的基础。[①] 道（Dow）将股票价格描述为像水流一样运动的趋势。他假设了三种类型的价格变化：（1）像大海潮汐一样的主要趋势，（2）像波浪一样的中间趋势，（3）像涟漪一样的短期走势。道氏理论的追随者试图发现主要价格趋势（潮汐）的方向，并承认中间趋势（波浪）可能偶尔会向相反方向移动。他们认识到，当市场大势上扬时，它不会笔直上升，而是当一些投资者决定获利离场时会出现小幅价格下跌。

图表 5-5 显示了典型的看涨价格模式。技术分析师寻找的这种模式中，每次反弹都将达到高于前一个峰值的新峰值，且价格上涨应该伴随着大量成交量。同时，在升至新高点之后的每次获利回吐反转都会出现一个高于前一个波谷的波谷，且在获利回吐反转期间的成交量相对较少。当这种价格和成交量变动模式发生变化时，主要趋势可能正在进入盘整期（平缓趋势）或主要反转期。

---

① 格利克斯坦和维博斯（Glickstein and Wubbels，1983）的研究讨论了道氏理论并为该理论提供了支持。

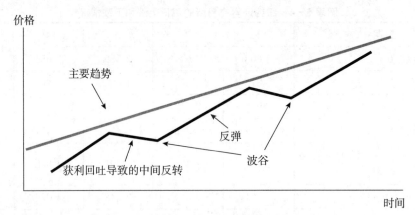

图表 5-5　看涨价格模式样本

成交量的重要性　如前所述，技术分析师将成交量变化和价格变化一并视为供求变化的指标。朝一个方向的价格变化意味着对价格有该方向的净影响，但单凭价格变化本身并不能表明超额需求或超额供给的广度。因此，技术分析师将相对于股票正常成交量的放量价格上涨视为看涨指标。相反，放量价格下跌被认为是看跌指标。一般看涨模式是放量价格上涨和缩量小幅价格反转相结合。

技术分析师还使用涨跌成交量之比作为整体股票市场短期动量的指标。证券交易所每天都会公布上涨股票的成交量与下跌股票的成交量之比。《华尔街日报》每天都报道这些数据，《巴伦周刊》每周都报道这些数据。该比率是市场动量的指标。具体而言，虽然该值高于 1.00 时通常表明看涨，但技术分析师认为，等于或高于 1.75 的涨跌成交量之比表明为超买头寸，这是看跌信号。而等于或低于 0.75 的涨跌成交量之比表明为超卖头寸，这是看涨信号。截至 2017 年 7 月的移动平均值在 105～110 的范围内，略微为正，但总体上为中性。

支撑位和阻力位　**支撑位**是技术分析师预期股票需求大幅增加的价格范围。通常，在股票价格大幅上涨并且股票出现获利回吐后，会形成支撑位。技术分析师推断，在低于近期高点的某个价格上，没有在第一次价格上涨期间买入（等待小幅反转）的投资者将买入股票。当价格达到这个支撑价格时，需求激增，价格和成交量再次开始增加。

阻力位是技术分析师预期股票供给增加且价格反转的价格范围。从较高价格水平大幅下跌后，会形成阻力位。价格下跌之后，股价开始回升，但之前的价格下跌导致一些以更高价格购买股票的投资者寻找机会在盈亏平衡点附近卖出。因此，这些紧张的投资者拥有的股票供给超过了市场能容纳的水平。当价格反弹到这些投资者的目标价格时，这种过剩的股票供给就会出现在市场上，并导致放量价格下跌。

我们也可以设想股票支撑位和阻力位出现上升趋势。例如，上涨的支撑价格将是一组逐渐升高的价格，投资者会看到股价逐渐上涨，并会在获利回吐导致"回调"时抓住机会买入。在后一种情况下，将逐渐出现一系列更高的支撑位和更高的阻力位。

图表 5-6 给出了卡特彼勒公司（Caterpillar, Inc.）的每日股价以及支撑线和阻力线。该图表显示出上涨模式，因为卡特彼勒公司在此期间出现了强劲的股价上涨。在这个时期结束时，阻力位在 116 美元左右并在上升，而支撑位在 102 美元左右并且也在上升。

看涨的技术分析师将寻找与该通道一致上涨的未来价格。如果价格放量大幅跌破上升的支撑线，则表明可能出现趋势逆转，并将被视为看跌信号。相反，放量上涨至阻力价格线以上的"突破"将被视为看涨信号。

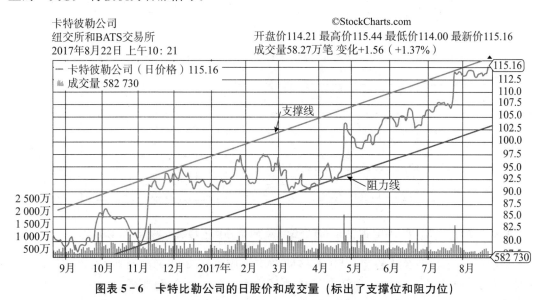

卡特彼勒公司
纽交所和BATS交易所
2017年8月22日 上午10：21

©StockCharts.com
开盘价114.21 最高价115.44 最低价114.00 最新价115.16
成交量58.27万笔 变化+1.56（+1.37%）

图表 5-6　卡特比勒公司的日股价和成交量（标出了支撑位和阻力位）

移动平均线 之前，我们讨论了技术分析师如何使用过往股票价格的移动平均线作为整体趋势的指标，以及他们如何分析当前价格相对于该趋势的水平并将其作为变化信号。200 天移动平均线是衡量个股和总体市场长期趋势的一种相对常用的指标。我们添加了一条 50 天移动平均线（短期趋势），并考虑了成交量较大的情况。

图表 5-7 是爵士制药（Jazz Pharmaceuticals，Inc.）截至 2017 年 8 月的年度日股价图，包括 50 天移动平均线和 200 天移动平均线。涉及移动平均线的两个比较很重要。第一个比较是具体股价与短期 50 天移动平均线的比较。如果股票的整体价格趋势一直下跌（之前数月的爵士制药就是这种情况），则移动平均线通常高于当前价格。如果价格反转并从下方同时放量突破短期的 50 天移动平均线和长期的 200 天移动平均线，那么大多数技术分析师都会认为这是初步积极变化。

第二个比较是 50 天移动平均线和 200 天移动平均线的比较。具体来说，当这两条线交叉时，它证实整体趋势有显著变化。具体来说，如果 50 天移动平均线从上方穿过200 天移动平均线（被称为"死亡交叉"）且成交量良好（如 9 月的情况），那么这将是看跌指标（卖出信号），因为它确认了之前价格线穿过 50 天移动平均线时从正转为负的反转趋势。相反，当 50 天移动平均线从下方穿过 200 天移动平均线时（如 3 月的情况），它确认了向正向趋势（"黄金交叉"）的变化，并且是买入信号。图表 5-7 显示了这两个交叉。在出现买入信号后，价格线继续上涨至约 155 美元至 160 美元，然后在那附近波动。在 3 月价格线交叉时买入股票的投资者将从随后的股价上涨中受益，技术分析师将寻找开始停止上涨的价格——且可能下跌并从上方突破 50 天移动平均线（如8 月的情况），然后当 50 天移动平均线突破 200 天移动平均线下方时得到确认——并确认卖出信号。

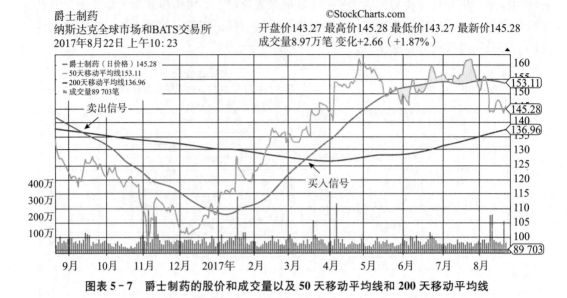

图表 5-7　爵士制药的股价和成交量以及 50 天移动平均线和 200 天移动平均线

如前所述，对于看涨趋势，50 天移动平均线应高于 200 天移动平均线。值得注意的是，如果 50 天移动平均线和 200 天移动平均线之间的正差距变得过大（约 20%，发生在价格快速上涨时），技术分析师可能会认为这是股票暂时超买的迹象，这在短期内是看跌信号。相反，当 50 天移动平均线低于 200 天移动平均线时，将是看跌趋势。同样，如果负差距过大（同样约为 20%），这可能被视为股票超卖的信号，这在短期内是看涨信号。

相对强度　技术分析师认为，一旦趋势开始，它就会一直持续，直至某个重大事件导致方向发生变化。他们认为，相对表现也是如此。如果个股或行业组别的表现跑赢大盘，那么技术分析师认为这种表现将继续下去。

因此，技术分析师每周或每月计算个股和行业组别的**相对强度比率**。相对强度比率等于股票价格或行业指数除以某个股票市场指数（例如标准普尔 500 指数）的值。[①] 如果该比率随着时间的推移而增加，则表明该公司的股票表现优于整体股票市场，技术分析师预期这种卓越表现将持续下去。相对强度比率在下跌市场和上涨市场中都适用。在下跌市场中，如果某只股票的价格下跌幅度小于市场下跌幅度，则该股票的相对强度比率将继续上升。技术分析师认为，如果该比率在熊市期间保持稳定或上升，则该股票在随后的牛市中应该会表现非常好。

投资公司会发布个股相对于市场（例如，标准普尔工业指数）的相对强度图表。以华特迪士尼（Walt Disney）公司为例，图表 5-8 下方的讨论介绍了如何阅读这种图表。最后，如果投资者可以收集到行业指数（例如，科技业指数、制药业指数）的数据，就可以分析公司与其行业的相对强度以及行业与市场的相对强度。

---

①　不同于这些相对于市场或行业比率的指数，还有相对于股票本身的比率，它从根本上属于动量指标。这些比率并不相同。

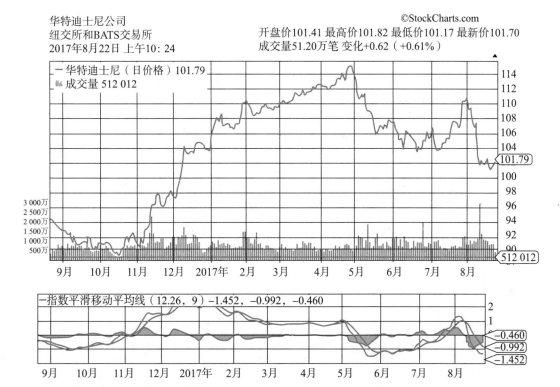

华特迪士尼公司
纽交所和BATS交易所
2017年8月22日 上午10 : 24

©StockCharts.com
开盘价101.41 最高价101.82 最低价101.17 最新价101.70
成交量51.20万笔 变化+0.62（+0.61%）

本报告中的华特迪士尼公司股票图表显示了以下要素：
1. 华特迪士尼公司股价自2016年8月至2017年7月的日收盘价折线图，股价标在右侧。
2. 华特迪士尼公司股价与标准普尔工业指数的相对强度线。
3. 华特迪士尼公司相对强度线的 50 天移动平均线。

图表 5 - 8　华特迪士尼公司的股价和成交量图表（标出了高于或低于标准普尔 500 指数的表现）
资料来源：http://finance. yahoo. com.

条形图　技术分析师使用显示日股价、周股价或月股价时间序列的图表。技术分析师画出给定时期的最高价和最低价，并将这两个点垂直连接起来，形成一个条形。通常，他（她）还会在这个垂直条形上画一条小水平线来标出收盘价。最后，几乎所有条形图都在图表底部注明了成交量，以便技术分析师可以将价格和成交量变化联系起来。

蜡烛图　蜡烛图基本上是上述条形图的扩展。除了每个交易日的最高价和最低价之外，蜡烛图还标出了开盘价和收盘价，并通过阴影表示当天市场或个股是下跌（黑色阴影）还是上涨（白色条形）。图表 5 - 9 显示了道琼斯工业平均指数的日蜡烛线，以及关于3 个月期内股市走势的其他基本信息和观点。

多指标图表　迄今为止，我们介绍的图表只涉及一种交易技术，例如移动平均线或相对强度规则。而在现实世界中，技术图表通常包含多个可以一起使用的指标——比如两条移动平均线（50 天和 200 天）和相对强度线——因为它们可以为分析提供更多支持。技术分析师会在一张图表上包含尽可能多的价格和成交量指标，然后根据多个技术指标的表现，就股票的未来走势达成共识。

点数图　另一种常用的图形是点数图。与通常包括所有收盘价和成交量以显示趋势的

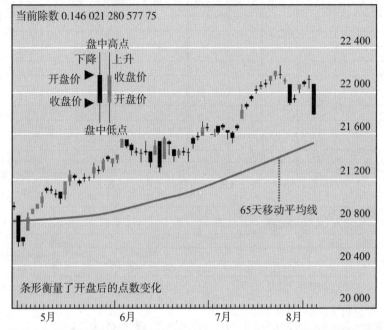

	上个交易日	一年前
拖尾市盈率	19.98	20.16
市盈率估计值[a]	18.45	18.04
股息率	2.37	2.56
整个期间的最高价 22 118.42, 2017年8月7日		

21 750.73 ▼274.14, 或1.24%
过去3个月中每个交易日的最高价、
最低价、开盘价和收盘价

a. 周市盈率数据是基于比林伊咨询公司（Birinyl Associates Inc.）提供的报告盈利。

图表 5-9　截至 2017 年 8 月 17 日的 3 个月中道琼斯工业平均指数每日最高价、最低价、开盘价和收盘价以及纽约证券交易所成交量的典型蜡烛图

资料来源：*The Wall Street Journal*，August 18, 2017, p. B7. 版权归道琼斯公司所有，2017 年。

条形图不同，点数图仅包括显著的价格变化，而不考虑它们的发生时间。技术分析师将确定需要记录的重要价格区间（一点、两点等）以及何时标出价格反转。

　　为了说明技术分析师如何使用这种图表，假设我们希望绘制当前售价为每股 40 美元的某只高波动性股票的图形。由于其波动性较高，我们认为任何低于两点的价格变化都不重要。此外，我们认为任何小于四点的反转均表示非常小的反向变化。因此，我们将画出一张类似于图表 5-10 的图表，但我们的新图表将从 40 美元开始，并将以两点为单位前进。如果股价涨至 42 美元，我们将在 40 上方的方框中打上"×"，然后在股价涨至 44 美元或跌至 38 美元（从 42 美元的高点反转四点）之前什么都不做。如果股价跌至 38 美元，我们将向右移动一列，这表示方向反转，然后从 38 美元再次开始（在价格为 42 美元和 40 美元时在方框中打"×"）。如果股价跌至 34 美元，我们将在 36 美元处打"×"，在 34 美元处打另一个"×"。如果股价随后涨至 38 美元（又一次四点反转），我们将移至下一列并从 38 美元开始，向上移动（在价格为 34 美元和 36 美元时在方框中打"×"）。如果股价随后涨至 46 美元，我们将如图所示打上更多"×"，并等待股价进一步上涨或反转。

50							
48							
46			✕				
44			✕				
42	✕	✕	✕				
40	✕	✕	✕				
38		✕	✕				
36		✕	✕				
34		✕	✕				
32							
30							

图表 5 - 10　点数图示例

根据股价上涨和下跌的速度，这个过程可能需要 2 个月到 6 个月的时间。根据这些数字，技术分析师将尝试确定趋势，就像使用条形图时一样。与往常一样，技术分析师会寻找走向更高价格水平或更低价格水平的突破。长时间的横向变化且其间多次反转但没有主要的上涨或下跌趋势将被视为盘整期，股票在这个时期内从买方流向卖方并再次流回，但对于其变化方向没有强烈共识。一旦股票在经过一个时期盘整后突破通道并上涨或下跌，技术分析师预计将出现重大变化，因为之前的交易为其奠定了基础。换言之，盘整时间越长，最终突破时的预期后续变化（上涨或下跌）就越大。

点数图提供了精简的股价变化记录，因为它们只考虑被分析股票的重大价格变化。因此，一些技术分析师认为，点数图更容易使用，并能提供更生动的价格走势图景。

5.7.5　有效市场与技术分析

技术分析的假设直接反对有效市场的概念。技术分析的一个基本前提是股价变化呈现出持续趋势。技术分析师认为，当新信息进入市场时，并不是每个人都能立即获得这些新信息，而是通常从知情的专业人士传播给进取型公众投资者，然后再传播给广大投资者。此外，技术分析师认为投资者不会立即分析信息并采取行动。这个过程需要时间。因此，他们假设股票价格在新信息发布后逐渐走向新均衡，这导致股价变化趋势将持续下去。

技术分析师认为，机敏的交易者可以找到方法以发现转向新平衡（被称为"突破"）的变化开端。因此，他们希望在股价突破后立即买入或卖出股票，以利用随后的渐进式价格调整。

对这种价格调整模式的看法与有效市场假说支持者的看法直接矛盾，后者认为证券价格会根据新信息非常迅速地进行调整。然而，这些有效市场假说支持者并不认为价格调整是恰到好处的，这意味着有可能过度调整或调整不足。尽管如此，由于任何时候都无法确定市场是过度调整还是调整不足，因此很难从调整错误中获取异常利润。

如果大多数结果都表明资本市场是弱式有效的，那么价格将充分反映所有相关市场信息，因此仅依赖于过往交易数据的技术交易方法没有任何价值。到信息公开时，价格调整已经发生。因此，在考虑风险和交易成本后，使用技术交易规则的买入或卖出不应产生异常收益率。不过，请回想一下第 3 章中关于成交量增加和重大新技术导致交易成本急剧下降的讨论。在这种新环境下，重要的是承认需要重新考虑之前严重依赖高交易成本的结果。

本章小结

- 资本市场的效率会影响投资分析和投资组合管理。资本市场应该是有效的，因为许多追求利润最大化的理性投资者对发布的新信息反应迅速。假设价格反映了新信息，那么它们是对证券真实内在价值的无偏估计，且投资收益率与投资风险之间应该存在始终一致的关系。

- 关于有效市场假说的大量研究分为三个部分。弱式有效市场假说指出，股票价格充分反映了所有市场信息，因此任何使用过往市场数据来预测未来收益率的交易规则都没有价值。大多数研究的结果都支持该假说。

- 半强式有效市场假说断言证券价格会随着所有公开信息的发布而迅速调整。对该假说的检验要么分析了预测出未来收益率的机会，要么是分析投资者是否可以根据公开信息从交易中获得高于平均水平的收益率的事件研究。这些检验结果明显参差不齐。一方面，几乎所有与经济事件（如股票分拆、首次公开募股和会计变更）相关的事件研究结果都一致支持该假说。另一方面，一些基于季度盈利意外、市盈率、规模、被忽视股票和BV/MV 来分析预测收益率能力的研究通常不支持该假说。

- 由于强式有效市场假说认为证券价格反映所有信息，因此这意味着任何群体都不能始终如一地获得高于平均水平的收益率。对公司内部人员的研究不支持强式有效市场假说。对使用价值线排名或《华尔街日报》刊载的建议的分析师进行分析后，得出了不同结果。结果表明，具体的价值线排名含有重要信息，但可能无法从中获利，而分析师建议表明存在私人信息。相比之下，专业基金（共同基金和养老基金）经理的表现支持有效市场假说，因为他们的风险调整绩效通常不如被动基准。

- 在过去 15 年中，研究人员对行为金融学的重要研究认为，标准金融学理论模型是不完整的，因为它没有考虑个人心理决策的影响，这些心理决策有助于解释许多异常现象，并证明存在多种偏差。了解这些偏差很重要，因为它们可能导致分析师和投资组合经理表现不佳，且（或）有可能利用它们获得超额收益率。

- 鉴于众多有效市场假说研究的结果参差不齐，重要的是考虑这些结果对分析师和投资组合经理的影响。有效市场假说表明，技术分析应该没有价值。相反，基本面分析是有用的，但实施起来比较困难，因为它需要能正确估计相关经济变量的未来值，而且这些卓越预测需要与共识不同。因此，投资组合经理必须不断评估投资建议，以确定其是否卓越。

- 如果无法获得卓越的分析建议，那么投资者应该像指数基金或交易所交易基金一样管理投资组合。如果情况相反，则应该允许具有卓越分析能力的人做出决策，但他们应该将精力集中在小盘股和微盘股公司以及被忽视的公司上，因为它们的股票更有可能被错误估值。分析应集中于公司的 BV/MV、规模和货币环境。

- 本章关于有效市场的部分包含一些好消息和一些坏消息。好消息是，投资分析和投资组合管理并非一门失传的艺术；对于愿意付出努力并能接受压力的人来说，这是一个可行的职业选择。坏消息是，有众多拥有大量资源且聪明勤奋的人，这使竞争变得很激烈。事实上，这些竞争对手创造出一个相当有效的资本市场，大多数分析师和投资组合经理很难在其中持续取得卓越绩效。

- 许多投资者都相信并使用技术分析。因此，大型投资公司对技术分析提供了广泛支持，而且媒体上很大一部分关于证券市场的讨论都是基于对市场的技术观点。

- 他们如何回答区分技术分析师和有效市场支持者的两个主要问题？第一，在信息传播过程中，大家是不是几乎同时得到信息？第二，投资者调整证券价格以反映新信息的速度有多快？从本章前面的部分，我们知道了有效市场支持者的答案。相反，技术分析师认为，消息从内部人士和专家传播到个人投资者需要时间。他们还认为，价格调整不是即时的。因此，他们认为，证券价格按照持续趋势变化，所以投资者可以使用过去的价格趋势和成交量信息以及其他市场指标来确定未来的价格趋势。

- 技术交易规则分为四大类：相反观点规则、跟随精明投资者投资、动量指标以及股价和成交量方法。这些方法和交易规则既适用于国内市场，也适用于国外市场。它们还可用于分析债券市场和货币汇率。

- 大多数技术分析师都使用多个指标并试图得出共识，以指导他们的决策——买入、卖出或静观其变。

问题

1. 请讨论预期存在有效资本市场的理由。您打算用什么因素来区分两只不同股票的市场效率？

2. 请定义并讨论弱式有效市场假说。请描述用于分析弱式有效市场假说的两组检验。

3. 请定义并讨论半强式有效市场假说。请描述用于分析半强式有效市场假说的两组检验。

4. 异常收益率是什么意思？

5. 请描述您如何计算一个时期内某个经济事件导致的股票异常收益率。请举一个贝塔系数为 1.40 的股票的简单例子。

6. 假设您希望通过比较不同的交易规则与买入并持有策略来检验有效市场假说。请讨论可能会使结果与有效市场假说产生偏差的三个常见错误。

7. 请描述一项支持半强式有效市场假说的研究结果。请讨论检验的性质，尤其是该结果支持半强式有效市场假说的原因。

8. 请描述一项不支持半强式有效市场假说的研究结果。请讨论检验的性质，尤其是该结果不支持半强式有效市场假说的原因。

9. 对于许多有效市场假说检验来说，它实际上是对"联合假说"的检验。请讨论这个概念的含义。被检验的联合假说是什么？

10. 请定义和讨论强式有效市场假说。为什么一些观察家认为强式有效市场假说除了有效市场之外还需要完美市场？请明确说明原因。

11. 请讨论如何检验强式有效市场假说。为什么这些检验是相关的？请举一个简单例子。

12. 请描述一项不支持强式有效市场假说的研究结果。请讨论所涉及的检验，并具体讨论为什么报告的结果不支持强式有效市场假说。

13. 请描述一项支持强式有效市场假说

的研究结果。请讨论所涉及的检验，并具体讨论为什么这些结果支持强式有效市场假说。

14. 请描述行为金融学的总体目标。

15. 为什么行为金融学的支持者认为标准金融模型理论是不完整的？

16. 有效市场假说对技术分析意味着什么？

17. 有效市场假说对基本面分析意味着什么？请具体讨论它不意味着什么。

18. 在有效资本市场中，您需要怎样做才能成为一名卓越的分析师？您将如何检验分析师是否卓越？

19. 关于需要分析的公司和分析中应考虑的变量，您会给您的卓越分析师提出什么建议？请讨论您提出这个建议的理由。

20. 没有卓越分析师的投资组合经理应该如何管理他（她）的投资组合？

21. 请描述指数基金的目标。请讨论认为指数基金是有效资本市场中终极答案的观点。

22. 在一次社交聚会上，您遇到了一家当地银行的信托部门的投资组合经理。他向您透露，他长期遵循该部门六名分析师的建议，并发现其中两名表现出众，两名表现一般，两名表现明显较差。您会建议他如何管理投资组合？

23. a. 请简要解释有效市场假说的概念及其三种形式（弱式、半强式和强式），并简要讨论现有实证对三种形式的有效市场假说的支持程度。

b. 请简要讨论在以下分析中应用有效市场假说对投资政策的影响：

（ⅰ）图表形式的技术分析；

（ⅱ）基本面分析。

c. 请简要解释投资组合经理在有效市场环境中的两个主要角色或职责。

24. 技术分析师认为，人们可以利用过去的价格变化预测未来的价格变化。他们持有这种观点的理由是什么？

25. 技术分析师认为，股票价格按照长期持续的趋势变化。技术分析师认为现实世界中发生的什么情况会导致这些趋势？

26. 有些基本面分析存在的问题却被视为技术分析的优点，请简要讨论这些问题。

27. 请讨论技术分析的一些缺点。

28. 如果共同基金的现金头寸增至接近12%，技术分析师会认为这个现金头寸是看涨还是看跌？请给出支持该观点的两个理由。

29. 假设经纪公司的贷方余额显著下降。请讨论为什么技术分析师认为这是看涨信号或看跌信号。

30. 如果反映咨询服务机构观点的看跌情绪指数增至61%，请讨论为什么技术分析师认为这是看涨信号或看跌信号。

31. 请讨论为什么借方余额的增加被视为看涨信号或看跌信号。

32. 请描述道氏理论及其三个组成部分。哪个组成部分最重要？中间反转的原因是什么？

33. 请描述看跌的股票价格和成交量模式，并讨论为什么它被认为是看跌。

34. 请讨论市场指数广度背后的逻辑。如何用它识别股票价格的峰值？

35. 在10天的交易期内，累计净前进价格指数*从1 572点变为1 053点。在同一时期，道琼斯工业平均指数从11 200点变为12 100点。作为技术分析师，请讨论这组事件对您而言意味着什么。

36. 请解释支撑位和阻力位背后的原因。

37. 计算股票的移动平均线的目的是什么？请使用50天移动平均线和股票成交量

---

* 一个股票市场指数。——译者注

描述看涨模式。请讨论为什么这种模式被认为是看涨。

38.假设股票价格和成交量图表还包含 50 天移动平均线和 200 天移动平均线，请用两条移动平均线描述看跌模式并讨论为什么它是看跌。

39.请解释您将如何为个股或行业组别构建相对强度比率。说一只股票在熊市期间表现出良好的相对强度是什么意思？

40.请讨论为什么大多数技术分析师都遵循多条技术规则并试图得出共识。

习题

1.请计算以下股票在第 t 期的异常收益率（忽略系统性风险差异）：

股票	R_{it} （%）	R_{mt} （%）
B	11.5	4.0
F	10.0	8.5
T	14.0	9.6
C	12.0	15.3
E	15.9	12.4

R_{it}＝第 t 期股票 i 的收益率

R_{mt}＝第 t 期总体市场的收益率

2.假设系统性风险指标（贝塔系数）如下所示，请计算第 1 题中五只股票的异常收益率：

股票	β_i
B	0.95
F	1.25
T	1.45
C	0.70
E	−0.30

3.请比较习题 1 和习题 2 中的异常收益率，并讨论每种情况下产生差异的原因。

4.请查询以下股票最近五天的日成交量：

- 默克（Merck）；
- 卡特彼勒；

- 英特尔；
- 麦当劳；
- 通用电气。

请从在纽约证券交易所上市的股票中随机选择五只股票，并分析它们在相同五天内的日成交量。

a.两个样本的平均成交量是多少？

b.您预期这种差异是否会对两个样本的市场效率产生影响？为什么？

5.请选择一只在纽约证券交易所上市的股票，并画出它的每日最高价、最低价和收盘价条形图，包括其 10 个交易日的成交量。

6.请计算习题 5 中的股票相对于标准普尔 500 指数的相对强度比率。请编制一张包含所有数据的表，并按如下格式列出计算结果：

收盘价			相对强度比率
日期	股票	标准普尔 500 指数	股价/标准普尔 500 指数

7.请在条形图上画出习题 6 中计算的相对强度比率。请讨论股票的相对强度是看涨信号还是看跌信号。

8.目前，夏洛特艺术品进口公司（Charlotte Art Importers）的股票售价为每股 23 美元。尽管您对技术分析有些怀疑，但您想知道使用点数图的技术分析师如何看待这只股票。您决定绘制以一点为变化单位和以三点为反转的股价点数图。您收集到以下历史价格信息：

日期	价格	日期	价格	日期	价格
4月1日	23½	4/18	33	5/3	27
4月4日	28½	4/19	35⅜	5/4	26½
4月5日	28	4/20	37	5/5	28
4月6日	28	4/21	38½	5/6	28¼
4月7日	29¾	4/22	36	5/9	28⅛
4月8日	30½	4/25	35	5/10	28¼
4月11日	30½	4/26	35¼	5/11	29⅛
4月12日	32⅛	4/27	33⅛	5/12	30¼
4月13日	32	4/28	32⅞	5/13	29⅞

请绘制点数图，用 X 表示上升趋势，用 O 表示下降趋势。技术分析师将如何评估这些走势？请讨论为何您预期技术分析师将根据该图买入、卖出或持有股票。

9.假设道琼斯工业平均指数的每日收盘价如下：

日期	道琼斯工业平均指数	日期	道琼斯工业平均指数
1	23 010	7	23 220
2	23 100	8	23 130
3	23 165	9	23 250
4	23 080	10	23 315
5	23 070	11	23 240
6	23 150	12	23 310

a.请计算第 4 天到第 12 天的 4 天移动平均线。

b.假设第 13 天该指数收于 23 300 点。这是买入决策信号还是卖出决策信号？

10.《巴伦周刊》月末报告的累计涨跌线为 21 240 点。在下个月第一周，交易所每日报告的数据如下：

日期	1	2	3	4	5
交易的股票数量	3 544	3 533	3 540	3 531	3 521
上涨的股票数量	1 737	1 579	1 759	1 217	1 326
下跌的股票数量	1 289	1 484	1 240	1 716	1 519
价格不变的股票数量	518	470	541	598	596

a.请计算这五天中每天的日净涨跌线。

b.请计算每天的累计涨跌线和周末的最终值。

第6章

投资组合管理简介

 **学习目标**

阅读本章后，您应该能回答以下问题：

- 我们所说的风险厌恶是什么意思？有什么证据表明投资者普遍厌恶风险？

- 马科维茨投资组合理论背后的基本假设是什么？

- 我们所说的风险是什么意思？投资中使用了哪些风险衡量指标？

- 我们如何计算投资组合的预期收益率？

- 我们如何计算单个风险资产收益率的标准差？

- 什么是协方差和相关系数？它们之间的关系是什么？

- 风险资产组合的标准差公式是什么？它与单个风险资产的标准差有何不同？

- 给定投资组合标准差的公式，我们如何分散化投资组合？

- 当资产之间的相关系数发生变化时，投资组合的标准差会发生什么变化？

- 什么是风险资产的均值-方差有效边界？

- 什么决定了投资者在有效边界上选择哪个投资组合？

- 资本市场理论如何通过添加无风险资产扩展马科维茨投资组合理论？

- 什么是资本市场线？它如何增强我们对风险与预期收益率之间关系的理解？

- 什么是市场投资组合？它在资本市场线隐含的投资过程中扮演什么角色？

- 系统性风险和非系统性风险之间有什么区别？这与分散化概念有什么关系？

- 在什么情况下，资本市场线建议在制定投资者的首选策略时使用杠杆？

过去几十年，投资领域的主要进步之一就是认识到，投资者无法通过简单地组合众多具有理想风险-收益特征的证券来创建最优投资组合。具体来说，事实证明，投资者必须考虑投资之间的关系，才能建立满足投资目标的最优投资组合。在本章中，我们介绍了将不同资产组合起来时使用的基本投资组合风险公式，从而详细说明了投资组合理论。当您了解这个公式及其含义时，就会明白为什么要分散化投资组合以及如何这样做。

6.1 一些背景假设

我们首先将阐明投资组合理论的几个一般假设。这不仅包括我们所说的最优投资组合，还包括我们所说的风险厌恶和风险。

投资组合理论的一个基本假设是，投资者希望在给定风险水平下最大化总体投资组合的收益率。要理解这个假设，需要遵循某些基本规则。投资组合应该包括投资者的所有资产和负债，不仅包括有价证券，还包括房地产、艺术品和古董等不太容易出售的投资。我们必须考虑各种投资，因为所有投资的收益率都会相互作用，而投资组合中资产收益率之间的这种关系很重要。因此，优秀的投资组合不仅仅是优秀投资的组合。

6.1.1 风险厌恶

投资组合理论还假设投资者是**风险厌恶**的，这意味着，如果在收益率相等的两种资产之间进行选择，他们将选择风险水平较低的资产。大多数投资者厌恶风险的证据是他们购买各种类型的保险，包括人寿保险、汽车保险和健康保险。购买保险基本上是通过支付已知金额，以在未来出现不确定的可能更高的支出时能提供保障。风险厌恶的进一步证据是不同信用风险程度的不同等级债券的承诺收益率（必要收益率）存在差异。具体来说，公司债券的承诺收益率从 AAA 级（最低风险等级）、AA 级到 A 级等逐级增加，表明投资者需要更高的收益率才会接受更高的风险。

这并不意味着每个人都厌恶风险，或者投资者对所有投资都表现出完全厌恶风险。事实是，并非每个人都会为每件事购买保险。此外，一些人购买与某些风险（例如车祸或疾病）相关的保险，但他们也购买彩票，并在赛马场或赌场赌博，这些活动的已知预期收益率为负（这意味着参与者愿意为所涉风险带来的兴奋付费）。这种风险偏好和风险厌恶的结合可以通过对风险的态度来解释，这种态度取决于涉及的资金金额。弗里德曼和萨维奇（Friedman and Savage，1948）等研究人员推测，喜欢小额赌博（彩票或老虎机），但购买保险以防范火灾或事故等造成的重大损失的人就是如此。

在承认这种态度的同时，我们假设大多数拥有大规模投资组合的投资者都是厌恶风险的。因此，我们预计预期收益率与风险之间存在正相关关系，这与第 2 章中显示的历史结果一致。

6.1.2 风险的定义

尽管风险和不确定性的具体定义有所不同，但在本书和大多数金融文献中，这两个词可以互换使用。对于大多数投资者而言，风险意味着未来结果的不确定性。另一种定义可能是产生不利结果的可能性。在我们后面讨论投资组合理论时，我们考察了在建立和应用该理论时使用的几种风险指标。

6.2 马科维茨投资组合理论

20 世纪 50 年代初，投资界会谈论风险，但并没有风险的具体衡量指标。然而，为了建立投资组合模型，投资者必须量化其风险变量。哈里·马科维茨（1952，1959）建立了基本的投资组合模型，他推导出投资组合的预期收益率和风险指标。马科维茨表明，在一组合理的假设下，收益率的方差是衡量投资组合风险的一个有意义的指标。更重要的是，他推导出了计算投资组合方差的公式。这个投资组合方差公式不仅表明了分散化投资对降低投资组合总风险的重要性，还表明了如何有效地分散化投资。马科维茨模型关于投资者行为的几个假设如下：

（1）投资者认为每种投资选择均由某个持有期内潜在收益率的概率分布表示。

（2）投资者追求单期预期效用最大化，他们的效用曲线表明财富的边际效用递减。

（3）投资者根据潜在收益率的变异性来估计投资组合的风险。

（4）投资者仅根据预期收益率和风险做出决策，因此他们的效用曲线仅是预期收益率和收益率方差（或标准差）的函数。

（5）对于给定的风险水平，投资者更喜欢更高的收益率而不是更低的收益率。同样，对于给定的预期收益率水平，投资者更愿意承担较小风险而不是较大风险。

在这些假设下，如果没有其他投资或投资组合在相同（或更低的）风险下提供更高的预期收益率或在相同（或更高的）的预期收益率下提供更低风险，那么这项投资或投资组合将被认为是有效的。

6.2.1 其他风险指标

最著名的风险指标之一是预期收益率的方差或标准差。[①] 它是收益率相对于预期值的离散度统计指标，方差或标准差越大，表示离散度越大。其含义是，潜在收益率越分散，潜在结果的不确定性越大。

另一个衡量风险的指标是收益率范围。假设可能的收益率范围（从最低到最高）越大，意味着未来预期收益率的不确定性越大。

一些观察家认为，投资者应该只关心低于某个阈值水平的收益率，而不是使用将所有对预期的偏离都考虑在内的指标。这些指标有时被称为下行风险指标，因为它只考虑低于该目标水平的潜在收益率。只考虑预期收益率下方的偏离的指标是半方差。在半方差指标基础上进行扩展的风险指标仅计算低于零的收益率离差（即负收益率），或低于某些特定资产（如国库券）收益率、通货膨胀率或基准利率的收益率。这些风险指标的隐含假设是，投资者希望将低于某个目标水平的收益率造成的损害（后悔程度）最小化。假设投资者希望获得高于某个目标水平的收益率，那么在衡量风险时不应考虑高于该目标水平的收益率。

---

① 我们将方差和标准差视为一个风险指标，因为标准差是方差的平方根。

虽然有许多潜在的风险指标，但我们将使用收益率的方差或标准差，因为（1）这个指标较为直观，（2）它是被广泛认可的风险指标，（3）它已被用于大多数理论资产定价模型。

6.2.2 预期收益率

我们计算单项投资预期收益率的过程如图表 6-1 所示，第 1 章也讨论过这个过程。本例中的风险资产有一组可能收益率且对应着不同概率，该投资的预期收益率为 10.3%。

图表 6-1 计算单项投资的预期收益率

概率	可能的收益率（%）	预期收益率（%）
0.35	0.08	0.028 0
0.30	0.10	0.030 0
0.20	0.12	0.024 0
0.15	0.14	0.021 0
		$E(R_i) = 0.103\ 0$ $= 10.3\%$

投资组合的预期收益率是投资组合中单项投资的预期收益率的加权平均值。权重是各项投资价值占投资组合总价值的比例。

图表 6-2 显示了包含四项风险资产的假想投资组合的预期收益率。该投资组合的预期收益率为 11.5%。我们很容易确定从该投资组合中增加或减少任何一项投资的影响；我们将使用基于每项投资的价值和预期收益率的新权重。我们可以归纳出投资组合 $E(R_{\text{port}})$ 的预期收益率的计算公式：

$$E(R_{\text{port}}) = \sum_{i=1}^{n} w_i R_i \tag{6.1}$$

其中：

w_i = 投资组合中单项投资的权重，或投资 i 在投资组合中所占的百分比；

R_i = 投资 i 的预期收益率。

图表 6-2 计算投资组合的预期收益率

权重（w_i）（占投资组合的百分比）	单项投资的预期收益率（R_i）	投资组合的预期收益率（$w_i \times R_i$）
0.20	0.10	0.020 0
0.30	0.11	0.033 0
0.30	0.12	0.036 0
0.20	0.13	0.026 0
		$E(R_{\text{port}}) = 0.115\ 0$ $= 11.50\%$

6.2.3　单项投资收益率的方差（标准差）

方差或标准差是衡量可能的收益率 R_i 与预期收益率 $E(R_i)$ 的差异的指标，如下所示：

$$\text{方差} = \sigma^2 = \sum_{i=1}^{n}[R_i - E(R_i)]^2 P_i \tag{6.2}$$

其中，P_i ＝可能收益率 R_i 的概率。

$$\text{标准差} = \sigma = \sqrt{\sum_{i=1}^{n}[R_i - E(R_i)]^2 P_i} \tag{6.3}$$

图表 6-3 列出了图表 6-1 中单项投资收益率的方差和标准差的计算结果。因此，您可以将该投资描述为具有 10.3% 的预期收益率和 2.12% 的标准差。

图表 6-3　计算单项投资的方差

可能的收益率 (R_i)	预期收益率 $E(R_i)$	$R_i - E(R_i)$	$[R_i - E(R_i)]^2$	P_i	$[R_i - E(R_i)]^2 P_i$
0.08	0.103	−0.023	0.000 5	0.35	0.000 185
0.10	0.103	−0.003	0	0.30	0.000 003
0.12	0.103	0.017	0.000 3	0.20	0.000 058
0.14	0.103	0.037	0.001 4	0.15	0.000 205
					0.000 451

方差＝ σ^2 ＝0.000 451
标准差＝ σ ＝0.021 237＝2.123 7%

6.2.4　投资组合收益率的方差（标准差）

在我们讨论投资组合收益率方差的公式之前，必须了解统计学中的两个基本概念，**协方差和相关系数**。

收益率的协方差　协方差是衡量两个变量相对于各自均值的协同变化程度的指标。在投资组合分析中，我们通常关注收益率而非价格或其他变量的协方差。[①] 正协方差意味着在同一时期内，两项投资的收益率相对于各自的均值趋于同向变化。相反，负协方差表明，在同一时期内，两项投资的收益率相对于各自的均值趋于反向变化。协方差的大小取决于各收益率序列的方差，以及收益率序列之间的关系。

图表 6-4 包含美国股票（用标准普尔 500 股票市场指数衡量）和美国债券（用巴克莱资本美国综合债券指数衡量）的月收益率。两个指数均为总收益率指数；也就是说，如第 4 章所述，股票指数包括支付的股利，债券指数包括应计利息。我们使用每个指数的月

---

① 当然，我们可以用多种方式衡量收益率，具体取决于资产类型。您应该记得，我们在第 1 章中将收益率（ R_i ）定义为：

$$R_i = \frac{\text{EV} - \text{BV} + \text{CF}}{\text{BV}}$$

其中，EV 为期末价值，BV 为期初价值，CF 为当期现金流。

末值计算每个月的指数变化率，它等于 2016 年的月收益率。图表 6-5 和图表 6-6 为这些月收益率的时间序列折线图。尽管这两种资产的收益率在某些月份同向变化，但在另一些月份却反向变化。协方差是它们随时间协同变化的绝对指标。

我们将资产 i 和资产 j 的收益率协方差定义为：

$$\mathrm{Cov}_{ij} = E\{[R_i - E(R_i)][R_j - E(R_j)]\} \tag{6.4}$$

图表 6-4   2016 年美国股票和债券的月收益率列表

2016 年	标准普尔 500 股票市场指数	巴克莱资本美国综合债券指数
1 月	−4.96	1.38
2 月	−0.14	0.71
3 月	6.78	0.92
4 月	0.39	0.38
5 月	1.79	0.03
6 月	0.26	1.80
7 月	3.68	0.63
8 月	0.14	−0.11
9 月	0.02	−0.06
10 月	−1.82	−0.76
11 月	3.70	−2.37
12 月	1.97	0.14
均值 $E(R)$	0.98	0.22

资料来源：标准普尔和巴克莱资本。

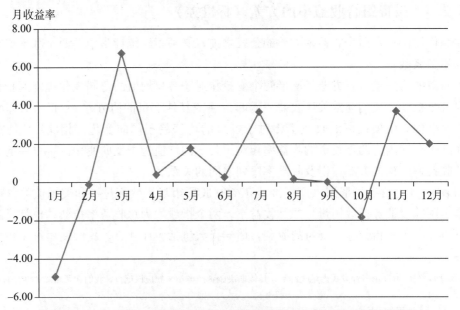

图表 6-5   2016 年标准普尔 500 股票市场指数的月收益率时间序列折线图

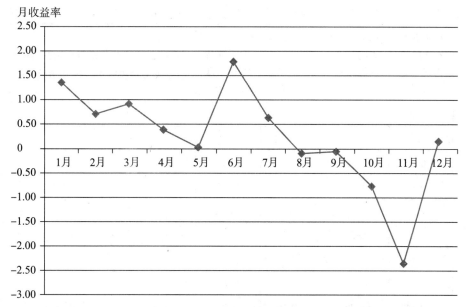

图表 6-6　2016 年巴克莱资本美国综合债券指数的月收益率时间序列折线图

当我们将这个公式应用于 2016 年标准普尔 500 股票市场指数和国债指数的月收益率时，它变为：

$$\frac{1}{11}\sum_{i=1}^{12}[R_i-\bar{R}_i][R_j-\bar{R}_j]$$

请注意，当我们将式（6.4）应用于实际样本数据时，我们使用样本均值（$\bar{R}$）作为预期收益率的估计值，并将值除以（$n-1$）而不是除以 n，以避免统计偏差。

可以看出，如果一种资产在给定时期内的收益率高于（低于）其平均收益率（$\bar{R}$），而另一种资产在同期的收益率同样高于（低于）其平均收益率，则这些与均值的离差之积为正。如果这种情况持续发生，则这两种资产之间的收益率协方差将为正值。但是，如果其中一种资产的收益率高于其平均收益率，而另一种资产的收益率低于其平均收益率，则乘积将为负。如果这种反向变化持续发生，那么两种资产的收益率协方差将是很大的负值。

图表 6-7 包括图表 6-4 中包含的 2016 年月收益率。由于资产本身的性质不同，因此人们可能预期这两个资产指数的收益率协方差相当低。月收益率的算术平均值为：

$$\bar{R}_i=\frac{1}{12}\sum_{i=1}^{12}R_{it}=0.98（股票）$$

和

$$\bar{R}_j=\frac{1}{12}\sum_{j=1}^{12}R_{jt}=0.22（债券）$$

标准普尔 500 股票市场指数的平均月收益率为 0.98%，巴克莱资本美国综合债券指数的平均月收益率为 0.22%。图表 6-7 中的结果表明，这两种资产的收益率协方差为：

$$\text{Cov}_{ij}=\frac{1}{11}\times(-7.45)$$

$$=-0.68$$

图表 6 - 7　计算 2016 年标准普尔 500 股票市场指数和巴克莱资本美国综合债券指数的收益率方差

2016 年	标准普尔 500 股票市场指数 (R_i)	巴克莱资本美国综合债券指数 (R_j)	标准普尔 500 股票市场指数 $(R_i - \bar{R}_i)$	巴克莱资本美国综合债券指数 $(R_j - \bar{R}_j)$	[标准普尔 500 股票市场指数 $(R_i - \bar{R}_i)$ × 巴克莱资本美国综合债券指数 $(R_j - \bar{R}_j)$]
1 月	−4.96	1.38	−5.95	1.15	−6.85
2 月	−0.14	0.71	−1.12	0.49	−0.55
3 月	6.78	0.92	5.80	0.69	4.02
4 月	0.39	0.38	−0.60	0.16	−0.10
5 月	1.79	0.03	0.81	−0.20	−0.16
6 月	0.26	1.80	−0.73	1.57	−1.14
7 月	3.68	0.63	2.70	0.41	1.10
8 月	0.14	−0.11	−0.84	−0.34	0.28
9 月	0.02	−0.06	−0.97	−0.28	0.27
10 月	−1.82	−0.76	−2.81	−0.99	2.77
11 月	3.70	−2.37	2.71	−2.59	−7.03
12 月	1.97	0.14	0.99	−0.08	−0.08
均值	0.98	0.22			总计 = −7.45
$\mathrm{Cov}_{ij} = -7.45/11 = -0.68$					

像 −0.68 这种数字很难解释。这个值对于协方差来说是高还是低？我们知道这两种资产之间显然是负相关的，但不可能得出更具体的结论。图表 6 - 8 是一张散点图，其中 R_{it} 和 R_{jt} 的值互为一对。该图显示了这种关系的线性和强度。毫不意外，2016 年它们的关系略为负值，因为在这 12 个月中的 7 个月，这两种资产彼此呈反向变化，如图表 6 - 7 所示。因此，整体协方差肯定为负值。

协方差和相关系数　协方差受两个收益率指数的变异性的影响。因此，如果两个指数的波动性较大，我们的例子中 −0.68 这样的数字可能表示弱负相关，但如果两个指数相对稳定，则该数字表示强负相关。显然，我们希望通过考虑两个收益率指数的变异性来标准化该协方差指标，如下所示：

$$r_{ij} = \frac{\mathrm{Cov}_{ij}}{\sigma_i \sigma_j} \tag{6.5}$$

其中：

　　r_{ij} = 收益率的相关系数；

　　σ_i = R_{it} 的标准差；

　　σ_j = R_{jt} 的标准差。

通过计算各标准差的乘积对协方差进行标准化，可以得出相关系数 r_{ij}，该系数只能在 −1 和 +1 的范围内变化。值为 +1 表示 R_i 和 R_j 之间存在完全正线性关系，这意味着

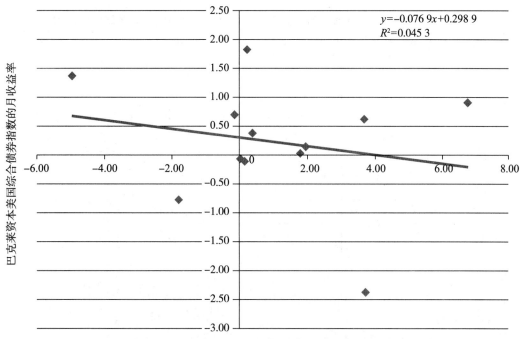

图表 6-8　2016 年标准普尔 500 股票市场指数和巴克莱资本美国综合债券指数的月收益率散点图

两种资产的收益率以完全线性方式协同变化。值为 -1 表示两个收益率指数之间存在完全负相关关系，因此当一种资产的收益率高于其均值时，另一种资产的收益率将按相同比例低于其均值。

为了计算这种关系的标准化指标，我们需要计算两个收益率指数的标准差。图表 6-7 中已经给出了 $R_{it}-\bar{R}_i$ 和 $R_{jt}-\bar{R}_j$ 的值。我们可以取每个值的平方并将它们相加，如图表 6-9 所示，以计算每个收益率系列的方差；同样，我们将除以 $n-1$ 以避免统计偏差：

$$\sigma_i^2=\frac{1}{11}\times96.90=8.81$$

和

$$\sigma_j^2=\frac{1}{11}\times12.63=1.15$$

图表 6-9　计算 2016 年标准普尔 500 股票市场指数和巴克莱资本美国综合债券指数的月收益率标准差

2016 年	标准普尔 500 股票市场指数		巴克莱资本美国综合债券指数	
	$R_i-\bar{R}_i$	$(R_i-\bar{R}_i)^2$	$R_j-\bar{R}_j$	$(R_j-\bar{R}_j)^2$
1 月	-5.95	35.36	1.15	1.33
2 月	-1.12	1.26	0.49	0.24
3 月	5.80	33.59	0.69	0.48

续表

2016 年	标准普尔 500 股票市场指数		巴克莱资本美国综合债券指数	
	$R_i - \bar{R}_i$	$(R_i - \bar{R}_i)^2$	$R_j - \bar{R}_j$	$(R_j - \bar{R}_j)^2$
4 月	−0.60	0.35	0.16	0.03
5 月	0.81	0.65	−0.20	0.04
6 月	−0.73	0.53	1.57	2.48
7 月	2.70	7.29	0.41	0.17
8 月	−0.84	0.71	−0.34	0.11
9 月	−0.97	0.93	−0.28	0.08
10 月	−2.81	7.88	−0.99	0.98
11 月	2.71	7.37	−2.59	6.70
12 月	0.99	0.97	−0.08	0.01
		总计＝96.90		总计＝12.63
$\sigma_i^2 = \dfrac{96.90}{11} = 8.81$ $\sigma_i = \sqrt{8.81} = 2.97$			$\sigma_j^2 = \dfrac{12.63}{11} = 1.15$ $\sigma_j = \sqrt{1.15} = 1.07$	

每个指数的标准差都是该指数方差的平方根，如下所示：

$$\sigma_i = \sqrt{8.81} = 2.97$$

$$\sigma_j = \sqrt{1.15} = 1.07$$

正如人们所料，股票指数比债券指数的波动性更大。因此，根据两个指数之间的协方差和标准差，我们可以计算出 2016 年普通股收益率和国债收益率之间的相关系数：

$$r_{ij} = \frac{\text{Cov}_{ij}}{\sigma_i \sigma_j} = \frac{-0.68}{2.97 \times 1.07} = \frac{-0.68}{3.18} = -0.213$$

显然，该式还表明：

$$\text{Cov}_{ij} = r_{ij}\sigma_i\sigma_j = (-0.213) \times 2.97 \times 1.07 = -0.68$$

如前所述，相关系数为＋1.0 表示收益率完全正相关，相关系数为−1.0 表示收益率完全负相关。相关系数为零表示收益率之间没有线性关系，也就是说，它们在统计上是不相关的。这并不意味着它们是独立的。$r_{ij} = -0.213$ 的值明显有别于零。在短期（例如一年）内，这种显著负相关系数对于股票与债券并不罕见。

6.2.5 投资组合的标准差

投资组合的标准差公式　我们已经讨论了协方差和相关系数的概念，现在我们可以来考察计算投资组合收益率标准差的公式，即投资组合的风险指标。在图表 6-2 中，我们表明投资组合的预期收益率是投资组合中各项资产的预期收益率的加权平均值；权重是投资组合中各项资产价值所占的百分比。人们可能会假设，有可能以相同方式推导出投资组合的标准差，即计算单项资产的标准差的加权平均值。这是错的。马科维茨（1959）推导出了投资组合标准差的一般公式，如下所示：

$$\sigma_{\text{port}} = \sqrt{\sum_{i=1}^{n} w_i^2 \sigma_i^2 + \sum_{\substack{i=1 \\ i \neq j}}^{n} \sum_{j=1}^{n} w_i w_j \, \text{Cov}_{ij}} = \sqrt{\sum_{i=1}^{n} w_i^2 \sigma_i^2 + \sum_{\substack{i=1 \\ i \neq j}}^{n} \sum_{j=1}^{n} w_i w_j \sigma_i \sigma_j r_{ij}}$$

$$(6.6)$$

其中：

　　σ_{port} ＝投资组合的标准差；

　　w_i ＝投资组合中单项资产的权重，该权重由该资产价值占投资组合价值的比例决定；

　　σ_i^2 ＝资产 i 的收益率方差；

　　Cov_{ij} ＝资产 i 和资产 j 的收益率协方差，$\text{Cov}_{ij} = \sigma_i \sigma_j r_{ij}$。

　　该式表明，投资组合的标准差是各方差的加权平均值（对权重取平方）加上投资组合中所有资产之间的加权协方差的函数。非常重要的一点是，投资组合的标准差公式中不仅包括各项资产的方差，还包括投资组合中所有资产对的协方差。此外，还可以证明，在包含大量证券的投资组合中，该式可简化为加权协方差之和。

　　投资组合中新证券的影响　尽管在以下大部分讨论中，我们都将考虑只有两项资产的投资组合（因为这样有可能显示出两方面的影响），但我们还将说明如何对包含三项资产的投资组合进行计算。尽管如此，但此时重要的是考虑包含许多资产的大型投资组合的情况。具体而言，当我们向这种投资组合中添加新证券时，投资组合的标准差将发生什么变化？正如式（6.6）所示，我们看到了两种影响：第一种影响来自资产自身的收益率方差，第二种影响来自该新资产的收益率与投资组合中其他每种已有资产的收益率之间的协方差。这些众多协方差的相对权重远大于该资产的收益率方差的权重；投资组合中的资产越多，这种情况就越明显。这意味着向包含许多其他资产的投资组合中添加资产时，要考虑的重要因素不是新资产自身的方差，而是该资产与投资组合中其他所有资产的平均协方差。

　　投资组合标准差的计算　由于在建立马科维茨投资组合模型时使用的假设，任何投资或投资组合都可以用两个特征来描述：预期收益率和收益率的标准差。因此，以下论述适用于具有所示收益率-标准差特征和相关系数的两项资产、两个投资组合或两个资产类别。

　　相等的风险和收益率——相关性变化　首先考虑两项资产具有相同的预期收益率和预期收益率标准差的情况。例如，让我们假设：

$$E(R_1) = 0.20, E(\sigma_1) = 0.10$$
$$E(R_2) = 0.20, E(\sigma_2) = 0.10$$

　　为了说明不同协方差的影响，我们假设两项资产之间的相关系数不同。我们还假设这两项资产在投资组合中具有相同权重（$w_1 = 0.50$；$w_2 = 0.50$）。因此，每个例子中唯一变化的值是两项资产收益率之间的相关系数。

　　现在考虑以下五个相关系数以及据此得出的协方差。由于 $\text{Cov}_{ij} = r_{ij} \sigma_i \sigma_j$，因此协方差等于 $r_{1,2} \times 0.10 \times 0.10$，因为两项资产的标准差都是 0.10。

　　a. 对于 $r_{1,2} = 1.00$，$\text{Cov}_{1,2} = 1.00 \times 0.10 \times 0.10 = 0.01$；

　　b. 对于 $r_{1,2} = 0.50$，$\text{Cov}_{1,2} = 0.50 \times 0.10 \times 0.10 = 0.005$；

　　c. 对于 $r_{1,2} = 0$，$\text{Cov}_{1,2} = 0 \times 0.10 \times 0.10 = 0$；

d. 对于 $r_{1,2}=-0.50$，$\text{Cov}_{1,2}=(-0.50)\times0.10\times0.10=-0.005$；

e. 对于 $r_{1,2}=-1.00$，$\text{Cov}_{1,2}=(-1.00)\times0.10\times0.10=-0.01$。

现在让我们看看在这五个条件下投资组合的标准差会发生什么变化。

当我们将式（6.6）中的一般投资组合公式应用于两项资产构成的投资组合时，我们得到：

$$\sigma_{\text{port}}=\sqrt{w_1^2\sigma_1^2+w_2^2\sigma_2^2+2w_1w_2r_{1,2}\sigma_1\sigma_2} \tag{6.7}$$

或

$$\sigma_{\text{port}}=\sqrt{w_1^2\sigma_1^2+w_2^2\sigma_2^2+2w_1w_2\,\text{Cov}_{1,2}}$$

因此，在情形 a 下：

$$\begin{aligned}\sigma_{\text{port(a)}}&=\sqrt{0.5^2\times0.10^2+0.5^2\times0.10^2+2\times0.5\times0.5\times0.01}\\&=\sqrt{0.25\times0.01+0.25\times0.01+2\times0.25\times0.01}\\&=\sqrt{0.002\,5+0.002\,5+0.005}\\&=\sqrt{0.01}=0.10\end{aligned}$$

在这种情形下，两项资产的收益率完全正相关，投资组合的标准差实际上是这两项资产各自标准差的加权平均值。重要的一点是，我们无法从组合完全相关的两项资产中真正获益；这就像拥有双份相同的资产，因为它们的收益率完全协同变化。现在考虑情形 b，其中 $r_{1,2}$ 等于 0.50：

$$\begin{aligned}\sigma_{\text{port(b)}}&=\sqrt{0.5^2\times0.10^2+0.5^2\times0.10^2+2\times0.5\times0.5\times0.005}\\&=\sqrt{0.002\,5+0.002\,5+2\times0.25\times0.005}\\&=\sqrt{0.007\,5}=0.086\,6\end{aligned}$$

与情形 a 不同的唯一一项是最后一项，Cov_{ij}，它从 0.01 变为 0.005。结果，投资组合的标准差下降了约 13%，从 0.10 降至 0.086 6。请注意，投资组合的预期收益率没有变化，因为它只是投资组合中各项资产预期收益率的加权平均值；在这两种情形下，它都等于 0.20。

这个简单例子说明了**分散化**的概念，即投资组合的风险（8.66%）低于投资组合中持有的任何一项资产的风险（每项资产的风险均为 10%）。只要投资组合中的资产并非完全正相关（即，只要 $r_{1,2}<+1$），就会产生一定程度的降低风险的好处。在这种情形下，分散化是有效的，因为在投资期间，一项资产的负收益率将被另一项资产的正收益率抵消，从而降低了整体投资组合收益率的变异性。

您应该能通过自己的计算确认投资组合 c 和投资组合 d 的标准差分别为 0.070 7 和 0.050。在最后一种情形中，两项资产之间的相关系数为 -1.00，表明分散化的最终收益为：

$$\begin{aligned}\sigma_{\text{port(e)}}&=\sqrt{0.5^2\times0.10^2+0.5^2\times0.10^2+2\times0.5\times0.5\times(-0.01)}\\&=\sqrt{0.005\,0+(-0.005\,0)}\\&=\sqrt{0}=0\end{aligned}$$

在这里，负协方差项正好抵消了投资组合中各项资产的方差项，从而使投资组合的总体标准差为零。这将是无风险投资组合，意味着在投资期内两项资产的平均组合收益率将是固定值（即没有变化）。因此，一对完全负相关的资产通过完全消除投资组合的波动性，最大限度地提供了分散化的好处。

图表 6-10 显示了五种情形下的风险-收益状况差异。如前所述,相关系数变化的唯一影响是该投资组合的标准差变化。将不完全相关的资产组合起来不会影响投资组合的预期收益率,但确实会降低投资组合的风险(以标准差衡量)。当我们最终实现完全负相关的终极组合时,风险就被消除了。

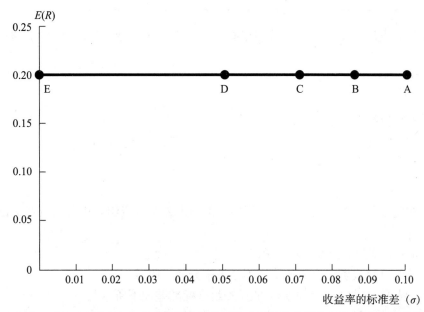

图表 6-10　收益率和标准差相同但相关系数不同的投资组合的风险-收益折线图

组合具有不同收益率和风险的股票　我们已经看到,当资产之间只有相关系数(协方差)不同时会发生什么。现在,我们将考虑具有不同预期收益率和标准差的两项资产(或投资组合)。[①] 我们将说明改变它们之间的相关系数时会发生什么。我们假设这两项资产具有以下特征:

资产	$E(R_i)$	w_i	σ_i^2	σ_i
1	0.10	0.50	0.004 9	0.07
2	0.20	0.50	0.010 0	0.10

我们将使用之前的一组相关系数,但我们必须重新计算协方差,因为这次资产的标准差不同。结果如下:

情形	相关系数($r_{1,2}$)	σ_1	σ_2	协方差($r_{1,2}\sigma_1\sigma_2$)
a	+1.00	0.07	0.10	0.007 0
b	+0.50	0.07	0.10	0.003 5

----

① 如前所述,这可能是两个资产类别。例如,资产 1 可能是低收益率/低风险债券,资产 2 可能是高收益率/高风险股票。

续表

情形	相关系数（$r_{1,2}$）	σ_1	σ_2	协方差（$r_{1,2}\sigma_1\sigma_2$）
c	0	0.07	0.10	0
d	-0.50	0.07	0.10	$-0.003\ 5$
e	-1.00	0.07	0.10	$-0.007\ 0$

因为我们假设所有情形下的权重都相同（0.50-0.50），所以每种情形下的预期收益率都将为：

$$E(R_{\text{port}})=0.50\times0.10+0.50\times0.20$$
$$=0.15$$

情形 a 的投资组合标准差为：

$$\sigma_{\text{port(a)}}=\sqrt{0.5^2\times0.07^2+0.5^2\times0.10^2+2\times0.5\times0.5\times0.007\ 0}$$
$$=\sqrt{0.007\ 225}$$
$$=0.008\ 5$$

同样，在完全正相关的情况下，投资组合的标准差是投资组合中各项资产标准差的加权平均值：

$$0.5\times0.07+0.5\times0.10=0.085$$

这意味着组合该投资组合中的资产不会带来分散化收益。

情形 b、情形 c、情形 d 和情形 e 的投资组合标准差如下所示[1]：

$$\sigma_{\text{port(b)}}=\sqrt{0.001\ 225+0.002\ 5+0.5\times0.003\ 5}$$
$$=\sqrt{0.005\ 475}$$
$$=0.073\ 99$$

$$\sigma_{\text{port(c)}}=\sqrt{0.001\ 225+0.002\ 5+0.5\times0}$$
$$=0.061\ 0$$

$$\sigma_{\text{port(d)}}=\sqrt{0.001\ 225+0.002\ 5+0.5\times(-0.003\ 5)}$$
$$=0.044\ 4$$

$$\sigma_{\text{port(e)}}=\sqrt{0.003\ 725+0.5\times(-0.007\ 0)}$$
$$=0.015$$

请注意，在本例中，资产完全负相关的投资组合的标准差不为零。这是因为不同情形的权重相等，但资产标准差并不相等。[2]

图表 6-11 显示了假设相关系数的变化如情形 a 至情形 e 所示时，两项资产和两项资产构成的投资组合的结果。和之前一样，预期收益率不会变化，因为每项资产的权重始终等于 0.50，因此所有投资组合都位于收益率 $R=0.15$ 处的水平线上。

权重变化时保持相关系数不变　如果我们在保持相关系数不变的情况下改变两项资产

---

[1]　在以下所有示例中，我们将跳过一些步骤，因为现在您知道只有最后一项有变化。我们鼓励您按步骤进行计算，以确保您理解计算过程。

[2]　本章的两个附录给出了等权重且等方差情况的证明，并解出了标准差不等时得出零标准差所需的适当权重。

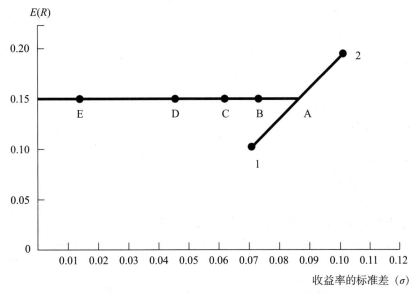

图表 6 - 11　不同收益率、标准差和相关系数的投资组合的风险-收益折线图

的权重，我们将得出一系列组合，这些组合从资产 2 开始，经过点 0.50 - 0.50，到资产 1 结束，形成一个椭圆。我们可以用情形 c 说明这一点，这种情形下相关系数为零，因此简化了计算。我们从资产 2（情形 f）占 100% 开始，并按以下方式改变权重，直至资产 1（情形 l）占 100% 结束：

情形	w_1	w_2	$E(R_i)$
f	0	1.00	0.20
g	0.20	0.80	0.18
h	0.40	0.60	0.16
i	0.50	0.50	0.15
j	0.60	0.40	0.14
k	0.80	0.20	0.12
l	1.00	0	0.10

我们已知投资组合 f 和投资组合 l（只有一项资产）以及投资组合 i 的标准差（σ）。在情形 g、情形 h、情形 j 和情形 k 中，标准差分别为[1]：

$$\sigma_{\text{port(g)}}=\sqrt{0.20^2\times0.07^2+0.80^2\times0.10^2+2\times0.20\times0.80\times0}$$

$$=\sqrt{0.04\times0.004\,9+0.64\times0.01+0}$$

$$=\sqrt{0.006\,596}$$

$$=0.081\,2$$

---

[1]　这里仍然鼓励您补完我们在计算中跳过的步骤。

$$\sigma_{\text{port(h)}} = \sqrt{0.40^2 \times 0.07^2 + 0.60^2 \times 0.10^2 + 2 \times 0.40 \times 0.60 \times 0}$$
$$= \sqrt{0.004\,384}$$
$$= 0.066\,2$$

$$\sigma_{\text{port(j)}} = \sqrt{0.60^2 \times 0.07^2 + 0.40^2 \times 0.10^2 + 2 \times 0.60 \times 0.40 \times 0}$$
$$= \sqrt{0.003\,364}$$
$$= 0.058\,0$$

$$\sigma_{\text{port(k)}} = \sqrt{0.80^2 \times 0.07^2 + 0.20^2 \times 0.10^2 + 2 \times 0.80 \times 0.20 \times 0}$$
$$= \sqrt{0.003\,536}$$
$$= 0.059\,5$$

根据固定相关系数下的不同权重，将得到以下风险-收益组合：

情形	w_1	w_2	$E(R_i)$	σ_{port}
f	0	1.00	0.20	0.100 0
g	0.20	0.80	0.18	0.081 2
h	0.40	0.60	0.16	0.066 2
i	0.50	0.50	0.15	0.061 0
j	0.60	0.40	0.14	0.058 0
k	0.80	0.20	0.12	0.059 5
l	1.00	0	0.10	0.070 0

图表 6-12 显示了这些组合的图形。我们只需通过每次小幅改变权重就能推导出完整的曲线。

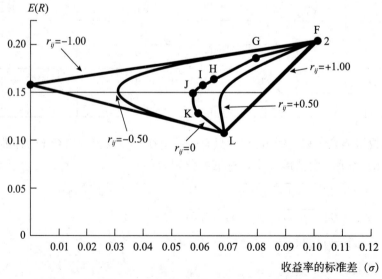

图表 6-12 当 $r_{ij} = +1.00$、$+0.50$、0、-0.50 和 -1.00 时
不同权重下的投资组合风险-收益折线图

一个明显的结果是，在低相关、零相关或负相关的情况下，有可能得出风险低于其中任何一项资产的投资组合。在 $r_{ij}=0$ 的例子中，这发生在情形 h、情形 i、情形 j 和情形 k 中。正如我们之前所看到的，这种降低风险的能力是分散化的本质。

正如图表 6-12 所示，假设风险-收益关系正常，即高风险（收益率的标准差较大）资产提供高收益率，那么假设两项资产之间的相关性相当低，保守投资者就有可能通过对高风险-高收益资产进行分散化同时获得更低的风险和更高的收益率。图表 6-12 显示，在我们使用零相关系数的情况下，L 点上的低风险投资者——他们将获得 10% 的收益率和 7% 的风险——可以通过投资于投资组合 j，将 40% 的投资组合投资（分散化）于风险较高的资产 2，使其收益率提高到 14%，并将风险降低到 5.8%。如上所述，分散化的好处关键取决于资产之间的相关性。该图表显示，当相关系数为 +0.50 时，分散化仍会带来一些好处。

图表 6-12 还显示，图中的曲率取决于两项资产或两个投资组合之间的相关性。当 $r_{ij}=+1.00$ 时，组合位于两项资产之间的一条直线上。当 $r_{ij}=+0.50$ 时，曲线位于 $r_{ij}=0$ 曲线的右侧；当 $r_{ij}=-0.50$ 时，曲线位于 $r_{ij}=0$ 曲线的左侧。最后，当 $r_{ij}=-1.00$ 时，其图形将是两条直线，它们将在垂直线（零风险）上的某个组合相交。正如附录 6B 所示，我们可以求解令投资组合风险为零的权重集。在本例中，它是 $w_1=0.412$ 和 $w_2=0.588$，这意味着 $E(R)$ 为 0.158 8。

6.2.6　三资产投资组合

说明三资产投资组合的情况是有用的，因为它显示了添加资产时投资组合的动态形成过程。它还显示了所需计算量的快速增长，这就是我们将止步于三资产投资组合的原因！

在这个例子中，我们将结合我们一直在讨论的三种资产类别：股票、债券和现金等价物。我们将假设以下特征：

资产类别	$E(R_i)$	σ_i	w_i
股票（S）	0.12	0.20	0.60
债券（B）	0.08	0.10	0.30
现金等价物（C）	0.04	0.03	0.10

相关系数为：

$r_{S,B}=0.25$；$r_{S,C}=-0.08$；$r_{B,C}=0.15$

根据规定的权重，$E(R_{port})$ 为：

$$E(R_{port})=0.60\times0.12+0.30\times0.08+0.10\times0.04$$
$$=0.072+0.024+0.004=0.100=10.00\%$$

当我们用式（6.6）中的一般公式计算三资产投资组合的预期标准差时，它为：

$$\sigma_{port}^2=(w_S^2\sigma_S^2+w_B^2\sigma_B^2+w_C^2\sigma_C^2)$$
$$+(2w_Sw_B\sigma_S\sigma_B\sigma_{S,B}+2w_Sw_C\sigma_S\sigma_C\sigma_{S,C}$$
$$+2w_Bw_C\sigma_B\sigma_C\sigma_{B,C}) \tag{6.8}$$

根据规定的特征，该三资产投资组合的标准差（σ_{port}）为：

$$\sigma_{port}^2=[0.60^2\times0.20^2+0.30^2\times0.10^2+0.10^2\times0.03^2]$$

$$+\{(2\times0.60\times0.30\times0.20\times0.10\times0.25)+[2\times0.60\times0.10\times0.20\times0.03\times(-0.08)]$$
$$+(2\times0.30\times0.10\times0.10\times0.03\times0.15)\}$$
$$=0.015\,309+0.001\,8+(-0.000\,057\,6)+0.000\,027$$
$$=0.017\,078\,4$$

$$\sigma_{port}=\sqrt{0.017\,078\,4}=0.130\,7=13.07\%$$

6.2.7 估计问题

重要的是记住，该投资组合资产配置的结果取决于统计数据的准确性。在当前的例子中，这意味着对于投资组合中的每项资产（或资产类别），我们都必须估计其预期收益率和标准差。我们还必须估计投资组合中所有资产之间的相关系数。相关系数的估计值可能很多——例如，对于包含 100 只证券的投资组合，相关系数估计值将有 4 950 个（即 99+98+97+…）。这些近似值可能产生的误差来源被称为估计风险。

我们假设可以用每只股票与相同市场指数的关系来描述股票收益率——单一指数市场模型——从而减少必须估计的相关系数数量，如下所示：

$$R_i=a_i+b_iR_m+\varepsilon_i \tag{6.9}$$

其中：

b_i＝证券 i 收益率与总体市场指数收益率的关系式的斜率；

R_m＝总体市场指数的收益率。

如果所有证券与市场都存在类似关系，并对每只证券都推导出一个斜率 b_i，则可以证明证券 i 和证券 j 的相关系数为：

$$r_{ij}=b_ib_j\frac{\sigma_m^2}{\sigma_i\sigma_j} \tag{6.10}$$

其中：σ_m^2＝总体市场收益率的方差。

这将估计值的数量从 4 950 个减少到 100 个，也就是说，一旦我们得出了每只证券的斜率估计值 b_i，我们就可以计算出相关系数的估计值。值得注意的是，这假设单一指数市场模型提供了对证券收益率的准确估计。

6.3 有效边界

投资者将可用资产组成投资组合的最优方式是什么？也就是说，投资者应该如何为所有可能持有的资产选择投资权重，从而尽可能以最优方式实现其预期收益率目标？由于我们知道投资者厌恶风险，因此"最佳"（即最优）投资组合可以定义为能产生特定预期收益率目标，同时最小化风险的投资组合。然而，对于每个不同的预期收益率目标，将有不同的风险最小化投资组合，而更高的预期收益率目标要求投资组合具有更高的风险水平。每个可能预期收益率目标的所有风险最小化投资组合被称为**有效边界**。具体而言，有效边界表示在每个给定风险水平下具有最大收益率或在每个收益率水平下具有最小风险的所有投资组合。

图表 6-13 举例说明了有效边界。每个位于有效边界上的投资组合要么在相同风险水

平下具有更高的收益率，要么在收益率相同时的风险低于落在有效边界以下的投资组合。因此，我们可以说图表 6 - 13 中的投资组合 A 优于投资组合 C，因为它具有相同的收益率，但风险低得多。同理，投资组合 B 优于投资组合 C，因为它具有相同的风险，但预期收益率更高。由于分散化投资对于不完全相关资产有好处，因此我们预期有效边界将由投资组合而不是单个证券组成。两个可能的例外出现在端点处，它们代表收益率最高的资产和风险最低的资产。

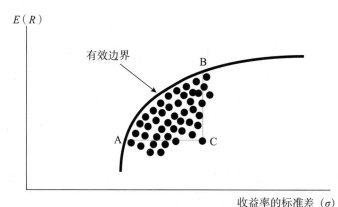

图表 6 - 13　不同投资组合的有效边界

计算投资权重 $\{w_i\}$——它定义了有效边界上的任何给定投资组合——并不是一个简单的过程。马科维茨（1952，1959）将投资者需要解决的这个基本问题定义为：

选择 $\{w_i\}$，使：

$$最小化\ \sigma_{\text{port}} = \sqrt{\sum_{i=1}^{n} w_i^2 \sigma_i^2 + \sum_{\substack{i=1 \\ i \neq j}}^{n} \sum_{j=1}^{n} w_i w_j \sigma_i \sigma_j r_{ij}} \tag{6.11}$$

符合以下条件：

(i) $E(R_{\text{port}}) = \sum w_i E(R_i) = R^*$；

(ii) $\sum w_i = 1.0$。

求解式（6.11）的一般方法被称为约束优化程序，因为投资者面临的任务是选择在"优化"目标（最小化投资组合风险）的同时满足投资过程中的两个限制（约束条件）的投资权重：(i) 投资组合必须产生至少与收益率目标 R^* 一样高的预期收益率；(ii) 所有投资权重之和必须为 1.0。根据式（6.11）构建投资组合的方法通常被称为**均值方差优化**，因为它要求投资者在给定预期（平均）收益率目标下将投资组合风险降至最低。

6.3.1　有效边界：一个例子

通过在不同的 R^* 水平下重复求解式（6.11）中的均值方差优化问题，可以创建任何投资组合的有效边界。原则上，这可以用于任何规模的投资组合，例如包含成百上千只股票的共同基金。然而，实际上，该过程在确定投资者的最优资产配置策略时效果最好，这时可能的资产类别数量较少（例如，3～12 种）。

下面我们将举一个实际有效边界的例子，请考虑五种不同资产类别——美国债券、全球（非美国）债券、美国股票、全球发达市场股票、新兴市场股票——的预期收益率、标准差和相关系数，使用截至 2016 年 4 月的 15 年期间的历史收益率数据：

资产类别	$E(R)$（%）	σ（%）
美国债券（USB）	2.11	3.51
全球债券（GB）	4.12	8.47
美国股票（USS）	8.08	15.14
全球发达市场股票（GS）	9.83	17.61
新兴市场股票（EMS）	11.05	23.00

相关系数：

$r_{USB,GB}=0.52$ $r_{GB,GS}=0.40$

$r_{USB,USS}=-0.05$ $r_{GB,EMS}=0.29$

$r_{USB,GS}=-0.03$ $r_{USS,GS}=0.85$

$r_{USB,EMS}=-0.05$ $r_{USS,EMS}=0.75$

$r_{GB,USS}=0.17$ $r_{GS,EMS}=0.87$

使用这五种资产类别的最优资产配置策略是什么？正如我们所见，这个问题的答案取决于投资者的理想预期收益率。图表 6-14 列出了投资组合的最优资产配置权重和风险水平，它们是式（6.11）在五个不同收益率目标——5%、6%、7%、8% 和 9%——下的解。基于这些均值方差最优资产配置的整个有效边界如图表 6-15 所示。

图表 6-14　2016 年 4 月五种资产类别的配置策略的最优权重（%）

最优投资组合		最优配置权重				
R^*	σ_{port}	USB	GB	USS	GS	EMS
5	6.8	48.0	15.2	16.2	17.9	2.6
6	8.8	26.4	25.6	21.3	22.7	3.9
7	10.9	4.9	36.0	26.5	27.5	5.2
8	13.1	0	26.7	22.0	44.7	6.6
9	15.5	0	11.7	14.7	65.5	8.1

资料来源：作者的计算结果。

从图表 6-14 中显示的最优配置权重中可以注意到，理想收益率目标更高的投资者将不得不承担更多的整体风险，这意味着他们的最优配置策略将不得不提高对风险更高的资产类别的投资比例。例如，从 $R^*=5\%$ 变为 $R^*=9\%$ 需要将总债券配置比例从 63.2%（=48.0%+15.2%）减至 11.7%（=0+11.7%），并将这些资金转移到股票上，使整体股票配置比例增加。不过，重要的一点是认识到，在任何给定的收益率目标下，都无法将这五种资产类别结合起来，以实现比这里显示的均值方差最优权重风险更低的资产配置策略。

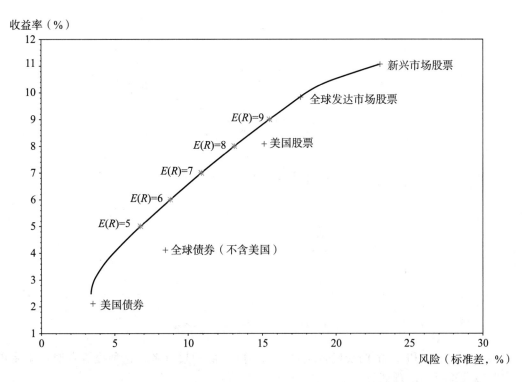

图表 6-15　2016 年 4 月五种资产类别的配置策略的有效边界

资料来源：西风咨询公司（Zephyr Associates，Inc.）。

6.3.2　有效边界和投资者效用

投资者应该选择有效边界上的哪个具体投资组合？这个决定将取决于投资者对其愿意承担的风险大小的态度。因此，投资者将根据自身的效用函数，在有效边界上选定反映自身风险态度的目标点。有效边界上的任何投资组合都不能优于有效边界上的其他任何投资组合。所有这些投资组合都有不同的收益率和风险指标，预期收益率随着风险的提高而增加。

图表 6-13 中的有效边界曲线表明，当沿着有效边界曲线向上移动时，有效边界曲线的斜率稳步下降。这意味着当沿着有效边界向上移动时，增加相等风险所增加的预期收益率递减。为了评估这种情况，我们将计算有效边界的斜率，如下所示：

$$\frac{\Delta E(R_{\text{port}})}{\Delta E(\sigma_{\text{port}})}$$

个人投资者的效用曲线说明了他（她）愿意在预期收益率和风险之间进行何种权衡。这些效用曲线与有效边界相结合，决定了有效边界上的哪个投资组合最适合某个投资者。只有当两个投资者的效用曲线相同时，他们才会从有效投资组合的集合中选择相同的投资组合。

图表 6-16 显示了两组效用曲线以及投资的有效边界。标有 U_1、U_2 和 U_3 的曲线代表强烈厌恶风险的投资者。这些效用曲线非常陡峭，表明投资者不会为了获得额外收益率而承受太多额外风险。特定效用曲线 U_1 上的任何 $[E(R)，\sigma]$ 组合对于投资者来说效用都相同。

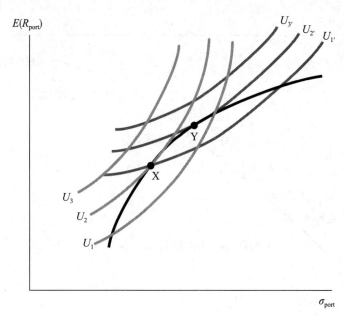

图表 6 - 16　选择最优风险投资组合

标有 $U_{1'}$、$U_{2'}$ 和 $U_{3'}$ 的曲线代表风险厌恶程度较低的投资者。这种投资者愿意承受更多风险以获得更高的预期收益率。

最优投资组合是对给定投资者具有最高效用的均值方差有效投资组合。它位于有效边界和具有最高可能效用的 U_1 曲线的切点。保守投资者的最高效用位于图表 6 - 16 中的 X 点，在该点上 U_2 曲线刚好触及有效边界。风险厌恶程度较低的投资者的最高效用出现在 Y 点，它表示有效边界上预期收益率和风险均高于 X 点上的投资组合。

6.4　资本市场理论：概述

资本市场理论直接建立在我们刚刚介绍的投资组合理论的基础上，它将马科维茨的有效边界理论扩展为所有风险资产的估值模型。正如我们将看到的，资本市场理论对于投资组合管理实践也具有重要意义。这种方法的建立在很大程度上取决于无风险资产的存在，而这又引出了**市场投资组合**，即所有可用风险资产的集合。

6.4.1　资本市场理论的背景

因为资本市场理论建立在马科维茨的投资组合理论之上，所以它需要做出相同的假设，此外还需要一些额外假设：

（1）所有投资者都希望投资于马科维茨有效边界上的切点所代表的投资组合。该切点的确切位置以及所选择的具体投资组合取决于投资者的风险-收益效用函数。

（2）投资者可以按无风险收益率借入或贷出任意金额的资金。（显然，投资者始终可以通过购买国库券等无风险证券以名义无风险利率贷出资金。在实践中，不可能每个人都能以该利率水平借入资金。）

（3）所有投资者的预期都是同质的；也就是说，他们估计未来收益率的概率分布相同。

（4）所有投资者均进行时长相同（例如一个月或一年）的单期投资。该模型是在单期投资假设下建立的模型，其结果可能会受到不同假设的影响，因为它要求投资者得出与其投资期一致的风险指标和无风险资产。

（5）所有投资都是无限可分的，因此可以买卖任何份额的资产或投资组合。该假设允许我们将不同投资选择视为连续曲线进行讨论。

（6）买卖资产不涉及税收或交易成本。在许多情况下，这是一个合理假设。养老基金和慈善基金会都不需要纳税，而大多数金融机构对大多数投资工具的交易成本都可以忽略不计。

（7）要么没有通货膨胀或利率变化，要么可以完全预期通货膨胀。这是一个合理且可以修改的初始假设。

（8）资本市场处于均衡状态。这意味着我们在开始分析时，所有投资的价格均与其风险水平相符。

其中部分假设看起来可能不切实际，但请记住两件事。首先，如前所述，放松这些假设对模型的影响很小，不会改变其主要含义或结论。其次，不应该根据假设来评判一个理论，而应该根据它在多大程度上能有效解释和帮助我们预测现实世界中的行为来评判它。如果这个理论和它引申出的模型能帮助我们解释许多不同种类风险资产的收益率，那么即使它的一些假设不切实际，它也是有用的。

6.4.2 绘制资本市场线

我们将**风险资产**定义为未来收益率不确定的资产，我们通过预期收益率的标准差来衡量这种不确定性。由于无风险资产的预期收益率是完全确定的，因此其预期收益率的标准差为零（$\sigma_{RF}=0$）。此类资产的收益率应为无风险收益率（RFR），正如我们在第 1 章中所讨论的，它应该等于经济的预期长期增长率针对短期流动性进行调整后的结果。现在，我们将说明把这种无风险资产引入马科维茨投资组合模型的风险环境时会发生什么。

与无风险资产的协方差 前面曾经提到，两组收益率之间的协方差为：

$$\text{Cov}_{ij}=\sum_{i=1}^{n}\left[R_i-E(R_i)\right]\left[R_j-E(R_j)\right]/n$$

暂时假设该式中的资产 i 是无风险资产。因为无风险资产的收益率在所有时期都是确定的（$\sigma_{RF}=0$），$R_i=E(R_i)$。因此，$R_i-E(R_i)$ 将等于 0，且该项与任何其他项的乘积都将等于 0。因此，无风险资产与任何风险资产或投资组合的协方差都将始终为零。同理，任何风险资产 i 与无风险资产 RF 之间的相关系数也为零。

无风险资产与风险资产组合的组合 当您将无风险资产与风险资产组合（例如位于马科维茨有效边界上的投资组合）组合起来时，预期收益率和收益率的标准差会发生什么变化？

预期收益率 与两项风险资产构成的投资组合的预期收益率一样，无风险资产与风险资产组合（这里称其为投资组合 M）组成的投资组合的预期收益率是两个收益率的加权平均值：

$$E(R_{\text{port}})=w_{RF}(\text{RFR})+(1-w_{RF})E(R_M)$$

其中：

w_{RF}＝投资组合中无风险资产的比例；

$E(R_M)$＝风险资产组合 M 的预期收益率。

标准差　请回忆式（6.6），两项资产构成的投资组合的方差为：

$$\sigma_{port}^2 = w_1^2\sigma_1^2 + w_2^2\sigma_2^2 + 2w_1 w_2 r_{1,2}\sigma_1\sigma_2$$

用无风险资产替换证券 1，用风险资产组合 M 替换证券 2，该式将变为：

$$\sigma_{port}^2 = w_{RF}^2\sigma_{RF}^2 + (1-w_{RF})^2\sigma_M^2 + 2w_{RF}(1-w_{RF})r_{RF,M}\sigma_{RF}\sigma_M$$

我们知道，无风险资产的方差为零，即 $\sigma_{RF}^2=0$，因此无风险资产与任何风险资产的相关系数也为零。进行这些调整时，方差公式变为：

$$\sigma_{port}^2 = (1-w_{RF})^2\sigma_M^2$$

标准差为：

$$\sigma_{port} = \sqrt{(1-w_{RF})^2\sigma_M^2}$$
$$= (1-w_{RF})\sigma_M$$

因此，无风险资产与风险资产组合组成的投资组合的标准差与风险资产组合的标准差呈线性比例关系。

风险-收益组合　根据这些结果，我们可以使用一些代数运算，推导出 $E(R_{port})$ 和 σ_{port} 之间的风险-收益关系：

$$E(R_{port}) = w_{RF}RFR + (1-w_{RF})E(R_M) + (RFR - RFR)$$
$$= RFR - (1-w_{RF})RFR + (1-w_{RF})E(R_M)$$
$$= RFR + (1-w_{RF})[E(R_M) - RFR]$$
$$= RFR + (1-w_{RF})(\sigma_M/\sigma_M)[E(R_M) - RFR]$$

因此：

$$E(R_{port}) = RFR + \sigma_{port}\left[\frac{E(R_M) - RFR}{\sigma_M}\right] \tag{6.12}$$

式（6.12）是资本市场理论的主要结果。该式可以这样解释：在无风险资产和风险资产组合 M 之间分配资金的投资者可以预期收益率等于无风险利率加上对他们接受的风险单位数量（σ_{port}）的补偿。

该结果与所有投资理论的基础概念是一致的，即投资者在资本市场中执行两个职能，并因此期望获得回报。第一，他们允许别人使用他们的资金，因此他们将获得无风险利率。第二，他们承担了无法获得承诺投资收益率的风险。$\dfrac{E(R_M) - RFR}{\sigma_M}$ 是单位风险的预期补偿，通常被称为投资者对单位风险的预期风险溢价。

资本市场线　式（6.12）中显示的风险-收益关系适用于无风险资产与任何风险资产组合的每种组合。然而，投资者显然希望最大化他们所承担风险的预期补偿（即他们希望最大化他们得到的风险溢价）。现在，假设投资组合 M 是恰好使该风险溢价最大化的唯一风险资产组合。在该假设下，投资组合 M 被称为市场投资组合。根据定义，它包含市场上的所有风险资产，并且和任何可得的风险资产组合相比，它将在单位风险下获得最高预期收益率（超过无风险利率）。在这些条件下，式（6.12）被称为**资本市场线**（capital market line，CML）。

图表 6-17 显示了无风险资产与马科维茨有效边界上的其他风险资产组合进行组合时的不同可能性。图中每条直线均代表某个风险资产组合与无风险资产的组合。例如，无风

险资产可以按不同权重与投资组合 A 组合，如直线 RFR-A 所示。这条线上的任何投资组合都优于其下方的投资组合，因为对于相同的风险水平，它有更高的预期收益率。同理，无风险资产和投资组合 A 的任何组合都差于无风险资产和投资组合 B 的某种组合。

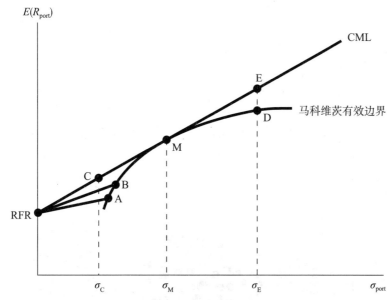

图表 6 - 17　有效边界上的无风险资产与风险资产组合的可能组合

您可以继续画出从 RFR 到斜率逐渐升高的有效边界上的投资组合的直线，直至到达切点上的投资组合 M。RFR－M 线上的可能投资组合集合——资本市场线——优于投资者的其他所有可行投资组合。例如，您可以将一半资产投资于无风险证券（即以无风险利率借出款项），将另一半资产投资于投资组合 M，得到点 C。请注意，在图表 6 - 17 中，您无法在相同风险水平（σ_C）下进行投资并实现更高的预期收益率。从这个意义上说，资本市场线表示一条新的有效边界，它结合了风险资产的马科维茨有效边界与投资于无风险证券的能力。资本市场线的斜率是 $\dfrac{E(R_M)-\text{RFR}}{\sigma_M}$，它是投资者在其承担的单位风险下可以预期的最大风险溢价补偿。

有杠杆情况下的风险-收益组合选择　投资者可能希望获得比 M 点——这表示 100%配置于投资组合 M——更高的预期收益率，代价是接受更高的风险。一种选择是投资于M 点以外的马科维茨有效边界上的风险资产组合之一，例如 D 点上的投资组合。另一种选择是以无风险利率借入款项并用借款投资于 M 点上的风险资产组合，从而给投资组合加杠杆；该点如 E 点所示。这会对您的投资组合的收益率和风险产生什么影响？

如果您以无风险利率借入等于初始财富 50%的资金，则 w_{RF} 将不是正分数，而是 $-50\%(w_{RF}=-0.50)$。对您的投资组合的预期收益率的影响是：

$$E(R_{port})=w_{RF}\text{RFR}+(1-w_{RF})E(R_M)$$
$$=-0.50\text{RFR}+[1-(-0.50)]E(R_M)$$
$$=-0.50\text{RFR}+1.50E(R_M)$$

收益率将沿着资本市场线以线性方式增加，因为总收益率增加了 50%，但您必须为借款支付利率为 RFR 的利息。如果 RFR＝0.06 且 $E(R_M)$＝0.12，那么您的杠杆投资组合的收益率将为：

$$E(R_{\text{port}})=-0.50\times0.06+1.5\times0.12$$
$$=-0.03+0.18$$
$$=0.15$$

对杠杆投资组合的标准差将产生类似影响：

$$\sigma_{\text{port}}=(1-w_{\text{RF}})\sigma_M$$
$$=[1-(-0.50)]\sigma_M=1.50\sigma_M$$

其中：σ_M＝投资组合 M 的标准差。

因此，如图表 6-18 所示，收益率和风险均沿着资本市场线线性增加。

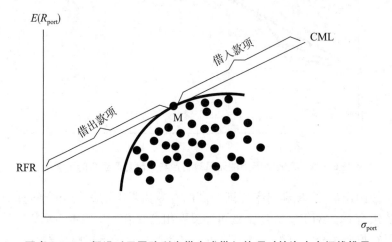

图表 6-18　假设以无风险利率借出或借入款项时的资本市场线推导

因为资本市场线是一条直线，所以这意味着资本市场线上的所有投资组合都是完全正相关的。之所以是这样，是因为资本市场线上的所有投资组合都是风险资产组合 M 和无风险资产的组合。您要么将部分资金投资于无风险资产（即以无风险利率借出资金），将其余资金投资于风险资产组合 M，要么以无风险利率借款，并将这些资金投资于风险资产组合。在任何一种情况下，所有波动性都来自风险资产组合 M。资本市场线上不同投资组合之间的唯一区别是波动性的大小，它是由风险资产组合在总投资组合中所占的比例导致的。

6.4.3　风险、分散化和市场投资组合

资本市场理论开出的投资处方很明确：投资者应该只投资于两种资产——无风险资产和风险资产组合 M——这两种资产的权重由投资者的风险承受能力决定。由于市场投资组合 M 对于所有投资者的特殊地位，它必须包含市场上存在的所有风险资产。这不仅包括美国普通股，还包括非美国股票、美国债券和非美国债券、房地产、私募股权、期权和期货合约、艺术品、古董等等。此外，在投资组合 M 中，这些资产在投资组合 M 中的权重应与其相对市场价值成比例。

由于市场投资组合包含所有风险资产，因此它是一个**完全分散化的投资组合**，这意味

着投资组合中单项资产特有的所有风险都被分散掉了。任何单项资产的特有风险（通常被称为**非系统性风险**）都被投资组合中其他所有资产的独特波动性完全抵消。这意味着只有**系统性风险**——定义为由市场变量导致的所有风险资产的波动性——仍然保留在投资组合M中。系统性风险可以用市场投资组合收益率的标准差来衡量，并且只要影响所有风险资产价值的基本经济力量发生变化（例如货币供应增长的波动性、利率波动性以及工业产值或公司利润的波动性），它就会发生变化。[①]

　　分散化和消除非系统性风险　如前所述，分散化的目的是降低总投资组合的标准差。这假设证券之间并非完全相关。在理想情况下，当您向投资组合中加入证券时，投资组合的平均协方差会下降。投资组合中必须包含多少只证券才能完全分散化？要得到答案，您必须通过加入具有正相关性的证券来增加投资组合的样本规模，并观察此时会发生什么。美国证券之间的典型相关系数在 0.20 和 0.60 之间。

　　一组研究分析了许多由随机选择的股票组成且样本规模不同的投资组合的平均标准差。埃文斯和阿彻（Evans and Archer，1968）以及托莱（Tole，1982）计算了规模逐渐增至 20 只股票的投资组合的标准差。结果表明，分散化的主要收益实现得相当快，约90％的最大分散化收益来自包含 12~18 只股票的投资组合。图表 6-19 给出了这种影响的典型示意图。

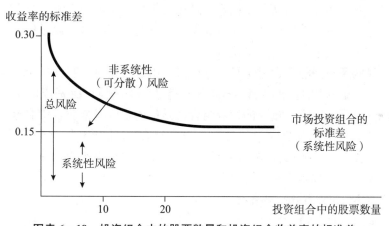

图表 6-19　投资组合中的股票数量和投资组合收益率的标准差

　　后来的研究改进了这个结论。斯塔特曼（Statman，1987）考察了分散化收益与增大投资组合规模产生的额外交易成本之间的权衡。他的结论是：充分分散化的投资组合必须至少包含 30~40 只股票。坎贝尔、莱陶、马尔基尔和徐（Campbell，Lettau，Malkiel and Xu，2001）证明，由于近年来个股总风险中的特有风险一直在增加，因此现在需要更多股票来分散化投资组合。例如，他们证明，在 20 世纪 60 年代仅需 20 只股票就可能实现的分散化水平到 20 世纪 90 年代后期将需要约 50 只股票。阿莱克谢耶夫和塔蓬（Alexeev and Tapon，2014）证实了该趋势，并用五个不同的发达市场说明，可能需要多达 70 只股票才能分散掉极端下行风险事件。

---

　　① 关于美国股票和债券的收益率标准差（波动性）变化的分析，请参见施沃特（Schwert，1989），伊奈兴（Ineichen，2000）以及洪、霍德里克、邢和张（Ang，Hodrick，Xing and Zhang，2006）的研究。

重要的一点是，通过在投资组合中加入与已持有股票不完全相关的新股票，可以降低投资组合的整体标准差，最终达到市场投资组合的水平。这时，将分散掉所有非系统性风险，但仍然有市场风险或系统性风险。投资者无法消除影响所有风险资产的宏观经济因素的波动性和不确定性。此外，与仅在美国国内分散化投资相比，投资者可以通过在全球范围内分散化投资实现更低的系统性风险，因为美国市场的某些系统性风险因素（例如美国货币政策）与其他国家（例如德国和日本）的系统性风险变量并不完全相关。

资本市场线和分离定理　资本市场线导致所有投资者投资于相同的风险资产组合 M。个人投资者的唯一区别是在资本市场线上的位置，这取决于他们的风险偏好。反过来，他们达到资本市场线上某点的方式是基于他们的融资决策。如果投资者相对厌恶风险，那么将购买一些无风险证券（以无风险利率借出投资组合中的部分资金），并将剩余部分投资于风险资产组成的市场投资组合（例如，图表 6 - 17 中的 C 点）。相反，如果投资者愿意承担更高风险，那么可以以无风险利率借入资金，并将所有资金（投资者的所有资本加上借款）投资于市场投资组合（图表 6 - 17 中的 E 点）。这种融资决策提供了比市场投资组合更高的风险和更高的预期收益率。由于资本市场线上的投资组合优于其他可能的投资组合，因此资本市场线成为投资组合的新有效边界，投资者希望他们位于这条有效边界上。托宾（Tobin，1958）将这种投资决策与融资决策的分割称为**分离定理**。具体而言，为了处于资本市场线有效边界上的某处，投资者最初决定投资于市场投资组合 M。这是投资者的投资决策。随后，投资者应根据风险偏好做出独立的融资决策，通过借入或借出款项达到投资者在资本市场线上偏好的风险位置。

资本市场线的风险指标　在讨论马科维茨投资组合模型时，我们指出，向投资组合中添加证券时，要考虑的相关风险是该证券与投资组合中其他所有资产的平均协方差。现在，资本市场理论证明，唯一重要的投资组合就是市场投资组合 M。综合来看，这意味着任何风险资产的唯一重要考虑因素就是它与投资组合 M 中所有风险资产的平均协方差，即该资产与市场投资组合的协方差。因此，该协方差是风险资产的相关风险指标。

由于所有风险资产都是市场投资组合的一部分，因此可以使用以下线性模型描述其收益率与投资组合 M 的收益率的关系：

$$R_{it} = a_i + b_i R_{Mt} + \varepsilon \tag{6.13}$$

其中：

R_{it}＝第 t 期资产 i 的收益率；

a_i＝资产 i 的常数项；

b_i＝资产 i 的斜率；

R_{Mt}＝第 t 期投资组合 M 的收益率；

ε＝随机误差项。

同理，风险资产的收益率方差可以描述为：

$$\begin{aligned} \mathrm{Var}(R_{it}) &= \mathrm{Var}(a_i + b_i R_{Mt} + \varepsilon) \\ &= \mathrm{Var}(a_i) + \mathrm{Var}(b_i R_{Mt}) + \mathrm{Var}(\varepsilon) \\ &= 0 + \mathrm{Var}(b_i R_{Mt}) + \mathrm{Var}(\varepsilon) \end{aligned} \tag{6.14}$$

请注意，$\mathrm{Var}(b_i R_{Mt})$ 是某项资产与市场收益率方差相关的收益率方差，即资产的系统性方差或系统性风险。此外，$\mathrm{Var}(\varepsilon)$ 是该资产与市场投资组合无关的剩余收益率方差。

这种剩余方差就是我们所说的非系统性风险或特有风险，因为它源于资产的独有特征。因此：

$$\mathrm{Var}(R_{i,t}) = 系统性方差 + 非系统性方差$$

我们知道，完全分散化的投资组合已经消除了所有非系统性方差。因此，只有系统性方差是重要的，因为它不能被分散掉。

6.4.4　利用资本市场线投资：一个例子

假设对当前资本市场状况做了大量研究之后，您估计了六种不同风险资产组合的投资特征。图表 6-20 列出了您对这些投资组合的预期收益率和标准差预测。您还确定，其中每个投资组合都是完全分散化的，因此其波动率估计仅代表系统性风险。您进行分析时的无风险利率为 4%。

仅根据您对 $E(R)$ 和 σ 的预测，这些投资组合中没有任何一个明显优于其他投资组合，因为更高水平的预期收益率总是以更高水平的风险为代价。哪个投资组合提供了最优的风险和收益率权衡？图表 6-20 的最后一列计算了每个投资组合的预期风险溢价 $E(R) - \mathrm{RFR}$ 与波动率（σ）之比。如前所述，该比率是投资者对于在特定投资组合中承担的单位风险预期得到的补偿金额。例如，投资组合 2 为投资者承担的每单位风险提供了 $0.429[=(7-4)/7]$ 单位的补偿，而投资组合 6 的类似比率较低，为 $0.393[=(15-4)/28]$，尽管该投资组合承诺的总体收益率高得多。

图表 6-20　风险资产组合的投资特征（无风险利率 = 4%）

投资组合	预期收益率（%）	标准差（%）	$[E(R)-\mathrm{RFR}]/\sigma$
1	5	5	0.200
2	7	7	0.429
3	9	10	0.500
4	11	15	0.467
5	13	21	0.429
6	15	28	0.393

根据这个指标，投资组合 3 为投资者提供了风险和收益率的最佳组合。在这个比较中，没有其他可行风险资产组合能达到每单位风险提供 0.500 单位的预期风险溢价。因此，投资组合 3 应被视为市场投资组合，即投资组合 M。资本市场理论建议，投资者在进行投资时只应考虑两种选择：（1）以 4% 的利率借出或借入无风险证券，（2）购买投资组合 3。

现在假设给定您的风险承受能力，您假设标准差为 8.5%。根据资本市场线，您应该如何投资？首先，使用式（6.12），您能预期的收益率为：

$$4\% + 8.5\% \times 0.500 = 8.25\%$$

正如我们所见，在当前条件下，您无法在不承担更高风险的情况下获得更高的预期收益率。其次，您可以通过解下式得出实现该收益率所需的投资策略：

$$8.25\% = w_{\mathrm{RF}} \times 4\% + (1 - w_{\mathrm{RF}}) \times 9\%$$

或

$$w_{RF} = (9 - 8.25)/(9 - 4) = 0.15$$

这意味着您需要将 15% 的资金投资于无风险资产，将其余 85% 的资金投资于投资组合 3。最后，请注意该头寸的单位风险的预期风险溢价为 $0.500[= (8.25 - 4)/8.5]$，与投资组合 3 相同。事实上，资本市场线上的所有点均具有与市场投资组合相同的风险-收益权衡，因为该比率就是资本市场线的斜率。

最后延伸讨论一个问题，请考虑如果您愿意承担 $\sigma = 15\%$ 的风险水平时将发生什么。根据图表 6-20，如果您将 100% 的资金投资于投资组合 4，您可以实现 11% 的预期收益率。但是，如果您遵循资本市场线给出的投资处方，将能获得更好的投资绩效。具体而言，在 15% 的风险水平上，您可以获得以下预期收益率：

$$4\% + 15\% \times 0.500 = 11.5\%$$

该预期结果大于 100% 投资于市场投资组合所提供的预期收益率（即 9%），因此您必须使用杠杆来实现它。具体来说，求解资本市场线上的投资权重，将得到 $w_{RF} = (9 - 11.5)/(9 - 4) = -0.50$ 和 $1 - w_{RF} = 1.50$。因此，您每投资一美元当前自有资金，将需要再借入 50 美分，并将所有这些资金投资于投资组合 3。

本章小结

- 基本投资组合模型推导出了投资组合的预期收益率和风险指标（即可能收益率的标准差）。马科维茨证明，投资组合的预期收益率是投资组合中各项资产的预期收益率的加权平均值。投资组合的标准差不仅是各项资产的标准差的函数，也是投资组合中所有资产对的收益率协方差的函数。在大型投资组合中，这些协方差是重要因素。

- 通过改变投资权重或在投资组合中持有的不同资产的金额，投资者可以生成一条可能的风险-收益组合曲线。资产之间的相关系数是选择投资时要考虑的关键因素。投资者可以通过组合具有低正相关性或负相关性的资产或投资组合来保持投资组合的收益率，同时降低投资组合的风险水平。

- 假设有大量资产和大量投资组合曲线，此时有效边界是包含所有最优投资组合的包络曲线。它定义了在每个给定风险水平下具有最高预期收益率的投资组合，也就是说，在每个给定收益率水平下具有最小风险的投资组合。投资者从这组最优投资组合中选择位于有效边界与最高效用曲线的切点上的投资组合。由于不同投资者的风险-收益效用函数不同，因此切点以及投资组合的选择因投资者而异。

- 资本市场理论扩展了马科维茨投资组合理论引入的概念，它在投资者构建的有效风险资产组合之外，还引入了投资者可以按无风险利率借入或借出款项的概念。这个概念引出了资本市场线，它可以被视为新的有效边界，该有效边界源自无风险利率，且与马科维茨有效边界相切。该切点被称为市场投资组合。

- 资本市场线的主要贡献是它规定了充分分散化投资组合的风险与预期收益率之间的关系。资本市场线明确指出，市场投资组合是使预期风险溢价与投资组合波动率之比最大化的唯一风险资产组合。资本市场线给出的投资处方是，平均而言，投资者最好的做法是将投资在无风险资产和市场投资组合之间进行分配。

1. 为什么大多数投资者都持有分散化投资组合？

2. 什么是协方差？为什么它在投资组合理论中很重要？

3. 为什么大多数同类资产之间的收益率协方差都为正？您是否预期不同类型资产（例如国库券、苹果公司的普通股和商业房地产）之间的收益率协方差为正？为什么？

4. 协方差和相关系数的关系是什么？

5. 请解释马科维茨（即均值-方差）有效边界的形状，并具体说明是什么导致它是曲线而不是直线。

6. 请绘制一张正确标记的马科维茨有效边界图，并用准确的术语描述有效边界。请讨论最优投资组合的概念，并在您的图上画出一个例子。

7. 假设您想运行一个计算机程序来推导出您的可行股票组合的有效边界。您必须向程序中输入哪些信息？

8. 为什么投资者的效用曲线在投资组合理论中很重要？

9. 请解释给定投资者如何选择最优投资组合。这个选择总是分散化投资组合吗？还是说它可以是单项资产？请解释您的答案。

10. 假设您和一位商业伙伴得出了一个投资组合的有效边界。为什么你们两个可能选择该有效边界上的不同投资组合？

11. 请画出美国普通股有效边界的假想图。假设其中也包括美国债券，请在同一张图上画出有效边界。最后，假设其中包括美国普通股、美国债券以及世界各地的股票和债券，请在同一张图上画出有效边界。请讨论这些有效边界的差异。

12. 股票 K、股票 L 和股票 M 均具有相同的预期收益率和标准差。每对股票之间的相关系数为：

股票 K 和股票 L 的相关系数＝＋0.8

股票 K 和股票 M 的相关系数＝＋0.2

股票 L 和股票 M 的相关系数＝－0.4

给定这些相关系数，哪对股票构成的投资组合将具有最低的标准差？请解释原因。

13. 对于由 4～10 只股票、10～20 只股票和 50～100 只股票组成的投资组合，您预期投资组合的标准差会发生什么变化？

14. 请画出一张图，显示当您将一项无风险资产与马科维茨有效边界上的其他风险资产组合组合起来时，马科维茨有效边界会发生什么变化。请解释为什么无风险利率与有效边界的切线定义了可能的最优投资组合。

15. 请说明和 100% 投资于市场投资组合 M 可获得的收益率相比，资本市场线为何能让投资者实现更高的预期收益率目标。

1. 考虑来年的世界经济前景以及制药业的销售收入和利润估计，您预期劳伦实验室（Lauren Labs）普通股的收益率为－20% 至＋40%，概率如下：

概率	可能的收益率
0.10	－0.20
0.15	－0.05

续表

概率	可能的收益率
0.20	0.10
0.25	0.15
0.20	0.20
0.10	0.40

请计算劳伦实验室的预期收益率 $E(R_i)$。

2. 假设您的投资组合中的股票有以下市场价值及其预测收益率，您的普通股投资组合的预期收益率是多少？

股票	市场价值（百万美元）	$E(R_i)$
迪士尼	15 000	0.14
星巴克	17 000	−0.14
哈雷·戴维森	32 000	0.18
英特尔	23 000	0.16
沃尔格林	7 000	0.12

3. 以下是麦迪逊饼干（Madison Cookies）和索菲电子（Sophie Electric）在 6 个月期间的月收益率。

月份	麦迪逊饼干	索菲电子
1	−0.04	0.07
2	0.06	−0.02
3	−0.07	−0.10
4	0.12	0.15
5	−0.02	−0.06
6	0.05	0.02

请计算以下内容：

a. 每只股票的平均月收益率 $\overline{R}_i$。

b. 每只股票的收益率标准差。

c. 收益率之间的协方差。

d. 收益率之间的相关系数。

在进行计算之前，您预期相关系数水平是多高？您的预期与相关系数的计算结果相比如何？这两只股票是分散化投资的好选择吗？为什么？

4. 您正在考虑具有以下特征的两项资产：

$$E(R_1)=0.15 \quad \sigma_1=0.10 \quad w_1=0.5$$
$$E(R_2)=0.20 \quad \sigma_2=0.20 \quad w_2=0.5$$

如果 $r_{1,2}=0.40$ 和 -0.60，请分别计算两个投资组合的均值和标准差。请在风险-收益图上画出两个投资组合，并简要解释结果。

5. 假设：

$$E(R_1)=0.10$$
$$E(R_2)=0.15$$
$$\sigma_1=0.03$$
$$\sigma_2=0.05$$

请计算两只股票构成的投资组合的预期收益率和标准差，其中股票 1 在以下每种情况下的权重均为 60%：

a. $r_{1,2}=1.00$；

b. $r_{1,2}=0.75$；

c. $r_{1,2}=0.25$；

d. $r_{1,2}=0$；

e. $r_{1,2}=-0.25$；

f. $r_{1,2}=-0.75$；

g. $r_{1,2}=-1.00$。

6. 假设：

$$E(R_1)=0.12$$
$$E(R_2)=0.16$$
$$E(\sigma_1)=0.04$$
$$E(\sigma_2)=0.06$$

请根据以下条件，计算相关系数为 0.70 的两只股票构成的投资组合的预期收益率和预期标准差：

a. $w_1=1.00$；

b. $w_1=0.75$；

c. $w_1=0.50$；

d. $w_1=0.25$；

e. $w_1=0.05$。

请在风险-收益图上画出结果。在不进

行计算的情况下，请先画出相关系数为 0 时的曲线，然后再画出相关系数为 −0.70 时的曲线。

7. 以下是四个市场指数的月价格变化率：

月份	道琼斯工业平均指数	标准普尔 500 指数	罗素 2000 指数	日经指数
1	0.03	0.02	0.04	0.04
2	0.07	0.06	0.10	−0.02
3	−0.02	−0.01	−0.04	0.07
4	0.01	0.03	0.03	0.02
5	0.05	0.04	0.11	0.02
6	−0.06	−0.04	−0.08	0.06

请计算以下内容：

a. 每个指数的平均月收益率。

b. 每个指数的标准差。

c. 以下指数的收益率之间的协方差：

道琼斯工业平均指数-标准普尔 500 指数

标准普尔 500 指数-罗素 2000 指数

标准普尔 500 指数-日经指数

罗素 2000 指数-日经指数

d. 以上四组指数的相关系数。

e. 请使用第 a 问、第 b 问和第 d 问的答案，计算由相等比例的（1）标准普尔 500 指数和罗素 2000 指数以及（2）标准普尔 500 指数和日经指数组成的投资组合的预期收益率和标准差。请讨论这两个投资组合。

8. 三叶草公司（Shamrock Corp.）股票的标准差为 19%。卡拉公司（Cara Co.）股票的标准差为 14%。这两只股票的协方差为 100。三叶草公司和卡拉公司的股票之间的相关系数是多少？

9. 作为一家小型捐赠基金的首席投资官，您正在考虑扩展该基金的战略资产配置范围，从普通股和固定收益证券扩展到将私人房地产合伙企业包括在内。

当前配置：60% 的资产投资于普通股，40% 的资产投资于固定收益证券。

计划配置：50% 的资产投资于普通股，30% 的资产投资于固定收益证券，20% 的资产投资于私人房地产合伙企业。

您还考虑了最近投资期内三个风险资产类别（普通股、固定收益证券和私人房地产合伙企业）和无风险利率的以下历史数据：

资产类别	$E(R)$ (%)	σ (%)	r_{ij} 普通股	固定收益证券	私人房地产合伙企业
普通股	8.6	15.2	1.0		
固定收益证券	5.6	8.6	0.2	1.0	
私人房地产合伙企业	7.1	11.7	0.6	0.1	1.0
无风险利率	3.1	—			

您已经确定，当前配置下的预期收益率和标准差为：$E(R_{当前}) = 7.40\%$ 和 $\sigma_{当前} = 10.37\%$。

a. 请计算计划配置下的预期收益率。

b. 请计算计划配置下的标准差。

c. 请计算当前配置和计划配置下单位风险的预期风险溢价（即 $[E(R_p) - \text{RFR}]/\sigma$）。

d. 请使用第 c 问的计算结果，说明这两个投资组合中的哪一个最有可能落在马科维茨有效边界上。

10. 您正在评估当前可得的各种投资机会，并计算了五种不同的充分分散化风险资产组合的预期收益率和标准差：

投资组合	预期收益率（%）	标准差（%）
Q	7.8	10.5
R	10.0	14.0
S	4.6	5.0
T	11.7	18.5
U	6.2	7.5

a. 对于每个投资组合，请计算您预期将收到的单位风险的风险溢价（$[E(R)-RFR]/\sigma$）。假设无风险利率为 3.0%。

b. 请使用第 a 问的计算结果，说明这五个投资组合中的哪一个最有可能是市场投资组合。请使用您的计算结果画出资本市场线。

c. 如果您只愿意在 $\sigma=7.0\%$ 的情况下进行投资，您是否有可能获得 7.0% 的收益率？

d. 一项投资要获得 7.0% 的收益率所需的最低风险水平是多少？资本市场线上将产生该预期收益率的投资组合的构成是什么？

e. 假设您现在愿意在 $\sigma=18.2\%$ 的情况下进行投资。该投资组合中无风险资产和市场投资组合的投资比例分别是多少？该投资组合的预期收益率是多少？

第6章附录

A. 证明当证券方差相等时，将在投资权重相等时出现最小投资组合方差

当 $\sigma_1=\sigma_2$ 时，我们有：

$$\sigma_{port}^2 =w_1^2\sigma_1^2+(1-w_1)^2\sigma_1^2-2w_1(1-w_1)r_{1,2}\sigma_1^2$$
$$=\sigma_1^2[w_1^2+1-2w_1+w_1^2+2w_1r_{1,2}-2w_1^2r_{1,2}]$$
$$=\sigma_1^2[2w_1^2+1-2w_1+2w_1r_{1,2}-2w_1^2r_{1,2}]$$

取该式的最小值：

$$\frac{\partial\sigma_{port}^2}{\partial w_1}=0=\sigma_1^2[4w_1\times2+2r_{1,2}\times4w_1r_{1,2}]$$

由于 $\sigma_1^2>0$，

$$4w_1-2+2r_{1,2}-4w_1r_{1,2}=0$$
$$4w_1(1-r_{1,2})-2(1-r_{1,2})=0$$

由此，无论 $r_{1,2}$ 的值如何，均有：

$$w_1\frac{2(1-r_{1,2})}{4(1-r_{1,2})}=\frac{1}{2}$$

因此，如果 $\sigma_1=\sigma_2$，那么无论 $r_{1,2}$ 的值如何，σ_{port}^2 始终可以通过选择 $w_1=w_2=1/2$ 实现最小化，除非 $r_{1,2}=+1$（在这种情况下，$\sigma_{port}=\sigma_1=\sigma_2$）。这可以通过检查二阶条件来验证：

$$\frac{\partial\sigma_{port}^2}{\partial w_1^2}>0$$

习　题

（在两只股票构成的投资组合中）实现最小方差时，证券 1 的权重的一般公式如下：

$$w_1 = \frac{\sigma_2^2 - r_{1,2}\sigma_1\sigma_2}{\sigma_1^2 + \sigma_2^2 - 2r_{1,2}\sigma_1\sigma_2}$$

a. 请证明当 $\sigma_1 = \sigma_2$ 时，$w_1 = 0.5$。

b. 当 $r_{1,2} = 0.5$、$\sigma_1 = 0.04$ 且 $\sigma_2 = 0.06$ 时，令投资组合方差最小的证券 1 的权重是多少？

B. 推导相关系数等于 −1.00 时令方差为零的投资权重

$$\sigma_{\text{port}}^2 = w_1^2\sigma_1^2 + (1-w_1)^2\sigma_2^2 + 2w_1(1-w_1)r_{1,2}\sigma_1\sigma_2$$

$$= w_1^2\sigma_1^2 + \sigma_2^2 + 2w_1\sigma_2^2 - w_1^2\sigma_2^2 + 2w_1 r_{1,2}\sigma_1\sigma_2 - 2w_1^2 r_{1,2}\sigma_1\sigma_2$$

如果 $r_{1,2} = -1$，该式可以整理为：

$$\sigma_{\text{port}}^2 = w_1^2(\sigma_1^2 + 2\sigma_1\sigma_2 + \sigma_2^2) - 2w(\sigma_2^2 + \sigma_1\sigma_2) + \sigma_2^2$$

$$= [w_1(\sigma_1 + \sigma_2) - \sigma_2]^2$$

我们希望计算出使 σ_{port}^2 降至零的权重 w_1；因此：

$$w_1(\sigma_1 + \sigma_2) - \sigma_2 = 0$$

这将得到：

$$w_1 = \frac{\sigma_2}{\sigma_1 + \sigma_2} \text{ 和 } w_2 = 1 - w_1 = \frac{\sigma_1}{\sigma_1 + \sigma_2}$$

习　题

给定具有以下特征的两项资产：

$$E(R_1) = 0.12 \quad \sigma_1 = 0.04$$
$$E(R_2) = 0.16 \quad \sigma_2 = 0.06$$

假设 $r_{1,2} = -1.00$。权重为多少时，该投资组合的方差为零？

第**7**章
资产定价模型

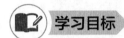 **学习目标**

阅读本章后，您应该能回答以下问题：

• 资本资产定价模型如何扩展资本市场理论的结果？

• 贝塔系数在资本资产定价模型中有什么特殊作用？投资者在实践中如何计算证券的特征线？

• 什么是证券市场线？证券市场线与资本市场线有何异同？

• 如何使用证券市场线来评估证券的定价是否恰当？

• 资本资产定价模型的各种实证检验使我们能得出什么结论？选择替代市场投资组合是否重要？

• 什么是套利定价理论？它与资本资产定价模型有何异同？

• 如何在证券估价过程中使用套利定价理论？

• 如何通过分析资本资产定价模型发现的异常情况来检验套利定价理论？

• 什么是多因素模型？它们与套利定价理论有什么关系？

• 定义共有风险因素的两种主要方法是什么？

• 实践中用作风险因素的主要宏观经济变量是什么？

• 实践中用作风险因素的主要证券特征变量是什么？

• 如何使用多因素模型来估计证券或投资组合的预期风险溢价？

　　随着马科维茨投资组合理论的发展，衍生出两个主要的风险资产估值理论。在本章中，我们首先介绍**资本资产定价模型**。此处，资本资产定价模型的背景很重要，因为它隐含的风险指标是我们进行后续讨论所必需的信息。其次我们将考察另一个资产估值模型——**套利定价理论**，在它的基础上，学者们建立了其他许多关于风险和预期收益率的**多因素模型**。

7.1 资本资产定价模型

　　第 6 章介绍的资本市场理论表示投资者对投资过程的思考迈进了一大步。当投资者提供了金融资本并承担了 σ_{port} 单位风险（$[E(R_{\text{M}})-\text{RFR}]/\sigma_{\text{M}}$）时，资本市场线公式［即式（6.12）〕提供了一种计算投资者预期收益率的精确方法。最后一项尤为重要，因为它表示市场上普遍存在的预期风险溢价。

遗憾的是，资本市场理论对风险和收益率之间的关系没有做出完整解释。这是因为资本市场线将投资者承担的风险定义为投资的总波动率（σ）。然而，由于投资者预期可分散的风险（非系统性风险）无法获得补偿，因此资本市场线是基于以下假设：投资者只持有充分分散化投资组合，其总风险和系统性风险相同。因此，资本市场线无法解释单项风险资产的风险-收益权衡，因为这些证券的标准差将包含大量特有风险。

资本资产定价模型扩展了资本市场理论，它既允许投资者评估分散化投资组合的风险-收益权衡，也允许投资者评估单个证券的风险-收益权衡。为此，资本资产定价模型重新定义了相关风险指标，从总波动率改为仅该总波动率的不可分散化部分（系统性风险）。这个新的风险指标被称为**贝塔系数**，它计算了证券的系统性风险与市场投资组合的系统性风险之比。资本资产定价模型使用贝塔系数作为相关风险指标，然后以相应方式重新定义单位风险的预期风险溢价。由此可以再次得出预期收益率公式，它可以分解为无风险利率和预期风险溢价。

7.1.1　资本资产定价模型的概念发展

夏普（Sharpe，1964）、林特纳（Lintner，1965）和莫辛（Mossin，1966）正式建立了资本资产定价模型。除了前面列出的假设之外，资本资产定价模型还需要其他假设，例如资产收益率为正态概率分布。本书没有提供资本资产定价模型的数学推导，而是介绍了该模型的概念发展，强调其在发端于马科维茨投资组合理论的自然演进过程中的作用。

前面曾经提到，资本市场线用以下公式表示充分分散化投资组合的风险-收益权衡：

$$E(R_{\text{port}})=\text{RFR}+\sigma_{\text{port}}\left[\frac{E(R_{\text{M}})-\text{RFR}}{\sigma_{\text{M}}}\right]$$

当试图扩展该式以便对单项风险资产 i 进行评估时，逻辑上容易犯的错误是简单地用单只证券的标准差（σ_i）代替投资组合的标准差（σ_{port}）。然而，这会夸大第 i 只证券的相关风险水平，因为它没有考虑投资者通过将该资产与其他资产组合起来所能分散掉的波动性。解决这个问题的一种方法是"缩小"σ_i 的水平，使之仅包括证券 i 中与市场投资组合风险系统相关的风险。方法是用 σ_i 乘以证券 i 的收益率与市场投资组合收益率（$r_{i\text{M}}$）的相关系数。将该乘积插入资本市场线公式，并调整第 i 项资产的符号后：

$$E(R_i)=\text{RFR}+(\sigma_i r_{i\text{M}})\left[\frac{E(R_{\text{M}})-\text{RFR}}{\sigma_{\text{M}}}\right]$$

该式可以整理为：

$$E(R_i)=\text{RFR}+\left(\frac{\sigma_i r_{i\text{M}}}{\sigma_{\text{M}}}\right)\left[E(R_{\text{M}})-\text{RFR}\right]$$

$$E(R_i)=\text{RFR}+\beta_i\left[E(R_{\text{M}})-\text{RFR}\right] \tag{7.1}$$

式（7.1）就是资本资产定价模型。资本资产定价模型用证券的贝塔系数（β_i）重新定义了风险，贝塔系数反映了该证券的风险相对于整个市场风险的不可分散部分。因此，可以将贝塔系数视为将该资产的系统性风险相对于市场投资组合的系统性风险进行指数化。由此可以非常方便地将其解释为：贝塔系数为 1.20 的证券的系统性风险水平比整个市场的平均系统性风险水平高 20%，而贝塔系数为 0.70 的证券的系统性风险水平比市场的系统性风险水平低 30%。根据定义，市场投资组合本身的贝塔系数始终为 1.00。

将单只证券的系统性风险相对于市场的系统性风险进行指数化还有另一个好处。从式（7.1）中可以清楚地看出，资本资产定价模型再次将投资的预期收益率表示为无风险利率和预期风险溢价之和。然而，资本资产定价模型并没有为每只证券计算出不同的风险溢价，而是表明只有整体**市场风险溢价**$[E(R_M) - \text{RFR}]$是重要的，然后可以根据该资产相对于市场的风险（β_i）扩大或缩小该数值。正如我们将看到的，这大大减少了投资者在评估可能加入投资组合的投资时必须进行的计算次数。

7.1.2 证券市场线

资本资产定价模型也可以用图形表示为**证券市场线**（**security market line, SML**）。如图表 7-1 所示。与资本市场线一样，证券市场线将风险和预期收益率之间的权衡用一条与纵轴相交于无风险利率（零风险点）的直线来显示。但是，资本市场线和证券市场线之间有两个重要区别：第一，资本市场线通过投资的标准差来衡量总风险，而证券市场线仅考虑投资波动性的系统性部分。第二，由于第一点，资本市场线只能应用于已经完全分散化的投资组合，而证券市场线可以应用于任何单项投资或投资组合。

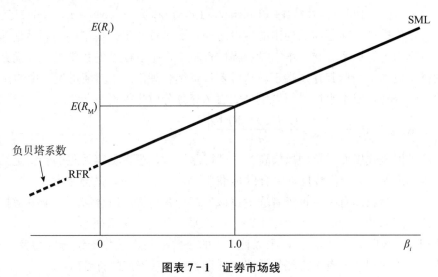

图表 7-1　证券市场线

确定风险资产的预期收益率　为了说明如何使用资本资产定价模型计算预期收益率或必要收益率，假设您已经计算出贝塔系数。请考虑以下股票的例子：

股票	贝塔系数
A	0.70
B	1.00
C	1.15
D	1.40
E	−0.30

我们预期经济中的无风险利率为 5%，市场投资组合的预期收益率 $[E(R_M)]$ 为 9%。这意味着市场风险溢价为 4%。有了这些输入数据，就可以通过证券市场线得出这五只股票的以下必要收益率：

$$E(R_i)=\mathrm{RFR}+\beta_i[E(R_M)-\mathrm{RFR}]$$
$$E(R_A)=0.05+0.70\times(0.09-0.05)$$
$$=0.078=7.80\%$$
$$E(R_B)=0.05+1.00\times(0.09-0.05)$$
$$=0.09=9.00\%$$
$$E(R_C)=0.05+1.15\times(0.09-0.05)$$
$$=0.096=9.60\%$$
$$E(R_D)=0.05+1.40\times(0.09-0.05)$$
$$=0.106=10.60\%$$
$$E(R_E)=0.05+(-0.30)\times(0.09-0.05)$$
$$=0.05-0.012$$
$$=0.038=3.80\%$$

股票 A 的风险低于总体市场，因此不应期望其收益率与市场投资组合的收益率一样高。股票 A 的预期收益率应为 7.80%。股票 B 的系统性风险等于市场的系统性风险（贝塔系数＝1.00），因此其必要收益率也应等于预期市场收益率（9%）。股票 C 和股票 D 的系统性风险大于市场的系统性风险，因此它们应提供与其风险一致的收益率。最后，股票 E 的贝塔系数为负（这在实际情况中罕见），因此，如果可以找到这样的股票，其必要收益率将低于 5% 的无风险利率。

在均衡状态下，所有投资和所有投资组合都应该位于证券市场线上。也就是说，所有资产的定价都应使其**估计收益率**（即投资者预期的实际持有期收益率）与其系统性风险水平一致。任何估计收益率高于证券市场线的证券都将被视为价值被低估，因为这意味着投资者预测该资产的收益率高于基于其系统性风险的必要收益率。相反，估计收益率低于证券市场线的资产将被视为价值被高估。这种相对于证券市场线的位置意味着估计收益率低于基于该资产的系统性风险的必要收益率。

在有效市场中，投资者不会预期资产位于证券市场线之外，因为在均衡状态下，所有证券都应提供与其必要收益率相等的持有期收益率。相反，不完全有效的市场可能会对某些资产错误定价，因为不是每个人都知道所有相关信息。正如第 5 章所讨论的，卓越投资者对资产的估值准确性可以持续胜过市场的估值共识。因此，此类投资者的风险调整收益率将高于普通投资者。

识别价值被低估的资产和价值被高估的资产　既然我们已经了解如何使用证券市场线计算风险资产的预期收益率，就可以将这个必要收益率与该资产在特定投资期内的估计收益率进行比较，以确定这是否一项适当的投资。为了进行这种比较，需要用基本分析方法对证券的收益率前景进行独立估计，在后面的章节中我们将对此进行讨论。

假设一家大型经纪公司的分析师一直在跟踪上例中的五只股票。根据广泛的分析，他们为您提供了下一年的预测价格和股利信息，如图表 7-2 所示。给定这些预测，您可以通过将预期资本收益率 $[(P_{t+1}-P_t)/P_t]$ 和预期股息率 (D_{t+1}/P_t) 相加来计算每只股票的估计收益率。例如，分析师估计股票 A 的未来收益率为 8.00％［＝（26－25）/ 25＋1/25］。

图表 7-2　价格、股利和收益率的估计

股票	当前价格（P_t）	预期价格（P_{t+1}）	预期股利（D_{t+1}）	估计未来收益率（%）
A	25	26	1.00	8.00
B	40	42	0.50	6.25
C	33	37	1.00	15.15
D	64	66	1.10	4.84
E	50	53	0	6.00

图表 7-3 总结了每只股票基于其系统性风险的必要收益率（见前面的计算结果）与其估计收益率之间的关系。估计收益率和预期收益率之间的这种差异有时被称为股票的预期阿尔法系数或超额收益率。该阿尔法系数可能为正（股票价值被低估），也可能为负（股票价值被高估）。如果阿尔法系数为零（或接近零），则该股票位于证券市场线上，且估值与其系统性风险相符。

图表 7-3　必要收益率和估计收益率的比较（无风险利率＝5%，市场风险溢价＝4%）

股票	贝塔系数	必要收益率 $E(R_i)$（%）	估计收益率（%）	估计收益率－$E(R_i)$（%）	估值
A	0.70	7.80	8.00	0.20	正确估值
B	1.00	9.00	6.25	－2.75	估值过高
C	1.15	9.60	15.15	5.55	估值过低
D	1.40	10.60	4.84	－5.76	估值过高
E	－0.30	3.80	6.00	2.20	估值过低

在证券市场线图中画出这些估计收益率和股票的贝塔系数，将得出图表 7-4。股票 A 非常接近证券市场线，因此它被认为是适当的估值，因为其估计收益率几乎等于其必要收益率。股票 B 和股票 D 的价值被认为高估，因为它们在下一期的估计收益率大大低于投资者在该风险下的必要收益率。因此，它们位于证券市场线下方。相反，股票 C 和股票 E 的预期收益率均高于基于其系统性风险的必要收益率。因此，这两只股票都高于证券市场线，表明它们的价值被低估了。

如果您信任这些分析师对估计收益率的预测，您就不会对股票 A 采取任何行动，但您会买入股票 C 和股票 E，并卖出股票 B 和股票 D。如果您喜欢这种进取型策略，您甚至可以卖空股票 B 和股票 D。

计算系统性风险　在实践中，有两种方法可以计算股票的贝塔系数。首先，根据我们对资本资产定价模型的概念性讨论，可以直接根据以下公式计算出证券 i 的贝塔系数：

$$\sigma_i = \left(\frac{\sigma_i}{\sigma_M}\right)(r_{iM}) = \frac{\text{Cov}(R_i, R_M)}{\sigma_M^2} \tag{7.2}$$

其中，除了前面定义的项之外，σ_M^2 是市场投资组合的收益率方差，而 $\text{Cov}(R_i, R_M)$ 是

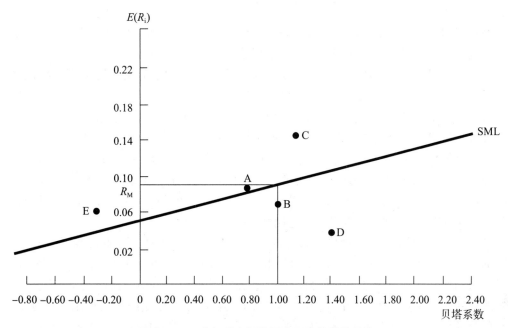

图表 7-4 在证券市场线图中画出估计收益率

证券 i 的收益率和市场收益率之间的协方差。

其次，也可以用证券的收益率（R_{it}）与市场投资组合的收益率（R_{Mt}）的回归方程中的斜率作为证券的贝塔系数估计值：

$$R_{it} = a_i + \beta_i R_{Mt} + \varepsilon_{it} \qquad (7.3)$$

其中，a_i 为回归方程的截距，ε_{it} 为解释证券 i 的非系统性风险的随机误差项。式（7.3）被称为证券相对于市场投资组合的**特征线**。

对于任何给定的证券收益率和市场投资组合收益率样本，式（7.2）和式（7.3）都将产生相同的 β_i 估计值。然而，式（7.3）中的回归方法通常更优，因为它是正式的估计过程，这意味着可以评估估计值的统计可靠性（即，可以评估 β_i 估计值的 t 统计量）。

时间间隔的影响 在实践中，用于计算贝塔系数的观察值数量和时间间隔差异很大。例如，晨星公司（Morningstar）使用最近五年的月收益率（60 个观察值）得出普通股的特征线。路透分析（Reuters Analytics）使用前两年的日收益率（504 个观察值）计算股票的贝塔系数。彭博公司（Bloomberg）在基本计算中使用两年的周收益率（104 个观察值），尽管其系统允许用户选择其他时间范围的日收益率、周收益率、月收益率、季度收益率或年收益率。因为这个估计值没有理论上正确的时间间隔，因此我们必须在观察值数量和时间长度之间做出权衡，因为足够多的观察值才能消除随机收益率，而使用过长时间范围（例如 10 年或 20 年）时，所分析的公司在此期间可能已经发生了巨大变化。请记住，投资者真正想得到的是可能投资期间的系统性风险。在这个过程中，投资者分析的是历史数据，以帮助得出资产未来系统性风险水平的合理估计。

赖利和赖特（1988）分析了收益率计算、市场指数和时间间隔的不同影响，并证明了贝塔系数产生差异的主要原因是使用月收益率还是周收益率。此外，使用时间间隔较短的周收益率时，对于大公司将得出更高的贝塔系数，对于小公司将得出更低的贝塔系数。

　　市场替代指标的影响　在计算资产特征线时，另一个重要决定是使用哪个指数作为所有风险资产组成的市场投资组合的替代指标。许多研究人员都使用标准普尔 500 指数作为市场投资组合的替代指标，因为该指数中的股票占美国股票总市值的很大一部分。尽管如此，该指数仍以美国大盘股为主，其中大部分股票都在纽约证券交易所上市。相比之下，所有风险资产组成的市场投资组合应该包括美国股票和债券、非美国股票和债券、房地产、钱币、邮票、艺术品、古董以及来自世界各地的其他适销风险资产。[①]

　　计算特征线：一个例子　以下例子说明了如何使用 2016 年 1—12 月的月收益率数据估计微软公司股票（MSFT）的特征线。12 个月的利率通常被认为不足以用于统计，但用于说明已经足够了。我们使用市场投资组合的两种不同替代指标来计算微软公司股票的贝塔系数：(1) 标准普尔 500 指数（SPX），该指数中的大部分股票是在美国注册的，(2) 摩根士丹利资本国际世界股票指数（MXWO），它代表全球股票投资组合。

　　图表 7-5 列出了微软公司股票、标准普尔 500 指数和摩根士丹利资本国际世界股票指数的月总收益率，这些收益率是使用月末收盘价计算的，并包括股利。图表 7-6 显示了微软公司股票和标准普尔 500 指数的这些收益率数据的散点图，而图表 7-7 包含微软公司股票和摩根士丹利资本国际世界股票指数的类似图形。在此期间，有几个月微软公司股票的收益率与标准普尔 500 指数有分歧。然而，图表 7-5 中的计算结果表明，微软公司股票和标准普尔 500 指数之间的协方差为正且很大（8.15）。协方差除以标准普尔 500 指数的方差（8.07）等于微软公司相对于标准普尔 500 指数的贝塔系数。在此期间，贝塔系数为 1.01，表明微软公司股票的风险仅略高于总体市场。该特征线的截距为 0.35，计算方法为微软公司股票的平均月收益率（1.35）减去标准普尔 500 指数的平均月收益率（0.99）与贝塔系数的乘积。图表 7-6 中画出的大多数观察结果都非常接近特征线，这一结果与微软公司股票和标准普尔 500 指数之间的相关系数为 0.49 一致。

图表 7-5　计算微软公司相对于部分指数的贝塔系数

日期	收益率（%）			标准普尔 500 指数（SPX）R_{SPX}－平均 R_{SPX}（%）	摩根士丹利资本国际世界股票指数（MXWO）R_{MXWO}－平均 R_{MXWO}（%）	微软公司 R_{MSFT}－平均 R_{MSFT}（%）		
	SPX	MXWO	MSFT	(1)	(2)	(3)	(4)[a]	(5)[b]
1 月 16 日	−4.96	−5.95	−0.70	−5.95	−6.65	−2.05	12.16	13.61
2 月 16 日	−0.13	−0.68	−6.99	−1.12	−1.38	−8.34	9.31	11.54
3 月 16 日	6.78	6.86	8.55	5.79	6.16	7.21	41.74	44.35
4 月 16 日	0.39	1.64	−9.70	−0.60	0.94	−11.05	6.59	−10.34
5 月 16 日	1.80	0.65	7.03	0.81	−0.05	5.69	4.62	−0.31

---

　　① 围绕所使用的市场替代指标及其对资本资产定价模型实证结果和有效性的影响，研究人员进行了大量讨论。后面关于计算资产特征线的部分中将进一步讨论和说明这个问题。本章后面和第 18 章讨论投资组合绩效评估时也会考察市场替代指标的影响。

续表

日期	收益率 (%)			标准普尔 500 指数 (SPX) $R_{SPX}-$平均 R_{SPX} (%)	摩根士丹利资本国际世界股票指数 (MXWO) $R_{MXWO}-$平均 R_{MXWO} (%)	微软公司 $R_{MSFT}-$平均 R_{MSFT} (%)		
	SPX	MXWO	MSFT	(1)	(2)	(3)	(4)[a]	(5)[b]
6 月 16 日	0.26	−1.07	−3.45	−0.73	−1.77	−4.80	3.48	8.51
7 月 16 日	3.69	4.25	10.77	2.70	3.55	9.43	25.48	33.42
8 月 16 日	0.14	0.14	2.01	−0.85	−0.56	0.67	−0.56	−0.38
9 月 16 日	0.02	0.58	0.24	−0.97	−0.12	−1.11	1.07	0.14
10 月 16 日	−1.82	−1.91	4.03	−2.81	−2.61	2.69	−7.54	−7.02
11 月 16 日	3.70	1.51	1.23	2.71	0.81	−0.12	−0.31	−0.09
12 月 16 日	1.97	2.43	3.12	0.98	1.73	1.78	1.75	3.06
平均值	0.99	0.70	1.35				总计＝97.79	总计＝96.49
标准差	2.84	3.05	5.80					

$Cov_{(MSFT, SPX)} = 97.79/12 = 8.15$ $Var_{(SPX)} = \sigma^2_{SPX} = 2.84^2 = 8.07$ $\beta_{(MSFT, SPX)} = 8.15/8.07 = 1.01$ 截距$_{(MSFT, SPX)} = 1.35 - (1.01 \times 0.99) = 0.35$

$Cov_{(MSFT, MXWO)} = 96.49/12 = 8.04$ $Var_{(MXWO)} = \sigma^2_{MXWO} = 3.05^2 = 9.29$ $\beta_{(MSFT, MXWO)} = 8.04/9.29 = 0.87$

截距$_{(MSFT, MXWO)} = 1.35 - (0.87 \times 0.70) = 0.74$

相关系数$_{(MSFT, SPX)} = 8.15/(2.84 \times 5.80) = 0.49$ 相关系数$_{(MSFT, MXWO)} = 8.04/(3.05 \times 5.80) = 0.45$

a. 第（4）列等于第（1）列乘以第（3）列。

b. 第（5）列等于第（2）列乘以第（3）列。

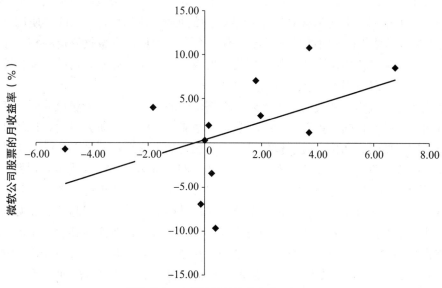

标准普尔500指数的月收益率（%）

图表 7-6 微软公司股票与标准普尔 500 指数的特征线与散点图（2016 年 1—12 月）

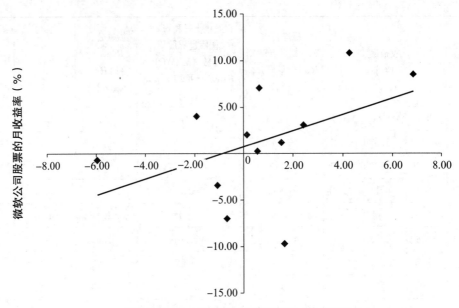

图表 7-7　微软公司股票与摩根士丹利资本国际世界股票指数的
特征线与散点图（2016 年 1—12 月）

　　如果我们使用不同的市场替代指标，这种分析会如何变化？图表 7-5 还列出了微软公司股票的贝塔系数的计算过程，其中使用全球股票指数作为市场投资组合。进行这种替代时需要注意两点：第一，在此期间，摩根士丹利资本国际世界股票指数的波动率（9.29）略大于标准普尔 500 指数。第二，微软公司股票和摩根士丹利资本国际世界股票指数之间的协方差（8.04）与微软公司股票和标准普尔 500 指数之间的协方差几乎相同，但两者之间的整体相关系数（0.45）略低于微软公司股票和标准普尔 500 指数之间的相关系数。综合来看，波动率较高的摩根士丹利资本国际世界股票指数影响最大，因此微软公司股票和摩根士丹利资本国际世界股票指数之间的贝塔系数为 0.87，低于使用标准普尔 500 指数作为市场替代指标时的贝塔系数。事实上，请注意，对微软公司的相对系统性风险性质的解释会随着使用这个新指数而变化。现在，我们认为微软公司的风险比全球指数的风险低 13%，而不是比国内股票市场高 1%。

　　除了说明这个过程中涉及的计算之外，本例说明的重点是，在衡量风险时，正确选择市场投资组合的替代指标至关重要。赖利和阿赫塔尔（1995）的研究表明，比较任何公司的股票与美国股票指数和世界股票指数时，这种程度的贝塔系数差异都是可以预料到的。

　　行业特征线　我们也可以计算整个股票组合，例如市场指数或行业指数的特征线。图表 7-8 总结了 2014 年 1 月至 2016 年 12 月期间关于构成整个股市的九个不同行业部门的一组计算结果。这些行业部门包括：材料业、医疗健康业、必需消费品业、非必需消费品业、能源业、金融业、工业、科技业和公用事业。其中每个行业部门都由一个不同的指数代表，该指数包含了主要在该领域运营的公司。例如，孟山都（Monsanto）（材料业）、宝洁（必需消费品业）、亚马逊（非必需消费品业）和摩根大通（金融业）等主要公司被划分到不同的指数中。上一个例子中的微软公司包含在科技业指数中。

图表 7-8　部分行业指数与标准普尔 500 指数的特征线系数（2014 年 1 月—2016 年 12 月）

行业	指数	截距	贝塔系数	相关系数
材料业	IXB	−0.45	1.34	0.83
医疗健康业	IXV	0.14	0.92	0.78
必需消费品业	IXR	0.20	0.64	0.64
非必需消费品业	IXY	−0.03	1.13	0.92
能源业	IXE	−0.93	1.10	0.60
金融业	IXM	0.20	1.12	0.80
工业	IXI	−0.06	1.06	0.91
科技业	IXT	0.29	1.08	0.88
公用事业	IXU	0.66	0.19	0.14

资料来源：作者的计算结果。

请注意，除了一个例外（公用事业），这些行业指数中每个指数都与指定的整体市场投资组合（即标准普尔 500 指数）强相关。相关系数介于 0.60 和 0.92 之间，九个行业中有六个行业的相关系数超过 0.75。这表明这些行业指数中，大多数都是充分分散化的投资组合，已经消除了大部分非系统性风险。此外，这些行业的贝塔系数（相对于市场的系统性风险水平）差异很大。某些行业——例如医疗健康业（0.92）和必需消费品业（0.64）——的风险比整体市场低约 10% 至 35%，因此投资者应该预期这些领域中公司的风险补偿水平较低。相比之下，能源业（1.10）和材料业（1.34）股票的平均风险比市场高 10% 至 35%，这意味着用资本资产定价模型预测的风险溢价将按相应比例高于平均水平。

7.2　资本资产定价模型的实证检验

在检验资本资产定价模型时，有两个主要问题：第一，系统性风险（贝塔系数）指标的稳定性如何？重要的是知道历史贝塔系数是否可以用作未来贝塔系数的估计值。第二，贝塔系数与风险资产的收益率之间是否存在假设的正线性关系？也就是说，收益率在多大程度上符合证券市场线？

7.2.1　贝塔系数的稳定性

许多研究都分析了贝塔系数的稳定性，并普遍得出结论：个股的风险指标不稳定，但股票组合的风险指标是稳定的。此外，投资组合规模越大（例如，超过 50 只股票）、投资期越长（超过 26 周），贝塔系数的估计值越稳定。此外，贝塔系数趋于向均值回归。具体而言，高贝塔系数的投资组合往往会趋向于 1.00 逐渐下降，而低贝塔系数的投资组合往往会趋向于 1.00 逐渐上升。

7.2.2 系统性风险与收益率的关系

关于资本资产定价模型的终极问题是：它是否有助于解释风险资产的收益率。具体来说就是，系统性风险与这些风险资产的收益率之间是否存在正线性关系？夏普和库珀（Sharpe and Cooper，1972）发现收益率和风险之间存在正相关关系，尽管它不是完全线性关系。布莱克、詹森和斯科尔斯（Black，Jensen and Scholes，1972）分析了股票投资组合的风险和收益率，发现月超额收益率和投资组合的贝塔系数之间存在正线性关系，但截距高于零。图表7-9包含该研究中的图表，它显示：（1）测算的大多数证券市场线具有正斜率，（2）不同时期的斜率发生了变化，（3）截距不为零，（4）不同时期的截距发生了变化。

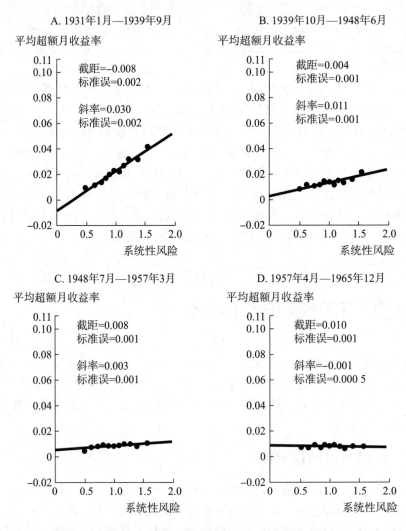

图表7-9 不同时期的平均超额月收益率与系统性风险的比较

资料来源：Michael C. Jensen，ed.，*Studies in the Theory of Capital Markets*（New York：Praeger Publishers，1972）：96-97. 经许可转载。

零贝塔系数投资组合的影响 布莱克（Black，1972）的研究表明，如果有可用的零贝塔系数投资组合，则资本资产定价模型不需要存在无风险资产。使用零贝塔系数的投资组合而不是无风险利率的特征线应该有更高的截距和更低的斜率。几项研究检验了具有更高截距和更低斜率的该模型，并发现了相互矛盾的结果。具体而言，吉本斯（Gibbons，1982）和尚肯（Shanken，1985）的研究拒绝了该模型，而斯坦博（Stambaugh，1982）的研究支持零贝塔系数的资本资产定价模型。

规模、市盈率和杠杆的影响　之前，我们讨论了规模效应［班斯（1981）发现的小公司异常］和巴苏（1977）发现的市盈率效应，并证明这些变量对考虑资本资产定价模型后的收益率有反向影响。这些结果意味着规模和市盈率是需要与贝塔系数一并考虑的额外风险因素。具体而言，预期收益率是贝塔系数的正函数，但投资者也要求规模相对较小的公司和市盈率相对较低的股票获得更高的收益率。班达里（Bhandari，1988）发现，在同时考虑贝塔系数和规模之后，财务杠杆也有助于解释平均收益率的横截面数据。该研究建议使用具有三个风险变量（贝塔系数、规模和财务杠杆）的多变量资本资产定价模型。

账面市值比的影响　法马和弗伦奇（1992）评估了市场贝塔系数、规模、盈利市价比、财务杠杆和账面市值比在纽约证券交易所、美国证券交易所和纳斯达克上市股票的平均收益率横截面数据中的共同作用。他们表明，在 1963—1990 年期间，贝塔系数与平均收益率之间的关系消失了，即使单独使用贝塔系数来解释平均收益率也是如此。相比之下，平均收益率与规模、财务杠杆、盈利市价比和账面市值比之间的单变量检验表明，所有这些变量都显著且符号与预期一致。

法马和弗伦奇得出结论：规模和账面市值比反映了与规模、盈利市价比、账面市值比和财务杠杆相关的平均股票收益率的横截面变化。此外，在这两个变量中，账面市值比看上去包含盈利市价比和财务杠杆。根据这些结果，法马和弗伦奇（1993）建议使用三因素扩展资本资产定价模型。法马和弗伦奇（1995）使用该模型来解释之前研究中发现的一些异常现象。[①]

7.2.3　其他问题

可能影响资本资产定价模型关系的另外两个实际问题是交易成本和税收。

交易成本的影响　资本资产定价模型假设没有交易成本，因此投资者将买卖定价错误的证券，直到它们位于证券市场线上。如果存在交易成本，投资者将不会纠正所有错误定价，因为在某些情况下，买卖错误定价证券的成本将超过可能获得的超额收益。德根纳罗和罗博蒂（Degennaro and Robotti，2007）证明，交易成本可能降低资产定价模型的斜率。

税收的影响　资本资产定价模型中的预期收益率是税前收益率。但是，个人和机构的税率显然不同。因为某些投资者的税负沉重，所以布莱克和斯科尔斯（1979）以及利曾伯格和拉马斯瓦米（Litzenberger and Ramaswamy，1979）认为这可能导致投资者之间的证券市场线出现重大差异。埃尔顿、格鲁伯和伦茨勒尔（Elton，Gruber and Rentzler，1983），米勒和斯科尔斯（1982）以及克里斯蒂（Christie，1990）研究了税率差异对股利与资本收益的影响，

---

① 本章后面考察风险和收益的多因素模型时将进一步讨论和说明法马和弗伦奇提出的这个三因素模型。

但尚无定论性证据。

7.2.4 资本资产定价模型的实证结果总结

大多数关于投资组合收益率与系统性风险之间关系的早期实证都支持资本资产定价模型；有实证表明，截距通常高于现行无风险利率，这要么与零贝塔系数模型一致，要么说明存在更高的借款利率。为了解释这些不寻常的收益率，研究者考虑了更多变量，现在有大量实证表明，除了贝塔系数，规模、市盈率、财务杠杆和账面市值比对收益率也具有解释力。

与法马和弗伦奇用月收益率衡量贝塔系数不同，科塔里、尚肯和斯隆（Kothari, Shanken and Sloan，1995）用年收益率衡量贝塔系数，发现贝塔风险获得了大量补偿。他们认为，法马和弗伦奇获得的结果可能只适用于特定时期。此外，当贾甘纳坦和王（Jagannathan and Wang，1996）使用允许贝塔系数和市场风险溢价发生变化的条件资本资产定价模型时，该模型可以很好地解释收益率横截面数据。最后，赖利和赖特（2004）用一个广泛的市场投资组合作为替代指标计算贝塔系数，他们分析了 31 个不同资产类别的表现，并发现正如理论的预期，风险-收益关系是显著的。

7.3 市场投资组合：理论与实践

在我们介绍资本资产定价模型的过程中，我们注意到，市场投资组合包括经济中的所有风险资产。虽然这个概念在理论上是合理的，但在检验或使用资本资产定价模型时很难实现。获得美国国内外股票和债券的指数相对简单。但由于难以每月及时获得大量其他资产的指数，大多数研究仅限于单独使用股票指数或债券指数。事实上，绝大多数研究都选择了一个仅限于美国股票的指数，它只是真正的全球风险资产组合的一小部分。然后，这些研究假设用作市场投资组合替代指标的特定指数与真实市场投资组合高度相关。

大多数研究人员都认识到了这个潜在的问题，但认为问题并不严重。然而，罗尔（Roll，1977a，1978，1980，1981）得出的结论是，使用这些指数作为市场投资组合替代指标对资本资产定价模型的检验具有非常重要的影响，尤其是在用该模型评估投资组合绩效时。他将该问题称为**基准误差**，因为这种做法是将投资组合经理的绩效与同等风险的未管理投资组合的收益率进行比较，也就是说，经过风险调整的市场投资组合将作为基准。罗尔的观点是，如果指定的基准不正确，就无法正确衡量投资组合经理的绩效。错误指定的市场投资组合会产生两种影响：第一，计算出的投资者投资组合贝塔系数将是错误的，因为用于计算投资组合系统性风险的市场投资组合是不合适的。第二，推导出的证券市场线将是错误的，因为它是用错误指定的投资组合 M 推导出来的。

图表 7-10 说明了第二个问题，它表明证券市场线的截距和斜率将在以下情况下产生差异：（1）错误地选择了无风险资产；（2）选择的市场投资组合不是正确的均值方差有效投资组合。显然，在这些条件下，被判定为优于第一条证券市场线的投资组合（即位于测算出的证券市场线上方的投资组合）很可能差于真实的证券市场线（即，投资组合位于真正的证券市场线下方）。

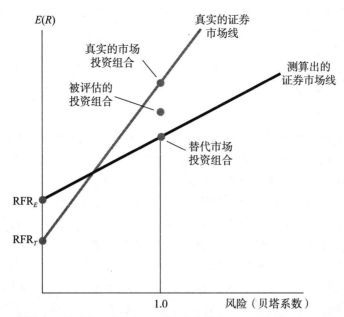

图表 7 - 10　基于测算出的无风险资产和替代市场投资组合的证券市场线与真实证券市场线的差异

　　罗尔认为，资本资产定价模型的检验需要分析用于代表市场投资组合的替代指标是否落在马科维茨有效边界上，以及它是否真正的最优市场投资组合。罗尔表明，如果替代市场投资组合（例如，标准普尔 500 指数）是均值方差有效投资组合，就有可能用数学公式显示由该投资组合得出的收益率和贝塔系数之间的线性关系。

　　赖利和阿赫塔尔（1995）的一项研究显示了基准问题的影响。他们使用市场投资组合的两个不同替代指标来估计证券市场线的组成部分：（1）标准普尔 500 指数和（2）布林森合伙公司的全球证券市场指数，后一指数包括美国国内外的股票和债券。如图表 7 - 11 所示，根据每个市场替代指标计算出的证券市场线存在显著差异。该图表给出了两个指数在三个时期的平均无风险利率、市场收益率和证券市场线的斜率。显然，随着时间的推移，根据不同指数计算出的证券市场线斜率差异很大，这表明所使用的基准不同确实会导致差异。

图表 7 - 11　使用不同市场替代指标的证券市场线的组成部分（%）

	2000—2004 年			1989—1994 年			1983—1988 年		
	R_M	RFR	R_M-RFR	R_M	RFR	R_M-RFR	R_M	RFR	R_M-RFR
标准普尔 500 指数	−2.01	3.05	−5.06	13.07	5.71	7.36	18.20	8.31	9.90
布林森全球证券市场指数	3.02	3.05	−0.03	10.18	5.71	4.48	18.53	8.31	10.22

　　资料来源：改编自 Frank K. Reilly and Rashid A. Akhtar，"The Benchmark Error Problem with Global Capital Markets," *Journal of Portfolio Management* 22，no. 1（Fall 1995）：33 - 52。弗兰克·K. 赖利提供了最新结果。

　　总之，不正确的市场替代指标将影响贝塔系数风险指标以及用于评估投资组合绩效的证券市场线的位置和斜率。然而，我们要认识到，基准问题不会使作为规范的资产定价模型的资本资产定价模型无效；它只表明在试图检验理论和使用该模型评估投资组合绩效时采用的衡量方法存在问题。

7.4 套利定价理论

前面的讨论强调了资本资产定价模型对投资管理领域做出的诸多贡献。在许多方面，资本资产定价模型都是有史以来最常用的金融经济学理论之一。然而，本书引用的一些实证研究指出，该模型在解释风险与收益的关系方面存在缺陷。

资本资产定价模型面临的一个主要挑战是，结果表明，即使在调整了以贝塔系数衡量的投资风险之后，也可以使用关于特定公司或证券特征的信息来制定有利可图的交易策略。例如，法马和弗伦奇（1992）还证明，"价值型"股票（账面市值比较高的股票）往往比"成长型"股票（账面市值比较低的股票）有更高的风险调整收益率。在有效市场中，不应该出现这些收益率差异，这意味着，要么市场在很长一段时间内都是无效的（投资者在长达几十年的时间里忽略了有利可图的投资机会），要么市场价格是有效的，但单因素模型（例如资本资产定价模型）衡量风险的方式有问题。

鉴于第一种可能性太离谱，20 世纪 70 年代初，金融经济学家开始考虑第二种可能性的影响。学术界开始寻找一种替代资本资产定价模型的资产定价理论，它应该直观易懂，并考虑了投资风险的多个维度。这些努力的结果就是套利定价理论，其模型是由罗斯（Ross，1976，1977）在 20 世纪 70 年代中期建立的。它有三个主要假设：

（1）资本市场是完全竞争的。

（2）投资者总是更喜欢确定地拥有更多财富而不是更少财富。

（3）产生资产收益率的过程可以表示为 K 个风险因素（或指数）的线性函数，且所有非系统性风险都被分散掉。

同样重要的是，该模型不需要建立资本资产定价模型时使用的以下主要假设：（1）投资者有二次效用函数，（2）证券收益率为正态分布，（3）市场投资组合包含所有风险资产且均值方差有效。显然，如果一个模型更简单，并且也可以解释证券价格的差异，那么它将被认为是优于资本资产定价模型的理论。

在讨论套利定价理论的实证检验之前，我们将简要回顾该理论的基础知识。该理论假设收益率产生过程可以表示为以下形式的 K 因素模型：

$$R_i = E(R_i) + b_{i1}\delta_1 + b_{i2}\delta_2 + \cdots + b_{ik}\delta_k + \varepsilon_i, \ i=1, 2, 3, \cdots, n \qquad (7.4)$$

其中：

R_i＝特定时期内资产 i 的实际收益率，$i=1, 2, 3, \cdots, n$；

$E(R_i)$＝所有风险因素的变化均为零时资产 i 的预期收益率；

b_{ij}＝资产 i 的收益率对共同风险因素 j 的变化的反应；

δ_k＝影响所有资产的收益率且均值为零的共同因素或指数集合；

ε_i＝对资产 i 的收益率的特有影响（根据假设，大型投资组合中的随机误差项被完全分散掉且均值为零）；

n＝资产数量。

δ 项是预期会影响所有资产的收益率的多个风险因素。这些因素可能包括通货膨胀率、国内生产总值增长率、重大政治动荡或利率变化。套利定价模型认为，此类影响收益率的因素有很多，这与资本资产定价模型不同。在资本资产定价模型中，唯一要衡量的重要风险是资产与市场投资组合的协方差（资产的贝塔系数）。

b_{ij} 项决定了每项资产对第 j 个特定共同因素的反应。尽管所有资产都可能受到国内生产总值增长率的影响，但对某个因素的影响（反应）会有所不同。例如，与非周期性公司（例如连锁杂货店）相比，周期性公司的股票与"国内生产总值增长率"因素相关的 b_{ij} 项更大。同理，所有股票都受到利率变化的影响；然而，一些股票受到的影响更大。利率敏感股票的 b_j 可能为 2.0 或更高，而对利率相对不敏感的股票的 b_j 为 0.5。但是请注意，当我们应用该理论时，并未确定这些因素。也就是说，当我们讨论套利定价理论的实证研究时，研究人员会称他们发现了两个、三个或四个影响证券收益率的因素，但他们不会说明这些因素代表什么。

与资本资产定价模型类似，套利定价模型假设特有影响（ε_i）是独立的，并且在大型投资组合中会被分散掉。套利定价模型要求，当特有影响被完全分散掉时，均衡状态下的零投资投资组合*、零系统性风险投资组合的收益率为零。该假设（以及一些数学运算）表明，资产 i 的预期收益率可以表示为：

$$E(R_i)=\lambda_0+\lambda_1 b_{i1}+\lambda_2 b_{i2}+\cdots+\lambda_k b_{ik} \tag{7.5}$$

其中：

λ_0＝系统性风险为零的资产的预期收益率。

λ_j＝与第 j 个共同风险因素相关的风险溢价。

b_{ij}＝风险溢价与资产之间的价格关系；也就是说，资产 i 对第 j 个共同风险因素的反应程度。（这被称为因素贝塔系数或因素负荷。）

式（7.5）表示套利定价模型的基本结果。比较套利定价模型的预期风险-收益关系范式与式（7.1）中的资本资产定价模型的预期风险-收益关系范式是很有用的。图表 7-12 对比了这两个模型的相关特征。这两种理论之间的最终区别在于系统性投资风险的定义方式：资本资产定价模型使用的是单一的市场风险因素，而套利定价模型使用的是反映市场风险细微差别的多个因素。然而，这两种理论都得出了基于以下共识的线性模型，即投资者因履行两个职能而得到补偿：投入资本和承担风险。最后，套利定价模型公式表示的关系类似于与资本资产定价模型相关的证券市场线。然而，套利定价模型不是一条连接风险和预期收益率的直线，而是一个 $K+1$ 维的证券市场平面——K 个风险因素和一个额外的证券预期收益率维度。图表 7-13 说明了双风险因素（$K=2$）套利定价模型的这种关系。

图表 7-12　比较资本资产定价模型与套利定价模型

	资本资产定价模型	套利定价模型
公式形式	线性	线性
风险因素数量	1	$K(\geqslant 1)$

---

* 零投资投资组合是指通过买入或卖空投资组合中的证券而建立的零净值投资组合，通常是一种套利交易策略。——译者注

续表

	资本资产定价模型	套利定价模型
风险溢价因素	$E(R_M)-\text{RFR}$	$\{\lambda_j\}$
风险敏感性因素	β_i	$\{b_{ij}\}$
"零贝塔系数"收益率	RFR	λ_0

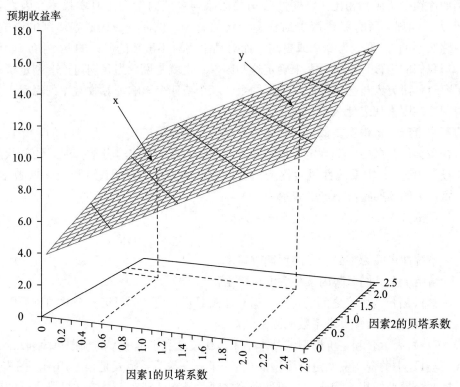

图表 7-13　预期收益率与两个共同风险因素之间的关系（$\lambda_0=4\%$，$\lambda_1=2\%$，$\lambda_2=3\%$）

7.4.1　使用套利定价模型

　　为了说明套利定价模型的作用原理，我们假设有两个共同因素：一个与通货膨胀水平的意外变化有关，另一个与国内生产总值实际水平的意外变化有关。如果与对国内生产总值的敏感性相关的风险溢价为 0.03，而一只对国内生产总值敏感的股票的 b_j（其中 j 表示国内生产总值因素）为 1.5，那么这意味着该因素将导致该股票的预期收益率增加 4.5%（$=1.5\times0.03$）。

　　请考虑以下两只股票的例子，并假设双因素模型的风险因素定义和敏感性如下：

　　δ_1＝通货膨胀率的意外变化。利率每变化 1%，与该因素相关的风险溢价将变化 2%（$\lambda_1=0.02$）。

　　δ_2＝实际国内生产总值增长率的意外变化。增长率每变化 1%，与该因素相关的平均风险溢价将变化 3%（$\lambda_2=0.03$）。

　　λ_0＝零系统性风险（零贝塔系数）资产的收益率为 4%（$\lambda_0=0.04$）。

此外，假设有两项资产（x 和 y），它们对这些共同风险因素的敏感性如下：

b_{x1}＝资产 x 对通货膨胀因素变化的反应系数为 0.50；

b_{x2}＝资产 x 对国内生产总值因素变化的反应系数为 1.50；

b_{y1}＝资产 y 对通货膨胀因素变化的反应系数为 2.00；

b_{y2}＝资产 y 对国内生产总值因素变化的反应系数为 1.75。

这些因素敏感性可以用与资本资产定价模型中的贝塔系数大致相同的方式来解释，即 b_{ij} 的水平越高，资产 i 对第 j 个风险因素变化的敏感性越大。因此，资产 y 比资产 x 的风险更高，因此其预期收益率应该更高。总预期收益率公式为：

$$E(R_i)=\lambda_0+\lambda_1 b_{i1}+\lambda_2 b_{i2}$$
$$=0.04+0.02 b_{i1}+0.03 b_{i2}$$

因此，对于资产 x 和资产 y：

$$E(R_x)=0.04+0.02\times0.50+0.03\times1.50$$
$$=0.095\ 0=9.50\%$$

且

$$E(R_y)=0.04+0.02\times2.00+0.03\times1.75$$
$$=0.132\ 5=13.25\%$$

这两项资产的因素贝塔系数和预期收益率的位置如图表 7-13 所示。如果这两项资产的价格不能反映这些预期收益率，那么我们预计投资者会签订套利协议，卖空价格过高的资产，并用所得款项购买价格过低的资产，直到相关价格得到修正。

7.4.2　使用套利定价模型进行证券估值：一个例子

假设三只股票（股票 A、股票 B 和股票 C）和两个共同系统性风险因素（因素 1 和因素 2）具有以下关系（简单起见，假设零贝塔系数收益率 λ_0 等于零）：

$$E(R_A)=0.80\lambda_1+0.90\lambda_2$$
$$E(R_B)=-0.20\lambda_1+1.30\lambda_2$$
$$E(R_C)=1.80\lambda_1+0.50\lambda_2$$

如果 λ_1＝4% 且 λ_2＝5%，那么明年的市场预期收益率可以表示为：

$$E(R_A)=0.80\times4\%+0.90\times5\%=7.7\%$$
$$E(R_B)=-0.20\times4\%+1.30\times5\%=5.7\%$$
$$E(R_C)=1.80\times4\%+0.50\times5\%=9.7\%$$

假设所有三只股票当前的价格均为 35 美元且不支付股利，这意味着一年后的预期价格如下：

$$E(P_A)=35\times1.077=37.70(\text{美元})$$
$$E(P_B)=35\times1.057=37.00(\text{美元})$$
$$E(P_C)=35\times1.097=38.40(\text{美元})$$

现在，假设您自己的基本分析表明，一年后股票 A、股票 B 和股票 C 的实际价格将为 37.20 美元、37.80 美元和 38.50 美元。您可以如何利用您认为的市场定价错误？

根据您的预测，股票 A 在一年后不会达到与投资者收益率预期一致的价格水平。因此，您得出结论，按照每股 35 美元的当前价格，股票 A 的价值被高估了。类似地，股票

B 的价值被低估了，股票 C 的价值被（略微）低估了。因此，任何旨在利用这些差异的投资策略至少需要考虑在卖空股票 A 的同时买入股票 B 和股票 C。

无风险套利的设想是构建一个投资组合，使投资者不需要在最初用净财富进行投资，也不用承担系统性风险或非系统性风险，但仍然可以获得利润。令 w_i 表示对证券 i 的投资百分比，必须满足的条件可以正式写为：

(1) $\sum_i w_i = 0$（无净财富投资）。

(2) $\sum_i w_i b_{ij} = 0$（所有 K 个因素均没有系统性风险）且 w_i 对所有 i 来说都"很小"（非系统性风险被完全分散掉）。

(3) $\sum_i w_i R_i > 0$（实际投资组合收益率为正）。

在本例中，由于股票 A 是唯一价值被高估的股票，因此假设它是唯一实际被卖空的股票。然后，可以用卖空股票 A 的收入购买两只价值被低估的证券——股票 B 和股票 C。为了说明这个过程，请考虑以下投资比例：

$$w_A = -1.0$$
$$w_B = +0.5$$
$$w_C = +0.5$$

这些投资权重意味着创建一个投资组合，即每持有 1 股股票 B 和 1 股股票 C，就卖空 2 股股票 A。请注意，该投资组合满足套利交易的净投资和风险要求：

净初始投资：

卖空 2 股股票 A：	+70
买入 1 股股票 B：	−35
买入 1 股股票 C：	−35
净投资：	0

风险因素的净敞口：

	因素 1	因素 2
股票 A 的加权敞口：	−1.0×0.8	−1.0×0.9
股票 B 的加权敞口：	0.5×(−0.2)	0.5×1.3
股票 C 的加权敞口：	0.5×1.8	0.5×0.5
净风险敞口：	0	0

如果一年后，价格确实上涨到您最初"认为"会上涨到的水平，则抛补空头和卖出多头的净利润将为：

$$(2 \times 35 - 2 \times 37.20) + (37.80 - 35) + (38.50 - 35) = 1.90（美元）$$

因此，从您未投资任何净财富且不承担净风险的投资组合中，您实现了正利润。这正是套利投资的本质，也是对冲基金经常采用的"多-空"交易策略的一个例子。

最后，如果今天市场上的其他人开始相信您对股票 A、股票 B 和股票 C 未来价格水平的看法——但他们没有修改对各只股票的因素收益率或因素贝塔系数的预期——那么这三只股票的当前价格将通过套利交易调整为：

$$P_A = 37.20 \div 1.077 = 34.54（美元）$$
$$P_B = 37.80 \div 1.057 = 35.76（美元）$$

$$P_C = 38.50 \div 1.097 = 35.10（美元）$$

因此，股票 A 的价格将被压低，而股票 B 和股票 C 的价格将被抬高，直到当前市场上的套利交易不再有利可图。

7.4.3　套利定价理论的实证检验

尽管套利定价理论比资本资产定价模型的出现晚了几年，但它也经过了相当多的学术检验。在讨论这些实证检验时，请记住之前的重要警告，即我们不知道正式模型中的因素实际代表什么。这成为对检验结果的部分讨论的重点。

罗尔和罗斯的研究　罗尔和罗斯（1980）对套利定价理论进行了最早的大规模实证检验之一。他们的方法分为两步：

（1）根据个股收益率的时间序列数据估计预期收益率和因素贝塔系数。

（2）使用这些估计来检验套利定价理论隐含的基本横截面定价结论。具体而言，这些资产的预期收益率是否与第 1 步中得出的共同因素一致？

他们检验了以下定价关系：

H_0：存在非零常数（$\lambda_0, \lambda_1, \cdots, \lambda_k$），使得对于任何资产 i：

$$E(R_i) - \lambda_0 = \lambda_1 b_{i1} + \lambda_2 b_{i2} + \cdots + \lambda_k b_{ik}$$

具体的 b_i 系数是使用被称为因素分析的统计方法估计的，它根据基础收益率的相关系数构建基础资产（因素）的“投资组合”。他们的数据库包括从 1962 年到 1972 年期间的日收益率。股票按字母顺序放入 42 个投资组合，每个投资组合包含 30 只股票（共 1 260 只股票）。

假设无风险利率为 6%（$\lambda_0 = 0.06$），他们的分析表明，至少存在三个有意义的因素，但可能不超过四个有意义的因素。然而，当他们允许模型估计无风险利率（λ_0）时，只有两个因素始终显著。罗尔和罗斯得出的结论是：实证总体上支持套利定价理论，但也承认他们的检验不具有结论意义。

罗尔和罗斯检验的扩展　丘、埃尔顿和格鲁伯（Cho，Elton and Gruber，1984）通过分析收益率产生过程中被定价的因素数量来检验套利定价理论。他们得出的结论是，即使收益率是由双因素模型产生的，也需要两到三个因素来解释收益率。迪亚梅斯、弗兰德和古尔特金（Dhrymes，Friend and Gultekin，1984）重新分析了之前研究中使用的方法，并发现 30 只股票构成的投资组合和 240 只股票构成的投资组合的因素贝塔系数之间没有关系。此外，他们也无法确定描述收益率产生过程特征的因素的实际数量。当他们将该模型应用于不同规模的投资组合时，因素数量从两个到多达九个不等。

罗尔和罗斯（1984）称，重要的考虑因素是得到的估计值是否一致，因为不可能一次性考虑所有股票。当他们检验一致性时，套利定价理论得到了普遍支持。康纳和科拉耶齐克（Connor and Korajczyk，1993）设计了一个检验，对于允许不同资产之间的非系统性风险相互关联的模型，该检验可以确定模型中的因素数量。使用这种方法，他们证明其纽约证券交易所和美国证券交易所上市股票样本中存在一至六个定价因素。哈丁（Harding，2008）还说明了系统性风险因素和非系统性风险因素之间的联系。

套利定价理论和股票市场异常　套利定价理论的另一组检验考察了该理论对定价异常的解释程度：**小公司效应**和**一月效应**。

小公司效应的套利定价理论检验　雷因格纳姆（1981）分析了套利定价理论解释小公司和大公司之间的平均收益率差异的能力，而资本资产定价模型无法解释这种差异。他的结果显然与套利定价理论不一致，因为小公司投资组合具有统计上显著的正平均超额收益率，而大公司投资组合具有统计上显著的负平均超额收益率。相反，陈（Chen，1983）使用 180 只股票和 5 个因素比较了套利定价模型与资本资产定价模型。他的结论是，资本资产定价模型的设定有误，而套利定价模型补上了缺失的价格信息。

一月效应的套利定价理论检验　古尔特金和古尔特金（Gultekin and Gultekin，1987）检验了套利定价模型解释所谓的一月效应的能力，一月效应是指一月的收益率明显高于任何其他月份。他们得出的结论是，套利定价模型只能解释一月的风险-收益关系，这意味着套利定价模型并不能比资本资产定价模型更好地解释这种异常情况。此外，克雷默（Kramer，1994）的研究表明，套利定价理论的实证形式解释了一月平均股票收益率的季节效应，而资本资产定价模型则不能。

套利定价理论能被检验吗？　与罗尔对资本资产定价模型的批评类似，尚肯（1982）质疑像套利定价理论这样的 K 因素模型能否被实证验证。一个问题是，如果股票收益率不能被这种模型解释，并不能认为是拒绝该模型；然而，如果这些因素确实解释了收益率，则被视为支持该模型。此外，等效证券组合可能符合不同的因素结构，这意味着套利定价理论对给定证券组合的预期收益率可能得出不同实证含义。遗憾的是，这意味着该理论无法解释证券之间的收益率差异，因为它无法确定解释收益率差异的相关因素结构。之后的许多论文，例如布朗和魏因施泰因（Brown and Weinstein，1983）、格韦克和周（Geweke and Zhou，1996）以及张（Zhang，2009）的论文，都提出了检验套利定价理论的新方法。

7.5　多因素模型和风险估计

当谈到将理论付诸实践时，资本资产定价模型的一个优点是明确指定了单一风险因素——市场投资组合的超额收益率。使用资本资产定价模型的难点是指定市场投资组合，这需要确定相关的投资领域。正如我们所看到的，这不是一个小问题，因为市场投资组合的替代指标选择不当（例如，在评估固定收益投资组合时使用标准普尔 500 指数代表市场）可能会导致错误判断。然而，我们还看到，一旦确定了可接受的市场投资组合替代指标的收益率（R_M），估计资本资产定价模型的过程就很简单了。

相比之下，使用套利定价理论的主要实际问题是，基础风险因素的名称和确切数量都不是由理论得出的，因此必须专门指定。换言之，在套利定价理论可用于对证券进行估值或衡量投资绩效之前，投资者必须补全关于风险与预期收益率的基本关系的大量缺失信息。

最初应用套利定价理论的尝试依赖于多元统计技术，例如因素分析，它分析了大量证券的多期已实现收益率，以发现可识别的行为模式。这些研究的一致发现是，似乎有多达三四个"定价"（即统计上显著的）因素，但研究人员无法确定同一组因素是由其样本的不同子集产生的。事实上，我们还看到，无法识别风险因素是套利定价理论有用性的主要限制。琼斯（Jones，2001）以及卢德维格松和吴（Ludvigson and Ng，2007）近期在这些方面进行了一些扩展研究。

建立反映套利定价理论本质的实证模型的另一种方法依赖于直接指定待估计关系的形式。也就是说，在多因素模型中，投资者需要选择以下公式中的风险因素的确切数量和名称：

$$R_{it} = a_i + (b_{i1}F_{1t} + b_{i2}F_{2t} + \cdots + b_{iK}F_{Kt}) + e_{it} \tag{7.6}$$

其中，F_{jt} 是与第 j 个指定风险因素相关的第 t 期收益率，R_{it} 可以是证券 i 的名义收益率或超额收益率。这种方法的优点是，投资者确切地知道需要估计的因素及其数量。多因素模型的主要缺点是，建立该模型时几乎没有关于风险-收益关系的真实性质的理论指导。从这个意义上说，建立有用的因素模型与理论推演一样是一门艺术。

7.5.1 将多因素模型用于实践

在实践中，人们采用了各种各样的实证因素模型。每个模型都试图确定一组经济影响因素，这些影响因素的种类足够多，以至能反映投资风险的主要细微差别，但又足够小，从而能向投资者提供可行的解决方案。人们采用了两种一般方法。在第一种方法中，风险因素本质上可以被视为宏观经济因素；也就是说，它们试图反映导致资产收益率变化的根本原因的变化（例如，前面讨论的例子中的通货膨胀率或实际国内生产总值增长率的变化）。第二种方法是，我们也可以通过关注证券本身的相关特征（例如相关公司的规模或某些财务比率），从微观经济层面上看待风险因素。下文将讨论这两种方法的几个代表性例子。

基于宏观经济的风险因素模型　陈、罗尔和罗斯（1986）建立了一个特别有影响力的模型，他们假设证券收益率受到一系列广泛的经济因素影响，影响方式如下：

$$R_{it} = a_i + (b_{i1}R_{Mt} + b_{i2}MP_t + b_{i3}DEI_t + b_{i4}UI_t + b_{i5}UPR_t + b_{i6}UTS_t) + e_{it} \tag{7.7}$$

其中：

R_M ＝纽交所上市股票市值加权指数的收益率。

MP＝美国工业产值的月增长率。

DEI＝通货膨胀率的变化；由美国居民消费价格指数衡量。

UI＝实际通货膨胀率水平与预期通货膨胀率水平的差异。

UPR＝债券信用利差的意外变化（＝Baa 级债券的收益率－无风险利率）。

UTS＝期限结构的意外变化（＝长期无风险利率－短期无风险利率）。

在估计该模型时，他们使用了 1958—1984 年期间大量股票的一系列月收益率。图表 7-14 显示了他们确定的因素敏感性（以及括号中的相关 t 统计量）。关于这些发现，请注意两件事。第一，指定风险因素的经济意义随着时间的推移发生了巨大变化。例如，通货膨胀因素（DEI 和 UI）似乎只在 1968—1977 年期间相关。第二，市场投资组合替代指标的参数从不显著，这表明除了包含在其他宏观经济风险因素中的信息之外，它的解释力很小。

图表 7 - 14　估计基于宏观经济风险因素的多因素模型

时期	常数项	R_M	MP	DEI	UI	UPR	UTS
1958—1984 年	10.71 (2.76)	−2.40 (−0.63)	11.76 (3.05)	−0.12 (−1.60)	−0.80 (−2.38)	8.27 (2.97)	−5.91 (−1.88)
1958—1967 年	9.53 (1.98)	1.36 (0.28)	12.39 (1.79)	0.01 (0.06)	−0.21 (−0.42)	5.20 (1.82)	−0.09 (−0.04)
1968—1977 年	8.58 (1.17)	−5.27 (−0.72)	13.47 (2.04)	−0.26 (−3.24)	−1.42 (−3.11)	12.90 (2.96)	−11.71 (−2.30)
1978—1984 年	15.45 (1.87)	−3.68 (−0.49)	8.40 (1.43)	−0.12 (−0.46)	−0.74 (−0.87)	6.06 (0.78)	−5.93 (−0.64)

資料来源：Nai-fu Chen, Richard Roll, and Stephen A. Ross, "Economic Forces and the Stock Market," *Journal of Business* 59, no. 3 (April 1986).

布尔迈斯特、罗尔和罗斯（Burmeister，Roll and Ross，1994）分析了基于一组不同宏观经济因素的模型的预测能力。具体而言，他们定义了以下五种风险敞口：（1）信心风险，它基于投资者承担投资风险意愿的意外变化；（2）投资期风险，即投资者获得收益所需时间的意外变化；（3）通货膨胀风险，它基于短期意外通货膨胀率和长期意外通货膨胀率的组合；（4）经济周期风险，它代表整体经济活动水平的意外变化；（5）市场择时风险，它的定义为标准普尔 500 指数总收益率中未被其他四个宏观经济因素解释的部分。

他们比较了其模型中几个不同个股和股票投资组合的风险因素敏感性。图表 7 - 15 的 A 图和 B 图显示了特定股票［锐步国际有限公司（Reebok International Ltd.）］与标准普尔 500 指数以及小盘股投资组合与大盘股投资组合的这些因素贝塔系数估计值。这些图表中还包括证券或投资组合对 BIRR 综合风险指数的敞口，该指数表明了哪个头寸具有最大的整体系统性风险。这些比较凸显出多因素模型能如何帮助投资者区分他们持有特定头寸时承担的风险的性质。例如，请注意，与标准普尔 500 指数相比，锐步国际有限公司对所有风险来源的敞口更大。此外，与大公司相比，小公司更容易受到经济周期风险和信心风险的影响，但受投资期风险的影响较小。

基于微观经济的风险因素模型　与基于宏观经济的解释相反，我们还可以使用专注于基础证券样本某些特征的代理变量，用微观经济术语来阐述风险。这种特征法的典型例子就是法马和弗伦奇（1993）的研究，他们用这种方法建立了一个多因素模型，使用了以下函数形式：

$$R_{it} - RFR_t = \alpha_i + b_{i1}(R_{Mt} - RFR_t) + b_{i2}SMB_t + b_{i3}HML_t + e_{it} \tag{7.8}$$

其中，除了股票市场投资组合的超额收益率以外，还定义了另外两个风险因素替代指标：

SMB（小减大）＝小盘股投资组合的收益率减去大盘股投资组合的收益率；

HML（高减低）＝高账面市值比股票投资组合的收益率减去低账面市值比股票投资组合的收益率。

在本范式中，SMB 旨在反映与公司规模相关的风险要素，而 HML 旨在区分与"价值型"（高账面市值比）公司和"成长型"（低账面市值比）公司相关的风险差异。正如我们之前看到的，证券或证券组合的这两个维度在评估投资绩效时始终显示出重要性。另外，请注意，如果没有 SMB 和 HML，该模型将简化为超额收益率形式的单指数市场模型。

A. 锐步国际有限公司与标准普尔500指数

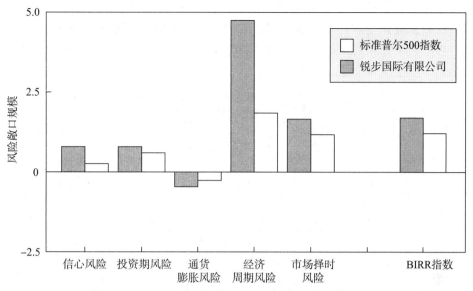

B. 大盘股公司与小盘股公司

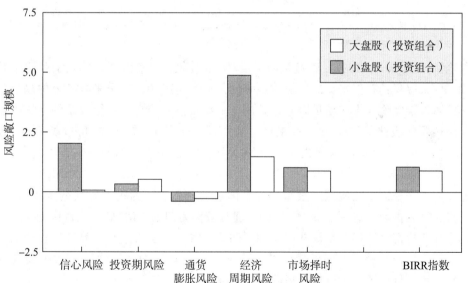

图表 7 - 15 宏观经济风险敞口的特征

法马和弗伦奇分析了对投资组合中的广泛股票样本按从 1963 年 7 月到 1991 年 12 月期间的年市盈率分组的做法。图表 7 - 16 显示了两端的五分位数上的单指数模型和多因素模型的结果（括号中列出了估计系数的 t 统计量）。请注意，虽然低市盈率股票和高市盈率股票之间存在显著差异（单指数模型中这两只股票的贝塔系数分别为 0.94 与 1.10），但在多因素模型中（多因素模型中这两只股票的贝塔系数分别为 1.03 与 0.99），这种差距已显著缩小。这表明单指数模型中的市场投资组合可作为 SMB 和 HML 提供的部分（而非全部）额外风险维度的替代指标。此外，低市盈率股票往往与小公司溢价正相关，但高市盈率股票并非与小公司溢价负相关。最后，低市盈率股票也往往有较高的账面市值比，而高市盈率股票往往有较低的账面市值比（估计 HML 分别为 0.67 和 −0.50）。毫不奇怪，在实践中，相对市盈率和相对账面市值比都常用于区分成长型股票和价值型股票。

图表 7 - 16　估计基于特征的风险因素的多因素模型

投资组合	常数项	市场	SMB	HML	R^2
(1) 单指数模型					
最低市盈率	0.46 (3.69)	0.94 (34.73)	—	—	0.78
最高市盈率	−0.20 (−2.35)	1.10 (57.42)		—	0.91
(2) 多因素模型					
最低市盈率	0.08 (1.01)	1.03 (51.56)	0.24 (8.34)	0.67 (19.62)	0.91
最高市盈率	0.04 (0.70)	0.99 (66.78)	−0.01 (−0.55)	−0.50 (−19.73)	0.96

资料来源：转载自 Eugene F. Fama and Kenneth R. French, "Common Risk Factors in the Returns on Stocks and Bonds," *Journal of Financial Economics* 33，no. 1 (January 1993)。

卡哈特（Carhart, 1997）直接扩展了法马-弗伦奇三因素模型，加入了第四个共同风险因素，用来解释具有正（负）历史收益率的公司产生正（负）未来收益率的趋势。他将这种额外风险维度称为价格动量因素，并用上一年收益率最好的一组股票的平均收益率减去收益率最差的股票的平均收益率来估计它。通过这种方式，卡哈特以类似于 SMB 和 HML 的方式定义了动量因素（此处标为 MOM）。他提出的正式模型是：

$$R_{it} - \text{RFR}_t = \alpha_i + b_{i1}(R_{Mt} - \text{RFR}_t) + b_{i2}\text{SMB}_t + b_{i3}\text{HML}_t + b_{i4}\text{MOM}_t + e_{it} \qquad (7.9)$$

他证明了动量因素的典型因素敏感性（因素贝塔系数）为正，将其纳入法马-弗伦奇模型可将解释力提高多达 15%。式（7.9）通常被称为四因素法马-弗伦奇模型。

法马和弗伦奇（2015）在该式中添加了两项参数——公司盈利风险敞口和公司投资风险敞口来解释公司质量，扩展了最初的三因素模型。具体而言，他们通过扩展式（7.8）中的初始模型，创建了一个五因素风险模型，如下所示：

$$R_{it} - \text{RFR}_t = \alpha_i + b_{i1}(R_{Mt} - \text{RFR}_t) + b_{i2}\text{SMB}_t + b_{i3}\text{HML}_t + b_{i4}\text{RMW}_t$$
$$+ b_{i5}\text{CMA}_t + e_{it} \qquad (7.10)$$

新参数的定义如下：

RMW(强健减去疲弱)＝高盈利股票投资组合的收益率减去低盈利股票投资组合的收益率；

CMA(保守减去激进)＝低投资公司（低总资产增长率）的股票投资组合收益率减去总资产快速增长公司的股票投资组合收益率。

布利茨、哈诺尔、维多耶维克和范弗利特（Blitz, Hanauer, Vidojevic and van Vliet, 2016）指出，式（7.10）不包括动量风险因素。

基于特征的风险因素模型的扩展 另一种基于证券特征的系统性风险敞口定义方法使用指数投资组合（例如，标准普尔 500 指数、威尔希尔 5000 指数）作为共同因素。直观地说，如果指数本身旨在强调某些投资特征，它们就可以作为基础风险敞口的替代指标。例子包括以低账面市值比大盘股为主的罗素 1000 成长指数，或选择在美国国外注册的各种公司的摩根士丹利资本国际欧洲、澳大利亚和远东指数。这种方法的典型代表是埃尔顿、格鲁伯和布莱克（Elton，Gruber and Blake，1996）的研究，他们的研究依赖于四个指数：标准普尔 500 指数、巴克莱资本综合债券指数、反映大盘股和小盘股差异的保诚贝奇指数，以及反映价值型股票和成长型股票差异的保诚贝奇指数。

构建多因素模型的微观经济方法的最后一个例子是摩根士丹利资本国际公司，这是一家领先的风险预测和投资咨询公司。它用于分析全球股票市场的模型将几个基于特征的变量和几个行业指数作为风险因素。[①] 图表 7-17 简要介绍了基于特征的因素，这些因素代表了该公司反映投资风格风险的方法。图表 7-18 说明了 1999 年 6 月至 2013 年 6 月期间摩根士丹利资本国际所有国家世界指数（ACWI）的情况。该图表显示，所有国家世界指数的投资组合强调价值型股票而非成长型股票（即正价值因素敞口，负成长因素敞口）以及倾向于高度杠杆化的股票（即正杠杆因素敞口）。

图表 7-17 构建摩根士丹利资本国际全球股票市场模型基于特征的风格因素

全球股票市场长期模型风险因素	目的	描述成分（权重）
波动率	反映了相对波动性	• 历史西格玛系数（0.050） • 历史贝塔系数（0.500） • 累计范围（0.150） • 目标准差（0.300）
动量	反映了持续相对表现	• 12 个月相对强度（0.250） • 6 个月相对强度（0.375） • 历史阿尔法系数（0.375）
规模	大盘股公司和小盘股公司之间的差异	• 市值对数（1.000）
价值	反映了市场中的股票价格便宜程度	• 预测盈利市价比（0.450） • 盈利市价比（0.100） • 账面市值比（0.200） • 股息率（0.100） • 现金盈利市价比（0.150）
增长率	反映了股票的成长前景	• 5 年期盈利增长率（0.150） • 5 年期销售收入增长率（0.150） • 分析师预测的 5 年期盈利增长率（0.700）

---

① 格林诺德和卡恩（Grinold and Kahn，1994）的研究更完整地描述了巴拉（Barra）的投资风险分析方法。

续表

全球股票市场长期模型风险因素	目的	描述成分（权重）
规模非线性	反映了收益率和市场对数之间的线性关系离差	• 市值对数立方（1.000）
流动性	衡量了公司股票在市场上的相对交易活跃性	• 月股票换手率（0.200） • 季度股票换手率（0.350） • 年股票换手率（0.450）
财务杠杆	衡量了公司的财务杠杆	• 账面杠杆率（0.400） • 市场杠杆率（0.500） • 资产负债率（0.100）

资料来源：Kassam，Altaf，Abhishek Gupta，Saurabh Jain，and Roman Kouzmenko. "Introducing MSCI Index-Metrics：An Analytical Framework for Factor Investing." *MSCI Research Insight*，December 2013.

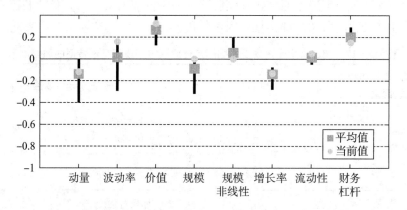

图表 7-18　摩根士丹利资本国际所有国家世界指数的风格因素敞口（1999 年 6 月—2013 年 6 月）

资料来源：Kassam，Altaf，Abhishek Gupta，Saurabh Jain，and Roman Kouzmenko. "Introducing MSCI Index-Metrics：An Analytical Framework for Factor Investing." *MSCI Research Insight*，December 2013.

7.5.2　在多因素环境中估计风险：示例

估计个股的预期收益率　采用多因素风险模型的一种直接方法是用它来估计个股的预期收益率。为此，必须采取以下步骤：（1）必须确定一组具体的 K 个共同风险因素（或其替代指标），（2）必须估计这些因素的风险溢价（F_j），（3）必须估计第 i 只股票对这 K 个因素中每个因素的敏感性（b_{ij}），（4）可以通过结合前面步骤的结果计算出预期收益率。

在这个例子中，我们将使用前面讨论的法马-弗伦奇三因素模型和法马-弗伦奇四因素模型。通过指定四个共同风险因素——R_M－RFR、SMB、HML 和 MOM——的替代指标，这将完成第一步。第二步通常在实践中解出，方法是用历史收益率数据计算每个风险因素的平均值。然而，重要的是认识到，这些平均值可能会因投资者选择的时期不同而有很大差异。对于这四个因素，图表 7-19 的表 A 列出了三个不同时期内的平均年因素风险溢价：截至 2016 年 12 月的 15 年期间、截至 2016 年 12 月的 30 年期间和截至 2016 年 12

月的 83 年期间。[1] 请注意，这些数据证实，平均而言，小盘股的收益率高于大盘股，且价值型股票的表现优于成长型股票（即 SMB 因素和 HML 因素为正风险溢价）。

为了说明估计预期股票收益率的最后步骤，我们通过对三只不同股票的回归分析来估计风险因素敏感性，其中包含 2012 年 1 月至 2016 年 12 月期间的月收益率数据。这三只股票是：苹果公司——一家跨国个人计算机开发商；雪佛龙公司（Chevron Corp.）——一家综合能源公司；投资者银行（Investors Bancorp）——一家银行控股公司。图表 7-19 的表 B 列出了三因素模型的估计因素贝塔系数，表 C 列出了四因素模型的估计因素贝塔系数。

图表 7-19　风险因素溢价、因素敏感性和预期收益率的估计

A. 使用历史数据和假设数据估计的风险因素溢价

风险因素	历史数据：2002—2016 年（%）	历史数据：1987—2016 年（%）	历史数据：1927—2016 年（%）	假设预测值（%）
市场	7.85	8.39	8.36	8.00
SMB	3.29	1.06	3.29	2.50
HML	2.12	3.53	5.12	3.50
MOM	−1.09	5.96	9.26	4.50

B. 因素敏感性和预期风险溢价的估计：三因素模型

	苹果公司	雪佛龙公司	投资者银行
因素贝塔系数：			
市场	1.326	1.144	0.610
SMB	−0.569	−0.227	0.402
HML	−0.721	0.922	0.482
E（风险溢价）：			
2002—2016 年	7.01%	10.18%	7.13%
假设值	6.67%	11.81%	7.57%

C. 因素敏感性和预期风险溢价的估计：四因素模型

	苹果公司	雪佛龙公司	投资者银行
因素贝塔系数：			
市场	1.213	1.077	0.703
SMB	−0.572	−0.228	0.404
HML	−0.948	0.788	0.670
MOM	−0.317	−0.186	0.262
E（风险溢价）：			
2002—2016 年	5.98%	9.57%	7.98%
假设值	3.53%	9.96%	10.16%

---

[1]　从肯尼思·弗伦奇（Kenneth French）教授的网站上可以获得这些计算的数据，网址为 http://mba.tuck.dartmouth.edu/pages/faculty/ken.french。

比较这三只股票的因素贝塔系数，可以发现一些有意思的地方。首先，市场因素的正系数表明，所有这些公司都与股市的总体走势正相关。SMB 因素的系数证实，苹果公司和雪佛龙公司产生了与大盘股一致的收益率（负 SMB 风险敞口），而投资者银行的表现则类似于小盘股或中盘股。其次，雪佛龙公司和投资者银行更有可能被视为价值型股票（正 HML 风险敞口），而苹果公司可以被视为成长型股票。最后，苹果公司和雪佛龙公司表现出负价格动量（表 C 中的负 MOM 风险敞口），而投资者银行在此期间表现出正价格动量。

无论使用哪种具体的因素风险估计值，都可以用三因素模型或四因素模型的公式计算出股票预期收益率中超过无风险利率的部分（股票的预期风险溢价）：

$$E(R_i) - \text{RFR} = b_{im}\lambda_m + b_{i\text{SMB}}\lambda_{\text{SMB}} + b_{i\text{HML}}\lambda_{\text{HML}} + b_{i\text{MOM}}\lambda_{\text{MOM}} \tag{7.11}$$

图表 7-19 的表 B 和表 C 用以下两种不同的因素风险溢价估计值总结了所有三只股票的预期超额收益率计算结果：（1）2002—2016 年期间的历史数据；（2）一组假设预测。例如，使用历史风险因素数据计算出的苹果公司的预期风险溢价估计值为：

$$\text{三因素模型}: E(R) - \text{RFR} = 1.326 \times 7.85 + (-0.569) \times 3.29 + (-0.721) \times 2.12$$
$$= 7.01\%$$

$$\text{四因素模型}: E(R) - \text{RFR} = 1.213 \times 7.85 + (-0.572) \times 3.29 + (-0.948) \times 2.12$$
$$+ (-0.317) \times (-1.09)$$
$$= 5.98\%$$

图表 7-19 中的预测似乎是合理的。此外，用假设因素估计值得到的预期股票收益率一致低于用历史数据得到的预期股票收益率。最后，三因素模型和四因素模型对三只股票得到了非常类似的预测结果，尽管忽略正 MOM 敞口（投资者银行）或负 MOM 敞口（苹果公司和雪佛龙公司）似乎会有影响。

比较共同基金的风险敞口　为了更好地了解如何估计投资组合的风险因素敏感性，请考虑两个常见的共同基金的收益率：富达反向基金（FCNTX）和普信（T. Rowe Price）中盘股价值型基金（TRMCX）。晨星公司（一家独立的股票和共同基金咨询服务公司）将富达反向基金的投资风格归类为"大盘股成长型"。这意味着富达反向基金所持股票的典型特征是高市值公司，其市盈率和账面市值比超过市场上公司的平均水平。图表 7-20 显示了来自晨星公司网站的富达反向基金页面示例，并以图形显示了截至 2017 年报告日期该基金在投资"风格箱"中的位置。相反，如图表 7-21 所示，晨星公司将普信中盘股价值型基金分为"中盘股价值型"类别，这意味着该投资组合的重点通常是比富达反向基金规模更小的公司以及更接近价值型股票-成长型股票中间位置的公司。因此，假设晨星公司的分类系统是正确的，那么这两只基金对 SMB 因素和 HML 因素的相对敏感性应该不同。

使用 2014 年 4 月至 2017 年 3 月的月收益率，我们估计出了这两只基金在三种不同模型中的风险参数：（1）使用标准普尔 500 指数作为市场投资组合替代指标的单因素模型，（2）使用更广泛的美国股市综合指数作为市场投资组合替代指标的单因素模型，（3）使用美国市场综合指数的法马-弗伦奇三因素模型。图表 7-22 总结了这些估计的结果。

富达®反向基金®FCNTX

净值	1天期总收益率		拖尾12个月期收益率	手续费	总资产	费用率	费用水平	换手率	状态	最小投资
$112.42	0.65%		0.26%	无	$1 107亿	0.68%	低于平均水平	41%	开放	$2 500
USD|2017年5月19日的净值|2017年5月19日的1天期收益率			30天期美国证监会收益率		--	类别	投资风格			
						成长型大盘股	成长型大盘股			

10K增长率　　　　　　　　　　更多…

05/22/2007 ▾ 05/21/2017　　放大：1个月 3个月 年初至今 1年 3年 5年 10年 最大 自定义

XNAS:FCNTX:22 669.46 USD　　成长型大盘股：19 185.71 USD　　标准普尔500总收益率指数：19 379.55 USD

晨星公司评估FCNTX的风险指标 更多…

风险与类别 （1301）	低
收益率与类别 （1301）	+平均

注：以上为整体排名　　低　平均　高

FCNTX的风格地图　　　　　　更多…

巨型 / 大型 / 中型 / 小型 / 微型

所持投资的加权平均值 基金所持股票的75%

深度 核心 核心 高成长
价值型 价值型 成长型 成长型

FCNTX的资产配置　　　　　　更多…

现金	1.03%
美国股票	90.20%
非美国股票	7.65%
债券	0.02%
其他	1.10%

截至2017年3月31日

晨星公司对FCNTX的看法　　　　更多…

1990年以来，这只1 070亿美元的基金由威廉·达诺夫（William Danoff）领导，它长久以来一直是该行业资产规模最大的基金之一。它的规模所带来的挑战，加上不那么低的费用……

阅读完整分析报告

管理等级		晨星公司的主要评价基础	
在投资组合中的角色		过程	正面
核心		绩效	正面
		人才	正面
		专利	正面
		价格	正面

晨星公司的可持续发展评估　　　更多…

晨星公司的可持续发展评级	类别 成长型大盘股
◐◐◐◐◐	可持续发展要求
低于平均水平	无

在该类中的百分比排名：82
可持续发展评分：44
基于95%的被管理资产

可持续发展评分截至2017年3月31日。可持续发展评级截至2017年3月31日。可持续发展分析提供了用于计算晨星公司可持续发展评分的公司层面分析。可持续发展要求信息来自基金招股说明书。

FCNTX的绩效　　　　　　　更多…

	年初至今	1个月	1年	3年	5年	10年
在10 000基础上的增长	11 493	10 489	12 157	13 978	20 348	22 744
基金	14.93	14.89	21.57	11.81	15.27	8.56
+/-标准普尔500总收益率指数（美元）	7.69	2.82	2.33	1.39	-0.13	1.71
+/-类别	0.91	1.19	1.67	1.87	0.85	1.19
在该类中的排名（%）	23	16	30	33	34	20
在该类中的基金数量	1 440	1 484	1 396	1 254	1 118	781

注：3年、5年、10年数据为年化收益率。
日期截至2017年5月19日。货币单位为美元。

FCNTX管理层　　　　　　　更多…

威廉·达诺夫	开始日期
	1990年9月17日

FCNTX的文件档案　　　　　更多…

招股说明书	年报
额外信息报表	半年报

FCNTX持有比例最高的投资　　　更多…

	权重 （%）	最新价格 （美元）	日变化率 （%）	52周范围
脸书A类股	6.65	148.06	–	108.23~153.46
伯克希尔·哈撒韦A类股	5.10	247 700.00	1.14	205 074.400~266 445.00
亚马逊	4.45	968.41	0.89	682.11~970.74
苹果	3.68	153.62	0.36	91.50~156.65
字母表A类股	3.58	961.59	0.73	672.66~965.90
持有比例最高的5家公司股票占资产的百分比（%）	23.46			

增加　　减少　　投资组合中的新投资

图表7-20　晨星公司关于富达反向基金的投资组合报告

资料来源：版权归晨星公司所有，2017年5月22日。此处包含的信息：（1）归晨星公司和（或）其内容提供商所有；（2）不得复制或分发；（3）不保证准确、完整或及时。对于因使用该信息而造成的任何损害或损失，晨星公司及其内容提供商均不承担责任。过去的表现并不能保证将来的结果。

普信中盘股价值型基金 TRMCX

净值	1天期总收益率	拖尾12个月期收益率	手续费	总资产	费用率	费用水平	换手率	状态	最小投资
$29.27	0.76%		0.86%	$134亿	0.80%	低于平均水平	50%	限制	$2 500

USD|2017年5月19日的净值|2017年5月19日的1天期总收益率

30天期美国证监会收益率　类别　　　　投资风格
　　　　　－－　　　　价值型中盘股　价值型中盘股

10K增长率　　　　　　　　　　　　更多…

05/22/2007 - 05/21/2017　放大：1个月 3个月 年初至今 1年 3年 5年 10年 最大 自定义

XNAS:TRMCX:20 362.81 USD　价值型中盘股：17 791.36USD　标准普尔500总收益率指数：19 379.55 USD

晨星公司评估TRMCX的风险指标　更多…

风险与类别　　　　　－平均
（347）
收益率与类别　　　　＋平均
（347）
注：以上为整体排名　低　　平均　　高

TRMCX的风格地图　　　　　　更多…

巨型　　　　所持投资的加权平均值
大型
中型　　　　基金所持股票的75%
小型
微型
深度　核心　核心　高级
价值型　价值型　成长型　成长型

TRMCX的资产配置　　　　　　更多…

现金	8.04%
美国股票	85.99%
非美国股票	5.97%
债券	0.00%
其他	0.00%

截至2017年3月31日

晨星公司对TRMCX的看法　　　　　更多…

普信中盘股价值型基金仍然是一只卓越的基金，经理戴维·沃勒克（David Wallack）的逆势投资风格和深入研究产生了极好的长期表现。合理的费用和意愿……

阅读完整分析报告

管理等级	晨星公司的主要评价基础	
	过程	正面
在投资组合中的角色	绩效	正面
支持	人才	正面
	专利	正面
	价格	正面

晨星公司的可持续发展评估　　　更多…

晨星公司的可持续发展评级　　类别
　　　　　　　　　　　　　价值型中盘股
低于平均水平　　　　　　　可持续发展要求
　　　　　　　　　　　　　无
在该类中的百分比排名：78
可持续发展评分：42
基于90%的被管理资产

可持续发展评分截至2017年3月31日。可持续发展评级截至2017年3月31日。可持续发展分析提供了用于计算晨星公司可持续发展评分的公司层面分析。可持续发展要求信息来自基金招股说明书。

TRMCX的绩效　　　　　　　　　更多…

在10 000基础上的增长	年初至今 10 072	1个月 9 885	1年 11 649	3年 12 786	5年 20 673	10年 20 472
基金	0.72	-1.15	16.49	8.54	15.63	7.43
+/-标准普尔500收益率指数（美元）	-6.52	-3.21	-2.75	-1.88	0.24	0.57
+/-类别	-1.67	-1.25	-1.70	1.78	1.65	1.52
在该类中的排名（%）	79	89	69	19	17	14
在该类中的基金数量	398	410	391	339	293	207

注：3年、5年、10年数据为年化收益率。
日期截至2017年5月19日。货币单位为美元。

TRMCX管理层　　　　　　　　　更多…

戴维·沃勒克　　　　　　　开始日期
　　　　　　　　　　　2000年12月31日

TRMCX的文件档案　　　　　　　更多…

招股说明书　　　年报
额外信息报表　　半年报

TRMCX持有比例最高的投资　　　　　更多…

	权重（%）	最新价格（美元）	日变化率（%）	52周范围
第一能源	2.54	28.45	0.76	27.93~36.60
维亚康姆B类股	2.51	35.15	-0.14	33.44~46.72
德事隆	2.49	46.79	0.65	34.00~50.93
莱卡迪亚全国控股	2.30	24.57	-0.28	15.48~27.33
邦基	2.18	70.27	0.85	56.69~82.66
持有比例最高的5家公司股票占资产的百分比（%）	12.03			

增加　　减少　　投资组合中的新投资
投资组合日期：2017年3月31日，价格数据延迟15~30分钟

图表 7-21　晨星公司关于普信中盘股价值型基金的投资组合报告

资料来源：版权归晨星公司所有，2017年5月22日。此处包含的信息：（1）归晨星公司和（或）其内容提供商所有；（2）不得复制或分发；（3）不保证准确、完整及及时。对于因使用该信息而造成的任何损害或损失，晨星公司及其内容提供商均不承担责任。过去的表现并不能保证将来的结果。

图表 7－22　富达反向基金和普信中盘股价值型基金的风险因素估计

共同基金	常数项	市场	SMB	HML	R^2
（1）单指数市场模型（市场＝标准普尔 500 指数）					
富达反向基金	0.03 (0.17)	0.90 (13.55)	—	—	0.84
普信中盘股价值型基金	0.02 (0.09)	0.92 (10.55)	—	—	0.77
（2）单指数市场模型（市场＝美国综合指数）					
富达反向基金	0.10 (0.50)	0.86 (13.45)	—	—	0.84
普信中盘股价值型基金	0.06 (0.27)	0.93 (13.37)	—	—	0.84
（3）多因素市场模型（市场＝美国综合指数）					
富达反向基金	0.08 (0.52)	0.87 (18.26)	−0.05 (−0.95)	−0.32 (−5.73)	0.93
普信中盘股价值型基金	0.13 (0.81)	0.89 (16.77)	0.19 (3.11)	0.26 (4.12)	0.92

从两个单因素市场模型来看，富达反向基金和普信中盘股价值型基金显然具有相似的系统性市场风险水平。尤其是，无论如何估计市场投资组合，普信中盘股价值型基金的贝塔系数都略高于富达反向基金，但该风险敞口始终低于市场平均水平（1.00）。此外，请注意，在 2014 年 4 月至 2017 年 3 月期间，当市场投资组合由标准普尔 500 指数而非美国综合指数定义时，这两个基金的贝塔系数估计值有所不同（例如，普信中盘股价值型基金为 0.90，而富达反向基金为 0.86）。

多因素模型可以让我们更好地了解富达反向基金和普信中盘股价值型基金的风险敞口实际上有何不同。

首先，请注意，加入 SMB 因素和 HML 因素似乎并没有显著影响这两只基金的系统性市场风险。例如，在单指数模型中，富达反向基金相对于美国综合指数的贝塔系数为 0.86，但用更广泛的三因素模型进行估计时，它仅增至 0.87。普信中盘股价值型基金的市场贝塔系数的相应变化范围（0.93 到 0.89）只是略大。

其次，多因素模型的第二个意义是告诉我们基金将如何对 HML 变量做出反应。与晨星公司对其的风格分类一致，富达反向基金倾向于持有成长型股票。该基金的 HML 敏感性−0.32 在统计上是显著的，这表明富达反向基金的收益率与风险因素反向变化，根据其结构，这意味着买入价值型股票而卖出成长型股票。（前面曾经提到，低账面市值比和高市盈率一样，是成长型股票的特征。）而普信中盘股价值型基金的 HML 系数为正（0.26）并且也显著，主要持有价值型股票的基金理应如此。请注意，在图表 7－21 中，晨星公司将该基金分在中盘股中间偏价值侧的风格单元格中。

最后，晨星公司分类系统还表明，富达反向基金和普信中盘股价值型基金对 SMB 风险因素的敏感性应该有所不同。情况似乎确实如此：富达反向基金的 SMB 敏感性为−0.05，表明其倾向于持有市值较大的股票，而普信中盘股价值型基金的 SMB 敏感性为

0.19，表明其倾向于持有市值较小的股票。然而，普信中盘股价值型基金的估计规模风险因素在统计上是显著的，这表明投资组合可能包含比其名称所示的规模更小的公司。尽管如此，这两个共同基金各自的风格分类似乎仍是合适的。

本章小结

• 资本资产定价模型归纳了资本市场线中的风险-收益权衡，它可以用于单只证券，也可以用于整个投资组合。为了进行这种扩展，资本资产定价模型将相关风险指标重新定义为贝塔系数，它是证券波动性中的系统性风险与市场投资组合波动性中的系统性风险之比。与资本市场线一样，证券市场线表明风险与预期收益率之间的关系是一条斜率为正的直线。证券市场线为投资者提供了一种工具，用于根据证券的系统性风险水平（贝塔系数）判断证券价值被低估还是高估。

• 资本资产定价模型已经过大量实证检验，结果参差不齐。早期检验证实收益率与系统性风险指标之间存在正相关关系，但之后的研究表明，单贝塔系数模型需要补充更多风险维度（例如，偏度、公司规模、市盈率、账面市值比）。资本资产定价模型在实践中面临的另一个挑战是基准误差问题，这是由错误指定市场投资组合的替代指标导致的。

• 罗斯设计了另一种资产定价模型——套利定价模型——它的假设比资本资产定价模型少，并且没有特别要求指定市场投资组合。相反，套利定价模型假设预期证券收益率与多个共同风险因素线性相关。遗憾的是，该理论没有具体说明存在多少因素，或它们可能是什么因素。迄今为止，套利定价理论的实证检验结果参差不齐。

• 套利定价理论难以用于实践，因为它没有提前确定共同风险因素。风险和收益的多因素模型试图通过选择一组变量来补上这个空白，这些变量被认为能反映资本市场中存在的系统性风险的本质。一种常见方法是使用宏观经济变量——例如意外通货膨胀率、收益率曲线的意外变化或实际国内生产总值的意外变化——作为将对所有证券产生影响的风险类型的替代指标。

• 运用多因素模型的第二种方法专注于证券本身的特征。这种微观经济方法的典型代表是法马和弗伦奇的研究，他们最初假设应该使用三个风险因素：广义市场指数的超额收益率、小盘股和大盘股投资组合之间的收益率差异，以及价值型股票投资组合与成长型股票投资组合之间的收益率差异。该模型的一个优点是，可以灵活地根据市场条件的变化进行修改。例如，法马-弗伦奇模型已经进行了扩展，加入了能解释股票收益率动量和公司质量的因素。

• 我们或许可以放心地认为资本资产定价模型和套利定价理论将继续用于资本资产估值。要使用这两种理论，就需要对它们进行进一步实证检验，最终目标是确定哪种理论在解释当前收益率和预测未来收益率方面做得最好。该领域的后续研究将致力于确定最能反映投资风险相关维度的一组因素，并研究模型的跨期动态（例如，因素贝塔系数和风险溢价随时间推移的变化）。

1.资本资产定价模型认为，单只证券存在系统性风险和非系统性风险。哪个是相关风险变量？它为什么相关？为什么另一个风险变量不相关？

2.资本市场线和证券市场线作为风险-收益权衡模型的异同点是什么？

3.虽然过去50年中，资本资产定价模型已被广泛用于分析证券和管理投资组合，但它也因提供的风险观点过于简单而受到广泛批评。请列出与资本资产定价模型中贝塔系数的定义和估计相关的三个问题，作为支持这种批评的理由。

4.您最近被任命为一家大型慈善基金会的首席投资官。其庞大的捐赠基金目前投资于一个广泛分散化的股票（60%）和债券（40%）投资组合。该基金会的理事会由一群杰出人士组成，但他们对现代投资理论和实践的了解很肤浅。您认为讨论基本投资原则会有所帮助。

a.请解释与投资管理相关的特有风险、系统性风险、方差、协方差、标准差和贝塔系数的概念。

您认为在捐赠基金的投资组合中加入其他资产类别将降低风险和提高收益率，从而改善投资组合。您知道美国房地产市场的不景气为投资者提供了可以按异常高（以历史标准判断）的预期收益率购买房地产的机会。您认为这时投资于美国房地产既合适又是时候，并决定建议建立20%的房地产仓位，并通过卖出相等金额的股票和债券筹措资金。

初步讨论显示，几位理事认为房地产风险太高，不应加入投资组合。但是，理事会主席已安排召开特别会议进一步讨论此事，并要求您提供背景信息以阐明风险问题。

为了帮助您，我们提供了以下预期数据：

资产类别	收益率(%)	标准差(%)	相关系数矩阵			
			美国股票	美国债券	美国房地产	美国国库券
美国股票	12.0	21.0	1.00			
美国债券	8.0	10.5	0.14	1.00		
美国房地产	12.0	9.0	−0.04	−0.03	1.00	
美国国库券	4.0	0	−0.05	−0.03	0.25	1.00

b.请说明在投资组合中加入美国房地产对投资组合风险和收益率的影响。请在答案中说明您预期可能导致投资组合风险发生变化的两个原因。（注意：不必计算预期风险和预期收益率。）

c.您对资本市场理论的理解使您怀疑美国房地产的预期收益率和预期风险的可信性。请说明您怀疑的理由。

5.根据资本资产定价模型，市场组合中包含哪些资产？相对权重是多少？在资本资产定价模型的实证研究中，市场投资组合的典型替代指标是什么？假设市场组合的实证替代指标并不理想，那么与资本资产定价模型相关的哪些因素会受到影响？

6.资本资产定价模型和套利定价理论都依赖于这样一个命题，即无风险、无财富投资的平均收益率应该为零。请解释为何如此，并简要描述资本资产定价模型和套利定价理论的异同。此外，请使用上述任何一种理论解释如何获得卓越的投资绩效。

7.您是一家大型共同基金的首席经理。您意识到，最近加入您的管理团队的几位股票分析师对了解资本资产定价模型和套利定价理论的差异很感兴趣。他们尤为感兴趣的是这两种资产定价模型如何帮助他们更好地进行证券分析。

a. 请说明资本资产定价模型和套利定价理论试图对什么建立模型。这两种资产定价模型的主要区别是什么？

b. 在什么情况下，套利定价理论比资本资产定价模型更适合作为为基金投资组合选择股票的工具？

8. 小公司效应是指观察到的小公司股票价格走势与正常预期相反的趋势。请描述这种效应，并讨论它提供的信息是否足以得出股票市场运行无效的结论。在您组织答案时，请考虑（a）无效的股票市场意味着什么，（b）风险指标在您关于每种效应的结论中起到了什么作用。

9. 假设您正在考虑购买 XYZ 共同基金的股票。作为投资分析的一部分，您用 XYZ 过去五年的月收益率对法马和弗伦奇模型中指定的三个因素进行回归。该过程生成了以下系数估计值：市场因素＝1.2，

SMB 因素＝－0.3，HML 因素＝1.4。请解释每个系数值的含义。XYZ 可能持有什么类型的股票？

10. 人们普遍认为，某些宏观经济变量的变化可能会直接影响股票投资组合的绩效。作为采用全球宏观导向投资策略的对冲基金的首席投资官，您经常考虑各种宏观经济事件如何影响您的证券选择决策和投资组合绩效。请简要解释以下每个经济因素将如何影响投资组合的风险和收益率：（a）工业产值，（b）通货膨胀率，（c）风险溢价，（d）期限结构，（e）总消费，（f）石油价格。

11. 请说明使用识别风险因素的宏观经济方法和使用识别风险因素的微观经济（即基于特征的）方法分别是出于什么直觉。这两种方法在概念上和实践上是否有可能对任何给定证券的预期收益率均得出相同的估计值？

习题

1. 假设您预期经济的通货膨胀率为 3%，无风险利率为 6%，市场收益率（R_M）为 12%。

a. 请根据这些假设画出证券市场线。

b. 随后，您预期通货膨胀率将从 3% 增至 6%。这会对无风险利率和市场收益率产生什么影响？请在第 a 问的图中画出另一条证券市场线。

c. 请在同一张图中画出证券市场线，以反映 9% 的无风险利率和 17% 的市场收益率。这条证券市场线与第 b 问推导出的证券市场线有何不同？请说明发生了什么。

2. a. 您预期无风险利率为 10%，市场收益率（R_M）为 14%。请计算以下股票的预期收益率，并将它们画在证券市场线图中。

股票	贝塔系数	$E(R_i)$
U	0.85	
N	1.25	
D	－0.20	

b. 您向某位股票经纪商询问该公司研究部门对这三只股票的预期。这位经纪商向您提供了以下信息：

股票	当前价格	预期价格	预期股利
U	22	24	0.75
N	48	51	2.00
D	37	40	1.25

请在第 a 问的图中画出您的估计收益率，并说明您将对这些股票采取什么行动。

请解释您的决定。

3.您是一家大型公共养老基金的分析师，接到的任务是评估两位不同的外部投资组合经理（Y 和 Z）。您考虑了这两位经理在过去五年的以下历史平均收益率、标准差和资本资产定价模型的贝塔系数估计值：

投资组合	实际平均收益率（%）	标准差（%）	贝塔系数
经理 Y	10.20	12.00	1.20
经理 Z	8.80	9.90	0.80

此外，您对市场投资组合风险溢价的估计值为 5.00%，无风险利率目前为 4.50%。

a.请使用资本资产定价模型计算经理 Y 和经理 Z 的预期收益率。答案请准确到基点（xx. xx%）。

b.请计算每位基金经理在五年持有期内的平均"阿尔法系数"（实际收益率减去预期收益率）。请画出这些阿尔法系数在证券市场线上的位置。

c.请说明您是否可以从第 b 问的信息中得出以下结论：（1）其中某位经理的风险调整绩效优于另一位经理，（2）其中某位经理的绩效优于市场总体预期。

4.根据五年期月数据，您得出上市公司的以下信息：

公司	a_i（截距）	σ_i（%）	r_{iM}
英特尔	0.22	12.10	0.72
福特	0.10	14.60	0.33
安海斯布希	0.17	7.60	0.55
默克	0.05	10.20	0.60
标准普尔 500 指数	0	5.50	1.00

a.请计算每只股票的贝塔系数。

b.假设无风险利率为 8%，市场投资组合的预期收益率为 15%，请计算所有股票的预期（必要）收益率，并将它们画在

证券市场线图中。

c.请在证券市场线图中画出以下估计收益率，并指出哪些股票的价值被低估，哪些股票的价值被高估。

- 英特尔——20%；
- 福特——15%；
- 安海斯布希——19%；
- 默克——10%。

5.谢勒电脑公司（Chelle Computer Company）的历史收益率如下所示：

年份	谢勒电脑公司	总指数
1	37	15
2	9	13
3	—11	14
4	8	—9
5	11	12
6	4	9

请根据该信息，计算以下内容：

a.谢勒电脑公司与总指数之间的相关系数。

b.谢勒电脑公司与总指数的标准差。

c.谢勒电脑公司的贝塔系数。

6.作为一名股票分析师，您为两只不同的股票共同基金（基金 T 和基金 U）进行了以下收益率预测和风险估计：

	预测收益率（%）	资本资产定价模型的贝塔系数
基金 T	9.0	1.20
基金 U	10.0	0.80

a.如果无风险利率为 3.9%，预期市场风险溢价 $[E(R_M) - RFR]$ 为 6.1%，请根据资本资产定价模型计算每只共同基金的预期收益率。

b.请使用第 a 问的估计预期收益率和您自己的收益率预测，说明基金 T 和基金

U 当前的定价是直接落在证券市场线上、高于证券市场线还是低于证券市场线。

c. 根据您的分析，基金 T 和基金 U 是价值被高估、价值被低估还是正确估值？

7. 请根据以下每个条件画出证券市场线：

a. (1) RFR=0.08；R_M（替代指标）＝0.12；

(2) R_z＝0.06；R_M（真实）＝0.15。

b. 雷德轮胎（Rader Tire）最近六个时期的表现如下。请使用每个指数计算和比较贝塔系数。

时期	收益率		
	雷德轮胎（%）	作为替代指标的具体指数（%）	真实总指数（%）
1	29	12	15
2	12	10	13
3	−12	−9	−8
4	17	14	18
5	20	25	28
6	−5	−10	0

c. 如果当期市场收益率为 12%，而雷德轮胎的当期收益率为 11%，两个指数是否将获得更好的贝塔系数结果？

8. 请考虑以下两个风险因素（1 和 2）和两只证券（J 和 L）的数据：

$$\lambda_0=0.05 \qquad b_{J1}=0.80$$
$$\lambda_1=0.02 \qquad b_{J2}=1.40$$
$$\lambda_2=0.04 \qquad b_{L1}=1.60$$
$$b_{L2}=2.25$$

a. 请计算两只证券的预期收益率。

b. 假设证券 J 当前的价格为 22.50 美元，而证券 L 当前的价格为 15.00 美元。此外，预期这两只证券将在来年支付 0.75 美元的股利。一年后，每只证券的预期价格是多少？

9. 假设您已经估计了三只不同股票的

法马-弗伦奇三因素模型和四因素模型，这三只股票是：BCD、FGH 和 JKL。具体而言，您使用 2005—2009 年的收益率数据估计了以下公式：

三因素模型：

BCD：$E(R)-\text{RFR}=0.966\lambda_M+(-0.018)\lambda_{SMB}+(-0.388)\lambda_{HML}$

FGH：$E(R)-\text{RFR}=1.042\lambda_M+(-0.043)\lambda_{SMB}+0.370\lambda_{HML}$

JKL：$E(R)-\text{RFR}=1.178\lambda_M+0.526\lambda_{SMB}+0.517\lambda_{HML}$

四因素模型：

BCD：$E(R)-\text{RFR}=1.001\lambda_M+(-0.012)\lambda_{SMB}+(-0.341)\lambda_{HML}+0.073\lambda_{MOM}$

FGH：$E(R)-\text{RFR}=1.122\lambda_M+(-0.031)\lambda_{SMB}+0.478\lambda_{HML}+0.166\lambda_{MOM}$

JKL：$E(R)-\text{RFR}=1.041\lambda_M+0.505\lambda_{SMB}+0.335\lambda_{HML}+(-0.283)\lambda_{MOM}$

a. 您还估计了最近 15 年期间的因素风险溢价：$\lambda_M=7.23\%$，$\lambda_{SMB}=2.00\%$，$\lambda_{HML}=4.41\%$，$\lambda_{MOM}=4.91\%$。请使用这些估计出的风险溢价和因素模型，确认三只股票的预期超额收益率分别为 5.24%、9.08% 和 11.86%（三因素模型）或 6.07%、10.98%和8.63%（四因素模型）。

b. 假设您还估计了两个不同时期的历史因素风险溢价：(1) 30 年期：$\lambda_M=7.11\%$、$\lambda_{SMB}=1.50\%$ 和 $\lambda_{HML}=5.28\%$，(2) 80 年期：$\lambda_M=7.92\%$，$\lambda_{SMB}=3.61\%$，$\lambda_{HML}=5.02\%$。请结合三因素风险模型，使用这两组因素风险溢价计算 BCD、FGH 和 JKL 的预期超额收益率。

c. 现在，您还考虑了另外两个时期的 MOM 风险因素历史估计值：(1) $\lambda_{MOM}=7.99\%$（30 年期）；(2) $\lambda_{MOM}=9.79\%$（80 年期）。请使用该附加信息，结合四因素风险模型计算 BCD、FGH 和 JKL 的预期超额收益率。

d. 您在第 a 问和第 b 问中计算的所有

预期超额收益率都有意义吗？如果不是，请指出哪些预期超额收益率与资产定价理论不一致，并讨论原因。

10. 您的任务是估计 QRS、TUV 和 WXY 三只不同股票的预期收益率。您通过初步分析确定了与可能需要计算的三个风险因素相关的历史风险溢价：市场投资组合替代指标的超额收益率（MKT），以及反映一般宏观经济风险的两个变量（MACRO1 和 MACRO2）。这些值是：$\lambda_{\text{MKT}} = 7.5\%$、$\lambda_{\text{MACRO1}} = -0.3\%$ 和 $\lambda_{\text{MACRO2}} = 0.6\%$。对于所有三只股票，您还估计了每个可能风险因素的因素贝塔系数，如下所示：

因素贝塔系数			
股票	MKT	MACRO1	MACRO2
QRS	1.24	−0.42	0
TUV	0.91	0.54	0.23
WXY	1.03	−0.09	0

a. 请仅使用 MKT 风险因素计算三只股票的预期收益率。假设无风险利率为 4.5%。

b. 请使用所有三个风险因素和 4.5% 的无风险利率计算这三只股票的预期收益率。

c. 请讨论单因素模型和多因素模型的预期收益率估计值之间的差异。哪种估计值可能在实践中更有用？

d. MACRO2 可能代表哪类风险？给定估计出的因素贝塔系数，将其视为共同（系统性）风险因素真的合理吗？

11. 考虑以下关于两只股票（D 和 E）和两个共同风险因素（1 和 2）的信息：

股票	b_{i1}	b_{i2}	$E(R_i)$（%）
D	1.2	3.4	13.1
E	2.6	2.6	15.4

a. 假设无风险利率为 5.0%，请计算与因素贝塔系数报告值和两只股票的预期收益率一致的因素风险溢价。

b. 您预期一年后股票 D 和股票 E 的价格分别为 55 美元和 36 美元。此外，您预期明年这两只股票都不会支付股利。要与本题开始时列出的预期收益率水平一致，现在每只股票的价格应该是多少？

c. 现在假设您在第 a 问中计算的因素 1 的风险溢价突然增加了 0.25%〔从 $x\%$ 增至 $(x+0.25)\%$，其中 x 为第 a 问确定的值〕。股票 D 和股票 E 的新预期收益率是多少？

d. 如果第 c 问中因素 1 风险溢价的增加不会使您改变对一年后股票价格的看法，那么当前（即今天）的价格必须进行哪些调整？

12. 假设三只股票（A、B、C）和两个共同风险因素（1 和 2）有以下关系：
$$E(R_A) = 1.1\lambda_1 + 0.8\lambda_2$$
$$E(R_B) = 0.7\lambda_1 + 0.6\lambda_2$$
$$E(R_C) = 0.3\lambda_1 + 0.4\lambda_2$$

a. 如果 $\lambda_1 = 4\%$，$\lambda_2 = 2\%$，明年每只股票的预期价格是多少？假设所有三只股票目前均以 30 美元的价格出售，且明年不支付股利。

b. 假设您知道明年股票 A、股票 B 和股票 C 的价格实际上分别是 31.50 美元、35.00 美元和 30.50 美元。请创建利用这些定价错误证券的无风险套利投资，并进行说明。您的投资利润是多少？假设您可以使用任何必要卖空交易的收入。

习题 13 和习题 14 参考了图表 7-23 中包含的数据，其中列出了两个不同的主动管理股票投资组合（A 和 B）和三个不同的共同风险因素（1、2 和 3）的 30 个月期超额收益率。〔注意：您可能会发现使用计算机电子表格程序（例如 Microsoft Excel）有助于计算答案。〕

13. a. 请计算每个投资组合和所有三个

风险因素的平均月收益率和月收益率标准差，并将其换算为年收益率和年收益率标准差。（提示：将月收益率乘以 12，即可得出年收益率，而将月标准差乘以 12 的平方根，即可得出年标准差。）

b.根据第 a 问中两个投资组合的收益率和标准差计算结果，是否能明确在此期间一个投资组合的绩效优于另一个投资组合？

c.请计算每对共同风险因素（1 和 2、1 和 3、2 和 3）之间的相关系数。

d.理论上，共同风险因素之间的相关系数应该是多少？请解释原因。

图表 7 - 23   两个投资组合和三个风险因素的月超额收益率数据

时期	投资组合 A (%)	投资组合 B (%)	因素 1 (%)	因素 2 (%)	因素 3 (%)
1	1.08	0	0.01	-1.01	-1.67
2	7.58	6.62	6.89	0.29	-1.23
3	5.03	6.01	4.75	-1.45	1.92
4	1.16	0.36	0.66	0.41	0.22
5	-1.98	-1.58	-2.95	-3.62	4.29
6	4.26	2.39	2.86	-3.40	-1.54
7	-0.75	-2.47	-2.72	-4.51	-1.79
8	-15.49	-15.46	-16.11	-5.92	5.69
9	6.05	4.06	5.95	0.02	-3.76
10	7.70	6.75	7.11	-3.36	-2.85
11	7.76	5.52	5.86	1.36	-3.68
12	9.62	4.89	5.94	-0.31	-4.95
13	5.25	2.73	3.47	1.15	-6.16
14	-3.19	-0.55	-4.15	-5.59	1.66
15	5.40	2.59	3.32	-3.82	-3.04
16	2.39	7.26	4.47	2.89	2.80
17	-2.87	0.10	-2.39	3.46	3.08
18	6.52	3.66	4.72	3.42	-4.33
19	-3.37	-0.60	-3.45	2.01	0.70
20	-1.24	-4.06	-1.35	-1.16	-1.26

续表

时期	投资组合 A (%)	投资组合 B (%)	因素 1 (%)	因素 2 (%)	因素 3 (%)
21	-1.48	0.15	-2.68	3.23	-3.18
22	6.01	5.29	5.80	-6.53	-3.19
23	2.05	2.28	3.20	7.71	-8.09
24	7.20	7.09	7.83	6.98	-9.05
25	-4.81	-2.79	-4.43	4.08	-0.16
26	1.00	-2.04	2.55	21.49	-12.03
27	9.05	5.25	5.13	-16.69	7.81
28	-4.31	-2.96	-6.24	-7.53	8.59
29	-3.36	-0.63	-4.27	-5.86	5.38
30	3.86	1.80	4.67	13.31	-8.78

e.第 b 问的估计值距离满足这个理论条件有多近？估计出的因素相关系数与理论上的因素相关系数的偏差会产生什么概念性问题？

14.a.请使用回归分析，计算每只股票与每个共同风险因素相关的因素贝塔系数。其中哪些系数在统计上是显著的？

b.因素模型在多大程度上解释了投资组合收益率的变化？您可以依据什么对这种性质做出评估？

c.假设您现在得知，图表 7 - 23 中的三个因素代表法马-弗伦奇特征模型中的风险敞口（超额市场收益率、SMB 和 HML）。根据您的回归结果，其中哪个因素最有可能成为市场因素？请解释原因。

d.假设您进一步得知因素 3 为 HML 因素，那么在两个投资组合中，哪个投资组合最有可能是成长型基金，哪个投资组合最有可能是价值型基金？请解释原因。

第三部分

普通股估值与管理

在第一部分和第二部分中,您了解到投资的目的和做出适当资产配置决策的重要性,以及全球范围内的众多可用投资工具和关于资本市场制度特征的背景。此外,您现在还了解到与有效资本市场、投资组合理论、资本资产定价模型和多因素估值模型相关的投资理论的主要发展。此时,您已经准备好考察股票估值的理论和实践,并讨论构建股票投资组合的各种策略。

我们首先将介绍股票估值过程。在第8章中,我们将先介绍股利贴现模型,然后将介绍股权自由现金流模型。之后,我们将讨论两种最常见的估值方法:公司自由现金流模型和相对估值法,它们使用了市盈率或市净率等工具。本章以估值作为起点,是因为如果投资者想执行自上而下法的任何一个环节,就必须了解这些概念。在自上而下法中,投资者评估整体经济和市场,分析不同行业,最后分析具体公司。换言之,如果投资者要对市场、行业或个股估值,就必须了解估值。

在第9章中,我们从一个非常实用的角度分析了自上而下法。我们从市场分析开始。市场分析既可以从宏观分析角度进行(我们试图将市场与经济联系起来),也可以从微观分析角度进行(我们试图对市场现金流估值)。在分析了整体市场之后,我们前进到第二步:行业分析。分析师必须分析该行业如何受到周期性力量、经济结构变化、该行业所处生命周期阶段以及影响该行业盈利能力的竞争力的影响。自上而下法的最后一步要求分析师分析具体证券。在我们的讨论中,我们对成长型公司和成长型股票、防御型公司和防御型股票以及周期型公司和周期型股票进行了重要区分。

在第10章中,我们介绍了股权投资的大量制度细节,这些细节对任何资产管理从业者都很有价值。我们详细介绍了首次公开募股流程以及将股票分配给投资者的不同方式。我们分析了关于为什么存在股票定价过低的理论。第10章还将帮助有抱负的分析师了解企业买方和卖方之间的区别。之后,我们将讨论投资者如何看待公司管理层的资本配置决策,即再投资于自身业务、收购另一家公司、向债权人分配现金,还是回购股票或支付股利。第10章最后为资产管理公司的求职者准备了一个特别实用的练习:我们说明了如何做股票推介并进行充分理解投资所必需的深入研究。

第11章介绍了股票投资组合管理策略。我们首先将对被动管理风格与主动管理风格进行一般性讨论,包括介绍跟踪误差这一重要概念,它是评估投资者复制基准投资组合准确性的一种方式。股票投资组合主动管理策略的概述包括讨论如何从三个不同角度构建反映客户风险—收益目标和约束的投资组合:基本面分析(资产类别和行业轮动、股票价值低估和高估)、技术分析(过度反应、价格动量),以及因素分析、属性分析和异常分析(盈利动量、公司规模、低波动性)。在该讨论中,我们特别关注基于价值导向型投资风格构建投资组合和基于成长导向型投资风格构建投资组合之间的概念差异和实务差异。值得注意的是,所有这些方法都应考虑全球投资机会。第11章结尾讨论了股票投资组合管理决策如何适应投资者的整体资产配置策略。

第8章
股票估值

📖 学习目标

阅读本章后，您应该能回答以下问题：

• 当我们说一项投资的价格合理、价值被高估和价值被低估时，它们分别是什么意思？

• 固定增长模型、无增长模型和多阶段模型之间有什么区别？

• 什么是自由现金流？

• 什么是企业的内在价值？

• 公司自由现金流模型和股权自由现金流模型有什么区别？现金流有何不同？贴现率有何不同？

• 公司自由现金流模型和股权自由现金流模型是否应得到相同的价值？哪些调整会导致发生这种情况？

• 股权自由现金流模型和股利贴现模型有什么区别？

• 什么是可持续增长率？如何用可持续增长率计算属于股东的自由现金流？

• 如何将公司自由现金流模型应用于银行股票？

• 如何计算增长机会的现值？它代表什么？

• 什么是相对估值？

• 影响市盈率的基础基本面因素是什么？市销率？市净率？

• 相对估值的优点和缺点是什么？

• 比率分析的目的是什么？

8.1 重要区别

在本书开始时，我们将投资定义为：为获得补偿投资者的投资时间、投资期内的通货膨胀以及所涉及的不确定性的收益率而在一段时间内投入的资金。简而言之，我们将投资定义为为获得公平补偿所承担风险的收益率而投入的资金。

8.1.1 估值合理、价值被高估和价值被低估

现在我们可以更具体一点，称之前的定义描述了公允投资——收益率与风险匹配的投资。但是，在现实世界中，有些投资非常昂贵，如果我们购买它们，将无法获得公允的收益率。这些投资被称为**价值被高估**。有时，一些投资非常便宜，以至于它们提供的收益率

高于投资者所承担的风险。这些投资被称为**价值被低估**。

举一个简单的例子，假设您已经选定了梦想中的房子，并认为明年它的价值将为 400 000 美元。您估计投资房地产的风险要求 7％的收益率。这意味着房子现在的价值应该约为 373 832 美元。这是 400 000 美元以 7％的贴现率贴现一年后的价值。我们认为这是公允价格。如果您支付的价格低于该金额，那么收益率应该高于与该风险相称的收益率。当然，如果您支付的价格高于该金额，您获得的收益率将低于应得的收益率。

本章的目的是学习投资者如何确定一只股票的定价是合理、过高还是过低。换言之，这是学习**估值**。具体而言，我们将分析两种估值方法：贴现现金流估值法和相对估值法。稍后将介绍这两种方法。

8.1.2 自上而下法与自下而上法

在学习贴现现金流估值法和相对估值法之前，还应该了解另一个重要区别。选择、分析股票和为股票估值的方法有两种：自上而下法和自下而上法。自上而下法（见图表 8-1）在分析证券时将进行三项研究：

（1）整体市场和经济研究。

（2）行业研究。

（3）公司研究。

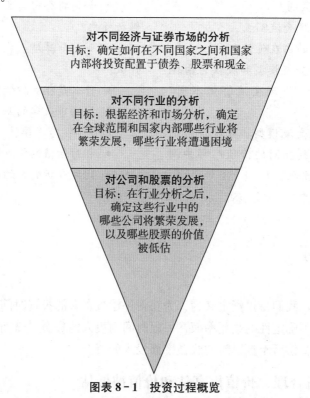

图表 8-1 投资过程概览

使用自上而下法的分析师将分析整个市场的价值（通常会研究经济基本面）并确定投资或**增持**哪些市场（持有比正常配置更多的比例或增加对某个指数的配置比例）。然后，采用自上而下法的分析师将在特定市场内搜寻最佳行业。在最佳行业中，分析师将搜寻最佳公司（再次寻找增持的行业和增持的公司）。当然，在估值过程中，分析师可能会发现"最佳公司"并不是最好的投资，因为它们的价值可能被高估了。分析师还可能会发现，处于优秀（但不是最佳）行业的公司提供超额收益率的潜力最大。

采用**自下而上法**的分析师将立即在公司层面开始搜寻。当然，投资者有各种方法。有些投资者肯定是从公司层面开始搜寻的，另一些投资者则可能考虑市场、经济和行业，但搜寻方式远不如自上而下法正式。显然，不同投资者会对整体市场和行业分析的重要性给予不同的重视程度。

支持自上而下法的明显理由是，面对市场下跌或行业受创，大多数股票很难表现良好。当然，采用自下而上法的分析师会反驳这种观点，他们认为预测整体市场很困难，而市场择时者的糟糕表现证明了这一点。（市场择时者是在看涨时增加对某个资产类别的配置，在看跌时减少对某个资产类别的投资的投资者。）

在第 9 章中，我们将讨论分析师如何实施自上而下法。如果分析师选择采用自下而上法，她可能仍会使用自上而下法中使用的一些思想和分析工具。无论使用哪种方法，自上而下法还是自下而上法，分析师了解估值都至关重要，这就是我们在本章中学习的内容。

三步法有效吗？ 重要的是认识到，多项学术研究的结果支持自上而下法。第一，研究表明，公司盈利的大部分变化都可以归因于公司总盈利的变化和公司所在行业的盈利变化，其中公司总盈利的变化更为重要。尽管总体经济和行业对公司盈利的相对影响因公司而异，但结果一致表明，经济环境对公司盈利有显著影响。

第二，穆尔和卡里提（Moore and Cullity, 1988）以及西格尔（Siegel, 1991）的研究发现，总体股票价格与各种经济指标（例如就业率、收入和产值）之间存在关系。这些结果支持股票价格与经济扩张和收缩之间存在关系的观点。

第三，对总体股市、不同行业和个股之间的收益率关系的分析表明，个股收益率的大部分变化可以用总体股市和股票所在行业的收益率变化来解释。正如迈尔斯（Meyers, 1973）的研究所示，虽然市场效应的重要性随着时间的推移趋于下降，且行业效应的重要性因行业而异，但市场和行业对个股收益率的综合影响仍然很重要。

这些学术研究的结果支持使用三步投资法。这种投资决策方法与第 2 章的讨论一致，后者认为最重要的决策是资产配置决策。[①] 资产配置规定了：（1）投资者的投资组合中有多少比例投资于不同国家的经济，（2）在每个国家内部，投资者将如何在股票、债券或其他资产之间分配资产，（3）投资者根据对哪些行业将在经济环境中繁荣发展的预期所选择的行业。我们在第 11 章举了一个全球资产配置的例子。

介绍完三步法并说明了它的原理后，我们的重点将转向估值理论。应用估值理论允许分析师计算市场、不同行业和公司股票的估计内在价值。最后，分析师将比较这些估计内在价值与当前市场价格，并确定适当的投资决策。

---

① 确定资产配置重要性的经典研究是布林森、胡德和比鲍尔（1986）的研究，以及随后布林森、辛格和比鲍尔（1991）的研究。继他们之后，科恩（Cohen, 1996）的研究对这些概念加以应用并广受好评。

8.2　贴现现金流和相对估值简介

　　假设您从学校毕业时，将购买一家企业。有一家当地书店为您的学校服务，店主正想出售店面。您必须回答一个问题：这家书店值多少钱？该价值可以通过使用**贴现现金流分析**和**相对估值法**来计算。我们将从一个简单例子开始，以便从直观上理解它。

　　考虑为该企业估值的第一种方法是询问您将从拥有该企业中获得多少现金。换言之，如果您经营这家企业，将希望它盈利并实现增长。其中部分利润需要再投资于这家企业，以便为增长提供资金。在对企业进行再投资后，最好还剩余一些现金可以分配给您。我们将其称为自由现金流——在经营企业并将再投资于短期资产（净营运资本）和长期资产（不动产、厂房和设备）后可以分配给资本提供者的现金流。如果我们计算这些现金流的现值（也称贴现现金流），结果将是我们对企业的估值。这被称为**内在价值**。

　　我们可以通过多种方式进行这种贴现现金流分析。一种方式是计算留给所有资本提供者的现金流。换言之，在经营企业并对企业重新投资后，还剩下多少现金？资本提供者（股东、债券持有者和优先股股东）对这些现金流享有索偿权。这些现金流必须用反映这些现金流风险的利率进行贴现。所有现金流的贴现价值将等于整个公司的价值。然后，该公司的价值将被分解，向每个资本提供者分配总价值的一部分。换言之，公司价值由债务价值、优先股价值和股权价值组成。这是标准的贴现现金流分析。有时，它被称为**公司自由现金流（free cash flow to the firm，FCFF）**估值或加权平均资本成本（weighted average cost of capital，WACC）分析。

　　我们可以用稍有不同的方式来进行这种贴现现金流分析。与计算公司自由现金流不同，分析师可以计算经营企业再投资于短期资产和长期资产，并考虑债权人为公司提供的现金或用于偿付债权人的现金后剩余的自由现金流。换言之，如果债权人已经得到偿付，剩下的资金将属于股东。这被称为**股权自由现金流（free cash flow to equity，FCFE）**模型。

　　股权自由现金流模型的一个特例是股利贴现模型（dividend discount model，DDM）。在这种方法中，现金流是将支付给股东的股利。只有当公司以股利形式支付绝大部分自由现金流时，该模型才真正（在现实世界中）有效。话虽如此，但股利贴现模型至关重要。它是所有估值的基础。当正确使用股利贴现模型时（如下所述），它实际上将变为股权自由现金流模型。

　　除了尝试贴现书店的现金流之外，还有第二种方法来为企业估值。分析师可以查看最近被出售或被评估的其他书店的价值。通过比较正在考虑购买的书店与已知价值的书店，分析师可以尝试估计出它的价值。这被称为相对估值或可比分析。

　　在本章剩下的部分，我们将详细分析如何对公司进行估值。我们将学习刚刚介绍的方法，以考察现金流贴现和相对估值。介绍将非常详细具体。读完本章后，您应该知道如何构建贴现现金流模型以及如何进行相对估值分析。在学习估值之后，重点将是如何应用自上而下法；第 9 章介绍了如何对整体市场和行业进行估值。

　　在深入研究细节之前，有必要做最后一点说明。要学好这一章，您必须相信估值很重要。沃伦·巴菲特称赞他的导师本杰明·格雷厄姆（被称为价值投资之父）时说："从短期来看，市场是投票机——反映了一个只需要金钱，不需要智慧或稳定情绪的选民登记测试——但从长远来看，市场是称重机"[伯克希尔·哈撒韦公司（Berkshire Hathaway）1993 年年报]。他的意思是，随着股票受到追捧和失去追捧，短期内股票价值可能会被高估或低估。但是，从长远来看，估值很重要。我们的观点与之相同。

8.2.1 贴现现金流估值的基础

如上所述，金融资产的估值需要两个步骤：

（1）确定资产将产生的现金流。

（2）对这些现金流进行贴现以考虑其风险。

这可以用公式表述，其中股票（或任何其他金融资产）的价值由以下公式表示：

$$V_0 = \sum_{t=1}^{\infty} \frac{\text{CF}_t}{(1+k)^t} \tag{8.1}$$

式（8.1）可以进行重整，以强调增长率和贴现率的重要性：

$$P_0 = \sum_{t=1}^{\infty} \frac{\text{CF}_0(1+g)^t}{(1+k)^t} = \text{CF}_0 \sum_{t=1}^{\infty} \frac{(1+g)^t}{(1+k)^t} \tag{8.2}$$

式（8.1）说明价值等于每组现金流的现值之和。现金流用 CF 表示，贴现率用 k 表示。下面，我们将介绍不同的股权估值方法，其中现金流和贴现率将根据所使用的方法而有所不同。

无论分析师是为股票还是债券估值，这种方法实际上是一样的。当然，对债券进行估值更容易。债券的现金流及其发生时间是已知的。假设债券没有违约，债券持有者将在到期时收到定期支付的息票利息和 1 000 美元的本金。将这些现金流按到期收益率贴现，结果就是债券的价值。

对股权进行估值更为困难。股权现金流的确定性较低。这是因为股东有剩余权益；换言之，股东会得到债权人得到偿付后剩下的钱。此外，现金流的发生时间也较不确定。

股票估值的困难并没有降低估值的重要性。事实上，这可能使估值变得更重要。投资者可能会使用截然不同的数据（现金流、增长率和贴现率），这将导致截然不同的估值。意见分歧可以为投资者创造获得超额收益率或（不走运的话）欠佳收益率的机会。

我们将分析三种贴现现金流估值方法：股权自由现金流法、股利贴现模型法和公司自由现金流法。股权自由现金流法和股利贴现模型法被用于估计公司股权的内在价值。公司自由现金流法被用于对整个公司进行估值（股权＋债务＋优先股）。下表列出了不同模型的分子和分母：

	股权自由现金流法	股利贴现模型法	公司自由现金流法
现金流（分子）	股权自由现金流	股利	公司自由现金流
现金流所有者	股东	股东	所有资本提供者（股东、债券持有者和优先股股东）
贴现率（分母）	股权成本	股权成本	加权平均资本成本
得到的价值	股权价值	股权价值	整个公司的价值；为了计算股权价值，必须从公司价值中减去债务价值和优先股价值

在该表中，您可能会注意到股权自由现金流法和股利贴现模型法看起来很相似。如上所述，股利贴现模型法实际上是股权自由现金流法的一个特例。当股东的所有（或几乎所有）可用自由现金流实际上以股利形式支付时，就可以使用股利贴现模型法。当公司没有分配所有自由现金流时，股权自由现金流法将提供更准确的估值。这将在后面详细讨论。

使用股权自由现金流法、股利贴现模型法和公司自由现金流法时，分析师通常会对现金流的增长方式做出一些简化假设。这些假设可以分类为：

- 固定增长；
- 无增长（增长为零）；
- 两阶段增长或多阶段增长。

在接下来的三个小节中，我们将介绍这三个假设（或模型）。

8.2.2 固定增长模型

最重要的增长假设可能是**固定增长模型**（也称戈登增长模型）。这种方法将现金流视为不断增长的永续年金。换言之，现金流将永远以固定速度增长。固定增长股利贴现模型的公式为：

$$V_0 = D_1 / (k - g) \tag{8.3}$$

该模型假设 k 大于 g。换言之，假设一家公司的增长速度不高于经济的名义增长率，就可以使用该模型。由于 k 为无风险利率（这应该反映经济的增长率）加上风险溢价，因此只要 g 等于或小于经济增长率（且风险溢价为正），k 就将大于 g。固定增长模型的推导见本章附录。

例如，假设您试图对布林克尔国际公司（Brinker International, Inc.）进行估值，并且您得出的结论是明年股东将得到每股 3.05 美元的现金流。股权成本为 10%，未来预期增长率为 3.3%。布林克尔国际公司的价值为：

$$V_0 = 3.05 / (0.10 - 0.033) = 45.52 (美元)$$

目前，布林克尔国际公司的交易价格为 43 美元。通过使用这种方法，大多数分析师会认为布林克尔国际公司的估值相对合理。

从式（8.3）中可以得出许多重要结论：

- 如果现金流更大（因为公司有更高利润或可以分配更高比例的利润），内在价值将更大。
- 如果现金流风险更小，将以更低的股权成本（k）贴现，内在价值将更大。
- 如果现金流以更快速度（g）增长，股票的价值将更高。
- 该模型假设一家公司相对成熟且处于稳定状态。例如，如果增长率高于贴现率，该模型将不适用于增长率非常高的公司。此外，一家高增长公司的增长率预期不会一直保持高位。
- 没有分析师真正预期公司的增长率永远保持不变。与此同时，很少有分析师真正相信他们可以预测所有长期变化。该增长率只是反映了长期的平均增长率。
- 一般规则是，大公司的增长率以经济增长率为上限。如果一家公司以高于经济增长率的速度永续增长，该公司将在经济中占据越来越大的比例。在某些时候，这可能变得不符合实际。

- 可以在该式中使用的最高经济增长率（如上一段所述）是名义增长率，而不是实际增长率。名义数字包括通货膨胀率。实际数字不包括通货膨胀率。这在实践中是容易引起困惑的重要一点，因为许多从业者都认为增长率的上限为经济的实际增长率。请记住，所有估计都是名义数字：现金流为名义数字（包括通货膨胀率），贴现率也是名义数字。换言之，如果使用资本资产定价模型，那么一个组成部分就是无风险利率，它是一个名义数字（不是实际数字）。实际数字永远不应与名义数字混用。

要真正了解估值，重要的是从数学角度了解永续增长年金的原理。换言之，理解永续增长年金公式和三个变量 D_1、g 和 k（以及股票价值 V_0）背后的数学原理很重要：

- 增长率（g）描述了每年股利增加了多少。它还描述了每年的投资价值必须增长多少。例如，在图表 8-2 中，该股票的当前价值为 15 美元。一年后，它的价值必须为 15 美元×1.04＝15.60 美元。如果要每年产生 4% 的股利，该价值必须每年增长 4%。第二年的股利应为 1.50 美元×1.04＝1.56 美元。

- 必要收益率（k）描述了投资每年赚取的收益。因此，如果股票在年末价值为 15.60 美元，第二年的收益率为 14%，则年投资收益为 15.60 美元×0.14＝2.184 美元。

- 该公司无法支付全部 2.184 美元（k）。它必须保留 g 才能实现增长。g 为 15.60 美元的 4%，即 0.624 美元。这使本金能以增长率增长，从而股利可以继续以该速度增加。可以支付的金额是 $k-g$。这是 15.60 美元的 14%－4%＝10%（这解释了为何股利为 1.56 美元）。

图表 8-2　了解永续增长（固定增长率）年金公式

预期一家公司明年将支付每股 1.50 美元的股利。该股利应以每年 4% 的速度永续增长。股权成本为 14%。股票价值是多少？股票价格将如何随着时间的推移而增长？

$$V_0=D_1/(k-g)=1.50/(0.14-0.04)=15（美元）$$

现在，让我们来看它随着时间推移的变化……

如果您投资了 15 美元，投资收益率为 14%，则投资收益为 2.10 美元（＝15 美元×14%）。但是，该公司只会支付 1.50 美元的股利。这给公司留下了 60 美分。该股票在第 1 年年末的价值应为 15.60 美元。

关键思想是，您的投资收益率为 r（在本例中为 14%）。公司可以支付 $k-g$（在本例中为 14%－4%）。公司必须保留 g（在本例中为 4%）以使其增长。这使公司支付的股利能继续增长。

这也提醒您，您的总收益率为 14%（k），它是 10% 的股利收入（$k-g$）和 4%（g）的资本增值之和。因此，内在价值每年将增加 4%。

固定增长股利贴现公式在实践中广为应用。分析师应该考虑三种用途：

(1) 价值的一般估计。 虽然估值通常被认为是一门科学，但这样说可能会让人产生误解。当然，有一些数学事实不容忽视。但同时，市场存在的一个原因就是买卖双方对公司价值的看法不同。分析师可以使用固定增长模型来帮助确定股票价值是被严重低估（并应进一步分析）、定价相对公平还是被严重高估（应避免这种情况或视为卖空机会）。在列出这三种用途之后，我们举了一个一般价值估计的例子。

(2) 理解基本倍数的基础。 在本章后面，我们将讨论相对估值。我们将使用固定增长股利贴现模型来估计公司（或整个市场）的适当市盈率、市销率和市净率。

(3) 模型的终值。 分析师经常会构建涉及两个或多个增长阶段的模型。最常见的是，分析师预计早年将出现高增长，但增长率最终会稳定下来。8.2.4 节将详细介绍这个问题。

使用固定增长模型估计价值的例子 一种投资方式是专注于避免灾难。例如，让我们回顾 20 世纪 90 年代后期的科技泡沫。我们将以思科（Cisco）为例，这是当时价格高涨的科技股之一。2000 年，思科的每股收益为 53 美分。假设思科能分配所有利润。（实际情况并非如此，因为思科必须保留一些利润来为增长提供资金。）

当时，思科的股权成本可能至少为 12%。假设思科的利润将以每年 10% 的速度永续增长（这是一个极为激进的假设，因为它认为公司的增长速度将永远显著快于经济的增长速度）。使用这些极端假设（支付 100% 的利润且增长率为 10%），思科的价值应为：

$$V_0 = 0.53/(0.12 - 0.10) = 26.50(\text{美元})$$

2000 年，该股票的交易价格高达 82 美元。投资者只需使用固定增长股利贴现模型（以及这些过于乐观的假设），就可以避免投资于价值被严重高估的证券。

8.2.3 无增长模型

在无增长模型中，假设公司的现金流没有增长。无增长假设可以被视为固定增长假设的一个特例。如果我们将式（8.3）中的增长率设为零，就将得到无增长模型。

$$V_0 = D_1/(k - g) \tag{8.3}$$

$$V_0 = D_1/k \tag{8.4}$$

例如，假设一位分析师认为塔吉特公司（Target Corp.）明年将产生每股 4.74 美元的现金流，并且现金流不会增长。该分析师认为塔吉特公司的股权成本为 9.0%。这将得到塔吉特公司的内在价值为 4.74 美元/9.0% = 52.67 美元。该内在价值类似于股票的当前价格。当然，如果分析师认为现金流会增长或适当的贴现率低于 9%，股票将变得更具吸引力。

在上述每个模型（固定增长模型、无增长模型和多阶段增长模型）中，目标只是预测公司未来的现金流并将它们贴现回现在。无增长模型将现金流视为永续年金；股利支付将永远持续下去。因此，股票价值由 $V_0 = D_1/k$ 表示。

根据分析师使用的方法（股权自由现金流法、股利贴现模型法和公司自由现金流法），该式表明股票价值（如果使用公司自由现金流法，则为企业价值）是用明年的现金流（股权自由现金流、股利或公司自由现金流）除以贴现率（股权成本或加权平均资本成本）的结果。请记住，在无增长模型中，预计未来现金流将保持不变。

当您考虑无增长模型时，从这个简单公式中可以得出一些重要结论：

- 现金流越大，公司或股权的价值就越大。显然，如果投资者收到更多现金流，投资价值理应更高。

- 风险较低的现金流要求较低的贴现率（较低的股权成本或加权平均资本成本）。较低的贴现率会导致公司或股权的价值更高。这是一个重要的直观认识：风险较小的现金流（投资者更有把握收到的现金流）以较低的利率贴现，因此价值更高。与投资者不太可能获得的 100 美元现金流相比，投资者将为其很可能获得的 100 美元现金流支付更高价格。

- 没有人预测现金流会永远保持不变。相反，当最佳预测是该公司没有任何增长机会时，人们将使用此模型。

- 如果一家公司不增长而整体经济确实增长，那么该公司在经济中所占的比例将减少。

分配比例为 100% 的情况　无增长模型假设公司可以分配其所有利润。考虑分配 100% 利润的情况似乎很奇怪。即使公司没有增长，公司也必须重置其资产。难道它不需要保留部分利润吗？例如，假设分析师正在评估一家没有增长的食品配送公司。该公司每年的利润为 60 000 美元。即使该公司没有增长，它仍然需要在某个时候更换它的两辆汽车。

这个问题的答案是利润和现金流之间存在重要区别。为了计算净利润，需要减去折旧。折旧不是现金支出，它是一笔会计分录。公司是在购买汽车时（而不是在公司对汽车提取折旧时）使用现金。结果是经营该公司产生的现金流大于净利润。但该公司最终将不得不更换汽车，这些资本支出应该（大致）等于折旧。

您可以在图表 8-3 中看到这种情况的一个例子。在图表 8-3 中，公司的经营产生了 75 000 美元的现金流（营业现金流）。要计算自由现金流，必须减去资本支出。无增长模型中的正常假设是资本支出等于折旧。因此，从营业现金流中减去 15 000 美元的资本支出后，我们将剩下 60 000 美元（净利润）。

图表 8-3　无增长模型：为什么公司可以分配 100% 的利润　　单位：美元

假设一家食品配送公司的利润表如下：	
销售收入	300 000
销货成本	−120 000
毛利润	180 000
销售费用、一般费用和管理费用	−80 000
息税前利润	100 000
利息	−10 000
税前利润	90 000
税款	−30 000
净利润	60 000

这家公司有 15 000 美元的折旧。这是销售费用、一般费用和管理费用的一部分，而不是现金流。因此，该公司营业产生的现金流＝60 000 美元＋15 000 美元＝75 000 美元。

然后，该公司将不得不进行资本支出。无增长模型假设这些资本支出与折旧金额大致相同。这使自由现金流回到 60 000 美元。自由现金流＝60 000 美元＋15 000 美元−15 000 美元＝60 000 美元。（请注意，一家非增长型公司的净营运资本不应有任何变化。换言之，例如，如果公司没有增长，就不需要更多存货。）

8.2.4　多阶段（或两阶段）增长模型

很多时候，假设一家公司的现金流将以固定速度增长或完全不增长是不正确的。公司可能处于其生命周期的高增长阶段，分析师希望对这种高增长模式建立模型，同时也认识到高增长不会永远持续下去。因此，在高增长期之后，该模型可能会回到固定增长假设。或者，分析师也可能建立这样一个模型：在高增长期之后，是一个增长放缓的过渡期，然后是一个固定（更缓慢的）增长期。其思想是，一个模型在不同时期经常会有不同的增长率。

除了预期增长会逐渐放缓的高增长公司之外，也可能有一家目前增长速度缓慢但预期增长率会升高的公司。当前的缓慢增长可能是整体经济放缓或者行业或公司特有的暂时性问题造成的。

我们也可以用公式来考察两阶段模型，从式（8.2）开始：

$$P_0 = \sum_{t=1}^{\infty} \frac{CF_0(1+g)^t}{(1+k)^t} = CF_0 \sum_{t=1}^{\infty} \frac{(1+g)^t}{(1+k)^t} \tag{8.2}$$

$$P_0 = \sum_{t=1}^{N} \frac{CF_0\left[\Pi(1+g_t)\right]}{(1+k_t)^t} + \left[\frac{CF_N(1+g_2)}{(k_L - g_2)}\right](1+k_N)^{-N}$$

$$= 第一阶段（异常）增长率的现值 + 第二阶段（固定）增长率的现值 \tag{8.5}$$

式（8.5）中的第一阶段增长率可以是固定增长率，也可以是不规则增长率。第二阶段将是固定增长率（也可能包括零增长率或无增长模型）。

大多数分析师的模型都有两个或多个增长阶段。这方面的一个例子见图表 8-4，我们对科技股泡沫期间的思科进行了估值。我们假设其有非常高的增长率（20%），并最终会下降到更稳定的增长率（5%）。稳定增长率被用于在固定增长模型中计算股票的最终价值（即股票在第 5 年年末的价值）。

图表 8-4　两阶段股利贴现模型（对终值使用固定增长股利贴现模型）

这里，我们分析了 2000 年（科技股泡沫高点时）的思科。假设思科在 2000 年的股利为 53 美分（尽管 53 美分实际上是思科的利润）。假设您认为思科的每股股利将在五年内以每年 20% 的增长率增长，然后增长率降至 5%，这将是其长期增长率。我们可以建立一个两阶段模型来反映高增长和固定增长。股权成本为 12%。

年份	2001 年	2002 年	2003 年	2004 年	2005 年	2006 年
股利（美元）	0.64	0.76	0.92	1.10	1.32	1.38
最终价值（美元）					19.78	
股利现值（美元）	0.57	0.61	0.65	0.70	0.75	
最终价值的现值（美元）					11.22	
股票价值（美元）	**14.50**					

前五年（2001—2005 年），我们令 53 美分的股利每年增长 20%。2006 年，增长率放缓至 5%。2006 年的股利被用来计算 2005 年的最终价值。我们可以将其视为该股票在 2005 年的价值为 19.78 美元。它等于 1.38 美元/（0.12－0.05）。然后，所有股利和最终价值都将贴现到现在。

我们将在图表 8-7 中看到另一个两阶段模型的例子。

8.3　贴现现金流

8.3.1　方法一：股利贴现模型

最简单的估值方法是使用**股利贴现模型**。虽然大多数学生已经在之前的课程中见过这种方法，但复习关键概念很重要。股利贴现模型是所有估值的基础。它可用于培养理解股权自由现金流模型所必需的直觉。

分析师可以在股利贴现模型中应用固定增长假设、无增长假设或多阶段增长假设。下面是一些股利贴现模型的例子以及一些关键的学习点。您应该记住的关键思想是：

- **分子为明年的股利。** 在现实世界或学术研究中，分析师有时会明确得知明年的股利。另一些时候，分析师会知道"刚刚支付的股利"。明年的股利必然会在此基础上增长。其计算方法是用刚刚支付的股利乘以（1＋增长率）。还有一些时候，分析师可能会预测"明年的利润"。要将其转换为股利，必须用利润乘以股利支付率。还有一些时候，分析师可能会以"去年的利润"为基础。要将其转换为明年的股利，必须令去年的利润增长为今年的利润，然后乘以股利支付率。

- **分母中的贴现率为股权成本。** 通常情况下，这将使用资本资产定价模型计算：

$$股权成本＝k＝无风险利率＋贝塔系数（风险溢价） \tag{8.6}$$

固定增长的例子 假设一位分析师正在为一家公司估值，该公司预期明年将支付 1.05 美元的股利。预期股利每年增长 5%，股权成本为 15%。使用式（8.3）计算，其价值将等于 1.05 美元/（0.15－0.05）＝10.50 美元。

重要的是要意识到分子可以用其他许多方式来描述。分析师可能会被告知，明年的利润将为 1.50 美元，股利支付率为 70%。请注意：有时候，分析师会被告知可以支付的利润百分比（股利支付率），而另一些时候，分析师会被告知必须保留的利润百分比（被称为留存率或再投资率）。这个例子可以表述为 70% 的股利支付率或 30% 的留存率（或再投资率）。股利支付率加上留存率必然始终为 100%。

表述这个问题的另一种方式是说去年的股利为每股 1.00 美元，预期股利每年增长 5%。或者，分析师也可能被告知去年的利润为 1.43 美元，预期利润将每年增长 5% 直到永远，股利支付率为 70%。

15% 的贴现率可以用多种方式来描述。最简单的描述方式是，分析师可能被告知股权成本为 15%。或者，分析师也可能被告知无风险利率为 7.8%，贝塔系数为 1.2，市场风险溢价为 6%。这将得到计算结果 7.8%＋1.2×6%＝15%。

另一种描述 15% 的股权成本的方式是告诉分析师无风险利率为 7.8%，预期市场收益率为 13.8%，贝塔系数为 1.2。这将计算出股权成本为 7.8%＋1.2×（13.8%－7.8%）＝15%。在这种描述数据的方式中，分析师被告知预期市场收益率（13.8%）和无风险利率（7.8%），从而可以使用这两个数字计算出风险溢价为 6%。

无增长的例子 假设分析师正在寻找一家明年将赚取 1.50 美元利润且没有增长机会的公司。该公司的股权成本为 15%。使用式（8.3），股权价值将等于 1.50 美元/15%＝10 美元。重要的是记住，如果一家公司没有增长机会，那么正确的假设是该公司将能支付 100% 的利润。这就是为什么（在没有增长的假设下）利润等于股利。

分子可以用其他方式描述。分析师可能会被告知，明年的股利将是 1.50 美元且没有增长机会。或者，分析师也可能被告知刚刚结束的一年的利润（或股利）为 1.50 美元，且公司未来没有增长机会。

同时使用固定增长模型和无增长模型计算增长机会的现值 接下来分析我们刚刚介绍的固定增长例子和无增长例子。在这两个例子中，预期该公司明年的利润均为 1.50 美元。当我们假设该公司为了每年增长 5% 必须将 30% 的利润进行再投资时，该股票的价值为

10.50 美元。如果该公司没有增长机会，则全部 1.50 美元都可以作为股利支付，股票价值为 10 美元。

这两个例子可以用来说明一个重要的概念：**增长机会的现值（present value of the growth opportunity，PVGO）**。增长机会的现值表示股票内在价值中可归因于公司增长的部分。当分析师对预期将有增长的股票进行估值时，重要的是知道有多少内在价值来自增长。（稍后我们将讨论为什么了解这一点很重要。）为了计算增长机会的现值，我们将使用固定增长模型和无增长模型。

以预期明年利润为 1.50 美元且保留 30% 利润的公司为例，我们已经看到该股票的价值将为 10.50 美元。为了计算增长的价值，我们可以问如果公司没有增长，股票的价值将是多少。如果公司没有增长，公司将可以分配所有利润。这意味着该股票的价值将为 10 美元。这是上面进行过的无增长计算。这意味着增长的价值为 10.50 美元－10.00 美元＝0.5 美元。换言之，股票价值中大约 5% 来自增长。

重要的是认识到计算增长机会的现值时常犯的一个错误。在这个例子中，一个常见错误是假设明年的 1.05 美元股利不会增长，并将这家成长型公司的无增长价值计算为 1.05 美元/0.15＝7 美元。显然，这是不正确的，因为它假设即使公司没有增长，公司也必须保留部分利润。正确的假设是 1.50 美元的利润可以 100% 分配（假设没有增长）。

另一个有意思的问题是，为什么本例中 5% 的增长率只使该股票的价值增加了 5%。答案是基于这样一种想法，即当一家公司的利润超过资本成本时，就会创造价值。在本例中，我们知道该公司的股权成本为 15%。考虑到分析师假设增长率为 5%，且该公司必须将 30% 的利润进行再投资，我们可以使用**可持续增长率公式**来倒推出该公司的股权收益率假设。本章后面将详细讨论可持续增长率公式。但是，现在我们将该式视为描述公司在股权有所增加（股权收益率）并保留一定比例的利润（再投资率）的情况下可以增长多快。

$$可持续增长率(g)＝股权收益率×RR \tag{8.7}$$

RR 为留存率。这是利润中再投资于公司的部分所占的百分比。因此，它有时也被称为再投资率。

使用式（8.7），我们可以说 5%＝股权收益率×30%。这意味着股权收益率为 16.67%。由于该公司的股权收益率（16.67%）高于股权成本（15%），因此增长创造了价值。但是股权收益率和股权成本之间的差异很小，这就是在 5% 的增长率假设下没有创造更多价值的原因。

总之，计算增长机会的现值分为三步：

(1) 计算股票的内在价值。 这通常使用固定增长股利贴现模型来计算。但是，它也可以使用两阶段模型或其他任何方式来计算。

(2) 计算股票的无增长价值。 这假设公司可以分配第一年利润的 100%。换言之，如果公司不会增长，公司就不需要保留任何利润。我们通常将这种无增长价值视为在用资产的价值。

(3) 通过从内在价值中减去无增长价值来计算增长机会的现值。 例如，一只股票的内在价值为 15 美元，但如果公司不再增长，它的价值将为 10 美元，那么增长的价值就为 5 美元。

作为风险因素的增长机会的现值 对于分析师而言，了解模型的价值有多少来自在用资产以及有多少来自未来增长非常重要。假设有两只股票。您的模型对两只股票的估值均为 20 美元。但股票 A 拥有 20 美元的在用资产，没有增长机会。股票 B 拥有 12 美元的在用资产和 8 美元的未来增长机会价值。

接下来，假设两家公司的利润都比预期低 1 美分。股票将如何做出反应？市场可能会忽略 A 公司的利润未达预期。这根本没有关系（除非市场认为未来利润将显著受到削弱）。从长期来看，我们仍然预期股利将持续下去。简而言之，一些分析师可能将无增长模型（基于真正可持续的股利）的估值视为接近价格下限。

同时，如果 B 公司的利润比预期低 1 美分，其股价可能会暴跌。分析师可能会推断，B 公司不太可能满足高增长预期，该预期支撑了 B 公司的一大部分股价。总之，增长机会的现值的计算对于帮助分析师了解其估值中增长的重要性至关重要——这可能被视为一个风险因素。

增长机会的现值可能为负　很多时候，学生离开商学院时都认为增长总是有价值的。遗憾的是，这是不正确的。

假设一家银行通过支付 7% 的利率来吸引存款，且银行以 2% 的利率将这笔钱贷给借款人。这家银行的业务可能实现增长。但是，在某个时候，银行将资不抵债。支付 7% 的利率并以 2% 的利率贷款是没有利润的。这是非常重要的一点：价值是通过获得高于资本成本的利润来创造的。将其应用于股利贴现模型，这意味着如果股权收益率大于股权成本，那么增长是有价值的。

例如，假设一家公司明年的每股收益将为 2 美元，它应该能以股利形式分配 25% 的利润。（剩余 75% 的利润需要保留起来，以便为增长提供资金。）该公司预期每年增长 4%，股权成本为 12%。计算增长机会的现值的步骤为：

第一步：计算股票的内在价值：

$$V_0 = (2 \times 0.25)/(0.12 - 0.04) = 6.25（美元）$$

第二步：计算股票的无增长价值：

$$V_0 = 2/0.12 = 16.67（美元）$$

第三步：计算增长机会的现值：

$$PVGO = 6.25 - 16.67 = -10.42（美元）$$

在本例中，增长正在摧毁价值。同样，使用式（8.7），即可持续增长率公式，可以计算出股权收益率。增长率＝股权收益率×留存率，所以，4%＝股权收益率×75%。因此，股权收益率＝5.33%。该公司的资本成本为 12%，股权收益率为 5.33%。它正在摧毁价值。

两阶段股利贴现模型　除了固定增长假设和无增长假设之外，分析师可能还会假设某个时期内有两三个增长阶段甚至不规则增长。之前，图表 8 - 4 给出了一个例子。现在我们再举一个例子，假设一位分析师预期一家公司明年将支付 1 美元的股利，并且该股利将在之后两年每年增长 10%。第 3 年之后，股利将每年增长 4%。股权成本为 14%。该股票的价值可以通过贴现计算出来：

（1）第 1~3 年的股利价值。这些股利将为 1.00 美元、1.10 美元和 1.21 美元。它们必须分别以 14% 的贴现率贴现一年、两年和三年。这三笔股利的现值为 2.54 美元。

（2）从第 4 年到永远的股利价值。股利 4＝股利 3×（1+增长率）＝1.21 美元×1.04＝1.258 美元。由于我们知道第 4 年的股利，因此我们可以计算第 3 年年末的股票价值。$V_3 = 1.258$ 美元/（0.14-0.04）＝12.58 美元。这就是固定增长模型。这 12.58 美元必须以 14% 的贴现率贴现三年。该值为 12.58 美元/1.14^3＝8.49 美元。

（3）股利的现值加上最终价值的现值等于 2.54 美元＋8.49 美元＝11.03 美元。

图表 8-5 给出了这个例子。

图表 8-5　两阶段股利贴现模型　　　　　　　　　　　　单位：美元

	1	2	3	4
股利	1.00	1.10	1.21	1.258
最终价值			12.58	
现金流的现值	0.88	0.85	9.31	
总价值	**11.03**			

同样，分析师可以分析这 11.03 美元中有多少来自增长。如果公司不再增长，它可以将明年的 1 美元利润全部分配出去。这将使无增长价值等于 1 美元/0.14＝7.14 美元。这意味着增长机会的现值＝11.03 美元－7.14 美元＝3.89 美元。

8.3.2　方法二：股权自由现金流——改进的股利贴现模型

许多学生学习股利贴现模型后都感到沮丧。他们试着应用它，并发现它预测出的价值远远低于市场价格。几乎所有股票的价值看起来都被严重高估了。

为了使股利贴现模型适用于所有情况，必须了解一个简单问题。实际用来评估股票价值的不是实际支付的股利，而是可以支付的股利金额。这是股权自由现金流。

股权自由现金流的定义（衡量方法）如下：

净利润
　＋折旧费用
　　－资本支出
　　－营运资本变化
　　－偿还本金
　＋新发行的债务

目标是确定在偿付其他所有资本供给方和为公司提供持续增长之后，股东可获得的自由现金流。该模型是更一般化的股利贴现模型。

假设您是一家公司的唯一股东。在经营业务、对企业进行再投资（投资于更多长期资产和净营运资本）、支付利息，并可能偿付本金（或借入更多资金）后，还剩下 1 000 万美元。该公司可能会向您寄送 1 000 万美元的股利支票。如果该公司计划这样做，您将很容易应用股利贴现模型并获得准确的估值。

但是如果公司不支付股利会发生什么？它将保留全部 1 000 万美元。如果股利为零，是否意味着该公司一文不值？显然，这家公司并非一文不值。作为唯一的股东，您仍然有 1 000 万美元的收益。您是代您持有 1 000 万美元的这家公司的所有者，而不是收到 1 000 万美元股利支票。

关键的一点是，我们评估的是属于股东的 1 000 万美元自由现金流的价值——无论是以股利形式分配给股东还是公司为股东持有这笔钱。公司分配的实际金额与估值无关。股利支票是 1 000 万美元、600 万美元、200 万美元还是没有股利支票都没有影响。作为唯一的股东，您将获得 1 000 万美元的收益。

请记住，管理层可能决定保留利润而不是分配利润的原因有很多。他们持有现金可能是为了避免在经济衰退时不得不发行更多债务或股权的风险，也可能是他们希望在未来收购另一家公司（并且不想发行更多股票）。税收原因也可以解释公司的股利政策。也可能是公司没有以股利形式分配所有自由现金流，因为它更喜欢平稳的股利，不想出现必须削减股利的情况（如果在一年中现金流下降）。

最重要的是，一家公司以股利形式分配所有自由现金流的情况罕见。因此，如果投资者使用实际支付的股利对一家公司估值，就无法反映所有自由现金流，估值将不准确。

因此，问题变成了如何计算属于股东的自由现金流金额。这里有一个简单技巧。我们将考察这个技巧，然后将应用股权自由现金流法。

这个技巧涉及可持续增长率公式。如前所述，该式表示，增长反映了股权收益率和利润的再投资（或留存）率。换言之：

可持续增长率(g)＝股权收益率×留存率

请记住，留存率（RR）是保留或再投资的利润百分比。这使我们可以将可持续增长率公式表示为：

$g = \text{ROE} \times \text{RR}$

下面举例说明可持续增长率，假设一家公司的股权收益率为 10％。这意味着该公司产生的股东权益增加了 10％。如果该公司保留这些利润的 60％，该公司的增长率可以为 6％。即 10％×60％＝6％。

可持续增长率公式有两个假设：

(1) 公司将保持资本结构不变。这意味着债务的增长百分比必须与股权相同。

(2) 公司的效率没有提高或降低。这意味着公司的资产周转率（＝销售收入/资产）必须保持不变。

理解这个公式以及这些假设的原理非常重要。图表 8－6 是描述传统上如何使用可持续增长率的一个例子。在这个例子中，公司产生的股东权益增加了 10％；这就是股权收益率的含义。但是，由于公司只保留了 60％的利润，这意味着增长率将为 6％。由于我们假设该公司希望其资本结构保持不变，因此这意味着该公司将多发行 6％的债务。当资本增加 6％时，该公司的资产将增加 6％，可用于产生 6％的增长率。

图表 8－6 可持续增长率公式的传统应用

请考虑一家拥有 300 美元资产的公司，该公司 2/3 为股权融资，1/3 为债务融资，股权收益率为 10％。该公司将 60％的利润进行再投资。请使用可持续增长率公式计算这家公司的增长率。				

资产	300 美元	债务	100 美元	这是我们的起点：资产为 300 美元，1/3 为债务融资，2/3 为股权融资。
		股权	200 美元	股权收益率＝净利润₁/股权。$10\% = 净利润_1/200 美元$
资产	318 美元	债务	106 美元	净利润₁ 必然等于 20 美元。如果该公司将 60％的利润进行再投资，再投资金额将等于 12 美元。增长率为 6％。假设资本结构保持不变，债务也必然增长 6％。
		股权	212 美元	假设资产周转率稳定，销售收入和资产也将增长 6％。
可持续增长率＝10％×60％＝6％				

实际上，分析师很少以这种"传统"方式使用可持续增长率公式。他们不会通过询问公司将拥有多少资本来估计增长率。如果一家公司有资本约束，情况可能是如此。但是，如果您多给一家溜溜球制造商 10 亿美元，并不能确保该公司能售出更多溜溜球。

分析师的工作是进行预测。他们预测公司的增长速度。他们了解过去的增长，并分析未来对公司的商品或服务的需求将如何变化。他们考察整体经济、相关人口数据、竞争、消费者、投入品的供给等问题。第 9 章介绍了这些因素。

分析师还估计了公司的效率和盈利能力，以及资本结构可能发生的变化。这些估计都包含在股权收益率的估计中。

$$\frac{净利润}{普通股价值}=\frac{净利润}{净销售收入}\times\frac{净销售收入}{总资产}\times\frac{总资产}{普通股价值}$$

$$=利润率\times总资产周转率\times财务杠杆 \tag{8.8}$$

一旦分析师预测出增长率和股权收益率，就可以按不同方式使用可持续增长率公式。该式可用于求解再投资率（也称留存率），而不是求解增长率。换言之，我们可以解出需要留存的利润百分比，以支持分析师预测的增长水平。所有剩余现金都是属于股东的自由现金流，应该进行估值。可持续增长率公式的这种用途是非常强大的工具。

例如，在图表 8-7 中，该公司预期将增长 6%。由于我们假设该公司的效率不会提高或降低，因此这意味着公司的资产需要增加 6%。这也意味着我们希望该公司的债务和股权均增加 6%（因为我们假设资本结构将保持不变）。由于公司增加了 10% 的股东权益（股权收益率），但只需要增加 6% 的股权，因此这意味着公司只需要保留所增加股权（利润）的 60%。如果该公司保留利润的 60%，那么这意味着该公司可以分配其利润的 40%。

图表 8-7　用可持续增长率公式计算股权自由现金流

请考虑一家拥有 300 美元资产的公司，该公司 2/3 为股权融资，1/3 为债务融资，股权收益率为 10%。您预测该公司的增长率将为 6%。请使用可持续增长率公式计算这家公司的利润再投资率和股权自由现金流。

资产	300 美元	债务	100 美元	这是我们的起点：资产为 300 美元，1/3 为债务融资，2/3 为股权融资。
		股权	200 美元	股权收益率＝净利润₁/股权。
资产	318 美元	债务	106 美元	
		股权	212 美元	

这是我们的起点：资产为 300 美元，1/3 为债务融资，2/3 为股权融资。

股权收益率＝净利润₁/股权。

10%＝净利润₁/200 美元

净利润₁ 必然等于 20 美元。

如果该公司的增长率为 6% 且效率保持不变，资产增长率也将为 6%。假设资本结构保持不变，债务和股权也必然增长 6%。这意味着必须留存 12 美元利润，其余 **8 美元为股权自由现金流**。

6%＝10%×RR
再投资率必然等于 60%

理解图表 8-7 至关重要。由于自由现金流是估值的关键，因此可持续增长率公式和直观认识非常重要。这种直观认识解决了与股利贴现模型相关的主要问题——除了实际股利之外，您一无所知。

我们在了解如何计算股权自由现金流之后，就可以应用这些想法。为了使用股权自由现金流模型，分析师需要进行以下预测：

（1）销售收入增长率。

（2）利润率。

（3）股权收益率。

（4）股权成本。

请设想一下：如果您有四个估计值，就可以对一只股票进行估值。但要意识到，在现实世界中，要得到这四个估计值需要的数据很多！现在，我们只想了解估值。

举例来说，我们将估计思科在 2016 年年末的价值。接下来，我们将确定我们需要得到的四个预测值。

（1）销售收入增长率。2016 年年末，思科的每股销售收入为 9.78 美元。预期未来 5 年的销售收入将以每年约 4％的速度增长。在那之后，我们预测增长率将稍微降低（3.75％），直至永远。该增长率更符合我们目前对长期名义经济增长率的预测。

（2）利润率。该公司的利润率约为 24％。利润率表示利润除以销售收入。换言之，思科每获得 1 美元销售收入，将产生 24 美分的利润。

（3）股权收益率。您预期思科的股权收益率为 20％。

（4）股权成本。您估计思科的股权成本为 9.5％。

在图表 8－8 中，您可以看到估值结果。下面列出了计算该价值的步骤。

图表 8－8　2016 年年末思科的估值　　　　　单位：美元

年份	2017 年	2018 年	2019 年	2020 年	2021 年	2022 年
销售收入	10.17	10.58	11.00	11.44	11.90	12.35
每股利润	2.44	2.54	2.64	2.75	2.86	2.96
股权自由现金流	1.95	2.03	2.11	2.20	2.28	2.41
最终价值					41.87	
现金流现值	1.78	1.69	1.61	1.53	28.05	
股票价值	34.66					

我们将从销售业务开始。您得知刚刚结束的一年的销售收入为 9.78 美元。我们估计销售收入每年将增长 4％。因此，明年的销售收入应为 10.17 美元（即 9.78 美元×1.04；换言之，销售收入以 4％的增长率增长）。这种增长率在前 5 年一直持续。在第 5 年之后，增长率略微放缓至 3.75％。我们使用这个较慢的增长率来计算 2022 年的销售收入。2022 年的销售收入将帮助我们计算最终价值（截至 2021 年年末）。

在计算销售收入后，我们将预测利润。方法是用利润率乘以销售收入。明年的利润应该为 2.44 美元（即 10.17 美元×24％；换言之，公司每获得 1 美元的销售收入，就有 24 美分的利润）。

下一步可能是最重要的：我们需要计算这些利润中有多少实际反映了股东的自由现金流。我们估计的是股权自由现金流的价值。我们将对接下来 5 年的股权自由现金流估值，然后我们将估计第 6 年（2022 年）的最终价值。我们需要对最终价值进行第二次计算，因为估计值已经改变。

为了计算股权自由现金流，我们将使用可持续增长率公式（如上所述）。请记住，这个公式表明增长率等于股权收益率乘以留存率。我们估计（未来 5 年的）增长率为 4％。

我们还估计思科的股权收益率为 20%。从这里，我们可以计算出必须再投资多少利润以及可以分配多少利润作为自由现金流。

20% 的股权收益率意味着思科每年多产生 20% 的股东权益。但是，如果该公司的年增长率仅为 4%，且该公司希望维持其资本结构（即保持其债务股权比不变），则只需要增加 4% 的股权（和 4% 的债务）。因此，使用可持续增长率公式，我们可以解出留存率。即 4%＝20%×留存率。留存率必然等于 20%。这意味着我们必须用 20% 的利润进行再投资，且可以分配 80% 的利润。因此，在第 1 年，股东的自由现金流为 2.44 美元利润的 80%，即 1.95 美元。第 2 年至第 5 年（2018—2021 年）也将沿用 80% 的股利支付率。

有了前五年的股权自由现金流之后，我们需要计算最终价值。这可以被视为第 5 年年末股票的内在价值。我们将使用持续增长模型计算该价值。我们需要最后一年（2022 年）的自由现金流来计算最终价值。

为了计算 2022 年的自由现金流，首先令上一年的销售收入增长 3.75%（可持续增长率）。然后我们用 24% 的利润率乘以这些销售收入，得到每股 2.96 美元的利润。由于增长率发生了变化（从 4% 变为 3.75%），因此我们必须使用可持续增长率公式，即 3.75%＝20%×留存率，重新计算股利支付率。留存率现在等于 19%，这意味着我们可以分配 81% 的利润。请注意，增长率的变化很小，结果是股利支付率的变化也很小（从 80% 变为 81%）。这使我们能计算出最后一年的股权自由现金流，它为 2.41 美元。

为了计算最终价值，我们使用 $FCFE_6/(k-g)$，即 2.41 美元/(9.5%－3.75%)。结果为 41.87 美元。这就是最终价值，它可以被视为我们对五年后股票的估计价值。

现在我们得到了所有现金流和最终价值，我们需要做的就是对它们进行贴现并求和。我们使用股权成本对它们贴现。同样，由于我们有了属于股东的现金流，因此可以用股权成本对其贴现（以得出股权价值）。我们以 9.5% 的贴现率贴现 1.95 美元一年，以 9.5% 的贴现率贴现 2.03 美元两年，以此类推。请注意第 5 年：我们对 2.28 美元的现金流和 41.87 美元的最终价值都进行了贴现。我们将它们的总价值（44.15 美元）贴现五年。当我们加总所有这些价值时，将得到股票的内在价值为 34.66 美元。

2016 年年末，思科的交易价格为 30.22 美元。因此，该估值表明市场略微低估了思科的价值。

还应该注意到，该模型将被视为两阶段模型。我们估计未来五年的增长率为 4%，此后增长率为 3.75%。这种变化很小。我们没有改变从第一期到可持续（永久）时期的利润率或股权收益率。因此，虽然这在严格意义上是两阶段模型，但这两个阶段并没有太多不同。

回顾股利贴现模型和增长机会的现值　让我们回顾本章前面学过的一些概念：持续增长模型和增长机会的现值。从股利贴现模型回到固定增长方程，我们知道股票价值是下一年的现金流除以股权成本与增长率之差。该价值等于 1.95 美元/(9.5%－4%)＝35.51 美元。同样，这与股权自由现金流模型非常相似。唯一的区别是股权自由现金流模型假设增长将放缓至 3.75%。在我们刚刚计算的持续增长模型中，我们假设永续增长率为 4%。

让我们也使用增长机会的现值的概念。股权自由现金流模型计算出的价值为 34.66 美元。如果思科不再增长，它的价值是多少？假设思科在第 1 年之后不再增长时将能分配所有利润。这意味着它的价值将为 2.44 美元/0.095＝25.68 美元。因为我们认为该公司的价值为 34.66 美元，但如果它不再增长，价值将仅为 25.68 美元，所以增长机会的现值为 8.98 美元。这几乎占内在价值的 25%，它来自我们对未来增长的估计。另一件有趣的事情是，在 2016 年 6 月（英国脱欧公投之后），思科的股票交易价格不到 28 美元。投资者能以显著低于内在价值的价格购买股票——几乎不用为预期增长支付价格。

投资者对估值有基本的直觉至关重要。通过这种公司快速估值，投资者可以避免许多新投资者遇到的问题。他们花数周时间研究一家公司，当他们最终建立模型时，得出了该股票价值被严重高估的结论。但通过快速估值，您可能会很快得出一只股票不值得关注的结论。

构建研究框架　这种估值的另一种用途是帮助投资者构建研究框架。最终，您进行研究是为了了解：

（1）您认为思科未来能继续保持 4% 的增长率吗？

（2）从长期来看，您预期能否获得 24% 的利润率？

（3）思科能否继续获得 20% 的股权收益率？

（4）9.5% 的收益率能否补偿您投资思科所承担的风险？

如果投资者对这些预测充满信心，那么当它的售价低于内在价值时，就会更放心地购买该股票。分析师花费大量时间做出这些预测，然后对其进行监测，以确定是否发生了变化。

如果股票以内在价值交易会如何？　在我们继续分析之前，请先考虑一个更重要的直觉。我们用股权自由现金流模型得出的价值为 34.66 美元。假设当前的股价也是 34.66 美元。然后，进一步假设您对这只股票的所有预测结果都是完全正确的。换言之，该公司将在未来五年内以每年 4% 的增长率增长，然后增长率将放缓至 3.75%。利润率将继续保持在 24%，股权收益率将保持在 20%。如果是这种情况，那么您的这项投资的长期收益率是多少？

根据我们的经验，大多数学生都推测从长期来看，您的利润将为零。大多数学生做出这种推测的原因是您为价值 34.66 美元的投资支付了 34.66 美元。您以公允价格购买了这项投资。但是，这不是正确答案！您每年将获得 9.5% 的收益率——您的股权成本。实际上，您承担的风险将获得适当的补偿。请记住，当我们得出 34.66 美元的价值时，我们是用 9.5% 的贴现率贴现未来现金流得出的。另一种思考方法是意识到，我们的模型显示现在的股票价值为 34.66 美元，这假设您将在未来 5 年收到现金流（未来 5 年的股权自由现金流），并且您将能在第 5 年以 41.87 美元（最终价值）的价格出售股票。因此，现在看起来收益率应该大于零。

当然，如果您支付的价格低于公允价值（即您以低于 34.66 美元的价格购买股票），您将获得高于 9.5% 的收益率。最后，如果股票价值为 34.66 美元，而您为该股票支付的价格高于该金额，那么您的收益率将低于 9.5%。

银行的股权自由现金流　在我们继续讨论下一种估值方法之前，还将讨论最后一个问题。我们将把股权自由现金流模型应用于银行股票。特别关注银行股票的原因是，金融股看起来与众不同。银行的利润表看起来与众不同；它们没有收入，因而也没有销货成本。此外，银行的资产负债表有两项主要资产：贷款和证券。请记住，从银行的角度来看，贷款是资产；它们是银行的投资。

许多学生从未尝试对银行估值，因为他们不知道如何对银行建立模型。因此，我们想说明为银行估值时需要对股权自由现金流模型做出的两个简单调整。

请记住，为了使用股权自由现金流模型，我们需要预测以下指标：

（1）销售收入增长率。

（2）利润率。

（3）股权收益率。

（4）股权成本。

如果我们要预测银行的相关指标，我们需要更改前两个预测指标，如下：

（1）资产增长率。

（2）资产收益率。

（3）股权收益率。

（4）股权成本。

直觉告诉我们，银行没有报告收入。银行赚取利润的方式是投资于证券和发放贷款（这类似于投资）。因此，我们将分析银行拥有的资产（贷款和投资）以及这些资产的盈利能力（资产收益率）。用资产乘以资产收益率，我们可以估计出利润。

您可以在图表8－9中看到一个银行估值的例子。我们对未来几年的美国合众银行（U. S. Bancorp）做出了几个假设。我们假设（刚刚结束的一年）年资产为272.19美元，并将在未来五年内每年增长3.64％。之后，该银行的资产将在可持续的未来以3％的年增长率增长。我们假设未来五年的股权收益率为13％，然后放缓至12.5％。最后，我们假设股权成本为9％。该模型的结果是估值为45.47美元。2017年年初，该股票的交易价格约为51.50美元。

图表8－9　2016年年末美国合众银行的估值　　　单位：美元

年份	2017 年	2018 年	2019 年	2020 年	2021 年	2022 年
资产	282.09	292.36	302.99	314.02	325.44	335.21
每股利润	3.67	3.80	3.94	4.08	4.23	4.19
股权自由现金流	2.64	2.74	2.84	2.94	3.05	3.18
最终价值					53.07	
现金流的现值	2.42	2.30	2.19	2.08	36.47	
股票价值	45.47					

同样，重要的是要记住，我们为美国合众银行建立的股权自由现金流模型与我们为思科建立的股权自由现金流模型实际上相同。唯一区别是我们估计了资产增长率，并用每股资产乘以资产收益率，将每股资产转化为每股利润。

8.3.3　方法三：贴现现金流法（公司自由现金流法）

最后，我们将介绍贴现现金流分析的第三种方法，即公司自由现金流法。重要的是要意识到，这种方法通常被称为贴现现金流法或加权平均资本成本法。换言之，当分析师说她进行了贴现现金流分析时，她指的很可能是公司自由现金流法。

　　估值很重要。我们相信每个学生在离开商学院时都应该了解如何对股票进行估值。我们不只是指想成为投资者的学生，也指任何想管理企业的学生。管理层的目标是使股东价值最大化。如果一个人不了解如何衡量股东价值，就很难了解如何最大化股东价值。在学习公司自由现金流法时，我们学习的是最常用的价值衡量方法。

　　公司自由现金流法与我们刚学完的股权自由现金流法不同。股权自由现金流法预测的是属于股东的现金流。这些现金流使用股权成本进行贴现。由此得到的价值就是股权价值。

　　公司自由现金流法使用不同的现金流、不同的贴现率，并得到不同的价值：

　　(1) 公司自由现金流模型中的自由现金流是在估计经营企业产生的现金流和对企业的再投资（即投资于长期资产和净营运资本）之后可以分配给所有资本提供者（股东和债权人）的现金流。主要区别在于股权自由现金流使用的是已经偿付债权人之后的现金流。公司自由现金流不会减去偿付债权人的现金流，它是可以分配给股东和债权人的剩余现金流。（换言之，债权人尚未得到偿付，我们计算的是可用于支付给债权人和股东的现金流。）公司自由现金流的公式为：

　　　　FCFF＝EBIT(1－税率)＋折旧费用－资本支出－营运资本变化－其他资产变化

　　(2) 由于公司自由现金流模型中的现金流属于所有资本提供者，因此贴现率必须包含所有不同的资本成本。换言之，贴现率必须包括股权成本、债务成本和优先股成本（如果公司发行了优先股）。该贴现率被称为加权平均资本成本，稍后将进行讨论。

　　(3) 该计算得到的结果是公司的价值。换言之，如果分析师对所有资本提供者可得的现金流进行贴现，将计算出一个属于所有资本提供者的价值。我们可以将该价值粗略地称为计算出的企业价值。

　　计算公司自由现金流的步骤　为了理解如何建立模型，我们将把其分解为一系列简单步骤。然后，我们将说明公司自由现金流估值并回顾关键概念。在下面介绍的步骤中，假设我们要预测和贴现 5 年的现金流，我们还计算了第 5 年年末的最终价值。

　　(1) 预测销售收入。 分析师通常会预测 3～10 年的销售收入，然后使用最终年份的预测值。最常见的是 5 年期预测。支持这种做法的理由是分析师一方面尽量反映整个经济周期，另一方面尽量避免做出时间过长的具体预测。

　　(2) 预测营业利润。 在这里，营业利润指的是息税前利润（earnings before interest and taxes，EBIT）。在考虑资本结构（影响利息费用）和税收（也受资本结构影响，因为利息可在税前扣除）之前，可以将营业利润视为业务的盈利能力。请注意，当分析师预测营业利润时，这将迫使她考虑毛利率以及销售费用、一般费用和管理费用。

　　(3) 预测税款占营业利润的百分比。 该百分比的计算方法是用实际税率（公司缴纳的平均税率）乘以息税前利润（营业利润）。这可能会让您感到奇怪，因为您知道，通常应该从息税前利润中减去利息，再计算税款（减去利息会降低应纳税款）。但是请记住，如果减去利息，就意味着已经向债权人进行了偿付。相反，我们要计算的是债权人（和股东）可以获得多少现金。只有在计算股权自由现金流而不是公司自由现金流时才会减去利息。

　　(4) 计算税后净营业利润。 这是息税前利润减去应对该息税前利润缴纳的税款。同样，您可能会认识到，在该步骤中计算出的税款高于在计算税款之前扣除利息时的税款。换言之，我们没有反映本应由于扣除利息而使应税所得降低的事实。〔后面将说明利息可在税前扣除的好处。当我们计算贴现率（WACC）时，我们将使用税后债务成本。使用这个较低的贴现率时将得到更高的价值。]

（5）加上折旧。 我们将加上折旧，因为我们计算的是公司自由现金流。折旧不是现金流。它是降低资产账面价值的会计分录。我们是在购买厂房和设备时产生现金流，而不是在提取折旧时产生现金流。将税后净营业利润加上折旧后，这通常被称为经营现金流。它表示日常业务产生的现金流。

（6）减去资本支出。 对于分析师而言，这是一个难以估计的数字。资本支出通常是阶梯式的，但外部投资者无法轻松预测。估计资本支出的最佳方法是分析不动产、厂房和设备净值与收入之间的关系。它实际上计算的是为产生一美元收入需要多少不动产、厂房和设备。当然，在了解这种关系之后，分析师将需要确定公司的效率是提高了还是降低了。在图表 8 - 10 中可以看到一个例子。在这张图表中，假设不动产、厂房和设备净值约为收入的 13.5%。因此，如果在分析师创建的模型中，收入增加 100 美元，则不动产、厂房和设备应增加 13.50 美元。

图表 8 - 10　估计资本支出

假设我们正在构建一个模型并试图估计波音公司的公司自由现金流。此外，假设您预测收入每年增长 4%。您预测的资本支出应该是多少？

下面，您将看到波音公司过去七年的收入与不动产、厂房和设备净值。您还将看到不动产、厂房和设备净值/销售收入。实际上，这告诉我们波音公司的每一美元收入对应多少美分的不动产、厂房和设备。

年份	2010 年	2011 年	2012 年	2013 年	2014 年	2015 年	2016 年
销售收入	64 306	68 375	81 698	86 623	90 762	96 114	94 571
不动产、厂房和设备净值	8 931	9 313	9 660	10 224	11 007	12 076	12 807
不动产、厂房和设备净值/销售收入	13.9%	13.6%	11.8%	11.8%	12.1%	12.6%	13.5%

对波音公司进行分析后，您需要估计该公司的未来效率（资产密度）。最终，您可能假设波音公司每一美元的销售收入需要 13.5 美分的不动产、厂房和设备。您也可能发现该公司最近有一些资本支出，这个数字暂时被夸大了，12.5 美分更接近平均值。您还可能发现某些情况将在未来发生重大变化，并得出完全不同的估计值。假设您认为波音公司需要有 12.5 美分的净资本支出（资本支出减去折旧），这些现金流将如下所示（基于年销售收入变化乘以 12.5 美分的不动产、厂房和设备净值）：

年份	2017 年	2018 年	2019 年	2020 年	2021 年
销售收入	98 354	102 288	106 380	110 635	115 060
净资本支出	-473	-492	-511	-532	-553

（7）减去对额外净营运资本的投资。 净营运资本表示流动资产减去流动负债。分析师可以将其视为对短期资产的净投资。最重要的短期资产是现金、应收账款和存货。最重要的短期负债是应付账款。最简单的方法与我们预测资本支出的方法非常相似，即分析净营运资本与收入之间的历史关系。分析师需要确定他预期会在未来发生什么变化。使用这种方法时还有一个微妙之处：用于计算净营运资本的现金只是运营所需的现金；分析师应该去掉超额现金。显然，外部分析师很难确定经营一家企业需要多少现金，而多少现金是超

额现金。（下面讨论企业价值时介绍了这个问题。）在图表 8-11 中，您可以看到一个例子，它说明了如何估计净营运资本占销售收入的百分比。此外还要意识到，净营运资本可能是现金流入。

图表 8-11　估计净营运资本（波音公司）

与估计资本支出类似，首先要研究净营运资本如何随销售收入变化。下面，您将看到流动资产占销售收入的百分比、流动负债占销售收入的百分比和净营运资本占销售收入的百分比。为了得出净营运资本占销售收入的百分比，我们加上了流动资产占销售收入的百分比，然后减去了流动负债占销售收入的百分比。

年份	2010 年	2011 年	2012 年	2013 年	2014 年	2015 年	2016 年
现金/销售收入（%）	8.3	14.7	12.7	10.5	12.9	11.8	9.3
应收账款/销售收入（%）	8.4	8.5	6.9	7.6	8.5	8.3	8.3
存货/销售收入（%）	37.8	47.2	46.2	49.5	51.5	49.2	45.7
应付账款/销售收入（%）	12.0	12.3	11.5	11.0	11.8	11.2	11.8
净营运资本/销售收入（%）	42.6	58.0	54.2	56.6	61.2	58.0	51.4

从这里开始，我们可能会阅读 10-k 报表并与管理层交谈。应收账款和应付账款似乎相对稳定。现金看起来很多，可能表示波音公司有大量超额现金（这不是经营业务所必需的）。存货的大幅增加可能背后有故事。这是分析师需要了解的。假设我们得出的结论是，现金占销售收入的 5%，应收账款占销售收入的 8%，存货占销售收入的 44%，应付账款占销售收入的 11.5%，净营运资本占销售收入的 45.5%，那么，您预计销售收入每增加一美元，净营运资本将增加 45.5 美分。鉴于波音公司的业务性质，这是一个非常高的数字。

（8）计算公司自由现金流。 这是经营现金流减去资本支出，再减去对净营运资本的额外投资。剩余金额可以在经营业务后分配给资本提供者，再投资于长期资产（资本支出）和净短期资产（净营运资本）。

（9）计算加权平均资本成本（贴现率）。 该贴现率反映了所有不同资金来源的成本。您可以在图表 8-12 中看到一个例子。在这张图表中，您将注意到分析师使用了资本来源的市场权重。此外，分析师还使用了税后债务成本。由于我们在计算应纳税款之前没有减去利息（在第 3 步中），因此没有反映利息提供的税盾。通过使用税后债务成本（即较低的债务成本），分析师可以反映出税盾的价值。

图表 8-12　计算加权平均资本成本

假设一家公司的市值为 2 000 亿美元，债务为 400 亿美元。该股票的贝塔系数为 1.05。无风险利率为 2.50%，风险溢价为 6%。平均债务成本为 5%，税率为 35%。请计算加权平均资本成本。

股权成本＝无风险利率＋贝塔系数×风险溢价＝2.50%＋1.05×6%＝**8.80%**

税后债务成本＝到期收益率×（1－税率）＝5%×（1－0.35）＝**3.25%**

加权平均资本成本＝（2 000/2 400）×8.80%＋（400/2 400）×3.25%＝**7.875%**

需要注意两个问题：

1. 我们使用的是市场价值（而非账面价值）。这些市场价值将用来计算分配给每个资本成本的权重。

2. 我们使用的是税后债务成本。请记住，当我们计算公司自由现金流时，使用的是税后现金流。因此，贴现率应该是税后贴现率。债务是唯一具有税收影响的资本来源。使用税后贴现率是我们反映税盾价值（利息可在税前扣除）的方式。

(10) 计算第 5 年年末的最终价值。 我们可以将其视为第 5 年年末整个公司的价值。通过估计第 6 年的公司自由现金流，并将其除以加权平均资本成本与增长率之差，可以计算出该价值。换言之，最终价值＝$FCFF_6/(WACC-g)$。这不过是我们之前学习的固定增长模型的一种应用。

(11) 将所有自由现金流贴现回现在。 适当的贴现率是加权平均资本成本。请记住，在第 5 年，要贴现第 5 年的最终价值和公司自由现金流之和。

(12) 对现值求和。 加总所有现值，就得到了整个公司的初步价值：债务加上股权加上优先股（如果有已发行优先股的话）。但是，到这里还没有完成。为了得到企业价值，还需要进行一些调整。接下来将讨论这些调整。

(13) 加上非经营性资产的价值。 分析师应该将非经营性资产视为现金流分析未反映出的资产。例如，假设公司最近收购了一些房地产，但尚未使用。该房地产不会产生现金流，因此贴现现金流没有反映其价值。这意味着分析师的模型没有考虑这部分价值。

(14) 加上超额现金的价值。 超额现金是指经营业务不需要的现金。例如，连锁零售商店需要有库存现金用于收银和购买存货。它们经营业务所需的现金是净营运资本的一部分，但公司持有的现金可能超过其需要。这不过是另一种形式的非经营性资产。人们总是很难知道经营业务需要多少现金。一种方法是查看该公司在过去十年中每年持有的现金占收入的百分比。去掉最低的百分比（作为可能的异常值）并使用第二小的数字，它可以作为经营业务所需现金金额的良好估计值。当然，如果公司长期持有超额现金，这可能不是一个好答案。您还可以考察类似公司，对它们使用相同方法来计算它们所需的现金（占销售收入的）百分比。然后，分析师将该百分比应用于正在估值的公司。将非经营性资产和超额现金相加后，就可以估计出企业价值。

(15) 减去债务的价值。 大多数分析师只是减去资产负债表上债务的价值。在本章后面，我们将讨论另一种方法。

(16) 减去贴现现金流分析未反映的其他债务。 一个典型例子是没有融资或融资不足的养老金负债。当公司养老金中的资产金额低于偿还公司养老金债务所需的现值时，就会出现融资不足的养老金负债。从理论角度来看，我们将其视为债务，因为公司可以发行债务以获得充足资金。

(17) 计算每股股权价值。 从贴现现金流的现值开始，加上非经营性资产和超额现金，并减去债务后，将得到股权的价值。将其除以稀释后的流通股，将得到每股股权价值。

图表 8－13 给出了一个从贴现现金流现值计算出股权价值的例子。这张图表反映了两个最主要的直观认识。第一，我们试图计算出未反映在贴现现金流模型中的资产的价值，例如非经营性资产或超额现金（因为我们在计算自由现金流时未考虑利息收入）。第二，分析师必须反映出不像债券或贷款那样明确的债务。

建立公司自由现金流模型 讨论了计算公司自由现金流的步骤之后，我们就可以建立模型了。在本章前面，我们对思科做出了一些简单假设。接下来，我们将列出更多假设（与原始例子一致），以便我们有足够信息来建立公司自由现金流模型。我们的做法略有不同，因为我们将使用公司数据，而不是在股权自由现金流模型中使用的"每股"数据。

图表 8-13 调整现金流的现值

假设您进行的是公司自由现金流分析。在贴现现金流之后，它们的总和为 1 000 亿美元。您希望对股权进行估值。您知道该公司有 30 亿美元的超额现金（超过经营业务所需的现金）、10 亿美元的非经营性资产（尚未使用的建筑物和房地产）以及一项有 25 亿美元融资缺口的养老金计划（即该养老金有 35 亿美元的资产，债务现值为 60 亿美元）。该公司还有 200 亿美元的债务。该公司有 20 亿股流通股。每股股权价值是多少？

现金流现值	1 000 亿美元
加：	
超额现金	30 亿美元
非经营性资产	10 亿美元
减：	
无融资养老金	−25 亿美元
债务	−200 亿美元
股权价值	815 亿美元
流通股	20 亿股
每股股权价值	40.75 美元

以下是我们将使用的假设：

去年的销售收入：489 亿美元

今后 5 年的销售收入增长率：4%

第 5 年后的销售收入增长率：3.75%

营业利润率＝33%

税率＝22%

净利润率＝24%

债务＝250 亿美元

税前债务成本＝4.54%

流通股股数＝50 亿股

股权账面价值：610.5 亿美元

资产账面价值：860.5 亿美元

股权收益率（计算方法为税后净营业利润$_1$/股权$_0$）：15.21%

必须被再投资的税后净营业利润百分比（计算方法为增长率/股权收益率）：

第 1～5 年的再投资率：26.29%

第 5 年之后的再投资率：24.65%

股权的市场价值：1 500 亿美元

债务的市场价值：250 亿美元

股权成本＝9.5%

加权平均资本成本＝(6/7)×9.5%+(1/7)×4.54%×(1−0.22)＝8.65%

给定这些假设，我们可以使用公司自由现金流模型对思科进行估值，如图表 8-14 所示。重要的是要注意图表 8-14 与股权自由现金流模型的不同之处。股权自由现金流模型需要减去利息，这样在对债权人进行偿付后，剩余现金流都属于股东。它还考虑了为了给资产融资通过借款提供的资本（或返还给债权人的资本）。该图表中公司自由现金流的计算结果就是整个公司的价值。为了得到股权价值，必须减去债务。

图表 8-14 公司自由现金流（思科）

年份	2017 年	2018 年	2019 年	2020 年	2021 年	2022 年
销售收入（十亿美元）	50.86	52.89	55.01	57.21	59.49	61.73
息税前利润（十亿美元）	16.78	17.45	18.15	18.88	19.63	20.37
税收（十亿美元）	−3.69	−3.84	−3.99	−4.15	−4.32	−4.48
税后净营业利润（十亿美元）	13.09	13.61	14.16	14.72	15.31	15.89
再投资（十亿美元）	−3.44	−3.58	−3.72	−3.87	−4.03	−3.92
公司自由现金流（十亿美元）	9.65	10.03	10.44	10.85	11.29	11.97
最终价值（十亿美元）					244.38	
现值（十亿美元）	8.88	8.50	8.14	7.79	168.87	
企业价值（十亿美元）	202.17					
减：债务（十亿美元）	−25.00					
股权价值（十亿美元）	177.17					
流通股（亿股）	50					
内在价值（美元）	**35.43**					

为什么根据公司自由现金流模型得出的价值不等于根据股权自由现金流模型得出的价值？ 如果您问大多数"金融人士"，根据公司自由现金流模型得出的股权价值是否与根据股权自由现金流得出的股权价值相同，您通常会听到以下两个答案之一：

（1）价值相似，每股仅相差几美元。

（2）如果做出相同的假设，得到的价值应该相同。

这两个答案都有一定道理。您已经看到了第一个答案的实际例子：价值略有不同。根据股权自由现金流法得到的价值为 34.66 美元。根据公司自由现金流法得到的价值为 35.43 美元。二者的差异很小。然而，尽管差异很小，但二者不相同的事实仍然令人困扰。

因此，现在我们将讨论为了使公司自由现金流法与股权自由现金流法得出相同价值所需做出的假设。了解公司自由现金流模型的"第二种方法"很重要，因为它将得到（和股权自由现金流法）相同的答案，这会让您相信第二种方法是"正确的"方法，即使它没有用于实践。但是，为了接受这种解释，您需要承认估值是基于一组假设。

其想法如下：建立贴现现金流模型时，实际上意味着"如果所有假设都是正确的，那么这就是这只股票的价值"。其中一项假设是加权平均资本成本的基础。在我们的例子中，假设七分之六的资本来自股权，七分之一的资本来自债务。这些是我们计算加权平均资本成本时使用的权重。在这个例子中，贴现现金流是基于以下假设："如果这些现金流的七分之六属于股东，七分之一属于债权人，那么这就是公司的价值。"

这些假设的结果意味着，当我们计算企业价值（贴现现金流）时，必须根据加权平均资本成本中使用的权重分配价值。换言之，如果加权平均资本成本是基于上述权重，就应该取企业价值，并称企业价值的七分之六属于股东，七分之一属于债权人。图表 8-15 显示了这一点。该模型（与图表 8-14 相比）的唯一区别是我们使用了与加权平均资本成本一致的债务金额，而不是实际债务金额。既然我们说七分之一的资本是由债务提供的，就可以用七分之一乘以企业价值来得到债务的价值。

图表 8-15 改进后的公司自由现金流法

年份	2017 年	2018 年	2019 年	2020 年	2021 年	2022 年
销售收入（十亿美元）	50.86	52.89	55.01	57.21	59.49	61.73
息税前利润（十亿美元）	16.78	17.45	18.15	18.88	19.63	20.37
税收（十亿美元）	−3.69	−3.84	−3.99	−4.15	−4.32	−4.48
税后净营业利润（十亿美元）	13.09	13.61	14.16	14.72	15.31	15.89
再投资（十亿美元）	−3.44	−3.58	−3.72	−3.87	−4.03	−3.92
公司自由现金流（十亿美元）	9.65	10.03	10.44	10.85	11.29	11.97
最终价值（十亿美元）					244.38	
现值（十亿美元）	8.88	8.50	8.14	7.79	168.87	
企业价值（十亿美元）	202.17					
减：债务（十亿美元）	**−28.88**					
股权价值（十亿美元）	173.29					
流通股（亿股）	50					
内在价值（美元）	**34.66**					

我们介绍的这种方法通常不会在实践中使用。在实践中只需扣除现有债务，并将剩余部分作为股权价值。这就是我们在图表 8-14 中所做的。大多数人会反对图表 8-15 中介绍的方法。他们会问：为什么在知道实际债务金额的情况下还要减去理论债务金额？答案是，您必须承认贴现现金流模型是一种理论方法。它不是给物体称重并得出确定答案的秤。第二种方法虽然通常不用于实践，却是正确的方法。

让我们用最后一个例子来说明这一点。假设我们正在为一家公司估值，该公司目前有市值为 20 亿美元的股票和价值为 10 亿美元的债务。因此，我们在计算加权平均资本成本时，将使用三分之二的股权和三分之一的债务作为权重。接下来，假设您计算出的企业价值是 50 亿美元。大多数分析师会从中减去 10 亿美元，告诉您股权价值为 40 亿美元。而我们要告诉您，这 50 亿美元中有三分之二为股权价值，三分之一为债务价值。请记住，当给债务分配的权重为三分之一时，将得出较低的加权平均资本成本。由于债务比股权便宜，因此这种低加权平均资本成本将导致更高的企业价值。企业有这么低的贴现率从而可以产生（理论上）这么高的价值，而您只减去低额债务，这是不公平的。

8.4 相对估值法

贴现现金流分析试图计算公司的内在价值，而相对估值法是通过比较一家公司与可比公司、整体市场或股票自身交易历史来对公司进行估值。贴现现金流法通常被称为确定绝对价值的最佳方法，而相对估值法则描述了别人看起来愿意支付的价格。

当分析师使用倍数时，通常采用下列方式之一：

（1）比较股票倍数与可比公司的倍数（即股票相对于同行公司是贵还是便宜）。

（2）比较股票倍数与市场倍数（即股票相对于市场是贵还是便宜）。这在对倍数进行标准化时尤为有价值。换言之，如果利率较低，股票倍数往往较高。这种方法实际上剔除了市场倍数较高或较低的情况，只看这只股票相对于市场的交易倍数是高还是低。

（3）比较股票倍数与其历史倍数（也就是说，该股票的价格是否高于其历史交易价格）。使用这种方法时要小心。随着公司的成熟，它们的增长率将放缓，倍数将缩小。

（4）比较股票倍数与近期交易的价值倍数（即，如果购买该股票，它的价值是多少）。

在本章后面，我们讨论相对估值时，比较的是一家公司与可比公司。不过，当我们比较一家公司的倍数与其历史交易倍数、相对于整体市场的历史交易倍数，或者基于近期交易的价值倍数时，使用的分析方法是类似的。

相对估值分析分为三步：

（1）寻找可比公司。

（2）确定使用的适当倍数。

（3）应用倍数。

下面，我们将逐个分析这些步骤。然后，我们将讨论倍数的优缺点。但在我们讨论估值步骤之前，还要了解另外两个重要区别：股权倍数与企业价值倍数，以及拖尾倍数与远期倍数。

企业价值倍数是一种对整个公司估值的方法。它通常基于 EBITDA（息税折旧摊销前利润）等指标。目标是避免在我们使用股权倍数时产生资本结构影响。**股权倍数**是一种对公司的股权进行估值的方法。

拖尾倍数使用过去一年的基础基本面指标。例如，假设我们正在分析一家公司的市盈率倍数。该股票的交易价格为每股 25 美元。去年的每股利润为 2 美元。明年的预期每股利润为 2.50 美元。拖尾市盈率为利润的 12.5 倍，即 25 美元除以 2 美元。**远期倍数**使用下一年的预期利润计算。这将得到市盈率为 10 倍（25 美元除以 2.50 美元）。

拖尾倍数的支持者认为，我们知道过去一年的利润金额，而远期利润是不确定的。远期倍数的支持者则会告诉您，股票的定价是基于对未来的预期，而不是过去发生的事。（编写教科书的）教授也会尖刻地指出，远期倍数通常会使股票听起来更便宜（假设预期明年的利润将增加），而卖方更愿意致电客户推销便宜的股票。

8.4.1 进行相对估值

相对估值分析需要遵循三个步骤。

第一步：寻找可比公司　寻找可比公司极其困难。显然，分析师通常会搜寻相同（或非常相似）行业的公司。这容易做到。但是，这就像买了一栋房子并认为同社区的所有房子都应该以每平方英尺 300 美元的价格出售一样。一些房屋面积较小（同社区面积较小的房屋通常以更高的每平方英尺价格出售），有更多土地，维护得更好，配备了更高档的家电，等等。因此，买方必须知道房屋或企业有何不同。买家或分析师真正希望找到的是与其考察的房屋（或企业）真正具有可比性的少数房屋（或企业）。

当在一个行业中寻找可比企业时，分析师可以考虑使企业相似或不同的因素。最常见的方法是从**商业风险**角度和**财务风险**角度分析它们有何不同。

商业风险分析寻找不同公司之间在增长率、预期高增长期限、产品、市场份额、周期性、分配、成本结构和管理经验方面的差异。财务风险通常评估了杠杆、规模、潜在负债、利息保障倍数和贝塔系数的差异。

虽然最容易的方法总是从搜寻同行业公司中市值相似的公司开始搜寻可比公司，但还有另一个来源可能有助于搜寻可比公司。每年，上市公司都会在年度股东大会之前发布委托投票说明书。在委托投票说明书中，公司将介绍其如何确定薪酬。在相关介绍中，将披露其认为的同行公司。虽然其中许多公司截然不同，但分析师可以从披露的信息中获得一些线索。

第二步：确定使用的适当倍数　确定要考察的可比公司之后，分析师必须确定要使用的倍数。确定倍数的常用方法有两种。第一种方法是了解其他分析师使用的倍数。虽然这看起来像是"作弊"，但了解其他分析师对一只股票的看法总是很重要的。第二种方法是尝试确定看来影响股票的基础指标。换言之，分析师可能会尝试将股票相对于销售收入、利润或账面价值的表现进行回归。如果股票价格看起来与利润高度相关，就使用市盈率。如果股票价格看起来与销售收入或账面价值的相关度更高，就使用市销率或市净率。

第三步：应用倍数　如上所述，只比较倍数，并决定应该购买交易倍数较低的股票是不正确的。分析师必须了解影响倍数的基本因素。

下面，我们将分析一种考察倍数的方法。这通常被称为**基本面倍数**。这是一种评估应该给股票分配哪个倍数的方法。换言之，股票的交易价格应该为利润的 8 倍还是 12 倍？哪些因素影响这个倍数？

我们将使用市盈率、市销率和市净率来分析基本面倍数。

市盈率　市盈率是最常被引用的倍数。假设您有两家公司，每股利润均为 2 美元。然而，其中一只股票的交易价格为 20 美元，另一只股票的交易价格为 30 美元。看起来 2 美元的价值就是 2 美元。那么，为什么市场对利润的估值不同呢？换言之，为什么一只股票的市盈率为 10 倍，而另一只股票的市盈率为 15 倍？

考虑这个问题的最好方法是从固定增长股利贴现模型着手。我们只需重新整理该式，使市盈率位于一侧。您可以看到以下公式：

$$P_0 = \frac{D_1}{k-g}$$

$$P_0 = \frac{E_0 \times (1+\text{增长率}) \times \text{股利支付率}}{k-g}$$

拖尾市盈率：

$$\frac{P}{E_0} = \frac{(1+增长率) \times 股利支付率}{k-g} \tag{8.9}$$

远期市盈率：

$$\frac{P}{E_1} = \frac{股利支付率}{k-g} \tag{8.10}$$

结论是，如果出现以下情况，那么投资者应该为 1 美元利润支付更高价格：

(1) 利润将以更高增长率增长。 如果 2 美元利润快速增长，且公司将在几年后产生 4 美元利润，而不是在几年后产生 2.25 美元利润，那么投资者将愿意为 2 美元利润支付更高价格。

(2) 公司更有效率。 换言之，如果公司的股权收益率更高（即公司每年产生更多股东权益），那么它将能以股利形式支付更高比例的利润。即，公司将拥有更多可供股东使用的自由现金流。

(3) 现金流风险较低。 如果利润的确定性更高，那么投资者将愿意为 1 美元利润支付更高价格。

换一种说法就是：如果增长率（g）更高、股利支付率更高或股权成本（r）更低，那么市盈率应该更高。

市销率 市销率也很常用，它最常用于公司没有利润的情况。如果一家公司没有利润，就不可能使用市盈率。使用市销率背后的思考过程是，该公司最终将盈利，或者将被一家能从销售中盈利的公司收购。

在分析市销率背后的指标之前，我们希望指出一条关于市销率的常见评论。有些人会说，股权倍数（当我们估计股票而不是企业的价值时）应该基于属于股东的基础基本面指标（例如利润或账面价值）。换言之，利润属于股东，因为债权人已经得到了偿付。账面价值是股东在资产负债表上所占的份额。

确实，企业价值需要一个既属于股东又属于债权人的基础指标。换言之，分析师可以使用 EBIT 或 EBITDA，也可以使用销售收入。所有这些指标都是在向债权人进行偿付之前计算的，因此债权人（和股东）对这些指标享有索偿权。但是，股权倍数并非只能基于仅属于股东的指标。换言之，虽然分析师可以使用企业价值/销售收入（因为销售收入既属于股东，也属于债权人），但也可以使用市销率。利润率（我们将看到它对倍数有影响）将反映一家公司有债务而另一家公司没有债务的情况。股权成本也将受到债务的影响。

同样，我们也可以使用固定增长股利贴现模型来分析市销率。我们希望调整该式，使市销率位于一侧。为此，我们需要从分子中的销售收入（而不是股利）开始，将其乘以利润率（以得到利润），并将这些利润乘以股利支付率（以得到股利）：

$$P_0 = \frac{D_1}{k-g}$$

$$P_0 = \frac{S_0 \times (1+增长率) \times 利润率 \times 股利支付率}{k-g}$$

拖尾市销率：

$$\frac{P}{S_0} = \frac{(1+增长率) \times 利润率 \times 股利支付率}{k-g} \tag{8.11}$$

远期市销率：

$$\frac{P}{S_1} = \frac{利润率 \times 股利支付率}{k-g} \tag{8.12}$$

基于这一分析，我们可以得出结论，如果一家公司有以下情况，投资者应该愿意为 1 美元销售收入支付更高价格：

(1) 有较高利润率。 如果这些销售收入将转化为更高的利润，投资者将为 1 美元销售收入支付更高价格。

(2) 效率更高。 股权收益率较高的公司每得到 1 美元利润将能分配更多股利。换言之，在给定利润水平下，该公司为股东提供了更多自由现金流。

(3) 现金流风险较小。 换言之，该公司的股权成本较低。

(4) 有较高增长率。 投资者将为增长速度更快的 1 美元销售收入支付更高价格。

市净率 市净率通常被用于评估金融股。其原因是账面价值对金融股的意义大于对其他类型公司的意义。（例如）如果您分析银行的资产负债表，就会发现与其他许多行业的资产和负债相比，银行的资产和负债更接近市场价值。此外，银行最重要的资产——贷款和证券——也在资产负债表上。相比之下，工业公司可能有折旧资产，而科技公司通常不会在资产负债表上列出其最重要的资产（人员、专利等）。

同样，我们可以使用固定增长股利贴现模型了解影响市净率的重要基本面指标，如下所示。您可以看到，目标是将市净率放在公式一侧。这要求我们从分子中的账面价值（而不是股利）开始。因此，用账面价值乘以股权收益率再乘以股利支付率，我们首先得到股利：

$$P_0 = \frac{D_1}{k-g}$$

$$P_0 = \frac{账面价值_0 \times 股权收益率 \times 股利支付率}{k-g}$$

拖尾市净率：

$$\frac{P}{BV_0} = \frac{股权收益率 \times 股利支付率}{k-g} \tag{8.13}$$

请注意，分析师通常只讨论拖尾市净率。他们通常不会谈论远期市净率，即使他们可能使用远期市盈率或远期市销率。这是因为，分析师总会预测明年的销售收入和明年的利润，但是，分析师很少预测明年的账面价值。

结论是，如果一家公司符合以下条件，投资者就将为 1 美元账面价值支付更高价格：

(1) 产生更高的股权收益率——换言之，如果每 1 美元资本产生更多利润，账面价值就将更高。

(2) 风险较小——意味着股权成本较低。

(2) 预期账面价值将以更快速度增长。

如何记住基本面倍数 我们已经分解了市盈率、市销率和市净率，以了解基础的基本面因素如何影响这些倍数。如果您发现自己记住了证明其过程的数学公式，那么您就是在给自己帮倒忙。您应该了解直觉。

这个简单的数学计算总是从固定增长股利贴现模型开始。然后，在分子中，分析师需要将明年的股利替换为其他指标。在替换明年的股利时，分析师可以从他想使用的任何指标开始。换言之，如果要计算市盈率，就可以根据利润与股利的关系，用利润替换股利。如果要计算市销率，就可以用销售收入替换明年的股利。最后，如果要计算市净率，就可以用账面价值替换明年的股利。搞清如何从基本面指标（利润、销售收入或账面价值）得到股利，就能推导出相应的数学公式。

这些基本面倍数旨在说明一个重要问题：倍数并不是什么神秘的数字。倍数是基于基础的基本面指标。最重要的是，当分析师根据相对估值发表观点时，在论证中也使用基础的基本面指标是至关重要的。换言之，表明一家公司的市盈率低于同行公司并没有太大意义。但是，如果表明一家公司的股票市盈率较低且增长速度与同行公司相同或更快，那么就有意义了。

8.4.2 对思科的相对估值

我们将做出一系列假设，以便对思科进行相对估值分析。在这个简化练习中，我们将瞻博网络（Juniper Networks）作为思科的主要竞争对手。实际上，瞻博网络是思科在互联网路由器方面的主要竞争对手。思科还有其他竞争对手，例如惠普（Hewlett Packard）和阿鲁巴（Aruba）以及其他几个不同市场的竞争对手。但我们在示例中只使用瞻博网络。我们将进行相对估值分析，以回答这两只股票中哪只更具吸引力的问题。

	思科	瞻博网络
市值（亿美元）	1 710	107
债务（亿美元）	350	21.3
预期增长率（%）	4.6	4.6
预期股权收益率（%）	21	19
预期利润率（%）	25	13
可能的股利支付率（%）	78	76
股权成本（资本资产定价模型）（%）	8.9	9.5

分析企业的性质以及这些公司是否真正相似很重要。最容易注意到的是，思科的市值远大于瞻博网络，它们的市值分别约为 1 700 亿美元和 100 亿美元。规模差异可能会降低思科的波动性（导致更低的股权成本和更高的倍数）。直觉上，我们可能预期较小的公司（瞻博网络）有更高的预期增长率，但这两家公司的预期增长率相似。

有意思的是，这两家公司从多个角度看起来都很相似。无论是基于账面价值还是市场价值，它们的债务股权比看起来都相对类似。尽管它们的利润率截然不同，但它们的股权收益率相对类似。如前所述，它们的资本结构类似。事实证明，瞻博网络的资产周转率（销售收入/资产）高于思科，这使它们的股权收益率更加接近。

从基本面角度来看，思科的远期市盈率应该约为 18.1 倍。这可以使用式（8.10）计算出来。思科的远期市盈率计算方法为：0.78/（0.089−0.046）=18.14。同理，瞻博网络的远期市盈率为 15.5 倍，其计算方法为：0.76/（0.095−0.046）=15.51。思科目前的远期市盈率为 14.25 倍，而瞻博网络的远期市盈率为 16 倍。从这个角度来看，思科的股票交易价格低于其基本面价值，而瞻博网络的股票交易价格略高于其基本面价值。

从基本面拖尾市净率来看，思科的交易价格应该约为账面价值的 3.8 倍。这可以使用式 (8.13) 计算出来。思科的拖尾市净率计算方法为 $(0.21 \times 0.78)/(0.089 - 0.046) = 3.81$。瞻博网络的拖尾市净率约为 2.95 倍，计算方法为 $(0.19 \times 0.76)/(0.095 - 0.046) = 2.95$。思科目前的股价为账面价值的 2.71 倍，看起来很便宜。瞻博网络的股价看起来也很便宜，因为它的交易价格是账面价值的 2.16 倍。

最后，思科的股价应该是下一年销售收入的 4.5 倍左右。这是根据式 (8.12) 计算出来的：$(0.25 \times 0.78)/(0.089 - 0.046) = 4.53$。瞻博网络的远期市销率应为 $(0.13 \times 0.76)/(0.095 - 0.046) = 2.02$。该倍数使思科的股票显得便宜，因为该公司的股价为下一年销售收入的 3.54 倍。使用该倍数时，瞻博网络将被认为以公允价值进行交易，因为它的远期市销率为 2.01 倍。

	基本面	实际	结论
思科			
远期市盈率	18.1	14.25	便宜
拖尾市净率	3.8	2.71	便宜
远期市销率	4.5	3.54	便宜
瞻博网络			
远期市盈率	15.5	16	价格公允
拖尾市净率	2.95	2.16	便宜
远期市销率	2.02	2.01	价格公允

该分析的总体结论是，相对来看，思科的股票似乎比瞻博网络的股票便宜。当然，分析师需要研究他们的假设和两家公司的会计核算方式，才能使人相信他们的分析。分析师还可以尝试进行相对估值，比较思科与整个市场。

8.4.3　倍数的优点

倍数的支持者会提出许多支持这类分析的论据。首先，倍数很容易使用。分析师不必构建模型或做出一系列假设。当然，虽然倍数（使用不当的话）可能更容易使用，但需要做出一系列隐含假设。例如，使用市场分配给另一家公司的倍数时，分析师假设这家公司的定价是公允的。分析师还假设它们使用类似的会计核算方法，它们有类似前景，且有类似风险水平。倍数和贴现现金流之间的真正区别在于，贴现现金流要求做出明确的假设，而使用倍数会导致分析师做出隐含假设。

其次，对于得到全额投资指令的投资组合经理来说，绝对价值（内在价值）可能无关紧要。相对价值才是重要的。换言之，可能所有股票的价值都被高估了。分析师要找的可能是价值被高估程度最小的股票。

投资者的另一个观点是，相对价值还包含情绪——在贴现现金流中没有对该因素估值。此外，重要的是要意识到买方和卖方都广泛使用倍数。最后，倍数是确认分析师通过贴现现金流分析计算出的价值的好方法。

8.4.4　倍数的缺点

针对倍数支持者使用的一些论据，倍数的批评者提出了反驳。虽然倍数易于使用，但它们很难正确使用。分析师必须找到真正具有可比性的公司，这很困难。使用倍数时必须进行调整。换言之，由于可比公司永远不会完全相同，因此必须对会计政策、未来前景和风险进行调整。使用倍数购买某只证券仅仅是因为它比其他某些证券"价值被高估程度更低"不是合理的投资策略。

即使正确使用倍数，当分析师发现所分析的股票比其他股票便宜时，也会做出这只股票定价错误的重要假设。而定价错误的可能是其他股票。

8.5　比率分析

比率分析通常是作为"目的"而不是达到目的的手段介绍给学生。换言之，许多人都将比率分析视为分析师要做的事——类似于构建财务模型。但是，您不应该这样看待它。您应该将其视为一种工具。

最好的类比是像看待医生验血一样看待比率分析。通常，在很大范围内的结果都绝对没问题。如果某个数字超出该范围，首先应该确保结果正确。假设结果是正确的，那么这可能表明应该进一步分析。或者，也可能是情况没有问题，只不过结果与大多数人不同。

尽管血液检验不是最终结果，但它们对医生来说仍然是非常有价值的工具。它帮助医生了解病人的整体健康状况，结果可能会解释病人描述的问题。有时，血液检验会显示出病人尚未意识到的问题。这些想法也同样适用于比率分析。比率分析可能会证实管理层的说法，也可能会提醒分析师管理层没有提到的问题。

在分析一家公司时，分析师应该考虑进行比率分析，以帮助更好地估计贴现现金流模型并更好地了解企业。比率分析还可以帮助分析师在与管理层或其他人讨论公司时提出更得当的问题。

分析师进行比率分析时，希望确定利润是否代表现金流以及这些现金流是否会反复出现。事实上，德谢夫、格雷厄姆、哈维和罗基戈帕（Dechev，Graham，Harvey and Rajgopal，2016）对375位首席财务官进行了调查。他们发现，首席财务官认为高质量的利润：

- 是可持续的；
- 有助于分析师预测未来利润；
- 有现金流作为支持；
- 是在不同时间保持一致报告选择的结果；
- 体现出很少使用长期估计。

基于高质量利润的这些特征，我们将介绍分析公司时考虑的前10种财务比率和财务数据。

8.5.1　销售收入增长率

公司可以通过增加收入或削减开支来增加利润。但是，在某个时点上，公司将无法进一步削减开支。销售收入增长率为分析师提供了关于公司产品需求和公司定价能力的信息。了解销售收入增长率是否在变化、与同行公司相比水平如何以及与整体经济增长率（GDP）相比水平如何是很重要的。了解销售收入是有机增长还是通过收购增长也很重要。有机增长是由于销量增加，还是由于价格变化或产品组合变化？最后，分析师还会查找与其正在研究的公司的收入增长相关的经济指标，并使用这种关系来帮助预测未来。

8.5.2　毛利率

毛利率的定义为：

$$毛利率 = \frac{毛利润}{销售收入} \tag{8.14}$$

分析师使用该比率来了解收入或销货成本是否以更快速度增长，以及毛利率与同行公司相比如何。同样，了解变化的基础也是分析师的工作。分析师将研究公司的定价能力和供应商的定价能力。此外，一些成本可能是固定成本，规模经济（或规模不经济）可以解释其变化。分析师还必须研究产品组合的变化。

8.5.3　营业利润率

营业利润率的定义为：

$$营业利润率 = \frac{营业利润}{销售收入} \tag{8.15}$$

（注意：营业利润也称 EBIT，或息税前利润。）

同样，分析师希望了解利润率的变化以及这些利润率（和变化）与竞争对手的比较结果。了解销售费用、一般费用和管理费用中包含的内容以及折旧方法的变化非常重要。分析师可能会试图了解有多少销售费用、一般费用和管理费用是固定费用而不是可变费用。

8.5.4　净利润率

净利润率的定义为：

$$净利润率 = \frac{净利润}{销售收入} \tag{8.16}$$

在分析净利润率时，分析师将捕捉毛利率、营业利润率、利息费用和税款的变化。分析师将查找债务金额的变化、利率的变化和实际税率的变化（以及这些变化的原因）。

8.5.5　应收账款周转率

应收账款周转率的定义为：

$$应收账款周转率 = \frac{销售收入}{平均应收账款} \tag{8.17}$$

分析师考察该比率，是因为如果公司为了实现销售收入目标而改变赊销政策，它可以作为警示信号。换言之，如果应收账款相对于销售收入增长，公司可能会向客户推销多余产品，并承诺客户可以稍后付款。当然，如果产品积压太多，最终订单会减少，公司将无法实现其销售收入增长目标。

8.5.6 存货周转率

存货周转率的定义为：

$$存货周转率 = \frac{平均销货成本}{平均存货} \qquad (8.18)$$

分析师考察该比率，是因为如果存货增长过快，这可能是一个警示信号。它可以证明公司销售产品时遇到了困难。这可能导致未来利润率下降或坏账核销。当然，这也可能反映出乐观情绪，因为公司可能会积累存货以满足更高的预期未来销售需求。

8.5.7 不动产、厂房和设备净值周转率

不动产、厂房和设备净值周转率的定义为：

$$不动产、厂房和设备净值周转率 = \frac{销售收入}{不动产、厂房和设备净值} \qquad (8.19)$$

分析师通过分析该比率来了解长期资产如何随着销售收入的增长而增长。如果该比率增长，分析师将尝试确定公司的效率是否提高，或者公司是否没有进行必要的资本支出。公司也有可能已经开始外包部分生产。如果该比率缩小，分析师将希望了解公司的效率是否降低。这也可能是由于公司将费用资本化以避免其进入利润表，或者公司对资产提取折旧的速度过慢。

8.5.8 债务占长期资本之比

该比率的定义为：

$$债务占长期资本之比 = \frac{债务}{长期资本} \qquad (8.20)$$

在这个比率中，债务应该包括有息债务。长期资本应包括有息债务和股权（包括优先股）。

在公司负债过多之前，债务可能是一种低成本资本来源。到债务过多时，债务成本可能会增加，或者可能变得难以再融资。负债过多的公司被认为有财务风险。财务风险增加了股票表现对经济变化的敏感性。分析师将分析资本结构的变化，并比较公司与同行公司的资本结构。

8.5.9 准备金账户的变化

分析师总是关注准备金账户的重大变化，例如坏账准备金（无论是应收账款坏账准备金还是银行贷款坏账准备金）。准备金是管理利润的绝佳工具。管理层可能会"准备金不足"以满足利润预期，也可能会"准备金过多"以平滑未来的利润（有时被称为"饼干罐会计"）。了解准备金必须与企业和经济周期的基本面匹配是至关重要的。

8.5.10　营业利润/GAAP 利润

分析师知道，公司通常希望报告尽可能高的利润。许多公司会尝试在剥离某些费用的情况下呈报非 GAAP 利润。最常见的是，它们将剥离向管理层授予期权的费用。此外，公司还经常讨论剥离了一次性亏损（或收益）和其他非经常性费用的营业利润。虽然这有一些直观意义，但分析师必须注意经常出现"非经常性"费用的公司！换言之，如果所有费用都被认为是非经常性费用，或者如果一家公司减记其资产以使未来的费用较低，就很容易出现盈利。

最后，分析师在财务报表中考察的不仅仅是财务比率。例如，分析师将尝试了解"管理层讨论与分析"中讨论的战略。分析师还将分析委托投票说明书以了解薪酬结构。他们将尝试从财务报告和利润电话会议中了解下一届管理层。但是，财务比率肯定会在所有这些分析中发挥作用。

8.6　财务报表的质量

分析师有时会谈论公司利润的质量或公司资产负债表的质量。通常，高质量的财务报表可以准确反映现实；它不会用会计技巧和一次性变更使公司看起来比实际上更强大。之前我们讨论比率分析时，提到了导致财务报表质量较低的一些因素。这里以及帕利普、希利和伯纳德（Palepu，Healy and Bernard，2012）的研究讨论了其他质量影响因素。

8.6.1　资产负债表

高质量的资产负债表通常限制使用债务或杠杆。因此，过度负债导致财务困境的可能性相当低。很少使用债务也意味着公司有未使用的借款能力，这意味着公司可以利用未使用的借款能力进行有利可图的投资。

高质量的资产负债表包含市场价值大于账面价值的资产。管理能力和持有的无形资产——例如商誉、商标或专利——将使公司资产的市场价值超过账面价值。一般而言，由于通货膨胀和历史成本会计核算，我们可能预期资产的市场价值超过账面价值。当公司拥有过时且技术落后的资产、过时的存货、不良资产（例如银行未核销的不良贷款）时，就会出现账面资产定价过高的情况。

表外负债的存在也会损害资产负债表的质量，但可以通过将经营租赁资本化来抵消其影响，这种做法在某些行业非常普遍。这类负债可能包括合资企业以及对子公司的贷款承诺或担保，斯蒂克尼、布朗和瓦伦（Stickney，Brown and Wahlen，2007，第 6 章）对此进行了讨论，需要分析师加以注意和讨论。

8.6.2　利润表

高质量的利润是可重复产生的利润。例如，这种利润来源于面向公司老客户的销售收入，并反映为较低的成本，而这种成本并非由于异常和短暂的投入品价格降低而人为降低的。在分析利润时，一次性科目和非经常性科目（例如会计变更、兼并和资产出售）通常被忽略，但做出这种决定时同样应该明智而审慎。有利于公司增加收入或降低成本的意外汇率波动也应被视为非经常性科目。高质量的利润是由于使用了不会导致高估收入和低估成本的保守会计原则。利润越接近现金利润，利润表的质量就越高。例如，一家公司赊销家具，它允许客户按月付款。更高质量的利润表将使用"分期收款"原则确认收入；也就是说，由于每个月都会收取现金，因此年销售收入仅反映当年从销售商品中收取的现金。较低质量的利润表将在销售时确认 100% 的收入，即使付款可能延续到明年。斯蒂克尼、布朗和瓦伦（2007，第 5 章）的研究详细讨论了利润表科目。

8.6.3 附注

一点忠告：阅读附注！大多数年报中都包含很多页附注——2016 年的思科年报有超过 40 页附注。附注的目的是提供关于公司如何处理资产负债表和利润表科目的信息。虽然附注可能不会披露分析师应该知道的一切（例如，安然公司），但如果不阅读附注，就不可能得到信息。事实是，很多分析师都建议人们倒过来阅读年报，也就是先看附注！

8.7 为学习第 9 章做好准备

本章的目的是帮助您培养估值意识。本章对您未来的投资至关重要，并且对您学习第 9 章也很重要。在第 9 章中，我们将分析自上而下的投资方法。我们不会重复介绍讨论过的所有估值方法，而是会在这些方法基础上进行补充，并介绍整个市场或行业分析特有的一些估值问题。但是，您应该确保在继续学习之前理解估值。

本章小结

* 投资者希望选择收益率能补偿投资时间、预期通货膨胀率和所涉风险的投资。为了帮助投资者找到这些投资，本章考察了估值理论，通过该理论，投资者可以使用必要收益率得出投资价值。我们考察了两个投资决策过程，即自上而下的三步法和自下而上的选股法。尽管当分析师水平出众时，任何一种方法都可以提供异常高的正收益率，但我们认为自上而下法更可取，这种方法首先考虑总体经济和市场，其次分析全球不同行业，最后分析单个公司及其股票。

* 普通股估值比债券估值更复杂，因为股票的现金流是未知的，且没有固定期限。在本章中，我们提出了两种方法（贴现现金流分析和相对估值法）以及这两种方法使用的几种技术。值得注意的是，这些不是排他性方法，我们建议同时使用这两种方法。虽然我们建议使用几种不同的估值模型，但投资决策规则始终相同：如果投资的估计内在价值大于市场价格，则应买入或持有该投资（如果投资者已经拥有该投资）；如果投资的估计内在价值低于市场价格，则不应对其进行投资，如果投资者拥有该投资，则应出售该投资。

* 最后，我们回顾了我们认为估计股票的内在价值时需要考虑的重要财务比率和因素。

问题

1. 称一项投资价格合理、价值被高估和价值被低估分别是什么意思？

2. 自上而下选股法和自下而上选股法有什么区别？

3. 公司自由现金流模型和股权自由现金流模型有什么区别？贴现率有何不同？

4. 股权自由现金流和净利润有什么区别？

5. 在固定增长模型中，应该使用名义增长率还是实际增长率？为什么？

6. 增长机会的现值可以为负吗？为什么？

7. 如果一只股票的价格与其内在价值相同，那么投资者的收益率是多少？

8. 股权自由现金流模型和公司自由现金流模型是否应得到相同的价值？进行哪些调整会使其得到相同的价值？

9. 哪些因素可以解释为什么两家不同公司有不同的市盈率、市销率和市净率？

10. 相对估值法的优点和缺点是什么？

习题

1. 巴伦篮球公司（Baron Basketball Company）去年的每股利润为 10 美元，并支付了每股 7 美元的股利。下一年，您预期巴伦篮球公司将赚取 11 美元利润，并继续采用该股利支付率。假设您预期从现在起一年后将以 132 美元的价格出售该股票。

a. 如果您对该股票的必要收益率为 12%，那么您愿意为它支付多少价格？

b. 如果您预期该投资的售价为 110 美元，且必要收益率为 8%，那么您愿意为巴伦篮球公司的股票支付多少价格？

2. 快速帆船公司（Clipper Sailboat Company）预期明年的每股利润为 3 美元。该公司的股权收益率为 15%，未来该公司的增长率为 5%，该公司的股权成本为 12%。请根据这些信息，回答以下问题。

a. 该公司股票的价值是多少？

b. 增长机会的现值是多少？

c. 假设增长率仅为 3%。该公司股票的适当市盈率是多少？

3. 三叶草狗粮公司（Shamrock Dog-food Company）的股利支付率一直为 40%。该公司的股权收益率为 16%。

a. 您估计它的股利增长率是多少？

b. 如果您发现该公司的增长率仅为 2%，那么该公司能分配多少利润？

4. 您一直在阅读关于麦迪逊计算机公司（Madison Computer Company）的报道，该公司目前留存 90% 的利润（今年的每股利润为 5 美元）。它的股权收益率接近 30%。

a. 假设必要收益率为 14%，根据利润倍数模型，您会为麦迪逊计算机公司的股票支付多少价格？请讨论您的答案。

b. 如果麦迪逊计算机公司的留存率为 60%，股权收益率为 19%，您会为它的股票支付多少价格？请说明您的计算过程。

5. 金特里罐头公司（Gentry Can Company）昨天支付了每股 1.25 美元的最新年度股利，并保持了 7% 的历史年增长率。您计划今天购买该股票，因为您相信未来三年的股利增长率将提高到 8%，并且在三年后该股票的售价将为每股 40 美元。

a. 如果您的必要收益率为 12%，您愿意为金特里罐头公司的股票支付多少价格？

b. 如果您认为 8% 的增长率可以无限

持续下去且您的必要收益率为 12%，那么您愿意为金特里罐头公司股票支付的最高价格是多少？

c. 如果该公司实现了 8% 的增长率，那么假设满足第 b 问的条件，该公司的股票在第 3 年年末的价格是多少？

6. 一家公司在刚刚结束的一年中每股利润为 5 美元。该公司没有更多的增长机会。该公司的股权收益率为 12%，股权成本为 12%。该公司现在的股票价值是多少？

a. 如果该公司预期明年的每股利润为 5.50 美元，然后再也不会增长，那么该公司的股票价值将是多少？假设其股权收益率和股权成本没有变化，那么该公司现在的股票价值是多少？

7. 当前无风险利率为 3%，市场风险溢价为 5%。您正在尝试对 ABC 公司进行估值，它的股权贝塔系数为 0.9。该公司在刚刚结束的一年中每股利润为 2.50 美元。您预期该公司的利润每年增长 4%。该公司的股权收益率为 12%。

a. 该股票的价值是多少？

b. 增长机会的现值是多少？

8. 一家公司在刚刚结束的一年中每股销售收入为 18 美元。您预期该公司在未来五年的销售收入将每年增长 6.5%。此后，您预期该公司的增长率将永远保持为 3.5%。该公司的股权收益率为 14%，且您预期该股权收益率将永远保持不变。该公司的净利润率为 6%，股权成本为 11%。请使用股权自由现金流模型为这只股票估值。

9. 您正在为一家银行估值。该银行目前拥有每股 300 美元的资产。五年后（即五年结束时），您预期其每股资产为 450 美元。五年后，您预期该银行的每股资产将以每年 3% 的速度增长，直至永远。该银行的资产收益率为 1.2%，股权收益率为 12.5%，股权成本为 11.5%。该银行的股票价值是多少？

10. 您正在建立公司自由现金流模型。您预期销售收入将从刚刚结束的一年的 10 亿美元增至五年后的 20 亿美元。假设该公司在未来的效率不会提高或降低。请使用以下信息计算每股股权价值。

a. 假设该公司目前拥有 3 亿美元的不动产、厂房和设备净值。

b. 该公司目前拥有 1 亿美元的净营运资本。

c. 该公司的营业利润率为 10%，实际税率为 28%。

d. 该公司的加权平均资本成本为 9%。这是基于三分之二为股权、三分之一为债务的资本结构。

11. 假设一家公司的股利支付率为 45%，利润率为 4%，股权成本为 10%，增长率为 2.5%。

a. 远期市销率为多少？

b. 拖尾市销率为多少？

12. 假设一家公司的股权收益率为 16%，增长率为 4%，股利支付率为 75%。并且该公司的股权成本为 13%。该公司的拖尾市净率是多少？

第 8 章附录

固定增长股利贴现模型的推导

基本模型为：

$$P_0 = \frac{D_1}{(1+k)^1} + \frac{D_2}{(1+k)^2} + \frac{D_3}{(1+k)^3} + \cdots + \frac{D_n}{(1+k)^n}$$

其中：

P_0 = 当期价格；

D_i = 第 i 期的预期股利；

k = 资产 j 的必要收益率。

如果增长率（g）为固定增长率：

$$P_0 = \frac{D_0(1+g)^1}{(1+k)^1} + \frac{D_0(1+g)^2}{(1+k)^2} + \cdots + \frac{D_0(1+g)^n}{(1+k)^n}$$

该式可以写为：

$$P_0 = D_0 \left[\frac{(1+g)}{(1+k)} + \frac{(1+g)^2}{(1+k)^2} + \frac{(1+g)^3}{(1+k)^3} + \cdots + \frac{(1+g)^n}{(1+k)^n} \right]$$

该式两侧同时乘以 $\dfrac{(1+k)}{(1+g)}$：

$$\left[\frac{(1+k)}{(1+g)} \right] P_0 = D_0 \left[1 + \frac{(1+g)}{(1+k)} + \frac{(1+g)^2}{(1+k)^2} + \cdots + \frac{(1+g)^{n-1}}{(1+k)^{n-1}} \right]$$

从该式中减去前式：

$$\left[\frac{(1+k)}{(1+g)} - 1 \right] P_0 = D_0 \left[1 - \frac{(1+g)^n}{(1+k)^n} \right]$$

$$\left[\frac{(1+k) - (1+g)}{(1+g)} \right] P_0 = D_0 \left[1 - \frac{(1+g)^n}{(1+k)^n} \right]$$

假设 $k > g$，当 $n \to \infty$ 时，该式右侧括号中的项趋于 1，从而：

$$\left[\frac{(1+k) - (1+g)}{(1+g)} \right] P_0 = D_0$$

该式简化为：

$$\left[\frac{(1+k-1+g)}{(1+g)} \right] P_0 = D_0$$

它等于：

$$\left[\frac{(k-g)}{(1+g)} \right] P_0 = D_0$$

这等于：

$$(k-g) P_0 = D_0(1+g)$$

$$D_0(1+g) = D_1$$

因此：

$$(k-g) P_0 = D_1$$

$$P_0 = \frac{D_1}{k-g}$$

请记住，该模型假设：

- 增长率固定；
- 投资期无限；
- 投资的必要收益率（k）大于预期增长率（g）。

第9章
市场、行业和公司分析的自上而下法

学习目标

阅读本章后，您应该能回答以下问题：

• 股价与经济（由国内生产总值代表）之间的关系是什么？

• 哪些方法可以用来评估整个市场？

• 什么是领先经济指标？什么是同步经济指标？什么是滞后经济指标？

• 利率如何影响股价？

• 哪些论据支持进行行业分析的重要性？

• 经济周期、结构性问题、行业生命周期和竞争力如何影响一个行业？

• 成长型公司和成长型股票有什么区别？

• 竞争战略和 SWOT 分析如何帮助进行公司分析？

• 什么是增长久期模型？

虽然第 8 章的重点是分析股票估值，但该章首先讨论了自上而下法。自上而下法在分析证券时进行了三项研究：

（1）整个市场和经济研究。

（2）行业研究。

（3）公司研究。

在本章中，我们的目标是解释如何在实践中应用自上而下法。我们自上而下进行分析，意味着我们将首先分析如何判断整个市场的价值被高估还是被低估。接下来，我们将分析如何判断一个行业的价值被高估还是被低估。最后，在一个行业内，分析师必须选择一只证券分析其价值被高估还是被低估。

在开始之前，我们应该提出一些想法：

• 在学习这些问题时，我们将使用美国市场。请放心，这些方法在其他市场中同样有用。当然，在不同市场中，可用的数据数量会有所不同。

• 在本章中，我们将花更多时间来考察自上而下分析的前两个部分（整个市场和行业），而不是最后一部分（公司）。这是因为我们在第 8 章中分析了公司估值。

• 本章的目标是帮助您了解分析师在考察整个市场、行业和个股时的想法。但是，归根结底，最优秀的分析师是能最准确地估计输入数据（例如现金流、增长率和资本成本）的人。换言之，在投资课上，我们可以教您如何为一家公司估值，但做出最佳估计需要经验。此外，您在上策略课时要注意听讲，因为课上教授的信息对分析师来说非常重要。

- 请记住，一家好公司可能不是一项好投资。一家优质公司可能以相对较高且稳定的速度增长，它可能几乎没有竞争者，并且可能成功保持低成本。但是，如果其股票价格太高，那么这家成功的公司可能不是一项好投资。

在本章中，我们将按自上而下的顺序学习。我们将考察分析师如何为整个市场、行业和个股估值。

9.1 市场分析简介

自上而下分析的第一阶段是分析特定市场的吸引力。学习这个问题时，我们将介绍分析师如何评估标准普尔 500 指数是否一项有吸引力的投资。请记住，标准普尔 500 指数是一个市值加权指数，用于衡量美国大盘股公司的价值。在任何时候，标准普尔 500 指数内的公司都约占所有美国股票价值的 80%。

认识到股票价格反映了投资者对经济状况的预期至关重要。具体而言，股票价格反映了投资者对未来经济事件的预期。稍后我们将看到，股市在经济真正陷入衰退之前就开始下跌，并在经济真正恢复增长之前开始复苏。换言之，股市领先或超前于经济。

要从真正的全局角度看待经济的重要性，请分析图表 9-1 和图表 9-2。图表 9-1 显示，随着经济的增长，利润也会增长。这应该有一些直观意义。随着该国生产的商品和服务的价值（国内生产总值）增加，公司的利润也会增加。同样，图表 9-2 表明，公司的利润越高，它们的价值就越高。简单来说，经济增长带来更大的利润，而更大的利润导致更高的股价。在图表 9-2 中，您应该注意到科技泡沫，此时尽管利润并不高，但股价非常高。

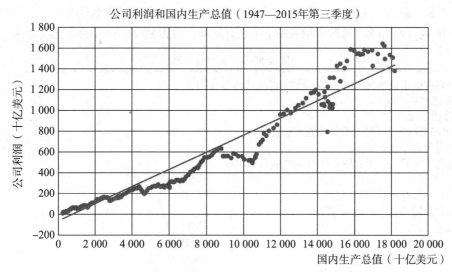

公司利润和国内生产总值（1947—2015年第三季度）

图表 9-1　当国内生产总值增长时，公司利润增加

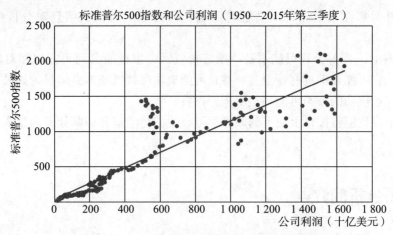

图表 9-2　当公司利润增长时，股票价格提高

我们观察到，股票价格反映了经济，这使我们能采取两种互补方法来看待整个市场：宏观分析方法和微观估值方法。在宏观分析方法中，我们将尝试将股票价值与经济直接联系起来。在微观估值方法中，我们将尝试通过贴现现金流和使用相对估值来对市场估值。这两种方法也可以应用于我们对行业和公司的分析。

重要的是意识到这两种方法都是受经济影响的。显然，宏观分析方法与经济直接相关。而在微观估值方法中，现金流、增长率和风险也受到经济的显著影响。

为了更好地了解经济与微观估值方法之间的关系（这非常重要），让我们考虑另一种估计收益率的方法。整个市场（或个股）的收益率可以被视为三个因素的组合：利润增长率、倍数扩张（或收缩）和股息率。图表 9-3 给出了一个数学例子。这是一个非常重要的想法：分析师可以通过估计利润增长率、倍数扩张（或收缩）和股息率来估计市场、行业或公司的收益率。例如，如果一家公司的倍数不变，那么投资者获得的收益率将为利润增长率加上股息率。在图表 9-3 中，6.5％的利润增长率与 2.5％的股息率加起来可达9％。这里的问题是，倍数是扩张还是收缩。在图表 9-3 中，该倍数的年增长率为 2.7％。根据 9％的收益率和 2.7％的年增长率，（由于复利）将得到 11.88％的年化收益率。

图表 9-3　股票收益率

股票目前的市盈率为 14 倍。如果您预期在未来五年内：
➤ 利润每年增长 6.5％
➤ 市盈率增至 16 倍
➤ 年股息率为 2.5％（股利未被再投资）

请计算您的复合年增长率。

利润为 1 美元——因此股票的交易价格为 14 美元。

$1 \times 1.065^5 = 1.37$（美元）　　　　　　　　　　　　（利润增长）

$16 \times 1.37 = 21.92$（美元）　　　　　　　　　　　　　（倍数扩张）

$(21.92/14)^{1/5} - 1 = 9.383\%$

或

$(16/14)^{1/5} - 1 = 2.7\%$　　　　　　　　　　　　　　（倍数扩张）

$1.065 \times 1.027 - 1 = 9.383\%$　　　　　　　　　　　（利润增长率）

$9.38\% + 2.5\% = \mathbf{11.88\%}$　　　　　　　　　　　（股息率）

在考虑这三个组成部分时，请意识到利润增长率和股息率将受到国内生产总值增长率的影响。倍数扩张（或收缩）则受到对经济、市场和利率的情绪的影响。

最后，许多投资者都认为宏观分析和微观估值是研究总体股票市场价值的两个（按顺序进行的）步骤，而不是不同的方法。换言之，许多投资者都是先分析经济（宏观分析），然后对市场估值（微观估值）。虽然我们按顺序分析这两种方法，但并不意味着它们必须独立存在。

9.2　总体市场分析（宏观分析）

如上所述（如图所示），经济增长导致股价上涨。这似乎导致了一个简单结论：研究国内生产总值增长应该使我们能预测股票价格。遗憾的是，这种方法存在三个问题：

（1）国内生产总值初步数据在每个季度结束后大约一个月发布。这意味着它不及时。

（2）国内生产总值初步数据将被修正。很多时候，这些修正是有意义的。

（3）股市的变化领先于经济。换言之，投资者是在预测未来现金流。（事实上，很快您就会看到股市被视为领先经济指标。）因此，很难通过分析可能需要大幅修正的旧经济数据识别出（走势领先于经济的）股票价格。

股价领先于经济有两个可能的原因：一是股价反映了对利润、股利和利率的预期。当投资者试图估计这些未来变量时，其股票价格决策反映了对未来经济活动的预期，而不是过去或当前的经济活动。第二个可能的原因是股市会对各种领先经济指标做出反应，最重要的是企业利润、企业利润率和利率。因为这些指标往往领先于经济，因此当投资者调整股价以反映这些领先经济指标时，预期股价也成为领先经济指标。

由于实际国内生产总值数据无法解决分析师预测未来股价的需求，因此分析师需要寻找其他经济指标。在本节中，我们将分析三种常见方法：

（1）领先经济指标、同步经济指标和滞后经济指标。

（2）情绪指标。

（3）利率。

请注意这三种方法的重点：我们将考察领先于股价（或至少与股价同步）的经济指标。如果我们考察时效性较差的数据，例如与经济同时变化的数据（同步经济指标）或在经济发生变化之后变化的数据（滞后经济指标），那么这只是为了确认现有数据和观点。

9.2.1　领先经济指标、同步经济指标和滞后经济指标

监测和预测经济的周期性指标方法建立在以下观点的基础上：总体经济会经历扩张期和收缩期，这可以通过特定经济指标的变化来识别。美国经济咨商局（The Conference Board）根据这些指标与经济周期的关系将它们分为三大类。

领先经济指标　第一类是领先经济指标，它包括通常在总体经济活动达到波峰或波谷之前达到波峰或波谷的经济指标。这组指标目前包括图表 9 - 4 中显示的 10 个指标及其因素权重。您可能会注意到这张图表中的一个奇怪之处：尽管经济变得更倚重于服务业，但制造业和商品生产看上去仍然非常重要。商品生产往往比服务业更不稳定，因此对经济增长状况的影响更大。

图表 9 - 4　领先经济指标

领先经济指标	因素权重
1. 制造业平均每周工作小时	0.277 4
2. 美国供应管理协会（ISM）新订单指数	0.158 7
3. 消费者对商业环境的平均预期	0.144 7
4. 10 年期美国国债与联邦基金利率的利差	0.112 3
5. 消费品和材料的制造业新订单	0.082 1
6. 领先信贷指数™	0.081 8
7. 非国防资本品（飞机除外）的制造业新订单	0.040 5
8. 500 只普通股的股价	0.039 7
9. 平均每周申领失业保险最初人数	0.033 0
10. 私人住宅新建许可	0.029 8

资料来源：版权归美国经济咨商局所有，2017 年。

　　在图表 9 - 5 中，我们可以看到领先经济指标指数在经济衰退前下降，在经济走出衰退前回升。（请注意，阴影区域表示经济衰退时期。）因为该指标可以预测经济走势，因此它很有价值。

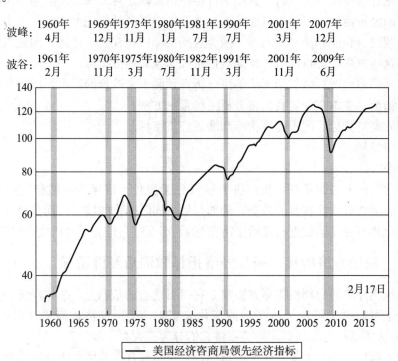

图表 9 - 5　领先经济指标（2010 年＝100）

资料来源：版权归美国经济咨商局所有，2017 年。所有阴影区域表示美国国家经济研究局确定的经济衰退时期。

　　第二类是同步经济指标，它包括 4 个经济时间序列指标，它们的波峰或波谷与经济周期的波峰和波谷大致重合。该类别中的指标及其因素权重见图表 9 - 6。您会注意到，该指标主要由工作和收入决定。换言之，当经济运行良好时，人们将有工作并获得可用于消费的收入。

图表 9-6　同步经济指标

同步经济指标	因素权重
1. 非农业部门员工工资	0.529 5
2. 个人收入减去转移支付	0.205 0
3. 工业产值	0.146 1
4. 制造业和贸易业销售收入	0.119 4

资料来源：版权归美国经济咨商局所有，2017 年。

在图表 9-7 中，您可以看到同步经济指标（大致）在经济衰退开始时下降，并在经济衰退结束时回升。该指标可帮助分析师确认经济实际上正在进入衰退还是结束衰退。

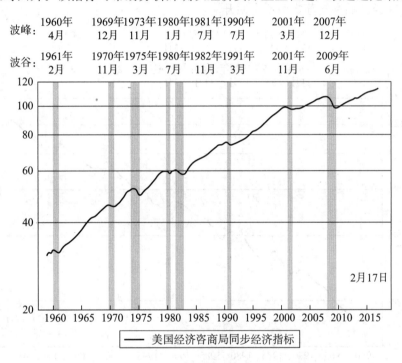

图表 9-7　同步经济指标（2010 年＝100）

资料来源：版权归美国经济咨商局所有，2017 年。所有阴影区域表示美国国家经济研究局确定的经济衰退时期。

第三类是滞后经济指标，它包括 7 个指标，它们在总体经济指标出现波峰和波谷之后出现波峰和波谷。在图表 9-8 中，您可以看到这 7 个指标及其因素权重。

图表 9-8　滞后经济指标

滞后经济指标	因素权重
1. 平均基础利率	0.299 3
2. 服务业消费价格指数	0.207 1
3. 未清偿分期消费贷款与个人收入之比	0.184 7

续表

滞后经济指标	因素权重
4. 制造业和贸易业存货与销售收入之比	0.125 6
5. 商业贷款与工业贷款	0.096 1
6. 制造业单位产出劳动力成本	0.050 1
7. 平均失业持续时间	0.037 1

资料来源：美国经济咨商局版权所有，2017 年。

从图表 9-9 中您可以看出，滞后经济指标指数在经济衰退已经开始后下降，在经济衰退已经结束后回升。该指标可帮助分析师确认经济实际上处于衰退中还是衰退实际上已经结束。您应该注意到，该图表的滞后经济指标以利率和贷款为主。贷款在经济衰退中放缓，且通常在经济顺利复苏之前不会回升。

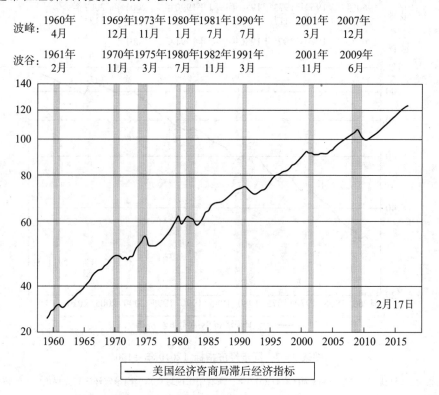

图表 9-9　滞后经济指标（2010 年＝100）

资料来源：版权归美国经济咨商局所有，2017 年。所有阴影区域表示美国国家经济研究局确定的经济衰退时期。

一些分析师还使用这些指标的比率，认为同步经济指标与滞后经济指标之比（被称为 C/L 比率）的作用类似于领先经济指标，在某些情况下的变化甚至领先于领先经济指标。预期该比率具有这种领先关系，是因为同步经济指标应该在滞后经济指标之前转向，且这两个指标之比对这种变化非常敏感。因此，该比率有望领先于两个单独的经济指标，尤其是在拐点上。在图表 9-10 中您可以看到 C/L 比率。如该图表所示，该指标似乎比经济衰退提前了相当长时间，但它也传递了一些错误信号。

尽管该比率的走势通常平行于领先经济指标的走势，但当该比率与领先经济指标背离时，它的真正价值就会体现出来，因为这种背离表明指标之间的正常关系发生了变化。例如，如果领先经济指标在一段时间内一直上升，那么预期同步经济指标和滞后经济指标也会上升，但同步经济指标应该比滞后经济指标上升得更快，因此同步经济指标与滞后经济指标之比同样应该上升。相反，也有可能出现这样的情况：领先经济指标上升，但同步经济指标与滞后经济指标之比趋于平缓或下降。这是因为同步经济指标不像滞后经济指标上升得那样快，或者是因为同步经济指标已经下降。这两种情况都表明经济扩张可能结束，或者至少经济扩张不那么强劲。

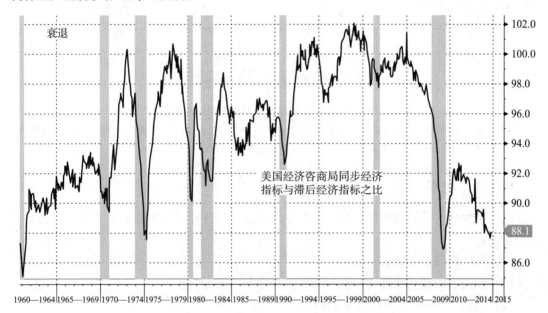

图表 9 - 10　同步经济指标与滞后经济指标之比

资料来源：Zerohedge. com.

世界上不存在完美的指标。美国经济咨商局承认这些指标存在以下缺陷，凯尼格和埃默里（Koenig and Emery，1991）的研究也讨论过这个问题：

(1) 虚假信号。朝一个方向变化的指标可能会突然逆转，使之前的信号无效或含糊，难以解释。指标的高波动性会导致这个问题。

(2) 数据和修正的及时性。一些数据需要经过一段时间才会报告，但更大的问题是数据修正，尤其是当修正改变了原始数据表示的方向时。

(3) 未呈现的经济部门。例如服务业、进出口数据和许多国际指标。

9.2.2　情绪和预期调查

随着经济接近周期性拐点，消费者预期变得很重要。我们直观上认为，消费者必须有信心才能支出。消费者支出约占国内生产总值的 70%。

两项广受关注的消费者预期调查是密歇根大学消费者情绪指数和美国经济咨商局消费者信心指数。它们每月公布一次，均对家庭样本的预期进行了调查。尽管这两个指数每个月都有差别，但在较长时期内，它们的走势相当贴近。这两个指数都可作为经济领先指标。图表 9 - 11 显示了密歇根大学消费者情绪指数的图形。请注意，预期往往会领先或同步于经济变化。

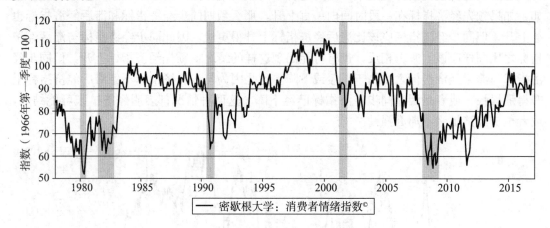

图表 9 - 11　密歇根大学消费者情绪指数

资料来源：密歇根大学，密歇根大学消费者情绪指数© ［UMCSENT］，检索自圣路易斯联邦储备银行的美联储经济数据库（FRED）：https://fred. stlouisfed. org/series/UMCSENT，2017 年 3 月 25 日。

9.2.3　利率

除了领先经济指标和情绪指标，跟踪经济的最后一种方法是跟踪利率。具体而言，我们将讨论：

（1）实际联邦基金利率。

（2）收益率曲线（期限利差）。

（3）国债与 BBB 级债券的风险溢价。

（4）美联储模型。

在讨论这四个指标之前，我们希望提一件您可能想知道的事。在本书前几版以及其他大多数经济学和金融学书籍中，都有关于货币供应量（M1、M2、M3）的讨论，但您会注意到，我们不再提及这一点。此前，货币供应量是美联储试图控制的对象，美联储与公众沟通经济状况的方式，以及分析师关注的目标。近年来，美联储已不再制定（和讨论）货币供应政策。美联储发现，从设定联邦基金利率的角度考虑政策要直接得多。

请注意，美国经济咨商局已从其领先经济指标中删除了货币供应量指标，从中可以看到这种变化已经发生的进一步证据。它仍然包含一个试图反映收益率曲线形状的指标（本章稍后将讨论该指标）。美国经济咨商局用自己的（已申请注册商标）领先信贷指数取代了 M2。

实际联邦基金利率　鉴于我们不再关注货币供应量，分析师应该分析的第一个利率是联邦基金利率。该利率由美联储联邦公开市场委员会设定。联邦公开市场委员会每六周召开一次会议（如果出现紧急情况，可以更频繁地召开会议）以制定政策。这个利率实际上是联邦公开市场委员会设定的一个目标利率，即一家银行向另一家银行提供隔夜贷款时收取的利率。更专业地讲，这是银行相互发放超额准备金贷款时收取的利率。但是，在这里（作为投资分析师），我们可以简单地将联邦基金利率视为美联储对短期（隔夜）贷款设定的利率。

分析师希望知道联邦基金利率的水平，以及它是为了刺激经济还是限制经济。首先要意识到的是，我们应该考虑的是实际联邦基金利率而非名义联邦基金利率。例如，假设联邦基金利率为 6%。如果通货膨胀率为 1%，实际利率为 5%，那么我们将认为资金成本较高。相反，如果联邦基金利率为 6%，通货膨胀率为 5%，实际利率为 1%，那么我们将认为资金成本较低。在金融危机爆发后的 10 年里，实际利率在大部分时间里实际上均为负值。图表 9-12 显示了这一点。该政策被认为是非常宽松的政策（换言之，该政策旨在刺激增长）。

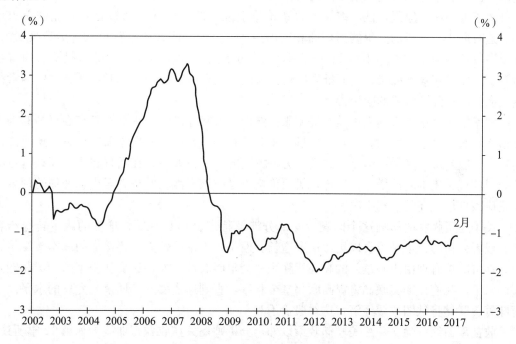

图表 9-12　实际联邦基金利率

资料来源：美国经济分析局与美联储理事会，由哈沃分析（Haver Analytics）提供。

为了真正了解美联储政策是刺激性政策还是限制性政策，我们必须进一步分析，而不是仅仅考虑实际联邦基金利率。我们需要了解自然利率。自然利率，也称中性利率，当经济按照美联储的双重目标——经济充分运行（充分就业）和价格稳定（通货膨胀率为 2%）——运行时，它是一种既非刺激性也非限制性的利率。我们通常考虑的是实际自然利率，这与我们考虑实际联邦基金利率的方法一致。

遗憾的是，我们无法解出中性利率或确切知道它是多少。我们只能估计它。同样，如果经济充分运行，那么我们估计的利率既非限制性利率也非宽松利率。但是，即使经济没有充分运行，我们也会问，在目前的经济状况下，中性利率是多少。当经济面临阻碍其发展的逆势时，中性利率可能很低。事实上，在金融危机后的缓慢复苏时期，许多人都认为实际中性利率为零甚至为负。（经济面临逆势的例子包括，房主的欠款高于房屋价值，以及美国政府短期关闭，等等。）这种低自然利率意味着低实际联邦基金利率（我们认为这是非常宽松的政策）可能没有我们想象的那么激进。

对于分析师而言，了解美联储实施的是宽松政策还是限制性政策很重要。如果是宽松政策，就说明美联储正在努力提高增长率。我们通常认为，美联储的政策方向不太可能很快改变。如前所述，宽松的美联储政策提高了经济增长和利润增加的可能性。

低利率在许多方面都对经济有帮助。低利率使抵押贷款和汽车贷款更容易负担。它降低了公司的资本成本，这意味着更多项目具有正净现值。利率降低通常会导致一国的货币贬值，这使出口商品更便宜，进口商品更昂贵（这有利于国内生产商），从而有助于促进增长。对股票分析师来说最重要的是，如果联邦基金利率较低导致长期利率较低，这会使股票更具吸引力。除了股票相对于低收益债券更具吸引力之外，股票价值还是未来现金流的现值。低利率意味着远期现金流的现值更大。

由于上述所有原因，低利率导致股票价格上涨。低利率导致消费者和企业的需求增加。这有助于与进口商竞争的出口商和国内生产商。低利率让股票对投资者更具吸引力。如果在收益率为 2% 的美国国债和股息率为 2% 的股票之间做出选择，那么投资者通常会将资金从债券转移到股票，从而推高股价。显然，当美联储提高利率时，所有这些因素都会反向作用，降低股票的吸引力。

利率的一个重要影响因素是通货膨胀。然而，考察经济时，一个不确定性很高的因素是通货膨胀对股票的影响。通常，通货膨胀会导致利率升高。根据之前的讨论，您或许认为这会使股票价值降低。但是，它还有另一方面的影响：如果存在通货膨胀，那么这意味着公司的现金流也应该增加。这样，股票价格不是应该上涨吗？或者至少，增加的现金流不是应该抵消升高的贴现率吗？

关于通货膨胀的影响这个问题，一部分涉及特定公司是否能将增加的成本转嫁给客户，或者公司的成本是否会以更快速度增长。但是，无论公司能否将增加的成本转嫁给客户，都可能更有理由担心意外的高通货膨胀率会阻碍股价。如果通货膨胀率高于美联储希望的水平，我们预期美联储将提高联邦基金利率，直到通货膨胀率回落至允许的水平。这意味着美联储将试图放缓经济，这对股价不利。

收益率曲线　除了关注美联储政策以外，分析师还关注收益率曲线。如第 12 章所述，国债收益率曲线画出了不同期限债券的利率。收益率曲线可能是分析师能观察到的最重要的经济指标。

收益率曲线的形状至关重要。正常的收益率曲线是长期收益率大于短期收益率的曲线。当长期收益率与短期收益率相似时，就会出现平坦的收益率曲线。当长期收益率低于短期收益率时，就会出现倒挂的收益率曲线。

1970 年以来的每次经济衰退之前，收益率曲线都会倒挂。在图表 9-13 中，您可以看到 10 年期国债收益率减去 2 年期国债收益率。当该差值为零时，表明收益率曲线是平坦的。当这条线低于零时，意味着收益率曲线是倒挂的（因为 2 年期国债的收益率高于 10 年期国债的收益率）。平坦的收益率曲线表明（大约一年后）经济衰退的可能性为 50%。有证据表明，经济衰退的可能性随着倒挂严重程度的增加而增加。

当然，问题是用倒挂的收益率曲线预测经济衰退是否符合直觉。我们认为确实符合。我们可以用两种不同方式来解释。

我们可以粗略地将收益率视为表示实际收益率加上预期通货膨胀率。（此外，我们通常预期有额外收益率来补偿投资者购买长期债券的风险。）长期收益率低于短期收益率的程度反映了对实际收益率和通货膨胀率降低的预期。由于实际收益率与实际增长率相关，而当增长率较高时通货膨胀率往往较高，因此倒挂的收益率曲线只是反映了市场预期增长率将降低。换言之，我们可以将其视为领先经济指标，因为它反映了对未来的预期。正如我们通过（在本章前一节中的）调查得到的信息来衡量预期一样，我们也可以通过查看市场价格来衡量通货膨胀率。

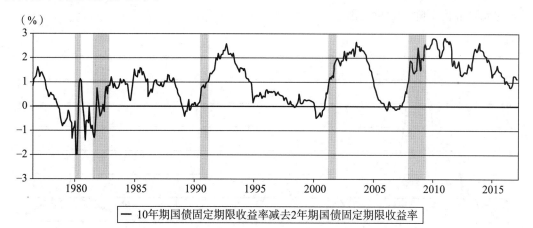

图表 9 - 13 10 年期国债收益率减去 2 年期国债收益率
资料来源：圣路易斯联邦储备银行。

关于倒挂的收益率曲线能预测经济衰退的原因，另一种解释方式是再次从长期收益率反映了当前短期收益率和预期未来短期收益率的想法开始。但是现在，我们可以考虑为什么市场预期未来增长放缓（这会导致倒挂的收益率曲线）。首先，短期收益率上升的原因是美联储提高了短期利率以应对通货膨胀率上升。实际上，联邦公开市场委员会提高利率是为了减缓经济增长速度（以消除通货膨胀率）。遗憾的是，当美联储提高利率时，这往往会将经济推入衰退，最终美联储不得不降低利率。综上所述，如果收益率曲线倒挂，通常是因为美联储提高了短期利率，而按照预期，美联储最终将不得不大幅降低利率，甚至长期投资者要求的期限溢价也不足以保持正常的收益率曲线。

最后，第二种解释方式略有不同。它没有解释收益率曲线倒挂的原因，而只是说，倒挂的收益率曲线会导致经济衰退（无论收益率曲线为何出现这种形状）。您必须了解，银行是在短期市场上借入大量资金并在长期市场上贷出资金的中介机构。它们从正常收益率曲线的利差中获利。换言之，银行以低利率借入短期贷款，并以更高利率发放长期贷款。当收益率曲线倒挂时，放贷就不再有利可图，因为银行必须为短期资金支付更高利率，而能对长期贷款收取的利率下降。因此，第二种解释是收益率曲线倒挂导致银行贷款减少，而信贷供应减少导致经济增长放缓。

风险溢价 除了实际联邦基金利率和收益率曲线外，分析师还会分析债券的**风险溢价**。最常见的情况是分析 BBB 级公司债券与美国国债的收益率利差。较大的利差表明市场上存在恐慌情绪。这表明投资者需要额外补偿才会承担风险。

当投资者持有的高风险债券需要更高补偿时，他们持有的股票也需要更高补偿（股票的风险更大）。在完美世界中，投资者希望在风险溢价最大时买入股票，并在风险溢价最小时卖出股票。当然，这只是"投资者希望在其他人卖出的时候买进，在其他人买进的时候卖出"的另一种说法。

图表 9 - 14 显示了风险溢价。在经济衰退期间，风险溢价显著增加。由于经济疲软，风险较高的债券更可能被降级和（或）违约。因此，投资者需要更高的收益率。如前所

述，如果投资者认为公司债务的风险升高，那么他们也必然认为股票的风险升高。这导致投资者对股票要求更高的补偿，这意味着股票价格降低。随着投资者感受到的风险消散，债券的风险溢价下降，股价上涨。

图表 9 - 14　公司债券的风险溢价

资料来源：美银美林，美银美林美国 BBB 级公司债券实际收益率© ［BAMLC0A4CBBBEY］，检索自圣路易斯联邦储备银行的美联储经济数据库；https：//fred. stlouisfed. org/series/BAMLC0A4CBBBEY，2017 年 4 月 30 日。

美联储模型　关于利率和股票，我们要讨论的最后一点是"美联储模型"。美联储模型来自艾伦·格林斯潘（Alan Greenspan）在 1997 年夏天向美国国会提交的货币报告。在这份报告中，他展示了一个简单的估值模型，表明股票价值被高估了。著名的市场策略师和经济学家埃德·亚德尼（Ed Yardeni）经常谈到这一点，并将其誉为"美联储模型"。

美联储模型表示，标准普尔 500 指数的价值应该是下一年的利润除以 10 年期美国国债的收益率。在长期中，该模型对标准普尔 500 指数的预测值与实际股价之间的相关性非常高。从直觉上讲，利润升高和利率降低会使股票价值升高。

我们希望讨论美联储模型的原因是它在市场出版物中被广泛引用，对您来说，重要的是意识到它毫无意义。仔细想想，这个公式是永续年金公式（而非永续增长年金公式）。这是没有意义的。此外，它的分子是利润。利润不是现金流；利润不能分配给投资者。最后，利润肯定不是无风险的，因此这违反了以反映现金流风险的贴现率贴现现金流的基本概念。

如果用固定增长股利贴现模型作为对比，就可以理解为什么美联储模型在这么长时间内都有效，以及为什么它不再有效。早在 20 世纪 90 年代初，10 年期国债收益率就接近 6％（或更高）。如果我们用资本成本减去增长率，将使分母变为固定增长股利贴现模型分母的两倍。此外，分子恰好是固定增长股利贴现模型分子的两倍（因为利润大约是属于股东的自由现金流的两倍）。由于分子和分母都是原来的两倍大，因此该模型得出了正确结果！（顺便说一句，这是一条重要经验：当您犯了一个错误时，不妨尝试犯第二个错误来弥补第一个错误！）

近年来，美联储模型表明股票价值被严重低估。您可以从图表 9 - 15 中看到这一点。请思考这是为什么。分子仍然是两倍大——因为它使用的是利润而不是自由现金流。然而，分母不再是两倍大。利率很低，可以更好地反映股权成本减去增长率（$k-g$）。所以，现在分子还是两倍大，但分母不再是那么大了。

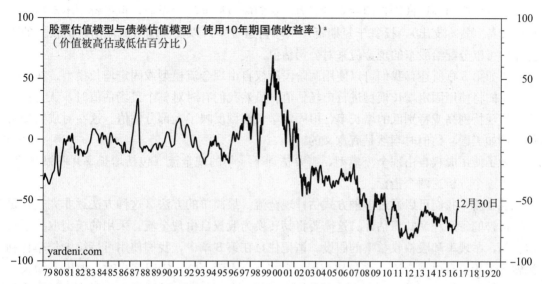

a. 标准普尔500股价指数与标准普尔500指数公允价格之比（表示为百分比），后者定义为标准普
尔500指数12个月远期共识预期利润除以10年期美国国债收益率的结果。1994年4月及以前为月
数据，之后为周数据。
注：横轴表示年份。
资料来源：汤森路透I/B/E/S和美联储理事会。

图表 9 - 15　美联储模型的估值

资料来源：Yardeni. com.

我们认为，理解这个模型对您来说很重要，即使它是错误的。如前所述，市场参与者经常引用该模型来表明股票价值被低估了。此外，该模型还是关于估值以及应该如何贴现现金流的重要提示。最后，重要的是意识到，即使这个模型是正确的，也不能简单地用它来评价股票。充其量，它只是一个相对估值模型。换言之，如果该模型显示股票价值被低估，那么股价上涨或债券收益率上升（压低模型的预测公允价值）就可以使该模型重新显示股票定价公允。

9.3　微观估值分析

在分析了经济的健康状况和经济周期的轨迹之后，分析师的目标是计算出市场价值的实际估计值。我们将考虑用两种方法来计算：股权自由现金流模型和相对估值法。此外，作为估值的一部分，我们将分析罗伯特·席勒（Robert Shiller）的周期性调整市盈率。

9.3.1　用股权自由现金流模型对市场估值

正如第 8 章所讨论的，我们可以将股权自由现金流模型视为学生传统上学习的股利贴现模型的改进版。在大多数情况下，我们都不应该根据实际支付的股利对公司估值。许多公司支付的股利都远低于它们的支付能力。我们应该根据经营企业，再投资于不动产、厂房和设备（资本支出），投资于短期资产（净营运资本）以及流向（或流出）债权人的现金流后可以分配给股东的现金流来对公司估值。

正如第 8 章所述，我们可以使用两阶段股权自由现金流模型或固定增长模型。在本章中，我们将使用固定增长模型进行市场估值。虽然我们有时对整个市场估值时，认为将有几年出现特别高或特别低的增长率，但固定增长模型反映了大部分估值。这在对成熟经济体（例如美国）估值时当然是有意义的。

为了使用股权自由现金流模型，需要估计下一年的现金流（包括增长率）和贴现率。我们将逐个分析这两个指标。

现金流　我们可以通过多种方式估计现金流。最简单的方法（这种方法远非完美）是使用报告的每股利润共识估计。这需要将其转换为股权自由现金流。采用的模型取决于对增长率、贴现率和股权收益率的假设。请记住，在第 8 章中，我们使用可持续增长率将利润转化为股权自由现金流（增长率＝股权收益率×留存率）。使用该式时，做出了增长率和股权收益率假设并求解留存率。一旦知道了留存率，就可以计算股利支付率。另一个例子可参见图表 9-16。在该图表中，请注意，股票产生的股东权益增加了 12%，但只需要增加 4.5% 的股东权益。（请记住，假设资本结构保持不变。）由于股票产生的股东权益远多于它们需要的股东权益，因此股利支付率相对较高。

图表 9-16　使用每股利润共识估计计算股权自由现金流

2017 年年初，使用自下而上法的每股利润（营业利润）共识估计为每股 132 美元。市场的股权收益率预期为 12%，而预期长期利润增长率为 4.5%。根据这些假设，今年的股权自由现金流将是多少？

增长率＝股权收益率×留存率
4.5%＝12%×留存率
留存率＝37.5%
股利支付率＝1−0.375＝62.5%
股权自由现金流＝62.5%×132 美元＝**82.50 美元**

为了避免混淆每股利润共识估计，应该了解两个重要区别。图表 9-16 中使用了该估计的部分内容。首先，该估计可以是指持续运营企业的"报告"利润（也称公认会计原则利润），也可以指营业利润，其中不包括公司科目（并购、融资、裁员）和非经常性科目。在我们看来，公认会计原则利润可能比允许分析师和公司隐藏费用所计算出来的利润更准确。其次，该估计可能是自上而下估计或自下而上估计。自上而下法分析的是标准普尔 500 指数的整体销售收入水平。自下而上法则将所有利润估计汇总，我们可以用这个总利润计算指数。

经纪公司倾向于使用营业利润估计而不是公认会计原则利润。营业利润较高，因为它不包括某些科目。这些更高的利润使市盈率看起来更低（更便宜）。

对标准普尔 500 指数使用每股利润共识估计的第二种方法是计算分析师根据共识合理预期的实际每股利润。这里，我们描述的是现实情况，即共识估计通常过高，并且随着接近利润公布日期而降低。分析师可以画出一条曲线来预测估计利润将如何降低，以及哪些因素会导致估计利润或多或少地降低。根据估计利润将高于或低于真实共识利润的程度，投资者或许能获利。

最后，我们将介绍估计每股利润（分析师可以用它转换为股权自由现金流）的最难（也是最好）方法。分析师可以逐步构建模型。同样，该模型的大部分将与宏观经济因素有关。分析师将从上一年度（整个标准普尔 500 指数）的每股销售收入开始，并估计以下各项：

（1）销售收入增长率。

（2）营业利润率。

（3）利息费用。

（4）税率。

在图表 9-17 中我们可以看到一个简单例子。在分析图表 9-17 时，重要的是认识到对广泛市场的营业利润率等因素进行估计存在困难。但是，假设分析师要进行估计，那么她可以使用图表 9-16 中所示的方法，根据该每股利润估计得出股权自由现金流。以下部分讨论了上面列出的四个估计。

图表 9-17　计算"报告"每股利润

请根据以下信息，估计标准普尔 500 指数的每股利润：

标准普尔 500 指数的估计销售收入：1 200 美元

营业利润率＝14%

利息费用率（占销售收入的百分比）＝2.5%

税率＝23.91%

_____解题过程：_____

营业利润＝168 美元（＝1 200 美元×14%）

利息费用＝30 美元（＝1 200 美元×2.5%）

税前利润＝138 美元（＝168 美元－30 美元）

税款＝33 美元（＝138 美元×23.91%）

净利润＝105 美元（＝138 美元－33 美元）

每股销售收入增长率　从上一年的每股销售收入开始计算很容易。从许多来源均可获得该数字；最容易获得它的地方或许是标准普尔的网站。然后，分析师需要估计销售收入增长率。一个合理的方法是比较国内生产总值的历史增长率与标准普尔 500 指数的每股销售收入历史增长率。一旦确定了它们之间的关系，分析师就可以估计未来的经济增长率。

在估计国内生产总值的未来增长率时，有两件事需要了解。第一，分析师实际上要推测的不是下个季度的国内生产总值甚至是下一年的国内生产总值，而是长期增长率。（如果构建的是两阶段模型，那么这一点可能略有不同。）第二，请记住，实际长期增长率取决于两个因素：劳动力增长率和生产率增长率。一旦估计出这些数字，就需要加上预期通货膨胀率，因为构建模型时使用的是名义数字而非实际数字。在美国，预期未来 10 年至 20 年劳动力将增长 0.5%～0.8%。生产率很难预测。但是，如果生产率增长率为 1%，那么实际增长率将为 1.75%。如果加上美联储 2% 的理想通货膨胀率，名义增长率将为 3.75%。

营业利润率 要将每股销售收入换算为营业利润，必须将每股销售收入乘以营业利润率。显然，这是一个难以估计的数字，无论要计算特定股票还是整个市场的营业利润都是如此。最好首先考察当前的营业利润率和趋势。其次，考察影响营业利润率的经济因素及其变化。研究表明，四个最重要的因素是：

(1) 产能利用率。

(2) 单位劳动力成本。

(3) 通货膨胀率。

(4) 国外竞争。

毫无疑问，前两个因素——产能利用率和单位劳动力成本——是最重要的。提高产能利用率会降低单位固定成本（提高利润率）。（当然，在产能利用率非常高的情况下可能会出现规模不经济，因为公司必须使用边际劳动力或旧设备。）单位劳动力成本受小时工资和生产力的影响，只需将其视为小时工资增长率减去生产力变化率。显然，当单位劳动力成本下降时，这意味着利润率升高。

通货膨胀率的影响取决于成本增加了多少以及如何将成本转嫁给客户。国外竞争很重要，因为在国外市场上的销售可能竞争极为激烈（利润率降低），而对于在本国销售的国内公司而言，与国外进口商品竞争也会导致利润率降低。

了解为什么在经济衰退后利润率会提高也很重要。产能利用率提高有助于提高利润率。单位劳动力成本往往会提高，因为生产率提高了（使用和经济衰退期间相同数量的劳动力，将生产出更多产品，因为经济衰退期间这部分劳动力未得到充分利用），而工资由于劳动力供给过剩而受到抑制。

当然，随着经济周期达到顶峰，营业利润率会下降。这是因为公司在满负荷运转，因此产能利用率最终会下降。通货膨胀导致工资增加，生产率增长缓慢。考虑到逐个估计这些因素及其相互影响的困难，最好尝试估计营业利润率的未来变化方向。

利息费用 接下来，必须从营业利润中扣除利息费用。利息费用取决于两个因素：债务金额和利率。估计债务的最佳方法是考虑增长率、资产周转率（销售收入除以资产）的趋势以及财务杠杆的变化趋势。分析师可以通过观察收益率曲线的变化来估计利率。

税率 最后，要估计税率，就应该考虑当前的税率和有可能采取的政治行动。此外，分析师还必须权衡商品生产地点和销售地点的变化趋势（因为不同司法管辖区的税率不同）。

贴现率 计算现金流后，分析师需要得到贴现率。由于我们贴现的是属于股东的现金流，因此我们需要使用整个市场的股权成本。使用资本资产定价模型时，需要无风险利率和风险溢价。（请记住，市场贝塔系数为 1，所以不需要估计。）下面，我们将讨论无风险利率和风险溢价的问题。

如果债券没有**违约风险**和**利率风险**（也没有**再投资利率风险**），则债券被认为是无风险的。为了消除违约风险，我们将考察国债。消除利率风险意味着我们应该使用短期工具（例如国库券）或零息债券（消除了再投资利率风险）。但是我们使用的无风险利率也应该与被贴现现金流的久期相匹配。因此，大多数分析师都使用 10 年期美国国债收益率作为无风险利率。

最后，我们需要得到风险溢价。这通常是造成混淆的重要来源，了解这种争议很重要。假设市场反弹并在几年内表现出色。如果衡量历史风险溢价，它将非常高（因为股票的表现明显优于债券）。如果以高利率贴现现金流，股票价值看起来将被严重高估。但是，如果考虑未来持有股票会获得多少补偿，那么这种补偿可能很小。当然，如果以低利率贴现现金流，这将证明高估值是合理的。那么，正确做法是什么？换言之，风险溢价是大还是小？

关键是理解术语。[①] 如果分析师考虑的是历史风险溢价，那么它衡量的是过去的表现，而且这个数字会很高。如果分析师考虑的是预期风险溢价（在股价很高时购买股票预期将获得的额外补偿金额），那么这个数字会很低。但分析师真正要得到的是必要风险溢价——对投资于股票而不是投资于无风险债券的风险的补偿。进行估值时，由于存在投资风险，必要风险溢价可能会相对较高。

考虑风险溢价还有最后一种方式，就是隐含风险溢价。这是当前市场价格隐含的风险溢价。换言之，分析师必须做出一些假设，并倒推出已计入股价的风险溢价。图表 9-18 给出了计算隐含风险溢价的例子。在这张图表中，我们从一个固定增长股利贴现模型开始。在分子中，我们使用了利润和股利支付率（仍然是通过增长率等于股权收益率乘以留存率的方法计算出来）。在分母中，我们估计了增长率，然后倒推出令当前股价合理所需的贴现率。一旦有了贴现率，我们就知道了无风险利率，因此可以计算出隐含风险溢价。有意思的是，过去 25 年，美国股票价格中包含的平均风险溢价约为 4%。

图表 9-18　隐含风险溢价

您知道标准普尔 500 指数为 2 000 点。下一年的每股利润=128 美元。股权收益率为 16.6%。无风险利率为 2.5%。预期增长率=6%。市场隐含的风险溢价是多少？

$$P = DIV_1/(r-g)$$

令 $x = r-g$，

$$2\,000 = (128 \text{ 美元} \times 0.638\,6)/x$$
$$2\,000 = 81.73 \text{ 美元}/x$$
$$x = 0.041$$

因此 $r-g = 4.1\%$。

我们知道 $g = 6\%$，因此 $r = 10.1\%$。

$$r = RF + \beta \cdot \text{风险溢价}$$
$$10.1\% = 2.5\% + 1 \times \text{风险溢价}$$

风险溢价=**7.6%**

需要计算股利支付率

$g = ROE \times$ 再投资率（再投资率用 b 表示）

$$6\% = 16.6\% \times b$$
$$b = 36.14\%$$

因此，可以分配 63.86% 的利润。

注意： 这是相对较高的风险溢价；按照该利润定价的市场将在未来下跌。

最后，重要的是认识到，估计整个市场的隐含风险溢价是非常困难的。最简单的可能

---

①　关于该问题的详细讨论，请参见杜尔、勒内洛和塞维拉（Doole, Renelleau and Sevilla，2009）引用的费尔南德斯（Fernández，2006）的研究。

是估计销售收入的长期增长率。但是我们很难有把握地估计营业利润率、利率、资本结构变化趋势、税率和股权收益率。这就是为什么有更多投资者使用倍数法来考察整个市场。这就是我们接下来要学习的内容。

9.3.2 倍数法

除了使用贴现现金流法对市场进行估值外，分析师还可以使用倍数法。事实上，这种情况更为常见。在本章和第 8 章中，我们已经分析了使用倍数法所需了解的大部分内容。但在这里，我们将回顾关键概念。

市盈率 为了使用市盈率倍数法，分析师需要估计两个变量：每股利润和倍数。在本章前面，我们使用股权自由现金流法进行了分析，我们了解了如何估计每股利润。在第 8 章中，我们分析了基本面倍数。为了估计倍数，分析师需要估计：

（1）增长率。

（2）资本成本。

（3）股权收益率。

在本章前面，我们分析了增长率和资本成本。在第 8 章中，我们分析了股权收益率。您可以看到，图表 9 - 19 中应用了所有这些指标。我们将再次使用固定增长模型，并计算股东可得的自由现金流。

图表 9 - 19　使用市盈率估计标准普尔 500 指数的价值

请使用以下信息估计标准普尔 500 指数的价值：
- 下一年的估计每股利润＝132 美元
- 利润增长率＝4％
- 10 年期美国国债利率＝2.5％
- 股权风险溢价＝6％
- 股权收益率＝11％

————————————————— 解题步骤：—————————————————

股权成本＝2.5％＋6％＝8.5％（请记住：市场贝塔系数＝1）。

$g=ROE×RR$，因此 4％＝11％×RR。RR＝36％，因此股利支付率＝64％。

标准普尔 500 指数的估计价值＝(132 美元×0.64)/(8.5％－4％)＝1 877 美元。

由于标准普尔 500 指数的交易价格高于 2 000 美元，因此这表示股票价值被高估了。

当然，如果风险溢价降至 5％，估计价值将远远高于 2 000 美元，且市场将被视为公允定价。

除了计算基本面倍数（如图表 9 - 19 所示）之外，还有另一种确定倍数的方法。分析师可以从当前倍数开始，并估计变量将如何变化。当然，如果采用这种方法，实际上是在说初始倍数是正确的起点。

虽然我们之前已经学习过基础知识，但分析师还应该了解其他一些知识：

（1）倍数往往非常不稳定，对 k 和 g 之间利差的微小变化很敏感。

（2）使用固定增长模型时，应该使用长期估计。

（3）股权自由现金流代表可以支付的现金。是否实际支付了现金并不重要。

（4）由于数据可能不正确，因此计算多个倍数总是有好处的。

同样的方法也可以用于其他倍数，例如市净率、市销率和价格-现金流比率。

9.3.3 席勒市盈率

另一种对整个市场估值的方法是席勒市盈率，也被称为周期性调整市盈率。（请注意，虽然罗伯特·席勒让这种方法广为人知，但最初的想法是本杰明·格雷厄姆提出来的。）在这种方法中，分子是相同的，为标准普尔500指数的价值。但是，分母是不同的，它使用的是过去10年的平均利润，而不是上一年的利润（当使用远期倍数时，为下一年的利润）。分析师不能只是计算过去10年的利润平均值，而需要对过去截至本年的利润进行通货膨胀调整（然后计算它们的平均值）。通过使用产生利润后每年的通货膨胀率，过去的利润被转化为现在的利润（对其进行"通货膨胀调整"）。

周期性调整市盈率考虑到了一年的利润波动很大，可能会回归均值。通过计算多年的平均值，我们能更好地了解一家公司或整个市场的盈利能力。我们减少了不同年份的影响，它们累积起来实际上导致了利润异常——尤其是在波峰期或衰退期。此外，重要的是认识到，和其他所有估值方法一样，这不是一种择时方法。大多数投资者都认为估值在长期内很重要，但在短期内不一定重要。正如您将在图表9-20中看到的那样，该估值指标似乎具有预测长期前景的能力。换言之，如果投资者在席勒市盈率处于高水平（市场价格很高）时进行投资，长期收益率将很低。

图表9-20 席勒市盈率与10年期表现

不同初始席勒市盈率下标准普尔500指数的结果（1926—2012年）					
初始市盈率		平均实际 10年期收益率（%）	最差实际 10年期收益率（%）	最佳实际 10年期收益率（%）	标准差 （%）
最低值	最高值				
5.2	9.6	10.3	4.8	17.5	2.5
9.6	10.8	10.4	3.8	17.0	3.5
10.8	11.9	10.4	2.8	15.1	3.3
11.9	13.8	9.1	1.2	14.3	3.8
13.8	15.7	8.0	−0.9	15.1	4.6
15.7	17.3	5.6	−2.3	15.1	5.0
17.3	18.9	5.3	−3.9	13.8	5.1
18.9	21.1	3.9	−3.2	9.9	3.9
21.1	**25.1**	**0.9**	**−4.4**	**8.3**	**3.8**
25.1	46.1	0.5	−6.1	6.3	3.6

资料来源："An Old Friend: The Stock Market's Shiller P/E," by Clifford S. Asness (2012).

席勒市盈率很有意思，但并非没有受到批评。在应用于长期时，这种方法可能得出错误估值。这也与所有其他估值方法相似。这种方法也忽略了可能影响倍数的因素，尤其是利率。当然，当利率较低时，投资者预期倍数较高。此外，风险溢价肯定会随着时间的推移而变化，这会影响倍数。最后，会计准则也会随着时间的推移而变化。因此，很难比较较长时期内的利润和倍数。

阿斯内斯（Asness，2012）可能提供了使用这种方法的最佳方式。他建议，利用战术性配置时，不应过分倚重这个模型。它对于设定合理的期望可能最有帮助。换言之，如果投资者在价格高的时候进入市场，从长期来看，不太可能获得非常高的收益率。

9.3.4 世界市场的宏观估值和微观估值

如前所述，我们使用标准普尔 500 指数来研究市场估值，我们还使用了专注于美国经济的经济指标。显然，每个市场都是不同的——例如，经济以不同的速度增长，每个国家可能存在不同的经济数据，风险是不同的，会计准则是不同的，公开市场上也可能存在不同公司类型。

鉴于存在这些差异，我们务必牢记三个重要因素：

首先，基本估值模型和概念在全球均适用。具体而言，无论投资者是在纽约、伦敦、莫斯科还是北京，价值都基于未来现金流的贴现价值。此外，最终决定仍然基于内在价值估计和市场价格之间的关系。

其次，虽然模型和概念相同，但不同国家的数据会有很大差异，这意味着价值有所不同，机会也会有所不同。例如，当股票价值在美国被高估时，在日本或澳大利亚可能被低估，这提供了调整全球资产配置的机会。

最后，由于必须考虑几个额外变量或约束条件，因此非国内市场的估值几乎肯定更加烦琐。最显而易见的是，分析师必须估计当地货币的价值，还要估计外币价值相对于美元价值的潜在变化。估计这些变化或试图对冲这种货币风险（如果有可能的话）很困难，这就产生了第 1 章讨论的新增风险因素——汇率风险。

我们还必须考虑国家风险或政治风险，这在许多国家可能非常重要。这种风险通常无法对冲掉。值得注意的是，直到最近，即使在选举期间，美国股票投资者通常也没有考虑这种风险。在 2016 年美国总统大选之前，唯一的变化是自 2001 年 "9·11" 事件以来的恐怖主义风险——这种风险存在于世界各地。关键是，投资时必须评估和估计国家风险。

由于增加了两个风险因素——汇率风险和国家风险——因此外国证券的必要收益率通常高于国内股票。值得注意的是，这些增加的风险可以被更高的增长预期抵消，在中国和印度就是如此。与往常一样，能得出这些关键估值变量（k 和 g）的最佳估计的分析师就是卓越的分析师。

另一个新增因素与不同国家的不同会计惯例有关。因此，分析师必须了解一国的公司如何核算不同会计科目以及这将如何影响现金流等。好消息是，许多国家都采用国际财务报告准则（International Financial Reporting Standards，IFRS），这将大大减少这个问题。（关于美国证券交易委员会将国际财务报告准则纳入美国报告系统的计划的近期讨论，请参阅美国证券交易委员会 2011 年的报告。）

总之，随着资金管理变得更加全球化和行业分析更加需要全球视角，分析师将需要评估全球股票市场和行业，并且应该时刻关注这些新增因素。

9.4 行业分析简介：为什么行业分析很重要

自上而下分析法的第二步是行业分析。一旦分析师决定将资产配置于特定市场，就必须决定哪些行业值得投资。我们对行业分析的讨论将从一个简短观点开始，即值得进行行业分析。在提出这个观点之后，我们将考察行业分析的四个考虑因素：

(1) 经济周期如何影响行业。

(2) 影响行业的结构性问题。

(3) 行业的生命周期。

(4) 行业内的竞争力（波特分析）。

讨论完这些问题后，我们将简要介绍贴现现金流分析和相对估值法。我们不会重复已经讨论过的内容。相反，我们将介绍应用这些估值方法为行业估值时的一些差异。

让我们从说明行业分析的重要性开始。最简单的观点是，追求利润的公司已经确定它很重要，证据是投资公司经常指派分析师来分析特定行业。至少，这证明了关于特定行业的知识有助于创造价值的观点。

当然，问题是为什么分析师被指派分析特定行业。换言之，为什么这种分析是有价值的？最重要的是，在任何给定时期内，不同行业之间的表现都存在显著差异。关于这一点的例子见图表 9-21。在该图表中，可以看到一个子行业增长了 3 000%，另一个子行业下降了近 50%。与这种表现差异密切相关的想法是，认为不同行业具有不同风险水平和不同风险因素。通过研究特定行业，目标是找出独特的投资机会，并在趋势早期识别出它们，这样投资者就可以找到有利的风险收益权衡。

图表 9-21　不同行业的表现

10 个表现最佳的行业		10 个表现最差的行业	
行业名称	变化率 （在所选时期内） （%）	行业名称	变化率 （在所选时期内） （%）
《华尔街日报》美国音频/视频设备指数	3 006.94	《华尔街日报》美国酒水指数	−99.80
《华尔街日报》美国家用电子/电器指数	1 161.57	《华尔街日报》美国饮料指数	−99.75
《华尔街日报》美国采矿支持服务指数	1 114.20	《华尔街日报》美国食品/饮料/烟草指数	−98.19
《华尔街日报》美国壳公司指数	948.48	道琼斯美国煤炭指数	−71.33
《华尔街日报》美国替代燃料指数	322.04	道琼斯美国有色金属指数	−71.11
《华尔街日报》美国钟/表/零件指数	237.17	《华尔街日报》美国消费品指数	−59.48
《华尔街日报》美国客运及其他运输指数	156.04	《华尔街日报》美国半导体指数	−58.08
《华尔街日报》美国银行/信贷指数	130.42	道琼斯美国采矿指数	−51.33
《华尔街日报》美国旅游业指数	88.33	道琼斯美国白金与贵金属指数	−49.23
《华尔街日报》美国渔业指数	83.97	道琼斯美国工业金属指数	−48.35

资料来源：Marketwatch.com 的 1 年期收益率，2017 年 3 月 31 日。

当然，并非所有投资公司都允许分析师进行专门的行业分析。反对行业分析的一个观点是，行业表现似乎不会持久。换言之，一个行业的良好表现或胜过整个市场的表现并不能预测未来的表现。此外，反对专门行业分析的人还认为，一个行业内的公司之间存在广泛差异。（行业分析支持者对此的回应是，这就是为什么需要采用自上而下法的第三步。）在确定行业之后，分析师必须决定选择哪些股票。但是在优秀行业中找到一家卓越公司应该比在问题行业中找到一家卓越公司更容易。

有意思的是，虽然股票收益率因行业而异，甚至同一行业内的股票收益率也不同，且风险因行业而异，但随着时间的推移，同一行业的整体风险似乎相对稳定。这表明非常值得深入了解这种风险。

最后，重要的是认识到，认为有必要对整个市场进行宏观分析的观点也可以用于行业。证券市场反映了经济，即使市场变化可能领先于经济。影响市场的宏观经济因素（例如利率、增长率、利润）也会影响行业。此外，我们还将看到影响行业的其他因素（例如结构性影响、行业生命周期和行业内的竞争力量）。

9.5 行业分析

认识到行业分析很重要之后，我们将继续对行业进行宏观分析。同样，我们将分析四个组成部分：

(1) 周期性影响。
(2) 结构性影响。
(3) 行业的生命周期。
(4) 行业内的竞争力量（波特分析）。

9.5.1 经济周期和行业部门

经济周期是指经济体的商品和服务产出达到峰值、收缩（衰退）、从之前的扩张中恢复到之前的峰值（复苏），然后进一步增长（扩张）的时期。不同行业在经济周期的不同阶段往往表现有好有差。

一些投资者试图进行**部门轮换**，他们监测经济趋势，并试图随着经济趋势的变化将投资从一个部门（或部门内的行业）转移到另一个部门（或行业）。显然，这说起来容易做起来难。

下面，我们将介绍关于部门的一些普遍看法。但要意识到每个经济周期都不同，行业也在不断变化，这一点非常重要。因此，不能简单地采用从一个部门轮换到另一个部门的程式化方法。就此而言，从理论上了解投资者通常的预期很重要。

我们将首先介绍关于部门的一些普遍看法：

• 在经济衰退即将结束时，由于预期贷款表现将改善并产生新贷款（随着经济开始复苏），金融企业的利润随之上涨，因此金融股通常首先复苏。当然，2009 年并没有发生这种情况，这很好地证明了每个周期都不同。除了基本银行之外，经纪公司股票也有所上涨，因为人们认为被管理的资产将增加，交易会随着复苏而增加。投资银行股上涨是因为在复苏和扩张期间发生了更多并购。

- 随着经济复苏，耐用消费品表现良好。耐用消费品公司生产汽车、电脑、冰箱、割草机和其他耐用品。它们的股价靠消费者的信心回升。此外，美联储在经济衰退期间通常会降低利率，而低利率使消费者能为购买商品融资。当然，消费者只有对自己的就业状况有信心（这将在复苏期间改善）时才会大量购买商品。其中许多购买行为也是利率下降导致购房增加的结果。

- 随着经济从复苏过渡到扩张，资本品往往表现良好。公司利润恢复，需求再次回升。因此，公司计划满足增加的需求，并努力提高生产率。资本品生产商包括重型设备制造商、机床制造商和飞机制造商。重要的是意识到，这是另一个在金融危机后没有按照预期迅速复苏的部门。公司不愿花钱购买更多机器，因为它们对需求感到悲观。

- 周期性公司的股价往往根据对经济周期的预期而变化，它们因预期经济复苏而上涨，因经济疲软迹象而下跌。周期性公司通常具有高经营杠杆。这意味着这些公司有大量固定成本。随着销售收入的增加，利润会以惊人速度增长。当然，当销售收入下降时，利润也会以惊人速度下降。

- 在经济放缓期间，必需消费品公司的股价往往会跑赢大盘。必需消费品是消费者无论经济状况如何都会购买的商品和服务。例如，主流杂货店、软饮料和烟草的销量都倾向于相对稳定。投资者重视在不确定时期的稳定性。

- 如前所述，部门轮换是困难的。每个经济周期都不同，行业也在变化。此外，我们并不总是（实时）确切地知道我们在经济周期中的位置。

由于使用经济周期进行部门轮换很困难，因此部门轮换的另一种方法是找出哪些变量影响股价表现。这些变量无法列举穷尽，但了解它们可能有助于获得一些基本的系统知识：

- 高通货膨胀率通常有利于基本材料股。高通货膨胀率代表需求超过供给。它通常发生在高速增长和极度乐观的时期。这创造了对基本材料的需求并推高了这些股票的价格。

- 高通货膨胀率通常意味着未来价格和成本的不确定性更大。拥有高营业杠杆的公司可能表现良好，因为它们的成本是固定的。此外，拥有大量固定利率债务的公司也可能表现良好。

- 高利率（往往与高通货膨胀率高度相关）往往会损害住房和建筑业。显然，这些行业得益于低利率。

- 美元疲软往往有助于美国出口商和拥有大量海外业务的美国公司。这些在海外经营的公司可以将其利润转化为更高的利润（因为外币已经升值）。

- 美元疲软也有助于面临进口竞争的国内公司。美元疲软提高了进口成本，并使本地公司更具竞争力。

- 低增长往往有助于少数能（在低增长环境中）实现高增长的科技公司。对尖端技术的需求可能对缓慢增长有更大的抵抗力。

- 高能源成本往往会损害运输公司。

9.5.2　结构性经济变化对行业的影响（非周期性因素）

当分析师研究一个行业时，他必须寻找经济的重大变化及其运作方式。四类变化是人口特征变化、生活方式变化、技术变化以及政治和法规变化。

人口特征 **人口特征**对需求方（消费）和供给方（尤其是劳动力）都至关重要。当我们分析人口数据时，我们将关注人口增长、年龄分布、种族构成、人口的地理分布以及收入分配的变化。

最近，科恩和科蒙（Cohn and Caumont，2016）提供了一些可能影响美国不同行业的主要人口趋势的例子，包括：

- 美国人的种族和民族更加多元化。到 2055 年，美国将不会有单一的多数种族。此外，美国大约 14% 的人口都出生于外国。
- 亚洲正在取代拉丁美洲（包括墨西哥）成为最大的新移民来源地。
- 选民多元化程度已是有史以来最高。
- 千禧一代（1980 年以后出生的青壮年）多于婴儿潮一代（1946—1964 年出生的人）。
- 中产阶级美国人的比例正在下降。高收入成年人或低收入成年人的比例有所增加。
- 整个世界人口都在老龄化。

生活方式 **生活方式**涉及人们如何生活、工作、组建家庭、消费、享受休闲和自我教育。重要的生活方式问题的例子包括离婚率、双职工家庭、迁出城市人口以及基于计算机的教育和娱乐。

科恩和科蒙（2016）也指出了生活方式的一些近期变化，包括：

- 单身母亲是约 25% 的家庭的主要养家者。
- 只有 69% 的孩子与父母双方住在一起。
- 未婚美国成年人比例创历史新高。
- 离婚、再婚和同居的人数呈上升趋势。
- 越来越多的美国人没有宗教信仰。
- 越来越多美国人在大学毕业时背负着学生债务。

技术 **技术**会影响许多行业因素，包括产品或服务以及它们的生产和交付方式。显然，新技术可以彻底改变一个行业。简单的例子包括亚马逊对零售业的影响，或优步对当地交通业的影响。技术变化刺激了对技术设备的资本支出，它是公司获得竞争优势的一种方式。技术还让外包成为可能，并影响了居家办公的能力，同时也扩大了市场风险敞口。

技术变革的例子包括自动化/人工智能、大数据、自动驾驶汽车、移动支付、3D 打印、无人机和智能家居技术。

政治和法规 **政治和法规**可能对行业产生巨大影响。政治变革反映社会价值观，因此今天的社会趋势可能是明天的法律、规定或税收。影响行业的法律法规例子包括最低工资、平价医疗法案、《北美自由贸易协定》、美国食品及药品管理局法规和拱心石输油管道（Keystone Pipeline）许可证。

9.5.3　行业生命周期

在预测行业销售收入和盈利能力时，可以观察行业的变化，并将其发展划分为类似于人类生命周期的阶段，从中洞察其规律。在分析一个行业时，重要的是了解该行业将在生命周期的特定阶段停留多长时间。图表 9 - 22 显示了行业生命周期的五个阶段、与人类生命周期的类比以及在行业生命周期的每个阶段发生的事件。图表 9 - 23 画出了行业生命周期的图形。

图表 9 - 22 行业生命周期中的事件

行业生命周期	人类	要点
领先发展	出生	产品或服务市场很小 销售收入增长率不高 负利润（开发成本高）
以高加速度增长	青春期	市场发展到一定规模 销售收入以加速度增长 有限竞争（高利润率） 利润暴增
成熟增长	成年	销售收入不再加速增长 增长率可能高于国内生产总值增长率 高利润率吸引了竞争者 利润率开始下降
稳定/市场成熟	中年	增长率降至国内生产总值增长率 不同行业的利润率不同 控制成本变得更重要 竞争和低利润率使资本收益率降至资本成本
增长减速/下降	老年	由于需求转移或出现替代品，销售收入下降 利润空间压缩 低利润或亏损 低资本收益率

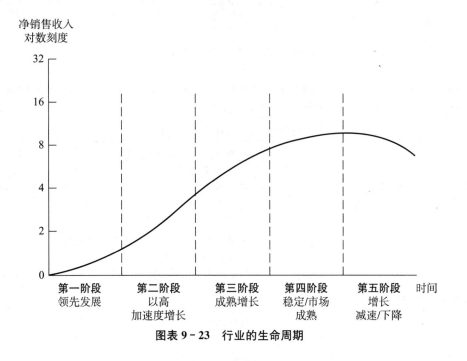

图表 9 - 23 行业的生命周期

9.5.4 行业竞争

行业竞争对盈利能力有巨大影响。迈克尔·波特（Michael Porter）的竞争战略概念是指公司在行业中寻找有利的竞争地位。要制定有利可图的竞争战略，企业必须首先分析其行业的基本竞争结构，因为企业的潜在盈利能力在很大程度上受其行业盈利能力的影响。

波特认为，一个行业的竞争环境（该行业的企业之间的竞争强度）决定了企业将投资收益率维持在平均水平以上的能力。如图表9-24所示，他认为五种竞争力量决定了竞争强度，其中每种因素的相对影响在不同行业之间可能有很大差异。图表9-25显示了每种竞争力量的部分关键特征。

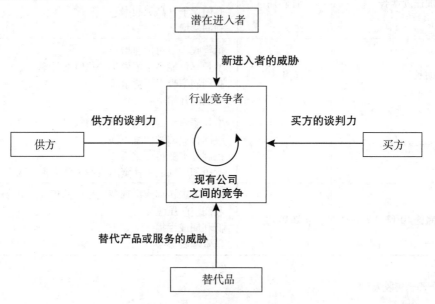

图表9-24 影响行业竞争的力量

资料来源：经自由出版社（The Free Press）许可转载，出版商为西蒙与舒斯特公司（Simon & Schuster, Inc.），摘自迈克尔·波特的《竞争战略：分析行业与竞争者的技术》（*Competitive Strategy: Techniques for Analyzing Industries and Competitors*）。版权归自由出版社所有，1980年，1998年。

图表9-25 五种力量的特征

现有公司之间的竞争	**如果满足以下条件则增加：** 公司规模相同 增长缓慢 高固定成本 退出障碍
新进入者的威胁	**在进入障碍较低且满足以下条件时增加：** 高利润率（低价格与低成本） 竞争所需的金融资源较少 无规模经济 易于建立分销渠道 低转换成本 无政府许可要求 获取原材料无限制

续表

替代产品或服务的威胁	**如果满足以下条件则增加：** 利润空间大 替代品的价格或功能接近 更类似于商品的产品或服务
买方的谈判力	**如果满足以下条件则增加：** 买方占销售收入的很大比例 买方了解卖方的利润 产品占买方成本的很大比例 卖方众多
供方的谈判力	**如果满足以下条件则增加：** 供方较少 供方所在行业比买方所在行业更集中 供方供应的是关键投入品 供方向多个行业销售 几乎没有替代品

9.6　估计行业收益率

此时，我们已经确定行业分析可以帮助投资者选择有利可图的投资机会，并且已经全面梳理了分析行业时应该研究的关键因素。现在，问题是分析师应该如何为一个行业估值。

这个问题的答案是，分析师应该像为整个市场估值一样为行业估值。她可以使用贴现现金流法或相对估值法。换言之，她可以构建模型或使用倍数。更常见的是使用倍数进行行业分析。

同样，我们不会重复第 8 章或本章前面介绍过的概念（例如如何估计每股利润或如何确定倍数）。相反，我们将提出一些可能对行业分析尤为重要的新要点。

9.6.1　估计资本成本

无论分析师使用贴现现金流法还是相对估值法，对资本成本的估计都至关重要。计算 k 的最简单方法是使用资本资产定价模型。如果分析师希望知道该行业的历史贝塔系数（以获得用于估计前瞻性贝塔系数的信息），就必须将特定行业的收益率对市场指数（例如标准普尔 500 指数）进行回归。现在这更容易计算，因为许多行业都有流动性很强的交易所交易基金。如果没有这些交易所交易基金，那么分析师可以通过计算个股的贝塔系数并对其加权，计算出行业贝塔系数，从而形成一个综合指数。

如果分析师决定不使用资本资产定价模型，那么可以通过考虑所有重大风险来估计资本成本：商业风险、财务风险、流动性风险、汇率风险和国家风险。图表 9-26 介绍了决定这些风险的因素。

图表 9 - 26　影响股票风险的因素

商业风险	销售收入波动率 营业杠杆
财务风险	使用债务 当公司有大量经营租赁时要小心
流动性风险	股东人数 股票数量和股票的市场价值 交易的股票数量 机构在股票中所占权益
汇率风险	利率变化导致的利润不确定性 销售收入在不同国家的分布
国家风险	外国销售收入与生产金额 政治体系/经济的稳定性

9.6.2　销售收入增长率估计

在行业层面，了解以下三种方法有助于估计销售收入增长率：

（1）时间序列分析：将行业销售收入与经济周期叠加并估计变化。

（2）投入产出分析：确定供应商和客户；了解供应商和客户的长期销售前景。

（3）行业-经济关系：确定对行业需求影响最大的经济变量。

9.6.3　其他注意事项

以下是一些专门针对行业分析的想法：

• 应用回归分析和时间序列分析可能非常困难。分析师始终要往前看。这种定量分析可能会忽略某些特有因素，例如价格战、劳资谈判、建筑计划、国外竞争或竞争结构的变化。

• 行业税率可能与整体市场税率有很大不同。

• 相对估值通常涉及比较行业倍数与市场倍数。研究行业和市场的基本面变量尤为重要。与往常一样，分析师应该尝试了解它们如何变化，以及预期它们在未来如何变化。

• 始终了解影响倍数的基本面因素。市盈率受利润增长率、利润风险和股权收益率（影响再投资率）的影响。市净率反映公司获得高股权收益率的能力。价格-现金流比率受增长率和这些现金流的稳定性的影响。市销率受利润率、销售收入增长率和销售收入增长风险的影响。

• 了解为什么市场以特定方式看待一个行业总是很重要的。市场遗漏了什么？会发生什么变化？

9.7　全球行业分析

由于大量企业活跃在国外市场，而且许多企业的国外销售收入比例不断增长，因此必须考虑国外企业对行业收益率的影响。要了解为什么是这样，不妨以汽车业为例来考察。除了福特和通用汽车，对全球投资者来说，汽车业还包括来自日本、德国、意大利和韩国等国的众多公司。因此，我们必须扩展我们的分析，将全球因素包括在内。

虽然篇幅有限，但在此背景下需要分析以下主要因素：

- 一个行业的主要生产国和消费国的宏观环境。这将影响这些国家的需求。
- 对行业内的重要全球公司、这些公司生产的产品以及它们以杜邦三要素分析评判的成功程度的总体分析。
- 公司分析需要考察不同国家的会计核算差异有哪些，以及这些差异如何影响相对估值比率。由于会计核算存在差异，因此通常不可能直接比较不同国家的众多财务比率，而只能分析一国的财务比率随时间推移的变化。随着使用国际会计准则的国家增加，这个问题应该会减少。
- 主要国家的货币汇率走势有何影响？假设美国公司从外国公司购买投入品，那么重大货币汇率变化会影响特定国家对美国产品的需求，也会影响成本。

正如卡瓦利亚、布赖特曼和埃克德（Cavaglia，Brightman and Aked，2000）所记录的，全球行业分析的重要性日益增加。具体而言，之前的研究表明，在解释股票收益率方面，国家因素主导了行业因素，但卡瓦利亚等人的研究提供的证据表明，行业因素的重要性日益增加，目前主导了国家因素。总之，在全球范围内进行行业分析很重要。

9.8　公司分析

此时，一位分析师对她在股票市场上的投资做出了两个决定：第一，分析了几个国家的经济和股票市场后，她决定了投资组合中应投资于普通股的百分比以及对其他国家的资产配置（即权重高于市场权重、等于市场权重或低于市场权重）。第二，在分析了不同行业后，她确定了在投资期内的风险调整绩效高于平均水平的行业。基本面分析过程中的最后问题是：（1）在她看好的这些行业中，哪些是最好的公司？（2）公司股票的内在价值是多少？（3）内在价值与市场价值相比如何？

在自上而下法的这部分中，我们将分析：

（1）公司分析与股票估值的区别。

（2）公司分析。

（3）估值。

同样，我们将努力不重复您在第 8 章或本章前面（关于行业分析的部分）读过的估值内容。当我们讨论估值时，只会讨论新内容。但是理解第 8 章中的估值概念仍是至关重要的。

重要的是记住，好公司的普通股不一定是好投资。分析师必须了解公司的优点和缺点，计算公司的内在价值，然后比较该内在价值与市场价值。优秀公司的股票可能定价非常高，因此不应购买。不起眼的公司的股票可能定价很便宜，因此应该购买。这个问题对于成长型股票尤为重要，我们将在接下来讨论这个问题。

9.8.1　成长型公司和成长型股票

分析师通常将**成长型公司**描述为销售收入和利润增长速度持续快于整体经济的公司。相比之下，所罗门（Solomon，1963）以及米勒和莫迪利亚尼（Miller and Modigliani，1961）等金融理论家将成长型公司定义为具有管理能力和机会，使其投资收益率可以持续高于必要收益率的公司。例如，如果一家公司的加权平均资本成本为10%并且可以获得15%的投资收益率，则该公司的销售收入和利润的增长速度应该快于面临类似风险的公司和整体经济。另一项要求是，这些公司应保留大量利润，以便投资于这些高收益机会。

成长型股票不一定是成长型公司的股票。**成长型股票**是指预期收益率高于市场上具有类似风险特征的其他股票的股票。成长型股票实现了预期的卓越风险调整收益率，是因为与其他股票相比，市场低估了它的价值。用第8章介绍的语言（后面也使用了这种语言）来说，价值被低估股票的内在价值（由其他估值模型估计）大于其当前市场价格。尽管股票市场会相对快速准确地调整股票价格以反映新信息，但可得信息并不总是完美或完全的。因此，不完美或不完全的信息可能导致给定股票的价值在某个时点被低估或高估。[①]

如果股票价值被低估，那么当可以获得正确信息时，其价格最终应涨至反映真实基本（内在）价值的价格。在这个价格调整期间，股票的实际收益率将超过相同风险的股票的必要收益率，且在这个价格调整期间，该股票将为成长型股票。成长型股票不一定仅限于成长型公司的股票。未来成长型股票可以是任何类型公司的股票；只要价值被市场低估就是成长型股票。

事实是，如果投资者找到一家成长型公司并对其未来利润流进行适当的贴现，则该成长型公司股票的当前市场价格将反映其未来的利润流。以这个正确市场价格购买成长型公司股票的投资者将获得与股票风险一致的收益率，即使该公司实现了卓越的利润增长。在许多情况下，过度急躁的投资者往往会高估成长型公司的预期利润增长率和现金流，从而抬高成长型公司的股票价格。尽管成长型公司的销售收入和利润增长率高于平均水平，但支付过高股价（与其真实内在价值相比）的投资者将获得低于风险调整必要收益率的收益率。绍尔特和斯塔特曼（1989）、舍夫林和斯塔特曼（1995）、克莱曼（Clayman，1987）以及陈和拉克尼肖克（Chan and Lakonishok，2004）的研究分析了成长型公司样本的股价表现，并发现它们的股票表现不佳，也就是说，成长型公司的股票通常不是成长型股票。

9.8.2　防御型公司和防御型股票

防御型公司是未来利润有可能经受住经济衰退的公司。人们预期它们具有相对较低的商业风险，而且没有过度财务风险。典型的例子是快餐连锁店和杂货店——供应基本必需消费品的公司。

有两个与**防御型股票**密切相关的概念：第一，防御型股票的收益率在整体市场下跌期间预期不会下降，或者预期下跌幅度小于整体市场。第二，我们对资本资产定价模型的讨

---

① 分析师更有可能在众多分析师严格筛选出的一流公司之外找到此类股票；换言之，就是寻找被忽视的股票。近期研究还表明，在难以理解的复杂股票中可能存在机会。

论表明，资产的相关风险是其与风险资产市场投资组合的协方差，即资产的系统性风险。根据该理论，具有低系统性风险或负系统性风险（较小的正贝塔系数或负贝塔系数）的股票可能被视为防御型股票，因为它的收益率不太可能在熊市中显著降低。

9.8.3　周期性公司和周期性股票

周期性公司的销售收入和利润将在很大程度上受到总体业务活动的影响。例子包括钢铁业、汽车业或重型机械业的公司。这些公司在经济扩张期的表现将优于其他公司，而在经济收缩期的表现将严重差于其他公司。这种波动的利润模式通常是公司商业风险（包括销售收入波动率和经营杠杆）的函数，并且可能因财务风险而加剧。

周期性股票的收益率变化大于整体市场收益率的变化。就资本资产定价模型而言，这些股票是具有高贝塔系数的股票。然而，周期性公司的股票不一定是周期性股票。周期性股票是收益率波动性大于整体市场收益率波动性的公司的股票，即与总体市场具有高度相关性和更大波动性的高贝塔系数股票。更明确地说，周期性公司不一定是周期性股票，但很可能是周期性股票。

9.8.4　投机性公司和投机性股票

投机性公司是指资产涉及巨大风险但也有可能获得巨大收益的公司。投机性公司的一个典型例子是从事石油勘探的公司。

投机性股票有很高概率获得低收益率或负收益率，有很低概率获得正常收益率或高收益率。具体而言，投机性股票是一种定价过高的股票，这导致在未来一个时期内，当市场将股票价格调整为真实价值时，它的收益率很可能很低，甚至可能为负。一家优秀的成长型公司就可能是这种情况，其股票可能以极高市盈率出售，也就是说，股票价值被大大高估了。

9.8.5　价值型投资与成长型投资

一些分析师还将股票分为成长型股票和价值型股票。正如我们讨论过的，成长型股票是指由于股票价值被低估而将获得高于平均水平的风险调整收益率的公司。如果分析师可以准确找出此类公司，那么当其他投资者发现它们的利润增长潜力之后，这些股票的投资者将受益于股价上涨。**价值型股票**是由于利润增长潜力以外的原因价值被低估的股票。分析师通常认为价值型股票具有低市盈率或市净率。值得注意的是，在比较成长型股票和价值型股票时，对成长型股票的定义与我们之前的讨论不一致。在这些讨论中，成长型股票通常被定义为销售收入和利润快速增长的公司（例如，谷歌、苹果、脸书）的股票。这种公司绩效通常导致股票具有较高的市盈率和市净率。遗憾的是，这种定义没有考虑我们提倡的内在价值和市场价格之间的关键比较。因此，后续的估值讨论中不会使用这些定义。

本节的主要观点是，分析师必须首先详细分析一家公司以确定其基本特征，其次使用该信息估计其股票的内在价值。当分析师比较股票的内在价值与当前市场价格时，将决定是否应该购买它。也就是说，它是否为收益率高于与风险相称的收益率水平的成长型股票？

9.9　将行业分析与公司分析联系起来

当我们从自上而下分析法的第二步（行业分析）前进到第三步（公司分析）时，重要的是意识到应该将所有分析联系起来。在第二步中，分析师确定了将受益于预期经济趋势以及结构性影响因素（例如社会趋势、技术、政治问题、法规问题、人口变化、生活方式问题等）的行业。现在，在第三步中，分析师必须寻找将受益于这些经济因素和结构性因素的公司。除了受到这些因素的有利影响之外，公司还必须具有有吸引力的估值。

当我们继续进行公司分析时，我们将考察两种工具：公司的竞争战略（如迈克尔·波特所述）和 SWOT 分析。之后，我们将讨论有助于思考增长的估值和一些模型。

9.9.1　公司的竞争战略

在介绍行业内竞争时，我们讨论了可能影响行业竞争结构和利润潜力的五种竞争力量。在确定了行业的竞争结构之后，分析师应该尝试确定行业中每家公司采用的具体竞争战略。

公司的竞争战略可能是防御型战略，也可能是进攻型战略。**防御型竞争战略**需要确定公司定位，以剔除行业竞争力量的影响。例子可能包括投资于固定资产和技术以降低生产成本，或通过增加广告支出建立强大的品牌形象。

进攻型竞争战略是公司试图利用其优势影响行业竞争力量的战略。例如，沃尔玛利用其购买力从供应商那里获得价格优惠。这种成本优势，加上门店的卓越配送系统，使沃尔玛能顶住更大的竞争对手实现增长，并最终成为美国领先的零售商。

投资者必须了解可用的不同竞争战略，确定每家公司的战略，判断该公司的战略对于其行业是否合理，最后评估该公司执行其战略的成功程度。

在以下部分中，我们将讨论如何分析公司的竞争地位和战略。分析师必须确定公司管理层是否对公司进行了正确定位以利用行业条件和经济条件。分析师对管理层决策的看法最终应反映在分析师对公司现金流和利润增长的估计中。

波特（1980a，1985）提出了两种主要的竞争战略：低成本领导和差异化。这两种竞争战略决定了公司将如何应对五种竞争条件，这些条件定义了行业环境。每个行业的可用战略和战略实施方法都不同。

低成本领导战略　追求低成本领导战略的公司决心成为低成本生产商，从而成为行业中的成本领导者。成本优势因行业而异，可能包括规模经济、专有技术或优先获取原材料的渠道。为了从成本优势中获益，公司必须将价格控制在接近行业平均水平，这意味着它必须与其他公司相区别。如果公司的价格打折太多，可能会侵蚀其由于低成本本可获得的高收益率。在过去十年中，沃尔玛被认为是低成本公司。该公司通过大量采购商品和低成本运营来实现这一点。因此，波尔玛的价格较低，但仍享有比许多竞争对手更高的利润率和资本收益率。

差异化战略　使用差异化战略的公司力求在对买家很重要的领域内，将自己定位为行业内独一无二的存在。不同行业的差异化方法也大相径庭。公司可以尝试根据其分销系统

（商店销售、邮购销售、互联网销售或上门销售）或某些独特的营销方法实现差异化。只有当差异化带来的价格溢价超过为了实现独特性而产生的额外成本时，采用差异化战略的公司才会享有高于平均水平的收益率。因此，分析使用这种战略的公司时，必须确定差异化因素是否真正独特，是否可持续，成本是多少，以及独特战略产生的价格溢价是否大于其成本。（公司的收益率是否高于平均水平？）

确定战略重点　无论选择哪种战略，公司都必须确定战略重点。具体而言，公司必须选择行业中的部门，并调整其战略以服务于这些特定群体。例如，低成本领导战略通常会利用某些行业部门的成本优势，如成为市场上高价部门的低成本生产商。同理，差异化战略的重点是服务于特定部门中买家的特殊需求。例如，在运动鞋市场上，公司试图为独特的运动部门开发鞋子，例如网球鞋、篮球鞋、健美操鞋或远足鞋，而不只是为慢跑者提供跑步鞋。运动鞋公司认为，不同运动的参与者需要的鞋子与慢跑者想要的鞋子有不同特征。同样重要的是，他们相信这些运动人员愿意为特殊的鞋子支付溢价。同样，分析师必须确定是否存在特殊可能性，是否有另一家公司提供这些服务，以及是否可能通过定价为该公司带来超常收益率。图表 9-27 详细说明了波特关于成功制定低成本领导战略或差异化战略所需的技能、资源和公司组织要求的一些想法。

图表 9-27　成功应用低成本领导战略和差异化战略所需的技能、资源和组织要求

一般战略	通常所需的技能和资源	通常的组织要求
整体低成本领导战略	持续资本投资与资本获取能力 过程工程技能 密集的劳动力监管 为了便于生产而设计的产品 低成本分销系统	严格的成本控制 经常、详细的控制报告 条理清晰的组织和责任 基于实现严格量化目标的激励措施
差异化战略	强大的营销能力 产品工程 创造性才能 强大的基础研究能力 公司享有高质量或技术领导力声誉 在行业中拥有悠久传统或拥有独特的跨业务技能组合 强大的渠道合作	研发部门、产品开发部门和营销部门之间的强大协作 使用主观指标和激励措施而非量化指标 吸引具有高超技术的劳动力、科学家或创意人才的设施

资料来源：摘自迈克尔·波特的《竞争战略：分析行业与竞争者的技术》。

在掌握这些知识之后，分析师必须确定公司采用的战略以及哪种战略取得了成功。此外，这种战略能否持续？再有，分析师应该评估公司的竞争战略随时间推移的变化，因为竞争战略需要随着行业的发展而改变；不同战略适合行业生命周期的不同阶段。例如，差异化战略可能适合处于早期增长阶段的行业中的公司。随后，当行业处于成熟阶段时，公司可能会尝试降低成本，成为低成本领导者。

通过分析过程，分析师将确定公司哪些方面做得好，哪些方面做得不好，以及公司在哪些方面容易受到五种竞争力量的影响。有人将这个过程称为讲好公司"故事"。这种评估使分析师能确定公司面临的前景和风险。总之，了解行业的竞争力量和公司应对这种竞争环境的战略是了解公司如何赚钱以及对公司的长期现金流和风险做出准确独特的估计的关键。

9.9.2　SWOT 分析

分析和理解公司竞争地位及其竞争战略的另一个框架是公司 SWOT 分析。

SWOT 分析是指分析公司的优势、劣势、机会和威胁。这有助于评估一家公司的战略，以利用竞争优势或抵御竞争劣势。要找出优势和劣势，就要确定公司拥有或缺少的内部能力。机会和威胁包括外部环境，例如竞争力量、新技术的发现和开发、政府法规以及国内外经济趋势。

公司的实力使公司在市场上具有比较优势。比较优势包括良好的客户服务、高质量的产品、强大的品牌形象、客户忠诚、创新研发、市场领导地位或强大的财务资源。要保持优势，就必须通过审慎的资本投资政策继续发展、保持和捍卫这些优势。

当竞争对手相对于公司具有潜在的可利用优势时，公司就处于劣势。一旦确定公司处于劣势，公司就可以选择战略来减轻或纠正劣势。例如，一家在全球市场上仅是国内生产商的公司可以进行投资，使其能向国外出口产品或在国外生产产品。另一个例子是财务资源较差的公司与财务实力较强的公司组建合资企业。

有利于公司的机会或环境因素可能包括公司产品的（国内和国际）市场增长、竞争减少、有利的汇率变动、发现新市场或新产品以及新的营销或分销渠道（例如，网络）。

威胁是可能阻碍公司实现其目标的环境因素。例子包括国内经济放缓（对于出口商而言为国外经济低迷）、政府监管增加、行业竞争加剧、进入威胁、买家或供应商寻求提高议价能力以及出现可能使行业中的产品过时的新技术。通过发现和理解机会和威胁，投资者可以就公司如何利用机会和减轻威胁做出明智的决定。

9.10　计算内在价值

从定性角度和定量角度分析公司之后，分析师必须计算股票的内在价值。当然，这些方法与第 8 章中讨论的方法相同。大多数分析师将创建一个贴现现金流模型（使用股利、股权自由现金流或公司自由现金流），并且还将使用相对估值法。

9.10.1　关于具体公司估值的其他一些看法

由于我们的目标不是重复第 8 章以及本章前面已经讨论过的内容，因此以下是估值时需要考虑的一些新概念：

- 盲目使用历史增长率或利润率是不正确的。历史增长率有价值，可以帮助我们了解一家公司，但是分析师使用的模型必须具有前瞻性。分析师必须确定他认为将发生什么变化，以及为什么会发生变化。分析师讲述的故事（或荐股意见）应该与使用的模型一致。

- 在分析公司的销售情况时，始终要研究销售组合的变化。这也会影响利润率。

- 公司的增长率将受到行业所处生命周期、结构性变化、行业竞争和经济趋势的影响。显然，分析客户（买家）并尝试了解其需求将如何变化以及为什么会发生变化至关重要。

• 在考察历史增长率时，始终要区分有机增长和收购增长。通过提高销量或收取更高价格来增加收入是有机增长。如果销售收入增加是因为公司购买了更多销售交易（即购买了另一家公司），那么这是有成本的，并不代表未来的增长。

• 请记住股权成本代表什么。它代表投资者为了让投资获得公平补偿而要求的收益率。历史风险溢价很有用，但不是最好的衡量指标。在估计风险溢价时，分析师要了解需要多高的收益率才能补偿投资于股票而非无风险资产的风险。同样，历史贝塔系数也很有用。但分析师想弄清楚的是公司的商业风险或财务风险是否发生了变化。分析师可以将商业风险视为由无杠杆贝塔系数表示的风险。财务风险受公司债务金额的影响。

• 在估计特定公司的利润率时，一定要了解竞争战略（低成本领导战略还是差异化战略），研究公司的内部绩效，并研究公司与所在行业的关系。

• 分析师应该意识到对下一年进行季度估计是很重要的。这样，当公司公布利润时，分析师就会知道分析是否正确。

• 在进行相对估值时，应该将公司与其历史倍数、行业竞争对手、整个行业的倍数和市场倍数进行比较。分析师应该始终了解倍数是以折价还是溢价交易，倍数应如何变化，以及导致这种变化的因素。分析师应该始终将公司的基础基本面数据（例如利润率、股权收益率、增长率和资本成本）与同行公司（或者行业或市场）的基础基本面数据进行比较。

9.10.2 分析成长型公司

如前所述，成长型公司有能力继续进行大额再投资，并获得高于资本成本的收益率。其股票要成为成长型股票，其价格复合收益率应高于市场的必要收益率，成长型公司的价值必然被低估。实际上，成功的成长型公司很少，只有一部分成长型公司的股票价值会被低估，成为成长型股票。在发行这些成长型股票的公司中，为数不多的真正成长型公司将创造巨大的财富。

在金融分析师建立的许多模型中，基本假设都是增长率保持固定。虽然这对于市场、行业或成熟公司来说可能是一个充分假设，但对于真正的成长型公司来说是有问题的。公司通常只有在短暂时期内有机会获得高于资本成本的资本收益率。其他公司将发现这些超额收益率，进入该行业，增加供给，最终压低产品价格，直到投资资本收益率与相关风险一致。

高于资本成本的收益被称为纯利润（或超额利润）。只有在非竞争性市场中才有可能获得超额利润。由于我们知道一些公司在很多年中都获得超额利润，因此这些超额收益可能不是由于暂时的不均衡，而是由于市场上存在的一些非竞争性因素，例如在特定时期内为某项工艺或某份手稿提供垄断权的专利或版权。在这个免受竞争的保护期间，公司可以获得高于正常水平的收益率。此外，一家公司还可能拥有波特所讨论的提供额外利润的战略（例如，独特的营销技巧或其他组织特征）。最后，市场可能存在重大的进入壁垒，例如资本要求。

在纯竞争经济中，不存在真正的成长型公司，因为竞争不允许投资持续获得超额收益率。事实上，我们的经济并不是完全竞争的（尽管这通常是可使用的最好模型），因为一些摩擦限制了竞争。因此，我们的经济中可能存在暂时的真正成长型公司。重要的问题是这些成长型公司能在多长时间内赚取这些超额利润？

真正理解成长型公司的关键是思考我们使用的定义：成长型公司是有机会以高于公司资本成本的收益率将大量资本再投资的公司。这意味着分析师必须考虑三个问题：

（1）投资于成长型投资的资本金额。

（2）留存资金的相对收益率。

（3）这些成长型公司所处的时期。

重要的是意识到，如果分析师使用固定增长模型并且正在为一家利润超过资本成本的公司建立模型，那么分析师将做出一些强有力的假设：

- 利润和股利以固定速度增长。
- 公司逐渐增加对收益率大于资本成本的项目的投资。
- 公司可以在无限长时期内这样做。

这些都是非常激进的假设，必然会被分析师质疑。一种有价值的方法是分析超常增长率可以持续多久，或者说，超常增长率的程度和持续时长。为此，我们将使用**增长久期模型**。

增长久期模型的目的是将成长型公司的市盈率与公司增长率和增长久期相关联，帮助分析师评估成长型公司股票的高市盈率。如前所述，股票的市盈率是三个因素的函数：

（1）公司的预期每股利润增长率。

（2）股票的必要收益率。

（3）公司的股利支付率。

增长久期模型基于两个假设：

（1）所分析的公司风险相等。

（2）股利支付率无显著差异。

实际上，我们已经说明三个因素（增长率、风险和股利支付率）决定了市盈率，如果分析师假设（您所比较公司的）其中两个因素相同，那么只有第三个因素重要。这个重要因素（增长率）必须同时考虑增长率是多少和该增长率可以持续多久（预期增长率的久期）。请记住，没有哪家公司能永远以远高于正常水平的速度增长，否则一家大公司将在经济中占有巨大比例。

如果我们假设一只成长型股票和一只非成长型股票具有相似的风险和股利支付率，那么市场对这两只股票的估值应该与它们在第 T 年的利润成正比（即它们将具有相同的市盈率），其中 T 为成长型公司开始以与市场相同的速度增长（即非成长型股票）的时间。换言之，T 为成长型股票预期将高速增长的年数。也就是说，当前价格应该与第 T 年的预期未来利润成正比。

这种关系意味着两只股票的市盈率之比与复合增长率之比的 T 次方成正比。令 g 代表高增长公司，a 代表市场或低增长率公司，可以使用以下公式求解 T：

$$\ln\left(\frac{P_g(0)/E_g(0)}{P_a(0)/E_a(0)}\right) \approx T \ln\left(\frac{1+G_g+D_g}{1+G_a+D_a}\right) \tag{9.1}$$

增长久期模型回答了一个问题，即成长型股票的利润必须以这种预期高增长率相对于非成长型股票增长多久，才能解释其高于平均水平的市盈率。然后，分析师必须确定这种隐含增长久期估计对于公司的潜力而言是否合理。

下面让我们来看一个例子。一家高增长公司的股票售价为每股 43 美元，预期每股利润为 2.38 美元（即其未来利润倍数约为 18 倍）。该公司的预期每股利润增长率约为每年 10%，股息率为 1%，且预期将保持在这一水平。相比之下，标准普尔 500 指数的未来市盈率约为 16 倍，平均股息率为 2%，预期增长率为 6%。因此，两者的比较如下：

	标准普尔 500 指数	高增长率公司
市盈率	16.00	18.00
预期增长率	0.06	0.10
股息率	0.02	0.01

将这些值代入式（9.1），将得到以下结果：

$$\ln = \left(\frac{18.00}{16.00}\right) = T \ln\left(\frac{1+0.10+0.01}{1+0.06+0.02}\right)$$

$$\ln(1.125) = T \ln\left(\frac{1.11}{1.08}\right)$$

$$\ln(1.125) = T \ln(1.028)$$

$$T = \frac{\ln(1.125)}{\ln(1.028)} \times (\text{以 10 为底的对数})$$

$$= \frac{0.051\,148\,2}{0.011\,993\,11}$$

$$= 4.26(\text{年})$$

这些结果表明，市场隐含地假设高增长公司可以以该复合增长率（11%）继续增长约 4.3 年，此后该公司将以与总体市场（即标准普尔 500 指数）相同的总增长率（8%）增长。分析师现在必须问，至少在这个时期，该公司是否可以维持这种卓越增长率。如果隐含增长久期大于分析师认为的合理范围，那么分析将建议不要购买该公司的股票。如果隐含增长久期低于分析师的预期（例如，分析师认为该公司可以在 6 年或 7 年的时间里维持这种增长率差异），那么分析师将建议购买该公司的股票。

重要的是认识到，分析师可以像上述例子一样比较一家公司与一个市场指数（例如标准普尔 500 指数或某个部门指数），也可以直接比较两家公司。在公司间分析中，应该比较同一行业的公司，因为该模型的风险相同假设对于同行业公司而言可能更合理。从图表 9-28 中我们可以看到这类分析的一个例子。

图表 9-28　增长久期分析

考虑计算机软件业的以下例子：

	公司 A	公司 B
市盈率	31.00	25.00
预期年增长率	0.170 0	0.120 0
股息率	0.010 0	0.015 0

续表

	公司 A	公司 B
增长率加上股息率	0.180 0	0.135 0
T 的估计值[a]	5.53 年	

a. 读者应该检查自己是否得到了相同答案。

资料来源：这些结果意味着市场预期公司 A 将在约 5.5 年内以 18% 的年增长率增长，之后它将以公司 B 的增长率（13.5%）增长。如果分析师认为 18% 隐含的增长久期过长，将推荐公司 B；如果分析师认为预期增长久期合理或较低，将推荐公司 A。

T 的另一种作用 如果隐含假设不适用于相关股票，分析师可以使用该公式来计算证券相对于总体市场（或另一只股票）的合理市盈率，而不是解出 T 然后确定推导出的数字是否合理。同样，使用我们之前例子中的高增长公司，您估计其预期年复合增长率为 11%，而预期总市场增长率为 8%。

此外，您认为高增长公司可以在大约五年内以高于正常水平的增长率继续增长。使用式（9.1），这可以写为：

$$\ln(X) = 5 \times \ln\left(\frac{1.11}{1.08}\right)$$
$$= 5 \times \ln(1.028)$$
$$= 5 \times 0.011\ 993$$
$$= 0.059\ 965$$

要确定在给定这些假设的情况下高增长公司的市盈率是多少，您必须推导出 0.059 965 的反对数，它约为 1.148。因此，假设市场倍数为 16，高增长公司的市盈率应约为市场市盈率的 1.148 倍，即约为 18.4 倍。

或者，如果您估计高增长公司可以在较长时期（例如 10 年）内保持 9% 的较低增长率，那么您将推导出 0.079 61（=10×0.007 961）的反对数。答案是 1.203，这意味着该股票的市盈率约为 19.22 倍。值得注意的是，这两个估计值都高于高增长公司目前 18 倍的远期市盈率。

需要考虑的因素 在使用增长久期方法时，请记住以下因素：

第一，该方法假设风险相等，当比较同一行业的两家大型成熟公司（例如默克和辉瑞）时，该方法可能是可以接受的。将贝塔系数接近 1.0 的大型企业集团（例如通用电气）与市场进行比较也是合理的。对于贝塔系数低于 1.0 的公司，结果是保守的（如果将其与市场进行比较的话），这意味着公司的增长久期将略低于估计年数。当比较高贝塔系数的小型成长型公司与总体市场时，这可能不是一个有效假设。在这种情况下，得到的增长久期将低于所需增长时间。

第二，应该使用哪种增长率估计？我们推荐使用基于影响 g 的因素（即留存率和股权收益率的组成部分）的预期增长率。

第三，增长久期方法假设市盈率较高的股票具有较高的增长率。但是，也存在市盈率较高的股票没有较高的预期增长率，或预期增长率较高的股票市盈率较低的情况。这两种情况都会得出无用的负增长久期。预期增长率与市盈率之间的不一致可归因于以下四个因素之一：

（1）相关风险存在重大差异（低市盈率、高增长率的公司风险更大）。

（2）增长率估计不准确。分析师可能希望重新检查对高市盈率公司的增长率估计。也就是说，增长率是否可能更高？或者，低市盈率股票的增长率估计是否应该更低？

（3）市盈率相对于预期增长率较低的股票的价值被低估。（在接受这种可能性之前，请考虑前两个因素。）

（4）高市盈率、低预期增长率的股票的价值被高估。（在接受这种可能性之前，请考虑其风险和估计的增长率。）

给定所作假设，增长久期概念是有效的，可以帮助分析师为成长型投资估值。然而，它并不普遍有效，因为它的答案准确性取决于输入数据（预期增长率）和假设的适用性。分析师必须根据自身知识评估该答案。

这种方法可能最有助于发现估值过高、倍数非常高的成长型公司。在这种情况下，这种方法强调公司必须在很长一个时期内继续以某种非常高的速度增长，才能证明其高市盈率是合理的（例如，增长久期为 15 年至 20 年）。此外，它还可以通过比较每家公司与市场、每家公司与行业或直接比较每家公司，帮助分析师决定投资于同一行业的两家成长型公司中的哪一家。这种比较提供了有趣的见解，即一个行业中的新公司比大型竞争对手增长得更快，但它们的市盈率要高得多，这意味着这些新公司必须保持这种巨大的增长率优势超过 10 年，才能证明其更高的市盈率是合理的。

9.11　一些传奇人物的投资经验

在本章最后，我们将介绍三位投资传奇人物——彼得·林奇（Peter Lynch）、沃伦·巴菲特（Warren Buffett）和霍华德·马克斯（Howard Marks）的一些经验。

9.11.1　彼得·林奇的投资经验

彼得·林奇曾担任富达投资（Fidelity Investments）非常成功的麦哲伦基金的投资组合经理，他在分析公司时会寻找具有以下有利属性的公司：

（1）公司产品不跟风，而是消费者会持续购买的产品。

（2）公司相对于竞争对手具有可持续的比较竞争优势。

（3）公司所在的行业或公司产品具有市场稳定性。因此，它几乎不需要创新或改进产品，或担心它会失去技术优势。市场稳定意味着新竞争者进入市场的可能性较小。

（4）公司可以从成本降低中受益（例如，计算机制造商使用供应商提供的技术来更快地交付更便宜的产品）。

（5）公司回购股票或管理层购买股票，表明内部人士将自己的资金投入公司。

9.11.2　沃伦·巴菲特的投资宗旨

沃伦·巴菲特的以下投资宗旨摘自罗伯特·哈格斯特隆（Robert Hagstrom，2001）的研究。括号中的评论是基于哈格斯特隆著作中的讨论和伯克希尔·哈撒韦公司年报董事长致股东信。

业务宗旨

- 业务是否简单易懂？（了解这一点，将有助于更有信心地估计未来现金流。）
- 企业是否有持续的经营历史？（同样，这有助于更有信心地估计现金流。）
- 企业是否有有利的长期前景？（企业是否有市场需要的特许经营产品或服务，没有相近的替代品，并且不受监管？这意味着企业具有定价灵活性。）

管理宗旨

- 管理合理吗？（资本是否配置给了收益率高于资本成本的项目？如果没有，那么管理层是否通过股利或回购股票向股东支付资本?）
- 管理层对股东是否坦诚？（管理层会将股东希望知道的一切告诉他们吗?）
- 管理层是否抵制制度性强制力？（管理层是否不试图模仿其他管理者的行为?）

财务宗旨

- 关注股权收益率，而不是每股利润。（寻找没有债务或债务很少且股权收益率很高的公司。）
- 计算所有者的利润。（所有者的利润基本上等于资本支出后的自由现金流。）
- 寻找在行业中具有相对较高的可持续利润率的公司。
- 确保公司为留存的每一美元创造了至少一美元的市场价值。

市场宗旨

- 企业的内在价值是什么？（价值等于以国债利率贴现的未来自由现金流。使用这种低贴现率被认为是合适的，因为沃伦·巴菲特根据他对广泛业务分析的深入了解，对自己的现金流估计非常有信心。这种信心意味着低风险。）
- 是否可以按企业基本内在价值的显著折价购买企业？

9.11.3 霍华德·马克斯的投资宗旨

霍华德·马克斯是橡树资本管理公司（Oaktree Capital Management）的联席董事长。马克斯是一位著名投资者，他还定期撰写投资者必读的备忘录。最近，他汇总备忘录中的许多思想，写成了《最重要的事》（*The Most Important Thing*）一书。他书中的许多重要思想如下：

- 要想成功，投资者必须进行第二层思考。投资者必须了解价格如何反映一致意见、可能结果的范围、自身观点有何不同以及自身观点正确的可能性。
- 投资者必须对内在价值有准确认识。如果没有准确认识，那么投资者拥有的只是希望。
- 有时一些投资者被迫出售投资（例如，由于付不起追加保证金）。这是其他投资者真正的机会。
- 风险是永久性资本损失的风险。当价格相对于内在价值较高时，这种风险最大。
- 当其他投资者称没有风险时，风险最大。
- 几乎所有商业活动都是周期性的。当其他投资者忘记这一点时，就会出现巨大的机会。
- 市场是一个在恐惧和贪婪之间摇摆的钟摆，优秀的投资者可以认识到这一点，但很难知道它摆动了多远。

- 避免麻烦的方法是避免贪婪、恐惧、嫉妒、无视逻辑、从众心理和自高自大。
- 要成为一名成功的投资者，就必须了解内在价值，能在价格偏离价值时采取行动，了解过去的周期，了解不良行为的伤害，并记住当情况看起来好得不真实时，那么情况可能确实没那么好。
- 优秀的投资者必须能在其他投资者沮丧和抛售时买入。
- 投资者应该有一份潜在投资清单。这份清单应包括内在价值估计、安全边际和对风险的理解。
- 投资者必须有耐心。同样，做到有耐心的关键是有强烈的价值感。
- 投资者必须明白自己知道什么，不知道什么。
- 投资者应该始终了解我们现在所处的环境。换言之，投资者是乐观还是悲观？估值如何？

本章小结

在前面的章节中，我们强调了进行行业分析或公司分析之前分析总体市场的重要性。分析师必须评估经济和证券市场前景及其对投资组合中的债券、股票和现金的影响。然后，再找出最好的行业或公司。

- 进行市场决策时可采用两种方法：（1）宏观经济方法，这种方法是基于总体经济与股票市场的关系；（2）微观经济方法，它将第 8 章中讨论的两种估值方法应用于总体股票市场来确定未来市场价值。
- 经济和股市之间存在强大的一致关系，但股市通常会先于经济出现转折。因此，最好的宏观经济预测方法使用的经济指标同样领先于经济，也可能领先于股市。美国经济咨商局领先经济指标（包括股票价格）是一种可能采用的经济指标。我们还讨论了情绪指标和利率的重要性。具体而言，我们讨论了许多市场参与者关注的三个利率指标：收益率曲线、实际联邦基金利率和债券风险溢价。
- 我们对美国股票市场的微观分析考察了两种股票估值方法——贴现现金流法和相对估值法。相对估值法讨论了如何估计增长率、营业利润率、利率和税收等因素。我们还介绍了席勒市盈率（也称周期性调整市盈率）。
- 研究了总体市场之后，自上而下法的下一步是研究行业。多项研究分析了行业表现和风险，并发现在特定时期内不同行业的表现存在很大差异，这表明行业分析可以帮助识别出优秀投资。随着时间的推移，不同行业的表现还呈现出不一致性，这表明仅考察行业的历史表现无助于预测未来表现。此外，行业内不同公司的表现通常不是很一致，因此在进行行业分析之后必须分析行业中的公司。
- 行业风险分析表明，不同行业的风险指标差异很大，但同一行业的风险指标具有很强的时间一致性。这些结果意味着风险分析和衡量是有用和必要的。好消息是，在估计未来风险时，历史风险指标很有用。
- 具体到行业分析，我们分析了经济周期如何影响行业、影响行业的结构性问题、行业的生命周期以及行业内的竞争力（通常被称为波特分析）。

- 在自上而下法的最后一步，我们专注于公司分析。我们讨论了成长型公司的股票可能不是成长型股票的说法，以及防御型股票和周期性股票之间的区别。我们还分析了公司为应对行业中的不同竞争压力可使用的不同战略方案。公司的竞争战略包括低成本领导战略和差异化战略，如果实施得当，它们应该有助于公司获得高于平均水平的收益率。此外，我们还讨论了如何对公司应用 SWOT 分析。对公司目标、目的和战略的这种战略分析使您能正确估计股票的内在价值。

- 本章没有重复第 8 章中的估值相关内容。相反，我们讨论关于估值过程中的增长率、利润率和资本成本的其他观点。此外，我们还分析了增长久期模型，以帮助分析师了解公司必须以高速度增长多久才能证明高于市场水平的倍数是合理的。

问题

1. 如果股票收益率与经济增长有关，那么为什么不能通过跟踪已发布的国内生产总值数据来进行投资决策？

2. 为什么实际联邦基金利率对股票价格很重要？低利率如何影响股价？

3. 为什么倒挂的收益率曲线可以作为经济衰退的预测指标？

4. 哪四个因素会影响整个市场的营业利润率？

5. 在计算股权成本时，应该使用历史风险溢价、预期风险溢价还是必要风险溢价？

6. 在进行行业分析时，分析师应分析的四类结构性（非周期性）经济变化是什么？

7. 决定一个行业竞争结构的五种力量是什么？

8. 成长型公司和成长型股票有什么区别？什么是防御型股票？什么是周期性股票？

9. 低成本领导战略和差异化战略有什么区别？

10. 增长久期模型的基本假设是什么？

习题

1. 请使用圣路易斯联邦储备银行数据库计算 2010 年年底至 2017 年的实际国内生产总值增长率和不同时期的名义国内生产总值增长率。此外，请使用该信息来计算解释名义增长率和实际增长率之间差异的通货膨胀率。您计算的通货膨胀率应为年通货膨胀率。

2. 近年来，经济分析在投资管理中的应用有显著增长。随着金融分析师掌握更多经济分析技能，并且这些分析更多地融入投资决策过程，经济分析的使用范围未来可能会进一步大幅扩展。以下问题涉及在投资决策过程中使用经济分析：

a.（1）区分经济活动的领先经济指标、滞后经济指标和同步经济指标，并逐一举例说明。

（2）指出领先经济指标是否有助于实现高于平均水平的投资绩效，并简要证明您的结论。

b. 利率预测在投资管理中有多种用途。请指出利率预测可能对得出投资结论很重要的三个重要原因。

c.假设您是一家大型经纪公司的汽车业基础研究分析师。请确定并简要解释对汽车业和公司研究具有重要意义的三个主要经济时间序列指标、经济指标或经济数据的相关性。

3.目前，总体市场的股利支付率为55%，必要收益率（k）为9%，预期股利增长率（g）为4%。

a.请计算当前的利润倍数。

b.您预计股利支付率将下降至40%，但您认为不会有其他变化。市盈率将是多少？

4.作为夏洛特和凯莱资本公司（Charlotte and Chelle Capital）的分析师，您正在使用股利贴现模型预测市场市盈率。由于经济已经扩张了九年，因此您预计股利支付率将处于40%的低位，而长期国债利率将升至7%。由于投资者的风险厌恶程度降低，股票风险溢价将降至3%。因此，投资者的必要收益率为10%，股权收益率将为12%。

a.预期增长率是多少？

b.您预期市场市盈率是多少？

c.如果预期每股利润为115美元，那么市场指数的价值是多少？

5.您将获得以下与2018年标准普尔500指数相关的估计每股数据：

销售收入	1 950.00 美元
折旧	98.00 美元
利息费用	58.00 美元

您还得知，估计营业利润（EBIT）率为12%，税率为32%。

a.请计算2018年的估计每股利润。

b.假设您公司的研究委员会的某位成员认为考虑一系列营业利润率（OPM）估计很重要。因此，您需要使用11%和13%的营业利润率并保持其他所有因素不变，

得出乐观的每股利润估计和悲观的每股利润估计。

6.给定第5题中的三个每股利润估计，您还将获得以下与市场利润倍数相关的估计：

	悲观	共识	乐观
股利支付率	0.65	0.55	0.45
名义无风险利率	0.10	0.09	0.08
风险溢价	0.05	0.04	0.03
股权收益率	0.11	0.13	0.15

a.请根据每股利润和市盈率估计，计算2018年标准普尔500指数内在市场价值的最高值、最低值和共识值。

b.假设年初标准普尔500指数的价格为2 050美元，请计算您在第a问的三种情况下的估计收益率。假设您的必要收益率等于共识估计，您将在全球投资组合中给予标准普尔500指数的权重是多少？

7.您正在遵循标准普尔500指数并使用股权自由现金流法分析美国股票市场。您使用的数据如下：

期初股权自由现金流：80美元

$k=0.09$

	增长率（%）
第1~3年	9
第4~6年	8
第7年及以后	7

a.假设标准普尔500指数的当前价值为2 050美元，您对美国股市的投资权重是小于、大于还是等于市场权重？

b.假设通货膨胀率增加1%，那么市场价值是多少？您对美国市场的投资权重是多少？请陈述您的假设。

8.假设卡拉（Cara）的贝塔系数为1.75，无风险利率为7%。在如下假设条件下，卡拉

的预期收益率是多少？

    a. 市场收益率为 15％。

    b. 市场收益率为 10％。

9. 根据以下数据，凯莉实业（Kay-leigh Industries）的隐含增长久期是多久？

	标准普尔 500 指数	凯莉实业
市盈率	16.00	20.00
预期增长率	0.06	0.14
股息率	0.04	0.02

10. 劳伦娱乐公司（Lauren Entertainment，Inc.）的年增长率为 18％，市场增长率为 8％。如果市场倍数为 18，假设劳伦娱乐公司的贝塔系数为 1.0，且您认为它可以在下述时期内保持高增长率，请确定该公司的市盈率：

    a. 10 年。

    b. 5 年。

11. 您获得了两家计算机软件公司和标准普尔 500 指数的以下信息：

	公司 A	公司 B	标准普尔 500 指数
市盈率	30.00	27.00	18.00
预期年增长率	0.18	0.15	0.07
股息率	0	0.01	0.02

    a. 请计算每只公司股票相对于标准普尔 500 指数的增长久期。

    b. 请计算公司 A 相对于公司 B 的增长久期。

    c. 根据这些增长久期，是什么决定了您的投资决策？

12. 固定增长股利贴现模型既可用于公司估值，也可用于估计股票的长期总收益率。

    假设：20 美元＝某只股票今天的价格

           8％＝预期股利增长率

       0.50 美元＝1 年前的年股利

    a. 仅使用前面的数据，请用固定增长股利贴现模型计算股票的预期长期总收益率。

    b. 请简要讨论固定增长股利贴现模型用于投资分析时的三个缺点。

    c. 请指出将股利贴现模型用于公司估值的三种方法。

13. 假设 10 年期美国国债收益率为 4.5％。下一年标准普尔 500 指数的利润预期为 130 美元。请使用美联储模型来估计标准普尔 500 指数的价值。如果标准普尔 500 指数的交易价格为 2 200 美元，那么市场价值是被高估还是被低估了？高估或低估了多少？

14. 请使用圣路易斯联邦储备银行数据库画出 2005—2017 年的风险溢价图。请画出一张图，显示用 BBB 级公司债券的收益率减去 10 年期美国国债收益率的结果。

15. 请使用圣路易斯联邦储备银行数据库画出 2005—2017 年的实际联邦基金利率图。请画出一张图，显示从联邦基金利率中减去 PCE（链式价格指数）的结果。

16. 请访问里士满联邦储备银行（Richmond Federal Reserve Bank）的网站，找到其国民经济数据图。请分析收益率曲线。它是正常的、倒挂的还是平坦的？

第**10**章
基本面投资实务

📝 **学习目标**

阅读本章后，您应该能回答以下问题：

• 关于首次公开募股的管理，投资者应该了解什么？

• 为什么首次公开募股市场上会出现抑价？

• 与通过拍卖发行的股票相比，为什么通过簿记建档发行的股票更多？

• 卖方分析师的工作是什么？买方分析师的工作是什么？

• 投资者如何分析管理层的资本配置？公司管理层可以将资本配置到哪七个地方？

• 公司应该在什么时候支付股利而不是回购股票？

• 分析师思考的三个主要公司治理问题是什么？

• 股票推介的关键要素是什么？

在前两章中，我们学习了股票估值和自上而下的证券分析方法。这些是基本面分析师必须掌握的基础知识。本章的目的是进一步深入学习。我们将讨论传统基本面投资者经常面临的五个问题，它们是有效管理投资组合所必须了解的问题。

本章首先详细讨论了**首次公开募股**。虽然大多数学生可能对公司的"上市"过程有所了解，但投资者需要了解的内容非常多。此外，我们还将介绍公司上市的原因、首次公开募股流程、三个主要参与者、簿记建档发行和拍卖发行之间的区别，以及新上市股票的表现。

学完首次公开募股，我们将讨论**买方**和**卖方**之间的区别。在思考首次公开募股流程后，您将对买方和卖方有更深入的了解。

然后我们将讨论**资本配置**或管理层做出的投资决策。对于许多基本面投资者而言，这是其证券选择过程中最重要的一个因素。之后，我们将讨论**公司治理**和管理层薪酬，这些工具被用于协调股东和管理层的利益，并确保他们进行正确的资本配置。虽然许多投资者都对资本配置进行了严格分析，但我们与投资者的讨论使我们相信，公司治理是他们有时会忽视的一个问题。只要没有明显问题，它就不会成为大多数投资者关注的首要事项。

本章最后简单讨论了**股票推介**。我们将从财经新闻中选取一篇短文，说明如何将其转化为股票推介。这将帮助您了解市场参与者如何谈论股票，它对于资产管理领域的求职者尤为有用。

10.1　首次公开募股

第 4 章简要讨论了首次公开募股和上市流程。在本章中，我们的目标是更详细地分析该主题，使未来的分析师能更深入地了解这个过程和激励措施。

10.1.1　为什么要上市？

当一家公司**上市**时，它是在向公众投资者出售股票。您可能想知道为什么私人公司所有者会做出这个决定，因为我们将看到，这个决定的成本可能非常高。事实证明，其原因有很多——分析师需要了解它们。

首先，最明显的原因是公司可能需要更多资本来为增长融资。作为普通股的交换，新投资者投入的资本可用于收购其他公司、扩展现有业务、进行研发或偿还债务（等等）。当然，尽管许多公司已经可以很方便地在私人市场上筹得资本，但它们还是上市了。因此，肯定还有其他因素鼓励所有者将公司上市。

初始投资者和管理团队很可能喜欢**流动性**。换言之，他们希望能轻松地以公允价值出售其股票，而无须寻找买家。虽然上市是有成本的（我们将在后面讨论），但上市公司应该比其他条件相同的私人公司的价值更高。这是由于上市公司的股票具有流动性。换言之，与只有所有者寻找并找到潜在买家时才能出售的股票相比，投资者愿意为他们可以轻松出售的股票支付更高价格。

当然，成为上市公司还有更多好处。使用上市股票作为货币来收购其他公司要容易得多。此外，公开交易股票还可能是非常有价值的报酬，有助于吸引最优秀的人才。上市还能带来一定程度的声望。最后，公开交易股票提供了关于公司健康状况以及市场如何评价管理层决策的宝贵信号。

遗憾的是，成为上市公司也有一些缺点。管理层必须回应外部股东提出的问题，这可能导致管理层关注短期问题。管理层将花费大量时间与分析师会面，讨论公司和利润。管理层可能不得不披露更多公司战略（多于其愿意披露的公司战略）。上市公司还有一些直接成本，例如与遵守《萨班斯-奥克斯利（Sarbanes-Oxley）法案》相关的成本；事实上，甫瀚咨询公司（Protiviti）2016 年的一项调查发现，普通上市公司的年合规成本超过 110 万美元。

10.1.2　首次公开募股流程

当一家公司决定上市时，会聘请一家投资银行来带领公司完成整个过程。投资银行可以以**包销**或**尽力推销**的方式销售股票。在包销中，投资银行实际上是从公司购买股票，并承担将股票转售给最终投资者的风险。实际上，投资银行面临着所发售的股票没有市场的风险，股票可能砸在银行手里。而在尽力推销中，投资银行只承诺尽最大努力寻找股票的买家。如果投资银行找不到买家，也不需要购买剩余股票。

根据包销的介绍，听起来投资银行同意这种股票发行方式冒了很大风险。实际上，情况并非如此。包销的风险并不像看起来那么高。（原因是购买股票的实际合同要到股票发售前一天晚上才签署。那时，投资银行已经有投资者排队购买股票了。）综上所述，合理的假设是，低质量公司只能说服投资银行进行尽力推销，而高质量公司只会聘请同意包销的投资银行。在本章剩下的部分，我们将重点介绍包销。

进行包销的投资银行通常被称为承销商。承销商帮助公司聘用额外的专业人员，包括法律团队和审计团队。这些专业团队将共同起草一份**注册声明**（也被称为证券交易委员会表格 S-1，通常简称为 **S-1 表格**）。

S-1 表格最重要的部分被称为**招股说明书**。招股说明书是一份帮助潜在投资者了解公司的文件。它包含关于企业的信息、对历史绩效和管理层计划的讨论、财务信息、公司将如何使用股票发行收入、股利政策、管理层薪酬和关键会计问题。

招股说明书可供潜在投资者在决定是否投资公司时查阅。这种**初步招股说明书**通常被称为**"红鲱鱼"**，因为其封面上的警告语是用红色墨水印刷的。在图表 10-1 中，我们可以看到色拉布公司（Snap，Inc.）招股说明书的封面以及警告语。警告语指出，该招股说明书不是出售证券的要约，招股说明书中包含的信息可能会发生变化。最重要的是，首次公开募股尚未定价，因此无法达成买卖股票的协议。虽然此时不会确定价格，但会有一个目标价格范围。通常，该范围为 2 美元，例如 18 美元至 20 美元。股票发售价格不能保证在该范围内。实际价格将在稍后确定。

图表 10-1　色拉布公司的招股说明书

美国证券交易委员会 **华盛顿特区 20549 号**
S-1 表格 **注册声明** **依据《1933 年证券法》提交**
色拉布公司 （注册公司的确切名称见该公司章程）

特拉华州	**7370**	**45-5452795**
（公司注册或组建地所在州或其他行政区）	（一级标准工业分类代码编号）	（美国国家税务局雇主身份证识别号）

加利福尼亚州维纳斯市场街 63 号
邮编 90291
(310) 399-3339
（注册公司首席执行官办公室地址，包括邮编和含区码的电话号码）

埃文·斯皮格尔（Evan Spiegel）
色拉布公司首席执行官
加利福尼亚州维纳斯市场街 63 号
邮编 90291
(310) 399-3339
（服务代理人的姓名、地址，包括邮编和含区码的电话号码）

本初步招股说明书中的信息不完整，可能会发生变化。注册声明在美国证券交易委员会备案生效之前，这些证券不得出售。本初步招股说明书既不是出售要约，也不在不允许发行或出售这些证券的司法管辖区寻求购买这些证券的要约。

招股说明书（待完成）

日期：2017 年 2 月 2 日

提交S-1表格后，承销商将发行公司的管理层带到全国各地（也可能是世界各地）的大型货币中心与潜在投资者会面。这被称为**路演**。在路演期间，管理层进行介绍，以便投资者更好地了解企业。一般来说，这些投资者是机构，例如共同基金和对冲基金。投资银行将收到投资者的**投资兴趣表示**。投资者表示投资兴趣的方式是告诉承销商他（她）愿意以特定价格购买的股票数量。在进行路演的同时，美国证券交易委员会还将审核注册声明，并且通常会要求发行公司（即将上市的公司）提供更多信息。

通常，当发行公司已公平披露所有必要信息时，最终美国证券交易委员会将认为其达到要求，且认为此次发行**有效**，这意味着发行的股票可以向公众出售。重要的是意识到，这并不表明美国证券交易委员会认为所发行股票的价值有吸引力。相反，证券法经常被称为**披露法规**，这意味着美国证券交易委员会只是确保发行公司已披露所有必要信息，以便投资者可以公平地做出明智决定。

一旦股票发行被视为有效，投资银行和发行公司（即将上市的公司）就将召开**定价会议**。根据路演期间收到的反馈，它们将为股票设定价格。届时，发行公司将与承销商签订合同。根据该合同，承销商有义务向发行公司购买股票。股票将于次日分销给投资者。

重要的是意识到，成功的股票发行是**超额认购**。这意味着对股票的需求高于该价格下可买到的股票。如果没有足够需求，投资银行会建议发行人降低价格或取消发行（这意味着发行将被撤销，公司不会上市）。大多数成功发行的股票都被多倍超额认购。部分原因是投资者知道大多数股票都定价过低（稍后将对此进行讨论）。

之前，我们说过，包销听起来风险非常高，但实际上，风险并没有看起来那么高。风险不高，是因为投资银行看到了潜在投资者感兴趣的迹象，并且知道对股票的需求有多大。因此，当投资银行同意购买股票时，投资银行在次日早上将股票分销给初始投资者之前的持有期非常短。一旦股票被分销给初始投资者，就可以在二级市场上开始交易了。

我们之前还提到过，进行首次公开募股的成本很高。除了律师费、审计费、交易所上市费和印刷费之外，管理层还花费大量时间专注于股票发行，而不是专注于公司的业务。此外，公司还需要向承销商支付费用。在美国发行的大多数股票的发行费用为发行收入的7%。换言之，如果股票以15美元的价格被出售给投资者，投资银行将获得每股1.05美元，而发行公司则获得剩余的13.95美元。这1.05美元通常被称为**总价差**或**承销价差**。

10.1.3 抑价

股票被分销给投资者之后，即可在二级市场开始交易。换言之，初始投资者可以将其股票出售给其他投资者。通常——但并非总是如此——该股票在首个交易日结束时的交易价格高于首次公开募股价格。1980—2016年，美国首次公开募股的平均收盘价比首次公开募股价格高出18%。换言之，如果股票的平均上市价格为15美元，那么它的收盘价将为17.70美元。这18%的收益率被称为**抑价**。另一种思考方式是，市场对该股票的估值为17.70美元，因此它在首次公开募股中以15美元的价格出售时价格被低估了。这每股2.70美元是发行公司没有拿走的收入，因为我们假设发行公司本可以以接近17.70美元的价格出售股票。图表10-2显示了自1980年以来的首次公开募股抑价。该数据由佛罗里达大学研究员杰伊·里特（Jay Ritter）整理。

图表 10-2 1980—2016 年的抑价

年份	首次公开募股数量	首日收益率均值（%）		抑价总金额（亿美元）	总收益（亿美元）
		等权重	收益加权		
1980	71	14.3	20.0	1.8	9.1
1981	192	5.9	5.7	1.3	23.1
1982	77	11.0	13.3	1.3	10.0
1983	451	9.9	9.4	8.4	88.9
1984	172	3.6	2.5	0.5	20.6
1985	187	6.4	5.3	2.3	43.1
1986	393	6.1	5.1	6.8	134.0
1987	285	5.6	5.7	6.6	116.8
1988	102	5.7	3.5	1.3	37.2
1989	113	8.2	4.7	2.4	52.0
1990	110	10.8	8.1	3.4	42.7
1991	286	11.9	9.7	15.0	153.5
1992	412	10.3	8.0	18.2	226.9
1993	509	12.7	11.2	35.0	313.5
1994	403	9.8	8.5	14.6	172.5
1995	461	21.2	17.5	49.0	279.5
1996	677	17.2	16.1	67.6	420.5
1997	474	14.0	14.4	45.6	317.6
1998	281	21.9	15.6	52.5	336.5
1999	477	71.1	57.1	371.1	649.5
2000	381	56.3	46.0	298.3	648.6
2001	79	14.2	8.7	29.7	342.4
2002	66	9.1	5.1	11.3	220.3
2003	63	11.7	10.4	99.6	95.4
2004	173	12.3	12.4	38.6	311.9
2005	159	10.3	9.3	26.4	282.3
2006	157	12.1	13.0	39.5	304.8
2007	159	14.0	13.9	49.5	356.6
2008	21	5.7	24.8	56.3	227.6
2009	41	9.8	11.1	14.6	131.7
2010	91	9.4	6.2	18.4	298.2

续表

年份	首次公开募股数量	首日收益率均值（%）		抑价总金额（亿美元）	总收益（亿美元）
		等权重	收益加权		
2011	81	13.9	13.0	35.1	269.7
2012	93	17.8	8.9	27.7	311.1
2013	157	21.1	20.5	79.4	387.5
2014	206	15.5	12.8	54.0	422.0
2015	115	18.7	18.7	40.6	217.2
2016	74	14.6	14.4	17.5	121.2
1980—1989	2 043	7.3	6.1	32.7	534.7
1990—1998	3 613	14.8	13.3	300.9	2 263.6
1999—2000	858	64.5	51.6	669.4	1 298.1
2001—2016	1 735	14.0	12.8	548.4	4 300.0
1980—2016	8 249	17.9	18.5	1 551.4	8 396.5

资料来源：Jay R. Ritter, "Initial Public Offerings：Updated Statistics," March 29, 2017, 相关网址见 https://site. warrington. ufl. edu/ritter/ipo-data/。

重要的是认识到以下关于抑价的要点：第一，20 世纪 90 年代后期的科技股泡沫推高了 18% 的平均抑价。请注意，1999—2000 年的抑价幅度超过 50%！刨除该时间范围后，平均抑价幅度接近 12%～15%。第二，投资者应该抑制投资所有首次上市的股票而不是工作谋生的念头。虽然这个念头很好，但投资者无法买到所有首次上市的股票。事实上，大多数散户投资者永远无法直接买到任何值得购买的首次上市股票。这些首次上市股票被分配给机构投资者和净值非常高的个人。一般来说，如果经纪商打电话给您并邀请您参与首次公开募股，那么这意味着机构不想购买这只股票（您也不会想要购买它！）。您可能认为，即使您无法购买价格为 15 美元的首次上市股票，您也可以在该股票上市的第一天（在之前的例子中，为它达到 17.70 美元的平均价格之前）购买该股票。实际上，当二级市场交易开始时，股票的首笔交易价格通常为 17.70 美元（甚至更高）。换言之，股票不会从 15 美元到 17.70 美元连续交易。主要投资者（分配到首次上市股票的投资者）以 15 美元的价格买入股票，并将获得这些收益。最后，里特（2011）引用了对美国、欧洲和日本市场的研究，认为抑价的唯一最佳预测指标是首次公开募股价格高于还是低于初步招股说明书中初始价格范围的中点。

您会惊讶地发现，抑价是如此重要。发行公司没有拿走的 18% 是很大一笔钱。从直观上想象，假如您努力工作成立了一家公司，聘请一家投资银行将您的公司上市，然后发现股价在第一天收盘时上涨了近 20%（意味着您得到的收入比能得到的收入少了近 20%）会是什么情况。下面，我们将讨论有助于解释这种抑价的理论。但是，在我们这样做之前，您必须了解另一个重要问题：如果股票发行不那么成功会怎样？换言之，如果股票的交易价格开始时低于首次公开募股价格会发生什么？您需要理解这一点，才能理解某些解释抑价的理论。

10.1.4　稳定市场

当然，并非每次首次公开募股都会涨价。有时，新发行股票的价值会下降。在二级市场的早盘交易中，证券交易委员会允许投资银行帮助稳定价格。投资银行通过在公开市场上购买股票来稳定价格。证券交易委员会禁止市场操纵，但为了"稳定市场"而进行的市场操纵是例外。当然，想到投资银行愿意用自己的资本冒风险购买价格下跌的股票，您会感到惊讶。对此必须有一个解释，并且确实有解释：这是超额配售选择权。当您了解超额配售选择权时，就会发现投资银行并没有真正用自己的资本冒风险。

大多数产品都有**超额配售选择权**（也被称为**绿鞋选择权**）。超额配售选择权使投资银行有权在未来 30 天内再购买 15% 的股票。超额配售选择权对于投资银行的发行管理至关重要。假设公司将通过出售 5 000 万股股票上市。由于有超额配售选择权，投资银行有权再购买 750 万股股票（额外的 15%）。

在这个例子中，即使投资银行只购买了 5 000 万股股票，投资银行也会满足客户的 5 750 万股订单。当然，通过满足 5 750 万股（而不仅是 5 000 万股）订单，投资者分配到的股票将多于他们本来应该分配到的股票。也就是说，更多投资者的订单被满足（这意味着投资银行让它们的客户满意）。

当投资银行只有 5 000 万股股票时，投资银行如何满足 5 750 万股的订单？该投资银行将卖空 750 万股股票。正如第 4 章所述，卖空是指出售自己不拥有的股票。在这种情况下，是投资银行出售了它不拥有的股票。

接下来，假设股票价值增加（高于 15 美元的发售价格）。该投资银行以 15 美元的价格向客户出售股票，但它并没有其中的 750 万股。如果股价上涨，投资银行似乎面临着巨大风险。当然，事实并非如此。例如，如果股价上涨到 40 美元，对投资银行来说这不是问题。该投资银行可以行使其超额配售选择权。该投资银行有权以 13.95 美元的价格向发行公司购买这 750 万股股票。这部分股票的售价为 15 美元，但投资银行能以 7% 的折价购买这些股票。如此，投资银行从 750 万股股票中多获得每股 1.05 美元的利润。投资银行通常拥有 30 天的超额配售选择权。

现在，假设股票发售出现问题，股票价格在二级市场上立即跌至 12 美元。请记住，投资银行卖空了 750 万股（投资银行出售了它没有的股票）。在这种情况下，投资银行不会行使其超额配售选择权。投资银行没有理由为可以在公开市场上以 12 美元购买的股票支付 13.95 美元。该投资银行将为它以 15 美元的价格出售的 750 万股股票支付 12 美元的价格。请记住，购买这么高比例的新发行股票旨在帮助稳定股票发行。关键要点是超额配售选择权有助于投资银行管理股票发行。同样重要的是要认识到，承销商稳定市场的义务降低了投资者的风险，并提高了他们的出价意愿。实际上，市场稳定可能会促进投资者参与购买发行的股票。它还有助于抵消投资者快速出手（卖出）其分配到的股票可能导致的抛售压力。

10.1.5　抑价的原因

当投资者让出 15% 的收入（通过抑价）并支付 7% 的价差时，首次公开募股就变成了一项非常昂贵的风险投资。需要明确的是，我们刚刚介绍的成本并不占整个公司股权价值的 22%，认识到这一点很重要。其原因是，并非所有股票都已在首次公开募股中分配。首次公开募股后的流通股通常平均约为所有股票的 30％。换言之，70％的股票由内部人士持有，包括管理层和原始投资者（可能是风险投资公司）。发行人支付了30％股权的 22％（在本例中）。换言之，这部分成本约为股权的 6.6％。那么，为什么会出现这种抑价呢？

需要明确的是，我们不知道为什么会出现抑价，尤其是如此显著的抑价。但是，有一些理论可以帮助解释抑价。当我们讨论其中部分理论时，要意识到重点不是找到一个正确的理论，也不是得出其他所有理论都错误的结论。相反，目标应该是用这些理论来帮助理解市场如何运作以及激励措施如何影响各方。同样重要的是要意识到，如果您考察其中一些理论太久，可能会发现它们彼此之间难以区分。

抑价的一个可能解释是，这是一种为提供定价信息的机构投资者提供补偿的方式。这些机构投资者投入了时间和资源来研究发行公司、参加路演并提供反馈。它们这样做是因为它们知道它们将以分配到抑价证券的形式获得补偿。

读者很可能奇怪，为什么投资者并不总是指出某只股票的价值过低，甚至低于其心目中的真正价值。投资者不会说谎，因为她相信自己被分配到的股票数量将基于其出价。此外，如果她总是出价太低，将担心自己不被允许购买未来发售的股票。相反，如果投资者出价较高，承销商不会通过尽可能提高发行价格来惩罚这些投资者，因为这是积极的信息。承销商的这种行为会获得投资者的信任。这一切的结论是，除了对投资者提供的信息提供补偿以外，抑价还会鼓励机构投资者说出股票的真正价值。

第二种可能的理论与之类似，它涉及赢家诅咒。**赢家诅咒**是指所有拍卖赢家都必然出价过高（高于内在价值）。如果这吓到投资者，投资者就可能不会表现出兴趣，或者可能系统性地报出过低价格。如果投资者相信银行会根据最佳可得信息系统性地抑制证券价格，投资者将再次提供准确的价值评估。

第三种可能性是投资银行认为发行公司的管理者根据初始范围的中点估计其个人财富。因此，初始范围被设置为较低水平，因为他们知道调低初始范围时管理者感到的痛苦将多于调高初始范围时管理者感到的快乐。这是基于前景理论以及里特（2011）的研究［引用了洛克伦和里特（Loughran and Ritter，2002）以及卡尼曼和特沃斯基（Kahneman and Tversky，1979）的研究］。

第四种可能性是投资银行将价格定得很低，以最大限度地降低诉讼风险和（或）保护其声誉资本。如果股票的交易价格低于初始发行价格，投资银行就知道自己很可能会成为法律诉讼的被告。无论该诉讼是赢还是输，都是有成本的。此外，投资银行还知道，竞争对手在争夺未来业务时会使用这次失败的发行来攻击自己。当初始价格设得较低时，价格（在发行后市场上）跌破发行价的风险就较小，这有效降低了投资银行的诉讼风险和声誉风险。

最后，第五种可能性提供了最阴谋论的解释。有证据表明，投资银行通过向部分客户分配便宜的首次公开发售股票获得了"回扣"。换言之，投资银行可能会将便宜的首次公开发售股票分配给对冲基金，而预期对冲基金将通过增加佣金（进行更多交易或提高交易佣金）返还部分利润。在这种情况下，投资银行可能有动机压低证券价格以创造更大的利润池，投资银行将在以后以佣金的形式收回部分利润。在第四个解释和第五个解释中，可能是投资银行利用其市场力量来要求抑价，而不是收取更高的直接费用（该费用看起来始终为 7％的利差）。

10.1.6　簿记建档发行与拍卖发行

我们在本章中介绍的股票发行被称为"簿记建档"发行。您可以将它理解为承销商为购买股票的要约"建立档案"。如前所述，簿记建档发行通常会导致抑价，发行公司没有拿到应有的收入。

如此说来，还可能有一种不同的股票发行方法——确实存在这样一种方法。股票发行可以通过拍卖方式进行。在拍卖中，投资者可以按特定价格竞拍股票。

进行拍卖的方式有很多种，但我们将讨论两种最常见的方式。假设一家公司要上市并出售了 1 000 万股股票。它收到了来自不同投资者的独有出价，如下表所示：

价格（美元）	股票数量（百万股）
16	3
15	5
14	6
13	4
12	8
11	2

看到这张拍卖表，很容易想到，出价 16 美元的投资者的订单将以 16 美元成交，而出价 15 美元的投资者的订单将以 15 美元成交。届时，该公司已售出 800 万股股票，但仍需再售出 200 万股股票。该公司可以按比例以 14 美元的价格完成三分之一的订单。换言之，竞拍 600 万股股票的投资者将以 14 美元的价格购得 200 万股股票。

这不是拍卖通常的运作方式！通常情况下，订单将按照上述方式完成，但所有中标者都会收到 14 美元的竞标出清价格。换言之，即使是出价 16 美元和 15 美元的投资者也只需支付 14 美元（与出价为 14 美元且订单仅成交三分之一的投资者相同）。以成交价格执行所有订单的原因是它消除了对出价过高的恐惧。这也意味着在二级市场开始交易时，不会有投资者已经处于亏损状态（如果股价落回他们的成本，他们可能会卖出股票）。不利之处是，这可能会鼓励不知情的散户投资者出高价，以"免费利用"机构投资者的研究。这可能会导致市场出清价格升高，并使发行的股票对机构投资者的吸引力降低。

我们刚刚介绍的拍卖有一些好处。首先，它对更多竞拍者开放，而不仅仅是对大型机构投资者开放。其次，更重要的是，股票被分配给对股票估值最高的投资者。这意味着将抑价的可能性降到最低。

这种拍卖还可以通过第二种方式进行，这种方式被称为**肮脏拍卖**。在肮脏拍卖中，发行公司可能同意以低于出清价格的价格出售股票。例如，即使在 14 美元的价格上可以出售 1 000 万股股票，也可能以 13 美元的价格发行股票。假设出价为 13 美元或更高价格的买单共有 1 800 万股股票。由于必须在下单购买 1 800 万股股票的投资者之间分配 1 000 万股，因此每个出价者都将完成 10/18（即 5/9）的订单。换言之，如果投资者出价购买 900 股股票，将获得 500 股股票。

第二种方法似乎违反了将股票分配给对股票估值最高的投资者的想法。相反，出价 16 美元的投资者仅收到其订单量 5/9 的股票。令人意外的是，这种方法有一些优点。这种方法在交易开始时给发行后市场（二级市场）留下了需求空间。如果投资者在拍卖中出价 16 美元，她应该仍然愿意在二级市场上支付该价格。此外，如果竞拍者不认为所有订单都会完成，可能会竞拍比自己想要的更多的股票（即使他们不知道自己的订单将完成的百分比）。总而言之，肮脏拍卖可能导致发行的股票被超额认购（正常拍卖不会发生这种情况），也可能导致抑价。

所有这些情况引出了一个问题：如果拍卖可以带来更多潜在投资者并可以缩小抑价幅度，为什么它没有得到更广泛的应用呢？事实上，在过去 20 年里，只有大约 20 笔首次公开募股使用了这种方法。

拍卖不受欢迎的原因 拍卖方法不受欢迎的可能原因有很多。对于大型投资银行而言，拍卖的利润较低，毫无疑问它们会反对。首先，总价差较低。其次，可能更重要的是，投资银行失去了分配股票的自由裁量权（即哪些机构应该获得股票），因为股票被分配给出价最高的人。这剥夺了投资银行向客户索取其他收入的能力，例如其他交易活动的额外佣金。此外，虽然我们的数据点很少，但采用拍卖发行方法的股票中，价值下降的股票所占比例更大，这使传统投资银行更容易推销以簿记建档方式发行的股票。

从投资者的角度来看，采用拍卖方式的首次公开募股可能不那么有吸引力。拍卖允许信息不那么灵通的散户投资者竞拍，这可以消除部分抑价。虽然这是个老生常谈的理论，但在实践中可能很难相信这个理论。虽然散户投资者在拍卖中占了绝大多数出价，但他们获得的股票数量比例非常低。换言之，有很多散户出价，但他们只获得了很少股票。更可能的情况是，机构投资者不相信会出现抑价，这使所发行股票的吸引力降低。当然，如果机构投资者不参与，实际上更有可能发生抑价。

最终，发行证券的公司决定聘请投资银行进行簿记建档发行还是采用拍卖发行。由于大多数投资银行都力推簿记建档发行，因此决定采用簿记建档发行可能是基于发行公司与投资银行的关系，也可能是由于希望表明所发行股票具有高质量（通过暗示与优质投资银行的关系）。决定采用簿记建档发行也可能只是由于对未知的恐惧，因为通过拍卖发行股票的情况不多。

发行公司接受簿记建档发行，也可能是因为公司管理层认为抑价是换取服务所必需的代价。发行公司可能会向投资银行支付费用，这笔费用可能是为了补偿投资银行为股票创造需求所做的努力，为了超额配售选择权产生的市场稳定性（但拍卖发行中不会有这种稳定性），也可能是为了投资银行在发行股票后提供的分析师研究。（10.2 节将讨论卖方研究的重要性。）实际上，大幅抑价可能反映出发行公司购买了捆绑服务，而抑价大小可能反映了将获得的服务量。

10.1.7　首次公开募股的长期表现

如果用首日收盘价（即抑价被纠正后的股票价格）衡量表现，首次公开发售的股票似乎表现不佳。许多研究都表明，这些新上市股票在未来三年内的表现不如市场。在图表 10-3 中，里特表明，在首日收盘后，首次公开发售的股票每年的表现落后市场约 3.3 个百分点。里特（2011）还引用埃克博、马苏里斯和诺尔丽（Eckbo, Masulis and Norli,

2007）以及良德列斯、孙和张（Lyandres，Sun and Zhang，2008）的研究，称这些股票的表现不如市场可能只是由于这些股票主要是具有高投资系数的小盘成长股。换言之，根据包括这些特定因素的因素模型，这些股票可能有有效收益率。[*]

图表 10-3　1980—2015 年的首次上市股票在首次公开募股之后五年的收益率

该表显示，首次上市股票在发行后的五年中，每年的表现平均低于其他同等规模（市值）公司 3.3 个百分点，不包括首日收益率。与其他同等规模和账面市值比的公司相比，这些股票每年的表现平均低 2.1 个百分点。收益率截止日期为 2016 年 12 月 30 日。

	第 1 年上半年	第 1 年下半年	第 1 年	第 2 年	第 3 年	第 4 年	第 5 年	第 1~5 年的几何平均值
首次公开募股的公司的收益率（%）	6.5	0.6	7.4	6.2	11.6	18.7	10.3	10.8
同等规模公司的收益率（%）	5.6	5.9	11.9	14.5	15.0	16.1	12.9	14.1
收益率差异（%）	0.9	−5.3	−4.5	−8.3	−3.4	2.6	−2.6	−3.3
首次公开募股数量	8 175	8 154	8 175	8 030	7 260	6 277	5 442	
首次公开募股的公司的收益率（%）	6.5	0.6	7.4	6.2	11.5	18.7	10.1	10.7
同等规模和账面市值比的公司的收益率（%）	3.9	4.5	8.6	13.3	11.6	18.0	12.6	12.8
收益率差异（%）	2.6	−3.9	−1.2	−7.1	−0.1	0.8	−2.5	−2.1
首次公开募股数量	8 171	8 134	8 173	8 018	7 236	6 252	5 430	

资料来源：Jay R. Ritter，"Initial Public Offerings：Updated Statistics," March 29，2017，相关网址见 https://site. warrington. ufl. edu/ritter/ipo-data/。

10.2　买方分析师和卖方分析师

金融市场的一个重要区别是买方与卖方。**卖方**是指促进证券交易的公司，即投资银行和经纪公司。**买方**是指实际进行证券投资的公司。例子包括共同基金、对冲基金、信托公司、养老基金和捐赠基金。

10.2.1　卖方分析师

我们在 10.1 节（关于首次公开募股）中提到了卖方分析师。卖方分析师通常分析特定行业内的股票，并编写旨在帮助买方做出投资决策的报告。如果卖方分析师特别了解某个行业（以及该行业内的公司），能接触到所研究公司的管理层，并且有准确预测的记录，那么买方分析师就可以使用卖方分析师的研究。下面，您将看到有关卖方的一些重要概念。布朗、考尔、克莱门特和夏普（Brown，Call，Clement and Sharp，2015）进行了一

---

[*]　指以最小风险提供的最高收益率。——译者注

项出色的卖方分析。

卖方分析师如何进行预测？ 卖方分析师利用其行业知识以及与管理层、供应商和客户的沟通来进行盈利预测。盈利预测通常是分析师提出股票买卖建议的基础。

卖方分析师分析哪些公司？ 卖方分析师分析其客户要求分析的股票，以及与客户有投资银行业务关系或潜在关系的公司。

为什么卖方分析师希望被认为是行业内的最佳分析师？ 每年，机构都会对买方投资者进行调查，请他们投票选出每个行业的最佳分析师。如果某位分析师被视为在某个行业内具有影响力，那么该公司的投资银行部门就更容易赢得投资银行业务。这意味着有影响力的分析师可以要求更多的报酬，因为他们可以帮助带来更多的投资银行业务。此外，如果卖方分析师被认为有影响力，那么他们可能更容易接触到（分析师所研究公司的）管理层。

卖方公司如何获得报酬？ 卖方公司为买方公司提供的研究可以通过不同模式获得报酬。一种模式是买方公司为研究支付固定金额的报酬。另一种模式是买方公司将交易直接介绍给提供有价值服务（包括研究）的卖方公司。

为什么成为卖方分析师这么难？ 卖方分析师的处境很困难。买方要求他们提供准确信息。同时，有证据表明，有些公司不会向对公司做出负面陈述的卖方分析师敞开大门。实际上，这些卖方分析师需要接触管理层才能做出买方认为有价值的准确建议。但是，为了接触到管理层，卖方分析师只能对公司做出正面评价，这降低了卖方分析师对买方的价值。此外，如果卖方分析师对公司做出负面评价，就很难产生投资银行业务。结果同样是卖方分析师可能会给出过于正面的评价。由于买方往往认为卖方分析师容易给出过于正面的评价，因此卖方分析师的任何负面评价都可能被视为特别可信。

管理层给卖方分析师施加了什么压力？ （所分析公司的）管理层可能会对卖方分析师施加巨大压力。卖方分析师可能面临了解管理层对公司和近期事件的看法的压力。此外，卖方分析师还可能面临制定公司能超越的利润预测的压力。换言之，管理层不希望卖方分析师将利润预期设定得过高，以至于公司的实际利润让投资者失望。科赫、松本和罗基戈帕（Koh，Matsumoto and Rajgopal，2008）发现，在安然丑闻爆发之后，利润管理减少了，但预期管理增加了。

买方对卖方分析师最重视的是什么？ 最终，买方尤为重视卖方分析师接触管理层的机会。卖方分析师可以为买方安排会议，也可以邀请买方参加管理层出席的会议。当然，如果管理层对卖方分析师不满意，他们就会丧失这种接触机会。结果是卖方分析师可能受制于其所分析公司的管理层。这使卖方分析师的研究价值降低。

10.2.2 买方分析师

买方分析师向其公司的投资组合经理提供信息和建议。该信息旨在帮助公司获得相对较高的风险调整收益率。虽然有大量关于卖方分析师及其研究的学术研究，但我们关于买方分析师的信息要少得多，因为他们不发布报告。他们的分析被用于内部决策。他们的客户是内部客户（投资组合经理）。这与卖方分析师明显不同。下面，我们将分析部分已知信息。布朗等（2016）对买方分析师进行了一项出色分析。

买方分析师是否使用卖方分析师的研究？ 买方分析师会阅读卖方分析师的研究。尽管前面讨论了利益冲突，但卖方分析师的研究仍然具有很大价值。一般规律是，买方分析师对卖方分析师报告中包含的信息（以及接触管理层的机会）的重视程度高于对卖方分析师的实际买卖建议的重视程度。总体来说，买方分析师非常尊重卖方分析师的信息和知识。

一般而言，卖方分析师还是买方分析师分析的股票更多？ 一般而言，买方分析师的分析范围往往比卖方分析师更广泛。这表明卖方分析师应该了解其分析的少量股票的每个细节。

分析师会从卖方分析师变为买方分析师吗？ 一些买方分析师有做卖方分析师的经验，但重要的是要意识到，这种转变可能很困难，因为许多卖方分析师都想转变为买方分析师。请注意，很少有买方分析师转行为卖方分析师。

买方分析师与卖方分析师交谈的主要原因是什么？ 买方分析师经常与卖方分析师沟通。根据布朗等（2016）的研究，这种沟通的原因包括：

- 买方分析师需要与卖方分析师密切关注的管理团队会面。
- 卖方分析师付费购买买方分析师可能无法获得的昂贵数据。
- 一些买方分析师喜欢在进行投资之前与一位看涨的卖方分析师和一位看跌的卖方分析师交谈。
- 卖方分析师可以帮助买方分析师快速了解一个行业或一家公司。

卖方分析师如何帮助买方分析师了解买方的情况？ 有意思的是，买方分析师常常将卖方分析师视为信息中心。买方分析师通常显得很神秘。换言之，他们不喜欢与他人分享其立场。更重要的是，他们不想让别人知道他们预计采取的行动。与此同时，买方分析师希望知道其他买方在想什么和做什么。他们通常希望通过与卖方分析师交谈来收集这些信息。由于卖方分析师会与大多数投资者交谈并执行许多交易，因此他们具有这种洞察力。

买方分析师的隐秘性也使这些分析师更不愿意在利润电话会议上提问（每季度在宣布利润时召开的电话会议）。他们害怕向竞争对手泄露信息。这增加了私人会议的重要性。布朗等（2016）的研究认为，买方分析师也认为管理层在私人会议上对买方分析师更加诚实，因为买方分析师的研究不会发表。

买方分析师的工作是什么？ 最终，买方分析师的作用类似于政府情报官员。他们收集信息并确定哪些信息是可信的，哪些信息是不可信的。最重要的是，他们必须用非常不完善的信息来预测未来。买方分析师阅读他们能接触到的所有信息——包括大众报刊文章、行业文章、公司发布的财务报告和卖方分析师报告。他们还尽可能与他们能接触到的每个人交谈。他们尝试采访管理层，与低层员工交谈，与竞争对手交谈（他们不怕说出对竞争的真实看法），并与供应商和客户交谈。一位雄心勃勃的分析师可能会去逛贸易展，试图了解客户如何做出决策以及哪些问题对他们很重要。

买方分析师如何获得报酬？ 买方分析师通常会根据其建议的质量获得报酬。公司试图确定两个变量：（1）分析师的建议是否有价值？（2）分析师能否说服投资组合经理按照她的建议采取行动？换言之，如果公司没有从建议中获利，那么建议光是正确是不够的。这就是为什么"推销"想法的能力对分析师如此重要。分析师必须学会如何提出令人信服的论断。我们将在本章后面讨论这个问题。

10.2.3 关于金融分析师预测的文献

拉姆纳特、罗克和沙恩（Ramnath，Rock and Shane，2008）对有关分析师的研究做了分类。这篇论文提供了宝贵的见解，可以帮助分析师和学生了解该行业。在这里，我们将简单总结他们的一些关键想法。

卖方分析师的研究显然很重要　卖方分析师报告的重要性体现在三个方面：卖方分析师报告可以推动市场变化，投资者会参考卖方分析师的研究，且有证据表明买方分析师会阅读卖方分析师的研究。

分析师从分部报告中获得很多价值　显然，评估和了解企业的一部分比评估企业集团更容易。管理层在 10 - Q 报告和 10 - K 报告的管理层讨论和分析部分坦诚披露的信息对分析师来说非常有价值。

卖方分析师更倾向于依赖倍数（用来估值）而不是贴现现金流　这意味着他们的利润预测尤为重要。如果分析师的利润预测比竞争对手准确，那么这有望转化为更好的建议。

分析师的分析预测准确性似乎会随着经验积累而提高，而随着关注过多行业和公司而下降　话虽如此，但衡量利润预测和建议的准确性是非常困难的。分析师在计算利润时经常会忽略不同的费用，而且他们给出的建议可能是针对不同投资期的。

投资者对分析师的预测存在很大差异时的情况尤为感兴趣　这种差异反映出意见存在重大分歧。当一位分析师愿意做出与一致意见相去甚远的预测时，我们将不得不考虑这位分析师是否拥有有用的私人信息。

10.2.4　色拉布公司的首次公开募股和分析师

买方分析师和经验丰富的个人投资者肯定会从只反映利益冲突的评价中解读出有价值的卖方分析师见解。换言之，投资者必须识别出分析师何时真正相信他推荐的股票，而不是吹捧这只股票，以取悦刚向分析师公司支付投资银行费用的公司。

2017 年第一季度，色拉布公司上市。色拉布公司负责运营视频和短信应用程序 Snap-chat。许多评论员都认为色拉布是一家公司治理薄弱、价格昂贵的公司（我们将在本章后面讨论这一点）。

前 11 位发布色拉布分析报告的卖方分析师将其评级为卖出或持有。但是，这不包括推动色拉布上市的银团参与行的分析师。这些分析师通常在发行股票后等待 25 天才发布研究报告。第 25 天一到，承销公司的分析师就发布了看涨报告，强调了该公司的潜力。3 月下旬，大波正面报道推高了色拉布的股价。对投资者来说不幸的是，色拉布于 2017 年 5 月初首次作为上市公司公布了利润。其利润（或利润不足）非常令人失望，导致股价下跌超过 20%。

结论是，市场明显考虑了卖方分析师拥有的知识。他们的建议会影响股价。但是，与此同时，老练的投资者必须认识到存在的内在利益冲突。卖方分析师的部分薪酬是用投资银行业务的收入支付的，这要求分析师吹捧这些公司。

最后，买方分析师当然羡慕卖方分析师可以接触到管理层。但是，如果卖方分析师对公司持负面看法，卖方分析师就很难接触到管理层。结果是卖方分析师报告偏向于看涨。事实上，《华尔街日报》（2017 年）的记者塞雷娜·吴（Serena Ng）和托马斯·格里塔（Thomas Gryta）使用 FactSet 的数据确定，在 11 000 个分析师评级中，只有 6% 为"卖出"评级。因此，虽然当分析师在首次公开募股后 25 天发布研究报告时，利益冲突才显得明显，但老练的投资者知道这种冲突始终存在。

10.3　资本配置

资本配置是指管理层如何使用资源代表股东创造价值。当投资者研究管理层的资本配置做法时，他们实际上是在分析管理者如何选择最佳项目并以尽可能低的成本为其融资，以履行其创造价值的首要责任。

考虑资本配置的另一种方式是将公司管理者视为类似于股票投资组合经理。股票投资组合经理的评判标准是她是否创造了超额风险调整收益率。股票投资组合经理创造超额风险调整收益率的方法是决定进入哪些市场、增持哪些行业的股票以及持有和出售哪些股票。如果股票投资组合经理没有任何有吸引力的投资，那么她应该将资金返还给投资者。说到底，公司管理者做的是完全相同的事：他决定哪些项目将使其投资组合更具吸引力，并在没有有吸引力的选择时返还资本。公司管理者和股票投资组合经理的另一个相似之处是，他们不能采取与其他人相同的行动并期望得到不同的结果。

要了解资本配置的重要性，请想象一家无杠杆（即没有债务）的公司，该公司拥有 10 亿美元资产、15％的股权收益率和 100％的留存率。如果这家公司能在 10 年内保持这种高股权收益率，其资本将从 10 亿美元增长到 40 亿美元。投资者托付公司管理者就如何投资所有这些资本做出大量决定。虽然在 10 年时间里保持 15％的股权收益率可能是一个极端例子，但关键是，当投资者投资一家公司时，将大量投资的决策权托付给了管理团队。投资者必须评估管理团队的资本配置决策。

当投资者与管理者会面时，投资者试图了解的最重要的事之一就是管理者如何看待价值。有意思的是，当问及价值时，投资者可能会从管理者那里听到许多不同的答案。有些管理者只是讨论增长，尽管并非所有增长都有价值。还有些管理者讨论每股利润，但每股利润可能无法反映真正的价值创造。价值创造实际上是指股票内在价值的增加；它是指获得高于公司资本成本的价值。

随着时间的推移，公司通过保留利润获得大部分资本。虽然这意味着公司通过盈利来产生资本，但这也意味着管理者不必向资本市场解释其计划。结果可能是缺乏对资本配置过程的制衡。这也为能区分优秀资本配置者和最差资本配置者的投资者创造了机会。

10.3.1　资本配置的七种方式

主要的资本配置方式分为七种：
(1) 进行并购。
(2) 通过资本支出对现有业务进行再投资。
(3) 支付股利。
(4) 投资研发。
(5) 回购股票。
(6) 增加企业营运资本。
(7) 向债权人返还现金。
重要的是要认识到，在不同时间，相对更优的资本配置方式也不同。例如，当股票价格便宜时，回购股票可能是创造价值的好方法，但当股票价格昂贵时，回购股票就会破坏价值。

您还应该意识到，分配给并购的资本更多，例如，它多于分配给净营运资本的资本。在图表 10 - 4 中，可以看到 1980—2013 年的美国资本配置情况。您会注意到，该图表包括资产剥离，不包括向债权人返还现金。但在我们列出的七种资本用途中，没有包括资产剥离。虽然这是资本配置决策的重要组成部分，但它是资本的来源，而不是资本的用途。同样，这类似于股票经理卖出股票的决定；这个决定至关重要，但我们不会在讨论股票经理如何配置资本时讨论卖出决定。图表 10 - 4 中的图形不包括向债权人返还现金，因为公司有来自债权人的净资本流入，而不是向债权人返还资本。无论如何，这都是资本配置的一种可能选择，我们将简要讨论它在何时有意义。下面，我们将逐一讨论这七种资本用途。想了解更多细节的读者可以参考卡拉汉和莫布森（Callahan and Mauboussin，2014）对资本配置的出色分析。

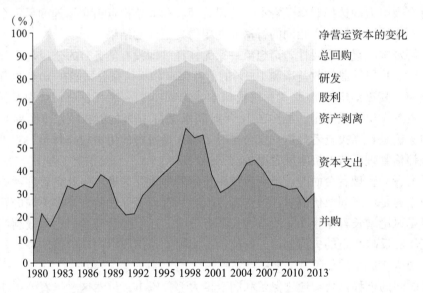

图表 10 - 4　1980—2013 年的美国资本配置

注：研发、资本支出、回购和股利数据不包括金融公司和受管制的公用事业公司；并购和资产剥离数据包括所有行业。

资料来源：瑞士信贷（Credit Suisse）HOLT，汤森路透（Thomson Reuters）DataStream 数据库。

并购　并购（兼并与收购）往往具有一定周期性。当公司绩效良好（因为股票可以用作货币）或利率较低（因为收购方可以借款并支付现金）时，收购另一家公司会更容易。请记住，如果投资者愿意为公司的股票支付高价，那么公司的股权成本将较低。

投资者在研究收购时有几个问题需要分析。三个最重要的问题是：（1）收购的目的，（2）支付方式，（3）支付的价格。

在考虑交易的目的时，重要的是要考虑目标是扩大规模（并降低成本），通过开拓相关（但略有不同的）业务线来扩展业务，还是进入完全不同的业务领域。一般规律是，收购公司在实现与削减成本相关的目标方面往往比创造新收入方面更成功。协同效应的承诺常常无法实现。（当银行家或顾问说"一加一等于三"时一定要小心。如果投资者更仔细地听，会发现对方的真正意思是"一加一等于一笔费用"。)

收购公司可以使用现金或股票作为支付方式。当一家公司用自己的股票收购另一家公司时，这可能是管理层认为其公司股票价值被高估的信号。(当然，投资者希望管理层不会使用价值被低估的货币来支付收购价格。)在收购中使用股票的另一种思考方式是，它类似于出售股票并使用现金购买目标公司。实际上，管理层的意思是，他们可以通过出售自己昂贵的股票并购买这家更便宜的公司来创造价值。

一般来说，当收购方使用现金时，市场反应会更好。这可能是一个信号，表明收购方不认为自己的股票价值被高估，因此不想用其作为货币。这也可能表明收购方产生了大量现金，并提醒人们注意该公司拥有盈利能力。另一种可能性是，该公司举借了廉价债务来为收购提供资金，这可能表明债权人相信这笔交易，并且管理层并不担心偿债负担。

当然，最重要的问题是为收购支付的价格。当一家公司收购另一家上市公司时，它通常会支付高于之前市场价格的显著溢价。如果投资者认为市场至少是相对有效的，那么很难相信管理者会支付高于市场价格 20% 或 30% 的价格，且仍然创造价值。卡拉汉和莫布森(2014)支持大部分交易收益都归于卖方股东的观点。这也有助于解释为什么更具吸引力的并购策略可能是收购规模较小的私营公司，因为这些公司的收购价格可能低得多。

资本支出　资本支出表示对现有业务的投资。分析师通常会区分维护性资本支出(重置折旧资产或低效资产)和增长性资本支出(旨在产生收入增长的投资)。除非管理层能准确向分析师提供这些信息，否则分析师通常假设折旧是对必须进行的维护性资本支出金额的准确估计。任何额外资本支出都是为了产生增长。

在低增长经济体中，很难知道会发生多少增长性资本支出。正如第 9 章所讨论的，增长是劳动力增加和生产率提高的结合。在美国，预期未来 20 年的年实际增长率将在 1.8% 的范围内，通货膨胀将使年名义增长率达到 3.8%。这种低预期增长率不鼓励企业进行大量投资。当然，如果公司不进行大量投资，生产率就不会提高，增长可能会更慢。

资本支出的另一个复杂性是，许多行业似乎都在发生变化且资本密集度变得更低。例如，个人交通业正在受到优步的影响，对出租车的需求可能会减少。同样，爱彼迎(Airbnb)可能会减少人们对更多酒店的需求。这种观点认为，行业模式和公司行为可能会受到不断变化的趋势的影响，这可能会使这些公司更难以分析。

在很大程度上，投资者不会像担心公司收购那样担心资本支出。原因是公司在进行资本支出时没有支付溢价。此外，投资者往往假设这些投资将获得类似于历史收益率的收益率。最重要的是，管理层了解业务，这些资本支出不会像收购那样破坏业务。

最终，分析师希望区分创造价值的支出与仅用于建立公司帝国的支出。建立公司帝国可以创造复杂性并为管理层带来更高报酬，但它与为股东创造价值无关。分析师有时会计算增量资本收益率，以衡量管理层通过近期投资创造的价值。计算增量资本收益率时务必小心仔细，并应计入公司在重组中减记的资本。

最后，应该认识到近期研究已将资产增长规模作为五因素模型中的一个因素。法马和弗伦奇(2015)发现，高资产增长率与低股票收益率相关。(第 7 章也简要介绍了这个问题。)

股利　股利是直接支付给所有股东的现金。在分析公司的股利支付政策时，投资者通常会一并考虑股利和股票回购。

股利可以被认为是公司最后的选择。换言之，如果一家公司无法通过对业务进行再投资、购买另一家公司、进行研发、购买自己的股票或偿还债务来创造价值，那么它可以向股东分配现金。但实际上，似乎没有多少公司将股利视为最后的选择。许多公司都定期支付股利，很少削减股利。

看上去使用股利作为最后选择的公司通常宣布股利为**特别股利**。通过支付特别股利，公司向市场发出信号，表明该股利是一次性事件，投资者不应期望它会持续发生。例如，好市多（Costco）在2012年支付了每股7美元的特别股利，在2015年支付了每股5美元的特别股利，在2017年支付了每股7美元的特别股利。

有些投资者被支付股利的公司所吸引。一个简单原因就是偏好或客户效应。换言之，有些投资者希望从股利中获得收入（并且相较于通过出售股票自己创造股利更偏好这种方式）。有些投资者喜欢股利的第二个原因是，他们认为支付股利等于从管理层手中拿走了自由现金流，因而可以减少（股东和管理层之间的）**代理冲突**。第三个原因是**信号效应**。投资者可能将股利视为公司发出的信号，表明管理层预期未来现金流较高、管理层将更加纪律严明、董事会正在控制管理层建立帝国的趋势，或支付股利将有助于保持高杠杆率。

当然，也有一些纳税人不喜欢股利。股利导致股东被迫双重纳税。此外，如果投资者持有股票时间不长，则对股利征收的税率可能很高。此外，投资者确实不喜欢看到公司支付股利，然后进入资本市场并发行更多股票（这样做的成本很高）。

识别与股利相关的日期很重要。**公告日**是董事会宣布发放股利的日期。**股权登记日**是转让代理人"停止登记"并查看谁是股东的日期。换言之，股票全天都在不断交易，但转让代理人必须在某个时点"拍一张快照"，以确定谁将获得股利。这个时点就是股权登记日结束时。

除息日是股票无权获得股利的交易开始日期。在其他条件相同的情况下，投资者预期当股票开始除息交易时，股票价格将下跌，下跌金额即为股利价值（以边际投资者收到的税后股利计算）。换言之，忽略税收，如果投资者愿意为计划发放2美元股利的股票支付100美元，那么他们将认为该企业当前的每股价值为98美元，股利价值为2美元（忽略税收）。除息日为股权登记日前两个交易日。这是因为股票在交易日之后第三天（T+3）结算。因此，投资者需要提前三天拥有该股票，才能作为将获得股利的股东出现在转让代理人的登记簿上。股利在**股利支付日**支付。

投资者经常分析作为股利支付的利润百分比（股利支付率）。更重要的是，投资者应该分析作为股利支付的自由现金流所占百分比。该比率可以帮助投资者形成对股利稳定性的看法。

研发　研发最终能否成功通常是不可能事前评估的。一家公司进行的研发会被列入费用，而收购的研发（以另一家公司的形式体现）则会被列入资本。分析师可以分析研发支出金额的变化趋势、研发关注的目标市场以及公司的成功研发历史。

股票回购　股票回购可能是资本配置中最有意思（也最容易被误解）的类别。卡拉汉和莫布森（2014）表明，公司倾向于用剩余现金进行股票回购。换言之，当公司有剩余现金时，通常将其用于回购股票。可以想见，在经济强劲的时期，公司通常拥有大量剩余现金。这通常是股价最高的时候。因此，当股价最高时，也是公司通常进行最多回购的时候。

实际上，投资者希望管理层避免在股票价格昂贵时回购。回购昂贵的股票可能被认为是给退出股东的福利，却以牺牲其余股东的利益为代价。长期投资者希望管理层在股价便宜时购买股票。

要了解管理层对资本配置的看法，分析管理层的回购行为是最简单的方法之一。许多管理层都系统性地回购股票。换言之，他们假设市场是相对有效的。他们的观点是，有时他们支付的价格可能过高，有时他们支付的价格可能过低。但是，最后股票的定价通常是合理的。

另一些管理者认为他们了解公司的价值，因此会择机回购股票。这意味着他们有某个模型或指标来评估自己的公司价值，当股票价值被低估时，他们就会采取行动。如果他们是正确的，这将为其余股东创造价值。

对于分析师而言，重要的是意识到，股票回购并不是总能创造价值。这就像认为如果您买了一栋房子，资产净值就增加了一样。正如许多在 2007 年买房的人会告诉您的，情况并非总是如此。如果您能以低于房屋价值的价格买下它，您的资产净值将立即增加。如果您支付的价格高于房屋价值，您的资产净值就会降低（价值破坏）。

最后，在分析回购时还有另外两个问题需要考虑。有时，公司宣布了回购但没有执行。换言之，公司有时试图发出关于股票价值的积极信号，但从未真正回购股票。另一些时候，公司会执行回购，但公司的股票数量从未减少。这是因为回购的股票被发行给管理层以执行期权（员工薪酬）。

净营运资本　分配给净营运资本的资金通常是最少被分析的资本配置决策。对于分析师而言，重要的是剔除超额现金，并且当实际上公司只是在积累现金时，不要错误地认为公司是在大量投资于净营运资本，正如第 8 章所讨论的，分析师应该分析存货或应收账款的异常增加。

向债权人返还现金　一般来说，债务是一种低成本的资本来源。无杠杆公司借入一些债务会降低加权平均资本成本。此时债务提供的税盾（即可在税前扣除的利息）大于少量债务造成的破产风险。然而，在某些时候，债务金额可能变得过大，以至于增加的破产风险可能超过税盾的好处。此时，加权平均资本成本高于公司拥有最优债务水平时的加权平均资本成本。在这种情况下，将资金返还给债权人并减少未清偿债务金额将创造价值。

10.3.2　股利与回购

此时，了解股利和回购对股票价格的影响很重要。假设某只股票有 1 000 股流通股，股票价值为 50 美元，交易价格为 50 美元。换言之，该股票的交易价格为其内在价值。该公司的每股利润为 2 美元，这意味着该股票的市盈率为 25 倍，市值为 50 000 美元（1 000 股乘以股价 50 美元）。

公司决定用 5 000 美元支付股利。该公司的价值将从 50 000 美元降至 45 000 美元。这是因为投资者现在拥有 5 000 美元的现金和价值 45 000 美元的股票。现在市盈率为 22.5 倍，因为股价为 45 美元，而每股利润仍然为 2 美元。

或者，假设根据您的模型，该公司的价值被高估了。虽然您认为该股票的内在价值为 50 美元，但它的交易价格为 100 美元。如果市场以这种方式对该公司估值，那么我们可以想象，在支付股利后，该股票的价值将为 95 美元（股东持有的每股股票将获得 5 美元股利）。

如果股票价值被低估，也会发生同样的事。换言之，如果股票的交易价格为 25 美元，即使您认为它的价值为 50 美元，您也预期市场对 5 美元股利的估值为 5 美元，而当股票在除息后开始交易时，股票价格将跌至 20 美元。

回顾这些例子的目的是表明股利应该被视为相对中性。换言之，我们假设在这三种情况下，5 美元股利的价值均为 5 美元。股利不会影响每股利润，但在所有三种情况下都会导致股价和市盈率降低。

现在，让我们来分析股票回购有何不同。我们从股票以内在价值交易的情况开始分析，并将看到它没有太大不同。如果公司用 5 000 美元回购 50 美元的股票，股票数量将减少 100 股。现在，价值 45 000 美元的公司将除以 900 股，股价仍为 50 美元。这意味着现有股东持有的股票价值仍为 50 美元。即将退出的股东将股票出售给公司时也获得了每股 50 美元的收入。每股利润有所增加。每股利润现在为 2.22 美元，即 2 000 美元的利润除以 900 股。这意味着市盈率为 22.5 倍。

如果股票价值被高估，结果将大不相同。如果公司用 5 000 美元回购交易价格为 100 美元的股票，那么它将回购 50 股股票。退出的股东（将其股票回售给公司）将获得 100 美元。但是，根据您的模型，这家价值 50 000 美元的公司现在价值为 45 000 美元。当 45 000 美元除以剩余的 950 股时，股价已跌至 47.37 美元。实际上，留下的股东为退出的股东提供了补贴。在这种情况下，每股利润从 2 美元增至 2.105 美元（2 000 美元除以 950 股）。

最后，如果公司能以低于内在价值的价格回购股票，留下的股东就会获利。如果公司用 5 000 美元回购 25 美元的股票，那么它将回购 200 股股票。根据您的模型，价值 50 000 美元的公司将变成价值 45 000 美元的公司。但是，该公司只有 800 股流通股，内在价值将增至 56.25 美元（45 000 美元除以 800 股）。退出的股东以低价出售，这对留下的股东有利。

管理层应该为留下的股东的利益经营公司。这意味着管理层应该在股票交易价格低于内在价值时回购股票，并在股票交易价格高于内在价值时支付股利。当股票以内在价值交易时，管理层应该对回购和支付股利持无所谓的态度（尽管应税投资者可能更喜欢股票回购）。最后，投资者还应该意识到，因股票回购导致的每股利润增加不同于因公司增加收入或削减费用而导致的每股利润增加。

10.3.3 投资者希望看到什么？

最终，投资者希望看到管理层参与到真正显示出价值创造的过程中。换言之，投资者希望看到管理层每年都从一张白纸开始，以全新的眼光评估资本配置决策。投资者希望看到管理层了解估值并抓住机会行动，在股价便宜时购买股票，在股价昂贵时将股票作为货币，并在本行业内率先收购目标公司，而不是对竞争对手完成的收购做出防御性反应。正如稍后将讨论的，投资者希望看到薪酬结构能激励管理层考虑创造长期价值，而不是实现短期目标。

10.4 公司治理

公司治理是指用于指导和控制公司的规则、政策和程序。从投资者的角度来看，公司治理是指用于使管理层利益与股东利益保持一致的工具。换言之，公司治理旨在最大限度地减少代理冲突。

公司治理包括许多议题，例如公司的规章制度、董事会、委员会以及高管的薪酬。正如本章前面提到的，公司治理是投资者有时会忽视或轻视的问题。话虽如此，但越来越多的机构投资者正在将**环境、社会和治理**(environmental, social and governance，ESG)因素纳入其投资决策。在治理因素方面，ESG 投资者通常会分析董事会的构成、非首席执行官担任董事会主席的情况以及董事会如何监督公司战略等问题。ESG 投资者认为，ESG 得分高的公司将有更低的波动性、更低的资本成本和更高的透明度。

忽视治理问题的投资者将给自己招来风险。在出现问题之前，这些问题很容易被忽视。例如，当 2017 年年初色拉布上市时，它发行了无投票权股票。该股票被超额认购，因为无投票权似乎并没有吓跑投资者。未来，投资者将看到这是否会成为一个问题。

尽管有些投资者倾向于忽视公司治理问题，但我们将讨论以下三个最重要的治理问题：

(1) 董事会。

(2) 反收购条款。

(3) 管理层薪酬。

10.4.1　董事会

在一篇有影响力的《哈佛商业评论》文章（1979 年）中，威廉·W. 沃马克（William W. Wommack）表示，董事会最重要的目标是决定是否批准管理层关于公司未来发展方向的提议。话虽如此，但管理层和投资者通常对董事会目标有不同看法。管理层有时将董事会视为类似于咨询公司的机构。换言之，管理层可能将董事会视为一群经验丰富的商人，他们可以在需要时提供建议。此外，投资者依靠董事会来监督管理层。这更类似于监管职能，旨在防止与股东最大利益相冲突的行为。

关于董事会，投资者关心的关键问题是首席执行官和董事长职位的分离、董事会的规模、董事会的独立性、董事会如何获得薪酬以及董事会如何回应股东的提议。

首席执行官/董事长　一般来说，投资者更愿意看到董事长由首席执行官以外的人担任。投资者认为董事会的工作是监督管理层，就此而言，投资者不希望看到管理层负责董事会。由非首席执行官董事长领导的董事会更有可能换掉表现不佳的首席执行官。

董事会规模　董事会规模没有一个完美数字。但是，重要的是董事会不要太大。太大的董事会可能会让董事觉得他们的意见不重要。大型董事会的成员很容易感觉他指出的警告信号不重要，因为没有其他人提出这个问题。当然，董事会也不能太小，以至于无法包含具备各种不同经验和知识的成员。平均而言，标准普尔 500 指数中的公司大约有 9 名董事会成员，但不同公司的董事会人数存在显著差异。

董事会独立性　董事会成员的独立性对投资者尤为重要。独立性的概念远远大于法律定义。投资者希望董事能表达自己的意见，而不受首席执行官或董事长的制约，并且有足够经验使其意见对董事会产生影响。一个投资者对董事会独立性不满的典型例子出现在迈克尔·艾斯纳（Michael Eisner）管理迪士尼时。虽然迪士尼的 16 名董事会成员中有 12 名在法律上被定义为独立董事，但董事会包括"他的私人律师、他孩子曾经就读小学的校长、一位为迪士尼工作的建筑师和三名前迪士尼高管"（Orwall and Lublin，1997）。投资者担心，这种董事会成员永远不会反对首席执行官的立场，或者永远不会表达管理层薪酬过高的意见。

董事会薪酬　担任董事会成员可能会获得丰厚报酬。根据勒妮·莱特纳（Renee

Lightner）和西奥·弗朗西斯（Theo Francis）2017 年发表在《华尔街日报》上的一篇文章，标准普尔 500 指数中约一半的公司每年向董事会成员提供超过 250 000 美元的薪酬。薪酬低于 150 000 美元的情况很少见。薪酬金额可能显著高于 250 000 美元。一些公司要求董事持有公司的股票，而且公司经常将这些股票作为董事薪酬的一部分。显然，其目的是使董事的利益与股东的利益保持一致。同时，以股票作为董事薪酬可能会导致董事忽略不良行为，并可能违背董事会的宗旨。

对股东提议的回应　最后，投资者关注董事会如何回应股东提议，尤其是大型激进投资者的建议。这些问题可能非常复杂。有时，激进投资者可能会提出有利于公司长期价值的真知灼见。另一些时候，激进投资者可能会提出只影响短期绩效的意见。无论如何，投资者都希望看到管理层深思熟虑的回应。

10.4.2　反收购条款

公司可以使用许多工具来防止收购。这些工具包括但不限于毒丸计划，要求绝大多数股东投票批准出售公司、出售公司最赚钱的部分，以及分期分级董事会（因此反对者需要花几年时间才能获得董事会的控制权）。我们将只关注毒丸计划，以对这些条款形成重要的直观认识。

21 世纪开始时，标准普尔 500 指数中超过一半的公司都有毒丸计划，即旨在阻止收购的计划。如今，只有不到 5% 的标准普尔 500 指数公司有这种计划。

典型的毒丸计划可能是这样运作的：如果任何个人或实体（我们称之为"大先生"）拥有公司 15% 或更多的股票，那么除了大先生之外的所有投资者都可以按每股 1 美分的价格购买更多股票。假设一家公司有 100 股流通股。如果大先生购买 15 股股票，就会触发毒丸计划。现在，剩余 85 股股票的所有者每人都可以几乎无成本地购买更多股票。结果是现在有 185 股流通股（85 股加上新的 85 股加上大先生的 15 股）。请记住，毒丸计划将这种权利赋予其他所有人，除了拥有 15% 或更多股份的一方。该计划的效果是稀释大型所有者持有的股份。大先生购买了 15% 的股票，但现在只拥有 8.11% 的股票（185 股中的 15 股）。

毒丸计划在机构投资者中非常不受欢迎。它们担心毒丸计划会阻止收购并帮助管理者巩固其地位。实际上，情况并不一定如此。毒丸计划也有可能允许管理层通过谈判实现更高售价。换言之，如果一家公司得到特定报价，就会愿意取消毒丸计划。当然，我们永远不会知道毒丸计划阻止了多少收购要约。

总而言之，虽然毒丸计划在机构投资者中非常不受欢迎，但没有明确证据说明毒丸计划是破坏了股东价值还是为股东创造了价值。确定毒丸计划是否有利于股东的最佳方法可能是考察其他证据，以了解管理层的行为是否符合股东的最佳利益。为了达到这个目的，最好的方法之一是考察薪酬——这正是接下来的内容。

10.4.3　管理层薪酬

首席执行官的薪酬（以及其他高管的薪酬）是一个极具争议性的话题。关于高管的薪酬是否过高以及薪酬是否与绩效相关，许多投资者都有不同意见。对于投资者而言，重要的是了解关于薪酬目标、薪酬水平、薪酬设定方式以及从哪里获取薪酬信息的一些关键概念。

薪酬常常被用来解决**委托代理冲突**。换言之，管理层的行为可能不符合股东的最佳利益。根据卡拉汉和莫布森（2014）的研究，委托代理冲突往往发生在三个领域：

（1）管理层可能会从控制不为股东创造价值的资源中获益（这可能会导致管理者打造自己的企业帝国以获得更高薪酬）。

（2）管理层的大部分财富都在这家公司，所以他们承担的风险可能太小（而分散化投资者希望他们承担更多风险）。

（3）薪酬往往与短期绩效挂钩，这可能导致管理层关注每股利润而不是长期价值最大化。

根据格雷斯利和奥伯恩（Gressle and O'Byrne，2013）的研究，高管薪酬有三个目标：

（1）为创造股东价值提供强有力的激励（并解决上述三个问题）。

（2）有助于留住关键人才（尤其是在市场因素和行业因素导致绩效不佳的时期）。

（3）将薪酬成本限制在使股东财富最大化的水平。

换言之，目标是使管理层利益与股东利益保持一致，防止管理层在不景气时期离开，并避免将过多股东利润分配给管理层。要做到这种平衡非常困难。

薪酬水平　　刚才提到的三个高管薪酬目标导致了许多人认为非常高的薪酬。在市值超过 10 亿美元的上市公司中，2015 年委托投票说明书（2014 财年）中 200 位薪酬最高的首席执行官的平均薪酬为 2 260 万美元（比上一年增长 9%），薪酬中位数为 1 760 万美元。根据 2016 年委托投票说明书，更广泛（标准普尔 500 指数中 500 家公司的首席执行官）的分析表明，薪酬中位数已（从 2015 年的 1 080 万美元）增至 1 170 万美元。标准普尔 500 指数各部门公司首席执行官的薪酬范围和薪酬中位数见图表 10-5。

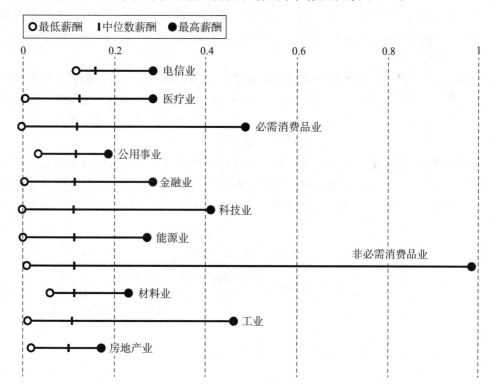

图表 10-5　标准普尔 500 指数中不同部门的首席执行官薪酬（亿美元）

资料来源：Top to Bottom：Pay for 500 CEOs，by Theo Francis and Jieqian Zhang，May 31，2017，WSJ.

虽然普通人认为首席执行官的薪酬非常高，但卡普兰（2013）认为，高管市场竞争激烈，其他专业人士的薪酬增长更快。认为首席执行官薪酬过高的其他投资者抱怨道，高管薪酬波动并不显著。换言之，首席执行官从（他们不负责的）股市上涨和强劲的公司绩效中受益，但股市下跌时他们却分毫不损。他们还认为，制定薪酬的团队可能是由首席执行官插手选定的。由于这些相互矛盾的意见，考虑如何设定这种薪酬很重要。

如何设定薪酬　上市公司高管的薪酬由薪酬委员会设定，该委员会是董事会的一部分。纽约证券交易所的规定要求薪酬委员会必须完全由独立董事组成，而纳斯达克要求至少有两名独立董事。

通常，薪酬委员会会聘请一名薪酬顾问。薪酬顾问根据行业、市值和收入等因素选择同类公司。例如，2016 年用于确定思科同类公司的标准是市值超过 300 亿美元、收入超过 100 亿美元的主要信息技术公司。

财务目标是为管理层设定的。例如，在 2016 财年，当公司绩效包括收入增长 0、营业收入增长 7％、营业现金流增长 8％和每股利润增长 7％时，思科的管理者实现了 102％的目标。实际上，在没有收入增长时利润率升高的绩效足以让管理层超额实现目标。需要明确的是，即使公司没有实现其目标，绩效评定结果也只会是较低的目标实现百分比。*

聘请顾问和分析同类公司的问题在于，董事会很少不相信其首席执行官位于同类公司的上游。因此，任何目前薪酬处在下游 50％的首席执行官都需要涨薪至上游 50％，这显然会将其他人的薪酬压低至下游 50％。结果是，高管的薪酬以高速度增长。米歇尔和戴维斯（Mishel and Davis，2015）认为，1978—2014 年期间，首席执行官薪酬的增长速度比普通工人工资快 90 倍。

许多评论家都建议对超过行业表现的高管给予薪酬奖励。乍一看，这似乎是理所应当的。遗憾的是，它可能导致对行业健康有害的行为，因为公司可能会彼此伤害。最好要求公司赚取相当于资本成本的利润，然后将部分超额（经济）利润奖励给管理层。公司可以长期这样做，由审计委员会计算已获得的长期利润。

获取薪酬信息的渠道　在每家上市公司的委托投票说明书中可以找到薪酬最高的五名员工的薪酬水平。披露的信息包括薪酬金额、薪酬类型明细、判断管理层绩效依据的财务目标以及同类公司。披露的这些信息通常占 10～20 页的篇幅。介绍思科高管总薪酬的汇总表见图表 10-6。

图表 10-6　思科的薪酬

姓名与主要职位 (1)	财政年度 (1)	薪酬（美元） (2)	奖金（美元）	股票奖励（美元） (3)	期权奖励（美元）	非股权激励计划薪酬（美元） (4)	其他所有薪酬（美元） (5)	总计（美元）
查尔斯·H. 罗宾斯（Charles H. Robbins）（首席执行官）	2016	1 172 115	—	10 277 074	—	4 486 725	98 657	16 034 571

---

* 这里的意思应该是，不会直接判定不合格从而大幅减少管理层薪酬，而是按照目标实现的百分比来发放薪酬。——译者注

续表

姓名与主要职位 (1)	财政年度 (1)	薪酬（美元）(2)	奖金（美元）	股票奖励（美元）(3)	期权奖励（美元）	非股权激励计划薪酬（美元）(4)	其他所有薪酬（美元）(5)	总计（美元）
凯利·A. 克雷默（Kelly A. Kramer）（执行副总裁兼首席财务官）	2016	749 135	500 000 (6)	5 974 708	—	1 821 771	11 925	9 057 539
	2015	632 866	500 000 (6)	5 871 542	—	1 438 245	30 055	8 472 708
约翰·T. 钱伯斯（John T. Chambers）（董事会执行主席）	2016	1 019 231	—	8 828 446	—	—	12 098	9 859 775
	2015	1 100 000	—	14 509 424	—	4 000 000	11 700	19 621 124
	2014	1 100 000	—	12 876 709	—	2 500 000	11 475	16 488 184
潘卡·帕特尔（Pankaj Patel）（前全球工程执行副总裁兼首席发展官）	2016	749 135		6 163 251	—	1 518 143	67 500	8 498 029
	2015	700 000		10 333 425	—	1 909 950	67 500	13 010 875
	2014	700 000		6 622 059	—	1 239 875	67 500	8 629 434
克里斯·德迪寇特（Chris Dedicoat）（全球销售与实地业务执行副总裁）	2016	691 490 (7)		5 279 794	—	1 476 144	386 820 (7)	7 834 248

　　重要的是认识到，许多投资者往往认为只需使薪酬与股价保持一致，就可以让管理层与股东的利益保持一致。但是，卡拉汉和莫布森（2014）认为，股票的表现充其量只是"对公司绩效的粗略衡量指标"。股价还受到管理层无法控制的许多因素的影响，20 世纪 90 年代后期的科技股泡沫和 2008—2009 年的金融危机就是明证。

　　归根结底，薪酬非常重要，因为它可能是分析师用来评估管理层是担心股东还是只担心自己的最简单的指标。分析师在考察首席执行官薪酬时会分析几个问题：第一，多少比例的公司利润会流向高管？第二，薪酬是否存在风险？即公司绩效不佳时薪酬是否大幅下降？第三，薪酬是奖励长期行为还是奖励短期股票表现？第四，也是最重要的一点是，薪酬制度是旨在奖励创造价值的行为，还是说这个目标可能在导致钻制度空子的同时破坏价值（例如每股利润或增长率）？

　　最后，虽然投资者可以继续争论薪酬结构的优点，但不可否认的是，在过去 20 年中，有些问题已经有所改善。例如，如上所述，有规定要求薪酬委员会的大多数成员必须是独立董事。公司似乎感到将薪酬与绩效挂钩的压力增加了。用于确定公司绩效的基准是在事前建立的，而不只是在事后建立以解释薪酬。重新定价期权似乎正在销声匿迹。许多公司都将股票奖励与多年的股票表现挂钩，并且高管们通常被禁止对冲其股票和期权奖励。话虽如此，但首席执行官的薪酬增长速度仍然远快于其他公司员工。

10.5 股票推介

股票推介在资产管理业务和投资银行业务中都是一项至关重要的技能。为股票基金工作的分析师会研究一只股票，并向投资组合经理推销他们的想法。投资银行继而向公司客户（有意购买股票的公司）推销他们的想法。本章这部分的目的是提供股票推介的框架。

最重要的是要记住，股票推介是一场辩论。股票推介的目标是说服投资者购买股票或卖空股票。书面股票推介可以采取不同形式。有些是幻灯片，有些是附有图表的书面报告。

通常，股票推介包括以下内容：

- **公司的背景信息**——这包括公司的业务、市值、股票价格（请注意股价是接近其高点还是低点）、收入、增长率等等。

- **优点**——通常分析师希望列出一些投资者应该买入（或卖空）股票的关键原因。关键是，这些优点应该是前瞻性的，并且代表尚未反映在股价中的观点。通常，估值（认为股票便宜的想法）不会被列为优点。估值将在股票推介的下一部分显示。如果分析师推荐某只股票，那么他应该认为该股票很便宜。

- **模型和倍数**——分析师需要给出贴现现金流分析和相对估值分析。给出部分假设（例如，增长率、贴现率）已变化时的情景分析也有帮助。

- **风险**——重要的是要认识到，所有股票都有一定风险。股票以特定价格交易，意味着在该价格上有相同数量的买方和卖方。

我们将《巴伦周刊》上的一篇股票推介改写为简短的"两分钟股票推介"，以此为例说明股票推介。"两分钟股票推介"是指如果分析师接受采访并被问到现在是否对任何股票感兴趣，将如何推介一只股票。

重要的是要注意，这种股票推介只是为了说明如何讨论一只股票。它是基于《巴伦周刊》上的文章，而不是我们的研究。使用《巴伦周刊》的文章，并不意味着研究到这种地步就可以了。相反，分析师可以以此为起点进行更多研究。鉴于此，请阅读本章**附录**中关于航空租赁公司（Air Lease）的《巴伦周刊》文章，然后阅读以下股票推介。以下股票推介不包括估值模型的建立过程。

10.5.1 航空租赁公司的股票推介

背景信息 航空租赁公司是一家市值为 35 亿美元的公司，该公司向波音、空中客车（Airbus）和巴西航空工业公司（Embraer）购买飞机，然后将它们出租给 54 个国家的 86 家航空公司。这些航空公司中有许多是小型公司。这些小型航空公司往往增长最快，但它们无法获得廉价融资，也没有购买足够的飞机，因此不具有和制造商议价的能力。航空租赁公司实际上承担了谈判和融资的工作，使这些航空公司能专注于运营，而无须举债。目前，航空租赁公司的机队包括 243 架飞机。

过去四年，航空租赁公司的收入以每年 21% 的速度增长，从 2012 年的 6.6 亿美元增至 2016 年的 14.2 亿美元。该收入中绝大部分（94%）来自租赁（出租）飞机，其余 6%

的收入来自买卖飞机。该公司最大的市场是亚洲市场（43％）和欧洲市场（28％），但航空租赁公司在中美洲和南美洲、中东、非洲、澳大利亚和美国也有大量业务。

最近，航空租赁公司的股票交易价格接近 35 美元。这大约是预期利润的 10 倍。该股票的交易价格略高于竞争对手（即倍数更高），但这是有理由的，因为航空租赁公司拥有比竞争对手更年轻、更理想的机队。该公司飞机的平均机龄仅为 3.7 年。航空租赁公司机队主要（约 80％）为窄体飞机，是航空业的主力军。这些优质资产可以作为担保品，并让航空租赁公司可以以有吸引力的利率借款。

尽管航空租赁公司在其部门中拥有最高的股权收益率（12％）和最低的杠杆率，但它仍按账面价值交易。由于该公司的股权收益率高于股权成本（9％～10％），因此其股票的市净率应该更高。

同样值得注意的是，航空租赁公司是由业内传奇人物史蒂文·乌德瓦-哈齐（Steven Udvar-Házy）创立的，他在 1973 年开创了飞机租赁业务。他经营的另一家公司被美国国际集团（AIG）收购并最终被并入埃尔凯普控股公司（AerCap Holdings）。他目前是航空租赁公司的董事会执行主席，拥有该公司 5.2％的股份。

优点　购买这只股票的理由有三个：旅游业正在增长、航空租赁公司有获取飞机的渠道（这将有助于确保增长），以及错误定价（这是由于第一季度该公司盈利未达预期，以及对航空租赁公司易受利率升高影响的误解）。下面，我们将分别分析这三个优点。

第一，也是最重要的一点，航空旅行业正在迅速扩张。20 世纪 50 年代的国际旅客为 2 500 万人。而到了 2016 年，国际旅客达到 12 亿人。到 2031 年，全球中产阶级人数预期将增加 30 亿。仅在中国，护照持有者的比例预期将从现在的 4％增加到 2025 年的 12％。总而言之，2015 年，全球 70 亿人中只有 6％搭乘了飞机。随着全世界中产阶级的崛起，这一数字将显著增加。

第二，航空租赁公司有获得飞机的渠道。飞机制造商的积压订单已从 2009 年的 6 913 架增加到 2015 年的 13 467 架。有 233 家航空公司和租赁公司争夺该积压订单。航空租赁公司是该领域的专家，已订购 300 架飞机。此外，航空租赁公司已经就将在 2019 年交付的 91％的飞机和将在 2020 年交付的 72％的飞机达成了租赁协议。

第三，市场对航空租赁公司的定价错误有两个原因：该公司没有达到第一季度的盈利目标，以及市场担心利率上升会有损于该公司。航空租赁公司未达到第一季度的盈利目标，是因为制造商延迟交货导致应在第一季度交付的飞机中，有 40％在该季度的最后两周到货——因此本季度出租的飞机数量不如预期。如前所述，这家公司将扩大其机队，这将使每股利润从 2017 年的 3.48 美元增至 2018 年的 4.16 美元。

此外，对利率上升将导致航空租赁公司出现重大问题的担心是错误的。该公司约 85％的债务为固定利率债务。此外，虽然这种债务的利率最终将升高，但航空租赁公司与其承租人签订的合同使航空租赁公司可以在合同签订后利率上升时提高租费率。第一季度的利润以及对利率的看法创造出了购买该股票的机会。

估值　通常，此时分析师会讨论如何对公司估值以及他认为的公司价值。

风险　航空租赁公司肯定会受到导致航空旅行减少的因素的影响。最明显的两个原因是全球经济衰退和恐怖主义的爆发。当然，这些事件对大多数公司都有损害。此外，航空租赁公司的领导层还成功应对过恐怖主义袭击（例如"9·11"事件）和其他影响航空旅行的问题（例如非典疫情暴发）。

10.5.2　关于股票推介的最后几点注意事项

在进行股票推介时，分析师要始终记住力证这只股票值得购买。股票推介应该说服听众购买股票；它不是读书报告或新闻报道。此外，在金融业，参与者喜欢数字。分析师应该做出论断并用数字支持这些论断。虽然这个例子中没有包含模型，但分析师描述其对内在价值的估计以及实际发生风险时的公司价值总是很重要的。最后，分析师应该认识到风险是真实存在的。在解释风险减弱因素时要小心。换言之，当风险全部减弱时，股票推介要小心谨慎不能越线（在航空租赁公司的股票推介中，我们可能已经越过了这条线）。现实情况是，航空租赁公司的管理层成功应对了金融危机、恐怖袭击和其他灾难性事件。但是，这并不意味着航空租赁公司没有风险。作为投资者，如果试图把股票风险描述得很低，那么可能会显得很天真。

本章小结

本章重点介绍了资深投资者应了解的五个主题：（1）首次公开募股，（2）买方分析师与卖方分析师的作用，（3）管理层的资本配置，（4）投资者考虑的最重要的公司治理问题，以及（5）如何推介股票。

当一家私人公司上市时，该公司的股票将被出售给公众。公司可能需要资本，所有者可能想要更高流动性，或者，公司可能想拥有公开交易股票以用于吸引员工或作为收购其他公司的货币。

大多数首次公开发售股票的首个交易日收盘价均高于首次公开募股发行价。这是因为其定价过低，这可能是对机构投资者帮助为股票定价的一种补偿。定价过低的另一个可能原因是，如果首次公开发售的股票价格没有被系统性低估，投资者会担心出价过高（赢家诅咒）。或者，首次公开发售的股票价格被低估也可能是为了避免让发行公司的管理层失望。又或者，低股价可能有助于减少所发售股票令人失望而导致对投资银行提起诉讼的可能性。最后，定价过低会为投资者带来更大利润，这可能会创造更大的利润池，承销商可能希望（以未来佣金的形式）从投资者的利润池中分一杯羹。

一些投资者认为，拍卖是定价过低的最佳解决方案。拍卖试图将股票卖给对股票估值最高的投资者。但是，拍卖方法并不常见，这可能表明发行公司权衡了定价过低与他们从承销商那里获得的多种好处（例如稳定市场和分析师的分析报告）。

卖方分析师会撰写关于上市股票的研究报告，例如最近进行首次公开募股的股票。这些分析师往往非常熟悉他们所分析的公司。买方分析师会研究股票，以便向投资组合经理提出内部建议。买方分析师尊重卖方分析师的研究，但往往对卖方分析师的最终建议不以为然，因为卖方分析师往往对股票过于看涨。买方分析师也非常重视卖方分析师能接触到管理层的机会。

投资者通常会花大量时间研究管理层如何配置资本。换言之，管理者如何使用他们能掌握的资源？他们的主要选择是收购其他公司、支出资本（再投资于自己的企业）、进行研发、投资于净营运资本、支付股利、回购股票或偿还债务。

投资者还要分析有助于确保管理层的行为符合股东最佳利益的工具和政策。最重要的是，投资者要分析董事会的质量和独立性，公司是否会打消其他公司收购它的企图，以及高管如何获得薪酬。

对一家公司进行所有这些研究之后，就可以做出股票推介。通过股票推介，分析师会论证为什么应该购买某只股票。通常，股票推介会讨论关于公司的背景事实、优点（关于为什么应该购买该公司股票的一些论据）、估值以及存在的风险。

问题

1. 抑价的可能解释是什么？

2. 首次公开募股时如何稳定市场？

3. 肮脏拍卖如何运作？

4. 什么因素会让卖方公司向分析师支付高额薪酬？换言之，哪些因素会推高分析师的薪酬？

5. 公司什么时候应该回购股票而不是支付股利？

6. 与股利有关的四个重要日期是什么？

7. 与收购另一家公司相比，您更希望管理层在什么时候进行资本支出？

8. 如果一家公司宣布设立毒丸计划，这是好消息还是坏消息？为什么？

9. 您会提出哪些论据来说明首席执行官薪酬过高？您会提出哪些论据来说明首席执行官的薪酬合理？

10. 请找到一篇关于股票的文章，并将其改写为股票推介。请说明您想知道的其他信息。

习题

1. 一家公司将以每股 16 美元的价格上市，并将使用股票代码 XYZ。承销商将收取 7% 的价差。该公司将发行 2 000 万股股票，内部人士将继续持有其他 4 000 万股，这不属于首次公开募股的一部分。该公司还将支付 100 万美元的审计费、200 万美元的律师费和 50 万美元的印刷费。该股票首日收于 19 美元。请回答以下问题：

a. 第一天结束时，该公司的市值是多少？

b. 此次发行的总成本是多少？请在计算中考虑抑价的情况。

2. 习题 1 中 XYZ 的上市总成本占扣除成本前股权总价值的百分比是多少？在计算扣除成本前的股权价值时，请以股票的首日收盘价作为扣除成本前的股权价值。

3. 习题 1 中的公司给予承销商 15% 的超额配售选择权。承销商发行的股票由全部超额配售选择权支持，但尚未行使该选择权。

a. 请解释如果股票价格上涨到 22 美元会发生什么。请在解释中说明承销商从超额配售选择权中获得的利润。

b. 请解释如果股票价格下降到 11.50 美元会发生什么。请在解释中说明承销商从超额配售选择权中获得的利润。

4. 一家公司通过拍卖方式上市。下表包含对该公司股票的出价。该公司希望出售 1 000 万股股票。

价格（美元）	股数（百万股）
20	2.5
19	7
18	4
17	5
16	8
15	6

请说明在传统股票发行中，哪些竞标者将获得股票、他们将支付的价格以及他们的订单将有多少被执行。

5. 假设习题4中的拍卖为肮脏拍卖，出清价格为17美元。请说明哪些竞标者将获得股票、他们将支付的价格以及他们的订单将有多少被执行。

6. 5月18日（星期四），ABC公司的董事会宣布向截至6月13日（星期二）登记在册的股东派发每股30美分的股利。股利将于6月28日（星期三）支付。

a. 公告日是哪天？

b. 股权登记日是哪天？

c. 除息日是哪天？

d. 支付日是哪天？

7. 一只股票目前的交易价格为35美元。该公司的市盈率为10倍，有1亿股流通股。您的模型表明该股票的实际价值为45美元。该公司宣布将动用3亿美元回购股票。

a. 根据您的模型，回购后该股票的价值是多少？

b. 回购后，该股票的实际市盈率是多少？

c. 如果该公司用3亿美元支付现金股利而不是进行回购，那么根据您的模型，该股票的价值会如何变化？

d. 如果该公司用3亿美元支付现金股利而不是进行回购，那么支付股利后的实际市盈率是多少？

8. 一只股票目前的交易价格为35美元。该公司的市盈率为10倍，有1亿股流通股。您的模型表明该股票的实际价值为25美元。该公司宣布将动用3亿美元回购股票。

a. 根据您的模型，回购后该股票的价值是多少？

b. 回购后，该股票的实际市盈率是多少？

c. 如果该公司用3亿美元支付现金股利而不是进行回购，那么根据您的模型，该股票的价值会如何变化？

d. 如果该公司用这3亿美元支付现金股利而不是进行回购，那么支付股利后的实际市盈率是多少？

9. 一家公司以每股20美元的发行价上市，总价差为7%。该公司拟发行1 000万股股票。该公司将在此次发行中筹集多少资金？

10. 一家公司以每股18美元的发行价上市。承销价差为7%。该公司还有15%的超额配售选择权。该公司正在出售2 500万股股票。承销商完成了2 875万股订单，但未行使超额配售选择权。该公司的股价涨至20美元。承销商抛补空头的成本是多少？如果承销商将其空头的全部利润用于购买股票，它将购买多少股票（包括为了抛补空头必须购买的股票）？

11. 请参考《巴伦周刊》上的文章来写一篇股票推介，并用该公司最近的委托投票说明书来分析首席执行官的薪酬。

第 10 章附录

道琼斯文章重印本：该副本仅供您个人用于非商业用途。要订购副本以分发给您的同事、客户或顾客，请使用文章底部的订购重印本工具或访问 www. djreprints. com。

- 查看 PDF 格式的重印样本；
- 现在订购本文的重印本。

 专栏

为什么航空租赁公司很快就会一飞冲天

对利率上升的担忧打击了航空租赁公司。但它的优点将推动其股价上涨 30% 以上。

作者：科平·塔恩（KOPIN TAN）
更新于美国东部时间 2017 年 5 月 13 日上午 12:23

全球中产阶级不断壮大，新旅客挤满了飞机和机场。这对航空租赁公司来说是利好消息。

环游世界是人生永恒的浪漫之一，最近似乎人人都想环游世界。世界经济论坛表示，国际游客人数已从 20 世纪 50 年代的 2 500 万人增加到 2016 年的 12 亿人，随着全球中产阶级到 2031 年再增加 30 亿人，机场和飞机只会变得更加拥挤。仅在中国，到 2025 年，护照持有者占人口的比例预计就将从 4% 小幅上升到 12%，这将使数百万人涌入从托斯卡纳到东京的旅游胜地。

长期旅行热潮对航空租赁公司来说是个好消息，该公司向波音、空中客车和巴西航空工业公司购买飞机，并将飞机出租给 54 个国家的 86 家航空公司。由于新兴市场中增长往往最快的小型航空公司无法轻松获得廉价融资，且它们订购的飞机数量不足以与制造商讨价还价，因此它们经常求助于像航空租赁公司这样的租赁公司。它还可以让航空公司专注于运营，且资产负债表中不出现大量资产。今天，世界上 42% 的商用飞机都是租用的，而 20 世纪 60 年代这个数字为零。

随着航空公司以创纪录的运力运营以及对机票超售的大肆炒作，您可能认为航空租赁公司的股价会飙升。然而，这家洛杉矶公司的股价比其绩效更加动荡不安。其收入稳步攀升，从 2012 年的 6.6 亿美元升至 2014 年的 10.5 亿美元，又升至 2016 年的 14.2 亿美元。但该公司的股价自 2014 年以来一直在 23 美元和 42 美元之间波动。最近该公司的股价为 34.91 美元，仅为 2017 年预期利润的 10 倍，并以账面价值交易，这接近其 2011 年首次公开募股以来的低点。

分析航空租赁公司的 13 位分析师认为其股票的平均价值为 46.42 美元，即比当前市价高出 33%。但该公司经常被投资者误解和受到不公正的排斥。其股票是贴着价值型标签的成长型股票，这让两个阵营的投资者都感到不安。尽管温和经济增长应该会使利率长期保持在低位，但由于航空租赁公司是借款购买飞机，因此随着利率上升，投资者会对其债务感到担忧。

全球经济衰退或新的恐怖主义袭击会影响出行，但在当今价格高企的股市中，有多少公司不受此类事件的影响？航空租赁公司的管理层度过了从"9·11"恐怖主义袭击到非典暴发的危机，并且拥有在价格下跌时购买更多飞机并在周期达到顶峰时出售飞机的经验。例如，在意大利航空公司（Alitalia）申请破产保护时，航空租赁公司已将其持有的飞机数量砍到区区四架，并随时准备重新持有飞机并出租给新客户。

航空业的真相

航空租赁公司的股票交易价格略高于同行，但拥有更年轻、更理想的机队和更低的杠杆率——而且与其他许多股票相比，其定价仍然适中。

公司/股票代码	最近的股价（美元）	市场价值（亿美元）	12 个月变化率（%）	每股利润（美元）		2017 年的市盈率估计	长期债务与资本之比（%）
				2017 年的估计	2018 年的估计		
航空租赁公司/AL	34.91	37	16	3.48	4.16	10.0	72.0
埃尔凯普控股公司/AER	45.03	79	12	6.12	6.90	7.4	76.4
爱卡索公司（Aircastle）/AYR	21.75	17	1	2.41	2.47	9.0	69.7
飞行租赁公司/FLY	12.59	4	5	1.64	2.17	7.7	81.0

资料来源：汤森路透。

尼德汉姆资产管理公司（Needham Asset Management）的投资组合经理克里斯·雷茨勒（Chris Retzler）将航空租赁公司称为资产管理公司而不是飞机公司，并补充道，其管理团队处于航空业发展趋势的最前沿，这对该公司大有帮助。航空租赁公司在 2010 年才开始运营，但它是由史蒂文·乌德瓦-哈齐创立的，他在 1973 年就开创了飞机租赁业务，并经营着另一家公司，该公司最终被美国国际集团收购，然后被合并到另一家租赁公司——埃尔凯普控股公司。如今，乌德瓦-哈齐对飞机租赁业的意义就像比尔·盖茨对软件业的意义一样。他是航空租赁公司董事会执行主席，拥有该公司 5.2% 的股份，这将使管理层更有动力将股价提升到"巡航高度"。

是什么让航空租赁公司卓尔不群？它拥有业内最年轻的机队之一，旗下 243 架飞机的平均机龄为 3.7 年，这使它可以在向客户收取更高价格的情况下以更低利率借款。它有超过 300 架飞机的订单，并且已经就计划于 2019 年交付的 91% 的飞机和于 2020 年交付的 72% 的飞机签下了长期租赁订单，这为其提供了可预测的未来收入流。其固定利率债务与浮动利率债务之比保持在 85%：15% 的审慎水平，BBB 级信用评级使其平均借款成本保持在 3.48%。加拿大皇家银行（RBC）分析师杰森·阿诺德（Jason Arnold）将航空租赁公司评为他的首选股票，因为它的机队规模庞大且不断增长，飞机新，机型受欢迎，还有该行业最高的股权收益率和最低的杠杆率。

利润

航空租赁公司的股价为 35 美元，仅为 2017 年利润的 10 倍，这主要是由于投资者担心利率上升。但凭借其年轻的机队和稳健的订单，其股票价值应为 46 美元，比市价高 33%。

航空租赁公司 2016 年约 6% 的收入来自买卖飞机，而 94% 来自租金收入。它的租金收入分布于广泛地域，其中 28% 来自欧洲，21% 来自中国，22% 来自亚洲其他地区，8% 来自中美洲和南美洲，7.5% 来自中东和非洲，其余来自北美洲和澳大利亚。

5 月初，该公司报告的第一季度利润未达预期，但制造商的延迟交货导致第一季度交货的订单中有 40% 在该季度最后两周才到货。分析师下调了估计，但仍预期航空租赁公司

2017 财年的每股利润为 3.48 美元，2018 财年的每股利润为 4.16 美元，均高于 2016 年的 3.44 美元。

投资公司太平洋西岸（Pacific West Land）的戴维·斯沃茨（David Swartz）认为，航空租赁公司的利率风险也没有人们担心的那么大，他在基金经理和专业投资者社交网络 SumZero.com 上分享了他对航空租赁公司股票的看法。如果签订合同后利率上升，合同条款允许航空租赁公司提高租费率。正如首席执行官约翰·普鲁格（John Plueger）曾指出的，在经济繁荣时期，航空公司需要租赁公司交付更多飞机，而在经济萧条时期，航空公司需要租赁公司为其融资。

航空租赁公司最近将 19 架旧飞机出售给了它创建的一家名为雷霆（Thunderbolt）的公司，该公司之后被证券化。这让航空租赁公司可以收取服务费并维持年轻的机队。虽然业界担心宽体飞机可能供过于求，但航空租赁公司 80% 的机队都是窄体单通道飞机，这些飞机被认为是航空业的主力机型。

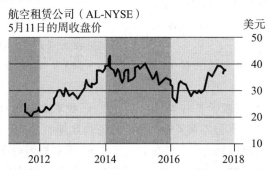

资料来源：《为什么航空租赁公司很快就会一飞冲天》。对利率上升的担忧打击了航空租赁公司。但它的优点将推动其股价上涨 30% 以上。2017 年 5 月 13 日。

德勤 2016 年的一项研究表明，2015 年，全球 70 亿人中只有 6% 的人乘坐飞机出行，这表明该市场仍然巨大且有待开发。飞机制造商的积压订单从 2009 年的 6 913 架激增至 2015 年创纪录的 13 467 架。考虑到有 233 家航空公司和租赁公司争夺该积压订单，以及未来可能出现的经济动荡，投资者应该只投资于航空租赁公司等专业经验丰富的公司。

第11章

股票投资组合管理策略

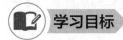 学习目标

阅读本章后，您应该能回答以下问题：

• 两大类股票投资组合管理风格是什么？

• 构建被动指数投资组合的三种方法是什么？

• 被动股票投资组合经理的目标与主动股票投资组合经理的目标有何不同？

• 什么是投资组合的跟踪误差？它在构建被动股票投资组合时有何用处？

• 指数基金和交易所交易基金有什么区别？

• 主动股票投资组合经理可以采用哪三个主题？

• 因素投资与主动管理的基本方法有何不同？

• 什么是主动投资比例？该指标如何帮助识别投资者是主动投资者还是被动投资者？

• 动量型投资者希望股票具有什么特征？

• 投资者如何衡量主动管理投资组合的税收效率？

• 哪些股票特征可以区分价值型投资风格和成长型投资风格？

• 什么是风格分析？它显示了管理者投资绩效的哪些信息？

• 主动股票投资组合经理使用哪些方法来使其绩效超过基准？

• 资产配置的综合方法、战略方法、策略方法和保险方法之间有什么区别？

前几章回顾了如何分析行业和公司，如何估计股票的内在价值，以及技术分析如何帮助选股。有些股票投资组合是通过每次选一只股票构建起来的。研究人员分析经济、行业和公司；评估公司的战略和竞争优势；并提出买卖个股的建议。

还有一些股票投资组合是使用定量方法构建的。分析师用计算机分析股票和市场部门之间的关系，以找出价值被低估的股票。借助定量筛选和因素模型，将选出具有低市盈率、低市净率、低市值或高股息率等特征的股票，被分析师忽视的股票，或收益率与经济变量（如利率）密切相关的股票，并用其构建投资组合。

股票投资组合经理还可以通过股票发行公司所在行业和资产配置决策来增加投资者的财富。例如，使用战术性资产配置的股票投资组合经理可以将资金分别投资于两个指数投资组合——一个指数投资组合由股票组成，另一个指数投资组合由债券组成——然后根据他认为在未来时期内表现最好的资产类别，在这些投资组合之间改变配置。同理，保险资

产配置试图根据不断变化的市场条件，在现有股票投资组合和无风险证券之间转移资金，从而限制投资损失。

11.1　被动管理与主动管理

股票投资组合管理策略可以分为被动管理策略和主动管理策略。区分这些策略的一种方法是分解投资组合经理希望产生的总实际收益率：

$$
\begin{aligned}
\text{总实际收益率} &= \text{预期收益率} + \text{阿尔法系数} \\
&= \underbrace{[\underbrace{\text{无风险利率} + \text{风险溢价}}_{\text{被动}}] + \text{阿尔法系数}}_{\text{主动}}
\end{aligned}
\tag{11.1}
$$

被动投资组合经理只试图获取与其投资组合风险水平一致的预期收益率。相比之下，主动投资组合经理试图构建实际收益率超过风险调整预期收益率的投资组合，从而"跑赢市场"。实际收益率与预期收益率之差通常被称为投资组合的**阿尔法系数**，它代表主动投资组合经理在投资过程中增加（如果为正）或减少（如果为负）的价值。

被动股票投资组合经理通常持有股票，因此投资组合的收益率将追踪基准指数的收益率。这种投资方法通常被称为指数化，投资组合经理不会试图产生阿尔法系数。虽然指数化通常被认为是一种长期买入并持有策略，但由于基准构成的变化和现金分配的再投资，偶尔需要重新平衡投资组合。然而，由于其目的是模拟某个指数，因此对被动投资组合经理的评判标准是他们跟踪目标的密切程度——最小化股票投资组合收益率与指数收益率之间的离差。

相反，主动股票投资组合经理试图使风险调整收益率超过股票基准的收益率。主动股票投资组合经理可以采用几种特定投资策略来实现该目标，但泛泛地讲，有两种主要方法可以提高阿尔法系数：战术性调整（例如，改变股票风格或行业投资时机）或证券选择（选股）技巧。看起来介于被动投资策略和主动投资策略之间的所谓混合型投资策略（例如，增强型指数）实际上只是股票投资组合经理采用的主动方法的温和变形。此外，对冲基金是通常追求"纯阿尔法系数"（或绝对收益率）策略的主动投资组合，对冲基金经理希望分离出收益率中的阿尔法系数；第 17 章将讨论这些策略。

在决定采用主动策略还是被动策略（或两者的某种组合）时，投资者必须权衡低成本但利润不那么亮眼的指数化投资与利润可能更高但几乎肯定会产生更高的管理费和交易成本的主动投资。夏普（1991）认为，这些较高的费用总会使主动投资成为较差的选择。索伦森、米勒和萨马克（Sorensen, Miller and Samak, 1998）指出，这种评估中的关键因素是投资组合经理的选股技巧，并表明对指数化配置的最优配置比例将随着管理技巧的提高而下降。奥尔福德、琼斯和温克尔曼（Alford, Jones and Winkelmann, 2003）支持该观点，他们认为采用严格的主动管理方法——他们称之为结构化投资组合管理——可能是对投资者而言最有效的方法。哈洛和布朗（Harlow and Brown, 2006）表明，许多投资者在主动管理和被动管理之间做出的选择决策归根到底取决于他们提前识别出优秀管理者的能力。最后，帕斯特、斯坦博和泰勒（Pastor，Stambaugh and Taylor，2015）表明，随着时间的推移，主动投资管理行业的技巧将逐渐纯熟。

图表 11-1 报告了美国股票市场和固定收益证券市场上近两年使用主动策略和被动策略的资金金额。这些数据是根据对近 1 000 名为客户管理资金的职业经理进行的调查整理而成。主要结论是，主动基金和被动基金都对投资者起到了重要作用。此外，虽然主动管理策略控制了最大比例的投资者财富，但被动管理投资产品的重要性增长速度要快得多。

图表 11-1　美国股票市场和固定收益证券市场中的主动管理与被动管理

策略	2016 年（亿美元）	2008 年（亿美元）	变化率（%）
主动股票投资组合	23 329	12 817	82.0
被动股票投资组合	21 534	7 891	172.9
主动固定收益证券投资组合	30 294	17 060	77.6
被动固定收益证券投资组合	6 394	2 112	202.7

资料来源：*Pensions & Investments Money Manager Directory*，May 29，2017，and May 30，2009.

11.2　股票投资组合被动管理策略概述

股票投资组合被动管理试图设计一组复制特定基准表现的股票。被动股票投资组合经理构建的投资组合密切跟踪满足客户需求和目标的特定股票指数的收益率，从中赚取费用。如果股票投资组合经理试图让投资组合的表现超越基准，那么他（她）显然违反了投资组合的被动前提。

第 4 章总结了被动股票投资组合经理可以复制的许多不同的市场指数。美国的国内股票市场指数包括标准普尔 500 指数、纳斯达克综合指数和威尔希尔 5000 指数。市场上还有不同股市板块的基准指数，例如小盘股指数（罗素 2000 指数）、价值型股票或成长型股票指数（罗素成长型指数和罗素价值型指数），众多世界发达地区的股市指数（例如摩根士丹利资本国际欧洲、澳大利亚和远东指数），以及较小国家的指数集合（新兴市场指数）。霍拉纳、内林和特拉斯特（Khorana，Nelling and Trester，1998）指出，随着被动投资越来越受欢迎，投资组合经理已经为几乎每个市场大类创建了指数基金。

在第 5 章中，我们提出了投资于被动股票投资组合的几个原因。一致证据表明，全世界的股票市场通常都相当有效。对于许多主动投资组合经理来说，很难压低试图跑赢市场的年成本（占投资组合资产的 1%～2%）。然而，采用被动投资组合策略也不是没有成本。由于不断有现金流流入和流出指数基金，还会发生改变基准本身构成的事件（例如，兼并、破产、指数再平衡），被动投资组合经理将需要买卖证券。这些交易意味着被动投资组合的表现迟早会落后于指数，即使投资组合经理出于其他原因将投资组合换手率降至最低。其表现低于指数的程度不等，发达股票市场的投资组合为 0.05%～0.25%，模仿流动性较差指数（例如新兴市场指数）的投资组合则最高可达 3%。

11.2.1　指数投资组合构建方法

构建被动指数投资组合有三种基本方法：完全复制法、抽样法和二次优化法。最显而易见的方法是**完全复制法**，即指数中所有证券均按照与其在指数中的权重相同的比例购买。这种方法有助于确保密切跟踪证券，但由于需要购买许多证券，交易成本将会增加，从而降低投资组合的绩效。此外，当许多公司在一年中的不同时间支付小额股利时，股利再投资也会导致高额交易费用。

第二种方法是**抽样法**，它解决了必须购买大量股票的问题。通过抽样，投资组合经理只需购买构成基准指数的代表性股票样本。指数权重较大的股票按其在指数中的权重买入；而购买指数权重较小的股票时，要使其总体特征（例如贝塔系数、行业名称、股息率）接近基准。购买的股票种类越少，可以持有的所购买的股票数量就越多，这将成比例地降低交易成本。抽样的缺点是投资组合收益率几乎肯定不会像完全复制的投资组合那样密切跟踪基准指数的收益率。

我们也可以不根据行业特征或证券特征获得样本，而是用**二次优化**（或编程）法构建被动投资组合。即关于价格变化和证券之间相关性的历史信息被输入计算机程序中，以确定投资组合的构成，使其与基准的收益率离差最小化。这种方法的一个问题是，它依赖于历史价格变化和相关性，如果这些因素随时间推移而发生变化，那么投资组合可能与基准出现非常大的差异。

有时，定制被动投资组合——被称为**完整基金**——是作为不覆盖整个市场的主动投资组合的补充。例如，一家大型养老基金可能将其持有的部分资金投资于预期表现优于市场的主动投资组合。很多时候，这些主动投资组合中某些市场部门或股票类型的权重过高。在这种情况下，养老基金发起人可能希望将剩余资金进行被动投资，以"填补"主动投资组合留下的空白。

例如，假设一家养老基金聘请了三位主动投资组合经理来投资其部分资金。第一位经理重点投资于美国小盘股，第二位经理只投资于环太平洋国家，第三位经理则投资于低市盈率的美国股票。为了确保充分多元化，养老基金可能希望将剩余资产被动投资于完整基金，该基金的定制化基准包括美国大盘股、美国中盘股、具有正常市盈率至高市盈率的美国股票以及环太平洋地区以外的国际股票。

针对具有某些独特需求和偏好的投资者，市场上还存在其他被动投资组合和基准。一些投资者可能希望其投资对象要么支付股利，要么生产被投资者认为对社会负责的产品或服务。迪亚利纳斯和村田（Dialynas and Murata, 2006）表明，可以建立反映这些所需属性的基准，并且可以构建被动投资组合来跟踪定制基准在一个时期内的表现，从而满足投资者的特殊需求。

11.2.2　跟踪误差与指数投资组合构建

如果构建被动投资组合的目标是复制特定的股票指数，那么这种投资组合的成功与否不在于它产生的绝对收益率，而在于其收益率与基准收益率的相似程度。也就是说，被动投资组合经理的目标应该是尽量降低投资组合相对于指数的收益率波动。换言之，投资组合经理应该尽量减少**跟踪误差**。

正如安曼和齐默尔曼（Ammann and Zimmermann，2001）所指出的，跟踪误差可以定义为被管理投资组合的收益率波动与基准的收益率波动不相关的程度。我们可以建立一种灵活直接的跟踪误差衡量方法。令：

w_i＝资产 i 在被管理投资组合中的投资权重

R_{it}＝第 t 期资产 i 的收益率

R_{bt}＝第 t 期基准投资组合的收益率

因此，被管理投资组合在第 t 期的收益率为：

$$R_{pt}=\sum_{i=1}^{N}w_iR_{it}$$

其中：N＝被管理投资组合中的资产数量。

根据这些定义，第 t 期被管理投资组合与基准的收益率差异为：

$$\Delta_t=\sum_{i=1}^{N}w_iR_{it}-R_{bt}=R_{pt}-R_{bt} \tag{11.2}$$

给定被管理投资组合和基准的收益率，Δ 为投资组合经理选择的 N 个投资权重的函数。此外，并非基准中的所有资产都需要包括在被管理投资组合中（即，某些资产的 $w=0$）。

对于有 T 个收益率观察值的样本，可以计算出 Δ 的方差，如下：

$$\sigma_\Delta^2=\frac{\sum_{t=1}^{T}(\Delta_t-\bar{\Delta})^2}{T-1} \tag{11.3}$$

最后，收益率之差的标准差为：

$$\sigma_\Delta=\sqrt{\sigma_\Delta^2}=期间跟踪误差$$

因此，年化跟踪误差（annualized tracking error，TE）的计算公式为：

$$TE=\sigma_\Delta\sqrt{P} \tag{11.4}$$

其中，P 为一年中的收益率期数（例如，$P=12$ 对应月收益率，$P=252$ 对应日收益率）。

假设投资者已经构建了一个旨在跟踪特定基准的投资组合。在过去八个季度中，该投资组合的收益率、指数收益率以及两者之间的收益率差异为：

时期	投资组合（%）	指数（%）	差异（Δ）（%）
1	2.3	2.7	−0.4
2	−3.6	−4.6	1.0
3	11.2	10.1	1.1
4	1.2	2.2	−1.0
5	1.5	0.4	1.1
6	3.2	2.8	0.4
7	8.9	8.1	0.8
8	−0.8	0.6	−1.4

投资组合相对于基准的收益率差异（"**德尔塔系数**"）的期间平均值和期间标准差为：

Δ 的平均值$=(-0.4\%+1.0\%+\cdots+0.8\%-1.4\%)\div 8=0.2\%$

$\sigma=\sqrt{(-0.4\%-0.2\%)^2+(1.0\%-0.2\%)^2+\cdots+(-1.4\%-0.2\%)^2}\div\sqrt{(8-1)}$
$\quad=1.0\%$

因此，投资组合在这两年期的年化跟踪误差为 $2.0\%(=1.0\%\times\sqrt{4})$。

一般而言，被动投资组合相对于其指数的跟踪误差与创建和维护投资组合所需的时间及费用之间存在反比关系。例如，完全复制标准普尔 500 指数的投资组合几乎没有跟踪误差，但需要创建 500 只不同股票的头寸，并且需要频繁重新平衡投资组合。随着使用的样本减小，构建被管理投资组合的费用会下降，但跟踪误差可能会增大。因此，被动股票投资组合经理的投资艺术在于平衡使用较小样本的成本（更大的跟踪误差）和收益（更容易管理、更低的交易佣金）。图表 11－2 估计了此类样本产生的跟踪误差。

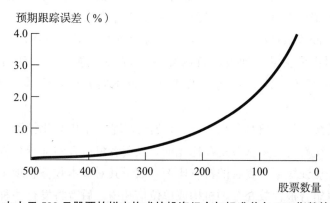

图表 11－2　由小于 500 只股票的样本构成的投资组合与标准普尔 500 指数的预期跟踪误差

奥尔福德、琼斯和温克尔曼（2003）还表明，跟踪误差是对基金投资风格进行分类的有用方法。他们认为，可以用以下图表，根据投资组合相对于基准的跟踪误差对投资组合经理进行分类：

投资风格	跟踪误差范围
被动	小于 1.0%（正常水平为等于或低于 0.5%）
结构化	1.0%～3.0%
主动	高于 3.0%（正常水平为 5.0%～15.0%）

资料来源：Andrew Alford，Robert Jones，Kurt Winkelmann，"A Spectrum Approach to Active Risk Budgeting," *Journal of Portfolio Management* 30，no. 1 (September 2003)：49-60.

根据他们记录的数据，结构化投资组合经理——可以被视为对容许的跟踪误差水平控制最严格的主动投资组合经理——的风险调整收益率往往高于投资策略允许其更偏离指数的主动投资组合经理。

11.2.3　投资于指数投资组合的方法

尽管投资者可以构建自己的被动投资组合来模拟特定股票指数，但在第 4 章中，我们讨论了至少两种可以用来实现该目标的现成方法，这些方法通常更方便、成本更低。它们是：（1）购买指数基金份额，或（2）购买交易所交易基金份额。

指数基金 正如我们将在本书后面（第 17 章）详细看到的，共同基金代表由专业投资公司（例如富达、先锋、普特南）管理的成熟证券投资组合，投资者可以参与投资。投资公司负责决定基金的管理方式。对于指数化投资组合，基金经理通常会尝试准确复制特定指数的构成，这意味着他（她）将完全按照在指数中所占的权重——对应地购买构成该指数的证券，然后在指数本身的构成变化时改变这些头寸。由于大多数股票指数都是偶尔才会发生变化，因此指数基金往往会产生较低的交易费用率和管理费用率。指数基金的一个突出例子是先锋 500 指数基金，它旨在模拟标准普尔 500 指数。图表 11-3 的 A 图概括介绍了该基金，并表明其历史收益率表现与基准收益率几乎没有区别，跟踪误差为 0.037%。

指数基金的优势在于它们为投资者提供了一种以低廉价格购买重点投资于目标市场或行业的分散化投资组合的方式。先锋 500 指数基金的年费用率仅为 0.14%，远低于典型的主动基金可能收取的 1.0% 年费用率。与任何共同基金一样，其缺点是投资者只能在交易日结束时出清头寸（即没有日内交易），通常不能卖空，且如果基金有卖出部分所持股票的不可预见需求，卖出股票将产生资本收益，这可能会产生不利的税收后果。

交易所交易基金 与指数基金相比，交易所交易基金是指数化投资产品领域的最新发展。从本质上讲，交易所交易基金是存托凭证，投资者将持有的证券存放在发放存托凭证的金融机构，存托凭证根据投资者的持有比例，赋予其对资本收益和现金流的索偿权。也就是说，证券投资组合被存放在金融机构或单位信托中，后者将发行一种代表基础投资组合所有权的单一类型证书。因此，交易所交易基金类似于第 2 章中介绍的美国存托凭证。

交易所交易基金有几个值得注意的例子，包括：（1）标准普尔 500 指数存托凭证（SPDR，有时被称为"spiders"），它们是基于该指数中的一篮子证券；（2）iShares，它重新创建了投资于多个全球发达股票市场和新兴股票市场的指数化头寸；（3）部门交易所交易基金，它投资于特定行业部门的一篮子股票，包括消费服务业、工业、科技业、金融服务业、能源业、公用事业和周期性行业/运输业。图表 11-4 显示了标准普尔 500 指数存托凭证的描述性数据和收益率数据。请注意，该交易所交易基金的费用率（即 0.95%）甚至低于指数基金的费用率。然而，由于跟踪误差为 0.507%，这些股票的收益率并不像先锋 500 指数基金那样密切跟踪指数。

与指数基金相比，交易所交易基金的一个显著优点是它可以像普通股一样通过有组织的交易所或场外交易市场进行买卖（和卖空）。此外，交易所交易基金由一家发起组织支持（例如，标准普尔 500 指数存托凭证的发起人是 PDR 服务有限责任公司，这是一家由洲际交易所公司全资所有的有限责任公司），该公司可以改变基础投资组合的构成，以反映指数构成的变化。它相较于指数基金的其他优点包括通常较低的管理费、可以在市场开放时持续交易以及可以控制发生资本利得税的时间。交易所交易基金的缺点包括需要缴纳经纪佣金和无法对股利进行再投资，除非按季度对股利进行再投资。

A. 简介

VFINX 美国　$资产净值225.53　+0.07　买价225.53

……6月16日

VFINX（美国股票）		报告		第1/4页　证券简介

1）概况　　2）表现　　3）持股情况　　4）组织

先锋500指数基金　　　　　　　　　　　　　　　　　　　　　目标　混合型大盘股

先锋500指数基金是美国注册成立的开放式基金。该基金旨在追踪以美国大公司股票为主的标准普尔500指数的表现。该基金将几乎所有资产投资于构成该指数的股票。

[FIGI BBG000BHTMY2]

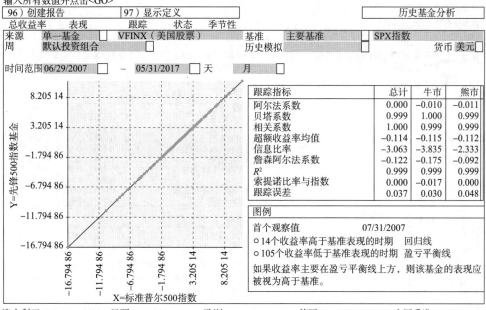

6）比较收益率		比较

2年期总收益率与指数
- SPX指数　　　19.253 7
- VFINX（美国股票）　18.102 6

2015　　　2017

7）资产净值　　　　　　225.530美元

资产　　2017年5月31日　　2 258.3亿美元

彭博分类	
基金类型	开放式基金
资产类别	股票
市值	大盘股
投资策略	混合型
重点投资国家	美国
一般属性	指数基金

表现	收益率（%）	百分位
1个月	1.54	67
年初至今	9.66	65
1年	19.41	63
3年	10.03	84
5年	14.87	74
价格来源	纳斯达克股票市场/……	

基金信息	
成立日期	1976年8月31日
股票类别	投资者
最低投资金额	3 000美元
最低续投金额	1美元
最低个人退休账户投资数据	N.A.
费用率	0.14%

费用率（%）	
前期费用	0
后期费用	0
提前撤资罚款	0
当期管理费	0.15
绩效费	N.A.
12b-1费用	0

澳大利亚 61 2 9777 8600　巴西 5511 2395 9000　欧洲 44 20 7330 7500　德国 49 69 9204 1210　中国香港 852 2977 6000
日本 81 3 3201 8900　新加坡 65 6212 1000　美国 1 212 318 2000　　　　　　版权归彭博财经所有，2017年
SN 335716 CDT GMT-5:00 G457-4046-0 2017年6月19日 15:29:24

B. 历史收益率表现

输入所有数值并点击<GO>

96）创建报告		97）显示定义		历史基金分析

总收益率	表现	跟踪	状态	季节性
来源	单一基金	VFINX（美国股票）	基准	主要基准	SPX指数
周	默认投资组合		历史模拟		货币 美元

时间范围 06/29/2007 □ － 05/31/2017 □ 天　　月 □

Y=先锋500指数基金

| | 8.205 14 |
| 3.205 14 |
| -1.794 86 |
| -6.794 86 |
| -11.794 86 |
| -16.794 86 |

-16.794 86　-11.794 86　-6.794 86　-1.794 86　3.205 14　8.205 14

X=标准普尔500指数

跟踪指标	总计	牛市	熊市
阿尔法系数	0.000	-0.010	-0.011
贝塔系数	0.999	1.000	0.999
相关系数	1.000	0.999	0.999
超额收益率均值	-0.114	-0.115	-0.112
信息比率	-3.063	-3.835	-2.333
詹森阿尔法系数	-0.122	-0.175	-0.092
R^2	0.999	0.999	0.999
索提诺比率与指数	0.000	-0.017	0.000
跟踪误差	0.037	0.030	0.048

图例

首个观察值　　　　　07/31/2007

○14个收益率高于基准表现的时期　回归线

○105个收益率低于基准表现的时期　盈亏平衡线

如果收益率主要在盈亏平衡线上方，则该基金的表现应被视为高于基准。

澳大利亚 61 2 9777 8600　巴西 5511 2395 9000　欧洲 44 20 7330 7500　德国 49 69 9204 1210　中国香港 852 2977 6000
日本 81 3 3201 8900　新加坡 65 6212 1000　美国 1 212 318 2000　　　　　　版权归彭博财经所有，2017年
SN 335716 CDT GMT-5:00 G457-4046-0 2017年6月19日 15:33:38

图表 11-3　先锋 500 指数信托共同基金详情

资料来源：版权归彭博有限合伙企业所有，2017 年。

A. 简介

SPY 美国	$ ↑ 244.66	+2.02		T244.64/244.64P	26×1071
..... 15:10	成交量 62 705 728股	0	24.359万	最高点244.73Y 最低点243.48Y	价值153.15亿

SPY（美国股票）	报告			第1/5页	证券简介：交易所交易基金

（1）概况　　（2）表现　　（3）持股情况　　（4）配置　　（5）组织

标准普尔500指数存托凭证交易所交易基金	目标　　大盘股

标准普尔500指数存托凭证交易所交易基金是在美国注册成立的交易所交易基金。该交易所交易基金追踪标准普尔500指数，由代表标准普尔500指数中全部500只股票的投资组合组成。它主要持有美国大盘股。该交易所交易基金的结构为单位投资信托，且每季支付股利。它持有的股票按市值加权。[FIGI BB G000BDTBL9]

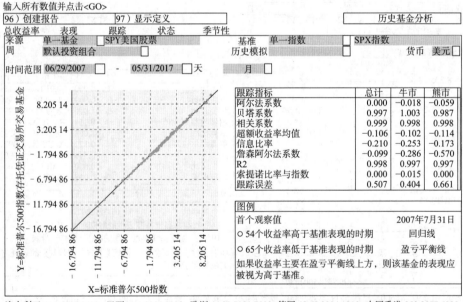

6）比较收益率	比较	彭博分类		投资策略	
		基金类型	交易所交易基金	杠杆	否
		资产类别	股票	主动管理	否
		市值	大盘股	基于互换	否
				基于衍生品	否
		投资策略	混合型	货币对冲	否
				复制策略	完全
		重点投资国家	美国	证券借出	否

7）价格	244.66美元	交易数据		特征	
8）资产净值 2017年6月16日	242.65美元	买卖价差	0	11）基础指数	SPXT
指示性资产净值	244.67美元	30天平均成交量	7 060万	指数权重	市值
基金手续费百分比	−0.012%	10）隐含波动性	4 100万	价格跟踪误差	0.380
52周高点 2017年6月9日	245.01美元	市值	2 393.2亿美元	资产净值跟踪误差	0.024
52周低点 2016年6月9日	198.65美元	流通股	9.782亿美元	开始日期	1993年1月22日
9）期权	是	总资产	2 373.5亿美元	费用率	0.095%

澳大利亚 61 2 9777 8600　巴西 5511 2395 9000　欧洲 44 20 7330 7500　德国 49 69 9204 1210　中国香港 852 2977 6000

日本 81 3 3201 8900　　　新加坡 65 6212 1000　　　美国 1 212 318 2000　　　版权归彭博财经所有，2017年

SN 335716 CDT GMT－5:00 G457－4046－0 2017年6月19日 15:29:48

B. 历史收益率表现

输入所有数值并点击<GO>

96）创建报告	97）显示定义		历史基金分析

总收益率	表现	跟踪	状态	季节性

来源	单一基金	□SPY美国股票	基准	单一指数	□SPX指数
周	默认投资组合	□	历史模拟		货币 美元□

时间范围 06/29/2007 □ － 05/31/2017 □天　月□

跟踪指标	总计	牛市	熊市
阿尔法系数	0.000	−0.018	−0.059
贝塔系数	0.997	1.003	0.987
相关系数	0.999	0.998	0.998
超额收益率均值	−0.106	−0.102	−0.114
信息比率	−0.210	−0.253	−0.173
詹森阿尔法系数	−0.099	−0.286	−0.570
R2	0.998	0.997	0.997
索提诺比率与指数	0.000	−0.015	0.000
跟踪误差	0.507	0.404	0.661

图例	
首个观察值	2007年7月31日
○54个收益率高于基准表现的时期	回归线
○65个收益率低于基准表现的时期	盈亏平衡线
如果收益率主要在盈亏平衡线上方，则该基金的表现应被视为高于基准。	

澳大利亚 61 2 9777 8600　巴西 5511 2395 9000　欧洲 44 20 7330 7500　德国 49 69 9204 1210　中国香港 852 2977 6000

日本 81 3 3201 8900　　　新加坡 65 6212 1000　　　美国 1 212 318 2000　　　版权归彭博财经所有，2017年

SN 335716 CDT GMT－5:00 G457－4046－0 2017年6月19日 15:33:00

图表 11-4　标准普尔 500 指数存托凭证交易所交易基金详情

资料来源：版权归彭博有限合伙企业所有，2017 年。经许可重印。

11. 3　股票投资组合主动管理策略概述

　　股票投资组合主动管理的目标是获得超过被动基准投资组合的（扣除交易成本后）风险调整收益率。主动股票投资组合经理的工作并不轻松。如果每年的交易成本和费用总计占投资组合资产的 1.5％，则投资组合必须获得比被动基准投资组合高 1.5 个百分点的收益率才能跟上它的表现。此外，如果投资组合经理的策略包括在预期价格上涨时增持特定市场部门的股票，则主动投资组合的风险可能会超过被动基准投资组合的风险，因此主动投资组合的收益率必须超过基准投资组合收益率更大幅度，才能补偿这部分风险。

　　图表 11‐5 显示了在截至 2016 年的 15 年期间，年收益率超过标准普尔 500 指数年收益率的美国共同基金所占的百分比。在此期间的大部分时间里，普通基金经理都无法跑赢大盘指数；在这 15 年的 12 年中，收益率超过该指数的主动基金比例低于 50％。然而，该图表还表明，跑赢市场的主动投资组合经理的百分比从未为零，平均接近 36％，鉴于截至 2016 年年末有超过 3 200 只美国国内股票基金，这一点值得注意。事实上，布朗和格茨曼（Brown and Goetzmann，1995）以及陈、杰加迪西和沃尔莫斯（Chen, Jegadeesh and Wermers，2000）提供的实证表明，基金经理拥有明显的选股技巧，这可以转化为卓越而持久的投资收益率。

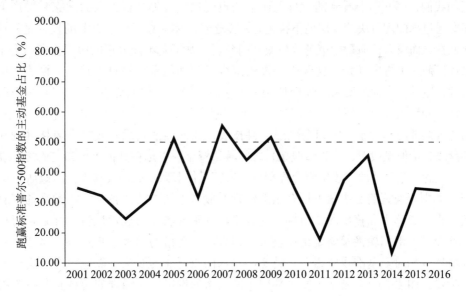

图表 11‐5　主动共同基金与标准普尔 500 指数的表现

资料来源：标准普尔道琼斯指数有限责任公司，SPIVA 美国评分卡，2016 年；作者的计算结果。

　　图表 11‐6 概括介绍了投资经理在构建投资组合时可能采用的不同策略，以及每种投资策略所基于的投资理念。我们刚刚考察的被动投资策略（至少隐含地）是基于资本市场有效的概念，因此应该投资于股票投资组合以模拟广义指数，而不应该主动交易。然而，主动管理是指管理者实际上押注市场并非完全有效的管理方式。为方便起见，图表 11‐6

将主动管理策略分为三大类：（1）基本面分析策略，（2）技术分析策略，（3）因素、证券属性和市场异常策略。

图表 11 - 6　股票投资组合的投资理念与策略

被动管理策略

1. 有效市场假说

　买入并持有

　指数化

主动管理策略

2. 基本面分析策略

　自上而下法（例如，资产类别轮换、部门轮换）

　自下而上法（例如，股票价值低估/高估）

3. 技术分析策略

　逆势（例如，过度反应）

　顺势（例如，价格动量）

4. 因素、证券属性和市场异常策略

　证券特征因素（例如，市盈率、市净率、利润动量、公司规模）、投资风格因素（例如，价值型、成长型、波动率、公司质量）、日历效应（例如，周末效应、一月效应）、信息效应（例如，被忽略公司效应）

11.3.1　基本面分析策略

正如我们在第 9 章中看到的，自上而下的投资过程首先分析大致的国家和资产类别配置，其次通过部门配置决策逐层向下推进，直至选择具体证券。自下而上的投资过程只是强调选择证券，而没有任何初始市场分析或部门分析。基于基本面分析的股票投资组合主动管理可以从任何一个方向开始，这取决于投资组合经理如何看待相对于其估值模型的错误定价。通常，主动基本面投资组合经理使用三大主题：第一，他们可以根据大致的市场预测，将资金转入和转出股票、债券和国库券，从而把握对股票市场的投资时机。第二，他们可以在不同的股票部门和行业（例如金融股、科技股、周期性消费股）或投资风格（例如大盘股、小盘股、价值型股票、成长型股票）之间转移资金，以抢在其他市场参与者之前抓住下一个热门概念。第三，股票投资组合经理可以考察具体股票，试图找到价值被低估的股票。

资产类别轮换策略是指根据投资组合经理对股票市场与其他各种资产类别的相对价值的看法，将资金移入和移出股票市场。这种策略的正式名称为**战术性资产配置**，将在本章后面详细介绍。**部门轮换策略**是指调整投资组合以利用市场的下一步走势。这通常意味着强调或增持（相对于基准投资组合）特定经济部门或行业的股票，以应对经济周期的下一个预期阶段。图表 11 - 7 显示了使用部门轮换策略的投资组合经理如何调整其投资组合以利用经济周期中的股市趋势。

一般而言，资产类别轮换策略和部门轮换策略可能利润极高，但对于投资组合经理而言，采用这些策略的风险也很大。图表 11 - 8 显示了这一点，该图表逐一列出了 1997—2016 年多个资产类别和部门类别的年收益率，显示出这一时期的巨大波动性。例如，债券是 2011 年表现最好的资产类别，但在这之前两年和接下来两年中是表现最差的资产类别。相反，成长型大盘股是前三年（1997—1999 年）表现最好的板块之一，但此后几年该板块表现很差。

这显示出的信息很清楚：虽然通过正确选择投资于最热门（或最冷门）市场部门的投资时机可以获得高收益，但投资组合经理的正确概率必须远远大于错误概率。由于极难始终做到这一点，因此许多投资者都认为图表 11-8 归根结底彰显了资产和部门类别分散化的优点。

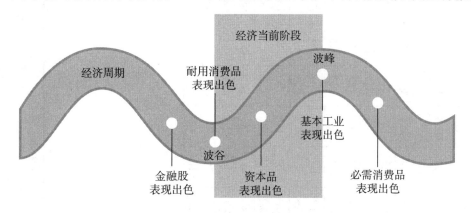

图表 11-7　股市与经济周期

资料来源：Susan E. Kuhn, "Stocks Are Still Your Best Buy," *Fortune* 21 March 1994，140. 版权归时代公司所有，1994 年。

采用自下而上法的基本面选股者将构建一个股票投资组合，这些股票的买价可能远远低于估值模型所表明的价值。正如第 8 章所讨论的，这些估值模型可能是基于对公司未来的绝对评估（即贴现现金流）或对股票相较于其他类似公司的吸引力的相对评估（即相对价格倍数）。在任何一种情况下，主动投资组合经理都会发现选股是一种比市场择时投资更可靠但利润更低的投资方式。

基本面股票管理的一个有趣趋势是所谓 **130/30 策略**的兴起。使用这种策略的基金可以持有不超过投资组合初始资本 130% 的多头，以及不超过投资组合初始资本 30% 的空头。相对于"只做多"的投资组合，这些增强型主动基金让投资组合经理可以通过两种方式利用其专业知识。第一，正如雅各布斯和利维（Jacobs and Levy，2007）所指出的，使用空头创造了使多头突破初始资本限制所需的杠杆，这可能会同时增加基金相较于基准的风险和预期收益率。第二，130/30 策略使投资组合经理能充分利用其基本面研究来购买他们认为价值被低估的股票并做空价值被高估的股票。因此，这些策略扩展了投资者利用现有阿尔法机会的方式。

11.3.2　技术分析策略

之前，我们讨论了技术分析在股票估值过程中的作用。正如我们所见，评估过去的股价趋势隐含的未来价格走势是这种分析方法的主要工具之一。主动投资组合经理可以假设将发生以下两种情况之一，并根据历史股价趋势构建股票投资组合：（1）过去的股价趋势将保持方向不变，或者（2）过去的股价趋势将自行逆转。

逆势投资策略是基于以下观点：买入（卖出）股票的最佳时间是大多数其他投资者最看跌（看涨）股票的时间。逆势投资者总是试图在股价接近最低价时买入股票，在股价接近最高价时卖出（甚至卖空）股票。他们认为股票收益率是均值回归的，这意味着从长期看，股价水平应产生与其风险调整后预期（或平均）收益率一致的收益率。

图表 11－8　资产和部门类别的收益率表现（1997—2016 年）（%）

1997	1998	1999	2000	2001	2002	2003	2004	2005	2006	2007	2008	2009	2010	2011	2012	2013	2014	2015	2016
LV 35.2	LG 38.7	SG 43.1	SV 22.8	SV 14.0	B 10.1	SG 48.5	SV 22.2	F 13.8	F 26.6	LG 11.8	B 7.0	LG 37.2	SG 28.9	B 7.9	SV 17.9	SG 43.2	LV 13.3	LG 5.6	SV 31.2
L 32.9	L 27.0	LG 33.2	B 11.6	B 8.4	SV -11.4	S 47.3	F 20.3	LV 7.1	SV 23.7	F 11.6	SV -28.9	SG 34.5	S 26.6	LG 2.6	F 17.6	S 38.6	L 13.1	L 0.9	S 21.0
SV 31.8	F 20.3	F 27.4	LV 7.0	S 2.5	F -15.3	SV 46.0	S 18.3	L 6.3	LV 22.4	SG 7.1	S -33.8	F 31.6	SV 24.2	L 1.5	LV 17.3	SV 34.2	LG 12.9	B 0.5	LV 17.0
LG 30.5	LV 15.6	S 21.3	S -3.0	LV -5.6	LV -15.5	F 38.3	LV 16.5	LG 5.3	S 18.4	B 7.2	LV -36.8	L 28.5	LG 16.5	LV 0.4	L 16.3	LG 33.2	B 5.9	F -0.1	L 11.9
S 22.4	B 8.7	L 20.9	L -7.8	SG -9.2	S -20.5	LV 30.0	SG 14.3	SV 4.8	L 15.5	L 5.8	L -37.6	S 27.2	L 15.8	SG -2.9	S 16.3	L 32.8	SG 5.6	SG -1.3	SG 11.2
SG 12.9	SG 1.2	LV 7.3	F -13.7	L -12.5	L -21.7	L 29.9	L 11.4	S 4.6	SG 13.4	LV -0.1	LG -38.4	SV 20.6	LV 15.2	S -4.2	LG 15.2	LV 32.2	S 4.8	LV -3.8	LG 7.0
B 9.6	S -2.5	SV -1.5	SG -22.4	LG -20.4	LG -27.9	LG 29.7	LG 6.3	SG 4.2	LG 9.1	S -1.6	SG -38.5	LV 19.7	F 8.0	SV -5.5	SG 14.6	F 23.0	F 4.1	S -4.3	B 2.7
F 2.2	SV -6.5	B -0.8	LG -22.4	F -20.8	SG -30.3	B 4.2	B 4.5	B 2.6	B 4.3	SV -9.8	F -41.9	B 5.1	B 6.3	F -11.3	B 4.2	B -2.0	SV -4.2	SV -7.4	F 1.5

图例：
L＝大盘股
LG＝成长型大盘股
LV＝价值型大盘股
S＝小盘股
SG＝成长型小盘股
SV＝价值型小盘股
F＝外国股票
B＝债券

（罗素 1000 指数）
（罗素 1000 成长型指数）
（罗素 1000 价值型指数）
（罗素 2000 指数）
（罗素 2000 成长型指数）
（罗素 2000 价值型指数）
（摩根士丹利资本国际欧洲、澳大利亚和远东指数）
（花旗集团广义投资级债券指数）

资料来源：弗兰克·罗素公司（Frank Russell Company）。

德邦特和塞勒（DeBondt and Thaler，1985）证明了基于这个概念构建主动投资组合的潜在好处。他们表明，根据过度反应假设进行投资可以持续提供卓越收益率。图表 11-9 总结了他们的实验，他们衡量了过去三年市场表现最差的股票投资组合（"输家"）和市场表现最好的股票投资组合（"赢家"）的收益率。如果投资者对公司的坏消息或好消息反应过度，正如德邦特和塞勒所认为的那样，我们应该看到异常收益率随后朝相反方向变化。图表中显示的累计异常收益率似乎支持这一观点，尽管关于输家的实证比关于赢家的实证更有力。

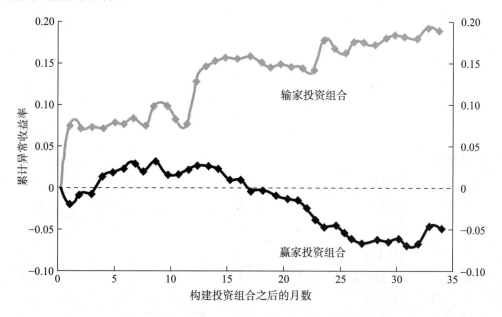

图表 11-9　市场过度反应投资策略的异常收益率

资料来源：Werner F. M. DeBondt and Richard Thaler，"Does the Stock Market Overreact?" *Journal of Finance* 40，no. 3（July 1985）：793-805. 数据来自布莱克韦尔出版社（Blackwell Publishing）。

另一个极端情况是，假设近期将延续历史价格趋势，投资组合经理也可以构建主动投资组合。通常所说的**价格动量**策略假设已经是热门的股票将继续为热门，而冷门股票也将保持为冷门。尽管这些趋势延续下去很可能有合理的经济原因（例如，公司收入和利润的增长速度继续快于预期），但也可能是投资者偶尔对新信息反应不足。因此，纯价格动量策略只关注历史价格趋势，并相应做出买卖决策。

阿斯内斯、莫斯科维茨和佩德森（Asness，Moskowitz and Pedersen，2013）研究了这种方法在美国、英国、欧洲和日本这四个不同的全球市场中的盈利能力。他们使用 40 年的数据，根据过去 12 个月的价格变化将在这些市场上交易的所有股票分为三个不同的投资组合，然后计算下一年的收益率。图表 11-10 的表 A 显示了每个市场上每个投资组合的平均收益率和标准差，从最差的历史价格趋势（P1）到最好的历史价格趋势（P3）均包括在内。在所有四个市场中，数据都强有力地证明了价格动量策略的合理性，因为正如持续为正（P3—P1）的收益率之差所示，具有最高（最低）价格动量水平的投资组合产生了最高（最低）的后续收益率。另外请注意，高动量投资组合的波动性水平类似于或低于低动量投资组合的波动性水平。最后，最后一列（标为"因素投资组合"）显示，买入趋势最好的股票并卖出趋势最差的股票的动量对冲基金也将获得可观利润。

图表 11 - 10　全球市场上价格动量股票投资组合与价值型股票投资组合的表现（%）

市场		P1（最低）	P2	P3（最高）	P3－P1	因素投资组合
A. 价格动量投资组合						
美国股票： 1972.1—2011.7	平均收益率	8.8	9.7	14.2	5.4	7.7
	标准差	18.6	14.8	18.5	16.4	17.0
英国股票： 1972.1—2011.7	平均收益率	9.2	13.8	15.2	6.0	7.2
	标准差	24.9	22.7	23.7	15.9	15.0
欧洲股票： 1974.1—2011.7	平均收益率	9.2	13.3	17.3	8.1	9.8
	标准差	20.6	17.5	19.0	14.7	13.1
日本股票： 1974.1—2011.7	平均收益率	8.4	9.9	10.1	1.7	2.2
	标准差	23.5	20.6	23.1	18.6	16.5
B. 价值型投资组合						
美国股票： 1972.1—2011.7	平均收益率	9.5	10.6	13.2	3.7	3.9
	标准差	17.9	15.4	15.9	12.8	14.8
英国股票： 1972.1—2011.7	平均收益率	10.8	12.5	15.3	4.5	5.5
	标准差	18.6	19.7	20.3	13.4	14.4
欧洲股票： 1974.1—2011.7	平均收益率	11.8	14.6	16.7	4.8	5.2
	标准差	18.3	18.0	19.8	11.5	9.7
日本股票： 1974.1—2011.7	平均收益率	2.6	8.2	14.2	12.0	10.2
	标准差	23.6	22.1	21.8	15.3	13.2

资料来源：Clifford S. Asness, Tobias J. Moskowitz, and Lasse Heje Pedersen, "Value and Momentum Everywhere," *Journal of Finance* 53, no. 6（June 2013）：929 - 985. 经布莱克韦尔出版社的许可转载。

11.3.3　因素、证券属性和市场异常策略

近年来日益流行的一种投资组合策略是**因素投资**。因素投资策略的主要思想是让投资组合经理构建重点投资于具有某些特征的证券——例如公司规模、相对估值、低收益率波动性、动量或公司质量——的投资组合。与按照指数中的股票市值加权的传统基准投资组合相比，这些投资组合被认为会产生更高的风险调整收益率。与按特征（或称因素）投资的投资组合相关的风险溢价使投资者能获得比持有传统被动指数基金更高的收益率，并实现更优的分散化。[①]

图表 11 - 11 说明了这个想法，该图表是基于布利茨（Blitz，2015）的分析。请回忆第 7 章中对风险和预期收益率的多因素模型的讨论，这些因素投资组合中的许多因素（例如，公司规模、相对估值、动量、公司质量）也是扩展版资本资产定价模型中的风险因

---

① 洪（Ang，2014）对因素投资做了精彩而全面的概述。

素。因此，基于因素的投资方法可以被视为一种**增持**或**减持**风险模型中的各种系统性风险敞口，以期使该投资组合绩效超越传统市场投资组合基准的方法。使用这种方法时投资组合经理会随着市场条件的波动对这些系统性风险进行调整，这使因素投资成为一种主动投资组合策略，这也是它有时被称为**智能贝塔系数**投资方法的原因。

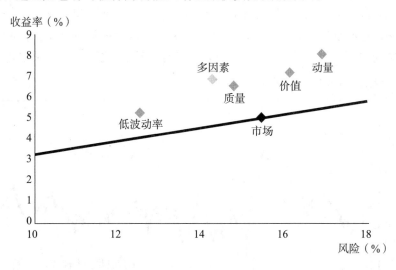

图表 11 - 11　股票因素的历史表现

资料来源：“Factor Investing：Made Simple Guide.” Pension and Lifetime Savings Association，May 2017. Based on David Blitz，“Factor Investing Revisited，” *Journal of Index Investing* 6，no. 2（Fall 2015）：7 - 17.

有两个特征通常被用作构建因素投资组合的基础，它们是公司流通股的总市值（公司规模）和用各种财务比率（例如，市盈率、市净率）表示的公司相对估值。随着时间的推移，市值较小的公司通常会比市值较大的公司产生更大的风险调整收益率。此外，随着时间的推移，市盈率和市净率较低的公司将比市盈率和市净率较高的公司产生更大的风险调整收益率。事实上，我们在第 7 章中看到，实践中分别用这些比率的低和高来定义价值型股票和成长型股票。

这些公司特定属性在因素投资方法中可能很重要的另一个原因是，之前在轮换策略中考虑的"部门"一词也可以由不同的股票属性定义。由于市场似乎更偏好某些属性，因此部门轮换可能需要增持具有某些特征的股票，例如小盘股或大盘股，或者更一般地说，价值型股票或成长型股票。例如，图表 11 - 12 的图 A 显示了 1991—2016 年每月投资于小盘股和大盘股的投资组合的收益率差异。该图显示了大盘股投资组合收益率减去小盘股投资组合收益率的结果，因此横轴上方的净收益率表示前者表现优于后者的时期。请注意在此时期发生的持续公司规模轮换和收益率价差；大盘股和小盘股均有在某些月份表现优于对方 30％ 以上的情况。但是请记住，小盘股的风险几乎总是比大盘股高。这在图表 11 - 12 的图 B 中显示为大盘股投资组合和小盘股投资组合的标准差之差。

类似分析揭示出围绕财务比率（例如市净率）构建主动全球投资组合的潜在好处。除了对动量因素投资的分析之外，阿斯内斯等（2013）还根据美国、英国、欧洲和日本的相对价值因素分析了投资组合的表现。在 40 年的样本期内，他们根据市净率将每个市场的股票分为三个投资组合，市净率最低的股票（P3）被标为价值型股票，而市净率最高的股票（P1）被标为成长型股票。他们还计算了价值因素投资组合的收益率，该投资组合由价值型股票的多头和成长型股票的空头组成。图表 11 - 10 的表 B 表明，随着时间的推移，价值因素投资组合的收益率显著高出一筹。在美国、英国和欧洲市场，低市净率股票和高市净率股票的年收益率之差（P3－P1）以及价值因素投资组合的收益率平均在 3.7％和 5.5％之间，而日本的可比数字分别为 12.0％和 10.2％。然而，尽管这个结论并非一致适用于所有市场，这些低比率投资组合有时比高比率投资组合的波动性更高。我们很快就会看到，这些结论对于理解价值型投资风格和成长型投资风格之间的差异很重要。

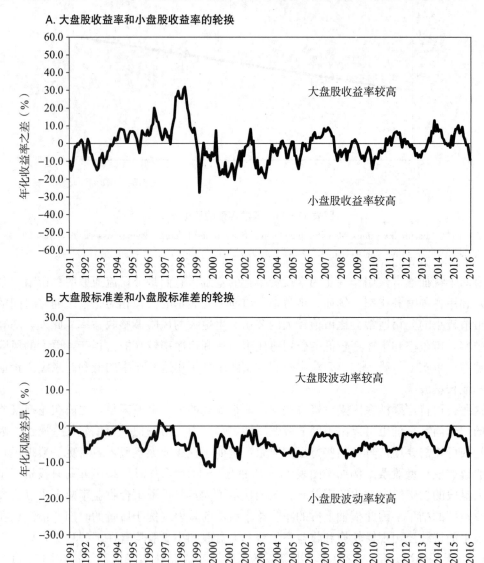

图表 11 - 12　大盘股投资组合和小盘股投资组合的表现（1991—2016 年）

资料来源：罗素 1000 指数和罗素 2000 指数的 12 个月滚动收益率。

动量是另一个可以构成因素投资组合基础的特征。如上所述，价格动量策略可能基于纯价格趋势分析，也可能由公司的经济基本面支持。**利润动量**策略是一种更正式的主动投资组合方法，它是指购买利润加速增长的股票并卖出（或卖空）利润令人失望的股票。这种策略背后的理念是，一家公司的股价最终将与利润同向变化，这是衡量公司经济成功与否的一个指标。在判断公司利润的动量程度时，投资者通常会比较公司的实际每股利润与预期每股利润。投资者最常使用两类预期利润：（1）由统计模型生成的预期利润和（2）专业股票分析师的一致预测。陈、杰加迪西和拉克尼肖克（Chen, Jegadeesh and Lakonishok, 1999）表明，利润动量策略有可能成功，尽管成功程度通常与价格动量策略不同。

最后，主动投资策略也可能基于人们认为金融市场会定期发生的异常现象。在第 5 章对市场效率的分析中，我们看到了周末效应和一月效应，这两种效应都属于在一年中的特定时间进行投资的异常现象。虽然在概念上是可行的，但这些异常现象不会产生特别有效的投资组合策略。也就是说，只在 1 月份投资股票的投资组合经理不太可能证明他们收取的年费是合理的，而周末效应隐含的交易数量（即每周一买入，每周五卖出）通常会导致投资组合不具有成本效益。然而，无论能否根据这些与日历相关的异常现象构建成功的主动投资组合，它们对于投资者计划进行的交易来说仍然是有用的规则。

11.3.4　构建基于动量的股票投资组合：两个例子

正如我们刚刚看到的，在股票投资组合主动管理中，动量投资可能涉及两种动量：价格动量和利润动量。然而，采用这些策略的理由截然不同——价格动量是一种经常用于因素投资的技术策略，而利润动量归根到底是一种基本面投资方法——所以它们会形成类型截然不同的投资组合也就不足为奇了。也就是说，价格动量投资者可能被始终有强劲的正收益率的股票所吸引，无论为何会产生这种正收益率。相比之下，利润动量投资者很可能被利润超过市场预期的公司所吸引，即使过去的收益率为负。

为了从更具体的角度分析这些差异，我们对近期标准普尔 500 指数中的股票进行了两次独立的计算机筛选。首先，按照过去 6 个月的收益率从高到低排列股票，该特征可能会吸引价格动量投资者。其次，在第二次筛选中，根据上一年的盈利意外（公司实际利润与专业股票分析师的一致预测之间的百分比差异）从高到低排列股票，这是利润动量投资者感兴趣的信息。图表 11 - 13 显示了每次筛选出的 10 只排名最高的股票的财务数据。

图表 11 - 13　从标准普尔 500 指数中选出的 20 只基于动量的股票的财务数据

公司	股票代码	当期每股利润（美元）	下一年的预测每股利润（美元）	当期市盈率	3 个月期总收益率（%）	6 个月期总收益率（%）	12 个月期总收益率（%）	1 年期每股盈利意外（实际值与估计值之差）（%）	估计PEG
价格动量股票									
英伟达公司（NVIDIA CORP）	NVDA	2.60	3.92	41.26	−2.33	65.34	213.26	4.12	3.45
联合租赁公司（UNITED RENTALS）	URI	6.04	10.18	19.99	11.81	59.92	96.14	4.43	0.86
CSX 公司（CSX CORP）	CSX	1.80	2.37	25.60	26.28	56.96	82.30	−0.72	2.58

续表

公司	股票代码	当期每股利润（美元）	下一年的预测每股利润（美元）	当期市盈率	3个月期总收益率（%）	6个月期总收益率（%）	12个月期总收益率（%）	1年期每股盈利意外（实际值与估计值之差）（%）	估计PEG
美国银行（BANK OF AMERICA）	BAC	1.46	2.10	15.78	2.38	49.61	71.85	−1.62	1.10
网飞（NETFLIX）	NFLX	0.42	2.39	337.71	12.94	47.84	42.42	17.77	2.66
高盛集团	GS	16.95	21.65	13.68	−3.51	41.24	52.56	6.24	0.96
西南航空公司（SOUTHWEST AIRLINES）	LUV	3.73	4.62	14.03	3.99	41.17	18.93	1.60	1.45
皇家加勒比邮轮（ROYAL CARIBBEAN CRUISES）	RCL	5.98	8.05	16.61	18.52	40.41	38.58	0.18	0.78
波音公司	BA	10.37	10.15	17.09	13.30	36.72	37.84	1.64	1.38
保德信金融集团（PRUDENTIAL FINANCIAL）	PRU	8.33	11.08	12.66	0.01	33.14	49.55	1.20	1.19
	平均值	5.77	7.65	51.44	8.34	47.23	70.34	3.48	1.64
利润动量股票									
美光科技（MICRON TECHNOLOGY）	MU	0.77	3.44	34.28	13.80	51.43	148.54	93.55	0.84
沃那多房地产信托公司（VORNADO REALTY TRUST）	VNO	1.65	2.38	61.80	0.05	−0.10	15.14	90.59	7.48
哈利伯顿（HALLIBURTON）	HAL	−0.05	2.86	N/A	−9.05	19.61	44.06	55.56	1.54
冠城国际（CROWN CASTLE INTERNATIONAL）	CCI	1.20	1.49	77.78	7.73	−0.17	13.05	41.38	3.48
三级通信公司（LEVEL 3 COMMUNICATIONS）	LVLT	1.43	1.78	39.10	−1.27	17.90	9.30	23.00	4.82
安德玛（UNDER ARMOUR）	UAA	0.60	0.52	31.49	−35.20	−51.89	−55.67	17.94	2.28
纽柯钢铁公司（NUCOR CORP）	NUE	2.33	4.14	26.30	0.24	27.24	37.01	14.53	1.78
额外空间存储公司（EXTRA SPACE STORAGE）	EXR	2.90	2.74	26.03	2.07	−3.62	−12.04	14.03	3.79
有限品牌公司（L BRANDS）	LB	3.74	3.47	12.84	−27.18	−34.85	−41.59	10.22	1.71
埃克森美孚（EXXON MOBIL）	XOM	2.36	4.70	34.63	−8.93	−0.13	1.22	9.45	1.47
	平均值	1.69	2.75	38.25	−5.77	2.54	15.90	37.02	2.92

资料来源：作者的计算结果。

最有可能包含在价格动量投资组合中的股票都具有以下特征，即它们在过去 6 个月至 1 年期间价格强劲上涨。然而，这些证券之间似乎没有其他相似之处。尤其是，其中两只上市股票的盈利意外实际上为负，尽管这些公司的平均每股利润预计将从 5.77 美元升至 7.65 美元。因此，价格动量投资者赌的是历史价格趋势将延续下去，其原因更可能与其他投资者的心理而不是公司本身的基本经济状况有关。

采用利润动量策略的投资组合经理将被利润持续超过分析师预期的公司的股票所吸引。图表 11-13 底部的 10 只股票在过去一年都展示出这种能力。此外，其中 7 只股票的预测未来利润水平高于当期利润。然而，其中一些股票在过去 12 个月的某个时点上也出现极低的收益率或负收益率，这可能意味着该股票过去曾在其他某个方面令投资者失望。尽管如此，利润动量投资者仍然认为，对于基本经济状况允许股价超出预期的公司，其股价最终会上涨以反映这种绩效。因此，利润动量投资组合的交易策略很简单：买入（并持有）具有正利润动量的股票，并在该动量恶化或转为负值时卖出这些股票。

最后还要提到两点。首先，请注意没有股票在价格动量筛选和利润动量筛选中都排在前列。这支持了之前的观察结果，即这两种主动策略往往会产生不同的股票组合。其次，图表 11-13 中列出的股票是用完全机械的方法选择出来的，没有掺入专业资金经理的额外观点，后者可能会出于多种原因推翻计算机筛选结果。例如，遵循"以合理价格增长"原则的利润动量投资组合经理可能更青睐有正盈利意外，并且与 PEG 比率显示更昂贵的股票（图表 11-13 中的 VNO 和 LVLT）相比 PEG 比率较低的股票（图表 11-13 中的 MU 和 XOM）。

11.3.5 税收效率和股票投资组合主动管理

主动管理股票投资组合的主要目的是产生超过被动基准的收益率。当然，为了实现这个目标，主动投资组合经理必须构建一个不同于该指数的投资组合，这通常需要经常交易股票。与被动管理的股票投资组合相比，这些额外的股票交易有两种潜在成本：第一，主动投资组合会产生额外交易成本，这会降低投资组合的净收益率。第二，出售价格上涨的股票将产生资本收益，投资者可能需要为此纳税。

高交易费用对收益率的负面影响由所有投资者共同承担，但只有在应税账户中持有投资组合的投资者关心主动管理股票投资组合的税收后果。许多投资者——养老基金、大学捐赠基金或有递延纳税退休计划的个人——不必担心为主动投资组合经理的交易缴纳额外税款。赖兴施泰因（Reichenstein，2006）以及霍兰和阿德勒（Horan and Adler，2009）指出，其他许多投资者——尤其是不通过退休计划进行投资的个人——确实需要担心主动投资组合的**税收效率**，因为这笔税收费用最终将由他们承担。

投资组合周转率是交易金额的间接衡量指标，高投资组合周转率可能导致应税投资者缴纳更高的税款。投资组合周转率通常以一年内从投资组合中出售的证券总价值除以该投资组合所管理资产的平均价值。例如，如果一位主动投资组合经理在一年内从平均被管理资产为 1 亿美元的投资组合中出售了价值 7 500 万美元的股票，那么投资组合周转率为 75%。本质上，投资组合经理是在一年中的某个时点更换了投资组合中四分之三的股票。虽然投资组合周转率是整体交易活动的良好指标，但不一定表明大多数交易都产生了资本收益，进而产生应税事件。这些交易中有许多都产生了亏损，这些亏损实际上抵消了其他交易产生的收益。

关于投资组合经理如何平衡交易产生的资本收益和资本损失，更直接的衡量指标是**税收成本比率**。该指标由共同基金业的主要投资分析提供商晨星公司提出，它假设投资者按照最高税率为净短期资本收益和净长期资本收益纳税，比较了基金的税前收益率（PTR）与税后收益率（TAR）：

$$税收成本比率 = \left(1 - \frac{1+TAR}{1+PTR}\right) \times 100\% \tag{11.5}$$

普塔克（Ptak，2002）解释道，税收成本比率表示由于基金经理采用的交易策略，投资者的资产每年因税收而损失的百分比。请注意，即使投资组合周转率很高，只要投资组合经理能"收获"足够资本损失以平衡其他交易的资本收益，税后收益率就不一定显著低于税前收益率。

例如，图表 11-14 列出了被动共同基金（我们之前看到的先锋 500 指数基金）和主动共同基金（摩根大通美国动态优选基金）的税收效率统计数据。与指数基金相比，主动基金的**费用率**（包括所有管理费用、营业费用和行政费用占基金资产的百分比）和周转率（摩根大通美国动态优选基金和先锋 500 指数基金分别为 116% 与 4%）都更高。因此，摩根大通美国动态优选基金的股票成交量显著高于先锋 500 指数基金，对于投资者而言，前者显然是更昂贵的基金。也许是因为这些额外费用，它的税前 1 年期收益率和税前 5 年期收益率均低于基准基金（分别为 15.15% 和 17.32% 以及 15.25% 和 13.78%）。然而，一旦考虑到两只基金的交易税收效率，情况将变得更糟。具体而言，请注意先锋 500 指数基金的税前收益率和税后收益率差异很小，这意味着该指数基金中的交易在资本收益和资本损失上相当平衡。这导致先锋 500 指数基金的 5 年期税收成本比率仅为 0.59%［＝（1−1.145 7/1.152 5）×100%］。相反，摩根大通美国动态优选基金的交易税收效率要低得多。其 5 年期税收成本比率为 2.71%，意味着该基金的应税投资者的头寸因税收每年减少了270 多个基点。这种税收效率差距在 2016 年这一年期间更为显著。

图表 11-14 被动股票基金与主动股票基金的税收效率：一个例子（%）

	先锋 500 指数基金	摩根大通美国动态优选基金
管理方法	被动	主动
费用率	0.14	1.20
投资组合周转率	4	116
5 年期：平均税前收益率	15.25	13.78
税后收益率	14.57	10.70
税收成本比率	0.59	2.71
1 年期：平均税前收益率	17.32	15.15
税后收益率	16.55	6.45
税收成本比率	0.66	7.56

资料来源：晨星公司，2017 年 6 月 15 日。版权归晨星公司所有，2017 年。

11.3.6 主动比例与衡量主动管理水平

正如我们所见，投资组合的跟踪误差可用于显示投资组合经理的投资风格是被动还是主动。跟踪误差通过考察投资组合收益率与基准指数收益率之差，间接显示出这些风格特征，当投资组合收益率更接近基准指数收益率时，更可能表明它是指数基金。评估投资组合经理策略主动程度的一种更直接的方法是直接比较投资组合中持有的股票与基准指数中持有的股票。克雷默斯和皮特捷斯托（Cremers and Petajisto，2009）建议按照以下公式计算投资组合的**主动比例**：

$$主动比例 = AS = \frac{1}{2} \sum_{i=1}^{N} |w_{p,i} - w_{b,i}| \tag{11.6}$$

其中，$[w_{p,i}, w_{b,i}]$ 分别表示被管理投资组合（p）和基准指数（b）中第 i 只证券的投资权重。一般而言，式（11.6）中统计指标的值越大，投资组合中所持股票与基准指数的绝对离差就越大，因此投资组合经理是主动投资者的可能性也越大。

下面我们用一个例子来说明如何计算主动比例。请考虑两个不同投资组合经理的投资组合构成以及他们同时使用的基准指数。假设投资组合和基准指数都基于相同的五种可投资证券。为简单起见，我们还假设该指数是等权重指数（即每只证券的 $w_{b,i}$ 均等于 20%）。两位投资组合经理和基准指数的投资权重如下所示：

证券投资权重（%）

证券	基准指数	基金 1	基金 2
1	20	25	55
2	20	15	0
3	20	25	40
4	20	15	0
5	20	20	5

根据这些投资权重，基金 1 和基金 2 的主动比例为：

$$AS_1 = \frac{1}{2} \times (|25-20| + |15-20| + |25-20| + |15-20| + |20-20|) = 10\%$$

和

$$AS_2 = \frac{1}{2} \times (|55-20| + |0-20| + |40-20| + |0-20| + |5-20|) = 55\%$$

主动比例可以解释为投资组合经理的投资组合中持有的不同于基准指数的证券所占百分比。在本例中，基金 1 被认为更被动（指数化），因为它持有的证券无论是数量还是投资权重均与基准指数更匹配。基金 2 比基准指数更集中（持股种类更少，投资头寸更大），因此更可能被视为主动管理的投资组合。最后，请注意，任何与基准指数构成完全匹配（所有股票的投资权重均相同）的投资组合的主动比例均为 0。

图表 11-15 显示了根据不同主动投资组合和被动投资组合的跟踪误差和主动比例所画出的投资组合位置。在该图中，被动管理的基金 1 可能被归为伪（或增强型）指数化投

资组合，而主动管理的基金 2 属于集中选股类别。根据克雷默斯和皮特捷斯托（2009）整理的资料，共同基金的主动比例随着时间的推移而下降；1980 年，主动比例低于 60% 的基金仅占 1.5%，但在 30 年后已上升至样本的近 45%。此外，皮特捷斯托（2013）还指出，虽然主动基金的平均年表现（扣除费用后的收益率）低于其指数约 0.4%，但最主动的选股经理——主动比例超过 90% 的投资组合经理——扣除费用后的年均收益率超过基准 1.25%。

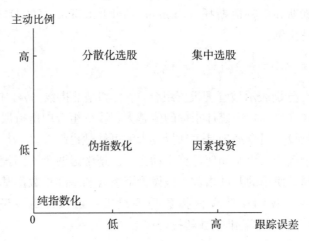

图表 11 - 15　根据跟踪误差和主动比例画出的投资组合位置

资料来源：K. J. Martijn Cremers and Antti Petajisto，"How Active Is Your Fund Manager? A New Measure That Predicts Performance," *Review of Financial Studies* 22，no. 9（September 2009）：3329 - 3365. 经牛津大学出版社的许可转载。

11.4　价值型投资与增长型投资：深度分析

在过去几年中，股票投资组合主动管理的一个重要发展是基于价值型投资风格和成长型投资风格创建投资组合策略。除了作为因素投资策略中的主要风险敞口来源之外，现在，资金管理公司经常在向客户兜售服务时自称为"价值型股票管理者"或"成长型股票管理者"。图表 11 - 16 显示了这些风格有多么普遍。根据晨星公司的分类，对成长型基金和价值型基金的投资金额超过 2.5 万亿美元。该图表还显示，对成长型基金的投资最近有所增长，超过了对价值型基金的投资，而大盘股投资组合和多盘股投资组合是这种扩张的主要原因。

图表 11 - 16　成长型共同基金和价值型共同基金持有的净资产总计

	2016 年	2012 年	2009 年	2006 年
成长型基金				
大盘股和多盘股（亿美元）	10 249.76	7 632.48	6 606.34	7 933.97
中盘股（亿美元）	1 867.63	1 614.72	1 284.30	1 578.27

续表

	2016 年	2012 年	2009 年	2006 年
小盘股（亿美元）	1 588.67	1 158.62	948.30	1 145.22
总计（亿美元）	13 706.06	10 405.82	8 838.94	10 657.46
年增长率（2006—2016 年）(%)	2.6			
价值型基金				
大盘股和多盘股（亿美元）	9 012.96	6 469.29	5 577.11	7 676.31
中盘股（亿美元）	2 242.80	1 529.90	1 210.27	1 558.66
小盘股（亿美元）	1 713.04	1 332.65	1 042.14	1 301.00
总计（亿美元）	12 968.80	9 331.84	7 829.52	10 535.97
年增长率（2006—2016 年）(%)	2.1			

　　资料来源：投资公司协会和作者的计算结果。

　　通过考察代表性投资组合经理对每种投资风格的思考过程，可以最好地理解价值型投资和成长型投资之间的区别。[①] 在第 8 章中，我们看到，任何公司的市盈率都可以表示为：

$$市盈率 = \frac{当前每股价格}{每股利润} \tag{11.7}$$

其中，每股利润可以基于当前公司绩效或预测公司绩效。在为股票估值时，价值型投资组合经理和成长型投资组合经理将关注该式的不同方面。具体而言，成长型投资组合经理将：

- 关注市盈率的每股利润部分（分母）及其经济决定因素。
- 寻找他（她）预期未来每股利润将快速增长的公司。
- 通常隐含地假设近期市盈率将保持不变，这意味着随着实现预期利润增长，股价将上涨。

　　价值型投资组合经理将：

- 关注市盈率的价格部分（分子）；他（她）必须通过某种比较方式确信股价是"便宜"的。
- 不太关心当期利润或利润增长的基本影响因素。
- 通常隐含地假设市盈率低于其自然水平，并且市场将在利润变化很小或没有变化的情况下提升股价，从而很快"纠正"这种情况。

　　总之，成长型投资组合经理关注公司当前和未来的经济"故事"，而较少考虑股票估值。价值型投资组合经理关注股价，并预期将出现市场纠正，这可能使公司基本面得以改善。

　　价值型投资和成长型投资之间的概念差异可能相当简单，但在实践中对个股进行恰当的风格分类并不总是那么简单。由于进行详细的公司估值需要花费大量时间，因此大多数分析师都依靠更容易获得的财务指标（例如市盈率和市净率、股息率和每股利润增长率）来定义所持股票和投资风格的基准投资组合。图表 11-17 显示了一种根据投资风格和市值对公司进行分类的方法。请注意，价值型股票相对便宜（例如，低市净率、高收益率）

　　[①]　这种做法是基于克里斯托弗森和威廉斯（Christopherson and Williams，1995）对价值型投资风格和成长型投资风格的清晰概述。

并且成长机会有限（例如受管制公司），而成长型股票往往价格更贵，反映出其卓越的盈利潜力（例如科技公司）。

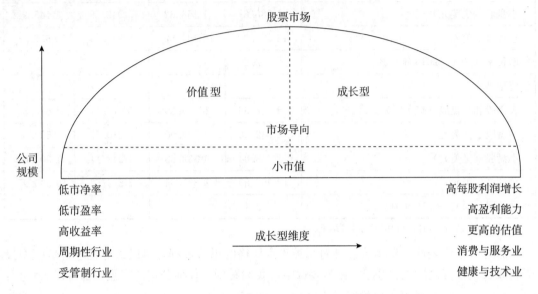

图表 11 - 17　成长型股票和价值型股票的特征

资料来源：版权归弗兰克·罗素公司所有。数据来自弗兰克·罗素公司，华盛顿州塔科马港市。

　　为了更好地了解这两种投资风格可能产生的投资组合类型，图表 11 - 18 列出了截至 2017 年 6 月 15 日港湾资本增值（Harbour Capital Appreciation）成长型共同基金和普信价值型（T. Rowe Price Value）共同基金主要所持股票的代表性样本。这两只基金均以投资大盘股为特色，但在其他重要方面的投资方法不同。港湾资本增值成长型共同基金的持股重点是科技公司（AAPL、GOOGL、FB），而普信价值型共同基金更多地投资于金融公司（JPM、WFC），此外也持有许多不同类型公司的股票（PFE、MRK、JNJ）。平均而言，港湾资本增值成长型共同基金持有的股票往往比普信价值型共同基金持有的股票具有更高的市盈率和市净率，以及更大的未来增长潜力。港湾资本增值成长型共同基金持有的股票看上去风险更高（贝塔系数更高），但普信价值型共同基金持有的股票往往支付更高的股利。有意思的是，这两家共同基金对苹果和微软的持股比例都很高，尽管这些股票似乎与港湾资本增值成长型共同基金的其他头寸更贴合。这凸显出投资者从价值型-成长型角度对公司进行分类时存在很大判断空间。

图表 11 - 18　成长型共同基金和价值型共同基金持有最多的股票

A. 港湾资本增值基金							
公司	股票代码	市值 （亿美元）	市盈率	市净率	估计每股 利润增长率 （%）	股息率 （%）	贝塔 系数
苹果	AAPL	7 528	16.90	5.60	10.41	1.75	1.21
亚马逊	AMZN	4 614	181.20	21.28	67.55	0	1.15

续表

公司	股票代码	市值（亿美元）	市盈率	市净率	估计每股利润增长率（%）	股息率（%）	贝塔系数
脸书	FB	4 341	39.62	6.95	30.73	0	1.09
微软	MSFT	5 409	32.36	7.76	10.48	2.23	1.12
阿里巴巴	BABA	3 450	57.76	2.30	18.86	0	1.33
网飞	NFLX	654	199.80	22.00	54.05	0	1.55
字母表（Alphabet）	GOOGL	6 570	32.43	4.58	18.74	0	1.26
奥多比系统（Adobe Systems）	ADBE	681	52.57	8.98	17.44	0	1.04
新基（Celgene）	CELG	942	27.14	12.37	20.44	0	1.24
艾尔建（Allergan）	AGN	788	14.59	1.12	13.26	1.19	0.84
中位数		3 896	36.03	7.36	18.80	0	1.18

B. 普信价值型基金

公司	股票代码	市值（亿美元）	市盈率	市净率	估计每股利润增长率（%）	股息率（%）	贝塔系数
摩根大通	JPM	3 072	13.41	1.34	10.42	2.31	1.20
泰森食品（Tyson Foods）	TSN	242	12.76	2.27	7.40	1.45	0.64
微软	MSFT	5 409	32.36	7.76	10.48	2.23	1.12
富国银行（Wells Fargo）	WFC	2 692	13.48	1.53	11.44	2.82	1.16
太平洋煤气电力公司（PG&E）	PCG	353	17.34	1.92	3.70	3.07	0.58
美敦力（Medtronic）	MDT	1200	24.98	2.39	6.33	1.96	0.83
苹果	AAPL	7 528	16.90	5.60	10.41	1.75	1.21
辉瑞（Pfizer）	PFE	1 958	17.91	3.35	5.01	3.90	0.82
默克	MRK	1 728	20.35	4.35	5.55	2.98	0.90
强生（Johnson & Johnson）	JNJ	3 584	20.99	5.10	6.42	2.53	0.77
中位数		1 958	17.91	3.35	6.42	2.53	0.83

资料来源：作者的计算。

　　尽管投资者似乎更关注成长型策略，但之前提到的阿斯内斯等（2013）的研究表明，价值型投资组合管理方法往往会提供更高的收益率。图表 11 - 19 显示了成长型大盘股指数（罗素 1000 成长型指数）和价值型大盘股指数（罗素 1000 价值型指数）的累计表现，它表明这种表现优势在美国市场上一直持续到 2016 年 12 月。更值得注意的是，除了 2008 年的市场危机时期之外，这个时期的大部分时间都非常适合采用成长型大盘股投资风格。

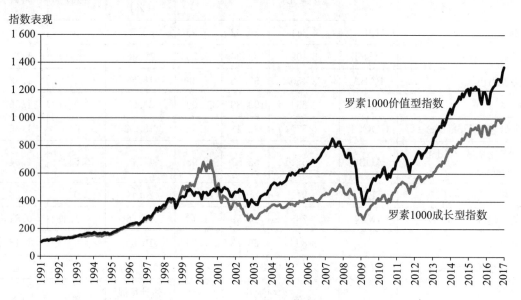

图表 11-19 罗素 1000 成长型指数和罗素 1000 价值型指数的累计表现（1991 年 1 月—2016 年 12 月）

注：1991 年 1 月的指数值=100。

资料来源：弗兰克·罗素公司。

人们很容易得出结论，认为价值型投资风格明显优于成长型投资风格。然而，尽管价值型投资产生了比成长型投资更高的平均收益率，但不同投资期之间没有持续出现这种结果。图表 11-20 的 A 图显示，随着时间的推移，价值型投资和成长型投资的收益率利差（基于罗素 1000 价值型指数和罗素 1000 成长型指数的滚动年收益率）存在显著差异。收益率利差从价值型投资高出 50% 以上到成长型投资高出 30% 以上不等。纽斯顿、赛厄斯和惠德比（Knewston，Sias and Whidbee，2010）说明了投资者可以如何从把握这种投资风格轮换的时机中受益。相反，B 图表明价值型投资和成长型投资的收益率标准差之差尽管波动性较高，但通常为负，这意味着成长型投资策略通常比价值型投资策略风险更大。

11.5 风格分析概述

正如我们所看到的，股票投资风格有很多种，可以基于市值、杠杆、行业部门、相对估值和成长潜力等股票特征因素构建投资组合。**风格分析**试图用反映特定证券特征本质的一系列基准投资组合的收益率变化来解释观测到的证券投资组合收益率变化。实际上，风格分析确定了能最好地模拟证券投资组合历史表现的被动指数多头组合。

这个过程比较了投资组合的历史收益率与代表不同投资风格的一系列指数，以确定投资组合与这些特定风格指数之间的关系。投资组合的收益率与给定风格指数的相关性越高，统计评估中给予该风格的权重就越大。风格分析的目标是更好地了解影响投资组合表现的潜在因素，并在比较该投资组合与其他投资组合的表现时对投资组合策略正确分类。因此，无论投资组合经理声称要遵循什么投资目标，风格分析都可以让投资组合的风格不言自明。

A. 价值型股票收益率与成长型股票收益率的轮换

B. 价值型股票收益率标准差与成长型股票收益率标准差的轮换

图表 11－20　价值型投资组合和成长型投资组合的表现（1991—2016 年）

资料来源：罗素 1000 价值型指数和罗素 1000 成长型指数的滚动 12 个月收益率。

图表 11－21 的图 A 是一张简单的**风格网格图**，它可以用于从两个维度对投资组合经理的表现进行分类：公司规模特征（大盘股、中盘股、小盘股）和相对价值特征（价值型、混合型、成长型）。当代表价值型小盘股风格（例如投资组合经理 A）的指数的收益率能最好地模拟投资组合收益率时，后者将被绘制在网格图的左下象限中。这些网格图还确定了常用股市指标的隐含投资风险。例如，图 B 显示了标准普尔 500 指数、标准普尔中盘股指数、威尔希尔 5000 指数、纳斯达克综合指数、罗素 3000 指数（R3）、罗素 2000 指

数（R2）和罗素 1000 指数（R1）等的风格坐标点。[①] 请注意，标准普尔 500 指数可以描述为混合型（即介于价值型和成长型之间）大盘股基金。因此，对于成长型中盘股投资组合而言，它可能不是合适的表现基准。

A. 标准风格网格

B. 常见股票市场指数的投资风格

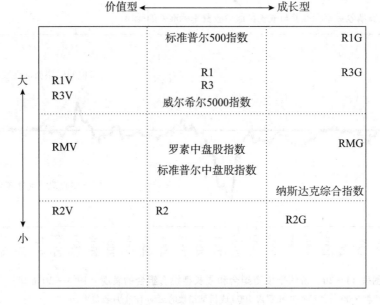

图表 11 - 21 股票风格网格分析

资料来源：基于富达管理与研究公司（Fidelity Management and Research Company）的数据。

正式的风格分析需要使用约束最小二乘法，以投资组合的收益率作为因变量，以风格

[①] 图表 11 - 21 还画出了罗素指数的不同子指数的投资风格。例如，R1V 和 R1G 分别是罗素 1000 价值型指数和罗素 1000 成长型指数。它们的建立方法是按市净率对指数中的 1 000 家公司进行排名，并将其中市净率最低（最高）的公司归入价值型（成长型）子指数。

指数投资组合的收益率作为自变量。它通常采用三个约束条件：（1）无截距项，（2）系数之和必须为 1，（3）所有系数必须不为负数。正如夏普（1992）建立的公式，基于收益率的风格分析只不过是资产类别因素模型的一种应用：

$$R_{pt}=[b_{p1}F_{1t}+b_{p2}F_{2t}+\cdots+b_{pn}F_{nt}]+e_{pt} \tag{11.8}$$

其中：

R_{pt}＝第 t 期投资组合 p 的收益率；

F_{jt}＝第 t 期第 j 个风格因素的收益率；

b_{pj}＝投资组合 p 对风格 j 的敏感性；

e_{pt}＝投资组合 p 的收益率波动性中没有被因素组合的波动性解释的部分。

与任何回归方程一样，决定系数可以定义为：

$$R^2=1-[\sigma^2(e_p)/\sigma^2(R_p)] \tag{11.9}$$

由于因素模型的设计方式，R^2 可以解释为投资组合 p 的收益率波动性中可归因于投资组合风格的百分比，其中 $1-R^2$ 取决于投资组合经理的选股技巧。

被选为风格分析因素的基准投资组合应与投资组合经理宣称的风格保持一致。国内股票基金选定的指数可能与全球债券基金不同。此外，有效的基准投资组合应该易于衡量，具有可投资的替代品，并且尽可能与其他风格指数不相关。

为了说明如何选择基准投资组合，我们分析了之前考察的两个共同基金——港湾资本增值成长型共同基金和普信价值型共同基金——在截至 2017 年 6 月的 5 年期间的投资风格。在此期间，这两只基金的表现都很好，产生的平均年收益率超过各自的基准。然而，图表 11-22 显示，这两只基金的经理遵循截然不同的风格。柱形图表明了每只基金的收益率与基础风格因素的相关性。从中可以看到，港湾资本增值成长型共同基金的风格与美国成长型大盘股指数密切相关，而普信价值型共同基金与美国价值型大盘股指数的关系最为密切，此外也与部分成长型股票、中盘股和全球股票密切相关。而且，证券选择对普信价值型共同基金收益率波动性的影响相对较小（3.4%），但对港湾资本增值成长型共同基金收益率波动性的影响大得多（9.6%）。

最后，风格分析可以显示投资组合经理的投资风格是否保持一致。要显示出这一点，可以在能获得更多表现数据时重新估计模拟风格指数的最优组合，然后将坐标点重叠画在同一张网格上。图表 11-23 显示了由一家主要投资公司管理的四个不同的共同基金的坐标点连通序列图（有时也称"蜗牛轨迹"）。其中两只基金（Ⅰ和Ⅱ）有明确的风格要求，并且能实现相对稳定的投资政策。另外两只基金（Ⅲ和Ⅳ）表现出相当大的风格漂移，这都是由于它们的投资任务很灵活。当然，当投资组合出现并非有意造成的风格漂移时，投资者需要小心谨慎。

11.6 资产配置策略

股票投资组合并不是孤立存在的；它是投资者整体投资组合的一部分。很多时候，股票投资组合是平衡型投资组合的一部分，这种投资组合中也包含各种长期债务证券和短期债务证券（例如债券和国库券）。在这种情况下，投资组合经理必须考虑整个投资组合中的适当资产类别结构。在确定投资组合的资产结构时，一般可以采用四种策略：综合资产配置策略、战略性资产配置策略、战术性资产配置策略和保险资产配置策略。

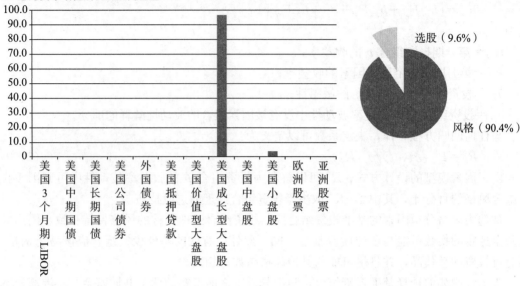

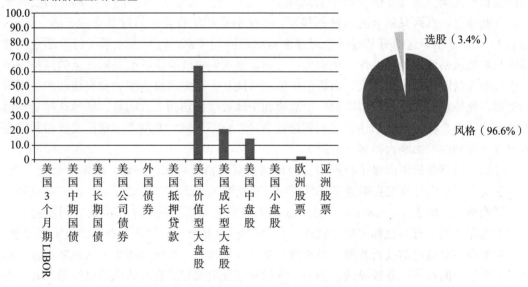

图表 11－22 两只基金的风格分析

资料来源：作者的计算结果。

11.6.1 综合资产配置

综合资产配置策略分别分析了：（1）资本市场状况；（2）投资者的目标和约束条件。这些因素结合起来，建立了最有机会满足投资者需求的投资组合资产结构。图表 11－24 说明了构建这种投资组合的综合方法。

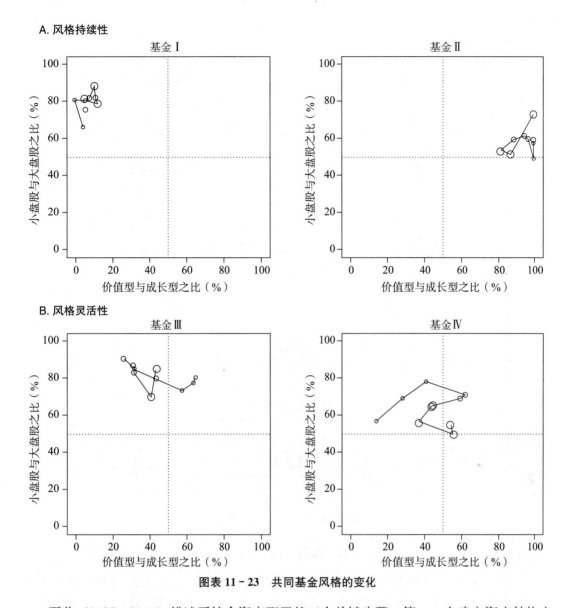

图表 11-23　共同基金风格的变化

夏普（1987，1990）描述了综合资产配置的三个关键步骤。第一，在确定资产结构之前，资本市场条件和投资者的特定目标和约束条件（风险容忍度、投资期限、税务状况）都已确定。方框 C2 和 I2 分别总结了这些过程，方框 C3 和 I3 显示了这些过程的结果。C3 的一个例子可能是包含最优方差-预期收益率投资组合的马科维茨有效边界；I3 的最终结果可能反映在投资政策声明中。

综合资产配置过程的第二步结合了第一步的信息，以便为投资者选出一个最优投资组合。M1 中的优化程序反映了这一点，生成的资产结构显示在 M2 中。了解 M1 如何运作的一种简单方法是使用以下公式计算每种预期资产结构的预期效用（expected utility，EU）：

$$EU_{pk} = ER_p - \left(\frac{\sigma_p^2}{RT_k}\right) = ER_p - 风险惩罚 \tag{11.10}$$

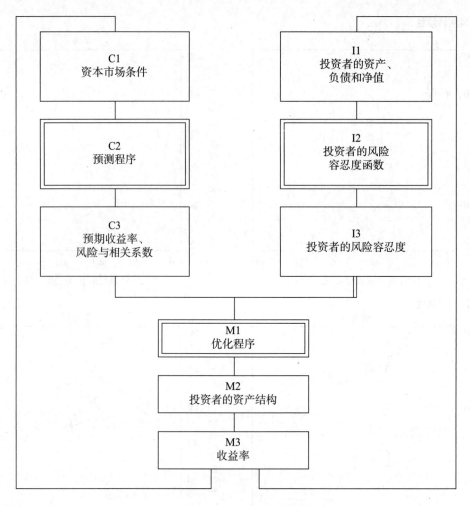

图表 11 - 24　综合资产配置

资料来源：版权归投资管理与研究协会所有，1987 年。经特许金融分析师协会的许可转载和重印自："Integrated Asset Allocation," from the September/October 1987 issue of the *Financial Analyst's Journal*。

其中，ER_p 和 σ_p^2 是投资组合 p 的预期收益率和方差（来自 C3），RT_k 是投资者 k 的风险容忍系数（来自 I3）。风险容忍系数旨在反映投资者的风险承担态度的本质。请注意，该数字越高，投资者的风险容忍度就越高，投资组合 p 的预期收益率受其风险水平"惩罚"的程度就越低。特定投资者的最优资产结构就是产生最高预期效用的资产结构。

例如，图表 11 - 25 的表 A 显示了三种不同可能资产结构的预期收益率和方差（C3），而表 B 列出了两个投资者的风险容忍系数（I3）。表 C 显示了结合该信息的预期效用计算结果（M2）。例如，投资组合 A 为投资者 1 产生的预期效用为 5.6(=7-7/5)，这是三个可能资产配置中的最大值，因此是他的最优资产结构。相比之下，投资者 2 的风险容忍度更高，因此预期效用水平为 8.5(=9-20/40) 的投资组合 3 是她的最优资产配置。请注意，风险容忍系数实际上减少了风险惩罚，允许风险容忍度更高的投资者寻求预期收益率更高、波动性更大的投资组合。

图表 11 - 25　最优投资组合选择：一个例子

A. 预期有效投资组合（C3）

投资组合	资产结构		ER（%）	σ^2（%）
	股票（%）	债券（%）		
A	20	80	7	7
B	50	50	8	3
C	80	20	9	20

B. 风险容忍系数（I3）

投资者	RT	
1	5	（即风险容忍度较低）
2	40	（即风险容忍度较高）

C. 预期效用结果（M2）

投资者	A	B	C
投资者 1 的预期效用	5.6	5.4	5.0
投资者 2 的预期效用	6.8	7.8	8.5

综合配置过程的第三步发生在较长时期以后，这个时期的长度足以用来比较最优投资组合的实际表现与投资组合经理的初始预期。图表 11 - 24 中的方框 M3 显示了该评估过程。在进行评估之后，投资组合经理可以通过在优化程序中加入新信息来调整投资组合。修改初始资产结构可能是由于资本市场条件发生了根本变化（通货膨胀加剧），也可能是由于投资者情况发生了变化（风险容忍度提高）。正是这种反馈循环使投资组合管理成为一个动态过程。

11.6.2　战略性资产配置

战略性资产配置用于确定投资组合中的长期政策资产权重。通常，长期平均资产收益率、风险和协方差被用作未来资本市场结果的估计。使用这些历史信息可以生成有效边界，投资者将决定在计划投资期内适合自己需求的资产结构。这将导致定期重新平衡固定组合资产配置，以调整投资组合的资产权重。

考虑战略性资产配置过程的一种方式是将其等同于图表 11 - 24 中所示的综合资产配置过程，只不过没有反馈循环。也就是说，投资组合经理将通过优化来自资本市场和投资者的信息来确定最适合特定投资者的长期资产配置。但是，一旦建立了这种资产结构，投资组合经理就不会尝试根据市场情况和投资者情况的临时变化来调整配置。

例如，布朗、加莱皮和刁（Brown，Garlappi and Tiu，2010）分析了美国和加拿大的大学捐赠基金的资产配置模式。图表 11 - 26 显示了 2005 年两国基金样本的平均实际投资比例和战略（或目标）投资比例。作为关注非常长期表现的投资者，大学捐赠基金将大量资产投资于高风险资产类别（例如上市股票和私募股权）是合适的做法。总的来说，这些战略性股权配置占大学捐赠基金平均资产配置的 61% 以上。相反，风险较低的固定收益投资和现金仅占其平均资产配置的不到 25%。

图表 11-26　大学捐赠基金的战略性资产配置和战术性资产配置（2005 年年末数据，709 只基金）（%）

资产类别	实际资产配置	战略性资产配置	战术性调整
美国股票	45.7	44.7	+1.0
非美国股票	12.7	12.8	−0.1
美国固定收益证券	20.5	21.5	−1.0
非美国固定收益证券	0.9	1.0	−0.1
公共房地产	1.2	1.3	−0.1
私人房地产	2.0	2.2	−0.2
对冲基金	8.9	9.0	−0.1
私募股权-风险投资	0.8	1.5	−0.7
私募股权-收购	1.6	2.5	−0.9
自然资源	1.0	1.2	−0.2
现金	3.4	1.6	+1.8
其他	1.4	0.8	+0.6

资料来源：改编自 Keith C. Brown，Lorenzo Garlappi，and Cristian Tiu，"Asset Allocation and Portfolio Performance: Evidence from University Endowment Funds," *Journal of Financial Markets* 13，no. 2（May 2010）：268-294.

11.6.3　战术性资产配置

与侧重于长期投资且很少调整投资组合的战略性资产配置不同，战术性资产配置经常调整投资组合中的资产类别组合，以利用不断变化的市场条件。战术性资产配置的这些调整完全由不同资产类别的相对价值变化驱动，并假设投资者的风险容忍度和投资约束保持不变。在图表 11-24 中，这相当于消除了需要投资者特定信息的反馈循环（I2）的综合资产配置方法。

战术性资产配置通常是基于均值回归前提：无论证券最近的收益率是多少，它最终都会回到其长期平均值（均值）。这种评估通常是在比较基础上进行的。例如，假设股票和债券的收益率之比通常为 1.2，反映出股票市场的风险更高。如果股票收益率突然变为债券收益率的两倍，战术性投资者可能会认为现在债券价值相对于股票价值被低估了，因此将在投资组合中增持固定收益证券。

请注意，战术性资产配置本质上是一种逆势投资方法。采用这种方法的投资者将始终购买当前不被青睐的资产类别——至少是相对不受青睐的资产类别——并出售市场价值最高的资产类别。迪布瓦（DuBois，1992）指出，投资者对投资组合中资产类别组合的调整频率取决于几个因素，例如资本市场的总体波动水平、股票和固定收益证券的相对风险溢价以及宏观经济环境的变化。

图表 11-26 中的大学捐赠基金例子也显示出投资组合经理做出的战术性调整。我们可以用实际配置比例与战略性（计划）配置比例之差衡量这些调整，并列在最后一列中。请注意，大学捐赠基金经理对美国股票类别增持了 1.0%，但他们对私募股权类别总体减

持了 1.6％。对私募股权的这些战术性调整可能并非有意为之，而可能是因为投资组合经理无法按照计划投资所有资金，这也可以解释其现金账户中增持的头寸。第 17 章将讨论私募股权投资。

11.6.4　保险资产配置

假设预期市场收益率和风险保持不变，而投资者的目标和约束条件将随着其财富状况的变化而变化，保险资产配置同样会导致投资组合配置的频繁调整。例如，投资组合价值的上升增加了投资者的财富，从而增强了他（她）处理风险的能力，这意味着投资者可以增加其风险资产敞口。投资组合价值的下降会减少投资者的财富，从而削弱其处理风险的能力，这意味着投资组合的风险资产敞口必然会下降。通常，保险资产配置只涉及两种资产，例如普通股和国库券。随着股价上涨，资产配置中将增加股票。随着股价下跌，资产配置中将减少股票，而增加国库券。这与战术性资产配置下发生的情况相反。保险资产配置类似于没有资本市场反馈循环（图表 11-24 中的 C2）的综合资产配置方法。

本章小结

- 被动股票投资组合试图跟踪既定基准指数（例如标准普尔 500 指数）或满足投资者需求的指数的收益率。主动投资组合试图通过抓住市场时机和（或）购买价值被低估的股票，增加投资组合相对于基准指数的价值。指数基金和交易所交易基金是小型投资者的常用被动投资方式。

- 跟踪误差的定义为被管理基金收益率与基准收益率之间的标准差，它是对各种管理风格进行分类的便捷方法。跟踪误差小于 1％的投资组合通常被认为是被动投资组合，而主动股票投资组合的跟踪误差通常超过 5％。主动比例分析了投资组合中的证券与基准指数中的证券之比，是另一种确定基金管理主动程度的常用方法。

- 构建和管理被动投资组合的方法有多种，包括完全复制基准或抽样。主动管理方法有多种，包括对证券特征投资组合的因素投资，例如价格动量策略和利润动量策略。近年来，价值型策略和成长型策略变得尤为流行，风格分析可以帮助投资者确定投资组合经理使用的准确投资风格。投资者还应考虑主动管理投资组合的税收效率。

- 由于股票投资组合通常与投资者整体投资组合中的其他资产一起使用，因此我们回顾了几种常见的资产配置策略，包括综合资产配置策略、战略性资产配置策略、战术性资产配置策略和保险资产配置策略。这些策略之间的基本区别在于它们是依赖于当前市场预期还是长期市场预期，以及投资者的目标和约束条件是保持不变还是随着市场条件的变化而变化。

问题

1. 为什么使用投资组合被动管理策略的情况越来越多？

2. 指数化投资组合策略是什么意思？

3. 请简要描述四种股票投资组合主动

使用该策略的理由是什么？它与其他被动投资组合策略有何不同？

管理策略。

4. 请列出采用被动投资策略的投资组合经理可以用来投资标准普尔 500 指数的两种投资产品。请简要讨论哪种产品可能是最准确的指数跟踪方法。

5. 请讨论主动投资组合经理可以用来增加其投资组合相对于基准指数的价值的三种策略。投资组合主动管理的基本面分析方法和因素投资方法有什么区别？

6. 交易成本和市场效率如何影响主动投资组合经理？主动投资组合经理如何克服这些障碍以取得成功？

7. 请讨论四种资产配置策略之间有何不同。

8. 关于金融经济研究中是否存在"价值-增长"反常现象的争论由来已久。以前

的研究表明，在美国和世界各地的市场上，价值型股票（低市盈率）的收益率高于成长型股票（高市盈率），即使在调整了市场风险因素之后也是如此。哪些理由能解释为什么价值型股票的风险调整收益率可能高于成长型股票？这种价值型股票-增长型股票的"反常现象"是否与存在有效股票市场一致？

9. 请描述价格动量策略和利润动量策略之间的区别。在什么条件下，您预期这两种方法会产生类似的投资组合？

10. 由于预期将出现通货膨胀，您预计自然资源类股票（如矿业公司和石油公司）将在未来三至六个月内表现良好。作为一位主动投资组合经理，请描述可以利用这一预测的各种方法。

习题

1. 给定以下月收益率，该被动投资组合对标准普尔 500 指数的跟踪表现如何？请计算出该投资组合的 R^2、阿尔法系数和贝塔系数。请计算有符号和无符号的平均收益率差异。

月份	投资组合收益率（%）	标准普尔 500 指数收益率（%）
1 月	5.0	5.2
2 月	−2.3	−3.0
3 月	−1.8	−1.6
4 月	2.2	1.9
5 月	0.4	0.1
6 月	−0.8	−0.5
7 月	0	0.2
8 月	1.5	1.6
9 月	−0.3	−0.1
10 月	−3.7	−4.0
11 月	2.4	2.0
12 月	0.3	0.2

2. 贝丝·斯图尔特（Beth Stewart）是美国帝国养老基金（Empire Pension Fund）的投资分析师。帝国养老基金正在考虑在其资产结构中加入两个最近成立的美国大盘股共同基金。斯图尔特利用基于收益率的风格分析来比较福尔曼基金（Foreman Fund）和谷轮基金（Copeland Fund）过去一年的表现。

	标准普尔 500 指数	福尔曼基金	谷轮基金
R^2（%）	—	68.5	99.4
年收益率（总计）[a]（%）	6.8	9.2	7.0
投资组合周转率（%）	—	45	15

a. 未扣除管理费用和行政费用。

根据这些数据，斯图尔特得出结论：福尔曼基金是主动基金，谷轮基金是指数基金，福尔曼基金这一年的表现优于谷轮

基金。但一位同事告诉斯图尔特，她的结论可能不准确，并发表了以下观点：

- 尽管福尔曼基金与标准普尔 500 指数的 R^2 较低，但福尔曼基金可能不是主动基金。
- 尽管谷轮基金的投资组合周转率很低，但谷轮基金可能是主动基金。
- 与谷轮基金相比，福尔曼基金这一年的风险调整绩效可能并不出色。

对于这三个说法中的每个说法，请列出其可能正确的一种情况。

3. 请考虑以下四只不同股票共同基金的交易数据和绩效数据：

	基金 W	基金 X	基金 Y	基金 Z
过去 12 个月的被管理资产平均金额（百万美元）	289.4	653.7	1 298.4	5 567.3
过去 12 个月的证券销售额（百万美元）	37.2	569.3	1 453.8	437.1
费用率（%）	0.33	0.71	1.13	0.21
3 年期平均税前收益率（%）	9.98	10.65	10.12	9.83
3 年期平均税后收益率（%）	9.43	8.87	9.34	9.54

a. 请计算每只基金的投资组合周转率。

b. 哪两只基金最有可能是主动基金？哪两只基金最有可能是被动基金？请解释原因。

c. 请计算每只基金的税收成本比率。

d. 哪些基金在运营中的税收效率最高？哪些基金在运营中的税收效率最低？为什么？

4. 全球顾问公司（Global Advisers Company）是一家在美国证券交易委员会注册的投资咨询公司，专门管理国际证券投资组合。在对奥图尼亚国的发展中经济和资本市场进行大量研究后，全球顾问公司决定在其新兴市场混合基金中加入对奥图尼亚股票市场的投资。不过，全球顾问公司尚未决定是进行主动投资还是指数化投资。该公司征求了您对进行主动投资还是指数化投资的意见。研究结果总结如下。

奥图尼亚的经济相当多元化，既有农业和自然资源，又有制造业（消费品和耐用品）和不断增长的金融部门。由于高佣金和政府对证券交易的"印花税"，奥图尼亚的证券市场交易成本相对较高，而会计准则和披露规定非常详细，因此公众可以获得可靠的公司财务绩效信息。

流入和流出奥图尼亚以及外国所持奥图尼亚证券的资本受到该国国家政府机构的严格监管。这些所有权规则下的结算程序常常导致非居民交易结算长时间延迟。该国政府金融高层正在致力于放松对资本流动和外国所有权的管制，但全球顾问公司的政治顾问认为，孤立主义情绪可能会在短期内阻碍实质进展。

a. 请简要讨论奥图尼亚的环境有利于主动投资的四个方面和有利于指数化投资的四个方面。

b. 请提出建议，说明全球顾问公司应该通过主动投资还是指数化投资来投资奥图尼亚，并根据第 a 问中列出的因素说明您为何如此建议。

5. 贝蒂·布莱克（Betty Black）的投资俱乐部希望购买力新公司（NewSoft Inc.）或资本公司（Capital Corp.）的股票。为此，布莱克编制了下表。您预测未来 12 个月经济健康、市场强劲，请根据该预测帮助她解释数据。

	力新公司	资本公司	标准普尔 500 指数
当前价格（美元）	30	32	无数据
行业	电脑软件	资本品	无数据
（当期）市盈率	25 倍	14 倍	16 倍
（5 年期平均）市盈率	27 倍	16 倍	16 倍

续表

	力新公司	资本公司	标准普尔500 指数
（当期）市净率	10 倍	3 倍	3 倍
（5 年期平均）市净率	12 倍	4 倍	2 倍
贝塔系数	1.5	1.1	1.0
股息率（%）	0.3	2.7	2.8

力新公司股票的市盈率和市净率均高于资本公司。但比率差异可能并不表明力新公司股票相对于资本公司股票的价值被高估，请列出三个原因，并简要讨论。请根据这两个比率回答该问题，并假设没有发生影响任何一家公司的特殊事件。

6.假设您是一家专门为应税个人投资者服务的资金管理公司的首席投资官，正在为两位不同的客户建立战略性资产配置。您已经确定 A 女士的风险容忍系数为 8，而 B 先生的风险容忍系数为 27。四个模型投资组合的特征如下：

资产结构（%）				
投资组合	股票	债券	ER	σ^2
1	5	95	8	5
2	25	75	9	10
3	70	30	10	16
4	90	10	11	25

a.请分别计算两个客户的计划投资组合的预期效用。

b.哪个投资组合代表 A 女士的最优战略性资产配置？哪个投资组合代表 B 先生的最优战略性资产配置？请解释为什么这两个结果存在差异。

c.对于 A 女士而言，怎样的风险容忍水平会使她对于将投资组合 1 还是投资组合 2 作为战略性资产配置感到无所谓？请说明原因。

7.请考虑两位不同的主动股票投资组合经理（A 和 B）的年收益率以及与其进行比较的股票基准指数的年收益率：

时期	经理 A 的年收益率（%）	经理 B 的年收益率（%）	基准指数的年收益率（%）
1	12.8	13.9	11.8
2	−2.1	−4.2	−2.2
3	15.6	13.5	18.9
4	0.8	2.9	−0.5
5	−7.9	−5.9	−3.9
6	23.2	26.3	21.7
7	−10.4	−11.2	−13.2
8	5.6	5.5	5.3
9	2.3	4.2	2.4
10	19.0	18.8	19.7

a.根据这两位投资组合经理与基准指数的平均年收益率差异，他（她）的表现是否优于基准指数？请进行说明。

b.请计算每位投资组合经理相对于基准指数的跟踪误差。哪位投资组合经理在限制其客户的非系统性风险敞口方面做得更好？请解释原因。

8.下表显示了四个不同投资组合所持证券的投资权重。其中包括三只共同基金和它们使用的基准指数。

证券投资权重（%）				
证券	基准指数	基金 X	基金 Y	基金 Z
1	10	12	40	11
2	10	13	0	9
3	10	8	5	9
4	10	15	0	9
5	10	7	0	11
6	10	10	0	11
7	10	5	30	9

续表

证券	基准指数	基金 X	基金 Y	基金 Z
8	10	14	0	11
9	10	6	0	11
10	10	10	25	9

a. 请计算基金 X、基金 Y 和基金 Z 相对于基准指数的主动比例（AS）。

b. 请使用这些主动比例的计算结果说明最有可能考虑哪种基金：（i）被动指数基金，（ii）伪（或增强型）指数化基金，（iii）主动集中选股基金。请解释您如此分类的原因。

9. 在过去几年中，您收集了每个月的价值型大盘股指数和成长型大盘股指数的月收益率。您计算了这两个指数在过去两年的月收益率，取前 12 个月的收益率平均值，并将该平均值乘以 12，将这些月收益率转换为一组滚动平均年化收益率。过去 24 个月，每个指数的滚动平均年化收益率如下所示。

月份	价值型指数的 年化收益率（%）	成长型指数的 年化收益率（%）
1	8.97	9.50
2	17.38	17.48
3	28.11	26.81
4	16.19	12.92
5	16.66	14.60
6	16.72	14.90
7	19.43	13.21
8	16.88	9.68
9	17.88	10.14
10	20.41	12.42
11	28.86	20.69
12	23.02	16.09
13	27.38	20.05

续表

月份	价值型指数的 年化收益率（%）	成长型指数的 年化收益率（%）
14	21.43	15.65
15	20.76	18.25
16	25.62	25.59
17	28.46	26.74
18	28.92	29.62
19	18.87	22.49
20	21.75	26.38
21	20.18	21.63
22	19.62	19.51
23	18.48	20.76
24	21.97	24.59

a. 请计算价值型指数和成长型指数的 24 个月平均年化收益率的算术平均值。在此期间，哪个指数的表现看上去更好？请解释原因。

b. 请计算价值型指数和成长型指数在该样本期间每个月的年化收益率差异（$R_{价值型指数} - R_{成长型指数}$）。请计算这组收益率差异的平均值，并将其与第 a 问的答案进行比较。

c. 请参考图表 11-20 的 A 图，在类似的图形中画出这组收益率差异。

d. 第 b 问的平均收益率差异是计算与价值投资因素相关的风险溢价的一种方法。请解释该风险溢价，并说明为何可以将其视为对冲基金执行价值型股票多头和成长型股票空头策略所获得的平均年化收益率。

e. 请计算两年样本期中成长型指数滚动平均年化收益率实际上大于价值型指数滚动平均年化收益率的月份所占百分比。该百分比表明这个时期的价值风险溢价可靠性如何？

第四部分

债券估值与管理

大多数投资者对债券的关注有限，也不怎么重视债券。考虑到美国和大多数其他国家的债券市场总市值远大于股票市场总市值，这种情况令人惊讶。例如，2017年，全球债券市场总价值超过100万亿美元，而全球股票市场的可比价值约为65万亿美元。尽管规模庞大，但债券素以低收益率著称。在四五十年前这样说可能没错，但在过去30年中情况肯定不是这样。具体而言，1987—2016年期间，国债/公司债券的年均复合收益率约为8.5%，而普通股的年均复合收益率约为12.0%。这些收益率以及相应的标准差（债券为10%，股票为19%）以及股票与债券之间的低相关性（约为0.05）表明，债券的个人投资者和机构投资者有很大机会提高其风险-收益表现。

本部分中的章节旨在帮助读者了解：(1) 债券和全球债券市场的基本情况；(2) 分析债券市场收益率和风险的背景；(3) 债券估值方法，包括如何为许多具有很不寻常的现金流特征的新型固定收益证券估值；(4) 债券投资组合主动管理或债券投资组合被动管理。

第12章从国家参与债券市场的情况和主要国家的债券市场构成的角度介绍了全球债券市场。此外，我们还分析了其他类别债券的特征，例如国债、公司债券和市政债券。我们还讨论了在美国发展起来的许多新型公司债券工具，例如资产支持证券、零息债券、高收益债券和通货膨胀保护证券。虽然从全球范围看，通常只有大型发达国家使用这些证券，但可以肯定的是，它们最终将被世界各国使用。最后，我们全面分析了收益率曲线及其在债券估值过程中所起的作用，包括详细讨论如何使用单一贴现率或一系列即期利率对固定收益证券估值。在本章最后，我们考察了债券——包括包含嵌入式提前偿付（赎回）特征的债券——的其他收益率指标。

第13章考察了评估这些工具的其他几种有用方法和指标，从而扩展了投资者的债券工具包。具体而言，我们考察了哪些特征会影响债券收益的波动性，包括非常重要的债券久期概念，这是衡量市场利率变化下的债券价格波动性的指标。我们还考察了债券凸性的概念及其对债券价格波动性的影响。最后，我们进一步讨论了投资者如何使用这些分析性概念来创建和管理债券投资组合。我们考察了三大类投资组合管理策略：被动管理策略，包括简单的买入持有策略或与某个主要基准挂钩的指数化策略；主动管理策略，包括构建投资组合的特征以对预测的市场环境做出反应；匹配融资策略，包括构建专门投资组合、构建经典免疫投资组合或或有免疫投资组合，以及投资期匹配。

我们用了相当长的两章专门研究债券，这证明了这个主题的重要性以及该领域的研究之丰富。在过去25年中，与股票相比，关于债券估值和债券投资组合管理的发展更多。固定收益证券部门的这种增长不会削弱股票的重要性，但肯定会增强固定收益证券的重要性。最后，读者应该记住，债券市场在规模、复杂性和专业化程度方面的增长意味着债券领域有众多不同的职业机会，包括债券交易、估值、信用分析以及国内债券投资组合和全球债券投资组合的管理。

第12章
债券的基本知识与估值

学习目标

阅读本章后，您应该能回答以下问题：

- 债券的哪些基本特征会影响其风险、收益率和价值？
- 目前世界债券市场的国家结构如何？近年来全球债券市场的构成有何变化？
- 世界债券市场的主要组成部分是什么？
- 什么是债券评级？它的目的是什么？投资级债券和高收益（垃圾）债券有什么区别？
- 国债、政府机构债券、市政债券和公司债券等主要债券类别有什么特征？它们如何报价？
- 美国过去几十年发展起来的公司债券（例如抵押贷款支持证券、其他资产支持证券、零息债券和高收益债券）的重要特征是什么？
- 什么是收益率曲线？它的形状是如何确定的？
- 平价收益率曲线和即期收益率曲线有什么区别？
- 如何根据贴现现金流公式确定债券的价值？
- 债券估值在两个付息日之间如何变化？
- 如何计算以下债券收益率：当期收益率、到期收益率、赎回收益率和复合实际（投资期）收益率？

全球债券市场规模庞大且多元化，提供了重要的投资机会。本章关注公共发行人和私人发行人在美国和其他主要全球市场上公开发行的长期不可转换债券。了解债券有助于形成有效市场，因为美国债券和外国债券的存在增加了可用于创建分散化投资组合的投资品种。

我们首先将回顾债券的部分基本特征，并分析世界债券市场的结构，包括对主要固定收益证券投资的深入讨论。我们还讨论了债券收益率曲线表示的概念，并讨论了它包含的信息对于理解债券在实践中如何估值有多么重要。

其次，我们将第 8 章中介绍的估值原则应用于债券估值。这包括说明如何使用传统的单一到期收益率或多个即期利率对债券估值。我们还将了解债券收益率的多个衡量指标，这对于帮助我们了解债券价值如何变化以及为何变化很重要。

12.1 债券的基本特征

公共债券是面值较便宜、便于向个人和金融机构出售的长期固定债券。它与其他债务（例如个人抵押贷款和私募债务）的不同之处在于，它是出售给公众，而不是直接出售给单一贷款人。债券被视为固定收益证券，是因为发行人有固定金融义务。具体而言，债券发行人同意：

（1）定期向债券持有者支付固定金额的利息。

（2）在到期日偿还固定金额的本金。

通常，债券每六个月支付一次利息，但有些债券的付息间隔短至一个月或长至一年。债券应在到期时偿付本金，本金通常被称为面值。债券有规定的到期期限，它定义了债券的寿命。公共债券市场通常根据债券的初始期限被分为三类：

（1）期限为 1 年或更短的短期债券。这些债券的市场通常被称为**货币市场**。

（2）期限为 1 年以上、10 年以下的**中期债券**。

（3）期限超过 10 年的长期债券。

随着债券趋于到期，债券的寿命稳步减少。这种期限变化很重要，因为债券价格波动性的主要决定因素是债券的剩余寿命（期限）。

12.1.1 债券特征

债券特征可以通过其（1）内在特征、（2）类型、（3）债券契约条款或（4）影响其现金流或期限的特征来描述。

内在特征 息票利息、期限、本金价值和所有权类型是债券的重要内在特征。债券的**息票利息**表示债券投资者在债券寿命（或持有期）内将获得的收入。这被称为利息收入或息票收入。

到期期限规定了债券的到期日或到期前的年数。按照期限划分，有两类不同的债券。最常见的是有单一到期日的**定期债券**。而**分期还本债券**有一系列到期日，可能是 20 个或 25 个到期日。每个到期日对应的债券虽然是总体债券的一部分，但实际上是通常具有不同息票利息的小债券。市政当局发行大多数分期还本债券。

债券的**本金**价值或**面值**代表债券的初始价值。它通常从 1 000 美元起步，以 1 000 美元为单位递增，最高为 25 000 美元。债券的本金价值与债券的市场价值不同。由于息票利率与现行市场利率（即债券的到期收益率）之间存在差异，因此许多债券的市场价值高于或低于其本金价值。

最后，债券在所有权方面有所不同。**无记名债券**的实际持有者就是债券所有者，因此发行人不保留所有权记录。债券持有者通过剪下附在债券上的息票并将其寄给发行人，获得无记名债券的利息。相反，**记名债券**的发行人保留所有权记录，并将利息直接支付给当前登记的所有者。

债券类型 与普通股相反，公司可能同时有许多不同类型的未清偿债务。在违约情况下，**担保（高级）债券**由对发行人指定财产的合法索偿权提供担保。例如，抵押债券可能以房地产资产为担保；铁路和航空公司使用的设备信托证券提供了对公司设备的高级索偿权。

无担保债券（信用债券）仅由发行人按时支付利息和本金的承诺提供支持。因此，它们由发行人的一般信用担保。**次级（初级）信用债券**对收入和资产享有次于其他信用债券的索偿权。**收入债券**是最次级的债券，因为它们只有在融资项目获得收入时才会支付利息。尽管收入债券在公司部门中并不常见，但它们是非常受欢迎的市政债券，这时它们被称为**收益债券**。

债券契约条款 债券契约是发行人和债券持有者签订的合同，它规定了发行人的法律要求。代表债券持有者行事的受托人（通常是银行）确保满足所有债券契约条款，包括及时支付利息和偿还本金。债券契约中列出了决定债券特征、类型和期限的所有因素。

影响债券期限的特征 有三种不同的赎回期权特征可以影响债券的寿命（期限）。一种极端情况是可自由赎回条款，它允许发行人随时赎回债券，通常通知期为 30 天至 60 天。另一种极端情况是不可赎回条款，它规定发行人不能在债券到期前赎回债券。[①]处于二者之间的是递延赎回条款，它规定发行人不能在债券发行后特定时期内（例如 5 年至 10 年）赎回债券。在递延赎回期结束时，发行人可以自由赎回债券。可赎回债券有**赎回溢价**，这是发行人为了提前赎回债券必须支付给债券持有者的超过面值的金额。

无再融资条款禁止用低息**再融资债券**的发行收入赎回和提前偿还债券。这是为了保护债券持有者不受典型再融资的影响，但并非万无一失。债券发行人可以使用其他资金来源（例如运营产生的超额现金、资产出售或普通股出售收入）在到期前赎回和偿还有无再融资条款的债券。

另一个可能影响债券期限的重要契约条款是**偿债基金**，它规定必须在债券寿命期内有序偿还债券发行金额，而不仅是在债券到期时偿还债券发行金额。偿债基金的规模可以是给定债券发行金额的某个百分比、未清偿债务总额的某个百分比或某个规定的固定金额。与赎回特征类似，偿债基金可能在债券发行后不久开始支付，也可能推迟 5 年或 10 年才开始支付。在到期前必须用偿债基金偿还的金额可能从债券发行金额的一小部分到 100%不等。与赎回特征一样，偿债基金通常有名义溢价，但通常小于普通赎回溢价（例如，1%）。例如，某只 20 年期债券的偿债基金可能要求从第 10 年开始每年偿还 5%的债券发行金额。其结果是，到第 20 年，一半债券发行金额已经清偿，其余债券发行金额则在到期时还清。发行债券时，偿债基金条款对债券的比较收益率有小幅影响，但对随后的债券价格表现几乎没有影响。

12.2 全球债券市场结构[②]

固定收益证券市场比上市股票交易所（例如纽约泛欧证券交易所）大得多，因为公司

---

① 1985—2017 年期间，不可赎回债券的主要发行人是美国财政部。公司长期债券通常包含某种形式的赎回条款，除非在利率相对较低的时期（例如，1994—2001 年和 2010—2011 年），此时行使赎回期权的可能性非常低。

② 关于全球债券市场的更多讨论，请参见拉马纳坦（Ramanathan，2010）和马尔韦（Malvey，2012）的研究。

倾向于通过发行债券筹集大量资本。公司发行的普通股或优先股较少，因为公司的大部分股权融资来自内部产生的资金（留存收益）。此外，股票市场上只有公司股票，而大多数国家的债券市场上有四个非公司部门发行的债券：纯政府部门债券（例如美国国债）、政府机构（例如吉利美）债券、州政府和地方政府债券（市政债券）和国际债券（例如美国的扬基债券和欧洲债券）。

从图表 12-1 中我们可以一览全球债券市场的规模和国别分布，该图表列出了 2010 年和 2016 年未清偿债券的价值和主要标价货币的分布百分比。债券市场整体年增长率始终为 5%～10%。此外，货币趋势也很显著。具体而言，美元市场从 2010 年占世界债券市场总额的 43%升至 2016 年的 50%以上。1999 年的一个重大变化是欧元区部门的诞生，它包括欧洲的大部分地区（例如，德国、意大利、法国），英国除外。值得注意的是，该欧元部门所占百分比在过去十年一直保持在 20%～25%。

图表 12-1　主要市场上的估计债券总面值与占总体的百分比

货币	2016 年（估计值）		2010 年（估计值）	
	债券总面值（百万美元）	占比（%）	债券总面值（百万美元）	占比（%）
美元	22 365 696	52.1	16 207 960	43.4
欧元	9 385 707	21.8	9 462 897	25.3
日元	6 965 857	16.2	7 254 856	19.4
英镑	1 870 967	4.4	1 849 483	4.9
加元	1 139 448	2.7	1 078 130	2.9
澳元	571 360	1.3	441 174	1.2
所有其他货币	660 045	1.5	1 075 660	2.9
总计	42 959 080	100.0	37 370 160	100.0

资料来源：作者根据美银美林全球研究的数据进行的估计。

12.2.1　参与发行人

每种货币都对应着五类不同的债券：（1）主权债券（例如美国国债），（2）准政府债券和外国政府债券（包括政府机构债券），（3）政府或公司发行的证券化债券和抵押债券，（4）直接发行的公司债券，（5）高收益债券和新兴市场债券。图表 12-2 显示了 2016 年三大货币市场和欧元区的这五类债券的分布情况。

图表 12-2　按货币划分的未清偿债券构成估计（2016 年 12 月 31 日）

	2016 年（估计值）	
	总价值（百万美元）	占总体的百分比（%）
A. 美元		
主权债券	9 204 000	37.8
准政府债券和外国政府债券	1 738 947	7.1

续表

	2016 年（估计值）	
	总价值（百万美元）	占总体的百分比（%）
证券化债券/抵押债券	6 279 011	25.8
公司债券	6 000 946	24.7
高收益债券/新兴市场债券	1 112 310	4.6
总计	24 335 213	100.0
B. 欧元		
主权债券	6 212 364	56.8
准政府债券和外国政府债券	1 528 451	14.0
证券化债券/抵押债券	909 152	8.3
公司债券	1 927 615	17.6
高收益债券/新兴市场债券	354 645	3.3
总计	10 932 228	100.0
C. 日元		
主权债券	6 970 922	90.9
准政府债券和外国政府债券	526 527	6.9
证券化债券/抵押债券	1 760	0
公司债券	164 010	2.1
高收益债券/新兴市场债券	8 074	0.1
总计	7 671 293	100.0
D. 英镑		
主权债券	1 668 971	67.3
准政府债券和外国政府债券	143 326	5.8
证券化债券/抵押债券	107 343	4.3
公司债券	438 964	17.7
高收益债券/新兴市场债券	120 672	4.9
总计	2 479 276	100.0

资料来源：作者根据美银美林全球研究的数据进行的估计；欧元总计是基于 2015 年年末的数据。

　　主权债券　按百分比计算，国债市场是最大的部门，尤其是在日本。它是指为满足联邦政府日益增长的需求而发行的各种债务工具。

　　准政府（政府机构）债券和外国政府债券　政府机构债券已成为美元、日元和英镑市场中的一大部分（接近甚至超过 6%），但在欧元区所占的比例更大（约 14%）。这些政府机构代表政府分支机构，尽管它们发行的债券通常不是政府的直接债务。美国政府机构债券市场上有两类发行人：**政府资助企业**和联邦政府机构。政府机构债券的发行收入被用于资助许多立法项目。外国政府债券通常不以该国货币计价（例如，日本政府债券以美元计价并在美国出售）。

证券化债券/抵押债券　证券化债券可能是由其他资产（例如抵押贷款或汽车贷款）组合的现金流提供支持的政府机构债券或公司债券。抵押债券可能包括多个不同债券和结构化现金流。正如图表 12-2 所示，该债券部门已成为美国的主要债券部门，并且在欧元区国家的市场上占有相当重要的地位。

公司债券　主要的非政府债券发行人是公司。公司债券的重要性因国家不同而存在显著差异。在日本，公司债券的增长缓慢，但在美元市场、欧元市场和英镑市场上，公司债券是债券市场重要的组成部分。公司债券市场通常可细分为几个部分：工业债券、公用事业债券、交通债券和金融债券。

高收益债券/新兴市场债券　该部门既包括发达国家公司的高收益（非投资级）债券，也包括中国和印度等新兴市场国家的政府债券或公司债券，这些债券可能是投资级债券，也可能是高收益（非投资级）债券。值得注意的是，该部门的主要市场只有美元债券市场和英镑债券市场。

12.2.2　参与投资者

参与债券市场的个人投资者和机构投资者数量众多，且具有不同的投资目标。由于债券市场非常复杂，且大多数债券的最低面值很高，因此个人投资者所占的比例很小。机构投资者通常占债券交易的 90%～95%，尽管债券市场中不同部分的机构投资者所占比例有高低之分。例如，机构投资者大量参与政府机构债券市场，但它们在公司债券市场上的活跃度略低。

各种各样的机构都会投资于债券市场。人寿保险公司投资于公司债券，并相对较少地投资于国债和政府机构债券。商业银行投资于市政债券以及国债和政府机构债券。财产和责任保险公司集中投资市政债券和国债。私人养老基金和政府养老基金大量投资于公司债券，但也投资于国债和政府机构债券。最后，固定收益共同基金所占比例有显著增长，随着其推出满足各种投资者需求的债券基金，它们的需求横跨所有市场。

其他机构往往基于两个因素偏好债券市场的不同部门：（1）适用于该机构的税法；（2）该机构负债结构的性质。例如，养老基金和捐赠基金实际上是有长期资金来源的免税机构，因此它们通常更喜欢高收益的长期国债或公司债券。

12.2.3　债券评级

债券持有者面临的主要风险是借款人无法按承诺支付息票利息和偿还本金。发生这种情况时，借款人被称为对贷款违约。为了评估违约可能性，几乎所有债券都由专业分析师对发行人的信用进行评级。被排除在外的债券（例如特定行业中规模很小的债券）被称为无评级债券。三大评级机构是：（1）惠誉投资者服务公司（Fitch Investors Service）、（2）穆迪（Moody's）和（3）标准普尔（Standard & Poor's）。

债券评级为成千上万的债券提供了基本面分析。评级机构通过分析发行机构和具体债券来确定违约概率。债券信用分析的主要问题是公司能否在给定债券的寿命期内及时偿还债券发行金额。因此，评级机构会考虑对债券寿命期内的偿还预期，以及公司的历史财务状况和当前财务状况。

金特里、惠特福德和纽博尔德（Gentry，Whitford and Newbold，1988）分析了债券评级与财务变量显示的债券质量之间的关系。结果清楚地表明，债券评级与公司的盈利能力、规模和现金流覆盖率正相关，与财务杠杆和利润不稳定性负相关。梅（May，2010）表明，评级变化会对债券价格和公布评级调整的时间产生重大影响。

对债券的初始评级对其适销性和实际收益率有影响。一般来说，这三个评级机构的评级是一致的。如果不一致，则称该债券有分割评级。[①] 评级机构将定期审核已发行债券，以确保赋予的评级仍然适当。如果不适当，则上调或下调评级。评级调整通常以一个评级等级为单位。评级既是基于公司情况，也是基于债券情况。完成对整个公司的信用评估后，将对公司的最高级无担保债券给予评级。根据债券契约规定，所有次级债券都将获得低于前者的评级。此外，有信用增强措施时（例如附有银行信用证、担保或保险公司的赔偿条款），债券可能会因此获得更高评级。

这些评级机构给予的字母评级说明了评级机构对债券违约风险的看法。字母评级从AAA级（Aaa 级）至 D 级不等。图表 12 - 3 介绍了主要评级机构给予的各种评级。除表示方法略有不同外，评级的含义和解释基本相同。这些评级机构还会对评级进行细分，惠誉和标准普尔使用＋号和一号来表示，穆迪则使用数字（1、2、3）来表述。例如，A＋（A1）债券为 A 级组别的最高级，而 A一级（A3 级）则为 A 级组别的最低级。

图表 12 - 3　债券评级介绍

	惠誉	穆迪	标准普尔	定义
高级	AAA	Aaa	AAA	给予债券的最高评级，表明其还本付息的能力极强。此类债券通常被称为金边债券。
	AA	Aa	AA	这些债券按各种标准评估均属于优质债券，具有强大的还本付息能力。这些债券的评级较低，主要是因为其保障边际不如 Aaa 级债券和 AAA 级债券充足。
中级	A	A	A	这些债券具有许多有利的投资属性，但考虑到不利经济变化，这些因素可能表明其容易减值。
	BBB	Baa	BBB	这些债券被认为具有充足的还本付息能力，但不具备特定保护要素，在不利经济条件下可能导致偿付能力减弱。
投机级	BB	Ba	BB	无论景气好坏，这些债券均被认为只能适度保障还本付息。
	B	B	B	通常缺乏其他理想投资特征的债券。在长期内可能难以保证还本付息。

---

① 比林斯利、拉米、马尔和汤普森（Billingsley，Lamy，Marr and Thompson，1985）以及刘和穆尔（Liu and Moore，1987）讨论了分割评级。马西斯、麦克安德鲁斯和罗切特（Mathis，McAndrews and Rochet，2009）以及斯克雷塔和威尔德坎普（Skreta and Veldkamp，2009）的研究考察了评级搜购、获得指示性评级和评级偏差。

续表

	惠誉	穆迪	标准普尔	定义
违约	CCC	Caa	CCC	可能违约或有违约危险的低质量债券。
	CC	Ca	CC	高度投机性债券，通常会违约或具有其他明显缺陷。
	C			评级最低的债券类别。这些债券可以被认为投资质量极差。
		C	C	对不支付利息的收入债券的评级。
	DDD		D	拖欠本金或利息的违约债券。此类债券具有极强投机性，应仅根据其在清算或重组中的价值进行估值。
	DD			
	D			

资料来源：*Bond Guide* (Standard & Poor's)；*Bond Record* (Mergent/Moody's)；and *Rating Register* (Fitch Investors Service, Inc.)。

前四个评级——AAA 级（或 Aaa 级）、AA 级（或 Aa 级）、A 级和 BBB 级（或 Baa 级）——的债券通常被认为是投资级债券。下一个评级的债券（被称为投机级债券）包括 BB 级债券和 B 级债券。C 级债券通常是收入债券或收益债券。D 级债券为完全违约债券，该评级表明债券的相对残值。评级低于投资级的债券也被称为高收益债券或"垃圾"债券。

12.3 债券概述

在本节中，我们详细讨论了主要债券发行人可以使用的工具。

12.3.1 本国国债

美国 如图表 12-2 所示，美元固定收益证券市场中很大一部分是美国国债。在美国财政部的十足信用支持下，美国政府发行期限不到 1 年的国库券和两种长期债券：期限为 10 年或更短的中期国债，以及期限为 10 年至 30 年的长期国债。目前的国债面额有 1 000 美元和 10 000 美元两种。美国国债的利息收入需要缴纳联邦所得税，但免纳州税和地方税。这些债券因其无风险的信用质量、充足的流动性和不可赎回特性而广受欢迎。

国库券与中期国债及长期国债的不同之处在于，它以低于面值的折价出售，以提供所需的收益率。国库券的收益为买价与到期面值之差。相比之下，中期国债和长期国债在到期日之前每半年付息一次。

图表 12-4 说明了 2017 年 7 月 5 日的长期国债、中期国债和国库券的报价系统。左列中的第 10 项为 2047 年 5 月到期的利率为 3% 的债券。表中所列卖价为 102-28，这对应于 2.856% 的债券到期收益率。国债以一个点的 1/32（分数部分的报价单位）为单位交易，因此连字符右侧的数字表示报价的三十二分之几。在本例中，卖价实际上为 102-28/32，即面值的 102.875%。这些报价的买卖价差也值得注意，通常为 1/32 或更少。这种小额利

差反映了美国国债的高流动性和低交易成本。相比之下，短期国库券是以贴现收益率而非价格为基础报价的。因此，对于 2018 年 6 月 21 日到期的国库券（第 4 项所示的一年期国库券），将以 1.205% 的卖出贴现率作为基础，计算投资者将从国库券面值 100 中减去的金额（占面值的百分比），以确定当前价格。

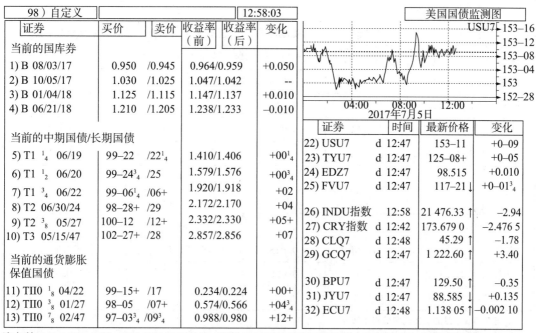

98）自定义				12:58:03	
证券	买价	卖价	收益率（前）	收益率（后）	变化
当前的国库券					
1）B 08/03/17	0.950	/0.945	0.964/0.959		+0.050
2）B 10/05/17	1.030	/1.025	1.047/1.042		--
3）B 01/04/18	1.125	/1.115	1.147/1.137		+0.010
4）B 06/21/18	1.210	/1.205	1.238/1.233		−0.010
当前的中期国债/长期国债					
5）T1 $\frac{1}{4}$ 06/19	99–22	/22$\frac{1}{4}$	1.410/1.406		+00$\frac{1}{4}$
6）T1 $\frac{1}{2}$ 06/20	99–24$\frac{3}{4}$	/25	1.579/1.576		+00$\frac{3}{4}$
7）T1 $\frac{3}{4}$ 06/22	99–06$\frac{1}{4}$	/06+	1.920/1.918		+02
8）T2 06/30/24	98–28+	/29	2.172/2.170		+04
9）T2 $\frac{3}{8}$ 05/27	100–12	/12+	2.332/2.330		+05+
10）T3 05/15/47	102–27+	/28	2.857/2.856		+07
当前的通货膨胀保值国债					
11）TII0 $\frac{1}{8}$ 04/22	99–15+	/17	0.234/0.224		+00+
12）TII0 $\frac{3}{8}$ 01/27	98–05	/07+	0.574/0.566		+04$\frac{3}{4}$
13）TII0 $\frac{7}{8}$ 02/47	97–03$\frac{3}{4}$	/09$\frac{3}{4}$	0.988/0.980		+12+

美国国债监测图			
USU7	153–16		
	153–12		
	153–08		
	153–04		
	153		
	152–28		
04:00　08:00　12:00			
2017年7月5日			
证券	时间	最新价格	变化
22）USU7	d 12:47	153–11	+0–09
23）TYU7	d 12:47	125–08+	+0–05
24）EDZ7	d 12:47	98.515	+0.010
25）FVU7	d 12:47	117–21↓	+0–01$\frac{3}{4}$
26）INDU指数	12:58	21 476.33↑	−2.94
27）CRY指数	d 12:42	173.679 0	−2.476 5
28）CLQ7	d 12:48	45.29↑	−1.78
29）GCQ7	d 12:47	1 222.60↑	+3.40
30）BPU7	d 12:47	129.50↑	−0.35
31）JYU7	d 12:47	88.585↓	+0.135
32）ECU7	d 12:48	1.138 05↑	−0.002 10

澳大利亚 61 2 9777 8600　巴西 5511 2395 9000　欧洲 44 20 7330 7500　德国 49 69 9204 1210　中国香港 852 2977 6000
日本 81 3 3201 8900　新加坡 65 6212 1000　美国 1 212 318 2000

彭博财经版权所有，2017年
SN 335716 CDT GMT−5:00 H433−1911−0 2017年7月5日 12:58:03

图表 12−4　长期国债、中期国债和国库券的报价样本

资料来源：数据来自彭博有限合伙企业，版权归彭博有限合伙企业所有，2017 年。

通货膨胀保值国债（TIPS）[①]　　美国财政部于 1997 年 1 月开始发行通货膨胀保值国债，以吸引希望获得真正无违约收益率的投资者。为确保投资者获得承诺的实际收益率，这种债券的本息偿付与居民消费价格指数挂钩。由于我们通常无法立即得知实际通货膨胀水平，因此我们使用的指数值有内在的 3 个月滞后期。例如，2011 年 6 月 30 日发行的债券使用的初始基准指数值为 2011 年 3 月 30 日的居民消费价格指数。通货膨胀保值国债发行后，其本金价值每 6 个月调整一次，以反映基期以来的通货膨胀。进而，支付的利息也是根据调整后的本金计算的，也就是说，支付的利息等于初始息票利率乘以调整后的本金。图表 12−5 显示了一个通货膨胀保值国债运作过程的代表性例子。其本息偿付都随着时间的推移进行调整，以反映当前的通货膨胀率，从而确保投资者从这些债券中获得 3.50% 的实际收益率。

———————————

[①]　这一部分借鉴了沈（Shen，1998）、科塔里和尚肯（2004）以及布林约尔松（Brynjolfsson，2012）的精彩讨论。

图表 12 - 5　代表性通货膨胀保值国债的还本付息

面值——1 000 美元
2008 年 7 月 15 日发行
2013 年 7 月 15 日到期
息票利率——3.50%
初始居民消费价格指数——185.00

日期	指数值[a]	通货膨胀率	应计本金（美元）	利息支付[b]（美元）
2008 年 7 月 15 日	185.00	—	1 000.00	—
2009 年 1 月 15 日	187.78	0.015	1 015.00	17.76
2009 年 7 月 15 日	190.59	0.015	1 030.22	18.03
2010 年 1 月 15 日	193.83	0.017	1 047.74	18.34
2010 年 7 月 15 日	197.51	0.019	1 067.65	18.68
2011 年 1 月 15 日	201.46	0.020	1 089.00	19.06
2011 年 7 月 15 日	205.49	0.020	1 110.78	19.44
2012 年 1 月 15 日	209.19	0.018	1 130.77	19.79
2012 年 7 月 15 日	212.96	0.018	1 151.13	20.14
2013 年 1 月 15 日	217.22	0.020	1 174.15	20.55
2013 年 7 月 15 日	222.65	0.025	1 203.50	21.06

a. 当日前 3 个月的居民消费价格指数。
b. 半年期利息等于（应计本金的）1.75%。

　　这些债券还可用于推导出当前市场对债券剩余期限内预期通货膨胀率的估计。例如，如果我们假设该债券于 2008 年 7 月 15 日发行时，它以 3.50% 的收益率按面值出售，而相同期限的中期国债以 5.75% 的收益率出售。承诺收益率的这种差异（5.75%－3.50%）意味着投资者预期这五年期间的平均年通货膨胀率为 2.25%。如果一年后利差增至 2.45%，则表明投资者预计随后四年的通货膨胀率会升高。

　　日本　日本拥有世界第二大的国债市场。它由日本政府及其中央银行——日本银行——控制。日本国债对青睐日元的人来说是一种有吸引力的投资工具，因为它的质量几乎与美国国债相当（它由日本政府担保），而且它的流动性很强。日本国债分为三个期限：中期（2 年、3 年或 4 年）、长期（10 年）和超长期（15 年和 20 年的私募国债）。这些债券以记名形式和无记名形式发行，但记名债券可以转换为无记名债券。

　　日本国债交易中至少有 50% 是从 10 年期息票债券中挑选出来的基准债券。（截至 2017 年年中，基准债券为将于 2027 年到期、息票利率为 0.10% 的债券。）该基准债券的收益率通常比其他可比日本国债低约 30 个基点，反映出其卓越的适销性。

　　英国　按照期限分类，英国国债市场上的债券从短期金边债券（期限少于 5 年）、中期金边债券（5 年至 15 年）到长期金边债券（15 年及更长）不等。国债要么有固定的赎回日期，要么在适时发出通知后由政府选择赎回的日期范围。这些债券流动性极强，评级很高，因为它们由英国政府担保。所有金边债券都在伦敦证券交易所报价和交易，每半年付息一次。

金边债券是英格兰银行（英国中央银行）使用招标方法发行的，即潜在买方针对他们希望分配到的债券投标。如果债券被超额认购，则债券首先被分配给出价最高的投标者。

欧元区　若以美元计价，欧元主权债券市场的总价值实际上大于日本国债市场，因为它包括几个重要市场：德国、法国和意大利。由于欧元区包括许多以前经济独立的国家，因此不同国家的发行过程大不相同，只不过所有债券都以欧元计价。

12.3.2　政府机构债券

除了纯政府债券，每个国家的中央政府都可以建立有权发行自己的债券的政府机构。在美国，政府机构债券是政府通过特定政府机构或政府资助企业发行的债券。六家政府资助企业和二十多个联邦政府机构都发行债券。图表 12-6 列出了最常见的政府资助企业和联邦政府机构及其债券发行目的；关于更多详细信息，请参见卡瓦纳和法博齐（Cabana and Fabozzi，2012）的研究。

图表 12-6　联邦政府机构与政府资助企业

政府机构	债券发行目的
联邦国民抵押贷款协会（房利美）	促进住房抵押贷款的流动性二级市场
联邦住房贷款抵押公司（房地美）	促进住房抵押贷款的流动性二级市场
政府国民抵押贷款协会（吉利美）	促进住房抵押贷款的流动性二级市场
联邦住房贷款银行	为住房抵押贷款提供信贷
农业信贷银行	为农业部门提供信贷
农场信用系统财务资助公司	为农场信用系统机构的资本重组提供融资
联邦农业抵押贷款公司（丰陌美）	促进农业和农村住房贷款的流动性二级市场
学生贷款市场推广协会（沙利美）	提高学生贷款的可得性
融资公司	为联邦储蓄与贷款保险公司的资本重组提供融资
清算融资公司	为储贷行业的资本重组提供融资
田纳西州流域管理局	促进田纳西河和邻近地区的发展

资料来源：丰陌美、房地美和《美国联邦储备委员会公告统计附录》(*Statistical Supplement to the Federal Reserve Bulletin*) 表 1.44。

政府机构债券通常每半年付息一次，最低面额在 1 000 美元和 10 000 美元之间。这些债券不是直接国债，但它们有美国政府的十足信用担保。此外，某些政府机构债券需要缴纳州所得税和地方所得税，而另一些政府机构债券是免税的。[1]

有一种政府机构债券提供特别有吸引力的投资机会，这就是政府国民抵押贷款协会（"吉利美"）转手债券，它是政府国民抵押贷款协会的债券。这些债券代表在联邦保险抵押贷款池中未分割的权益。债券持有者每月从吉利美收到包括本金和利息在内的款项，因为该政府机构将初始借款人（抵押人[*]）向吉利美偿还的抵押贷款"转手"给债券持有者。

---

[1]　例如，联邦国民抵押贷款协会（房利美）的信用债券需要缴纳州所得税和地方所得税，而联邦住房贷款银行债券的利息收入则免缴这些税款。事实上，一些政府机构债券也免缴联邦所得税（例如公共住房债券）。

[*]　此处原文疑有误。——译者注

这些转手债券的息票利息与抵押贷款池收取的利息有关。现金流中代表本金偿还的部分免税，但利息收入需要缴纳联邦税、州税和地方税。这些债券的最低面额为 25 000 美元，期限为 25 年至 30 年，但平均期限仅为 12 年，因为随着抵押贷款池中的抵押贷款被还清，还款和提前还款会转手给投资者。因此，每月还款金额不是固定的，因为当利率发生变化时，提前还款率会发生巨大变化。

此外，另外两个实体也购买抵押贷款并创建抵押贷款支持证券——联邦国民抵押贷款协会（房利美）和联邦住房贷款抵押公司（房地美）。房利美和房地美是受政府监管的上市公司，它们发行债券为购买抵押贷款融资，这些债券历来通常以非常接近国债的收益率出售。然而，这两家政府资助机构的贷款行为在 2006—2007 年期间受到审查，因为它们以低收益率发行大量债券，然后利用这些资金购买利率更高的抵押贷款，为股东谋求利益。当它们购买的次级抵押贷款出现高违约率时，它们遭受了大量损失，严重侵蚀了其资本。

12.3.3 市政债券

市政债券由州、县、市和其他行政区划发行。同样，各国市政债券市场的规模差异很大。它约占美国债券市场总额的 9%，占日本债券市场总额不到 3%，而在英国则不存在市政债券市场。

美国市政当局发行两种不同类型的债券：一般责任债券和收益债券。**一般责任债券**本质上由发行人的十足信用及其全部征税权提供担保。相对地，收益债券由市政当局的特定项目（如桥梁、收费公路、医院、市政体育馆和自来水厂）产生的收益偿还本息。收益债券通常比一般责任债券提供更高的收益率，因为如果市政当局指定用于偿还债券的项目未能产生足够收益，违约风险就会升高。

一般责任债券倾向于连续发行，使发行人的现金流要求在债券期限内保持稳定。因此，总偿债要求的本金部分通常从相当低的水平开始，并在债券期限内逐渐增加。相比之下，大多数收益债券都是定期债券，因此直至最终到期日才需要偿还本金价值。

正如费尔德斯坦、法博齐、格兰特和拉特纳（Feldstein, Fabozzi, Grant and Ratner, 2012）所指出的，市政债券最重要的特征是利息免纳联邦所得税和某些债券发行地所在州的所得税。因此，它们的吸引力因投资者的税级而异。市政债券的免税收益率可以转换为等价应税收益率（equivalent taxable yield，ETY），如下所示：

$$ETY = \frac{i}{1-t} \tag{12.1}$$

其中：

ETY＝等价应税收益率；

i＝市政债券的收益率；

t＝投资者的边际税率。

对于边际税率为 35% 的投资者而言，如果市政债券的售价接近其面值，且收益率为 5%，那么相当于完全应税收益率为 7.69%：

$$ETY = \frac{0.05}{1-0.35} = 0.076\,9$$

虽然市政债券的利息免税，但任何资本收益都不免税，这就是为什么等价应税收益率公式仅适用于售价接近面值的债券。

美国市政债券市场的一个显著特征是市政债券保险。在这种保险中，保险公司将保证在债券发行人违约时偿付本金和利息。该保险在债券发行日生效，并且在债券期限内不可撤销。发行人为投资者的利益购买保险，市政当局因债券评级提高（通常升至 AAA 级）导致利息成本降低而受益，且因为更多机构有能力投资市政债券而提高了市政债券的适销性。提供市政债券保险的公司被称为金融担保人或"单一业务保险公司"，这些公司包括国民财政公司（National Public Finance）（原市政债券保险协会）和保证担保公司（Assured Guaranty Corp.）。

12.3.4　公司债券

同样，公司债券的重要性也因国家而异。美国公司债券部门的规模很大，并且占长期资本的百分比不断增加。日本的纯公司债券部门规模较小且还在下降，欧元区和英国除银行以外的公司债券部门分别占这些市场的 17% 以上。

美国公司债券市场　美国公司债券市场的重要部门包括公用事业债券、工业债券、铁路和交通债券以及金融债券。这个市场非常多元化，包括信用债券、第一抵押权债券、可转换债券、附认股权证债券、次级债券、收入债券（类似于收益债券）、由金融资产支持的担保信托债券、设备信托证券以及各种资产支持证券，包括抵押贷款支持证券。

大多数债券每半年支付一次固定利息，有偿债基金和单一到期日。这些债券的期限从 25 年至 40 年不等，公用事业债券的期限通常较长，而工业债券的期限多为 25 年至 30 年。公司债券通常可在 5 年至 10 年后递延赎回。递延期限直接随市场收益率水平的变化而变化。在利率较高的时期，债券通常有 7 年至 10 年的递延赎回期，而在利率较低的时期，债券递延赎回期会缩短。

另外，期限为 5 年至 7 年的中期公司债券通常是不可赎回的。当利率较高时，中期公司债券将变得流行，因为发行公司希望避免承担高利息成本的长期债务。相比之下，在低利率时期，例如 2001—2004 年和 2008—2017 年，许多公司债券都不包括赎回条款，因为公司不想为其不太可能使用的选择权支付更高的必要收益率。

图表 12-7 列出了 2017 年 7 月 3 日交易最活跃的投资级债券的报价。请注意其中灰底显示的债券，它们分别由富国银行和摩根大通这两家金融服务公司发行。富国银行的债券每年支付 3.000%（或每 6 个月支付 1.500%）的息票利率，并在稍长于 9 年的时间后到期。请注意，公司债券以十进制形式报价——在本例中，最后交易价格为面值的 97.370 0%。正如我们将在本章后面将说明的，该值可以换算为 3.330 977% 的承诺到期收益率，这使其成为折价交易债券。相比之下，摩根大通的债券在稍长于 10 年的时间后到期，息票利率为 4.250%。在这一天，该债券的交易价格高于面值（面值的 104.437 00%），报价收益率为 3.724 010%。

其他类型的公司债券包括抵押贷款债券、设备信托证券和担保信托债券，它们与信用债券的主要区别在于用于保护投资者的担保品的具体性质。

图表 12 - 7 投资级公司债券价格和收益率报价

发行人名称	代码	息票利率(%)	到期日	穆迪®/标准普尔	最高价格	最低价格	最新价格	变化	收益率(%)
沃那多房地产公司 (VORNADO RLTY L P)	VNO. AA	5.000	2022 年 1 月 15 日	Baa2/BBB	108.355 00	108.272 00	108.355 00	−0.445 000	2.907 035
威瑞森通信公司 (VERIZON COMMUNICATIONS INC)	VZA050437	5.150	2023 年 9 月 15 日	Baa1/BBB+	111.198 00	110.794 00	110.865 00	−0.420 000	3.200 034
瑞士信贷集团融资有限公司(根西岛)(CREDIT SUISSE GROUP FDG GUERNSEY LTD)	CS4248911	4.875	2045 年 5 月 15 日	Baa2/	110.579 00	109.600 00	109.600 00	−0.910 000	4.281 349
中点能源公司 (CENTERPOINT ENERGY RES CORP DEL)	CNP. HQ	4.500	2021 年 1 月 15 日	Baa2/A−	105.549 00	105.549 00	105.549 00	0.804 000	2.717 130
艾伯维公司 (ABBVIE INC)	ABBV4362386	3.200	2026 年 5 月 14 日	Baa2/A−	100.042 00	98.939 00	99.038 00	−0.182 000	3.325 983
富国银行	WFC4416762	3.000	2026 年 10 月 23 日	A2/A	97.642 00	97.370 00	97.370 00	−0.028 000	3.330 977
伯灵顿北圣达菲有限责任公司 (BURLINGTON NORTHN SANTA FE LLC)	BRK4463979	4.125	2047 年 6 月 15 日	A3/A	104.943 00	104.889 00	104.943 00	−0.473 000	3.842 002
中点能源公司 (CENTERPOINT ENERGY RES CORP)	CNP. HI	6.000	2018 年 5 月 15 日	Baa2/A−	103.607 00	103.607 00	103.607 00	0.112 000	1.731 363
梯瓦制药金融荷兰公司 (TEVA PHARMACEUTICAL FIN NETH III B V)	TEVA4384554	4.100	2046 年 10 月 1 日	Baa2/	92.303 00	91.296 00	91.296 00	−2.704 000	4.647 019
摩根大通公司	JPM4292068	4.250	2027 年 10 月 1 日	Baa1/BBB+	104.537 00	103.945 00	104.437 00	0.051 000	3.724 010

资料来源:数据摘自美国金融业监管局 TRACE 市场综合信息,2017 年 7 月 3 日。

正如克劳福德（Crawford，2012）所指出的，**抵押担保债券**出现于 20 世纪 80 年代初，旨在解决传统抵押贷款转手债券的一些问题。抵押担保债券的主要创新是对不规则抵押贷款现金流进行细分，以创建吸引更广泛投资者的短期证券、中期证券和长期证券。由于担保品的结构和质量，这些债券也是评级非常高的证券（AAA 级）。担保品的信用风险很小，因为大多数抵押担保债券都有联邦政府机构（吉利美）或房利美担保的抵押贷款支持。没有政府机构支持的抵押贷款会从一家政府资助企业获得私人保险，或者对该债券进行超额担保，这也提高了债券的信用质量。

证券市场另一个快速扩张的部分是**资产支持证券**，它是指将住房抵押贷款以及其他类型的债务证券化。这是一个重要概念，因为它大大提高了这些债务工具的流动性，无论它们是汽车贷款、信用卡债务、学生贷款，还是房屋净值贷款。这一大类证券出现于 1983 年。截至 2017 年，流通中的资产支持证券接近 1.25 万亿美元。**汽车应收账款证券**是由向个人发放的贷款作为担保品，用于为购买汽车融资的证券。这种汽车贷款可以是来自贷款机构的直接贷款，也可以是来自汽车经销商并出售给最终贷款人的间接贷款。**信用卡支持证券**是资产支持证券市场中增长最快的部分，它与抵押贷款支持证券和汽车贷款支持证券的不同之处在于，信用卡应收账款的本金不是偿付给投资者，而是由受托人保留下来，再投资于其他应收账款。

与资产支持证券密切相关的是**债务抵押债券**。与由一种特定类型资产（抵押贷款、汽车贷款等）支持的大多数资产支持证券相比，债务抵押债券通常由多种资产组成的多元化资产池支持，这些资产包括投资级债券或高收益债券、国内银行贷款、新兴市场债券、住房抵押贷款（某些为次级抵押贷款）和商业抵押贷款，甚至其他债务抵押债券。债务抵押债券通常可分为不同组别，这些组别与抵押担保债券类似，但信用质量不同，从 AAA 级到 BBB 级或更低不等。因此，投资者可以根据评级选择所需的信用风险，从而从更高的收益率中受益。

这些证券给投资者带来了重大问题，这些问题始于 2006 年房地产的"繁荣期"，当时银行向信用评分极低的个人提供的抵押贷款被打包为债务抵押债券。2007 年和 2008 年，这些次级贷款中有很大一部分违约，这降低了持有这些债务抵押债券的组别的价值。即使是受信用增强技术保护的高评级组别也很难交易。结果，债务抵押债券在短期内出现了显著的价格下跌（例如，从面值跌至面值的 65%）。

12.3.5　非传统债券的息票结构

另外两个重要的债券结构涉及定期付息方式的差异：**可变利率（或浮动利率）债券**和**零息债券**。

浮动利率债券于 20 世纪 70 年代中期在美国推出，在高利率时期开始流行，而高利率通常是由高通货膨胀水平引起的。正如法博齐和曼（Fabozzi and Mann，2012）所讨论的，典型的浮动利率债券具有两个独有特征。第一，在债券发行日之后，息票利率被允许调整（"浮动"），因此每 6 个月它就会变化，以跟随某个指数利率［例如，伦敦银行同业拆借利率（LIBOR）］。第二，在第一年或第二年之后，持有者可以选择按面值赎回浮动利率债券，通常每 6 个月可赎回一次。

这类工具代表借款人的长期债务，但也为贷款人提供了短期债务的所有特征。它们的最低面额通常为1 000美元。然而，尽管6个月赎回特征提供了定期现金流，但浮动利率可能导致这些债券的半年期息票金额出现大幅波动。

与定期付息且利息根据市场条件变化而变化的债券相比，零息（或纯贴现）债券承诺在未来到期日偿还规定的本金，但不支付期间利息。因此，债券价格只是在到期日使用相应贴现率贴现本金后的现值。债券收益是投资者购买债券时支付的价格与到期时偿还的本金之差。

假设有一只面值为1 000美元的20年期零息债券。正如我们很快将说明的，如果必要收益率为8%，并且假设每半年贴现一次，则该债券的初始售价为208.29美元。从购买债券至债券到期，投资者不会从发行人那里获得任何现金流。然而，投资者必须就债券的隐含利息纳税，尽管投资者实际上没有收到现金。由于该特点，这些债券主要存放在不纳税的投资账户中，例如养老金账户、个人退休账户或基奥（Keogh）账户中。此外，由于投资者在债券到期前不会收到借款人的付款，因此这种债券通常由政府发行，而不是由信用风险较大的公司发行。

零息债券的一种变形是初始发行折价债券，其息票利率远低于现行市场利率——例如，当市场收益率为8%时，债券的息票利率为3%。因此，该债券以面值的大幅折价发行。同样，投资者必须就8%的隐含收益率而不是3%的息票利率缴纳税款，因此零息债券的现金流劣势虽然有所减轻，但仍然存在。史密斯（2011）讨论了这些债券的市场发展。

12.3.6 高收益债券

在公司债券市场上，规模、重要性和争议都有所增加的一个部门是**高收益债券**，也被称为投机级债券或垃圾债券。这些债券是获得非投资级债券评级的公司债券，即它们的评级低于BBB级或Baa级。高收益一词是为了指出这些债券相对于国债和投资级公司债券的收益率较高。然而，垃圾债券一词也表明这些债券的信用质量较低。

只要有评级机构，公司债券市场上就会存在高收益债券。然而，在1980年之前，大多数高收益债券被称为堕落天使。这意味着这些债券最初发行时为投资级债券，但由于公司情况发生不利变化，它们的评级被下调至BB级或以下。20世纪80年代初，市场发生了变化，当时投资公司德崇证券（Drexel Burnham Lambert）开始积极承销两类客户新发行的高收益债券：（1）没有财务实力获得投资级评级的小公司；（2）发行与杠杆收购相关的高收益债券的大公司和小公司。这些新发行的高收益债券的主要投资者是共同基金、保险公司和养老基金，所有这些投资者都被这种新投资工具可能产生的高风险调整收益率所吸引。

随着这种新交易活动的涌入，高收益债券市场的规模呈爆炸式增长。图表12-8包含1997—2016年期间全球债券的统计数据。值得注意的是，大型垃圾债券在过去20年变得更加普遍，目前其平均规模超过6.5亿美元。截至2016年12月，高收益债券市场的信用评级分布为：BBB级债券占44.2%，BB级债券占41.8%，CCC级/未评级债券占14.0%。此外，高收益债券已成为新发行债券市场的重要组成部分。截至2017年年中，未清偿高收益债券总额约占美国所有公司债券的 20％。[①]

图表 12 - 8　高收益债券的规模（1997—2016 年）

年份	全球发行总额（百万美元）	发行数量	平均发行规模（百万美元）
1997	212 715	963	220.89
1998	255 097	1 112	229.40
1999	291 835	1 180	247.32
2000	363 776	1 466	248.14
2001	402 644	1 529	263.34
2002	551 658	1 998	276.10
2003	640 560	2 191	292.36
2004	673 550	2 162	311.54
2005	740 931	2 132	347.53
2006	787 248	2 077	379.03
2007	843 053	2 008	419.85
2008	843 857	1 963	429.88
2009	1 023 813	2 238	457.47
2010	1 201 563	2 494	481.78
2011	1 393 802	2 824	493.56
2012	1 630 426	3 098	526.28
2013	1 936 918	3 489	555.15
2014	2 076 242	3 660	567.28
2015	2 144 787	3 653	587.13
2016	2 052 079	3 145	652.49

资料来源：美银美林全球研究。

图表 12-9 显示了 2017 年 7 月 3 日交易最活跃的高收益债券的价格和收益率报价。与前面讨论的投资级公司债券一样，垃圾债券的报价以十进制为基础。例如，灰底显示的巴西国家石油公司债券的息票利率为 7.375％，期限约为 9.5 年。鉴于其最后报价为面值的 107.500 0％，该债券的到期收益率为 6.314 982％。请注意，B1 级巴西国家石油公司债券的该收益率远高于图表 12-7 中富国银行（A2 级）或摩根大通（Baa1 级）的收益率，尽管这三种债券几乎同时到期。这种较高的信用利差是投资者持有风险较高债券的额外预期补偿。

[①] 高收益债券市场的发展对经济的筹资能力产生了积极影响；请参见佩里和塔格特（Perry and Taggart，1988）的研究。弗里德森（Fridson，1994）、法博齐（1990）以及赖利、赖特和金特里（2009）对该市场特征进行了其他讨论。

图表 12-9 高收益公司债券的价格和收益率报价

发行人名称	代码	息票利率(%)	到期日	穆迪/标准普尔	最高价格	最低价格	最新价格	变化	收益率(%)
巴西国家石油公司全球金融 (PETROBRAS GLOBAL FIN B V)	PBR4443368	7.375	2027年1月17日	B1/	107.500 00	105.950 00	107.500 00	1.000 000	6.314 982
CNH实业资本公司 (CNH INDL CAP LLC)	CNH14308049	4.375	2020年11月6日	Ba1/BBB−	105.125 00	104.925 00	105.125 00	0	2.752 977
前线通信公司 (FRONTIER COMMUNICATIONS CORP)	FTR3684517	8.500	2020年4月15日	B2/B+	105.750 00	103.750 00	105.750 00	0.038 000	
斯普林特公司 (SPRINT CORP)	SFTBF4176280	7.875	2023年9月15日	B3/B	115.250 00	113.819 00	115.200 00	0.200 000	4.990 006
斑马技术公司 (ZEBRA TECHNOLOGIES CORP)	ZBRA4300294	7.250	2022年10月15日	B2/B+	106.500 00	106.250 00	106.250 00	−0.156 000	4.011 455
巴西国家石油公司全球金融	PBR4106372	6.250	2024年3月17日	B1/	103.875 00	101.950 00	102.375 00	0.425 000	5.814 697
巴西国家石油公司全球金融	PBR4106363	7.250	2044年3月17日	B1/	100.740 00	98.400 00	98.500 00	−0.625 000	7.378 025
碧迪公司 (BECTON DICKINSON & CO)	BDX4499468	4.669	2047年6月6日	Ba1/BBB+	105.056 00	104.290 00	105.006 00	1.252 000	4.364 957
第一能源公司 (FIRSTENERGY CORP)	FE4509020	3.900	2027年7月15日	Baa3/BB+	100.768 00	100.086 00	100.136 00	−0.308 000	3.882 967
皇家苏格兰银行集团 (ROYAL BK SCOTLAND GROUP PLC)	BNPQF4127992	5.125	2024年5月28日	Ba1/	105.202 00	105.103 00	105.103 00	−0.081 000	4.262 513

资料来源：数据摘自美国金融业监管局 TRACE 市场综合信息，2017 年 7 月 3 日。

12.3.7　国际债券

每个国家的国际债券市场都有两个组成部分：外国债券和欧洲债券。外国债券是主要在借款人母国以外的国家发行，且标价货币不同于借款人母国货币的债券。一个例子是日本公司在美国出售的以美元计价的债券。（这种债券被称为扬基债券。）欧洲债券是由国际债券银团承销，并在多国市场上出售的债券。一个例子是欧洲美元债券，它是以美元计价，并出售给美国以外的投资者的债券。

美国　美国的欧洲美元债券市场已远远大于扬基债券市场。然而，由于欧洲美元债券市场受到美元价值变化的重大影响，因此在美元疲软期间增长放缓。

扬基债券由在美国证券交易委员会注册并借入美元的外国公司发行。这些债券在美国交易，每半年支付一次利息。从历史上看，大多数扬基债券都是由加拿大公司发行的，并且与美国国内债券相比，期限通常更短，赎回保护期通常更长。这些特点增加了它们对投资者的吸引力。

欧洲美元债券市场由外国投资者主导，交易中心位于伦敦。欧洲美元债券每年支付一次利息。欧洲美元债券市场目前占整个欧洲债券市场的近 40%。

日本　历史上，日元国际债券市场以外国债券（被称为武士债券）为主，其余为欧洲日元债券。20 世纪 80 年代中期放开对欧洲日元债券的发行要求后，欧洲日元债券所占比例大幅增加。

武士债券是由非日本发行人发行的以日元计价的债券，主要在日本销售。武士债券的市场相当小，流动性有限。值得注意的是，由于汇率的变化，以日元计算时，该市场增长缓慢，但以美元计算时，该市场大幅增长。

英国　斗牛犬债券是由非英国公司发行并在伦敦出售的以英镑计价的债券。相反，欧洲英镑债券在伦敦以外的市场上交易。与其他国家的经历类似，英国国际债券市场已由欧洲英镑债券主导。发行欧洲英镑债券的程序与发行欧洲美元债券的程序类似。

欧元区　近年来，非居民发行的欧洲债券的增长率令人印象深刻。这种增长证实了欧元市场在外国发行人中的受欢迎程度，包括美国发行人。

12.4　债券收益率曲线

从我们对众多固定收益证券特征的讨论中，显然可以看出，债券的到期收益率可能是投资者需要考虑的最重要的统计指标。事实上，到期收益率可以被视为债券的预期收益率，这意味着它表示投资者因拥有证券预期将获得的补偿。那么，收益率是如何确定的，又该如何解释呢？这就是我们现在要讨论的话题。

12.4.1　债券收益率的决定因素

请考虑以下三个不同日期的全球四个不同地区——美国、英国、欧元区、日本——的长期（30 年期）国债平均利率（收益率）：

长期国债平均收益率（%）			
	2007 年 6 月	2012 年 6 月	2017 年 6 月
美国	5.242	2.736	2.739
英国	4.859	3.093	1.678
欧元区	4.794	2.276	1.066
日本	2.500	1.857	0.805

请注意，在全球范围内，从 2007 年 6 月（恰好在全球金融危机之前）到 2017 年 6 月，收益率急剧下降。然而，在世界不同地区，这种收益率下降的性质显然有所不同。债券投资者应该了解为什么各国收益率存在差异，以及为什么各国的收益率都会发生变化。

在最基本的层面上，以下模型描述了导致收益率（i）上升或下降的因素：

$$i = \text{RFR} + I + \text{RP} \tag{12.2}$$

其中：

RFR＝实际无风险利率；

I＝预期通货膨胀率；

RP＝风险溢价。

根据我们在第 1 章和第 7 章中的介绍，您应该很熟悉这种关系。它简单但完整地描述了利率行为。更困难的任务是估计影响 RFR、I 和 RP 的部分变量——例如实际经济增长率、预期通货膨胀率和经济不确定性——的未来变化。在这方面，正如法博齐和曼（2012）的讨论，收益率与股票价格一样，极难进行准确预测。或者，我们也可以用经济状况和债券特征表示利率变化来源，如下所示：

$$i = f(\text{经济因素} + \text{债券特征})$$
$$= (\text{RFR} + I) + \text{RP} \tag{12.3}$$

重整式（12.2）得到的式（12.3）有助于分离出决定收益率的因素；范霍恩（Van Horne，2001）对此进行了讨论。

经济因素的影响　实际无风险利率是货币的经济成本，即补偿个人放弃的消费所须付出的机会成本。它由经济的实际增长率决定，由于资本市场的放松或紧缩而具有短期效应。

预期通货膨胀率是对利率的另一个经济影响。预期通货膨胀率与实际无风险利率相加，将得到名义无风险利率，它和国库券的当前收益率一样，是可以观察到的利率。鉴于实际无风险利率在历史上较为稳定，名义无风险利率的大幅波动通常是预期通货膨胀率的波动导致的。除了我们在风险溢价部分讨论的特有国家风险和汇率风险之外，不同国家之间的通货膨胀率差异对其利率水平也有重大影响。

估计名义无风险利率的一种方法是从经济的实际增长率开始，根据短期资本市场条件进行调整，然后加入对预期通货膨胀率的预测。另一种估计名义无风险利率变化的方法采用了宏观经济视角，其中可贷资金供求是 i 的基本经济决定因素。随着可贷资金供给的增加，利率水平下降，其他条件不变。正如 2008 年以来我们所看到的情况，美联储货币政策对货币供应有重大影响。美国国内外投资者的储蓄模式也影响资金供给。近年来，非美国投资者对美国可贷资金供给有很大影响。

其他条件不变，当可贷资金需求增加时，利率将增加。可贷资金需求受到美国政府、联邦政府机构、州政府和地方政府、公司、机构和个人的资本需求和运营需求的影响。联邦预算赤字和州预算赤字增加了可贷资金需求。同理，消费者用于购买住宅和资本品的资金需求水平将影响利率，公司寻找投资机会所产生的资金需求也会影响利率。所有这些活动的总和决定了可贷资金总供求以及名义无风险利率水平。

债券特征的影响 决定名义无风险利率的经济力量影响所有证券，而证券、市场部门或国家特有的债券特征将影响债券的风险溢价。因此，公司债券和国债的收益率之差通常不是由经济因素导致的，而是由影响风险溢价的不同债券特征导致的。债券投资者将风险溢价分为四个部分：

（1）债券质量，它由该债券相对于其他债券的违约风险决定。

（2）债券期限，它可能影响价格波动性。

（3）债券契约条款，包括担保品、赎回特征和偿债基金条款。

（4）外国债券风险，包括汇率风险和国家风险。

在这四个因素中，质量和期限对国内债券的风险溢价影响最大，而汇率风险和国家风险是对非美国债券风险溢价的重要影响因素。

债券的信用质量反映了发行人偿还其未清偿债务的能力，这主要体现在信用评级中。因此，不同评级的债券具有不同收益率。例如，AAA 级债券的违约风险低于 BBB 级债券，因此它们的必要收益率较低。事实上，信用质量对于整体收益率的决定非常重要，以至于债券的风险溢价常常被称为信用利差。

不同质量的债券之间的风险溢价差异会随着时间的推移发生巨大变化，这取决于当时的经济状况。当经济进入衰退或不确定时期时，对安全的渴望就会增加（即存在"逃往高质量债券"），投资者将出售质量较差的债券，并哄抬高评级债券的价格，从而增加收益率差异。美国市场曾多次出现短期风险溢价剧增，具体如下：1998 年 8 月，俄罗斯债券违约时；2001 年，恐怖主义袭击之后；在 2008—2009 年的重大信贷危机期间。

债券期限也会影响风险溢价，因为它影响债券的价格波动性。很快，我们就将介绍债券期限与收益率之间的典型正相关关系。

正如我们所见，债券契约条款包括债券的担保品、赎回特征和偿债基金条款。如果发行人对债券违约，担保品可以为投资者提供保护，因为在清算时投资者对某些资产有特定索偿权。赎回特征表明发行人在到期前何时可以回购债券。显然，投资者向发行人收取的费用中包括赎回期权，而赎回期权的价格（即更高的必要收益率）将随着利率水平的提高而增加。因此，增加对债券赎回的保护会降低风险溢价。在高利率时期，赎回保护的价值将增加。马歇尔和亚维茨（Marshall and Yawitz，1980）以及布思、古诺鲍罗斯和斯金纳（Booth，Gounopoulos and Skinner，2014）指出，投资者在购买高息票利率债券时，希望防止它在利率下降时被赎回。

正如考洛陶伊（Kalotay，1981，1982b）所讨论的，偿债基金条款降低了投资者的风险和债券收益率，原因有几个。首先，偿债基金条款要求发行人按部就班地减少未清偿债务金额。其次，发行人购买债券以满足偿债基金条款要求，这为债券提供了价格支持。最后，偿债基金条款要求发行人在规定的到期日之前清偿债券，这降低了债券的平均期限。

最后，我们知道外币汇率会随时间推移而变化，这增加了全球投资的风险。由于不同国家的贸易差额和通货膨胀率不同，因此各国货币的汇率也不同。波动的贸易差额和通货膨胀率使汇率更加波动，增加了未来汇率的不确定性，并增加了汇率风险溢价。此外，当投资者对一国的政治环境或经济环境感到不确定时，将增加必要风险溢价来反映这种国家风险。

12.4.2　收益率曲线与利率期限结构

利率期限结构（或众所周知的收益率曲线）反映了给定时点上的债券样本的到期期限与到期收益率的关系。[①] 因此，它代表了一类债券的横截面收益率，这类债券在除期限以外的所有方面都类似。具体来说，债券质量应该是固定的，在理想情况下，这些债券应该属于同一个行业类别，并且具有类似息票利率和赎回特征。对于国债、政府机构债券、优级市政债券、公用事业债券和具有不同评级的公司债券等等，可以画出不同的收益率曲线。收益率曲线的准确性取决于样本中债券的可比性。

例如，图表 12-10 显示了美国国债样本的收益率曲线。它是基于一组可比国债的到期收益率信息，其中所有期限超过 1 年的国债都是每半年付息一次。图表中标出了这些承诺收益率，并画出了代表这些收益率的一般模式的收益率曲线。这些数据显示了三个不同时点上的国债收益率曲线，以说明收益率曲线的水平和形状的变化。

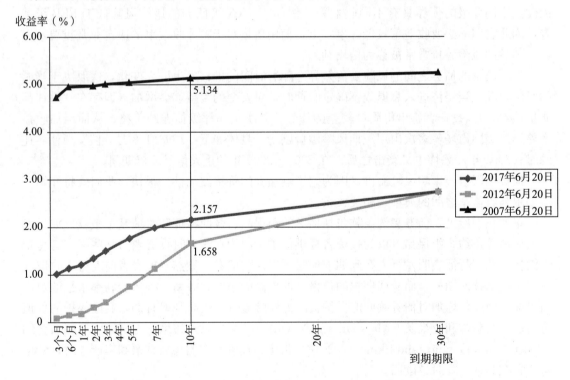

图表 12-10　不同时期美国国债的收益率曲线

资料来源：美国财政部资源中心。

当然，并非所有收益率曲线的形状都与图表 12-10 中的收益率曲线形状相同。尽管

[①]　关于该理论和实证的讨论，请参见桑德瑞森（Sundaresan，2009）的研究。

每条收益率曲线都是静态的，但不同时点的收益率曲线变化非常不稳定。如该图表所示，在 2007 年 6 月，收益率曲线相对平坦。随后，到 2012 年 6 月，收益率有所下降（例如，10 年期国债收益率从 5.134％降至 1.658％），由于美联储大幅降低短期利率，整条曲线有很大的正斜率。2017 年 6 月，斜率仍然明显为正，但收益率曲线升至略高的水平，尤其是短期国债。关键是，收益率曲线的形状可能会发生剧烈变化，呈现出图表 12 - 11 所示的四种模式之一。上升（向上倾斜）的收益率曲线是最常见的，并且在利率处于中低水平时往往占主流。当利率相对较高时，收益率曲线往往会向下倾斜。任何时期都很少存在平坦的收益率曲线。当极高的利率预期将降至更正常的水平时，拱形收益率曲线将占主流。请注意，收益率曲线的斜率在约 10 年后趋于平坦。

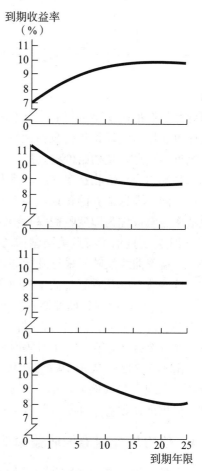

当短期债券的收益率较低，且随着期限变长，债券的收益率持续上升，在期限极长时趋于平缓时，就会形成上升的收益率曲线。

当短期债券的收益率较高，且随着期限变长，债券的收益率持续下降时，就会形成下降的收益率曲线。

在平坦的收益率曲线上，短期债券和长期债券的收益率大致相等。

当中期债券的收益率高于短期债券的收益率，且长期债券的收益率降至短期债券的收益率，然后趋于平坦时，就会形成拱形的收益率曲线。

图表 12 - 11　收益率曲线的类型

12.4.3　平价收益率曲线与即期收益率曲线

评估收益率曲线时的一个重要考虑因素是，被评估债券除了期限之外应具有完全相同的特征。如果两种可能具有相同信用质量的债券有截然不同的现金流模式，那么它们的收益率仍可能不同。例如，请考虑以下相同发行人的两种不同债券的现金流模式示意图，这两种债券的期限均为 5 年。

息票（平价）债券：

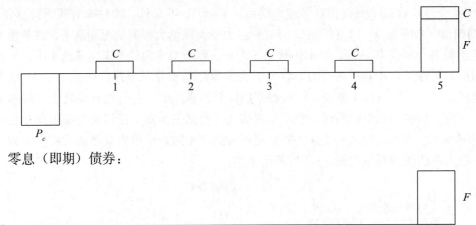

零息（即期）债券：

尽管这两种债券都在 5 年后到期，但上方的债券在第 5 年偿还本金之前支付了几次息票利息（为简单起见，假设每年付息一次）。因此，投资者在债券存续期内的预期收益率涉及所有五笔息票利息以及初始价格（P_c）和面值（F）之差导致的潜在资本损益。这种到期收益率有时被称为**平价收益率**（i），因为如果债券定期支付息票利息，它就只能以面值交易。与此不同，零息债券的预期收益率只会来自当前价格（P_z）高于 F 的部分。零息债券的收益率通常被称为**即期收益率**（z）。

图表 12-12 分别显示了有息美国国债的平价收益率曲线和零息美国国债的即期收益率曲线。平价收益率曲线反映了最近发行的（或"新发行的"）半年付息国债的到期收益率。请注意，这些收益率几乎总是低于相同期限的零息国债的即期收益率（例如，5 年期平价收益率为 1.792%，而 5 年期即期收益率为 1.861%）。这是因为在这种情况下，收益率曲线是向上倾斜的。正如我们稍后将讨论的，5 年期平价收益率是有息债券直至到期时所有现金流（在 6 个月、1 年、18 个月等时期长度后支付的息票利息）的即期收益率的平均值。因此，由于 1.792% 表示 10 个即期收益率的平均值（最开始的即期收益率略高于 1%），因此较长期现金流（例如，第 5 年支付的金额）的即期收益率必然高于 1.792%。我们将看到如何用即期收益率和平价收益率计算债券价值。

12.4.4 信用风险债券的收益率曲线

正如我们所见，投资者预期给公司借款人而不是美国政府贷款将获得更高的收益率，原因很简单，即公司的还款承诺的风险更高。之前，我们将这种收益率差异称为信用利差，它表示与公司发行人无法按照向投资者的承诺还款的可能性相关的风险溢价。

图表 12-13 中画出了七条不同的平价收益率曲线——一条是美国国债的平价收益率曲线，六条是债券信用评级不同的六种公司债券的平价收益率曲线。图中显示的债券评级为 AAA 级、AA 级和 A 级以及 BBB 级、BB 级和 B 级。在任意给定到期日，特定类别的公司债券的信用利差为其收益率曲线上相应点与国债收益率曲线的垂直差距。例如，10 年期 AA 级债券的信用利差约为 82 个基点，即 0.824%（=2.981%−2.157%）。与此

同时，10 年期 BB 级垃圾债券的信用利差大幅增加，达到 307 个基点（即 5.228%－2.157%）。投资者要求的风险溢价的巨大差异反映出人们对 AA 级借款人和 BB 级借款人偿债能力的看法存在很大差异。

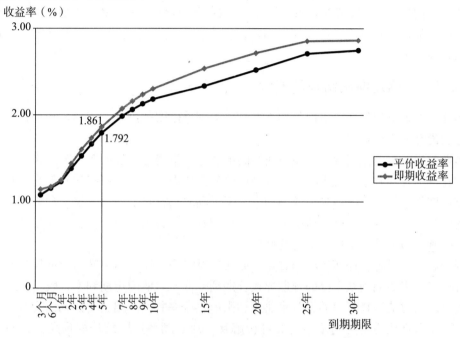

图表 12-12　美国国债的平价收益率曲线和即期收益率曲线

资料来源：美国财政部资源中心；2017 年 6 月 20 日。

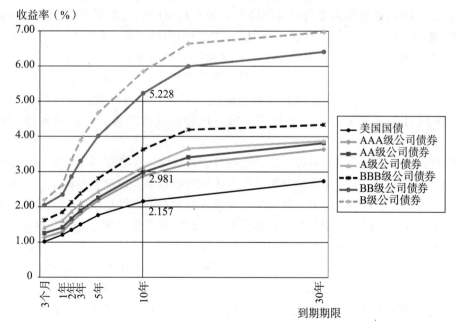

图表 12-13　美国国债和不同信用评级的公司债券的平价收益率曲线

资料来源：美国财政部资源中心；2017 年 6 月 20 日；作者的计算结果。

图表 12-13 也显示出其他一些有意思的模式。请注意，不同公司债券评级类别产生的信用利差与金融理论一致。也就是说，对于每种期限的债券而言，评级越高（感受到的违约风险越小），到期收益率越低。然而，在许多情况下，两个不同评级债券的收益率差异非常小，例如 AAA 级债券和 AA 级债券。最后，BBB 级债券和 BB 级债券之间的信用利差大幅增加，尤其是对于长期债券而言。鉴于我们之前讨论过，BB 级是第一个低于投资级的评级，因此这不足为奇。

12.4.5 确定期限结构的形状

为什么期限结构呈现出不同的形状？有三大理论试图解决这个问题：预期假说、流动性偏好假说和分割市场假说。

预期假说 根据该假说，收益率曲线的形状是由市场参与者的利率预期决定的。具体而言，它认为长期利率只代表当前和未来债券寿命期内的 1 年期利率的几何平均值。从本质上讲，期限结构包括一系列中长期利率，每个利率都反映了当前 1 年期利率和预期 1 年期利率的几何平均值。在这种情况下，均衡长期收益率为长期债券投资者在长期债券到期前连续投资于短期债券预期将获得的利率。

预期假说可以解释任何形状的收益率曲线。对未来短期利率上升的预期导致收益率曲线上升；对未来短期利率下降的预期导致长期利率低于当前的短期利率，收益率曲线将下降。类似理由也能解释平坦的收益率曲线和拱形收益率曲线。相关实证相当充分，且令人信服地证明预期假说是对期限结构的可行解释。由于利率期限结构的预期假说有证据支持、相对简单且有直观吸引力，因此该假说被广泛接受。

也有可能出现这样一种情况，即投资者的行为将导致产生预测的收益率曲线。例如，该假说预测，当预期未来利率将下降时，将出现下降的收益率曲线。如果这确实是投资者的预期，那么长期债券现在将被视为具有吸引力的投资，因为它有机会锁定在较高的现行收益率上。因此，投资者的交易将强化收益率曲线的下降形状，因为他们抬高了长期债券的价格（迫使收益率下降），同时出售短期债券（因此短期债券的价格下降，收益率上升）。与此同时，债券供方将采取确认行动，其中政府或公司发行人将避免以当前的高利率出售长期债券，直到利率下降。这种情况将持续到均衡出现或预期发生变化。

流动性偏好（期限溢价）假说 流动性偏好假说认为，长期债券应该比短期债券提供更高的收益率，因为投资者愿意接受短期债券较低的收益率，以避免长期债券较高的价格波动性。对流动性偏好假说的另一种解释是贷款人更喜欢流动性更强的短期贷款，要说服他们投资于波动性更高的长期债券，就必须提供更高的收益率。孤立地看，该假说认为收益率曲线通常应该向上倾斜，其他任何形状都应被视为暂时的反常现象。

流动性偏好假说通常被认为是预期假说的延伸，因为长期债券收益率中固有的期限溢价将被加到预期未来利率上，以得出长期收益率。具体来说，流动性（或期限）溢价（L）对长期债券投资者提供了补偿，这种补偿是针对长期债券与短期债券相比固有的更高波动性。卡根（Cagan，1969）和麦卡洛克（McCulloch，1975）为流动性偏好假说提供了强有力的实证支持。历史事实表明，收益率曲线确实显示出向上偏差，这意味着将预期假说和流动性偏好（期限溢价）假说结合起来将比单独使用其中任何一个假说都能更准确地解释收益率曲线的形状。

分割市场假说 关于收益率曲线形状的第三种理论是分割市场假说，尽管缺乏实证支持，但它仍被市场参与者广泛接受。该理论也被称为优先偏好理论，它认为不同机构投资者有不同期限需求，这导致它们只选择特定期限的债券。也就是说，按照推测，投资者将专注于投资短期债券、中期债券或长期债券。该理论认为，收益率曲线的形状最终取决于主要金融机构的这些独特的投资偏好。

分割市场假说认为，商业环境以及法律和监管限制往往会引导各类金融机构将其资源分配给具有特定期限特征的特定类型债券。最强式的分割市场假说认为，投资者和借款人的期限偏好非常强烈，以至于投资者绝不会为了利用收益率差异而购买超出其偏好期限范围的债券。因此，短期债券市场和长期债券市场实际上是彼此分割的，其中任何一个市场部门的收益率都取决于该市场部门内部的供求条件。根据这些分割市场条件的特殊性质，任何收益率曲线形状都是可能的。

12.5 债券估值

从第 8 章对股票估值的讨论中我们看到，最基本的证券估值方法是加总投资者拥有该证券所预期获得的所有未来现金流的现值。这就是估值的贴现现金流方法，我们将使用同一个模型来计算固定收益证券的价值。事实上，与股票相比，典型的债券有两个特征使贴现现金流模型更易于应用：（1）在第 0 天，债券的承诺定期现金流（息票利息）金额是固定且已知的，（2）债券将在未来某个日期到期，这意味着计算中涉及的现金流数量是有限的。此外，由于大多数债券都将在到期时偿还全部本金（因此为非分期偿还债券），因此投资者预先知道未来现金流的整个模式和发生时间。所以，投资者在对典型债券进行估值时只剩下一个实际挑战，那就是选择在贴现过程中使用的恰当利率。

12.5.1 平价债券与即期债券的估值

在本章前面，我们看到可以通过两种方式定义收益率曲线，这取决于债券的现金流模式。第一，在到期日 N 之前不支付定期现金流的零息债券的即期收益率为 z_N。第二，对于在到期前定期支付息票利息的债券，平价收益率（i_N）为适用于债券的每笔现金流（即息票支付和本金）的单一贴现率。该平价收益率通常被称为债券的到期收益率。

即期收益率和平价收益率之间的这种区别意味着我们可以通过两种方式来计算任何一组未来债券现金流的贴现价值。令 c_t 为第 t 天的息票支付，F_N 为到期时偿还给投资者的债券面值，我们可以计算出：

$$P_0 = \sum_{t=1}^{N} \frac{c_t}{(1+z_t)^t} + \frac{F_N}{(1+z_N)^N} \text{（用即期收益率估值）} \tag{12.4}$$

或

$$P_0 = \sum_{t=1}^{N} \frac{c_t}{(1+i_N)^t} + \frac{F_N}{(1+i_N)^N} \text{（用到期收益率估值）} \tag{12.5}$$

当然，对于同一只债券所附的同一组现金流，式（12.4）和式（12.5）必然会得到相

同的值 P_0。这意味着在该债券的 N 个不同的即期收益率和一个到期收益率之间必然存在可预测的关系。

例如，我们可以考虑一只 5 年后到期的债券，为简单起见，假设该债券每年支付为面值 7% 的息票利息。这些现金流（基于 100 的本金）以及每个付款日的即期收益率如下：

支付日期	现金流	即期收益率（z_t）（%）
1	7	5.10
2	7	5.30
3	7	5.50
4	7	6.10
5	107	6.63

在这些条件下，债券的现值将是：

$$P_0 = \frac{7}{(1+0.051)^1} + \frac{7}{(1+0.053)^2} + \frac{7}{(1+0.055)^3} + \frac{7}{(1+0.061)^4} + \frac{107}{(1+0.066\ 3)^5}$$
$$= 6.66 + 6.31 + 5.96 + 5.53 + 77.62 = 102.08$$

要使用式（12.5）中的到期收益率方法对该债券估值，我们需要得到一个贴现率，该贴现率应可用于计算所有现金流现值，且计算出的现值也为 102.08。也就是说，我们希望得出到期收益率 i，使得：

$$P_0 = \frac{7}{(1+i)^1} + \frac{7}{(1+i)^2} + \frac{7}{(1+i)^3} + \frac{7}{(1+i)^4} + \frac{107}{(1+i)^5}$$
$$= 102.08$$

在本例中，无论是通过试错法还是更正式的迭代法计算，都可以得到到期收益率为 $i = 6.50\%$。因此，计算该债券价值的第二种方法是：

$$P_0 = \frac{7}{(1+0.065)^1} + \frac{7}{(1+0.065)^2} + \frac{7}{(1+0.065)^3} + \frac{7}{(1+0.065)^4} + \frac{107}{(1+0.065)^5}$$
$$= 6.57 + 6.17 + 5.80 + 5.44 + 78.10 = 102.08$$

通常，大多数投资者更喜欢使用到期收益率法对债券估值，因为他们只对整只债券的现值而不是每笔现金流的准确现值感兴趣。请注意，到期收益率必然为基础即期收益率的平均值，这意味着在本例中，5 年期平价收益率（6.50%）必须介于最低即期收益率（5.10%）和最高即期收益率（6.63%）之间。然而，该收益率并不是即期收益率的简单平均值；它必须考虑所有付款的时间和相对规模。

12.5.2 半年付息一次时的债券估值和收益率

许多债券——尤其是美国政府或美国公司发行的债券——每半年付息一次，即使债券的息票利率通常按年报价。例如，息票利率为 5% 的债券的发行人实际上每 6 个月支付债券面值的 2.5%。式（12.5）中的估值公式可以根据这条惯例进行调整，调整方法是将所有相关变量转换为以期表示的变量。因此，每半年付息一次的债券的估值公式变为[①]：

$$P_0 = \sum_{t=1}^{2n} \frac{C/2}{(1+i/2)^t} + \frac{F}{(1+i/2)^{2n}} \qquad (12.6)$$

其中：

C＝年息票利率；

i＝（年化）到期收益率；

n＝债券的到期年数。

计算出的价值表明投资者愿意为该债券支付多少价格，以实现将无风险利率、预期通货膨胀率和债券风险考虑在内的收益率。这种估值方法假设将持有债券至到期。在本例中，期数（$2n$）为债券距到期年数的两倍，现金流包括定期支付的所有利息和债券到期时偿还的面值。

我们可以使用 20 年后到期、面值为 1 000 美元、息票利率为 8％的债券来证明该公式。持有该债券至到期的投资者将在 20 年（40 期）内每 6 个月收到 40 美元（80美元息票利息的一半），到期时还将收到 1 000 美元。如果我们假设该债券的到期收益率为 10％（市场对该债券的必要收益率），则使用式 （12.6），将计算出该债券的价值为：

$$P_0 = \sum_{t=1}^{40} \frac{80/2}{(1+0.10/2)^t} + \frac{1\ 000}{(1+0.10/2)^{40}}$$

第一项是当每 6 个月为一期，共 40 期时，以 5％的 6 个月（期间）贴现率计算出的40 美元年金的现值，而第二项是期间贴现率为 5％时，将在 40 期后收到的 1 000 美元的现值。这个计算过程可以概括如下：

40 笔 40 美元利息支付的现值：	686.36 美元
1 000 美元本金偿付的现值：	<u>142.05 美元</u>
以 10％的年利率计算出的债券总价值：	828.41 美元

正如我们的预期，债券价值将低于其面值（为面值的 82.841％），因为 10％的市场必要收益率高于 8％的债券息票利率。

或者，如果市场的必要收益率为 6％，那么债券价值应为期间收益率为 3％、期数为40 期时的年金现值与本金现值之和，如下所示：

40 笔 40 美元利息支付的现值：	924.59 美元
1 000 美元本金偿付的现值：	<u>306.56 美元</u>
以 6％的年收益率计算出的债券总价值：	1 231.15 美元

由于债券的贴现率低于其息票利率，因此该债券将以高于面值的溢价（面值的123.115％）出售。

收益率模型　投资者通常不用美元计算债券价值，而是根据**收益率**（在特定假设下的债券承诺收益率）为债券定价。迄今为止，我们已经使用现金流和必要收益率计算了债券的估计价值。我们将使用观察到的当前市场价格（MP_0）和承诺现金流来计算债券的预期

---

① 几乎所有遵循美国市场惯例的债券都是每半年付息一次，因此使用半年复利是合适的，即将年息票利率和到期收益率除以 2，并将到期年数乘以 2。

收益率。我们可以使用刚才介绍的贴现现金流模型来计算它。不同之处在于，在式（12.6）中，假设我们知道适当的贴现率（必要收益率），并且计算出了债券的估计价值。在本例中，我们仍将使用式（12.6），但假设我们知道债券价格，要计算的是能得出当前市场价格（MP$_0$）的贴现率（收益率）：

$$MP_0 = \sum_{t=1}^{2n} \frac{C/2}{(1+i/2)^t} + \frac{F}{(1+i/2)^{2n}}$$

其中，所有变量均与之前相同，除了 i＝将使贴现预期现金流之和等于债券的当前市场价格的年化收益率。

该 i 值给出了支付价格 MP$_0$ 时债券的预期（"承诺"）收益率。要使 i 成为投资者实际实现的预期收益率，还需要另外两个假设：（1）债券被持有至到期日；（2）所有期间现金流都以相同的收益率 i 再投资，直至债券到期。

下面计算预期收益率的例子同样使用了息票利率为 8％ 的 20 年期债券。如果观察到债券市场价格为 907.992 美元，那么可以求解下式中的 i 来确定该债券的预期收益率：

$$907.992 = \sum_{t=1}^{40} \frac{40}{(1+i/2)^t} + \frac{1\,000}{(1+i/2)^{40}}$$

在该例中，购买该债券并持有至到期的预期收益率将高于 8％ 的息票利率，因为除了这些半年支付一次的息票利息之外，投资者还将在债券存续期内获得 92.008（＝1 000－907.992）美元的资本收益。综合来看，这两个部分为投资者提供了每期 4.50％（＝$i/2$）、每年 9.00％（＝i）的预期收益率。

这些债券定价和投资决策的方法类似于公司做出投资决策的两种不同方法。在第 8 章中，我们将其中一种方法称为贴现现金流法。此外，使用净现值法时，将用资本成本计算计划投资的净现金流现值，并减去投资的成本现值，以获得项目的**净现值**。如果该值为正，将考虑接受该投资；如果该值为负，将拒绝该投资。这基本上是我们比较股权投资的内在价值与其市场价格的方式。

第二种方法是计算计划投资项目的**内部收益率**。内部收益率为使投资的现金流出现值等于现金流入现值的贴现率。投资者将比较该贴现率或内部收益率（也是项目的估计收益率）与资本成本，并接受内部收益率等于或大于资本成本的投资计划。当我们根据收益率为债券定价时，我们也会这样做。如果债券的预期收益率等于或大于债券的必要收益率，那么应该投资于该债券；如果债券的预期收益率小于债券的必要收益率，那么不应该投资于该债券。

12.5.3 债券收益率、息票利率和债券价格之间的关系

已知债券的息票利率、期限和面值等基本特征时，决定其价值（或市场价格）的唯一因素就是市场贴现率——其必要收益率。正如前面利率为 8％ 的 20 年期债券例子所示，随着必要收益率的上升，债券价格将下降。我们可以通过计算一定收益率范围内的债券价格来证明债券价格与收益率之间的具体关系，如图表 12 - 14 所示。这种关系的图形如图表 12 - 15 所示。

图表 12-14 息票利率为 8% 的 20 年期债券（面值为 1 000 美元）的价格-收益率关系

必要到期收益率（%）	债券价格（美元）
2	1 985.04
4	1 547.11
6	1 231.15
8	1 000.00
10	828.41
12	699.07
14	600.05
16	523.02

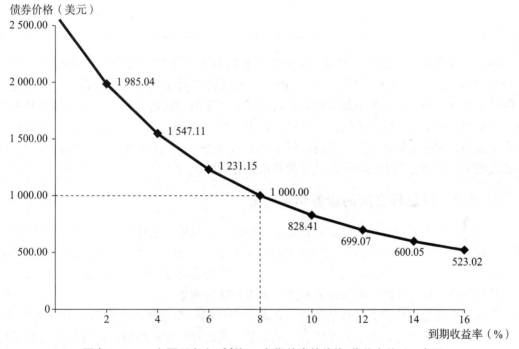

图表 12-15 息票利率为 8% 的 20 年期债券的价格-收益率关系示意图

除了表明固定利率债券的价格与到期收益率的变化方向相反外，图表 12-15 还显示出其他三个要点：

（1）当到期收益率小于息票利率时，债券价格将为面值的**溢价**。

（2）当到期收益率大于息票利率时，债券价格将为面值的**折价**。

（3）价格-收益率关系不是一条直线，而是凸形的。随着收益率的下降，价格会以越来越快的速度上涨；随着收益率的上升，价格将以越来越慢的速度下降。凸形价格-收益率权衡的这个概念被称为凸性，将在下一章中讨论。

债券特征和价格变化幅度 图表 12-15 说明了一个关键事实，即债券的价格与到期收益率成反比。所有具有固定息票利率且没有嵌入式期权（例如赎回特征）的债券都会表现出这种反比关系。然而，给定收益率变化下的价格变化幅度（以百分比表示）将取决于债券的其他特征，例如息票利率和到期期限。这种幅度影响可以用另外两个事实来概括：

（4）对于期限相同的两只债券，在给定的收益率变化下，息票利率较低的债券的价格变化百分比较大。

（5）通常，对于息票利率相同的两只债券，在给定的收益率变化下，期限较长的债券的价格变化百分比较大。

下面举例说明这些概念。假设有三只半年付息一次的债券，它们的信用评级相同，面值均为 1 000 美元。这些债券仅在息票利率和期限上有所不同，如下所示：

债券	息票利率（%）	期限（年）	$i=7\%$时的价值（美元）	$i=6\%$时的价值（美元）	价格变化率（%）
1	4	10	786.81	851.23	+8.19
2	8	10	1 071.06	1 148.78	+7.26
3	8	5	1 041.58	1 085.30	+4.20

假设所有期限的收益率曲线都是平坦的，对两种条件下的债券估值：初始收益率为 7% 和收益率下降 100 个基点后 $i=6\%$。图表中倒数第二列和倒数第三列显示，当收益率下降时，所有三只债券的价值都会增加；这就是上文介绍的反比关系。然而，息票利率最低、期限最长的债券 1 的价值增加幅度最大，为 8.19%（=851.23/786.81−1）。同时，息票利率最高、期限最短的债券 3 的价值仅增加了 4.20%，是三只债券中变化率最小的。这些都说明了息票利息和期限特征对债券价格的综合影响。

12.5.4　付息日之间的债券估值

式（12.6）中的债券估值公式假设每笔未来现金流与前一笔现金流的时间间隔完全相同（例如，半年付息一次的债券的现金流时间间隔为 6 个月）。因此，只有在付息日对债券估值时，这些公式才能计算出准确指标。当然，投资者可以手动调整估值公式中每笔现金流的具体支付日期顺序，但投资者必须每天进行这些调整。

在对付息日之间的债券进行估值时，还必须考虑的一个重要问题是**应计利息**的概念。应计利息的基本概念是，由于债券代表一笔贷款，因此在特定日期拥有债券的人有权获得当天的利息。因此，如果新投资者向当前的债券所有者购买债券，例如，恰好在最后一个半年付息日之后 3 个月——下一个付息日之前 3 个月——购买该债券，那么双方都有权获得下一笔息票利息的一半。（债券市场的惯例是在贷款期结束时支付息票利息。）

这样做的实际意义在于，当投资者在付息日之间向当前的债券持有者购买债券时，她实际上必须支付两种金额：（1）债券本身的实际价值，即剩余未来现金流的贴现价值，以及（2）自最后一个付息日起累计的利息。后一项是必须支付的，因为新债券投资者将在下一个付息日收到发行人支付的整笔息票利息，这意味着她需要"支付给"债券卖方在交易时有权获得的应计利息。应计利息（accrued interest，AI）实际金额的计算公式为：

$$AI=息票支付\times\frac{上一次息票支付至今的天数}{付息期的总天数} \tag{12.7}$$

请注意，从式（12.7）中我们可以看出，利息是按直线法累计的，这意味着每天身为登记贷款人的投资者都应获得相同金额的利息。[①]

　　要了解如何在实践中应用这种估值过程，假设一位投资者希望于 2017 年 6 月 29 日购买甲骨文公司（Oracle Corporation）（一家跨国计算机技术公司）的债券。图表 12-16 显示了该债券的详细信息，它每半年付息一次，年息票利率为 2.500％（或 6 个月息票利率为 1.250％），将于 2022 年 10 月 15 日到期。由于该债券于 2012 年 10 月发行，因此投资者需要在二级市场上购买该债券，而不是从甲骨文公司直接购买该债券。图表 12-16 的 B 部分表明，交易结算日的债券价格和到期收益率分别为 101.258（以占债券面值的百分比表示）和 2.246 313％。

A. 债券特征

公司：	甲骨文公司	债券评级：	
股票代码：	ORCL	穆迪	A1
债券 CUSIP 号码：	68389XAP0	标准普尔	AA－
发行日：	2012 年 10 月 18 日	惠誉	A＋
到期日：	2022 年 10 月 15 日	综合	A＋
发行金额：	25 亿美元	天数计算惯例：	30 天/360 天
息票利率：	2.500％	赎回条款：	补足赎回（＋12.5 个基点）
付息频率：	半年	交易结算日：	2017 年 6 月 29 日
付息日：	4 月 15 日、10 月 15 日		

B. 债券收益率与价值

收益率分析
债券于周六到期

甲骨文公司	2022年10月15日	设置		收益率与利差分析

101.115/101.258	2.275/2.246	17:45时的基准	95）买入	96）卖出

1）收益率与利差　　2）图形　　3）定价　　4）介绍　　5）自定义

甲骨文公司2022年10月15日(68389XAP0)		风险		
			调整期利差	期权调整利差
利差　48.98 个基点与5年期国债，2022年5月31日		●修正久期　○久期	4.915	4.945
价格　　　101.258	99–31　18:43:45	风险	5.002	5.032
收益率　2.246313 最差收益率　1.756548　S/A □		凸性	0.276	0.279
到期日2022年10月15日@ 100.00　共识　收益率 6 6		到期收益率变化1个基点时价值	500	503
结算日 2017年6月29日□　　　2017年6月27日□		100万美元债券的价格变化		
		基准风险	4.699	4.724
		风险对冲	1 064M	1 065M
		收入对冲		1 017M

✎ 利差	收益率计算		发票	
11）G利差　45.0	行业惯例	2.246313	面值	1 000 M
12）I利差　39.6	等价收益率1□/年	2.258927	本金	1 012 580.00
13）基差　　2.8	市场（实际天数/360天）□		应计天数（74 天）	5 138.89
14）Z利差　40.0	真实收益率　□	2.244011	总计（美元）	1 017 718.89
15）ASW　39.6	当前收益率	2.469		
16）OAS　45.3				

税后（所得税税率43.400%资本利得税税率23.800%）	1.223695

澳大利亚 61 2 9777 8600　　巴西 5511 2395 9000　　欧洲 44 20 7330 7500　　德国 49 69 9204 1210　　中国香港 852 2977 6000
日本 81 3 3201 8900　　新加坡 65 6212 1000　　美国 1 212 318 2000　　　　　　　　　　　　　版权归彭博财经所有，2017年
SN 335716 CDT GMT-5:00 H698-3396-2 2017年6月26日 18:43:49

图表 12-16　2017 年 6 月 29 日息票利率为 2.50％、将于 2022 年到期的甲骨文公司债券

　　资料来源：数据摘自彭博有限合伙企业，版权归彭博有限合伙企业所有，2017 年。

　　[①] 计算应计利息时使用的天数计算惯例有两种。用于国债的"实际天数/实际天数"惯例分别使用了上一个付息日与债券交易日以及上一个付息日与下一个付息日之间的实际天数。大多数公司债券使用的"30 天/360 天"惯例假设每个月有 30 天（无论是 2 月还是 8 月），在此基础上近似计算实际天数，因此全年有 360 天。关于这些惯例的更多信息，请参见法博齐和曼（2012，第 6 章）的研究。

图表 12-17 总结了甲骨文公司将于 2022 年到期、息票利率为 2.500% 的这只债券在该特定日期如何估值。请注意，在 A 部分中，6 月 29 日的交易日介于上一个付息日（4 月 15 日）和下一个付息日（10 月 15 日）之间。按照"30 天/360 天"的天数计算惯例，180 天支付期中的 74 天已经过去了，这意味着债券卖方应获得下一次息票支付中约 41%（=74/180）的应计利息。有了这些信息，就可以使用图表 12-17 的 B 部分所示的三步法计算出该债券在结算日的价值。

图表 12-17　在付息日之间对息票利率为 2.50%、2022 年到期的甲骨文公司债券估值

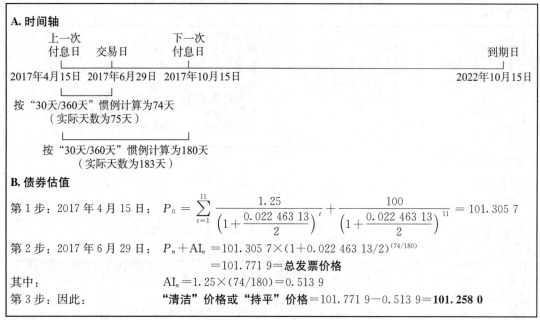

A. 时间轴

上一次付息日　交易日　下一次付息日　　　　　　　　　到期日

2017年4月15日　2017年6月29日　2017年10月15日　　　　　2022年10月15日

按"30天/360天"惯例计算为74天
（实际天数为75天）

按"30天/360天"惯例计算为180天
（实际天数为183天）

B. 债券估值

第 1 步：2017 年 4 月 15 日：$P_0 = \sum_{t=1}^{11} \dfrac{1.25}{\left(1+\dfrac{0.022\,463\,13}{2}\right)^t} + \dfrac{100}{\left(1+\dfrac{0.022\,463\,13}{2}\right)^{11}} = 101.305\,7$

第 2 步：2017 年 6 月 29 日：$P_n + \text{AI}_n = 101.305\,7 \times (1+0.022\,463\,13/2)^{(74/180)}$

$\qquad\qquad\qquad\qquad\qquad = 101.771\,9 = $ **总发票价格**

其中：　　　　　　　$\text{AI}_n = 1.25 \times (74/180) = 0.513\,9$

第 3 步：因此：　　**"清洁"价格或"持平"价格** $= 101.771\,9 - 0.513\,9 = $ **101.258 0**

（1）使用式（12.6），用今天的到期收益率 2.246 313% 计算该债券在上一个付息日（2017 年 4 月 15 日）的价值。该金额（101.305 7）是一个假设值，因为 4 月 15 日的实际债券收益率几乎肯定不同于估值日期的收益率。

（2）根据半年付息期对交易日收益率 2.246 313% 进行调整，并用该调整后收益率计算第 1 步中的 101.305 7 在 4 月 15 日至 6 月 29 日的复利，得出该金额的现值。由此得到的金额（101.771 9）被称为**总发票价格**（或"肮脏"价格），因为它代表债券的现值加上买方必须在 2017 年 6 月 29 日支付给卖方的应计利息。

（3）为了计算债券本身的价值，应该从总发票价格中减去应计利息。该金额（101.258 0）被称为债券的**持平价格**（或"清洁"价格）。

如图表 12-16 的 B 部分所示，债券价格通常用持平价格（例如本例中的 101.258 0）报价。但是，正如该图表右下部分所示，在付息日之间购买该债券的投资者必须支付的总金额将超过该持平价格，超出金额等于应计利息。

12.5.5　计算其他债券收益率指标

前面的讨论强调，在计算债券价值时，两个最有用的收益率指标是（1）息票利率和（2）到期收益率。人们还经常计算与债券相关的另外三个收益率指标：（3）当期收益率、

（4）赎回收益率、（5）实际（或投资期）收益率。

当期收益率　前面曾经提到，债券的息票利率将年息票利息表示为债券面值的一部分。在这个计算过程中特意使用面值，是因为它在债券存续期内不会变化，这意味着息票利率也将保持不变。然而，要衡量投资者的收益中有多少以年现金支付的形式体现，一个更好的指标是债券的年息票利息与当前价格之比。这就是当期收益率（current yield，CY）：

$$CY = \frac{C}{MP_0} \tag{12.8}$$

其中，C 仍然为固定年息票利息，MP_0 为债券的当前市场价格。对于之前例子中的甲骨文公司债券，息票利率为 2.500%，但当期收益率为 $CY = 2.469\%(=2.50/101.258)$。这显示在图表 12-16 中 B 部分的左下方。

当期收益率之于债券，正如股息率之于股票。由于当期收益率衡量了债券的当期收入占其价格的百分比，因此对于希望从投资组合中获得当期现金流的收入导向型投资者（例如，退休人员）很重要。当期收益率对于注重总收益率的投资者没有多大用处，因为它是部分衡量指标，不包括资本损益。

赎回收益率　尽管投资者使用承诺到期收益率对大多数债券估值，但他们必须使用不同指标来估计某些可赎回债券的收益率，这个不同的指标就是承诺**赎回收益率**。只要有赎回特征的债券以高于面值且等于或高于赎回价格的价格出售，债券投资者就应考虑根据赎回收益率而不是到期收益率对债券估值。这是因为市场在为债券定价时使用最低、最保守的收益率指标。正如莱博维茨和霍默（Leibowitz and Homer，2013）所讨论的，当债券以等于或高于规定的**交叉价格**（该价格约为债券的赎回价格加上随距赎回时间增加而增加的小幅溢价）交易时，赎回收益率将是最低的收益率指标。交叉价格很重要，因为在该价格上，到期收益率等于赎回收益率。当债券价格升至该水平时，发行人赎回债券并以该现行市场利率出售新债券进行再融资是有利可图的。[①]　因此，赎回收益率为投资者持有该债券直至在首个可赎回日赎回债券时将获得的承诺收益率。

使用式（12.6）的变形，可以计算出赎回收益率。要用贴现现金流法计算赎回收益率，我们将调整半年付息债券的现值公式，得出：

$$MP_0 = \sum_{t=1}^{2ncall} \frac{C/2}{(1+i/2)^t} + \frac{P_{call}}{(1+i/2)^{2ncall}} \tag{12.9}$$

其中：

ncall＝距首个赎回日的年数；

P_{call}＝债券的赎回价格。

我们使用计算到期收益率的方法来求解式（12.9）中的 i。和以前一样，赎回收益率为承诺收益率，但现在假设投资者持有债券至首个赎回日。

如果一只债券在多个赎回日有不同价格，则必须计算哪个价格提供了最低的收益率——这被称为**最差收益率**。在发行了大量高息平价债券后，投资者必须考虑计算其债券的赎回收益率。在这种时期之后，利率可能会下降，债券价格将上涨，高息债券随后被赎回的可能性很大。

[①]　关于债券再融资的文献有很多，包括考洛陶伊（1982a）和芬纳蒂（Finnerty，1983）的研究。

实际（投资期）收益率 债券收益率的最后一个指标——**实际收益率**或**投资期收益率**——衡量了预计将在到期前出售的债券的预期收益率。因此，投资期收益率不是假设投资者一直持有债券至到期——正如到期收益率的情况——而是假设投资者的持有期（hp，以年表示）小于 n。对贴现现金流估值公式进行适当调整后，得出：

$$\mathrm{MP}_0 = \sum_{t=1}^{2\mathrm{hp}} \frac{C/2}{(1+i/2)^t} + \frac{P_{\mathrm{hp}}}{(1+i/2)^{2\mathrm{hp}}} \qquad (12.10)$$

其中：P_{hp}＝债券在投资期结束时的预期售价。

请注意，投资者还可以使用这种方法来计算他们出售债券后实现的持有期内的实际收益率。

尽管它是一个非常有用的指标，但投资期收益率需要其他收益率指标不需要的额外估计值。首先，投资者必须估计债券在持有期结束时的预期未来售价。其次，该指标要求估计出售债券之前息票利息流的具体再投资利率。请注意，在式（12.10）中，息票利息流的隐含贴现率为计算出的投资期收益率。然而，在许多情况下，这是一个不恰当的假设，因为届时的市场利率可能与其有很大差异。

本章小结

- 我们考察了债券的基本特征：利息、本金和期限。每种债券都有独特的内在特征，可以根据债券类型和债券契约条款进行区分。债券投资者获得的主要好处包括可预测的名义风险收益率、资本收益潜力、特定税收优惠以及活跃的债券交易可能带来的额外收益。主动债券投资者必须考虑市场流动性、投资风险和利率变化。

- 全球债券市场包括许多国家。非美国市场出现了强劲的相对增长，而美国市场仍然稳定地占据世界债券市场的半壁江山。在四大债券市场（美国、日本、欧元区和英国）上，国债、政府机构债券、市政债券、公司债券和国际债券所占的比例存在不同。重要的是要认识到，不同市场部门有独特的流动性、收益率利差、税收影响和运行特征。

- 为了衡量违约风险，大多数债券投资者都依赖信用机构评级。个人投资者和机构投资者如果想了解更多关于债券市场、当前经济状况和债券内在特征的信息，可以参考大量现成的出版物。投资者通常可以获得中长期国债和公司债券的大量最新报价。尽管过去很难找到公司债券的交易信息和价格信息，但这种情况从 2004 年开始发生了巨大变化。

- 收益率曲线（或利率期限结构）显示了一组可比债券的收益率与到期期限之间的关系。收益率曲线表现出四种基本模式。三种理论试图解释收益率曲线的形状：预期假说、流动性偏好（期限溢价）假说和分割市场（优先偏好）假说。收益率的基本决定因素是实际无风险利率、预期通货膨胀率和风险溢价。

- 债券的价值等于投资者所有未来现金流的贴现价值之和。估值过程中使用的贴现率可能是特定日期的贴现率（即期收益率），也可能是覆盖整个支付结构的单一贴现率（平价收益率）。投资者在对债券估值时需要考虑五种收益率指标：息票利率、当期收益率、到期收益率、赎回收益率和实际（投资期）收益率。到期收益率和赎回收益率公式做出了息票利息再投资假设。在计算实际（投资期）收益率时，投资者必须估计债券的再投资利率和未来售价。

―――――――――― 问题 ――――――――――

1. 请指出债券价值的三个最重要的决定因素。请说明每个决定因素的作用。

2. 请说明市政债券收入与美国国债收入和公司债券收入的税收差异。

3. 请解释债券赎回和债券再融资的区别。

4. 债券评级的目的是什么？这些评级旨在衡量哪些类型的债券投资风险？

5. 请根据图表 12-2 中的数据，讨论日本债券市场的构成以及它与美国债券市场的不同之处和原因。

6. 请讨论外国债券（例如武士债券）和欧洲债券（例如欧洲日元债券）之间的区别。

7. 为什么贴现现金流估值公式看上去对债券投资者比对普通股投资者更有用？

8. 在计算承诺到期收益率时，必须做出哪些重要假设？这些假设与在计算承诺赎回收益率时必须做出的假设有何不同？

9. a. 请定义以下模型中包含的变量：
$$i = (\text{RFR}, I, \text{RP})$$

b. 假设您正在考察的债券的发行公司今年预期不会产生正利润。请讨论该模型中的哪个因素可能受该信息影响。

10. a. 请解释利率期限结构的含义。请说明向上倾斜的收益率曲线的理论基础。

b. 请说明您预期将在哪种经济环境中看到倒挂的收益率曲线。

c. 请定义"实际"利率。

d. 在过去几年中，AAA 级公司债券与美国国债之间偶尔会出现相当大的收益率利差。请讨论出现这种情况的可能原因。

11. 资产支持证券市场在过去几年有所增长的部分原因是资产支持证券的信用增强。请讨论资产支持证券的信用评级为何会高于基础投资组合中资产的信用质量。

―――――――――― 习题 ――――――――――

1. 以下债券的首次发行价格是多少（假设每半年计算一次复利）？

a. 到期收益率为 12% 的 15 年期零息债券。

b. 到期收益率为 10% 的 20 年期零息债券。

2. 印第安纳州发行的息票利率为 8.4% 的债券售价为 1 000 美元。如果投资者的税级如下，以 1 000 美元面值出售的公司债券需要有多高的息票利率，才能为投资者带来与市政债券相同的税后收益率？

a. 边际税率为 15%。

b. 边际税率为 25%。

c. 边际税率为 35%。

3. 某位税率为 28% 的投资者希望决定购买以下两只债券中的哪一只。其中一只是息票利率为 8% 并按面值出售的公司债券。另一只是息票利率为 5.5% 且也以面值出售的市政债券。假设其他所有相关因素都相同，这位投资者应该选择哪只债券？

4. 三叶草公司刚刚发行了面值为 1 000 美元的零息债券，到期收益率为 8%，到期期限为 15 年。（假设每半年计算一次复利。）

a. 该债券的市场价格是多少?

b. 如果利率保持不变，3 年后该债券的价格将是多少?

c. 如果利率升至 10%，3 年后该债券的价格将是多少?

5. 请补完以下每只零息债券的信息，这些债券的面值均为 1 000 美元，假设每半年计算一次复利。

债券	期限（年）	收益率（%）	价值（美元）
A	20	12	?
B	?	8	601
C	9	?	350

6. 四年前，您的公司发行了面值为 1 000 美元、息票利率为 7%、赎回溢价为 10% 的 25 年期债券。

a. 如果现在赎回这些债券，最初以面值购买它们的投资者的实际赎回收益率是多少?

b. 如果债券的当前利率为 5% 且债券不可赎回，那么每只债券的售价将是多少?

7. 假设您购买了利率为 8%、面值为 1 000 美元、半年付息一次的 20 年期债券，该债券距到期还有 12 年时价格为 1 012.50 美元。请计算:

a. 该债券的承诺到期收益率。

b. 该债券可以在 3 年后以 8% 的溢价赎回时的赎回收益率。

8. 面值为 1 000 美元的弗朗西斯卡公司债券的售价为 960 美元，5 年后到期，年息票利率为 7%，每半年付息一次。请计算:

a. 该债券的当期收益率。

b. 该债券的到期收益率，四舍五入至最接近的基点（即 x.xx%）。

c. 持有期为 3 年且再投资利率为 6% 的

投资者的投资期收益率（或实际收益率）。在 3 年期结束时，距到期还剩 2 年的息票利率为 7% 的债券将以 7% 的收益率出售。

9. 请考虑两只不同债券的报价和特征:

	债券 A	债券 B
息票支付	按年支付	按年支付
期限（年）	3	3
息票利率（%）	10	6
到期收益率（%）	10.65	10.75
价格	98.40	88.34

同时，您观察到未来三年的即期利率:

期限（年）	即期（零息）利率（%）
1	5
2	8
3	11

请说明这些债券的价格是否与即期收益率报价一致。请根据这些条件给出建议，说明购买债券 A 还是债券 B 更好。

10. 假设现在是 2018 年 4 月 2 日，您正在考虑购买面值为 1 000 美元、将于 2022 年 6 月 4 日到期的投资级公司债券。该债券的息票利率为 4.60%，每半年付息一次（即 6 月 4 日和 12 月 4 日）。债券交易商目前报出的到期收益率为 3.80%。（注: 在 "30 天/360 天" 惯例下，上一次付息日到今天为 118 天，上一次付息日到下一次付息日为 180 天。）

a. 如果您购买了该债券并在今天结算，请计算您必须为该债券支付的总金额（发票价格）。

b. 请将该发票总金额分为（i）该债券当前的 "持平"（无应计利息）价格和（ii）应计利息。

第**13**章
债券分析与投资组合管理策略

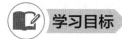 **学习目标**

阅读本章后，您应该能回答以下问题：

- 什么是隐含远期利率？如何根据即期收益率曲线计算隐含远期利率？

- 什么是债券的久期？如何计算债券久期？影响它的因素有哪些？

- 什么是修正久期？债券的修正久期与其价格波动性之间是什么关系？

- 什么是债券的凸性？如何计算债券的凸性？影响它的因素有哪些？

- 有嵌入式赎回期权的债券的久期和凸性会发生什么变化？

- 什么是静态收益率价差和期权调整利差？

- 债券投资组合管理策略的五个主要类别是什么？

- 固定收益证券投资组合的投资风格箱是如何定义的？

- 债券投资组合被动管理策略的两种主要类型是什么？

- 不同的债券投资组合主动管理策略在范围、可扩展性和风险调整收益率潜力上有何不同？

- 什么是核心增益型债券投资组合管理？

- 债券免疫的运作原理是什么？该策略与债券投资组合管理的现金匹配法有何不同？

- 什么是债券投资组合管理的或有免疫法？

20 世纪 70 年代之前，机构投资者（例如养老金计划或捐赠基金）常常将大部分资产被动地配置给固定收益证券投资组合。然而，随着过去几十年货币政策导致的收益率巨大变化——以及这些收益率变化的波动——人们重新对探索其他债券管理方法产生了兴趣。这要求投资者更熟练地运用分析工具，以评估不断变化的市场条件如何影响债券价值，并更了解他们可以选择的各种战略。

在考察了如何对债券估值的重要问题之后，本章首先将扩展投资者的"工具包"，以加入其他几个有用的衡量指标。例如，我们将讨论隐含远期利率如何帮助债券持有者在不同时间到期的两种债券之间做出选择。其次，我们还将分析两个关键统计指标——久期和凸性，它们将为投资者非常准确地指出，当市场利率发生变化时，债券价值将如何受到影响。最后，我们将考察在特定情况下嵌入式期权（例如，赎回特征）将如何影响债券价格。

在这种分析之后，我们将重点考察使用最广泛的债券投资组合管理策略。在简要讨论了近年来债券这种资产类别的表现以及如何定义固定收益证券投资风格之后，我们将看到，这些策略可以分为五大类方法：被动管理、主动管理、核心增益管理、匹配融资管理，或有和结构化主动管理。我们详细介绍了这些方法，并举例说明了如何在实践中应用每种方法。

13.1 债券分析工具

正如我们在第 12 章中看到的，债券投资组合经理主要关心的是能准确对债券估值，无论该价值是以美元表示还是以到期收益率表示。然而，债券估值公式并不是投资者需要了解的唯一分析方法。在本节中，我们将讨论对管理债券投资组合必不可少的其他一些计算工具。

13.1.1 隐含远期利率

假设某位债券投资组合经理希望在未来两年投资闲置资金。她正在考虑两种可能的策略：（1）购买一只 2 年期零息债券，或（2）购买一只 1 年期零息债券，并在该债券到期时将其替换为另一只 1 年期零息债券。目前，零息（即期）收益率曲线提供以下收益率：$z_1 = 5.00\%$ 和 $z_2 = 5.50\%$。她应该选择哪种策略？

要明确回答这个问题，该投资组合经理现在必须知道下一年的 1 年期债券利率是多少，而她显然不知道该利率。然而，她可以计算出下一年的收益率必须是多少，才能让这两种策略对她来说无差异。令 r 表示该收益率，她可以求解以下公式，即计算 1 美元投资在第 2 年年末的价值的公式：

$$(1+0.055)^2 = (1+0.05) \times (1+r)$$

因此：

$$r = \frac{1.055^2}{1.05} - 1 = 6.00\%$$

这意味着，如果投资者以 5.5％的年利率连续投资两年（每年计算一次复利），或第一年以 5％的利率进行投资，然后将到期债券的现金流在第二年投资于收益率为 6％的 1 年期债券，那么她将获得相同的收益。在本例中，$r = 6\%$ 表示盈亏平衡收益率，或 **隐含远期利率**。

为了更有条理地说明这个概念，我们现在将把该隐含远期利率——它是第 1 年和第 2 年之间的 1 年期债券投资的盈亏平衡收益率——表示为以下公式：

$$_2r_1 = \frac{(1+z_2)^2}{1+z_1} - 1$$

这可以解释为 1 年后的 1 年期隐含利率。您应该认识到，它不是反映在债券远期合约或债券期货合约中的实际 **远期利率**。我们将在第 15 章讨论隐含远期利率和实际远期利率之间的关系。

我们可以使用即期收益率曲线计算从未来任何时间开始的任何投资期的隐含远期利率。例如，从第 T 年年末开始的 N 年期债券的隐含远期利率的计算公式如下：

$$(1+z_{T+N})^{T+N}=(1+z_T)^T\times(1+_{T+N}r_T)^N$$

或

$$_{T+N}r_T=\sqrt[N]{\frac{(1+z_{T+N})^{T+N}}{(1+z_T)^T}}-1 \tag{13.1}$$

该利率（$_{T+N}r_T$）被称为 T 年后的 N 年期远期利率。扩展前例，假设今天的 3 年期零息债券收益率为 $z_3=5.8\%$。于是，1 年后的 2 年期隐含远期利率计算公式为：

$$_3r_1=\sqrt[3-1]{\frac{(1+0.058)^3}{(1+0.05)^1}}-1=6.20\%$$

总结这些计算结果，我们将得到以下基于今天可观察到的即期收益率曲线的隐含远期利率曲线：

期限（年）	今天的即期利率（%）	1 年后的隐含远期利率（%）
1	5.00	6.00
2	5.50	6.20
3	5.80	—

请注意，根据第 12 章中讨论的预期假说，现在向上倾斜的收益率曲线意味着未来利率将上升。

13.1.2　债券期限

债券的**久期**通常被认为是用于债券估值的重要统计指标，其重要性仅次于到期收益率。这是因为，各种形式的久期可以被解释为衡量债券价格波动性（利率敏感性）的指标。

计算债券久期　大约 80 年前，弗雷德里克·R.麦考利（Frederick R. Macaulay，1938）首次提出了债券久期的概念。**麦考利久期**——该统计指标最基本的形式——计算了与 N 期债券相关的加权平均支付日期：

$$D=\frac{\sum_{t=1}^{N}\frac{CF_t\times t}{(1+i)^t}}{\sum_{t=1}^{N}\frac{CF_t}{(1+i)^t}}=\frac{\sum_{t=1}^{N}\frac{CF_t\times t}{(1+i)^t}}{P_0} \tag{13.2}$$

其中：

CF_t＝在日期 t 支付的现金流（即息票利息或本金）；

t＝支付日期；

i＝按期表示的债券到期收益率。

按照设计，式（13.2）中的久期以时间而非金额为单位。每个支付日期的权重是该期的现金流现值除以债券的总现值（P_0）。

这里，我们假设两只债券的到期收益率均为 8%，且两只债券均按年支付息票利息。[1]

---

[1]　我们假设每年支付一次利息以简化符号，并减少必要的计算次数。在实践中，将假设每半年付一次，这会导致久期略微缩短，因为投资者将更早收到付款。

图表 13-1 总结了债券 A 和债券 B 的麦考利久期计算过程。（本章末尾的附录说明了直接计算 D 的封闭式方程。）

图表 13-1 计算麦考利久期（假设收益率为 8%）

			债券 A		
(1) 年份	(2) 现金流 （美元）	(3) 利率为 8% 时 的现值系数	(4) 现金流 的现值（美元）	(5) 现值占价格 的百分比	(6) (1)×(5)
1	40	0.925 9	37.04	0.050 6	0.050 6
2	40	0.857 3	34.29	0.046 9	0.093 7
3	40	0.793 8	31.75	0.043 4	0.130 2
4	40	0.735 0	29.40	0.040 2	0.160 8
5	40	0.680 6	27.22	0.037 2	0.186 1
6	40	0.630 2	25.21	0.034 5	0.206 7
7	40	0.583 5	23.34	0.031 9	0.223 3
8	40	0.540 3	21.61	0.029 5	0.236 3
9	40	0.500 2	20.01	0.027 4	0.246 2
10	1 040	0.463 2	481.72	0.658 5	6.584 5
总计			**731.60**	**1.000 0**	**8.118 4**
D=8.118 年					
			债券 B		
1	80	0.925 9	74.07	0.074 1	0.074 1
2	80	0.857 3	68.59	0.068 6	0.137 2
3	80	0.793 8	63.51	0.063 5	0.190 5
4	80	0.735 0	58.80	0.058 8	0.235 2
5	80	0.680 6	54.45	0.054 4	0.272 2
6	80	0.630 2	50.41	0.050 4	0.302 5
7	80	0.583 5	46.68	0.046 7	0.326 8
8	80	0.540 3	43.22	0.043 2	0.345 8
9	80	0.500 2	40.02	0.040 0	0.360 2
10	1 080	0.463 2	500.25	0.500 2	5.002 5
总计			**1 000.00**	**1.000 0**	**7.246 9**
D=7.247 年					

为了说明这个过程，请考虑以下两只债券：

	债券 A	债券 B
面值（美元）	1 000	1 000
期限（年）	10	10
息票利率（%）	4	8

从这些计算过程中应该意识到的关键点是，这两只债券的久期都短于它们的 10 年期限：$D_A = 8.118$ 年和 $D_B = 7.247$ 年。这是因为到期日是支付最后一笔现金流（本金和最后一笔息票利息）的时间，但在此之前每只债券已支付了另外九笔现金流。因此，所有十个支付日期的平均值必然小于 10.00 年。还要注意，息票利率较高的债券（债券 B）的久期较短，因为这些债券的总现金流中有更大比例支付得更快，从而缩短了加权平均支付日期。最后，还应认识到，只有零息债券的久期等于期限，因为零息债券所有的未来现金流都是在同一个日期支付的。图表 13-2 说明了期限、息票利率和久期之间的这些关系。

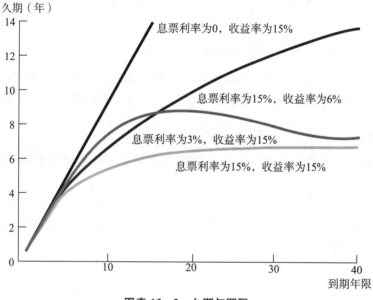

图表 13-2 久期与期限

衡量债券价格波动性 久期极为有用的一个特性在于，它可以被解释为债券价格相对于收益率变化的弹性系数：

$$D \approx -\frac{\frac{\Delta P}{P}}{\frac{\Delta\left(1+\frac{i}{m}\right)}{1+\frac{i}{m}}} \qquad (13.3)$$

其中：

$m =$ 每年的期间支付频率（按年付息时 $m=1$，按半年付息时 $m=2$，按月付息时 $m=12$）；

$\Delta P / P =$ 价格变化除以初始价格（价格变化百分比）；

$\Delta(1+i / m) /(1+i / m) =(1+)$ 初始年化到期收益率调整为期间到期收益率后的变化率。

式（13.3）通常被改写，以"预测"在给定当前久期下，到期收益率小幅变化将导致的债券价格变化：

$$\frac{\Delta P}{P} \approx -D \times \left[\frac{\Delta\left(1+\dfrac{i}{m}\right)}{1+\dfrac{i}{m}} \right] \tag{13.4}$$

换言之，式（13.4）表明，用麦考利久期的相反数乘以（1+）期间到期收益率的变化率，可以近似得出债券价格的变化率。霍普韦尔和考夫曼（Hopewell and Kaufman, 1973）指出，这种近似计算方法在利率变化相对较小时相当准确，这就是为什么债券投资者一开始时对计算久期感兴趣。

例如，请考虑如果到期收益率突然下降50个基点，从8.00%降至7.50%，上例中债券B的价格会发生什么变化。由于该债券按年支付息票利息（$m=1$），因此债券价格的预测变化率为：

$$\frac{\Delta P_{\mathrm{B}}}{P_{\mathrm{B}}} \approx -7.247 \times \frac{-0.005}{1+0.08} = 0.033\,6$$

也就是说，由于收益率下降，债券价格将上涨3.36%。此外，收益率下降相同幅度对债券A的影响略有不同，债券A的期限同为10年，但久期更长（$D_{\mathrm{A}}=8.118$）：

$$\frac{\Delta P_{\mathrm{A}}}{P_{\mathrm{A}}} \approx -8.118 \times \frac{-0.005}{1+0.08} = 0.037\,6$$

该结果强调了一个要点，即任何给定利率变化都会对久期较长的债券价格产生更大影响。

式（13.4）中的债券价格变化预测公式右侧包含三个部分：（1）债券的麦考利久期 D；（2）现行债券收益率 i；（3）债券收益率的预测变化 Δi。通常，将前两个部分按以下方式组合会便于计算：

$$\mathrm{Mod}\,D = \frac{D}{1+\dfrac{i}{m}}$$

当以这种方式调整麦考利久期时，它被称为**修正久期**，即 Mod D。修正久期的优点是，式（13.4）可以简化为：

$$\frac{\Delta P}{P} \approx -(\mathrm{Mod}\,D) \times \left[\Delta\left(1+\frac{i}{m}\right) \right] \tag{13.5}$$

这让投资者可以只关注预测利率变化。对于上一个例子中的债券B，Mod $D_{\mathrm{B}} =$ 7.247/1.08=6.710，因此收益率从8.00%变为7.50%时的预测价格变化将为$-6.710 \times$ (-0.005)=3.36%。

在实践中广泛使用的基本久期的另一个变形是债券的**基点价值**（basic point value, BPV）。基点价值是衡量收益率变化一个基点（例如，从8.00%变为7.99%）时债券价格变化的指标。它是在式（13.5）的基础上加以变化，计算时仅关注价格变化金额（ΔP

并假设 $\Delta i = 0.000\ 1$，即 0.01%：

$$\Delta P \approx -(\text{Mod } D) \times (-0.000\ 1) \times P = \text{BPV} \tag{13.6}$$

在债券 B 的例子中，当收益率为 8.00% 时，该债券最初的价格为其面值 $1\ 000.00$ 美元，其基点价值为：

$$\text{BPV} = -6.710 \times (-0.000\ 1) \times 1\ 000.00 = 0.671\ 0(\text{美元})$$

这意味着，收益率每变化一个基点，投资者可以预期（每 $1\ 000$ 美元面值的）债券价格将变化约 67 美分。因此，收益率下降 50 个基点（即从 8.00% 降至 7.50%）将导致债券价格大约上涨 33.55 美元（$=50 \times 0.671$ 美元），约为初始价格的 3.36%。

投资组合的久期　债券投资者很少关心利率变化对一只债券的影响。相反，他们关心的是收益率曲线移动对整个投资组合的影响。扩展这个基本思想可以得出推论：债券投资组合的久期是整个债券组合中所有现金流的支付日期的加权平均值。要估计这个值，可以取每只债券的久期的加权平均值，权重为每只债券的投资权重（即 w_j 为分配给债券 j 的资本所占百分比）：

$$D_{\text{port}} = \sum_{j=1}^{N} w_j \times D_j$$

为了说明这个计算过程，假设一位投资者持有包含三只债券的投资组合，其金额配置和证券特征如下所示：

面值 （百万美元）	息票利率 （%）	期限 （年）	收益率 （%）	市场价值 （百万美元）	久期 （年）
40	8.00	10	8.00	40.000	7.247
23	3.50	3	4.00	22.681	2.899
37	6.50	6	5.75	38.375	5.173
				101.056	

根据这些数据，整个投资组合的久期为：

$$D_{\text{port}} = \frac{40.000}{101.056} \times 7.247 + \frac{22.681}{101.056} \times 2.899 + \frac{38.375}{101.056} \times 5.173$$
$$= 5.484(\text{年})$$

因此，从价格波动性的角度来看，这个包含三只债券的投资组合的表现将类似于当前市场价值为 1.01 亿美元、久期略低于 5.5 年的单项资产。

13.1.3　债券的凸性

在第 12 章中，我们看到债券价格与到期收益率之间的关系不是一条直线，而是一条曲线（即凸函数）。（请参见图表 12-15 复习该概念。）式（13.5）中基于久期的预测公式是对给定收益率变化下的实际价格变化的近似计算公式，原因是它没有考虑这种曲率。也就是说，该公式只关注 $\text{Mod}D$，而忽略了债券的**凸性**。本质上，式（13.5）是要估计沿着附有一条直线（切线）的曲线的运动。图表 13-3 对此进行了说明。

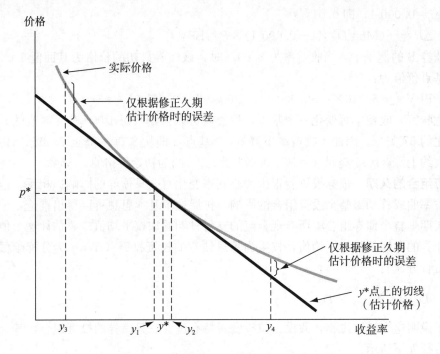

图表 13-3　使用修正久期时的近似价格计算

资料来源：Frank J. Fabozzi，Gerald W. Buetow，Robert R. Johnson，and Brian J. Henderson "Measuring Interest-Rate Risk," in the *Handbook of Fixed Income Securities*，8th ed.（New York：McGraw-Hill，2012）. 经麦格劳希尔公司（McGraw-Hill Companies）的许可转载。

在该图中要认识到的重要一点是，基于久期近似计算出的价格-收益率关系总是保守的，因为它高估了收益率增加后的价格下跌，而低估了收益率下降引起的价格上涨。因此，不可赎回债券的凸性对投资者来说是一件好事，因为和仅考虑久期效应时相比，它将把上述部分"加回"到债券的价值上。更正式地说，图表 13-3 还表明，债券的修正久期与价格对收益率的一阶导数有关：

$$\text{Mod } D = \frac{\dfrac{\mathrm{d}P}{\mathrm{d}i}}{P}$$

而债券的凸性与价格对收益率的二阶导数相关：

$$\text{凸性} = \frac{\dfrac{\mathrm{d}^2 P}{\mathrm{d}i^2}}{P}$$

在这种解释的基础上可以进一步说，修正久期近似估计了债券价格将如何随着利率变化而变化，而凸性（二阶导数）近似估计了修正久期（一阶导数）将如何随着收益率曲线移动而变化。

使用前面的符号，可以使用以下公式计算凸性：

$$\text{凸性} = \left\{ \frac{1}{(1+i)^2} \left[\sum_{t=1}^{N} \frac{\text{CF}_t}{(1+i)^t} \times (t^2 + t) \right] \right\} \div P \tag{13.7}$$

上一个例子中的债券 B 的期限为 10 年，每年付息一次，息票利率为 8%，图表 13-4

说明了这种凸性计算方法，它再次假设初始到期收益率是 8%。在该例中，债券的凸性显示为 60.53。关于式（13.7）中的凸性公式，有几点需要注意。第一，不可赎回债券的凸性始终为正。第二，对于期限相同的两只债券，息票利率较低的债券的凸性较大。第三，对于息票利率相同的两只债券，期限较长的债券的凸性较大。第四，债券的凸性与其收益率成反比变化，这意味着收益率越低，凸性越大。

图表 13-4　计算凸性（假设收益率为 8%）

(1) 年份（t）	(2) 现金流 （美元）	(3) 息票利率为 8% 时的现值系数	(4) 现值 （现金流）（美元）	(5) t^2+t	(4)×(5)
1	80	0.925 9	74.07	2	148.15
2	80	0.857 3	68.59	6	411.52
3	80	0.793 8	63.51	12	762.08
4	80	0.735 0	58.80	20	1 176.05
5	80	0.680 6	54.45	30	1 633.40
6	80	0.630 2	50.41	42	2 117.37
7	80	0.583 5	46.68	56	2 614.04
8	80	0.540 3	43.22	72	3 111.95
9	80	0.500 2	40.02	90	3 601.79
10	1 080	0.463 2	500.25	110	55 027.39
			1 000.00		70 603.73

因此：

$$凸性 = \frac{70\ 603.73/1.08^2}{1\ 000.00} = \frac{60\ 531.32}{1\ 000.00} = \mathbf{60.53}$$

由于考虑了久期没有考虑的实际价格-收益率关系中的曲率，凸性可以让式（13.5）和式（13.6）中的价格变化近似计算公式更加精确。具体来说，为简单起见，假设债券每年支付一次现金流（$m=1$），这样就可以在公式中加入包含凸性的第二项，进一步修正预测债券价格变化的公式：

$$\Delta P \approx \{-(\text{Mod } D) \times [\Delta i] \times P\} + \{0.5 \times 凸性 \times [\Delta i]^2 \times P\} \tag{13.8}$$

要了解这种改进如何起作用，请再次考虑息票利率为 8% 的 10 年期债券在到期收益率下降 50 个基点（从 8.00% 降至 7.50%）时的情况。正如图表 13-5 所总结的，当出现这种收益率下降时，债券价值的实际变化将为 34.32(＝1 034.32－1 000.00) 美元，即初始价格的 3.43%。我们之前看到，仅用修正久期项来估算该价格变化会低估真实影响——这里，预测价格变化仅为 33.55 [＝－6.710×（－0.005）×1 000.00] 美元，即初始价格的 3.36%。然而，在该预测公式中加入第二项以考虑债券的凸性将使预测价值增加 0.76 [＝0.5×60.53×（－0.005）²×1 000.00] 美元，使预测总价格变化几乎与实际总价格变化相同。

图表 13 - 5 考虑久期和凸性时的债券价格变化分析（初始收益率为 8%）

债券特征：			
期限：10 年		麦考利久期：7.247 年	
息票利率：8.00%		修正久期：6.710 年	
付息频率：每年		凸性：60.53	
面值：1 000.00 美元			
债券估值：			
$i=8.00\%$ 时的价格　1 000.00 美元			
$i=7.50\%$ 时的价格　1 034.32 美元			
实际价格变化：		变化金额（美元）	变化率（%）
＝（1 034.32－1 000.00）		**34.32**	**3.43**
近似价格变化：			
久期效应：＝－6.710×（－0.005）×1 000.00		33.55	3.36
凸性效应：＝0.5×60.53×（－0.005）^{2}×1 000.00		0.76	0.07
总计：		**34.31**	**3.43**

13.1.4　附有嵌入式期权的债券

迄今为止，关于久期和凸性的讨论涉及的都是无期权债券。可赎回债券是不同的，因为它为发行人提供了一种选择，即以较低收益率出售新债券，用获得的资金偿还旧债券，从而实现债券再融资。另外，可回售债券让投资者可以选择以固定价格将债券回售给发行人，当市场收益率上升时很可能发生这种情况。这些都是包含嵌入式期权特征的债券的例子。

计算附有嵌入式期权的债券的修正久期和凸性的挑战在于，执行期权——无论是发行人赎回债券还是投资者回售债券——会缩短债券的实际期限。那么，下一年可以赎回的 20 年期债券的久期是更类似于普通的 20 年期债券还是更类似于 1 年期债券？专就可赎回债券的例子而言，您应该认识到，从投资者的角度来看，持有可赎回债券相当于持有由以下要素组成的预打包投资组合：（1）不可赎回债券多头和（2）赎回期权空头。因此，可赎回债券的价值为：

可赎回债券的价值＝不可赎回债券的价值－赎回期权的价值

从这个角度来看，任何增加赎回期权价值的行为——例如使发行人更有可能进行再融资的市场利率下降——都会降低债券的价值。因此，正如法博齐、考洛陶伊和多里甘（Fabozzi, Kalotay and Dorigan，2012）所讨论的，可赎回债券的期权调整久期可以被认为是：

期权调整久期＝不可赎回债券的久期－赎回期权的久期

直观上，我们看到，当市场收益率显著高于债券的息票利率时，债券被赎回的概率很小（即赎回期权的价值很小），期权调整久期将接近至债券到期的久期。相反，如果收益率显著低于债券的息票利率，那么债券在第一个可赎回机会被赎回的概率非常高（即很可能执行赎回期权），期权调整久期将接近至首个赎回日的久期。通常，债券的期权调整久期将介于这两个极值之间，具体取决于收益率相对于债券息票利率的水平。

为了考虑嵌入式期权的凸性效应，图表 13-6 显示了当收益率变化时可赎回债券的价格与不可赎回债券的价格会发生什么变化。该图表从收益率 y^*（接近面值收益率的收益率）开始，如果收益率上升，赎回期权的价格将下降，因为发行人不太可能希望赎回债券。[①] 因此，赎回期权的价值很小，可赎回债券的价格将类似于不可赎回债券的价格。相反，当收益率低于 y^* 时，发行人执行赎回期权的可能性增加，因此赎回期权的价值增加。结果，可赎回债券的价格将偏离不可赎回债券的价格，因为其价格最初的增长速度不如不可赎回债券那样快，且最终将完全不增长。曲线 $a-b$ 显示了这一情况。

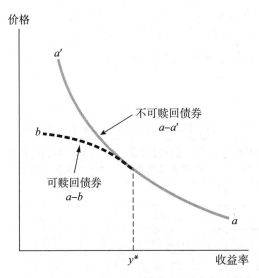

图表 13-6　不可赎回债券和可赎回债券的价格-收益率关系

资料来源：Frank J. Fabozzi，Gerald W. Buetow，Robert R. Johnson，and Brian J. Henderson "Measuring Interest-Rate Risk," in the *Handbook of Fixed Income Securities*，8th ed.（New York：McGraw-Hill，2012）. 经麦格劳希尔公司的许可转载。

说不可赎回债券具有正凸性，是因为随着收益率的下降，不可赎回债券的价格将以更快速度上涨。然而，当收益率下降时，可赎回债券的价格以更慢速度上涨，最终将完全不变化。当收益率下降时，可赎回债券的这种价格-收益率变化模式被称为负凸性。当然，这种负凸性价格模式是持有可赎回债券的风险之一。

13.1.5　收益率利差分析

正如我们在第 12 章中看到的，公司债券的收益率利差代表投资者持有债券至到期时预期将获得的风险溢价。现在，我们将详细考察如何相对于国债即期收益率的现行期限结构计算这些利差。具体而言，我们讨论了两种不同的利差概念：（1）考虑了总期限结构的**静态收益率利差**和（2）**期权调整利差**，它还考虑了利率波动性的其他估计。

---

① 在图表 13-3 和图表 13-6 中，债券的到期收益率均由符号 y 表示，而不是由本书其余部分使用的符号 i 表示。在表示债券收益率时，这两个符号在实践中经常可以互换使用。

静态收益率利差　传统的收益率利差比较了具有相似息票利率和相同期限的两种债券的收益率，如下所示：

收益率为 6% 的 20 年期 AA 级公司债券　　6.20%

收益率为 6% 的 20 年期国债　　5.10%

收益率利差　　1.10%，即 110 个基点

然而，这种方法只考虑了期限结构中的单个点，而不是完整的曲线，也没有考虑公司债券附有能改变未来现金流模式的嵌入式期权的可能性。静态收益率利差解决了第一个问题。

要了解这个过程是如何运作的，请考虑息票利率为 8%、每半年付息一次的 5 年期公司债券。该债券的面值为 1 000.00 美元，当前售价为 1 006.71 美元。图表 13-7 的前两列显示了 10 个支付日期和 10 笔现金流。第三列显示了每个支付日期的国债即期收益率。如果我们使用假设的国债即期收益率曲线贴现该债券的现金流，则该债券的价格将为 1 040.03 美元，这就是该债券为国债时的价值。图表 13-7 第四列总结了这个计算过程。

图表 13-7　计算息票利率为 8% 的 5 年期债券的静态收益率利差

期限	现金流（美元）	国债的即期收益率（%）	（国债）现金流的现值（美元）	国债的即期收益率＋80 个基点的利差（%）	（公司债券）现金流的现值（美元）
1	40	6.20	38.80	7.00	38.65
2	40	6.30	37.59	7.10	37.30
3	40	6.40	36.39	7.20	35.97
4	40	6.50	35.20	7.30	34.66
5	40	6.60	34.01	7.40	33.36
6	40	6.70	32.82	7.50	32.07
7	40	6.80	31.65	7.60	30.81
8	40	6.90	30.49	7.70	29.57
9	40	7.00	29.35	7.80	28.35
10	1 040	7.10	733.72	7.90	705.97
			价值＝1 040.03 美元		价值＝1 006.71 美元

当然，这种债券不是无风险的，所以问题是：要使债券价值从 1 040.03 美元降至 1 006.71 美元，必须在所有期限的国债即期收益率曲线上加上多少信用利差？该静态利差（也称零波动性利差）是使公司债券的现金流以国债即期收益率与该静态利差之和贴现后的现值等于公司债券市场价值的数字。正如图表 13-7 的最后两列所示，使用 80 个基点（或 0.80%）的利差将产生 1 006.71 美元的现值。这就是债券的静态收益率利差。

期权调整利差　虽然静态收益率利差可以解释一部分即期收益率曲线，但它没有考虑当债券有嵌入式期权时收益率变化对预期现金流的影响。考虑这个利率波动性因素是期权

调整利差分析的要点，其目标与计算静态收益率利差的目标类似，但允许基于其他波动性估计的期限结构变化。

通过列出估计具体债券的期权调整利差所需的步骤，可以最好地理解期权调整利差的概念：

（1）根据现行的国债即期收益率曲线，计算隐含远期收益率，以帮助选择短期国债即期收益率的概率分布。重要的估计值是收益率波动性（收益率的标准差）——换言之，即每期的远期收益率变化是多少？

（2）使用第 1 步中指定的概率分布和蒙特卡罗模拟，随机生成大量（例如，1 000 条）可能的收益率路径。

（3）对于附有嵌入式期权的债券（如可赎回债券），制定决定何时执行期权的规则。（例如，债券将在何种利率水平上和未来何时被赎回？）

（4）给定（a）债券的特征（其赎回条款）和（b）在第 3 步中建立的债券赎回规则，计算第 2 步中每条收益率路径上的债券现金流。

（5）根据相对于一条收益率路径上的国债即期收益率的假设利差，计算第 2 步中创建的所有收益率路径上的债券现值。

（6）计算所有收益率路径上的债券平均现值。

（7）将第 6 步中计算的平均现值与债券的市场价格进行比较。如果它们相等，则第 5 步中使用的假设利差就是期权调整利差。如果它们不等，则尝试另一个利差，并重复第 5 步、第 6 步和第 7 步。

总而言之，期权调整利差是基于未来可能实现的收益率路径得出的相对于国债即期收益率曲线的平均利差。因此，期权调整利差是考虑嵌入式期权所需的补偿后，使其与无期权债券的利差可比的利差。例如，相对于利差仅为 125 个基点的不可赎回公司债券，可赎回公司债券的名义信用利差为 300 个基点看上去还不错。然而，这只可赎回债券的期权调整利差可能只有 130 个基点，这意味着嵌入式赎回期权的必要收益率为 170 个基点。投资者需要将 130 个基点的期权调整利差与不可赎回债券的利差 1.25％进行比较。

13.2　债券投资组合管理概述：绩效、风格和策略

近几十年来普遍存在的利率波动模式为各类债券投资者提供了越来越有吸引力的收益率。主动债券投资组合经理发现，这些利率变化带来了频繁实现资本收益的机会，这些机会尤为有吸引力。然而，尽管过去 30 年的大部分时间里经济环境有利，但与其他资产类别（例如，国内股票、国外股票、房地产）相比，固定收益证券投资组合的收益率通常较低，波动性也较小。图表 13-8 总结了截至 2016 年的 25 年期间多个绩效指数的平均年收益率和标准差，这个时期中股市出现了两次大幅下跌。以花旗集团的美国国债指数、世界国债指数和美国公司债券指数为代表的债券投资组合落在风险-收益坐标轴的低端，使其成为投资者整体资产配置策略中的保守选择。另外，美国高收益债券指数表现出的风险和收益率变化使其与许多股票指数更具可比性。最后，请注意固定收益证券和股票之间的历

史负相关性（在此期间，它们的相关系数仅为－0.10），这也使债券投资组合成为分散风险的绝佳工具。

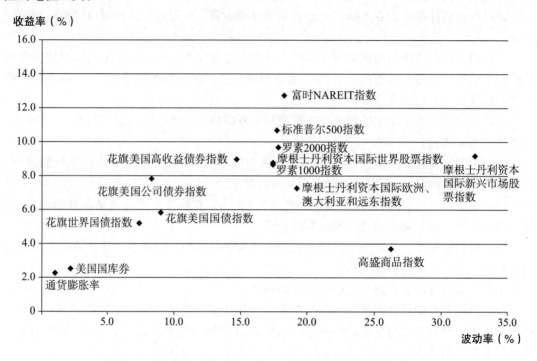

图表 13－8　债券投资组合与其他资产类别之间的风险-收益比较

资料来源：作者的计算结果。

在第 11 章中，我们看到从两个方面——市场价值和相对估值（即成长型和价值型）——对股票投资组合的投资风格进行分类是有用的。同样，债券投资组合的投资风格也可以用两个最重要的特征来概括：信用质量和利率敏感性。图表 13－9 显示了如何调整 3×3 风格网格以反映这些特征。投资组合的平均信用质量分为高级（国债、政府机构债券、AAA 级公司债券或 AA 级公司债券）、中级（A 级公司债券或 BBB 级公司债券）和低级（低于 BBB 级的公司债券）。由于久期实际上衡量了债券价格对利率变化的敏感性，因此从第二个角度，债券投资组合投资风格可以分为短期（久期小于 3.0 年）、中期（久期为 3.0 年至 6.5 年）和长期（久期超过 6.5 年）。例如，巴克莱资本美国综合债券指数（BCA 指数）是一种广泛使用的基准指数，它专门用来模拟美国投资级固定收益证券市场的情况，该市场的 70% 至 80% 通常由国债、政府机构债券或 AAA 级债券构成。巴克莱资本美国综合债券指数在结构设计上将平均久期保持在 4.0 年和 6.0 年之间。因此，它位于图表 13－9 投资风格网格的中上部，并被归类为高级/中期投资组合。

正如两个债券投资组合的固有投资风格可能有很大差异一样，投资组合经理采用的基本策略方法也可能有很大差异。投资者的问题性质通常决定了投资组合经理将如何设计投资组合以解决该问题。因此，与目标为通过预期利率变化实现资本收益最大化的投资者相比，希望在近期获得特定金额的现金为债务融资的投资者可能会采用截然不同的策略来构建固定收益证券投资组合。图表 13－10 部分是基于莱博维茨（Leibowitz, 1986a）的研究，它表明债券投资组合策略可以分为前面提到的五大类。

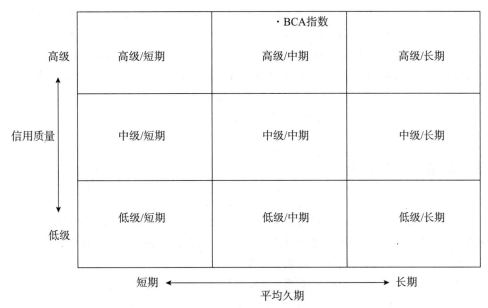

图表 13 - 9　固定收益证券投资组合的投资风格网格

图表 13 - 10　债券投资组合投资策略

1. 被动管理策略
　a. 买入并持有
　b. 指数化
2. 主动管理策略
　a. 利率预期
　b. 估值分析
　c. 信用分析
　d. 收益率利差分析
　e. 部门/国家分析
　f. 提前偿付/期权分析
　g. 其他（例如，流动性、货币、异常捕获）
3. 核心增益管理策略
　a. 增强指数化
　b. 主动/被动"增益"部门
4. 配套资金管理策略
　a. 专门管理：精确现金匹配
　b. 专门管理：最优现金匹配
　c. 经典免疫
　d. 投资期匹配
5. 或有和结构化管理策略
　a. 或有免疫
　b. 结构化管理

　　在 20 世纪 70 年代之前，只有前两种策略方法——被动管理策略和主动管理策略——得到普及，且大多数债券投资组合都采用了买入并持有管理方法，目的是为投资者产生稳定的现金流。20 世纪 70 年代初，人们对其他债券投资组合主动管理方法的好奇心与日俱增，而 20 世纪 70 年代末和 80 年代初的特点是通货膨胀率和利率创下纪录以及债券市场各领域的收益率极不稳定。这导致市场上推出了许多新的金融工具，以应对更高的利率波动性（例如，可调整利率债券和抵押贷款）。20 世纪 80 年代中期以来，出现了配套资金管理方法、核心增益管理策略和或有债券管理方法，以满足养老基金和保险公司等机构投资者日益增长的需求。最后，从 20 世纪 90 年代中期开始至今，在复杂固定收益证券投资组合的管理中，债券与衍生品的组合变得越来越普遍。

13.3　被动管理策略

具体来说，投资组合被动管理策略可以分为两种。第一，在**买入并持有**策略中，投资组合经理根据客户的目标和约束条件选择债券投资组合，目的是持有这些债券直至到期。第二种投资组合被动管理策略——**指数化**策略——的目标是构建一个与指定债券指数（例如前面介绍的巴克莱美国综合债券指数）的表现尽可能匹配的债券投资组合。

13.3.1　买入并持有策略

最简单的固定收益证券投资组合管理策略就是买入并持有策略。这种方法需要找到具有所需信用质量、息票利率、到期期限或久期以及其他重要债券契约条款（例如赎回特征和偿债基金特征）的债券。采用买入并持有策略的投资者不认为主动交易是可行的替代策略，而是寻找期限/久期特征与其投资期相近的债券，以降低价格风险和再投资风险。许多成功的债券投资者和机构投资组合经理都采用修正的买入并持有策略，他们投资于一只债券，打算持有该债券至到期，但有机会时仍会进行交易，将其变为更理想的头寸。

应该认识到，采用买入并持有策略管理债券投资组合和管理股票投资组合之间存在重要的根本区别。由于债券最终会随着时间的推移而到期，而股票不会，因此债券投资组合经理需要定期将到期债券产生的资金进行再投资。固定收益证券投资组合经理通常通过构建**债券阶梯**来解决这个问题，他们将投资资金平均分配给按规律的时间间隔到期的工具。例如，专注于中期投资的投资组合经理不是将所有资金都投资于一只 5 年期零息债券——1 年后将成为 4 年期债券——而是可以采用阶梯法，购买在 1 年至 9 年之间逐年到期的等额债券。然后，投资组合经理将持有每只债券至到期，但将到期债券的收入再投资于期限位于阶梯远端的新债券（即，将到期债券再投资于新的在 1 年至 9 年之间逐年到期的等额债券）。通过这种方式，投资组合的理想久期目标可以保持不变，而无须不断调整剩余头寸的投资权重。

13.3.2　指数化策略

与股指基金一样，在设计债券投资组合以模拟假想指数时，投资组合经理可以采用两种不同方法：完全复制或分层抽样。虽然构建股指基金以完全复制基础指数的情况很常见，但债券指数基金经理通常采用抽样方法。原因之一是，债券指数通常包含数千只债券并且经常调整，这使得在实践中精确复制它们既不切实际又成本高昂。分层抽样法的目标是创建一个与基础指数的重要特征（例如信用质量、期限/久期或平均收益率）相匹配的债券投资组合,同时让投资组合的管理更有成本效益。如果投资组合经理无法动态匹配这些特征,指数化投资组合的跟踪误差通常会增加。

当开始指数化策略时,选择一个合适的市场指数显然是非常重要的决定,主要是因为它直接影响客户的风险-收益结果。因此,投资者必须熟悉所选指数的主要特征(期限/久期、信用质量)。赖利和赖特(1997,2012)分析了主要债券指数的许多方面,例如它们的风险-收益特征以及在一个时期内的相关性。此外,沃尔佩(Volpert,2012)以及迪亚利纳斯和村田(Dialynas and Murata,2006)还讨论了指数的特征如何影响其在不同利率环境下的表现。最后,正如穆萨瓦-拉赫马尼(Mossavar-Rahmani,1991)所描述的,我们应该认识到,总体债券市场和指数会随着时间的推移而变化。赖利、高和赖特(Reilly,Kao and Wright,1992)证明,1975 年以来,债券市场在构成、期限和久期方面发生了重大变化,这显著影响了指数化投资组合的跟踪误差表现。

13.3.3　实践中的债券指数化:一个例子

为了解在实际中两位投资组合经理如何应对挑战,构建追踪某个领先指数的债券投资组合,我们考察了最近一个投资期内的先锋总债券市场指数基金(Vanguard Total Bond Market Index Fund)(代码:VBMFX)和 iShares 核心美国综合债券(iShares Core US Aggregate)(代码:AGG)交易所交易基金。这两个投资组合都是为了模仿彭博巴克莱美国综合债券指数(代码:LBUSTRUU)的表现而创建的,它们代表了实践中被广泛用于为散户投资者创建指数化投资组合的两种方法(即指数基金和交易所交易基金)。

图表 13-11 总结了这些基金以及基础指数最重要的特征。不妨来对比一下这些投资组合经理为复制该指数所采用的方法,该指数包含 9 300 多只独立的债券,很难准确再现。先锋总债券市场指数基金的投资组合经理实际上持有比该指数更多的头寸(超过17 000 只债券),而 iShares 核心美国综合债券交易所交易基金的投资组合经理采用了分层抽样法,试图通过仅持有约 6 200 只不同的债券来模拟该指数。毫不奇怪,iShares 核心美国综合债券交易所交易基金的投资组合换手率显著高于先锋总债券市场指数基金——分别为 242% 和 61%——这是因为试图使交易所交易基金的投资组合构成与包含债券数量更多的指数的构成保持一致。

图表 13-11　指数化债券投资:指数基金与交易所交易基金,2017 年 7 月

	彭博巴克莱美国综合债券指数	先锋总债券市场指数基金	iShares 核心美国综合债券交易所交易基金
风格分类(信用等级/久期)	高级/中期	高级/中期	高级/中期
持有数量	9 348	17 319	6 202
年换手率(%)	—	61	242
年收益率(%)	2.5	2.4	2.4
平均久期(年)	6.0	6.1	5.8
平均期限(年)	8.2	8.4	8.0

续表

	彭博巴克莱美国综合债券指数	先锋总债券市场指数基金	iShares 核心美国综合债券交易所交易基金
信用质量（占投资组合的百分比）：			
国债/政府机构债券/AAA 级债券（%）	70.9	69.3	72.1
AA 级债券（%）	4.8	4.0	3.5
A 级债券（%）	10.6	11.7	10.6
BBB 级债券（%）	13.8	15.0	13.8
其他/未评级债券	0	0	0
跟踪误差（%/年）：(7/14—6/17)	—	0.27	0.37
费用率（%）	—	0.16	0.05

资料来源：作者使用晨星公司以及富达投资的数据编制。

指数复制法的这种差异也导致投资组合的相关投资特征略有不同。一般而言，指数基金的平均久期更接近指数（LBUSTRUU：6.0，VBMFX：6.1，AGG：5.8），根据信用评级为 AAA 级或更高评级债券占投资组合的百分比衡量，两只基金的信用质量均偏离了指数（LBUSTRUU：70.9，VBMFX：69.3，AGG：72.1）。这些细微差异导致每个投资组合均产生了小幅跟踪误差，先锋总债券市场指数基金和 iShares 核心美国综合债券交易所交易基金的年化跟踪误差分别为 0.27% 和 0.37%。最后，交易所交易基金的费用率要低得多（5 个基点相对于 16 个基点），但两者的费用率都比主动债券投资组合的典型费用率低得多。

13.4　主动管理策略

正如我们在股票投资组合主动管理中所看到的，主动固定收益证券投资组合经理试图构建在一个时期内绩效超过指定基准的债券投资组合。也就是说，她试图持有风险调整收益率（阿尔法系数）高于用于衡量投资绩效的指数的一组债券。当然，要让债券投资组合的绩效胜过基准，主动投资组合经理必须构建一个显著不同于指数的投资组合。因此，主动管理策略与投资组合经理对哪些因素或市场条件可以增加阿尔法收益率的看法密切相关。

莱亚德-利欣（Layard-Liesching，2001）分析了主动债券投资组合经理的几个潜在阿尔法来源的投资特征，所有这些特征都依赖于一些阻碍债券市场完全有效的结构性障碍。图表 13－12 总结了这些特征，它从四个方面比较了每种主动管理策略：（1）可扩展性：可以持有多大的头寸。（2）可持续性：可以在未来多长时间内成功采用该策略。（3）风险调整绩效：该策略的盈利能力。（4）极值：该策略面临巨额亏损的可能性有多大。例如，在利率预期策略中，基于久期的主动管理策略——投资组合经理根据对收益率曲线变化的预测，改变主动投资组合的平均久期水平——具有高度可扩展性，因为几乎可以使用市场上任何现有债券执行这种策略。然而，它们的绩效可持续概率也最低，风险调整收益率也最差。相比之下，基于信用风险的主动管理策略——投资组合经理持有她认为违约概率显著不同于市场定价所隐含的违约概率的债券——是一种更可持续、更可靠的潜在阿尔法来源。最后，虽然估值分析为主动投资组合经理提供了合理的阿尔法潜力，但它是一种可扩展性较差的策略，因为它依赖于找出具体债券的定价错误。

图表 13-12　债券投资组合主动管理策略的特征

来源	可扩展性	可持续性	风险调整绩效[a]	极值
利率预期策略：				
久期	高	非常弱	1	是
收益率曲线	低	非常弱	3	否
估值分析策略：				
证券选择	低	中	5	否
异常捕获	低	弱	7	是
信用风险	高	强	8	是
收益率利差分析策略：				
可选择性	中	中	7	是
提前偿付	中	中	6	是
流动性	低	强	3	是
全球策略与战术性策略：				
部门配置	高	强	6	否
国别配置	高	强	5	否
货币	高	中	2	是

a. 1=低，10=高。

注：本表为主观性表格；投资者应该根据这些标准做出自己的评估。

资料来源：改编自 Ronald Layard-Liesching, "Exploiting Opportunities in Global Bond Markets," in *Core-Plus Bond Management* (Charlottesville, VA: AIMR), 2001。

在本节其余部分，我们将详细探讨两种最流行的债券投资组合主动管理策略——利率预期和信用分析，并介绍作为具体主动管理策略执行手段的债券互换。

13.4.1　利率预期

利率预期可能是风险最高的主动管理策略，因为它依赖于对未来收益率的不确定预测。其想法是在预期收益率上升时保留资本，并在预期收益率下降时实现有吸引力的资本收益。这种目标通常是通过改变投资组合的久期来实现的（在预期收益率上升时减少久期，在预期收益率下降时增加久期）。因此，这种策略中的风险在很大程度上与这些久期调整挂钩。当投资组合的久期缩短时，如果收益率下降而不是上升，可能会牺牲大量收入，并可能失去获得资本收益的机会。同理，当投资者预期收益率下降，而从高息短期债券转而投资久期更长的债券时，将会牺牲当期收入。此外，投资组合将暴露于更大的价格波动风险下（这是有意为之），如果收益率意外增加，这可能会对投资组合产生不利影响。请注意，预期收益率上升引起的投资组合调整产生的绝对资本损失风险较小。缩短投资组合久期时，可能发生的最坏情况是利息收入减少或资本收益被放弃（机会成本）。

一旦确定了收益率预期，策略实施过程就变成了一个技术问题。当投资者预期收益率将上升，并希望通过缩短投资组合的久期来保护资本时，一种常见选择是投资于短期债券，例如国库券。尽管投资者主要关心的是保护资本，但鉴于期限限制，投资者仍希望尽可能获得最佳收益率。流动性也很重要，因为在收益率上升后，收益率可能会在下降之前经历一个稳定期，投资者会希望快速转换头寸以受益于这种变化。

为了说明这个过程，假设目前所有期限的美国国债收益率曲线均处于4.75%的平坦水平。您观察到一位主动债券投资组合经理进行了以下"配对"交易：

债券	交易	类型	期限（年）	息票利率（%）	修正久期（年）
1	买入	美国国债	7	8	5.438
2	卖出	美国国债	13	0	12.698

这种交易表明投资组合经理如何看待未来收益率曲线的可能变化？通过将长期零息债券转换为中期高息债券，投资组合经理显著缩短了头寸的修正久期，并且可能缩短了整个投资组合的久期。因此，这种交易符合未来收益率将上升（收益率曲线向上移动）的观点。图表13-13显示了可能导致发生这种交易的两种情况。在情景1中，投资组合经理预测在收益率曲线保持平坦的条件下，所有收益率都将上升50个基点。在情景2中，所有未来收益率都将增加，但长期债券的收益率增加得更多，因此收益率曲线的形状从平坦变为向上倾斜。在任何一种情景下，当投资组合经理将未来十多年以后支付单笔现金流的债券替换为期限短得多且每六个月付息一次的债券时，都将从中受益。当然，在情景2下，交易的利润最高（按现值计算），因为7年期债券的收益率增幅将小于13年期债券。最后请注意，用一种国债代替另一种国债时，投资组合经理没有让投资组合增加信用风险。

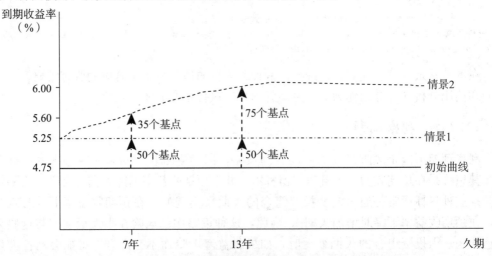

图表 13-13　适于进行缩短久期的主动债券交易的预期收益率曲线变化

缩短久期的另一种方法是使用保收债券——一种高收益长期债券，其息票利率远高于当前市场利率，并且由于其当前的赎回特征和赎回价格，其市场价格低于给定当前市场收益率下应有的价格。一个例子是息票利率为 12%、当前赎回价格为 110 的 10 年期债券。如果当前市场利率为 8%，则该债券（如果为不可赎回债券）的价格应约为 127；然而，由于其赎回价格，该债券的价格将保持在 110 附近，其收益率将约为 10%，而不是 8%。正如莱博维茨和霍默（Leibowitz and Homer，2013）所介绍的，债券投资组合经理在预期收益率将小幅上涨时希望持有保收债券，因为这些债券提供了有吸引力的当期收入，并能防止资本损失。

预期利率将下降的投资者会采取完全不同的态度。重组投资组合以利用利率下降的重大风险被可能实现的高额资本收益所平衡。当投资者预期利率将降低时，应该增加投资组合的久期，因为久期越长，正价格波动性就越大。由于利率敏感性至关重要，因此必须注意，债券的质量越高，对利率变化就越敏感。因此，应该使用高评级债券，例如国债、政府机构债券或评级为 AAA 级至 BBB 级的公司债券。最后，投资者应该专注于投资不可赎回债券或具有强大赎回保护的债券，因为收益率下降时存在巨大的赎回风险。

13.4.2 信用分析

信用分析策略需要详细分析债券发行人，以确定其违约风险的预期变化。这需要预测不同评级机构赋予债券的信用评级的变化。这些评级变化受到借款人内部变化（重要财务比率的变化）和外部环境变化（公司所处行业和经济环境的变化）的影响。在经济强劲扩张时期，即使是财务实力薄弱的公司也可能存续下去并繁荣发展。相反，在严重的经济紧缩期间，即使是通常情况下实力雄厚的公司也可能发现很难偿还债务。因此，从历史上看，评级变化具有很强的周期性：通常，在经济紧缩期间降级增加，在经济扩张期间降级减少。

要将信用分析作为债券管理策略，必须在评级机构公布评级之前预测评级变化。这可能非常难，因为市场针对债券评级变化的调整相当快。投资者希望购买预期会升级的债券，并出售或避开预期会降级的债券。

高收益（垃圾）债券的信用分析 信用分析很适合用于高收益（垃圾）债券。评级低于 BBB 级的垃圾债券与美国国债之间的收益率差异从约 250 个基点到超过 1 500 个基点不等。值得注意的是，这种收益率差异变化很大，如图表 13-14 中的时间序列图所示。具体而言，平均收益率利差从 1985 年、1997 年和 2014 年的不到 300 个基点至 2008 年年末近 1 550 个基点的高点不等。

尽管收益率利差发生了变化，但莫迪和泰勒（Mody and Taylor，2003）表明，高收益债券的平均信用质量也发生了变化，这从经济周期中的利息保障倍数变化可以看出来。此外，正如赖利、赖特和金特里（2009）所证明的，评级类别内部的债券信用质量会在经济周期中发生变化。这些信用质量变化使对高收益债券的分析变得更加重要，但选择能存续下来的债券也变得更加困难。给定承诺收益率的利差，瓦因（Vine，2001）指出，如果投资组合经理能避开违约概率或降级概率很高的债券，那么高收益债券将提供可观的风险调整收益率。

基点

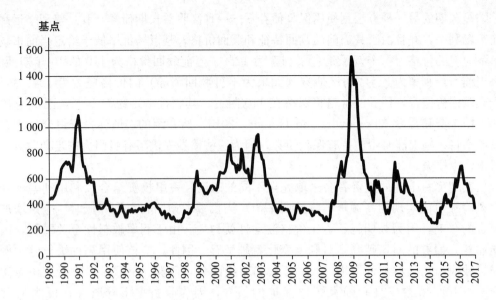

图表 13-14　花旗集团高收益市场指数与固定期限 10 年期国债的历史月收益率利差

资料来源：作者根据联邦储备委员会和指数的数据计算而得。

图表 13-15 列出了不同评级的债券在发行后不同时期的累计平均违约率。在期限超过 10 年——实践中经常用于比较的持有期——的债券中，BBB 级（投资级）债券的违约率仅为 3.76%，但 BB 级债券的违约率超过 13%，B 级债券的违约率超过 25%，而 CCC 级债券的违约率超过 51%。这些违约率并不意味着投资者应该避免投资于高收益债券，但它们确实表明广泛的信用分析是在固定收益证券市场的这个高风险部门成功投资的关键要素。

信用分析模型　高收益债券的信用分析可以使用统计分析或基本面分析来识别这些债券的某些独有特征。奥特曼和纳马彻（Altman and Nammacher，1987）认为，旨在预测两年内破产概率的修正 Z 评分模型也可用于预测这些高收益债券的信用质量变化。Z 评分模型结合了传统财务指标与被称为多重判别分析的多变量方法，以推导出指定变量的权重。该模型得到的结果是每家公司的整体信用评分（Z）。该模型的形式为：

$$Z = a_0 + a_1 X_1 + a_2 X_2 + a_3 X_3 + \cdots + a_n X_n \tag{13.9}$$

其中：

Z ＝整体信用评分；

$X_1 \cdots X_n$ ＝解释变量（例如，财务比率和市场指标）；

$a_0 \cdots a_n$ ＝权重或系数。

分析中使用的具体模型包括七个财务指标：

X_1 ＝盈利能力：息税前利润（EBIT）/总资产（TA）；

X_2 ＝盈利能力指标的稳定性：EBIT/TA 估计值的标准差（对 10 年期数据进行归一化）；

X_3 ＝偿债能力（利息保障倍数）：EBIT/利息费用；

X_4 ＝累计盈利能力：留存收益/总资产；

X_5 ＝流动性：流动资产/流动负债；

X_6 ＝市值水平：股权市值/总资本（五年平均值）；

X_7 ＝规模：有形资产总额（归一化）。

图表 13-15 公司债券的累计平均违约率（1981—2016 年）（%）

评级	投资期（年）														
	1	2	3	4	5	6	7	8	9	10	11	12	13	14	15
AAA 级	0	0.03	0.13	0.24	0.35	0.46	0.52	0.60	0.66	**0.72**	0.75	0.78	0.81	0.88	0.94
AA 级	0.02	0.06	0.13	0.23	0.33	0.44	0.54	0.62	0.69	**0.77**	0.85	0.91	0.98	1.05	1.11
A 级	0.06	0.15	0.25	0.38	0.53	0.69	0.88	1.05	1.23	**1.41**	1.57	1.73	1.89	2.03	2.20
BBB 级	0.18	0.51	0.88	1.33	1.78	2.24	2.63	3.01	3.39	**3.76**	4.16	4.48	4.79	5.10	5.43
BB 级	0.72	2.24	4.02	5.80	7.45	8.97	10.26	11.41	12.42	**13.33**	14.06	14.71	15.29	15.80	16.34
B 级	3.76	8.56	12.66	15.87	18.32	20.32	21.96	23.23	24.37	**25.43**	26.34	27.03	27.64	28.21	28.80
CCC 级/C 级	26.78	35.88	40.96	44.06	46.42	47.38	48.56	49.52	50.38	**51.03**	51.55	52.10	52.81	53.37	53.37
投资级	0.10	0.27	0.46	0.71	0.96	1.21	1.45	1.67	1.89	2.11	2.33	2.51	2.69	2.86	3.05
投机级	3.83	7.48	10.63	13.20	15.29	17.01	18.45	19.65	20.71	21.67	22.47	23.13	23.73	24.27	24.80
所有评级	1.52	2.99	4.27	5.35	6.25	7.02	7.67	8.22	8.72	9.18	9.58	9.91	10.22	10.50	10.78

资料来源：改编自 2016 Annual Global Corporate Default Study and Rating Transitions (New York: Standard & Poor's, April 13, 2017): pp. 61-62。经许可转载。

图表 13 - 16 举例说明了这个过程，它计算了截至 2017 年 7 月两家公司的 Z 评分：福特汽车（Baa2 级）（一家跨国汽车制造商）和康诺斯全球（Kronos Worldwide）（B1 级）（一家特种化学品生产商）。Z 评分通常在-5.0 至+20.0 之间，较高的分数（高于+3.0）表明公司在未来两年不太可能破产，而较低的分数（低于+1.8）表明公司破产的可能性增加。在本例中，尽管康诺斯全球的债券信用评级较低，但它的 Z 评分表明其财务状况强于福特汽车（二者的 Z 评分分别为+2.26 和+1.02）。然而请注意，最好将这些评分解释为它们的变化，而不是单个观察值。图表 13 - 16 各部分底部的表格显示，自 2008 年年末股市危机以来，这两家公司的 Z 评分都有所提高。[①] 采用信用分析策略的主动债券投资组合经理可能会将其用作帮助预测升级和降级的工具。

许多分析师不是使用提供综合信用评分的模型，而只是调整其基本公司债券分析方法，以适应高收益债券的独特需求，正如赖利和赖特（1994）所示，高收益债券具有普通股的特征。弗里德森、法博齐和科恩（Fridson，Fabozzi and Cohen，2012）认为，进行以下扩展后，对高收益债券的分析与对任何债券的分析都相同：

（1）公司在成本和定价方面的竞争地位如何？

（2）相对于对利息、研究、增长和经济衰退时期的现金需求，公司现金流的水平如何？此外，公司可以作为安全网并提供灵活性的借款能力如何？

（3）公司资产的流动性价值是多少？这些资产是否可用于清算（是否有对它们的索偿权）？

（4）整个管理团队是否优秀？管理团队是否有决心和能力在公司所处的高风险环境中运营？

（5）公司的绝对财务杠杆和市场调整财务杠杆（使用股权和债务的市场价值）是多少？

除了财务风险可能升高之外，松迪（Sondhi，1995）还指出，如果公司出售一些具有有利风险特征的业务，例如与公司其他部门的利润相关性较低的部门，商业风险也可能增加。此外，管理层经营理念的变化也可能对利润产生负面影响。资产剥离计划通常是杠杆收购的主要因素，因此分析资产的流动性、估计出售价值以及这些计划的实施时间非常重要。最后，必须持续监控公司的再融资灵活性。

13.4.3 进行主动债券交易

一旦债券投资组合经理决定了主动管理策略的细节，下一步就是利用该策略创建投资组合（或改变现有的投资组合）。一种常用的调整方法是使用**债券互换**，这需要变现当前头寸，同时购买具有相似属性但具有更好收益率潜力的不同债券。投资者可以执行这些交易来增加当期收益率、增加到期收益率、利用利率或收益率利差的变化、提高投资组合的质量或进行税收筹划。所有互换都有一个基本目的：改进投资组合。事实上，博伊德和默瑟（Boyd and Mercer，2010）表明，这些交易使相对于标准债券基准的风险调整绩效有显著改善。

大多数债券互换都涉及几种不同类型的风险。一种明显的风险是利率可能在持有期上涨，导致投资者蒙受损失。或者，收益率利差可能无法按预期做出反应。新债券可能不是真正的替代品，因此，即使投资者的预期和利率公式是正确的，互换也可能无法令人满意。最后，如果调整期长于预期，实际收益率可能低于预期。

---

① 图表 13 - 16 还报告了每家公司的 Z″评分，它不过是对 Z 评分的修正，使用了较少的上述财务指标。

A. 福特汽车

福特汽车公司——福特汽车公司的美国股票		奥特曼的Z评分模型
财务数据输入值		
会计期	2016 A	用户的输入值
有形资产	237 753	237 753.00
营运资本	18 180	18 180.00
留存收益	15 634	15 634.00
息税前利润	4 116	4 116.00
股票的市场价值	48 201.16	48 201.16
总负债	208 668	208 668.00
销售收入与有形资产之比	0.64	0.64
股东权益总计	29 283	29 283.00
财务健康状况评估与展望		
奥特曼的Z评分	1.02	1.02
奥特曼的Z"评分	0.98	0.98

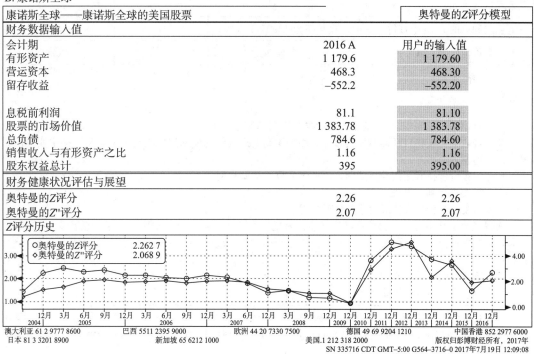

B. 康诺斯全球

康诺斯全球——康诺斯全球的美国股票		奥特曼的Z评分模型
财务数据输入值		
会计期	2016 A	用户的输入值
有形资产	1 179.6	1 179.60
营运资本	468.3	468.30
留存收益	−552.2	−552.20
息税前利润	81.1	81.10
股票的市场价值	1 383.78	1 383.78
总负债	784.6	784.60
销售收入与有形资产之比	1.16	1.16
股东权益总计	395	395.00
财务健康状况评估与展望		
奥特曼的Z评分	2.26	2.26
奥特曼的Z'评分	2.07	2.07

图表 13 - 16　奥特曼的 Z 评分分析

资料来源：版权归彭博有限合伙企业所有，2017 年。

　　获得纯收益互换是此类交易的一个例子，它是指将低息债券换为可比高息债券，以实现当期收益率和到期收益率的立即增加。举例来说，假设某位投资者目前持有息票利率为10%、当前交易收益率为 11.50% 的 30 年期 AA 级债券。假设有一只可比债券，它是息票利率为 12%、收益率为 12% 的 30 年期 AA 级债券。如果投资者以面值购买初始债券，将报告（并实现）一定账面损失，但如果投资者持有新债券至到期，则能同时提高当期收益率和到期收益率，如图表 13-17 所示。

　　投资者无须预测利率变化，互换也不是基于收益率利差的不平衡，其目的只是寻求更高的收益率。除息票利率以外，债券的质量和期限与其他所有因素一样保持相同。主要风险是未来的再投资利率可能低于预期，这意味着投资的最终总价值可能没有预期那么高。这种再投资风险可以通过分析多种不同情景下的结果来评估，以确定使互换可行的最低再投资利率。

图表 13-17　获得纯收益互换

获得纯收益互换：一种债券互换，指从低息债券转换为类似质量和期限的高息债券，以获取更高的当期收益率和到期收益率。

示例：当前持有息票利率为 10.0%、价格为 874.12 美元、收益率为 11.5% 的 30 年期债券。

备选互换：息票利率为 12%、价格为 1 000 美元、收益率为 12.0% 的 30 年期 AA 级债券。

	当前债券	备选债券
投资金额（美元）	874.12	1 000.00[a]
息票利息（美元）	100.00	120.00
一笔息票利息的 i（6 个月付息一次，收益率为 12.0%）*（%）	3.000	3.600
年末本金价值（美元）	874.66	1 000.00
总应计价值（美元）	977.66	1 123.60
实际复利收益率（%）	11.514	12.0

互换价值：一年为 48.6 个基点（假设再投资利率为 12.0%）。

获得纯收益互换将自动即时获得收益，因为更高的息票收益率和到期收益率都是从互换中实现的。其他优点包括：

1. 假设投资者持有新债券至到期，因此不需要具体调整期。

2. 不需要进行利率投机。

3. 不需要分析价格高估或价格低估的情况。

获得纯收益互换的一个主要缺点是互换涉及的账面损失。在这个例子中，如果当前债券是按面值购买的，则账面损失为 125.88 美元（＝1 000 美元－874.12 美元）。获得纯收益互换涉及的其他风险包括：

1. 利率下降时赎回风险增加。

2. 高息债券的再投资风险更大。

a. 显然，投资者可以投资 874.12 美元——从出售当前持有的债券中获得的金额——并仍然获得 12.0% 的实际复合收益率。互换评估程序是根据悉尼·霍默（Sidney Homer）和马丁·L. 莱博维茨（Martin L. Leibowitz）提出的方法设计的。

* $i＝1\,000×$（息票利率/2）×（收益率/2）。互换有一年调整期，在这一年当中支付了一笔息票利息（年中），这笔息票利息在后 6 个月里又产生了利息（用收益率计算）。——译者注

资料来源：改编自 Sidney Homer and Martin L. Leibowitz, *Inside the Yield Book* (Englewood Cliffs, NJ: Prentice Hall, 1972)。

13.4.4　主动全球债券投资：一个例子

全球固定收益证券的主动管理方法必须考虑三个相互关联的因素：（1）各国的当地经济状况，包括国内外需求的影响；（2）该总需求和国内货币政策对通货膨胀率和利率的影响；（3）经济、通货膨胀率和利率对不同国家之间汇率的影响。[①] 根据对这些因素的评估，投资组合经理必须决定每个国家的相对权重，可能还必须决定对每个国家的国债、市政债券和公司债券的分配。在下面的例子中，大多数投资组合建议都集中在国家配置上，除美国以外并没有提出更具体的建议。

图表 13 - 18 来自瑞银环球资产管理公司（UBS Global Asset Management）（以下简称瑞银），一家全球机构资产管理公司。表中的"基准"栏表示如果瑞银对其他国家的预期债券市场表现不持有观点，那么资产配置将是什么。在大多数情况下，正常的资产配置是基于该国的相对市场价值。具体而言，正常配置为美国占 20.1%，日本占 29.0%，其余 50.9% 被分配给其他国家，包括欧元区国家的 40.0%。显然，瑞银确实对这些国家持有观点（正如其隐含市场策略所示，它等于基准百分比加上或减去增持/减持百分比）。例如，此时此刻，它在市场策略配置中将欧元区国家的债券增持至 42.9%（而基准配置为 40.0%），并将英国债券减持至仅 3%（而基准配置为 5%）。它增持的另一个国家是澳大利亚，而减持的几个国家包括丹麦、挪威、波兰和瑞士等。此外，瑞银还在各国之间进行具体的货币配置，除非该公司对货币持有观点，否则这种配置将基于正常的策略权重。瑞银再次表达了观点：它大幅减持英镑，增持日元和新加坡元。

图表 13 - 18　瑞银全球债券投资组合策略（%）

市场配置				
	全球		全球（美国除外）	
	基准	增持/减持	基准	增持/减持
北美	**22.0**	**−0.3**	**2.4**	**0**
加拿大	1.9	0	2.4	0
美国	20.1	−0.3	0	0
欧元区	**40.0**	**2.9**	**50.1**	**3.5**
其他欧洲国家（英国除外）	**3.3**	**−2.4**	**4.2**	**−3.1**
丹麦	0.8	−0.8	1.0	−1.0
挪威	0.2	−0.2	0.3	−0.3
波兰	0.6	−0.6	0.7	−0.7
瑞典	0.9	0	1.1	0
瑞士	0.8	−0.8	1.0	−1.0

[①]　关于国际债券投资的好处的详细讨论，请参见马尔韦（Malvey, 2012）和尼姆里弗（Nemerever, 2010）的研究。

续表

	全球		全球（美国除外）	
	基准	增持/减持	基准	增持/减持
英国	**5.0**	**−2.0**	**6.2**	**−2.2**
日本	**29.0**	**0**	36.3	**0**
澳大利亚	**0.3**	**2.0**	0.4	**2.0**
新加坡	**0.2**	**−0.2**	0.3	**−0.3**
	100.0		100.0	

	欧洲（欧元区）	
	基准	增持/减持
奥地利	3.6	6.7
比利时	7.0	−3.3
芬兰	1.5	5.6
法国	20.7	1.2
德国	23.0	18.2
希腊	4.6	−4.6
爱尔兰	1.0	−1.0
意大利	22.7	−11.5
荷兰	5.6	−0.8
葡萄牙	1.8	−1.9
西班牙	8.5	−8.5
	100.0	

货币配置

	全球		全球（美国除外）	
	基准	增持/减持	基准	增持/减持
北美	**22.0**	**0**	**2.4**	**0**
加拿大	1.9	0	2.4	0
美国	20.1	0	0	0
欧元区	**40.0**	**0**	**50.1**	**0**
其他欧洲国家（英国除外）	3.3	0	4.2	0
丹麦	0.8	0	1.0	0
挪威	0.2	0	0.3	0
波兰	0.6	0	0.7	0
瑞典	0.9	0	1.1	0

续表

	全球		全球（美国除外）	
	基准	增持/减持	基准	增持/减持
瑞士	0.8	0	1.0	0
英国	**5.0**	**−4.0**	**6.2**	**−4.0**
日本	**29.0**	**2.0**	**36.3**	**2.0**
澳大利亚	**0.3**	**0**	**0.4**	**0**
新加坡	**0.2**	**2.0**	**0.3**	**2.0**
	100.0		100.0	

注：由于四舍五入，各项数字之和可能不等于100%。

资料来源：UBS Global Asset Management，*Quarterly Investment Strategy*，March 31，2005（Chicago，IL：UBS Global Asset Management）.

13.5　核心增益管理策略

除了纯被动管理策略或我们刚才看到的主动管理策略之外，专业债券投资者最近对结合这两种风格的管理方法越来越感兴趣。**核心增益**债券投资组合管理将一大部分可用资金（70%～80%）投资于广泛反映整个债券市场的被动管理高评级债券投资组合中；这是这种策略的"核心"。其余资金则在投资组合的"增益"部分进行主动管理，利用投资组合经理的选择技巧提高实现正异常收益率的可能性。

采用这种组合方法的投资组合的核心部分实际上是作为指数基金进行管理的，因为这种策略认为指定的债券市场核心部门是有效的。该定义中经常包括的市场部门例子包括美国的广义市场部门或国债/公司债券部门，这两个部门的债券信用评级历来均为 AAA 级或更高。（这两个核心部门之间的区别在于，前者包括快速增长的抵押贷款支持债券市场和资产支持债券市场。）投资组合中包含的增益部门包括全球债券市场中被认为效率较低的部门，因此它们更可能成为被管理投资组合中的阿尔法来源。这些部门包括高收益债券、发达国家的非美国债券和新兴市场债券。

债券管理的核心增益方法也可以被视为**一种增强指数化**，这取决于有多少投资组合被投资于核心部分以及增益部门的管理主动程度。正如戴维森（Davidson，2001）所指出的，核心增益债券投资组合经理试图将大量贝塔投资（即为模拟基准指数的系统性风险而进行的投资）和与从主动管理部门中选择债券相关的阿尔法潜力结合起来。因此，来自增益部门的债券的一个重要特征是，它可能在一个时期内提供较高的风险调整收益率，而不受一般债券市场系统性变化的影响。高收益债券是增益部门的一个绝佳例子，因为它往往有非常高的标准差，这使其在许多方面等同于股票投资，但与投资级债券部门的相关系数非常低（0.30 或更低）。

相对于被动指数策略，管理债券投资组合的核心增益方法有三个潜在优点：（1）利用传统核心部门之外的市场低效率获得更高的收益率，（2）提高了利用投资组合经理的证券选择技巧的机会，（3）能以符合投资组合经理的见解和观点的方式改变固定收益资产类别的构成。核心增益方法引入被动投资组合的增量风险在无增长或增长率下降的经济环境中可能特别显著，因为大部分增益投资可能投资于较低信用评级的工具，在这种环境下，其市场价值将受到最大影响。此外，增益部门投资还有其他相关风险——例如提前还款风险和流动性风险——而这些风险在投资组合的核心部分并不普遍。

　　赫西（Hersey，2001）分析了由领先的美国固定收益投资组织管理的核心投资组合和核心增益投资组合大样本的构成和投资策略。图表 13-19 总结了这些研究结果。虽然核心投资组合经理和核心增益投资组合经理相对于指数都有一定投资自由度——巴克莱美国综合指数是大多数投资组合经理的基准——但增益部门的投资自由度大得多。例如，核心投资组合平均可以有 5％ 的头寸投资于非基准风险敞口，而核心增益投资组合可以有15％～40％ 的头寸投资于非基准风险敞口。尽管该指数不包含高收益头寸，但典型的核心增益投资组合在高收益债券市场部门的投资比例达到 7％。核心投资组合和核心增益投资组合对资产支持债券的配置比例也高于指数。然而，务必请注意，核心增益投资组合经理在追求这些异常收益率时承担额外风险的能力受到严格限制。图表 13-19 的 B 部分显示，核心增益投资组合预期将产生 100～125 个基点的超额收益率，同时保持不超过 1.50％ 的跟踪误差。

图表 13-19　核心投资与核心增益投资的特征

A. 典型的投资组合构成（%）

部门	核心投资	核心增益投资	巴克莱美国综合指数
国债/政府机构债券	22	19	42
抵押贷款支持债券	37	36	36
资产支持债券	10	8	1
投资级公司债券	27	21	21
高收益债券	1	7	N/A
欧洲美元债券	1	5	N/A
其他债券	2	3	N/A

B. 投资策略

特征	核心投资	核心增益投资
相对于基准的超额收益率目标	35～70 个基点	100～125 个基点
跟踪误差	75～100 个基点	125～150 个基点
共识基准	巴克莱美国综合指数	巴克莱美国综合指数
非基准风险敞口	0（普通情况下为 5%）	15%～40%
管理费差异	—	约比核心投资高 10 个百分点

　　资料来源：改编自 Brian E. Hersey, "Core-Plus: Prospects and Implications," in *Core-Plus Bond Management* (Charlottesville, VA: AIMR), 2001.

13.6　匹配融资管理策略

许多债券市场参与者的目标只是让其整体投资组合增值，同时获得在不同资产类别之间分散风险的好处。对于这些投资者来说，被动策略、主动策略和核心增益策略都可能是合适的管理风格。然而，另一些投资者面临更精确的投资问题，即需要偿还一组特定的负债。例如，人寿保险公司有一系列需要在未来支付的现金流，它们可以根据精算预测，以合理的准确度预测出这些现金流。固定收益养老基金也可以相当准确地预测未来需要支付给参与者的退休金。对于这些情况下的投资者，债券投资组合应该考虑用这些资产融资的负债的性质。

匹配融资管理策略是**资产负债管理**的一种形式，它要求投资组合中持有的债券特征与投资者的负债特征相符。这些匹配策略的范围很广，有些力求精确匹配必要现金支付的水平和时间，也有些是关注其他投资特征的更一般性策略（例如将债券投资组合的平均久期或投资期设为与基础负债相同）。所有匹配融资管理策略背后的一个重要假设是，投资者的负债在一定程度上可以精确预测。只要固定收益证券投资组合经理知道需要偿还的债务，就可以专门设计出一个以最优方式满足这些需求的投资组合。

13.6.1　专门投资组合

专门管理是指用于偿还一组规定负债的债券投资组合管理方法。我们将讨论两种专门管理策略。使用**纯现金匹配专门投资组合**是最保守的策略。纯现金匹配专门投资组合的目标是建立一个债券组合，该组合的一系列还本付息将与指定还债时间表完全匹配。图表 13-20 给出了典型养老金系统现金流的例子。目标是建立一个投资组合，在每次计划付款之前产生足够资金。另一种策略是找到一些零息国债，使之与每笔负债完全匹配。这种精确的现金匹配投资组合被称为完全被动投资组合，因为它的设计使任何前期收入都不会被再投资（即假设再投资利率为零）。

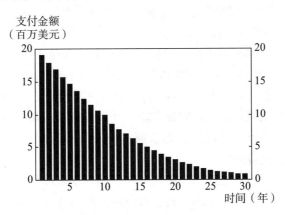

图表 13-20　规定的还债时间表

资料来源：版权归投资管理与研究协会所有，1986 年。经特许金融分析师协会的许可转载和重印自 "The Dedicated Bond Portfolio in Pension Funds—Part I: Motivations and Basics," in the *Financial Analysts Journal*，January/February 1986。

　　专门投资组合再投资类似于纯现金匹配方法，不同之处在于它允许债券现金流不与负债现金流完全匹配。在偿还负债之前的任何现金流入都可以以某种合理保守的利率进行再投资。该假设让投资组合经理考虑可能具有更高收益率特征的更多债券。此外，可以进行期内再投资和期间再投资的假设也会让投资组合产生更高的收益率。因此，假定再投资利率假设是保守的，那么在安全性几乎相同的情况下，投资组合的净成本将降低。一个例子是假设在市场利率目前为5%～7%的环境中，再投资利率为4%。

　　对于专门投资组合，这两种方法都存在潜在问题。为这些投资组合选择债券时，了解特定债券或抵押贷款支持证券的赎回/提前还款概率至关重要。在利率出现历史高点的时期之后，提前还款概率变得非常重要。一个好例子是1982—1986年期间，利率从18%以上降至8%以下。由于利率的这种重大变化，许多在正常情况下预计不会再融资的债券被赎回，这时许多专门投资组合都受到了负面影响。显然，以较低利率对这些收入进行再投资导致许多专门投资组合的资金不足。此外，虽然质量始终是投资者关注的问题，但如果投资组合在不同行业和部门之间分散化，则可能没有必要只投资于国债。AA级公司债券或A级公司债券的分散化投资组合可以提供远高于国债的当期年收益率和总年收益率，这会对负债现金流的净融资成本产生重大影响。

13.6.2　免疫策略

　　投资组合经理可能认为最优策略是使投资组合免受利率变化的影响，而不是使用专门投资组合方法。免疫方法力求在给定投资期内获得特定收益率（通常非常接近当前的市场收益率），而不管未来的利率水平会发生什么变化。

　　利率风险的组成部分　债券投资组合管理中遇到的一个主要问题是推导出给定收益率，以满足未来特定日期（即**投资期**）的期末财富要求。如果利率期限结构是平坦的，且市场利率在购买日期和需要资金的日期之间从未变化，投资者就可以购买期限等于所需投资期的债券，且期末来自债券的财富将等于承诺到期收益率隐含的预期财富。例如，假设您以面值购买了100万美元、息票利率为8%的10年期债券。如果收益率曲线平坦且没有变化，那么您在10年投资期结束时的财富状况（假设每半年计算一次复利）将是：

$$1\ 000\ 000 \times 1.04^{20} = 2\ 191\ 123（美元）$$

　　通过以下方式可以得到相同答案：该债券每6个月支付40 000美元利息，每半年以4%的利率计算复利直至期末，并在到期时加上1 000 000美元的本金。遗憾的是，在现实世界中，利率期限结构通常并不平坦，利率水平也在不断变化。因此，债券投资组合经理在投资日期和未来目标日期之间面临**利率风险**。利率风险是从购买日期到投资者的目标日期之间的市场利率变化导致的投资组合期末财富价值的不确定性。这包括两个组成部分：**价格风险**和**息票利息再投资风险**。

　　之所以会产生价格风险，是因为如果利率在目标日期之前发生变化，且债券在到期前被出售，那么债券的实际市场价格将不同于假设利率没有变化时的预期价格。如果利率在购买债券后上升，那么债券在二级市场上的实际价格将低于预期；反之，如果利率在购买债券后下降，那么债券在二级市场上的实际价格将高于预期。因为投资者不知道利率是上升还是下降，所以投资者不确定债券的未来售价。

　　之所以会产生息票利息再投资风险，是因为计算到期收益率时，隐含地假设所有息票利息现金流都以承诺到期收益率进行再投资。如果购买债券后利率下降，那么息票利息现金流将以低于初始承诺收益率的利率进行再投资，期末财富将低于预期。如果购买债券后利率上升，那么息票利息现金流将以高于初始承诺收益率的利率进行再投资，期末财富将高于预期。

经典免疫和利率风险　费希尔和韦尔（Fisher and Weil，1971）以及比尔维格和考夫曼（Bierwag and Kaufman，1977）表明：（1）价格风险和再投资风险受到市场利率变化的负向影响，（2）久期是这两种风险大小相等、相互抵消的时点。利率上升将导致期末价格低于预期，但期中现金流的再投资利率将高于预期。市场利率下降将导致相反情况。显然，具有特定目标日期（投资期）的债券投资组合经理将试图消除利率风险的这两个组成部分。旨在消除利率风险的过程被称为**免疫**，雷丁顿（Redington，1952）对此进行了讨论。

费希尔和韦尔（1971）将免疫过程描述如下：

> 如果债券投资组合在持有期结束时的价值（无论持有期内利率如何变化）必然不低于利率函数在持有期内固定时债券投资组合的价值，则该债券投资组合在持有期内免疫。[第 411 页]。

资料来源：Fisher, Lawrence, and Roman L. Weil. 1971. "Coping with the Risk of Interest-Rate Fluctuations: Returns to Bondholders from Naïve and Optimal Strategies." *Journal of Business* 44, no. 4 (October): 408－431.

他们表明，如果可以假设所有期限下的利率变化都相同（即收益率曲线平移），则可能使债券投资组合免疫。鉴于该假设，费希尔和韦尔证明，如果投资组合的久期始终等于所需投资期，则该债券投资组合对利率风险免疫。

这些学者模拟了应用免疫概念（久期匹配策略）的效果，并将其与投资组合的期限等于投资期的简单投资组合策略进行比较。在完全免疫的投资组合中，实际期末财富将等于承诺收益率隐含的预期期末财富。久期匹配策略的结果始终更接近承诺收益率，但该结果并不完全等于承诺收益率，因为基本假设——利率变化始终相同——并不总是成立。

债券免疫机制：一个简单示例[①]　假设某位投资者有一笔负债，需要恰好在 3 年内还清。因此，她需要的投资期为 3 年，这也可以被视为她的负债久期。此外，假设收益率曲线目前保持为 10%，但一旦她完成初始投资，收益率曲线就会降至 8%。她考虑了另外 4 种可为这笔负债融资的债券投资：

（A）购买年息票利率为 9% 的 10 年期债券并在 3 年后出售。

（B）连续 3 年购买 1 年期"纯贴现"（零息）债券。

（C）购买 3 年期纯贴现债券。

（D）购买年息票利率为 34.85% 的 4 年期债券并在 3 年后出售。

根据这些假设，当她做出最初决定时，每个投资方案的承诺收益率均为 10%。因此，需要考虑的相关问题为：在她的 3 年投资期结束时，所有 4 个投资方案的实际收益率（realized yield，RY）是多少？

债券 A 的初始投资（每 1 000 美元面值）为：

---

① 作者衷心感谢罗伯特·拉德克利夫（Robert Radcliffe）教授对本例的贡献。

$$P_0 = \sum_{t=1}^{10} \frac{90}{(1+0.10)^t} + \frac{1\,000}{(1+0.10)^{10}} = 938.55\,(美元)$$

由于该债券不会在第 3 年到期，因此必须以当时的市场利率（假设为 8%）出售。此外，她还能将在计划投资期之前收到的息票利息进行再投资。因此，该债券的期末价值为以下两项之和：

（1）债券出售：

$$P_3 = \sum_{t=1}^{7} \frac{90}{(1+0.08)^t} + \frac{1\,000}{(1+0.08)^7} = 1\,052.06\,(美元)$$

（2）再投资的息票利息：

$$90 \times (1+0.08)^2 + 90 \times (1+0.08) + 90 = 292.18\,(美元)$$

两者相加即 1 344.24 美元。这意味着投资者持有债券 A 的实际收益率为：

$$RY_A = \sqrt[3]{\frac{1\,344.24}{938.55}} - 1 = 12.72\%$$

对于债券 B，为简单起见，假设债券持有者最初以 10% 的利率投资 1 000 美元，然后以 8% 的利率将年总收入再投资两年：

第 1 年：$1\,000.00 \times (1+0.10) = 1\,100.00\,(美元)$

第 2 年：$1\,100.00 \times (1+0.08) = 1\,188.00\,(美元)$

第 3 年：$1\,188.00 \times (1+0.08) = 1\,283.04\,(美元)$

因此，她从这种"滚动投资"策略中实现的收益率将为：

$$RY_B = \sqrt[3]{\frac{1\,283.04}{1\,000.00}} - 1 = 8.66\%$$

债券 C 的初始购买价格（每 1 000 美元面值）为：

$$P_0 = 1\,000 \div (1+0.10)^3 = 751.31\,(美元)$$

因此，实际收益率将为：

$$RY_C = \sqrt[3]{\frac{1\,000.00}{751.31}} - 1 = 10.00\%$$

最后，债券 D 与债券 A 的相似之处在于，它必须在到期前出售，并且其息票利息必须被再投资。该债券的初始价格为：

$$P_0 = \sum_{t=1}^{4} \frac{348.50}{(1+0.10)^t} + \frac{1\,000}{(1+0.10)^4} = 1\,787.71\,(美元)$$

第 3 年的期末价值为以下各项之和：

（1）债券出售：

$$P_3 = (1\,000 + 348.50) \div (1+0.08) = 1\,248.61\,(美元)$$

（2）息票利息：

$$348.50 \times (1+0.08)^2 + 348.50 \times (1+0.08) + 348.50 = 1\,131.37\,(美元)$$

两者相加即 2 379.98 美元，因此，实际收益率将为：

$$RY_D = \sqrt[3]{\frac{2\,379.98}{1\,787.71}} - 1 = 10.00\%$$

请注意，只有对于债券 C 和债券 D，初始投资决策时的到期收益率（即承诺收益率或预期收益率）才等于 3 年投资期内的实际收益率。其原因很容易确认，因为这些债券的久期为：

> 债券 A：6.89 年
> 债券 B：1.00 年（每只债券）
> 债券 C：3.00 年
> 债券 D：3.00 年

由于投资者的计划投资期为 3 年，因此唯一产生预期收益率（10%）的债券是久期为 3 年的两只债券。换言之，通过投资于在所需时期内恰好支付"平均"现金流的债券，有可能完全抵消利率风险。如果投资者购买债券后债券收益率下降（上升），那么债券价格的上升（下降）幅度恰好足以抵消息票利息再投资收入的减少（增加）。这仍然是免疫。

当投资者试图用久期较长的债券（即债券 A）为 3 年期负债融资时，她必须出售债券以收回现金。这使价格风险高于再投资风险（即净价格风险）。这产生了比承诺收益率更高的实际收益率（实际收益率为 12.72%，而承诺收益率为 10%），因为市场利率已经下降，这对债券价格的好处大于对息票利息再投资潜力的害处。相反，当她试图用一系列久期较短的头寸（即债券 B）为 3 年期负债融资时，她收回现金的时间会早于需要现金的时间，因此面临净再投资风险，这在这种情况下将导致实际收益率降低。这里的重点是，无论是债券 A 还是债券 B，投资者都面临着最终投资结果的不确定性。

综上所述，鉴于利率变化导致的债券风险可以分为价格风险和再投资风险，一般可以认为：

> 如果久期＞投资期，则投资者将面临净价格风险（债券 A）。
> 如果久期＜投资期，则投资者将面临净再投资风险（债券 B）。
> 如果久期＝投资期，则投资者将免疫（债券 C 和债券 D）。

最后，应该指出的是，将资产的久期设为等于负债的久期（即投资期）将使投资对下一次利率变化免疫。但是，只要及时重新平衡头寸，头寸就会继续对之后的收益率变化免疫。

经典免疫的应用　石墙保险有限公司（Stonewall Insurance Ltd.）（一家真实公司的化名）是一家财产和意外伤害保险公司，它作为一家美国建筑公司的离岸子公司经营。石墙保险有限公司的主要职能是为母公司的员工提供工伤保险。虽然这家建筑公司的安全记录良好，但偶尔也会发生工地事故，需要支付赔偿金。赔偿支付时间可能持续几个月至几年；按照母公司的保守计划，赔偿支付时间平均持续 3.50 年至 4.50 年。因此，该公司认为这是其潜在负债的久期范围（计划投资期）。

保险赔偿金规模和时长的不确定性使构建现金匹配投资组合变得不切实际。他们对这个资产负债管理问题的解决方案是构建一个债券投资组合，其久期（以修正久期表示）约为 4.00 年。截至 2017 年 6 月，他们持有的具体证券见图表 13－21。该投资组合持有 31 个独立头寸——主要是公司债券——总市值为 2 860 万美元，平均信用评级为 A1（穆迪）和 A＋（标准普尔）。更重要的是，该投资组合的总修正久期为 3.99 年，非常接近预计负债隐含的目标投资期。因此，该头寸实际上被免疫；此时利率的意外上升或下降将对石墙保险有限公司的资产价值和负债价值产生大致相等的抵消影响，从而使该公司的净值不受利率变化的影响。

图表 13 - 21 石墙保险有限公司的免投债券投资组合（2017 年 6 月）

类型	部门	发行人	代码	CUSIP	到期日	息票利率(%)	赎回日期(价格)	面值(1000美元)	买入收益率(%)	买价(美元)	债券总值(美元)	应计利息	头寸总价值(美元)	占头寸总价值的百分比(%)	修正久期	凸性	穆迪评级	标准普尔评级
政府机构债券(12.62%)	—	联邦住房贷款银行	FHLB	3133XASI	2019 年 8 月 15 日	5.125	不可赎回	1 000	1.494	107.574 8	1 075 748.20	1.908	1 094 824.59	3.825	1.997	5.137	Aaa	AAA
		联邦住房贷款银行	FHLB	3133MDYF4	2021 年 2 月 15 日	6.000	不可赎回	1 000	1.774	114.782 2	1 147 821.66	2.233	1 170 154.99	4.089	3.247	12.900	Aaa	AAA
		联邦农业信贷银行	FFCB	31331H2S5	2025 年 9 月 12 日	6.890	不可赎回	1 000	2.478	132.562 9	1 325 628.65	2.048	1 346 107.26	4.703	6.492	51.656	Aaa	AAA
公司债券(87.38%)	航空航天业	波音(Boeing)	BA	097023BR5	2026 年 6 月 15 日	2.250	MW (+10)	1 000	2.652	96.811 8	968 118.47	0.088	968 993.47	3.386	8.035	72.622	A2	A
	基本材料业	杜邦 (Dupont)	DD	263534CK3	2023 年 2 月 15 日	2.800	MW (+12.5)	750	2.583	101.128 1	758 461.05	1.042	766 277.72	2.677	5.129	30.295	A3	A—
		空气化工产品公司 (Air Products & Chemicals)	APD	009158AR7	2021 月 11 月 3 日	3.000	MW (+12.5)	500	2.107	103.687 1	518 435.58	0.467	520 768.91	1.820	4.051	19.051	A2	A
	综合性企业集团	爱默生电子 (Emerson Electric)	EMR	291011BG8	2025 年 6 月 1 日	3.150	MW (+15)	584	2.639	103.630 2	605 200.59	0.245	606 631.39	2.120	6.983	55.841	A2	A
		通用动力 (General Dynamics)	GD	369550AR9	2021 年 7 月 15 日	3.875	MW (+25)	1 000	2.019	107.172 7	1 071 727.02	1.765	1 089 379.80	3.806	3.695	16.257	A2	A+
	消费业-消费品	宝洁 (Procter & Gamble)	PG	742718BG0	2019 年 11 月 1 日	1.900	MW (+7.5)	500	1.669	100.526 9	502 634.28	0.306	504 164.84	1.762	2.273	6.363	Aa3	AA—
		安海斯-布希	ABIBB	03523TBB3	2021 年 2 月 15 日	4.375	MW (+20)	500	2.236	107.411 4	537 057.02	1.628	545 199.38	1.905	3.317	13.242	A3	AA—
	消费业-餐饮	麦当劳	MCD	58013MEQ3	2019 年 5 月 29 日	1.875	MW (+15)	1 000	1.847	100.051 9	1 000 518.92	0.156	1 002 081.42	3.501	1.872	4.462	Baa1	BBB+
	消费业-零售	好市多	COST	22160KAK1	2022 年 5 月 18 日	2.300	MW (+10)	1 000	2.264	100.164 5	1 001 644.98	0.262	1 004 264.42	3.509	4.586	24.015	A1	A+
		塔吉特 (Target)	TGT	239753BC9	2020 年 7 月 1 日	9.875	不可赎回	500	2.622	120.831 2	604 155.78	4.883	628 568.97	2.196	2.568	8.563	A2	A
		沃尔玛	WMT	931142CP6	2019 年 2 月 1 日	4.125	不可赎回	1 000	1.667	103.837 2	1 038 372.04	1.696	1 055 330.38	3.687	1.518	3.121	Aa2	AA
	能源业	埃克森美孚	XOM	30231GAP72	2019 年 3 月 1 日	1.708	MW (+12.5)	1 000	1.580	100.209 7	1 002 096.63	0.560	1 007 695.08	3.521	1.634	3.509	Aaa	AA+
		贝克休斯 (Baker Hughes)	BHI	057224BC0	2021 年 8 月 15 日	3.200	MW (+15)	1 000	2.326	103.419 2	1 034 192.21	1.191	1 046 103.32	3.655	3.816	17.125	Baa1	A
	金融业-多元化金融机构	通用电气金融服务公司 (General Electric Capital)	GE	36164NFG5	2025 年 11 月 15 日	3.373	不可赎回	1 000	2.791	104.318 9	1 043 189.12	0.412	1 047 311.68	3.659	7.264	60.866	A1	AA—
	金融业-全球金融机构	汇丰银行 (HSBC Bank)	HSBC	404280AN9	2022 年 3 月 30 日	4.000	不可赎回	1 000	2.737	105.589 6	1 055 895.70	0.989	1 065 784.59	3.724	4.289	21.616	A1	A+
		高盛	GS	38148FAR5	2019 年 10 月 23 日	2.550	不可赎回	500	2.128	100.947 4	504 737.22	0.468	507 074.72	1.772	2.231	6.169	A3	BBB+
		摩根大通	JPM	46625HHS2	2020 年 7 月 22 日	4.400	不可赎回	500	2.226	106.403 1	532 015.47	1.919	541 609.91	1.892	2.823	9.770	A3	A—
	金融业-商业银行	联信银行 (Comerica Bank)	CMA	200339DW6	2020 年 6 月 2 日	2.500	不可赎回	1 000	2.403	100.271 5	1 002 714.56	0.188	1 004 589.56	3.510	2.800	9.381	A3	A—
		富国银行	WFC	94974DGM6	2020 年 7 月 22 日	2.600	不可赎回	500	2.152	101.320 7	506 603.53	1.134	512 272.98	1.790	2.902	10.119	A2	A
	医疗业	阿斯利康 (AstraZeneca)	AZN	046353AK4	2020 年 11 月 16 日	2.375	MW (+15)	1 000	2.092	100.917 9	1 009 178.99	0.284	1 012 015.79	3.536	3.227	12.250	A3	A—
		百时美施贵宝 (Bristol-Myers Squibb)	BMY	110122AW8	2023 年 11 月 1 日	3.250	MW (+15)	1 000	2.484	104.464 9	1 044 648.62	0.524	1 049 884.73	3.668	5.696	37.290	A2	A+
		默克	MRK	589331AT4	2022 年 9 月 15 日	2.400	MW (+12.5)	1 000	2.122	101.363 7	1 013 636.97	0.693	1 020 570.31	3.566	4.848	26.882	A1	AA

续表

类型	部门	发行人	代码	CUSIP	到期日	息票利率 (%)	赎回日期 (价格)	面值 (1 000 美元)	买入收益率 (%)	买价 (美元)	债券总价值 (美元)	应计利息	关寸总价值 (美元)	占头寸总价值的百分比 (%)	修正久期	凸性	穆迪评级	标准普尔评级
公司债券 (87.38%)	工业设备业	卡特彼勒	CAT	149123BF7	2017 年 7 月 15 日	6.625	MW (+10)	1 000	3.673	100.127 5	1 001 274.58	3.018	1 031 455.13	3.604	0.044	0.023	A3	A
	制造业-工具制造商	实耐宝 (Snap-On)	SNA	833034AH4	2021 年 9 月 1 日	6.125	MW (+37.55)	1 000	2.144	115.803 9	1 158 038.55	2.008	1 178 114.94	4.116	3.678	16.415	A2	A−
	科技业	国际商业机器 (Intl. Business Machines)	IBM	459200HP9	2023 年 8 月 1 日	3.375	MW (+12.5)	1 000	2.549	104.629 8	1 046 297.68	1.388	1 060 172.68	3.704	5.428	34.237	A1	A+
		甲骨文	ORCL	68389XAP0	2022 年 10 月 15	2.500	MW (+12.5)	1 000	2.246	101.258 0	1 012 579.98	0.514	1 017 718.87	3.556	4.915	27.602	A1	A+
	电信业	日本电信电话 (Nippon TD)	NTT	EJ623396	2020 年 2 月 26 日	2.150	不可赎回	1 000	2.140	100.024 5	1 000 244.69	0.735	1 007 590.53	3.521	2.552	7.913	Aa3	AA−
		印第安纳州贝尔公司 (Indiana Bell)	T	45461AL2	2026 年 8 月 15 日	7.300	不可赎回	1 000	4.829	118.059 2	1 180 591.59	2.717	1 207 763.81	4.220	6.710	57.187	A3	A

投资组合总结	
债券数量	31
投资组合市场价值总计	28 620 476.16 美元
投资组合面值总计	26 834 000.00 美元
加权平均债券到期收益率	2.374%
加权平均债券息票利率	3.907%
投资组合的修正久期	3.992
投资组合的凸性	23.203
加权平均穆迪评级	A1
加权平均标准普尔评级	A+

这个例子还有助于凸显出投资者在设计免疫策略时面临的一些实际挑战。第一，由于固定收益证券市场的某些部门可能缺乏流动性，因此有时可能买不到被确定为投资组合最优头寸的债券。这样，就可能无法找到准确产生所需久期目标的债券组合。第二，除了零息债券的特殊情况以外，免疫投资组合将需要频繁再平衡。即使市场利率不变，在一年后（2018 年 6 月），债券投资组合的修正久期也将远远低于 3.99 年。当然，由于目标投资期仍为 4.00 年，因此投资组合久期的这种下降将使该公司面临净再投资风险，从而当收益率曲线随后下降时处于不利地位。所以，为了保持免疫状态，石墙保险有限公司的债券投资组合经理需要定期重新平衡投资组合，以保持最初的久期目标。

最后，免疫债券投资组合经理还应该注意头寸的凸性。具体而言，投资组合经理应该尝试构建凸性大于公司负债的债券投资组合。当久期匹配时，如果资产的凸性超过负债的凸性，那么利率上升时资产的实际价值下降幅度将小于负债的实际价值下降幅度。克里茨曼（Kritzman，1992）证明，对于具有相同久期的两个投资组合，现金流更分散（在久期日期附近的集中度较低）的投资组合将有更大的凸性。因此，与现金流支付集中在 2021年 6 月附近（当前日期加 4.00 年）的投资组合相比，石墙保险有限公司的投资组合经理采用的债券阶梯方法（例如，投资于到期日从 2019 年至 2026 年不等的债券）可能产生更成功的结果。总之，重要的是认识到，经典免疫通常是一种被动策略，因为它受制于需要管理者关注的所有这些实际问题。

13.6.3　投资期匹配

投资期匹配是刚刚讨论的专门现金匹配法和免疫法两种方法的结合。正如图表 13 - 22所示，负债现金流分为两个部分。在第一部分中，构建投资组合是为了在这个投资期内（例

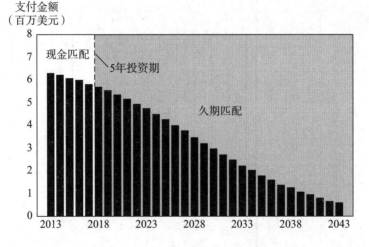

图表 13 - 22　投资期匹配的概念

资料来源："Horizon Matching：A New Generalized Approach for Developing Minimum Cost Dedicated Portfolios."版权归所罗门兄弟公司（Salomon Brothers Inc.）所有，1983 年。本图表由所罗门兄弟公司前董事总经理马丁·莱博维茨、董事总经理托马斯·E. 克拉夫基（Thomas E. Klaffky）、前董事总经理史蒂文·曼德尔（Steven Mandel）和前董事阿尔弗雷德·温伯格（Alfred Weinberger）为所罗门兄弟公司编制。尽管该图表中的信息来自所罗门兄弟公司认为可靠的来源，但所罗门美邦（Salomon Smith Barney）不保证其准确性，且此类信息可能不完整或经过简化。本图表中包含的所有数字为所罗门美邦在初始发布日期的判断。经所罗门美邦许可转载。

如，前 5 年）为负债提供现金匹配。第二部分是投资期结束后的剩余负债现金流——在本例中，它是 2018 年之后的 25 年。在第二个时期内，负债被基于免疫原则的久期匹配策略覆盖。因此，莱博维茨（1986b）认为，客户将在早期获得现金匹配的确定性，此后将获得久期匹配的成本节约和灵活性。

组合方法还有助于减轻经典免疫的一个问题：收益率曲线可能出现非平移。大多数与非平移相关的问题都集中在收益率曲线短端，因为最重大的收益率曲线变形通常就发生在这里。然而，由于投资期中较近期部分是现金匹配的，因此这些不规则利率变化并不值得担心。莱博维茨、克拉夫基、曼德尔和温伯格（1983）还指出，也可以考虑对现金匹配部门进行滚动投资。具体而言，在第 1 年之后，投资组合经理将重组投资组合以在第 6 年提供现金匹配，这时投资期仍为 5 年。他们指出，滚动投资的成本取决于未来的利率变化。

13.7　或有和结构化管理策略

管理债券投资组合的或有程序被称为结构化主动管理。这里讨论的具体或有程序是或有免疫，莱博维茨和温伯格（1982，1983）这样描述它：该策略允许债券投资组合经理灵活地主动管理投资组合，但需要满足一个最重要的约束条件，即投资组合在某个预先确定的收益率水平上保持免疫。

请考虑这个过程的一个例子。假设您希望最终的财富价值为 2.063 亿美元，我们希望确定您今天必须投资多少钱，才能在五年后获得该终值。在本例中，我们假设收益率为 15％，这意味着我们以 15％ 的收益率计算 5 年后 2.063 亿美元的现值，或者，当假设每半年计算一次复利时，以 7.5％ 的收益率计算 10 期后 2.063 亿美元的现值。该现值等于 1.001 亿美元，这是在这些假设下实现最终价值目标的必要初始投资。我们可以用其他收益率进行相同计算，如下所示：

百分比（%）	现值系数[a]	必要投资（百万美元）	百分比（%）	现值系数[a]	必要投资（百万美元）
10	0.613 9	126.65	16	0.463 2	95.56
12	0.558 4	115.20	18	0.422 4	87.14
14	0.508 3	104.87	20	0.385 5	79.54
15	0.485 2	100.10			

a. 以年利率的一半贴现 10 期（5 年）的现值。

显然，随着收益率的降低，必要初始投资将增加（例如，以 10％ 的收益率计算，必要初始投资将为 1.266 5 亿美元），随着收益率的提高，必要初始投资将减少（例如，以 20％ 的收益率计算，必要初始投资将不到 8 000 万美元）。

或有免疫要求客户愿意接受低于当前市场收益率的潜在收益率。这被称为缓冲利差，即当前市场收益率与某个收益率下限之差。必要收益率的这种缓冲利差为投资组合经理提供了执行投资组合主动管理策略的灵活性。例如，如果当前市场利率为 15％，客户可能愿意接受 14%的利率下限。如果我们假设客户的初始投资为 1.001 0 亿美元，那么接受这个较低的利率意味着投资组合经理的期末资产要求不同。具体而言，当利率为 14%时，必要财富终值为 1.967 2 亿美元（10 期，每期利率为 7%），而当利率为 15%时，必要财富终值为 2.063 亿美元。由于这个较低的利率下限（以及较低的期末财富终值），在试图通过主动管理策略跑赢市场的同时，投资组合价值可能会下降。

假设必要收益率为 14%，隐含的财富终值为 1.969 亿美元，图表 13 - 23 显示了开始时的必要资产价值。假设当前市场利率为 15%，那么开始时的必要资产价值为 9 554 万美元，即按 15%的利率对 1.969 0 亿美元贴现 5 年的现值。客户的初始资金 1.001 0 亿美元与必要资产 9 554 万美元之差就是投资组合经理可用于主动管理的缓冲价值。因此，该投资组合经理现在实际上拥有 456(=10 010-9 554) 万美元的"副基金"，可以用它来实施主动管理策略，以增加整个投资组合的阿尔法系数。

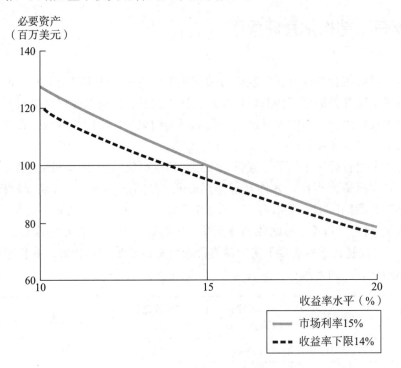

图表 13 - 23　收益率下限要求的价格表现

资料来源：投资管理与研究协会版权所有，1982 年。经特许金融分析师协会许可转载和重印自 "Contingent Immunization—Part I: Risk Control Procedures" from the November/ December 1982 issue of the *Financial Analysts Journal*。

有了这个副基金，投资组合经理就可以制定策略，将投资组合的财富终值提高到 14%的收益率下的必要水平以上。例如，假设投资组合经理认为市场利率将下降，因此购买了修正久期大于 5 年投资期的 30 年期债券。如果利率按照预期下降，那么久期较长的投资组合的价值将很快升至初始价值之上。相反，如果利率上升，那么投资组合的价值将迅速下降。在这种情况下，根据利率升高程度，投资组合的价值可能会降至低于达到 1.969 亿美元的财富终值目标所需的水平。

图表 13 - 24 显示了假设建立该投资组合时收益率立即发生变化，那么该投资组合的价值会发生什么变化。具体而言，如果利率从 15%下降，那么久期较长的 30 年期债券投

资组合的价值将大幅增加，并产生安全边际——投资组合价值高于必要价值。相反，如果利率上升，那么该投资组合的价值将下降，直至利率为14％时达到必要资产价值。当投资组合的价值达到这个最低收益率点（被称为触发点）时，就必须停止投资组合主动管理，对剩余资产进行经典免疫，以确保投资者实现财富终值目标（即 1.969 亿美元）。

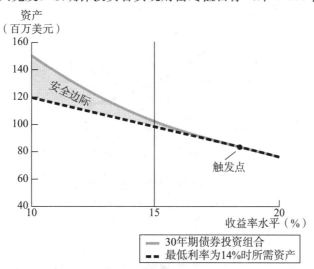

图表 13 - 24　30 年期债券的安全边际

资料来源：版权归投资管理与研究协会所有，1982 年。经特许金融分析师协会许可转载和重印自 "Contingent Immunization—Part I: Risk Control Procedures" from the November/ December 1982 issue of the *Financial Analysts Journal* 。

　　潜在收益率的概念也有助于理解或有免疫的目标。如果在任何时点上，现有资产以现行市场利率实现免疫，那么这就是投资组合在整个投资期内将实现的收益率。图表 13 - 25 包含基于图表 13 - 24 所示的资产价值的各种潜在收益率。如果投资组合在市场利率为 15％时立即免疫，那么其潜在收益率自然为 15％。或者，如果收益率立即降至 10％，那么投资组合的资产价值将增至 1.47 亿美元，如果在剩余 5 年期间以 10％的市场利率实现免疫，那么投资组合的总资产价值将增至 2.394 5 亿美元（＝1.47 亿美元×1.628 9，其中 1.628 9 是利率为 5％、期数为 10 时的复合增长系数）。2.394 5 亿美元的终值表示，1.001 0 亿美元初始投资组合的实际（投资期）收益率为 18.23％。

　　相反，如果利率上升，投资组合的价值将大幅下降，且潜在收益率将下降。例如，如果市场利率上升 200 个基点至 17％，则 30 年期债券投资组合的资产价值将降至 8 800 万美元。如果这个 8 800 万美元的投资组合在剩余 5 年里以 17％的现行市场利率免疫，终值将是 1.989 7 亿美元。这个终值意味着整个期间的潜在收益率为 14.22％。

　　如图表 13 - 24 所示，如果利率升至 18.50％，则 30 年期债券的价值将降至 8 120 万美元（或触发点），投资组合将不得不免疫。如果发生这种情况，免疫投资组合的价值将增至 1.967 亿美元（＝0.812 亿美元×2.422 2，2.422 2 是利率为 9.25％、期数为 10 期时的复合价值系数）。这个终值意味着投资组合的潜在收益率恰好为 14％，即或有免疫过程中的收益率下限。通过适当的监测，投资者可以随时了解必须对投资组合进行免疫的触发点，以确保获得的收益率不低于规定的最低收益率。

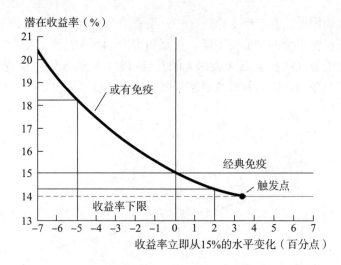

图表 13－25　潜在收益率的概念

资料来源：版权归投资管理与研究协会所有，1982 年。经特许金融分析师协会许可转载和重印自 "Contingent Immunization—Part I: Risk Control Procedures" from the November/ December 1982 issue of the *Financial Analysts Journal*。

本章小结

- 债券投资组合经理使用的分析工具包远远不止基本的估值技能。尤其是，投资组合经理必须了解现行收益率曲线发生变化时，投资组合的整体价值将如何变化。原始久期和修正久期估计了债券价格如何对利率变化做出反应。由于修正久期提供的是对价格-收益率曲线的线性估计，因此考虑收益率大幅变化时的债券凸性也很重要。值得注意的是，债券的嵌入式赎回期权特征可能对其久期（赎回特征可能显著缩短久期）和凸性（赎回特征可能将凸性从正值变为负值）产生重大影响。

- 投资组合经理还必须注意隐含远期利率（在评估期限选择投资策略时，隐含远期利率可以被视为盈亏平衡利率）以及附有嵌入式期权的债券的收益率利差。为了考虑整个利率期限结构的利差，我们说明了静态收益率利差。为了考虑利率波动性对嵌入式期权的影响，我们介绍了估计这些债券的期权调整利差的步骤。

- 在过去几十年里，个人投资者和职业投资组合经理采用的债券投资组合策略的数量和种类都显著增加。这些策略有些实施起来非常简单，有些实施起来非常复杂，它们可以分为五个独立类别：被动管理策略、主动管理策略、核心增益管理策略、匹配融资管理策略以及或有和结构化管理策略。

- 债券投资组合最常见的被动管理方法是指数化，它是指构建一个模仿特定债券指数内容的投资组合。相反，债券投资组合主动管理策略试图在一个时期内产生超过债券指数的风险-收益表现。为此，主动投资组合经理将根据其对未来债券市场状况的看法，构建不同于基准的债券组合。核心增益管理可以被视为一种结合了被动策略和主动策略的增强指数化策略。

- 当面临的投资问题涉及构建资产组合以偿还特定负债时，许多机构投资者（例如养老基金、保险公司）都采用匹配融资管理策略。基于匹配公司资产久期和负债久期的免疫方法对于防止不利利率变化尤为有用。

问题

1. 您预期利率会在未来 6 个月内下降。

a. 根据您对未来利率变化的看法，请说明您希望在投资组合中持有哪类债券（按久期分类），并解释您做出这种选择的理由。

b. 您必须在以下三组不可赎回债券之间做出选择。根据您对未来利率变化的看法和第 a 问中提出的投资策略，请在每组债券中选出最适合您的投资组合的债券。请逐组简要讨论您选择债券的理由。

		期限（年）	息票利率（%）	到期收益率（%）
第一组	债券 A	15	10	10
	债券 B	15	6	8
第二组	债券 C	15	6	10
	债券 D	10	8	10
第三组	债券 E	12	12	12
	债券 F	15	12	8

2. 目前，您预期利率将下降，并且必须在具有以下特征的两个债券投资组合之间进行选择：

	投资组合 A	投资组合 B
平均期限（年）	10.5	10.0
平均到期收益率（%）	7	10
修正久期（年）	5.7	4.9
凸性	125.18	40.30
赎回特征	不可赎回	1～3 年的递延赎回特征

请选择其中一个投资组合，并讨论证明您的选择合理的三个因素。

3. 弗朗西斯卡金融公司（Francesca Finance Corporation）发行了具有以下特征的债券：

期限——25 年

息票利率——9%

到期收益率——9%

赎回特征——3 年后以 109 美元的价格赎回

到期期限——8.2 年

距首次赎回的久期——2.1 年

a. 请讨论赎回调整后久期的概念，并指出当前它的近似值（范围）。

b. 假设利率大幅增加（增至 13%），请讨论赎回调整后久期会发生什么变化，以及变化的原因。

c. 假设利率大幅下降（降至 4%），请讨论赎回调整后久期会发生什么变化，以及变化的原因。

d. 请讨论与该债券相关的负凸性概念。

4. a. 请说明为计划发行的债券添加赎回特征对债券久期和凸性的影响。

假设管理该公司债券投资组合是为了保持修正久期和凸性的目标。

b. 请说明投资组合如何在保持目标的同时加入可赎回债券和不可赎回债券。

c. 请列出在该投资组合中加入可赎回债券的一个优点和一个缺点。

5. 2018 年 5 月 30 日，亚历山德拉·伯克（Alessandra Burke）正在考虑购买下表所示的一只新发行的 10 年期 AAA 级公司债券。亚历山德拉指出，收益率曲线目前是平坦的，并假设收益率曲线的移动方式为即时平移。

债券特征

描述	息票利率（%）	价格	赎回特征	赎回价格
索菲债券，2028 年 5 月 30 日到期	6.00	100.00	不可赎回	不适用
切莱斯塔债券，2028 年 5 月 30 日到期	6.20	100.00	当前可赎回	102.00

a. 如果收益率下降超过 100 个基点，请对比两只债券价格受到的影响。（不需要进行计算。）

b. 请陈述并解释在哪两个利率预测下，亚历山德拉更偏好切拉斯塔债券而不是索菲债券。

c. 假设利率波动性增加，请说明以下各项的价格变化方向（如果有变化的话）：

(1) 索菲债券。

(2) 切莱斯塔债券。

6. 债券指数基金和交易所交易基金近年来日益受欢迎。

a. 与股票指数基金相比，构建债券指数基金是更困难还是更简单？请举出三个理由来支持您的观点。

b. 与股票指数交易所交易基金相比，维持债券指数交易所交易基金是更困难还是更简单？请举出三个理由来支持您的观点。

7. 确定了满足露辛达·肯尼迪（Lucinda Kennedy）需求的适当资产配置后，特许金融分析师理查德·布洛克（Richard Bulloch）将肯尼迪的部分资产投资于两只固定收益投资基金：

三一指数基金（Trinity Index Fund）：一个被动管理的全球债券投资组合，旨在使用纯债券指数化策略跟踪巴克莱全球综合债券（LGAB）指数。管理费率为每年 15 个基点。

蒙特哥全球债券基金（Montego Global Bond Fund）：一个主动管理的全球债券投资组合，旨在超过巴克莱全球综合债券的扣费后绩效。管理费率为每年 50 个基点。在投资这些基金 6 个月后，肯尼迪和布洛克分析了以下绩效数据：

指数和基金的总收益率

指数或基金的 6 个月期收益率

巴克莱全球综合债券指数 3.21%

三一指数基金 3.66%

蒙特哥全球债券基金 3.02%

注：后两项数字为扣除费用后的数字

肯尼迪对她的固定收益投资有以下评价：

a. "三一指数基金管理得很好。"

b. "我预计，作为主动投资组合，蒙特哥全球债券基金的绩效将优于指数，因此，应该出售该基金。"

请确定您是否同意肯尼迪的每个说法，并对每个说法举出一个理由来说明您的回答是合理的。

8. 作为一只专注于寻找有价格吸引力的固定收益工具的对冲基金，千禧地狱犬基金（Millennium Cerberus Fund）现在正在检视其整体债券配置策略，因为最近金融市场出现了"流动性短缺"。

a. 请考虑三类传统的固定收益工具：国债、高评级公司债券和低评级公司债券。在"正常"市场条件下，您预期所有这些债券类别的流动性都相同吗？在信贷危机（例如 2008 年的信贷危机）期间，您预期这些债券类别的流动性会发生什么变化？

b. 作为该基金的分析师，您注意到国库券与高评级公司债券之间的收益率相关系数很高（0.95），而国库券与高收益（垃圾）债券之间的相关系数相对较低（0.52）。造成相关系数差异的原因是什么？这种差异将如何影响您的债券投资组合配置？

c. "垃圾债券的久期通常短于高评级公司债券的久期。"请简要支持或反驳这种说法，并给出理由。

9. 作为一名债券投资组合经理，您试图阅读所有关于金融市场当前状况的书面分析。以下为某家投资银行发布的债券策略简报摘要：

近期的抛售给高评级公司债券带

来了过度的出售压力。对银行系统的系统性风险和垃圾债券违约风险增加的担忧提供了前所未有的机会，在这种机会下，收益率利差已扩大至极具吸引力的水平。我们建议客户在其核心策略再配置中减少投资组合中美国国债的权重，并增加息票利率在 7% 和 9% 之间的 AA 级债券和 A 级债券的头寸。

阅读这些分析和建议后，您注意到当前 30 年期美国国债收益率约为 5%。此外，您还同意收益率利差已扩大至有吸引力的水平，未来 12 个月利率将继续下降多达 100 个基点。

a. 根据您对市场的看法，请解释为什么该投资银行的债券投资组合再配置建议不会发挥作用。

b. 根据您在第 a 问中表达的保留意见，您可以如何修改简报中的建议。

10. 您的初始投资期为 4 年，投资组合的久期为 4 年，市场利率为 10%。一年后，您的投资期是多少？假设利率没有变化，相对于您的投资期，您的投资组合久期是多少？这是否意味着您有能力使该投资组合免疫？

11. 在过去几年中，使用免疫策略和专门策略管理的投资组合金额大幅增长。假设客户想知道（1）经典免疫策略、（2）或有免疫策略、（3）现金匹配专门策略和（4）久期匹配专门策略之间的基本区别。

a. 请逐一简要介绍这四种方法。

b. 请简要讨论如果管理免疫投资组合，您必须采取的持续投资行为。

c. 请简要讨论创建现金匹配专门投资组合的三个主要考虑因素。

d. 请描述使用或有免疫时应指定的两个参数。

e. 请从这四种策略中选出一个您认为对主动管理程度要求最少的策略，并说明为何您这样选择。

12. 罗伯特·德夫林（Robert Devlin）和尼尔·帕里什（Neil Parish）是布劳沃德投资集团（Broward Investment Group）的投资组合经理。在他们周一的策略例会上，有人提出将国际债券加入他们的一个投资组合。该投资组合是符合《雇员退休收入保障法案》（ERISA）资格的美国客户养老金账户，目前 90% 投资于美国国债，10% 投资于 10 年期加拿大国债。

德夫林建议买入 10 年期德国国债，而帕里什则主张买入 10 年期澳大利亚国债。

a. 请简要讨论德夫林和帕里什在分析德国债券和澳大利亚债券相对于美国债券的收益率前景时应解决的三个主要问题。

德夫林和帕里什对初始投资组合未做任何改动，随后召开了策略会议，决定增持日本、英国、法国、德国和澳大利亚的国债。

b. 请指出并讨论在养老金投资组合中加入更广泛的国际债券的两个原因。

习题

1. 如果债券的到期收益率为 10% 且每半年付息一次，请计算 3 年后到期、息票利率为 8%、面值为 1 000 美元的债券的麦考利久期。

a. 请计算该债券的修正久期。

b. 假设该债券的到期收益率从 10% 变为 9.5%，请计算价格变化的估计值。

2. 凯莱公司（Chele Corporation）的

债券具有以下特征：

    期限——12 年

    息票利率——10%

    到期收益率——9.50%

    麦考利久期——5.7 年

    凸性——48

    不可赎回

a. 假设该债券的到期收益率增加 150 个基点，请只使用久期计算其近似价格变化，并讨论（不进行计算）考虑凸性效应时的影响。

b. 如果到期收益率下降 300 个基点，请只使用久期计算该债券的近似价格变化。

c. 再次假设到期收益率下降了 300 个基点，请在计算中同时使用久期和凸性计算该债券的近似价格变化。

d. 如果这是可赎回债券，请讨论（不进行计算）您对价格变化的估计会如何变化。

3. 克拉伦斯公司（Clarence Corporation）发行的债券每半年付息一次，且具有以下特征：

息票利率	到期收益率	期限	麦考利久期
8%	8%	15 年	10 年

a. 请使用提供的信息计算修正久期。

b. 请说明为什么在计算债券对利率变化的敏感性时，修正久期是比期限更好的指标。

c. 请确定以下情况下修正久期的变化方向：

（1）债券的息票利率为 4%，而不是 8%。

（2）债券的期限为 7 年，而不是 15 年。

d. 请定义凸性，并说明在利率发生大幅变化的情况下，如何使用修正久期和凸性来近似计算债券价格变化率。

4. 下表显示了截至 2018 年 1 月 1 日的美国国债到期收益率：

到期期限（年）	到期收益率（%）
1	3.50
2	4.50
3	5.00
4	5.50
5	6.00
10	6.60

a. 请根据该表中的数据，计算 2021 年 1 月 1 日的隐含远期 1 年期利率。

b. 请说明在何种条件下，计算出的远期利率将是 2021 年 1 月 1 日的 1 年期即期利率的无偏估计。

假设一年前，即 2017 年 1 月 1 日，美国国债的期限结构使 2021 年 1 月 1 日的隐含远期 1 年期利率显著高于 2018 年 1 月 1 日的期限结构隐含的相应利率。

c. 请根据期限结构的纯预期理论，简要讨论可以解释隐含远期利率下降的两个因素。

d. 请简要描述如何用观察到的 2021 年隐含远期利率下降所传达的信息进行收益率预测。

5. 请考虑同一个发行人的两只在违约时具有相同优先级的按年付息债券的特征：

	债券 A	债券 B
付息频率	年	年
期限（年）	3	3
息票利率（%）	10	6
到期收益率（%）	10.65	10.75
价格	98.40	88.34

您还可以从当前收益率曲线中观察到以下即期利率：

期限（年）	即期利率（零息利率）（%）
1	5
2	8
3	11

两只债券的价格都与即期利率不一致。请使用该表中的信息提出建议，说明应该购买债券 A 还是债券 B。请说明您如此选择的理由。

6. 以下是六只美国国债的当前到期收益率和即期利率。假设所有债券均为每年付息一次。

到期收益率和即期利率

到期期限（年）	当前到期收益率（%）	即期利率（%）
1 年期国债	5.25	5.25
2 年期国债	5.75	5.79
3 年期国债	6.15	6.19
5 年期国债	6.45	6.51
10 年期国债	6.95	7.10
30 年期国债	7.25	7.67

请根据上表中提供的信息，计算 3 年后的 2 年期隐含远期利率。请说明计算隐含远期利率背后的假设。

7. 目前，美国国债的平价收益率曲线在所有期限上均持平，为 5.50%。您观察到您的债券投资组合经理进行了以下"配对"交易：

债券	交易	类型	信用利差（基点）	期限（年）	息票利率（%）	修正久期（年）
G	买入	美国国债	—	15	0	14.599
H	卖出	公司债券	100	7	8	5.386

请简要讨论这种配对交易表明投资组合经理关于以下方面的隐含观点是什么：（1）未来的利率变化总体方向，（2）平价收益率曲线的未来形状，（3）公司债券信用利差的未来水平。

8. 请计算以下条件下的麦考利久期：

a. 距到期还有 4 年、息票利率为 10%（每年付息一次）、市场收益率为 8% 的债券。

b. 距到期还有 4 年、息票利率为 10%（每年付息一次）、市场收益率为 12% 的债券。

c. 请比较第 a 问和第 b 问的答案，并讨论这对经典免疫的影响。

9. 请评估以下获得纯收益互换：您目前持有息票利率为 9.0%、收益率为 11.0% 的 20 年期 AA 级债券。您在考虑息票利率为 11%、收益率为 11.5% 的 20 年期 AA 级债券作为备选互换。（假设再投资利率为 11.5%。）

	当前债券	备选债券
投资金额	_____	_____
息票利息	_____	_____
一笔息票利息的 i	_____	_____
年末本金价值	_____	_____
总应计价值	_____	_____
实际复合收益率	_____	_____
互换价值：1 年后为 _____ 个基点		

10. 某大学捐赠基金就其固定收益投资组合策略征求您的建议。该投资组合当前所持债券的特征如下：

债券	信用评级	期限（年）	息票利率（%）	修正久期（年）	凸性	头寸的市场价值
A	美国国债	3	0	2.727	9.9	30 000
B	A1	10	8	6.404	56.1	30 000
C	Aa2	5	12	3.704	18.7	30 000
D	政府机构债券	7	10	4.868	32.1	30 000
E	Aa3	12	0	10.909	128.9	30 000
						150 000

a. 请计算该投资组合的修正久期（Mod D_p）。

b. 假设您了解到捐赠基金负债的隐含敏感性（修正久期）约为 6.50 年。请确定该债券投资组合是否：（1）对利率风险免疫，（2）有净价格风险，或（3）有净再投资风险。请简要说明如果未来收益率曲线出现显著的向上平移，捐赠基金净头寸会发生什么变化。

c. 请简要描述如何增加投资组合的凸性，同时将修正久期保持在相同水平。

d. 您目前对未来几个月的固定收益证券市场持有积极观点，即国债收益率将下降，公司债券信用利差也将下降。请简要讨论如何根据该观点重组现有投资组合。

11. 使用或有免疫策略管理固定收益投资组合的一项主要要求是监测投资组合的当前市场价值与投资组合最低必要价值之间的关系。这种差异被定义为误差边际。就此而言，假设有一个 3 亿美元的投资组合，投资期为 5 年。该投资组合开始时的市场利率为 12%，但客户为了能使用主动管理策略，愿意接受 10% 的利率下限。

第 1 年、第 2 年和第 3 年年末的当前市场价值和当前市场利率如下：

年末	市场价值（百万美元）	市场利率（%）	投资组合的最低必要价值（百万美元）	误差边际（百万美元）
1	340.9	10		
2	405.5	8		
3	395.2	12		

假设每半年计算一次复利：

a. 请计算该投资组合的必要终值。

b. 请计算第 1 年、第 2 年和第 3 年年末的投资组合最低必要价值。

c. 请计算第 1 年、第 2 年和第 3 年年末的误差边际。

d. 如果任何一年年末的误差边际为零或负数，请说明投资组合经理利用或有免疫策略所采取的行动。

12. 蓝河投资（Blue River Investments）分析师、特许金融分析师迈克·史密斯（Mike Smith）正在考虑购买蒙特罗斯有线电视公司（Montrose Cable Company）的公司债券。他收集了蒙特罗斯有线电视公司的资产负债表和利润表信息，如图表 13-26 所示。他还计算出了图表 13-27 中显示的三个比率。它们表明，根据图表 13-28 中显示的该公司内部债券评级标准，该债券目前的评级为"A级"。

图表 13-26　1999 年 3 月 31 日（会计年度末）蒙特罗斯有线电视公司的资产负债表和利润表

单位：千美元

资产负债表	
流动资产	4 735
固定资产	43 225
总资产	47 960
流动负债	4 500
长期债务	10 000
总负债	14 500
股东权益	33 460
负债与股东权益总计	47 960
利润表	
收入	18 500
营业费用与管理费用	14 050
营业收入	4 450
折旧与摊销	1 675
利息费用	942
所得税前利润	1 833
应纳税款	641
净利润	1 192

图表 13 - 27　蒙特罗斯有线电视公司的部分
财务比率和信用利差溢价数据

EBITDA/利息费用	4.72
长期债务/股权	0.30
流动资产/流动负债	1.05
相对于美国国债的信用利差溢价	55 个基点

图表 13 - 28　蓝河投资：内部债券评级
标准和信用利差溢价数据

债券评级	利息保障倍数（EBITDA/利息费用）	杠杆（长期债务/股权）	流动比率（流动资产/流动负债）	相对于美国国债的信用利差溢价
AA	5.00~6.00	0.25~0.30	1.15~1.25	30 个基点
A	4.00~5.00	0.30~0.40	1.00~1.15	50 个基点
BBB	3.00~4.00	0.40~0.50	0.90~1.00	100 个基点
BB	2.00~3.00	0.50~0.60	0.75~0.90	125 个基点

史密斯决定在他的信用分析中考虑一些表外科目，如图表 13 - 29 所示。具体而言，史密斯希望评估每个表外科目对图表 13 - 27 中每个比率的影响。

图表 13 - 29　蒙特罗斯有线电视公司的表外科目

- 蒙特罗斯有线电视公司为一家未合并附属公司的长期债务（仅本金）提供担保。该债务的现值为 995 000 美元。
- 蒙特罗斯有线电视公司以 8% 的收益率出售了 500 000 美元的有追索权应收账款。
- 蒙特罗斯有线电视公司是一项新的不可撤销经营租赁协议的承租人，该租赁协议旨在为传输设备融资。使用 10% 的利率计算出的租金贴现现值为 6 144 000 美元。年租金为 1 000 000 美元。

a. 请计算图表 13 - 29 中三个表外科目对图表 13 - 27 中显示的以下三个财务比率的综合影响。

（1）EBITDA/利息费用。

（2）长期债务/股权。

（3）流动资产/流动负债。

该债券目前的信用利差溢价为 55 个基点。史密斯希望使用图表 13 - 28 中的内部债券评级标准，评估该信用利差溢价是否包含表外科目的影响。

b. 请根据图表 13 - 28 中的内部债券评级标准，说明当前的信用利差溢价是否补偿了史密斯的债券信用风险，并给出理由。

第 13 章附录

计算麦考利久期的封闭式方程

为了计算久期，可以将在有限期限内支付固定息票利率的债券视为零息债券现金流的投资组合。于是，久期就是零息债券现金流的支付（到期）日期的加权平均值，即零息债券等价期限。

以一只面值为 1 000 美元、每年支付 120 美元息票利息（即息票利率为 12%）的非分期还款 5 年期债券为例。假设到期收益率为 10%，该债券将以溢价交易，其加权平均支付日期（久期）为 4.074 0 年，如图表 13A.1 所示。4.074 0 年的久期是该投资组合的加权平均期限，权重为各笔零息债券现金流分别占投资组合市场价值的比例（例如，1 年期零息债券现金流为投资组合价值的 10.14%；5 年期零息债券现金流为投资组合价值的 64.64%）。

图表 13A.1 久期的计算

年数	现金流（美元）	利率为 10%时的现值（美元）	现值÷价格	年数×（现值÷价格）
1	120	109.09	0.101 4	0.101 4
2	120	99.17	0.092 2	0.184 4
3	120	90.16	0.083 8	0.251 4
4	120	81.96	0.076 2	0.304 7
5	1 120	695.43	0.646 4	3.232 1
		价格＝1 075.82 美元		久期＝4.074 0 年

这只久期为 4.074 0 年的 5 年期息票债券与期限为 4.074 0 年的零息债券的价格风险相等。当利率比初始水平增加 1%（即 $\Delta(1+i) \div (1+i) = 0.01$ 时，该债券的价格将下降约 4.074%。

麦考利久期也可以用以下公式计算：

$$D = \frac{1+\dfrac{i}{m}}{\dfrac{i}{m}} - \frac{1+\dfrac{i}{m}+\left[(m \times N)\left(\dfrac{C}{F}-\dfrac{i}{m}\right)\right]}{\dfrac{C}{F}\left[\left(1+\dfrac{i}{m}\right)^{m \times N}-1\right]+\dfrac{i}{m}} \tag{13.A1}$$

其中：

C＝每期支付的息票利息；

F＝到期时的面值；

N＝至到期的年数；

m＝年支付次数；

i＝年到期收益率。

在前面的例子中，$i=0.10$，$m=1$，$N=5$，$C/F=0.12$，$Y/n=0.10$。因此，该债券的久期可以用下式解出：

$$D = \frac{1+0.10}{0.10} - \frac{1+0.10+5 \times (0.12-0.10)}{0.12 \times [(1+0.10)^5-1]+0.10} = 4.074\ 0(\text{年})$$

第二个例子是，一只息票利率为 7.625%、规定到期收益率为 7.72% 的 30 年期国债的久期是多少？前面曾经提到，国债每半年付息一次，因此变量的适当定义为：$C/F=0.381\ 25$，$N=30$，$m=2$ 和 $i/m=0.038\ 6$。因此，根据式（13A.1）：

$$D = \frac{1+0.038\ 6}{0.038\ 6} - \frac{1+0.038\ 6+60 \times (0.038\ 125+0.038\ 6)}{0.038\ 125 \times [(1+0.038\ 6)^{60}-1]+0.038\ 6} = 24.18(\text{年})$$

即 12.09 年。

第五部分

衍生品分析

近年来，人们在阅读财经媒体报道时，总免不了看到衍生品交易引发的经济丑闻。宝洁遭遇厄运的互换交易和导致巴林银行倒闭的股指期货交易给普通读者的印象是，衍生品是具有高度波动性的工具，只有对投机交易感兴趣的投资者才会使用它们。当然，事实远非如此。尽管这些例子中的公司确实错误计算或错误理解了其投资头寸的性质，但个人和机构使用的绝大多数衍生品交易都是为了降低其他业务产生的风险敞口。

衍生品的形式多种多样，它们已成为现代证券市场的重要组成部分，其重要性仅次于股票和债券。然而，与股票和债券不同的是，它们在相对近期才被广泛使用，而且关于衍生品如何运作以及投资者交易衍生品的正确方式仍然存在误解。本部分的章节将为投资者理解如何在实践中对衍生品估值和使用提供框架，从而解决这一问题。第 14 章详细介绍了两种基本衍生品合约——远期合约和期权合约——的机制。在初步介绍这些工具及其交易市场之后，我们将介绍决定其价格的基本原则。该章最后以几个具体例子说明了投资者如何使用衍生品来调整其股票投资组合和债券投资组合的风险-收益特征。

第 15 章分析了远期合约、期货合约和互换合约——最普遍的衍生品形式。这一章介绍了远期合约和期货合约之间的异同，特别强调了保证金账户的创建（以及随后的调整）和基差风险的概念。此外，该章还讨论了最优对冲比率的计算以及用于确定合约交割价格的无套利方法。之后，该章分析了旨在抵消金融（相对于商品）风险敞口的远期合约和期货合约的特征，包括利率、股票和货币价格的变化。涉及上述每种合约的应用和投资策略为这一讨论做了注脚。最后，我们概述了互换合约，我们认为它等同于远期合约的投资组合。我们用例子说明了如何在衍生品市场这个快速增长的部门中定制合约，以帮助投资者管理其投资组合中的利率风险和股价风险。

第 16 章是本部分的最后一章，重点转向期权合约。该章首先考虑了期权市场是如何组织的，以及看跌期权和看涨期权这两种基本的期权合约是如何报价和交易的。接下来，该章介绍了几种基于期权的不同投资策略和对冲策略，以及如何将这些合约与其他证券结合使用，以创建定制化报酬分配。该章还介绍了如何在有效市场中对期权合约进行正式估值。此外，该章首先介绍了包含基本估值观点精髓的简单二态期权定价模型，其次介绍了二项式模型和布莱克-斯科尔斯模型等最新估值方法。在这个过程中，该章特别关注了价格波动性在估值过程中的作用。该章最后考察了如何将期权合约纳入其他金融工具，例如可转换债券和信用违约互换。

第14章
衍生品市场与衍生品简介

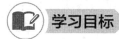 学习目标

阅读本章后，您应该能回答以下问题：

• 衍生品（例如远期合约、期货合约或期权合约）与更基本的证券（例如股票和债券）有何区别？

• 远期合约、期货合约和期权合约的重要特征是什么？它们在什么意义上可以解释为保单？

• 衍生品市场的组织形式是什么？它们与其他证券市场有何不同？

• 人们使用什么术语来描述衍生品市场交易？

• 衍生品是如何报价的？应该如何解释这些信息？

• 远期合约和期货合约有什么异同？

• 远期合约和期货合约的报酬和利润图是什么样的？

• 看跌期权合约和看涨期权合约的报酬和利润图是什么样的？

• 远期合约、看跌期权和看涨期权彼此之间有什么关系？

• 如何将衍生品与股票及国库券结合使用，以便将报酬复制到其他证券上，并为投资者创造套利机会？

• 如何使用衍生品合约重组现金流模式并改变现有投资组合中的风险？

迄今为止，我们已经看到了个人和机构可以设计其投资以利用未来市场状况的几种方式。我们还看到了投资者如何通过构建充分分散化的证券投资组合来降低或消除证券的非系统性风险，从而控制——至少是部分控制——与其股票头寸和债券头寸相关的波动性。

在本章中，我们开始研究**衍生品**在现代投资组合中所起的作用。衍生品投资者的最终报酬直接取决于另一种证券或商品的价值。在本书前面，我们简要介绍了两种基本的衍生品：（1）远期合约和期货合约，（2）期权合约。例如，看涨期权赋予其所有者在一定时期内以固定价格购买某种基础证券（例如股票或债券）的权利。因此，期权的最终价值可以说取决于——因而衍生自——另一种资产的价值。同样，在未来某个日期以固定价格出售债券的远期合约对投资者的价值会随着基础债券市场价格的下降或上升而上升或下降。

创建和交易衍生品的市场增长惊人。在过去几十年中，出现了交易农产品、能源、贵金属、货币、普通股和债券等基本产品的合约。甚至还有交易假想基础资产的衍生品（例如，标准普尔股票指数的期权合约和期货合约）以及组合衍生品，例如允许投资者在今后某个日期决定签订涉及另一种证券或商品的期货合约的期权合约。

正如我们将看到的，投资者可以像使用基础资产一样使用衍生品；认为某只普通股会升值的投资者可以直接购买该股票，或以预先确定的价格购买该股票的期权，以享受升值带来的好处。这两种选择的收益率并不完全相等，但两者都将从股价上涨中获益。然而，归根结底，理解如何以及为何使用衍生品的真正关键在于，它们能修改现有投资组合的风险和预期收益率特征。也就是说，期权和期货允许投资者以远远超出前面章节介绍的分散化概念的方式**对冲**（甚至增加）股票组合的风险。此外，衍生品允许复制已经以其他形式存在的现金流模式，如果两组其他方面相同的现金流的当前价格不同，就会产生**套利**的可能性。

本章其余部分介绍了普通股和债券的远期合约、期货合约和期权合约的基本性质和用途。（后面的章节将讨论更高级的衍生品和估值问题。）首先，我们介绍了与这些衍生品市场相关的基本术语，并说明了每种衍生品创造的报酬结构。其次，我们推导出了远期和期权之间的正式关系，即一系列被统称为**看跌期权-看涨期权平价**的条件。最后，我们简要介绍了股票投资组合和债券投资组合的三种常见风险管理方法。

14.1 衍生品市场概述

与其他金融产品一样，衍生品交易有一种特定术语，必须理解这种术语，才能有效使用这些工具。用于描述远期合约、期货合约和期权合约的语言通常是取自股票市场、债券市场和保险市场术语的一种杂糅语言，另外还加入了一些独特的表达方式。因此，我们首先将总结这些衍生品最重要的方面以及它们的交易市场。

首先，有必要考察投资者可以在这些市场中持有的基本头寸类型。图表 14-1 说明了这些可能性。该图表强化了之前提出的观点，即在最广义的层面上，只有两种可用的衍生品：（1）远期合约和期货合约，（2）期权合约。此外，正如我们稍后将说明的，对于任何特定到期日和基础资产而言只需要一份远期合约，而必然有两种类型的期权——看涨期权和看跌期权——才能为投资者提供全方位的选择。最后，对于每种衍生品（即远期合约、看涨期权和看跌期权），投资者可以作为多头（买方）或空头（卖方）进行交易。这导致了图表 14-1 中显示的六种可能的基本头寸。

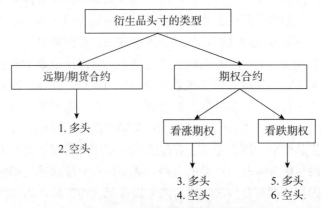

图表 14-1 衍生品头寸的基本类型

投资者可能在其投资组合中持有的每种衍生品都可以视为这六种头寸之一或这些头寸的组合。例如，在本章后面，我们会考察股票投资者如何使用衍生品来保护自己免受股市普遍下跌的影响。其中两种策略涉及（1）卖空股票指数远期合约和（2）买入股票指数领式期权。在图表 14-1 中，我们将看到，基于远期的策略代表头寸 2，而领式策略涉及买入看跌期权（头寸 5）和卖出看涨期权（头寸 4）的组合。

14.1.1　远期市场和期货市场的用语和结构

对于大多数投资者而言，**远期合约**是最基本的衍生品。远期合约赋予其持有者在事先确定的未来日期以事先确定的价格交易另一种证券或商品（基础资产）的权利和全部义务。交易完成的未来日期被称为合约到期日，而事先确定的交易价格为远期**合约价格**。请注意，远期交易必须始终有两方（有时被称为**交易对手**）：支付合约价格并收到基础证券的最终买方（或**多头方**）和按照固定价格交割证券的最终卖方（或**空头方**）。

远期市场和即期市场　远期合约不是传统意义上的证券；它们更适合被视为双方为计划在未来进行的交易而直接谈判达成的交易协议。假设两个投资者在日期 0（现在）同意在未来日期 T 将债券从一方转让给另一方，双方必须就要交易的债券、交易金额、交易日期和交易地点以及债券的买卖价格达成一致，因此，构建远期合约必须考虑的条款与立即结算的债券交易（即现货市场交易）必须考虑的条款相同——但有两个例外。第一，远期合约中约定的结算日期被有意地设定在未来。第二，远期合约价格——我们将用 $F_{0,T}$ 表示，即在日期 0 设定的在日期 T 到期的合约的远期价格——通常不同于当时的现货价格（S_0），因为它们涉及的时间范围不同。

现货市场交易和远期市场交易的一个重要相似之处是多头方和空头方的获利条件。假设在日期 T，某个债券远期合约的多头方有义务为价值 $S_T = 1\,050$ 美元（日期 T 的现货价格）的债券支付 $1\,000$ 美元（$=F_{0,T}$）。由于 $F_{0,T} < S_T$，这将使远期合约中的多头方结算时获利，因为他将能以低于其当前市场价值 50 美元的价格购买该债券。同时，空头方必须在日期 T 交割债券，其远期头寸将损失 50 美元；如果 S_T 低于 $1\,000$ 美元的远期合约价格，空头方将会获利。因此，正如在日期 0 购买债券时一样，当债券价格上涨时——至少相对于合约价格 $F_{0,T}$ 上涨时——多头方会受益。相反，远期合约的空头方将从债券价格下跌中获益，正如她在日期 0 卖空债券时一样。即使交易结算时间发生了变化，"低买高卖"仍然是在远期市场中获利的方法。

远期市场和期货市场　远期合约是在场外交易市场协商达成的。这意味着远期合约是两个私人方签订的协议——其中一方通常是衍生品中介机构，例如银行——而不是通过正规交易所进行交易。这种私人安排的一个优点是合约条款完全灵活；它们可以是任何交易双方自愿达成的任何内容。这种安排对许多交易对手来说的另一个理想特征是它们可能不需要担保品；相反，多头方和空头方有时信任彼此会履行在日期 T 的承诺。没有担保品意味着远期合约涉及信用（或违约）风险，这也是银行经常成为这些工具的做市商的原因之一。

远期合约的一个缺点是它往往流动性很差，这意味着交易对手在远期合约到期之前退出合约可能很困难或成本高昂。缺乏流动性实际上是远期合约灵活性的副产品，因为协议越是针对特定个人的需求量身定制，就越难出售给其他人。**期货合约**试图通过标准化协议条款（到期日、基础资产名称和基础资产金额）并让双方通过被称为期货交易所的集中市场进行交易来解决这个问题。尽管合约标准化降低了最终用户选择最理想条款的能力，但它使合约具有同质性，因而交易对手随时可以将现有头寸以当前市场价格转手给交易所来平仓。

期货价格类似于远期合约价格，在合约有效期内的任何时候，规定的期货价格都使新的多头方或空头方无须支付初始期货费。但是，期货交易所将要求交易双方提供担保品或保证金，以保护自身免受违约影响。（期货交易所不是授信机构。）这些保证金账户由交易所的清算所持有，并每天盯市（即根据合约价格变化进行调整），以确保最终用户始终保有充足的担保品，从而保证其会负责到底。图表 14-2 列出了一些常见的期货合约及其交易市场。尽管通常这些基础资产非常多样化，但所有基础资产都有两个共同点：价格波动性较高且买卖双方均对其强烈感兴趣。

图表 14-2　常见的期货合约和期货交易所

基础资产	交易所
A. 实物商品	
玉米、大豆、豆粕、豆油、小麦	芝加哥商品交易所集团（芝加哥期货交易所）
育肥牛、活牛、猪	芝加哥商品交易所集团（芝加哥商品交易所）
木材	
乳制品	
乙醇	
油菜籽、可可、咖啡、糖	洲际交易所
橙汁	
棉花、大麦	
原油、取暖用油、汽油、天然气	芝加哥商品交易所集团（纽约商品交易所）
煤	
铂金	
黄金、白银、铜、锌	芝加哥商品交易所集团（COMEX）
B. 金融证券	
日元、欧元、加元、瑞士法郎、英镑、墨西哥比索、澳元、欧洲美元（LIBOR）标准普尔 500 指数、日经 225 指数、罗素 2000 指数、标准普尔 500 行业指数	芝加哥商品交易所集团
长期国债、中期国债、联邦基金、利率互换	芝加哥商品交易所集团（芝加哥期货交易所）
道琼斯工业平均指数	
英国金边债券、德国长期国债	洲际交易所（纽约泛欧证券交易所）
富时 100 指数、CAC40 指数*	

续表

基础资产	交易所
欧洲斯托克 50 指数、欧洲股票波动性	欧洲期货交易所
欧洲政府债券	
Euroibor	

* CAC40 指数为法国股市基准指数，由巴黎证券交易所（后与阿姆斯特丹证券交易所、布鲁塞尔证券交易所合并为泛欧证券交易所）以其前 40 大上市公司的股价编制而成。它与德国 DAX 指数及英国富时 100 指数并称为欧洲三大指标股价指数。——译者注

14.1.2　解释期货报价：一个例子

为了说明在金融市场中典型的期货报价方式，请查看图表 14-3，该图表中列出了截至 2017 年 6 月 26 日的标准普尔 500 指数期货合约的现货价格和期货价格。第 4 章中曾经提到，标准普尔 500 指数是代表美国股市的工业、金融业、公用事业和交通运输业的广义价值加权指数。当天收盘时，该指数为 2 439.07 点，可被视为 1 "股" 标准普尔 500 指数的现货价格（S_0）。[①] 图表 14-3 给出了在 2017 年 9 月至 2019 年 6 月的 3 月、6 月、9 月和 12 月到期的期货合约，以及在 2019 年 12 月、2020 年 12 月和 2021 年 12 月到期的另外三个期货合约（共 11 个不同到期日）的价格。

图表 14-3　标准普尔 500 指数期货合约报价

月份	开盘价	最高价	最低价	最新价	变化	结算价	估计成交量	前一天未平仓合约数量
现货	—	—	—	—		2 439.07	—	—
9 月 17 日	2 435.50	2 447.40	2 430.40A	2 436.50	+1.10	2 436.00	549	39 693
12 月 17 日	—	2 444.70B	2 432.10A	2 435.20A	+1.00	2 434.10	9	243
3 月 18 日	—	2 442.80B	2 430.20A	2 433.30A	+1.00	2 432.20	0	0
6 月 18 日	—	2 441.80B	2 429.20A	2 432.30A	+1.00	2 431.20	0	0
9 月 18 日	—	2 442.80B	2 430.20A	2 433.30A	+1.00	2 432.20	0	0
12 月 18 日	—	2 447.50B	2 434.90A	2 438.00A	+1.00	2 436.90	0	0
3 月 19 日	—	2 451.70B	2 439.10A	2 442.20A	+1.00	2 441.10	0	0
6 月 19 日	—	2 455.90B	2 443.30A	2 446.40A	+1.00	2 445.30	0	0
12 月 19 日	—	2 470.70B	2 458.10A	2 461.20A	+1.00	2 460.10	0	0
12 月 20 日	—	—	—	—	+1.00	2 499.70	0	0
12 月 21 日	—	—	—	—	+1.00	2 553.80	0	0
总计							558	39 936

资料来源：芝加哥商品交易所集团（www.cmegroup/trading/equity-index/us-index/sandp-500 _ settlements _ quotes），2017 年 6 月 26 日；作者的计算结果。

---

① 实际上，购买 500 只标准普尔指数中的股票并将其组成一个投资组合的成本大大超过 2 439.07 美元。但是，由于股指期货合约的最终盈亏是由期货合约价格与合约到期时的现货价格之差决定的，因此这种解释是成立的。第 15 章将详细介绍这些期货合约的交易机制。

以 2017 年 9 月到期的期货合约为例。该期货合约的结算（或收盘）价格为 2 436.00 美元（$=F_{0,T}$）。这意味着持有该期货合约多头的投资者将在 6 月承诺在 9 月到期日以每股 2 436.00 美元的价格购买特定股数的标准普尔 500 指数（在本例中为 250 股）。相反，该期货合约的空头方将承诺在相同条件下出售 250 股标准普尔 500 指数。请注意，除了提交给期货交易所（本期货合约的交易所为芝加哥商品交易所）的保证金外，在 6 月份期货合约开始时，多头方和空头方之间没有资金易手。

图表 14-4 根据 9 月到期日的一组假设标准普尔 500 指数水平（S_T），从多头方的角度总结了该期货合约的报酬和净利润。需要注意的主要是，当标准普尔 500 指数水平（相对于合约价格 2 436.00 美元）上升时，多头方的报酬为正，而当标准普尔 500 指数下跌时，多头方将会产生亏损。例如，如果在到期日的指数水平为 2 475.00 点，那么多头方将获得每股 39.00（$=2\,475.00-2\,436.00$）美元的利润。在这种情况下，投资者仅以预先确定的价格 2 436.00 美元就能买到价值为 2 475.00 美元的股票，从而获利。相反，如果 9 月的指数水平为 2 415 点，期货合约仍将要求投资者以合约价格购买股票，从而使投资者遭受 21.00 美元的损失。这强化了这样一个事实，即当股价上涨时，作为买方的多头方受益，而当股价下跌时，多头方将受损，正如投资者直接在现货市场上购买股票的情况一样。当然，作为卖方的空头方将获得与图表 14-4 所示完全相反的报酬。最后，由于签订期货合约不需要预付期货费，因此交易对手的净利润与到期日的报酬相同。

图表 14-4　多头方在标准普尔 500 指数期货合约到期时的合约报酬与净利润

9 月份的标准普尔 500 指数水平	到期时的期货报酬	初始期货费	净利润
2 355.00	2 355.00－2 436.00＝－81.00	0	－81.00
2 375.00	2 375.00－2 436.00＝－61.00	0	－61.00
2 395.00	2 395.00－2 436.00＝－41.00	0	－41.00
2 415.00	2 415.00－2 436.00＝－21.00	0	－21.00
2 436.00	2 436.00－2 436.00＝0	0	0
2 455.00	2 455.00－2 436.00＝19.00	0	19.00
2 475.00	2 475.00－2 436.00＝39.00	0	39.00
2 495.00	2 495.00－2 436.00＝59.00	0	59.00
2 515.00	2 515.00－2 436.00＝79.00	0	79.00

图表 14-3 中显示的数据还包含对投资者有用的其他信息。第一，我们可以看到，现货指数水平较前一交易日小幅上涨，所有期货合约价格也都上涨；这可以从"变化"一列中的正数项中看出来。这表明，尽管其他因素也很重要，但期货合约价格与基础现货指数的当前水平密切相关。第二，请注意，期货合约价格在 2017 年 9 月至 2018 年 6 月之间下降，但在此之后上涨。也就是说，尽管所有 12 个收盘价（即现货合约和 11 个期货合约的收盘价）都是在同一天确定的，并对应相同的一股标准普尔 500 指数，但该股标准普尔 500 指数的成本将在设定交割日的时间之前逐渐降低，在设定交割日的时间之后逐渐升

高。我们稍后会看到，这种关系对于某些证券很常见，但对于其他证券则不然。第三，图表 14-3 还列出了每份期货合约的未平仓合约数量和成交量。未平仓合约数量是未平仓期货合约的数量，而成交量是当天易手的期货合约数量。因此，在本例中，最近的期货合约（2017 年 9 月）看起来是迄今为止在实践中最广为使用的合约。

14.1.3　期权市场的用语和结构

期权合约赋予持有者在预先确定的未来日期以预先确定的价格交易基础证券或商品的权利而非义务。与远期合约不同，期权合约赋予多头方决定最终是否进行交易的权利。此外，如果买方选择执行期权，那么期权卖方必须履行协议。因此，期权市场本质上是单方义务：买方可以按其意愿行事，但根据协议条款，卖方对买方负有义务。因此，需要两种不同类型的期权来涵盖所有潜在交易：**看涨期权**（购买基础证券的权利）和**看跌期权**（出售相同资产的权利）。

期权合约条款　在为期权头寸估值时，有两个价格很重要。**执行价格**或行权价格是期权被执行时，看涨期权买方将支付给看涨期权卖方的价格，或看跌期权买方将从看跌期权卖方处收到的价格。执行价格（此处用 X 表示）对期权合约的意义相当于远期合约价格（$F_{0,T}$）对远期合约的意义。第二个价格是期权买方必须在日期 0 支付给期权卖方以获取期权合约的价格。为了避免混淆，第二个价格通常被称为**期权费**。期权合约和远期合约的一个基本区别是，期权合约要求买方提前支付给卖方期权费，而远期合约通常不需要。这是因为远期合约既允许多头方也允许空头方在日期 T 成为 "赢家"（取决于结算价格 S_T 相对于 $F_{0,T}$ 的水平），但期权合约只会在有利于买方的情况下行使，因此卖方必须在日期 0 得到补偿，否则卖方将永远不会同意交易。另外请注意，虽然看跌期权和看涨期权都要求支付期权费，但这两个价格很可能不同。在接下来的分析中，我们将定义购买在日期 T 到期的期权在日期 0 需要支付的期权费，它对于看涨期权为 $C_{0,T}$，对于看跌期权为 $P_{0,T}$。例如，在前面的例子中，投资者可能在日期 0 支付了 20 美元（$=C_{0,T}$）购买看涨期权，该看涨期权赋予其在日期 T 以 1 000 美元（$=X$）的价格购买债券的权利，但如果 $S_T <$ 1 000 美元，则不会要求他这样做。

按照期权的设计，它提供了选择期权执行时间的权利。**欧式期权**只能在到期日（日期 T）执行，而**美式期权**可以在到期前的任何时间执行。对于欧式看涨期权，只有当基础资产在到期日的市场价格大于执行价格时，买方才会行权。相反，对于欧式看跌期权，只有当基础资产在日期 T 的市场价格低于 X 时，买方才会行权。（执行美式期权的决定更为复杂，第 16 章将对此进行讨论。）

期权估值基础　日期 0 的期权费可以分为两个部分：**内在价值**和**时间溢价**。内在价值表示买方立即执行期权时可以从期权中获得的价值。看涨期权的内在价值为零与基础资产价格和执行价格之差之中的较大者（$\max[0, S_0 - X]$）。看跌期权的内在价值为 $\max[0, X - S_0]$，X 现在表示出售资产的收入。内在价值为正的期权被称为**价内期权**，而内在价值为零的期权被称为**价外期权**。对于 $S_0 = X$ 的特殊情况，期权被称为**平价期权**。因此，时间溢价为全部期权费和内在价值之差：看涨期权为 $C_{0,T} - \max[0, S_0 - X]$，看跌期权为 $P_{0,T} - \max[0, X - S_0]$。买方愿意支付这个超过期权立即执行时的价值的金额，是因为她能在日期 T 前一直保持以价格 X 完成交易的能力。因此，时间溢价与基础资产价格在期权合约到期时按照预期方向变化的可能性有关。

第 16 章更完整地讨论了期权费，但现在已能看出几个基本关系。第一，由于看涨期权买方没有执行期权的义务，因此期权至少应该始终具有内在价值。（对于看跌期权价格或基础资产支付股利时，情况可能更复杂，稍后将对此进行讨论。）无论如何，看涨期权和看跌期权的价值都不能低于零。第二，对于具有相同期限和相同基础资产的看涨期权，执行价格越低，期权的内在价值越高，因此其整体期权费越大。相反，由于相同原因，执行价格较高的看跌期权价值高于执行价格较低的看跌期权。第三，期权距离到期时间越久，期权的时间溢价越大，因为它让基础证券的价格更有可能朝投资者预期的方向变化（即看涨期权的价格上涨，看跌期权的价格下跌）。第四，由于美式期权为投资者提供了更多关于执行期权的选择，因此美式期权的价值至少不低于其他可比的欧式期权。

期权交易市场　与远期和期货一样，期权在场外市场和交易所均有交易。在交易所交易时，只要求期权卖方开立保证金账户，因为期权卖方是唯一有义务在今后某个日期执行期权的人。此外，期权还可以基于多种基础证券，包括期货或其他期权。图表 14-5 列出了一些交易中常见的期权的基础资产和交易所。

图表 14-5　常见的期权合约和交易所

基础资产	交易所
A. 金融证券	
个股与交易所交易基金	芝加哥期权交易所
标准普尔 100 指数、道琼斯工业平均指数	
VIX 指数、标准普尔 500 波动性指数	
日元、欧元、加拿大元、瑞士法郎、英镑、澳元	纳斯达克费城证券交易所
个股与交易所交易基金	
纳斯达克 100 指数、股票板块指数	
欧洲斯托克 50 指数、DAX 指数、SMI 指数	欧洲期货交易所
欧洲斯托克 50 波动性指数	
B. 期货期权	
育肥牛、活牛、猪、乳制品	芝加哥商品交易所集团
日元、欧元、加拿大元、澳元、英镑	
欧洲美元（LIBOR）	
标准普尔 500 指数、纳斯达克 100 指数	
玉米、大豆、豆粕、小麦	芝加哥商品交易所集团（芝加哥期货交易所）
长期国债、中期国债、利率互换、联邦基金	
道琼斯工业平均指数	
英国金边债券	洲际交易所
小麦、棉花	

续表

基础资产	交易所
原油、汽油、天然气	芝加哥商品交易所集团（纽约商品交易所）
铂金	
铜、黄金、白银	芝加哥商品交易所集团（COMEX）

14.1.4　解释期权报价：一个例子

图表 14－6 显示了截至 2017 年 6 月 26 日标准普尔 500 指数的各种看涨期权和看跌期权的数据。该图表中所有期权均于 2017 年 9 月到期，这使其与之前讨论的标准普尔 500 指数期货具有可比性。然而，与给定到期月份只有一个合约价格的期货不同，图表 14－6 表明，2017 年 9 月有多个期权有不同的执行价格。该图表列出了执行价格在 2 395 美元和 2 485 美元之间的看跌期权和看涨期权的买入价和卖出价。[①] 如前所述，随着执行价格下降，看涨期权的价值升高（例如，卖出价升高），而看跌期权的情况正好相反。

标准普尔500指数↑ 2439.07　　　+0.77　　　〰〰　　　2433.39 / 2442.26
15:04　　　O 2443.32　最高价2450.42　最低价2437.03　前一交易日价格2438.30

| 标准普尔500指数 | 95) 行动 ▾ | 97) 设置 ▾ | 期权监测工具 |

标准普尔500指数　↑2439.07　0.77　0.0316% 2433.39 / 2442.26　最高价 2450.42　最低价 2437.03　成交量 0 历史波动率 7.91
中间价 2442.26　执行价 5 到期日 2017年6月30日□ ✎交易所 美国综合 □　92) 事件日历|事件 »
计算模式　　　　　　　　　　　　截至 2017年6月26日 □
81) 中间执行价　82) 看涨期权/看跌期权　83) 看涨期权　84) 看跌期权　85) 期限结构　87) 价值状态

看涨期权						执行价		看跌期权					
代码	买入价	卖出价	最新价格	IVM	成交量		19 □	代码	买入价	卖出价	最新价格	IVM	成交量
2017年9月15日(81天) CSize 100; IDiv 1.89; R 1.28; FF 2439.09								2017年9月15日(81天) CSize 100; IDiv 1.89; R 1.28; FF 2439.09					
36) SPX 9/15/17 C2395	70.10	72.00	77.07y	10.59		2395		110) SPX 9/15/17 P2395	29.30	30.40	32.25y	10.51	
37) SPX 9/15/17 C2400	66.30	68.30	73.25	10.44	1	2400		111) SPX 9/15/17 P2400	30.50	31.60	31.20	10.35	442
38) SPX 9/15/17 C2405	62.60	63.90	68.40y	10.20		2405		112) SPX 9/15/17 P2405	31.80	32.90	34.05	10.19	4
39) SPX 9/15/17 C2410	59.00	60.30	58.70y	10.04		2410		113) SPX 9/15/17 P2410	33.10	34.20	32.25	10.02	19
40) SPX 9/15/17 C2415	55.40	56.70	58.00y	9.88		2415		114) SPX 9/15/17 P2415	34.50	35.70	35.50	9.87	110
41) SPX 9/15/17 C2420	51.90	53.20	54.00y	9.71		2420		115) SPX 9/15/17 P2420	36.00	37.10	35.55	9.70	61
42) SPX 9/15/17 C2425	48.50	49.80	51.30	9.55	250	2425		116) SPX 9/15/17 P2425	37.50	38.70	37.70	9.53	1009
43) SPX 9/15/17 C2430	45.20	46.30	45.20y	9.38		2430		117) SPX 9/15/17 P2430	39.20	40.30	38.30	9.37	29
44) SPX 9/15/17 C2435	42.00	43.00	43.00	9.22	1097	2435		118) SPX 9/15/17 P2435	40.90	42.10	41.00	9.22	1105
45) SPX 9/15/17 C2440	38.80	40.10	40.30	9.08	4746	2440		119) SPX 9/15/17 P2440	42.70	43.90	42.30	9.05	4745
46) SPX 9/15/17 C2445	35.80	36.80	37.90	8.92	3477	2445		120) SPX 9/15/17 P2445	44.70	45.80	42.60	8.89	3513
47) SPX 9/15/17 C2450	32.90	33.80	34.37	8.75	2933	2450		121) SPX 9/15/17 P2450	46.70	47.90	45.63	8.74	2584
48) SPX 9/15/17 C2455	30.00	31.20	32.80y	8.60		2455		122) SPX 9/15/17 P2455	49.10	50.20	54.00y	8.59	
49) SPX 9/15/17 C2460	27.30	28.40	30.10y	8.44		2460		123) SPX 9/15/17 P2460	51.10	52.40	50.30	8.43	14
50) SPX 9/15/17 C2465	24.80	25.80	26.38	8.29	1	2465		124) SPX 9/15/17 P2465	52.80	54.80	8.20		
51) SPX 9/15/17 C2470	22.30	23.40	23.55	8.15	1	2470		125) SPX 9/15/17 P2470	56.00	57.30	58.21y	8.12	
52) SPX 9/15/17 C2475	20.10	21.10	21.85	8.02	115	2475		126) SPX 9/15/17 P2475	58.70	60.00	59.90	7.98	7
53) SPX 9/15/17 C2480	17.90	18.70	19.15	7.85	1	2480		127) SPX 9/15/17 P2480	60.70	63.20	61.63y	7.79	
54) SPX 9/15/17 C2485	15.90	16.60	17.80y	7.72		2485		128) SPX 9/15/17 P2485	64.50	67.00	85.20y	7.86	

澳大利亚 61 2 9777 8600　　　巴西 5511 2395 9000　　　欧洲 44 20 7330 7500　　　德国 49 69 9204 1210　　　中国香港 852 2977 6000
日本 81 3 3201 8900　　　新加坡 65 6212 1000　　　美国 1 212 318 2000　　　　　　　版权归彭博财经所有，2017年
SN 335716 CDT GMT-5:00 H698-3396-1 2017年6月26日 15:19:28

图表 14－6　标准普尔 500 指数期权合约报价

资料来源：版权归彭博有限合伙企业所有，2017 年。

---

①　前面曾经提到，投资者以卖价向交易商——在本例中为期权交易所——购买证券，并以买价向交易商出售证券。这些价格的差异，即买卖差价，代表对交易所为这些合约做市的部分补偿。

下面以两位不同投资者的投资结果为例进行说明。假设其中一位投资者购买了一份执行价格为 2 435 美元（X）的 9 月份标准普尔 500 指数看涨期权，另一位投资者购买了一份执行价格为 2 435 美元的 9 月份标准普尔 500 指数看跌期权。在 6 月份交易开始时，这些投资者将分别向期权卖方支付 43.00 美元（$C_{0,T}$）和 42.10 美元（$P_{0,T}$）的期权费。反过来，持有看涨期权的投资者有在 9 月到期日以 2 435 美元的价格购买一股标准普尔 500 指数的权利而非义务。由于该指数的当前（现货）价格为 2 439.07 美元，因而该看涨期权为价内期权。因此，43.00 美元的总看涨期权费可以分为 4.07(＝2 439.07－2 435.00) 美元的内在价值和 38.93(＝43.00－4.07) 美元的时间溢价。同理，持有看跌期权的投资者有在 9 月到期日以 2 435 美元的价格出售一股标准普尔 500 指数的权利而非义务。然而，该看跌期权为价外期权，因为该执行价格低于当前的指数水平。因此，看跌期权没有内在价值，42.10 美元的期权费全部为时间溢价。

图表 14-7 列出了在多种可能的标准普尔 500 指数水平下，这些期权多头方在到期日的报酬和净利润。首先来看 A 部分中的看涨期权报酬。前面曾经提到，只有当 9 月的标准普尔 500 指数水平高于 2 435 点时，投资者才会执行期权，购买一股标准普尔 500 指数；当标准普尔 500 指数水平等于或低于 2 435 点时，投资者将让期权过期而失去价值，其损失只有初始投资。然而，虽然当标准普尔 500 指数水平高于 2 435 点时，看涨期权为价内期权，但投资者在 9 月的标准普尔 500 指数水平升至 2 478.00 点以上之前不会实现净利润，该价值等于执行价格加上看涨期权费（$X+C_{0,T}$）。对于 B 部分中显示的看跌期权报酬，期权持有者将在 9 月的标准普尔 500 指数水平低于执行价格时执行期权，使用该期权以 2 435 美元的价格出售一股标准普尔 500 指数，此时标准普尔 500 指数的价值低于该价格。然而，图表 14-7 还表明，在标准普尔 500 指数水平跌至 2 392.90 点（$X-P_{0,T}$）以下之前，看跌期权投资者不会实现正净利润。当 9 月的标准普尔 500 指数高于 2 435 点时，看跌期权将以价外状态过期。

图表 14-7　标准普尔 500 指数看涨期权和看跌期权的多头方在到期时的期权报酬和净利润

A. 执行价格为 2 435 美元的多头看涨期权			
9 月的标准普尔 500 指数水平	到期时的看涨期权报酬	初始看涨期权费	净利润
2 355.00	0	－43.00	－43.00
2 375.00	0	－43.00	－43.00
2 395.00	0	－43.00	－43.00
2 415.00	0	－43.00	－43.00
2 435.00	2 435.00－2 435.00＝0	－43.00	－43.00
2 455.00	2 455.00－2 435.00＝20.00	－43.00	－23.00
2 478.00	2 478.00－2 435.00＝43.00	－43.00	0
2 495.00	2 495.00－2 435.00＝60.00	－43.00	17.00
2 515.00	2 415.00－2 435.00＝80.00	－43.00	37.00

续表

B. 执行价格为 2 435 美元的多头看跌期权			
9 月的标准普尔 500 指数水平	到期时的看跌期权报酬	初始看跌期权费	净利润
2 355.00	2 435.00－2 355.00＝80.00	－42.10	37.90
2 375.00	2 435.00－2 475.00＝60.00	－42.10	17.90
2 392.90	2 435.00－2 392.90＝42.10	－42.10	0
2 415.00	2 435.00－2 415.00＝20.00	－42.10	－22.10
2 435.00	2 435.00－2 435.00＝0	－42.10	－42.10
2 455.00	0	－42.10	－42.10
2 475.00	0	－42.10	－42.10
2 495.00	0	－42.10	－42.10
2 515.00	0	－42.10	－42.10

14.2 衍生品投资

尽管前一节强调了远期合约和期权合约之间的许多差异，但这两种衍生品为投资者产生的收益非常相似。远期合约和期权合约之间的最终区别在于投资者为获得这些收益必须如何进行支付。下面将介绍这个概念，并分析这些市场中存在的基本报酬和净利润结构。

14.2.1 衍生品投资的基本性质

假设投资者 1 在日期 0 决定从现在起 6 个月后购买一股 SAS 公司的股票，这与其预期收到资金的时间一致。假设 SAS 公司股票的远期合约和看涨期权的市场价格分别为 $F_{0,T}$ 和 $C_{0,T}$（其中 $T=0.50$ 年），且看涨期权的执行价格 X 等于 $F_{0,T}$。因此，如果投资者现在想锁定最终购买股票的价格，那么他有两个选择：购买远期合约或购买看涨期权。图表 14-8 比较了这两种可能性下日期 0 和日期 T 的现金流交易。

这些策略之间的明显区别在于，远期合约不需要交易任何一方的初始收支，而投资者（看涨期权买方）必须向期权卖方支付现金期权费。如前所述，如果在当前市场价格下期权条款是不利的（$S_T<X$），那么这种提前支付的期权费就免除了投资者在日期 T 购买 SAS 公司股票的义务，如图表 14-8 的 B 部分所示。当 SAS 公司股票在到期日的价格超过执行价格时，投资者将执行看涨期权并购买股票。然而，这将导致与买入远期合约完全相同的交易。只有当股票价格在日期 T 跌至 X（和 $F_{0,T}$）以下时，远期合约和期权合约之间才存在差异；在这种情况下，期权合约提供的不购买 SAS 公司股票的权利是有价值的，因为购买远期合约的投资者必须在亏损情况下执行该头寸。因此，看涨期权可以被视为远期多头"好的一半"，因为它允许在未来以固定价格购买 SAS 公司股票，但不要求必须进行交易。

这就是远期合约和期权合约之间的关键区别。远期多头和看涨期权多头为投资者提供

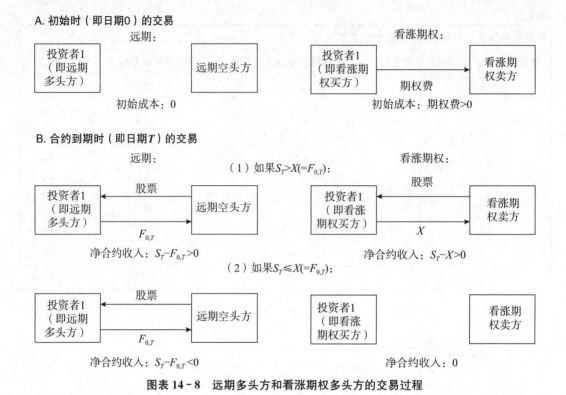

图表 14-8　远期多头方和看涨期权多头方的交易过程

了金额完全相同的"保险"，以预防未来 6 个月 SAS 公司的股价上涨。也就是说，当 S_T 超过 X 时，远期合约和期权合约都提供 $S_T - X = S_T - F_{0,T}$ 的报酬，这将股票的实际购买价格降至 X。不同之处在于，投资者需要如何购买这种价格保险。对于远期合约，投资者无须预先支付任何款项，但投资者必须在到期日完成购买，即使股价跌至 $F_{0,T}$ 以下。相反，看涨期权不需要在未来支付结算款项，但投资者必须在初始时支付期权费。因此，对于在日期 T 的相同收益，投资者在这两种"保单"之间的决策归根到底是选择当前确定支付的保费（看涨期权多头）还是未来获得更高收益的可能性（远期多头）。

为了更清楚地区分二者，假设投资者 1 计划在其投资组合中的部分债券在 6 个月后到期时购买 SAS 公司的股票。他担心从现在至收回投资时股票价值可能大幅上涨，因此为了对冲这种风险，他考虑了两种保险策略来锁定最终的股票买价：（1）现在不支付任何费用，持有合约价格为 $F_{0,T} = 45$ 美元的 6 个月期 SAS 公司股票远期多头，或（2）支付 $C_{0,T} = 3.24$ 美元的期权费，购买执行价格为 $X = 45$ 美元的 6 个月期欧式看涨期权。如果在他做出决定时，SAS 公司的股票价格为 $S_0 = 40$ 美元，那么看涨期权为价外期权，这意味着其内在价值为零，3.24 美元全部为时间溢价。

如前所述，这两种策略之间的一个明显区别是期权需要前期费用，而远期头寸则不需要。另一个区别发生在到期日，这取决于 SAS 公司的股票价格是高于还是低于 45 美元。例如，如果 $S_T = 51$ 美元，则远期多头和看涨期权多头对投资者来说价值均为 6（=51-45）美元，从而将其对 SAS 公司股票的净买价降至 45（=51-6）美元。也就是说，当股票结算价格高于 45 美元（$F_{0,T}$ 和 X 的共同价值）时，远期多头和看涨期权多头对预防价格上涨提供了相同保护。相反，如果 $S_T = 40.75$ 美元，那么远期合约将要求投资者向交易对手支付 4.25（＝40.75－45）美元，从而再次将股票的净成本提高至 45 美元。然而，购买看涨期权的投资者可以在不执行期权的情况下让期权到期，并在市场上以仅 40.75 美元的价格购买 SAS 公司的股票。因此，作为提前支付 3.24 美元期权费的交换，投资者保留了最终支付的股票买价少于 45 美元的可能性。

用类似方式可以建立远期合约和看跌期权之间的关系。假设另一位投资者——被称为投资者 2——决定在 6 个月后变现投资组合中的一股 SAS 公司股票。与其冒在那段时间股价下跌的风险，她现在可以安排在未来某个日期以预先确定的固定价格出售股票，方式有两种：卖出远期合约或买入看跌期权。图表 14-9 说明了这两种方案。与之前类似，预防 SAS 公司股价下跌有两种相同的保险，投资者需要做出选择，是选择支付确定的看跌期权费，还是选择支付金额可能更高的远期合约，即当日期 T 的股票市场价格较高时，必须以价格 $X(=F_{0,T})$ 出售股票。再次请注意，看跌期权允许投资者在不利条件下放弃在到期日出售股票，而这是远期空头投资者必须履行的义务。因此，作为提前支付期权费的交换，看跌期权使投资者能获得远期空头"好的一半"。

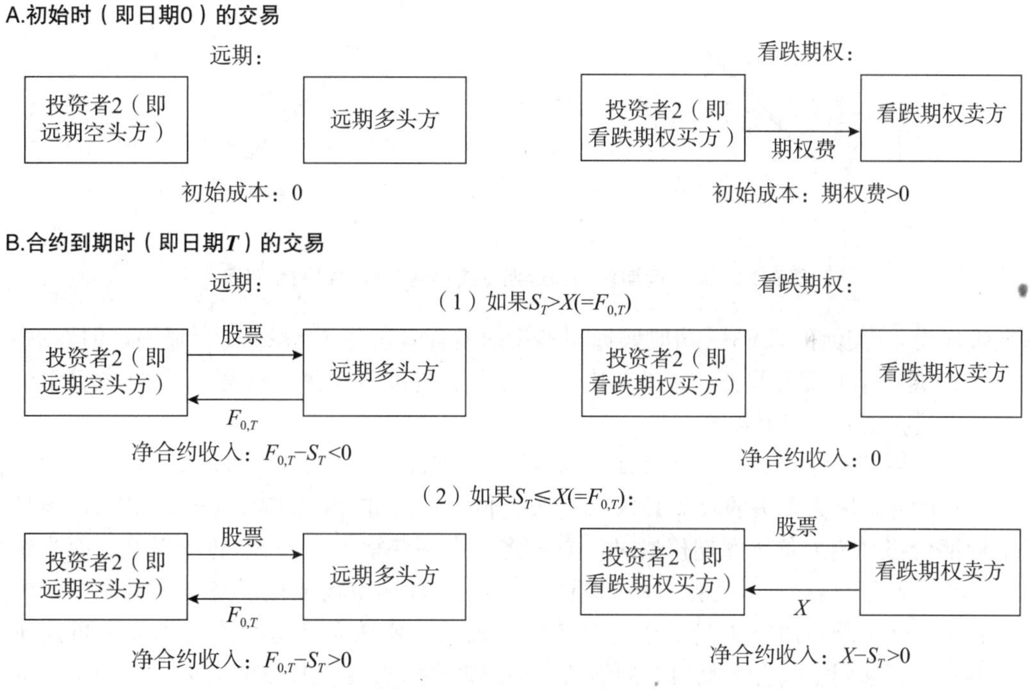

图表 14-9 远期空头方和看跌期权多头方的交易过程

14.2.2 远期合约的基本报酬和利润图

图表 14-8 和图表 14-9 显示，远期多头和远期空头在到期日的报酬分别为 $S_T-F_{0,T}$ 和 $F_{0,T}-S_T$，这些值可能为正，也可能为负，具体取决于日期 T 的现货价格。这些最终报酬是根据图表 14-10 中的基础证券在到期日的可能价格绘制的。

请注意，远期多头和远期空头的报酬都是以远期价格为中心对称的，或者说位于远期价格两侧。这是各方有完全义务完成约定交易的直接结果——即使是在有经济损失的情况下。例如，在最后一个例子中，当 SAS 公司股票在日期 T 的价格为 40.75 美元时，持有

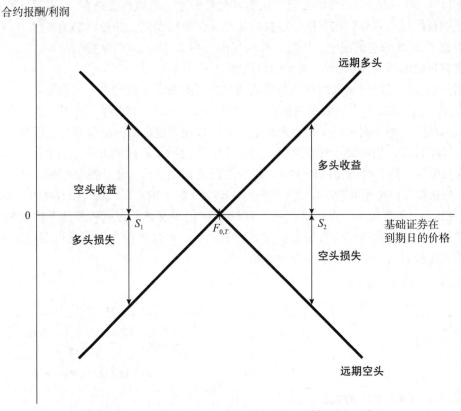

合约报酬/利润

图表 14-10　远期多头和远期空头在到期日的报酬和利润

远期价格为 45 美元的 SAS 公司股票远期多头的投资者遭受了 4.25 美元损失，但在 $S_T =$ 51 美元时获得了 6 美元收益。此外，由于没有提前支付期权费，图表 14-10 中显示的远期报酬也是投资者的净利润。

另外请注意，空头和多头在日期 T 的报酬是彼此的镜像；用市场术语来说，远期合约为零和博弈，因为多头的收益必须由空头支付，反之亦然。图表 14-10 显示，当日期 T 的即期价格（S_1）低于远期价格时，空头将从多头获得 $F_{0,T} - S_1$ 的净报酬，而当证券价格（S_2）高于 $F_{0,T}$ 时，结算方向则相反。因此，远期市场强化了基本金融原则，即多头受益于价格上涨，而空头受益于价格下跌。最后，要认识到这些收益和损失可能相当大。事实上，远期空头有无限损失的潜力，而远期多头有无限收益的潜力，因为基础证券的价格在理论上没有上限。相反，多头的损失潜力（以及空头的收益潜力）是有限的，因为基础证券的价格不能低于零。

14.2.3　看涨期权和看跌期权的基本报酬和利润图

图表 14-8 和图表 14-9 还显示，期权合约与远期合约在两个基本方面有所不同：（1）购买看跌期权或看涨期权的费用对投资者来说是沉没成本，降低了期权合约相对于可比远期合约的收益，（2）投资者在到期日收到的报酬明显不对称，即为单侧报酬。图表 14-11 显示了看涨期权多头和空头的最终报酬和净利润，而图表 14-12 显示了看跌期权多头和空头的最终报酬和净利润。该分析假设两种期权均为欧式期权，这意味着不能在到期前行权。

A. 合约报酬

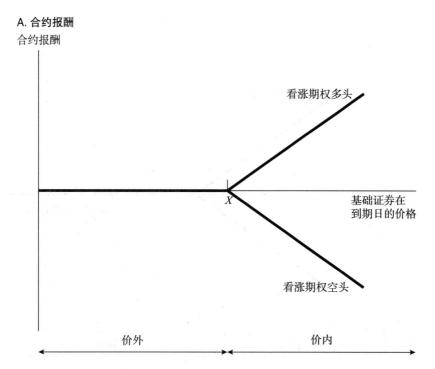

B. 合约利润

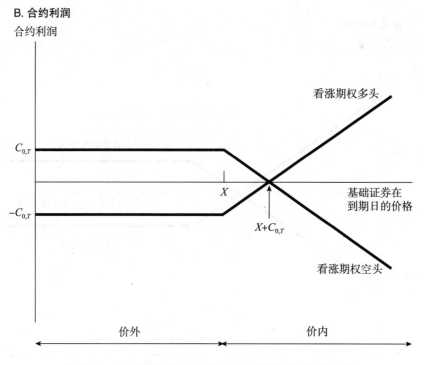

图表 14 - 11　看涨期权多头和空头在到期日的报酬和利润

A. 合约报酬

合约报酬

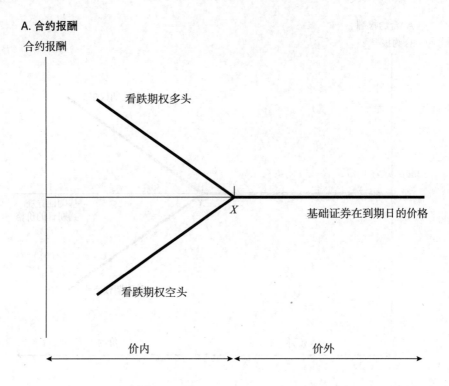

B. 合约利润

合约利润

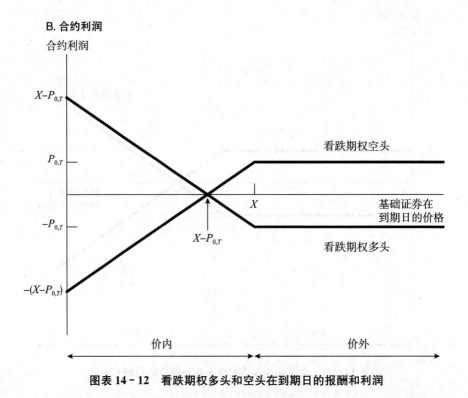

图表 14－12　看跌期权多头和空头在到期日的报酬和利润

对于看涨期权头寸，请再次注意，只要最终证券价格（S_T）超过期权购买（执行）价格 X，期权买方就会得到报酬。但是，在给定初始期权费 $C_{0,T}$ 下，期权头寸不会产生正利润，直到 S_T 大于 X 且两者之差为支付的期权费金额。换言之，尽管当 $S_T > X$ 时看涨期权为价内期权（因此将被执行），但在 $S_T > X + C_{0,T}$ 之前不会产生资本收益。[1]（图表 14-7 中的标准普尔 500 指数期权例子已经显示了这个结果。）当 $X < S_T < X + C_{0,T}$ 时，期权在损失情况下被执行，但损失金额将小于期权的全部初始成本，即没有执行看涨期权时期权多头将发生的损失。实际上，当 $S_T < X$ 时，期权为价外期权，做出理性决定的买方将让合约到期并损失 $C_{0,T}$。

看涨期权买方具有无限收益潜力，因为基础证券价格可能无限上涨，但无论证券价格下跌多少，看涨期权买方的损失都仅限于期权费。此外，当基础资产的最终价格低于 X 时，期权卖方会受益，但收益仅限于全部期权费。当 $S_T > X$ 时，看涨期权卖方有无限责任。与远期合约一样，看涨期权是多头和空头之间的零和博弈。

对于图表 14-12 中所示的看跌期权头寸，只要 $X > S_T$，看跌期权买方就会受益，并且当日期 T 的基础证券价格低于执行价格减去期权成本时，看跌期权买方就会获得正利润。在这种情况下，看跌期权买方的最大资本收益不超过 $X - P_{0,T}$，因为基础证券本身的最低价格被限制为零；看跌期权持有者所能期望的最好情况是迫使看跌期权卖方在到期日以价格 X 购买价值为零的股票。与看涨期权一样，价外看跌期权持有者最多只能损失其初始投资 $P_{0,T}$，这将发生在 $S_T > X$ 时。毫不奇怪，看跌期权卖方的盈亏机会恰好与看跌期权买方相反。当 $S_T > X - P_{0,T}$ 时，期权卖方将获得收益，但该收益仅限于期权费金额。看跌期权空头的损失潜力也有限；但是在最大值 $X - P_{0,T}$ 上，损失金额仍然可能很大。

总之，当作为投资持有时，期权表示对基础证券价格的变化方向持有某种观点。看涨期权买方和看跌期权卖方指望 S_T 在到期日升至 X 以上（即保持在高于 X 的价格），而看跌期权买方和看涨期权卖方希望 S_T 在到期日跌至执行价格以下（即保持在低于 X 的价格）。重要的是，期权买方——无论是看跌期权买方还是看涨期权买方——总是承担有限责任，因为他们不必执行价外期权。相反，期权卖方的收益潜力有限，但损失潜力相当大（对于空头看涨期权而言，损失潜力是无限的）。

14.2.4　期权利润图：一个例子

我们已经看到，期权合约可以设计为具有几个不同的执行价格。我们现在将考虑执行价格的选择如何影响投资者在到期日的利润。扩展最后一个例子，假设 SAS 公司股票当前的售价为 40 美元，投资者可以从六个不同的 SAS 公司股票期权中进行选择——三个看涨期权和三个看跌期权。这些期权都在未来的相同日期到期，执行价格为 35 美元、40 美元或 45 美元。图表 14-13 显示了这些期权合约的当前市场价格（假设为欧式期权），它可以分解为内在价值和时间溢价。

---

[1]　图表 14-11 和图表 14-12 中显示的到期日利润有些不准确，因为它们显示的是期权在日期 T 的价值和在日期 0 支付的初始成本之差。因此，尽管从会计角度看，这是描述资本损益的准确方式，但它忽略了两笔支付的时间差异。

图表 14 - 13　假设的股票价格和期权价格　　　　　　　　　单位：美元

工具		执行价格	市场价格	内在价值	时间溢价
SAS公司		—	40.00	—	—
看涨期权	1	35.00	8.07	5.00	3.07
	2	40.00	5.24	0	5.24
	3	45.00	3.24	0	3.24
看跌期权	1	35.00	1.70	0	1.70
	2	40.00	3.67	0	3.67
	3	45.00	6.47	5.00	1.47

　　假设 S_0＝40 美元，看涨期权 1(X＝35 美元) 和看跌期权 3(X＝45) 均有 5 美元在价内，剩下的时间溢价分别为 3.07 美元和 1.47 美元。看涨期权 3 和看跌期权 1 目前均有 5 美元在价外，因此它们的市场价格为纯时间溢价；购买这两个期权中任何一个的投资者预期股票价格将朝其希望的方向变化，至少变为期权价格加 5 美元。两个平价期权（看涨期权 2 或看跌期权 2）都没有内在价值，但它们仍然以不同价格在市场上出售。具体而言，X＝40 美元的看涨期权比可比看跌期权价值更高。正如我们马上将看到的，这是因为**看跌期权-看涨期权平价**，即有效资本市场上看跌期权和看涨期权之间必然存在的正式关系。最后，图表 14 - 13 的最后一列显示，平价期权的时间溢价最大，因为这时候，该期权到期时是在价内还是价外（因而是否有价值）的不确定性最大。

　　图表 14 - 14 比较了同一只证券的期权在到期日的利润图，它们的执行价格不同，但其他所有方面都相似。为简单起见，图中仅显示这些期权多头的利润。A 部分中的看涨期权利润图表明，买价最高但价内程度最深的期权（看涨期权 1）最快盈利，只需要 S_T 升至 43.07(＝35＋8.07) 美元即可获利。看涨期权 3 的买价最低，但需要最大的基础股票价格变化——在本例中为 48.24 美元——才能为投资者提供正利润。B 部分所示的看跌期权情况相似，看跌期权 1（价外期权）的价格最低，但需要最大的基础股票价格下跌才能在到期时获利。一般来说，通过改变一系列其他合约条款相同的期权的执行价格，投资者可以为自己创造许多不同的风险-收益权衡。这是用衍生品修改投资风险和定制所需报酬结构的几种方式之一。

　　期权和杠杆　作为本例的最后一个扩展，我们将比较投资看跌期权或看涨期权的收益率与直接投资（或卖空）一股 SAS 公司股票（基础股票）的收益率。我们的分析仅限于看涨期权 2 和看跌期权 2 这两个平价期权。假设在到期日有三个不同的股票价格——30 美元、40 美元和 50 美元，图表 14 - 15 总结了不同头寸的持有期收益率。我们进行了两组不同的比较：(1) 股票多头与看涨期权多头；(2) 股票空头与看跌期权多头。在计算股票头寸的收益率时，我们以占 40 美元初始价格的百分比来衡量 SAS 公司股票的价值变化。对于期权头寸，该图表列出了看涨期权的最终报酬 $\max[0, S_T-40]$ 和看跌期权的最终报酬 $\max[0, 40-S_T]$ 相对于合约买价的收益率。

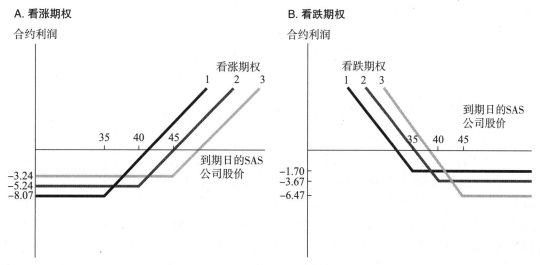

图表 14-14 不同执行价格下期权的最终利润

图表 14-15 股票投资与期权投资的收益率

A. 股票多头与看涨期权多头		
最终股价	股票多头	看涨期权多头
30	$\frac{30}{40}-1=-25.0\%$	$\frac{0}{5.24}-1=-100.0\%$
40	$\frac{40}{40}-1=0$	$\frac{0}{5.24}-1=-100.0\%$
50	$\frac{50}{40}-1=25.0\%$	$\frac{10}{5.24}-1=90.8\%$
B. 股票空头与看跌期权多头		
最终股价	股票空头	看跌期权多头
30	$1-\frac{30}{40}=25.0\%$	$\frac{10}{3.67}-1=172.5\%$
40	$1-\frac{40}{40}=0$	$\frac{0}{3.67}-1=-100.0\%$
50	$1-\frac{50}{40}=-25.0\%$	$\frac{0}{3.67}-1=-100.0\%$

　　关键是，看跌期权和看涨期权都放大了投资基础证券可能产生的正收益和负收益。对于初始价格为 5.24 美元的看涨期权多头，投资者可以保留获得 SAS 公司股票升值的权利，而无须花费 40 美元直接买下该股票。当 SAS 公司的股价下跌该金额的四分之一时，这种程度的财务杠杆表现为 100% 的损失，而当 SAS 公司的股价从 40 美元增至 50 美元时，则表现为 91% 的收益。值得注意的是，如果股价保持为 40 美元，股票所有者将不会有任何损失，而平价看涨期权的持有者将损失全部投资。这表明，除了预测之后的基础股

票价格变化方向以外，期权投资者还将考虑发生该变化的时间。如果 SAS 公司股票的价格在日期 T 之前一直保持为 40 美元，然后在第二天上涨到 50 美元，那么股东将获得 25% 的收益，而看涨期权买方将让该期权以零价值过期。

14.3 远期合约与期权合约的关系

前面的讨论表明，如果基础证券的价格朝着预期方向变化，远期头寸和期权头寸可以产生类似的投资报酬。报酬结构的这种相似性表明这些工具是相互关联的。事实上，我们将看到以下五种不同证券的价值关联：无风险债券、基础资产、在未来买入或卖出该资产的远期合约、看涨期权和看跌期权。这些关系被称为看跌期权-看涨期权平价，规定了应该如何设置看跌期权和看涨期权相对于彼此的价值。此外，这些条件还可以用这两种期权以及基础资产的现货市场价格或远期市场价格来表示。它们依赖于金融市场没有套利机会的假设，这意味着提供相同报酬且具有相同风险的证券（或证券组合）必然以相同的当前价格出售。因此，看跌期权-看涨期权平价是了解如何在有效资本市场中确定衍生品价值的关键第一步。[1]

14.3.1 看跌期权-看涨期权-现货平价

假设在日期 0，投资者构建了以下投资组合，其中包括与 WYZ 公司相关的三只证券：

- 以 S_0 的购买价格买入一股 WYZ 的普通股。
- 购买在到期日 T 以执行价格 X 交割一股 WYZ 股票的看跌期权。该看跌期权的买价为 $P_{0,T}$。
- 卖出允许在到期日 T 以执行价格 X 购买一股 WYZ 股票的看涨期权。该看涨期权的售价为 $C_{0,T}$。

在本例中，两个 WYZ 期权均为欧式期权，并且具有相同的到期日和执行价格。但是，到期日和执行价格的具体数值在接下来的分析中并不重要。此外，我们最初将假设 WYZ 股票在期权有效期内不支付股利。

图表 14-16 的 A 部分列出了购买该投资组合在日期 0 所需的投资，它为 $S_0+P_{0,T}-C_{0,T}$，这是购买股票和看跌期权的成本减去卖出看涨期权产生的收入。[2] 此外还要考虑该投资组合在两个期权到期日的价值。假设在日期 0 进行投资时，股票在日期 T 的价值 (S_T) 是未知的，可能出现两种大致结果：（1）$S_T \leqslant X$ 和（2）$S_T > X$。B 部分显示了日期 T 每个头寸的价值以及整个投资组合的净价值。

---

① 通常认为是斯托尔（Stoll，1969）发现了看跌期权价格和看涨期权价格之间的关系。其他学者在此基础上进行了许多发挥。之后的研究包括默顿（1973a），克勒姆科斯基和雷斯尼克（Klemkosky and Resnick，1979），克雷默斯和温鲍姆（Cremers and Weinbaum，2010），以及陈、钟和袁（Chen, Chung and Yuan，2014）。

② 在构建金融投资组合的"数学"中，加号（＋）表示多头，减号（－）表示空头。因此，$S_0+P_{0,T}-C_{0,T}$ 代表的投资组合也可以表示为：股票多头＋看跌期权多头＋看涨期权空头。史密斯（1989a）详细解释了这种方法。

图表 14-16 看跌期权-看涨期权-现货平价

A. 初始时（日期 0）的净投资	
投资组合	
买入 1 股 WYZ 股票	S_0
买入 1 份看跌期权	$P_{0,T}$
卖出 1 份看涨期权	$-C_{0,T}$
净投资	$S_0+P_{0,T}-C_{0,T}$

B. 期权到期时（日期 T）的投资组合价值		
投资组合	（1）如果 $S_T \leqslant X$	（2）如果 $S_T > X$
买入 1 股 WYZ 股票	S_T	S_T
买入 1 份看跌期权	$X-S_T$	0
卖出 1 份看涨期权	0	$-(S_T-X)$
净头寸	X	X

只要在日期 T，WYZ 股票的价值低于看跌期权和看涨期权共同的执行价格，投资者就将执行看跌期权多头，以价格 X 而不是其较低的市场价值卖出 WYZ 股票。在这种情况下，看涨期权持有者为价值较低的股票支付 X 是不合理的，因此看涨期权将以价外状态过期。相反，当 S_T 大于 X 时，看涨期权持有者将执行期权，以价格 X 购买 WYZ 股票，而看跌期权将处于价外状态。在任何一种情况下，投资组合在到期日的净价值均为 X，因为期权组合保证投资者将在日期 T 以固定价格 X 出售 WYZ 股票。投资者实际上有一份在联合持有看跌期权多头和看涨期权空头时卖出股票的担保合同。

这个结果的影响是，当投资者在日期 0 投资 $S_0+P_{0,T}-C_{0,T}$ 以购买头寸时，他知道该投资组合在日期 T 的价值将为 X。因此，这个特定的投资组合具有与美国国库券（另一种面值为 X、到期日为 T 的无风险零息证券）可比的报酬结构。在无套利市场中，这意味着该投资组合在日期 0 的价值必然与国库券相等，即用无风险利率将面值 X 贴现到现在的价值。这种"无套利"条件可以用公式表示为：

$$S_0+P_{0,T}-C_{0,T}=\frac{X}{(1+\text{RFR})^T}$$

(14.1)

其中：

RFR＝年化无风险利率；

T＝距到期时间（以年表示）。

将 $[X(1+\text{RFR})^{-T}]$ 定义为国库券的现值，在日期 0，该式可以用金融数学术语表示为：

股票多头＋看跌期权多头＋看涨期权空头＝国库券多头

在任何一种形式中，这种条件——被称为看跌期权-看涨期权-现货平价条件——都代表了股票价格、国库券价格、看跌期权价格和看涨期权价格之间的有效市场联系。

14.3.2 看跌期权-看涨期权平价：一个例子

假设 WYZ 股票目前的价值为 53 美元，而执行价格为 50 美元的 WYZ 股票的看涨期权和看跌期权售价分别为 6.74 美元和 2.51 美元。如果这两种期权都只能恰好在 6 个月后执行，那么式（14.1）表明我们可以通过购买股票、购买看跌期权，并以 48.77（＝53.00＋2.51－6.74）美元的净价格卖出看涨期权来创建合成国库券（即模拟国库券的现金流和风险特征）。在期权到期日，该投资组合的终值为 50 美元。因此，这项投资隐含的无风险利率可以通过求解以下无风险利率公式来确定：

$$48.77=50\times(1+RFR)^{-0.5}$$

或

$$RFR=[(50\div48.77)^2-1]=5.11\%$$

如果面值为 50 美元的 6 个月期实际国库券的收益率不是 5.11%，投资者就可以利用该差异。例如，假设 6 个月期实际国库券收益率为 6.25%，并且不限制使用卖空任何证券的收入。希望进行无风险投资的投资者显然会选择实际国库券来锁定更高的收益率，而需要贷款的人可能会卖空合成国库券，以确保 5.11% 的借款利率。通过重新整理式（14.1），可以得到以下人为构建的空头：

股票空头＋看跌期权空头＋看涨期权多头＝国库券空头

在没有交易成本的情况下，可以通过组合实际国库券多头与卖空合成国库券来构建金融套利。假设实际国库券的当前价值为 48.51 美元 [＝50 美元×1.062 5$^{-0.5}$]，这组交易将产生如图表 14-17 所示的现金流，并且创建的每对国库券将产生 0.26 美元利润。由于套利交易不需要投资者承担任何风险（因为在开始时日期 0 和日期 T 的净头寸价值都是已知的）或投入任何资本，因此在本例中没有任何因素可以阻止投资者扩大交易规模。然而，随着发生更多交易，价格差异将消失。在这种情况下，投资者将继续买入实际国库券和卖出合成国库券（股票空头、看跌期权空头和看涨期权多头），直到二者的收益率相等。这就是市场如何通过套利交易保持效率。

图表 14-17　看跌期权-看涨期权平价套利示例

A. 初始时（日期 0）的净投资	
交易	
1. 以 6.25% 的收益率买入实际国库券	−48.51
2. 以 5.11% 的收益率卖出合成国库券	
卖出 WYZ 股票	53.00
卖出看跌期权	2.51
买入看涨期权	−6.74
净收入	0.26

续表

B. 期权到期时（日期 T）的头寸价值		
交易	（1）如果 $S_T \leqslant 50$	（2）如果 $S_T > 50$
1. 以 6.25% 的收益率买入实际国库券	50	50
2. 以 5.11% 的收益率卖出合成国库券		
卖出 WYZ 股票	$-S_T$	$-S_T$
卖出看跌期权	$-(50-S_T)$	0
买入看涨期权	0	S_T-50
净头寸	0	0

另一种看待这种交易的方式为：

$$C_{0,T} - P_{0,T} = S_0 - X(1+\text{RFR})^{-T}$$

也就是说，看涨期权价格和看跌期权价格之间的"无套利"差异应该等于股票价格与联合执行价格现值之差。市场确定的无风险利率（6.25%）意味着两种衍生品之间的正确价差应为 4.49（$=53-48.51$）美元，比 4.23（$=6.74-2.51$）美元的实际价差大 0.26 美元。这种差异表明，如果您假设实际国库券定价正确，则看涨期权价格相对于看跌期权价格被低估了。毫不意外，套利交易需要买入看涨期权，同时卖出看跌期权。

14.3.3　使用看跌期权-看涨期权平价创建合成证券

上例表明，我们可以通过组合股票、看跌期权和看涨期权三种风险证券来创建无风险投资组合。本例中建立的平价条件也可以用其他有用的方式表示。尤其是，式（14.1）中表示的四种资产中总有一种是多余的，因为它可以用其他资产来定义。表示该结果的另外三种方式是：

$$P_{0,T} = \frac{X}{(1+\text{RFR})^T} - S_0 + C_{0,T} \tag{14.2}$$

$$C_{0,T} = S_0 + P_{0,T} - \frac{X}{(1+\text{RFR})^T} \tag{14.3}$$

$$S_0 = \frac{X}{(1+\text{RFR})^T} - P_{0,T} + C_{0,T} \tag{14.4}$$

式（14.2）和式（14.3）分别表明：（1）看跌期权多头的报酬可以用持有国库券多头、股票空头和看涨期权多头的投资组合来复制；（2）合成看涨期权可以用持有股票多头、看跌期权多头和国库券空头的投资组合来复制。式（14.4）表明，股票本身的报酬可以用其衍生品和国库券来生成。

这些结果在两个方面很有用。第一，如果不存在实际的看跌期权或看涨期权，这些公式表明投资者如何对其他三种资产适当"打包"来获得其需要但无法获得的现金流模式。例如，假设不存在 WYZ 股票的看跌期权，但存在 WYZ 股票的看涨期权。图表 14-18 显示了复制了最终报酬的投资组合在日期 0 和日期 T 的现金流。结合该图表的两个部分，初始投资 $[X(1+\text{RFR})^{-T} - S_0 + C_{0,T}]$ 导致了不小于零的最终现金流，且只要 $X > S_T$，它就等于 $X-S_T$。以更传统的方式表示，合成看跌期权在到期日的报酬为 $\max[0, X-S_T]$。

图表 14-18　复制看跌期权

A. 初始时（日期 0）的净投资	
投资组合	
买入 1 只国库券	$X(1+\text{RFR})^{-T}$
卖出 1 股 WYZ 股票	$-S_0$
买入 1 份看涨期权	$C_{0,T}$
净投资	$X(1+\text{RFR})^{-T}-S_0+C_{0,T}$

B. 期权到期时（日期 T）的投资组合价值		
投资组合	（1）如果 $S_T \leqslant X$	（2）如果 $S_T > X$
买入 1 只国库券	X	X
卖出 1 股 WYZ 股票	$-S_T$	$-S_T$
买入 1 份看涨期权	0	S_T-X
净头寸	$X-S_T$	0

在实践中使用这些看跌期权-看涨期权平价公式的第二种方式是找出套利机会。即使确实存在衍生品，如果其现金流和风险可以复制，这也可能导致实际衍生品的价格不同于复制投资组合的净成本。在上例中，可以通过成本为 2.25（＝48.51－53＋6.74）美元的合成策略或以 2.51 美元购买实际看跌期权来获得日期 T 的 $\max[0,50-S_T]$ 分布。

这与我们之前在设计涉及实际国库券和合成国库券的套利交易时看到的 0.26 美元价格差异相同。看跌期权套利是在买入复制投资组合（国库券多头、股票空头和看涨期权多头）时卖出实际看跌期权，这与我们在图表 14-17 中的国库券套利中使用的一组交易相同。这强调了重要的一点，即看跌期权-看涨期权平价模型只允许我们用相对方式而非绝对方式来表述证券价值。尽管我们可以改变对估值错误的工具（例如，国库券与看跌期权）的看法，但市场低效的真正根源来自分析看跌期权价格和看涨期权价格之差与股票价格和国库券价格的关系。因此，套利交易需要包括全部四种证券。

14.3.4　调整股利的看跌期权-看涨期权-现货平价

看跌期权-看涨期权-现货平价模型的另一个扩展涉及向 WYZ 股票的股东支付股利。假设在图表 14-16 中列出的基本投资组合中，WYZ 股票在期权即将在日期 T 到期之前支付了股利，并且在开始投资时知道这笔股利的金额。通过此次调整，股票多头的终值将为 S_T+D_T，而看跌期权和看涨期权的最终报酬仍分别为 $\max[0,X-S_T]$ 和 $\max[0,S_T-X]$，因为两只衍生品的持有者不会直接参与向股东支付的股利的分配。[①] 因此，最初以 $S_0+P_{0,T}-C_{0,T}$ 的价格购买的投资组合在日期 T 的净价值为 $X+D_T$。

---

① 支付股利和不支付股利的股票的看涨期权在到期日的报酬都可以表示为 $\max[0,S_T-X]$ 并不意味着两者将产生相同金额的现金流。这是因为在前一种情况下，股票价值会因支付股利而减少，而在后一种情况下则不会。因此，支付股利的股票的看涨期权价值将低于其他条件相同但不支付股利的股票的看涨期权价值。我们将在第 16 章更全面地探讨这个问题。

由于股利支付在日期 0 是已知的，因此持有 WYZ 股票多头、看跌期权多头和看涨期权空头的投资组合可以被视为等同于现在面值为 $X+D_T$ 的国库券。这使式（14.1）可以进行如下调整：

$$S_0 + P_{0,T} - C_{0,T} = \frac{X+D_T}{(1+\mathrm{RFR})^T} = \frac{X}{(1+\mathrm{RFR})^T} + \frac{D_T}{(1+\mathrm{RFR})^T}$$

这可以解释为：

股票多头＋看跌期权多头＋看涨期权空头＝国库券多头＋股利现值多头

或者，按以下方式重新排列该结果通常更有用：

$$\left\{S_0 - \frac{D_T}{(1+\mathrm{RFR})^T}\right\} + P_{0,T} - C_{0,T} = \frac{X}{(1+\mathrm{RFR})^T}$$

这种形式的公式可以直接与无股利看跌期权-看涨期权-现货平价的结果进行比较，并且该公式表明当前股价必须向下调整，调整幅度等于股利现值。当初始股票价格为 53 美元，6 个月期国库券的年化无风险利率为 6.25% 时，恰好在执行价格为 50 美元的看涨期权和看跌期权到期前支付 1 美元股利将导致以下理论价差：

$$C_{0,0.5} - P_{0,0.5} = \left\{53 - \frac{1}{(1+0.062\,5)^{0.5}}\right\} - \frac{50}{(1+0.062\,5)^{0.5}} = 3.52（美元）$$

该价值不同于无股利股票期权的平价差异，之前我们显示了后者为 4.49 美元。因此，支付股利使看涨期权相对于看跌期权的价格降低了 0.97 美元，这是 1 美元现金分配的贴现金额。

14.3.5 看跌期权-看涨期权-远期平价

假设我们在日期 0 没有在现货市场上购买股票，而是持有远期合约多头，这允许我们在日期 T 购买一股 WYZ 股票。在日期 0 确定了该买价为 $F_{0,T}$。和以前一样，我们假设该交易由买入看跌期权和卖出看涨期权作为补充，每笔交易都有相同的执行价格和到期日。图表 14-19 总结了该头寸的初始现金流和最终现金流。

图表 14-19 看跌期权-看涨期权-远期平价

A. 初始时（日期 0）的净投资		
投资组合		
买入 1 股 WYZ 股票	0	
买入 1 份看跌期权	$P_{0,T}$	
卖出 1 份看涨期权	$-C_{0,T}$	
净投资	$P_{0,T}-C_{0,T}$	
B. 期权到期时（日期 T）的投资组合价值		
投资组合	（1）如果 $S_T \leqslant X$	（2）如果 $S_T > X$
买入 1 股 WYZ 股票	$S_T - F_{0,T}$	$S_T - F_{0,T}$
买入 1 份看跌期权	$X - S_T$	0
卖出 1 份看涨期权	0	$-(S_T - X)$
净头寸	$X - F_{0,T}$	$X - F_{0,T}$

B 部分显示，这也是一个无风险投资组合。然而，其现金流模式存在两个重要差异。第一，净初始投资 $P_{0,T}-C_{0,T}$ 远小于在现货市场上购买股票时的初始投资。第二，无风险最终报酬 $X-F_{0,T}$ 也小于之前情况下的最终报酬，因为现在股票是在日期 T 而不是在日期 0 购买的。这种直观认识得出了看跌期权-看涨期权-远期平价条件：

$$P_{0,T}-C_{0,T}=\frac{X-F_{0,T}}{(1+\text{RFR})^T}=\frac{X}{(1+\text{RFR})^T}-\frac{F_{0,T}}{(1+\text{RFR})^T} \tag{14.5}$$

该结果意味着，在有效市场中，只有 $X=F_{0,T}$ 时，看跌期权价格和看涨期权价格才相等。也就是说，尽管看跌期权-看涨期权平价结果对任何联合执行价格都成立，但只有一个 X 值不会对期权组合产生净成本，这就是现行远期合约价格。前面曾经提到，例如，当 WYZ 股票不支付股利时，理论上正确的 $C_{0,0.5}$ 和 $P_{0,0.5}$ 差值为 4.49（＝53-48.51）美元。因此，如果投资者以 50 美元的联合执行价格买入看涨期权并卖出看跌期权，则相当于在6个月后以 50 美元的价格购买 WYZ 股票的远期合约。[①] 然而，她必须为该安排支付 4.49 美元，这表明 50 美元是低于市场价格的远期合约价格。50 美元低于现行远期合约价格多少？它是以 6.25％的现行无风险利率计算出的 4.49 美元的终值。因此，在这种情况下，无套利远期合约价格应为 54.63[＝50+4.49×(1+0.062 5)^{0.5}] 美元。

看待该结果的另一种方法是将看跌期权-看涨期权-远期平价条件中的 $(P_{0,T}-C_{0,T})$ 公式插入看跌期权-看涨期权-现货平价条件：

$$S_0+\left\{\frac{X}{(1+\text{RFR})^T}-\frac{F_{0,T}}{(1+\text{RFR})^T}\right\}=\frac{X}{(1+\text{RFR})^T}$$

该式可以简化为：

$$S_0=\frac{F_{0,T}}{(1+\text{RFR})^T}$$

在没有支付股利的情况下，请注意股票的现货价格应该只是在远期市场上购买相同证券的贴现价值。该式可以改写为等价公式 $F_{0,T}=S_0(1-\text{RFR})^T$。在上例中，WYZ 股票远期合约的市场出清（无净初始成本）价格应为 $F_{0,0.5}=53\times(1+0.062\ 5)^{0.5}=54.63$ 美元。最后，在支付股利时，可以将看跌期权-看涨期权-远期平价条件插入调整股利后的看跌期权-看涨期权-现货平价条件，得到：

$$\left\{S_0-\frac{D_T}{(1+\text{RFR})^T}\right\}=\frac{F_{0,T}}{(1+\text{RFR})^T}$$

因此，如果在 6 个月后远期合约到期前刚刚支付了 1 美元股利，远期合约价格将下调至 $F_{0,0.5}=53\times(1+0.062\ 5)^{0.5}-1=53.63$ 美元，以考虑支付给实际股东而非衍生品持有者的股利。

---

① 这种解释随后指出，当 $S_T>50$ 时将执行看涨期权多头，而当 $S_T\leqslant50$ 时将对投资者执行看跌期权空头。因此，投资者的净期权头寸将产生与持有合约价格为 50 美元的远期多头相同的结果。该结果的一般化表述为，只要投资者持有相同执行价格和到期日的相同基础股票的一份看涨期权和一份看跌期权，以下公式就成立：执行价格为 X 的看涨期权多头＋执行价格为 X 的看跌期权空头＝执行价格为 X 的远期多头。同样，卖出看涨期权并买入看跌期权将产生合成远期空头。

14.4   投资组合管理中的衍生品应用简介

除了作为独立投资提供的独特风险-收益特征以外，衍生品还被广泛用于重组现有投资组合。通常，这种重组的目的是改变投资组合的风险。在本节中，我们回顾了股票头寸管理中的三种主要衍生品应用：卖出远期合约、购买**保护性看跌期权**和购买**股票领式期权**。

14.4.1   用远期合约重组投资组合

假设一家小型公司养老基金的经理目前用她的所有可投资资金购买了旨在跟踪标准普尔 500 指数的充分分散化股票投资组合。采用这种指数化策略是因为这位经理认为，她无法通过选择表现优异的个股来增加价值。然而，她认为，通过在她当前持有的股票和模拟不同资产类别（例如，固定收益证券、现金等价物）的其他几个投资组合之间战术性转移资金，有可能利用宏观经济趋势。

过去几个月，股市稳步上涨，养老基金目前的市值为 1 亿美元。这位经理现在开始担心通货膨胀压力可能抑制公司盈利并压低股价。她还认为，不确定性将在下一季度得到解决。因此，她想在接下来 3 个月内将其资金配置从 100% 的股票转为 100% 的国库券。

她可以采取两种方法来实现这种改变。最直接的方法是卖出其股票投资组合并买入 1 亿美元（减去交易成本）的 90 天期国库券。当国库券在 3 个月后到期时，她就可以回购原来持有的股票。

第二种方法是继续持有她目前持有的股票，但使用以 1 亿美元的股票指数作为基础资产的 3 个月远期合约，将其转换为合成无风险头寸。这是对冲头寸的典型例子，其中基础资产的价格风险被互补的衍生品交易抵消。下表反映了这种对冲的基本变化：

经济事件	实际的股票风险敞口	需要的远期风险敞口
股价下跌	亏损	收益
股价上涨	收益	亏损

为了抵消股价下跌的风险，基金经理需要持有从潜在走势中受益的远期头寸。也就是说，基金经理需要一个报酬与现有风险敞口负相关的对冲头寸。正如我们在图表 14-10 中看到的，这需要投资于远期合约的空头侧。这种对冲观点与我们在第 6 章的投资组合构建分析中提出的观点相同，即总是有可能将两种完全负相关的资产组合起来，创建出无风险头寸。

第一种解决方法需要进行实际转换，与之相比，使用这种合成方法转换养老基金的资产配置通常更快、成本效益更高。例如，希尔（Hill, 1993）表明，当考虑所有交易成本（例如，交易佣金、市场影响、税收）时，实际重新平衡美国股票投资组合的平均费用约为头寸价值的 42 个基点，而用股票远期合约进行相同交易的平均费用仅为头寸价值的 6 个基点。其他国家的交易费用虽然在绝对水平上有所不同，但反映出相同的总体趋势。

要了解这种对冲策略如何发挥作用，假设在 3 个月后到期的标准普尔 500 指数远期合约的合约价格为 $F_{0,0.25} = 101$ 百万美元。[为简单起见，这个价格是相对于 100 百万美元的当前股票投资组合表示的。]对冲股票头寸在到期日的价值将为：(1) 未对冲股票投资组合的价值，加上 (2) 远期空头的价值，减去 (3) 衍生品头寸的初始成本，它在远期合约的例子中为零。图表 14-20 显示了一系列可能的股票投资组合价格下的终值。

图表 14-20　用远期空头对冲的投资组合在到期日的价值　　　　　单位：百万美元

潜在投资组合的价值	远期空头的价值	远期合约的初始成本	用远期合约对冲的净头寸
60	101−60=41	0	(60+41)−0=101
70	101−70=31	0	(70+31)−0=101
80	101−80=21	0	(80+21)−0=101
90	101−90=11	0	(90+11)−0=101
100	101−100=1	0	(100+1)−0=101
110	101−110=−9	0	(110−9)−0=101
120	101−120=−19	0	(120−19)−0=101
130	101−130=−29	0	(130−29)−0=101
140	101−140=−39	0	(140−39)−0=101

正如图表 14-20 的最后一列所示，无论股票投资组合的实际价值如何，用远期空头对冲的股票投资组合在到期日的价值均为 101 百万美元。因此，远期空头正好抵消（即完全对冲）在未来 3 个月持有股票投资组合的所有市场风险。这相当于投资组合经理在日期 0 对无风险证券投资了 100 百万美元，并确定将在 3 个月后获得 101 百万美元报酬。这也相当于拥有一只在下个季度支付 1%（=101/100−1）的收益率或年收益率为 4% 的国库券。

我们也可以通过这种合成式重组对投资组合的系统性风险（或贝塔系数）的影响来看待它。假设初始股票头寸的贝塔系数为 1.0，与某个市场投资组合替代指标的波动性匹配。买入 1 亿美元股票和卖出 1 亿美元某个股票指数的远期合约的组合将把投资组合的系统性风险部分转换为合成国库券，根据定义，该合成国库券的贝塔系数为 0。但是，一旦远期合约在 3 个月后到期，该头寸将恢复到其初始风险状况。图表 14-21 对此进行了说明。一般而言，远期空头也可以设计为允许使用股票和国库券的中间组合。为了方便观察，令 w_S 为股票配置比例，因此 $1-w_S$ 为合成无风险资产的配置比例。转换后的投资组合的净贝塔系数为股票部分和国库券部分的系统性风险的加权平均值，即：

$$\beta_P = w_S\beta_S + (1-w_S)\beta_{\mathrm{RFR}} \tag{14.6}$$

因此，如果投资组合经理希望将初始配置从 100% 为股票改为股票占 60%、国库券占 40% 的组合，她将只卖出 4 000 万美元的指数远期，从而使未对冲股票头寸总计为 6 000 万美元（$w_S=0.60$ 和 $1-w_S=0.40$）。这将使她的调整投资组合贝塔系数为 $0.6×1+0.4×0=0.6$。

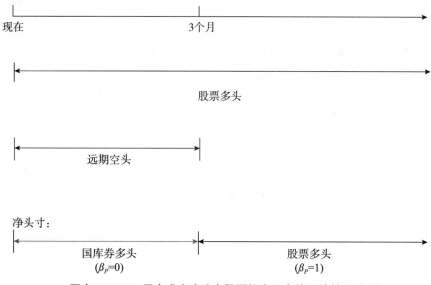

图表 14-21　用合成方式改变股票投资组合的系统性风险

14.4.2　用看跌期权保护投资组合价值

在前面的例子中,投资组合经理关心的是保护其股票投资组合免受未来 3 个月股价可能下跌的影响。然而,通过卖出股指远期合约,她实际上承诺"卖出"股票头寸,即使股价上涨她也会这样做。也就是说,通过使用具有对称报酬结构的衍生品来对冲风险,这位投资组合经理也放弃了其最初所持股票的价格上涨潜力。相反,假设她设计了一个与其股票投资组合相关的对冲头寸,如下所示:

经济事件	实际的股票风险敞口	需要的远期风险敞口
股价下跌	损失	收益
股价上涨	收益	无损失

在寻求不对称对冲时,这位投资组合经理希望有一份衍生品合约,让她可以在股价下跌时卖出股票,但在股价上涨时保留股票。正如我们所见,她必须购买看跌期权才能获得这种风险敞口。

购买看跌期权以对冲所持基础证券的价格下跌风险被称为保护性看跌期权头寸,这个例子最直接地说明了被称为投资组合保险的更一般的衍生品策略。[①] 为了代替远期空头,假设投资组合经理事先支付了 132.4 万美元的期权费,购买了基于其 1 亿美元股票投资组合的 3 个月期平价看跌期权。图表 14-22 根据基础股票投资组合在一系列不同到期日的价格,计算了该保护性看跌期权头寸的价值(扣除对冲的初始成本)。请注意,在执行价格设为等于当前投资组合价值 1 亿美元的情况下,该看跌期权正好抵消了在任何到期日的

---

① 许多研究文献都仔细研究了投资组合保险的概念和应用,例如鲁宾斯坦(Rubinstein,1985a)、巴萨克(Basak,2002)以及马莱约和普里让(Maalej and Prigent,2016)的研究。

股价下跌，同时允许头寸随着股价上涨而升值。因此，该看跌期权为经理提供了无免赔额的股价下跌保险。[1]

图表 14-22 保护性看跌期权头寸在到期日的价值　　　　单位：百万美元

潜在投资组合的价值	看跌期权的价值	看跌期权的成本	保护性看跌期权净头寸
60	$100-60=40$	-1.324	$(60+40)-1.324=98.676$
70	$100-70=30$	-1.324	$(70+30)-1.324=98.676$
80	$100-80=20$	-1.324	$(80+20)-1.324=98.676$
90	$100-90=10$	-1.324	$(90+10)-1.324=98.676$
100	0	-1.324	$(100+0)-1.324=98.676$
110	0	-1.324	$(110+0)-1.324=108.676$
120	0	-1.324	$(120+0)-1.324=118.676$
130	0	-1.324	$(130+0)-1.324=128.676$
140	0	-1.324	$(140+0)-1.324=138.676$

图表 14-22 最后一列显示的股票和看跌期权构成的投资组合的终值类似于图表 14-11 所示的看涨期权多头的报酬图。图表 14-23 显示了该报酬图，它表明买入股票和买入看跌期权产生的净报酬与持有价值"抬升"了 1 亿美元的平价看涨期权多头相同。给定上一节的看跌期权-看涨期权-现货平价结果，这应该不足为奇。事实上，无套利公式［式（14.1）］可以改写为：

$$S_0+P_{0,T}=C_{0,T}+\frac{X}{(1+\text{RFR})^T}$$

该式表明，保护性看跌期权在到期日产生的报酬与具有相同特征的看涨期权多头和面值等于期权执行价格的国库券多头之和相同。这最后一项为图表 14-23 中看涨期权报酬图的抬升部分。因此，投资组合经理可以用两种方式为其当前持有的股票提供价格保险：（1）继续持有其股票，并购买看跌期权，或（2）卖出其股票，同时购买国库券和看涨期权。她在二者之间的选择无疑将归结为对相对期权价格和交易成本等因素的考虑。

14.4.3　支付保护性看跌期权费用的另一种方式

还有第三种选择可以预防潜在的股价下跌，它既不是不购买对冲但放弃未来 3 个月的股票收益（远期空头），也不是支付可观的初始费用以保留这些潜在收益（保护性看跌期权），而是位于上述二者之间。具体而言，假设投资组合经理同时做出两个决定：第一，她决定购买一份执行价格为 9 700 万美元、初始成本较低（56 万美元）的 3 个月期价外保

---

[1]　一般来说，投资组合保险的免赔额可以定义为 S_0-X。例如，当执行价格仅为 9 500 万美元时，在投资组合价值跌至 9 500 万美元以下之前，投资组合经理不会从对冲中获得补偿；她实际上自己承担了前 500 万美元损失的风险。自然，这个免赔额越大，看跌期权的成本就越低。

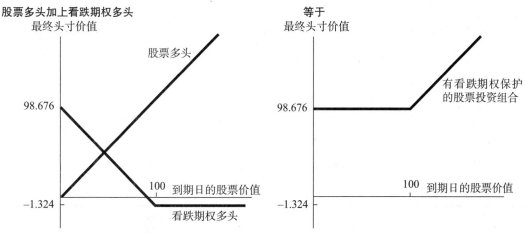

图表 14-23　被保险股票头寸的最终报酬（百万美元）

护性看跌期权。（请注意，在购买价外期权时，与当前的投资组合价值相比，该投资组合经理创造了 300 万美元的免赔额。）第二，她决定不支付现金来购买看跌期权，而是向期权交易商卖出一份执行价格为 1.08 亿美元、初始期权费为 56.0 万美元的 3 个月期看涨期权。同时买入价外看跌期权并卖出相同基础资产、到期日和市场价格的价外看涨期权的策略被称为**领式期权**。

图表 14-24 显示了在几种不同的股票投资组合终值下，投资组合经理的股票领式期权保护投资组合在到期日的结果。与远期对冲一样，这种衍生品组合没有初始费用。相反，投资组合经理放弃了投资组合的未来价格上升潜力，从而实际上购买了相同金额的所需投资组合保险。也就是说，为了在股价跌至 9 700 万美元以下时获得补偿，她同意放弃股价超过 1.08 亿美元的升值部分。与保护性看跌期权一样（与远期空头不同），她确实保留了股市上涨的部分好处。然而，这种上行收益空间止于看涨期权的执行价格。如图表 14-25 所示，这位投资组合经理在未来 3 个月对其投资组合使用了领式期权——其净价值不会跌至 9 700 万美元以下，也不会涨至 1.08 亿美元以上。在这些极值之间的任何股票投资组合终值上，两种期权都将以价外状态过期，投资组合经理或交易商都不需要支付期权结算价格。哈洛和布朗（2016）表明，与传统的投资组合策略相比，股票领式期权是更有效的风险管理工具。

图表 14-24　股票领式期权保护投资组合在到期日的价值　　单位：百万美元

潜在投资组合的价值	净期权费用	看跌期权的价值	看涨期权的价值	净领式期权保护头寸
60	0.56－0.56＝0	97－60＝37	0	60＋37＝97
70	0.56－0.56＝0	97－70＝27	0	70＋27＝97
80	0.56－0.56＝0	97－80＝17	0	80＋17＝97
90	0.56－0.56＝0	97－90＝7	0	90＋7＝97
97	0.56－0.56＝0	0	0	97＋0＝97

续表

潜在投资组合的价值	净期权费用	看跌期权的价值	看涨期权的价值	净领式期权保护头寸
100	0.56－0.56＝0	0	0	100＋0＝100
108	0.56－0.56＝0	0	0	108－0＝108
110	0.56－0.56＝0	0	108－110＝－2	110－2＝108
120	0.56－0.56＝0	0	108－120＝－12	120－12＝108
130	0.56－0.56＝0	0	108－130＝－22	130－22＝108
140	0.56－0.56＝0	0	108－140＝－32	140－32＝108

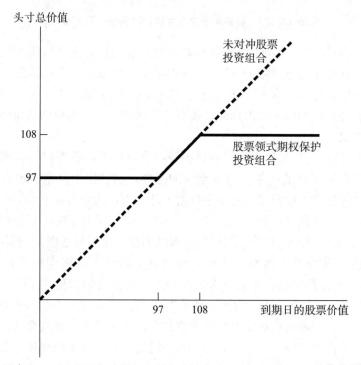

图表 14－25　股票领式期权保护投资组合在到期日的价值（百万美元）

本章小结

• 随着过去几十年衍生品在金融市场上的普及，它们已成为投资经理不可或缺的工具。尽管远期合约、期货合约和期权合约作为独立投资发挥着重要作用，但衍生品的真正优势在于它们能以具有成本效益的方式修改现有证券组合的风险-收益特征。用远期合约和期权合约重新合成投资组合有两种方法：（1）将衍生品与基础头寸组合起来，以复制另一种交易工具的现金流，（2）将衍生品与初始投资组合共同使用，创造出原本无法获得的报酬结构。

• 远期合约和期权合约可以被视为投资者为规避基础头寸的不利价格变化而持有的

保单。这些合约之间的基本区别在于投资者如何购买所需保险。具有对称最终报酬的远期合约通常不需要支付初始费用，但投资者必须接受在未来某个日期发生不利交易的可能性。期权合约提供不对称的最终报酬，但投资者必须预先支付期权费。

● 在有效的资本市场中，远期合约价格和期权合约价格之间必然存在一些明确关系。看跌期权-看涨期权平价条件描述了五种不同证券之间的关系：基础资产（例如股票）、国库券、远期合约、看涨期权和看跌期权。其中总有一种证券是多余的，因为它的现金流模式可以由其余工具复制。这引出了衍生品的另一个重要用途：套利投资。衍生品可以帮助创建现有证券的合成复制品，当合成工具和实际工具以不同价格出售时，衍生品就为投资者提供了获得无风险超额收益的可能性。

● 有几个与使用和管理衍生品相关的问题仍然有待解决，例如具体的远期、期货和期权头寸如何估值，以及投资者使用基础资产的衍生品时需要做出什么调整。这些问题将在后续章节中讨论。不过，就目前而言，重要的是理解这些工具能帮助投资者重新打包投资组合的风险和现金流。

问题

1. 在比较期货合约和远期合约时，有人说期货合约流动性更高，但远期合约更灵活。请解释这种说法的含义，并说明合约流动性和设计灵活性的差异可能如何影响投资者在这两种工具之间做出选择时的偏好。

2. 请比较和对比持有以下头寸的投资者的损益潜力：远期多头、远期空头、看涨期权多头、看涨期权空头、看跌期权多头和看跌期权空头。请指出术语"对称"和"不对称"在这种语境下的含义。

3. 您是一家中型对冲基金的经理，近期的资本市场波动引起了您的注意。尤其是，股票和债券的价格现在已经跌至您认为前所未有的诱人水平。尽管您预期在不久的将来，这些投资的价格将会上涨，但由于不可预见的赎回潮，您的对冲基金目前面临现金约束；尽管需要筹集投资资金，但"抛售"投资组合中最好的资产并不是符合现实的筹资方法。此外，您预期在大约 3 个月内不会出现来自新投资者认购和现有投资的下一轮现金流。

a. 请简要说明允许您利用预期市场反弹的两种衍生品投资策略的细节。

b. 采用这些衍生品策略代替直接现金投资有哪些好处和潜在的风险因素？

4. 作为一只充分分散化的大型学校捐赠基金的经理，您正在积极考虑采用复杂的衍生品策略，以在整体股价水平大幅下跌的情况下保护这只基金的市场价值。您的同事建议您持有：（1）标准普尔 500 指数期货合约的空头，或（2）标准普尔 500 指数看跌期权合约的多头。请逐一说明这些衍生品策略如何影响由此得到的增强捐赠基金的风险和收益。

5. 请说明为何看涨期权和看跌期权可以代表对股票市场的杠杆投资方式，并能使投资者完全对冲风险。具体而言，在什么情况下加入期权会增加现有投资组合的风险？在什么情况下加入期权会降低现有投资组合的风险？

6. 有人说，从投资者的角度来看，看涨期权多头代表远期多头"好的一半"。请解释这句话的含义。此外，请说明远期多头"坏的一半"必须是什么，才能让这种说法成立。

7.看跌期权-看涨期权-现货平价关系涉及四种不同的证券：基础资产、基础资产的看涨期权、看跌期权和国库券。请说明为何这些资产中总有一种是多余的（也就是说，它可以用其他三种资产来表示）。请讨论在这种情况下使看涨期权成为多余资产所必需的交易。

8.请说明为什么看跌期权价格和看涨期权价格之差取决于基础证券在期权有效期内是否支付股利。

9.请比较保护股票投资组合免受未来3个月价格下跌影响的三种不同方式的异同：(i) 卖出3个月期远期合约，(ii) 用现金买入3个月期平价看跌期权，或 (iii) 买入3个月期价外看跌期权并卖出3个月期价外看涨期权。具体而言，每种策略的初始成本和在到期日的报酬潜力是多少？

10.请讨论在证券投资组合中持有期权对衡量投资组合风险造成的困难。具体而言，请解释为什么标准差不足以反映看跌期权保护投资组合中的风险本质。如何修改标准差来解决这个问题？

习题

1.索菲娅公司（Sophia Enterprises）的普通股是以下衍生品的基础资产：(1) 远期合约，(2) 欧式看涨期权，(3) 欧式看跌期权。

a.假设索菲娅公司的所有衍生品均在未来相同日期到期，请对下列每个合约头寸填写以下表格：

(1) 合约价格为50美元的远期多头。

(2) 执行价格为50美元、预先支付的期权费为5.20美元的看涨期权多头。

(3) 执行价格为50美元，预先收取5.20美元期权费的看涨期权空头。

到期日的索菲娅公司股价	到期日的衍生品报酬	初始时的衍生品期权费	净利润
25			
30			
35			
40			
45			
50			
55			
60			

续表

到期日的索菲娅公司股价	到期日的衍生品报酬	初始时的衍生品期权费	净利润
65			
70			
75			

在计算净利润时，请忽略初始衍生品收支与最终报酬的时间差。

b.请以净利润为纵轴，以索菲娅公司在到期日的股价为横轴，逐一画出三个衍生品头寸的净利润。请在每张图上标出盈亏平衡（零利润）点。

c.对于上述三个头寸，请简要说明使用每个头寸的投资者对索菲娅公司股票在到期日的价格持有什么观点。

2.仍使用第1题中讨论的以索菲娅公司普通股作为基础资产的衍生品。

a.假设索菲娅公司的所有衍生品都在未来相同日期到期，请对下列每个合约头寸填写以下表格：

(1) 合约价格为50美元的远期空头。

(2) 执行价格为50美元、前期期权费支出为3.23美元的看跌期权多头。

（3）执行价格为 50 美元、前期期权费收入为 3.23 美元的看跌期权空头。

到期日的索菲娅公司股价	到期日的衍生品报酬	初始时的衍生品期权费	净利润
25	____	____	____
30	____	____	____
35	____	____	____
40	____	____	____
45	____	____	____
50	____	____	____
55	____	____	____
60	____	____	____
65	____	____	____
70	____	____	____
75	____	____	____

在计算净利润时，请忽略初始衍生品收支与最终报酬的时间差。

b. 请以净利润为纵轴，以索菲亚公司在到期日的股价为横轴，逐一画出三个衍生品头寸的净利润。请在每张图上标出盈亏平衡（零利润）点。

c. 对于上述三个头寸，请简要说明使用每个头寸的投资者对索菲娅公司股票在到期日的价格持有什么观点。

3. 假设投资者持有一股索菲娅公司的普通股，目前价值为 50 美元。她担心在接下来几个月里该股票的价值可能下跌，并希望用以下三种不同衍生品之一作为她所持股票的补充，从而对冲这种风险，所有这些衍生品都将在未来的相同时点到期：

（1）合约价格为 50 美元的远期空头。

（2）执行价格为 50 美元，前期期权费支出为 3.23 美元的看跌期权多头。

（3）执行价格为 50 美元，前期期权费收入为 5.20 美元的看涨期权空头。

a. 请使用以下表格计算投资者的组合（股票和衍生品）头寸在到期日的价值。在计算净利润时，请忽略初始衍生品收支与最终报酬的时间差。

到期日的索菲娅公司股价	到期日的衍生品报酬	初始时的衍生品期权费	组合头寸的终值
25	____	____	____
30	____	____	____
35	____	____	____
40	____	____	____
45	____	____	____
50	____	____	____
55	____	____	____
60	____	____	____
65	____	____	____
70	____	____	____
75	____	____	____

b. 对于这三个对冲投资组合，请在纵轴上画出组合头寸在到期日的价值，在横轴上画出索菲娅公司的股票在到期日的可能股价。

c. 假设期权定价公允，请使用看跌期权-看涨期权平价的概念计算价值为零的索菲娅公司股票远期合约价格（$F_{0,T}$）。

请解释为什么该值与第 a 问和第 b 问中使用的 50 美元合约价格不同。

4. 您坚信布林纳公司（Breener Inc.）的股票价格将从 137 美元的当前水平大幅上涨，并且您正在考虑购买该公司的股票。您目前有 13 700 美元可以投资。除了购买股票本身，您还有一个备选方案，即购买布林纳公司股票的看涨期权，该期权在 3 个月后到期，执行价格为 140 美元。每份看涨期权的价格为 10 美元。

a. 请比较和对比每个方案的潜在报酬

和风险的大小。

b. 假设在期权到期日，布林纳公司的股票价格（1）涨至 155 美元或（2）跌至 135 美元，请计算这两种策略的 3 个月期收益率。

c. 卖给您布林纳公司股票看涨期权的人将在什么股价水平上实现盈亏平衡？假设他尚未持有布林纳公司的股票，您能否确定看涨期权卖方可能遭受的最大损失？

5. XYZ 公司普通股目前的交易价格为 42 美元。XYZ 股票既有看跌期权又有看涨期权，每种期权的执行价格均为 40 美元，到期日正好在 6 个月后。看跌期权和看涨期权的当前市场价格分别为 1.45 美元和 3.90 美元。未来 6 个月的无风险持有期收益率为 4%，相当于年收益率为 8%。

a. 对于以下这组数据中每个可能的股票价格，请计算以下头寸在到期日的报酬（扣除初始购买价格）：（1）买入一份 XYZ 看涨期权，（2）卖空一份 XYZ 看涨期权：

20，25，30，35，40，45，
50，55，60

请以净利润作为纵轴，以到期日的可能股价作为横轴，画出这些报酬关系的图形。请指出使这些头寸分别达到盈亏平衡（产生零净利润）的价格。

b. 请使用与第 a 问相同的可能股价，计算以下头寸在到期日的报酬和利润（扣除初始购买价格）：（1）买入一份 XYZ 看涨期权，（2）卖出一份 XYZ 看涨期权。请画出这些关系的图形，并标出使这些投资达到盈亏平衡的价格。

c. 请确定看涨期权和看跌期权之间 2.45 美元的市场价格差异是否与欧式期权的看跌期权-看涨期权平价关系一致。

6. 假设商品 Z 既有交易所交易期货，也有与之相关的期权。当您翻看今天的报纸时，查到了正好从现在起 6 个月后到期

的期权的以下看跌期权价格和看涨期权价格：

执行价格 （美元）	看跌期权价格 （美元）	看涨期权价格 （美元）
40	0.59	8.73
45	1.93	—
50	—	2.47

a. 假设商品 Z 的 6 个月期期货价格为 $F_{0,0.5} = 48$ 美元，为了避免跨市场套利，执行价格为 50 美元的看跌期权的价格必须是多少？同理，请计算执行价格为 45 美元的看涨期权的"无套利"价格。在这两个计算过程中，均假设收益率曲线是平坦的，年无风险利率为 6%。

b. 执行价格为 40 美元的看跌期权和看涨期权之间应该存在的"无套利"价差是多少？当前市场价格是否满足这种价差？如果不满足，请说明如何通过套利交易利用错误定价。

7. 多斯雷捐赠基金（Dosley Endowment Fund）为多斯雷慈善信托基金（Dosley Charitable Trust）的活动提供资金支持。该捐赠基金相对较新，管理的资产规模较小。该捐赠基金的受托人采取了保守的投资策略：目前，全部 7 亿美元的资产均等比例投资于标准普尔 500 指数跟踪基金和美国国债。目前，标准普尔 500 指数跟踪基金的年股息率为 3.0%，而美国国债的年息票利率为 4.0%。作为基金经理，您预期未来 3 个月市场波动性将非常高。鉴于受托人的首要任务是保全捐赠基金的价值，因此您需要使用各种衍生品策略来保护所管理的资产。标准普尔 500 指数的当前水平为 1 000 点，美国国债的价格为 100 美元。假设当前的 3 个月期国库券利率为 1.2%。

a. 请使用以下衍生品信息，讨论可用于保护捐赠基金当前资产价值的两种衍生

品策略的详情。

	合约规模 (美元)	到期日 (美元)	当前价格 (美元)	执行价格 (美元)
标准普尔 500 指数				
看涨期权	45 000	3 个月后	21.00	1 000
看跌期权	45 000	3 个月后	18.00	1 000
期货	250 000	3 个月后	1 007.00	—
美国国债				
看涨期权	100 000	3 个月后	6.00	100
看跌期权	100 000	3 个月后	6.50	100
期货	100 000	3 个月后	103.00	—

b. 应用看跌期权-看涨期权平价关系，您应该推荐哪种衍生品策略？为什么？前面曾经提到，看跌期权价格和期货价格如下所示：

$$\text{看跌期权价格} = \text{赎回价格} - \text{证券价格} + \text{执行价格现值} + \text{基础证券收入}$$

$$\text{期货价格} = \text{基础证券价格} + (\text{国库券收入} - \text{基础证券收入})$$

8. 作为期权交易者，您一直在寻找机会进行套利交易（即您无须投入自有资本或承担风险，但仍能获利的交易）。假设您观察到 DRKC 公司股票期权的以下价格：执行价格为 60 美元的看涨期权价格为 3.18 美元，执行价格为 60 美元的看跌期权价格为 3.38 美元。这两种期权都恰好在 6 个月后到期，6 个月期国库券（面值为 100 美元）的价格为 97.00 美元。

a. 请使用看跌期权-看涨期权-现货平价条件，以图形方式说明如何使用今天交易的看跌期权、看涨期权和国库券的组合，以合成方式重新创建在 6 个月后一股 DRKC 公司股票的报酬结构。

b. 给定两种期权和国库券的当前市场价格，请计算一股 DRKC 股票的无套利价格。

c. 如果 DRKC 股票的实际市场价格为 60 美元，请证明您可以创建套利交易以利用该价差。请具体说明您需要持有的每种证券头寸以及您的利润金额。

9. 您目前管理着价值 5 500 万美元的股票投资组合，您担心在接下来 4 个月内股票价值将持平，甚至可能下跌。因此，您正在考虑两种不同的策略来对冲可能的股价下跌：（1）买入一份保护性看跌期权，（2）卖出一份抛补看涨期权（卖出基础资产与您所持股票头寸相同的看涨期权）。一位场外衍生品交易商对您的业务表示出兴趣，并为 4 个月后到期且与您的投资组合特征匹配的平价看涨期权和平价看跌期权报出了以下买价和卖价（单位为百万美元）：

	买价	卖价
看涨期权	2.553	2.573
看跌期权	1.297	1.317

a. 对于以下每个未对冲股票头寸在到期日的价值，请计算保护性看跌期权策略的终值（扣除初始费用）。

35，40，45，50，55，60，
65，70，75

b. 请画出第 a 问的保护性看跌期权净利润结构图，并说明如何使用看涨期权和国库券构建该头寸，假设无风险利率为 7%。

c. 对于上述相同到期日的每个股票价值，请计算抛补看涨期权策略的净利润终值。

d. 请画出第 c 问的抛补看涨期权净利润结构图，并说明如何使用看跌期权和国库券构建该头寸，再次假设无风险利率为 7%。

10. XLT 公司的普通股及其衍生品目前在市场上的交易价格和合约条款如下：

	价格（美元）	执行价格（美元）
股票 XLT	21.50	—
股票 XLT 的看涨期权	5.50	21.00
股票 XLT 的看跌期权	4.50	21.00

这两种期权都将在 91 天后到期，91 天期国库券的年化收益率为 3.0%。

a. 请简要说明如何构建合成国库券头寸。

b. 请使用提供的市场价格数据计算第 a 问中合成国库券的年化收益率。

c. 请说明实际国库券头寸和合成国库券头寸的收益率之差表明应该使用什么套利策略。假设一笔交易涉及 21 只实际国库券和 100 只合成国库券，请说明您可以产生的无风险净现金流。

d. 假设 XLT 公司的股票在 3 个月后到期时的交易价格为 23 美元，那么在期权到期日，该套利策略的净现金流是多少？

第15章

远期合约、期货合约和互换合约

📖 **学习目标**

阅读本章后，您应该能回答以下问题：

• 期货合约的构建方式和交易方式有哪些历史差异？

• 期货合约的保证金账户如何根据市场状况的每日变化进行调整？

• 投资者如何使用远期合约和期货合约对冲现有风险敞口？

• 什么是对冲比率？它应该如何计算？

• 远期市场和期货市场有哪些经济职能？

• 远期合约和期货合约成立后如何估值？

• 期货合约价格与基础商品或证券的当前现货价格和预期现货价格之间的关系是什么？

• 当投资者对市场状况变化持有特定观点时，如何根据这种观点使用远期合约和期货合约进行投机？

• 如何设计远期合约和期货合约来对冲利率风险？

• 什么是股指套利？它与程序化交易有什么关系？

• 如何设计远期合约和期货合约来对冲外汇风险？

• 什么是利率平价？如何构建抛补利息套利交易？

• 什么是远期利率协议和利率互换？它们如何改变固定利率证券或浮动利率证券的现金流？

• 互换市场如何运作？互换合约如何报价和估值？

正如我们在第14章中看到的，远期合约和期货合约是最直接的衍生品形式，因为它们允许投资者锁定直到以后某天才完成的交易的价格。

第一，我们现在继续沿着几条线讨论这些合约。首先，我们将仔细分析远期合约和期货合约的条款和交易机制。其次，我们将分析两个市场之间存在的重要差异，并介绍期货合约每天**盯市**的过程。最后，我们还将讨论如何使用这些合约来对冲现有头寸或预期头寸中固有的价格风险，以及如何计算**对冲比率**。

第二，我们考虑了如何在有效资本市场中对远期合约和期货合约定价。鉴于这些衍生品与股票及债券的差异，传统证券估值的概念不太适用。远期合约的估值需要指定远期合约价格与基础头寸现货价格之间的适当关系。我们得出了"无套利"结果，即远期合约价格应等于现货价格加上基础证券或商品从现在保留到未来交割日的累计成本。

第三，我们说明了使用远期合约和期货合约的几种应用。我们重点说明了对投资者尤为有用的一类合约——金融远期合约和期货合约。金融期货的基础证券包括股票指数、国债、银行存款和外币。我们将通过显示现货市场和期货市场关系的一系列例子来说明这些合约的应用。最后，我们考察了场外交易远期合约市场，例如远期利率协议、利率互换和股指挂钩互换。这些场外交易利率协议代表了过去 30 年来衍生品行业增长最快的部分之一。

15.1　远期和期货交易概述

远期合约是双方在场外交易（非交易所交易）市场上直接谈判达成的协议。远期合约的典型参与者是充当做市商的商业银行或投资银行，客户将直接与它们联系。远期合约可以根据最终用户的具体需求进行定制。期货合约要复杂一些。希望在期货市场上买入或卖出的投资者将下单给经纪商（期货佣金商），然后经纪商将订单发给交易所（交易大厅）的交易员或通过电子交易网络发给交易员。交易达成一致后，交易详情将被发送给**交易所清算所**，该清算所对交易进行登记。期货合约的最终用户从不直接与彼此交易，而是与清算所进行交易，清算所还负责监督交割过程，结算每日损益，并为整体交易提供保证。图表 5 - 1 强调了这些合同创建方式的差异。[①]

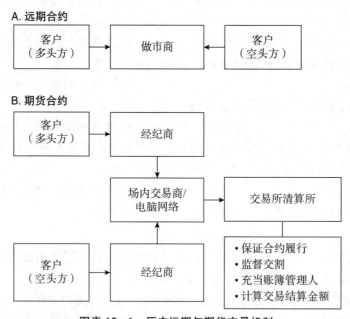

图表 15 - 1　历史远期与期货交易机制

例如，从世界上最古老的衍生品交易所——芝加哥期货交易所——成立算起，农产品期货交易的历史已有 170 多年。市场上有基于多种多样的商品和证券的期货合约，现在它们在全球 100 多家交易所进行交易。图表 15 - 2 列出了美国和世界上其他国家的主要期货

---

① 关于历史期货交易过程的详细讨论，请参见加纳（Garner，2013）的研究。

交易所按成交量的排名。请注意，全球排名前十位的交易所中只有两家位于美国，这凸显出这些期货合约是真正的全球产品。此外，图表 15-3 还显示了具有代表性的商品期货合约样本的价格和交易活动数据；本章后面将详细介绍金融期货。上述每种商品合约在相关商品金额和类型以及可以进行交割的日期方面都是标准化的。正如我们将看到的，这种标准化可能产生远期合约中不存在的重要风险。

图表 15-2　根据成交量排名的主要期货交易所　　单位：百万份合约

A. 美国的期货交易所（2016 年的数据）	
交易所名称与简称	**成交量**
芝加哥商品交易所集团：芝加哥商品交易所（CME）	1 939.9
芝加哥商品交易所集团：芝加哥期货交易所（CBT）	1 273.8
芝加哥商品交易所集团：纽约商品交易所（NYM）	618.4
洲际交易所美国期货交易所（ICE）	370.2
B. 国际期货交易所与期货交易所集团（2016 年的数据）	
交易所名称	**成交量**
印度国家证券交易所	2 119.4
俄罗斯莫斯科证券交易所	1 950.1
德国欧洲期货交易所	1 727.8
中国上海期货交易所	1 680.7
中国大连商品交易所	1 537.5
巴西证券期货交易所	1 487.3
洲际交易所欧洲期货交易所	973.9
中国郑州商品交易所	901.3
韩国交易所	693.0
印度孟买证券交易所	543.1

资料来源：Futures Industry Association，*FIA 2016 Volume Survey*（March 2017）.

15.1.1　期货合约机制

为了解释图表 15-3，下面以 2017 年 7 月 7 日在芝加哥商品交易所集团旗下的纽约商品交易所 COMEX 分部交易的黄金期货合约为例。每份合约要求多头在指定月份买入 100 金衡盎司黄金，要求空头在指定月份卖出 100 金衡盎司黄金。通常情况下，商品期货空头方可以自行决定在当月任何时间进行交割。未来五年内，每隔一个月都有到结算日期的期货合约，但表中只显示了接下来五份期货合约。在这个特定日期，对 2017 年 10 月期货合约做多的投资者（在表中灰底显示）有义务在 3 个月后以每盎司 1 213.30 美元的合约结算价格购买 100

盎司黄金。在该到期日的未平仓合约数量（未结清合约的总数）为 18 441 份。①

图表 15 - 3　商品期货报价

	开盘价	最高价	最低价	最新价	结算价	变化	成交量	未平仓合约数量
金属与能源期货								
高级铜期货（全球电子交易系统）(COMEX)								
8 月 17 日	2.650 5	2.662 0	2.638 5	2.644 5	2.641 5	−0.014 0	367	3 576
9 月 17 日	2.662 0	2.669 5	2.640 5	2.649 0	2.647 0	−0.014 5	53 574	139 961
12 月 17 日	2.677 5	2.686 5	2.659 0	2.669 5	2.665 5	−0.014 5	5 264	70 537
1 月 18 日	2.673 0	2.673 0	2.673 0	2.673 0	2.672 0	−0.014 5	1	996
黄金（全球电子交易系统）(COMEX)								
8 月 17 日	1 224.6	1 228.1	1 206.6	1 211.9	1 209.7	−13.6	311 153	283 733
9 月 17 日	1 221.7	1 228.9	1 209.8	1 213.0	1 211.4	−13.6	510	328
10 月 17 日	1 228.5	1 231.0	1 210.1	1 216.0	1 213.3	−13.6	1 944	18 441
12 月 17 日	1 232.4	1 235.0	1 214.0	1 219.5	1 216.9	−13.7	17 353	130 522
2 月 18 日	1 231.6	1 238.3	1 217.5	1 221.8	1 220.4	−13.7	503	12 561
白金（全球电子交易系统）(纽约商品交易所)								
8 月 17 日	905.0	909.0	900.0	905.2	902.0	−6.0	15	95
9 月 17 日	906.7	906.7	906.7	906.7	902.7	−6.0	2	3
10 月 17 日	911.8	918.5	901.0	909.4	904.1	−6.2	16 469	68 563
1 月 18 日	916.5	920.5	905.4	908.3	907.6	−5.8	97	3 593
白银（全球电子交易系统）(COMEX)								
8 月 17 日	16.100	16.11	15.310	15.550	15.400	−0.557	806	465
9 月 17 日	16.025	16.14	14.340	15.560	15.425	−0.558	153 255	158 741
10 月 17 日	16.175	16.19	14.440	15.675	15.525	−0.560	6 135	41 651
3 月 18 日	15.875	16.10	15.225	15.700	15.627	−0.562	355	2 370
上一交易日的布伦特原油（纽约商品交易所）								
9 月 17 日	47.98	47.99	46.28	46.80	46.71	−1.40	27 715	22 791
10 月 17 日	48.17	48.17	46.56	46.97	46.98	−1.41	8 353	7 505
11 月 17 日	48.06	48.06	47.16	47.25	47.27	−1.41	7 379	6 626
12 月 17 日	48.51	48.51	47.18	47.70	47.57	−1.40	12 919	27 403

---

① 当新客户来到交易所，当前却没有合约持有者希望出清其头寸时，就会创建新合约。如果现有客户希望对其空头平仓，但没有新客户接手，合约价格就将被提高，直到现有多头被吸引回售其协议，从而取消合约，并将未平仓合约减少 1 份。

续表

	开盘价	最高价	最低价	最新价	结算价	变化	成交量	未平仓合约数量
1 月 18 日	48.10	48.10	47.51	47.60	47.86	−1.40	3 974	7 452
燃油（全球电子交易系统）（纽约商品交易所）								
9 月 17 日	1.484 4	1.485 4	1.433 4	1.459 4	1.454 1	−0.033 9	34 477	78 521
10 月 17 日	1.492 2	1.492 2	1.442 0	1.464 8	1.461 1	−0.035 0	20 996	35 920
11 月 17 日	1.486 6	1.489 5	1.451 4	1.472 3	1.469 3	−0.035 6	11 350	25 856
12 月 17 日	1.510 0	1.510 0	1.460 4	1.481 7	1.478 1	−0.035 9	19 761	56 255
1 月 18 日	1.509 0	1.509 0	1.469 5	1.488 9	1.486 3	−0.036 1	3 746	24 245
天然气（全球电子交易系统）（纽约商品交易所）								
8 月 17 日	2.899	2.947	2.847	2.854	2.864	−0.024	151 395	280 707
9 月 17 日	2.887	2.938	2.842	2.850	2.857	−0.024	46 453	191 917
10 月 17 日	2.912	2.964	2.872	2.885	2.886	−0.022	31 599	180 280
11 月 17 日	2.971	3.019	2.934	2.945	2.947	−0.020	12 996	74 534
12 月 17 日	3.123	3.169	3.091	3.100	3.104	−0.018	10 184	65 655
1 月 18 日	3.218	3.262	3.187	3.197	3.201	−0.016	15 001	106 533
农产品与牲畜期货								
咖啡（洲际交易所期货交易所）								
9 月 17 日	129.45	129.50	126.80	128.9	128.9	−0.20	19 133	118 475
12 月 17 日	132.80	132.95	130.40	132.4	132.4	−0.20	6 008	50 817
3 月 18 日	136.25	136.40	133.85	135.8	135.8	−0.25	1 953	22 042
5 月 18 日	138.45	138.60	136.15	138.1	138.1	−0.25	1 619	14 912
棉花♯2（洲际交易所期货交易所）								
10 月 17 日	69.47	69.90	69.47	69.75	69.75	0.28	7	216
12 月 17 日	68.05	68.92	67.95	68.59	68.59	0.24	15 481	162 443
3 月 18 日	67.90	68.43	67.52	68.38	68.38	0.26	4 052	30 950
橙汁（洲际交易所期货交易所）								
9 月 17 日	136.75	136.75	131.65	133.75	133.75	−3.05	532	7 254
11 月 17 日	134.10	135.30	132.00	133.85	133.85	−2.15	87	1 765
1 月 18 日	135.75	135.80	134.05	135.20	135.20	−2.20	48	917
玉米（全球电子交易系统）（芝加哥期货交易所）								
9 月 17 日	$389\frac{3}{8}$	397	$388\frac{3}{8}$	$392\frac{1}{8}$	$392\frac{1}{8}$	2	167 382	590 669
12 月 17 日	402	409	$400\frac{5}{8}$	$404\frac{5}{8}$	$404\frac{5}{8}$	2	221 545	492 076
3 月 18 日	$411\frac{1}{2}$	418	$409\frac{5}{8}$	$413\frac{5}{8}$	$413\frac{5}{8}$	$1\frac{1}{8}$	39 643	107 010

续表

	开盘价	最高价	最低价	最新价	结算价	变化	成交量	未平仓合约数量
大豆（全球电子交易系统）（芝加哥期货交易所）								
8月17日	985	1 003$\frac{4}{8}$	983	1 001	1 001	15$\frac{2}{8}$	52 870	106 762
11月17日	999	1 017$\frac{6}{8}$	995$\frac{6}{8}$	1 015$\frac{4}{8}$	1 015$\frac{4}{8}$	16$\frac{2}{8}$	166 701	358 115
1月18日	1 006$\frac{4}{8}$	1 025$\frac{2}{8}$	1 003$\frac{4}{8}$	1 023$\frac{2}{8}$	1 023$\frac{2}{8}$	16$\frac{4}{8}$	18 576	48 618
小麦（全球电子交易系统）（芝加哥期货交易所）								
9月17日	538	545$\frac{6}{8}$	530	535	535	－4	95 454	213 010
12月17日	560$\frac{6}{8}$	567$\frac{6}{8}$	552	557$\frac{6}{8}$	557$\frac{6}{8}$	－3$\frac{4}{8}$	33 760	121 740
3月18日	577$\frac{2}{8}$	583$\frac{4}{8}$	568$\frac{4}{8}$	574$\frac{4}{8}$	574$\frac{4}{8}$	－3$\frac{4}{8}$	13 937	46 156
瘦肉猪（全球电子交易系统）（芝加哥商品交易所）								
8月17日	82.500	83.650	82.500	83.225	83.225	0.575	16 721	88 222
10月17日	70.650	71.425	70.425	70.975	70.975	0.250	12 553	78 866
12月17日	65.000	65.500	64.875	65.350	65.350	0.100	5 133	43 907
2月18日	68.325	68.900	68.325	68.875	68.875	0.150	3 163	20 918
活牛（全球电子交易系统）（芝加哥商品交易所）								
8月17日	115.250	115.850	114.350	114.775	114.775	－0.175	25 859	144 710
10月17日	114.075	114.500	113.425	113.825	113.825	－0.050	17 738	121 572
12月17日	114.575	115.100	114.125	114.600	114.600	0.050	5 817	61 153
2月18日	115.300	115.725	114.800	115.300	115.300	0.050	4 019	27 975

资料来源：TradingCharts.com（futures.tradingcharts.com）；2017年7月7日。

远期合约和期货合约之间的另一个重要区别是这两类协议如何考虑交易对手无法履行义务的可能性。远期合约可能不要求任何交易对手提供担保品，在这种情况下，双方在合约的整个有效期内都面临另一方的违约风险。相比之下，期货交易所要求每个客户在合约开始时在初始**保证金账户**中存入现金或国债。（期货交易所作为资本充足的公司，不会提供担保品以保护客户免受其违约风险的影响。）然后，该保证金账户会在每个交易日结束时根据当天的价格变化进行调整或盯市。所有未平仓头寸均调整为**结算价**，结算价由交易所在交易结束后设定，它反映了收盘价区间的中点。

盯市过程是在每个客户的保证金账户中贷记或借记每日交易损益，就好像客户已平仓一样，即使合约仍然未平仓。例如，图表15－3表明2017年10月黄金期货合约的结算价比前一个交易日下跌了13.60美元/盎司。这种价格变化使空头持有者获得了1 360美元（＝13.60美元/盎司×100盎司）收益。具体而言，如果她昨天签订了期货合约，她将承诺在10月以1 226.90美元的价格出售黄金，而她现在可以以1 213.30美元的价格买入这些黄金。因此，她的保证金账户将增加1 360美元。相反，10月份黄金期货多头方的保证金账户将减少1 360美元/份合约。为确保交易所始终有足够保护，担保品账户不得低于预先确定的维持保证金水平，它通常约为初始保证金水平的75%。如果这1 360美元的调整使多头方账户的金额低于维持保证金，他将收到**追加保证金通知**，并必须将账户恢复到初始保证金水平，否则他的账户将被迫平仓。

15.1.2 比较远期合约和期货合约

总而言之，从历史上看，远期合约和期货合约之间的主要权衡是设计灵活性与信用风险和流动性风险的权衡，如以下比较所示：

	期货合约	远期合约
设计灵活性	标准化	可以定制
信用风险	清算所风险	交易对手风险
流动性风险	取决于交易	协商退出

这些差异代表了极端情况；某些远期合约相当标准且流动性很强，而某些期货合约在协议条款方面允许有更大灵活性。此外，由于交割时一次性结算（即没有保证金账户或盯市结算），远期合约历来需要较少的管理者监督和干预——尤其是日常管理者监督和干预——这个特点对于不熟练的用户或不经常使用这些产品的用户来说通常很重要。

2008—2009 年全球资本市场下滑导致的一个有趣发展是监管机构对场外衍生品的审查增加。美国国会于 2010 年通过的《多德-弗兰克华尔街改革和消费者保护法》包含几项条款，这些条款改变了一些场外衍生品的创建和交易方式的性质。尤其是，该法案（1）赋予证券交易委员会和商品期货交易委员会监管场外衍生品交易的权力，以期提高金融体系的透明度；（2）要求对可以清算的衍生品头寸进行集中清算和交易所交易。因此，根据这些法规，远期合约的形式和功能开始更像期货合约。

15.2 远期和期货对冲

15.2.1 对冲和基差

对冲交易的目标是建立一个头寸，以抵消另一种更基础的投资头寸的价格风险。这里使用抵消而不是消除一词，是因为对冲交易旨在抵消残留在资产负债表上的风险敞口。在第 14 章中，我们用下表表示这一概念，该表假设基础风险敞口来自商品多头。

经济事件	实际商品敞口	所需对冲敞口
商品价格下跌	损失	收益
商品价格上涨	收益	损失

在这种情况下，基于相同商品的远期空头将提供所需的负价格相关性。**空头对冲**是指持有远期空头来抵补商品多头。**多头对冲**则是指持有远期多头来抵补商品空头。

任何对冲背后的基本前提都是，随着基础商品价格的变化，基于该商品的远期合约价格也会发生变化。例如，前例中的空头对冲者希望，如果她的基础资产价值下跌，远期合约价格也将下降相同金额，从而使衍生品产生用于抵消亏损的收益。因此，影响对冲交易质量的一个关键特征是现货价格和远期价格如何随时间推移而变化。

定义基差 要了解现货价格变化和远期价格变化之间的关系，建立**基差**的概念很有用。日期 t 的基差为现货价格减去在日期 T 到期的远期合约的价格：

$$B_{t,T} = S_t - F_{t,T} \tag{15.1}$$

其中：

$S_t =$ 日期 t 的现货价格；

$F_{t,T} =$ 在日期 T 到期的远期合约在日期 t 的价格。

每个交易日 t 都可能存在不同水平的基差。然而，有两件事总是成立的：第一，日期 0 的初始基差（$B_{0,T}$）是已知的，因为可以观察到当前的现货价格和远期合约价格。第二，只要远期合约的基础商品与所持资产完全匹配，日期 T 的到期基差（$B_{T,T}$）就总为零。为此，远期价格必须在远期合约到期时收敛为现货价格（$F_{T,T} = S_T$）。

再次考虑同意在日期 T 通过远期合约空头出售商品来对冲其商品多头的投资者。该组合头寸的初始价值为 $F_{0,T} - S_0$。如果投资者决定在到期前出清全部头寸（包括对冲），她将必须（1）在公开市场上以价格 S_t 卖出其商品，并（2）以新的远期合约价格 $F_{t,T}$ 回购其远期空头。[①] 在日期 t，空头套利平仓获得的利润为：

$$B_{t,T} - B_{0,T} = (S_t - F_{t,T}) - (S_0 - F_{0,T}) \tag{15.2}$$

$B_{t,T}$ 通常被称为抛补基差，因为它是对远期合约平仓或抛补时的基差。

15.2.2 了解基差风险

式（15.2）强调了一个关于对冲的重要事实。一旦形成对冲头寸，投资者将不再只是面临基础资产绝对价格变化的风险，还将面临**基差风险**，因为她的组合头寸终值被定义为抛补基差减去初始基差。请注意，在日期 0，只有抛补基差是未知的，因此她的实际风险与现货价格和远期价格的后续变化之间的**相关性**有关。如果这些变化高度相关，那么基差风险将非常小。既然 $F_{T,T} = S_T$，人们通常可以设计出一份远期合约，将基差风险降低到零。然而，当远期合约条款标准化时（这最有可能发生在期货市场上），有可能发生基差风险。

为了说明基差风险的概念，假设投资者希望在 7 月初对冲她计划在 11 月卖出的 75 000 磅咖啡多头。图表 15-3 显示，咖啡期货合约确实存在，但交割月份为 9 月或 12 月。由于每份期货合约需要交割 37 500 磅咖啡，因此她决定卖出 12 月期货合约中的两份，具体来说，她打算提前一个月平仓。假设在她开始空头对冲之日，咖啡的现货价格为每磅 1.265 5 美元，而 12 月咖啡期货合约价格为每磅 1.324 0 美元。这意味着她的初始基差为 -5.85 美分，她希望它能以一种平稳且可预测的方式朝零变化。假设当她在 11 月对组合头寸平仓时，咖啡价格下跌，使 $S_t = 1.214\,1$ 美元和 $F_{t,T} = 1.225\,5$ 美元，因而抛补基差为 -1.14 美分。这意味着基差的价值增加了，这对空头对冲者有利。她的咖啡在

---

① 下一节将介绍在到期前对远期合约或期货合约平仓的机制。

11 月的净售价为每磅 1.312 6 美元，等于现货价格 1.214 1 美元加上期货净利润 0.098 5（＝1.324 0－1.225 5）美元。请注意，这低于初始期货价格，但远高于 11 月现货价格。因此，空头对冲者通过用纯价格风险交换基差风险而受益。

尽管很难一概而论，但大量间接证据表明，最小化基差风险是大多数对冲者的主要目标。布朗和史密斯（1995）指出，尽管存在交易所交易合约，但旨在管理利率风险的场外交易产品的显著增长回应了对创建定制化解决方案的需求。然而，巴利、休姆和马特尔（Bali，Hume and Martell，2007）表明，用期货进行对冲不一定会降低公司的收益率。

15.2.3　计算最优对冲比率

在上例中，卖出两份咖啡期货合约的决定很简单，因为投资者持有的商品数量恰好是一份期货合约所抛补数量的两倍。在大多数情况下，计算适当的对冲比率或单位现货资产的期货合约数量并不是那么简单。约翰逊（1960）和卡斯特利诺（Castelino，2000）提出的方法是选择使被对冲商品头寸的净利润方差最小化的期货合约数量。

假设一个空头对冲者的头寸为买入一单位特定商品，并卖出该商品的 N 份远期合约。据此改写式（15.2），该头寸在日期 t 的净利润（Π_t）可以写为：

$$\Pi_t = (S_t - S_0) - (F_{t,T} - F_{0,T})N = \Delta S - (\Delta F)N$$

然后得出该值的方差：

$$\sigma_\Pi^2 = \sigma_{\Delta S}^2 + N^2\sigma_{\Delta F}^2 - 2N \cdot \mathrm{Cov}_{\Delta S,\Delta F}$$

其中：Cov＝现货价格变化和远期价格变化的协方差。

最小化该式并求解 N：

$$N^* = \frac{\mathrm{Cov}_{\Delta S,\Delta F}}{\sigma_{\Delta F}^2} = \left(\frac{\sigma_{\Delta S}}{\sigma_{\Delta F}}\right)\rho \tag{15.3}$$

其中：ρ＝现货价格变化和远期价格变化之间的相关系数。[1]

最优对冲比率（N^*）由现货价格总波动率和远期价格总波动率之比与 ρ 的乘积确定，以解释两者之间的系统性关系。（它相当于普通股的贝塔系数。）因此，用于对冲基础现货头寸的最佳期货合约是 ρ 值最高的期货合约。例如，如果一家服装制造商希望对冲最终购买的大量羊毛（一种不存在交易所交易期货合约的商品），应该怎么办？N^* 的公式表明，如果基于相关商品（例如棉花）的期货合约价格与羊毛价格高度相关，则有可能构建有效的**交叉对冲**。这种交叉对冲的预期基差风险可以用 $1-\rho^2$ 来衡量。最后，N^* 的值也可以通过计算因变量为 ΔS、自变量为 ΔF 的回归方程斜率来获得。[2] 在该回归方程中，ρ^2 被称为决定系数，更常见的表达方式为 R^2。

---

[1]　给定现货价格和远期价格数据，σ_Π^2 仅为一个变量（N）的函数。对 N 求微分，得到 $d\sigma_\Pi^2/dN = 2N\sigma_{\Delta F}^2 - 2\mathrm{Cov}_{\Delta S,\Delta F}$，它可以被设为零，并解出 N^*。很容易确认，该函数的二阶导数为正，所以 N^* 为令 σ_Π^2 最小的值。

[2]　一些人质疑基于回归方程的对冲比率是否足够稳定到可用于实践。弗格森和莱斯蒂科（Ferguson and Leistikow，1998）得出的结论是，它们是稳定的，尽管范、李和帕克（Fan，Li and Park，2016）表明现货价格和远期价格之间的协方差会随时间推移而变化。

15.3 远期合约和期货合约：基本估值概念

远期合约和期货合约不是证券，而是交易协议，它使基础商品或基础证券的买卖双方能锁定其交易的最终价格。它们通常不需要多头方或空头方预先付费，因此这些合约的初始市场价值通常为零。但是，一旦确定了协议条款，市场条件的变化就可能增加合同对某一方的价值。例如，如果 7 月现货市场上的大豆价格已为 10.00 美元，并且预计在接下来 2 个月内没有额外收成，那么在 5 月签订的在 9 月以每蒲式耳 9.85 美元购买大豆的合约在 7 月肯定是非常有价值的。下面将介绍期货合约和远期合约在估值方面的不同之处。

15.3.1 远期合约和期货合约的估值

假设在日期 0，您在远期市场上签订了在日期 T 以 $F_{0,T}$ 的价格购买 Q 盎司黄金的远期合约。在到期日 T 之前的日期 t，您认为您的投资组合不再需要该多头，并希望**平仓（unwind）**。这样做的一种方法是在日期 t 持有旨在抵消最初的远期多头条款的远期合约空头。也就是说，在日期 t，您同意在日期 T 以 $F_{t,T}$ 的价格出售 Q 盎司黄金。这显示在图表 15-4 的 A 部分中。因为您现在有买入和卖出 Q 盎司黄金的远期合约，因此您对日期 t 和日期 T 之间的黄金价格变化没有风险敞口。这对远期合约的损益为 $Q(F_{t,T}-F_{0,T})$。但是，这笔金额直到日期 T 才会被交换，这意味着在日期 t 出售初始远期多头时，其价值（平仓价值）将为 $Q(F_{t,T}-F_{0,T})$ 的现值，即：

$$V_{t,T}=Q(F_{t,T}-F_{0,T})\div(1+i)^{T-t} \tag{15.4}$$

其中：i＝适当的年化贴现率。

A. 远期合约
- 远期多头（$F_{0,T}$）

B. 期货合约
- 期货多头（$F_{0,T}^*$）

- 远期空头（$F_{t,T}$）
- 合约平仓价值：$V_{t,T}=Q(F_{t,T}-F_{0,T})\div(1+i)^{T-t}$

- 期货空头（$F_{t,T}^*$）
- 合约平仓价值：$V_{t,T}^*=Q(F_{t,T}^*-F_{0,T}^*)$

图表 15-4 远期合约和期货合约的平仓价值

式（15.4）表示在日期 t 到期的远期合约多头在日期 t 的价值。$V_{t,T}$ 的值可以为正也可以为负，这取决于 $F_{t,T}$ 是大于还是小于初始远期合约价格 $F_{0,T}$。此外，同一份远期合约的空头价值为 $V_{t,T}=Q(F_{0,T}-F_{t,T})\div(1+i)^{T-t}$，这进一步说明远期合约为零和博弈。例如，如果您最初同意以 $F_{0,0.5}=1\,215$ 美元的价格买入 6 个月期黄金远期，且 3 个月后新的远期合约价格为 $F_{0.25,0.5}=1\,230$ 美元，假设贴现率为 10%，那么您的头寸价值将为 1 464.68 美元 ［＝100×（1 230-1 215）÷1.1^{0.25}］。相反，初始空头的价值必然为-1 464.68 美元。

期货合约估值在概念上类似于远期合约估值，但有一个重要区别。正如我们之前看到的，期货合约是逐日盯市的，该结算金额并没有进行贴现以解释日期 t 和日期 T 之间的差额。也就是说，期货合约在日期 t 的价值只是期货在建仓日和平仓日（或抛补日）的未贴现价差乘以期货合约数量，如图表 15-4 的 B 部分所示，且：

$$V_{t,T}^* = Q(F_{t,T}^* - F_{0,T}^*) \tag{15.5}$$

其中：* ＝相同商品在同一时点的远期价格和期货价格不同的可能性。

考克斯、英格索尔和罗斯（Cox, Ingersoll and Ross，1981）表明，如果短期利率［式（15.4）中的 i］已知，则 $F_{0,T}^*$ 和 $F_{0,T}$ 将相等，但在其他情况下不一定相等。

通常，对于同时有远期市场和期货市场的商品和证券，$F_{0,T}^*$ 和 $F_{0,T}$ 之间存在差异，但差异通常很小。康奈尔和雷因格纳姆（Cornell and Reinganum，1981）发现，外汇市场的远期价格和期货价格之间几乎没有具有经济意义的差异，而帕克和陈（Park and Chen，1985）的研究显示，某些农产品和贵金属的期货价格显著高于类似的远期价格。格林布拉特和杰加迪西（Grinblatt and Jegadeesh，1996）的研究显示，欧洲美元远期和欧洲美元期货的价格差异是后者的定价错误造成的，但这种错误定价已逐渐消除。

15.3.2　现货价格和远期价格的关系

现货价格和远期价格在任何时点上的关系通常是比如何对远期合约估值更具挑战性的问题。我们可以通过一个例子来理解对这种关系的直观认识：您已在日期 0 同意在日期 T 向交易对手交割 5 000 蒲式耳玉米。您应该收取的公允价格（$F_{0,T}$）是多少？看待这个问题的一种方法是考虑您履行该义务需要支付多少价格。如果您等到日期 T 在现货市场上购买玉米，那么您就有了投机性头寸，因为当您承诺卖出价格时，您的买入价格（S_T）是未知的。

假设您现在以每蒲式耳 S_0 的当前现货价格购买玉米并将其储存起来，直到您必须在日期 T 交割为止。您愿意承诺的远期合约价格必须足够高，以弥补（1）玉米的当前成本和（2）储存玉米直至远期合约到期的成本。通常，这些存储成本（此处表示为 $\mathrm{SC}_{0,T}$）可能涉及多个因素，包括为实际存储商品所支付的手续费（$\mathrm{PC}_{0,T}$）和最初购买基础资产的融资成本（$i_{0,T}$）但减去在日期 0 和日期 T 之间拥有该资产所收到的现金流（$D_{0,T}$）。因此，在没有套利机会的情况下，远期合约价格应等于当前现货价格加上将资产保留至未来交割日所必需的**持有成本**：

$$F_{0,T} = S_0 + \mathrm{SC}_{0,T} = S_0 + (\mathrm{PC}_{0,T} + i_{0,T} - D_{0,T}) \tag{15.6}$$

请注意，即使投资者没有借入在日期 0 购买商品所需的资金，$i_{0,T}$ 也可以解释为将自身金融资本投入交易的机会成本。

这种持有成本模型在实践中很有用，因为它适用于很多种情况。一方面，某些商品（例如玉米或牛）可以进行实体储存，但成本巨大。此外，这些资产都不支付定期现金流。在这种情况下，很可能出现 $F_{0,T} > S_0$，此时市场被认为处于**期货溢价（contango）**状态。另一方面，普通股没有储存成本，但通常会派发股利。这种现金流有时可能使基差为正（$F_{0,T} < S_0$），这意味着 $\mathrm{SC}_{0,T}$ 可能为负。$\mathrm{SC}_{0,T}$ 可能小于零还有另一个原因。对于某些不支付股利的可储存商品，当现在拥有该商品存在溢价时，可能会出现 $F_{0,T} < S_0$。这种溢价被称为**便利收益（convenience yield）**，是在日期 0 的商品供给少于在日期 T 的预期供给

（例如作物收获之后）所导致的。（在图表15-3中，棉花满足这个条件。）尽管它非常难以量化，但便利收益可以被视为潜在的负存储成本，其原理类似于 $D_{0,T}$。$F_{0,T}<S_0$ 的期货市场被称为**现货溢价（backwardated）**市场。

式（15.6）暗示相同时间的远期价格和现货价格之间应该存在直接关系。一个相关问题涉及 $F_{0,T}$ 与远期合约到期时的预期现货价格 $[E(S_T)]$ 之间的关系。这种关系有三种可能性。首先，纯预期假说认为，平均而言，$F_{0,T}=E(S_T)$，因此期货价格可以作为对未来现货价格的无偏预测。如果这一假说属实，那么期货价格就为相关市场的参与者提供了重要的价格发现功能。其次，$F_{0,T}$ 可能小于 $E(S_T)$，凯恩斯（Keynes，1930）和希克斯（Hicks，1939）认为，只要空头对冲者的数量超过多头对冲者，就会出现这种情况。在这种情况下，将需要风险溢价（表现为较低的远期合约价格）来吸引足够数量的多头投机者。这种情况被称为正常现货溢价。最后，当相反情况成立时，具体来讲，即当 $F_{0,T}>E(S_T)$ 时，则会出现正常期货溢价。

15.4　金融远期和金融期货：应用与策略

最初，远期和期货市场主要围绕玉米和小麦等农产品交易。尽管这些产品的市场依然强劲，但最重要的近期发展是使用金融证券作为合约的基础资产。图表15-5显示，全球成交量最大的衍生品合约均以金融证券为基础资产。在本节中，我们将详细介绍三种不同类型的金融远期和金融期货：利率远期和期货、股指远期和期货以及外汇远期和期货。

图表15-5　以成交量排名的主要全球衍生品合约类别

合约的基础资产	2016年的成交量（百万份）	2015年的成交量（百万份）
股票指数	7 117.5	8 339.6
个股	4 557.9	4 944.7
利率	3 514.9	3 251.1
外汇	3 077.8	2 797.2
农产品	2 214.1	1 410.9
能源产品	1 931.9	1 639.7
非贵金属	1 877.3	1 280.9
贵金属	312.1	316.7
其他	616.3	820.0

资料来源：Futures Industry Association，*FIA 2016 Volume Survey*（March 2017）.

15.4.1　利率远期和期货

利率远期和期货是最早将金融证券指定为基础资产的衍生品之一。要了解最常见的交易所交易工具的细微差别，有必要根据它们是涉及长期利率还是短期利率来进行区分。

15.4.2　长期利率期货

中长期国债期货合约的机制　芝加哥期货交易所的美国中长期国债期货合约是所有金融期货合约中最常见的。中期国债期货和长期国债期货的交割日期都在 3 月、6 月、9 月和 12 月。图表 15-6 显示了 2017 年 7 月·7 日这些期货合约的一组代表性报价。

图表 15-6　长期国债期货与中期国债期货的报价

	开盘价	最高价	最低价	最新价	结算价	变化	成交量	未平仓合约数量
美国长期国债（全球电子交易系统）（芝加哥期货交易所）								
9 月 17 日	$152^{09}/_{32}$	$152^{12}/_{32}$	$151^{18}/_{32}$	$151^{21}/_{32}$	$151^{21}/_{32}$	$-0^{20}/_{32}$	273 433	727 663
12 月 17 日	$150^{26}/_{32}$	151	$150^{11}/_{32}$	$150^{13}/_{32}$	$150^{13}/_{32}$	$-0^{21}/_{32}$	40	189
3 月 18 日	—	$149^{22}/_{32}$	$149^{22}/_{32}$	$149^{22}/_{32}$	$149^{22}/_{32}$	$-0^{21}/_{32}$	0	0
10 年期中期国债（全球电子交易系统）（芝加哥期货交易所）								
9 月 17 日	$125^{01}/_{64}$	$125^{07}/_{64}$	$124^{51}/_{64}$	$124^{54}/_{64}$	$124^{54}/_{64}$	$-0^{09}/_{64}$	1 454 435	3 079 463
12 月 17 日	$124^{41}/_{64}$	$124^{45}/_{64}$	$124^{28}/_{64}$	$124^{30}/_{64}$	$124^{30}/_{64}$	$-0^{09}/_{64}$	1 256	8 986
5 年期中期国债（全球电子交易系统）（芝加哥期货交易所）								
9 月 17 日	$117^{074}/_{128}$	$117^{086}/_{128}$	$117^{060}/_{128}$	$117^{063}/_{128}$	$117^{063}/_{128}$	$-0^{008}/_{128}$	625 958	3 011 110
12 月 17 日	$117^{035}/_{128}$	$117^{037}/_{128}$	$117^{014}/_{128}$	$117^{014}/_{128}$	$117^{014}/_{128}$	$-0^{009}/_{128}$	391	3 179
3 月 18 日	—	$116^{111}/_{128}$	$116^{111}/_{128}$	$116^{111}/_{128}$	$116^{111}/_{128}$	$-0^{009}/_{128}$	0	0
2 年期中期国债（全球电子交易系统）（芝加哥期货交易所）								
9 月 17 日	108	$108^{006}/_{128}$	$107^{124}/_{128}$	$107^{126}/_{128}$	$107^{126}/_{128}$	$-0^{001}/_{128}$	276 327	1 392 387
12 月 17 日	—	$107^{110}/_{128}$	$107^{110}/_{128}$	$107^{110}/_{128}$	$107^{110}/_{128}$	$-0^{001}/_{128}$	0	0

资料来源：TradingCharts.com（futures. tradingcharts. com）；2017 年 7 月 7 日。

在芝加哥期货交易所交易的长期国债期货和中期国债期货都要求交割面值为 100 000 美元的相应国债。对于长期国债期货，任何到期期限为 15～25 年的国债均可用于交割。期限为 6.5～10 和 4.17～5.25 年的国债可分别用于履行 10 年期国债期货合约和 5 年期国债期货合约。交割可在到期月份的任何一天进行，期货合约最后一个交易日为当月月底前 7 个工作日。

机械地理解，长期国债期货和中期国债期货的报价流程是一样的。例如，灰底标出的 2017 年 9 月长期国债期货合约的结算价格为 $151^{21}/_{32}$，表示面值的 151.656 25%，即 151 656.25 美元。该期货合约价格比前一天的结算价格下跌了 20 个最小报价单位，这意味着多头的保证金账户减少了 100 000 美元的 $^{20}/_{32}$%（即 625 美元），其中债券价格每变化 1/32，就等于变化了 31.25（=1 000÷32）美元。

虽然长期国债期货和中期国债期货被称为利率期货，但多头方和空头方实际上是就基础债券的价格达成协议。但是一旦确定了该价格，收益率就将被锁定。在报出收益率时，它仅仅是作为参考，并假设息票利率为 6％，到期期限为 20 年。2017 年 9 月的长期国债期货合约的结算收益率为 2.654％，它可以通过求解以下债券公式中的内部收益率来确定：

$$1\ 516.562\ 5 = \sum_{t=1}^{40} \frac{30}{(1+i/2)^t} + \frac{1\ 000}{(1+i/2)^{40}}$$

该定价公式考虑了国债每半年付息一次的事实。因此，息票利率为 6％ 的 20 年期国债将支付 40 次息票利息，每次支付的利率为 3％。因此，该期货合约多头方实际上在 7 月同意在 9 月购买收益率为 2.654％ 的 20 年期国债。如果在 9 月，20 年期国债的实际收益率低于 2.654％（即国债价格高于 151 626.25 美元），那么多头方做出的是明智的决定。因此，该期货多头的价值将随着价格上涨和利率下降而增加，随着利率上升导致价格下降而减少。[①]

基于久期的对冲方法　在第 13 章中，我们强调了计算久期的主要好处是它能通过以下公式将利率变化与债券价格变化联系起来：

$$\frac{\Delta P}{P} \approx -D \frac{\Delta(1+i/n)}{1+i/n}$$

我们还看到，该式更方便的表达方式是：

$$\frac{\Delta P}{P} \approx -\frac{D}{1+i/n}\Delta(1+i/n) = -D_{mod}\Delta(i/n)$$

其中：D_{mod}＝债券的修正久期。

在本章前面，我们指出，对冲的目标是选择一个对冲比率（N），使 $\Delta S - \Delta F(N) = 0$，其中 S 为当前的基础资产现货价格，F 为当前的期货合约价格。改写该式，得到：

$$N^* = \frac{\Delta S}{\Delta F}$$

或者用修正久期来表示该关系式：

$$N^* = \frac{\Delta S}{\Delta F} = \frac{\frac{\Delta S}{S}}{\frac{\Delta F}{F}} \times \frac{S}{F} = \frac{-D_{mod\,S} \times \Delta(i_S/n)}{-D_{mod\,F} \times \Delta(i_F/n)} \times \frac{S}{F}$$

这得到：

$$N^* = \frac{D_{mod\,S}}{D_{mod\,F}} \times \beta_i \times \frac{S}{F} \tag{15.7}$$

其中：β_i＝收益率的贝塔系数。

收益率的贝塔系数也被称为这两种证券的收益率变化之比，其中 n 为每年的支付期数（例如，$n=2$ 表示债券每半年付息一次）。请考虑下表中每年付息一次（$n=1$）的固定收益证券：

---

① 由于长期国债期货和中期国债期货允许用许多不同工具交割，因此卖方自然会选择最便宜的可交割国债。芝加哥期货交易所使用**转换系数**来校正可交割国债的息票利率差异和期限差异。相关详细信息请参阅拉布斯泽斯基、卡姆拉特和吉布斯（Labuszewski, Kamradt and Gibbs, 2013）的研究。

证券	息票利率（%）	期限（年）	收益率（%）
A	8	10	10
B	10	15	8

对冲证券 A 需要多少证券 B？这可以分三步来回答。

首先，使用第 13 章中介绍的方法，每个头寸的久期为：

$$D_A = 7.043\ 9，因此\ D_{mod\ A} = 7.043\ 9 \div 1.10 = 6.403\ 6（年）$$

$$D_B = 8.856\ 9，因此\ D_{mod\ B} = 8.856\ 9 \div 1.08 = 8.200\ 9（年）$$

其次，假设收益率的贝塔系数为 1（$\beta_i = 1$）；这通常是通过观察 10 年期和 15 年期的历史收益率曲线变化计算出来的。

最后，假设面值为 100，很容易确认证券 A 的当前价格为 87.71，证券 B 的当前价格为 117.12。因此，基于久期的对冲比率为：

$$N^* = \frac{6.403\ 6}{8.200\ 9} \times 1 \times \frac{87.71}{117.12} = 0.584\ 7$$

即每持有 1 单位证券 A 的多头，就持有 0.584 7 单位证券 B 的空头。

国债期货申请：对冲融资承诺　4 月下旬，一家美国公司的资金主管正在安排一笔价值 1 亿美元的 15 年期融资。该公司准备在 6 月下旬发行新债券，但他担心 4 月至 6 月期间利率可能上升，从而增加该公司的融资成本。他决定在长期国债期货市场上以空头对冲该风险，如果利率上升，这些空头将会升值。

如果今天发行债券，该公司的信用状况将导致 15 年期间的融资成本为 8.25%。他知道 6 月长期国债期货合约的交易价格为 83‑16，收益率为 7.62%，且距到期时间为 10 年以上的债券的收益率往往以平移方式变化，因此他认为收益率的贝塔系数为 1.0 是合适的。此外，这位资金主管还意识到，长期国债期货不能对冲该公司相对于无风险利率的风险溢价的变化；他将不得不承受这种基差风险。

如果他计划以面值发行新债券，今天需要卖出多少份长期国债期货合约？假设国债和公司债券均为每半年付息一次，则它们的久期可以使用第 13 章所示的封闭式公式计算：

$$D_{公司债券} = \frac{1.041\ 25}{0.041\ 25} - \frac{1.041\ 25 + [30 \times (0.041\ 25 - 0.041\ 25)]}{0.041\ 25 \times (1.041\ 25^{30} - 1) + 0.041\ 25} = 17.74（期）$$

且

$$D_{国债} = \frac{1.038\ 1}{0.038\ 1} - \frac{1.038\ 1 + [40 \times (0.03 - 0.038\ 1)]}{0.03 \times (1.038\ 1^{40} - 1) + 0.038\ 1} = 22.22（期）$$

这些统计数据以半年为单位，因此对冲比率使用的术语与给债券定价时使用的术语相同。我们可以按以下公式计算修正久期：公司债券的修正久期 $D_{mod\ C} = 17.04 (= 17.74 \div 1.041\ 25)$ 和国债的修正久期 $D_{mod\ T} = 21.40 (= 22.22 \div 1.038\ 1)$。最后，由于每份长期国债期货合约的面值均标准化为 100 000 美元，因此资金主管可以计算出最优的期货合约卖出数量：

$$期货合约数量 = \frac{17.04}{21.40} \times 1.0 \times \frac{100\ 000\ 000}{83\ 500} = 953.6\ 或\ 954（份）$$

15.4.3　短期利率期货

短期利率期货已成为交易所交易市场中的一个快速扩张的部分。目前，投资者可以利用其对冲以多种货币（例如美元、日元、欧元）表示的多种不同货币市场利率（例如LIBOR、联邦基金利率）的风险敞口。图表 15－7 显示了截至 2017 年 7 月 7 日欧洲美元利率期货和联邦基金利率期货的一组代表性报价。在以下分析中，我们将重点关注欧洲美元利率期货。

图表 15－7　欧洲美元利率期货（LIBOR）与联邦基金利率期货的报价

	开盘价	最高价	最低价	最新价	结算价	变化	成交量	未平仓合约数量
欧洲美元利率期货（全球电子交易系统）（芝加哥商品交易所）								
8 月 17 日	98.670	98.680	98.670	98.680	98.675	0.005	8 204	58 058
9 月 17 日	98.640	98.660	98.630	98.655	98.650	0.015	218 322	1 482 699
12 月 17 日	98.515	98.530	98.505	98.530	98.525	0.015	314 399	1 808 736
3 月 18 日	98.415	98.425	98.400	98.420	98.415	0.005	189 180	1 137 063
6 月 18 日	98.330	98.345	98.315	98.335	98.325	—	201 173	1 081 725
9 月 18 日	98.250	98.260	98.225	98.245	98.240	—	200 843	1 052 215
12 月 18 日	98.145	98.170	98.125	98.145	98.135	−0.005	261 809	1 338 740
30 天期联邦基金利率期货（全球电子交易系统）（芝加哥期货交易所）								
8 月 17 日	98.840	98.845	98.840	98.845	98.845	—	14 067	179 274
9 月 17 日	98.830	98.835	98.825	98.835	98.835	0.005	17 370	75 774
12 月 17 日	98.730	98.745	98.725	98.740	98.740	0.010	8 808	77 253
1 月 18 日	98.685	98.695	98.680	98.695	98.695	0.010	40 272	210 283

资料来源：TradingCharts.com（futures. tradingcharts. com）；2017 年 7 月 7 日。

欧洲美元利率期货的机制　自从 20 世纪 80 年代初推出以来，在芝加哥商品交易所交易的欧洲美元利率期货取得了巨大成功。按照 3 月、6 月、9 月、12 月的周期，该利率期货每月均有一个短暂时期可进行交割。现在，其最远的交割日期在未来 10 年后。最终交易日和结算日是交割月第三个星期三之前以伦敦时间计算的第二个工作日。

假设一份欧洲美元利率期货要求多头方在到期日向空头方的银行账户存入 1 000 000美元的 90 天期银行存款。与刚刚介绍的国债期货不同，该利率期货要求所有未清偿债务以现金结算。它的基础利率为 3 个月（90 天）期 LIBOR，后者是以 360 天为计算基础的银行附加收益率＊。2017 年 9 月欧洲美元利率期货的挂牌结算价格为 98.65，它并非实际

＊　附加收益率（add-on yield）是反映年已实现利息与初始本金关系的收益率指标，与贴现率有所区别。两者之间的关系式为：附加收益率＝$\dfrac{贴现率}{1-\dfrac{距到期天数}{年}×贴现率}$。附加收益率常用于以欧洲美元等为基础进行交易的货币市场工具。——译者注

买价，而只是用 100 减去 1.35 的实际结算收益率得出的指数。欧洲美元利率期货使用该结算价格指数，因为它很方便地保留了价格和收益率之间的反比关系。因此，当价格上涨时，该利率期货的多头方将受益——而当价格下跌时，空头方将受益——尽管重要的是基础利率的反向变化。

如果该利率期货的价格指数变化一个"最小价格变化单位"（即 0.015），则利率期货本身的价格将变化 25 美元（＝1 000 000 美元×0.000 1×90/360），这被称为头寸的基点价值。因此，2011 年 9 月利率期货价格上涨 1.5 个最小价格变化单位意味着 LIBOR 较前一日结算价格下跌 1.5 个基点。这将使在前一天收盘时买入多头的人受益，因为他将锁定 2017 年 9 月至 2017 年 12 月这 90 天期间的借款成本，而该成本现在比市场利率水平低 1.5 个基点。事实上，该利率期货的所有买方在保证金账户中的每份期货合约都获得了 37.50 美元（＝25 美元×1.5 个最小价格变化单位）收益。

短期利率期货的未来应用：创建合成固定利率融资　假设 3 月 15 日，一位银行信贷员正在考虑一项投资计划：向一家大型制造公司发放 2 000 000 美元的贷款。该计划将持续一年，并每季度基于 LIBOR 重新设定支付利率。在计划阶段，LIBOR 的收益率曲线如下所示：

90 天期 LIBOR	5.00％
180 天期 LIBOR	5.10％
270 天期 LIBOR	5.20％
360 天期 LIBOR	5.30％

鉴于债务市场的浮动利率交易结构惯例，她知道前 3 个月的贷款收入将基于现行利率（5.00％），并可在 90 天后获得该收入。她担心的是，接下来三个季度的贷款收入可能跌至无法接受的水平。因此，她考虑使用欧洲美元期货市场来对冲其风险敞口。

在分析期货合约报价之前，她使用本章附录中显示的货币市场隐含远期利率公式计算了当期收益率曲线隐含的远期利率：

$$_{180}\text{IFR}_{90}=\frac{0.051\times180-0.050\times90}{180-90}\times\frac{1}{1+\frac{90\times0.050}{360}}=5.14\%$$

$$_{270}\text{IFR}_{180}=\frac{0.052\times270-0.051\times180}{270-180}\times\frac{1}{1+\frac{180\times0.051}{360}}=5.27\%$$

$$_{360}\text{IFR}_{270}=\frac{0.053\times360-0.052\times270}{360-270}\times\frac{1}{1+\frac{270\times0.052}{360}}=5.39\%$$

她查看了相关欧洲美元利率期货合约的报价，并发现：

合约到期日	结算价格
6 月	94.86
9 月	94.73
12 月	94.61

期货结算价格显示 LIBOR 期货合约利率与隐含远期利率相同，表明现货市场和期货

市场之间不存在套利可能。

为了锁定 2 000 000 美元贷款的收入，她将买入两份 6 月期货合约、两份 9 月期货合约和两份 12 月期货合约，从而构建一份条式（strip）欧洲美元利率期货合约多头。有了这些头寸，她的季度利息收入将固定在以下水平：

$$6 月的收入 = 2\,000\,000 \times \frac{0.050\,0 \times 90}{360} = 25\,000（美元）$$

$$9 月的收入 = 2\,000\,000 \times \frac{0.051\,4 \times 90}{360} = 25\,700（美元）$$

$$12 月的收入 = 2\,000\,000 \times \frac{0.052\,7 \times 90}{360} = 26\,350（美元）$$

$$（明年）3 月的收入 = 2\,000\,000 \times \frac{0.053\,9 \times 90}{360} = 26\,950（美元）$$

尽管这些现金流入是预先固定下来的，但每季的现金流入金额明显不同。然后，她问了自己以下问题：这一系列收入意味着每季的年金支付金额是多少？该金额是下式的解：

$$\frac{25\,000}{1 + \frac{0.050 \times 90}{360}} + \frac{25\,700}{1 + \frac{0.051 \times 180}{360}} + \frac{26\,350}{1 + \frac{0.052 \times 270}{360}} + \frac{26\,950}{1 + \frac{0.053 \times 360}{360}}$$

$$= \frac{年金}{1 + \frac{0.050 \times 90}{360}} + \frac{年金}{1 + \frac{0.051 \times 180}{360}} + \frac{年金}{1 + \frac{0.052 \times 270}{360}} + \frac{年金}{1 + \frac{0.053 \times 360}{360}}$$

求解该年金公式，得出的值为 25 989.38 美元。因此，以年化百分比表示时，年金收入为：

$$\frac{25\,989.38}{2\,000\,000} \times \frac{360}{90} = 5.198\%$$

15.4.4 股指期货

在本节中，我们将考虑股指期货交易的基础知识，并讨论股指期货的两种应用，包括一种常用的计算机辅助交易形式，即股指套利。

股指期货合约的基本原理　与利率期货一样，股指期货最初旨在为基础金融资产的变化提供对冲。正如第 4 章所述，股指期货合约的基础金融资产是假想出来的，在实践中并不存在，因此无法用于交割以结算期货合约。因此，股指期货只能以现金结算，类似于欧洲美元利率期货合约。

图表 15-8 列出了多个股票指数的期货合约报价，这些股票指数包括道琼斯工业平均指数、日经 225 指数、标准普尔 500 指数和罗素 1000 指数。代表其他全球市场的股指［例如，富时 100 指数（英国）、DAX30 指数（德国）、欧洲斯托克 50 指数］期货合约交易活跃，但未显示在该表中。例如，7 月计划在接下来的 9 月购买股票的投资者可以买入 2017 年 9 月的标准普尔 500 股指期货多头，来对冲最终股票买价上涨的风险。假设结算价格为 2 422.60 美元，他有义务在 9 月第三个星期五的前一天支付 605 650（=2 422.60×250）美元，在理论上购买 250 股标准普尔 500 指数。最小合约价格变化为 0.10 个指数点，相当于 25 美元。因此，如果期货合约结算日期的实际指数水平为 2 424.80 点，多头方将获得 550 美元收益，即 25 美元乘以 22 个最小价格变化单位［=（2 424.80−2 422.60）÷0.10］，从

而降低了他所需股票头寸的净买价。最后请注意，标准普尔 500 股指期货合约还有"迷你"版，它只要求在理论上买入或卖出 50 股该股指。

图表 15-8　股指期货报价

	开盘价	最高价	最低价	最新价	结算价	变化	成交量	未平仓合约数量
道琼斯股指期货迷你版（5 美元）（全球电子交易系统）（芝加哥期货交易所）								
9 月 17 日	21 279	21 377	21 264	21 370	21 370	90	106 494	129 530
12 月 17 日	21 252	21 331	21 225	21 329	21 329	89	58	209
3 月 18 日	—	21 294	21 294	21 294	21 294	89	1	10
纳斯达克 100 股指期货迷你版（芝加哥商品交易所）								
9 月 17 日	5 598.5	5 676.50	5 591.5	5 657.25	5 655.75	59	266 248	290 424
12 月 17 日	5 604.5	5 681.25	5 602.5	5 662.50	5 662.00	59	240	921
3 月 18 日	5 667.0	5 686.25	5 667.0	5 676.00	5 670.50	59	4	37
日经 225 指数日元期货（芝加哥商品交易所）								
8 月 17 日	—	—	—	20 180	20 010	130	—	2
9 月 17 日	19 885	20 055	19 825	20 020	20 020	130	37 838	72 617
12 月 17 日	19 805	19 805	19 805	19 805	19 890	130	1	22
罗素 1000 指数期货迷你版（洲际交易所期货交易所）								
9 月 17 日	1 337.5	1 344.0	1 336.2	1 344.0	1 344.0	10.7	782	8 172
12 月 17 日	1 343.6	1 343.6	1 343.5	1 343.5	1 343.5	10.7	—	1
罗素 2000 指数期货迷你版（洲际交易所期货交易所）								
9 月 17 日	1 400	1 417.1	1 399.4	1 414.2	1 414.2	13.9	137 268	562 719
12 月 17 日	1 403	1 415.1	1 401.0	1 413.3	1 413.3	13.9	12	116
标准普尔 500 指数期货（芝加哥商品交易所）								
9 月 17 日	2 414.3	2 422.6	2 412.0	2 422.6	2 422.6	14.2	2 631	44 829
12 月 17 日	—	2 421.9	2 421.9	2 420.6	2 420.6	14.2	30	226
3 月 18 日	—	2 420.3	2 420.3	2 419.0	2 419.0	14.2	30	30

资料来源：TradingCharts.com（futures.tradingcharts.com）；2017 年 7 月 7 日。

股指期货估值和指数套利　股指期货通常用于将整个股票投资组合转换为合成无风险头寸，以利用现货市场和期货市场的股票之间的明显错误定价。这种策略通常被称为**股指套利**，它是更广义的一类计算机辅助交易形式（被称为程序化交易）中最突出的例子。假设在日期 0，投资者（1）以 S_0 的价格买入了代表基础股票指数的股票投资组合，并且（2）以 $F_{0,T}$ 的价格卖出了一份股指期货（到期日为 T）。同时，还假设投资者以 RFR 的无风险利率借入多头所需资金。在日期 t 平仓时，净利润（Π）如下式所示：

$$\Pi = (F_{0,T} - F_{t,T}) + (S_t - S_0 - S_0 \mathrm{RFR}_t + S_0 d_t)$$

$$=(F_{0,T}-F_{t,T})+[S_t-S_0(1+\text{RFR}-d_t)]$$

其中：$d_t=$构成指数的股票在日期 0 至日期 t 之间的股息率。

投资者在该股指期货空头对冲中获得的利润将由两部分组成：期货头寸的净差额和基础股指头寸的净差额（加上借款成本并减去从最初买入的股票投资组合中获得的股利之后）。

现在假设投资者持有股票投资组合多头直至期货合约到期（日期 $t=T$），因此期货价格和股指水平将收敛至 $F_{T,T}=S_T$，这意味着空头对冲利润（Ⅱ）公式为：

$$\Pi=F_{0,T}-S_0-S_0(\text{RFR}_t-d_T)$$

如前所述，RFR_t-d_T 被称为净持有成本。

如果在日期 0 股息率已知，则该头寸为无风险头寸，且不需要初始投资。因此，在两个市场都进行交易的套利者之间的买卖应确保 Ⅱ=0。在日期 0 设定的期货价格将为：

$$F_{0,T}=S_0+S_0(\text{RFR}_t-d_T) \tag{15.8}$$

如前所述，如果 $\text{RFR}_t-d_T<0$，或者当持有股票获得的股利超过借款成本时，期货价格可能被设为低于指数的现货价格（现货溢价市场）。

为了说明这种平价关系，假设投资者可以以 2 250.00 美元的价格购买一股标准普尔 500 指数，且持有期的股息率和无风险利率分别为 1.5% 和 2.5%。于是，6 个月期标准普尔 500 指数期货的合约价格应为：

$$F_{0,0.5}=2\ 250+2\ 250\times(0.025-0.015)=2\ 272.50(\text{美元})$$

现在假设投资者通过（1）以 2 250.00 美元的价格买入指数，并（2）以 2 272.50 美元的价格卖出期货构建了一份空头对冲。如果投资者持有该头寸至到期，那么投资者在不同到期日的标准普尔 500 指数水平下的利润将如图表 15-9 所示。请注意，无论到期日的指数水平如何，投资者的净利润都保持不变：

$$56.25\div2\ 250=2.5\%$$

这是假设的借款成本。

图表 15-9 股指期货估值示例

	到期时的标准普尔 500 指数				
	2 220	**2 240**	**2 260**	**2 280**	**2 300**
期货净利润	52.50	32.50	12.50	(7.50)	(27.50)
指数净利润	(30.00)	(10.00)	10.00	30.00	50.00
股利	33.75	33.75	33.75	33.75	33.75
净利润	56.25	56.25	56.25	56.25	56.25

实施指数套利策略 股指与股指期货的平价条件不成立会如何？假设在上例中，6 个月期标准普尔 500 指数期货的实际合约价格为 2 275.50 美元［即 $F_{0,T}>S_0+S_0(\text{RFR}_t-d_T)$］。于是，投资者可以执行以下套利交易：（1）以 2 275.50 美元的价格卖空股指期货，（2）以 2.5% 的利率借款，在 2 250.00 美元的价格上购买股指，并（3）持有该头寸直至到期，获得 33.75 美元的股利，然后卖出股票以偿还贷款。投资者在到期时的净利润将为：

$$2\ 275.50-2\ 250-2\ 250\times(0.025-0.015)=3.00(\text{美元})$$

但是，由于这种策略是无风险的（即事先知道股票的卖价和股利），并且没有使用投资者的自有资金，因此当假设该利润弥补了交易成本时，它是套利利润。如果实际股指水平为 $F_{0,T} < S_0 + S_0(RFR_t - d_T)$，则可以逆转之前的策略：（1）以 $F_{0,T}$ 的价格买入股指期货，（2）以 RFR_t 的利率借款并以 S_0 的价格卖空股指，并（3）在期货合约到期日抛补头寸。事实上，指数套利是一种常见的交易形式。

这种交易活动的一个重要副作用是股指期货价格将趋于接近其理论水平。这是因为针对期货结算价格过低（过高）的套利策略是买入（卖空）股指期货，当成交量足够大时，这会将价格调整到正确方向。图表 15 - 10 比较了全球多个股票指数（包括标准普尔 500 指数、道琼斯工业平均指数和日经 225 指数）的最近期期货合约的实际价格和理论价格。在所有市场上，这一天的定价误差均未超过 1%，且所有期货合约的平均定价误差不到 1% 的 1/10。这些数值支持了股指期货市场非常有效的观点。

点击（#）监测现货与期货的日内价差（基差）

股指期货分析
公允价值

代码：N	现货价格	期货价格	理论期货价格	公允价值	基差	定价错误百分比
1）美洲						
4）道琼斯工业平均指数	21 432.94	21 387.00	21 370.12	−62.82	−45.94	+0.079%
5）标准普尔500指数	2 431.00	2 428.80	2 427.22	−3.78	−2.20	+0.065%
6）纳斯达克100指数	5 696.55	5 702.25	5 696.88	0.34	5.70	+0.094%
7）标准普尔400中盘股指数	1 749.40	1 749.70	1 748.25	−1.15	0.30	+0.083%
8）标准普尔/多伦多证券交易所综合指数	892.45	889.10	889.90	−2.55	−3.35	−0.090%
9）墨西哥证券交易所指数	50 633.96	50 765.00	51 231.02	597.06	131.04	−0.910%
2）欧洲						
10）富时100指数	7 370.03	7 309.00	7 304.92	−65.11	−61.03	+0.056%
11）富时欧洲绩优股100指数	N.A.	7 309.00	N.A.	N.A.	N.A.	N.A.
12）CAC40指数	5 164.64	5 171.50	5 164.94	−0.70	5.86	+0.127%
13）DAX指数	12 445.92	12 451.00	12 437.86	−8.06	5.08	+0.106%
14）阿姆斯特丹交易所指数	512.05	512.65	511.98	−0.07	0.60	+0.131%
15）瑞士市场指数	8 943.84	8 937.00	8 931.08	−12.76	−6.84	+ 0.066%
3）亚太						
16）日经225指数（OSE）	20 080.98	20 080.00	20 067.85	−13.13	−0.98	+0.061%
17）日经225指数（SGX）	20 080.98	20 075.00	20 067.85	−13.13	−5.98	+0.036%
18）东证指数	1 615.48	1 616.00	1 614.93	−0.55	0.52	+0.066%
19）标准普尔/澳大利亚证券交易所200指数	5 724.44	5 683.00	5 671.02	−53.41	−41.44	+0.211%

点击（#）〈指数〉FVD，了解公允价值分析详情

澳大利亚 61 2 9777 8600　巴西 5511 2395 9000　欧洲 44 20 7330 7500　德国 49 69 9204 1210　中国香港 852 2977 6000
日本 81 3 3201 8900　新加坡 65 6212 1000　美国 1 212 318 2000　版权归彭博财经所有，2017年
SN 335716 CDT GMT-5:00 H444-1446-2 2017年7月10日 13:33:34

图表 15 - 10　全球股指期货的实际价格和理论价格
资料来源：版权归彭博有限合伙企业所有，2017 年。

实证倾向于支持这一观点，尤其是在考虑了交易成本和其他实际交易情况之后。康奈尔（1985）发现，市场越成熟，股指期货价格越接近其模型值，这与指数套利通过稳定现货价格和期货价格来降低波动性的理念是一致的。此外，博尔、扎尔姆和舒普利（Bohl, Salm and Schuppli，2011）说明了现货价格和期货价格之间的这种关系如何促进价格发现过程。

股指期货应用：分离出非系统性风险　在第 14 章中，我们说明了股指期货如何改变充分分散化投资组合的系统性风险。当投资者持有个股时，这个过程可以分离出公司的独特属性。前面曾经提到：

$$股票总风险＝系统性风险＋非系统性风险$$

其中，系统性风险约占典型公司总风险的 $25\%\sim50\%$。因此，使用股指期货将股票的贝塔系数调整为零，实际上分离出了总风险中的非系统性风险。

要了解其原理，假设您在 7 月初拥有跨国制药公司法默科公司（Pharmco Inc.）的 75 000 股股票。法默科公司股票的当前价格为 41.00 美元，您计算出该公司的贝塔系数为 0.99。您愿意投资于该股票，是因为该公司有优秀的管理层，但您担心在接下来几个月里，总体股票市场可能经历一次相当大的调整，这可能会抵消公司股票特有的收益。

为保护自己，您决定卖出 9 月标准普尔 500 指数期货合约，该指数期货合约目前的结算价格为 2 422.60 美元。在这个价格下，单份指数期货合约的价值为 605 650 美元。您的法默科公司股票的当前价值为 3 075 000 美元。由于股票的贝塔系数可以定义为 $\beta(=\sigma_{\Delta S}\div\sigma_{\Delta F})$，因此用以前得出的最优对冲比率公式可以得到：

$$N^{*}=\left[\frac{现货头寸的市场价值}{期货合约隐含的价值}\right]\beta$$
$$=\frac{3\ 075\ 000}{605\ 650}\times0.99=5.03$$

所以您决定卖空五份股指期货合约。

现在假设到 9 月中旬您的期货头寸到期时，标准普尔 500 指数收于 2 372.60 点，而法默科公司股票的价格已涨至 41.75 美元。虽然您持有的普通股只获得了微薄的利润（56 250 美元，或 1.8%），但您也将从期货头寸交易中获得 $62\ 500[=5\times(2\ 422.60-2\ 372.60)\times250]$ 美元的利润。您的总收益为 118 750 美元，以占初始投资的百分比表示，相当于法默科公司股票有 3.9% 的非系统性升值。请注意，该升值百分比与法默科公司股票 1.8% 的总增长率之差等于股指期货头寸 2.1%（$=2\ 372.6\div2\ 422.6-1$）的跌幅。

15.4.5　外汇远期和外汇期货

无论是在现汇市场还是远期市场，外汇交易通常都会交杂使用特有术语和市场惯例。我们将从概述这些产品的部分基本特征开始对货币衍生品的分析。

货币交易机制　外汇市场与其他任何市场都是买卖双方协商以固定现货价格交换特定金额的预先确定的某种商品，在这方面它们没有什么不同。外汇交易的难度在于所涉及的"商品"是别国货币。这意味着可以通过两种方式看待交易。例如，假设 A 公司同意向 B 公司支付 100 美元以换取 50 英镑。A 公司是买入英镑（GBP）还是卖出美元（USD）?[①] 两者都是正确的，这取决于人们的视角。

由于这种双重解释，所有外汇交易的价格也可以按两种方式报价。假设 A 公司是一家美国公司，它可能会将该交易视为以 100 美元的成本购买 50 英镑，这将得到价格为 2.000 0（＝100/50）美元/英镑。这种外汇报价方法被称为直接报价法或美式报价法。根据该惯例，英镑（即从美国公司角度看的外币）被视为商品，其单位价格以美元表示。如果 B 公

[①] 货币交易者通常使用三个字母的缩写来表示特定货币。部分最常见的缩写为 USD（美元）、CAD（加元）、GBP（英镑）、JPY（日元）、CHF（瑞士法郎）和 EUR（欧元）。更完整的货币缩写列表请参阅加斯蒂诺和克里茨曼（Gastineau and Kritzman，2001）的研究。

司是一家英国公司，其经理可能会根据他们买入美元所必须支付的英镑金额来看待价格，即 0.500 0 英镑/美元。将美元视为商品的外汇报价方法为间接报价法或欧式报价法。直接报价和间接报价互为倒数。

图表 15-11 显示了一组具有代表性的外汇报价。每种货币旁边都列出了两个价格。第一列数字报告了当日交易一单位该货币的美元价格（直接报价）。例如，当日新西兰元的现行价格为 0.728 50 美元。第二列数字以间接报价显示了同一个价格（例如，1.372 68＝1÷0.728 50）。因此，我们可以通过设计现货外汇交易的条款来满足交易对手的特定需求。

图表 15-11 现货货币与远期货币报价

货币	美元/货币	货币/美元
欧元	1.140 30	0.876 96
1 个月远期	1.142 13	0.875 56
3 个月远期	1.145 86	0.872 71
6 个月远期	1.151 81	0.868 20
英镑	1.289 50	0.775 49
1 个月远期	1.290 79	0.774 72
3 个月远期	1.293 28	0.773 23
6 个月远期	1.296 97	0.771 03
瑞士法郎	1.037 88	0.963 50
挪威克朗	0.119 45	8.371 50
日元	0.008 78	113.930 00
1 个月远期	0.008 79	113.766 70
3 个月远期	0.008 81	113.463 00
6 个月远期	0.008 85	112.937 00
澳元	0.760 60	1.314 75
新西兰元	0.728 50	1.372 68
港元	0.128 00	7.812 70
加拿大元	0.776 46	1.287 90
墨西哥比索	0.055 13	18.138 40
智利比索	0.001 50	667.600 00

资料来源：TradingCharts. com（forex. tradingcharts. com），Investing. com（www. investing. com/currencies/），作者计算所得：2017 年 7 月 7 日。

外汇市场的另一个重要方面是，尽管许多货币都在现汇市场上交易，但也有一小部分货币有远期交易报价。在这些货币中，只有欧元、英镑和日元有远期合约。这些远期合约是在场外交易市场上与货币交易商（例如跨国银行）协商订立的，期限为未来 1 个月、3 个月和 6 个月。例如，如果交易立即完成，希望购买欧元的投资者将支付 1.140 30 美元/欧元；如果交易现在已协商完毕但将在 30 天后完成，则投资者将支付 1.142 13 美元/欧元；如果交易将在 90 天或 180 天后完成，则投资者分别需要支付 1.145 86 美元/欧元或 1.151 81 美元/欧元。

在这种情况下，交割欧元的时间距离现在越远，欧元的美元价格就越高，这时称美元对欧元的交易价格为**远期折价**。反过来，则称欧元对美元的交易价格为**远期溢价**。这种关系取决于被比较的货币。在这组报价中，美元对远期市场上的所有三种货币均以远期折价交易。我们将看到，一种货币相对于另一种货币是折价还是溢价取决于两国投资收益率的相对水平。

图表 15-12 列出了 2017 年 7 月 7 日在芝加哥商品交易所交易的交易所交易外汇期货合约的报价样本。每份涉及美元的期货合约都遵循美元为本国货币单位、外币为商品的惯例，这意味着所有价格均使用直接报价法报价。这些期货合约也被标准化，以在未来特定日期交割一定单位的外币。例如，在该日期商定的 2017 年 9 月欧元期货合约要求多头方以 1.144 45 美元/欧元的价格买入 125 000 欧元，并要求空头方以 1.144 45 美元/欧元的价格交割 125 000 欧元。按照惯例，芝加哥商品交易所的所有外汇期货都在规定交割月份的第三个星期三到期，并可以用外币电汇结算。

图表 15-12　外汇期货报价

	开盘价	最高价	最低价	最新价	结算价	变化	成交量	未平仓合约数量
澳元（全球电子交易系统）（芝加哥商品交易所）								
8 月 17 日	0.757 9	0.76	0.757 6	0.759 8	0.76	0.001 9	137	317
9 月 17 日	0.757 7	0.761 7	0.756 5	0.759 9	0.759 6	0.001 8	74 535	96 333
12 月 17 日	0.756	0.759	0.756	0.758 3	0.758 7	0.001 8	14	1 457
英镑（全球电子交易系统）（芝加哥商品交易所）								
8 月 17 日	1.297 2	1.297 8	1.289	1.289 7	1.289 7	−0.009 1	172	371
9 月 17 日	1.299 9	1.300 3	1.289 4	1.290 8	1.291	−0.009 1	98 729	192 761
12 月 17 日	1.303 2	1.303 5	1.293 7	1.294 8	1.294 6	−0.009	80	1 578
3 月 18 日	1.304 8	1.304 8	1.304 8	1.304 8	1.298 3	−0.009 2	4	287
加元（全球电子交易系统）（芝加哥商品交易所）								
8 月 17 日	0.770 7	0.778	0.769 8	0.777 15	0.776 9	0.004 85	91	195
9 月 17 日	0.771 45	0.778 5	0.770 45	0.777 35	0.777 25	0.004 8	86 655	147 778
12 月 17 日	0.771 45	0.779 2	0.771 45	0.777 8	0.777 9	0.004 75	292	4 554
欧元（全球电子交易系统）（芝加哥商品交易所）								
8 月 17 日	1.144 2	1.146 15	1.140 1	1.142 1	1.142 4	−0.002	674	1 573
9 月 17 日	1.146 4	1.148 2	1.142 15	1.144 35	1.144 45	−0.002	200 596	419 291
12 月 17 日	1.152	1.153 65	1.148 1	1.149 75	1.150 1	−0.002 05	1 297	3 953
3 月 18 日	1.157	1.157 95	1.154	1.154 35	1.156 15	−0.002 1	66	721

续表

	开盘价	最高价	最低价	最新价	结算价	变化	成交量	未平仓合约数量
日元（全球电子交易系统）（芝加哥商品交易所）								
8 月 17 日	0.884 05	0.884 75	0.877 7	0.879 25	0.878 6	−0.005 7	415	496
9 月 17 日	0.886 3	0.886 75	0.878 4	0.880 5	0.879 9	−0.005 7	182 104	219 991
12 月 17 日	0.889 45	0.889 45	0.882 75	0.884 3	0.883 75	−0.005 7	52	604
墨西哥比索（全球电子交易系统）（芝加哥商品交易所）								
8 月 17 日	—	—	—	0.054 84	0.054 99	0.000 62	—	64
9 月 17 日	0.054 11	0.054 89	0.054 01	0.054 68	0.054 69	0.000 62	44 065	210 382
12 月 17 日	0.053 77	0.053 91	0.053 77	0.053 91	0.053 93	0.000 62	19	61
瑞士法郎（全球电子交易系统）（芝加哥商品交易所）								
9 月 17 日	1.045 4	1.046 1	1.040 4	1.041 6	1.041 8	−0.003 4	19 550	37 649
12 月 17 日	—	1.050 6	1.050 6	1.050 6	1.048	−0.003 5		250
3 月 18 日	—			1.047 1	1.054 8	−0.003 6		17

资料来源：TradingCharts.com（futures.tradingcharts.com）；2017 年 7 月 7 日。

外汇期货的应用：抛补利息套利　**利率平价**一词规定了现汇汇率和远期汇率与每种货币的利率水平之间的"无套利"关系。通过一个例子可以最清楚地看到这种关系。假设某位机构投资者有 100 000 美元可以投资 1 年，并且正在考虑两种不同的无风险投资方案。第一种策略需要买入美国国库券。假设 1 年期实际美元无风险利率为 4.50%，因此直接投资于国库券将在 12 个月后收回 104 500 美元。

对于第二种策略，假设投资者也可以在现汇市场上以 1.20 澳元/美元（相当于 0.833 3 美元/澳元）的汇率卖出 100 000 美元，总共获得 120 000 澳元。我们假设该金额可以按 7.00% 的利率投资于澳大利亚无风险证券，到年底收回 128 400 澳元。为了使这种策略的收益率与第一种策略相当，必须将澳元兑换回美元。但是，如果在投资结束时协商货币折算汇率，投资者将面临外汇风险，因为他在日期 0 不知道日期 T 的澳元/美元汇率。因此，要使第二种策略无风险，投资者必须签订在年底将澳元兑换回美元的远期合约。1 年期期货合约中日期 0 的汇率必须为多少，才能让这两种策略对投资者而言无差异？

图表 15-13 描绘了这些投资。套利观点的本质是 1 年期远期汇率必须使 104 500 美元等于 128 400 澳元，这意味着间接报价的澳元远期汇率为 1.228 7（=128 400÷104 500）澳元/美元，或直接报价的澳元远期汇率为 0.813 9 美元/澳元。这是一个盈亏平衡值，因为在该汇率下，当两者兑换为同一种货币时，美国 4.50% 的投资收益率等于澳大利亚 7.00% 的投资收益率。也就是说，澳大利亚的投资收益率必须"减少"250 个基点，才能让投资者对这两种策略无差异。之所以出现这种减少，是因为投资者要投资以澳元计价的证券，必须以 0.833 3 美元/澳元的价格买入澳元，但必须在期货市场上以 0.813 9 美元/澳元的较低价格将其回售。

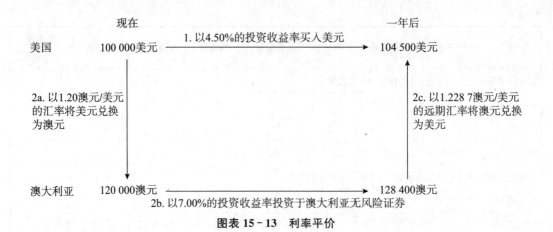

图表 15-13　利率平价

如果实际的 1 年期期货合约汇率高于该盈亏平衡水平——例如，1.25 澳元/美元——那么货币兑换损失将超过 250 个基点，使基于美元的策略是利润最高的选择，因此这种套利是可能的。在这个例子中，套利者可以进行以下交易：

（1）以 7.00% 的利率借入 120 000 澳元，并同意在一年后偿还 128 400 澳元。

（2）在现汇市场上以 1.20 澳元/美元的汇率卖出外币；收到 100 000 美元。

（3）以 4.50% 的收益率投资 100 000 美元；1 年后收到 104 500 美元。

（4）以 1.25 澳元/美元的价格卖出 104 500 美元远期；并同意收到 130 625 澳元。

（5）偿还澳元贷款；收到 2 225 澳元的净利润。

这种策略被称为**抛补利息套利**，因为套利者将始终持有以期货市场上交割成本最低的货币计价的证券。套利头寸在获得最大净利息收入的同时对冲或抛补了不利外汇变化。在实践中，参与抛补利息套利策略的交易者利用了银行利率（例如 LIBOR）进行借款或贷款，这给这种策略注入了少量信用风险。

对于采用间接报价的汇率（外币/美元），利率平价隐含的远期汇率和现汇汇率之间的一般关系为：

$$\frac{F_{0,T}}{S_0} = \frac{1+(\text{RFR}_{FC})\left(\frac{T}{365}\right)}{1+(\text{RFR}_{USD})\left(\frac{T}{365}\right)} \qquad (15.9)$$

其中：

RFR_{USD} ＝美国的年化无风险利率；

RFR_{FC} ＝外国市场的年化无风险利率；

T ＝从联合结算期货头寸和现货头寸至这些头寸到期的天数。

在最后一个例子中，$T=365$，因此 $1.228\ 7 \div 1.20 = 1.07 \div 1.045$。

式（15.9）定义了在日期 0 现汇汇率、远期汇率、美国投资收益率和外国投资收益率四种不同价格之间的关系。如果市场协调一致，那么当 $\text{RFR}_{FC} > \text{RFR}_{USD}$ 时，$F_{0,T}$ 将大于 S_0，而当 $\text{RFR}_{FC} < \text{RFR}_{USD}$ 时则相反。在间接报价法下，$F_{0,T} > S_0$ 意味着外币对美元为远期折价。换言之，投资收益率最低的国家的货币应以远期溢价交易。从直观上看，为了阻止投资流向收益率最高的国家，高利率国家的外汇远期价值将下降。

15.5 场外交易远期合约

15.5.1 利率合约

旨在管理投资者或发行人的利率风险的远期产品存在极其活跃的场外交易市场。[①]

远期利率协议 远期利率协议是最基本的场外交易利率远期合约。签订远期利率协议的双方现在同意在未来根据不同的利率交换现金流。一组现金流与交易开始时固定下来的收益率（固定利率）挂钩；另一组现金流在以后某个日期确定（浮动利率）。在远期利率协议的结算日，用两种利率之差乘以远期利率协议的**名义本金**，并乘以持有期长度所占比例计算出结算金额。LIBOR 经常被用作浮动利率指数，这使远期利率协议成为欧洲美元利率期货合约的等价场外交易。

远期利率协议的结算日期和期限由其名称定义：3×6 远期利率协议允许投资者锁定 3 个月后的 3 个月期 LIBOR；12×18 远期利率协议锁定了 1 年后的 6 个月期 LIBOR。远期利率协议做市商以利率为基础报出买卖价差。假设在日期 0，市场上的 3 个月期 LIBOR 远期利率如图表 15-14 所示，并假设 3 个月期 LIBOR 的现货利率为 4.50%。这意味着，在 3×6 远期利率协议中，做市商准备支付 4.81% 的固定利率，收取 3 个月期 LIBOR，并将收取 4.83% 的固定利率，支付 LIBOR。无论是哪种情况，在第 3 个月公布 LIBOR 之前都不会进行支付。

图表 15-14　3 个月期远期利率协议的指示性买卖报价

时期	买价（%）	卖价（%）
3×6	4.81	4.83
6×9	5.20	5.22
9×12	5.64	5.66
12×15	6.37	6.39
15×18	6.78	6.80
18×21	7.10	7.12
21×24	7.36	7.38

然后，这笔交易可以延后到第 6 个月进行结算，并根据实际持有天数调整结算现金流，计算方式如下：

$$(\text{LIBOR} - \text{固定利率}) \times \text{名义本金} \times \frac{\text{天数}}{360 \text{ 天}} \qquad (15.10)$$

在美国市场上，LIBOR 是基于 1 年为 360 天的天数惯例计算的。这种结算是净额结算，只会开出一张列明利差的支票。

[①] 本节中的部分讨论是基于布朗和史密斯（1995）的研究。

要了解远期利率协议的使用方式，假设 Z 公司决定借入 6 个月期金融资本，分两期付款，每期为 3 个月。因此，该公司发现自己在未来 3 个月面临利率上升风险，因为要到该期结束时才能确定第二次支付的利息金额。（Z 公司一开始就知道前 3 个月的支付金额。）该公司可以购买 3×6 远期利率协议，据此，该公司支付了交易商报出的 4.83% 的固定利率，以换取在结算日收到 3 个月期 LIBOR。图表 15-15 右侧说明了这种情况。

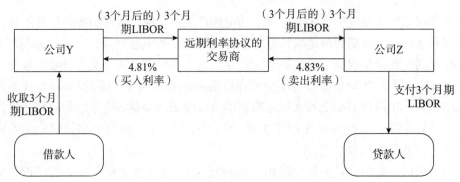

图表 15-15　一对匹配的 3×6 远期利率协议交易

一旦交易商与 Z 公司签订远期利率协议，就会发生两件事。首先，Z 公司不再面临融资成本上升的风险，因为它现在有一份将利率锁定为 4.83% 的远期合约。其次，交易商现在面临 LIBOR 上升的风险，因为如果 3 个月后 LIBOR 超过 4.83%，它将有义务支付净结算金额。Z 公司实际上利用远期利率协议将其利率风险转移给了交易商。这种风险可以通过以 4.81% 的买入利率向另一个交易对手"买入"LIBOR 来对冲。图表 15-15 左侧显示了这个过程，它是与 Y 公司签订的第二份远期利率协议，假设 Y 公司是担心利率下跌的浮动利率资产投资者。

现在假设 3 个月后的 3 个月期 LIBOR 为 5.00%，并且与 Y 公司和 Z 公司签订的远期利率协议的名义本金均为 1 000 万美元。Y 公司有义务向做市商支付 4 750 美元，计算公式如下：

$$(0.050\ 0 - 0.048\ 1) \times 10\ 000\ 000 \times \frac{90}{360}$$

假设第 3 个月和第 6 个月之间有 90 天。同理，在第 6 个月，交易商将向 Z 公司支付 4 250 [=(0.050 0−0.048 3)×10 000 000×(90/360)] 美元。通过匹配远期利率协议，做市商完全对冲了利率风险。其两个基点的利差（相当于 500 美元）补偿了对这些远期利率协议做市的成本（交易成本、信用风险）。

利率互换　投资者和借款人在很长一段时间内会面临利率定期变化的常规风险，例如**浮动利率票据**会根据 6 个月期 LIBOR 的变化，在几年内每年重置两次息票利率。[①] 在这种情况下，需要对几个日期的风险敞口进行对冲，这可以通过一系列远期利率协议来完成。例如，假设持有 1 年期浮动利率票据且该票据按季度支付 3 个月期 LIBOR 息票利率的投

---

① 正如我们在第 12 章中讨论的，浮动（或可变）利率票据是一种债务工具，它类似于固定收益债券，在其存续期内定期（例如，每半年）支付息票利息。不同之处在于，浮动利率票据支付的息票利率会随着某种参考利率的变化而调整（例如，每 6 个月将息票利率重置为 LIBOR＋0.50%）。

资者担心，未来利率可能下降并降低她的最后三笔息票利息。（按照惯例，她应在 3 个月后收到的第一笔息票利息是基于当前的 LIBOR，假设后者为 4.50％。）她同意签订三份单独的收取固定利率的远期利率协议，从而抵消这种风险：3×6 远期利率协议、6×9 远期利率协议和 9×12 远期利率协议。从图表 15-15 的买入利率来看，这些头寸转换了浮动利率资产的现金流，如图表 15-16 所示。

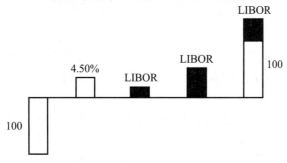

A. 买入按季度支付LIBOR的1年期浮动利率票据

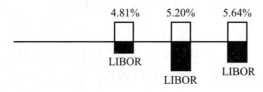

B. 一系列收取固定利率的远期利率协议

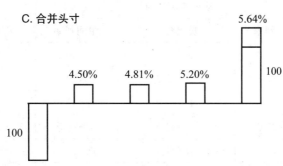

C. 合并头寸

图表 15-16　用一系列远期利率协议抛补浮动利率票据

　　这一系列远期利率协议锁定了息票利率，但它们为不同的固定利率，因此需要三份单独的合约。但是，投资者可能更喜欢一份具有相同固定利率且能涵盖所有未来付息日的合约。这正是利率互换所做的——它可以被视为一系列具有相同固定利率的预打包 LIBOR 远期合约（即远期利率协议）。为了使互换市场和远期利率协议市场保持有效，互换的单一固定利率必须为 4.50％、4.81％、5.20％ 和 5.64％ 的适当平均值。为简单起见，假设每个季度结算期恰好为 0.25 年。该平均值可以通过求解被对冲浮动利率票据的内部收益率（IRR）来近似得出：

$$100=\frac{4.50\times0.25}{(1+\text{IRR})^{1}}+\frac{4.81\times0.25}{(1+\text{IRR})^{2}}+\frac{5.20\times0.25}{(1+\text{IRR})^{3}}+\frac{100+(5.64\times0.25)}{(1+\text{IRR})^{4}}$$

即 IRR＝1.258％。因此，5.03％（＝1.258％×4）为与这些远期利率协议一致的收取固定利率的 1 年期互换的固定利率。该内部收益率的计算过程非常近似于我们之前看到的远期利率年金化过程。要确定代表这一系列现货 LIBOR 和远期 LIBOR 适当平均值的互换固定利率（swap fixed rate，SFR），更一般的方法是求解以下公式：

$$\frac{4.50\times0.25\times NP}{\left[1+\frac{i_{0,3}}{4}\right]^1}+\frac{4.81\times0.25\times NP}{\left[1+\frac{i_{0,6}}{4}\right]^2}+\frac{5.20\times0.25\times NP}{\left[1+\frac{i_{0,9}}{4}\right]^3}+\frac{5.64\times0.25\times NP}{\left[1+\frac{i_{0,12}}{4}\right]^4}$$

$$=\frac{SFR\times0.25\times NP}{\left[1+\frac{i_{0,3}}{4}\right]^1}+\frac{SFR\times0.25\times NP}{\left[1+\frac{i_{0,6}}{4}\right]^2}+\frac{SFR\times0.25\times NP}{\left[1+\frac{i_{0,9}}{4}\right]^3}+\frac{SFR\times0.25\times NP}{\left[1+\frac{i_{0,12}}{4}\right]^4}$$

其中，NP 为互换的名义本金，$i_{0,t}$ 为在未来 t 个月的某天收到或支付的现金流的即期贴现率。对于给定的利率期限结构和合约名义本金，SFR 是该式中唯一的未知因素，因此可以解出来。

按照交易目的，利率互换的固定利率通常可分为两个部分：（1）期限与互换相当的国债的收益率；（2）被称为**互换利差**的风险溢价。图表 15－17 列出了一组具有代表性的近期美元固定利率互换报价，包括互换固定利率和互换利差。该图表中的每个互换都假设每半年结算一次，以 6 个月期 LIBOR 作为浮动利率。例如，互换交易商愿意在 5 年期互换合约中收取 4.720% 的固定利率，该利率比 5 年期国债收益率高 65.90 个基点。

图表 15－17　代表性利率互换与互换利差报价

美国半年期固定利率（30 天/360 天）与 6 个月期 LIBOR					
互换期限（年）	互换固定利率（%）			互换利差（基点）	
	买入利率	卖出利率	中间利率	买入利差	卖出利差
1	4.656 0	4.664 0	4.660 0	—	—
2	4.487 0	4.492 0	4.489 5	66.80	67.20
3	4.531 0	4.546 0	4.541 0	70.38	70.70
4	4.627 0	4.632 0	4.629 5	67.50	68.00
5	4.717 0	4.720 0	4.718 5	65.50	65.90
6	4.804 0	4.804 0	4.804 0	66.80	67.20
7	4.877 0	4.877 0	4.877 0	67.10	67.50
8	4.940 0	4.940 0	4.940 0	66.40	66.80
9	4.994 0	4.999 0	4.997 5	64.90	66.00
10	5.041 0	5.046 0	5.043 5	61.63	62.90
15	5.194 0	5.199 0	5.197 5	70.70	71.10
20	5.269 0	5.269 0	5.269 0	70.50	70.90
25	5.290 0	5.296 0	5.293 0	65.60	66.00
30	5.298 0	5.303 0	5.300 5	59.00	59.40

　　互换固定利率与债券（按 30 天/360 天计算）收益率挂钩，浮动利率为货币市场（在美国市场上按实际天数/360 天计算）收益率，互换结算现金流按照与远期利率协议稍有不同的方式计算。虽然互换仍是净额结算合约，但日期 t 的固定利率支付和浮动利率支付的计算公式分别为：

$$固定利率支付_t = 互换固定利率 \times \frac{按"30 天/360 天"计算的天数}{360} \times 名义本金$$

和

$$浮动利率支付_t = 参考利率_{t-1} \times \frac{天数}{360} \times 名义本金$$

　　在这些公式中，固定利率永远不会变化，而浮动的参考利率（LIBOR）总是在给定结算期开始时确定。

　　假设交易对手 A 为机构投资者，目前持有每半年支付 4.80％ 的息票利率的 3 年期债券。他认为近期利率可能上升，并决定将其投资转换为合成浮动利率票据，其息票利率将随着未来 LIBOR 的上升而上升。为此，他与交易对手 B（互换交易商）签订了 3 年期利率互换合约，并同意根据该合约支付固定利率。该合约的条款可概括如下：

- 开始日：第 0 年的 10 月 23 日；
- 到期日：第 3 年的 10 月 23 日；
- 名义本金：3 000 万美元；
- 固定利率支付方：交易对手 A（投资者）；
- 互换固定利率：4.546％（每半年付息一次，债券天数计算惯例为 30 天/360 天）；
- 固定利率收取方：交易对手 B（互换交易商）；
- 浮动利率：6 个月期 LIBOR（货币市场基准）；
- 结算日：10 月 23 日和 4 月 23 日。

这种"用固定利率交换浮动利率"的交易——最基本的互换形式——通常被称为普通互换。图表 15 - 18 说明了将互换与基础债券头寸相结合的近似效果（忽略微小的天数差异），而图表 15 - 19 列出了从投资者的角度看，一系列假设时间下的 6 个月期 LIBOR 的精确结算现金流。在该协议中，当天数调整 LIBOR 水平低于 4.546％ 时，固定利率支付方进行净额结算支付；当 LIBOR 超过 4.546％ 时，固定利率收取方进行净额结算支付。

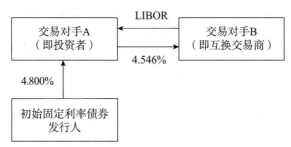

净利息收入=4.800%+（LIBOR-4.546%）
=LIBOR+0.254%

图表 15 - 18　用互换合约转换固定利率债券的现金流

图表 15-19　3 年期普通利率互换的结算现金流（固定利率支付方视角）

结算年度	结算日	实际天数	按 30 天/360 天计算的天数	当前的 LIBOR	固定利率支付金额	浮动利率收取金额	净支付（收取）金额
0	10 月 23 日	—	—	4.25%	—	—	—
1	4 月 23 日	183	180	4.40%	681 900	648 125	33 775
1	10 月 23 日	183	180	4.90%	681 900	671 000	10 900
2	4 月 23 日	182	180	5.05%	681 900	743 167	(61 267)
2	10 月 23 日	183	180	4.60%	681 900	770 125	(88 225)
3	4 月 23 日	182	180	4.35%	681 900	697 667	(15 767)
3	10 月 23 日	183	180	4.20%	681 900	663 375	18 525

使用普通互换的原因通常与使用远期利率协议相同：重组对利率敏感的资产或负债的现金流。在这个例子中，投资者将固定息票利率转换为根据市场条件的变化进行调整的息票利率，从而降低了其资产的价格敏感性（即久期），而无须实际卖出可能流动性极差的债券。在考虑互换头寸后，他将获得的年化净现金流将为（再次忽略天数差异）：

收取的债券固定息票利率＝4.800%

互换：(1)收取的 LIBOR＝LIBOR

(2)支付的固定利率＝−4.546%

净利息收入＝LIBOR＋0.254%

因此，将互换与固定利率债券相结合的净影响是将该债券转换为支付 LIBOR 加 25.4 个基点的息票利率的浮动利率资产。

交易对手 A 实际上是支付其从债券中获得的固定息票利率以换取浮动息票利率。也就是说，持有支付固定利率的互换头寸相当于持有一个投资组合，该投资组合包括（1）每半年支付一次 LIBOR 息票利率的平价浮动利率票据多头和（2）每半年支付一次 4.546% 的息票利率的平价固定利率票据空头。图表 15-20 说明了这种资本市场解释。本质上，这是买卖两种不同的平价工具，通过这样做，在开始或到期时将不存在净本金；这就是允许互换本金为名义金额的原因。因此，互换合约真正所做的是改变了投资者支付的息票利息的性质。

自 1981 年以来，利率互换一直存在至今，一些实证说明了它们在市场上的估值方式。现有实证包括孙、桑德里森和王（Sun, Sundaresan and Wang，1993），布朗、哈洛和史密斯（1994），明顿（Minton，1997），刘、朗斯塔夫和曼德尔（Liu, Longstaff and Mandell，2006），班萨利、施瓦茨科普夫和怀斯（Bhansali, Schwarzkopf and Wise，2009），以及帕克（2015）的研究。尽管每项研究都分析了互换过程的不同方面，但总体证据支持互换市场有效且看上去与其他衍生品（例如中期国债期货、国库券期货以及欧洲美元利率期货）密不可分。

15.5.2　股指挂钩互换

股指挂钩互换或**股票互换**相当于由远期合约组成的投资组合，它要求交换基于两种不

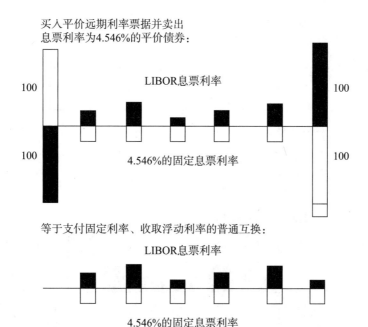

图表 15－20　对利率互换的资本市场解释

同投资收益率的现金流：（1）浮动债务利率（例如，3 个月期 LIBOR）和（2）股票指数（例如标准普尔 500 指数）的收益率。指数挂钩支付是基于总收益（股利加上资本损益）率或仅基于结算期间的指数变化率加上固定利差调整。股票互换在场外交易市场上交易，期限最长可达 10 年或更长。

除标准普尔 500 指数外，股票互换还可以基于外国指数来构建，例如 TOPIX 指数（日本）、富时 100 指数（英国）、DAX 指数（德国）和恒生指数（中国香港）。基于股票指数的现金流通常以指数创始国的货币计价，但这种支付可以自动以不同货币对冲。此外，这些互换合约还规定了名义本金，该本金在互换合约开始时不进行交换，而是用于将收益率转换为现金流。该名义本金在互换合约存续期内可能是浮动的，也可能是固定的。

正如吉（Kat，2001）和钱斯（Chance，2004）所指出的，股票互换市场的发展有几个原因。首先，这些互换合约允许投资者利用特定国家股票市场的整体价格变化，而不必直接购买股票，从而降低了交易成本和跟踪误差。其次，在法律或政策禁止的情况下，某些投资者可能难以在外国进行直接股权投资。最后，法律可能不允许用投资购买足够的交易所交易衍生品来对冲直接股票投资。通过设计股票互换的结构，就不需要单独的对冲交易了。

股票互换最常见的应用是交易对手收取基于指数的现金流，并支付基于浮动利率的现金流作为交换。以一家养老基金为例，假设该基金目前将其投资组合的很大一部分投资于基于 LIBOR 按季支付息票利率的浮动利率票据。如果基金经理希望通过将部分债务转换为股票来改变现有资产配置，她可以进行股票互换，其初始名义本金等于她希望转换的现有债务金额。图表 15－21 的 A 部分说明了这种安排的机制。

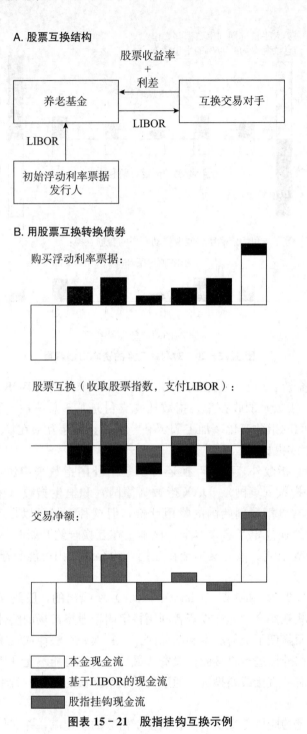

A. 股票互换结构

股票收益率
+
利差

养老基金 ← → 互换交易对手

LIBOR

LIBOR

初始浮动利率票据
发行人

B. 用股票互换转换债券

购买浮动利率票据：

股票互换（收取股票指数，支付LIBOR）：

交易净额：

☐ 本金现金流
■ 基于LIBOR的现金流
▨ 股指挂钩现金流

图表 15 - 21　股指挂钩互换示例

　　在这个例子中，基金的净收益率就是股票指数的收益率加上利差调整。此外，如果浮动利率票据的收益率高于 LIBOR，这将增加整体净收益率。假设两组现金流以相同货币计价，那么从公司的角度看，股票互换的净结算支付金额将为浮动利率现金流出和股指挂钩现金流入之差：

$$支出＝（LIBOR－利差）×名义本金×\frac{天数}{360} \tag{15.11}$$

和

$$收入＝\frac{指数_新－指数_旧}{指数_旧}×名义本金$$

其中，指数$_新$和指数$_旧$分别代表当前结算日和上一个结算日的指数水平，假设所有股利都用于再投资。结算支付金额是用（LIBOR－利差）计算出来的，而不是通过添加一笔单独的股票收益率利差现金流入计算出来的。加斯蒂诺（1993）以及钱斯和里奇（Chance and Rich, 1998）分析了世界各地不同指数的指示性利差报价，发现有些利差为正（例如，富时指数的利差为 25 个基点），而有些利差为负（例如，标准普尔 500 指数的利差为－10 个基点）。

　　图表 15－21 的 B 部分显示了看待这种基于互换的现金流转换的另一种方法。应该清楚的是，股票互换与利率互换有一个重要区别。具体而言，由于无法保证股票指数从一个结算期到下一个结算期将上涨，因此收取股票指数的公司可能不得不进行双重支付。首先，该公司必须支付基于 LIBOR 的现金流（该现金流通常与债务相关）。其次，只要指数$_新$小于指数$_旧$，该公司就将向交易对手支付基于股票指数的款项（即"收到"负支付）。该图表中的第三笔支付和第五笔支付就是这种情况的例子。

本章小结

　　• 作为最基本的现有衍生品类型，远期合约和期货合约大大增加了投资者可以用来管理投资组合和建立新交易机会的选择。在本章中，我们讨论了这些合约的运作原理以及它们在实践中的使用方式。远期合约和期货合约的区别主要在于设计灵活性和担保品方面。远期合约通常更灵活，但承担更多的信用风险，而保证金账户每天盯市的过程使期货合约更安全（至少对于交易所而言），尽管合约标准化使它们较难适合最终用户的需求。

　　• 对冲是理解远期合约的关键，而基差是理解对冲最重要的概念。基差是任何时点上的现货价格与远期价格之差。它包含空头对冲的精华，因此对冲者实际上是用基础资产的价格风险来换取现货-远期组合固有的基差风险。通过它可以计算出最优对冲比率，该比率通过最小化基差风险（相关性）来规定适当的远期合约数量。

　　• 尽管远期合约和期货合约不是证券，但它们的合约结算价格仍然必须遵循一定规律，这些市场才能保持有效。持有成本模型表明，为避免套利，远期价格应等于现货价格加上持有基础资产至未来交割日的成本。这些持有成本可能包括实物存储的手续费、净投资的机会成本以及现在使用资产的便利性溢价。

　　• 我们通过分析以下三类金融期货合约说明了这些概念：利率期货、股指期货和外汇期货。除了介绍每个市场的动态之外，我们还讨论了不同的应用，包括涉及对冲、投机和套利的应用。这些应用对基本概念进行了一些有用的改动，例如利率期货和股指期货的对冲比率以及外汇期货的利率平价。远期利率协议、利率互换和股票互换等场外交易衍生品提供了另一套有用的工具，投资者可以利用这些工具管理他们的利率风险和股票风险。

1. 市场上有国债期货合约，但没有具体公司债券的期货合约。市场上有牛期货和猪期货，但没有鸡期货。您认为成功的新期货合约概念的最重要特征是什么？

2. "对冲者用价格风险换取基差风险。"这句话是什么意思？请解释对冲交易中基差的概念，以及如何选择远期合约和期货合约以将风险降至最低。

3. 假设您是一名衍生品交易员，专门为客户创建定制商品远期合约，然后使用交易所交易期货合约对冲您的头寸。您的最新头寸是在3个月后向客户提供100 000加仑无铅汽油的远期合约。

a. 请说明如何使用汽油期货合约对冲您的头寸。

b. 如果唯一可用的汽油期货合约要求交割42 000加仑无铅汽油并在2个月或4个月后到期，请描述您的对冲涉及的基差风险的性质。

4. 一家跨国公司即将开始一项重大的财务重组计划。一个关键阶段是在下个月的某个时间发行7年期欧洲债券。首席财务官担心最近资本市场不稳定，也担心在发行前出现市场收益率上升的特定事件，迫使公司为债券支付更高的息票利率。他决定通过出售10年期美国国债期货合约对冲这种风险。请注意，这是经典的交叉对冲，它用10年期美国国债来管理7年期欧洲债券的风险。

请描述对冲的基差风险的性质。尤其是，与国债收益率曲线形状和欧洲债券相对于国债的利差相关的哪些具体事件会导致对冲失败并使公司的境况变差？

5. 您是一家大型跨国公司的首席财务官，从现在起6个月后您的公司将收到一笔5 000万美元的结算款，您计划将这笔款项投资于10年期美国国债。您的利率预测表明，收益率曲线将在接下来两个季度急剧下降。您正在考虑用什么方法在拿到可投资资金之前应对可能的利率下降。

a. 请简要描述使用10年期国债期货合约的对冲策略，该期货合约可以针对收益率的可能下降提供最佳保护。

b. 假设6个月后，您按照第a问的建议签订了期货合约，由于货币政策的意外变化，市场利率实际上大幅上升。请讨论在这种情况下，您是持有对冲头寸还是不持有对冲头寸的投资绩效更好。

6. 假设您拥有一个由50只不同股票组成的等权重组合，价值约为5 000 000美元。这些股票来自多个不同行业，投资组合相当分散化。您认为以下哪种方式可以提供最优的整体对冲？单个指数期货头寸还是50个不同的个股期货合约头寸？做出这个决定时要考虑的最重要的因素是什么？

7. 股指期货合约自推出以来非常受欢迎，现在被金融专业人士广泛交易。许多因素都会影响股指期货合约的结算价格，包括：（1）基础股票指数的当前价格，（2）股指期货合约距到期的时间，以及（3）支付给基础指数中股票的股利。股指期货合约定价的第四个主要因素是什么？这个因素如何影响结算价格？

8. 作为一家大型养老基金公司的风险经理，您知道投资人员正在考虑在接下来6个月投资9亿美元日本国债来分散投资组合。尽管您喜欢这些证券的投资特征，但您担心不利汇率波动可能会减少甚至消除持有这些债券的预期收益率。因此，您考虑使用外汇期货合约对冲这种风险。

a. 请描述在这种情况下，如何在购买债券的同时使用外汇期货合约，以减轻风险经理所担心的风险敞口。

b. 请说明如果在您发起外汇对冲交易后，美元/日元汇率意外上升，外汇期货头寸和养老基金持有的基础债券会发生什么情况。

9. 请说明为什么 A 国（其利率为 B 国的两倍）的货币必须以远期折价交易。如果在这种利率环境下，现汇汇率和远期汇率没有差异，那么可以构建何种套利交易

来利用这种情况？

10. 利率互换合约在投资者中非常受欢迎，尤其是在管理固定收益证券投资组合方面。

a. 什么是利率互换？它是如何运作的？

b. 固定收益投资组合经理如何使用利率互换来提高投资组合绩效或控制风险？请举两个例子简要说明。

11. 请说明如何将利率互换视为一系列远期利率协议、一对债券交易或一对期权合约。为了使您的说明更准确，请从互换中的固定利率收取方的角度来说明。

习题

1. 现在是 3 月 9 日，您刚刚签订一份空头豆粕期货合约。该合约于 7 月 9 日到期，要求交割 100 吨豆粕。此外，由于这是一个期货头寸，因此它需要提交 3 000 美元初始保证金和 1 500 美元维持保证金；然而，为简单起见，假设该账户按月盯市。假设以下价格代表每个结算日的期货合约交割价格（以美元/吨计）：

3 月 9 日（开始）	173.00
4 月 9 日	179.75
5 月 9 日	189.00
6 月 9 日	182.50
7 月 9 日（交割）	174.25

a. 请计算您的保证金账户在每个结算日的净值，包括满足追加保证金要求所需增加的净值。并请计算将在 7 月 9 日退还给您的现金以及您的头寸损益（用占初始保证金的百分比表示）。

b. 现在假设您在 3 月 9 日还签订了一份在 7 月 9 日购买 100 吨豆粕的多头远期合约。进一步假设 7 月的远期合约和期货

合约在任何时点的价格都相同。如果您在 5 月 9 日和 6 月 9 日对两个头寸分别平仓，请考虑两个市场当时的结算条件，计算您的现金损益。

2. 您是一名咖啡经销商，预计将在 3 个月后购买 82 000 磅咖啡。您担心咖啡价格会上涨，因此持有咖啡期货多头。每份期货合约对应 37 500 磅咖啡，因此，四舍五入到最接近的合约数量，您决定做多两份期货合约。您开始对冲时的期货价格为每磅 55.95 美分。3 个月后，咖啡的实际现货价格为每磅 58.56 美分，期货价格为每磅 59.20 美分。

a. 请确定您购买咖啡的实际价格。您如何解释现货头寸和对冲头寸的金额差异？

b. 请描述这种多头对冲中基差风险的性质。

3. 特许金融分析师琼·克莱因（June Klein）为一家机构管理着 1 亿美元（市值）的美国国债投资组合。她预计收益率曲线将出现小幅平移，并希望完全对冲投资组合，使之免受此类变化的影响。

投资组合和国债期货合约的特征				
证券	修正久期（年）	基差价值（美元）	最便宜可交割债券的转换系数	投资组合价值/期货合约价格（美元）
投资组合	10	100 000.00	不适用	100 000 000
美国国债期货合约	8	75.32	1	94 - 05

a. 请讨论使用期货而不是出售债券来对冲债券投资组合的两个原因。无须进行计算。

b. 请仅使用所示期货合约制定克莱因的对冲策略。请计算执行该策略所需的期货合约数量，并列出全部计算过程。

c. 请确定如果利率按预期增加 10 个基点，以下各项的价值将如何变化。请列出全部计算过程。

(1) 初始投资组合。

(2) 国债期货头寸。

(3) 新对冲的投资组合。

d. 请列出克莱因的对冲策略可能无法完全保护投资组合免于利率风险的三个原因。

4. 某位债券投机者目前持有两个独立的公司债券投资组合头寸：投资组合 1 多头和投资组合 2 空头。所有债券都具有相同的信用质量。这些头寸的其他相关信息包括：

投资组合	债券	市场价值（百万美元）	息票利率（%）	复利计算频率	期限（年）	到期收益率（%）
1	A	6.0	0	每年计算一次	3	7.31
	B	4.0	0	每年计算一次	14	7.31
2	C	11.5	4.6	每年计算一次	9	7.31

从现在起正好 6 个月后到期的国债期货（基于面值为 100 000 美元、半年期息票利率为 6% 的 20 年期国债）目前的价格为 104 - 24，相应的到期收益率为 5.602%。该期货合约与债券 A、债券 B 和债券 C 之间的"收益率贝塔系数"分别为 1.13、1.03 和 1.01。最后，该期货合约的基础国债的修正久期为 11.769 年。

a. 请分别计算这两个债券投资组合的修正久期（以年表示）。如果所有收益率均每年增加 60 个基点，那么每个债券投资组合价值的大致变化率是多少？

b. 假设债券投机者希望对冲她的净债券头寸，她必须买入或卖出的最优期货合约数量是多少？请先分别计算期货合约和两个债券投资组合之间的最优对冲比率，然后将它们组合起来。

5. 阿什娅·赫尔希（Arshia Hershey）是一位新入职的债券交易员，她认为期货市场价格效率低下，并希望利用这种低效。具体而言，她观察到以下关于债券现货市场价格和 3 个月后到期的债券期货合约的信息（单位为美元）：

现货价格	102.30
3 个月期货合约价格	112.15
3 个月的国债收入	2.20
3 个月的财务费用	1.10

a. 请说明阿什娅为利用这些市场条件应进行的套利交易。

b. 请说明她将在期货合约到期日实现的套利利润。

c. 您对第 b 问的答案是否取决于期货合约到期日的基础债券价格？请说明原因。

6. 您是一家货币中心商业银行的客户关系主管，您的一位公司客户刚刚向您咨询了一笔 1 000 000 美元的 1 年期贷款。该客户将在每 3 个月的期初根据当时的 LIBOR 水平支付季度利息费用。按照该银行对所有此类贷款的惯例，利息将在季度周期结束、确定下一个周期的新利率时支付。您在现货市场上观察到以下 LIBOR 收益曲线：

90 天期 LIBOR	4.60%
180 天期 LIBOR	4.75%
270 天期 LIBOR	5.00%
360 天期 LIBOR	5.30%

a. 如果 90 天期 LIBOR 升至隐含远期利率"预测"的水平，那么 1 年期贷款期间每个季度末的银行利息收入水平将是多少？

b. 如果该银行希望对冲其无法支付基于 LIBOR 的贷款利息的风险，请说明其可以在期货市场上进行的一系列交易。

c. 假设从欧洲美元利率期货合约价格推断出的未来三个结算期的收益率等于隐含远期利率，请计算使以下二者对于银行而言无差异的年金价值：（1）发放浮动利率贷款；（2）在期货市场对冲该贷款，并发放 1 年期固定利率贷款。请分别以金额和年（360 天）百分比表示该年金价值。

7. 一家投资银行为自有账户和客户账户进行股指套利。某天，当 90 天后交割的指数期货合约为 614.75 点时，纽约证券交易所的指数为 602.25 点。如果年化 90 天期利率为 8.00%，（年化）股息率为 3%，是否可能发生涉及股指套利的程序化交易？如果有可能，请说明应进行的交易，并计算交易中使用的每"股"指数将获得的利润。

8. 亚历克斯·安德鲁（Alex Andrew）管理着 9 500 万美元的高市值美国股票投资组合，目前他预测股市很快将下跌。安德鲁希望避免卖出股票的交易成本，但希望使用标准普尔 500 指数期货对冲 1 500 万美元的投资组合当前价值。

因为安德鲁意识到他的投资组合不会准确跟踪标准普尔 500 指数，所以他对过去一年其实际投资组合的收益率相对于标准普尔 500 指数期货的收益率进行了回归分析。该回归分析表明，令风险最小化的

贝塔系数为 0.88，相关系数为 0.96。

期货合约数据	
标准普尔 500 指数期货价格	1 000
标准普尔 500 指数	999
标准普尔 500 指数乘数	250

a. 请使用所示数据计算对冲安德鲁的 1 500 万美元投资组合所需的期货合约数量。请说明该对冲是多头还是空头，并列出全部计算过程。

b. 请说明复制第 a 问中的策略的另外两种方法（除了出售投资组合中的证券或使用期货）。请逐一将这些方法与期货策略进行对比。

9. 中间市场上的一家进出口公司的资金主管向您咨询该公司部分短期现金的最优投资方式。该公司是您所在银行的客户，有 250 000 美元可以在 1 年持有期内进行投资。该资金主管目前正在考虑两种选择：（1）将所有资金投资于债券等价收益率为 4.25% 的 1 年期美国国库券，（2）在同一时期将所有资金投资于瑞士国债，锁定外汇市场的现汇汇率和远期汇率。您给银行外汇服务台打了一通简短的电话，获得了以下双向汇率报价。

	瑞士法郎/美元	美元/瑞士法郎
现汇汇率	1.503 5	0.665 1
1 年期瑞士法郎远期汇率	—	0.658 6

a. 请计算支持利率平价条件的瑞士国债的 1 年期债券等价收益率。

b. 假设 1 年期瑞士国债的实际收益率为 5.50%，哪种策略会让该资金主管在一年后获得最大收益率？

c. 请说明套利者可以用来利用这种明显错误定价的交易，并计算价值 250 000

美元的交易的利润。

10.博妮塔·辛格（Bonita Singer）是一名对冲基金经理，专门从事股指期货套利。她正在分析标准普尔500股指期货的潜在交易机会，看看是否存在可以利用的市场低效。她知道标准普尔500股票指数目前的交易价格为1 100美元。

a.假设美国国债收益率曲线保持为3.2%的水平，标准普尔500指数的年化股息率为1.8%。请使用持有成本模型说明从现在起6个月后到期的期货头寸的理论价格应该是多少。

b.请说明博妮塔为了利用价格（1）远高于或（2）远低于您在第a问中确定的理论价值的实际期货合约而必须进行的一系列交易。

c.假设第b问描述的套利交易的总双边套利交易成本为20美元，请计算使套利交易不会盈利的理论期货合约价格的上限和下限。

11.请根据图表15-17所示的利率互换报价，从固定利率收取方的角度计算名义本金为2 250万美元的2年期互换的互换现金流。您可以假设3年期互换合约的相关结算日期模式和实际LIBOR路径如图表15-19所示。此外，请按30天/360天惯例计算固定利率支付金额，按实际天数/360天惯例计算浮动利率支付金额。

12.某家战术型资产配置基金公司目前完全投资于浮动利率债券。12月2日，该基金的经理决定将一部分投资组合转移到股票上。为实现这一变化，她选择作为"股票指数收取方"签订1年期股票互换，该互换基于标准普尔500指数的变化加上10个基点的利差。该互换将按季度结算支付金额，互换合约的浮动利率与3个月期LIBOR挂钩并以美元计价。在互换开始时，标准普尔500指数为463.11点，3个月期LIBOR为3.50%。互换合约的名义本金在互换合约有效期内设定为5 000万美元，这与她希望转换为股票的基金所持债券金额相匹配。

a.假设标准普尔500指数（所有股利均用于再投资）和LIBOR的值如下，请从基金经理的角度计算每个未来结算日的净现金收支。

结算日	天数	标准普尔500指数	LIBOR
12月2日（起始年份）	—	463.11	3.50%
3月2日（下一年）	90	477.51	3.25%
6月2日	92	464.74	3.75%
9月2日	92	480.86	4.00%
12月2日	91	482.59	—

b.请说明为什么基金经理可能希望该互换的名义本金随时间推移而变化，以及最合乎逻辑的变化模式是什么。

第15章附录

计算货币市场的隐含远期利率

隐含远期利率是了解短期利率期货合约如何定价的重要因素。在第13章中，我们的讨论表明，隐含远期利率是一系列包含在长期证券到期收益率中的未来短期利率。然而，隐含远期利率还可以有另一种解释。假设一位投资者要在以下2年期投资策略中做出选择：(1) 买入一只年收益率为 6% 的 2 年期零息债券，或（2) 买入一只收益率为 5% 的 1 年期零息债券，并在其到期时用另一种 1 年期工具替代。隐含远期利率是以下问题的答案：投资者必须能以何种利率对第二种策略的中间收入进行再投资，才能恰好等于第一种投资的总收益率？换言之，隐含远期利率是令盈亏平衡的再投资利率。使用第 13 章的符号，我们希望求解以下公式中的 $_2r_1$：

$$(1+0.06)^2 = (1+0.05)(1+{_2r_1})$$

或

$$_2r_1 = (1+0.06)^2 \div (1+0.05) - 1 = 7\%$$

货币市场隐含远期利率可以用与债券收益率相同的方式来解释，但由于不同利率的报价方法不同，它们的计算方法也必然不同。我们已经看到，LIBOR 是银行附加收益率 (AY)，用于计算在给定初始投资 P 的情况下，投资者在 T 天后到期时将拥有的资金 F（即利息是"附加"上的）：

$$F = P + \left[P \times AY \times \frac{T}{360} \right] = P \left[1 + AY \times \frac{T}{360} \right]$$

LIBOR 是基于假定的一年 360 天惯例，即美国货币市场的标准惯例。史密斯 (1989b) 的研究表明，在附加基础（例如 LIBOR）上报价的两种货币市场工具之间的隐含远期利率可以按以下公式计算：

$$_BAY_A = \left[\frac{(B \times AY_B) - (A \times AY_A)}{B-A} \right] \left[\frac{1}{1 + \left(\frac{A \times AY_A}{360} \right)} \right] \tag{15A.1}$$

其中，AY_A 和 AY_B 为从结算至到期的 A 天期附加收益率和 B 天期附加收益率，其中 $B > A$。隐含远期利率 $_BAY_A$ 也是附加收益率，期限为 $(B-A)$ 天。

考虑以下 LIBOR 短期收益率曲线：

期限（天）	LIBOR（%）
30	4.15
60	4.25
90	4.35

第 60 天和第 90 天之间的隐含远期 LIBOR 是多少？对于 LIBOR，使用 $AY_A = 0.042\ 5$、$AY_B = 0.043\ 5$、$A = 60$ 天和 $B = 90$ 天，我们有：

$$_{90}AY_{60} = \left[\frac{(90 \times 0.043\ 5) - (60 \times 0.042\ 5)}{90-60} \right] \left[\frac{1}{1 + \left(\frac{60 \times 0.042\ 5}{360} \right)} \right] = 4.52\%$$

因此，先投资于利率为 4.25% 的 60 天期银行存款，然后投资于利率为 4.52% 的 30 天期银行存款与投资于利率为 4.35% 的 90 天期银行存款的总收益率相同。

第16章

期权合约

📖 **学习目标**

阅读本章后，您应该能回答以下问题：

- 期权如何在交易所和场外交易市场上交易？

- 股票期权、股指期权、交易所交易基金期权和外汇期权是如何报价的？

- 投资者如何使用期权合约对冲现有风险敞口？

- 确定期权合约的基本无套利价值的三个步骤是什么？

- 什么是二项式（或二态）期权定价模型？它以何种方式扩展了基本估值方法？

- 什么是布莱克-斯科尔斯期权定价模型？它如何扩展二项式估值方法？

- 布莱克-斯科尔斯期权定价模型和看跌期权-看涨期权平价估值模型之间是什么关系？

- 美式期权和欧式期权有何不同？

- 什么是隐含波动率？它在期权合约估值过程中的作用是什么？

- 投资者如何使用基础证券的期权或将不同期权结合，以创建适合特定需求或反映对未来市场状况看法的报酬结构？

- 跨式期权、勒式期权和范围远期的区别是什么？

- 如何将期权设计进其他工具（例如可转换债券和信用违约互换）的结构中？

在最基本的层面上，只存在两种衍生品合约：一是远期合约，它固定了基础资产的价格或利率；二是期权合约，它允许持有者在未来某个日期决定这种固定价格或固定利率是否符合其最佳利益。本章重点介绍了期权合约的交易和估值。我们分四个部分展开讨论。

第一，我们考察了看涨期权和看跌期权的合约条款和交易机制。我们集中分析了以金融工具为基础证券的期权，包括股票期权、股指期权、交易所交易基金期权和外汇期权。

我们探讨的第二个主题是如何在有效资本市场中对期权合约估值。我们表明，这可以被视为一个简单的三步过程：（1）创建一个将期权与基础证券相结合的无风险对冲投资组合，（2）假设此类投资组合应获得的无套利收益率，（3）求解与前两步一致的期权价值。我们还讨论了几种最广泛使用的估值模型（包括二项式模型和布莱克-斯科尔斯模型）如何使用这种方法。在该分析中，重要的是记住，我们将对期权估值而不是定价。价格是通过买卖双方的行为确定的；投资者和分析师则是使用估值模型来估计这些价格应该是多少。

第三，我们考察了期权估值的几个扩展。我们说明了如何修改股票看涨期权的布莱克-斯科尔斯模型，以便为看跌期权估值。我们介绍了股利支付如何影响期权价值，以及如何据此调整模型。我们讨论了欧式期权和美式期权之间的实际差异，我们还分析了价格波动性在估值过程中的作用，以及投资者如何在实践中对其进行估计。

第四，我们分析了几种基于期权的投资策略和对冲策略。在介绍了保护性看跌期权和抛补看涨期权策略之后，我们说明了如何将一种期权与另一种期权结合使用，以创造金融市场中不存在的风险-收益权衡。我们考虑了三大类期权组合策略：跨式期权，它包括看跌期权和看涨期权；价差期权，即买入一份看涨期权（或看跌期权），同时卖出另一份看涨期权（或看跌期权）；范围远期（或领式期权），即买入一份看涨期权，同时卖出一份看跌期权，或者相反。最后，我们讨论了如何在其他工具中嵌入或加入期权，以管理不同类型的风险。

16.1 期权市场和期权合约概述

在第 15 章中，我们讨论了远期合约和期货合约的主要区别：期货合约是标准化的，在交易所交易，而远期合约具有可协商条款，因此必须在场外交易市场交易。期权合约为投资者提供了类似的交易选择。以下部分将强调期权合约最重要的特征。

16.1.1 期权市场惯例

几个世纪以来，期权合约一直以单独协议或嵌入其他证券的形式进行交易。例如，马尔基尔（2015）描述了在 17 世纪荷兰郁金香球茎热潮期间，人们如何用看涨期权来对花卉价格投机。从那时起直到现在的大部分时间，期权都是在私人交易中安排和执行的。总体来说，这些私人交易代表了期权的场外交易市场，期权合约可以围绕双方一致达成的任何条款来设计。当基础资产流动性太差而无法支持广泛交易的期权合约时，这是一种有用的机制。此外，如果场外交易协议没有担保品，信用风险将是该市场最关心的问题。在期权合约中，这种信用风险是单方的，因为买方担心卖方履行义务的能力，但卖方将预先收到他将得到的一切，因此不担心买方的信誉。

场外交易期权最终是根据使用它们的公司和个人投资者的需求和愿望而创建的。金融机构（例如货币中心银行和投资银行）通过促进这些交易的安排和执行来充当做市商。多年来，各种场外交易期权的经纪商-交易商协会纷纷出现（并且在某些情况下逐渐消失），包括帮助安排私人股票期权交易的看跌期权与看涨期权经纪商和交易商协会（Put and Call Brokers and Dealers Association），以及监控做市商的利率衍生品和外汇衍生品活动的国际互换与衍生品协会（International Swaps and Derivatives Association）。这些交易团体创建了一套通用标准和语言来管理衍生品行业的交易。最近，《2010 年多德-弗兰克华尔街改革和消费者保护法》的颁布使场外交易期权的监管水平上了一个新台阶。

1973 年 4 月，芝加哥期货交易所开设了芝加哥期权交易所。芝加哥期权交易所专门从事股票期权和股指期权交易，它引入了市场一致性的几个重要方面。最重要地，芝加哥期权交易所提供的期权合约有标准化的基础普通股、对应的股票数量、交割日期和可用执行价格范围。这种标准化有助于培育期权的二级市场。芝加哥期权交易所和其他期权交易所成交量的快速增长表明，与由于缺乏流动性而必须经常持有至到期的场外交易合约相比，这种特性是市场所需的。

交易所履行集中交易职能还需要创建**期权清算公司**，它充当在芝加哥期权交易所交易的每份期权合约的担保人。因此，期权交易的最终用户最终承担了期权清算公司的信用风险。出于这个原因，即使期权清算公司独立于交易所，它也要求期权卖方提交保证金，为未来表现提供担保。期权买方没有保证金账户，因为卖方不存在未来的义务。最后，这种中央市场结构使监测、监管和价格报告比在分散化场外交易市场上容易得多。

16.1.2 交易所交易期权的报价

股票期权 自 1973 年以来，公司普通股的期权一直在芝加哥期权交易所交易。其他几个市场，包括美国证券交易所、费城证券交易所和国际证券交易所，在那以后很快也开始交易自己的期权合约。截至 2017 年年中，芝加哥期权交易所仍然是期权市场上成交量最大的交易所，市场份额约为 26%；费城证券交易所位居第二，市场份额约为 16%。这些交易所的期权交易方式类似，典型的期权合约对应 100 股股票。由于交易所交易期货合约的发行方并非作为基础资产的普通股的发行公司，因此如果执行期权，将需要对股票进行二次交易。[①]

图表 16-1 的 A 部分显示了 2017 年 6 月 10 只交易最活跃的个股期权的成交量统计数据。其中部分期权的基础股票——苹果公司股票、美国银行股票和微软公司股票——也名列交易最活跃的股票前列。该图表列出了看涨期权和看跌期权的月成交量和日均成交量。例如，该月共有 156 万份美国银行股票期权易手，平均每天交易近 71 000 份期权合约。

图表 16-1 的 B 部分提供了具有四个不同到期日（2017 年 8 月、2017 年 9 月、2017 年 10 月和 2017 年 12 月）的几份美国银行股票期权的详细信息。下面，我们通过举例来详细考察具体交易。假设在 2017 年 7 月这一天，某位投资者希望购买执行价格为 24 美元的 2017 年 9 月美国银行股票看涨期权。根据上次报告的价格，她的期权合约总价格为 131.00 美元，计算方法为规定的每股价格 1.31 美元乘以 100 股。作为交换，该美式看涨期权持有者将能在 9 月中旬期权到期时——或之前的任何时间——支付 2 400 美元（＝24 美元/股×100 股）以执行期权，并从期权卖方处获得 100 股美国银行股票。只有当美国银行股票在 9 月中旬的价格高于 24 美元时，这种行为才是合理的。如果该股票价格收于 24 美元以下，投资者只会让看涨期权过期而不对期权采取行动。最后，由于当天美国银行的股价为 24.62 美元，因此投资者可以立即收回她为期权合约支付的 1.31 美元中的 0.62 美元。即使美国银行股票的市场价值上涨，0.69（＝1.31－0.62）美元的时间溢价

[①] 由作为基础资产的普通股的发行公司直接发行的看涨期权被称为**认股权证**；请参见加莱和施内勒尔（Galai and Schneller，1978）以及豪和苏（Howe and Su，2001）的研究。

也保留了她在未来 2 个月以 24 美元的价格购买美国银行股票的权利。[1]

假设另一位投资者卖出了 8 月 24 日的美国银行股票看跌期权,其详细信息显示在图表 16-1 的 B 部分右侧。如果该售价为上一次报告的价格,卖出看跌期权可以换取 48(=0.48×100)美元的前期收入,那么当看跌期权持有者选择执行期权时,他必须准备好在 8 月中旬以 2 400 美元的价格购买 100 股股票。当然,在这种情况发生之前,股价必须从目前水平下跌。在本例中,投资者卖出了一份价外期权合约,并希望它在到期前一直保持价外状态。正如我们之前所看到的,前期支付的期权费是期权卖方的全部收入,他们希望尽可能多地保留它。与看涨期权多头一样,看跌期权空头从美国银行股价的上涨中受益。

图表 16-1 股票期权报价

A. 最活跃的个股期权(2017 年 6 月)

符号	名称	看涨期权成交量	看跌期权成交量	总成交量	天数	总日均成交量	看涨期权的日均成交量	看跌期权的日均成交量
AAPL	苹果公司	1 342 792	917 987	2 260 779	22	102 763	61 036	41 727
BAC	**美国银行**	**1 145 277**	**415 160**	**1 560 437**	**22**	**70 929**	**52 058**	**18 871**
FB	脸书公司	754 026	454 847	1 208 873	22	54 949	34 274	20 675
AMD	超微半导体公司(Advanced Micro Devices Inc)	710 266	362 813	1 073 079	22	48 776	32 285	16 492
TSLA	特斯拉公司(Tesla Inc)	528 523	466 097	994 620	22	45 210	24 024	21 186
BABA	阿里巴巴集团(Alibaba Group Holding Ltd)	682 958	297 883	980 841	22	44 584	31 044	13 540
NVDA	英伟达公司	442 493	370 802	813 295	22	36 968	20 113	16 855
MU	美光科技公司	496 647	231 121	727 768	22	33 080	22 575	10 506
AMZN	亚马逊公司	325 361	366 913	692 274	22	31 467	14 789	16 678
MSFT	微软公司	304 206	197 896	502 102	22	22 823	13 828	8 995

B. 美国银行的股票期权

看涨期权						看跌期权						
执行价	最新价	净价格	买入价	卖出价	成交量	未平仓合约数量	执行价	最新价	净价格	买入价	卖出价	成交量	未平仓合约数量
2017 年 8 月(到期日:8 月 18 日)												
BAC1718H23-E	1.87	0.24	1.81	1.87	474	28 309	BAC1718T23-E	0.20	−0.04	0.19	0.24	100	80 902
BAC1718H24-E	1.12	0.19	1.09	1.12	250	45 373	**BAC1718T24-E**	**0.48**	**−0.02**	**0.45**	**0.47**	**244**	**34 707**
BAC1718H25-E	0.56	0.09	0.55	0.57	413	66 470	BAC1718T25-E	0.94	−0.08	0.91	0.96	116	12 140
BAC1718H26-E	0.23	0.04	0.23	0.25	235	130 351	BAC1718T26-E	1.69	0.00	1.59	1.67	0	5 074

---

[1] 前面曾经提到,看涨期权的价值可以分为两个部分:内在价值(即零和股票价格减去执行价格中的较大者)以及时间溢价。在这里,美国银行股票看涨期权为价内期权,因为它具有正内在价值,而没有内在价值的期权为价外期权。

续表

	看涨期权						看跌期权					
执行价	最新价	净价格	买入价	卖出价	成交量	未平仓合约数量	执行价	最新价	净价格	买入价	卖出价	成交量	未平仓合约数量
2017 年 9 月（到期日：9 月 15 日）												
BAC1715I23-E	1.96	0.17	1.95	2.02	1	13 030	BAC1715U23-E	0.42	−0.01	0.39	0.41	125	24 399
BAC1715I24-E	**1.31**	**0.12**	**1.26**	**1.31**	**73**	**95 868**	BAC1715U24-E	0.72	0.05	0.70	0.73	96	8 737
BAC1715I25-E	0.76	0.11	0.73	0.79	399	34 822	BAC1715U25-E	1.25	0.05	1.18	1.20	110	6 297
BAC1715I26-E	0.37	0.02	0.39	0.41	163	25 219	BAC1715U26-E	1.92	−0.04	1.79	1.86	1	3 106
2017 年 10 月（到期日：10 月 20 日）												
BAC1720J23-E	2.21	0.13	2.19	2.25	126	488	BAC1720V23-E	0.67	0	0.62	0.64	173	2 990
BAC1720J24-E	1.48	0.01	1.54	1.59	22	1 653	BAC1720V24-E	1.01	−0.03	0.95	0.99	20	708
BAC1720J25-E	1.04	0.09	1.03	1.05	186	13 899	BAC1720V25-E	1.53	0	1.38	1.48	0	2 526
BAC1720J26-E	0.57	0	0.64	0.69	0	4 003	BAC1720V26-E	1.95	0	2.05	2.09	0	75
2017 年 12 月（到期日：12 月 15 日）												
BAC1715L23-E	2.73	0	2.47	2.50	0	5 886	BAC1715X23-E	0.97	0	0.86	0.95	0	8 635
BAC1715L24-E	1.75	−0.15	1.85	1.88	22	8 109	BAC1715X24-E	1.33	−0.03	1.31	1.33	20	12 321
BAC1715L25-E	1.30	0.02	1.34	1.37	16	36 450	BAC1715X25-E	1.81	0	1.80	1.82	0	5 630
BAC1715L26-E	0.84	0	0.93	1.01	0	34 404	BAC1715X26-E	2.50	0	2.38	2.48	0	782

资料来源：数据来自芝加哥期权交易所（www.cboe.com），2017 年 7 月 13 日。由芝加哥期权交易所公司（Chicago Board Options Exchange, Inc.）友情提供。

请注意，图表 16-1 中列出的期权在报价日后几个月到期。大多数现有交易所交易期权合约的到期日都是最近两个月，最长为从 1 月、2 月或 3 月开始的季度周期后三个月。对于像美国银行这样的高成交量股票，到期月份可能在更久以后，甚至延长至未来数年；这些期权被称为长期股票期权。最后，对于投资期非常短的投资者，芝加哥期权交易所创建了周期权，这是在周四早上创建，并在下一周的周五下午到期的期权合约。

股指期权和指数交易所交易基金期权 正如我们在第 14 章中所看到的，股指（例如标准普尔 500 指数）期权与股票期权非常类似。但是，它们在一个重要方面有所不同：股指期权只能以现金结算。这是因为基础指数是一个假想的投资组合。股指期权于 1983 年首次在芝加哥期权交易所交易，受到了投资者的欢迎，原因与股指期货相同：它们可以让投资者以相对便宜且方便的方式投资或对冲广义市场绩效指数。股指看跌期权在投资组合保险中尤为有用，例如之前和本章结尾提到的保护性看跌期权策略。

图表 16-2 的 A 部分列出了标准普尔 500 指数期权的代表性样本的价格。它们的解释方式与个股期权价格相同，每份期权合约都规定了如何转让 100 "股"基础指数。例如，假设 2017 年 7 月这一天的标准普尔 500 指数水平为 2 447.83 点，那么执行价格为 2 450 美元的 2017 年 9 月标准普尔 500 指数看涨期权将为价外期权。该期权合约可以按 3 250（＝32.50×100）美元的卖价购买，并且只有在标准普尔 500 指数在到期日升至 2 450 点以上时才会被执行，以购买价值为 245 000 美元的指数。

图表 16-2　标准普尔 500 指数和标准普尔 500 指数交易所交易基金的期权报价

A. 标准普尔 500 指数 (SPX)

看涨期权

执行价	最新价	净价格	买入价	卖出价	成交量	未平仓合约数量
2017 年 8 月（到期日：8 月 18 日）						
SPX1718H2440-E	28.20	2.10	27.30	28.40	701	3 126
SPX1718H2445-E	23.90	1.30	24.00	25.10	82	1 358
SPX1718H2450-E	21.00	0.65	20.90	21.90	3 986	13 821
SPX1718H2455-E	18.40	0.75	18.00	19.00	56	576
2017 年 9 月（到期日：9 月 15 日）						
SPX1715I2440-E	39.48	1.98	38.80	40.00	6 192	16 344
SPX1715I2445-E	35.50	1.33	35.60	36.70	13 024	10 401
SPX1715I2450-E	**32.50**	**0.20**	**32.40**	**33.60**	**8 710**	**37 408**
SPX1715I2455-E	30.09	3.02	29.50	30.60	4	44
2017 年 12 月（到期日：12 月 15 日）						
SPX1715L2400-E	96.22	-0.03	98.80	100.60	8	35 055
SPX1715L2425-E	82.50	1.75	81.60	83.40	682	17 706
SPX1715L2450-E	66.60	2.65	65.60	67.40	851	19 520
SPX1715L2475-E	52.30	3.20	51.20	52.80	604	17 426

看跌期权

执行价	最新价	净价格	买入价	卖出价	成交量	未平仓合约数量
SPX1718T2440-E	21.10	-2.70	20.50	21.40	2 913	2 405
SPX1718T2445-E	23.00	-3.40	22.10	23.20	100	965
SPX1718T2450-E	24.65	-3.77	24.00	25.10	4 520	6 277
SPX1718T2455-E	27.55	-2.10	26.00	27.10	5	228
SPX1715U2440-E	33.95	-2.80	33.20	34.30	5 203	16 695
SPX1715U2445-E	35.50	-3.17	34.80	35.80	13 033	10 044
SPX1715U2450-E	37.55	-1.75	36.80	37.90	7 860	16 310
SPX1715U2455-E	39.45	-1.85	38.80	39.90	13	212
SPX1715X2400-E	56.60	-2.10	55.60	57.00	62	33 980
SPX1715X2425-E	64.25	-3.75	63.20	64.70	2 814	17 030
SPX1715X2450-E	73.20	-2.90	72.00	73.60	175	6 425
SPX1715X2475-E	84.00	-4.00	82.30	84.00	2	848

B. SPDR 标准普尔 500 指数交易所交易基金（SPY）

看涨期权

执行价	最新价	净价格	买入价	卖出价	成交量	未平仓合约数量
2017 年 8 月（到期日：8 月 18 日）						
SPY1718H243-E	3.69	0.27	3.52	3.59	61	37 187
SPY1718H244-E	2.93	0.20	2.82	2.88	772	131 612
SPY1718H245-E	2.30	0.16	2.18	2.24	579	169 116
SPY1718H246-E	1.71	0.12	1.62	1.67	889	54 701
2017 年 9 月（到期日：9 月 15 日）						
SPY1715I243-E	4.77	0.19	4.68	4.75	26	24 196
SPY1715I244-E	4.03	0.13	4.00	4.06	438	16 127
SPY1715I245-E	3.41	0.06	3.35	3.41	391	75 231
SPY1715I246-E	2.81	0.13	2.76	2.81	60	22 886
2017 年 12 月（到期日：12 月 15 日）						
SPY1715L239-E	9.21	0	10.63	10.72	0	7 332
SPY1715L240-E	9.94	0.34	9.89	9.98	12	29 641
SPY1715L245-E	6.61	0.15	6.55	6.63	247	64 511
SPY1715L250-E	3.88	0.09	3.81	3.88	160	29 241

看跌期权

执行价	最新价	净价格	买入价	卖出价	成交量	未平仓合约数量
SPY1718T243-E	1.83	−0.31	1.83	1.88	3 869	61 109
SPY1718T244-E	2.16	−0.27	2.13	2.20	1 211	131 915
SPY1718T245-E	2.52	−0.22	2.49	2.56	777	113 643
SPY1718T246-E	2.91	−0.36	2.93	3.01	183	27 181
SPY1715U243-E	3.31	−0.29	3.30	3.37	38	26 667
SPY1715U244-E	3.68	−0.31	3.65	3.72	137	8 468
SPY1715U245-E	**4.14**	**−0.25**	**4.06**	**4.14**	**45**	**18 954**
SPY1715U246-E	4.93	0	4.51	4.60	0	3 187
SPY1715X239-E	5.78	0	5.62	5.68	0	5 901
SPY1715X240-E	5.94	−0.14	5.91	5.97	153	42 376
SPY1715X245-E	7.77	−0.11	7.66	7.73	67	9 847
SPY1715X250-E	10.13	−0.18	10.04	10.13	89	8 279

资料来源：数据来自芝加哥期权交易所（www.cboe.com），2017 年 7 月 13 日。由芝加哥期权交易所公司友情提供。

第 11 章讨论了如何使用交易所交易基金作为投资股票指数的有效方式。由于这些产品大受欢迎，衍生品市场现在也提供交易所交易基金期权也就不足为奇了。图表 16－2 的 B 部分列出了 SPDR 标准普尔 500 指数交易所交易基金期权的价格和成交量。由于基础交易所交易基金是一种证券（不同于指数本身），因此这些期权的设计类似于普通股票期权并允许实物交割。例如，执行价格为 245 美元的 2017 年 9 月标准普尔 500 指数交易所交易基金看跌期权为价内期权，因为标准普尔 500 指数交易所交易基金的交易价格为 244.42 美元。假设该看跌期权在到期日的价格仍低于 245 美元，作为预先支付 414(＝4.14×100) 美元期权费的交换，该看跌期权所有者将发现卖出价值为 24 500 美元的指数交易所交易基金是有利的。

外汇期权　在第 15 章对货币期货合约的分析中，我们看到这些期货合约通常是从本币为美元的投资者的角度设计的，他们认为外币（非美元货币）是交易的基础资产。在美国证券交易所交易的外汇期权的相似之处在于，每份外汇期权合约都允许投资者以固定汇率买卖一定金额的货币。外汇看涨期权允许但不强制外汇看涨期权持有者在以后某个日期买入外币，而外汇看跌期权允许外汇看跌期权持有者卖出外币。现在市场上存在多种主要货币的外汇期权合约，这些货币包括欧元、澳元、日元、加元、英镑和瑞士法郎。尽管大多数外汇期权都在场外交易市场进行交易，但自从 1982 年费城证券交易所推出交易所交易外汇期权以来，交易所交易外汇期权就一直存在。图表 16－3 显示了 2017 年 7 月 13 日的现行美元/英镑现汇汇率以及部分英镑期权合约的报价。

XBC ↑ **129.42**　+0.59　--/--　--x-- 前一交易日价格 128.83
15:54　成交量　开盘价 129.38　最高价 129.55　最低价 129.13　未平仓合约数量
XBC货币　95) 行动　97) 设置　期权监测工具
英镑即期美元标准差　129.42　0.59　0.458%　/　最高价129.55　最低价 129.13　成交量　历史波动率 11.26
中间价 129.42　执行价 8　到期日 2017年7月21日　汇率
计算模式
81）中间执行价　82）看涨期权/看跌期权　83）看涨期权　84）看跌期权　85）期限结构

看涨期权						看跌期权					
代码	执行价	买入价	卖出价	IVM*	成交量	代码	执行价	买入价	卖出价	IVM	成交量
2017年7月21日（8天）期权规模：100股；R 1.08						2017年7月21日（8天）期权规模：100股；R 1.08					
1) XBN7C C	126	2.76	4.25	2 024.26		17) XBN7P C	126		0.05	1 789.46	
2) XBN7C C	127	1.88	3.15	1 924.49		18) XBN7P C	127	0.01	0.05	1 710.01	
3) XBN7C C	128	1.55	1.63	1 833.08		19) XBN7P C	128	0.07	0.12	1 630.01	
4) XBN7C C	129	0.77	0.83	1 807.68		20) XBN7P C	129	0.28	0.33	1 585.88	
5) XBN7C C	130	0.27	0.31	1 778.92		21) XBN7P C	130	0.77	0.83	1 513.04	
6) XBN7C C	131	0.05	0.10	670.72		22) XBN7P C	131	1.54	1.62	1 377.97	
7) XBN7C C	132		0.05	573.32		23) XBN7P C	132	1.83	3.25		
8) XBN7C C	133		0.08	595.39		24) XBN7P C	133	2.75	4.30		
2017年8月18日（36天）期权规模：100股；R 1.16						2017年8月18日（36天）期权规模：100股；R 1.16					
9) XBQ7C C	126	3.76	3.86	2 769.62		25) XBQ7P C	126	0.17	0.26	2 403.79	
10) XBQ7C C	127	2.90	3.00	2 683.75		26) XBQ7P C	127	0.32	0.39	2 318.48	
11) XBQ7C C	128	2.14	2.22	2 592.18		27) XBQ7P C	128	0.54	0.61	2 232.29	
12) XBQ7C C	129	1.48	1.54	2 527.01		28) XBQ7P C	129	0.88	0.94	2 163.03	
13) XBQ7C C	130	0.96	1.01	2 488.56		29) XBQ7P C	130	1.35	1.41	2 066.47	
14) XBQ7C C	131	0.57	0.64	1 751.30		30) XBQ7P C	131	1.96	2.04	1 953.05	
15) XBQ7C C	132	0.32	0.39	1 235.35		31) XBQ7P C	132	2.70	2.80	1 739.13	
16) XBQ7C C	133	0.17	0.24	832.01		32) XBQ7P C	133	3.55	3.65		

澳大利亚 61 2 9777 8600　巴西 5511 2395 9000　欧洲 44 20 7330 7500　德国 49 69 9204 1210　中国香港 852 2977 6000
日本 81 3 3201 8900　新加坡 65 6212 1000　美国 1 212 318 2000　

SN 335716 CDT GMT-5:00 H464-4713-0 2017年7月13日15:54:05

图表 16－3　外汇期权报价

* IVM：根据隐含波动率模型计算出的价格。——译者注

资料来源：数据来自彭博有限合伙企业，版权归彭博有限合伙企业所有，2017 年。

假设有一位在投资组合中持有以英镑计价的国债的美国投资者。现在是 7 月，等债券下个月到期时，她需要将收入兑换回美元。这使她面临英镑在 8 月中旬贬值（即可以兑换的美元变少）的风险。为了对冲这种风险，她以 1.30 美元/英镑的执行价格买入了 8 月看跌期权。因此，使用卖价（"看跌期权-2017 年 8 月 18 日"下第五项）和与该期权合约相关的交割金额，计算出她买入看跌期权（该期权允许她卖出 10 000 英镑）的初始成本为 141（=0.014 1×10 000）美元。该期权允许投资者将从 8 月到期的英国债券中获得的 10 000 英镑兑换为 13 000（=10 000×1.30）美元。她只会在 8 月的美元/英镑现汇汇率保持在 1.30 美元/英镑以下（或进一步走弱）的情况下执行期权，这是她最初担心的情况。最后，由于买入看跌期权时的 7 月现汇汇率为 1.294 2 美元/英镑，因此该期权合约为价内期权。

16.2 期权估值的基础

尽管投资者可以使用期权来预测未来的证券价格，但理解期权如何估值的关键在于，它们也是降低风险的工具。要获得期权的理论价值，需要将其与基础证券组合起来，创建一个合成无风险投资组合。也就是说，理论上可以将期权作为针对其基础资产的价值波动的完美对冲。

这与我们在第 14 章中用于建立看跌期权-看涨期权平价关系的方法基本相同。看跌期权-看涨期权平价与以下介绍的期权估值方法之间有两点主要区别。首先，看跌期权-看涨期权平价交易隐含的对冲投资组合不需要特别调整；它由持有至到期日的一个股票多头、一个看跌期权多头和一个看涨期权空头组成。然而，用单个期权头寸——无论是看涨期权还是看跌期权——对冲基础资产头寸的风险时，通常需要使用多份期权合约并频繁更改维持无风险投资组合所需的期权数量。其次，看跌期权-看涨期权平价不需要预测基础资产的未来价格水平，而下面的分析需要。我们将看到，未来资产价格的波动性预测是投资者在确定期权价值时必须提供的最重要的信息。

16.2.1 基本方法

虽然与期权估值相关的计算过程可能很复杂，但我们可以很简单地说明该过程背后的基本直觉。假设您刚刚花 50 美元购买了一股 WYZ 公司的股票。在您计划持有该股票时，该股票预期不会支付股利，并且您预测 1 年后股价将涨至 65 美元或跌至 40 美元。这可以概括如下：

今天	1年后
	65
50	
	40

进一步假设有一份执行价格为 52.50 美元的 WYZ 股票看涨期权。如果这是一份恰好在 1 年后到期的欧式期权，它在到期日的可能价值如下：

今天	1年后
	$\max[0, 65-52.5]=12.50$
C_0	
	$\max[0, 40-52.5]=0$

根据您对未来 WYZ 股票价格的预测，您知道期权到期时的价值。难题在于确定今天的期权售价（C_0）。

这个问题可以分三步来回答。第一步，设计一个由一股 WYZ 股票多头和一定数量的看涨期权（h）组成的对冲投资组合，使投资组合无风险。通过确保无论出现两个预测股票价格中的哪一个，投资组合在到期时都具有相同价值，可以确定所需的看涨期权数量：

$$65+h \times 12.50=40+h \times 0$$

得到：

$$h=\frac{65-40}{0-12.5}=-2.00$$

该数字有方向和大小两个维度。负号表示，为了在天然正相关的两种资产之间建立负相关关系，必须卖出看涨期权来对冲股票多头。此外，鉴于在到期日的可能期权结果范围（$=12.5-0$）仅为 WYZ 股票范围（$=65-40$）的一半，因此必须卖出的期权数量是对冲投资组合中股票数量的两倍。h 的值被称为对冲比率。[①] 因此，可以通过购买一股股票并卖出两份看涨期权来创建无风险对冲投资组合。

第二步假设资本市场没有套利，因此所有无风险投资的价格都使其赚取无风险利率直至到期。今天价格为（$50-2C_0$）美元的对冲投资组合将通过以下公式增至 40 美元的特定价值：

$$(50-2.00 \times C_0)(1+\text{RFR})^T=40 （美元）$$

其中：

RFR＝年化无风险利率；

T＝至到期的时间（在本例中为 1 年）。

该式中存在两个未知值：C_0 和 RFR。计算出合适的 RFR 估计值很少成问题，因为投资者可以使用适当期限的美国国债的到期收益率。例如，如果 1 年期国库券收益率为 8%，那么可以解出 C_0，如下：

$$C_0=\frac{50-40/1.08}{2.00}=6.48 （美元）$$

该计算过程是确定看涨期权的公允市场价值的第三步，也是最后一步。也就是说，考虑到其他两种证券（股票和国库券）的现行市场价格以及投资者对未来股票价格的预测，6.48 美元表示 WYZ 股票 1 年期看涨期权的基本价值，这成为确定该现值是否合理的关键要素。最后，由于该看涨期权目前处于价外状态，因此该金额纯粹为时间溢价。

16.2.2　提高预测准确性

因为假设未来 WYZ 股价只有两种可能的结果是不现实的，所以可以扩展对到期日的股票价格预测，从而允许存在多种可能的股价。要以最简单的方式了解这种扩展的影响，请考虑一种修改后的预测方法，它只多了一个可能的价格，落在之前的值之间。

---

① 在某些估值模型（例如布莱克-斯科尔斯模型）中，对冲比率表示为期权的潜在波动率除以股票的潜在波动率。在本例中，这将是（$0-12.5$）÷（$65-40$）＝-0.5，这意味着期权的价值波动率是股票的一半。当然，该计算结果恰好是 $h=-2.00$ 的倒数。

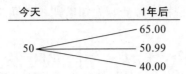

计算 C_0 的三步无风险对冲方法在概念上仍然有效，但必须对其进行修改，因为现在不可能计算出一个同时考虑日期 T 的所有三个可能性的对冲比率。

创建股票价格树 这种调整需要将到期期限划分为尽可能多的子期间，使得在任何时点上的后续价格均只能上涨或下跌。在本例中，只需要增加一个子期间。图表 16-4 显示了如何修改 WYZ 的股价预测。该图有时被称为股票价格树，它表明，例如，要使股票价格在 1 年后达到 65 美元，必须第一次在子时期 S1 涨至 57.01 美元，然后第二次涨至最终价值。同样，只有价格连续两次"下跌"才能达到 40 美元的下限。有两条不同路径达到位于中间的最终结果：（1）一次上涨，然后是一次下跌，或（2）一次下跌，然后是一次上涨。

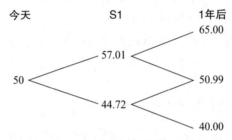

图表 16-4　预测的股票价格树（三个终值）

一旦投资者将这个价格树填写完整，就可以对未来每对可能结果进行倒推，从而解出看涨期权的价值。例如，如果最初的价格上涨使 WYZ 股票的价格达到 57.01 美元，则剩余子期间的价格变化可以描述为：

	S1	1年后
	57.01	65.00
		50.99

于是，看涨期权（C_{11}）价值的相应变化为：

	S1	1年后
	C_{11}	12.50
		0

在 $X=52.50$ 的情况下，只有当 WYZ 股票的价格再次上涨时，看涨期权才会在到期时处于价内状态。这表明对冲比率为：

$$h = \frac{65.00 - 50.99}{0 - 12.50} = -1.12$$

因此，此时的无风险对冲投资组合将包含一股股票多头和 1.12 份看涨期权空头。然后，可以根据下式解出中间期权价值：

$$(57.01 - 1.12 \times C_{11}) \times 1.08^{0.5} = 65 - 1.12 \times 12.50 = 50.99 (美元)$$

或

$$C_{11} = \frac{57.01 - 50.99/1.039\,2}{1.12} = 7.09 (美元)$$

这里的系数 $1.039\,2 (=1.08^{0.5})$ 约为年无风险利率的一半加上 1，因为初始持有期被分为两个 6 个月的子期间。

其他子期间的估值　在确定了 C_{11} 后，就可以通过相同的三步法确定对应 S1 股价 44.72 美元的期权价值 （C_{12}），截取的股票价格树和期权价格树如下：

和

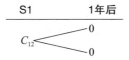

在本例中，看涨期权肯定会在一个子期间的到期日处于价外状态，因此即使股价涨至 50.99 美元（即在第二个子期间股价上涨），也会使股价低于 52.50 美元的执行价格。因此，C_{12} 必然为 0 美元，在这种情况下构建无风险对冲投资组合是没有意义的。

这些中间过程的计算对于只关心期权当前价值的投资者来说意义不大。但是，它们是必要的，因为在确定 C_{11} 和 C_{12} 之前无法确定 C_0。根据这些值，股票价格树的相关部分为：

	今天	S1
		57.01
	50.00	
		44.72

相应的看涨期权树由下式给出：

	今天	S1
		7.09
	C_0	
		0

再次应用三步法，初始（第 0 天）时的对冲比率为：

$$h = \frac{57.01 - 44.72}{0 - 7.09} = -1.73$$

因此，无风险对冲投资组合在开始时，每持有一股股票多头，就会卖空 1.73 份看涨期权。然后，即可根据下式解出当前期权价值：

$$(50.00 - 1.73 \times C_0) \times 1.08^{0.5} = 44.72 - 1.73 \times 0 = 44.72 (美元)$$

或

$$C_0 = \frac{50.00 - 44.72/1.039\,2}{1.73} = 4.02 (美元)$$

图表 16-5 总结了这些初始期权价值、中间期权价值和最终期权价值。

可能股价结果的这种扩展导致了两件有意思的事。第一，加入第三个可能的最终股票价格使日期 0 的期权价值从 6.48 美元降至 4.02 美元。虽然这种下降是选择第三个可能的股票价格（50.99 美元）导致期权处于价外状态的结果——选择接近 65.00 美元的价值会

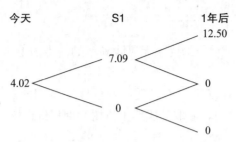

图表 16 - 5　计算期权价值树（三个最终结果）

增加 C_0——但它确实强调了期权估值过程主要取决于投资者的股票价格预测。第二，对冲比率随着到期日之前的股价变化而变化，这意味着无风险对冲投资组合的构成必然在每次股价变化后重新平衡。由于最初每持有一股股票多头就卖空 1.73 份看涨期权，因此 WYZ 股价从 50.00 美元涨至 57.01 美元需要回购 0.61（=1.73-1.12）份期权。因此，用股票和看涨期权复制无风险头寸是一个动态过程。

16.2.3　二项式期权定价模型

这种期权估值方法的一个关键方面是，基础资产价格的未来变化总是可以简化为两种可能性：上涨或下跌。正如兰德曼和巴特（Rendleman and Bartter, 1979）以及考克斯、罗斯和兰德曼（1979）的研究所表明的，这属于一种更一般的估值方法，这种方法被称为二态期权定价模型。上例要求投资者在预测中规定所有子时期的未来可能股票价格——随着最终结果数量的增加，这是一项艰巨的任务。

预测价格变化　为了简化这个过程，假设投资者重点估计了股票价格在子时期之间的变化而非水平。从今天已知的股票价格开始，她预测了下一个子时期的：（1）1+涨幅（u）和（2）1+跌幅（d）。此外，为了限制预测的数量，她还假设 u 和 d 的值适用于所有后续子时期的每个价格变化。有了这些假设，投资者只需要预测三个变量：u、d 和 N（子时期的总数量）。

图表 16 - 6 显示了这些修改——它们代表**二项式期权定价模型**的本质——对预测股票价格树和期权价值树的影响。与上例中三个结果的版本一样，该图允许有两个子时期（$N=2$）。该图的上半部分显示，经过两个连续子时期的上涨和下跌后，初始股票价格 S 将变为 udS。udS 和 duS 的值相等，这意味着预测结果不取决于股票价格是先上涨还是先下跌。一旦确定了 u、d 和 N，就确定了期权在到期日的报酬（C_{uu}、C_{ud} 和 C_{dd}）。

和以前一样，看涨期权的初始价值 C_0 可以通过倒推树形图并求解每个中间期权价值来得出。然而，使用二项式模型计算这些中间价值会简单得多。在任何子时期的第 j 个状态下，期权的价值为：

$$C_j = \frac{pC_{ju} + (1-p)C_{jd}}{r} \tag{16.1}$$

其中：

$$p = \frac{r-d}{u-d}$$

而且

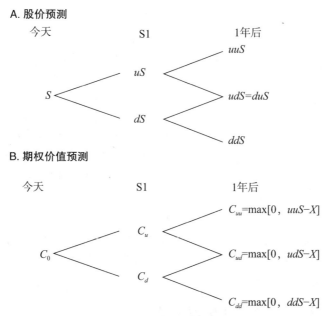

A. 股价预测

B. 期权价值预测

图表 16-6 二项式模型预测树

$r=1+$ 子时期的无风险利率

如果 p 被解释为证券价格上涨的概率，这就意味着 $1-p$ 为证券价格下跌的概率，于是 C_j 的公式就有了一个直观解释。期权在任意时点的价值就是它在一个子时期的预期价值贴现回当前时间的价值。此外，虽然 p 并非明确属于投资者的预测，但它是由模型生成的。从这个意义上说，p 是价格上涨的隐含概率。为了确保这种解释成立，二项式模型要求 $d<r<u$，这是一个在实践中非常合理的条件。

模型的一般化 当意识到子时期 t 的期权价值可以插入子时期 $t-1$ 的公式的右侧时，就可以扩展公式（16.1）。按照该逻辑倒推回日期 0，二项式期权估值模型将变为：

$$C_0 = \left[\sum_{j=0}^{N} \frac{N!}{(N-j)!j!} p^j (1-p)^{N-j} \max[0, (u^j d^{N-j})S - X] \right] \div r^N$$

$$= \left[\sum_{j=m}^{N} \frac{N!}{(N-j)!j!} p^j (1-p)^{N-j} [(u^j d^{N-j})S - X] \right] \div r^N \qquad (16.2)$$

其中：

$m=$ 确保期权在到期时处于价内状态 $[$即 $(u^m d^{N-m})S > X]$ 的最小价格涨幅

$N! = N \times (N-1) \times (N-2) \times \cdots \times 2 \times 1$。

对式（16.2）需要做的解释是，比率 $\dfrac{N!}{(N-j)!j!}$ 是说明有多少条不同路径可以导致特定最终结果的"组合"方式，$p^j(1-p)^{N-j}$ 是达到该结果的概率，$\max[0, (u^j d^{N-j})S - X]$ 是与该结果相关的报酬。

例如，假设投资者已收集到数据并做出如下预测：$S=50.00$，$X=52.50$，$T=1$ 年、RFR=8%（直至到期）、$u=1.140\ 18$，$d=0.894\ 43$ 和 $N=2$。这将期权的 1 年期限分为两个子时期，并估计出任何子时期的涨幅和跌幅分别为略大于 14.0% 和略大于 10.5%。这些预测中隐含的 r 值和 p 值分别为 1.039 2（$=1.08^{0.5}$）和 0.589$[=(1.039\ 2 - 0.894\ 43)\div$

(1.140 18－0.894 43)]。根据式（16.2），执行价格为 52.50 美元的 1 年期欧式看涨期权的价值为：

$$C_0 = \frac{1 \times 0.589^2 \times 12.50 + 2 \times 0.589 \times 0.411 \times 0 + 1 \times 0.411^2 \times 0}{1.039\ 2^2}$$

$$= \frac{1 \times 0.589^2 \times 12.50}{1.039\ 2^2} = 4.02(美元)$$

这与上例中的三步法得到的值相同，因为图表 16-4 中的预测股票价格树是使用这些 u 和 d 的值生成的（例如，$uuS = 1.140\ 18^2 \times 50 = 65.00$ 美元）。因此，我们可以对任何状态 j 复制图表 16-5 中的预测期权价值树。[1] 第 j 个状态的对冲比率为：

$$h_j = \frac{(u-d)S_j}{C_{jd} - C_{ju}}$$

这意味着最初可以通过卖出 1.73[＝(1.140 18－0.894 43)×50÷(0－7.09)] 份看涨期权对冲持有的一股股票多头，如果第一次价格变化为正向变化，那么在一个子时期后，该头寸将重新平衡，变为 1.12 份看涨期权。

16.2.4 布莱克-斯科尔斯估值模型

二项式模型是一种对期权进行估值的离散方法，因为它允许证券价格发生不同的上涨或下跌。也可以假设价格随着时间的推移持续变化。这是布莱克和斯科尔斯（Black and Scholes，1973）提出欧式期权估值方法时采用的假设。这不是一个更现实的假设，因为它假设证券价格在收市后（例如，晚上或周末）发生变化。**布莱克-斯科尔斯模型**的优点——其精神与前面概述的无风险对冲基本三步法相同——在于它得到了一个相对简单的封闭式公式，该式能在很多情况下准确地为期权估值。

布莱克-斯科尔斯模型假设可以通过被称为几何布朗运动的统计过程来描述股票价格变化。这个过程由一个波动性系数 σ 来概括，它类似于之前模型中的投资者股价预测。假设的股价变化过程的正式表述为：

$$\frac{\Delta S}{S} = \mu \Delta T + \sigma \varepsilon \sqrt{\Delta T}$$

因此，从现在到任何未来时期 T 的股票收益率（$\Delta S/S$）既有预期部分（$\mu \Delta T$），也有"噪声"部分（$\sigma \varepsilon \sqrt{\Delta T}$），其中，$\mu$ 为平均收益率，ε 为标准正态分布的随机误差项。[2]

布莱克和斯科尔斯假设在到期日 T 之前连续复利无风险利率和股票方差（σ^2）保持不变，使用对无风险对冲的直观理解推导出以下无股利证券看涨期权的估值公式：

$$C_0 = SN(d_1) - X(e^{-(\text{RFR})T})N(d_2) \tag{16.3}$$

其中，$e^{-(\text{RFR})T}$ 为连续复利变量的贴现函数，

$$d_1 = [\ln(S/X) + (\text{RFR} + 0.5\sigma^2)T] \div (\sigma\sqrt{T})$$

且

$$d_2 = d_1 - \sigma\sqrt{T}$$

---

[1] 例如，$C_u = (0.589 \times 12.50 + 0.411 \times 0) \div 1.039\ 2 = 7.09$（美元）。

[2] 关于布莱克-斯科尔斯模型所基于的数学原理的详细分析，请参见赫尔（Hull，2015）的研究。

$\ln(\cdot)$ 是自然对数函数。变量 $N(d)$ 表示从标准正态分布（即均值为零且标准差为 1 的正态分布）中抽取的观察值等于或小于 d 的累计概率。由于标准正态分布为以零为中心的对称分布，因此 $d=0$ 将导致 $N(d)=0.500\,0$；d 为正值将导致累计概率大于 50%，而 d 为负值将导致累计概率小于 50%。

$N(d)$ 的值可以通过两种方式确定。第一，投资者可以使用标准正态分布概率表。例如，如果 d_1 的值为 0.65，则可以通过查找 0.6 所在行和 0.05 所在列的交叉点来确定 $N(d_1)$，即 $N(d_1)$ 为 0.742\,2。这意味着标准正态分布中 74.22% 的观察值为 0.65 或更小。如果 d_1 为 -0.65，则 $N(-d_1)=1-N(d_1)=1-0.742\,2=0.257\,8$。

计算累计正态概率的第二种方法是用卡尔（Carr，1988）给出的以下公式计算其近似值：

$$N(d) \approx \begin{cases} 0.5e^{-(d2)/2-281/(83-351/d)} & d<0 \text{ 时} \\ 1-0.5e^{-(d2)/2-281/(83+351/d)} & d\geqslant 0 \text{ 时} \end{cases}$$

例如，当 $d=0.65$ 时，我们得到近似概率为：

$$N(0.65) \approx 1-0.5e^{-0.65^2/2-281/(83+351/0.65)} = 0.742\,2$$

模型的属性　布莱克-斯科尔斯估值模型表明，期权的价值是以下五个变量的函数：

(1) 当前证券价格，S；

(2) 执行价格，X；

(3) 距到期时间，T；

(4) 无风险利率，RFR；

(5) 证券价格波动率，σ。

即：

$$C=f(S, X, T, \text{RFR}, \sigma)$$

第一个变量和第四个变量是可观察到的市场价格，第二个变量和第三个变量由期权合约本身定义。因此，投资者必须提供的唯一变量就是波动率，它嵌入了投资者对未来股票价格的预测。

看涨期权的价值将随着五个变量中每个变量（执行价格除外）的增加而上升。图表 16-7 总结了这些关系。前三个关系背后的直观原理很简单：基础资产价格（S）的提高将增加看涨期权的内在价值；执行价格（X）的提高将降低内在价值；期权距到期的时间越长，时间溢价部分的价值就越高，这是因为期权结束时更有可能处于价内状态。此外，C 和 RFR、σ 之间的关系不太明显。RFR 升高将增加看涨期权的价值，因为这会降低 X 的现值，即看涨期权持有者在到期执行期权时必须支付的价格。同理，当基础资产价格的波动性增加时，看涨期权价值将升高，因为这增加了期权在到期时价内程度变深的概率。[1]

图表 16-7　影响布莱克-斯科尔斯期权价值的因素

以下变量增加	将导致以下价值增加/减少	
	看涨期权价值	看跌期权价值
证券价格（S）	增加	减少

---

[1]　用更专业的术语来表述，这些关系可以总结为 $\delta C/\delta S>0$，$\delta C/\delta \text{RFR}>0$，$\delta C/\delta T>0$，$\delta C/\delta\sigma>0$ 和 $\delta C/\delta X<0$。

续表

以下变量增加	将导致以下价值增加/减少	
	看涨期权价值	看跌期权价值
执行价格（X）	减少	增加
距到期时间（T）	增加	增加或减少
无风险利率（RFR）	增加	减少
证券价格波动率（σ）	增加	增加

布莱克-斯科尔斯模型中的对冲比率为 $N(d_1)$，即看涨期权价值相对于股票价格的偏导数（$\delta C/\delta S$）。$N(d_1)$ 是基础证券价格变化 1 美元时的期权价值变化。因此，$N(d_1)$ 通常被称为期权的**德尔塔系数**，它表示可以通过一份看涨期权对冲的股票数量——恰好是之前解释的对冲比率 h 的倒数。最后，布莱克-斯科尔斯模型实际上是二项式模型的扩展。随着子时期的数量（即 N）接近无穷大，价格上涨或下跌开始呈现出连续性。如果将 u 和 d 的值分别设为等于 $e^{\sigma\sqrt{\Delta T}}$ 和 $e^{-\sigma\sqrt{\Delta T}}$，那么二项式模型将变为布莱克-斯科尔斯模型。

一个例子 请考虑五个输入变量的以下值：$S=40$、$X=40$、$T=1$ 年、RFR$=9\%$（或 0.09）和 $\sigma=0.30$。要计算这些条件下的欧式看涨期权的布莱克-斯科尔斯价值，首先需要计算：

$$d_1=[\ln(40/40)+(0.09+0.5\times0.3^2\times1]\div(0.3\sqrt{1})=0.45$$

和

$$d_2=0.45-0.3\sqrt{1}=0.15$$

因此

$$N(d_1)=1-0.5e^{-0.45^2/2-281/(83+351/0.45)}=0.673\,6$$

和

$$N(d_2)=1-0.5e^{-0.15^2/2-281/(83+351/0.15)}=0.559\,6$$

因此

$$C_0=40\times0.673\,6-40e^{-0.09}\times0.559\,6=6.49(\text{美元})$$

$N(d_1)$ 表示，基础资产价格每变化 1 美元，看涨期权价值就会变化大约 67 美分，这表明对冲比率为每持有一股股票多头就卖出 1.5 份看涨期权。图表 16-8 显示了其他因素保持不变时，期权价值和 $N(d_1)$ 如何随着证券价值的变化而变化。值得注意的是，对冲比率在 0 和 1 之间，并随着股价上涨而增加。因此，期权处于价内状态越深，其价格走势就越接近复制股票本身的走势。本例中股票价格和看涨期权价格之间的关系如图表 16-9 所示。

图表 16-8　布莱克-斯科尔斯估值示例

股价（美元）	看涨期权价值（美元）	对冲比率
25	0.44	0.132 1
30	1.51	0.305 4

续表

股价（美元）	看涨期权价值（美元）	对冲比率
35	3.53	0.502 0
40	6.49	0.673 6
45	10.19	0.800 3
50	14.42	0.883 7
55	18.98	0.934 7

注：假设 $X=40$，$T=1$ 年，RFR$=9\%$，$\sigma=0.30$。

看涨期权价值（$X=40$，$T=1$ 年，$\sigma=0.30$，RFR$=0.09$）

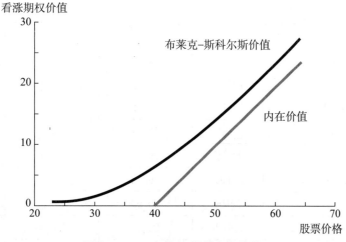

图表 16 - 9　布莱克-斯科尔斯价值

16.2.5　估计波动率

正如股利增长率（g）对确定普通股的基础价值至关重要一样，期权估值关键取决于对基础资产未来价格水平的准确预测。在布莱克-斯科尔斯框架中，这意味着选择合适的 σ，它相当于基础资产收益率的标准差。该值可以通过两种方法估计。第一，它可以使用历史收益率以传统方式计算。具体而言，第 t 天的相对价格计算公式为 $R_t=\ln(P_t\div P_{t-1})$。如果计算出最近 N 天的一组相对价格，则该组价格的均值和标准差可以按照以下公式计算：

$$\bar{R}=\left(\frac{1}{N}\right)\sum_{t=1}^{N}R_t \text{ 和 } \sigma^2=\left(\frac{1}{N-1}\right)\sum_{t=1}^{N}(R_t-\bar{R})^2$$

因素 σ 用每日价格变化率来表示。要将该值年化，可以用 σ 乘以一年中交易天数（通常假设为 250 天）的平方根。历史波动率的优点是易于计算，且不需要假设市场有效；它的缺点是假设未来的股价行为将延续过去的模式。图表 16 - 10 列出了 2007 年、2012 年和 2017 年代表性公司样本的年化 30 天期历史波动率。这些统计数据凸显出股票价格随时间推移的波动剧烈程度。

图表 16 - 10　年化 30 天期历史波动率估计

公司	代码	30 天期波动率估计（%）		
		2007 年 7 月	2012 年 7 月	2017 年 7 月
奥驰亚（Altria）	MO	14.84	11.70	11.04
亚马逊	AMZN	32.12	23.04	21.28
苹果电脑	AAPL	32.04	18.58	21.06
应用材料（Applied Materials）	AMAT	27.70	30.59	33.26
美国银行	BAC	13.67	48.27	20.69
思科系统	CSCO	21.76	26.88	12.44
花旗集团	C	18.90	45.68	16.36
可口可乐	KO	10.78	14.37	8.28
杜克能源（Duke Energy）	DUK	22.59	16.10	8.66
易贝（eBay）	EBAY	24.33	30.90	23.68
通用电子（General Electric）	GE	18.12	25.76	21.71
哈里伯顿（Halliburton）	HAL	23.17	32.90	23.78
英特尔	INTC	29.16	27.46	17.92
L3 技术（L3 Technologies）	LLL	16.47	21.25	15.23
默克	MRK	20.99	18.43	14.53
甲骨文	ORCL	25.11	28.84	27.47
辉瑞	PFE	15.58	12.58	13.48
提沃（Tivo）	TIVO	49.92	37.19	31.47
沃尔玛	WMT	18.90	16.36	20.14
施乐（Xerox）	XRX	21.41	28.46	19.11

资料来源：作者的计算结果。

第二种波动率估计方法涉及布莱克-斯科尔斯公式本身。前面曾经提到，如果我们知道所有五个输入因素——S、X、T、RFR 和 σ——我们就可以解出看涨期权的价值。然而，如果我们知道期权的当前价格（被称为 C^*）和其他四个变量，我们就可以计算出使布莱克-斯科尔斯价值等于 C^* 的 σ。也就是说，当前市场价格隐含的波动率是通过计算使 $C^* = f(S, X, T, \text{RFR}, \sigma^*)$ 的 σ^* 确定的；σ^* 的值被称为**隐含波动率**。该计算公式不存在简单的封闭式解；它必须使用搜索程序来求解。

隐含波动率的优点在于，它计算出了投资者用来设定期权价格的波动率预测值。隐含波动率的缺点在于，它假定市场是有效的，因为市场中设定的期权价格直接对应于布莱克-斯科尔斯公式。贝克尔斯（Beckers，1981）表明，隐含波动率可以比历史波动率更准确地预测未来股票价格变化；然而，菲格陆斯基（Figlewski，1989b）以及邵、潘、林和吴（Shiu，Pan，Lin and Wu，2010）警告说，σ^* 可能包含"噪声"，因为它不仅反映了真实波动率水平，还反映了估值或交易过程中的错误。

隐含波动率的概念也是衡量股市情绪的一个常用指标的基础。惠利（1993）提出的**波动率指数（VIX）**是使用许多不同的执行价格计算出的标准普尔 500 指数期权隐含波动率估计的加权平均值。波动率指数旨在衡量投资者对股市近期（30 天）波动率的预期，该指数水平越高，表明投资者对未来经济状况越警惕。在典型年份中，波动率指数的范围可能在 10.00％和 45.00％之间变化。使用波动率指数作为基础资产的期货合约和期权合约分别从 2004 年和 2006 年开始在芝加哥期权交易所上交易，标准普尔 500 波动率指数交易所交易基金于 2010 年开始交易。

16.2.6　布莱克-斯科尔斯估值模型的问题

布莱克-斯科尔斯期权估值模型很受投资者欢迎，因为它计算方便，并且在很多条件下都能得出合理的价值。然而，在某些情况下，该模型并不理想。麦克贝思和梅维尔（MacBeth and Merville，1979）的研究表明，当相关看涨期权处于价内状态时，隐含波动率往往过大，而当相关看涨期权处于价外状态时，隐含波动率往往过小。因此，布莱克-斯科尔斯模型高估了价外看涨期权的价值，而低估了价内看涨期权的价值。有意思的是，在两项不同的研究中，鲁宾斯坦（1985b，1994）既发现了支持这些结论的证据，又发现了反驳这些结果的证据。

一般来说，任何违反布莱克-斯科尔斯模型基础假设的行为都可能导致期权合约估值错误。菲格陆斯基（1989a）指出，市场缺陷（经纪费、买卖价差和不灵活的头寸规模）会造成期权估值和期权价格之间的差异。他告诫说，运用布莱克-斯科尔斯模型得出的价值应被视为近似值，它最适于比较不同期权的价格。布莱克（1989a）观察到，实践中几乎肯定会违反该模型的其他条件——例如，无风险利率和波动率在到期日之前保持不变。康奈尔（2010）指出，不适当的历史波动率导致的对未来股票价格变化的错误估计可能会导致期权估值错误。

16.3　期权估值：扩展

前面集中讨论了基础资产为无股利股票的欧式看涨期权的估值。还有其他许多情况也需要为期权估值。

16.3.1　欧式看跌期权估值

第 14 章的看跌期权-看涨期权-现货平价模型认为，无股利股票的欧式看跌期权的价值应等于股票空头与看涨期权及国库券多头（国库券的面值等于共同执行价格 X）的投资组合的价值。当国库券连续贴现时，这种关系可以表示为：

$$P_0 = C_0 + X(e^{-(\text{RFT})T}) - S$$

因此，如果我们知道股票、看涨期权和国库券的价格，我们就可以解出看跌期权的价值。将用布莱克-斯科尔斯模型计算出的 C 值插入该式，我们有：

$$P_0 = [SN(d_1) - X(e^{-(\text{RFR})T})N(d_2)] + X(e^{-(\text{RFR})T}) - S$$

该式可以整理为：

$$P_0 = X(e^{-(RFR)T})N(-d_2) - SN(-d_1) \quad\quad\quad (16.4)$$

其中所有符号均与之前相同。式（16.4）为布莱克-斯科尔斯看跌期权估值模型。

如图表 16-7 的最后一列所示，看跌期权的价值将随着 X 的增加而增加，但随着 S 的增加而下降，因为这些变化会影响期权的内在价值。与看涨期权一样，看跌期权的价值受益于 σ 的增加，因为这增加了期权在结束时处于价内状态的可能性。此外，无风险利率的增加会降低 X 的现值，这不利于在执行期权时收取执行价格的看跌期权持有者。最后，$\delta P/\delta T$ 的符号可以为正也可以为负，这取决于证券价格可能下跌更久与卖方在到期时收到的执行价格现值减少之间的权衡。

在前面的估值例子中，我们有以下已知信息：$S=40$、$X=40$、$T=1$ 年、$RFR=9\%$ 和 $\sigma=0.30$。在这些假设下，d_1 和 d_2 仍然分别为 0.45 和 0.15，但现在我们需要计算 $N(-0.45)=1-0.6736=0.3264$ 和 $N(-0.15)=1-0.5596=0.4404$。因此：

$$P_0 = 40e^{-0.09} \times 0.4404 - 40 \times 0.3264 = 3.04（美元）$$

最后，该模型中看跌期权的对冲比率为 $N(d_1)-1$，在本例中为 -0.3264，表明 S 每增加 1 美元，看跌期权的价值将减少约 33 美分。

16.3.2　附股利股票的期权估值

我们之前学到，当基础资产支付股利时，看跌期权-看涨期权平价关系需要调整，因为支付股利会降低资产的市场价值。除税收影响以外，基础资产所有者的整体净值不应因支付股利而产生损失。但是，看涨期权所有者不会收到股利，因此，股票现值减少将降低其衍生头寸的价值。因此，股利成为期权估值过程中的第六个因素。

我们可以修改原始的布莱克-斯科尔斯估值模型，以两种方法考虑股利支付。第一种方法是将当前股价减去期权存续期内支付的股利的现值，然后用该金额代替实际股价——将模型中的 S 替换为 $S'=S-PV$（股利）。对于我们之前看到的执行价格为 40 美元的 1 年期平价看涨期权，假设在 6 个月后支付 1 美元股利，并在恰好到期前再支付 1 美元股利。连续复利无风险利率和波动率分别为 9% 和 30%，因此：

$$S' = 40 - 1 \times e^{-0.09 \times 0.5} - 1 \times e^{-0.09 \times 1.0} = 38.13$$

当将 S' 的值插入 d_1 和 d_2 的公式时，将分别得到 0.29 和 -0.01。

有了这些输入值，布莱克-斯科尔斯估值公式就变为：

$$C_0 = 38.13 \times N(0.29) - 40 \times e^{-0.09} N(-0.01)$$
$$= 38.13 \times 0.6141 - 36.56 \times 0.4960 = 5.28（美元）$$

该金额可以与我们之前估计的其他条件相同的无股利股票看涨期权价值（6.49 美元）进行比较。期权价值的减少金额（1.21 美元）不如股利现值（1.87 美元）大，因为即使不支付股利，期权也可能以价外状态到期。此外，该式中的对冲比率从原来的 0.6736 降至 0.6141。

第二种方法涉及修改模型的形式而不是股票价格信息。这需要以连续收益率形式表示股利，定义为年股利支付金额除以当前股价。默顿（1973b）表明，布莱克-斯科尔斯模型可以重写为：

$$C_0 = (e^{-DT})SN(d_1) - X(e^{-(RFR)T})N(d_2) \quad\quad\quad (16.5)$$

其中：

$$d_1 = \left[\ln((e^{-DT})S/X) + (\mathrm{RFR} + 0.5\sigma^2)T\right] \div (\sigma\sqrt{T})$$

和

$$d_2 = d_1 - \sigma\sqrt{T}$$

其中：D = 年化股息率。

在这些公式中，收益率在两个地方表现为当前股票价值的"贴现"系数。如果我们设 $S' = (e^{-DT})S$，那么第二种股利调整方法只不过是将第一个公式中的股利改为连续收益率形式。

扩展最初的例子，我们现在有六个因素：$S = 40$、$X = 40$、$T = 1$ 年、$\mathrm{RFR} = 9\%$、$\sigma = 30\%$ 和 $D = 2/40 = 5\%$。将这些数字代入模型，我们得到 d_1 的值为 0.28，d_2 的值为 -0.02，因此：

$$C_0 = e^{-0.05} \times 40 \times N(0.28) - e^{-0.09} \times 40 N(-0.02)$$
$$= 38.05 \times 0.610\,3 - 36.56 \times 0.492\,0 = 5.23\,(\text{美元})$$

该金额与第一个股利调整公式得到的金额不同，因为连续股利假设与这些股利的实际支付方式不匹配。

加曼和科尔哈根（Garman and Kohlhagen，1983）以及比格尔和赫尔（Biger and Hull，1983）的研究表明，可以使用这种股利调整布莱克-斯科尔斯模型对前面考察的外汇期权进行估值。前面曾经提到，在交易所交易的外汇看涨期权是用美元购买外国（非美元）货币的权利，外国市场和国内市场的无风险利率可以分别表示为 RFR_f 和 RFR_d。当使用 RFR_f 代替股息率 D，采用直接报价法对汇率报价时，式（16.5）可用于外汇看涨期权估值。

16.3.3　美式期权估值

前面的讨论考察了欧式期权。如果期权是美式期权，也就是说，不限于只能在到期日执行——估值过程将如何变化？提前执行期权的可能性使推导准确模拟布莱克-斯科尔斯公式的封闭式方程成为一个难以实现的目标。罗尔（1977b）、格斯克（Geske，1979）和惠利（1981）精心设计了近似程序来估计美式看涨期权的价值。此外，约翰逊（1983）以及巴龙-阿德西和惠利（Barone-Adesi and Whaley，1986）采用了不同方法来解决美式看跌期权的估值问题。

我们考虑了这些模型的几个基本属性。最重要的是，美式看跌期权或美式看涨期权的价值必然不低于欧式期权，因为根据定义，美式期权为持有者提供了更多选择。令 C_a 和 C_e 分别代表美式看涨期权和欧式看涨期权的价值，该关系可以表述为：

$$S \geqslant C_a(S,\,T,\,X) \geqslant C_e(S,\,T,\,X) \geqslant \max[0,\,S - Xe^{(\mathrm{RFR})T}] \geqslant \max[0,\,S - X] \geqslant 0$$

该式表明：（1）美式看涨期权的价值不低于欧式看涨期权，（2）两种看涨期权的价值都不会高于基础股票，（3）以名义价值和贴现价值表示，两种看涨期权的价值都不低于其内在价值。看跌期权的类似边界条件为：

$$X \geqslant P_a(S,\,T,\,X) \geqslant P_e(S,\,T,\,X) \geqslant \max[0,\,Xe^{-(\mathrm{RFR})T} - S] \geqslant 0$$

对于不支付股利的股票，C_a 和 C_e 将彼此相等。在到期之前，上述关系式表明，

$C_a(S, T, X) - \max[0, S-X] > 0$，其中 $\max[0, S-X]$ 为投资者将从执行期权中得到的价值。因此，在没有因支付股利导致股价下跌的情况下，希望对美国看涨期权平仓的投资者将卖出而不是执行该期权，以免放弃期权的时间溢价。[1]

当股票支付股利时，这种情况发生了变化。假设投资者恰好在股利支付前持有该股票的美式看涨期权。假设没有新信息影响股票价值，在除息日——称其为日期 t——股票价值将下跌，下跌金额约为股利金额，剩余价值为 $S_t = S_{t-1} -$ 股利$_t$。期权的价值也会从 $C(S_{t-1})$ 下降到 $C(S_t)$。在除息日前一天不可能卖出期权，因为理性的买家知道很快会发生什么。因此，投资者必须在日期 $t-1$ 决定是否执行期权并仅获得 $\max[0, S_{t-1}-X]$ 的内在价值。如果期权的时间溢价损失小于 $C(S_{t-1}) - C(S_t)$，那么这是正确的选择，这可能发生在期权临近到期且股利较大时。因为美式期权允许投资者进行这种选择，而欧式期权不允许，所以几乎所有情况下都必然有 $C_a > C_e$。

决定在到期前执行看跌期权并不取决于是否存在股利。相反，重要的是股票本身的有限责任。假设某位投资者持有一家几乎破产的公司的美式看跌期权。该期权的执行价格为 50 美元，距到期时间为 3 个月，股票售价为 1 美元。在这种情况下，期权持有者将评估应该在今天执行期权以获取 49 美元的内在价值，还是等待 3 个月以期股票变得毫无价值，从而使看跌期权价值为 50 美元。根据贴现率，她现在很可能会执行期权。

欧式看跌期权没有为投资者提供这种选择。由于股票的预期收益率为正，因此无股利股票的价格预期将在 3 个月后升高，从而使看跌期权在到期日的价值降至 49 美元以下。如果不能在到期前执行看跌期权，欧式看跌期权的价值有时会低于其内在价值，这最可能发生在 S 值极低和 T 值很大的情况下。前面的边界条件表明，P_e 必然大于根据贴现内在价值公式计算出的价值，即 $\max[0, Xe^{-(\text{RFR})T} - S]$。图表 16-11 说明了这些关系。

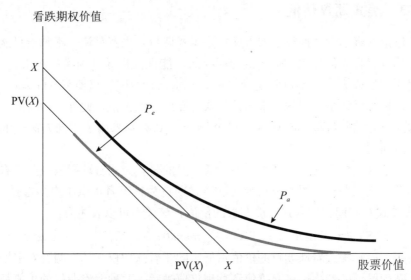

图表 16-11　比较美式看跌期权价值与欧式看跌期权价值

---

[1]　关于这些边界条件的完整推导，请参见钱斯和布鲁克斯（Chance and Brooks，2016）的研究。

16.4 期权交易策略

第 14 章强调了投资者使用期权的两种方式。第一，它们作为独立头寸拥有的不对称报酬结构使投资者能分离出基础证券预期价值变化的收益，同时限制不利价格变化的下行风险。第二，我们还看到看跌期权可以与现有投资组合结合使用，以限制投资组合的潜在损失。在修改这种基于所持个股的保护性看跌期权应用之后，我们现在将考虑将**抛补看涨期权**策略视为改变现有股票头寸风险或提高现有股票头寸收益率的另一种方法。

本节还强调了使用期权的第三种方式：与另一种期权相结合，以创建在更基本的证券（例如股票或债券）中不存在的定制化报酬分配。第 14 章结尾的股票领式期权就是这种期权策略的一个很好的例子。在设计此类组合时，投资者通常会尝试利用对未来经济状况的具体看法。为了制定这些策略，我们将重新来看 SAS 公司的假设例子，该公司拥有在交易所交易的普通股以及看涨期权和看跌期权。图表 16-12 中摘录了 SAS 公司股票和六种具有相同到期日的不同衍生品的价格。

图表 16-12 假设的 SAS 公司股票和期权价格

工具		执行价格（美元）	市场价格（美元）	内在价值（美元）	时间溢价（美元）
股票		—	40.00	—	—
看涨期权	♯1	35.00	8.07	5.00	3.07
	♯2	40.00	5.24	0	5.24
	♯3	45.00	3.24	0	3.24
看跌期权	♯1	35.00	1.70	0	1.70
	♯2	40.00	3.67	0	3.67
	♯3	45.00	6.47	5.00	1.47

16.4.1 保护性看跌期权

尽管保护性看跌期权策略最常用于为整个投资组合的价格下跌提供保险，但布朗和斯塔特曼（1987）指出，该方法也可以用于股票头寸。要了解这种"被保险股票"概念的原理，请考虑一位在投资组合中持有 SAS 公司股票，但担心公司产品销量意外下滑可能导致其头寸价值下降的投资者。为了对冲这种风险，她决定购买 SAS 公司股票的平价看跌期权，这意味着她将花 3.67 美元购买执行价格为 40 美元的看跌期权♯2。如果 SAS 公司的股价在到期时跌至 40 美元以下，则看跌期权将向她支付差价。

图表 16-13 显示了此次购买的影响，图表中列出了一系列可能的 SAS 公司股价下保护性看跌期权组合在到期日的价值。如前所述，被保险股票策略的主要好处是，它保留了投资者在股价上涨时的上行潜力，但限制了投资者在股价下跌时的损失。在本例中，平价看跌期权可确保她的损失限制在 3.67 美元的初始看跌期权费以内。如果投资者持有平价 SAS 公司股票看涨期权和国库券，而不是受保护的 SAS 公司股票看跌期权，结果将相同；

无风险证券提供了安全性，看涨期权提供了价格上涨的潜力。请回想第 14 章的看跌期权-看涨期权平价模型，该结果显示为 $S_0 + P_{0,T} = C_{0,T} + PV(X)$，即：

$$股票多头 + 看跌期权多头 = 看涨期权多头 + 国库券多头$$

图表 16 - 13　保护性看跌期权在到期日的价值

SAS 公司股票的潜在价值	看跌期权的价值	看跌期权的成本	保护性看跌期权净头寸
20	40－20＝20	－3.67	(20＋20)－3.67＝36.33
25	40－25＝15	－3.67	(25＋15)－3.67＝36.33
30	40－30＝10	－3.67	(30＋10)－3.67＝36.33
35	40－35＝5	－3.67	(35＋5)－3.67＝36.33
40	0	－3.67	(40＋0)－3.67＝36.33
45	0	－3.67	(45＋0)－3.67＝41.33
50	0	－3.67	(50＋0)－3.67＝46.33
55	0	－3.67	(55＋0)－3.67＝51.33
60	0	－3.67	(60＋0)－3.67＝56.33

为了从保险角度进一步解释保护性看跌期权，图表 16 - 14 逐一显示了使用三个看跌期权时在到期日的利润（扣除投资者最初购买 SAS 公司股票的价格 40 美元）。为了解释该图表，假设 SAS 公司股票在到期日的价格为 40 美元，那么对于保护性看跌期权♯2（平价期权），投资者的组合头寸价值将为 36.33 美元，净损失为 3.67 美元。该图表的主要意义在于它显示了不同头寸的风险和可能收益之间的权衡。看跌期权♯1 的前期费用最小，但其 35 美元为执行价格，这使投资者必须承担 SAS 公司股价下跌的前 5 美元带来的损失；这 5 美元"免赔额"导致了三个头寸的最大可能损失，即 6.70(＝1.70＋5.00) 美元。然而，在这种程度的投资者自担风险下，保护性看跌期权♯1 的盈亏平衡价格最低，为 41.70(＝35.00＋6.70) 美元。相反，执行价格高于当前股价的看跌期权♯3 在 SAS 公司股票价格达到 46.47 美元之前不会达到盈亏平衡，但最大可能损失仅为 1.47 美元，因此提供了最佳的下行保护。

16.4.2　抛补看涨期权

改变股票头寸报酬结构的另一种常用方法是卖出看涨期权。当投资者卖出所持基础头寸的看涨期权时，就称他们卖出抛补看涨期权。通常，这种策略的目的是让预期短期内价值不会发生太大变化的股票头寸产生额外收入。通过卖出看涨期权，投资者将从期权合约中获得期权费，以提升原本很小的收益（或负收益）。其风险在于，股票头寸的价值在期权到期时可能升至执行价格之上，导致看涨期权买方执行期权，买走股票。

现在假设我们的投资者相信在接下来几个月里，她的 SAS 公司股票的价值既不会明显上升也不会明显下降。她决定不对自己的股票头寸上损失保险，而是通过卖出平价看涨期权（看涨期权♯2）来增加投资的现金流。作为赋予期权买方在到期日以 40 美元购买股票的权利的交换，她将立即收到 5.24 美元的期权费。图表 16 - 15 列出了抛补看涨期权在到期日的价值。图表 16 - 16 描绘了最终利润图的结构（再次扣除当前的 SAS 公司股价）。

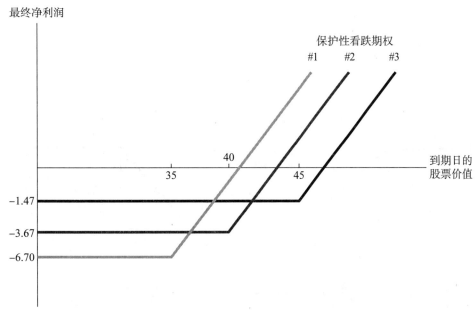

图表 16－14　三个保护性看跌期权的最终净利润

图表 16－15　抛补看涨期权头寸在到期日的价值

SAS 公司股票的潜在价值	看涨期权的价值	看涨期权的期权费收入	抛补看涨期权净头寸
20	0	5.24	$(20-0)+5.24=25.24$
25	0	5.24	$(25-0)+5.24=30.24$
30	0	5.24	$(30-0)+5.24=35.24$
35	0	5.24	$(35-0)+5.24=40.24$
40	0	5.24	$(40-0)+5.24=45.24$
45	$-(45-40)=-5$	5.24	$(45-5)+5.24=45.24$
50	$-(50-40)=-10$	5.24	$(50-10)+5.24=45.24$
55	$-(55-40)=-15$	5.24	$(55-15)+5.24=45.24$
60	$-(60-40)=-20$	5.24	$(60-20)+5.24=45.24$

　　这两张图表都表明，抛补看涨期权在到期日的报酬在形式上类似于看跌期权空头。这仍然可以从看跌期权-看涨期权平价条件中看出来，如下所示：

　　　　股票多头＋看涨期权空头＝国库券多头＋看跌期权空头

　　该策略固有的价格风险有两个方面。第一，如果在期权到期日，SAS 公司股价已经涨至 40 美元以上，投资者将被迫以低于股票实际价值的价格卖出股票。然而，只有在价格高于 45.24 美元（即执行价格加上初始看涨期权费）时，这才意味着损失。第二，如果 SAS 公司股价下跌，那么除了她卖出看涨期权收到的 5.24 美元期权费以外，她的潜在损失不会得到对冲；在 SAS 公司股价跌破 31.09（＝40－5.24－3.67）美元之后，她最好购买平价保护性看跌期权。因此，如果抛补看涨期权策略要盈利，投资者对股票价值保持在当前水平附近的推测必须是正确的。

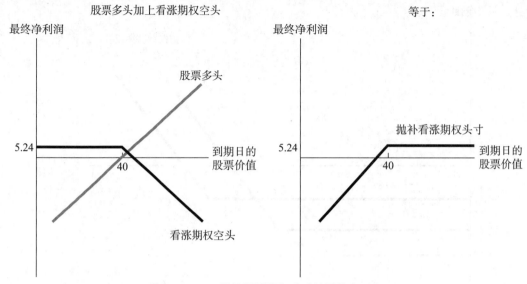

图表 16 - 16　抛补看涨期权头寸的最终净利润

16.4.3　跨式期权、条式期权和带式期权

跨式期权是同时买入（或卖出）具有相同基础资产、执行价格和到期日的一份看涨期权和一份看跌期权。跨式期权多头需要买入看跌期权和看涨期权，而跨式期权空头需要同时卖出看跌期权和看涨期权。跨式期权多头为投资者提供了一个无论未来股价上涨还是下跌都会升值的组合。购买两个期权会增加初始成本，这意味着股票价格变化必须比投资者预测的单向变化更加明显。从这个意义上说，跨式期权是针对波动率的博弈——买方预期股价会朝着某个方向大幅变化，而卖方则预期波动率低于正常水平。

假设一位不持有 SAS 公司股票的投资者购买了一份看跌期权和一份看涨期权，每份期权的执行价格都是 40 美元。购买期权的成本将是看涨期权♯2 和看跌期权♯2 的组合价格，即 8.91（＝5.24＋3.67）美元。由于期权的终值分别为 $\max[0, S_T - 40]$ 和 $\max[0, 40 - S_T]$，因此图表 16 - 17 显示了跨式期权在到期日的可能利润（扣除初始成本，未经时间价值差异调整）。图表 16 - 18 举例说明了这种情况，该图表还画出了跨式期权卖方的利润。该图的盈亏平衡点出现在 31.09（＝40－8.91）美元和 48.91（＝40＋8.91）美元处。

图表 16 - 17　跨式期权多头在到期日的利润

SAS 公司股票在到期日的价格	看涨期权的价值	看跌期权的价值	期权成本	净利润
20.00	0	20.00	－8.91	11.09
25.00	0	15.00	－8.91	6.09
30.00	0	10.00	－8.91	1.09
35.00	0	5.00	－8.91	－3.91
40.00	0	0	－8.91	－8.91

续表

SAS 公司股票在 到期日的价格	看涨期权的价值	看跌期权的价值	期权成本	净利润
45.00	5.00	0	−8.91	−3.09
50.00	10.00	0	−8.91	1.09
55.00	15.00	0	−8.91	6.09
60.00	20.00	0	−8.91	11.09

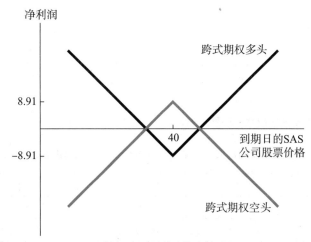

图表 16-18 跨式期权示例

多头和空头在到期日的价值是彼此的镜像。跨式期权买方希望发生将使股价从目前的 40 美元上涨或下跌至少 8.91 美元的戏剧性事件——例如公司出现技术突破或重大诉讼即将做出判决。相反，对于跨式期权卖方而言，最好的结果是 SAS 公司的股票在到期日之前继续以当前价格交易（即完全没有波动），这样两种期权到期时都将没有价值。卖方的头寸表明，即使股价不变，也有可能在股票市场上赚钱。

跨式期权多头隐含的假设是，投资者从直觉上判断不出未来股价的可能变化方向。对其稍做修改的策略是增持看跌期权或看涨期权，以强调对股价变化方向的观点。带式期权多头是买入执行价格相同的两份看涨期权和一份看跌期权，它表明投资者认为股价更有可能上涨。更倾向于看跌的投资者可以通过买入两份看跌期权和一份看涨期权来创建条式期权多头。图表 16-19 列出了这两种组合的最终利润，它们也使用了两种平价 SAS 公司期权。该图表的 A 部分显示，带式期权的期权费较高，为 14.15（＝2×5.24＋3.67）美元，在股价上升的市场中，带式期权的利润增速快于跨式期权。当 SAS 公司股票在到期日的价格超过 40 美元时，支付的结算金额将是价差的两倍，因为带式期权使投资者的看涨期权数量翻倍。当 SAS 公司股票在到期日的价格低于 40 美元时，总报酬保持不变；但是，收到的净金额要低得多，因为投资者购买的额外期权将处于价外状态。条式头寸的净终值情况类似，只是将随着股价下跌加速产生利润。

图表 16-19 带式期权多头和条式期权多头在到期日的利润

A. 带式期权头寸（两份看涨期权和一份看跌期权）				
到期日的 SAS 公司股票价格	看涨期权的价值	看跌期权的价值	期权成本	净利润
20.00	0	20.00	−14.15	5.85
25.00	0	15.00	−14.15	0.85
30.00	0	10.00	−14.15	−4.15
35.00	0	5.00	−14.15	−9.15
40.00	0	0	−14.15	−14.15
45.00	10.00	0	−14.15	−4.15
50.00	20.00	0	−14.15	5.85
55.00	30.00	0	−14.15	15.85
60.00	40.00	0	−14.15	25.85
B. 条式期权头寸（两份看跌期权和一份看涨期权）				
到期日的 SAS 公司股票价格	看涨期权的价值	看跌期权的价值	期权成本	净利润
20.00	0	40.00	−12.58	27.42
25.00	0	30.00	−12.58	17.42
30.00	0	20.00	−12.58	7.42
35.00	0	10.00	−12.58	−2.58
40.00	0	0	−12.58	−12.58
45.00	5.00	0	−12.58	−7.58
50.00	10.00	0	−12.58	−2.58
55.00	15.00	0	−12.58	2.42
60.00	20.00	0	−12.58	7.42

16.4.4　勒式期权

　　跨式期权的最后一个变形是被称为**勒式期权**的期权组合，它也涉及同时买入或卖出基础证券和到期日均相同的一份看涨期权和一份看跌期权。勒式期权中使用的期权没有相同的执行价格。相反，选择的期权均处于价外状态，这降低了最初的跨式期权头寸的初始成本。然而，股票价格必须发生更大变化，勒式期权才能获利，这抵消了成本降低的好处。因此，勒式期权提供了比跨式期权更温和的风险-收益结构。

　　假设投资者以 4.94（=3.24＋1.70）美元的总价格购买了看涨期权♯3和看跌期权♯1。如果股票价格保持在 35 美元的看跌期权执行价格和 45 美元的看涨期权执行价格之间，那么这两个期权在到期时将一文不值，投资者将损失全部投资。股价必须降至 30.06（=35−4.94）美元或升至 49.94（=45＋4.94）美元，投资者的头寸才能达到盈亏平衡。图表 16-20 显示，勒式期权的盈亏平衡点在前述跨式期权的盈亏平衡点之外。因此，在一组"波动率赌注"中，勒式期权的成本低于跨式期权，但需要更大的股价变化才能产生正收益率。

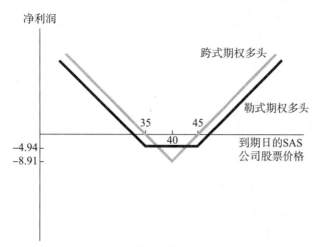

图表 16 - 20   比较勒式期权多头和跨式期权多头

16.4.5   价差

正如布莱克（1975）所述，期权**价差**是买入一份期权并卖出另一份期权，这些期权除了一个显著特征以外都相似。在货币价差中，投资者将卖出一份价外看涨期权，并买入一份相同股票和到期日的价内看涨期权。在日历（或时间）价差中，投资者需要买入并卖出执行价格相同但到期日不同的两份看涨期权或两份看跌期权。当一种期权相对于另一种期权被认为错误估值时，通常会使用期权价差。例如，如果投资者认为执行价格为 X_1、到期日为 T 的看涨期权卖价过高，那么他可以卖空该看涨期权，从而对最终的价格修正进行投机。但是，如果在该期权的价格修正之前整体市场出现上涨，他将遭受巨大损失，因为看涨期权空头有无限责任。因此，当他卖出第一份期权时，他可以通过买入执行价格为 X_2、到期时间也为 T 的看涨期权来对冲部分或全部风险。

回到 SAS 公司期权的数据，假设投资者购买了价内看涨期权（看涨期权♯1）并卖出了价外看涨期权（看涨期权♯3）。这需要 4.83（＝8.07－3.24）美元的净现金支出。在共同到期日，应考虑三个价格范围。如果 SAS 公司的股价低于 35 美元，两份期权都将一文不值。如果 SAS 公司的股价高于 45 美元，两份期权都将被执行，这意味着投资者必须以45 美元的价格卖出他以 35 美元购买的股票，从而获得 10 美元的总报酬。最后，如果 SAS 公司的股价落在两个执行价格之间，那么投资者拥有的期权将处于价内状态，而他卖出的期权不处于价内状态。图表 16 - 21 中显示的净利润计算过程总结了这种情况。

图表 16 - 21   牛市货币价差头寸在到期日的利润

到期日的 SAS 公司股票价格	看涨期权 ♯1 的价值	看涨期权 ♯3 的价值	期权成本	净利润
20.00	0	0	－4.83	－4.83
25.00	0	0	－4.83	－4.83
30.00	0	0	－4.83	－4.83

续表

到期日的 SAS 公司股票价格	看涨期权 ♯1 的价值	看涨期权 ♯3 的价值	期权成本	净利润
35.00	0	0	−4.83	−4.83
40.00	5.00	0	−4.83	0.17
45.00	10.00	0	−4.83	5.17
50.00	15.00	−5.00	−4.83	5.17
55.00	20.00	−10.00	−4.83	5.17
60.00	25.00	−15.00	−4.83	5.17

这有时被称为牛市货币价差，因为当股价上涨时它将盈利。当初始成本为 4.83 美元时，投资者的盈亏平衡点出现在股价涨至 39.83(＝35＋4.83) 美元时。如果 SAS 公司的股价达到 45 美元，即看涨期权 ♯3 空头成为负债时，他的收益将停止增加。图表 16 − 22 将这种情况与直接买入价内看涨期权进行了对比。该期权的初始成本为 8.07 美元，导致盈亏平衡价格更高，为 43.07 美元。然而，它不会限制利润上行潜力，因此一旦股价达到 48.24[＝45＋(8.07−4.83)] 美元，它将成为更可取的选择。因此，为了换取较低的初始购买价格，牛市货币价差投资者放弃了 SAS 公司的股价在某个时点后上涨的好处——这种策略只有在他预期股价会收于相当狭窄的范围内时才有意义。

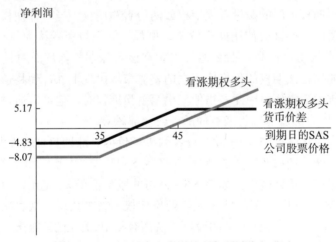

图表 16 − 22 比较牛市货币价差与看涨期权多头

熊市货币价差（买入看涨期权 ♯3 并卖出看涨期权 ♯1）的利润与牛市货币价差的利润相反。因此，认为股票价格可能下跌但不想卖空股票的投资者可以使用熊市价差多头。他也可以使用看跌期权创建价差交易。例如，假设一个新投资者同时买入看跌期权 ♯3 并卖出看跌期权 ♯1。她购买该头寸的净成本为 4.77(＝6.47−1.70) 美元，这将产生图表 16 − 23 中显示的最终利润。如果到期日的 SAS 公司股价为 45 美元或更高，那么两份看跌期权都将一文不值。如果到期日的 SAS 公司股价为 35 美元或更低，则两份期权都将处于价内状态，使投资者的净头寸为 5.23(＝45−35−4.77) 美元。

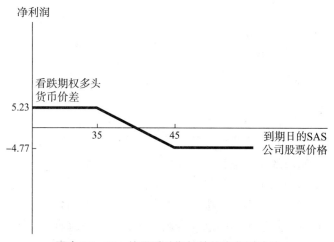

图表 16 - 23　使用看跌期权的熊市货币价差

16.4.6　范围远期

在第 14 章中，我们讨论了股票领式期权，投资者可以用这种工具保护其股票投资组合免受不利股价变化的影响，同时仍保留部分上行收益潜力。我们看到，虽然股票领式期权与远期合约有一些相同的属性（例如，没有预先支付的期权费），但它实际上是两种期权的组合——买入价外看跌期权和卖出价外看涨期权。股票领式期权也是被称为**范围**（或**灵活**）**远期**的策略的一个例子。

要了解如何在不同情况下使用范围远期，假设一家美国跨国公司的资金主管今天知道他有一张必须在 3 个月后支付的进口商品账单。该账单要求支付 1 000 000 瑞士法郎，这意味着这家本币为美元的公司必须购买所需的瑞士法郎，这是使用衍生品对冲外汇风险的典型机会。

这位资金主管获得了几份瑞士法郎远期合约和期权合约的价格，如图表 16 - 24 所示，这些价格采用了直接报价法（美元/瑞士法郎）。这位资金主管可以通过两种方式以零成本锁定 0.67 美元/瑞士法郎的 3 个月远期汇率。第一，他可以持有一份合约金额为 1 000 000 瑞士法郎的瑞士法郎远期多头。第二，他可以买入执行汇率为 0.67 美元/瑞士法郎的瑞士法郎看涨期权，并通过卖出相同执行汇率的瑞士法郎看跌期权来进行支付。我们之前看到，买入一份看涨期权并卖出一份执行汇率相同的看跌期权相当于远期多头，并且当共同的执行汇率等于现行远期汇率时，将产生零成本远期（$C_0 = P_0$）。

图表 16 - 24　假设的瑞士法郎衍生品价格和条款

衍生品	期权合约/执行价格 （美元/瑞士法郎）	到期日	瑞士法郎金额	价格 （美元/瑞士法郎）
远期合约	0.67	3 个月后	1 000 000	—
看涨期权	0.64	3 个月后	1 000 000	0.034
	0.67	3 个月后	1 000 000	0.015
	0.70	3 个月后	1 000 000	0.004

续表

衍生品	期权合约/执行价格 （美元/瑞士法郎）	到期日	瑞士法郎金额	价格 （美元/瑞士法郎）
看跌期权	0.64	3个月后	1 000 000	0.004
	0.67	3个月后	1 000 000	0.015
	0.70	3个月后	1 000 000	0.034

第三种选择是，如果该资金主管（1）以0.004美元/瑞士法郎的价格买入执行汇率为0.70美元/瑞士法郎的看涨期权，并且（2）以相同价格卖出执行汇率为0.64美元/瑞士法郎的看跌期权，将会如何？这将是一个无成本期权组合；然而，由于两份期权的执行价格不同，因此该组合并不等同于实际的远期合约——它是范围远期。在到期日，将发生以下三种情况之一：（1）如果现汇汇率高于0.70美元/瑞士法郎，那么资金主管将执行其看涨期权，并以该汇率买入瑞士法郎；（2）如果现汇汇率低于0.64美元/瑞士法郎，那么看跌期权买方将迫使资金主管以0.64美元/瑞士法郎的价格买入瑞士法郎；（3）如果现汇汇率介于这两个极端汇率之间，那么两份期权都将处于价外状态，资金主管将以正常市场价格购买所需的货币。这种报酬结构与图表16-25中的普通远期合约相反。

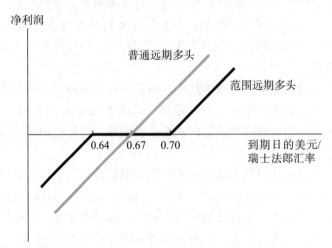

图表 16-25　比较普通远期多头与范围远期多头

如果资金主管持有普通远期多头，那么无论3个月后的市场汇率如何，他都会以0.67美元/瑞士法郎的价格买入瑞士法郎。尽管他不受美元走弱的影响，但如果本币走强，他将无法受益。

不过，当持有范围远期多头以换取较差的外汇保险时——最高买入汇率为0.70美元/瑞士法郎——如果美元走强，他只需支付0.64美元/瑞士法郎。最后，投资者可以创建许多零成本的范围远期。无论需要哪种价外看涨期权，在某个执行价格上都会有一个具有相同权费的价外看跌期权。事实上，实际远期合约可以被视为看跌期权和看涨期权的执行汇率均为0.67美元/瑞士法郎的零成本范围远期。

16.5　其他期权应用

除了作为独立合约使用之外，期权还有其他许多形式，或者嵌入其他证券结构中，或者出现在专门针对期权的安排中。在本节中，我们将考察每类应用的例子。

16.5.1　可转换债券

可转换债券可以被视为包含两种不同证券的预打包投资组合：一只普通债券和一份用债券交换预先确定股数的发行公司普通股的期权。它代表一种既涉及债券市场要素又涉及股票市场要素的混合投资。从投资者的角度来看，这种打包有利有弊。买方收到类似于股票的收益率和与债券面值相等的"有保证"的最终报酬，但他也必须支付嵌入证券价格的期权费。卢默和里佩（Lummer and Riepe，1993）认为，可转换债券提供的风险-收益变化非常独特，体现出了债券和股票各自的优点。阿拉克和马丁（Arak and Martin，2005）指出，可转换债券的发行人增加了公司的杠杆，同时提供了潜在的未来股权融资来源。

以卫星电视（Dish Network）发行的息票利率为 2.375% 的可转换债券为例，该广播卫星电视提供商的股票在场外交易市场上交易。该债券按计划将于 2024 年 3 月到期，图表 16-26 中的灰底部分显示了其详细信息。该债券每半年付息一次，分别于 3 月 15 日和 9 月 15 日支付，综合信用评级为 B 级。该债券的未清偿金额为 10 亿美元，在到期前可进行转换。在本报告发布时（2017 年 7 月 15 日），该债券的挂牌价格为面值的 108.256%，卫星电视普通股的价格为 65.65 美元。该债券不包括其他嵌入式期权特征（例如，为发行人提供的看涨期权保护，为投资者提供的看跌期权保护）。

正如图表 16-26 中间所显示的，每 1 000 美元面值的该债券可转换为 12.163 0 股卫星电视普通股。该统计比率被称为可转换债券的**转换比率**。以 65.65 美元的挂牌股价计算，执行转换期权的投资者将获得价值为 798.50（=65.65×12.163 0）美元的股票，该金额低于债券的当前市场价值。事实上，**转换平价**（令立即转换有意义的普通股价格）等于 89.00 美元，即 1 082.56 美元的债券价格除以 12.163 0 的转换比率。65.65 美元的现行市场价格低于该平价水平，因此该转换期权目前处于价外状态。如果转换平价低于普通股的市场价格，那么精明的投资者可以买入债券，并立即将其转换为市场价值更高的股票。

回收期或**盈亏平衡时间**衡量了可转换债券的较高利息收入（与普通股的股利收入相比）必须持续多久，才能弥补债券价格与其转换价值之间的差异（**转换溢价**）。计算公式如下：

$$回收期 = \frac{债券价格 - 转换价值}{债券收入 - 普通股等价投资收入}$$

卫星电视可转换债券每年支付的息票利息金额为 23.75 美元，而该公司不向其股东支付股利。因此，假设您以 1 082.56 美元的价格出售债券，并使用所得款项购买 16.49（=1 082.56/65.65）股卫星电视的股票，则投资回收期为：

$$\frac{1\ 082.56 - 798.50}{23.75 - 0} = 11.96（年）$$

卫星电视2³₈2024年3月15日 $ ↑ 108.256   +1.76   收益率 1.086

截至7月14日 成交量4百万只   来源 TRMT

卫星电视2³₈2024年3月15日公司	设置 ▾		第1/11页 证券描述：不可转换债券
		94) 附注 🗐	95) 买入 96) 卖出

25) 可转换债券	26) 基础描述	
页	**发行人信息**	**标识符**
11) 债券信息	名称　卫星电视公司	ID码　AM8409501
12) 附加信息	行业　有线电视与卫星	CUSIP　25470MAC3
13) 债券契约		ISIN　US25470MAC38
14) 保证人	**可转换债券信息**	**债券评级**
15) 债券评级	发行市场　私募　可转换	穆迪　Ba3
16) 标识符	国家　美国　货币　美元	标准普尔　B−
17) 交易所	等级　高级无担保　系列　144A	惠誉　BB-u
18) 相关方		综合　B
19) 费用、限制	可转换比率　12.1630　可转换价格　82.216 6	**发行与交易**
20) 还款时间表	股票代码　DISH US　股价　65.650 0	发行金额/未清偿金额
21) 息票利率	转换平价　79.85　转换溢价　35.574 0	1 000 000.00（百万）美元/
快速链接	息票利率　2.375 000　初始溢价　32.50	1 000 000.00（百万）美元
32) ALLQ 定价	类型　固定　频率　半年	最小份额/追加投资单位
33) QRD 报价概要		1 000.00/1 000.00
34) TDH 交易历史	（49）可转换	面额　1 000.00
35) CACS 公司行为	计算类型	
36) CF 招股说明书	定价日期　　　　　2017年3月13日	账簿管理者　　　　DB
37) CN 证券新闻	第一个付息日　　　2017年9月15日	报告　　　　　　TRACE
38) HDS 持有者	在该日期前可转换　2024年3月14日	
39) VPRD 基础信息	期限　　　　　　2024年3月15日	
40) OVCV 估值		
66) Send 债券		

澳大利亚 61 2 9777 8600 巴西 5511 2395 9000 欧洲 44 20 7330 7500 德国 49 69 9204 1210 中国香港 852 2977 6000
日本 81 3 3201 8900　新加坡 65 6212 1000　美国 1 212 318 2000　　　　　版权归彭博财经所有，2017年

SN 335716 CDT GMT−5:00 H698-5305-1 2017年7月17日 09:48:57

图表 16-26　卫星电视可转换债券的详细信息

资料来源：数据摘自彭博有限合伙企业，版权归彭博有限合伙企业所有，2017 年。

　　该债券在不到 7 年后到期，因此上述结果意味着投资者要等到债券到期之后很久才能收回投资，这表明投资者不太可能仅通过债券高于股票的现金流来收回转换溢价。

　　我们还可以计算投资者是否正确对嵌入该债券中的转换期权估值。以 1 082.56 美元的市场价格计算，可以计算出卫星电视可转换债券的到期收益率为 1.086%，如图表 16-26 的第一行所示。由于没有嵌入式期权且具有相同信用评级（B 级）和期限的卫星电视债券的指示性收益率为 4.620%，因此具有相同现金流的"普通"固定收益证券的现值（或持平价格）可以通过第 12 章中介绍的付息日之间的债券估值方法来确定：

　　（1）上一个付息日的价值（2017 年 3 月 15 日）：

$$867.03 = \sum_{t=1}^{14} \frac{11.875}{(1+0.046\ 2/2)^t} + \frac{1\ 000}{(1+0.046\ 2/2)^{14}}$$

　　（2）2017 年 7 月 15 日的总发票价值：

$$867.03 \times (1+0.046\ 2/2)^{(120/180)} = 880.33（美元）$$

　　（3）2017 年 7 月 15 日的持平价格：

$$880.33 - [23.75 \times (120/180)] = 872.41（美元）$$

　　这意味着投资者实际上为债券的可转换特征支付了 210.15 美元，即 1 082.56 美元减

去 872.41 美元。使用式（16.3）中的布莱克-斯科尔斯估值模型，以 89.00 美元（转换平价）的执行价格购买一股卫星电视股票的 6.667 年期看涨期权价格等于 12.237 美元。[①] 因此，投资者的转换期权的公允价值必然只能为 148.83 美元（＝12.163 0×12.237 美元）。因此，在这个估值日，投资者为将债券转换为卫星电视股票的权利多付了 61.32 美元。

图表 16 - 27 以更一般的方式说明了可转换债券的价值。由于它不能以高于公司资产的价格出售，因此公司价值是可转换债券价值的上限。"直线"债券价值部分相对平坦，因为在某个时点，公司价值升高将不会使只收到承诺支付金额的债券持有者受益。在公司价值相当低的情况下，随着破产的可能性增大，债券价值将下降。转换价值直接随着公司价值的上升而上升。可转换债券价值表明，当公司价值较低时，可转换债券的表现将更像债券，仅以略高于债券价值的溢价进行交易。而当公司价值很高时，可转换债券的表现将更像股票，仅以略高于转换价值的溢价进行交易。在中间区间——卫星电视债券价值下跌时——可转换债券将作为一种混合型证券进行交易，其表现有点像债券，也有点像股票。

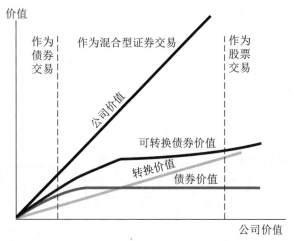

图表 16 - 27　可转换债券价值示意图

16.5.2　信用违约互换

在第 15 章中，我们介绍了利率互换和股票指数挂钩互换，其中交易双方同意根据不同的利率或股票收益率在未来定期交换现金流。这些协议被视为远期合约，因为（1）双方均未预先支付期权费，并且（2）双方均有完全义务在未来结算日进行现金流交换。尽管名称相似，但**信用违约互换**最好被视为一种类似于期权的安排，因为它确实要求一方向另一方支付初始互换费（或一系列互换费），并且任何后续结算支付都不是强制性的，而是取决于未来事件是否发生。

要了解使用信用违约互换的方式和原因，让我们来看一个例子。假设一位固定收益投资组合经理持有 BAB 公司发行的债券，但他担心该公司的财务状况可能恶化到公司拖欠贷款的程度。作为直接出售 BAB 公司债券的替代方案，该经理可以向互换交易商购买 BAB 公司的信用违约互换。这种安排的重要特点是，如果 BAB 公司在信用违约互换存续

---

① 该计算过程的假设输入值如下：$S=65.65$，$X=89.00$，$T=6.667$，RFR=0.021 4，$\sigma=0.240 9$ 和 $D=0$。

期内实际发生不利信用事件，互换交易商将向该经理支付补偿。因此，互换交易商实质上向这位投资组合经理卖出了违约保护，而未来的保护支付金额取决于实际上是否发生了与信用相关的事件。正如图表 16-28 的上半部分所示，保护买方（债券经理）将支付互换费，以换取保护卖方（互换交易商）在信用违约互换有效期内参考实体（BAB 公司）发生信用相关事件时进行支付结算的责任。信用违约互换涵盖的一系列与信用相关的事件可能包括破产、未能及时支付或因公司重组导致的信用评级下调。

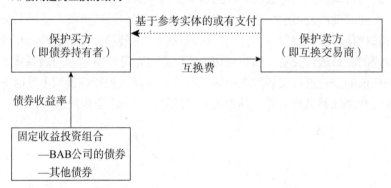

A. 信用违约互换的结构

B. 美国公司的信用违约互换费

93 按 <GO> 将当前屏幕存为默认页面

| 96）浏览 | 97）输出 | 98）设置 | 全球信用违约互换监测工具 |

过滤条件：　所有来源　　美国　　所有评级　　金融数据　　　　　90）更多过滤条件

91）信用违约互换监测工具　　　　　92）交叉资产视角

变化指标　　　　今天　　　　添加证券

名称	信用违约互换			参考实体			股票			发行人评级			债务
	利差	时间	变化	期权调整利差	时间	变化	价格	时间	变化率(%)	标准普尔	穆迪	惠誉	价值
137)安富来再保险集团	74.96	10.30	-0.50				263.13	11:30	+0.2	A-			639
138)联邦房地产投资	115.16	10.30	-0.71				126.49	11:30	+0.9	A-	A3	A-	2 886
139)第一数据公司	153.09	11.36	-5.88	254	10:15	-5	18.49	11:30	-0.3	B+	B3	B+	18 449
140)第一实业公司	256.39	10.30	+1.15				28.46	11:31	-0.6	BBB-	Baa3	BBB	816
141)GATX公司	109.69	10.30	+0.35	46	10:15	—	61.50	11:31	-0.9	BBB	Baa2	WD	3 735
142)通用电气金融服务公司	45.97	10.52	+5.45				26.67	11:31	+0.3	NR	A1		0
143)健沃斯控股公司	783.71a	10.30	+3.35	452	10:15	-2	3.49	11:31	+0.3	B	Ba3		3 847
144)高盛集团	68.79	11.44	-0.47	33	10:15	-4	229.67	11:31	+1.0	BBB+	A3	A	205 506
145)HCP公司	168.00	10.30	-0.27	119	10:15	—	31.43	1:311	-0.1	BBB	Baa2	BBB	7 596
146)汇丰金融公司	25.54	10.30	-1.22	31	10:15	-1	744.00	10:35	-0.2	A	Baa1	A+	3 610
147)哈特福德金融服务公司	36.14	11.45	-0.44	43	10:15	-1	53.30	11:31	+0.8	BBB+	Baa2	WD	4 783
148)医疗房地产信托公司	138.08	10.30	-0.99	170	10:15	—	32.82	11:31	-0.7	BBB	Baa2	BBB	1 172
149)海伍兹房地产公司	190.99	10.30	-1.46				49.83	11:30	-0.2	BBB	Baa2	WD	1 250
150)盛情房地产信托公司	142.62	10.30	-1.07	139	10:15	-1	29.15	11:31	+0.2	BBB-	Baa2		3 661
151)豪斯特酒店与度假村公司	64.85	11.45	-1.35	138	10:15	—	18.11	11:31	+0.3	BB+	Baa2	BBB	4 800
152)国际租赁金融公司	96.43	11.45	-1.88	92	10:15	—	47.79	11:30	+0.6	NR	Baa3	BBB-	8 847
153)摩根大通公司	49.85	11.44	+0.05	24	10:15	—	92.82	11:31	+0.4	A-	A3	A+	217 024
154)金科房地产公司	122.00	10.30	+1.62	60	10:15	-1	18.67	11:31	+1.1	BBB+	Baa1	BBB+	4 300
155)自由共同集团	132.49	10.30	-2.39	102	10:15	—				BBB	Baa2	BBB	7 424
156)林肯国民公司	73.58	11.45	-0.28	66	10:15	+3	71.65	11:30	+1.5	A-	Baa1	A-	5 123
157)洛斯公司	23.51	11.45	-0.79	183	10:15	—	46.93	11:31	+0.3	A	A3	A	11 128

a. 表示根据前期点数推导出的利差。

澳大利亚 61 2 9777 8600　巴西 5511 2395 9000　欧洲 44 20 7330 7500　德国 49 69 9204 1210　中国香港 852 2977 6000

日本 81 3 3201 8900　　　新加坡 65 6212 1000　　　美国 1 212 318 2000　　　版权归彭博财经所有，2017年

SN 335716 CDT GMT-5:00 H464-4713-0 2017年7月13日 11:46:06

图表 16-28　信用违约互换示意图

资料来源：数据来自彭博有限合伙企业，版权归彭博有限合伙企业所有，2017 年。

　　假设持有 BAB 公司债券的经理决定用信用违约互换对冲他的信用风险。进一步假设他拥有面值为 500 万美元、5 年后到期的债券，互换费为 160 个基点。这意味着他将每年向互换交易商支付 80 000（＝0.016×5 000 000）美元的互换费，通常每季支付 20 000 美元。这些支付将一直持续到信用违约互换到期时（此处假设信用违约互换与债券的期限匹配）或发生信用事件时。例如，如果 BAB 公司在两年后违约，那么互换交易商将有义务以面值向债券经理购买 BAB 公司的债券，或者向他支付债券面值与债券的违约后市场价值之差，这取决于信用违约互换的结构。如果 BAB 公司债券的违约后交易价格为面值的 31％，则支付结算金额将为 3 450 000［＝(1.00－0.31)×5 000 000］美元。支付这笔取决于信用事件的款项后，将撤销信用违约互换合约的其余部分。因此，在本例中，债券持有者实际上向为其承担风险的互换交易商付款，从而用信用违约互换合约对冲了特定债券的信用风险。

　　我们已经看到，任何风险债券的收益率都可以分解为（1）期限相同的无风险债券的收益率和（2）信用利差（风险溢价），因此很容易看出保护买方使用信用违约互换仅将信用利差转移给保护卖方。也就是说，如果 BAB 公司的债券在到期前没有违约，那么债券经理在该头寸上的净收益率应该为无风险利率。这意味着信用违约互换的互换费应该大致等于风险债券的平价收益率与可比期限国债的平价收益率之差。赫尔和怀特（Hull and White，2003）、本茨查威尔和乔尔卢（Benzschawel and Corlu，2011）以及乔杜里、莫什科维奇和王（Choudhry，Moskovic and Wong，2014）证明，该金额可以用违约概率估计值计算出来，使用该估计值可以估计风险债券预期将支付的现金流价值。图表 16-28 的 B 部分列出了截至 2017 年 7 月一些美国公司的 5 年期信用违约互换的互换费。这些数据强调，信用评级为 A 级至 B 级的公司可能出现差异很大的利差，例如洛斯公司（信用评级为 A 级）的利差为 23.51 个基点，健沃斯控股公司（信用评级为 B 级）的利差为 783.71 个基点。与其他信贷市场一样，信用评级低于投资级的公司的信用违约互换利差通常会大幅增加。

本章小结

- 与远期合约和期货合约一样，期权合约代表了另一种基本的衍生品合约。看跌期权和看涨期权既可用于独立投资，也可用于与现有投资组合互补。它们使投资者可以方便地调整投资组合的风险-收益权衡，并通过以各种方式组合不同期权来创建独特的报酬结构。

- 例如，跨式期权允许持有者利用对基础资产波动性的看法，同时对未来价格变化方向保持中立。范围远期（或领式期权）可以被视为一对专门选择的期权。我们还说明了如何将类似期权的结构加入其他金融产品，例如可转换债券和信用违约互换。

- 我们考察了如何在有效市场中对期权合约估值。我们讨论了三个模型——二态模型、二项式模型和布莱克-斯科尔斯模型——每个模型都基于相同的三步法。第一步是将期权与基础资产相结合，以建立无风险头寸。这通常需要卖出（买入）多个看涨期权（看跌期权），以抵消持有一股股票多头的全部现货风险。这种对冲比率随着基础资产价格的变化和时间的推移而变化，因此，无风险对冲投资组合需要经常重新平衡。然而，一旦构建好无风险对冲投资组合，就可以通过假设该对冲投资组合应获得无风险利率并求解使该假设成立的期权价值来进行期权估值。

- 布莱克-斯科尔斯模型极其灵活。虽然该模型最初是为无股利股票的欧式看涨期权建立的，但它很容易进行扩展，用来为看跌期权和有股利股票的期权估值。我们还考察了如何直接从一系列历史资产价格或期权价格本身隐含的信息估计出波动率——估值模型中唯一由用户提供的变量。最后，我们讨论了美式看跌期权和美式看涨期权的估值过程，以及这与欧式看跌期权和欧式看涨期权的估值有何不同。

问题

1. 跨式期权被称为"波动率博弈"。请解释这对跨式期权多头和跨式期权空头意味着什么。鉴于波动率是期权定价的主要影响因素，相信市场有效的投资者在什么情况下会希望创建跨式期权？

2. 看跌期权-看涨期权-远期平价和范围远期都涉及买入一份看涨期权和卖出一份相同基础资产的看跌期权（反之亦然）。请描述这两种交易策略之间的关系。其中一个是另一个的特例吗？

3. 科技逻辑公司（Techno-Logical Inc.）是一家智能手机制造商，它发行了金额为1.6亿日元的5年期贴现票据，用于向日本供应商采购商品。科技逻辑公司希望对冲其外汇风险，该公司的财务总监提出了以下建议：

- 平价日元看涨期权；
- 日元远期；
- 日元期货。

请准确说明该公司可以如何在对冲策略中使用这些产品，并比较和对比每种产品的优点和缺点。

4. 在布莱克-斯科尔斯期权定价模型中，有六个因素会影响股票看涨期权的价值。其中三个因素是：（1）基础股票的当前价格，（2）期权的到期时间，以及（3）股票的股利。请指出其余三个因素，并说明它们如何影响看涨期权的价值。

5. "虽然期权是有风险的投资，但它们的价值在于能将基础资产转化为合成无风险证券。"请解释这句话的意思，并描述期权估值的基本三步法。

6. 抛补看涨期权交易策略将基础证券多头与卖出看涨期权相结合。市场上的基础资产未来价格需要达到多少，该策略才有意义？这种交易方案有什么风险？

7. 请描述在什么条件下，在到期日之前执行美式股票看跌期权和美式股票看涨期权均为合理的？请具体评论在这两种情况下股利所起的作用。

8. 请说明为什么到期时间（T）的变化会对欧式看跌期权的价值产生正向影响或负向影响。在说明过程中，对比欧式看跌期权的反应与欧式看涨期权的反应是有用的，对于后者，T 的增加有明确的正向影响。

9. 外汇期权交易员经常说"买入低波动率（或 vol）并卖出高波动率"，而不是买入或卖出期权本身。这到底是什么意思？从这个角度看，什么是真正的基础资产？波动率还是外汇？

10. 1987 年 10 月 19 日，股票市场（以道琼斯工业平均指数衡量）在一天内损失了近四分之一的市值。然而，一些交易员通过买入该股票指数的看涨期权然后在收市前平仓获利。请说明为什么可能发生这种情况，假设交易员没有利用不稳定的股价小幅上扬。

11. 可转换为普通股的债券据称为投资者提供了上行潜力和下行保护。请说明一只证券如何能同时具备这两种属性。这些特征对可转换债券的定价方式有何影响？

习题

1. 假设您在一家大型投资银行的自营交易柜台工作，需要报出一份执行价格为 50 美元，还有 1 年到期的看涨期权的卖价。该看涨期权的基础资产为一只不支付股利的股票。根据您的分析，您预期明年该股票的价格将涨至 70 美元或跌至 35 美元。基础股票的当前价格为 50 美元，无风险年利率为 4%。

a. 请简要描述在这种情况下应用二项式期权定价模型对看涨期权估值的步骤。

b. 在这些条件下，看涨期权的公允市场价值是多少？

2. 乔尔·富兰克林（Joel Franklin）是负责衍生品的投资组合经理。富兰克林观察了具有相同执行价格、到期日和基础股票的美式期权和欧式期权。富兰克林认为欧式期权的期权费将高于美式期权。

a. 请评论富兰克林认为欧式期权将有更高期权费的观点。

富兰克林被要求对阿巴科有限公司（Abaco Ltd.）普通股的 1 年期欧式看涨期权进行估值，该期权的最新交易价格为 43.00 美元。他收集到以下信息：

股票收盘价	43.00 美元
看涨期权和看跌期权的执行价格	45.00 美元
1 年期看跌期权的价格	4.00 美元
1 年期国库券利率	5.50%
到期时间	1 年

b. 请使用看跌期权-看涨期权平价和提供的信息计算欧式看涨期权的价值。

c. 请逐一说明以下三个变量对看涨期权价值的影响（如果有影响的话）：（1）短期利率上升，（2）股价波动率上升，以及（3）期权到期时间缩短。

3. 假设露水公司（DEW Corp.）的股票有执行价格为 28 美元的 1 年期看涨期权，并假设露水公司股票在下一年的两期价格树如下：

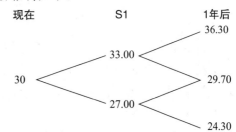

您还知道，每个子时期的无风险利率为 RFR=5%（或年化无风险利率为 10.25%）。

a. 如果露水公司的股票在当年的一组股价为 30.00 美元、33.00 美元和 29.70 美元，请描述您将构建的初始无风险股票和期权投资组合，以及您为了保持该投资组合无风险所必须进行的所有后续调整。

b. 假设露水公司的初始股价为 30 美元，1 年内观察到这三个最终股票价格的概率是多少？［提示：在得出您的答案时，请考虑（1）有多少种不同方式可以达到特定最终价格，以及（2）股价的上涨概率或下跌概率。］

c. 请使用二项式期权定价模型计算该看涨期权的现值。

d. 请计算执行价格为 28 美元的露水公司股票 1 年期看跌期权的价值；请确保您的答案与第 c 问的正确答案一致。

4. 请回答关于 ARB 公司股票期权定价的以下问题：

a. 一股 ARB 公司股票的售价为 75 美元，年收益率标准差等于 20%。当前的无风险利率为 9%，该股票支付两次股利：（1）恰好在期权到期日之前，即从现在起 91 天（正好是一年的四分之一）后支付 2 美元股利；（2）从现在起 182 天（正好是半年）后支付 2 美元股利。请用布莱克-斯科尔斯模型计算执行价格为 70 美元的欧式看涨期权的价值。

b. 具有相同执行价格的 ARB 股票 91 天期欧式看跌期权的价格是多少？

c. 如果 ARB 公司的管理层突然决定暂停支付股利，并且该行动对该公司的股票价格没有影响，请计算看涨期权价值的变化。

d. 请简要说明（不需要进行计算）在以下情况下您对第 a 问的答案将有何不同：（1）ARB 公司的股票波动率增至 30%，（2）无风险利率降至 8%。

5. 请考虑与无股利股票的欧式看涨期权估值相关的以下数据：$X = 40$，$RFR = 9\%$，$T = 6$ 个月（即 0.5）和 $\sigma = 0.25$。

a. 请计算图表 16-8 中显示的一系列当前股价水平假设下的布莱克-斯科尔斯期权价值和对冲比率。

b. 请解释为什么第 a 问答案中的价值与图表 16-8 中显示的价值不同。

c. 当 $S = 40$ 时，请计算用布莱克-斯科尔斯公式得出的欧式看跌期权价值。该价值中有多少代表时间溢价？

6. 假设某主要股票指数的当前价值为 653.50 美元，该指数的股息率为 2.8%。此外，该指数的收益率曲线是平坦的，连续复合收益率为 5.5%。

a. 如果您估计该指数的波动率为 16%，请使用布莱克-斯科尔斯模型计算执行价格为 670 美元且到期日恰好为 3 个月后的指数看涨期权的价值。

b. 如果该期权的实际市场价格为 17.40 美元，请解释为什么隐含波动率系

数可能不同于历史波动率水平。

c. 除了波动率估计错误外，请说明为什么您的估值可能不同于期权的交易价格。

7. 假设坦科公司（TanCo）的股票在两个不同子时期的价格数据如下所示：

子时期 A：168.375；162.875；162.5；161.625；160.75；157.75；157.25；157.75；161.125；162.5；157.5；156.625；157.875；155.375；150.5；155.75；154.25；155.875；156；152.75；150.5；150.75。

子时期 B：122.5；124.5；121.875；120.625；119.5；118.125；117.75；119.25；122.25；121.625；120；117.75；118.375；115.625；117.75；117.5；118.5；117.625；114.625；110.75。

a. 对于每个子时期，请计算可用于为坦科公司的股票期权定价的年化历史股价波动率。在计算中，可以假设一年有 250 个交易日。

b. 现在假设您决定收集每个子时期的更多数据。具体而言，您获得了当前价格为 12.25 美元且具有以下特征的看涨期权的信息：$X = 115$；$S = 120.625$；到期时间 $t = 62$ 天；$RFR = 7.42\%$；股息率 $= 3.65\%$。这里的无风险利率和股息率均为按年计算。请使用子时期 B 的波动率和布莱克-斯科尔斯模型来计算该看涨期权的"公允价值"。根据您的计算结果，该期权目前的定价是否符合预期？请说明原因。

8. 3 月，一位衍生品交易商为您提供了以下 6 月英镑期权合约报价（以美元/英镑表示）：

期权合约	执行价格	期权合约的市场价格	
		买入价格	卖出价格
看涨期权	1.40	0.064 2	0.064 7
看跌期权		0.025 5	0.026 0
看涨期权	1.44	0.041 7	0.042 2

续表

期权合约	执行价格	期权合约的市场价格	
		买入价格	卖出价格
看跌期权		0.042 2	0.042 7
看涨期权	1.48	0.025 5	0.026 0
看跌期权		0.064 2	0.064 7

a. 假设上述每份期权合约都规定交割 31 250 英镑并恰好在 3 个月后到期，请对包含以下头寸的投资组合填写以下表格（以美元表示）：

（1）一份执行汇率为 1.44 美元/英镑的看涨期权多头。

（2）一份执行汇率为 1.48 美元/英镑的看涨期权空头。

（3）一份执行汇率为 1.40 美元/英镑的看跌期权多头。

（4）一份执行汇率为 1.44 美元/英镑的看跌期权空头。

6月的美元/英镑汇率	净初始成本	执行汇率为1.44美元/英镑的看涨期权的利润	执行汇率为1.48美元/英镑的看涨期权的利润	执行汇率为1.40美元/英镑的看跌期权的利润	执行汇率为1.44美元/英镑的看跌期权的利润	净利润
1.36	___	___	___	___	___	___
1.40	___	___	___	___	___	___
1.44	___	___	___	___	___	___
1.48	___	___	___	___	___	___
1.52	___	___	___	___	___	___

b. 请绘制总净利润（累计利润减去净初始成本，忽略时间价值因素）关系图，在横轴上画出 6 月的美元/英镑汇率，并标出盈亏平衡点。另外，请简要评论该投资组合代表的外汇投机的性质。

c. 如果恰好在 1 个月后（4 月），美元/英镑现汇汇率跌至 1.385 美元/英镑，且美国和英国的实际无风险年利率分别为 5% 和 7%，请计算执行汇率为 1.44 美元/英镑的看涨期权多头和执行汇率为 1.44 美元/英镑的看跌期权空头之间应存在的均衡价差。（提示：请考虑这种期权组合相当于哪种远期合约，并将英国的利率视为股息率。）

9. 梅利莎·西蒙斯（Melissa Simmons）是一家专门从事期权交易的对冲基金公司的首席投资官。她目前正在对使她能从股价大幅波动（无论是上涨还是下跌）中获利的各种期权交易策略进行事后检验。这种典型交易策略的一个例子是执行价格和到期时间相同的看涨期权多头和看跌期权多头相结合的跨式期权策略。她正在考虑以下与朋友网（Friendwork）相关的证券定价信息，这是一家新成立的互联网初创公司，它拥有领先的在线社交网络：

朋友网的股价：100 美元

1 年后到期、执行价格为 100 美元的看涨期权价格：9 美元

1 年后到期、执行价格为 100 美元的看跌期权价格：8 美元

a. 请使用以上关于朋友网的信息绘制一张图，显示跨式期权策略到期时的净损益头寸。请在图上清楚地标出该头寸的盈亏平衡点。

b. 梅利莎的同事提出了另一种成本更低的期权策略，该策略将从朋友网股价的大幅波动中获利：

1 年后到期、执行价格为 110 美元的看涨期权多头价格：6 美元

1 年后到期、执行价格为 90 美元的看跌期权多头价格：5 美元

与第 a 问类似，请绘制一张图，显示上述期权策略的净损益头寸。请在图上清楚地标出该头寸的盈亏平衡点。

10.5 月中旬，ARB 公司的股票有两份未平仓看涨期权合约：

看涨期权编号	执行价格（美元）	到期日	市场价格（美元）
♯1	50	8月19日	8.40
♯2	60	8月19日	3.34

a. 假设您构建了一个投资组合，其中包括一份看涨期权♯1多头和两份看涨期权♯2空头，请填写下表，并给出您的中间步骤。在计算净利润时，请务必考虑期权的初始净成本。

到期日的ARB股票价格（美元）	看涨期权♯1的利润	看涨期权♯2的利润	总头寸的净利润
40	_____	_____	_____
45	_____	_____	_____
50	_____	_____	_____
55	_____	_____	_____
60	_____	_____	_____
65	_____	_____	_____
70	_____	_____	_____
75	_____	_____	_____

b. 请绘制第 a 问的净利润关系图，用横轴表示股票价格。盈亏平衡股票价格是多少？最大利润是多少？

c. 在什么市场条件下，这种策略（被称为看涨期权比率价差）通常是有意义的？该头寸的持有者是承担有限责任还是无限责任？

11. 您正在考虑购买由比尔顿公司（Bildon Enterprises）（一家非投资级医疗服务公司）发行的可转换债券。该债券还有7年到期，每半年付息一次，息票利率为7.625%（即每期的息票利率为3.8125%）。该债券可被公司按面值赎回，并可转换为48.852股比尔顿公司的普通股。该债券目前的售价为965美元（相对于1000美元的面值），比尔顿公司股票的交易价格为每股12.125美元。

a. 请计算该债券当前的转换价值。嵌入该债券的转换期权为价内状态还是价外状态？请说明原因。

b. 请计算能使债券转换盈利的比尔顿公司股票的转换平价。

c. 比尔顿公司目前不向股东支付股利，且6个月前就暂停了支付股利。该可转换债券的回收期（盈亏平衡时间）是多少？应该如何解释它？

d. 请计算该可转换债券的当前到期收益率。如果具有相同现金流的比尔顿公司"普通"固定收益债券的收益率为9.25%，请计算债券中嵌入的组合期权（发行人的看涨期权和投资者的转换期权）的净值。

第六部分

投资组合管理分析与评估

本书的最后这部分包含两章：第 17 章讨论了专业投资组合管理，第 18 章讨论了投资组合绩效评估。讨论这两个主题是为了满足个人投资者和机构投资者等群体的需求；个人投资者和机构投资者都需要定期获得专业投资组合经理的服务，这两类投资者还需要了解如何评估投资绩效。

由于许多投资者都聘请专业投资组合经理来管理他们的资产，因此第 17 章是对他们的资产配置和投资组合构建过程的重要总结。在概述了专业资产管理公司的不同组织方式之后，本章介绍了资产管理业*的演变，以及专业投资组合经理如何凭借其专业知识获得报酬。本章特别强调了投资公司的作用，它们管理着个人投资者持有的大部分资产。讨论中介绍了基金的主要形式和现有基金的一般类型，例如货币市场基金、成长型基金、价值型基金、平衡基金和债券基金。我们认为，几乎任何投资目标都可以通过投资于一家或多家投资公司来实现。本章还详细分析了另类资产投资——对冲基金和私募股权基金——的结构和管理方式。这些投资属于资产管理业中增长最快的部分。

在第 17 章最后，我们讨论了聘请专业投资组合经理时出现的道德和监管问题。我们认为，其中大多数问题来自阐明了许多经济关系的经典委托代理问题。首先，我们分析了规范专业投资组合经理行为的许多法规；其次，我们介绍了资产管理业为营造信任和负责氛围而自愿采用的一套标准。本章最后举了几个例子，以说明投资者聘用专业投资组合经理时可能出现的道德冲突，包括如何设计薪酬合同，以便为投资组合经理提供适当的激励措施，使其行为符合投资者的最佳利益并正确使用交易佣金。

本书以第 18 章作为结尾，该章讨论了投资组合绩效的评估。我们强调，分析投资绩效需要解决两个问题：投资组合经理的绩效如何？为什么投资组合经理的绩效是这样？或许从该讨论中要了解的最重要的概念是，要对投资组合经理的绩效做出有意义的评估，必须同时考虑投资组合的收益和风险。因此，在讨论了对投资组合经理的要求之后，我们详细回顾了主要的风险调整投资组合绩效模型，包括最近的绩效归因模型，该模型还能评估全球投资组合，这种投资组合必然包含货币配置的影响。我们还考虑了不同模型的相互关系。接下来，本章用一个共同基金的例子说明了如何使用这些模型。

与往常一样，了解某种方法或某个模型的潜在问题很重要。因此，我们讨论了基于所持资产的衡量指标，它通过分析投资组合的内容而不是依靠预期收益率统计模型（例如，资本资产定价模型）来评估投资组合经理的绩效。我们还考察了传统绩效指标的潜在问题，包括分析选择不恰当的基准对这些绩效模型可能产生的影响。事实证明，随着全球投资的增长，这个基准问题变得更加重要。本章最后考察了应如何呈报投资绩效，以便与行业惯例保持一致。

---

* asset management、portfolio management 和 money management 在本书语境中可以通用，综合考虑一般表述习惯，这里在统称时翻译为投资组合管理，在涉及行业和公司时分别翻译为"资产管理业"和"资产管理公司"。——译者注

第**17**章

专业投资组合管理、
另类资产和行业道德

📖 **学习目标**

阅读本章后，您应该能回答以下问题：

• 专业资产管理公司有哪些不同的组织方式？资产管理业的结构发生了什么变化？

• 投资咨询公司和基金的投资组合由谁管理？这些投资组合经理如何获得报酬？

• 如何计算基金的资产净值？

• 封闭式投资公司和开放式投资公司有什么区别？

• 什么是前端费用、12b-1费用和管理费？它们如何影响基金的绩效？

• 基金如何按投资目标分类？哪些类别出现了相对增长或相对下降？

• 什么是对冲基金？它们与其他专业管理的投资产品有何不同？

• 对冲基金采用什么投资策略？这些基金类型的绩效有何变化？

• 私募股权投资的哪些属性使其成为独特的资产类别？

• 风险投资和以收购为导向的私募股权投资有何不同？它们的历史绩效如何？

• 专业资产管理业存在哪些道德困境？

• 投资者应该期望专业资产管理公司履行哪些职能？

迄今为止，我们已经讨论了投资者在构建自己的投资组合时如何分析总体市场、不同行业和具体公司。本章介绍了投资者可以选择的另一种方法：将自己的资金委托给专业投资组合经理。如果委托专业投资组合经理，投资者可能需要在投资咨询公司建立私人账户，购买已成立共同基金的份额，或成为由普通合伙人管理的公司的有限合伙人。

个人投资者和机构投资者（养老金计划、捐赠基金）寻求专业投资组合经理的服务有几个原因。主要是，这些经理可能拥有出众的投资技能，这将使他们获得的收益率高于投资者自己投资时的收益率。除此之外，专业投资组合经理还可以投资于投资者自己无法投资的资产类别和无法使用的投资策略，在许多分散化投资组合中进行选择时，使用专业投资组合经理也是一种划算的方式。然而，这些关系也会在投资者和投资组合经理的目标之间产生潜在利益冲突，这一点需要考虑在内。

在解释了资产管理公司的典型组织方式和服务收费后，我们探讨了三种不同类型的专业资产管理公司：传统私人资产管理公司、投资基金公司和通过有限合伙关系创建的"另类资产"公司（对冲基金公司、私募股权公司）。我们尤其关注投资基金公司和另类资产公司之间的对比，前者是投资者聘用专业顾问的最普遍方式，后者则代表了该行业中增长最快的部分。最后，我们介绍了规范专业投资者行为的法律和监管环境。

17.1 资产管理业：结构与演变

传统资产管理公司的组织方式有两种。在最简单的结构中，投资者直接与**管理和咨询公司**签订服务合同。这些服务的范围很广泛，从提供标准银行交易（储蓄账户、贷款）到为自己创建投资组合并自己实际管理投资的客户提供建议，不一而足。尽管银行服务和金融咨询曾经是这些公司提供的主要服务，但最近它们开始转向采用名下管理资产方法。在这种安排下，资产管理公司成为投资者资金的托管人，通常对如何投资这些资金拥有完全的自由裁量权。这种结构的一个重要特点是，资产管理公司的每个客户都有一个单独管理的账户。即使投资者选择该公司是因为其拥有特定领域的专长——例如，选择成长型小盘股——每个客户的资产也将被单独管理，无论该公司是否采用单一的"标准"投资组合。图表 17-1 的 A 部分说明了这种情况。

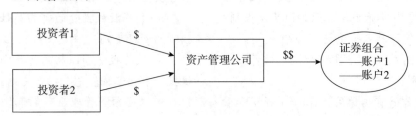

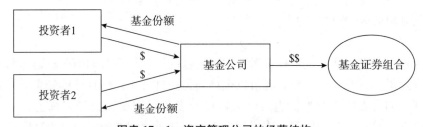

图表 17-1 资产管理公司的经营结构

第二种一般投资组合管理方法涉及混合来自多个客户的投资。**投资公司**将属于许多人的资金池投资于一个证券投资组合。为了换取这笔资金，投资公司向每位投资者发行新股，这些新股代表他（她）在共同持有的证券投资组合（通常被称为基金）中按比例持有的所有权。例如，假设一家投资公司以每股 10 美元的价格向公众出售 1 000 万股股份，从而筹集了 1 亿美元。如果该基金的目的是重点投资于大盘普通股，那么基金经理将把出售基金份额的收入（1 亿美元减去管理费用）投资于默克、IBM、埃克森美孚和通用电气等公司的股票。每个购买该投资公司股份的投资者都将拥有一定比例的该基金，而不是投资组合持有的一部分股票。图表 17-1 的 B 部分显示了这种结构的运作原理。

这两种组织形式之间存在重要差异。私人管理和咨询公司通常会与客户建立个人关系，了解每个人的具体投资目标和约束。这样，即使对所有客户都使用一套通用的投资组合蓝本，也可以根据这些特殊需求定制不同独立账户中持有的资产。当然，因人施策是有成本的，因此私人管理公司的主要使用者是拥有大量资本的投资者，例如养老基金发起人和高净值个人。相反，由投资公司提供的共同基金可以作为投资问题的一般解决方案，然后再向可能符合该特征的投资者推销。通过投资公司寻求专业投资组合管理的主要客户是资金池相对较小的个人投资者，他们持有所有共同基金份额的 89%。[1]

专业资产管理公司通过提供私人咨询服务和公开交易基金将这两种结构结合起来的情况并不罕见。以普信集团（T. Rowe Price Associates）为例，这是一家位于马里兰州巴尔的摩的多元资产独立咨询公司。普信集团成立于 1937 年，其业务不断增长，到 2016 年年末，其管理的资产规模超过 8 000 亿美元，而 20 年前其管理的资产规模不到 540 亿美元。在这笔资金中，大部分都投资于该公司的各种公共共同基金投资组合，但普信集团也有数百个私人客户，包括企业退休基金、公共基金和工会、基金会和捐赠基金以及个人投资者。[2]

普信集团在过去几年中的**资产管理规模**增长体现出整个行业的典型情况。图表 17-2 列出了截至 1994 年年末和 2016 年年末的前 50 家资产管理公司。一个显著特点是大型资产管理公司的数量迅速增加。所谓大型资产管理公司的定义是资产管理规模超过 1 000 亿美元。1994 年，只有 10 家大型资产管理公司；到 2016 年，图表 17-2 左侧列出的所有 50 家公司都达到了大型资产管理公司的规模。这种资产增长的大部分原因可以解释为这一时期全球股票市场的强劲表现，但另一个重要原因是该行业标志性的整合趋势。这种现象的典型例子是资产管理集团瑞士联合银行（Union Bank of Switzerland）和布林森合伙公司（分别在 1994 年的榜单上排名第 36 位和第 39 位）合并成为瑞银环球资产管理公司（在 2016 年榜单上排名第 25 位）。这种整合趋势可能会持续下去，因为现有资产管理公司之间对新投资的竞争预期将显著增加。[3]

图表 17-2 主要资产管理公司的资产管理规模

2016 年 12 月 31 日			1994 年 12 月 31 日	
排序	公司	资产管理规模（百万美元）	公司	资产管理规模（百万美元）
1	黑石集团（BlackRock）	5 147 852	富达管理与研究公司（Fidelity Management & Research）	314 543
2	先锋集团（Vanguard Group）	3 965 018	信孚银行（Bankers Trust Company）	186 797

[1] 请参见《2017 年投资公司概况》第 6 章（华盛顿特区：投资公司协会）。
[2] 该信息摘自普信集团公开主页：www.troweprice.com。
[3] 在布林森（2005）的研究和特许金融分析师协会（2017）的相关资料中可以找到对专业资产管理业的精彩经济分析。

续表

2016 年 12 月 31 日			1994 年 12 月 31 日	
排序	公司	资产管理规模（百万美元）	公司	资产管理规模（百万美元）
3	道富环球（State Street Global）	2 468 456	美林投资组合管理集团（Merrill Lynch Asset Management Group）	163 822
4	富达投资	2 130 798	资本集团	162 634
5	摩根资产管理公司（J. P. Morgan Asset & Wealth）	1 770 867	富国银行/BMZ 公司	158 392
6	纽约梅隆银行（BNY Mellon）	1 647 990	道富环球顾问公司（State Street Global Advisors）	140 413
7	资本集团（Capital Group）	1 478 523	联博资本管理公司（Alliance Capital Management）	121 290
8	高盛集团	1 379 000	富兰克林邓普顿集团	114 100
9	保德信金融集团	1 263 765	摩根资产管理公司	111 983
10	东方汇理（Amundi）	1 141 286	美国运通理财公司/IDS（American Express Financial/IDS）	102 128
11	法通投资（Legal & General Investment）	1 104 873	普特南投资公司（Putnam Investments）	95 182
12	太平洋投资管理公司（PIMCO）	1 092 276	景顺公司	94 066
13	威灵顿管理公司（Wellington Mgmt.）	979 210	斯卡德、史蒂文斯与克拉克投资管理公司（Scudder Stevens & Clark）	91 253
14	北方信托资产管理公司（Northern Trust Asset Mgmt.）	942 452	北方信托资产管理公司	82 353
15	纽文资产管理公司（Nuveen）	881 748	威灵顿管理公司	81 970
16	景顺公司（Invesco）	812 918	先锋集团	11 743
17	普信集团	810 800	花旗环球资产管理公司（Citibank Global Asset Management）	73 999
18	大都会人寿保险公司（MetLife）	800 806	太平洋投资管理公司	72 175
19	摩根士丹利（Morgan Stanley）	778 003	史密斯·巴尼资本公司［Company（PIMCO）Smith Barney Capital］	69 114
20	安盛投资管理公司（AXA Investment）	756 401	坎伯金融服务公司（Kemper Financial Services）	62 748
21	德意志资产管理公司（Deutsche Asset Mgmt.）	746 050	德雷福斯公司（Dreyfus Corp.）	62 055

续表

2016 年 12 月 31 日			1994 年 12 月 31 日	
排序	公司	资产管理规模（百万美元）	公司	资产管理规模（百万美元）
22	富兰克林邓普顿集团（Franklin Templeton）	719 989	新英格兰投资公司（New England Investment Cos.）	56 609
23	美盛集团（Legg Mason）	710 387	PNC 投资组合管理集团（PNC Asset Management Group）	56 422
24	宏利/约翰·汉考克保险（Manulife/John Hancock）	663 575	普信集团	53 705
25	瑞银环球资产管理公司	644 958	迪安·威特国际资本公司（Dean Witter InterCapital）	51 197
26	安联环球投资公司（Allianz Global Investors）	506 422	联合投资公司	50 743
27	纽约人寿投资公司（New York Life Investments）	504 649	范坎彭美国资本管理公司（Van Kampen American Capital）	46 699
28	联博资产管理公司（Alliance-Bernstein）	480 201	约翰·纽文公司（John Nuveen Co.）	46 497
29	施罗德集团（Schroders）	476 976	大通曼哈顿公司（Chase Manhattan Corp.）	44 839
30	法国巴黎资产管理公司（BNP Paribas Investment）	463 545	纽约银行（Bank of New York）	42 599
31	象限资金顾问公司（Dimensional Fund Advisors）	460 010	TCW 集团（TCW Group）	41 981
32	天利投资（Columbia Threadneedle）	456 319	太阳信托银行（SunTrust Banks）	41 811
33	顶峰资产管理公司（Asset Management One）	455 854	化学银行投资组合集团（Chemical Bank Portfolio Group）	41 725
34	英杰华投资集团（Aviva Investors）	425 704	美国银行投资管理公司（Bank of America Investment Mgmt Services）	41 328
35	美富信投资管理公司（MFS Investment）	425 602	国民银行（NationsBank）	40 771
36	汇丰环球投资管理公司（HSBC Global Asset）	413 413	瑞士联合银行	38 685
37	信安环球投资公司（Principal Global Investors）	411 129	通用电气投资公司（GE Investments）	38 230
38	野村资产管理公司（Nomura Asset Mgmt.）	397 862	高盛资产管理公司（Goldman Sachs Asset Management）	37 400

续表

2016 年 12 月 31 日			1994 年 12 月 31 日	
排序	公司	资产管理规模（百万美元）	公司	资产管理规模（百万美元）
39	安本资产管理公司（Aberdeen Asset Mgmt.）	373 969	布林森合伙公司	36 540
40	联合投资公司（Federated Investors）	365 908	摆渡人信托公司（Boatmen's Trust Co.）	36 420
41	麦格理资产管理公司（Macquarie Asset Mgmt.）	362 101	摩根士丹利资产管理公司（Morgan Stanley Asset Management）	35 678
42	荷全资产管理公司（Aegon Asset Mgmt.）	349 550	底特律国民银行（National Bank of Detroit）	35 590
43	富国资产管理公司（Wells Capital Mgmt.）	348 339	米切尔·哈钦斯资产管理公司（Mitchell Hutchins Asset Management）	34 394
44	标准人寿投资公司（Standard Life Investments）	343 423	哈里斯银行公司（Harris Bankcorp.）	33 827
45	万通互惠理财公司（MassMutual Financial）	325 663	马萨诸塞金融服务公司（Massachusetts Financial Services）	33 432
46	瑞士信贷资产管理公司（Credit Suisse Asset Mgmt.）	314 389	美国纽约信托公司（U. S. Trust Company of New York）	33 032
47	嘉信投资管理公司（Charles Schwab Investment）	302 550	梅隆资本管理公司（Mellon Capital Management）	31 910
48	加拿大皇家银行全球资产管理公司（RBC Global Asset Mgmt.）	292 628	第一银行投资公司（Banc One Investment Corp.）	31 537
49	道奇和考克斯公司（Dodge & Cox）	275 917	汇丰资产管理公司（HSBC Asset Management）	30 488
50	巴林银行（Barings）	271 463	富达国际信托公司（Fiduciary Trust Co. Int'l）	29 903

资料来源：高盛集团，《养老金与投资》（*Pensions & Investments*）。

17.2 私人管理和咨询公司

虽然大型资产管理公司提供种类广泛的服务和产品，但大多数私人管理和咨询公司的规模小得多，并且更专注于特定的利基市场。下面以保德信资本管理公司（Prudent Capital Management）为例来详细分析一家典型公司①，这是一家位于加利福尼亚州的成长型

---

① 保德信资本管理公司是一家真实公司的化名（其名称应要求做了改动）。但是，之后报告的信息是真实的。

股票和固定收益证券管理公司。保德信资本管理公司采用"自下而上"的证券选择流程，其投资组合经理寻找具有卓越盈利能力、市场份额、股票收益率和盈利增长率的公司。保德信资本管理公司的客户包括独立账户和混合账户中的机构投资者和高净值个人（资产在200 万美元和 500 万美元之间的个人）。该公司提供纳税产品和非纳税产品的管理服务。图表 17-3 显示了保德信资本管理公司提供的许多投资产品，以及每种产品接受的最低投资金额。

图表 17-3 代表性私人管理公司的投资产品

	大型	中型	小型
股票	500 万美元 200 万美元 混合基金 （特拉华商业信托） 200 万美元投资于资助项目附属产品	500 万美元 500 万美元 混合基金 （特拉华商业信托） 200 万美元投资于资助项目附属产品	1 000 万美元 混合基金 （封闭式）
平衡型产品	500 万美元 200 万美元投资于资助项目附属产品		
集中型产品	500 万美元 200 万美元投资于资助项目附属产品		
税收敏感型 管理产品	500 万美元 股票、平衡型投资、固定收益证券 200 万美元投资于资助项目附属产品		
主动型固定 收益证券	500 万美元 分别管理 200 万美元投资于资助项目附属产品		

与整个行业一样，保德信资本管理公司的资产管理规模在过去几年稳步增长。图表 17-4 的 A 部分显示，在最近五年期间，该公司的资产增长了近 80%，从 118 亿美元增至 212 亿美元。在此期间，独立账户规模的中位数从 2 480 万美元跃升至 3 900 万美元以上。这表明保德信资本管理公司的客户往往是机构投资者，图表 17-4 的 B 部分中的客户概况证实了这一点。该公司为 350 多个客户提供服务，但其中大多数是机构投资者。由于最低投资限制，客户中的个人投资者相对较少，他们占保德信资本管理公司业务的比例略低于 3%（=535÷21 165）。

图表 17-4 的 C 部分给出了保德信资本管理公司提供的股票和固定收益证券管理服务的代表性费用表。它体现出整个行业的典型情况，即管理费不是固定金额，而是表示为年投资金额的一定百分比。管理费也是逐级递减的，因此投资者的投资越多，其平均成本就越低。投资 1 500 万美元的投资者支付的年费为 137 500（=10 000 000×0.01+5 000 000×0.007 5）美元，即总投资金额的 0.92%。而资产管理规模为 1.15 亿美元的养老基金支付的年费为 650 000（=10 000 000×0.01+10 000 000×0.007 5+95 000 000×0.005）美元，即 0.57%。将费用表直接与资产管理规模挂钩对投资者来说的一个优点是，资产管理公司管理客户资产的绩效越好，其费用越高。这种奖励制度有助于协调投资者和投资组合经理

的动机。

图表 17-4　代表性私人管理公司：资产管理规模、客户和费用

A. 资产管理规模

日期	资产管理规模（百万美元）	机构客户数量	账户规模 平均值（百万美元）	账户规模 中位数（百万美元）
第 5 年	21 165.0	207	97.5	39.3
第 4 年	18 441.0	206	85.1	34.9
第 3 年	17 608.0	226	74.2	30.6
第 2 年	17 808.0	233	72.3	30.4
第 1 年	14 578.0	237	61.5	27.8
第 0 年	11 833.0	230	51.4	24.8

B. 客户

	客户数量	资产（百万美元）
公司退休基金	126	7 937.0
公共基金	35	3 881.0
（符合《塔夫脱-哈特利法案》规定的）工会	18	1 442.0
基金会、捐赠基金、协会	66	1 656.0
混合基金	4	1 682.0
一般保险账户	N/A	N/A
有限合伙企业	N/A	N/A
共同基金	18	3 411.0
个人：个人退休账户和其他	75	535.0
其他	5	186.0
应税公司	17	435.0

C. 费用表

成长型大盘股账户	固定收益证券账户
• 前 10 000 000 美元为 1.00%	• 前 25 000 000 美元为 0.375%
• 接下来 10 000 000 美元为 0.75%	• 25 000 000 美元以上为 0.30%
• 高于 20 000 000 美元的部分为 0.50%	

资料来源：根据《尼尔森投资经理指南》（*Nelson's Directory of Investment Managers*）的数据改编。

17.2.1　私人资产管理公司的投资策略

图表 17-1 的 A 部分中显示的私人资产管理公司示意图表明，每个客户的资产都存放在一个独立账户中。该图还指出，为每个客户构建的证券投资组合很可能以公司的整

体投资理念为指导。最初正是这种投资理念——及其产生的收益率——吸引客户找到特定的资产管理公司。图表 17-5 再现了保德信资本管理公司的两个标准投资组合——一个是股票投资组合，另一个是固定收益证券投资组合——的投资策略和它们持有的主要证券。

图表 17-5　代表性私人管理公司的投资策略

A. 成长型大盘股投资组合

投资方式：

　　我们专注的基础研究过程主要是基于我们内部分析师的想法。我们的分析师以专家身份工作。他们的专业知识涵盖七个关键增长板块的具体行业和部门：技术/零部件、技术/系统、电信、医疗保健、零售、消费和金融。

　　我们的投资过程会寻找至少拥有一种或多种增长催化因素的公司。这些催化因素旨在实现或保持非常强劲的每股利润增长，它们可能是新产品、人口趋势的开发利用、专利产品、获得市场份额和（或）改变成本结构。

　　我们寻找的是管理层持股比例较高、有由严格控制措施支持的妥善管理目标和增长计划，并致力于提高股东价值的公司。我们寻找的公司还应具有优秀的收入和盈利增长绩效记录（至少三至五年）、强劲的税前利润率、低债务水平、卓越的盈利能力、大市场份额、高股权收益率、高再投资收益率和相对于行业和整个市场而言有吸引力的估值等。

持有金额最大的证券： 1. 微软　　　　　　　　6. 甲骨文

　　　　　　　　　　　2. 诺基亚　　　　　　　7. 脸书

　　　　　　　　　　　3. 思科系统　　　　　　8. 瞻博网络

　　　　　　　　　　　4. 高通（Qualcomm）　 9. 安进（Amgen）

　　　　　　　　　　　5. 基因泰克（Genentech）10. 奥多比系统

使用的基准： 罗素 1000 成长型指数

B. 主动型固定收益证券

投资方式：

　　我们相信，通过主动的收益率曲线管理、部门轮换和审慎的证券选择来利用相对价值的变化，可以获得超常的风险调整收益率。我们遵循严格的流程，旨在通过利用相对价值机会而不承担过多利率风险来实现长期增值。我们的流程不依赖于对未来利率或经济事件的预测。相反，我们的决定是基于当前市场条件，并在历史关系背景下进行分析。我们的绩效记录建立在这个流程的基础上。我们预期，未来的市场条件将提供类似机会。虽然市场会发生变化，但我们的流程不会。

持有金额最大的证券： 1. A 级至 Baa 级公司债券（56.9%）

　　　　　　　　　　　2. 国债/政府机构债券（33.6%）

　　　　　　　　　　　3. Aaa 级至 Aa 级公司债券（9.5%）

使用的基准： 巴克莱国债/公司债券指数

资料来源：根据《尼尔森投资经理指南》的数据改编。

　　图表 17-5 的 A 部分中显示的投资方法清楚地表明，保德信资本管理公司的成长型大盘股产品将客户资金主要投资于科技公司。虽然具体的股票配置可能因客户而异，但所有账户都将使用相同的基本选股方向。同样，选择投资保德信资本管理公司核心固定收益产品的客户最终将持有由国债和投资级公司债券组成的债券组合。保德信资本管理公司规定的投资流程要求该公司的 11 名股票投资组合经理、10 名股票分析师、3 名股票交易员和 6 名经理/分析师之间进行大量互动。

17.3 投资公司的组织和管理

投资公司通常是主要资产为有价证券投资组合（被称为基金）的公司。证券投资组合的管理和大部分其他管理职责由投资公司董事会聘请的独立**投资管理公司**负责。这种法律描述实际上过度简化了典型的管理安排。实际的管理通常是从投资咨询公司开始的，由其创办投资公司并为基金选择董事会。随后，董事会将聘请投资咨询公司作为基金的投资组合管理者。

投资公司（证券投资组合）与投资管理公司之间的合同详细规定了后者的职责和报酬。投资管理公司的主要职责包括投资研究、投资组合管理以及发行证券、处理赎回和股利等管理职责。管理费一般以占基金总价值的百分比表示，通常在 25 个基点和 75 个基点之间，随着基金规模的增加而调整大小。

为了实现规模经济，许多投资管理公司都推出了众多具有不同特点的基金。基金的多样性使管理团队能吸引许多具有不同风险-收益偏好的投资者。此外，它还允许投资者随着经济条件或个人条件的变化而更换基金。这个"基金家族"提高了灵活性，并增加了投资公司管理的总资本。

17.3.1 投资公司基金份额估值

当客户将其投资存放在独立账户中时，任何给定账户的价值都可以通过加总投资组合中所持证券的市场价值再减去费用计算出来。当联合持有证券时——正如通过投资公司进行证券投资的情况——对客户投资估值的恰当方法是用拥有的基金份额数乘以整只基金中每一份额的价值。该每份价值被称为基金的**资产净值**。它等于基金所有资产的总市值除以流通的基金份额总数，即：

$$基金的资产净值 = \frac{基金投资组合的总市值 - 基金费用}{流通的基金份额总数} \tag{17.1}$$

基金的资产净值类似于公司普通股的股价；与普通股一样，基金份额的资产净值会随着基础资产价值的增加而增加。

之前，我们看到一家拥有 1 亿美元大盘股投资组合、流通的基金份额为 1 000 万份的投资公司的每份基金资产净值为 10 美元。如果在持有期，股票投资组合的价值增至 1.125 亿美元，而投资公司产生了 10 万美元的交易费和管理费，会发生什么情况？如果在此期间没有出售新的份额，则投资公司的总净值为 1.124 亿美元，即现有每份基金的资产净值为 11.24 美元［=(112 500 000 - 100 000) ÷ 10 000 000］。因此，资产净值直接反映了投资公司扣除营业费用后的市值。如果投资公司向其投资者分配资本收益或股利，这将降低基金投资组合的价值。公开交易的基金每天计算和报告资产净值。

17.3.2 封闭式投资公司与开放式投资公司

投资公司开始时和其他公司一样，向一群投资者出售普通股。但是，投资公司将所得款项用于购买其他上市公司的证券，而不是建筑物和设备。开放式投资公司（通常被称为共同基金）与封闭式投资公司在首次公开募股后的运作方式不同。

封闭式投资公司的运作方式与其他任何上市公司都一样。其拥有的基金份额在普通二级市场上交易，其基金份额的市场价格由供需状况决定。因此，如果投资者想买卖封闭式基金的份额，就必须在其上市的市场（例如纽约证券交易所）进行买卖。除非公司再次公开出售证券，否则无法获得新投资，并且除非公司决定回购基金份额（这种情况很罕见），否则投资者无法撤出投资。图表 17-6 列出了在美国证券交易所交易的封闭式基金数量，这些封闭式基金按投资目标和资产管理规模分类。它们代表 600 多只基金，涵盖 30 多个类别，包括一般国内股票和债券基金、全球股票基金、贷款参与基金、灵活收益基金、全国市政债券基金和单州市政债券基金。

图表 17-6　封闭式基金：种类与资产管理规模

统计数据			数值
封闭式基金的总数量（只）			608
总资产（百万美元）			205 396.1
资产分类			
类别	代码	基金数量（只）	资产（百万美元）
加利福尼亚州市政债券基金	CAG	19	7 429.80
可转换证券基金	CV	14	6 175.00
核心基金	CE	19	9 499.70
BBB 级公司债券杠杆基金	BBBL	7	4 083.90
BBB 级公司债券评级基金	BBB	7	1 709.90
发达市场基金	DM	15	2 920.90
新兴市场基金	EM	22	5 364.30
新兴市场硬通货债券基金	EMD	7	2 960.00
能源业主有限责任合伙制基金	EMP	25	7 182.70
一般与有保险杠杆基金	GML	61	37 872.70
一般与有保险无杠杆基金	GIM	7	1 458.80
一般债券基金	GB	40	13 323.80
全球基金	GL	23	7 521.10
全球收益基金	GLI	14	9 317.10
成长型基金	GE	2	144.00
高收益市政债券基金	HM	11	3 695.60
高收益杠杆基金	HYL	36	16 015.00
高收益基金	HY	13	3 355.00
收益与优先股基金	PS	32	15 813.80

续表

类别	代码	基金数量（只）	资产（百万美元）
中期市政债券基金	IMD	11	2 173.30
贷款参与基金	LP	42	12 578.30
自然资源基金	NR	11	3 100.40
新泽西州市政债券基金	NJ	8	1 645.10
纽约州市政债券基金	NY	19	4 372.20
期权套利/期权策略基金	OS	31	20 380.00
其他州市政债券基金	OTH	26	3 546.30
宾夕法尼亚州市政债券基金	PA	6	1 216.60
太平洋证券交易所日本基金	XJ	5	500.50
房地产基金	RE	32	7 352.60
部门股票基金	SE	18	7 315.80
美国抵押贷款基金	USM	7	1 506.80
公用事业基金	UT	11	6 439.40
价值型基金	VE	7	6 959.40

注：资产为扣除所有运营成本后的净资产，以百万美元为单位。
资料来源：封闭式基金协会，2017 年 8 月 3 日。经许可转载。

封闭式投资公司的资产净值根据全天的投资组合证券通行市场价格计算，但其基金份额的市场价格取决于它们在交易所的交易方式。在买卖封闭式基金的份额时，投资者将支付或收取经过市场调整的价格，即扣除交易费用后的价格。封闭式基金的资产净值和市场价格几乎永远不会相同。从长期来看，这些份额的市场价格历来比资产净值低 5%～20%，这意味着封闭式基金通常以低于资产净值的价格出售。

这种关系引发了投资者的疑问：为什么这些基金会以折价出售？为什么不同基金之间的折价不同？投资者从以大幅折价出售的基金中能获得何种收益率？之所以出现最后一个问题，是因为以低于市场价值（低于资产净值）的价格购买投资组合的投资者预期股息率将高于平均水平。尽管如此，基金的总收益率仍取决于持有期的折价变化。如果折价相对于资产净值下降，投资应该会产生正的超额收益率。如果折价相对于资产净值增加，投资者可能会得到负超额收益率。对这些折价的分析仍然是现代金融中的一个主要问题。[①]

开放式投资公司或共同基金在首次公开募股后继续出售和回购基金份额。它们随时准备以资产净值出售更多基金份额（可能收取也可能不收取销售费）或以资产净值回购（赎回）基金份额（可能收取也可能不收取赎回费）。正如图表 17 - 7 中的数据所示，自二战以来，开放式基金的数量和资产管理规模均实现了大幅增长。

---

① 这些年来的相关研究包括李和塞勒（Lee and Thaler，1991）、伯克和斯坦顿（Berk and Stanton，2007）以及拉马多艾（Ramadorai，2012）。

图表 17 - 7　开放式基金：数量与资产价值（1945—2016 年）

年份	报告基金数量（只）	资产（亿美元）	年份	报告基金数量（只）	资产（亿美元）
1945	73	13	2005	7 977	88 914
1950	98	25	2006	8 123	103 982
1955	125	78	2007	8 041	120 002
1960	161	170	2008	8 040	96 206
1965	170	352	2009	7 666	111 126
1970	361	476	2010	7 556	118 335
1975	426	456	2011	7 590	116 326
1980	564	1 348	2012	7 590	130 545
1985	1 528	4 954	2013	7 715	150 490
1990	3 079	10 652	2014	7 927	158 734
1995	5 725	28 113	2015	8 115	156 505
2000	8 155	69 646	2016	8 066	163 437

注：不包括货币市场基金和短期债券基金。

资料来源：根据投资公司协会发布的《2017 年投资公司概况》的数据改编。

有前期费用与无前期费用的开放式基金　不同开放式基金的一个区别是有些开放式基金收取销售费。有前期费用基金的发行价格等于资产净值加上销售费，后者可高达资产净值的 5.5%。当基金收取 5% 的销售费（前期费用）时，投资 1 000 美元购买基金份额的投资者收到的净值仅为 950 美元。这类基金一般不收取赎回费，这意味着基金份额可以按其资产净值赎回。这些基金通常以资产净值和卖价报价。资产净值价格为赎回价格（出价），而卖价（要价）等于资产净值除以 1.0 减去前期费用百分比。例如，如果一只前期费用为 5% 的基金的每份资产净值为 8.50 美元，那么卖价就是 8.95 美元（＝8.50 美元/0.95）。45 美分的价差实际上是资产净值的 5.3%。前期费用百分比通常会随着订单规模增大而下降。

无前期费用基金不收取初始销售费，因此它以其资产净值出售份额。其中部分基金收取约 0.5% 的小额赎回费。在金融媒体上，这些无前期费用基金报出的买价为资产净值，报出的卖价则标有"NL"（无前期费用），也就是说，买价和卖价是相同的。近年来，无前期费用基金的数量大幅增加。事实上，到 2003 年，无前期费用基金的数量首次超过有前期费用基金的数量。

在有完整前期费用的基金和完全无前期费用的基金之间，存在几个重要的变形。

第一个是**低前期费用基金**，它在投资者购买基金时会收取前期销售费，但通常在 1%～2% 的范围内。一般而言，资产管理公司出售的债券基金或股票基金为低前期费用基金，这些资产管理公司同时也出售无前期费用基金。此外，一些以前收取完整前期费用的基金也降低了前期费用。

第二个主要创新是 **12b - 1 计划**，它得名自 1980 年美国证券交易委员会的裁决。该计划允许基金每年扣除高达 0.75% 的平均净资产，以支付广告费、经纪商佣金和一般营销费用等分销成本。日益众多的无前期费用基金正在采用这些计划，一些低前期费用基金也是如此。

第三，一些基金规定收取**或有递延前期销售费**，当投资者持有基金的时间短于某个期限（可能是三四年）时，就会在出售基金时被收取这种销售费。

17.3.3　基金管理费

除了销售费（前期费用或 12b-1 费用）以外，所有基金都收取年**管理费**作为基金经理的报酬。与私人管理公司的薪酬结构类似，此类费用通常是基金平均净资产的一定百分比，从 0.25％至 1.00％不等。大多数管理费都随着基金规模增大而下降。资产低于 10 亿美元的基金可能收取 1％的管理费，资产在 10 亿美元和 50 亿美元之间的基金可能收取 0.50％的管理费，资产超过 50 亿美元的基金可能收取 0.25％的管理费。

这些管理费是推动创建新基金的主要因素。管理的资产越多，产生的管理费就越多，但管理成本不会以相同速度增长，因为管理金融资产存在显著的规模经济。一旦建立了研究人员队伍和管理结构，增量成本就不会随着资产管理规模的增大而增加。管理 10 亿美元资产的成本并不是管理 5 亿美元资产的成本的两倍。最后，我们之前讨论的行业整合的后果之一就是共同基金费用下降。投资公司协会（Investment Company Institute，2017）报告称，1980—2016 年，股票基金投资者的总股东成本下降了近 75％，从平均基金资产管理规模的 2.32％降至 0.63％。

17.3.4　投资公司的投资组合目标

共同基金可以围绕任何投资组合创建。然而，往往只有流动性更强的资产类别——例如股票和债券——存在共同基金。投资公司协会按照基金目标分类的四大（二级）基金类别为：普通股基金、债券基金、混合基金和货币市场基金。这里将逐一简要介绍这些类别，图表 17-8 详细列出了这些目标类别中许多更常见的子类别（第四级和第五级）。

图表 17-8　共同基金目标的定义

第一级：长期基金
第二级：股票
第三级：国内股票
- **资本增值**基金寻求资本的增长；股利不是首要考虑因素。（第四级）
- **成长型**基金主要投资于成长型公司的普通股，即使股价相对于利润/内在价值较高，这些公司也表现出增长率高于平均水平的迹象。（第五级）
- **行业**基金通过投资相关领域或特定行业的公司来寻求资本增值。（第五级）
- **另类策略**基金寻求通过采用多头/空头策略、市场中性策略、杠杆策略或反向策略来提供资本增值，同时将风险降至最低。（第五级）
- **总收益**基金旨在通过投资股票将当前收入和资本增值相结合。（第四级）
- **价值型**基金主要投资于价值型公司的普通股，即不受投资者青睐、市场价格相对于其利润/内在价值被低估或具有高股息率的公司。（第五级）
- **混合**基金主要投资于成长型公司和价值型公司的普通股，或者其可投资公司类型不受限制。（第五级）
第三级：世界股票
- **世界股票**基金主要投资于外国公司的股票。（第四级）
- **新兴市场**基金主要投资于欠发达国家的公司。（第五级）
- **全球股票**基金主要投资于在全球交易的股票，包括美国公司的股票。（第五级）

续表

- **国际股票**基金必须投资于美国境外公司的股票证券，不能投资于美国公司的股票。（第五级）
- **地区股票**基金投资于位于世界特定地区的公司。（第五级）
- **另类策略：世界股票**基金投资于在全球交易的公司股票，包括位于美国、特定地区或新兴市场的公司，并采用多头/空头策略、市场中性策略、杠杆策略或反向策略。（第五级）

第二级：混合基金
第三级：混合基金

- **混合**基金投资于股票和债券的组合。（第四级）
- **资产配置**基金通过投资于股票、固定收益证券和货币市场工具的组合来寻求较高的总收益率。与灵活投资组合基金（定义见下）不同，此类基金必须严格保持准确定义的资产类别权重。（第五级）
- **平衡**基金投资于股票和债券的特定组合，目标分为三个部分，即保本、提供收益、实现本金和收益的长期增长。（第五级）
- **灵活投资组合**基金旨在通过投资于普通股、债券和其他债务证券以及货币市场证券来提供较高的总收益率。投资组合最多可持有上述类型证券中任何一类的 100%，并且可能很容易根据市场情况的变化而变化。（第五级）
- **收入混合**基金投资于各种产生收入的证券，包括股票和固定收益证券。它们为股东寻求高水平的当期收入。资本增值不是主要目标。（第五级）

混合：另类策略基金寻求提供资本增值，同时通过投资于股票和固定收益证券的组合尽量降低风险，并采用多头/空头策略、市场中性策略、杠杆策略、反向策略或商品策略。（第五级）

第二级：债券
第三级：应税债券

- **投资级**基金主要通过投资于投资级债券来寻求当期收入。（第四级）
- **投资级：多期限**基金通过将至少三分之二的投资组合投资于投资级债券来寻求高收入，对平均期限或久期没有明确限制。（第五级）
- **投资级：长期**基金通过将至少三分之二的投资组合投资于平均期限或久期超过 10 年的投资级债券来寻求高收入。（第五级）
- **投资级：中期**基金通过始终将至少三分之二的投资组合投资于平均期限或久期为 5 年至 10 年的投资级债券来寻求高收入。（第五级）
- **投资级：短期**基金通过始终将至少三分之二的投资组合投资于平均期限或久期为 1 年至 5 年的投资级债券来寻求高当期收入。（第五级）
- **投资级：超短期**基金通过始终将至少三分之二或更多的投资组合投资于平均期限或久期不到 1 年的投资级债券来寻求高当期收入。（第五级）
- **通货膨胀保护**基金投资于通货膨胀保值国债以外的通货膨胀保护证券或通货膨胀指数证券。（第五级）
- **高收益**基金通过将至少三分之二的投资组合投资于评级较低（穆迪评级为 Baa 级或更低，标准普尔评级为 BBB 级或更低）的公司债券来寻求当期收入。（第五级）
- **国债**基金通过投资于美国政府发行或支持的应税债券来寻求高当期收入。（第四级）
- **国债：多期限**基金将至少三分之二的投资组合投资于没有规定平均期限或久期的美国国债。（第五级）
- **国债：长期**基金将至少三分之二的投资组合投资于平均期限或久期超过 10 年的美国国债。（第五级）
- **国债：中期**基金将至少三分之二的投资组合投资于平均期限或久期为 5 年至 10 年的美国国债。（第五级）
- **国债：短期**基金将至少三分之二的投资组合投资于平均期限或久期为 1 年至 5 年的美国国债。（第四级）
- **抵押贷款支持证券**基金将至少三分之二的投资组合投资于抵押贷款支持证券池。（第五级）
- **多部门债券**基金通过主要投资于国内固定收益证券组合（包括抵押贷款支持证券和高收益债券）与外国公司和政府发行的债券（最高投资比例为 25%）寻求为股东提供高当期收入。（第五级）
- **多部门：多期限**基金将至少三分之二的投资组合投资于没有规定平均期限或久期的美国固定收益证券。（第五级）
- **多部门：长期/中期**基金将至少三分之二的投资组合投资于平均期限或久期超过 5 年的美国固定收益证券。（第四级）

续表

> - **多部门：短期**基金将至少三分之二的投资组合投资于平均期限或久期为 1 年至 5 年的美国固定收益证券。（第五级）
> - **多部门：另类策略**基金寻求提供高资本增值和（或）当期收入，同时通过投资于美国固定收益证券，并采用多头/空头策略、市场中性策略、杠杆策略或反向策略，最大限度地降低风险。（第五级）
> - **世界债券**基金通过投资于外国公司债券和国债来寻求当期收入。（第四级）
> - **全球债券：多期限**基金投资于全球范围内没有规定平均期限/久期或平均期限/久期超过 5 年的债券。这些资金可以投资于美国公司债券。（第五级）
> - **全球债券：短期**基金投资于全球范围内平均期限或久期为 1 年至 5 年的债券。这些资金可以投资于美国公司债券。（第五级）
> - **国际债券**基金将至少三分之二的投资组合投资于外国国债和公司债券的组合。（第五级）
>
> **第三级：市政债券**
>
> - **州市政债券**基金主要投资于单个州的市政债券。这些债券免纳联邦所得税以及对该州居民征收的州所得税。（第五级）
> - **全国市政债券**基金投资于全国市政债券组合，目标是提供高税后收益率。（第四级）
> - **全国市政债券：多期限**基金主要投资于平均期限或久期超过 5 年或没有具体规定期限的市政债券。这些债券通常免纳联邦所得税，但根据州法律和地方法律可能需要纳税。（第五级）
> - **全国市政债券：短期**基金主要投资于平均期限或久期为 1 年至 5 年的市政债券。这些债券通常免纳联邦所得税，但根据州法律和地方法律可能需要纳税。（第五级）
>
> **第一级：货币市场**
>
> **第二级：货币市场**
>
> **第三级：应税货币市场**
>
> - **应税货币市场**基金通过投资于在货币市场上出售的短期高评级证券来寻求保持稳定的资产净值。它们的投资组合平均期限被限制为不超过 60 天。（第四级）
> - **美国国债和回购协议货币市场**基金投资于美国财政部发行的证券，包括完全由美国国债担保的回购协议。（第五级）
> - **国债和政府机构债券货币市场**基金投资于由美国政府或其政府机构发行或担保的证券以及这些证券的回购协议。（第五级）
> - **优质货币市场**基金投资于多种货币市场工具，包括大型银行的大额存单、商业票据和银行承兑汇票。（第五级）
>
> **第三级：免税货币市场**
>
> - **免税货币市场**基金通过投资于期限相对较短的市政债券来寻求不缴纳联邦所得税，且在某些情况下也不缴纳州所得税和地方所得税的收入。它们的投资组合平均期限被限制为不超过 60 天。（第四级）
> - **全国免税货币市场**基金通过投资于期限相对较短的市政债券来寻求不缴纳联邦所得税的收入。（第五级）
> - **州免税货币市场**基金主要投资于单个州的短期市政债券，这些债券免纳联邦所得税以及对基金所含州的居民征收的州所得税。（第五级）

资料来源：根据投资公司协会发布的《2017 年投资公司概况》的数据改编。

股票基金几乎完全投资于普通股。然而，在这个大目标下，不同基金的投资目标可能存在巨大差异，它们包括专注于投资特定行业、行业（部门）组合、证券特征（例如成长型股票或价值型股票）甚至地理区域的基金。市场上有数千种股票基金可供选择，任何投资者都将找到与其理想投资策略相匹配的现有股票基金。

债券基金专注于投资各类债券，目标是以最小的风险产生高当期收入。它们类似于普通股基金，但是，它们的投资策略不同。一些债券基金专注于美国国债或高评级公司债券，另一些债券基金持有投资级债券组合，还有一些债券基金则专注于高收益（垃圾）债券。它们的管理策略也可能不同，从买入并持有策略到大量交易投资组合中的债券，不一而足。[1]

除了国债基金、抵押贷款债券基金和公司债券基金之外，1976 年的税法变化还导致了众多市政债券基金的成立。这些市政债券基金每月向投资者支付免纳联邦所得税的利息。一些市政债券基金专注于投资特定州的债券，例如纽约州市政债券基金，它使纽约居民可以免纳利息收入的大部分州所得税。

平衡基金通过将普通股与固定收益证券（包括国债和公司债券、可转换债券或优先股）相结合，实现了单一市场之外的分散化。股票与固定收益证券之比因基金而异。**灵活投资组合**（或资产配置）基金通过投资于股票、债券和货币市场证券的组合来寻求较高的总收益率。目标日期（或生命周期）基金调整投资组合中的资产配置权重，以匹配逐渐临近退休的投资者的需求。

货币市场基金于 1973 年推出，当时短期利率处于创纪录的高位。这些基金试图通过投资于国库券、银行大额存单、银行承兑汇票和商业票据的分散化投资组合来提供当期收入、本金安全性和流动性。图表 17 - 9 记录了这些基金在一个时期内的增长模式，这通常取决于投资者对股市的态度以及短期收益率水平。当投资者看涨股票时，他们将从货币市场账户中提出资金；当投资者对市场走势不确定时，他们会从股票转投货币基金。

图表 17 - 9　货币市场基金（1975—2016 年）

年份	基金数量		净资产总计（亿美元）
	应税基金	免税基金	
1975	36	—	37
1980	96	10	764
1985	350	110	2 438
1990	505	236	4 983
1995	676	321	7 530
2000	704	335	18 452
2005	593	277	20 268
2010	442	210	28 035
2015	336	145	27 547
2016	319	102	27 281

注：本表不包括主要投资于其他共同基金的数据。
资料来源：根据投资公司协会发布的《2017 年投资公司概况》的数据改编。

17.3.5　按基金特征划分的基金类型

图表 17 - 10 按销售方法和最近两年的投资目标对基金进行了分类。两种主要的基金销售方法是（1）由销售公司或投资专业人士分销，以及（2）直接向基金购买或直接营销。销售公司包括经纪商（例如摩根士丹利）、收取佣金的财务规划公司或专职销售公司[例如阿默普莱斯财务顾问公司（Ameriprise Financial Advisors）]。从这些公司购买的共

同基金通常会收取销售费，作为销售人员的报酬。

图表 17 - 10　按基金特征分类的净资产总计

		2016 年		2010 年	
		金额（亿美元）	百分比（%）	金额（亿美元）	百分比（%）
净资产总计		163 437.2	100.0	111 207.0	100.0
销售方法					
销售公司/专业人士		—	66.0	—	64.0
直接营销		—	34.0	—	36.0
投资目标					
股票基金	资本升值基金	17 793.9	10.9	22 154.4	19.9
	世界股票基金	21 625.3	13.2	12 744.2	11.5
	总收益基金	46 354.7	28.4	14 677.2	13.2
债券基金	投资级债券基金	16 412.4	10.0	3 574.2	3.2
	高收益债券基金	3 731.9	2.3	1 875.5	1.7
	世界债券基金	4 204.1	2.6	1 241.5	1.1
	国债基金	2 809.6	1.7	2 711.0	2.4
	多部门债券基金	3 200.3	2.0	8 088.4	7.3
	州市政债券基金	1 608.6	1.0	1 589.6	1.4
	全国市政债券基金	4 528.4	2.8	2 981.8	2.7
混合基金		13 886.6	8.5	6 407.5	5.8
货币市场基金	应税基金	25 978.7	15.9	29 187.2	26.2
	免税基金	1 302.7	0.8	3 974.5	3.6

资料来源：根据投资公司协会发布的《2017 年投资公司概况》以及《共同基金股东概况》（2016 年和 2010 年）的数据改编。

　　投资者通常通过网上账户或在基金柜台购买直销基金的股份。这些直销基金通常收取较低的销售费或根本不收取销售费。过去，因为直销基金没有销售费，所以必须直接出售，因为经纪商没有动力出售无前期费用的基金。最近这种情况发生了变化，因为一些经纪公司——例如嘉信理财（Charles Schwab & Co.）——与某些无前期费用的基金达成了协议，它们将把这些基金出售给客户并向基金收取费用。截至 2017 年，嘉信理财通过其 OneSource 服务出售了成百上千只无前期费用的基金。正如图表 17 - 10 所示，这两个主要分销渠道的比例目前约为二比一，销售公司方法占优。

　　投资目标细分表明了基金对投资者的重点转向股票基金和债券基金的反应，不仅反映出整体行业的增长，也反映出投资者不断变化的需求。总收益基金继续增长，且占比普遍增加。最后，对国际分散化程度的需求增长反映为世界股票基金持续广受欢迎，下面将讨论这一趋势。

17.3.6 全球基金

如本书所述，投资者必须认真考虑其投资组合的全球分散化。投资于非美国证券的基金通常被称为国际基金或全球基金。国际基金通常只持有非美国证券，而全球基金既包含美国证券，也包含非美国证券。国际基金和全球基金都属于我们熟悉的类别：货币基金、国债和公司债券基金以及股票基金。进一步说，国际基金的重点可能限制为非美国市场的某个部分，例如欧洲基金或单个国家。鉴于投资于新兴市场分散化投资组合的需求，投资于多个国家证券的新兴市场共同基金是进行这种资产配置的理想工具。大多数全球基金或国际基金都是开放式基金（有前期费用或无前期费用），但也有很大一部分是封闭式基金，以尽量减少流动性较差的外国证券的交易。

所有投资者——尤其是美国投资者——都应该喜欢的最后一个选择是在当地市场上同时提供国内产品和全球产品的大量非美国基金。事实上，投资公司协会（2017）报告称，截至 2016 年年末，在全球范围内投资于开放式基金的 40.4 万亿美元中，约 53％的资产由美国境外公司控制。按顺序，资产管理规模集中度最高的地区分别是卢森堡、韩国、法国、日本和巴西。此外，在 2016 年运营的 110 271 家投资公司中，只有约 9 800 家在美国注册。从这些统计数据来看，世界上没有任何一个地区垄断了投资管理技能。

17.3.7 共同基金的组织和策略：一个例子

德雷福斯公司（Dreyfus Corporation）成立于 1951 年，总部位于纽约市，是美国领先的共同基金公司。作为纽约梅隆银行金融公司（BNY Mellon Financial Corporation）的一部分，截至 2016 年 6 月，它帮助管理了超过 2 600 亿美元的资产。[①] 德雷福斯升值基金（DGAGX）是该公司向机构投资者和散户投资者提供的几个股票型投资组合之一。德雷福斯升值基金采用混合型大盘股投资风格，与德莱福斯公司旗下的其他基金不同的是，它并非由内部投资组合经理直接管理。相反，德雷福斯升值基金由休斯敦的专业人士法耶兹·沙罗菲（Fayez Sarofim）管理，他自 1958 年以来一直经营自己的私人管理公司，并担任德雷福斯公司的副投资顾问。德雷福斯升值基金的介绍见图表 17-11。请注意，该基金持有不到 20 亿美元（A 部分）的资产，并且是无前期费用基金，也不收取 12b-1 费用。然而，投资者要支付占投资组合资产 0.55％的年管理费，它是该基金整体费用率中最大的一部分。德雷福斯升值基金的年费用率为被管理资产的 0.94％，属于基金总运营成本的一部分。

德雷福斯选择如此安排的原因之一是让原本没有充足资金的投资者能获得具有卓越长期绩效记录的私人经理的服务。法耶兹·沙罗菲的投资理念在共同基金经理中独树一帜，他倡导一种耐心的投资组合构建方法，这种方法旨在将年换手率保持在 15％以下。该公司对其投资方法的描述如下：

> 我们的投资理念使我们构建了一个主要由高市值美国跨国公司组成的投资组合。这些公司是具有结构吸引力的行业的全球领导者。它们受益于全球市场份额的增加、

---

① 本例中包含的大部分信息都可以在德雷福斯公司的网站 www.dreyfus.com 查到。

A. 概述

DGAGX 美国 $资产净值 35.94   −0.05   购买价格   35.94
……8月30日

DGAGX美国股票	报告		第1/4页	证券介绍

1）概况   2）绩效   3）所持证券   4）组织

德雷福斯升值基金-投资者股票　　　　　　　　　　　　　　　**目标　成长型大盘股**
德雷福斯升值基金是一家在美国注册成立的开放式基金。该基金寻求与保本一致的长期资本增长，次要目标是寻求当期收入。该基金投资于市值超过50亿美元的美国蓝筹公司和外国蓝筹公司的普通股。[FIGI BBG000BBW0L3]

6）比较收益率	比较››	彭博分类	

1年期总收益率与指数		基金类型　　　　　　　开放式基金
■SPX　指数　　16.60		资产类别　　　　　　　股票
■DGAGX 美国股票 16.526		市值　　　　　　　　　大盘股
		投资策略　　　　　　　成长型
2016　　　　2017		重点投资国家　　　　　美国

7）资产净值　　　　　　　　　35.940美元
资产　　2017年8月3日　　19.4亿美元

绩效	收益率（%）	百分位	基金信息		费用率（%）	
1个月	2.13	19	成立日期	1984年1月18日	前期费用	0
年初至今	15.56	31	股票类别	散股	后期费用	0
1年	16.56	39	最低投资金额	2 500美元	提前撤资罚款	0
3年	7.92	13	最低续投金额	1 000美元	当期管理费	0.55
5年	9.73	1	最低个人退休账户投资	750美元	绩效费	无数据
价格来源	纳斯达克股票市场/		费用率	0.94%	12b−1费用	0

澳大利亚 61 2 9777 8600 巴西 5511 2395 9000 欧洲 44 20 7330 7500 德国 49 69 9204 1210 中国香港 852 2977 6000
日本 81 3 3201 8900 新加坡 65 6212 1000 美国 1 212 318 2000　　　　　　　　版权归彭博财经所有，2017年
SN 335716 CDT GMT−5:00 H443-1130-0 2017年8月4日 12:49:38

B. 投资组合构成

DGAGX 美国 $资产净值 35.94   −0.05   购买价格   35.94
……8月30日

DGAGX美国股票	报告		第3/4页	证券介绍

1）概况   2）绩效   3）所持证券   4）组织

持有期截至 2017年6月30日 投资组合状态截至 2017年6月30日 配置截至 2017年6月30日

6）持有最多的证券　MHD››				最高的资产配置比例（%）	
名称	头寸（万美元）	净额（%）	价值（百万美元）	股票	98.94
				现金和其他	1.06
10）菲利普·莫里斯国际公司	111	6.744	130.15		
11）苹果公司	72.058	5.378	103.78		
12）脸书公司	58.303	4.561	88.03		
13）微软公司	121	4.333	83.62		
14）奥驰亚集团	89.295	3.446	66.50	最高的行业配置比例（%）	
15）字母表公司	7.068	3.328	64.23	农业	10.19
16）摩根大通公司	66.859	3.167	61.11	互联网	8.63
17）丘博有限公司	40.179	3.027	58.41	石油和天然气	7.66
18）可口可乐公司	129	2.987	57.65	制药	7.54
19）埃克森美孚公司	70.845	2.964	57.19	多元化金融	7.43
				饮料	6.70
7）所持证券分析　投资组合››				最高的地区配置比例（%）	
投资组合持股比例前十位	39.93%	平均P/C	16.12	美国	83.25
中间市值	1 824.2亿美元	平均P/S	3.28	瑞士	8.67
平均周累计市值	2 325.4亿美元	平均P/E	22.37	丹麦	1.67
平均股息率	2.11%	平均P/B	3.87	加拿大	1.52

澳大利亚 61 2 9777 8600 巴西 5511 2395 9000 欧洲 44 20 7330 7500 德国 49 69 9204 1210 中国香港 852 2977 6000
日本 81 3 3201 8900 新加坡 65 6212 1000 美国 1 212 318 2000　　　　　　　　版权归彭博财经所有，2017年
SN 335716 CDT GMT−5:00 H443-1130-0 2017年8月4日 12:52:41

图表 17 - 11　德雷福斯升值基金介绍

资料来源：版权归彭博有限合伙企业所有，2017 年。

持续的产品推出或创新以及生产率的提高——这是长期盈利增长的三个关键驱动因素。此外，它们的财务实力使其能在经济周期的任何时点上进行有利可图的投资。我们相信，这些企业最有能力在盈利、股利和现金流方面出现优异增长，从而带来更大的资本增值。以合理价格投资于优质公司对客户而言还有两个额外优点——低投资组合周转率和更高的资本保值可能性。[①]

这段描述中隐含的一个有趣概念是，法耶兹·萨罗菲姆可以被视为全球投资组合经理，尽管他选择的大多数股票都来自在美国注册的公司。德雷福斯升值基金持有的股票旨在模仿沙罗菲为自己的私人客户创建的投资组合，因此遵循相同的理念。图表 17-11 的 B 部分显示了截至 2017 年 8 月该基金持股比例排名前 10 位的股票。毫不奇怪，所有这些股票（例如，菲利普·莫里斯、苹果、可口可乐）的发行公司都是拥有主导市场的全球特许经营权的大公司，并且大部分都位于美国（83.3％）。此外，尽管未在该图表中显示，但德雷福斯升值基金投资组合的系统性风险水平低于市场，贝塔系数为 0.86。

17.4 另类资产投资

刚刚介绍的投资结构——私人管理公司和投资公司——为投资者提供了投资多种不同资产类别和策略的有效方法。当所需资产类别（例如股票、债券或货币市场证券）投资位于流动性市场中时，这种作用体现得尤为明显。最近，许多投资者也开始对投资于非传统资产类别感兴趣。这些**另类资产**类别可能包括各种各样的投资机会，其中最引人注目的是对冲基金、私募股权、房地产或自然资源和商品。在本节中，我们将详细介绍对冲基金和私募股权投资。

在进行另类资产投资时，可以为每个投资者创建单独账户，也可以将投资者的资本并入一个资产池。因此，这些结构可能如图表 17-1 的 A 部分或 B 部分所示。然而，大多数情况下，另类资产投资的结构是混杂的资产集合（B 部分），其重要区别在于，它的组建形式通常为**有限合伙企业**而不是共同基金公司。在有限合伙企业中，一个或多个普通合伙人负责管理企业并承担其法律义务，而其余有限合伙人的责任仅以其出资为限。例如，在对冲基金或私募股权合伙企业中，普通合伙人按照初始策略设计、实现和维护投资组合，而有限合伙人（高净值个人、养老基金、捐赠基金）提供大部分资本，但不直接参与实际投资过程。

投资者考虑聘请专业投资组合经理的原因之一是，投资者相信他们将能提供优于简单指数化投资的绩效。也就是说，投资者认为专业投资组合经理可以始终一致地增加阿尔法系数，即基金的实际收益率和预期（资本资产定价模型或基准）收益率之差。事实上，最近另类资产市场之所以迅猛发展，就是因为人们日益相信它们能比传统投资基金产生更高的收益率。图表 17-12 总结了这个观点，该图表画出了一条包含多种不同资产类别的证券市场线。请注意，美国股票和债券的标准"纯多头"实际上位于证券市场线上——这表

---

① 关于法耶兹·沙罗菲投资理念的完整描述见该公司网站（www.sarofim.com）。

明增加阿尔法系数的可能性很小——而另类资产类别（对冲基金、私募股权）在该领域具有更大潜力。

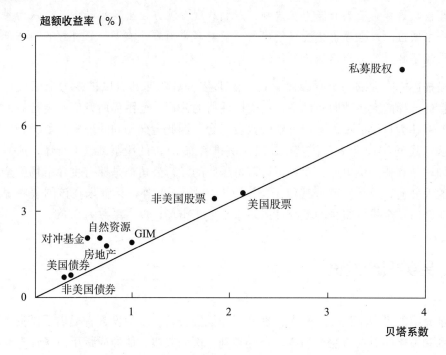

超额收益率（%）

贝塔系数

图表 17 - 12　传统资产类别和另类资产类别的证券市场线

注：GIM＝全球投资市场。

资料来源：Brian D. Singer，Renato Staub，and Kevin Terhaar，"Determining the Appropriate Allocation to Alternative Investments，" *Hedge Fund Management*（Charlottesville，VA：CFA Institute，2002），10. 版权归特许金融分析师协会所有，2002 年；经特许金融分析师协会的许可转载和重印自《金融分析师杂志》（*Financial Analysts Journal*）。版权所有。

17.4.1　对冲基金

过去 25 年来，专业资产管理业最重要的发展之一就是全球对冲基金投资市场的出现。图表 17 - 13 显示，对冲基金的数量和这些基金管理的资产都显著增加。20 世纪 90 年代初大约有 600 只基金，控制着不到 400 亿美元的资产；到 2016 年，有近 10 000 只基金，控制着估计为 3 万亿美元的资产。这表示过去几年资产管理规模每年增长约 18％，即使考虑了 2008 年经济衰退导致的行业收缩后也是如此。

尽管最近对冲基金急剧增长，但对冲基金投资并不新鲜。事实上，哈比坦特（Lhabitant，2006）指出，人们从 1949 年就开始使用对冲基金一词，当时艾尔弗雷德·温斯洛·琼斯（Alfred Winslow Jones）通过构建一个结合了股票多头和股票空头并使用金融杠杆来提高收益率的投资组合来检验他的选股技巧。为此，琼斯使用了合伙企业结构来规避美国证券交易委员会的限制，该对冲基金在获得卓越绩效时还收取绩效费（incentive fee）。这个最初的对冲基金表现非常出色——在 10 年时间里，它的绩效比那个时代最好的共同基金高出近 90％——但琼斯的策略几十年来并没有被广泛模仿。然而，正如图表 17 - 13 所示，情况肯定也发生了变化。

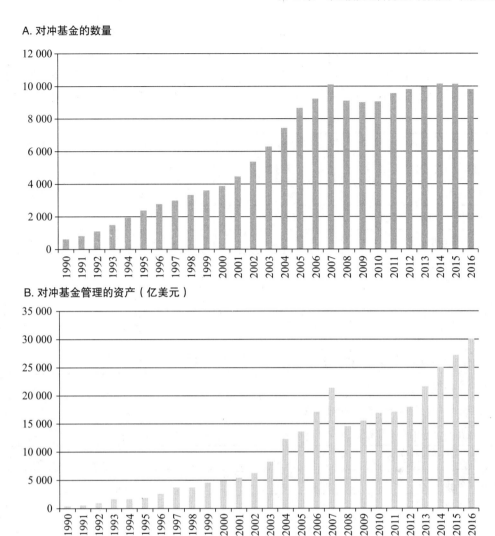

A. 对冲基金的数量

B. 对冲基金管理的资产（亿美元）

图表 17-13　对冲基金业的发展

资料来源：对冲基金研究公司（Hedge Fund Research Inc.）；作者的计算结果。

17.4.2　对冲基金的特征

以有限合伙企业的形式创建对冲基金有几个直接后果。最值得注意的是，对冲基金投资的流动性远远低于共同基金；对冲基金对合伙企业的注资或撤资频率被严格限制。然而，作为私人合伙企业，对冲基金在投资方式和投资对象方面通常较少受到限制，这可能是投资者认为对冲基金能提供异常高的收益率的最大原因。它们与传统资产类别投资的相关性往往也较低，从而为投资者提供了更多的分散化收益。

图表 17-14 强调了与对冲基金构建方式相关的几个重要特征。共同基金允许每日进行所有权调整，与之相比，普通对冲基金每年只允许投资者进入或退出几次（分别为每月和每季）。此外，大多数对冲基金都允许基金经理使用杠杆（71%）、卖空（82%）和衍生品（69%）。相比之下，根据阿尔马让等（Almazan et al.，2004）的研究，绝大多数共同基金经

理都不能使用这些投资工具。此外，正如冯和谢（Fung and Hsieh，2006）所指出的，对冲基金经理收到的薪酬通常分为两部分：常规管理费（例如，所管理资产的1%）和绩效分配费，通常为超过特定收益水平（最低必要收益率）的基金利润的20%。在计算这种绩效费时，投资者通常要求在基金经理收到额外报酬之前弥补过去的亏损；这种安排被称为"高水位线"。

图表 17 - 14 对冲基金投资的特征

	均值	中位数	模式
基金规模（万美元）	8 300	2 650	2 000
基金成立年数	6.8	6.2	8.0
最小必要投资金额（美元）	649 000	250 000	1 000 000
每年的进入日期数量	22	12	12
每年的退出日期数量	17	4	4
管理费（%）	1.4	1.0	1.0
绩效分配费（"绩效费"）（%）	17.2	20.0	20.0
			是
（有绩效分配的）基金有最低必要收益率			14%
基金有高水位线			93%
基金有经审计的财务报表或经审计的绩效			95%
基金经理在基金中的自有资金达到 500 000 美元			78%
基金可以处理"热门股票"*			56%
基金是分散化的			44%
基金可以卖空			82%
基金可以使用杠杆			71%
基金仅为对冲使用衍生品，或不使用衍生品			69%
换手率	低（0～25%）=17%	中（26%～75%）=26%	高（>75%）=58%
基础投资的市值	小（100万美元～5亿美元）=12%	中（5亿美元～10亿美元）=4%	大（>10亿美元）=10% / 混合=73%

* 上市后不久价格猛涨的股票。——译者注

资料来源：版权归格林尼治另类投资公司（Greenwich Alternative Investments，LLC.）所有，2004年。

17.4.3 对冲基金策略

对冲基金的名称中通常包含多种投资策略，它们隐含的风险和预期收益率特征差异很大。在给定的策略类别中，有多少基金经理，就有多少种对应该如何设计投资组合的解释。尽管如此，较流行的对冲基金策略仍有一些共同特征[①]：

---

① 这里列出的对冲基金策略来自尼古拉斯（Nicholas，2005）的讨论，它旨在给出代表性策略而非所有策略。读者可在 www.barclayhedge.com 找到另一份策略列表。

（1）基于股票的策略。

• 多头-空头股票策略：这是对冲基金投资的原始形式，或许也是最基本的形式。基金经理试图找出估值错误的股票，并持有价值被低估的股票多头，持有价值被高估的股票空头。由于投资者既是市场的多头方，也是市场的空头方，因此多头-空头股票策略的一个主要优点是能产生"双阿尔法系数"（即从两个方向的价格纠正中均能获利），这与纯多头共同基金不同。第 11 章中讨论的 130/30 基金可以被视为该策略的一种变形。

• 股票市场中性策略：与多头-空头股票策略一样，该策略通过利用证券之间的定价效率低下产生收益。然而，股票市场中性策略也试图通过持有相互抵消的多头和空头来限制基金的整体波动性风险，这可能涉及衍生品头寸。在没有杠杆的情况下，这些投资组合预期将产生比无风险利率高 2%～4% 的收益率，这使一些投资者将其称为绝对收益率策略。

（2）基于套利的策略。

• 固定收益套利策略：利用市场事件或投资者偏好变化引起的债券定价差异产生收益。由于相关工具（例如，附息国债和零息国债）之间的估值差异通常很小，因此管理人员通常会利用杠杆来提高其整体收益率。产生阿尔法系数的能力在很大程度上取决于基金经理构建量化模型以及构建和管理固定收益投资组合的技能。

• 可转换债券套利策略：寻求从可转换债券价格与基础普通股价格之间的差异中获利。典型的头寸包括买入可转换债券并卖空基础股票，从而分离出转换期权。收益率来源于可转换债券的利息收入、相关股票卖空收入的利息，以及可转换债券逐渐呈现出基础股票价值时的升值。与固定收益套利一样，可转换债券套利头寸通常利用杠杆来提高收益率。

• 兼并（风险）套利策略：收益率取决于兼并交易的价差大小，这与监管原因、财务原因或公司原因导致交易无法完成的可能性直接相关。随着兼并概率的提高，价差缩小，从而使头寸产生利润。兼并套利投资者实质上赌的是他们对拟进行交易的主观评估比市场上其他投资者更准确。

（3）机会主义策略。

• 高收益债券和不良债券策略：债券投资者相对于股票投资者的一个优势是，如果发行人不违约，债券的价格将在到期时回归到面值。当公司陷入困境时，投资者可以按极低折价购买其债券。如果公司情况好转，债券价格将接近其内在价值，为采用不良债券策略的基金经理创造利润。新兴市场投资可以被视为在全球范围内使用这种策略投资于主权债券。

• 全球宏观策略：这类策略旨在从全球经济变化中获利，这些变化通常是由影响利率的政府政策变化导致的，这些政策变化进而将影响外汇市场、股票市场和债券市场。基金经理通常使用"自上而下"的全球方法来识别机会，并且通常参与所有主要市场——股票市场、债券市场、外汇市场和商品市场——尽管并不总是同时参与这些市场。该策略使用杠杆和衍生品来提高收益率，但也可能根据情况对冲风险。

• 管理期货策略：该策略使用期货多头和空头，既可以持有针对某些经济事件或公司特定事件的"方向性"头寸，又可以利用不同期货之间的定价差异。这些期货头寸的基础资产可能涉及商品、股票、利率或外汇。这些策略经常使用很高的财务杠杆。

- 特殊情况策略：特殊情况收益产生自公司正常生命周期中发生的重大事件的结果。这些策略可能涉及在破产、财务重组或资本重组、公司剥离或公司分拆时对公司进行投资。给定投资的基础原因，这种头寸通常是有方向性的并且没有完全对冲。当发生创造头寸内在价值所需的催化事件（例如，剥离运营部门）时，就会实现事件驱动型收益。

（4）多元策略。

- 基金的基金策略：虽然这种投资工具不能正式单成一类，但它的作用就像对冲基金的共同基金，它让投资者可以获得原本无法获得的基金经理服务。基金的基金通常是实现充分分散化对冲基金配置的便捷方法。它可以集中使用特定策略（例如，多头-空头股票策略），然后在不同的对冲基金经理之间实现分散化——这是一种多基金经理方法——或在不同策略之间实行分散化，这是多策略方法。其主要缺点是需要支付额外费用作为基金经理的薪酬。

17.4.4 风险套利投资：详细解析

一种流行的对冲基金策略是持有兼并或收购目标公司的股票。这种风险套利投资要求基金经理比较自己对收购最终成功率的主观判断与公布收购计划后目标公司股票市场价格所隐含的收购成功率。如果和市场观点相比，基金经理认为发生收购的概率更高，那么她将购买目标公司的股票。相反，如果基金经理认为收购交易不太可能完成，那么她可能会卖空目标公司的股票。

让我们来看一个假设的例子。假设 XYZ 公司的股东收到了每股 30 美元的主动现金收购要约。发出要约时，XYZ 公司的股价为 20 美元。发布收购公告后不久——该收购仍然必须得到监管机构的批准——XYZ 公司的股票价格升至 28 美元。布朗和雷蒙德（Brown and Raymond，1986）的研究表明，对市场隐含的收购最终成功概率的简单估计为 $(28-20)\div(30-20)$，即 80%。在这种情况下，风险套利对冲基金经理必然认为交易完成概率超过五分之四，才能证明有理由以 28 美元购买 XYZ 公司的股票，以期以 30 美元的要约收购价格出售股票；如果交易失败，基金经理可以假设 XYZ 公司的股票价格将回到 20 美元。图表 17-15 比较了成功收购样本（竞争性收购和非竞争性收购）与失败收购样本的隐含概率。早在最终结果确定前三个月，市场上的投资者就非常擅长区分"好"交易和"坏"交易。

图表 17-16 的 A 部分总结了摩根大通银行对汉鼎（Hambrecht & Quist，一家总部位于旧金山的投资银行）的收购。摩根大通提出以每股 50 美元的要约价格收购汉鼎的所有流通股，在公告发布时这些股票的交易价格为 39.28 美元。这代表收购要约溢价为 10.72 美元，而尽可能多地获取该溢价是风险套利投资者的目标。然而，B 部分表明，在公告发布一天之内，汉鼎股票的交易价格已达到 48.69 美元。这意味着市场评估出这笔善意收购的成功概率为 88%$[=(48.69-39.28)\div(50-39.28)]$。因此，尚未拥有汉鼎股票的对冲基金经理必须非常确信这笔交易会完成，才会在此时购买股票。

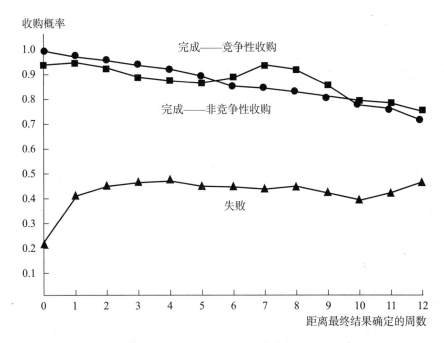

图表 17 - 15　公司收购计划的隐含概率

资料来源：Keith C. Brown and Michael V. Raymond，"Risk Arbitrage and the Prediction of Successful Corporate Takeovers," *Financial Management* 15，no. 3（August 1986），54 - 63.

17.4.5　对冲基金绩效

伊博森、陈和朱（Ibbotson、Chen and Zhu，2011）研究了对冲基金的绩效并得出结论：平均而言，这些策略确实会产生较高的风险调整收益率。图表 17 - 17 说明了该一般性结论，该图表中画出了一条资本市场线，比较了 1990—2016 年期间的总风险和收益率特征。在此期间，几乎所有标出的策略都位于资本市场线上方，说明对冲基金经理有能力在国库券和标准普尔 500 指数等传统产品产生的收益率之上增加正阿尔法系数。众多策略的风险水平也存在巨大差异；套利策略以及同时持有多头和空头的策略（例如，股票市场中性策略）表现出的波动性往往远远小于持有方向性头寸的策略（例如，全球宏观策略和事件驱动策略）。

虽然这些资本市场线的结果对潜在的对冲基金投资者来说令人鼓舞，但是请记住，它们代表的是基于长期平均值的比较结果。这些策略的收益率——无论是绝对收益率还是相对收益率——都显示出很高的年波动性。图表 17 - 18 列出了 10 大类不同的对冲基金类别的年收益率和排名，显示出这种策略轮转效应。其中部分策略的波动性可能很大。例如，新兴市场策略是 1998 年表现最差的策略，亏损 37.7%。然而，它几乎是下一年表现最好的策略，为投资者带来了 44.8% 的收益率。整张图表都存在类似模式；例如，多头-空头股票策略在 2003—2007 年表现良好，但在 2002 年和 2008 年出现亏损。最后，请注意，每类策略（在 20 年中）都获得正收益率的年份只有 2 年。

A.收购要约详情

点击<帮助>查看解释

点击<菜单>返回上一级

更多详细信息	目标信息	收购方信息	收购详情
目标：摩根汉鼎 行业：金融–投资银行/银行 国家：美国		汉鼎美国	价格： SIC代码：SEC BROKER/DLR
收购方：摩根大通 行业：货币中心/银行 国家：美国		摩根美国	价格：　　　　39.28美元 SIC代码：NATL COML BANK
公告日期：1999年9月28日 完成日期：1999年12月10日 状态：完成			所有权比例（%）： 收购比例（%）：100.00
货币：美元 公告总价值：12.222 290亿美元 最终总价值：12.222 290亿美元 支付类型：现金 现金条款：50.000美元/股 股票条款： 净债务： 收购性质：善意收购			公告溢价：22.35% 套利利润： 现金价值： 会计方法： 行动ID：4 845 653
要约生效日期：1999年12月8日（94.5%）. ACQ'R N/C FROM HAMBRECHT & QUIST GROUP UPON COMPLETION			

澳大利亚 61 2 9777 8600　巴西 5511 2395 9000　欧洲 44 20 7330 7500　德国 49 69 9204 1210　中国香港 852 2977 6000
日本 81 3 3201 8900　新加坡 65 6212 1000　美国 1 212 318 2000　　　　　　版权归彭博有限合伙企业所有，2004年
G469-10-0 2004年11月8日 16:36:43

B.汉鼎的股价变化

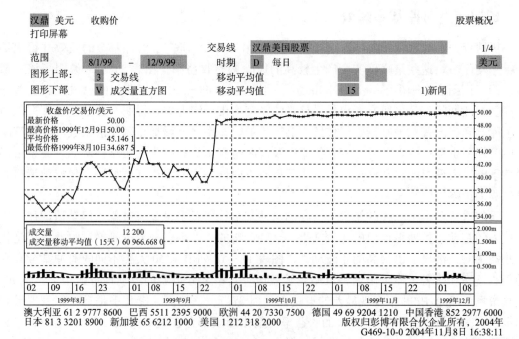

澳大利亚 61 2 9777 8600　巴西 5511 2395 9000　欧洲 44 20 7330 7500　德国 49 69 9204 1210　中国香港 852 2977 6000
日本 81 3 3201 8900　新加坡 65 6212 1000　美国 1 212 318 2000　　　　　　版权归彭博有限合伙企业所有，2004年
G469-10-0 2004年11月8日 16:38:11

图表 17 - 16　摩根大通收购汉鼎

资料来源：版权归彭博有限合伙企业所有，2017 年。经许可转载。

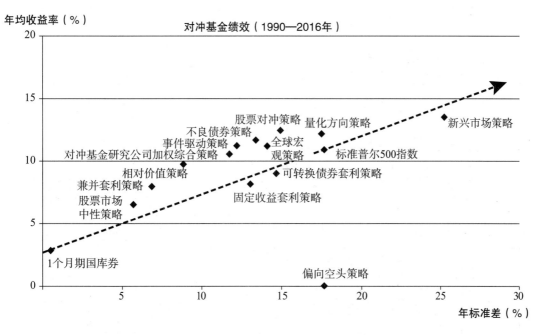

图表 17-17　对冲基金研究公司的指数风险-收益比较

资料来源：对冲基金研究公司；作者的计算结果。

17.4.6　私募股权

与对冲基金一样，**私募股权**也可能包括各种不同的投资工具和投资策略。私募股权投资是指对不能在公开市场上交易的资产（或资产集合）的所有权。这种不可交易特征有两个直接影响。首先，私募股权交易通常是为以下两者融资：（1）没有足够运营历史来发行普通股的新公司，或（2）寻求改变其组织结构或正在经历财务困境的老公司。其次，私募股权投资的流动性通常远低于上市股票，因此应被视为整体投资组合中的长期头寸。

图表 17-12 所示的证券市场动态表明，平均而言，私募股权投资是风险最高、回报最高的投资之一。这种风险-收益权衡是私募股权作为单独一类资产与公开市场上其他投资形式的区别之一。将私募股权定义为一类独特投资的另一个重要原因是，它与其他传统资产类别（美国股票和非美国股票、美国债券）或另类资产类别（对冲基金、房地产）并不完全相关。图表 17-19 显示了这一点，该图表列出了基于最近 10 年期数据的几种不同资产类别的预期收益率、标准差和相关系数。虽然美国的私募股权市场和公开股票市场高度相关（相关系数为 0.50），但私募股权与美国债券（0.05）或房地产（0.15）并非高度相关。因此，除了具有提供高收益率的潜力以外，私募股权投资也是分散化的重要来源。

这种结合了高风险和低流动性的特征往往会阻碍小型投资者参与私募股权市场。私募股权基金要求最低初始投资为数百万美元以及设置一年或更久的资本"锁定期"（最短投资时间承诺）的情况并不罕见。此外，基金可能偶尔才进行现金分配，并且仅在较长时期之后才会进行现金分配。因此，私募股权交易是为有能力长期投资并能承担相当大风险的投资者设计的。最符合这种描述的是机构投资者，例如养老基金或捐赠基金，以及高净值个人投资者。

图表 17-18 对冲基金策略的收益率表现 (1997—2016 年) (%)

1997	1998	1999	2000	2001	2002	2003	2004	2005	2006	2007	2008	2009	2010	2011	2012	2013	2014	2015	2016
GM 37.1	MF 20.6	LS 47.2	CA 25.6	ED 20.0	MF 18.3	EM 28.8	ED 15.6	EM 17.4	EM 20.5	EM 20.3	MF 18.3	CA 47.4	GM 13.5	GM 6.4	ED 11.8	LS 17.7	MF 18.4	LS 3.6	CA 6.6
EM 26.6	LS 17.2	EM 44.8	DS 15.8	GM 18.4	DS 18.1	ED 25.1	EM 12.5	DS 17.0	ED 15.7	GM 17.4	DS 14.9	EM 30.0	FI 12.5	FI 4.7	FI 11.0	ED 16.0	LS 5.6	DS 2.4	ED 6.4
LS 21.5	MN 13.3	ED 22.2	MN 15.0	CA 14.6	GM 14.7	GM 18.0	LS 11.6	ED 11.7	LS 14.4	LS 13.7	RA -3.3	FI 27.4	MF 12.2	MN 4.5	EM 10.3	MN 9.3	FI 4.4	MN 1.7	RA 5.9
ED 20.7	RA 5.6	CA 16.0	RA 14.7	MN 9.3	MN 7.4	LS 17.3	GM 8.5	LS 9.7	CA 14.3	MN 9.3	GM -4.6	ED 21.0	EM 11.3	DS 3.9	LS 8.2	EM 8.8	GM 3.1	CA 0.8	EM 4.5
MN 14.8	ED -1.7	MN 15.3	GM 11.7	FI 8.0	EM 7.4	MF 14.1	FI 6.9	GM 9.3	GM 13.5	RA 8.8	LS -19.8	LS 19.5	CA 11.0	CA 1.1	CA 7.8	CA 6.0	ED 2.6	FI 0.6	FI 4.3
CA 14.5	GM -3.6	RA 13.2	FI 6.3	EM 5.8	FI 5.8	CA 12.9	MN 6.5	MN 6.1	MN 11.2	ED 8.4	ED -20.5	RA 12.0	ED 10.3	RA 0.8	GM 4.6	RA 4.9	EM 1.5	RA 0.4	GM 3.6
RA 9.8	CA -4.4	FI 12.1	MF 4.2	RA 5.7	CA 4.1	RA 9.0	MF 6.0	RA 3.1	FI 8.7	DS 6.0	FI -28.8	GM 11.6	LS 9.3	MF -4.2	RA 2.8	GM 4.3	MN -1.2	GM 0.2	LS -3.4
FI 9.3	DS -6.0	GM 5.8	LS 2.1	MF 1.9	ED -0.7	FI 8.0	RA 5.5	FI 0.6	RA 8.2	MF 6.0	EM -30.4	MN 4.1	RA 3.2	ED -4.2	MN 0.9	FI 3.8	RA -1.3	EM -0.2	MN -4.6
MF 3.1	FI -8.2	MF -4.7	ED 2.0	DS -3.6	LS -1.6	MN 7.1	CA 2.0	MF -0.1	MF 8.1	CA 5.2	CA -31.6	MF -6.6	MN -0.9	EM -6.7	MF -2.9	MF -2.6	CA -1.7	MF -0.9	MF -6.8
DS 0.4	EM -37.7	DS -14.2	EM -5.5	LS -3.7	RA -3.5	DS -32.6	DS -7.7	CA -2.6	DS -6.6	FI 3.8	MN -40.3	DS -25.0	DS -22.5	LS -7.3	DS -20.4	DS -24.9	DS -5.6	ED -5.3	DS -16.9

缩写说明：
CA=可转换债券套利策略
DS=偏向空头策略
ED=事件驱动策略-不良债券策略
EM=新兴市场策略
FI=固定收益套利策略

GM=全球宏观策略
LS=多头-空头股票策略
MF=管理期货策略
MN=股票市场中性策略
RA=事件驱动策略-风险套利策略

资料来源：版权归道琼斯瑞士信贷对冲指数有限责任公司（Dow Jones Credit Suisse Hedge Index LLC.）所有。

图表 17-19 不同资产类别的收益率、风险和相关系数

资产类别	预期收益率（%）	标准差（%）	相关系数					
			美国股票	非美国股票	美国债券	对冲基金	房地产	私募股权
美国股票	8.9	16.4	1.00					
非美国股票	8.9	17.5	0.67	1.00				
美国债券	5.2	5.3	0.05	−0.13	1.00			
对冲基金	6.9	6.5	0.51	0.48	0.06	1.00		
房地产	7.9	13.6	0.53	0.47	−0.12	0.37	1.00	
私募股权	13.1	30.1	0.50	0.45	0.05	0.40	0.15	1.00

资料来源：得克萨斯大学投资管理公司（University of Texas Investment Management Company），《资产配置评论》（Asset Allocation Review）。

私募股权市场的发展和组织 正如许和肯尼（Hsu and Kenney，2005）所讨论的，有组织的私募股权投资始于美国，以 1946 年美国研发公司（American Research & Development Corporation）的成立为标志。美国研发公司是在二战后成立的，它为退伍士兵创建的新企业和为退伍士兵服务的新企业提供投资。美国研发公司推动了现代私募股权业的形成，它的首要前提是认为将投资池与高超的管理技巧相结合可以使初创公司受益，并为投资者带来丰厚回报。虽然美国研发公司最终解散了，但它曾筹集到约 750 万美元资本，并资助了至少一家高利润公司［数字设备公司（Digital Equipment Company）］。它也是当今大多数私募股权基金采用的有限合伙模式的范本，这种模式将投资来源和投资专业知识来源（例如，作为普通合伙人的公司）相分离。到 20 世纪 50 年代后期，各种政府机构通过资助小企业投资公司（Small Business Investment Companies）加入帮助初创公司的力量中，在这个过程中，私募股权合伙企业通过借入联邦资金壮大了资本。

虽然私募股权投资的定义可以包括任何非公共所有权，但这些交易通常分为三个子类别[①]：

（1）风险投资：专注于对初创企业、早期企业以及成熟企业推出的新产品和新服务的投资。过去二十年，风险投资通常集中在科技业和医疗保健业。风险投资基金往往专门投资于处于特定发展阶段的公司：

• 种子阶段：该阶段是指，企业家有新想法或新产品，但没有成立组织或运营业务。这个阶段的投资者（有时被称为"天使投资者"）提供有限的金融资本和其他物质资源来帮助企业家制订连贯的商业计划。

• 早期阶段：企业组织已度过规划阶段，现在已经组建完毕。它的员工和产品正处于发展阶段。一旦公司完成商业计划并至少有部分管理团队到位，早期投资者就会投入资本。

• 后期阶段：现在公司拥有成熟的基础设施，以及随时可以投放市场或已经产生收

[①] 这些对各类私募股权投资的介绍与《沃亚投资管理》（Voya Investment Management）（2017 年）类似，后者也很好地概述了该行业的情况。

入的可行产品。后期投资者通常为已经开始生产和运输产品且销量增加的公司提供扩张所需融资。

（2）收购：指从成熟公司收购一条产品线、一组资产或整个企业。被收购公司可能是几乎任何规模的上市公司或私人公司，交易支付款项可能既涉及债务也涉及股权。（使用债务为收购公司提供资金的交易被称为杠杆收购。）在杠杆收购中，被收购公司的资产被用作债务的担保品，然后使用该公司产生的现金流或出售部分资产来偿还债务。收购交易几乎都表现出对所有权的控制权发生变化的特征，其中还可能包括资本重组、剥离、分拆、合并和整合。公司出于多种原因寻求收购融资，包括希望扩大业务，剥离不再符合战略目标的业务部门，或变更管理层或所有权。正如布朗和怀尔斯（Brown and Wiles，2015）所指出的，当一家上市公司被私有化时，外部各方（监管机构、金融分析师）对其运营的审查也可能放松。

（3）特殊情况：包括对陷入困境的公司或可能获得一次性独特机会（例如，根据某项新的政府法规可获得投资补贴）的公司的投资。这个类别中有两个重要的子类：

• 不良债务投资：这是指投资者购买破产或接近破产的上市公司的多种债务或股权。不良债务投资者的目标是通过注入资本和重组业务来为公司创造新价值。在重组中，不良债务投资者通常会免除公司的债务以换取股权。然而，这些投资者也可以通过清算公司获利，这就是为什么它们有时被称为"秃鹫资本家"。

• 夹层投资：这是指投资者提供中层融资，它的排序次于高级债务，但优于现有股权。典型的夹层投资包括向公司提供次级贷款，同时以某种形式参与公司的股权（认股权证、普通股、优先股）。

并非所有这些类别都会产生具有相同风险-收益权衡的投资。风险投资通常被认为是风险最高的私募股权交易，因为它们通常是在公司拥有可行的收入来源之前进行的。收购投资也可能涉及相当大的风险——尤其是在使用大量杠杆的情况下——但它们投资的是具有成熟产品市场的公司，这通常使收购交易更容易预测。最后，夹层投资等特殊情况投资属于私募股权投资中较安全的一种，因为它们是对公司资源具有优先索偿权的资本投资。

图表 17-20 显示了以投资金额计算的全球私募股权投资规模。总体而言，过去 20 年私募股权投资显著增加，尽管该市场在 2008 年金融危机后变得低迷。正如阿查里雅、弗兰克斯和瑟韦斯（Acharya，Franks and Servaes，2007）所指出的，这一总体趋势反映了该时期内几个因素的同时影响：（1）随着机构投资者的战略性资产配置策略转向另类资产，大量新投资涌入，（2）信贷成本相对低廉，以及（3）股票市场估值相对较高。

私募股权投资流程　为了更好地了解私募股权投资的动态，图表 17-21 以一家假想公司的发展历程为例进行了说明。鲍勃（Bob）和苏珊（Susan）是两位刚从大学毕业的企业家，他们开发出了一种成本效益更高的互联网搜索方式。在用尽个人储蓄和银行贷款来发展业务（有时被称为零阶段资本）后，他们转而向风险投资公司寻求更多种子融资和早期融资，以便将他们的创意推向新阶段。在对鲍勃和苏珊的商业计划进行评估后，风险投资合伙基金（Venture Partners Fund）同意提供金融资本和运营专业知识，以帮助他们创办互联网搜索引擎公司（第 1a 步）。作为这些资源的交换，风险投资合伙基金获得了这家新公司的股票。

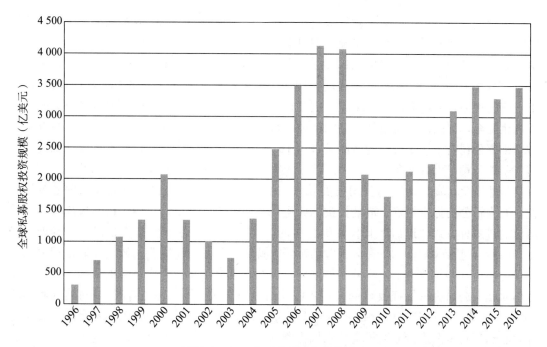

图表 17 - 20　全球私募股权业的融资

资料来源：《2017 年普瑞奇全球私募股权与风险投资报告》（*Preqin Global Private Equity & Venture Capital Report*）。

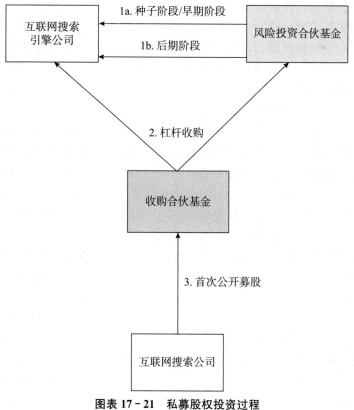

图表 17 - 21　私募股权投资过程

　　风险投资风险极大，因为被投资公司不太可能有确定的收入流或利润流。因此，投资者（例如风险投资合伙基金）必须根据投资对象（例如互联网搜索引擎公司）的未来成功潜力来为其估值。通常情况下，10 家处于第一阶段的公司中只有 2 家或 3 家实现盈利，而只有十分之一的公司会取得巨大成功［例如，苹果、基因泰克、联邦快递（FedEx）］。风险投资公司通常通过分散投资多家初创公司来降低风险，并在公司展示出成功能力时分阶段提供资金，以限制对特定初创公司的风险敞口。因此，风险投资合伙基金只会在互联网搜索引擎公司有了切实可行的产品后（第 1b 步），才会提供后期股权资本，以帮助互联网搜索引擎公司扩大其业务。

　　虽然风险投资公司帮助公司发展壮大，但它们最终希望出售所持股权以创造投资收益，并为新公司提供融资。成功投资的典型持有期为三至七年。一般来说，风险投资公司可以通过两种方式"退出"其投资组合中的公司：（1）与另一个私募股权投资者做出安排，由后者进行收购；（2）在公开股票市场上首次公开发行普通股。假设互联网搜索引擎公司已经为其产品建立了坚实的支持基础，现在它吸引了收购合伙基金的兴趣，这是一家专门对私人公司进行杠杆收购的公司。收购合伙基金使用债务和自有资金向鲍勃和苏珊（初始企业家）及风险投资合伙基金买下了全部现有股权（第 2 步）。与风险投资公司一样，收购公司试图进行分散投资，它们投资的公司可多达二三十家。

　　当然，所有股权投资者的主要目标都是以高于买价的价格出售其所持股票。考虑到私人交易与公开股票市场相比的风险，收购投资者通常试图获得相当于其初始成本两至三倍的平均收益。要实现这个结果——可能需要 10 年或更长时间——这些投资者必须能通过以下三种方式中的任何一种来增加其所持股票的价值。首先，收购公司可以提供大量专业知识，帮助公司更有效地运营特定业务。其次，收购公司还可以将公司的资本结构调整为更优的债务融资和股权融资组合，以释放公司的价值。最后，还可以通过扩大市场愿意为公司支付的现金流倍数（市盈率、企业价值- EBITDA）来创造价值，这可以通过扩大增长机会或降低公司的风险水平来实现。

　　收购公司还可以将其投资私下出售给另一位收购投资者，或让投资对象在公开市场上首次公开募股，从而退出投资。假设互联网搜索引擎公司在收购合伙基金的新管理团队下继续扩展业务。在继续以债务和私募股权基金相结合的方式经营该公司多年后，收购合伙基金现在认为是时候向公众出售更多股票了（第 3 步）。进行首次公开募股后，互联网搜索引擎公司现在成为一家上市公司。收购合伙基金享有的直接优势之一是首次公开募股为其持有的股票创造了更广泛、流动性更强的市场。但是，当前所有者（收购合伙基金）通常在 6 个月或更长时间内不得出售其头寸。

　　私募股权基金的收益率　无论收购合伙基金专门投资哪个发展阶段的公司，私募股权投资均应被视为流动性极差的长期投资。尽管这些投资的平均年收益率往往很高，但新的私募股权投资在最初几年通常会产生负收益率。这是因为基金普通合伙人产生的组织费用要由投资负担，而且投资组合中不太成功的投资往往会被快速确认并减记。然而，随着绩效较好的投资逐渐增值并被出售获利，私募股权基金的收益率往往会急剧增加。这种收益率模式被称为 **J 曲线效应**，如图表 17 - 22 所示。该图表中的绩效衡量指标是内部收益率，它被广泛用于私人市场投资。在基金运营早期，这些内部收益率通常是根据价值估计值计算的，因为投资组合中的公司本身是不经常交易的非流动性资产。随着这些资产逐渐被出售，将根据对投资者的实际现金分配计算内部收益率。

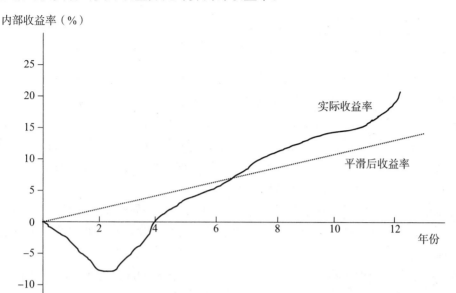

图表 17－22 J 曲线效应

　　除了图表 17－12 和图表 17－19 总结的历史数据之外，还有一种方法可以分析私募股权投资相对于其他资产类别的绩效，即比较投资者在一个时期内的投资结果的分散度。图表 17－23 列出了几个资产类别由以下基金经理管理时的收益率：（1）"优秀"的基金经理（绩效在全部现有基金经理中排名前四分之一的基金经理），（2）"普通"的基金经理（绩效位于中游的基金经理），（3）"拙劣"的基金经理（绩效位于后四分之一的基金经理）。这些数据反映了最近 10 年期的历史绩效。图表的最后一行列出了每个资产类别的四分位距范围，即绩效位于前四分之一的基金经理和绩效位于后四分之一的基金经理的收益率差异。该统计数据可以作为给定资产类别的收益率分散度指标，因为它反映了让绩效不佳的基金经理而不是绩效最好的基金经理进行投资的机会成本。例如，在美国大盘股中，好经理和差经理的绩效差异只有 1.26％。然而，在私募股权中，这一差异为 11.38％——几乎是前者的 10 倍！因此，除了私募股权投资的整体风险水平较高外，投资者还需要意识到，选择合适的私募股权基金经理对投资的成败至关重要。

图表 17－23 不同资产类别投资收益率的分散度（％）

分位数	美国股票		非美国股票	固定收益证券		私募股权
	大盘股	小盘股		美国证券	非美国证券	
第 25 个分位数	9.87	14.35	11.79	6.82	7.45	23.33
中位数	9.14	13.38	9.95	6.05	6.16	13.78
第 75 个分位数	8.61	11.21	8.03	5.88	5.30	11.95
四分位距范围	1.26	3.14	3.76	0.94	2.15	11.38

资料来源：数据来自提交给得克萨斯教师退休系统理事会的报告。

17.5　专业资产管理业的道德与法规

只要雇用某个人来维护其他人的利益，就会出现道德行为问题。经济学家通常将这种潜在冲突称为委托代理问题，它可以概括如下：委托人（资产所有者）雇用代理人（经理）来管理其资产。她理所当然地期望经理做出符合她最大利益的决定。尽管经理是凭借保护所有者的资产而获得报酬，但经理也有动机采取符合自身最大利益的行动。例如，经理可能以不易察觉的方式（产生购买头等舱机票或办公室家具等不必要的费用）和更明目张胆的方式（侵占资源）滥用所有者的资产。

这种**代理冲突**经常发生在财务关系中。公司的股东（委托人）是公司资产的所有者，但他们通常雇用职业经理（代理人）来经营公司。因此，股东始终面临着一个难题，即如何使管理者的动机与他们的动机保持一致。这对于资产管理业尤其重要，因为整个资产管理业的基础就是处理别人的资金，这意味着始终存在代理问题。在本节中，我们将从法律（监管）角度和道德角度考察该行业如何解决这些冲突。

17.5.1　资产管理业的监管

专业投资组合经理受托管理数万亿美元。因此，资产管理业受到高度监管以确保其业务达到起码要求也就不足为奇了。这些法规通常涉及州法律和联邦法律之间的复杂相互影响，它们旨在使投资组合经理的行为符合投资者的最大利益。在最基本的层面上，制定法规是为了促进充分披露与投资过程相关的信息，并提供各种反欺诈保护。图表 17-24 介绍了规范资产管理业的八项主要证券法律：《1933 年证券法》（主要监管目标：证券发行人）、《1934 年证券交易法》（主要监管目标：证券经纪商）、《1940 年投资公司法》（主要监管目标：共同基金）、《1940 年投资顾问法》（主要监管目标：顾问和私人经理）、《1974年雇员退休收入保障法》（主要监管目标：退休投资组合经理和受托人）、《2002 年萨班斯-奥克斯利法案》（主要监管目标：公司经理）、《2006 年养老金保护法》（主要监管目标：养老基金发起人和养老基金经理），以及《2010 年多德-弗兰克华尔街改革和消费者保护法》（主要监管目标：投资者保护）。

这些法规的一个主要目的是保证投资专业人士保留准确详细的交易记录，并公平及时地向投资者报告账户信息。正如投资公司协会所指出的，美国证券交易委员会是负责监管美国专业投资组合管理活动的主要联邦政府机构。除了监督市场主体对现有法规的遵守情况外，美国证券交易委员会还执行以下职能：

- 保持严格的杠杆使用标准，使基金不会承担过高风险；
- 确保基金保持有效的治理体系；
- 要求向投资者提供易于理解的报告并全面披露信息，致力于消除欺诈和滥用行为；
- 审查基金按要求需提供的文件；
- 制定和修订规则，以使法规适应新情况。

图表 17 - 24　资产管理业的主要证券法律

《1933 年证券法》要求所有公开发行的证券（包括基金份额或基金单位）在联邦登记。《1933 年证券法》还要求所有投资者都收到一份介绍基金情况的现行招股说明书。
《1934 年证券交易法》的监管目标是经纪商-交易商，包括基金的主要承销商和出售共同基金份额的其他实体，并要求它们在美国证券交易委员会注册。此外，《1934 年证券交易法》还要求注册经纪商-交易商保留大量账簿和记录，将客户证券单独保管在适当的托管账户中，并提交详细的年度财务报告。
《1940 年投资公司法》规范了投资公司的结构和运营，它对投资做出了限制，并要求投资公司保存详细的账簿和记录、保护其投资组合中的证券、向美国证券交易委员会提交半年度报告等等。
《1940 年投资顾问法》要求所有投资顾问在联邦注册，包括共同基金和其他基金的顾问。《1940 年投资顾问法》包含要求基金顾问履行保存记录责任、保管责任、报告责任和其他监管责任的规定。
《1974 年雇员退休收入保障法》规定了雇员福利计划（例如私营行业的养老金计划）的组织、管理和披露的最低标准。《1974 年雇员退休收入保障法》还制定了雇员福利计划受托人的行为准则，并创建了个人退休账户（IRA）投资工具。
《2002 年萨班斯-奥克斯利案》要求进行多项改革，以强化企业责任、加强财务披露、打击企业欺诈和会计欺诈，并成立了上市公司会计监督委员会（PCAOB）以监督审计业的活动。
《2006 年养老金保护法》要求养老金计划发起人更准确地计算养老金债务，并加大员工对其账户投资方式的控制权。该法还改革了关于私人基金会管理和支付的法规条款。
《2010 年多德-弗兰克华尔街改革和消费者保护法》对金融市场进行了全面监管，包括提高衍生品的透明度。该法还显著加强了对消费者和投资者保护的改革。

资料来源：部分根据投资公司协会《2017 年投资公司概况》和 www.sec.gov 的数据改编。

　　有助于管理资产管理业行为的其他监管机构包括美国劳工部〔负责保护养老金计划，包括 401(k) 计划〕、美国金融业监管局（负责监管在美国开展业务的所有证券公司的最大的独立监管机构）、美国商品期货交易委员会（负责监督期货、互换和商品交易活动）和美国国税局（负责制定和执行税收政策）。

　　管理私人养老基金的主要联邦法规是《1974 年雇员退休收入保障法》，该法于 1974 年颁布，主要影响私人管理公司和共同基金的活动。《1974 年雇员退休收入保障法》明确规定，管理养老基金是为了满足计划参与者及其受益人——而不是资助计划的公司——的需求，且基金经理应使计划资产分散化，以最大限度地降低巨额损失的风险。正如德尔圭尔乔（Del Guercio, 1996）所讨论的，《1974 年雇员退休收入保障法》的一个关键特征是审慎专家法，它概述了基金经理向投资者提供服务时作为受托人必须保持的谨慎水平。它对基金经理的"谨慎、熟练、审慎和勤勉"水平要求做出了定义，这种定义首次从法律上确认了对整个投资组合而非证券个例的审慎性要求。

　　对冲基金业历来享有的优势之一是受监管禁令的限制相对较少，这些禁令可能阻碍投资过程。对冲基金往往采用有限责任形式（有限合伙企业），以避免必须在美国证券交易委员会注册的要求。这种自由使对冲基金得以使用传统基金经理无法使用的策略工具（杠杆、卖空）。然而，《2010 年多德-弗兰克华尔街改革和消费者保护法》规定，受监管资产管理规模超过 1.5 亿美元的对冲基金顾问必须进行注册。如果对冲基金的投资者少于 100 人，则对冲基金可以豁免《1940 年投资公司法》的要求；如果对冲基金经理管理的资产少于 2 500 万美元，则对冲基金经理可以豁免《1940 年投资顾问法》的要求。此外，如果对冲基金四分之一的资产由退休计划资产构成，则对冲基金必须遵守《1974 年雇员退休收入保障法》的限制。

17.5.2　道德行为准则

许多像美国这样的发达经济体都建立在金融市场有序运行的基础之上。在这种系统中，当市场力量未能充分保护投资者的利益时，就需要政府干预作为补救措施。遗憾的是，正如博特赖特（Boatright，2008）所指出的，市场力量确实会失灵。投资者很清楚，20 世纪 80 年代的证券丑闻让伊万·博伊斯基（Ivan Boesky）和迈克尔·米尔肯（Michael Milken）的名字家喻户晓。此外，2003 年给共同基金业染上污点的市场择时交易丑闻以及 2008 年的次贷危机证明，在公司层面也可能发生道德判断失误。20 世纪 90 年代对长期资本管理公司（Long Term Capital Management）的财务救助使人们非常关注政府对对冲基金业加强监督的趋势。

正如斯塔特曼（2009）所指出的，这种性质的违法行为凸显出，尽管法规可以惩罚违法者，但它们不能阻止所有此类滥用行为的发生。绝对防止违法行为需要投资组合经理以一套严格的个人道德标准进行自我监管。普伦蒂斯（Prentice，2007）强调，在投资管理中，个人和公司希望维护其在客户中的声誉，这是自我监管的主要激励因素。阿韦拉（Avera，1994）概述了资产管理业的四项一般行为原则：（1）基金经理的行为符合诚信和道德，（2）他们的财务分析体现出专业水准并符合道德，（3）他们的行为体现出适任能力并精益求精，（4）他们始终保持适当的谨慎并做出独立的专业判断。

特许金融分析师协会根据这些原则为全球的证券分析师和基金经理会员制定了严格的《道德守则》和《专业行为准则》。（上述文件可在 www.cfainstitute.org 在线获取。）《道德守则》扩展了前面列出的四个主题：

> 特许金融分析师协会的会员必须：
> - 以诚信、适任、勤奋、尊重和符合道德的方式与公众、现有客户、潜在客户、雇主、雇员、投资业的同事以及全球资本市场上的其他参与者互动。
> - 将投资业的诚信和客户的利益置于个人利益之上。
> - 在进行投资分析、提出投资建议、采取投资行动和从事其他专业活动时，使用合理的谨慎态度和独立的专业判断。
> - 在实践中秉持反映他们自己和该行业的信誉的专业态度和道德，并鼓励他人这样做。
> - 促进资本市场的诚信，维护资本市场的规则。
> - 保持和提高自己的专业能力，努力保持和提高其他投资专业人士的能力。（特许金融分析师协会，2014 年）

这些道德要求提出的具体实务准则为投资组合经理列出了在日常实践中可以接受（或者更确切地说，是不可接受）的行为，并给出了它们的明确定义。例如，投资组合经理应秉持适当谨慎态度的一般原则成为一项具体要求，即他们必须能证明自己代表特定客户做出的投资决策是合适的。特许金融分析师协会希望所有会员——包括持有特许金融分析师称号的每个人——都遵守这些标准。如果特许金融分析师被认为有严重违规行为，可能会失去特许金融分析师资格。

鉴于投资组合经理受到独特的信任，特许金融分析师协会最近的一项举措是制定一套全面的《投资组合经理守则》。该守则基于以下一般原则，规定了向客户提供投资组合管理服务的最低标准：

> 投资组合经理对客户负有以下责任。投资组合经理必须：
> (1) 行为始终符合专业水准和道德。
> (2) 行为符合客户的利益。
> (3) 行为独立、客观。
> (4) 行为体现出专业技术、适任能力和勤勉。
> (5) 及时准确地与客户沟通。
> (6) 遵守适用的资本市场监管规则。（特许金融分析师协会，2014 年）

许多公司已经制定了这种标准，但也有一些公司（包括传统基金和对冲基金）没有制定这种标准，而这正是本守则试图填补的利基市场。

17.5.3　道德冲突的例子

许多违反道德的行为，例如剽窃研究报告或篡改绩效报表，无疑都是错误的。另一些过失则不那么明晰。我们在本节最后讨论了三个例子，它们说明了投资组合经理和投资者为何会在公认商业实务中发生冲突。

激励性薪酬计划　本章前面提到，传统的资产管理公司——无论是上市资产管理公司还是私人资产管理公司——通常都会根据资产管理规模收取费用。此外，对冲基金经理和私募股权基金经理还会收到与投资组合绩效直接挂钩的绩效分配费。这些公司的经理通常会获得基本工资和奖金，后者取决于他们的基金相对于同行的绩效。布朗、哈洛和斯塔克斯（Brown，Harlow and Starks，1996）认为，这种安排类似于高尔夫或网球锦标赛，在比赛结束时，相对表现最好的球员获得最高的奖金。根据他们的研究，在薪酬周期中相对绩效最差的共同基金经理更有可能增加投资组合的风险，以提高他们的最终薪酬。当然，改变基金风险以提高自己的薪酬表明，一些基金经理的行为可能并不总是符合客户的最佳利益。

软美元安排　专业投资组合经理的第二个潜在道德困境涉及**软美元**的使用。当投资组合经理向投资者承诺支付高于简单执行证券交易的成本的经纪佣金，以换取经纪商的额外捆绑服务时，就会产生软美元。这种做法的一个典型例子是，投资组合经理通过非折扣经纪商进行股票交易，以获得经纪商提供的证券研究报告。投资组合经理可能不难证明这种额外的研究如何使投资者——最终为这项服务买单的人——受益，但如果投资组合经理从经纪商那里获得的不是研究报告，而是"好处"，例如办公室设备、秘书服务甚至是报销个人旅行费用，情况就完全不同了。博格尔（Bogle，2009）认为，这种做法可能导致资源分配不当或投资组合管理者侵占投资者的财富，尽管霍兰和约翰逊（Horan and Johnsen，2000）的研究表明，使用软美元实际上是投资者监督投资组合经理行为的一种经济有效的方式。

营销投资管理服务　基金经理应该如何宣传以及何时宣传他们的服务？传统观点认为，基金经理让大众稳步认识到其相对优点符合投资者的最大利益。然而，在他们对共同基金市场的调查中，卡蓬、菲茨西蒙斯和普林斯（Capon，Fitzsimons and Prince，1996）

的研究表明，决定投资于哪只基金的主要因素是投资组合最近的收益率。茨威格（2000）观察到，这种趋势导致共同基金将广告宣传时间安排在绩效的相对高峰附近。此外，经营基金家族的公司可以根据情况选择其希望宣传的投资组合或基金经理，同时仍使大众对整体业务的品牌认识保持连续性。尽管免责声明通常称"过去的收益率不代表未来的绩效"，但始终宣传"绩效王"的决定很可能是有效的，但这也可能导致投资者的资金配置不当。

总而言之，投资者应该认识到，只要他们雇用专业投资经理，就会存在潜在的道德冲突。投资者受到证券业监管法规的保护，也受到特许金融分析师协会等行业协会实施的严格准则的保护。对投资者来说，最好的保护也许是全世界绝大多数不愿自毁声誉的投资顾问和基金经理。

17.6 专业投资组合经理应该履行哪些职能？

专业投资组合经理应该履行哪些职能？这些职能可能包括：

（1）帮助确定投资目标和投资约束（收益率目标、风险承受能力），并建立与其一致的投资组合。

（2）将投资组合分散化程度保持在所需的风险等级内，同时有一定灵活性，以便根据需要在不同投资工具之间进行转换。

（3）努力达到优于相关基准的风险调整绩效水平；一些投资者可能愿意在有限部分的投资组合中牺牲分散化程度，以获得更高的收益率。

（4）管理账户，保存成本记录和交易记录，及时提供税收信息，并在需要时对股利进行再投资。

（5）行为始终遵守道德标准。

本章讨论了很多类型的资产管理公司，它们并非都能解决上述每个目标。例如，共同基金不能为投资者确定风险偏好，而另类资产投资很少能充分分散化。但是，一旦投资者确定了风险-收益偏好，就可以选择一家旨在实现几乎任何投资目标的共同基金公司。一般来说，这些类型的资产管理公司能熟练地实现既定的投资策略和风险目标。私人资产管理公司致力于为拥有大量可投资资本的客户提供类似服务（包括制定投资政策）。

投资组合经理的第二个职能是将投资组合分散化程度保持在所需的风险等级内。两种传统资产管理公司（私人资产管理公司和共同基金公司）通常都会将其与市场的相关性保持在稳定水平，因为很少有资产管理公司会大幅改变合理分散化投资组合的构成。共同基金还在给定资产管理公司内创建大量基金，来满足对改变投资工具的灵活性的需求。通常，先锋或富达投资等投资集团允许投资者在其基金家族的投资组合之间进行转换而不用支付费用。就其性质而言，私人资产管理公司、对冲基金公司和私募股权公司往往会限制投资者做出此类改变，因此，这些类型的资产管理公司被认为流动性差于共同基金公司。

投资组合经理的第三个职能是提供高于基准的风险调整绩效，这意味着它优于单纯的买入并持有投资策略。过去几年另类资产行业的快速发展说明了两件事。第一，投资者日益认为，这些投资组合经理比传统投资组合经理更适合产生正阿尔法系数。第二，由于投资组合经理的投资过程有许多限制（例如，卖空禁令、杠杆限制），大多数传统投资组合经理越来越难以产生超常的风险调整收益率。

投资组合经理的第四个职能是账户管理。所有投资组合经理都在一定程度上提供这种服务。然而，私人资产管理公司最有可能看到几乎全部的客户资产，因此这些公司具备最有利的条件，有助于它们最有效地管理账户。大多数共同基金公司还提供许多有价值的管理服务。例如，它们允许自动对股利再投资，并提供可用于编制纳税申报表的年度分配活动报表。由于采用合伙形式，对冲基金公司和私募股权基金公司还为投资者提供必要的税务信息，并对投资活动定期进行会计核算。

投资组合经理提供的最后一个职能是遵守职业道德，使之符合资产管理业的现行法规和行为准则。对于所有投资者来说，无论公司的组织形式如何，这都是——而且应该是——不容商量的要求。正如我们所见，专业投资组合管理是一项受托业务，资产所有者委托投资组合经理保护其财富并使这些财富增值。如果投资组合经理的行为辜负了资产所有者的信任，他们是做不长久的。在极端情况下，他们甚至可能要承担法律后果。

通常，没有一个投资组合经理能提供投资者可能需要的所有服务。因此，投资者通常会构建由能力不同的投资组合经理组成的"投资组合"（例如，对冲基金经理提供卓越的风险调整收益率，指数共同基金经理为投资者的大部分资产提供分散化）。鉴于我们已经知道在不同资产类别和证券之间分散金融资本的价值，同样的原则自然也适用于投资组合经理的技能。

本章小结

- 有两种主要的专业资产管理公司。管理和咨询公司分别在不同账户中持有个人投资者和机构投资者的资产。投资公司则是集合管理的资产池。这些基金的投资者获得的份额代表他们在基础证券投资组合中按比例持有的所有权。这些基金份额要么可以在二级市场上交易（封闭式基金），要么可以按当时的资产净值直接回售给基金（共同基金）。可供选择的基金种类繁多，因此不论投资者的投资目标是什么，都可以找到目标与其几乎完全匹配的基金。

- 近年来，专业资产管理业发生了相当大的结构性变化。在传统的"纯多头"资产管理公司中，有一种趋势是整合大型多元产品公司管理的资产。这降低了管理费，这些管理费通常按资产管理规模的某个百分比收取，且该百分比随着资产管理规模的增大而下降。基金还经常以前期费用、12b-1 年费或后期费用的形式收取销售费。投资者可以获得关于共同基金投资实务和绩效的公开信息，以便做出适合自身情况的决策。

- 近年来，专业资产管理业的第二个显著趋势是另类资产投资工具的快速发展，例如对冲基金和私募股权。这些基金享有的主要优势之一是，它们可以采用的策略和投资方法通常受到较少限制，例如同时使用杠杆和卖空。许多投资者都认为，另类资产管理公司具有独特地位，可以产生卓越的风险调整收益率。

- 只要雇用一个人为另一个人提供服务，就会出现道德行为问题。专业资产管理业通过一系列政府法规和主动制定的实务标准来保护投资者。这些法规和标准的主要目的是确保投资组合经理公平公正地对待所有投资者，并准确报告关于投资绩效的信息。投资界关注的两个领域是投资组合经理的薪酬安排和软美元。

问题

1. 管理和咨询公司与投资公司有什么区别？请分别描述它们采用的投资组合管理方法。

2. 有人认为，专业资产管理业正迅速被少数大型多元产品公司所主导。请讨论图表 17-2 中的数据是否支持该观点。

3. 封闭式基金通常投资于流动性相对较差的证券和金融工具，而大多数共同基金投资于广泛交易的股票和债券。请说明封闭式基金和开放式基金之间的区别，以及为什么这种流动性区别很重要。

4. 有前期费用基金和无前期费用基金有什么区别？

5. 投资者是否应该关心共同基金的分散化程度？为什么？

6. 假设您是一位调查员，正在评估共同基金经理选择价值被低估的股票或预测市场收益率的准确度，请讨论是净收益率还是总收益率（计算基金费用前）更重要。

7. 私募股权交易中的许多投资者都是通过参与有限合伙安排来进行投资的。请说明有限合伙结构是如何组织的，并用流程图说明您的答案，说明如何在这种投资组合管理组织中体现客户投资。

8. 凯瑟琳·马尔科（Catherine Marco）是木桐投资公司（Mouton Investments, Inc.，一家地区性资产管理公司）的投资组合经理。她正在考虑投资于另类资产，并决定研究以下三个问题，它们与多头-空头策略和对冲基金有关：

（1）如何将一个资产类别的多头-空头对冲基金策略产生的阿尔法系数转移到另一种资产类别？

（2）对冲基金的基金管理者在风险监控中必须考虑的三大可量化风险来源是什么？

（3）对于对冲基金的基金，基于风险的杠杆与基于会计的杠杆有何不同？

a. 请对马尔科的每个问题给出一个正确答案。

马尔科决定研究不同的对冲基金投资策略，并分析了以下三个策略要素：

i. 在发布正面的盈利意外公告之后，根据股价将在短期内上涨的预期买入股票。

ii. 对于已宣布进行并购或传闻正在考虑进行并购的公司，视情况建立这些公司股票的多头仓位和空头仓位。

iii. 使用神经网络检测历史数据中的模式。

b. 对于马尔科分析的三个策略要素，请指出最能体现每个策略要素特征的对冲基金投资策略。

在进行研究之后，马尔科应用她的发现为某位个人客户制定适宜其具体情况的投资策略。该客户目前仅持有传统股票和固定收益证券，并愿意考虑投资于另类资产，以降低其投资组合的风险。

马尔科就该客户的另类资产投资得出以下五个结论：

i. 投资于对冲基金的基金可能会提高客户的投资组合分散化程度，并使客户的投资组合中能加入客户原本无法投资的多种对冲基金。

ii. 投资于对冲基金的基金也有一些缺点，包括缺乏透明度和基金经理无法通过构建投资组合来增加价值。

iii. 由于方向性对冲基金的收益率分散度预期低于非方向性对冲基金，因此方向性对冲基金是更适合该客户的投资。

iv. 一种适合该客户的对冲基金投资策略是宏观对冲基金，它可能提供更高的收益率，同时有相对较低的收益率标准差。

v. 与该客户目标一致的另一种方法是使用多头-空头股票策略，该策略预期将抵消市场风险。

c. 请逐一判断马尔科的五个结论是正确的还是错误的。如果结论是错误的，请给出错误的原因。

9. 大多数投资组合经理的部分薪酬都与其管理的投资组合的绩效挂钩。请说明为何这种安排会给投资组合经理带来道德困境。

10. 什么是软美元安排？请描述一种可以用这种安排将财富从投资者转移给投资组合经理的方式。

习题

1. 假设 ABC 共同基金没有负债，且只持有四只股票，如下所示：

股票	持股数量	股价（美元）	市场价值（美元）
W	1 000	12	12 000
X	1 200	15	18 000
Y	1 500	22	33 000
Z	800	16	12 800
			75 800

最初，该基金以每一份额 8.00 美元的价格出售了 50 000 美元的股票。它的资产净值是多少？

2. 假设您正在考虑将 1 000 美元投资于一只收取 8% 前期费用的基金，并且您预期该投资将在明年获得 15% 的收益率。或者，您也可以投资于具有类似风险并收取 1% 的赎回费的无前期费用基金。您估计无前期费用基金的收益率为 12%。根据您的预期，哪种投资更好？收益高多少？

3. 假设封闭式基金最近的绩效如下，该封闭式基金致力于寻找价值被低估且成交量清淡的股票。

时期	资产净值（美元）	溢价/折价（%）
0	10.00	0
1	11.25	−5.0
2	9.85	+2.3
3	10.50	−3.2
4	12.30	−7.0

这里，溢价和折价分别用正号和负号表示，第 0 期表示封闭式基金的成立日期。

a. 假设投资者在封闭式基金成立时买入 100 份额该基金，然后在第 4 期结束时卖出她的头寸，请计算这位投资者的平均期间收益率。

b. 相同时期资产净值的平均期间增长率是多少？

c. 假设另一位投资者在第 1 期结束时买入 100 份额该基金，并在第 2 期结束时卖出头寸，请计算这位投资者的期间收益率。

d. 第 1 期和第 2 期之间的资产净值期间增长率是多少？

4. CMD 资产管理公司（CMD Asset Management）的股票基金对客户收取的费用结构如下：

前 500 万美元投资收取的费用率为 1.00%
接下来 500 万美元投资收取的费用率为 0.75%
接下来 1 000 万美元投资收取的费用率为 0.60%
2 000 万美元以上投资收取的费用率为 0.40%

a. 假设客户 1 的被管理资产为 2 700 万美元，客户 2 的被管理资产为 9 700 万美元，请分别计算这两个客户每年支付的费用金额。

b. 请计算这两个客户支付的费用占其被管理资产的百分比。

c. 费用（以百分比计算）随着资产管理规模的增大而下降的经济原理是什么？

5. 请描述以下四种情况的潜在利益冲突：

a. 根据客户交易佣金获得薪酬的投资顾问。

b. 投资经理使用客户佣金（"软美元"）购买研究或其他服务。

c. 共同基金的投资组合经理为该基金购买了一家小市值公司的大量股票，这位投资组合经理拥有该公司的认股权证。

d. 一位研究分析师为某家公司撰写研究报告，该公司为她报销了实地考察的食宿和机票费用。

6. 假设某年年初，一家无前期费用共同基金公司的资产净值为每份 27.15 美元。当年，它向股东支付了每份 1.12 美元的资本收益和股利分配，年末时资产净值为 30.34 美元。

a. 如果某位投资者在（非应税）退休账户中持有 257.876 份该基金的份额，那么他的收益是多少？

b. 如果这些份额被存放在普通储蓄账户中，同一位投资者的税后收益是多少？假设该投资者的税级为 30%。

c. 如果该基金允许投资者将分配到的现金自动再投资于更多基金份额，这位投资者还能购买多少份额？假设分配发生在

年末，分配收入可以按年末资产净值进行再投资。

7. 焦点基金（Focus Fund）是一只共同基金，它长期持有为数不多的几只股票，这些股票均不支付股利。其近两年年末的持股情况如下：

股票	第 1 年		第 2 年	
	持股数量	股价（美元）	持股数量	股价（美元）
A	100 000	45.25	100 000	48.75
B	225 000	25.38	225 000	24.75
C	375 000	14.50	375 000	12.38
D	115 000	87.13	115 000	98.50
E	154 000	56.50	154 000	62.50
F	175 000	63.00	175 000	77.00
G	212 000	32.00	212 000	38.63
H	275 000	15.25	275 000	8.75
I	450 000	9.63	450 000	27.45
J	90 000	71.25	90 000	75.38
K	87 000	42.13	87 000	49.63
L	137 000	19.88	0	27.88
M	0	17.75	150 000	19.75
现金		3 542 000		2 873 000
费用		730 000		830 000

在这两年年末，焦点基金的流通份额数量均为 5 430 000 份。

a. 请计算第 1 年年末一份焦点基金份额的资产净值，并确保在总投资组合净值中考虑了现金头寸。

b. 在计算出第 1 年的资产净值后，焦点基金立即卖出股票 L，并买入股票 M（两笔交易均以第 1 年的价格进行）。请计算焦点基金在第 2 年的资产净值，并计算该基金份额价值的增长率。

c. 在第 2 年年末，基金经理可以赎回

多少份焦点基金，而无须变现股票头寸（即仅使用现金账户）？

d. 如果在计算出第 2 年的资产净值后，基金经理立即收到了 500 000 份的投资者赎回请求，那么对于每种股票，她必须出售多少股才能保证每种股票的占比不变？假设她在出售股票之前出清了全部现金头寸。

8. 共同基金可以通过以下三种方式之一收取销售费：前期费用、12b-1（年）费用或递延（后期）费用。假设 SAS 基金为其投资者提供了以下销售费安排的选择：(1) 3% 的前期费用，(2) 0.50% 的年费用，或 (3) 在投资者头寸出清时支付 2% 的后期费用。此外，假设 SAS 基金的资产净值平均每年增长 12%。

a. 如果您最初拥有 100 000 美元的投资资本，请计算在每种销售费方案下，3 年后 SAS 基金的投资价值。您会选择哪种方案？

b. 如果您的投资期为 10 年，您对第 a 问的答案会改变吗？请说明原因。

c. 请解释销售费发生时间和投资期之间的关系。一般而言，如果您打算长期持有头寸，您更喜欢哪种销售费方案？

9. 克拉克克恩斯（Clark & Kerns，C&K）是一家美国养老基金管理公司，它计划在欧洲和环太平洋国家设立办事处，以管理位于这些国家的养老基金并投资于当地股票市场。管理合伙人、特许金融分析师托尼·克拉克（Tony Clark）了解到，欧洲国家的投资公司及其附属机构执行三个职能：

- 与企业养老金发起人商讨如何管理养老基金以及由谁管理养老基金；
- 管理其投资组合；
- 作为基金经纪商执行证券交易。

该国的通常做法是不披露商业组织的所有权。克拉克认为，克拉克克恩斯必须提供所有三项服务才能展开有效竞争。因此，他决定通过克拉克克恩斯拥有的当地公司在欧洲设立办事处，从而为潜在的养老基金客户提供全部三项服务。养老金咨询公司将是欧洲养老金集团（Europension Group）；资产管理公司将是克拉克克恩斯国际（C&K International）；经纪商-交易商将是阿尔卑斯证券（Alps Securities）。

a. 如果克拉克克恩斯提供所有三项服务，请简要描述适用于克拉克的两条特许金融分析师协会专业行为准则。请描述克拉克要遵守这些准则所必须履行的具体职责。

克拉克了解到，欧洲国家的惯例做法是将至少 80% 的养老基金资产分配给固定收益证券。

b. 请指出并简要解释适用于这种情况的两条特许金融分析师协会专业行为准则。

克拉克观察到，环太平洋国家的投资组合经理经常在他们的投资决策中使用内幕信息。由于养老基金管理业看重的是绩效，因此克拉克决定入乡随俗，作为吸引和留住该国当地企业客户的唯一途径。

c. 请指出并简要解释适用于这种情况的两条特许金融分析师协会专业行为准则。

10. 多年来，彼得·穆勒（Peter Mueller）和安德里亚·穆勒（Anderea Mueller）通过定期购买仅持有美国证券的共同基金建立了价值 600 000 美元的投资组合。每笔买入交易都是基于个人研究，但没有考虑他们持有的其他资产。现在，他们希望获得关于其总投资组合的建议，如下所示：

	类型	市场部门	贝塔系数	占总投资组合的百分比（%）
安德里亚的公司股票	股票	成长型小盘股	1.40	35
成长型蓝筹股基金	股票	成长型大盘股	1.20	20

续表

	类型	市场部门	贝塔系数	占总投资组合的百分比（%）
超级贝塔基金	股票	成长型小盘股	1.60	10
保守型基金	股票	价值型大盘股	1.05	2
指数基金	股票	大盘股指数	1.00	3
不分红基金	股票	成长型大盘股	1.25	25
长期零息债券基金	债券	国债	—	5

请根据以下标准评估两位穆勒的总投资组合：

a. 偏好"最小波动性"；

b. 股票分散化；

c. 资产配置（包括现金流需求）。

11. 您经营着一家专注于兼并交易的套利对冲基金。XYZ 公司刚刚收到来自收购公司（AcquisiCorp）管理层的收购要约，要约价格为每股 45 美元。过去两周，XYZ 公司的股票交易价格约为 30 美元，但在提出收购要约之后，这些股票的市场价格立即升至目前的 42 美元。在宣布收购计划后，收购公司的股价立即从 83 美元跌至 79 美元。此外，由于对通货膨胀的担心再起，经济体中的利率最近从 2.7% 升至 3.3%。

a. 请计算市场价格中隐含的最终收购成功概率。

b. 请说明您如何使用这些信息来决定您应该持有 XYZ 公司股票的多头还是空头。

第**18**章
评估投资组合绩效

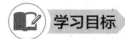 **学习目标**

阅读本章后，您应该能回答以下问题：

- 绩效衡量的两个主要问题是什么？
- 什么是评估投资者绩效的同类组别比较法和投资组合跌幅法？
- 什么是评估投资组合绩效的夏普指标和特雷诺指标？
- 什么是评估投资组合绩效的詹森指标？如何调整它以考虑多因素风险和预期收益率模型？
- 什么是信息比率和索提诺比率？它们与其他绩效指标有何关系？
- 评估投资组合样本时，如何确定它们的分散化程度？

- 如何通过分析投资组合持有的证券来衡量投资绩效？
- 什么是归因分析？如何用它来区分投资组合经理的市场择时技能和证券选择技能？
- 什么是定制基准？任何基准都应具备的重要特征是什么？
- 什么是时间加权收益率和金额加权收益率？其中哪个收益率应该根据特许金融分析师协会的《全球投资绩效标准》报告？

本章概述了评估投资组合绩效的理论和实践。关于这个评估过程，首先要认识到，它在本质上始终是事后评估。也就是说，投资者构建和管理投资组合是为了在未来产生高收益的结果，与这种工作不同，对这些结果的评估发生在投资期的末期。因此，投资组合绩效评估是在"后视镜"中考察投资者是否实现了他（她）的预期投资目标。

我们首先考察了投资者在衡量投资组合绩效时希望实现的目标，以及构成整个评估过程的两个问题。为了回答这些问题——它们代表了绩效评估的方式和原因——我们讨论了一些评估方法的发展，它们构成了基本的绩效衡量工具包。其中一些工具非常简单，因为它们比较的是实际收益率，而没有考虑风险。然而，许多其他工具都是风险调整指标，它们考虑了投资者面临的波动性的某些方面。事实上，我们将看到现代绩效衡量的一个核心原则是，如果不明确控制投资组合的风险，就不可能对投资进行全面评估。

鉴于这个问题的复杂性，不难想见，风险调整投资组合收益率并没有一个人们普遍接受的衡量方法。尽管我们分析的衡量指标存在一些重复，但每个指标都提供了独特的视角，因此最好将它们视为一组互补的指标。我们还说明了投资者如何通过考察投资组合持有的基础证券来评估投资组合经理的绩效，并考察了归因分析，这是一种旨在确定投资组合经理技能来源的衡量方法。

本章最后讨论了应用这些不同指标时要考虑的一些因素，包括如何恰当选择在风险调整过程中使用的基准以及良好基准的特征。最后，我们分析了计算收益率和向投资者报告投资组合绩效的行业标准。

18.1 绩效衡量的两个问题

在第11章讨论投资组合被动管理和投资组合主动管理时，我们看到投资组合经理在投资期内产生的实际收益率可以分为：（1）根据投资金额和投资组合风险大小，投资组合经理应该获得的收益率（预期收益率）和（2）投资组合经理卓越的投资技能产生的增量收益率（阿尔法系数）。这表示为：

总实际收益率＝预期收益率＋阿尔法系数＝无风险利率＋风险溢价＋阿尔法系数

当我们考察如何衡量投资组合经理的投资绩效质量时，这个指标的重要性再次显现出来。一般而言，我们将看到，评估投资组合绩效是将投资组合实际产生的收益率与投资组合本应产生的收益率进行比较。因此，对投资组合经理的最终判断依据是其是否能实现预期并产生额外的阿尔法系数。

显然，正确评估投资绩效的一个重要方面是规定投资组合经理应该产生的预期收益率。正如我们所见，平均而言，投资者只能期望获得与系统性风险对应的收益率，因此维持分散化投资组合的能力通常是投资组合经理表现出的一项关键技能。此外，绩效衡量过程背后的一个重要概念是，预期收益率可以被视为投资于被管理投资组合的**机会成本**。也就是说，预期收益率变成了以下问题的答案：如果投资者不持有当前的实际投资组合，那么次优选择的收益率是多少？

在实践中，投资者可以通过三种方法估计预期收益率：

（1）可比被管理投资组合**同类组别**的平均同期收益率。

（2）作为被管理投资组合**基准**的指数（或指数基金）的同期收益率。

（3）用**风险因素模型**（例如资本资产定价模型或多因素模型）估计的收益率。

上述每种方法都有其优点和缺点。同类组别和基准很容易观察，并且通常代表可行的替代投资工具——这使它们成为真正的机会成本——但它们没有明确控制实际投资组合产生的风险。相反，风险因素模型可以非常准确地估计系统性风险，但通常无法作为可行的替代投资工具；很难从理论模型中"买到"收益率。因此，对给定投资组合经理的绩效进行全面评估时，通常会使用多种方法来得到预期收益率。

在评估投资组合经理的绩效时，投资者需要回答两个主要问题：

首先，投资组合经理的实际绩效**如何**？

其次，**为什么**投资组合经理的绩效是这样？

其中第一个问题可能是投资者提出的最重要的问题，因为回答这个问题时，需要比较投资组合经理的实际收益率与预期收益率。对于许多投资者来说，当他们想知道自己雇用的投资组合经理是否具备真正的投资技能时，这个问题的答案就代表"最终结果"。在第二个问题中，投资者希望在了解投资组合经理能否满足预期之后更进一步，调查实际绩效的来源。也就是说，给定投资组合经理为产生正阿尔法系数可以做出的所有决策（例如，出众的证券选择、市场择时），哪些决策是有效的？哪些决策是无效的？

绩效衡量过程需要用到许多旨在回答这两个问题的概念性工具和统计工具。图表 18-1 按照旨在解决的问题，对实践中最常用的方法进行了分类。请注意，这些绩效指标中，大多数指标旨在回答第一个问题。它们的区别在于，是明确评估了投资组合的风险敞口（风险调整指标）还是没有明确评估投资组合的风险敞口（简单指标），以及如何定义风险、如何调整收益率以考虑风险。我们还将看到，可以通过考察投资组合产生的收益率来间接评估投资组合经理的决策能力，或通过考察投资组合所持证券的变化来直接评估投资组合经理的决策能力。在本章其余部分，我们将逐一详细讨论这些指标。

图表 18-1　常见的投资组合绩效指标分类

1. **投资组合经理的实际绩效如何？**
   - 简单的绩效指标
     - 同类组别比较
     - 投资组合跌幅
   - 风险调整绩效指标
     - 夏普比率
     - 特雷诺比率
     - 詹森阿尔法系数
     - 信息比率
     - 索提诺比率
   - 基于所持证券的绩效指标
     - 格林布拉特-蒂特曼指标
     - 特征选择性指标
2. **为什么投资组合经理的绩效如此出色？**
   - 投资组合收益率分解
     - 归因分析
     - 法马选择性指标

18.2　简单的绩效衡量方法

曾经，投资者几乎完全根据收益率来评估投资组合的绩效。20 世纪 60 年代初，投资组合理论的发展向投资者显示了如何根据收益率的波动性来量化风险。尽管如此，由于没有一个衡量指标将收益率和风险结合起来，因此投资者仍然必须分别考察这两个因素。正如弗兰德、布卢姆和克罗克特（Friend，Blume and Crockett，1970）所采用的分析方法，根据收益率方差将投资组合按风险水平分类，然后直接比较这些风险类别中的不同投资组合的收益率。

18.2.1　同类组别比较

克里茨曼（1990）将**同类组别比较**称为最常见的投资组合经理评估方式，它收集一组代表性投资者在特定时期产生的收益率，并用一张简单的箱线图显示出来。数据总体通常按百分位数划分，显示给定投资者的相对排名。例如，某位投资组合经理管理的投资组合的 1 年期收益率为 12.4％，如果在 100 个投资组合组成的总体中，只有 9 个投资组合的收益率高于该投资组合，那么这位投资组合经理将处于第 10 个百分位。尽管这些比较可能非常详细，但箱线图通常包括最大收益率和最小收益率，以及落在第 25 个、第 50 个（中位数）和第 75 个百分位的收益率。

图表 18-2 显示了在不同时期长度中，代表性投资者——这里标为"用现金购买美国股票的投资组合"（的投资者）——相对于同类组别中其他美国国内股票管理者的收益率。[①]比较中还包括反映整个市场的三个指数的期间收益率：标准普尔 500 指数、罗素 1000 指数和罗素 3000 指数。该图表显示了投资期为 5 年至 10 年时的收益率四分位数。所评估的投资者（由大圆点表示）绩效良好，在每个比较期的绩效均高于中位数。该投资组合经理产生了最大的 9 年期收益率（16.5％），远高于 13.0％的收益率中位数。请注意，该投资者的 10 年期平均收益率高于 9 年期平均收益率（16.6％），但低于 10 年期第 5 个百分位数，不再是 10 年期最高的收益率。

评估投资者绩效的同类组别比较方法存在几个潜在问题。第一，图表 18-2 中显示的箱线图没有对总体中的投资组合风险水平进行任何明确调整。关于投资风险，它只是暗含地认为总体中的所有投资组合波动性基本相同。对于任何大型同类组别来说，情况都不太可能如此，尤其是当总体混合了具有不同投资风格的投资组合时。第二，几乎不可能构建一个真正可比且规模足以使百分位数排名有意义的同类组别。第三，这种比较仅仅关注相对收益率，而忽略了所评估的投资者是否已经实现了个人目标并满足了其投资预期。

18.2.2　投资组合跌幅

衡量投资组合经理工作的一种方法是考察他对投资者资产价值的保护效果。如果我们观察投资期内投资组合的市场价值时间序列图，将看到投资组合的最大跌幅是多少？这就是**投资组合跌幅**指标。具体而言，最大跌幅计算了在投资期内发生的最大价值下跌百分比——从峰值到谷底的价值下跌幅度。尽管计算中没有明确进行风险分析，但投资组合跌幅本身可以被视为衡量投资者持有特定投资组合时面临的下行风险大小的指标。基本假设是，对于采用相同投资风格的两位投资组合经理来说，投资组合跌幅较小的投资组合经理更成功地保护了投资者免受市场不利波动的影响。

图表 18-3 显示了两位真实的股票投资组合经理在最近某个投资期的投资组合跌幅。他们都采用成长型大盘股投资风格。在该投资期内，两位投资组合经理所管理投资组合的价值均大幅增加；经理 A 令每 1 美元初始投资增至 2.14 美元，而经理 B 令每 1 美元初始投资增至 2.10 美元。然而，经理 A 管理的投资组合表现也更不稳定。尤其是，两位经理都在第 23 个月出现最大跌幅，经理 A 的投资组合价值从之前的峰值下跌了近 19％，而经

---

① 该例出自辛格（Singer, 1996）的研究，并基于弗兰克·罗素公司的数据。

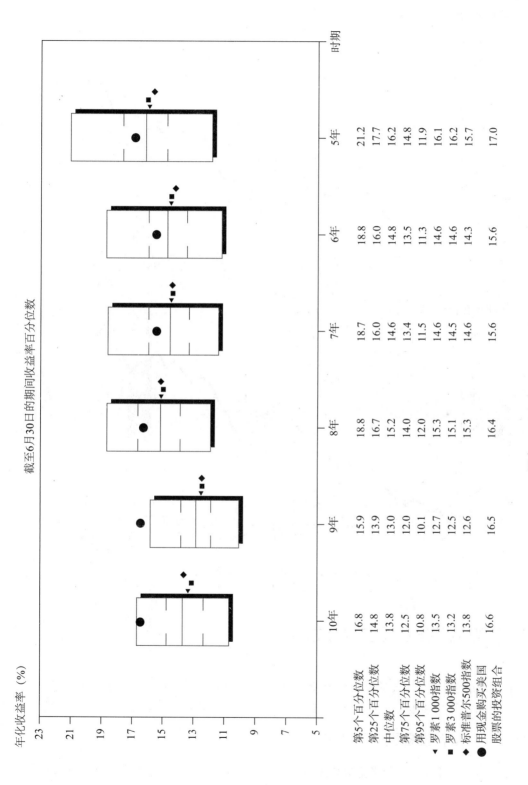

图表18-2 同类组别比较示意图

资料来源：Brian Singer, "Valuation of Portfolio Performance: Aggregate Return and Risk Analysis," *The Journal of Performance Measurement*, 1, no.1（Fall 1996）: 6-16.

理 B 的投资组合价值跌幅仅为 15.4%。从这个意义上说，在保护投资者财富方面，我们认为经理 B 至少做得稍好。关根（Sekine，2006）认为，如果投资者在构建投资组合时考虑了跌幅约束，将可以改进投资组合管理流程。

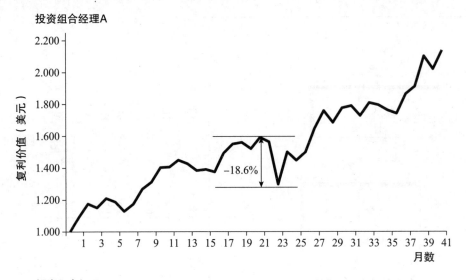

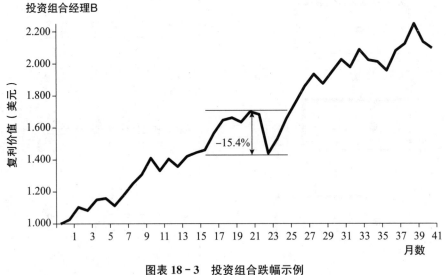

图表 18-3　投资组合跌幅示例

18.3　风险调整投资组合绩效指标

本节详细介绍了五个主要的投资组合绩效指标，它们将风险和收益率整合为一个统计指标。我们还比较了这些指标，并讨论了它们的不同之处以及它们对投资组合排序不同的原因。

18.3.1　夏普投资组合绩效指标

夏普（1966）建立了一个考虑风险的综合投资组合绩效指标，它是最早的此类指标之一。该指标与他关于资本市场理论的早期研究（尤其是资本市场线）紧密相关。投资组合绩效的**夏普指标**（或夏普比率，用 S 表示）如下：

$$S_i = \frac{\overline{R_i} - \overline{\mathrm{RFR}}}{\sigma_i} \tag{18.1}$$

其中：

$\overline{R_i}$＝在指定时期内投资组合 i 的平均收益率；

$\overline{\mathrm{RFR}}$＝同期无风险投资的平均收益率；

σ_i＝同期内投资组合 i 的收益率标准差。

该绩效指标旨在通过使用收益率的标准差来衡量投资组合的总风险。因为该比率的分子（$\overline{R_i} - \overline{\mathrm{RFR}}$）是风险溢价，而分母是风险指标，所以总公式表示投资组合单位风险的风险溢价收益率。此外，还可以使用（1）总投资组合收益率或（2）超出无风险利率的投资组合收益率来计算 S_i 中的标准差。[1] 阿曼克、戈尔茨和利乌（Amenc，Goltz and Lioui，2011）的研究发现，夏普比率是许多投资者最常使用的绩效统计指标。

比较夏普指标的示例　假设在最近 10 年期间，总体市场投资组合（例如标准普尔 500 指数）的平均年总收益率（包括股利）为 14%（$\overline{R_M} = 0.14$），国库券的平均名义收益率为 8%（$\mathrm{RFR} = 0.08$）。您得知过去 10 年市场投资组合的年收益率标准差为 20%（$\sigma_M = 0.20$）。您希望分析以下投资组合的风险调整绩效：

投资组合	年均收益率	收益率标准差
D	0.13	0.18
E	0.17	0.22
F	0.16	0.23

这些投资组合的夏普指标如下：

$$S_M = \frac{0.14 - 0.08}{0.20} = 0.300$$

$$S_D = \frac{0.13 - 0.08}{0.18} = 0.278$$

$$S_E = \frac{0.17 - 0.08}{0.22} = 0.409$$

$$S_F = \frac{0.16 - 0.08}{0.23} = 0.348$$

投资组合 D 的单位总风险的风险溢价收益率最低，绩效不如市场投资组合。相比之下，投资组合 E 和投资组合 F 的绩效优于总体市场：投资组合 E 的绩效优于投资组合 F。

给定市场投资组合的绩效，可以绘制出资本市场线。如果我们在该图上画出投资组合 D、投资组合 E 和投资组合 F 的绩效，如图表 18-4 所示，将看到投资组合 D 位于资本市

---

[1]　夏普指标是用投资组合的总风险（σ）表示的，但最近夏普（1994，2007）和洛（Lo，2002）建议使用投资组合超额收益率的标准差（σ_{ER}）来代替。通过这种调整，该指标变为 $S_i = (\overline{R_i} - \overline{\mathrm{RFR}}) \div \sigma_{ER}$。当我们讨论信息比率绩效指标时，这种方法的优点将很快变得明显。

场线下方，而投资组合 E 和投资组合 F 位于资本市场线上方，显示出卓越的风险调整绩效。

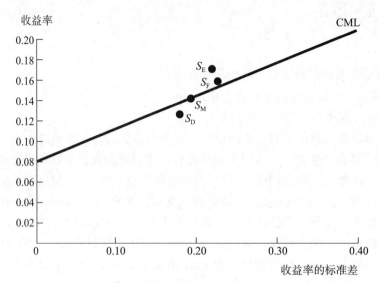

图表 18-4　资本市场线上的投资组合绩效散点图（夏普指标）

18.3.2　特雷诺投资组合绩效指标

特雷诺（Treynor，1965）同样构想出了一种综合指标来评估共同基金的绩效。他假定风险有两个组成部分：（1）一般市场波动产生的风险，（2）投资组合证券的独特波动产生的风险。为了识别市场波动导致的风险，他用特征线定义了被管理投资组合的收益率与市场投资组合之间的关系。从第 7 章中我们知道，特征线的斜率是投资组合的贝塔系数。

特雷诺关注的是适用于所有投资者的绩效指标，无论他们的风险偏好如何。在资本市场理论的基础上，他引入了一种无风险资产，它可以与不同的投资组合结合起来，形成一条投资组合可能性线。他证明，理性投资者总是偏好斜率最大的投资组合可能性线。该投资组合可能性线的斜率（用 T 表示）为[1]：

$$T_i = \frac{\overline{R}_i - \overline{\text{RFR}}}{\beta_i} \tag{18.2}$$

其中，除了前面介绍过的符号以外，β_i＝该时期内投资组合特征线的斜率。

如前所述，T 值越大，表明投资组合对所有投资者来说越好。风险变量的贝塔系数衡量了系统性风险，且没有说明投资组合的分散化程度。它隐含假设投资组合是完全分散化的。

将投资组合的 T 值与市场投资组合的 T 值进行比较，可以表明投资组合是否位于证券市场线上方。总体市场的 T 值计算公式如下：

$$T_{\text{M}} = \frac{\overline{R}_{\text{M}} - \overline{\text{RFR}}}{\beta_{\text{M}}}$$

---

① 该式中使用的术语与特雷诺使用的术语不同，但与我们之前的讨论一致。

在该式中，β_M 等于 1.0（市场的贝塔系数），T_M 表示证券市场线的斜率。因此，T 值高于市场投资组合的投资组合位于证券市场线上方，表明卓越的风险调整绩效。

比较特雷诺指标的示例　再次假设 $\overline{R}_M = 0.14$ 和 RFR = 0.08。您正在根据三位不同投资组合经理过去的绩效决定如何在他们之间进行选择：

投资组合经理	年均收益率	贝塔系数
W	0.12	0.90
X	0.16	1.05
Y	0.18	1.20

您计算出了市场投资组合和每位投资组合经理的 T 值，如下所示：

$$T_M = \frac{0.14 - 0.08}{1.00} = 0.060$$

$$T_W = \frac{0.12 - 0.08}{0.90} = 0.044$$

$$T_X = \frac{0.16 - 0.08}{1.05} = 0.076$$

$$T_Y = \frac{0.18 - 0.08}{1.20} = 0.083$$

这些结果表明，投资组合经理 W 不仅在三位投资组合经理中排名最低，而且风险调整绩效不如总体市场。相比之下，经理 X 和经理 Y 都跑赢了市场投资组合，经理 Y 的绩效略好于经理 X。他们的投资组合都位于证券市场线上方，如图表 18-5 所示。

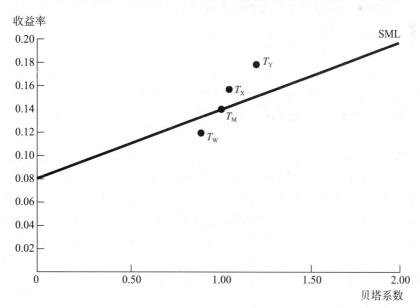

图表 18-5　证券市场线上的投资组合绩效散点图（特雷诺指标）

同时具备高绩效和低风险的投资组合可能会产生负 T 值。贝塔系数为负且平均收益率高于无风险收益率的投资组合同样会有负 T 值。然而，在本例中，它表示优异绩效。

假设投资组合经理 G 在政治和经济高度不确定的时期大量投资于金矿股票。由于黄金价格通常与大多数股票价格负相关，因此该投资组合的贝塔系数为 -0.20，但平均收益率为 10%。该投资组合的 T 值将为：

$$T_\mathrm{G} = \frac{0.10 - 0.08}{-0.20} = -0.100$$

尽管 T 值为负，但它在图表 $18-5$ 中的位置远高于证券市场线。

由于负贝塔系数产生的 T 值会给出令人困惑的结果，因此最好将投资组合绘制在证券市场线图形上，或者使用证券市场线公式计算投资组合的预期收益率，然后将这个预期收益率与实际收益率进行比较。投资组合 G 的预期收益率为：

$$E(R_\mathrm{G}) = \mathrm{RFR} + \beta_i(R_\mathrm{M} - \mathrm{RFR}) = 0.08 + (-0.20) \times 0.06 = 0.068$$

比较 6.8% 的预期收益率与 10% 的实际收益率，结果表明，投资组合经理 G 的绩效更优。

18.3.3 詹森投资组合绩效指标

与特雷诺指标一样，**詹森指标**（Jensen，1968）最初是基于资本资产定价模型提出的，资本资产定价模型通过以下公式计算证券或投资组合的预期单期收益率：

$$E(R_j) = \mathrm{RFR} + \beta_j[E(R_\mathrm{M}) - \mathrm{RFR}] \tag{18.3}$$

其中：

$E(R_j)$＝证券或投资组合 j 的预期收益率；

RFR＝单期无风险利率；

β_j＝证券或投资组合 j 的系统性风险（贝塔系数）；

$E(R_\mathrm{M})$＝风险资产市场组合的预期收益率。

我们可以用实际收益率将式（18.3）表示如下：

$$R_{jt} = \mathrm{RFR}_t + \beta_j[R_{mt} - \mathrm{RFR}_t] + e_{jt}$$

该式表明，在给定时期内，证券或投资组合的实际收益率应该是该期的无风险收益率加上取决于该期的证券或投资组合系统性风险的风险溢价，再加上随机误差项（e_{jt}）的线性函数。从该式两侧同时减去无风险收益率，有：

$$R_{jt} - \mathrm{RFR}_t = \beta_j[R_{mt} - \mathrm{RFR}_t] + e_{jt}$$

因此，第 j 个投资组合获得的风险溢价等于 β_j 乘以市场风险溢价加上随机误差项。如果所有资产和投资组合均处于均衡状态，那么该回归公式的预期截距为零。

另一种情况是，优秀的投资组合经理能预测到市场转折点或始终能选出价值被低估证券，他们在一个时期内获得的风险溢价将超过该模型隐含的风险溢价。这些投资组合经理为其投资组合产生的实际收益率超过他们的预期收益率。要发现这种绩效卓越的投资组合经理，必须允许用一个截距（非零常数）来衡量与模型的正差异或负差异。一致的正差异导致正截距，而一致的负差异（较差的绩效）导致负截距。包含截距后，该关系式变为：

$$R_{jt} - \mathrm{RFR}_t = \alpha_j + \beta_j[R_{mt} - \mathrm{RFR}_t] + e_{jt} \tag{18.4}$$

在式（18.4）中，α_j 的值表示投资组合经理的投资能力是更优还是更差。优秀投资组合经理有显著为正的阿尔法系数，而拙劣投资组合经理的收益率始终低于基于资本资产定价模型的预期，从而导致显著为负的阿尔法系数。

如果投资组合经理没有预测能力，那么他的绩效应该与实施被动买入并持有策略的投资组合经理相同。由于此类投资组合的收益率通常与投资者的预期收益率相匹配，因此剩余收益率通常随机为正或为负。这将给出一个与零相差不大的常数项，表明投资组合经理的风险调整绩效与市场基本相当。因此，阿尔法系数表示被管理投资组合的收益率有多少归功于投资组合经理获得高于平均水平的风险调整收益率的能力。费尔森（Ferson，2010）因阿尔法系数在理论和实践中的频繁使用而称其为最著名的绩效衡量指标。

詹森指标的应用　詹森阿尔法绩效指标要求在样本期的每个时段使用不同的无风险利率。要以年为间隔分析基金经理在 10 年期内的绩效，就必须计算基金的年收益率减去每年的无风险资产收益率的结果，并计算市场投资组合的年收益率减去相同无风险利率的结果，再分析两个结果之间的关系。这与特雷诺指标和夏普指标形成对比，后两个指标分析的是整个时期内投资组合、市场和无风险资产的平均收益率。

此外，与特雷诺指标一样，詹森指标并不直接考察投资组合经理的分散化能力，因为它是用系统性风险来计算风险溢价。在评估一组充分分散化投资组合（例如共同基金）的绩效时，这可能是一个合理的假设。最后，詹森绩效指标非常灵活，因为它允许使用资本资产定价模型以外的风险和预期收益率模型。具体而言，我们可以计算相对于任何多因素模型的风险调整绩效（α）：

$$R_{jt} - \text{RFR}_t = \alpha_j + [b_{j1}F_{1t} + b_{j2}F_{2t} + \cdots + b_{jk}F_{kt}] + e_{jt} \tag{18.5}$$

其中：$F_{kt} =$ 第 t 期对第 k 个共同风险因素的收益率。

18.3.4　信息比率绩效衡量指标

与刚刚介绍的统计指标密切相关的是第四个广泛使用的绩效衡量指标：**信息比率**。该指标计算了投资组合的平均收益率超过**基准投资组合**平均收益率的部分除以该超额收益率标准差的结果。投资组合 j 的信息比率（IR）的正式计算公式为：

$$\text{IR}_j = \frac{\overline{R}_j - \overline{R}_b}{\sigma_{\text{ER}}} = \frac{\overline{\text{ER}}_j}{\sigma_{\text{ER}}} \tag{18.6}$$

其中：

$\overline{R}_b =$ 当期基准投资组合的平均收益率；

$\sigma_{\text{ER}} =$ 当期超额收益率的标准差。

在解释 IR 时，应注意分子中平均收益率之差的含义，它表示投资者运用才能和信息，使投资组合产生不同于绩效衡量基准（例如标准普尔 500 指数）的收益率的能力。事实上，如果以基准的平均收益率作为预期收益率，则 $\overline{\text{ER}}_j$ 可以被视为投资者的平均阿尔法系数。IR 的分母衡量了投资者为追求这些增量收益率而承担的剩余（非系统性）风险大小。正如我们在第 11 章中所看到的，系数 σ_{ER} 被称为投资者的投资组合的跟踪误差，它是主动管理的"成本"，因为期间 ER_j 值的波动表示随机噪声，这种噪声可能有损绩效。因此，信息比率可以被视为收益与成本之比，它评估了投资过程产生的非系统性风险导致的投资者信息质量下降。

要了解如何计算和解释信息比率，假设一位主动型投资组合经理在过去八个季度中产生的收益率以及基准指数的收益率如下所示：

季度	主动型投资组合的收益率（%）	基准指数的收益率（%）	差异（%）
1	2.3	2.7	0.4
2	−3.6	−4.6	1.0
3	11.2	10.1	1.1
4	1.2	2.2	−1.0
5	1.5	0.4	1.1
6	3.2	2.8	0.4
7	8.9	8.1	0.8
8	−0.8	0.6	−1.4
平均值	3.0	2.8	0.2
标准差	—	—	1.0

在本例中，投资组合经理的每季绩效平均超过基准 20 个基点，但是她也产生了 1.0%的期间跟踪误差。因此，她的季度信息比率为 0.20（＝0.2%÷1.0%）。这表示投资组合经理单位增量风险的平均阿尔法系数（相对于指数而言）。请注意，只有当投资者的绩效超过基准的绩效时，信息比率才会为正。

古德温（Goodwin，1998）指出，夏普比率是信息比率的一个特例，它的无风险资产是基准投资组合，尽管这种解释违反了任何被动管理投资组合的指标值均应为零的精神。他还证明，当信息比率基于每年衡量 T 次的期间收益率时，可以按以下方式将其换算为年信息比率：

$$年信息比率 = \frac{T\alpha_j}{\sqrt{T}\sigma_e} = \sqrt{T}\,(\text{IR})$$

例如，上例中投资者产生的季度信息比率为 0.200，因此年信息比率为 0.40＝（$\sqrt{4}$× 0.20）。

格林诺德和卡恩（Grinold and Kahn，2000）认为，合理的信息比率水平应该在 0.50 至 1.00 的范围内，信息比率为 0.50 的投资者属于优秀水准，而信息比率为 1.00 的投资者是例外情况。这些都是要克服的困难。格林诺德（1998）研究了 200 多位具有不同投资风格的专业股票和固定收益证券投资组合经理在 10 年期间的绩效。他发现，每个风格组别的中位数投资组合经理的信息比率都是正数，但从未超过 0.50。因此，虽然普通的投资组合经理为投资者增加了价值——阿尔法系数（因而信息比率）大于零——但她并不符合"优秀"投资组合经理的条件。此外，没有哪个风格组别有超过 3%的投资组合经理产生高于 1.00 的信息比率。图表 18-6 中的信息比率直方图总结了这项研究。

18.3.5 索提诺绩效衡量指标

索提诺比率是一种风险调整绩效衡量指标，它与夏普比率存在两方面不同。第一，索提诺比率衡量的是投资组合的平均收益率超过用户选择的最小可接受收益率的部分，而后者通常是 S 统计量使用的无风险利率，尽管它不一定是该无风险利率。第二，夏普指标的

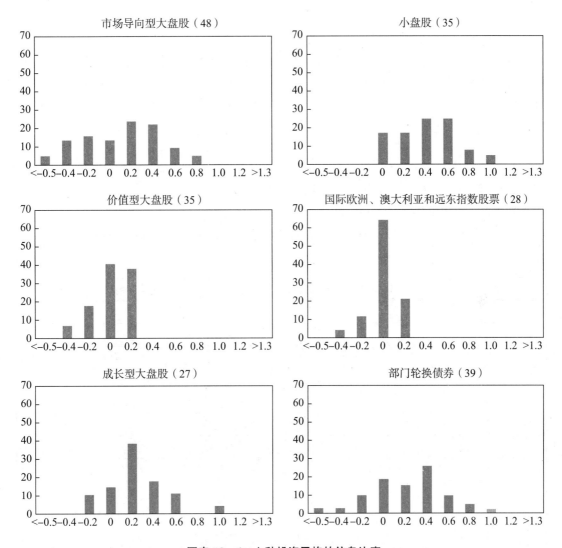

图表 18－6　六种投资风格的信息比率

注：范围的中点。信息比率位于横轴上；以百分比表示的相对频率位于纵轴上。1986 年第一季度至 1995 年第四季度的数据。

资料来源：Thomas H. Goodwin，"The Information Ratio."*Financial Analysts Journal* 54，no. 4（July-August 1998）：34－43.

重点是总风险——实际上惩罚了收益率太低和收益率太高的投资组合经理——而索提诺比率仅反映投资组合中的**下行风险**（downside risk，DR）。索提诺和普里斯（Sortino and Price，1994）计算了该指标，如下所示：

$$ST_i = \frac{\bar{R}_i - \tau}{DR_i} \tag{18.7}$$

其中：

τ＝该时期的指定最低可接受收益率；

DR_i＝指定时期内投资组合 i 的下行风险系数。

与夏普比率一样，索提诺比率的值越高，表明投资组合的管理水平越高。

　　下行风险是投资组合产生的收益率低于投资者选择的某个最低必要收益率（例如，当最低必要收益率为零时，为负收益率）或投资组合预期收益率的风险。下行风险衡量的是当投资产生的收益率低于预期时，与这种差距相关的波动性。下行风险比总风险指标（σ）更贴切地反映了投资者考虑的真正风险。哈洛（1991）讨论了在实践中计算下行风险的多种方法。最流行的衡量指标之一是半离差，它使用投资组合的平均（预期）收益率作为最低必要收益率：

$$半离差 = \sqrt{\frac{1}{n} \sum_{R < \bar{R}} (R_{it} - \bar{R}_i)^2}$$

其中：n＝低于预期收益率的投资组合收益率的数量。

　　半离差与总风险的标准差密切相关，但不包括超出预期收益率的投资组合收益率。

　　比较夏普比率和索提诺比率　假设在过去 10 年中，两位投资组合经理产生了以下收益率：

年份	投资组合 A 的收益率（%）	投资组合 B 的收益率（%）
1	−5	−1
2	−3	−1
3	−2	−1
4	3	−1
5	3	0
6	6	4
7	7	4
8	8	7
9	10	13
10	13	16
平均值	4	4
标准差	5.60	5.92

　　在此期间，这两个投资组合的年均收益率均为 4%，这意味着如何衡量其风险将决定哪个投资组合经理的绩效最好。

　　根据标准差系数，投资组合 A 是波动性较小的投资组合。然而，投资组合 B 的高波动性来自两个很高的正收益率，这包括在总风险的计算中。如果在此期间的平均无风险利率为 2%，则夏普比率的计算结果将确认投资组合 A 的表现优于投资组合 B：

$$S_A = 0.357 [=(4-2)/5.60]$$

且

$$S_B = 0.338 [=(4-2)/5.92]$$

　　当仅考虑投资组合的下行风险时，情况就会发生变化。除了更高的正收益率以外，投资组合 B 在任何给定年份的损失都不超过 1%，这可能是投资组合保险策略的结果。使用半离差计算两个投资组合的下行风险，得到：

$$DR_A=\sqrt{[(-5-4)^2+(-3-4)^2+(-2-4)^2+(3-4)^2+(3-4)^2]\div5}=5.80$$

和

$$DR_B=\sqrt{[(-1-4)^2+(-1-4)^2+(-1-4)^2+(-1-4)^2+(0-4)^2]\div5}=4.82$$

因此，当仅考虑实际收益率低于预期收益率的可能性时，投资组合 A 现在看起来是风险更大的选择，因为它比投资组合 B 有更低的负收益率。假设为了与夏普指标一致，将最低必要收益率定为 2%，两个投资组合的索提诺比率表明，通过限制下行风险的程度，投资组合 B 的经理实际上表现更出色：

$$ST_A=0.345[=(4-2)/5.80]$$

和

$$ST_B=0.415[=(4-2)/4.82]$$

18.3.6 总结风险调整绩效指标

刚刚介绍的每个风险调整绩效指标都在实践中被广泛使用，并且各有其优缺点。图表 18-7 列出了 T、S、α、IR 和 ST 指标的主要优缺点。需要认识到的重要一点是，这些指标中没有哪个指标比其他指标更占优，而且它们都提供了至少略有不同的信息，这些信息对评估投资组合的绩效很有用。因此，我们通常建议计算所有这些指标，以全面了解投资组合的表现。

图表 18-7　比较风险调整绩效指标

绩效指标	风险调整指标	优点	缺点
特雷诺比率（T）	相对于市场指数替代指标的投资组合贝塔系数	• 可以对风险-收益权衡进行简单直观的"收益-成本"比较 • 在概念上与证券市场线和资本市场理论相关联 • 计算相对简单，在实践中应用广泛	• 仅允许对不同投资组合的绩效进行相对评估 • 难以解释和评估统计意义 • 忽略了投资组合中的非系统性风险
夏普比率（S）	(1) 总投资组合收益率的标准差；或 (2) 超出无风险利率的投资组合收益率的标准差	• 可以对风险-收益权衡进行简单直观的"收益-成本"比较 • 在概念上与资本市场线和资本市场理论相关联 • 计算最简单，在实践中广泛使用	• 仅允许对不同投资组合的绩效进行相对评估 • 难以解释和评估统计意义 • 忽略了投资组合的分散化潜力
詹森阿尔法系数（α）	(1) 相对于市场指数替代指标的投资组合贝塔系数；或 (2) 相对于多风险因素的投资组合贝塔系数	• 最严格的风险调整绩效指标，区分了系统性风险要素和非系统性风险要素 • 可以适应资本资产定价模型或风险-收益权衡的多因素模型 • 直观解释了指标，允许进行统计显著性评估	• 需要正式回归分析，计算起来更困难 • 投资组合分散化程度评估指标与绩效指标相分离 • 阿尔法系数水平和显著性可能因收益率计算模型的范式不同而有很大差异

续表

绩效指标	风险调整指标	优点	缺点
信息比率（IR）	超出相应投资风格类型基准指数收益率的投资组合收益率的标准差（即跟踪误差）	• 直接比较了投资组合的绩效与相应投资风格类别基准指数的绩效 • 简单直观地衡量了主动型管理的"收益-成本"权衡 • 灵活的设计允许比较多个基准	• 仅允许对某个风格类别中不同投资组合的绩效进行相对评估 • 难以解释和评估统计意义 • 隐含假设投资组合和基准具有相似的系统性风险水平
索提诺比率（ST）	下行风险指标（即投资组合收益率的半离差）	• 简单直观地比较了风险-收益权衡的"收益-成本" • 在概念上有效的风险指标，重点关注收益率分布的左侧 • 允许投资者确定适当的最低可接受风险水平	• 可能难以评估具有不同最低可接受风险水平的投资组合的相对绩效 • 难以解释和评估统计意义 • 计算必要的输入信息略显困难

夏普比率是计算起来最简单的指标，只需要根据投资组合收益率进行一些简单的计算。原始形式的夏普比率使用的是总收益率的标准差，而特雷诺比率使用的是投资组合的系统性风险（贝塔）系数。正如我们在第7章中所看到的，贝塔系数也可以根据投资组合和市场指数的收益率直接计算出来，但计算过程更复杂。对于完全分散化的投资组合，特雷诺比率和夏普比率将给出相同的绩效排名，因为总风险和系统性风险相同。然而，基于特雷诺比率计算的排名忽略了非系统性风险，可能导致分散化程度较差的投资组合排名较靠前，而基于夏普比率（该指标没有忽略非系统性风险）计算出的排名将更靠后。特雷诺比率和夏普比率产生的排名差异直接来自投资组合分散化水平的差异。

特雷诺比率和夏普比率的一个缺点是，它们只能得到相对绩效排名而非绝对绩效排名。例如，图表18-4中投资组合E和投资组合F的夏普指标值表明，两位投资组合经理的风险调整收益率均高于市场。此外，投资组合E的风险调整绩效指标（0.409）大于投资组合F的风险调整绩效指标（0.348）。然而，我们不能肯定地说，这种差异在统计上是显著的。在使用图表18-5中所示的特雷诺比率比较投资组合X和投资组合Y的绩效时，也存在同样的难题。

詹森阿尔法系数通常是最难计算的，因为它需要正式的回归分析。与夏普比率和特雷诺比率相比，它有三个重要优点可以抵消该缺点。第一，它更容易理解：0.02的阿尔法系数值表明在给定投资组合风险水平下，投资组合经理每期产生的收益率比预期收益率高2个百分点。而0.409的夏普比率表示投资组合经理每单位总风险产生了0.409单位的超额收益率，这是一种更难解释的语言。第二，由于α是通过正式统计过程估算出来的，因此它可以说明投资组合经理技能水平的统计意义或两个不同投资组合经理之间的技能差异。第三，詹森阿尔法系数可以相对于任何风险-收益模型计算，而夏普比率只关注总风险，特雷诺比率则锁定贝塔系数作为系统性风险的具体估计值。

因为信息比率在形式上与特雷诺比率和夏普比率相似，所以它具有许多相同的优点和缺点。令信息比率有别于其他指标的主要优点在于，它直接比较了投资组合经理的收益率与投资组合经理试图跑赢的特定基准指数的收益率。由于投资者通常可以直接拥有该基准投资组合——通过指数基金或交易所交易基金——因此信息比率计算了主动投资组合经理相对于被动投资组合经理增加的风险调整价值。然而，贝克、布拉德利和沃格勒（Baker，Bradley and Wurgler，2011）指出，将绩效与单一基准挂钩可能导致错失投资机会。

最后，索提诺比率的独特之处在于，它考虑了投资组合中的下行风险，这对于不产生对称收益率分布的基金可能非常重要（例如，使用投资组合保险策略来降低负收益率结果的可能性的投资组合经理）。此外，索提诺比率还允许投资者指定自己的最低可接受风险水平。然而，这种设计灵活性也使得该指标更难计算，从而使得该指标更难被一致应用于可能涉及不同最低可接受风险水平和不同下行风险计算方法的投资组合。

18.4 投资组合绩效指标的应用

为了说明其中部分风险调整绩效指标，我们从第 11 章介绍的九个投资风格类别中选择了 30 只开放式共同基金，并使用了 2012 年 6 月至 2017 年 5 月这五年期间的月收益率数据。图表 18-8 显示了其中一只基金——富达麦哲伦基金（Fidelity Magellan）——和标准普尔 500 指数的收益率。每个月的总收益率计算公式如下：

$$R_{it} = \frac{\mathrm{EP}_{it} + \mathrm{Div}_{it} + \mathrm{Cap. \ Dist.}_{it} - \mathrm{BP}_{it}}{\mathrm{BP}_{it}}$$

其中：

R_{it} = 基金 i 在 t 月的总收益率；

EP_{it} = 基金 i 在 t 月的月末价格；

Div_{it} = 基金 i 在 t 月支付的股利；

$\mathrm{Cap. \ Dist.}_{it}$ = 基金 i 在 t 月分配的资本收益；

BP_{it} = 基金 i 在 t 月的月初价格。

图表 18-8 以富达麦哲伦基金为例计算投资组合的评估指标

	R_{it}	R_{mt}	RFR_t	$R_{it} - \mathrm{RFR}_t$	$R_{mt} - \mathrm{RFR}_t$
2012 年 6 月	3.37	4.12	0	3.37	4.12
2012 年 7 月	1.17	1.26	0	1.17	1.26
2012 年 8 月	3.34	1.98	0.01	3.33	1.97
2012 年 9 月	3.21	2.42	0.01	3.20	2.41
2012 年 10 月	−2.58	−1.98	0.01	−2.59	−1.99
2012 年 11 月	0.96	0.28	0.01	0.95	0.27
2012 年 12 月	0.77	0.71	0.01	0.76	0.70

续表

	R_{it}	R_{mt}	RFR_t	$R_{it} - RFR_t$	$R_{mt} - RFR_t$
2013 年 1 月	5.08	5.04	0	5.08	5.04
2013 年 2 月	0.69	1.11	0	0.69	1.11
2013 年 3 月	3.15	3.60	0	3.15	3.60
2013 年 4 月	0.99	1.81	0	0.99	1.81
2013 年 5 月	3.58	2.08	0	3.58	2.08
⋮	⋮	⋮	⋮	⋮	⋮
2016 年 6 月	−1.84	0.26	0.02	−1.86	0.24
2016 年 7 月	3.80	3.68	0.02	3.78	3.66
2016 年 8 月	0.51	0.14	0.02	0.49	0.12
2016 年 9 月	0.30	0.02	0.02	0.28	0
2016 年 10 月	−1.96	−1.82	0.02	−1.98	−1.84
2016 年 11 月	2.97	3.70	0.01	2.96	3.69
2016 年 12 月	1.09	1.97	0.03	1.06	1.94
2017 年 1 月	2.41	1.90	0.04	2.37	1.86
2017 年 2 月	3.93	3.70	0.04	3.89	3.66
2017 年 3 月	−0.02	0.12	0.03	−0.05	0.09
2017 年 4 月	1.32	1.03	0.05	1.27	0.98
2017 年 5 月	2.17	1.41	0.06	2.11	1.35
（年）平均值	15.06	14.24	0.10	14.96	14.14
标准差	10.48	9.61	0.05	10.48	9.61
贝塔系数	1.046				
S_i	1.427				
S_M	1.471				
T_i	0.143				
T_M	0.141				
詹森阿尔法系数（单因素）	0.014				
R_{im}^2	0.919				

在计算这些收益率时，没有考虑基金的销售费。

富达麦哲伦基金的算术年均收益率为 15.06%，而市场的算术年均收益率为 14.24%，该基金的贝塔系数（1.046）略大于 1.00。使用 0.10% 的年均国库券利率作为 $\overline{\text{RFR}}$，富达麦哲伦基金的特雷诺指标 T_i 略高于市场的特雷诺指标 T_M，二者分别为 0.143 和 0.141。然而，富达麦哲伦基金的年化收益率标准差也大于市场的年化收益率标准差（二者分别为 10.48% 和 9.61%），因此该基金的夏普指标 S_i 虽然为正，但略小于市场的夏普指标 S_M，二者分别为 1.427 和 1.471。

最后，该基金的月风险溢价（$R_{it} - \text{RFR}_t$）和市场的月风险溢价（$R_{mt} - \text{RFR}_t$）的单因素回归分析表明阿尔法系数（截距）为正，值为 0.014，但没有统计学意义。因此，富达麦哲伦基金在此期间产生的收益率看上去符合其风险调整预期。

总样本结果 图表 18-9 中的总体结果表明，平均而言，主动基金经理的绩效略低于预期。造成这种结果的一个主要因素是指数在样本期的相对强劲表现。此外，我们的样本是随意选择的，因为我们只是为了用它来进行说明。所有基金的年均收益率低于市场收益率（分别为 13.74% 和 14.24%）。仅考虑其收益率的话，这些基金中只有不到一半（30 只中的 14 只）跑赢市场。

将投资组合与市场进行比较的 R^2 可以作为分散化指标。R^2 越接近 1.00，投资组合就越接近完全分散化。我们的样本的平均 R^2 相当高，为 0.741，但范围很广，从 0.353 到 0.966 不等。许多基金相当分散化，30 个投资组合中有 21 个的 R^2 值大于 0.70。（前面曾经提到，典型的个股 R^2 值约为 20%～40%。）

两种风险指标（标准差和贝塔系数）也显示出很宽的分散度，但通常与预期一致。具体而言，30 只基金中有 27 只的标准差大于市场，标准差均值也大于市场（分别为 12.05 和 9.61）。只有 10 只基金的贝塔系数低于 1.00；平均贝塔系数为 1.056。

不同绩效指标对各家基金的绩效排名相当一致。（这些排名列在每个指标旁边的括号中。）在 30 只基金中，只有 12 只基金的特雷诺比率高于指数；只有 2 只基金的夏普比率也高于指数，这是由于该时期的市场波动率异常低。此外，在使用单指数模型的 30 个詹森阿尔法系数值中，只有 12 个值为正，且没有一个值在统计上显著。其中一只阿尔法系数为负的基金在统计上显著。詹森阿尔法系数的平均值为 -0.107，表明样本中普通基金经理的月收益率比给定基金风险水平下的预期月收益率低约 11 个基点。夏普比率和特雷诺比率的均值均低于总体市场的指标值。这些结果证实，总体而言，该基金样本在此期间产生的风险调整绩效略逊于市场。

图表 18-10 报告了这 30 只基金的信息比率。为了解释该图表，请注意哈特福德成长机会基金（Hartford Growth Opportunity Fund）的月信息比率为 0.087，计算方法是用阿尔法系数（0.127）——基金与其成长型大盘股基准的收益率之差的平均值——除以跟踪误差（1.463）。然后，将月信息比率乘以 12 的平方根，得到年信息比率为 0.301。请注意，30 只基金中只有 9 只基金的信息比率为正，这与詹森阿尔法系数也为正的基金数量相当一致。样本的年均信息比率为 -0.211，它是负数，远低于格林诺德-卡恩的"良好"绩效标准——0.500。因此，即使在考虑跟踪误差成本之前，平均而言，该样本中的基金也未能为投资者增加价值。

图表 18-9　30 只共同基金的绩效指标

基金	代码	风格类别	年均收益率 (%)	标准差 (%)	贝塔系数	R^2	夏普比率	特雷诺比率	詹森阿尔法系数 (单因素)
联博成长型基金 (AllianceBerstein Growth)	AGRYX	成长型大盘股基金	14.17	10.57	0.956	0.756	1.331(8)	0.147(7)	0.046(7)
美国世纪价值型小盘股基金 (American Century Sm Val)	ASVIX	价值型小盘股基金	13.52	13.44	1.127	0.649	0.998(24)	0.119(20)	−0.210(21)
布法罗小盘股基金 (Buffalo Small Cap)	BUFSX	成长型小盘股基金	11.88	14.24	1.138	0.591	0.828(28)	0.104(27)	−0.359(28)
阿里尔升值基金 (Ariel Appreciation)	CAAPX	混合型中盘股基金	15.18	13.66	1.280	0.810	1.104(19)	0.118(22)	−0.251(24)
德雷福斯升值基金	DGAGX	混合型大盘股基金	10.86	9.95	0.981	0.900	1.082(21)	0.110(25)	−0.260[a](25)
DFA 价值型税务管理基金 (DFA TAX-Managed Value)	DTMMX	价值型大盘股基金	16.08	11.11	1.082	0.876	1.438(3)	0.148(6)	0.056(6)
富达麦哲伦基金	FMAGX	成长型大盘股基金	15.06	10.48	1.046	0.919	1.427(5)	0.143(11)	0.014(11)
高盛价值型中盘股基金 (Goldman Sachs Mid Value)	GCMAX	价值型中盘股基金	11.95	10.65	1.002	0.816	1.112(18)	0.118(21)	−0.193(20)
哈特福德成长机会基金	HGOYX	成长型大盘股基金	16.94	11.88	1.039	0.707	1.419(6)	0.162(1)	0.180(1)
哈特兰德价值型基金 (Heartland Value)	HRTVX	混合型小盘股基金	9.61	13.64	0.998	0.495	0.697(29)	0.095(30)	−0.384(29)
霍奇凯斯与威利价值型大盘股基金 (Hotchkis & Wiley Lrg Val)	HWLIX	价值型大盘股基金	15.63	12.46	1.156	0.795	1.246(13)	0.134(14)	−0.068(14)
雅努斯·福蒂基金 (Janus Forty Fund)	JACCX	成长型大盘股基金	15.07	11.50	1.031	0.743	1.302(11)	0.145(9)	0.032(9)
道奇与考克斯股票基金 (Dodge & Cox Stock Fund)	DODGX	价值型大盘股基金	16.71	11.57	1.105	0.842	1.436(4)	0.150(4)	0.082(4)
哥伦比亚·阿科恩基金 (Columbia Acorn)	LACAX	成长型中盘股基金	11.59	11.95	1.051	0.715	0.962(25)	0.109(26)	−0.280(26)
斯考特中盘股基金 (Scout Mid Cap Fund)	UMBMX	混合型中盘股基金	14.16	10.68	0.960	0.746	1.317(9)	0.147(8)	0.041(8)
芒德中盘股精选基金 (Munder Mid Cap Select)	MGOYX	成长型中盘股基金	12.71	10.94	1.023	0.809	1.153(17)	0.123(18)	−0.155(17)
MFS 价值型中盘股基金 (MFS Mid Cap Value)	MVCAX	价值型中盘股基金	14.30	10.37	0.986	0.835	1.369(7)	0.144(10)	0.022(10)
纽伯格·伯曼合伙基金 (Neuberger Berman Partners)	NPRTX	价值型大盘股基金	14.12	11.93	1.054	0.722	1.176(15)	0.133(15)	−0.074(15)

续表

基金	代码	风格类别	年均收益率(%)	标准差(%)	贝塔系数	R^2	夏普比率	特雷诺比率	詹森阿尔法系数(单因素)
富国小盘股机会基金 (Wells Fargo Small Cap Op)	NVSOX	混合型小盘股基金	14.39	11.19	0.962	0.682	1.277(12)	0.149(5)	0.058(5)
摩根成长型小盘股基金 (JPMorgan Small Growth)	PGSGX	成长型小盘股基金	15.11	16.39	1.274	0.559	0.917(26)	0.118(23)	−0.250(23)
普信股利成长型基金 (T. Rowe Price Dividend Gr)	PRDGX	混合型大盘股基金	14.40	8.99	0.919	0.966	1.591(1)	0.156(3)	0.108(3)
帕特南小盘股价值型基金 (Putnam Small Cap Value)	PSLAX	价值型小盘股基金	13.92	12.53	0.989	0.575	1.103(20)	0.140(13)	−0.014(13)
RS合伙基金 (RS Partners)	RSPFX	混合型小盘股基金	12.46	12.02	1.029	0.677	1.028(23)	0.120(19)	−0.183(19)
罗伊斯优质股票基金 (Royce Premier)	RYPRX	混合型小盘股基金	11.36	13.11	1.091	0.640	0.859(27)	0.103(28)	−0.347(27)
施耐德价值型小盘股基金 (Schneider Small Cap Value)	SCMVX	价值型小盘股基金	14.70	23.09	1.427	0.353	0.632(30)	0.102(29)	−0.465(30)
詹森优质成长型基金 (Jensen Quality Growth Funds)	JENRX	成长型大盘股基金	14.59	9.40	0.915	0.875	1.542(2)	0.158(2)	0.130(2)
TCW分散化价值型基金 (TCW Diversified Value)	TGDVX	价值型大盘股基金	13.99	11.56	1.124	0.873	1.201(14)	0.124(17)	−0.167(18)
特威迪布朗美国基金 (Tweedy, Browne American)	TWEBX	价值型大盘股基金	10.20	8.72	0.814	0.806	1.158(16)	0.124(16)	−0.118(16)
先锋精选价值型基金 (Vanguard Selected Value)	VASVX	价值型中盘股基金	14.62	11.13	1.021	0.778	1.305(10)	0.142(12)	0.007(12)
景顺范坎彭成长型中盘股基金 (Invesco Van Kampen Mid Gr)	VGRAX	成长型中盘股基金	12.92	12.28	1.089	0.727	1.044(22)	0.118(24)	−0.215(22)
基金平均值			13.74	12.05	1.056	0.741	1.168	0.130	−0.107
标准普尔500指数			14.24	9.61	1.000	1.000	1.471	0.141	0
90天期国库券利率			0.10	0.05					

a 在 0.05 的水平上显著。

图表 18-10　30 只基金的信息比率

基金	阿尔法系数	跟踪误差	信息比率	年信息比率	排名
联博成长型基金	−0.104	1.156	−0.090	−0.312	(20)
美国世纪价值型小盘股基金	−0.022	1.076	−0.020	−0.070	(11)
布法罗小盘股基金	−0.218	1.351	−0.162	−0.560	(25)
阿里尔升值基金	0.041	1.538	0.026	0.091	(6)
德雷福斯升值基金	−0.340	0.994	−0.343	−1.187	(30)
DFA 价值型税务管理基金	0.167	0.746	0.224	0.777	(1)
富达麦哲伦基金	−0.030	0.801	−0.038	−0.130	(14)
高盛价值型中盘股基金	−0.265	0.786	−0.337	−1.167	(29)
哈特福德成长机会基金	0.127	1.463	0.087	0.301	(4)
哈特兰德价值型基金	−0.378	1.722	−0.220	−0.761	(27)
霍奇凯斯与威利价值型大盘股基金	0.130	1.381	0.094	0.326	(3)
雅努斯·福蒂基金	−0.030	1.138	−0.026	−0.090	(12)
道奇与考克斯股票基金	0.220	1.174	0.187	0.649	(2)
哥伦比亚·阿科恩基金	−0.220	1.199	−0.184	−0.636	(26)
斯考特中盘股基金	−0.044	1.078	−0.041	−0.143	(15)
芒德中盘股精选基金	−0.127	0.846	−0.150	−0.521	(24)
MFS 价值型中盘股基金	−0.069	0.701	−0.098	−0.339	(21)
纽伯格·伯曼合伙基金	0.004	1.440	0.003	0.010	(9)
富国小盘股机会基金	−0.061	1.287	−0.047	−0.164	(16)
摩根成长型小盘股基金	0.051	1.369	0.037	0.129	(5)
普信股利成长型基金	−0.045	0.545	−0.083	−0.289	(18)
帕特南小盘股价值型基金	0.012	0.880	0.013	0.047	(8)
RS 合伙基金	−0.141	1.684	−0.084	−0.290	(19)
罗伊斯优质股基金	−0.299	2.144	−0.140	−0.483	(23)
施耐德价值型小盘股基金	0.077	4.321	0.018	0.062	(7)
詹森优质成长型基金	−0.069	1.178	−0.059	−0.203	(17)
TCW 分散化价值型基金	−0.007	1.002	−0.007	−0.023	(10)
特威迪布朗美国基金	−0.323	1.313	−0.246	−0.851	(28)
先锋精选价值型基金	−0.042	1.211	−0.035	−0.120	(13)
景顺范坎彭成长型中盘股基金	−0.110	1.013	−0.108	−0.375	(22)
均值	−0.071	1.285	−0.061	−0.211	
中位数	−0.045	1.176	−0.044	−0.153	

用多风险因素衡量绩效 图表 18-11 显示了使用两种不同版本的法马-弗伦奇模型（见第 7 章）计算的 30 只共同基金的詹森阿尔法系数，以估计预期收益率：

$$R_{jt} - RFR_t = \alpha_j + \{[b_{j1}(R_{mt} - RFR_t) + b_{j2}SMB_t + b_{j3}HML_t] + b_{j4}MOM_t\} + e_{jt}$$

具体而言，詹森阿尔法系数是相对于以下模型计算的：（1）三因素模型，包括市场变量（$R_m - RFR$）、公司规模变量（SMB）和相对估值变量（HML）；（2）加入收益率动量变量（MOM）的四因素模型。

图表 18-11 使用多因素模型计算的 30 只基金的绩效指标

基金	风格类别	因素贝塔系数				詹森阿尔法系数（三因素）	排名	詹森阿尔法系数（四因素）	排名
		$R_m - RFR$	SMB	HML	MOM				
AGRYX	成长型大盘股基金	0.942	0.126	−0.363	0.022	0.106	(6)	0.097	(8)
ASVIX	价值型小盘股基金	1.032	0.785	0.408	0.035	−0.100	(19)	−0.116	(22)
BUFSX	成长型小盘股基金	1.006	0.966	−0.305	0.009	−0.148	(23)	−0.152	(27)
CAAPX	混合型中盘股基金	1.172	0.456	0.058	−0.171	−0.181	(26)	−0.107	(20)
DGAGX	混合型大盘股基金	0.990	−0.187	−0.073	−0.062	−0.291[a]	(29)	−0.265[a]	(30)
DTMMX	价值型大盘股基金	1.054	0.217	0.305	−0.003	0.067	(11)	0.069	(10)
FMAGX	成长型大盘股基金	1.030	0.151	−0.123	0.020	0.056	(12)	0.047	(12)
GCMAX	价值型中盘股基金	0.954	0.300	0.124	−0.027	−0.150	(25)	−0.139	(25)
HGOYX	成长型大盘股基金	0.979	0.303	−0.549	−0.052	0.287	(1)	0.309	(1)
HRTVX	混合型小盘股基金	0.832	0.970	0.275	−0.133	−0.237	(27)	−0.179	(28)
HWLIX	价值型大盘股基金	1.110	0.197	0.363	−0.084	−0.072	(16)	−0.035	(16)
JACCX	成长型大盘股基金	1.002	0.128	−0.460	−0.030	0.099	(7)	0.112	(4)
DODGX	价值型大盘股基金	1.070	0.140	0.261	−0.067	0.079	(9)	0.108	(5)
LACAX	成长型中盘股基金	0.957	0.679	−0.076	0.001	−0.145	(22)	−0.146	(26)
UMBMX	混合型中盘股基金	0.947	0.371	0.124	0.139	0.107	(5)	0.047	(13)
MGOYX	成长型中盘股基金	0.956	0.374	−0.087	−0.058	−0.080	(17)	−0.054	(17)
MVCAX	价值型中盘股基金	0.939	0.329	0.154	−0.010	0.068	(10)	0.072	(9)
NPRTX	价值型大盘股基金	0.965	0.261	0.278	−0.208	−0.065	(15)	0.025	(14)
NVSOX	混合型小盘股基金	0.892	0.731	0.152	0.111	0.187	(2)	0.139	(2)
PGSGX	成长型小盘股基金	1.117	1.194	−0.357	0.034	0.010	(14)	−0.004	(15)
PRDGX	混合型大盘股基金	0.927	0.043	−0.008	0.050	0.120	(4)	0.099	(7)
PSLAX	价值型小盘股基金	0.900	0.824	0.502	0.075	0.096	(8)	0.064	(11)
RSPFX	混合型小盘股基金	0.946	0.560	0.323	−0.033	−0.111	(20)	−0.097	(19)
RYPRX	混合型小盘股基金	0.973	0.673	0.201	−0.103	−0.247	(28)	−0.202	(29)
SCMVX	价值型小盘股基金	1.131	1.088	0.802	−0.578	−0.374	(30)	−0.123	(23)
JENRX	成长型大盘股基金	0.918	0.008	−0.067	0.017	0.139	(3)	0.132	(3)

续表

基金	风格类别	因素贝塔系数				詹森阿尔法系数（三因素）	排名	詹森阿尔法系数（四因素）	排名
		$R_m - RFR$	SMB	HML	MOM				
TGDVX	价值型大盘股基金	1.073	0.244	0.199	−0.071	−0.145	(21)	−0.114	(21)
TWEBX	价值型大盘股基金	0.821	−0.106	0.110	−0.030	−0.150	(24)	−0.137	(24)
VASVX	价值型中盘股基金	0.940	0.373	0.173	−0.119	0.053	(13)	0.104	(6)
VGRAX	成长型中盘股基金	0.998	0.499	−0.376	−0.076	−0.090	(18)	−0.057	(18)
	均值	0.986	0.423	0.065	−0.047	−0.037		−0.017	

a. 在 0.05 的水平上显著。

尽管图表 18-10 中的信息比率结果考虑了基金所属投资风格基准的绩效，但图表 18-9 中的单因素模型结果却没有考虑这一点。因此，某些绩效评估结果可能是一种假象，因为标准普尔 500 指数不是许多投资组合的合适基准。使用多因素模型评估基金的詹森阿尔法系数的优点在于，它在设计上便于控制市场变量（R_m）、风格变量（SMB 和 HML）和动量变量（MOM）风险。

尽管未在图表 18-11 中列出，但 SMB 因素、HML 因素和 MOM 因素的月均收益率（风险溢价）分别为−0.03%、0.09% 和 0.06%。这表明，在这个投资期内，整体股票市场上大盘股的绩效略优于小盘股（SMB 收益率均值为负），价值型股票的绩效优于成长型股票（HML 收益率均值为正），高动量股票的绩效优于低动量股票（MOM 收益率均值为正）。对于这个包含 30 只基金的特定组合而言，因素贝塔系数——市场因素为 0.986，SMB 因素为 0.423，HML 因素为 0.065，MOM 因素为−0.047——的均值表明，一般基金的系统性市场风险略低于平均水平，并且倾向于持有表现出负收益动量、规模更小、价值导向更明显的股票。

三因素模型和四因素模型的詹森阿尔法系数结果通常与单因素模型的结果可比，但有一些显著差异。尤其是，在每种情况下，詹森阿尔法系数的均值仍然略微为负（分别为−0.037 和−0.017），但没有以前的负值那么低。此外，在三因素模型和四因素模型中，14 只（而不是 12 只）基金的詹森阿尔法系数值均为正（均在统计上不显著）。相反，根据这两个多因素模型衡量绩效时，一只基金（DGAGX）继续表现出统计学上显著的较差绩效。例如，当相对于混合型大盘股指数（标准普尔 500 指数）衡量绩效时，成长型小盘股基金 PGSGX 的詹森阿尔法系数为很低的负值（−0.250），但相对于考虑投资风格和动量的模型衡量绩效时，其詹森阿尔法系数增至几乎为零（三因素模型为 0.010，四因素模型为−0.004）。这凸显出一个事实，即单因素模型的詹森指标和多因素模型的詹森指标将得出相似但不同的绩效排名，因此应被视为彼此不同。

绩效指标之间的关系 图表 18-12 包含夏普比率、特雷诺比率、詹森阿尔法系数（单因素、三因素和四因素）和信息比率之间的秩相关系数矩阵。该图表的显著特点是，所有这些统计量都彼此正相关——但并非完全正相关。（夏普比率、特雷诺比率和单因素詹森阿尔法系数对该基金样本得出了几乎相同的排名。）这表明，尽管从整体上看，这些指标对投资组合绩效的评估结果大体一致，但个体指标的评估结果仍然有区别。该图表强化了我们之前的观点,即最好结合考虑这些指标,并且使用者必须了解每个指标的含义。

图表 18-12 不同投资组合绩效指标之间的相关系数

	夏普比率	特雷诺比率	詹森阿尔法系数（单因素）	詹森阿尔法系数（三因素）	詹森阿尔法系数（四因素）	信息比率
夏普比率	—					
特雷诺比率	0.936	—				
詹森阿尔法系数（单因素）	0.936	0.996	—			
詹森阿尔法系数（三因素）	0.780	0.912	0.917	—		
詹森阿尔法系数（四因素）	0.801	0.908	0.907	0.935	—	
信息比率	0.321	0.410	0.373	0.391	0.520	—

18.5 基于所持证券的投资组合绩效指标

刚才讨论的每个传统绩效指标都使用了被比较投资组合产生的收益率。用投资收益率来评估绩效有两个优点:首先,投资者通常可以很方便地频繁(例如每天)观察收益率;其次,它们表示投资者实际上从投资组合经理的投资能力中受益。然而,收益率指标是反映投资组合经理决策能力的间接指标,不能揭示投资组合产生收益率的根本原因。

我们还可以根据投资组合经理在投资组合中买入或卖出的证券来了解投资绩效。通过观察投资组合所持证券如何变化,投资者能准确确定哪些股票头寸或债券头寸创造了这种绩效。因此,使用**基于所持证券的指标**可以让我们更好地了解投资组合经理的水平。下文介绍了两种最流行的基于所持证券的绩效指标。

18.5.1 格林布拉特-蒂特曼绩效指标

假设投资者知道其投资组合中每个证券头寸在两个连续报告日期(例如,共同基金的季度报告)的确切投资比例,格林布拉特和蒂特曼(Grinblatt and Titman,1993)表明,投资组合经理的证券选择能力可以通过他调整这些权重的方式确定。在特定的报告期 t,其绩效指标(GT)为:

$$\text{GT}_t = \sum_j (w_{jt} - w_{jt-1}) R_{jt} \tag{18.8}$$

其中:

(w_{jt}, w_{jt-1})=第 t 期和第 $t-1$ 期期初第 j 只证券在投资组合中的权重;

R_{jt}=第 t 期(从日期 $t-1$ 至日期 t)第 j 只证券的收益率。

我们可以计算投资组合经理的一系列 GT_t 在多个时期的平均值,以更好地显示其整体决策能力:

$$\text{GT 的平均值} = \frac{\sum_t \text{GT}_t}{T}$$

其中：T＝评估中使用的投资期总数。

图表 18-13 举例说明了两种不同投资组合的 GT 绩效指标：（1）市场上所有股票的被动市值加权指数；（2）主动投资组合。A 部分显示了代表所有可投资工具的五只股票在六个不同日期相对于当前日期（日期 0）的股价。这些股票不支付股利，图表中还显示了从日期 0 开始的四个完整持有期中每只股票的收益率（其中第 1 期为日期 0 至日期 1）。

图表 18-13 使用 GT 法计算的基于所持证券的绩效指标

A. 股市数据

股票	股价（美元）						收益率（%）			
	日期-1	日期 0	日期 1	日期 2	日期 3	日期 4	第 1 期	第 2 期	第 3 期	第 4 期
A	10	10	14	13	13	14	40.00	−7.14	0	7.69
B	10	10	8	8	8	6	−20.00	0	0	−25.00
C	10	10	8	8	7	6	−20.00	0	−12.50	−14.29
D	10	10	10	11	12	12	0	10.00	9.09	0
E	10	10	10	10	10	10	0	0	0	0

B. 市值加权指数持股数据

股票	流通股					期初在指数中的权重（w_{jt}）				
	日期-1	日期 0	日期 1	日期 2	日期 3	第 0 期	第 1 期	第 2 期	第 3 期	第 4 期
A	200	200	200	200	200	0.200	0.200	0.280	0.260	0.260
B	200	200	200	200	200	0.200	0.200	0.160	0.160	0.160
C	200	200	200	200	200	0.200	0.200	0.160	0.160	0.140
D	200	200	200	200	200	0.200	0.200	0.200	0.220	0.240
E	200	200	200	200	200	0.200	0.200	0.200	0.200	0.200

C. 主动投资组合经理的持股数据

股票	所持股份					期初在投资组合中的权重（w_{jt}）				
	日期-1	日期 0	日期 1	日期 2	日期 3	第 0 期	第 1 期	第 2 期	第 3 期	第 4 期
A	0	10	10	10	10	0	0.250	0.333	0.310	0.310
B	10	5	5	0	0	0.250	0.125	0.095	0	0
C	10	5	5	10	10	0.250	0.125	0.095	0.190	0.167
D	10	10	10	10	10	0.250	0.250	0.238	0.262	0.286
E	10	10	10	10	10	0.250	0.250	0.238	0.238	0.238

D. 计算 GT 指标

股票	指数（%）				主动投资组合经理（%）			
	$(w_1-w_0)\times R_1$	$(w_2-w_1)\times R_2$	$(w_3-w_2)\times R_3$	$(w_4-w_3)\times R_4$	$(w_1-w_0)\times R_1$	$(w_2-w_1)\times R_2$	$(w_3-w_2)\times R_3$	$(w_4-w_3)\times R_4$
A	0	−0.57	0	0	10.00	−0.59	0	0
B	0	0	0	0	2.50	0	0	0
C	0	0	0	0.29	2.50	0	−1.19	0.34
D	0	0	0.18	0	0	−0.12	0.22	0
E	0	0	0	0	0	0	0	0
GT_t	0	−0.57	0.18	0.29	15.00	−0.71	−0.97	0.34
GT 平均值	−0.03				3.41			

B 部分列出了每只股票在日期－1、日期 0、日期 1、日期 2 和日期 3 的流通股总数，这些日期分别是第 0 期、第 1 期、第 2 期、第 3 期和第 4 期的开始日期。除了流通股（数量不变）以外，B 部分还列出了在每个投资期期初每只股票在指数中的权重。例如，在第 2 期期初，股票 A 在指数中的权重（w_2）为 28.0%，其计算方法是用第 1 天的股价（即 14 美元）乘以日期 1 的流通股股数（即 200 股），然后用该乘积除以所有五只股票在日期 1 的总市值（$200 \times 14 + \cdots + 200 \times 10 = 10\ 000$ 美元）。随着股价的变化，根据价值计算的股票在指数中的权重也会发生变化，尽管流通股股数没有变化。

C 部分提供了某位主动投资组合经理的类似数据。这位经理对他的投资组合进行了两次明确调整。首先，在日期 0（第 1 期期初），他卖出了所持股票 B 和股票 C 的一半头寸，以买入 10 股股票 A。其次，在日期 2（第 3 期期初），他卖出了所持股票 B 的剩余部分，以回购 5 股股票 C。该主动投资组合经理的投资组合权重因显性的股票交易和市场价格变化导致的隐性调整而发生了变化。

图表 18-13 的最后一部分计算了股票指数和主动投资组合经理的 GT 指标。股票指数在四个投资期的 GT 平均值几乎为零 [$-0.03\% = (0 - 0.57 + 0.18 + 0.29)/4$]。假设一个时期和下一个时期的股票收益率不相关，任何被动买入并持有投资组合都应该是这种情况。也就是说，虽然股票在指数中的权重会随股票价格的变化而变化（例如，对于股票 A 而言，$w_2 - w_1 = 0.280 - 0.200 = 0.08$），但如果收益率中没有动量影响，那么这些权重变化与后续股票收益率的乘积将正负相抵。这与将 GT 指标视为零成本对冲投资组合（该投资组合在当前投资权重下为多头，在之前的投资权重下为空头）的收益率是一致的。

相比之下，主动投资组合经理的 GT 指标可能不为零。这里，投资组合经理的 GT 平均值为 3.41%[$= (15.00 - 0.71 - 0.97 + 0.34)/4$]，这表明他通过选股能力增加了大量价值。在第 1 期，在日期 0 买入股票 A（其价格随后上涨）的决定贡献了 10.00%[$= (0.250 - 0) \times 40\%$]，而卖出部分股票 B 和股票 C 的决定各贡献了 2.50%[$= (0.125 - 0.250) \times (-20\%)$]，因为这两只股票在第 1 期的价值都下降了。另外，在日期 2 回购股票 C 的决定减少了 1.19% [$= (0.190 - 0.095) \times (-12.5\%)$] 的价值，因为这些股票的价格在第 3 期从 8 美元跌至 7 美元。

GT 指标的一个优点是可以在不参考任何具体基准的情况下进行计算，而基于收益率的指标（例如信息比率）无法这样计算。然而，当股价在后面的时期才实际发生变化时，GT 指标不能对投资组合经理的投资组合调整行为进行奖惩。例如，投资组合经理在第 3 期卖出股票 B 的决定不会受到奖励，因为股价直到第 4 期才会从 8 美元跌至 6 美元。这个缺点可以通过计算较长持有期（例如，年持有期而非季度持有期）的投资组合权重调整来解决。

18.5.2 特征选择绩效指标

GT 指标的一个缺陷是，它不能直接控制投资组合经理修改其投资组合所持证券时导致的风险变化或投资风格变化。如果投资组合经理卖出高风险股票是为了买入风险更高的股票，那么他应该获得更高的总收益率，但不一定是更高的风险调整收益率。同样，GT 指标也没有区分因证券特有因素而表现良好的股票和只是受益于更广泛趋势（例如价格动量效应）的股票。丹尼尔等（Daniel et al.，1997）提出了另一种基于所持证券的指标，它将主动管理投资组合所持每只股票的收益率与具有相同总体投资特征的基准投资组合的收益率进行比较。它们的特征选择（characteristic selectivity，CS）绩效指标计算公式为：

$$CS_t = \sum_j w_{jt}(R_{jt} - R_{Bjt}) \tag{18.9}$$

其中：R_{Bjt}＝第 t 期期初投资特征与股票 j 匹配的被动投资组合在第 t 期（即日期 $t-1$ 至日期 t）的收益率。

和 GT 指标一样，我们可以计算出一系列 CS_t 的平均值，以显示投资组合经理在更宽泛的风格要求下挑选股票的能力：

$$CS \text{ 的平均值} = \frac{\sum_t CS_t}{T}$$

只要主动投资组合经理持有的股票绩效优于相同投资风格的指数投资，CS 指标就会奖励该经理，相反则惩罚该经理。隐含的假设是，投资者总是可以购买具有相同投资特征的指数化产品，而不是雇用主动投资组合经理。因此，对主动投资组合经理能力的真正检验是，他能否挑选出表现优于投资者自己构建的投资组合的股票。

使用 CS 指标的主要困难是确定一组基准投资组合，使之匹配主动投资组合经理可能希望持有的每只股票的风险特征和风格特征。丹尼尔等（1997）基于以下三个投资特征构建了 125 个不同的被动投资组合：（1）市值规模，（2）账面市值比，（3）股价动量。他们依次根据市值规模、账面市值比和股价动量，将在纽约证券交易所、美国证券交易所和纳斯达克交易所上市的每只股票按五分位数分档，由此建立了基准。基准收益率（R_{Bjt}）通过计算该特定投资组合中包含的所有股票的市值加权平均值得出。这样，任何给定股票头寸的特征匹配基准就是包含该股票的基准。

图表 18-14 总结了 1975—1994 年近 2 000 只具有不同投资目标的共同基金的绩效评估。该图表比较了四种不同的指标：GT、CS、单因素詹森阿尔法系数和四因素詹森阿尔法系数。GT 指标反映了范围广泛的主动交易策略的净收益，显示在 20 年投资期内，基金价值平均每年增加 1.94%。然而，CS 指标——控制了股价动量效应、规模效应和价值增长效应——表明，仅由投资组合经理的证券选择能力提供的收益不到该数字的一半（每年为 0.79%）。两种詹森阿尔法系数也为正，但在统计上不显著。

图表 18-14　GT 指标、CS 指标和詹森指标的比较

投资期	基金数量	总收益率（%）	GT 指标（%）	CS 指标（%）	单因素詹森阿尔法系数（%）	四因素詹森阿尔法系数（%）
1975—1979	214	21.33	2.06[a]	1.58[b]	2.78[b]	1.44
1980—1984	508	16.31	2.10[b]	0.79	0.62	0.98
1985—1989	786	20.07	1.79[b]	0.33	−0.80	0.83
1990—1994	1 973	10.26	1.86[b]	0.45	−0.16	−0.36
1975—1994	—	16.99	1.94[a]	0.79[b]	0.60	0.39

a. 在 0.01 的水平上显著。

b. 在 0.05 的水平上显著。

资料来源：Kent Daniel, Mark Grinblatt, Sheridan Titman, and RussWermers, "Measuring Mutual Fund Performance with Characteristic Benchmarks," *Journal of Finance* 52, no. 3 (July 1997). 数据来自布莱克韦尔出版社。

18.6　投资组合收益率的分解

前面的风险调整指标和基于所持证券的指标旨在回答关于绩效指标的第一个问题：投资组合经理的实际绩效如何？回答第二个问题——为什么投资组合经理的绩效是这样？——则需要进一步分解投资组合收益率。

18.6.1　绩效归因分析

投资组合经理可以通过两种方式为投资者增加价值：通过将资金分配给不同的资产类别或部门类别，选出优质股票或优越的投资时机。**归因分析**试图区分投资组合整体绩效的来源。这种方法将投资组合经理的总收益率与预先确定的基准策略投资组合的收益率进行比较，并将收益率之差分解为配置效应和选择效应。衡量这两种效应的最直接方法是：

$$配置效应 = \sum_i \left[(w_{pi} - w_{bi}) \times (R_{bi} - R_b) \right]$$

$$选择效应 = \sum_i \left[w_{pi} \times (R_{pi} - R_{bi}) \right] \tag{18.10}$$

其中：

w_{pi}、w_{bi} 分别表示主动经理的投资组合和基准投资组合中第 i 个市场部门（资产类别、行业组别）的投资比例；

R_{pi}、R_{bi} 分别表示主动经理的投资组合和基准投资组合中第 i 个市场部门的投资收益率；

$R_b =$ 基准投资组合的总收益率。

配置效应衡量了投资组合经理根据特定市场部门相对于基准的整体收益率绩效（$R_{bi} - R_b$）做出的增持或减持该市场部门证券（$w_{pi} - w_{bi}$）的决定。因此，良好的择时技巧就是对最终收益率高于平均水平的市场部门增加投资。选择效应衡量了投资组合经理创建特定市场部门投资组合的能力，这些投资组合产生的收益率高于基准定义的市场部门收益率（$R_{pi} - R_{bi}$），并且是以投资组合经理的实际投资比例加权的结果进行衡量。投资组合经理增加的总价值是配置效应和选择效应之和。[①]

示例　假设有一位投资者，他采用了自上而下的投资组合策略，该策略包括两个方面。第一，他决定将投资组合主要配置于三个资产类别：美国股票、美国长期债券和现金等价物（例如国库券）。第二，他要决定购买哪些具体的股票、债券和现金工具。他选择了一个假想的投资组合作为基准，其中 60% 投资于标准普尔 500 指数，30% 投资于巴克莱综合债券指数，10% 投资于 3 个月期国库券。

假设在投资期开始时，该投资者认为股票价值相对于固定收益证券市场而言虚高。相

---

① 贝利、理查兹和蒂尔尼（Bailey，Richards and Tierney，2007）认为，更好的选择效应衡量方法是用市场部门收益率之差乘以基准市场部门权重，即 $\sum_i \left[w_{bi} \times (R_{pi} - R_{bi}) \right]$。这种方法的一个缺点是，配置效应和选择效应之和不再为总增值收益率。为了进行平衡，他们计算了互动效应，即 $\sum_i \left[(w_{pi} - w_{bi}) \times (R_{pi} - R_{bi}) \right]$ 来衡量剩余绩效。许、卡列斯尼克和迈尔斯（Hsu，Kalesnik and Myers，2010）提出了另一种方法，以衡量投资组合经理的动态配置能力。

较于基准，他决定减持股票，增持债券和现金，使得股票占 50%，债券占 38%，现金占12%。此外，他决定集中投资于利率敏感部门的股票，例如公用事业部门和金融部门，同时淡化对科技部门和耐用消费品部门的投资。最后，他决定购买久期更短、信用质量高于基准债券指数的债券，并且购买商业票据而不是国库券。

这位投资组合经理做出了主动的投资决策，既涉及资产配置又涉及选择具体证券。为了确定这些决策是否明智，在投资期结束时，他可以计算他的整体绩效和特定部门的绩效。图表 18-15 总结了这位投资组合经理的实际收益率和基准投资组合的收益率，以及每个投资组合的投资权重。总收益率可以按以下公式计算：

$$投资组合经理的总收益率 = (0.50 \times 0.097) + (0.38 \times 0.091) + (0.12 \times 0.056)$$
$$= 8.98\%$$

和

$$基准的总收益率 = (0.60 \times 0.086) + (0.30 \times 0.092) + (0.10 \times 0.054) = 8.46\%$$

因此，在这个特定投资期内，投资组合经理的收益率超过基准 52 个基点（即 0.089 8 - 0.084 6）。

图表 18-15　资产类别绩效的归因分析

资产类别	投资权重			收益率（%）		
	实际	基准	超额	实际	基准	超额
股票	0.50	0.60	-0.10	9.70	8.60	1.10
债券	0.38	0.30	0.08	9.10	9.20	-0.10
现金	0.12	0.10	0.02	5.60	5.40	0.20

归因分析的目标是找出这种增值绩效的原因。投资组合经理的配置效应可以用资产类别的超额权重乘以该类别的相对投资绩效来计算：

$$[-0.10 \times (0.086 - 0.084\ 6)] + [0.08 \times (0.092 - 0.084\ 6)] + [0.02 \times (0.054 - 0.084\ 6)]$$
$$= -0.02\%$$

如果投资组合经理只是做出了市场择时决策并且没有选择基准以外的证券，那么他的绩效将落后于基准收益率 2 个基点。这种总配置效应可以进一步分解为 -2 个基点 [即 -0.10 × (0.086 - 0.084 6)] 的股票配置收益率、6 个基点 [即 0.08 × (0.092 - 0.084 6)]的债券配置收益率和 -6 个基点 [即 0.02 × (0.054 - 0.084 6)] 的现金配置收益率。因此，减持股票和增持现金的决策导致绩效下降，下降部分超过了增持债券的收益。

由于投资组合经理知道他的整体绩效优于基准，因此负配置效应必然意味着他表现出良好的证券选择技巧。他的选择效应可以按以下公式计算：

$$[0.50 \times (0.097 - 0.086)] + [0.38 \times (0.091 - 0.092)] + [0.12 \times (0.056 - 0.054)]$$
$$= 0.54\%$$

这位投资组合经理构建了出众的股票和现金投资组合，尽管他选择的债券表现不如巴克莱指数。需要注意的重要一点是，由于收益率没有经过风险调整，因此投资组合经理构建的资产类别投资组合的风险可能大于相应基准。对于持有短期公司债券而非国库券的现金投资组合来说，这几乎肯定是正确的，因此投资组合经理应该预期获得更高的收益率，而该收益率与其能力无关。投资组合经理所增加的 52 个基点的收益率可以分解为：

$$增加的总价值＝配置效应＋选择效应$$
$$＝-0.02\%+0.54\%=0.52\%$$

布林森、胡德和比鲍尔（1986）使用类似程序分析了 1974—1983 年 91 个大型美国养老金计划的绩效。该样本的年均收益率为 9.01%，而基准的年均收益率为 10.11%。因此，主动型养老金计划的年均收益率比基准低 110 个基点。这种"减少价值的"负收益率增量由 -77 个基点的配置效应和 -33 个基点的选择效应组成。他们得出的结论是，养老金计划的初始策略性资产配置选择，而非主动的管理决策，是投资组合绩效的主要决定因素。在一项后续研究中，布林森、辛格和比鲍尔（1991）对 1977—1987 年期间的 82 个不同的养老金计划得出了类似结论。

绩效归因的一种扩展 归因方法还可以用于区分证券选择技术与投资者可能做出的其他决策。例如，全股票投资组合的投资组合经理必须先决定减持或增持哪些经济部门（例如，基础材料部门、非耐用消费品部门、交通运输部门），然后再在这些部门中选择她偏好的公司。图表 18-16 总结了由 MBA 投资基金有限责任公司（MBA Investment Fund，LLC）——由一群得克萨斯大学研究生经营的私人投资管理公司——管理的成长型股票投资组合的绩效。由于该基金的投资任务是跑赢标准普尔 500 指数的收益率，因此基金经理需要做出两个基本决策：重点关注哪些部门，以及购买这些部门中的哪些个股。

图表 18-16 MBA 投资基金的部门绩效归因分析

标准普尔 500 指数中的部门	投资权重			超额收益率（%）
	实际权重	标准普尔 500 指数权重	超额权重	标准普尔 500 指数部门收益率-标准普尔 500 指数总体收益率
基础材料	0.033 1	0.067 0	-0.033 9	-15.15
资本设备与技术	0.254 4	0.184 1	0.070 3	-3.31
消费服务	0.020 8	0.069 2	-0.048 4	6.95
耐用消费品	0.058 8	0.035 3	0.023 5	-21.34
非耐用消费品	0.275 2	0.285 1	-0.009 9	5.85
能源	0.117 0	0.093 5	0.023 5	-7.08
金融	0.161 9	0.124 9	0.037 0	7.15
交通运输	0.019 9	0.017 2	0.002 7	-1.72
公用事业	0.059 0	0.100 0	-0.041 0	1.91
杂项	0	0.024 2	-0.024 2	-13.15

在这里显示的年份中，标准普尔 500 指数和 MBA 投资基金的总体收益率分别为 29.63% 和 29.54%。图表 18-16 的第二列和第三列记录了构成标准普尔 500 指数的 10 个经济部门的实际权重和基准权重，第四列则列出了该基金的超额权重（即 $w_{pi}-w_{bi}$）。最后一列显示了相对于标准普尔 500 指数总体收益率的基准部门收益率（即 $R_{bi}-R_b$）。将最

后两列数字的乘积相加，可以计算出部门配置效应：

$$(-0.033\ 9)\times(-0.151\ 5)+0.070\ 3\times(-0.033\ 1)+\cdots+(-0.024\ 2)\times(-0.131\ 5)$$
$$=-0.28\%$$

总体收益率之差为 -9 个基点（即 $0.295\ 4-0.296\ 3$），这意味着基金经理产生了 19 个基点［即 $(-0.000\ 9)-(-0.002\ 8)$］的证券选择效应。因此，虽然学生基金经理的绩效几乎与整个股市的强劲表现相当，但他们似乎更擅长选股，而不是预测更广泛的经济趋势。

衡量市场择时技巧　正如我们在第 11 章中所看到的，战术性资产配置的目标是，仅根据这些资产类别的相对估值变化调整其资产类别风险敞口，从而产生主动增值收益率。因此，战术性资产配置经理的相关绩效衡量标准是他对市场大势的时机把握能力。归因分析不适合这项任务的原因有两个：第一，根据设计，战术性资产配置经理将实际资产类别投资进行了指数化，因此选择效应不重要。第二，战术性资产配置可能需要在投资期间对资产类别权重进行数十次更改，这可能会使根据平均持股情况计算的归因效应变得毫无意义。由于这些问题，许多分析师都认为用回归法衡量市场择时技巧是一种更好的方法。

韦格尔（Weigel，1991）检验了 17 位美国战术性资产配置经理的市场择时技巧。他的方法受到默顿（1981）以及亨德里克森和默顿（Hendriksson and Merton，1981）的研究的启发，并假设完美的市场择时能力等同于持有一份回顾看涨期权，该期权在到期时支付股票、债券和现金中表现最好的资产类别的收益率。也就是说，在第 t 期，具有完美市场择时技巧的经理的收益率（R_{pt}）等于：

$$R_{pt}=\text{RFR}_t+\max[R_{st}-\text{RFR}_t,\ R_{bt}-\text{RFR}_t,\ 0]$$

其中：R_{st} 和 R_{bt} 分别为第 t 期股票基准投资组合和债券基准投资组合的收益率。

以类似于詹森方法的方式控制股票价格和债券价格的变化，可以计算出以下回归方程：

$$R_{pt}-\text{RFR}_t=\alpha+\beta_b(R_{bt}-\text{RFR}_t)+\beta_s(R_{st}-\text{RFR}_t)$$
$$+\gamma\{\max[R_{st}-\text{RFR}_t,\ R_{bt}-\text{RFR}_t,\ 0]\}+e_t$$

γ 的平均值为 0.30，它衡量了战术性资产配置经理能做出的完美市场择时选择所占的比例。该值在统计上显著，这意味着这些经理具有可靠但不完美的市场择时技巧。此外，季度平均阿尔法系数为 -0.5%，表明这些经理具有较低的非市场择时技巧（例如，对冲策略）。检验市场择时能力的其他研究包括科恩（Kon，1983），科金、法博齐和拉赫曼（Coggin，Fabozzi and Rahman，1993）以及富尔克森（Fulkerson，2013）的研究。

18.6.2　法马选择绩效指标

法马（1972）提出，投资组合超过无风险利率的总体绩效可以分解为风险承担部分和证券选择技巧部分：

总体绩效＝超额收益率＝投资组合风险导致的收益率＋证券选择导致的收益率

证券选择导致的收益率表示投资组合的实际收益率超出系统性风险相同的无管理投资组合的收益率的部分。它被用于评估投资组合经理的投资能力。

评估证券选择导致的收益率　证券选择导致的收益率可以用以下公式来计算：

证券选择导致的收益率＝$R_a - R_x(\beta_a)$

其中：

R_a＝被评估的投资组合的实际收益率；

$R_x(\beta_a)$＝无风险资产与市场投资组合 M 的组合（其风险 β_x 等于被评估投资组合的风险 β_a）的收益率。

如图表 18‐17 所示，证券选择导致的收益率衡量的是实际收益率与事后得到的证券市场线之间的垂直距离，与特雷诺指标非常相似。

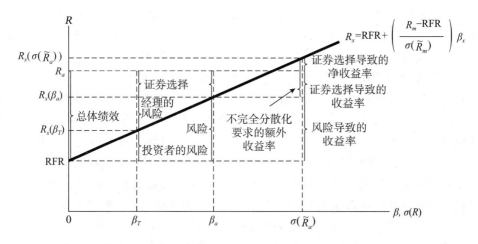

图表 18‐17　法马绩效指标示意图

资料来源：Eugene F. Fama，"Components of Investment Performance," *Journal of Finance* 27，no. 3（June 1972）：588. 数据来自布莱克韦尔出版社。

总体绩效可以写为：

总体绩效＝证券选择导致的收益率＋风险导致的收益率

$$R_a - \text{RFR} = [R_a - R_x(\beta_a)] + [R_x(\beta_a) - \text{RFR}] \tag{18.11}$$

图表 18‐17 显示，总体绩效是超过无风险收益率的总收益率，包括接受投资组合风险（β_a）应获得的收益率，它等于 $R_x(\beta_a) - \text{RFR}$。任何超过该预期收益率的部分都是证券选择造成的。

评估弥补分散化损失所需增加的收益率　式（18.11）中的证券选择导致的收益率也可以分解为两部分。如果投资组合经理试图选择价值被低估的股票，并在这个过程中放弃了部分分散化程度，则可以计算需要增加多少收益率，才能使该决定合理。投资组合中证券选择导致的收益率包括证券选择导致的净收益率和不完全分散化要求的额外收益率：

证券选择导致的收益率　　　　　不完全分散化要求的额外收益率

$$R_a - R_x(\beta_a) = 证券选择导致的净收益率 + [R_x(\sigma(R_a)) - R_x(\beta_a)]$$

或

$$证券选择导致的净收益率 = R_a - R_x(\beta_a) - [R_x(\sigma(R_a)) - R_x(\beta_a)]$$

$$= R_a - R_x(\sigma(R_a)) \tag{18.12}$$

其中：$R_x(\sigma(R_a))$＝无风险资产和市场投资组合的组合（其收益率波动率与被评估投资组

合的收益率波动率相等）的收益率。

式（18.12）中与分散化相关的项表明弥补投资组合中的分散化损失所需增加的收益率。如果投资组合是完全分散化的，使总风险（σ）等于系统性风险（β），那么 $R_x(\sigma(R_a))$ 将等于 $R_x(\beta_a)$，不完全分散化要求的额外收益率为零。因为不完全分散化要求的额外收益率总是非负值，因此证券选择导致的净收益率总是等于或小于证券选择导致的收益率。[①]

法马绩效指标示例　假设在最近的五年投资期内，您观察到市场投资组合和无风险证券的平均年收益率分别为 22.96% 和 5.28%。因此，贝塔系数为 0.815 的投资组合预期将产生 19.69%［=5.28%+0.815×（22.96%−5.28%）］的收益率。进一步假设该投资组合的实际年收益率为 19.67%。证券选择导致的收益率是实际超额收益率 14.39%（=19.67%−5.28%）与风险导致的必要超额收益率 14.41%（=19.69%−5.28%）之差，即 −0.02%，表明投资组合经理的绩效略差于与投资组合实际风险一致的预期绩效。

如果投资组合经理也没有充分分散化投资组合会如何？假设市场和投资组合的标准差分别为 14.95% 和 13.41%。投资组合总风险与市场总风险之比为 0.897（=13.41/14.95），但由于投资组合经理的贝塔系数（0.815）小于该值，因此该投资组合看上去包含非系统性风险。因此，证券选择导致的收益率（−0.02%）低估了真正的绩效差距。

为了在没有完全分散化的情况下调整证券选择导致的收益率，请注意在给定标准差下，该投资组合的必要收益率为 21.14%［=5.28%+0.897×（22.96%−5.28%）］。使用总风险与系统性风险计算出的必要收益率之差 1.45%（=21.14%−19.69%）是不完全分散化要求的额外收益率。从证券选择导致的收益率中减去该值，得到投资组合经理的证券选择导致的净收益率为 −1.47%（=−0.02%−1.45%）。在考虑不完全分散化所增加的成本后，该投资组合经理的绩效将大大低于图表 18-17 中的证券市场线。

18.7　影响绩效指标使用的因素

刚才介绍的所有绩效指标的质量都不会高于输入数据的质量。尤其是，许多股票指标都是从资本资产定价模型中推导出来的，并假设市场投资组合位于马科维茨有效边界的切点上。理论上，市场投资组合是一个完全分散化的有效投资组合，它必然包含经济中的所有风险资产，并且为市值加权投资组合。问题在于，如何为这个理论市场组合找到一个真实的替代投资组合。分析师通常使用标准普尔 500 指数作为市场投资组合的替代品，因为它包含相当分散化的股票投资组合。遗憾的是，它并不代表市场投资组合的真实构成，因为它只包括普通股，其中大部分普通股都在纽约证券交易所上市。值得注意的是，它不包括许多理论上应该考虑的其他风险资产，例如众多的国内股票、外国股票、国内外债券、房地产、另类资产和应收账款。

罗尔（1977a，1978，1980，1981）的几篇论文着重指出，替代市场投资组合不够完整，他详细说明了替代市场投资组合的问题，并指出了它对衡量投资组合绩效的影响。他

---

① 莫迪利亚尼和莫迪利亚尼（1997）提出了一个绩效指标（被称为 M^2），它是夏普指标和法马的 $R_x(\sigma(R_a))$ 的变形。

将这称为**基准误差**问题。他表明，如果替代市场投资组合不是真正有效的投资组合，那么使用该替代投资组合得出的证券市场线就可能不是真正的证券市场线。在这种情况下，如果使用根据糟糕基准得出的证券市场线，某个投资组合可能位于证券市场线上方，但如果使用根据真实市场投资组合得出的证券市场线，该投资组合实际上可能位于证券市场线下方。

另一个问题是，贝塔系数可能不同于使用真实市场投资组合计算出的贝塔系数。例如，如果真实的贝塔系数大于使用替代投资组合计算出的贝塔系数，那么真实的投资组合头寸将向右移动。在一项实证检验中，布朗和布朗（1987）发现，在对成熟共同基金样本进行的詹森阿尔法系数分析中，当市场投资组合的定义发生变化时，出现了大量排名逆转的情况。特哈（Terhaar，2001）也说明了基准误差问题如何影响归因分析。

18.7.1 对全球基准问题的说明

下面，我们将考察世界股票市场被用作替代市场投资组合时，具体风险指标如何变化，以此为例说明全球资本市场上的基准问题。图表 18 - 18 包含使用标准普尔 500 指数（在美国注册的股票的典型替代品）和摩根士丹利资本国际世界股票指数（一个全球市值加权股票指数）计算出的道琼斯工业平均指数中的 30 只股票的贝塔系数估计值。这些结果是用两个不同时期（时期长度均为 3 年）的周收益率计算得出的，这两个时期分别为 2005—2007 年和 2014—2016 年。该图表还显示了美国贝塔系数和世界贝塔系数之间的差异率，以两个风险估计中的较高者作为基础。

图表 18 - 18 使用美国国内股市指数和世界股市指数对道琼斯工业平均指数中的股票的最佳估计值（2005—2007 年和 2014—2016 年）

股票	代码	2005—2007 年			2014—2016 年		
		美国贝塔系数	世界贝塔系数	差异率（%）	美国贝塔系数	世界贝塔系数	差异率（%）
3M 公司（3M Company）	MMM	0.83	0.73	12.0	0.99	0.97	2.0
美国运通（American Express）	AXP	1.30	1.05	19.2	1.04	1.06	1.9
苹果	AAPL	1.65	1.55	6.1	1.19	1.14	4.2
波音	BA	0.87	0.78	10.3	1.07	1.19	10.1
卡特彼勒	CAT	1.70	1.67	1.8	1.34	1.39	3.6
雪佛龙	CVX	1.14	1.11	2.6	1.19	1.20	0.8
思科系统	CSCO	1.03	0.82	20.4	1.20	1.15	4.2
可口可乐	KO	0.61	0.49	19.7	0.63	0.61	3.2
杜邦	DD	1.24	1.09	12.1	0.82	0.83	1.2
埃克森美孚	XOM	1.27	1.23	3.1	0.90	0.87	3.3
通用电气	GE	0.67	0.52	22.4	1.12	1.10	1.8

续表

股票	代码	2005—2007 年			2014—2016 年		
		美国贝塔系数	世界贝塔系数	差异率(%)	美国贝塔系数	世界贝塔系数	差异率(%)
高盛	GS	1.60	1.42	11.3	1.35	1.31	3.0
家得宝(Home Depot)	HD	1.29	1.10	14.7	1.06	0.98	7.5
英特尔	INTC	1.31	1.16	11.5	1.23	1.17	4.9
国际商用机器(Intl Business Machines)	IBM	0.90	0.74	17.8	0.84	0.91	7.7
强生	JNJ	0.47	0.40	14.9	0.76	0.74	2.6
摩根大通	JPM	1.23	0.99	19.5	1.29	1.23	4.7
麦当劳	MCD	0.92	0.81	12.0	0.56	0.49	12.5
默克	MRK	0.71	0.67	5.6	0.82	0.79	3.7
微软	MSFT	0.86	0.79	8.1	1.22	1.10	9.8
耐克	NKE	0.61	0.54	11.5	0.93	0.85	8.6
辉瑞	PFE	1.04	1.00	3.8	0.84	0.80	4.8
宝洁	PG	0.43	0.33	23.3	0.55	0.52	5.5
旅行者(Travelers)	TRV	0.98	0.80	18.4	0.83	0.77	7.2
联合科技(United Technologies)	UTX	0.99	0.96	3.0	1.07	1.07	0.0
联合健康(United Health)	UNH	0.45	0.31	31.1	0.88	0.87	1.5
威瑞森(Verizon)	VZ	0.93	0.78	16.1	0.69	0.68	1.4
维萨(Visa)	V	—	—	—	1.00	0.95	5.0
沃尔玛	WMT	0.85	0.71	16.5	0.58	0.48	17.2
华特迪士尼	DIS	0.81	0.76	6.2	1.08	1.03	4.6
均值		0.99	0.87	12.9	0.97	0.94	4.9
中位数		0.93	0.80	12.0	1.00	0.96	4.2

众多不同的贝塔系数有两个主要区别。第一,对于许多股票而言,贝塔系数的估计值会随着时间的推移发生很大变化。例如,在2005—2007年期间,波音公司的美国贝塔系数和世界贝塔系数分别为0.87和0.78。然而,在2014—2016年期间,这两个贝塔系数均大幅增加(分别增至1.07和1.19)。第二,虽然这两个时期的美国贝塔系数估计值和世界贝塔系数估计值的均值和中位数有相似之处,但"差异率(%)"一列显示,当使用基准投资组合的两种不同定义时,相同股票在相同时期的贝塔系数估计值存在重大差异。例如,2005—2007年,沃尔玛的美国贝塔系数估计值和世界贝塔系数估计值相差近17%,

然后在 2014—2016 年又相差约 17%。总体而言，这种差异本身的中位数大小随时间推移而变化——从 12.0% 变为 4.2%，这表明指定合适的基准仍然是绩效评估过程中的一个关键问题。

赖利和阿赫塔尔（1995）通过绘制三个时期内（1983—1988 年、1989—1994 年和 1983—1994 年）六个不同指数的证券市场线，分析了基准的选择对全球绩效指标的影响。他们的结果表明，对于不同国家使用不同替代市场投资组合会在给定时期内产生差异很大的证券市场线，并且该证券市场线非常不稳定。例如，日本的证券市场线在 1983—1988 年的风险溢价最大，但在 1989—1994 年的风险溢价为负，这显然与资本市场理论相悖。由于 1989—1994 年美国的高风险溢价，标准普尔 500 指数在整个样本期内为投资者提供了最高的最低绩效要求。

18.7.2 基准问题的意义

罗尔指出的问题随着全球投资的增加而增加，它并没有否定资本资产定价模型作为均衡定价规范模型的价值；该理论可能仍然可行。问题在于使用该理论评估投资组合绩效时的一种衡量方法。投资者需要为市场投资组合找到更好的替代品，或针对基准误差调整绩效衡量结果。罗尔（1981）和格林诺德（1992）提出了几条有助于解决这个问题的建议。

或者，分析师也可能考虑增加夏普指标和索提诺指标的权重，因为这两个投资组合绩效指标均不依赖市场投资组合。尽管基于这些指标的评估过程通常用基准投资组合作为无管理投资组合的例子以便进行比较，但被评估投资组合的风险指标并不直接依赖替代市场投资组合。此外，前面曾经提到，夏普指标的投资组合排名通常与其他绩效指标的投资组合排名高度相关。

18.7.3 基准的必要特征

贝利、理查兹和蒂尔尼（2007）考虑了如何适当定义**标准投资组合**的问题，标准投资组合是反映不同投资组合经理具体风格的定制化基准。他们认为，任何有用的基准都应该具有以下特征：

- 明确。清楚描述了构成基准的证券的名称和权重。
- 可投资。可以放弃主动管理，而只是持有基准。
- 可衡量。可以按合理频率计算基准的收益率。
- 合适。基准与经理的投资风格或偏好一致。
- 反映当前的投资意见。投资组合经理当前对于构成基准的证券有投资意见（无论是正面意见、负面意见还是中性意见）。
- 预先指定。基准是在评估期开始之前建立的。
- 可掌控。投资组合经理应该对基准的绩效负责。

如果基准不具备所有这些属性，那么它将被认为是无效的管理工具。例如，如果在范围很广的同等类别比较中使用绩效处于中位数的经理作为基准，那么这种基准就是有缺陷的基准。

18.8 报告投资绩效

本章介绍的绩效指标是投资者绩效评估方法的基本要素。然而，在计算各种指标之前，必须解决一个更根本的问题：应该如何向投资者报告评估过程中使用的收益率？在我们的讨论最后，我们将从两个方面来分析这个问题：首先，我们将考察如何计算在投资期间有注资和撤资的投资组合的收益率；其次，我们将简要总结特许金融分析师协会制定的**绩效列报准则**，该协会是一家由近 150 个国家的 128 000 多名投资从业者和投资教育工作者组成的国际组织。

18.8.1 时间加权收益率和价值加权收益率

正如我们在第 1 章中所看到的，任何投资头寸的持有期收益率（HPY）均由该头寸在期末的市场价值与其初始价值之比决定：

$$HPY = \frac{期末投资价值}{期初投资价值} - 1$$

对于任何证券或投资组合而言，导致期末价值和期初价值不同的原因都有两个：在此期间收到的现金（股利）或价格变化（资本收益）。因此，对于大多数投资头寸而言，计算给定时期的收益率是相当简单的事。

然而，对于专业投资组合经理和资产管理公司而言，投资组合的期初价值和期末价值不同的原因有可能与投资组合经理的投资能力无关。如果投资者在此期间撤回或追加初始投资，那么头寸的期末价值将反映这些变化。当然，将追加投资所产生的高收益归功于投资组合经理，或因为投资者从其账户中取出资金导致投资的期末价值减少而惩罚投资组合经理都是不公平的。因此，评估投资组合经理的真实绩效时，必须考虑到这些增资和撤资。

以两个投资风格和选股技巧完全相同的投资组合经理（A 和 B）为例。我们将假设在两期的投资期内，二者的受托投资收益率完全相同：第 1 期为 25%，第 2 期为 5%。此外，假设每个投资组合经理都从各自的投资者那里获得了 500 000 美元投资。不同之处在于，经理 A 立即收到了所有投资，但经理 B 的投资者最初只投资了 250 000 美元，而在第 1 期期末又投资了 250 000 美元。

通过计算每个投资组合的最终（时期 2）价值可以看出这种择时差异：

投资组合 A：$500\,000 \times [(1+0.25)(1+0.05)] = 656\,250$（美元）

和

投资组合 B：$250\,000 \times [(1+0.25)(1+0.05)] + 250\,000 \times (1+0.05) = 590\,625$（美元）

显然，经理 B 的投资组合价值低于经理 A 的投资组合价值，但这是投资方式的结果，而不是两位经理的绩效差异。投资组合经理的绩效评估不应受到投资者关于投资时机的决定的影响。换言之，投资组合经理 B 不应该为投资者没有在第 1 期的高收益率环境中投入所有资金的事实负责。

我们看到，一种计算平均收益率的常用方法是用贴现现金流法计算投资的内部收益率。对于本例中的两位投资组合经理而言，这些计算将得出以下收益率：

$$投资组合经理 A：500\ 000 = \frac{656\ 250}{(1+r_{dA})^2}，即 r_{dA} = 14.56\%$$

和

$$投资组合经理 B：250\ 000 = \frac{-250\ 000}{(1+r_{dB})^1} + \frac{590\ 625}{(1+r_{dB})^2}，即 r_{dB} = 11.63\%$$

这些收益率（r_{dA} 和 r_{dB}）有时被称为**价值加权收益率**，因为它们是令未来现金流（包括未来增资和撤资）的现值等于初始投资的贴现率。在本例中，价值加权收益率对投资组合经理 B 的能力给出了不准确的评价；他的绩效实际上并不比投资组合经理 A 差 2.93%（=14.56%−11.63%）。因此，虽然这种内部收益率法可以准确评估投资组合 B 的收益率，但评估投资组合经理 B 的能力时，它是有误导性的指标。

更好的投资组合经理绩效评估方法是分析不考虑投资时机时的投资组合经理绩效。对于这两位投资组合经理来说，**时间加权收益率**是 1 加上期间收益率的几何平均值：

$$r_{tA} = r_{tB} = \sqrt{(1+0.25)(1+0.05)} - 1 = 14.56\%$$

正如投资组合经理 A，只有在评估期内没有期间投资时，价值加权收益率和时间加权收益率才相同。对于投资组合经理 B，由于投资方式，价值加权收益率低估了其真实（时间加权）绩效。当存在注资时，迪茨和基施曼（Dietz and Kirschman，1990）提出了一种调整持有期收益率的方法：

$$调整持有期收益率 = \frac{期末投资价值 - (1-DW) \times 注资}{期初投资价值 + DW \times 注资} - 1$$

其中，注资可以为正（增资），也可以为负（撤资）。这个调整过程按照持有期内的加权投资金额来改变投资组合的期初价值和期终价值。日权重（DW）表示在账户中实际持有注资的时间占持有期的比例。例如，如果在某月（30 天）正中间对投资组合注资，则 DW 将为 0.5 [=(30−15)/30]。

18.8.2 绩效列报准则

上例强调了一个事实：看似简单的问题并非总有直接明了的答案。尽管投资组合 B 的价值加权收益率为 11.63%，但其投资组合经理的平均收益率为 14.56%。应该向投资者报告哪个收益率？美国证券交易委员会制定了防止发布虚假陈述的规定，但劳顿和雷明顿（Lawton and Remington，2007）指出，历史上曾允许几种有问题的报告实务，包括只列报绩效最好的投资组合的收益率，选择最有利的绩效衡量时期，并选择投资组合经理绩效高出最多的基准。很大程度上是由于此类滥用行为，投资界最近开始要求采用一套更严格的报告准则。

为了满足统一、准确和一致的绩效报告要求，特许金融分析师协会制定了一套全面的《绩效列报准则》（Performance Presentation Standards，PPS）。《绩效列报准则》于 1987年推出，并于 1993 年正式采用，它很快成为投资管理界公认的实务。然而，早期版本的绩效列报准则往往包含只适用于特定国家的内容，这使它们难以转化为一套充分体现全球性的标准。因此，1999 年，特许金融分析师协会还采用了配套的**《全球投资绩效准则》**（**Global Investment Performance Standards，GIPS**），它旨在实现以下目标：

- 建立投资业最佳实务，以计算和列报投资绩效，促进投资者兴趣，并提振投资者信心。

- 使全球均认可同一套基于公允列示和充分披露原则的投资绩效计算和列报标准。
- 促进使用准确一致的投资绩效数据。
- 鼓励投资公司之间进行公平的全球竞争，而不设置进入壁垒。
- 在全球培养投资业"自我监管"的概念。[①]

到 2010 年，《全球投资绩效准则》已被北美洲、欧洲、非洲和亚太地区的 32 个国家采用。《全球投资绩效准则》现在被认为是报告投资绩效的权威标准。

对这些（经常修订的）准则的详细分析超出了本书目前的范围，但一些基本原则包括：

- 在计算投资绩效时，必须使用总收益，包括已实现收益、未实现收益和收入。
- 必须使用时间加权收益率。
- 投资组合必须至少按月计算价值，期间收益率必须具有几何关系。
- 如果列报综合收益率绩效，则该综合收益率必须包含所有实际付费账户，包括截至管理期内最后一个完整报告期的所有被终止账户。综合收益率绩效不得将模拟投资组合或模型投资组合与实际绩效联系起来。
- 如果有实际交易费用（经纪商佣金和美国证券交易委员会交易征费），在计算绩效前必须扣除实际交易费用。
- 必须在应税收入和已实现资本收益发生当期确认应税客户的所得税和资本利得税，并且必须从结果中扣除这些税款，无论是否用该账户以外的资产缴纳税款。
- 必须提交所有年份的年纳税申报表。不到一年的绩效不得换算为年绩效。必须提供 10 年的绩效记录（如果绩效记录少于 10 年，则应提供自公司成立以来的绩效记录）。
- 绩效列报必须披露绩效结果是按总额计算还是按扣除投资管理费后的净额计算，还必须披露公司的收费标准。绩效列报还应披露使用杠杆（包括衍生证券）的情况以及投资管理负责人的重大变化。

除了这些要求以外，特许金融分析师协会还鼓励投资组合经理披露综合收益率的波动率，并列出与总体投资组合的风险或投资风格相似的基准。图表 18-19 显示了符合标准的绩效列报示例。

图表 18-19　绩效列报示例

示例 1 投资公司 平衡成长型综合基金 2002 年 1 月 1 日至 2011 年 12 月 31 日									
年份	综合总收益率（%）	综合净收益率（%）	自定义基准收益率（%）	综合3年期标准差（%）	基准3年期标准差（%）	投资组合数量	内部离散度（%）	综合资产（百万美元）	公司资产（百万美元）
2002	−10.5	−11.4	−11.8			31	4.5	165	236
2003	16.3	15.1	13.2			34	2.0	235	346

[①] 参见特许金融分析师协会 2012 年出版的《全球投资绩效准则（GIPS）手册》第三版（*Global Investment Performance Standards (GIPS) Handbook*, 3rd ed.）。

续表

年份	综合总收益率（%）	综合净收益率（%）	自定义基准收益率（%）	综合3年期标准差（%）	基准3年期标准差（%）	投资组合数量	内部离散度（%）	综合资产（百万美元）	公司资产（百万美元）
2004	7.5	6.4	8.9			38	5.7	344	529
2005	1.8	0.8	0.3			45	2.8	445	695
2006	11.2	10.1	12.2			48	3.1	520	839
2007	6.1	5.0	7.1			49	2.8	505	1 014
2008	−21.3	−22.1	−24.9			44	2.9	475	964
2009	16.5	15.3	14.7			47	3.1	493	983
2010	10.6	9.5	13.0			51	3.5	549	1 114
2011	2.7	1.7	0.4	7.1	7.4	54	2.5	575	1 236

示例 1 中的投资公司称其遵守《全球投资绩效准则》（GIPS®），并按照《全球投资绩效准则》编制和列报了本报告。示例 1 中的投资公司在 2000 年 1 月 1 日至 2010 年 12 月 31 日期间的绩效已经过独立验证。如有需求，可提供验证报告。验证报告评估了（1）该公司内部是否遵守《全球投资绩效准则》的所有综合建构要求，（2）该公司的政策和程序在计算和列报绩效的设计上是否符合《全球投资绩效准则》。验证报告不保证任何具体综合绩效列报的准确性。

注：

1. 示例 1 中的投资公司是一个仅投资于美国证券的平衡投资组合管理者。示例 1 中的投资公司被定义为不隶属于任何母公司的独立投资管理公司。如有需求，可提供用于投资组合估值、计算绩效和编制合规报告的政策。

2. 平衡成长型综合基金（Balanced Growth Composite）包括所有投资于美国大盘股和投资级债券的机构平衡投资组合，目标是通过充分分散化策略提供长期资本增长和稳定收入。尽管该策略允许 50%～70% 的股票风险敞口，但典型配置为 55%～65%。该综合基金的账户最低金额为 500 万美元。

3. 自定义基准由 60% 的 YYY 美国股票指数和 40% 的 ZZZ 美国综合债券指数组成。该基准每月重新平衡。

4. 以美元进行估值，并以美元报告绩效。

5. 扣除费用前收益率在扣除管理和托管费之前列报，但在扣除所有交易费用之后列报。综合收益率和基准收益率按照扣除不可退还的预扣税后的净值列报。扣除费用后收益率的计算方法是从月综合总收益率中扣除最高费用（假设为 0.83%）。管理费率表如下：前 2 500 万美元为 1.00%；此后为 0.60%。

6. 该综合基金成立于 2000 年 2 月。如有需求，可提供综合基金的完整介绍。

7. 内部离散度使用整年均在综合基金中的投资组合的年总收益率等权重标准差计算。

8. 3 年期年标准差衡量了过去 36 个月综合收益率和基准收益率的波动性。这里没有提供 2002—2010 年的标准差，因为没有月综合收益率和月基准收益率的数据，而且对 2011 年之前的时期不要求提供这些数据。

- 投资组合主动管理的主要目标是使投资组合在一个时期内产生的收益率超过风险水平相似的被动投资组合的预期收益率。投资绩效评估过程有双重目标，它试图对投资绩效做出历史评估。首先，投资组合经理的绩效真能超出投资者的预期吗？其次，投资组合经理做出的哪些决策（证券选择、市场择时）最终影响了实际绩效？

- 人们找出了有助于回答这两个问题的几种方法。简单的绩效衡量指标，例如同类组别比较和投资组合跌幅，仅分析了给定投资组合相对于其他可比投资组合的收益率。风险调整指标旨在明确调整投资组合的收益率，以解释投资过程中的波动性。这些指标构成了衡量投资组合经理绩效的基本工具包，它们包括夏普比率、特雷诺比率、詹森阿尔法系数、信息比率和索提诺比率等指标。不同的风险调整指标在如何衡量风险或（和）如何针对该风险调整收益率方面存在差异。没有哪一个衡量指标可以全面反映投资组合经理的绩效，因此通常将它们结合起来考虑。

- 除了关注投资组合收益率的绩效指标以外，我们还可以通过直接观察投资组合经理的投资决策来评估投资组合经理的能力。基于所持证券的评估工具，例如格林布拉特-蒂特曼指标，对在价格上涨之前购买证券或在价格下跌之前卖出证券的投资组合经理给予好评。最后，为了回答"投资组合经理为什么会产生这种绩效"的问题，几种方法试图分解收益率以发现其最终来源。例如，归因分析试图确定市场择时技巧或证券选择技巧是否决定了投资组合经理的绩效。

- 绩效衡量方法有几个突出问题。有些方法假设了一个市场投资组合，它理论上包括所有风险资产，但这些方法使用的是替代投资组合，比如只包括美国普通股的标准普尔500指数，因此这些方法的有效性一直受到质疑。这种批评不会让资产定价模型本身失效，而只会由于与市场投资组合替代品相关的衡量问题让资产定价模型的应用失效。在全球投资成为常态的环境中，这种衡量误差的可能性将会增加。

问题

1. 请列出投资者在评估投资组合经理的投资绩效时应考虑的两个问题。哪些工具可以帮助投资者回答这些问题？这些工具应该具备的最重要的特征是什么？

2. 请考虑我们分析过的五个不同的风险调整投资组合绩效指标：夏普比率、特雷诺比率、詹森阿尔法系数、信息比率和索提诺比率。

a. 请逐一说明这些指标如何定义投资者面临的风险。

b. 请逐一说明这些指标如何根据该风险水平调整投资组合的收益率表现。

3. 夏普指标和特雷诺指标均计算了投资组合单位风险的平均超额收益率。在什么情况下，使用这两个指标来比较一组给定投资组合的绩效是有意义的？通过比较使用这两个指标获得的排名，我们可以得知哪些额外信息？

4. 请说明如何计算詹森阿尔法系数。在什么条件下，它会给出一组与夏普指标和特雷诺指标相似的投资组合排名？是否可以调整詹森阿尔法系数，从而相对于实证形式的套利定价理论而非资本资产定价模型来衡量投资组合的阿尔法值？请说明原因。

5.信息比率被称为收益-成本比率。请说明信息比率如何衡量投资组合的绩效，以及这种类比是否合适。

6.我们可以用基于收益率的指标或基于所持证券的指标来评估投资组合的绩效。每种绩效衡量方法的主要优点和主要缺点是什么？

7.绩效归因分析试图将投资组合经理的"主动"剩余收益率划分为配置效应和选择效应。请说明如何衡量这两种效应，以及为什么这两种效应之和必然等于投资组合经理的总增值收益率。如果实际投资组合的风险高于与之比较的基准投资组合，这种分析是否有效？

8.在阿珂姆（Acme）的养老金计划年审期间，几位受托人向养老金顾问露西·格雷厄姆（Lucy Graham）提出了关于绩效衡量和风险评估的各种问题。尤其是，一位受托人询问了使用以下每个基准是否合适：

- 市场指数；
- 作为基准的标准投资组合；
- 所有投资组合经理的绩效中位数。

a.请说明使用上述三个基准衡量投资组合的绩效时，每个基准的两个不同缺点。

另一位受托人询问了如何区分以下绩效指标：

- 夏普比率；
- 特雷诺比率；
- 詹森阿尔法系数；
- 信息比率；
- 索提诺比率。

b.(1)请逐一说明如何计算五个绩效指标。

(2)请说明每个指标假设相关风险是系统性风险、非系统性风险、总风险还是其他风险。请说明每个指标如何将超额收益率和相关风险联系起来。

9.理查德·罗尔在一篇关于使用资本资产定价模型评估投资组合绩效的文章中指出，如果使用的基准存在错误，就可能无法评估投资组合管理能力。

a.请说明评估投资组合绩效的一般程序，并重点说明采用的基准。

b.请解释罗尔说的基准误差是什么意思，并指出该基准的具体问题。

c.请画出一张图表，说明为什么某个投资组合根据"计算出的"证券市场线可能被评估为绩效优秀，但根据"真实的"证券市场线可能被评估为绩效不佳。

d.假设您得知，与道琼斯工业平均指数、标准普尔500指数和纽约证券交易所综合指数相比，某位投资组合经理的评估结果更优。请说明这种一致结果是否会让您对该投资组合经理的真实能力感到更放心。

e.虽然一些人承认罗尔提出的基准误差可能是一个问题，但他们认为这并不意味着资本资产定价模型不正确，而只是在运用该理论时存在衡量问题。还有一些人认为，由于基准误差，整个方法都应该被废弃。请举出理由支持或反驳其中某种说法。

10.许多投资者都认为，如果不以某种方式考虑投资组合风险，就不可能正确评估投资组合经理的投资绩效。尽管如此，简单（未经风险调整的）指标——例如同类组别比较和投资组合跌幅——仍然是流行的评估工具。请说明在没有明确考虑投资风险的情况下，这些简单的绩效指标为投资者提供了哪些信息。

1.您正在考虑投资以下投资组合。相关期间的无风险利率＝0.07。

投资组合	收益率	贝塔系数	σ_i
P	0.15	1.0	0.05
Q	0.20	1.5	0.10
R	0.10	0.6	0.03
S	0.17	1.1	0.06
市场	0.13	1.0	0.04

a.请计算每个投资组合和市场投资组合的夏普指标。

b.请计算每个投资组合和市场投资组合的特雷诺指标。

c.请使用每个指标对投资组合进行排名，对于您在排名中发现的差异，请解释产生这些差异的原因。

2.一位分析师希望使用特雷诺指标和夏普指标来评估完全由美国普通股组成的投资组合X。下表提供了过去8年中投资组合X、市场投资组合（以标准普尔500指数衡量）和美国国库券的平均年收益率。

	平均年收益率（%）	收益率的标准差（%）	贝塔系数
投资组合X	10	18	0.60
标准普尔500指数	12	13	1.00
美国国库券	6	n/a	n/a

注：n/a＝不适用。

a.请计算投资组合X和标准普尔500指数的特雷诺指标和夏普指标。请简要说明使用特雷诺指标和夏普指标判断时，投资组合X的风险调整收益率是低于、等于还是高于标准普尔500指数。

b.请根据第a问计算的投资组合X相对于标准普尔500指数的表现，简要说明使用特雷诺指标与夏普指标时结果相互矛盾的原因。

3.您被委派了一项任务，任务是比较五位不同养老基金经理的投资绩效。收集了每家基金60个月的超额收益率（超过月无风险利率的收益率）以及整个股市在同一时期的月超额收益率后，您计算了以下回归方程：

$$(R_{fund} - RFR)_t = \alpha + \beta(R_{mkt} - RFR)_t + e_t$$

然后，您编制了以下数据摘要，在括号中列出了每个系数的标准差。

投资组合	回归数据 α	β	R^2(%)	$(R_{fund}-RFR)$ 均值(%)	σ(%)
ABC	0.192 (0.11)	1.048 (0.10)	94.1	1.022	1.193
DEF	−0.053 (0.19)	0.662 (0.09)	91.6	0.473	0.764
GHI	0.463 (0.19)	0.594 (0.07)	68.6	0.935	0.793
JKL	0.355 (0.22)	0.757 (0.08)	64.1	0.955	1.044
(MNO)	0.296 (0.14)	0.785 (0.12)	94.8	0.890	0.890

a.样本期内哪只基金的分散化程度最高？如何在这个统计框架中衡量分散化？

b.请根据夏普指标、特雷诺指标和詹森指标对这些基金的绩效进行排名。

c.由于您知道，根据资本资产定价模型，这些回归方程的截距（阿尔法系数）应该为零，因此该系数可以作为衡量投资经理增加的价值的指标。使用双侧95%置信区间，从统计学意义上说，哪些基金的绩效超过市场？哪些基金的绩效不如市场？（注：使用 60 个观察值的相关 t 统计量为 2.00。）

4.请考虑以下两个不同投资组合（标准普尔 500 指数和 90 天期国库券）的历史绩效数据。

投资工具	平均收益率（%）	标准差（%）	贝塔系数	R^2
基金 1	26.40	20.67	1.351	0.751
基金 2	13.22	14.20	0.905	0.713
标准普尔 500 指数	15.71	13.25		
90 天期国库券	6.20	0.50		

a.请计算这两只基金的法马整体绩效指标。

b.这两只基金的风险收益率是多少？

c.请计算这两只基金的以下指标：（1）证券选择导致的收益率，（2）不完全分散化要求的额外收益率，（3）证券选择导致的净收益率。

d.请说明证券选择导致的净收益率的含义以及它如何帮助您评估投资者的绩效。哪只基金绩效最好？

5.您正在评估两位投资组合经理的绩效，并收集了过去十年的年收益率数据：

年份	投资组合经理 X 的收益率（%）	投资组合经理 Y 的收益率（%）
1	−1.5	−6.5
2	−1.5	−3.5
3	−1.5	−1.5
4	−1.0	3.5
5	0	4.5
6	4.5	6.5
7	6.5	7.5
8	8.5	8.5

续表

年份	投资组合经理 X 的收益率（%）	投资组合经理 Y 的收益率（%）
9	13.5	12.5
10	17.5	13.5

a.请计算每位投资组合经理的（1）平均年收益率，（2）收益率的标准差，（3）收益率的半离差。

b.假设 10 年样本期的平均年无风险利率为 1.5%，请计算每个投资组合的夏普比率。根据这些计算结果，哪位投资组合经理的绩效最好？

c.使用平均无风险利率作为最低可接受收益率，请计算每个投资组合的索提诺比率。根据这些计算结果，哪位投资组合经理的绩效最好？

d.您预期夏普比率和索提诺比率何时会提供相同的绩效排名？何时会提供不同的绩效排名？请说明原因。

6.两位投资组合经理（A 和 B）和一个共同基准投资组合的绩效数据如下：

	基准		投资组合经理 A		投资组合经理 B	
	权重	收益率（%）	权重	收益率（%）	权重	收益率（%）
股票	0.6	−5.0	0.5	−4.0	0.3	−5.0
债券	0.3	−3.5	0.2	−2.5	0.4	−3.5
现金	0.1	0.3	0.3	0.3	0.3	0.3

a.请计算：（1）基准投资组合的总收益率，（2）投资组合经理 A 的实际投资组合的总收益率，以及（3）投资组合经理 B 的实际投资组合的总收益率。请简要评论这些投资组合经理的绩效是差于还是优于基准投资组合。

b.请使用归因分析，计算：（1）投资组合经理 A 的选择效应，（2）投资组合经理 B 的配置效应。请将这些数字与第 a 问的答案相结合，说明这些投资组合经理是通过选择技巧还是配置技巧增加价值，还是两者兼而有之。

7. 一家美国养老金计划聘请了两家离岸公司来管理其总投资组合中的非美国股票。每家公司都可以自由持有摩根士丹利资本国际欧洲、澳大利亚和远东指数中包含的任何国家市场上的股票，并且可以自由使用任何形式的美元现金或债券和（或）非美元现金或债券作为股票替代品或准备金。三年过去了，两家投资组合管理公司以及欧洲、澳大利亚和远东指数的绩效记录如下：

总结：对收益率的贡献（%）

	货币	国家选择	股票选择	现金/债券配置	总收益率
投资组合管理公司 A	(9.0)	19.7	3.1	0.6	14.4
投资组合管理公司 B	(7.4)	14.2	6.0	2.81	5.6
投资组合管理公司 A 和投资组合管理公司 B 的综合结果	(8.2)	16.9	4.5	1.71	5.0
欧洲、澳大利亚和远东指数	(12.9)	19.9	—	—	7.0

您是该养老金计划发起人的养老金委员会的成员，该委员会将很快与养老金计划的顾问会面，审核投资组合管理者的绩效。在准备这次会议时，您将进行以下分析：

a. 请简要描述每位投资组合经理相对于欧洲、澳大利亚和远东指数数据的优势和劣势。

b. 请简述"货币"一栏中数据的含义。

8. 您在某个利润分享计划的养老金委员会担任顾问，为了向委员会说明衡量绩效时出现的某些问题，您列出了三家美国固定收益证券管理公司，它们的投资方法代表了一般实务。这三家公司采用的方法如下。

A 公司：增强指数基金管理者，寻求通过出众的证券选择技巧来增加价值，同时保持投资组合的久期和部门权重与整个债券市场相等。

B 公司：只投资于国债和公司债券的活跃久期管理者。该公司使用期货来管理投资组合的久期。

C 公司：主动管理者，寻求通过正确预测收益率曲线形状的变化来增加价值，同时保持投资组合的久期和行业权重与整个债券市场大致相等。

您已向养老金委员会提供了关于这些公司的以下额外信息，这些信息来自某位顾问的数据库。

年化总收益率数据（过去 5 年）			
	A 公司	B 公司	C 公司
报告收益率（%）	9.2	9.3	9.0

	指数部门				
	总指数	国债	公司债券	国债/公司债券	抵押贷款支持债券
指数收益率（%）	8.7	9.0	9.8	9.5	8.3

	顾问对管理者的分类（%）		
	所有管理者	使用总指数作为基准的管理者	使用国债/公司债券部门作为基准的管理者
收益率第 5 个百分位	6.0	7.7	8.4
收益率第 25 个百分位	7.1	8.1	8.9
收益率第 50 个百分位	8.0	8.6	9.4
收益率第 75 个百分位	8.6	9.1	9.9
收益率第 95 个百分位	9.3	13.1	13.9

请评估这三家公司各自相对于适用的指数和管理者总体的绩效。在评估时，请只使用文字描述和上表中的数据，即使需要其他信息才能进行更完整、更准确的评估。

9.投资组合经理 L 和投资组合 M 向您提供了过去六个季度中每季他们管理的资金总价值，以及每季的客户增资或撤资情况（单位为美元）。（注：增资用正数表示，撤资用负数表示。）

季度	投资组合经理 L		投资组合经理 M	
	管理的总资金	增资/撤资	管理的总资金	增资/撤资
初始	500 000	—	700 000	—
1	527 000	12 000	692 000	−35 000
2	530 000	7 500	663 000	−35 000
3	555 000	13 500	621 000	−35 000
4	580 000	6 500	612 000	−35 000
5	625 000	10 000	625 000	−35 000

请计算每位投资组合经理的如下收益率：

a.价值加权收益率；

b.时间加权收益率；

c.使用迪茨近似法估计的季度收益率，假设注资/撤资发生在季度正中间。

10.您在一家采用"外部投资"模式的私人财富管理公司工作，该公司需要决定应向客户推荐哪些外部投资组合管理者。您正在考虑是否将一家共同基金加入优选推荐名单，它名为主动基金，是一只以标准普尔 500 指数为基准的主动管理股票投资组合。您需要使用以下头寸的月收益率样本评估主动基金过去的投资绩效：（1）主动基金的投资组合，（2）标准普尔 500 指数，（3）美国国库券，以及（4）三个主要的法马-弗伦奇风险因素（超额市场收益率、公司规模和相对估值）。图表 18-20 列出了这些数据。

图表 18-20　主动基金、标准普尔 500 指数、国库券和法马-弗伦奇因素

月份	收益率（%）			法马-弗伦奇因素收益率（%）		
	主动基金	标准普尔500指数	国库券（无风险收益率）	超额市场收益率	公司规模	相对估值
1	9.254	2.757	0.420	0.970	−4.030	4.620
2	7.576	7.552	0.410	6.160	−3.460	0.090
3	−2.106	−1.981	0.460	−1.600	3.140	1.080
4	5.085	6.244	0.450	4.850	−1.580	−2.540
5	−1.745	0.785	0.390	−0.480	−2.540	4.830
6	−5.031	−4.101	0.430	−4.870	−0.320	3.850
7	4.064	5.965	0.430	3.820	−5.140	−1.200
8	8.062	6.084	0.490	6.640	4.620	−4.090
9	3.394	4.478	0.370	4.050	1.360	0.830
10	6.900	7.955	0.480	7.200	−2.370	−0.690
11	0.292	−5.597	0.410	−4.060	7.440	0.900
12	3.074	5.476	0.440	5.360	2.580	−0.380
13	−1.616	−3.336	0.420	−3.830	−0.930	2.530
14	−2.932	4.625	0.390	2.720	−5.050	1.050
15	0.445	1.716	0.480	1.320	−2.330	3.600
16	−1.064	1.105	0.430	0.010	−1.010	−1.670
17	8.570	7.208	0.390	6.890	0.290	−1.230
18	3.807	5.117	0.390	4.750	−1.450	1.920
19	0.732	1.006	0.430	0.660	0.410	0.220
20	−2.555	−1.717	0.400	−2.950	−3.620	4.290
21	4.641	4.059	0.410	2.860	−3.400	−1.540
22	−1.793	−1.062	0.400	−2.720	−4.510	−1.790
23	−17.065	−14.443	0.430	−16.110	−5.920	5.690
24	15.715	6.407	0.460	5.950	0.020	−3.760
25	−3.536	8.127	0.320	7.110	−3.360	−2.850
26	3.582	6.058	0.310	5.860	1.360	−3.680
27	10.010	5.759	0.380	5.940	−0.310	−4.950
28	6.630	4.180	0.350	3.470	1.150	−6.160
29	−4.205	−3.103	0.350	−4.150	−5.590	1.660
30	5.430	3.999	0.430	3.320	−3.820	−3.040
31	0.803	3.873	0.370	4.470	2.890	2.800
32	−3.520	−2.358	0.340	−2.390	3.460	3.080
33	4.740	5.545	0.400	4.720	3.420	−4.330
34	−0.759	−3.115	0.380	−3.450	2.010	0.700
35	−1.875	−0.498	0.390	−1.350	−1.160	−1.260

续表

月份	收益率（%）		国库券（无风险收益率）	法马-弗伦奇因素收益率（%）		
	主动基金	标准普尔500指数		超额市场收益率	公司规模	相对估值
36	−1.187	−2.738	0.390	−2.680	3.230	−3.180
37	7.071	6.326	0.390	5.800	−6.530	−3.190
38	2.434	2.033	0.360	3.200	7.710	−8.090
39	10.059	5.886	0.440	7.830	6.980	−9.050
40	−3.845	−5.024	0.410	−4.430	4.080	−0.160
41	5.785	−1.891	0.430	2.550	21.490	−12.030

a. 对于主动基金和标准普尔 500 指数，请计算它们在 41 个月样本期的一系列月风险溢价（超过无风险利率的收益率）。请使用这些超额收益率数据计算主动基金和标准普尔 500 指数的夏普比率。

b. 请根据主动基金超额收益率对标准普尔 500 指数超额收益率的回归方程，使用回归分析计算主动基金的如下数据：(1) 单因素詹森阿尔法系数；(2) 贝塔系数；(3) R^2。请逐一简要解释这些指标说明了应如何管理主动基金。

c. 请使用第 a 问和第 b 问的答案计算主动基金和标准普尔 500 指数的特雷诺比率，假设标准普尔 500 指数的贝塔系数为 1.00。

d. 请比较夏普指标和特雷诺指标对主动基金经理跑赢市场的能力（以风险调整绩效为准）的衡量结果。如果这两个指标给出了相互矛盾的结果，请解释这种矛盾。

e. 请计算主动基金相对于标准普尔 500 指数基准的月跟踪误差和年跟踪误差。该跟踪误差表明主动基金经理的投资风格一致性如何？对于共同基金经理而言，该跟踪误差是否处于适当水平？

f. 请使用第 a 问的超额收益率，计算主动基金相对于标准普尔 500 指数基准的月信息比率和年信息比率。请简要说明该信息比率说明主动基金经理相对于一般股票市场的投资能力如何。

g. 请估计主动基金的超额收益率对三个法马-弗伦奇风险因素的回归结果。请解释回归结果的以下每个组成部分：(1) 截距系数；(2) 三个自变量各自的贝塔系数；(3) R^2。请逐一解释这些统计量说明主动基金经理的投资风格和主动基金绩效超过市场预期的能力如何。

h. 根据以上所有分析，您是否会建议高管将主动基金列入投资组合管理者的优选推荐名单？请说明您做出该决定的理由。

参考文献

术语表

A

异常收益率（abnormal rate of return） 证券的实际收益率与预期收益率的差异，它取决于市场收益率和证券与市场的关系。

应计利息（accrued interest） 自上一个付息日以来的累计债券利息。

积累阶段（accumulation phase） 投资生命周期中的一个阶段，在这个阶段，处于职业生涯早期和中期的个人试图积累资产，以满足短期需求和长期目标。

主动比例（active share） 确定投资组合中主动管理程度的统计指标。

代理冲突（agency conflict） 只要雇用某个人（即代理人）依照另一个人（即委托人）的利益提供服务或采取行动就可能出现的道德问题。

算法交易（algorithmic trading） 基于计算机程序（算法）进行的交易，这种程序规定了由基本事件（例如，盈利公告或盈利调整）或技术信号（动量模式或其他技术规则）确定的交易指令。使用计算机算法执行的交易的反应速度明显快于人类交易者——算法交易者可以在几微秒内买卖股票。这将产生更高的交易量，但也可能出现更大的波动（参见"闪崩"）。

阿尔法系数（alpha） 通常用于描述投资组合经理的异常收益率，即投资组合产生的实际收益率与给定风险水平下的预期收益率之间的差异。

另类资产（alternative asset） 一种非传统（既非普通股也非债券）资产类别投资，包括对冲基金、私募股权、房地产和商品。

另类交易系统（alternative trading system，ATS） 一种非传统的计算机交易系统，它与交易商市场和传统证券交易所形成竞争或互为补充。它们通常是以单一价格匹配和执行买卖订单的交叉网络。虽然它们促进了股票交易，但不提供上市服务。

美国存托凭证（American Depository Receipts，ADRs） 由美国银行发行的所有权证书，代表对一定数量的特定外国公司股票的间接所有权。这些股票存放在该公司母国的某家银行中。

美式期权（American options） 可以在到期日之前的任何时间执行的期权合约。

异常现象（anomalies） 看上去与某个受到推崇的假说相矛盾——在这种情况下是有效市场假说——的证券价格关系。

套利（arbitrage） 一种旨在从交易中产生有保证的利润，而无须交易者投入资本或承担风险的交易策略。套利交易的一个简单例子是在不同市场上以不同价格同时买入和卖出相同证券。

套利定价理论（arbitrage pricing theory，APT） 一种假设可以用与几个常见风险因素的关系来描述金融资产的预期收益率的理论。多因素套利定价理论可以与单因素资本资产定价模型进行对比。

算术平均值（arithmetic mean，AM） 一种年均收益率指标，它等于年持有期收益率之和除以年数。

资产配置（asset allocation） 决定如何在不同资产类别之间分配投资者财富以进行投资的过程。

资产支持证券（asset-backed securities，ABS） 可以由传统抵押资产以外的一系列资产支持的证券化债务。其他资产包括汽车贷款、信用卡债务、学生贷款或房屋净值贷款。

资产类别（asset class） 具有相似特征、属性和风险-收益关系的证券。

资产负债管理（asset-liability management） 一种用于投资组合管理的匹配融资方法，这种方法令投资者的资产特征（例如，现金流金额、久期）与负债特征相匹配。

资产管理规模（assets under management，AUM） 投资公司管理的资产的总市值。

平价期权（at the money） 一种特殊的期权，指执行价格和基础资产的价格相同的期权。

归因分析（attribution analysis） 一种评估方法，旨在确定投资组合经理相对于基准的绩效是源于市场择时技能还是证券选择技能。

自相关检验（autocorrelation test） 一种对有效市场假说的检验，它比较了证券价格随时间推移的变化，以检查可预测的相关性模式。

B

现货溢价（backwardated） 期货市场中当前期货合约价格低于当前基础资产现货价格的情况。

平衡基金（balanced funds） 一种共同基金，它通常有三个投资目标：（1）保护投资者的本金，（2）支付当期收益，（3）增加本金和收益。平衡基金旨在通过持有债券、优先股和普通股的组合来实现这个目标。

基差（basis） 任何时点上基础资产的现货价格与期货价格的差异（例如，期货合约成立时的初始基差，期货合约终止时的抛补基差）。

基点价值（basis point value，BPV） 该指标衡量了到期收益率变化一个基点（例如，从 5.00% 变为 4.99%）引起的债券价格变化。

基差风险（basis risk） 交叉对冲交易导致的基础资产价格波动剩余风险。

无记名债券（bearer bond） 一种由持有权确定所有权的无记名债券。持有者剪下附在债券上的息票并将其交给发行人，发行人依此向持有者支付利息。

行为金融学（behavioral finance） 对个人的各种心理特征以及这些特征如何影响其作为投资者、分析师和投资组合经理的行为的分析。

基准误差（benchmark error） 使用不适当或不正确的基准来比较和评估投资组合收益率和管理的情况。

基准投资组合（benchmark portfolio） 投资政策声明中包含的风险和资产的比较标准，它类似于投资者的风险偏好和投资需求，可用于评估投资组合经理的投资绩效。

尽力推销（best efforts offering） 在首次公开募股中，投资银行仅承诺尽最大努力为新股找到投资者。

贝塔系数（beta coefficient） 基于资产与市场投资组合的协方差的系统性风险标准化指标。

二项式期权定价模型（binomial option pricing model） 假设基础资产价格会发生一系列离散变化（上升或下降）的估值方程。

布莱克-斯科尔斯模型（Black-Scholes model） 该估值方程假设基础资产的价格按照被称为几何布朗运动的统计过程持续变化，直至期权到期日。

债券阶梯（bond ladder） 一种固定收益证券投资组合管理策略，按照该策略，投资被平均分配给在所需投资期规律到期的债券。

债券互换（bond swap） 一种主动债券投资组合管理策略，它用一个头寸交换另一个头寸，以利用它们之间的某种差异。

自下而上法（bottom-up approach） 从公司层面开始的证券分析方法，与从总体市场层面开始的自上而下法相反。

盈亏平衡时间（breakeven time） 它衡量了可转换债券的较高利息收入必须持续多久，才能弥补债券价格与转换价值之间的差异。

经济周期（business cycle） 经济体从商品和服务产出达到峰值、收缩、恢复到之前的峰值（复苏），再到进一步增长（扩张）的周期。

商业风险（business risk） 由公司所在行业特征导致的营业收入的波动性。商业风险的两个来源是销售收入波动性和营业杠杆。

买入并持有（buy-and-hold） 一种投资组合被动管理策略，即买入证券（债券或股票）并持有至到期。

买方（buy-side） 协助个人和机构进行投资的公司。例如共同基金、对冲基金、信托公司、养老基金和捐赠基金。

C

集合竞价市场（call markets） 只在特定时间进行个股交易的市场。当时可以获得的所有买价和卖价被放到一起，市场管理者指定一个可能在当时出清市场的单一价格。

看涨期权（call option） 在特定时期内以被称为执行价格的指定价格买入资产的期权。

赎回溢价（call premium） 发行人为了在规定到期日之前赎回债券而必须向债券持有者支付的超过面值的金额。

资本配置（capital allocation） 公司管理层利用资源为股东创造价值的方法，包括并购、投资新项目、支付股利和回购股票。

资本增值（capital appreciation） 投资者为增加投资组合价值（主要是通过资本收益）以满足未来需求而非实现股利收益而追求的收益目标。

资本资产定价模型（capital asset pricing model, CAPM） 一种根据资产相对于单一市场投资组合的系统性风险推导出风险资产的预期收益率或必要收益率的理论。

资本市场线（capital market line, CML） 从截距开始的一条直线，它表示无风险利率与初始有效边界的切线；它将成为新的有效边界，因为这条线上的投资优于初始马科维茨有效边界上的所有投资组合。

资本保值（capital preservation） 投资者寻求将损失风险降至最低的收益率目标；通常是风险厌恶投资者的目标。

大额存单（certificates of deposit, CDs） 由银行和储贷机构发行的工具，它要求特定期限内的存款不低于某个金额，且支付的利率高于存款账户。

特征线（characteristic line） 表示风险资产的系统性风险（贝塔系数）的回归线。

封闭式投资公司（closed-end investment company） 只发行有限数量的股票，且不赎回（回购）这些股票的基金。封闭式投资公司的股票按照由供求决定的价格在证券市场上交易。

变异系数（coefficient of variation, CV） 一个衡量相对波动性的指标，它表示单位收益率的风险。它等于标准差除以均值。用于投资时，它等于收益率的标准差除以预期收益率。

领式期权（collar agreement） 一种对冲安排，它通过同时买入一份看跌期权和卖出一份看涨期权来避免基础资产贬值。

债务抵押债券（collateralized debt obligations, CDOs） 它被视为资产支持证券（ABS）市场的一部分，因为它由证券投资组合的现金流支持。与抵押贷款、信用卡债务和汽车贷款等特定证券相比，债务抵押债券是独特的，因为它通常包括不同信用评级的各种债务。最后，债务抵押债券通常有多个不同信用评级（从 AAA 级到非投资级）的组别。

抵押担保债券（collateralized mortgage obligations, CMOs） 一种基于抵押贷款池的债券，它按指定顺序向组别进行支付，从而提供了相对可预测的期限。

经纪商（commission brokers） 为公司客户买卖证券的成员公司的员工。

普通股（common stock） 代表公司所有权的股权投资，分享公司的全部成功，也分担公司的全部失败。支付股利必须经过公司董事的批准。

竞价投标（competitive bid） 一种承销方案，其中发行实体（政府机构或公司）指定发售的证券类型（债券或股票）和证券的一般特征，发行人向相互竞争的投资银行征集出价，并将接受银行的最高出价。

完全分散化的投资组合（completely diversified portfolio） 通过分散化消除了所有非系统性风险的投资组合。

完整基金（completeness fund） 一种用于构建被动投资组合基础的专门指数，其目的是剔除客户的主动投资组合经理投资的部门，从而使客户的总投资组合实现分散化。

巩固阶段（consolidation phase） 投资生命周期中的一个阶段，在此阶段，投资者通常已度过职业生涯中点，他们的收入超过支出，并将收入进行投资，以满足未来的退休生活或遗产规划需求。

固定增长模型（constant growth model） 一种假设现金流以固定速度增长的股票估值方法，也被称为戈登增长模型。该公式表示一只不断增长的永续年金。

期货溢价（contango） 期货市场中当前期货价格高于当前基础资产现货价格的情况。

或有递延前期销售费（contingent, deferred sales loads） 共同基金在投资者出售或赎回股票时收取的销售费用；也被称为追尾费用或赎回费用。

连续市场（continuous market） 开市时，通过拍卖程序或交易商对股票进行连续定价和交易的市场。

合约价格（contract price） 远期合约或期货合约中规定的交易价格。

逆势（contrarian） 试图买入（或卖出）大多数其他投资者看跌（或看涨）的证券的投资策略。

便利收益（convenience yield） 对理论远期合约或期货合约的交割价格进行的调整，以考虑消费者对持有基础资产现货头寸的偏好。

转换系数（conversion factors） 对国债期货合约条款进行的调整，以允许交割标准化基础资产以外的工具。

转换溢价（conversion premium） 如果可转换证券被立即转换为普通股，其市场价值超过股票价值的部分。通常表示为股票价值的一定百分比。

转换平价（conversion parity price） 以面值交出可转换工具时可获得的普通股价格。

转换比率（conversion ratio） 可转换证券可以交换的普通股股数。

可转换债券（convertible bonds） 一种具有附加特征的债券，这种特征规定债券持有者可以选择将债券返还给公司，以换取指定数量的公司普通股。

凸性（convexity） 衡量债券价格收益率曲线偏离直线的程度的指标。该特征会影响在给定收益率变化下对债券价格波动率的估计。

核心增益（core-plus） 将一大部分可用资金配置于广泛反映整个债券市场的被动管理高评级证券投资组合中的债券投资组合管理方法；该投资组合是策略的"核心"。

公司治理（corporate governance） 用于指导和控制公司的规则、政策和程序。

相关系数（correlation coefficient） 衡量两个变量之间的关系的标准化指标，范围为-1.00到$+1.00$。

持有成本（cost of carry） 储存商品或证券以备未来交割所需的净成本，计算方法通常为实物储存成本加上金融资本成本，再减去支付给基础资产的股利。

交易对手（counterparties） 衍生品交易的参与者。

国家风险（country risk） 由于投资所在国家可能发生重大政治或经济变化而产生的不确定性；也被称为政治风险。

息票利息（coupon） 表示债券支付的利息。它是息票利率乘以面值，表示债券支付的利息。

息票利息再投资风险（coupon reinvestment risk） 息票利息的再投资利率的不确定性导致的利率风险。

协方差（covariance） 该指标衡量了两个变量（例如投资资产的收益率）相对于各自的平均收益率的同步变化程度。

抛补看涨期权（covered call） 一种交易策略，它是指卖出看涨期权，作为基础资产多头或资产组合多头的补充。

抛补利息套利（covered interest arbitrage） 一种交易策略，它是指在一个国家借入资金，并将其贷给另一个国家，以利用与利率平价模型的价格偏离。

信用分析（credit analysis） 一种债券投资组合主动管理策略，旨在识别预期会出现评级变化的债券。在投资高收益债券时，这种策略至关重要。

信用违约互换（credit default swap, CDS） 这种协议的保护买方定期支付保费，以换取保护卖方在预先确定的参考实体（通常是某个具体的债券或债券指数）发生信用相关事件时支付结算款项的义务。

交叉对冲（cross hedge） 一种交易策略，它是指用基于不同基础资产或不同结算条款的远期合约或期货合约对冲某种商品或证券头寸的价格波动。

交叉价格（crossover price） 到期收益率等于赎回收益率的价格。在高于这个价格时，赎回收益率是适当的收益率衡量指标；在低于这个价格时，到期收益率是适当的收益率衡量指标。

当期收入（current income） 投资者寻求产生收入而非资本收益的收益率目标。这通常是希望用收入来补充收益以满足生活开销的投资者的目标。

当期收益率（current yield） 以当期收入（息票利息）占市场价格的百分比衡量的债券收益率。

周期性公司（cyclical company） 利润随着一般经济活动而上升和下降的公司。

周期性股票（cyclical stock） 高贝塔系数的股票；它的收益通常超过上涨市场中的股票收益，而损失通常超过下跌市场中的股票损失。

D

股权登记日（date of record） 在这一天登记

在股东名册上的投资者才能获得股利。

交易商市场（dealer market） 个体交易商通过自己买卖股票为投资者提供流动性的市场。

公告日（declaration date） 董事会宣布股利的日期。

专门管理（dedication） 一种投资组合管理方法，其中投资组合的现金流被用于在一个时期内偿还一组负债。

专门投资组合再投资（dedication with rein-vestment） 一种专门投资组合策略，其中投资组合现金流可能先于相应的负债产生。在负债到期需要偿还之前，这种现金流可以被再投资以赚取收益。

违约风险（default risk） 债券发行人无法履行还本付息义务的可能性。

防御型公司（defensive companies） 未来收益可能经受住经济衰退的公司。

防御型股票（defensive stock） 在熊市期间预期收益率降幅小于整体市场降幅的股票（贝塔系数小于1）。

德尔塔系数（delta） 基础资产价格变化1美元时的期权价值变化；这是期权的对冲比率，即单份期权合约可以对冲的基础资产数量。

人口特征（demographics） 描述一群人的年龄、种族构成和收入等因素的统计特征。

衍生品（derivative security） 市场价值最终取决于或衍生自更基本的投资工具（被称为基础资产或基础证券）的价值的工具。

披露法规（disclosure statute） 美国证券交易委员会颁布的证券法律，它确保发行公司已披露所有必要信息，使投资者可以平心做出明智的决定。

折价（discount） 债券由于资本市场状况而以低于面值的价格出售。

贴现现金流分析（discounted cash flow analy-sis） 一种证券估值方法，它首先估计未来现金流，其次以适当的资本成本贴现，以得到现在的价值。

分散化（diversification） 一种在多种金融工具、部门或要素特征之间分配投资以降低风险的投资方法。

股利贴现模型（dividend discount model，DDM） 一种通过计算所有未来股利的现值估计股票价值

的方法。

下行风险（downside risk） 投资组合的收益率跌至投资者指定的最低可接受收益率以下的风险。

久期（duration） 衡量债券市场价格的利率敏感性指标，它考虑了息票利率和到期期限；表示为收益率变化100个基点时的价格变化百分比。

E

利润动量（earnings momentum） 一种用盈利上升的公司股票构建投资组合的策略。

盈利意外（earnings surprise） 与分析师普遍预期不同的公司盈利公告。

EBITDA 计算利息、税项、折旧和摊销前的利润。

有效资本市场（efficient capital market） 证券价格迅速反映所有证券信息的市场。

有效边界（efficient frontier） 在每个给定风险水平下具有最大收益率，或在每个潜在收益率下具有最小风险的一组投资组合。

电子通信网络（electronic communication net-work，ECN） 一种撮合买卖订单的计算机交易系统，通常用于散户交易和小型机构交易。电子通信网络将充当客户的经纪商——它们不会用自己的账户买卖。换言之，它们是没有指定做市商的电子订单簿。

增强指数化（enhanced indexing） 一种投资组合管理策略，它通过结合被动（即指数化）管理方法和主动管理方法，试图使投资组合的风险调整收益率超过指定基准的风险调整收益率。

环境、社会和治理（environmental，social and governance，ESG） 具有社会意识的投资者在进行投资之前可能会考虑的因素。

股票领式期权（equity collar） 一种基于期权的对冲策略，它通过买入看跌期权来保护股票头寸免受价格下跌的影响，买入看跌期权所需资金由卖出看涨期权所得款项支付。

股权倍数（equity multiples） 用于为公司股票估值的工具；倍数描述了利润或账面价值必须乘以多少倍才能计算出股票价值。

股票互换（equity swap） 一种衍生品交易，它是指一笔现金流与某个股票投资组合头寸（通常为标准普尔500指数等指数）的收益率挂钩，而另一笔现金流则基于某个浮动利率指数。

估计收益率（estimated rate of return） 投资者预期在特定未来持有期内从特定投资中获得的收益率。

欧洲债券（Eurobonds） 以发行国货币以外的货币计价的债券。

欧式期权（European option） 只能在到期日执行的期权合约。

除息日（ex-dividend date） 股票开始交易但无权获得股利的日期。

交易所清算所（exchange clearinghouse） 附属于期货交易所的职能部门，负责保证合同履行、监督交割、充当账簿管理人和计算交易结算金额。

汇率风险（exchange rate risk） 由于投资以投资者本国货币以外的货币计价而产生的不确定性。

交易所交易基金（exchange traded fund，ETF） 一种可交易存托凭证，它按比例赋予投资者与金融机构受托持有的证券组合（通常旨在模拟某个指数，例如标准普尔 500 指数）相关的收益率索偿权。

执行价格（exercise price） 期权合约中规定的交易价格；也被称为行权价格。

预期收益率（expected rate of return） 分析师根据相关期间的市场收益率和证券与市场的关系进行计算，其结果表明证券应提供的收益率。

费用率（expense ratio） 基金资产每年扣除的费用所占的百分比，这些费用包括管理费用、行政费用和运营成本，但不包括证券交易费用。

F

因素投资（factor investing） 一种构建投资组合以强调证券特征（相对价值、市值、系统性风险、动量）而非传统资产类别定义的投资策略。

受托人（fiduciary） 监管或监督第三方投资组合（例如在信托账户中的投资组合）并根据所有者意愿做出投资决策的人。

财务风险（financial risk） 公司的固定融资成本（例如利息支付）产生的未来收入波动性。固定财务成本的影响是放大了营业利润变化对净利润或每股利润的影响。

包销（firm commitment） 投资银行与发行股票的公司签订的协议，其中规定银行承诺以约定价格购买股票，并承担将股票转售给投资者的风险。

闪崩（flash crash） 发生在 2010 年 5 月 6 日的股价大幅下跌，它是由嵌入算法交易程序的一组卖出交易引起的。股价突然下跌导致其他几个交易程序从市场撤资，产生严重的流动性不足和崩盘。

持平价格（flat price） 债的总发票价格与应计利息金额之差。

灵活投资组合（flexible portfolio） 允许投资组合经理根据市场条件变化在股票、债券和现金之间转移资产的共同基金；又被称为资产配置基金。

浮动利率票据（floating-rate note，FRN） 定期支付息票利率，且息票利率与某个浮动利率（通常为 LIBOR）挂钩的短期债券和中期债券。

远期合约（forward contract） 两个交易对手之间的协议，它要求在未来某个固定时间以预先确定的价格交换某种商品或证券。

远期折价（forward discount） 从本国角度看，本币与某种外币的现汇汇率小于远期汇率的情况。

远期倍数（forward multiple） 根据下一年的利润、EBITDA 或其他指标，而不是上一年的利润、EBITDA 或其他指标来估计股票价值或企业价值的指标。

远期利率（forward rate） 两种不同期限证券的即期利率隐含的未来持有期的短期收益率。

远期溢价（forward premium） 从本国角度看，本币与某种外币的现汇汇率大于远期汇率的情况。

远期利率协议（forward rate agreement，FRA） 两个交易对手同意分别基于固定利率和浮动利率进行一笔现金流交换的交易。

股权自由现金流（free cash flow to equity，FCFE） 该现金流指标等于经营现金流减去资本支出和债务偿付。

公司自由现金流（free cash flow to the firm，FCFF） 经营企业、再投资于长期资产或企业以及净营运资本后剩余的现金流；这笔剩余现金流可以分配给资本提供者。

完全复制法（full replication） 一种构建被动指数投资组合的方法，指数中的所有证券均根据其在指数中的权重按比例购买。

基本面倍数（fundamental multiple） 一种用于评估公司股权价值的指标，它基于基础的基本面因素，例如增长率、利润率和股权收益率。

期货合约（futures contracts） 规定在未来特定交割日期以特定资产交换特定支付款项的协议。

G

一般责任债券（general obligation bonds, GOs） 还债资金来源于发行人的完全征税权，并由发行人的完全征税权担保的市政债券。

几何平均值（geometric mean, GM） n 年的年持有期收益率之积取 n 次方根再减 1。

赠与阶段（gifting phase） 投资生命周期中的一个阶段，在此阶段，个人使用多余资产资助亲友、建立慈善信托或建立信托以尽量减少遗产税。

《全球投资绩效准则》（Global Investment Performance Standards, GIPS） 一套用于报告投资绩效的权威标准。

政府资助企业（government sponsored enterprises, GSE） 由政府设立，为政府认为重要的特定经济部门提供支持的实体。例如联邦国民抵押贷款协会（房利美）和联邦住房抵押贷款公司（房地美）。

总价差（gross spread） 承销商承销首次上市股票所收到的补偿，它等于新投资者为股票支付的每股价格减去发行公司得到的每股发行收入；也被称为承销价差。

成长型公司（growth companies） 具有管理能力和机会，能持续进行投资并获得高于公司所需资本成本的收益率的公司。

增长久期模型（growth duration model） 这种方法计算了公司必须以特定增长率增长多久，投资者为其支付的倍数高于为增长较慢的公司或市场指数支付的倍数才是合理的。

成长型股票（growth stock） 产生的收益率高于市场上其他具有类似风险特征的股票的股票。

H

对冲（hedge） 一种交易策略，它使用衍生品来减少或完全抵消基础资产的交易对手风险。

对冲基金（hedge fund） 一种旨在根据某种策略来管理私人未注册资产组合的投资工具。投资策略通常采用套利交易和大量财务杠杆（例如卖空、借款、衍生品），而投资组合经理的薪酬包中通常包括可观的分红。

对冲比率（hedge ratio） 为抵消基础商品或证券头寸的价格波动而必须交易的衍生品合约的数量。

高频交易（high frequency trading, HFT） 如"算法交易"中所述，它是由计算机算法发起和确定的大量公司或机构短期交易。这种交易可能每天发生成千上万笔，每笔往返交易均在几微秒内完成。

高收益债券（high-yield bond） 评级低于投资级的债券；也被称为投机级债券或垃圾债券。

持有期收益比率（holding period return, HPR） 给定时期所有收入来源的投资总收益。当它的值为 1.0 时，表示没有收益或损失。它等于期末财富/期初财富。

持有期收益率（holding period yield, HPY） 以百分比表示的给定时期的投资总收益率；它等于 HPR−1。

基于所持证券的指标（holdings-based measure） 一种绩效衡量指标，它基于投资组合经理在一个时期内如何改变投资组合所持的证券，通常与基准投资组合进行比较。

投资期收益率（horizon yield） 投资者预期在到期前出售的债券的预期收益率。

I

免疫（immunization） 将修正久期与投资组合的投资期相匹配，以消除利率风险的债券投资组合管理方法。

隐含远期利率（implied forward rate） 根据当前 T 年期利率与 $T+N$ 年期利率之间的关系对 N 年期未来利率的估计值。

隐含波动率（implied volatility） 基础资产价格变化的标准差，它可以从与特定估值模型相关的期权市场价格中推断出来。

价内期权（in the money） 一种具有正内在价值的期权。

指数基金（index funds） 一种旨在准确模拟基础指数（例如标准普尔 500 指数）的构成的投资组合。

指数化（indexing） 一种被动债券投资组合管理策略，它力求模仿选定市场指数的构成，从而模仿其绩效。

投资兴趣表示（indications of interest） 投资者告诉承销商他（她）愿意以特定价格购买的股数。

信息有效市场（informationally efficient market） 描述有效资本市场的专业术语，它强调了信息在设定市场价格中的作用。

信息比率（information ratio） 该指标等于投资组合平均收益率超过比较对象（基准投资组合）平均收益率的部分除以该超额收益率的标准差。

首次公开募股（initial public offerings，IPO） 公司发行的现在没有公开交易市场的新股票。

利率预期（interest rate anticipation） 一种债券投资组合主动管理策略，旨在通过预测利率及其对债券价格的影响来保护资本或利用资本收益机会。

利率平价（interest rate parity） 有效市场中两国货币的现汇汇率和远期汇率与两国的利率之间必然存在的关系。

利率风险（interest rate risk） 由于利率可能发生的变化而导致的投资收益率不确定性。

利率互换（interest rate swap） 一种要求定期交换现金流的协议，其中一笔现金流是基于在合约存续期内保持固定的利率，另一笔现金流则与某个浮动利率指数挂钩。

市场间交易系统（intermarket trading system，ITS） 将相互竞争的交易所和上市股票的交易商连接起来的电脑系统。其目的是帮助客户找到这些股票在某个时点上的最佳市场。

内部收益率（internal rate of return，IRR） 令投资的现金流出现值等于现金流入现值的贴现率。

内在价值（intrinsic value） 看涨期权总价值中的一部分，它等于零和基础资产的当前价值与执行价格之差中的较大者；看跌期权的内在价值是零和执行价格减去基础资产价格中的较大者；股票的内在价值是从股票的预期收益率或现金流的基本面分析中得出的价值。

投资（investment） 当前承诺在一个时期内投入资金，目的是获得未来现金流，以补偿投资者的投资时间、预期通货膨胀率和未来支付的不确定性。

投资公司（investment company） 卖出公司股票并使用所得款项购买股票、债券或其他金融工具的投资组合的公司。

投资期（investment horizon） 用于规划和预测的时期，或投资者需要投资资金的未来时间。

投资管理公司（investment management company） 独立于投资公司、负责管理投资组合并履行行政职能的公司。

投资策略（investment strategy） 投资组合经理关于其将如何管理投资组合以满足客户的目标和目的的决定。这包括主动管理和被动管理。如果是主动管理，则可以分为自上而下法或自下而上法，或者基本面分析与技术分析。

J

J 曲线效应（J-curve effect） 私募股权基金的收益率最初为负数，随后随着实现的投资利润升高而变为正数的趋势。

一月效应（January effect） 一种常见的实证异常现象，即 1 月份的风险调整股票收益率明显高于一年中任何其他月份的收益率。

詹森指标（Jensen measure） 投资组合的风险调整绩效的绝对衡量指标，它的计算方法是以投资组合的超额收益率和市场指数分别作为回归方程的因变量和自变量，取回归方程的截距。

L

限价订单（limit order） 在指定时间内以指定价格交易的证券买卖订单。

有限合伙企业（limited partnership） 由一名或多名普通合伙人管理企业并承担法定债务和义务的商业组织，它有一名或多名有限合伙人，这些有限合伙人承担的责任仅以其投资为限。

流动性（liquidity） 该术语是指资产可以按接近公允市场价值的价格快速转换为现金。

流动性风险（liquidity risk） 由于在二级市场上买卖投资的能力而产生的不确定性。

多头对冲（long hedge） 远期合约或期货合约中用于抵消基础资产空头的价格波动的多头。

多头方（long position） 商品或证券的买方，或者远期合约中将成为基础资产的最终买方的交易对手。

低前期费用基金（low-load fund） 一种共同基金，它在投资者购买基金时收取较低的前期销售费，通常为 3%～4%。

M

麦考利久期（Macaulay duration） 衡量债券现金流发生时间的指标，其中现金流按用到期收益率贴现的现值加权。

维持保证金（maintenance margin） 投资者的股权价值占股票总市值的比例必须达到的要求。如果投资者的股权价值占股票总市值的比例低于该要求，投资者将收到追加保证金通知。

管理和咨询公司（management and advisory firm） 提供从标准银行交易（储蓄账户、个人贷款）到为个人投资者和机构投资者提供构建投资组合和管理投资资金的建议等一系列服务的公司。

管理费（management fee） 投资公司向投资管理公司支付的服务报酬。平均年管理费约为基金资产的 0.5%。

保证金（margin） 买方购买证券时支付的现金（余额向经纪商借入）占证券总成本的百分比。这引入了杠杆，增加了交易的风险。

保证金账户（margin account） 外部交易对手为确保其最终履约向期货交易清算所提交的担保品；初始保证金是签订合同时要求存入的保证金，而维持保证金是任何时候都必需的最低担保金。

追加保证金通知（margin call） 当投资者的股票价值跌至维持保证金要求以下时，投资者的经纪商对以保证金购买的证券提出的追加资本要求。

盯市（marked to market） 用于根据基础资产的每日价格变化调整期货合约的保证金账户的结算过程。

市场（market） 撮合买卖双方以帮助转移商品和（或）服务的方式。

市价订单（market order） 以可得的最佳价格立即买入或卖出证券的订单。

市场投资组合（market portfolio） 包括所有风险资产的投资组合，风险资产的相对权重等于其市场价值在投资组合中所占比例。

市场风险溢价（market risk premium） 投资者预期将从一般市场获得的收益率超过无风险利率的部分，它是对系统性风险的补偿。

平均收益率（mean rates of return） 在一个较长时期内的投资收益率平均值。

均值方差优化（mean-variance optimization）一种构建投资组合的方法，它是指投资者在给定预期（平均）收益率目标下寻求最小化投资组合风险。

修正久期（modified duration） 该指标为麦考利久期除以 1 加上债券的期间收益率，用于近似计算债券的价格波动率。

货币市场（money market） 期限少于 1 年的短期债券的市场。

货币市场基金（money market fund） 投资于在货币市场上出售的短期证券的基金。（大公司、银行和其他机构也将多余现金短期投资于货币市场。）在所有投资品种中，这些证券通常是最安全、最稳定的证券。它们包括国库券、大型银行的存单和商业票据（大型公司的短期借条）。

价值加权收益率（money-weighted return） 使一组未来现金流的现值等于投资当前价值的贴现率；也被称为内部收益率。

移动平均线（moving average） 在一个时期内（通常为 200 天）不断重新计算的证券价格平均值，它是一般价格趋势的指标，也起到基准价格的作用。

多因素模型（multifactor model） 实证版的套利定价理论，在这种模型中，由投资者选择用于描述资产的风险-收益关系的常见风险因素的确切数量和名称。指定的风险因素通常为宏观经济变量（例如通货膨胀率、国内生产总值的变化）或微观经济变量（例如公司规模或账面市值比等具体证券的特征）。

共同基金（mutual fund） 汇集股东的资金并投资于各种证券（包括股票、债券和货币市场证券）的投资公司。共同基金通常随时准备以当前资产净值回购（赎回）其份额，这取决于当时基金证券组合的市场价值。共同基金一般会持续向投资者发售新份额。

N

全美证券交易商协会自动报价系统（National Association of Securities Dealers Automated Quotation system） 一种用于提供场外交易证券的买卖报价的电子系统。

议价销售（negotiated sales） 一种承销安排，它是指发行实体（政府机构或公司）通过与发行人持续保持关系的投资银行出售所发行的证券。所发行证券的特征由发行人与投资银行协商后确定。

资产净值（net asset value，NAV） 投资公司的资产（证券、现金和应计收益）在扣除负债后的市场价值除以流通股股数。

净现值（net present value，NPV） 衡量投资计划的预期超额现金流的指标。它等于投资计划的现金流入按投资的必要收益率贴现的现值减去投资计划的现金流出按投资的必要收益率贴现的现值。如果得出的净现值为正值（即超额净现值），则应进行投资，因为它将提供高于必要收益率的收益率。

新股发行（new issue） 公司公开发售的普通股或债券。

无前期费用基金（no-load fund） 以资产净值出售股票而不另收销售费的共同基金。

标准投资组合（normal portfolio） 一种专门基准或定制基准，用于评估特定投资组合经理的投资风格或投资理念。

名义本金（notional principal） 互换交易的本金价值，它不进行交换，但被用作将利差转化为现金结算支付金额的比例系数。

O

目标（objectives） 以风险和收益率的形式表示并写入投资政策声明的投资者目标。

130/30 策略（130/30 strategy） 一种股票投资组合主动管理方法，它规定了空头占资本的百分比上限（例如30%），并规定杠杆多头占资本的百分比上限与之相等。

开放式投资公司（open-end investment company） 共同基金的更正式名称，如此命名是因为开放式投资公司不断向投资者发售新股份，并可以按照投资者的需求赎回（回购）这些股份。

机会成本（opportunity cost） 实际进行的投资的次优方案的预期收益率。

最优投资组合（optimal portfolio） 有效边界上对给定投资者具有最高效用的投资组合。它位于有效边界与投资者的最高可能效用曲线的切点上。

期权调整利差（option-adjusted spread，OAS） 一种考虑了期限结构变化和利率波动性的替代估计值的收益率利差。它是针对嵌入式期权进行调整后的利差。

期权合约（option contract） 授予所有者在预先确定的未来时间以固定价格交易某种基础商品或证券的权利而非义务的协议。

期权费（option premium） 期权买方为获得期权合约而必须支付给期权卖方的初始价格。

期权清算公司（Options Clearing Corporation，OCC） 旨在担保、监控保证金账户和结算交易所交易期权交易的公司。

价外期权（out of the money） 没有内在价值的期权。

超额配售选择权（overallotment option） 也称"绿鞋"选择权，这是承销协议中的一项规定，允许投资银行在30天内额外购买15%的股份。

增持（overweighted） 由于某种原因，投资组合持有的某类证券数量高于按该类证券的相对市场价值应持有数量的情况。

价值被高估（overvalued） 证券的交易价格高于其内在价值；结果是市场价格没有为投资者提供足够补偿来弥补他承担的风险。

P

面值（par value） 债券投资者在到期时收到的本金的票面价值。

回收期（payback period） 可转换证券相对于股票增加的收入抵消转换溢价所需的时间。

波峰（peak） 当价格停止上涨并开始下跌时的牛市最高点。

同类组别比较（peer group comparison） 一种通过收集代表性投资者在特定时期内产生的收益率来衡量投资组合绩效的方法。

绩效列报标准（performance presentation standards） 由投资管理与研究协会（现为特许金融分析师协会）制定的一套全面的报告指南，旨在满足统一、准确、一贯的绩效报告要求。

投资政策声明（policy statement） 投资者规定投资目标、约束条件和风险偏好的声明。

投资组合（portfolio） 投资者同时在同一处持有的资产的集合。

投资组合跌幅（portfolio drawdown） 用于评估投资组合经理在投资期内防止投资组合价值下降的能力的绩效指标。

投资组合周转率（portfolio turnover） 一年内投资组合出售的证券总价值除以同期基金管理的平均资产价值。

优先股（preferred stock） 规定了股利支付率或股利支付金额的股权投资。公司董事可以决定不支付股利。

初步招股说明书（preliminary prospectus） 也称"红鲱鱼"，这是可以在证券交易委员会宣布登记声明生效之前分发给潜在投资者的招股说明书。

溢价（premium） 债券在资本市场条件的影响下以高于面值的价格出售。

增长机会的现值（present value of the growth

opportunity，PVGO） 股票内在价值中可归因于公司未来增长机会的部分。

价格（price） 市场上的投资者当前必须为证券支付的金额。

价格连续性（price continuity） 流动性市场的一个特征，它是指市场深度导致一笔交易到下一笔交易的价格变化很小。

市盈率（price-earnings ratios） 预期每股利润乘以该数字，将得出估计股票价值；也被称为利润倍数。

价格动量（price momentum） 购买价格涨幅高于市场股价涨幅的股票的投资组合策略。

价格风险（price risk） 利率风险的一部分，它是由市场利率变化导致的债券市场价格不确定性而产生的。

价格加权指数（price-weighted index） 用样本证券当前价格的算术平均值计算出的指数。

一级市场（primary market） 发行人出售新发行证券并获得发行收入的市场。

本金（principal） 到期应偿债券的基础债务的初始价值。

委托代理冲突（principal-agent conflict） 管理层可能没有按照股东的最佳利益行事时发生的冲突。

私募股权（private equity） 对未在交易所或场外交易市场上公开交易的公司或资产组合的所有权。

私募（private placement） 直接出售给一小群投资者（通常为机构）新发行证券。

招股说明书（prospectus） 包含关于企业的信息、对过往绩效和管理层计划的讨论、财务信息、公司将如何使用股票发行收入、股利政策、管理层薪酬和关键会计问题的文件。

保护性看跌期权（protective put） 购买看跌期权作为对基础资产或资产组合多头的补充的交易策略；最直接的投资组合保险形式。

公共债券（public bond） 以便于购买、容易负担的面额出售给个人和金融机构的长期固定债务债券。

纯拍卖市场（pure action market） 一种交易系统，其中感兴趣的买家和卖家将给定股票的买价和卖价提交给某个中心，中心里的经纪商（不拥有股票但促进交易的代理人）负责匹配这些订单。在当前的环境下，交易促进者可以是计算机，也可以是个人。

纯现金匹配专门投资组合（pure cash-matched dedicated portfolio） 一种保守的专门投资组合管理方法，旨在建立某个债券投资组合，使之提供与规定还债时间表完全匹配的现金支付流。

看跌期权-看涨期权平价（put-call parity） 在有效市场中，具有相同基础资产、执行价格和到期日的看跌期权价格和看涨期权价格之间必然存在的关系。

看跌期权（put option） 在特定时期内以规定价格出售证券（股票或债券）的期权。

Q

二次优化（quadratic optimization） 一种依靠历史相关性来构建投资组合的方法，旨在最大限度地减少对指数的跟踪误差。

R

范围远期（range forward） 一种基于看跌期权-看涨期权平价模型变体的交易策略，其中，对于基础资产相同但执行价格不同的期权，买入看涨期权并卖出看跌期权（或者进行相反操作）。

房地产投资信托基金（real estate investment trusts，REITs） 持有房地产投资组合的投资基金。

实际无风险利率（real risk-free rate，RRFR） 没有针对通货膨胀率或不确定性进行调整的基本利率；纯货币时间价值。

实际收益率（realized yield） 假设所有现金流均以明确利率进行再投资时，在到期前出售的债券的预期复合收益率。也被称为投资期收益率，此时它是指在投资期内实现的收益率。

再融资债券（refunding issue） 提供资金以提前清偿另一只债券的债券。这些债券可能是次级债券，也可能是高级债券。

记名债券（registered bond） 在发行人处登记所有权的债券。持有者直接收到发行人用支票支付的利息。

注册声明（registration statement） 公司上市时必须向美国证券交易委员会提交的披露文件；也被称为S-1表格。

再投资利率风险（reinvestment rate risk） 对到期前收到的现金流进行再投资时，再投资利率低于初始投资的到期收益率的风险。

相对估值法（relative valuation） 一种证券估

值方法，它将证券价值与可比公司进行比较，或使用基本面因素将其与指数进行比较。

相对强度比率（relative-strength ratios） 股票价格或行业指数价值与市场指数价值之比，它表明了股票或行业相对于整体市场的表现。

必要收益率（required rate of return） 补偿投资者付出的时间、预期通货膨胀率和收益率不确定性的收益率。

阻力位（resistance level） 技术分析师预期在该价格上，股票供给将大幅增加，从而扭转上涨趋势。

收入债券（revenue bond） 由市政当局的特定创收项目（如收费公路或体育场馆）产生的收入偿还本息的债券。

风险（risk） 一项投资获得预期收益率的不确定性。

风险厌恶（risk averse） 该假设认为其他条件相同时，投资者将选择风险最小的投资方案。

风险因素模型（risk factor model） 用于估计预期收益率的模型，例如资本资产定价模型或多因素模型。

风险溢价（risk premium，RP） 超出名义无风险利率的收益率，投资者要求获得该部分收益率以补偿投资的不确定性。

风险资产（risky asset） 未来收益率不确定的资产。

路演（road show） 该术语是指在提交 S-1 表格后，承销商将发行公司的管理层带到全国各地（也可能是世界各地）的大型资金中心与潜在投资者会面的过程。

游程检验（runs test） 对弱式有效市场假说的检验，以检查是否存在正价格变化或负价格变化的持续时间比随机价格序列的预期持续时间更久的趋势。

S

S-1 表格（S-1） 公司上市时必须向美国证券交易委员会提交的披露文件；也被称为注册声明。

抽样法（sampling） 一种构建被动指数投资组合的方法，采用这种方法的投资组合经理将购买构成基准指数的代表性股票样本。

股票增发（seasoned equity issue） 已经有流通股的公司发行的新股票。

二级市场（secondary market） 发行人以外的所有者买卖已发行证券的市场。目的是为投资者提供流动性。

部门轮换（sector rotation） 部门是一组类似的行业；部门轮换是指增持预期绩效良好的部门（例如科技部门或必需消费品部门），并减持预期绩效不佳的部门。

担保（高级）债券〔secured（senior）bonds〕 由对发行人特定资产的合法索偿权支持的债券。

证券市场指数（security market index） 基于市场或市场部门中的证券样本而创建的指数，它是整个市场或市场部门的表现的统计指标。

证券市场线（security market line，SML） 反映另类投资的风险和收益率组合的直线。在资本资产定价模型中，风险是用系统性风险（贝塔系数）衡量的。

卖方（sell-side） 指协助公司出售证券以筹集资本的公司，例如投资银行和经纪公司。

半强式有效市场假说（semistrong-form EMH） 认为证券价格完全反映所有公开可得信息（包括来自证券交易和公司新闻、经济新闻和政治新闻的信息）的观点。

分离定理（separation theorem） 认为对资本市场线上的市场投资组合的投资决策与根据投资者风险偏好在资本市场线上取特定点的融资决策相分离的理论。

分期还本债券（serial obligation bond） 具有一系列到期日的债券。市政债券是典型的分期还本债券。

结算价（settlement price） 由交易所清算所确定的价格，其中期货合约保证金账户是盯市的。

夏普指标（Sharpe measure） 投资组合的风险-收益比的相对衡量指标，计算方法是投资组合的平均收益率超过无风险利率的部分除以投资组合的收益率标准差。

空头对冲（short hedge） 远期合约或期货合约中的空头，用于抵消基础资产多头的价格波动。

空头方（short position） 商品或证券的卖方，或者远期合约中将成为基础资产最终卖方的交易对手。

卖空（short sale） 卖出借入的证券，目的是以后以较低价格回购它们并赚取差价。

信号效应（signaling effect） 外部方对代理人

行为的解释；例如，回购股票可能被视为管理层认为股价过低的信号。

偿债基金（sinking fund） 要求发行人在债券期限内有序赎回部分或全部债券，而不是在到期时赎回全部债券的债券条款。

小公司效应（small-firm effect） 一种常见的实证异常现象，即低市值（股价乘以流通股股数）公司的风险调整股票收益率显著高于高市值（大盘股）公司的风险调整股票收益率。

智能贝塔系数（smart beta） 随着市场条件波动调整系统性风险，使因素投资成为一种主动投资组合策略的投资方法。

软美元（soft dollars） 当投资组合经理向投资者承诺支付更高的经纪费，以换取经纪商提供的额外服务（例如股票研究）时向资金经理支付的一种报酬。

索提诺指标（Sortino measure） 对投资组合绩效的相对衡量指标，计算方法是用投资组合的平均收益率超过最低可接受收益率的部分除以下行风险系数。

特别股利（special dividend） 公司发出的一种股利支付信号，表明将一次性支付股利，不会定期重复支付股利。

投机性公司（speculative company） 具有高度商业风险和（或）财务风险，并具有相称的高盈利潜力的公司。

投机性股票（speculative stock） 看上去价值相对于其内在价值被高估的股票。

支出阶段（spending phase） 投资生命周期中的一个阶段，在这个阶段中，个人从退休时起不再获得收入。他们用社会保险收入和以前投资的收益来支付开销，并进行投资以抵御通货膨胀。

即期收益率（spot yield） 给定期限的零息债券的收益率。

价差（spread） 将基础资产相同但执行价格或到期日不同的两个看涨期权（或两个看跌期权）的多头和空头结合起来，以创建定制化收益分配的交易策略。

标准差（standard deviation） 波动性的衡量指标，它等于方差的平方根。

股指套利（stock index arbitrage） 持有股票投资组合多头和股指期货合约空头（或者相反的头寸），以利用期货合约相对于基础指数的错误定价的交易策略。

股票推介（stock pitch） 以书面形式或口头形式说明股票的背景以及买入或卖出股票的原因。

跨式期权（straddle） 需要同时买入具有相同执行价格、基础资产和到期日的看涨期权和看跌期权的交易策略。该交易策略的变形包括条式期权、带式期权、勒式期权和选择期权。

勒式期权（strangle） 同时买入或卖出具有相同到期日和相同基础证券的看涨期权和看跌期权的期权组合。

强式有效市场假说（strong-form EMH） 认为证券价格充分反映了所有公开信息和私人信息的观点。

风格分析（style analysis） 确定一系列旨在反映特定证券特征（例如规模、价值和增长率）的本质的基准投资组合，并根据这些基准投资组合的收益率变化来解释观察到的证券投资组合收益率波动性的做法。

风格网格图（style grid） 用于分类和显示最好地定义证券投资组合性质的投资风格的图形。

次级（初级）信用债券〔subordinate（junior）debenture〕 在发生违约的情况下，只有在高级债券和抵押债券持有者的索偿权得到满足后，其持有者才有权对发行人的资产索偿的债券。

支撑位（support level） 在该价格上，技术分析师预期股价和成交量将大幅上涨，从而扭转因获利回吐导致的下跌趋势。

可持续增长率公式（sustainable growth rate equation） 该公式表明增长率等于股权收益率乘以留存率。

互换利差（swap spread） 利率互换风险溢价的衡量指标，计算方法为互换合约的固定利率与相同期限国债的收益率之差。

SWOT分析（SWOT analysis） 对公司的优势、劣势、机会和威胁的分析。这种分析有助于分析师评估公司在竞争上扬长避短的战略。

系统性风险（systematic risk） 影响所有风险资产的宏观经济因素导致的收益率波动。因为它影响所有风险资产，所以不能通过分散化来消除。

T

战术性资产配置（tactical asset allocation） 通过增加价值相对被低估的资产类别的配置来调整投资者的股票和债券组合的投资策略。

税收成本比率（tax cost ratio） 该指标基于投资组合的税后收益率和税前收益率之比，它表明测算期内每年应税投资者用于缴纳税款的资产所占总资产的平均百分比。

税收效率（tax efficiency） 投资者通过平衡资本收益和资本损失对投资组合中证券交易的税款的控制程度。

技术分析（technical analysis） 根据过去的价格和成交量变化估计未来的证券价格变化。

定期债券（term bond） 具有单一到期日的债券。

利率期限结构（term structure of interest rates） 在给定时间可比债券样本的到期期限与到期收益率之间的关系。俗称收益率曲线。

到期期限（term to maturity） 规定了距债券到期的天数或年数。

时间溢价（time premium） 期权的总市场价值与其内在价值之差。

时间序列分析（time-series analysis） 对一个时期内公司绩效数据的分析。

时间加权收益率（time-weighted return） 1加上投资组合的期间收益率的几何平均值。

总发票价格（total invoice price） 投资者在不同付息日之间购买债券所支付的总金额；这包括剩余现金流的现值（"持平"价格）加上应计利息。

总收益（total return） 投资者的收益目标，采用这种目标的投资者希望通过资本收益和当前收入再投资来增加投资组合价值，从而满足未来需求。

跟踪误差（tracking error） 主动投资组合与基准投资组合的收益率之差的标准差；也被称为跟踪误差波动率。

拖尾倍数（trailing multiples） 基于上一年的利润、EBITDA或其他指标，而非下一年的利润、EBITDA或其他指标来估计股票价值或企业价值的方法。

交易成本（transaction cost） 执行某笔交易的成本。低成本是高效运行市场的特征。

国库券（treasury bill） 一种期限少于1年的可转让美国国债，不按期支付利息，但持有者将获得其面值与折扣买价之间的差额。

长期国债（treasury bond） 期限超过10年、按期支付利息的美国国债。

中期国债（treasury note） 期限为1年至10年、按期支付利息的美国国债。

特雷诺指标（Treynor measure） 投资组合绩效的相对衡量指标，计算方法是用投资组合的平均收益率超过无风险利率的部分除以贝塔系数。

波谷（through） 熊市的最低点，在该点上价格停止下跌并开始上涨。

12b-1计划（12b-1 plan） 某些基金收取的费用，它以美国证券交易委员会允许收取该费用的规定命名。这类费用被用于支付分销成本，例如广告费或经纪人佣金。基金的招股说明书详细说明了适用的12b-1费用。

U

抑价（underpricing） 假设股票收盘价高于首次公开募股价格，首次公开募股价格与首个交易日结束时的收盘价之差。

价值被低估（undervalued） 证券的交易价格低于其内在价值；结果是市场价格为投资者提供的补偿金额高于其承担的风险所要求的补偿。

减持（underweighted） 由于某种原因，投资组合持有的某类证券数量低于按该类证券的相对市场价值应持有数量的情况。

承销价差（underwriting spread） 承销商在首次公开募股中获得的补偿，它等于新投资者为股票支付的每股价格减去发行公司的每股收入；也被称为总价差。

无担保债券（信用债券）[unsecured bonds (debentures)] 承诺还本付息但不抵押具体资产的债券。持有者对发行人的收入和未抵押资产拥有优先索偿权。也被称为信用债券。

非系统性风险（unsystematic risk） 资产的特征导致的独有风险。它可以在分散化投资组合中被消除。

未加权指数（unweighted index） 无论证券的价格或市值如何，都受到样本中每只证券的表现的均等影响的指数。也被称为等权重指数。

平仓（unwind） 在合约到期前协商终止远期头寸或期货头寸。

V

估值（valuation） 投资者确定股票定价是合理、过高还是过低的过程。

价值型股票（value stock） 因盈利增长潜力

以外的原因价值被低估的股票。通常可以根据高股息率、低市盈率或低市净率识别出这种股票。

市值加权指数（value-weighted index） 按样本中证券的总市值计算的指数。市场价值等于已发行股票或债券的数量乘以证券的市场价格。

可变利率债券（variable-rate notes） 利率随特定短期利率（例如国库券利率）变化的债券；请参见浮动利率票据。

方差（variance） 波动性衡量指标，等于收益率与收益率均值的离差平方之和除以收益率总数。

波动率指数（Volatility Index，VIX） 衡量投资者对股票市场近期波动率的预期的指标，计算方法是根据标准普尔 500 指数期权合约估计出隐含波动率，然后再取加权平均值。

W

认股权证（warrant） 允许持有者在给定时期内以规定价格从公司购买规定数量的公司普通股的工具。

弱式有效市场假说（weak-form EMH） 认为证券价格充分反映所有证券市场信息的观点。

赢家诅咒（winner's curse） 认为任何拍卖赢家都必然出价过高（大于内在价值）的观点。

Y

扬基债券（Yankee bond） 在美国出售并以美元计价，但由外国公司或外国政府发行的债券。

收益率（yield） 在特定假设下的承诺投资收益率。

收益率利差（yield spread） 在给定时间，其他债券或市场部门的承诺收益率与相同期限的国债收益率之差。

赎回收益率（yield to call，YTC） 发行人在到期日之前赎回的债券的收益率。

最差收益率（yield to worst） 给定由于嵌入式看涨期权而具有多个可能到期日和价格的债券，惯例做法是计算每个赎回日期和价格的到期收益率，并选择最低收益率（最保守的可能收益率）作为最差收益率。

Z

零息债券（zero-coupon bond） 一种在到期时支付面值但不按期支付利息的债券。其收益率取决于其面值与折扣买价之差。也被称为初始发行折价（OID）债券。

图书在版编目（CIP）数据

投资分析与组合管理：第十一版／（美）弗兰克·
K. 赖利，（美）基思·C. 布朗，（美）桑福德·J. 利兹著；
路蒙佳译.--北京：中国人民大学出版社，2023.10
　（金融学译丛）
　ISBN 978-7-300-32162-2

　Ⅰ.①投…　Ⅱ.①弗…　②基…　③桑…　④路…　Ⅲ.
①证券投资-投资分析　Ⅳ.①F830.91

中国国家版本馆 CIP 数据核字（2023）第 194299 号

金融学译丛
投资分析与组合管理（第十一版）
弗兰克·K. 赖利
基思·C. 布朗　　　著
桑福德·J. 利兹
路蒙佳　译
Touzi Fenxi yu Zuhe Guanli

出版发行	中国人民大学出版社			
社　　址	北京中关村大街 31 号		**邮政编码**	100080
电　　话	010 - 62511242（总编室）			010 - 62511770（质管部）
	010 - 82501766（邮购部）			010 - 62514148（门市部）
	010 - 62515195（发行公司）			010 - 62515275（盗版举报）
网　　址	http://www.crup.com.cn			
经　　销	新华书店			
印　　刷	涿州市星河印刷有限公司			
开　　本	787 mm×1092 mm　1/16		**版　　次**	2023 年 10 月第 1 版
印　　张	46.25 插页 1		**印　　次**	2023 年 10 月第 1 次印刷
字　　数	1 118 000		**定　　价**	158.00 元

Supplements Request Form (教辅材料申请表)

Lecturer's Details（教师信息）			
Name: (姓名)		**Title:** (职务)	
Department: (系科)		**School/University:** (学院/大学)	
Official E-mail: (学校邮箱) **Tel:** (电话)		**Lecturer's Address / Post Code:** (教师通讯地址/邮编)	
Mobile: (手机)			

Adoption Details（教材信息）　　原版□　　翻译版□　　影印版 □

Title: (英文书名) **Edition:** (版次) **Author:** (作者)	
Local Publisher: (中国出版社)	

Enrolment: (学生人数)		**Semester:** (学期起止日期时间)	

Contact Person & Phone/E-Mail/Subject:
(系科/学院教学负责人电话/邮件/研究方向)
（我公司要求在此处标明系科/学院教学负责人电话/传真及电话和传真号码并在此加盖公章.）

教材购买由 我□　我作为委员会的一部份□　其他人□[姓名：　　　　] 决定。

Please fax or post the complete form to（请将此表格传真至）:

CENGAGE LEARNING BEIJING
ATTN : Higher Education Division
TEL: (86) 10-82862096/ 95 / 97
FAX : (86) 10 82862089
EMAIL: asia.infochina@cengage.com
www. cengageasia.com
ADD: 北京市海淀区科学院南路 2 号
融科资讯中心 C 座南楼 12 层 1201 室　100190

Note: Thomson Learning has changed its name to CENGAGE Learning.

VERIFICATION FORM / CENGAGE LEARNING

中国人民大学出版社经济类引进版教材推荐

双语教学用书

为适应培养国际化复合型人才的需求，中国人民大学出版社联合众多国际知名出版公司，打造"高等学校经济类双语教学用书"，该系列聘请国内外著名经济学家、学者及一线教师进行审核，努力做到把国外真正高水平的适合国内实际教学需求的优秀教材引进来，供国内外读者参考、研究和学习。

中国人民大学出版社将陆续修订出版该系列丛书中的经典之作，以飨读者。想要了解更多图书具体信息，可扫描下方二维码。

 高等学校经济类双语教学用书书目

经济科学译丛

20 世纪 90 年代中期，中国人民大学出版社推出了"经济科学译丛"系列丛书，引领了国内经济学汉译的第二次浪潮。"经济科学译丛"出版了上百种经济学教材，克鲁格曼《国际经济学》、曼昆《宏观经济学》、平狄克《微观经济学》、博迪《金融学》、米什金《货币金融学》等顶尖经济学教材的出版深受国内经济学专家和读者好评，已经成为中国经济学专业学生的必读教材。

中国人民大学出版社将陆续修订出版该系列丛书中的经典之作，以飨读者。想要了解更多图书具体信息，可扫描下方二维码。

 经济科学译丛书目

金融学译丛

21 世纪初，中国人民大学出版社推出了"金融学译丛"系列丛书，引进金融体系相对完善的国家最权威、最具代表性的金融学著作，将实践证明最有效的金融理论和实用操作方法介绍给中国的广大读者，帮助中国金融界相关人士更好、更快地了解西方金融学的最新动态，寻求建立并完善中国金融体系的新思路，促进具有中国特色的现代金融体系的建立和完善。

中国人民大学出版社将陆续修订出版该系列丛书中的经典之作，以飨读者。想要了解更多图书具体信息，可扫描下方二维码。

 金融学译丛书目